汉学的世界

国际汉学研究论文集

王文章　主编

生活·讀書·新知　三联书店

图书在版编目（CIP）数据

汉学的世界：国际汉学研究论文集 / 王文章主编. —北京：生活 · 读书 · 新知三联书店，2019.5
ISBN 978－7－108－06205－5

Ⅰ. ①汉…　Ⅱ. ①王…　Ⅲ. ①汉学－世界－文集
Ⅳ. ① K207.8-53

中国版本图书馆 CIP 数据核字（2018）第 014339 号

责任编辑　李　欣
装帧设计　康　健
责任印制　徐　方
出版发行　生活·讀書·新知 三联书店
（北京市东城区美术馆东街 22 号 100010）
网　　址　www.sdxjpc.com
经　　销　新华书店
排　　版　北京金舵手世纪图文设计有限公司
印　　刷　北京图文天地制版印刷有限公司
版　　次　2019 年 5 月北京第 1 版
2019 年 5 月北京第 1 次印刷
开　　本　787 毫米 × 1092 毫米　1/16　印张 61.75
字　　数　1067 千字
印　　数　0,001－3,000 册
定　　价　158.00 元
（印装查询：01064002715；邮购查询：01084010542）

写在前面

——为《国际汉学研究论文集》编辑出版而作

王文章

中国艺术研究院是我国唯一一家集艺术研究、艺术创作、艺术教育为一体的国家级综合性学术机构。成立60多年来，该院始终以学术精进为职志，在推动我国学术文化的传承与创新的同时，也十分重视与国外学界的交流、互动，及时关注并借鉴相关领域的新方法、新理论，使我国的艺术学研究始终处在国际该领域研究的前沿，推动中国艺术研究院成为国内一流、世界知名的艺术学研究中心、艺术教育中心和国际艺术交流中心。

进入21世纪以来，我院的对外文化、学术交流更加频繁，通过举办研讨、展览、演出、考察及互访，先后同50多个国家和地区的相关院校建立了学术联系，搭建了“亚洲文化艺术界高层学术论坛”“中欧文化对话”“中美文化论坛”及“非物质文化遗产保护国际论坛”等一系列长期性、开放性、互动性的国际交流平台，并同台湾地区联合举办“中华两岸汉字艺术节”。这一系列高层次的交流，在海内外产生了比较广泛的影响。

2007年，中国艺术研究院和山东省文化厅、中国孔子研究院等单位联合发起创办“世界儒学大会”，并决定每两年于纪念孔子诞辰期间在曲阜举办一届学术研讨。截至目前，“世界儒学大会”已成功举办七届，吸引了来自30多个国家和地区的1200多名学者与会，业已成为一个重要的研讨儒家思想和国学、弘扬中华文化的国际高端学术交流平台。鉴于每届大会都有为数不少的海内外学者参加，他们之中不乏著名的汉学家和著名的中国学学者。由此我们想到，国际汉学这一领域是否也需要有一个便于交流的高端平台，以使汉学和国学颉颃而行。

这样便有了举办一次“国际汉学大会”的构想。举办这样的会议，我院的固有资源是可以胜任的。早在1998年，我院的终身研究员、中国文化研究所所长刘梦溪先生就创办了在国内外公开发行的《世界汉学》杂志。这本杂志创办的宗旨是想给关注中华文明的历史经验事实和未来发展前景的各国汉学家，提供一个自由论说的平台，以汉语的方式建构不同文化背景、不同文化系统之间的沟通与对话，建构国际汉学研究的学术桥梁。《世界汉学》在创办时，受到了海内外硕学鸿儒的鼎力支持，并与法兰西学院汉学研究所、海德堡大学汉学系、哈佛大学燕京学社等世界知名汉学机构建立了合作关系。随后，为了更集中地发挥学术优势，该刊与同属我院的中国文化研究所创办的《中国文化》合并，其办刊宗旨在《中国文化》杂志中仍得到充分体现。《世界汉学》虽只创办了两三年的时间，但产生了很大的影响，颇获国际汉学界好评。

这次汇编《国际汉学研究论文集》就从《世界汉学》前四期上选录了部分文章。有发起创办和举办“世界儒学大会”的经验，有《世界汉学》积累的资源，也有我院刘梦溪、范曾，以及曾担任中国人民大学国学院首任院长的冯其庸等卓有影响的国学大家，有诺贝尔文学奖获得者莫言，还有在艺术学各领域具有雄厚实力的一大批中青年学者来参与，在我院原有学术力量的基础上，再进一步汇集海内外著名专家学者和相关人士，筹备和开好国际汉学大会是很有基础的。我院筹办的国际汉学大会，本来打算在2013年12月中旬召开，后因文化部亦将于稍后时间举办“汉学与当代中国”座谈会，因此我院的前期筹备工作即纳入“汉学与当代中国”座谈会的筹备中，并且我院也成为座谈会承办单位之一，与其他承办单位共同筹办座谈会，所以国际汉学大会不再另行举办。鉴于不少专家已为国际汉学大会准备了论文，我院亦为筹备工作做了大量资料准备和先期研究，积累了比较丰富的学术资源。《诗经》有句：“靡不有初，鲜克有终。”而善始善终正是我们的追求。为此，我们依循原来对大会题旨的设计思路，以学者为大会提交的论文为基础，并从往期的《世界汉学》杂志中选录了部分文章，汇辑编选了这本《国际汉学研究论文集》。

本论文集汇辑了中国、美国、法国、德国、英国、比利时等多国汉学家的学术成果。其中既有对汉学研究观念、方法和范式的反思，也有对汉学研究学术史的梳理和对汉学研究前景的展望；既有对各国汉学流派、汉学机构研究成果的巡礼，也有著名汉学家的学术传记；既有对中华文化与人文精神的多元阐释，也有对中外文明交流互鉴的轨迹探寻；既有对传统中国历史经验的挖掘诠释，也有对当代中国价值观念重构的探讨；既闪耀着中华文化的文明智慧之光，也充溢着中国人民实现中华民族伟大复兴的中国梦的殷殷之情。

本论文集的具体编辑工作由我院中国文化研究所的博士陈斐副研究员协助担任，我院外事处则承担与国外汉学家的联络等事宜，特在此向他们表达谢忱。特别是刘梦溪先生、范曾先生、莫言先生，他们用心推动本论文集的筹划出版且给予具体指导，并执意让我担任本书主编，恭敬不如从命，谨对他们给予的帮助、指导和担任本书的顾问表示真挚的谢意。如果本论文集的编辑出版能够对推动国际汉学和中国学研究的创新发展和中外文化的交流，为增进世界各国汉学家之间的学谊友谊贡献些许助益，我们将不胜欣慰。

2019.5.2

目　录

第一编

汉学通论：观念、方法和研究范式

中国研究何去何从

〔美〕狄培理

中国台湾的蒋经国基金会成立时，不少西方学者曾对其抱持保留态度，担心它的运作将受限于狭窄的意识形态格局，或听命于国民党，或鼓吹反共主义及其他保守价值。但十年后的今天，这些揣测、偏见应当早已因基金会的实际表现一扫而空了。

在此，我想就基金会及其相关的中国研究问题以一己之所知略抒管见。但我的看法并不仅出于个人对基金会表现的期许；事实上，我更希望借此提出一些问题，这些问题的关注点远远超过其他任何一个支持中国研究的基金会。问题的重心是，所有类似的基金会推动学术研究时，都不免将其视为一种无限扩张的学术工业，这一观念的基础何在？学界毫无限制地投注大量心力研究微不足道的题目，我们已经见怪不怪。这一风气每每以“创新”或“突破”等陈词作为自我抬举的借口。它总是声称眼前的发明或发现空前绝后，殊不知，其所作所述其实前有古人，甚至只是对前贤的曲解。所谓的“新”竟可能来自对固有事物的“新”破坏。

学界这种不断扩张研究版图的热衷甚或冲动当然不是没有任何基础：或曰人类对新知的渴求是与生俱来的本能；或曰现代文明对知识成长的信念与外在世界扩张的趋势相互为用。但在拙作《东亚文明》（*East Asian Civilizations*，根据哈佛大学赖肖尔讲座系列所成的专书）的最后一章，我曾从东亚传统视野和现代生态关怀的角度，质疑 21 世纪我们是否仍能如此漫无节制地扩张。我对此种扩张心态的合理性及有效性深有所虑。至少在人文及社会科学的领域，我们倾注与时俱增的精力钻研微乎其微的课题，已暗示学术量化的研究方式可能恰恰招致适得其反的结果。就像新闻媒体与娱乐业一样，我们潜心于枝节微末的研究，有如参与内容琐碎的智力竞赛节目或追逐无谓的“世界纪录”体育成绩，忘其所以，以致耽误了对那些更重要问题的思考。

在这样一种环境里，从事学术研究及赞助学术研究者必须对那些以“空前绝后”“锐意突破”为名的研究计划更加警觉。有些计划号称“前无古人”，实际上可能根本就是因为计划本身一无是处，因此才一直乏人问津。

我想起了孔子在与其门人的对话中对闻所未闻事物的回答。这种表态方式通常暗示了一种审慎或存疑的态度，如“吾尝闻……（一件值得接受或合宜的事物），吾未闻……（一件没有根据、不由正道、应予驳斥的事物）”。对维新之士，我的举证也许显得保守、反动。当然，我们如果仅是因为一件事物闻所未闻就排斥它，未免显得没有理性，无所用心。但我们仍应扪心自问，在判断一件事物的好坏时，我们所根据的是信而有征、放诸长远的基础，还是标新立异的时尚？当我们在推崇“新奇”或“原创性”之余，我们是否已惑于学术市场的新品牌、新配方，屈从于学术消费主义，弃实质研究于不顾？

如果对人云亦云的陈腔滥调提出质疑是为学者的本分，我也许可以就学界的市场化再举一例。我们现代对“刺激”（exciting）一词的滥用，已经到了习而不觉的地步。这显示出学界的心态已经与一般大众一样，动辄以震撼警奇为能事，从而忽略了深思熟虑的步骤。

当学术工作取决于对情感的挑逗或遐想，这代表了知识及道德上可悲的倒退。遗憾的是，我们今天仍时刻遭遇各种以“新奇”“刺激”为名的学术花招，它们依然毫无任何实质或理念作为其后盾。

我们当然不能完全否定新的世界仍有待征服，新的学术领域仍有待开拓。但当我们越来越多地遭遇到成长的局限和经济扩张的阻碍时，我们必须再思“成长”的意义：所谓成长不应只是持续的扩张，也意味着更深刻、更缜密的修养。我们所要征服的新世界也许正是已经和我们失去联系的旧世界，或是曾被我们忽视的内在境界，或是我们未曾仔细耕耘的根源。正是因为我们的疏失才使得我们赖以生存的文化变得浅薄无根，仿佛按照“用过即扔”的消费经济原则，我们持续不断地自我损耗着。我们的神经及感官如此过分地紧绷，俨然要成为痉挛病患者——被拉紧到崩溃的临界点，再也不能承受更多压力。

我们如今困于无从建立任何确实的标准，来判断研究计划的价值及其长远可行性。主要的难题在于：学术论述话语本身已经如此分崩离析而且过分专业化，它们缺少共同的基础，而可以付诸公断的舆论标准也所剩无几。现代生活已经变得如此复杂，也难怪各基金会的因应之道只是将自己的专业领域圈限得更为狭窄。基金会的首要任务是定义自己的专业任务，将责任范围清楚地划定出来，然后排除任何不符合明文规定的申请案例；没有总揽全局的企图，唯见分门别类、照章行事的规矩。

与此同时，各个大学及研究机构对所谓有"突破性"的计划越来越趋之若鹜。为了追逐学术性及领导地位，教育的目的已为专业训练及技术运用所取代。但这种现象并不是所谓的"科学"研究与"人文艺术"的对抗，也不是如 C. P. 斯诺（C. P. Snow）所述的"科学"与"人文"两种文化的相互对接。我们今天的人文学者其实早已变得"技术化"了；他（她）们各有自己的技术、专业及意识形态，话语夹缠晦涩，哪里还能相互沟通？不仅如此，我们现在也看不出人文学科对人之所以为人，对人之为完整个体而非局部片断，显示出任何关心。甚至所谓的"多元研究"及"科际整合"的计划也很少能突破耍弄时新花招及当今字眼的局限。这使得我们不再能就共同的重要话题相互切磋。

从教育方法上来说，这一危机表现在许多"通识课程"非但无法强调课程的中心共识，反而听任学生从五花八门的角度学习。如此一来，学生既不能整合他（她）们对人文问题的共同观照，也不能借由一个公共的议程聚合问题的焦点。

话说回来，教育的目的在于培养学生观察事物的不同方法，但教育也应提供给学生一个共同分析问题的基础，一种引发对话的方法。教育应让学生在学习过程中，了解问题的急迫性及重要性，并据此做出决定而非臆测——为学之道正在于训练学生价值判断的能力。在学习过程的彼端，我们不能奢求大家了无异议，有志一同，但至少我们应期盼学习的方法与目的可以作为日后不断对话的起点。教育的目的是发挥我们彬彬有礼的潜质，即使对终极关怀有很深的歧见，我们依然能够进退不失风度。

对我而言，这样基于通识的对话必须与"先进"的研究并行不悖，两者互相增益，以期对话能更深更远。在今天这样的多元文化世界里，东亚的人文资源——特别是中国的儒、道、释三家及其他的文化——可谓身在其中。我们的对话不能偏废此类中国人文经验。在大学的通识教育及对任何文明共同关注的持续讨论里，中国经验都是不可或缺的部分。唯有超越入门课程的阶段，通识教育才能更加启迪我们对于学术真谛的向往与追求。

今天的学术风潮如此的扩散离析，要赓续我们彼此间的对话谈何容易？但我们总应该找寻一个起点。蒋经国基金会的领导者及顾问们殚精竭虑，这些年来已经为促进学术共识、引导人文对话贡献良多。未来自然仍是持续此种努力的最佳动力。

为了不让我的看法流于空泛，我愿提议一个专门范畴，有待我们致力研究，即东亚教育史的重估及其对传统及现代通识价值的贡献。19世纪末东京帝国大学初建，规划大学东亚史新课程时，首度提及东亚教育史的项目。我们今天当然可以做得更好！每一位东亚研究学者都应该知道，教育是儒家文化的核心。舍本逐末、汲汲追求偏门小道，对教育的百年大计，我们又怎能置之不顾？

（王德威　译）

狄培理（Theodore de Bary，1919—2017），美国哥伦比亚大学教授。主要从事东亚的宗教和思想传统研究，尤其是中国、日本和韩国的儒学研究。著有《高贵与文明》《亚洲价值与人权》《中国的自由传统》等。

我对国际 Sinology 的理解和思考

严绍璗

感谢“世界汉语大会”特别设立“海外汉学学术会场”，为我提供了这样神圣的讲坛，让我有机会把我对 Sinology 的理解和思考提出来向各位学术先辈与同行请教，以共同推进我国人文学界对 Sinology 这一学术的研究。

首先，我想说明，我采用了英语文化中 Sinology 这一学术概念来表述我们现今正在研讨的基本话题，我之所以不采用汉语文化中的“汉学”或者“中国学”或者“中国研究”，这是因为我国学术界在关于 Sinology 这一概念的汉语文化的表述中，还存在着相当大的分歧，而这样的分歧，事实上也表现出我们的研究在学术史的层次上还不够清晰；在与国际学术界的对话中，例如，在与日本学术界的对话中，事实上也还存在着不同学术概念的混乱和差异。

其实，我个人以为，学术史上关于 Sinology 所表述的学术内涵，是有一个历史性与时间性的区分的概念的。例如，欧美各国、日本在工业文明建立之前所存在的对中国文化的研究，在汉语文化中可以称之为“汉学”；在各国的近代文化确立之后开展的对中国文化的研究，在汉语文化中可以称之为“中国学”。这样的区分或许会更加接近研究对象的实际状态。这是因为在“汉学”的时代，对研究者而言，他们意念中的“中国文化”就是“汉族文化”，作为研究对象的“汉族文化”，他们不仅是作为“客体”进行研究，而且在不同的层面上还作为“主体”的“意识形态”的材料来加以吸收——例如，在 19 世纪中期之前的日本学界和在 18 世纪欧洲思想革命时代之前的欧洲学界，包括传教士们，他们对中国文化的研究，在主体形态上便呈现出此种“汉学”的特征，即研究者把中国文化不仅作为“客体”研究对象，而且不管是有意识的，还是无意识的，他们还把中国文化作为“主体”意识形态的相关材料；而在“中国学”的时代，对这些国家的学界而言，总体上说，以“汉民族文化”为主体的“中国多民族文化”是作为世界文化的一个类型而存在的，即只是作为研究的客体而存在的，例如，同时并存的还有“印度学”“埃及学”乃至“日本学”等。研究者并不把自己的研究对象作为意识形态的材料吸收，而是在学理上作为认识与理解世界文化的一种学术，并进而利用这样的学术来构建自己本国的文化话语——例如，在18世纪中期之后的欧洲与19世纪中期之后的日本，他们对中国文化的研究，在主体上便呈现出这种“中国学”的特征——他们在研究中把“中国文化”相对化的特征是极为明确的。目前在关于Sinology的汉语文化表述及对它在不同历史阶段中内含价值观念的认定方面，我国学术界在认识上的差异还很大，为了避免表述上的混乱，我在讲话中便使用了Sinology这一学术统称的范畴，实在是不得已的。请各位能够谅解。

对我们中国学术界来说，Sinology正在成为一门引人注目的学术。这意味着我国学术界对中国文化所具有的世界历史性意义的认识愈来愈深化；也意味着我国学术界愈来愈多的人士意识到，中国文化作为世界人类的共同的精神财富，作为世界文明的重大存在，对它的研究，事实上具有世界性。——或许可以说，这是30年来，我国人文科学学术观念的最重要的转变，也是最重大的提升标志之一。

在20世纪70年代末期之前的100年间，我国学术界除了极为个别的学者的个人兴趣之外，还未能建立起Sinology的学术研究。20世纪70年代末期以来的30年间，在我国发生巨大社会转型的过程中，我国学者对Sinology的研究，已经从几个人的集合，筚路蓝缕，发展成为今天已经具有初步体系性的学术，我国高等学校例如北京大学也已经建立了以Sinology研究为主业的博士学位和博士后流动站，今天在座的北京语言大学的钱婉约教授就是我国自己培养出的Sinology研究方向的第一位博士。我们在欧洲、美国、俄罗斯和日本这世界四大区域的Sinology研究中，也已经构筑起了与国际学术界对话的学术通道和学术平台。我们走过了艰难曲折却又富含学术意义、充满信心的道路，取得了可以说是很辉煌的业绩。

我个人作为30年间这一学术的参与者和这一学术发展的见证人，心里充满着激情。

今天，在我们检阅学术的业绩和研讨学术研究的诸问题的时候，为了进一步推进本学术的发展，我觉得我国学术界在关于 Sinology 的研究中，尚有三个层面上的问题，需要做进一步的研讨，这就是关于 Sinology 这一学术的基本学术定位和它的价值意义，关于这一学术所构成的学术基础与它所应该容纳的学术内涵，以及关于从事 Sinology 研究的研究者的学术素养。对这三个层面的问题，我想以我自己浅薄的思考就教各位方家。

第一层面的问题是关于 Sinology 这一学术的基本学术定位和它的价值意义。

我国学术界在早期接触国际 Sinology 的时候，主要是把它作为一种“学术消息”、一种“学术情报”来关注的。1959 年，我在北京大学读书，在我修完了英文之后，副校长魏建功先生对我说：“日本人搞了我们很多东西，我们一定要去翻动那些日本人的著作，看看他们做了些什么，不要被他们笑话了！”1964 年我大学毕业的时候，北大劝我放弃到中国科学院哲学社会学部做张政烺先生的研究生，留在学校从事“燕京（大学）—哈佛（大学）学社”的资料整理，“看看他们到底做了什么”。这是我最初感受到的先辈学者对 Sinology 的理解。他们充满民族责任感，怀抱学术善意，为了我国人文学术的民族自尊，一定要弄清楚外国人在这个领域中“到底做了什么”，至今仍令我非常感动。但是，从学理的意义上说，在我后来相对深入地介入了这一门学术之后，我意识到这样定位 Sinology 就显得有些偏颇了，有些简单化和表层化了。但是，处在那样的时代，是不能苛求于他们的。

这样一种“情报型学术”的观念和阐释对学界的影响是相当深刻的。20 世纪 70 年代末之后，学术界愈来愈多地增加了对 Sinology 的关注，然而，就其对这一学术的理解和把握，在相当长的时期中，在相当一部分人士中，其中包括不少的研究者，一直停留在这样的观念之中。这一点只要从当时组建不久的中国社会科学院把“中国学研究室”设置在情报研究所内就可以窥见一斑。而当时参与这一学术起步的刊物，公开出版的只有社科院情报所孙越生先生主编的《外国研究中国》，内部刊物有社科院历史所的《中国史通讯》、国务院古籍整理规划小组的《古籍整理出版情况简报》和北京大学古典文献专业编辑的《国外中国古文化研究情况》4 种。这就是说，学术界的主流意识，是把国际学术界对中国文化的研究仅仅是作为一种“学术情报”看待的。这样一种观念，在我国学术界至今仍然有着相当宽泛的存在。一直到今天，作为以“中国学”命名的研究机构，中国社会科学院仍然把它归置在“图书情报”系统之内。

我个人以为，Sinology 就其学术研究的客体对象而言，则是中国的人文学术，诸如文学、语言、历史、哲学、艺术、法律、宗教、考古等，实际上，这一学术研究本身就是中国人文学科在域外的延伸。所以，从这样的意义上说，Sinology 的学术，即这一学术的本身，它的研究和它的成果，自然都可以，而且也应该归入中国的人文学术的相应学科之中。

但是，世界各国的“中国文化”研究者，却又是在与中国文化很不相同的文化语境中展开各自对“中国文化”的研究的，即构成他们观察“中国文化”、感知“中国文化”和研究“中国文化”的诸如人文意识、价值观念、美学理念、道德伦理和意识形态等，都与我们“中国文化”产生的“本土语境”及我们历代中国学者的自我感受很不相同。他们是以他们的文化语境为背景而做出了对“中国文化”各种各样的阐释，通过这些阐释所表现出的丰富多彩的智慧，从根本上说，都是他们的“母体文化”观念。所以，从这样的意义上说，各个国家的 Sinology，其实也就是他们“母体文化”研究的一种。从文化研究体现的本质意义上说，Sinology 这一学术，是属于从事这一研究的对象国的文化系统中的学术，而不是中国的学术。

我想，我们可以这样来为这一门学术定位，即我们可以说，Sinology 是一门在国际文化中涉及双边或多边文化关系的近代边缘性的学术，它以“中国文化”作为研究的“客体”，以研究者各自的“本土文化语境”作为观察“客体”的基点，在“跨文化”的层面上各自表述其研究的结果，它具有“泛比较文化研究”的性质。

基于对这一学术的这种基本定位，又产生了在理解与把握 Sinology 上的两个问题。

第一个问题是，既然 Sinology 这一学术实际上是中国人文学科在域外的延伸，那么，从学科史的意义上说，几乎所有的 Sinology 的研究成果，都应该分别归置于中国人文学术的各个学科中。反过来说，中国人文学科无疑应该把相应的 Sinology 的研究纳入到它的本门学科之内。作为我国人文学科史的表述及作为我国人文学者的修养，如果缺失了对 Sinology 的把握，事实上就是不完整的，就会造成“学科缺损”。例如，依据我正在编纂的《20 世纪日本中国学书目（人文古典卷）》收集到的日本学者在 1900 年到 2000 年的 100 年间在中国人文学术领域内的研究著作，不含论文，目前有两万三千余种。这是一个什么样的概念呢？这就是说，在 20 世纪的 100 年间，日本人每 3 天就会出版 2 种研究中国人文古典的著作。撇开各种政治性的或意识形态性的评价，这向我们展现了一个多么广大的学术空间，提供了多么丰厚的学术资源！然而，目前的情况是，在我阅读到的我国人文学科的相关学科史著作及参加评审的数量不算少的博士论文中，在学科史的叙述层面上，大面积地缺少了对 Sinology 的把握。到目前为止，我国人文学界在相当多的层面上，基本上还是在一种“民族文化自闭”的逻辑系统中循环阐述本学科的学科史。只要阅读《中国大百科全书》中涉及“中国文化”的各卷中关于各个学科的研究的表述，各位就可以明白我国人文学术研究的主流话语以及“民族文化自闭”的状态的严重。我国为数不少的人文学者几乎不明白他们正在从事的或打算展开的那些“课题研究”，其实，国际 Sinology 是已经获得了学术成果的。昨天我碰到了北京外国语大学的李雪涛博士，他在德国研究宗教多年，尤长佛学。他对我说，他在德国读了一些 20 世纪日本学者关于佛教研究的著作和编纂的资料集成，使他感到吃惊的是，与此相比，我们中国近代人文学术中的佛学研究，在学术资料的编辑整理层面上简直无所作为，只有《赵城大藏》的影印，可它保存的意义大于使用的价值，而在佛学学理的研究上，更没有超越 20 世纪 50 年代之前的日本佛学研究的课题。有鉴于此，我觉得既然本届“海外汉学研讨”集合了国内外 Sinology 的众多的高层学者，那么，我们有责任推进我国人文学术主流话语的学术觉醒，提升人文学界回应国际学术研究的注意力和兴奋点，加强人文学界把握和吸收国际学术界在中国文化研究中所表现出的丰富的智慧的能力。

第二个问题是，既然从文化研究本质意义上说，Sinology 这一学术，又是属于从事这一研究的对象国的文化系统中的学术，而不是中国的学术；那么，我们在检讨和研究 Sinology 的时候，我想，我们中国研究者就应该具备“跨文化”的学术立场和“跨文化”的学术视野。什么是“跨文化”的立场和视野呢？我想，这一立场和视野是来源于我们对“文化在全球中互动”这一最基本的特征的把握从而形成的对文化——当然包括人文学术在内——的超越“自我”立场的基本态度。

在 Sinology 的研究中，除了技术层面的知识外，我们常常习惯于追求价值观念的一致性特征。我们特别欣赏外国学者在中国文化的研究中能够得出与“我”或者与“我们”的观念一致的结论，这当然是有可能的。但是从文化学的一般理论来说，特别是从阐释学的理论来说，这种概率其实是很小的。所以，我常常听见有人评价某外国人的中国文化研究时说：“有什么意义呀，跟我们的说法不一样，瞎说一气！”这是一种典型的“自我”立场，研究者把“自我”的惯性思维作为判断他人研究“是非”的标尺。其实，同样的道理，这个外国学者也可以评价你的研究：

“有什么意义呀，跟我的说法不一样，瞎说一气！”

这里，我们碰到了 Sinology 研究中价值判断的最核心的问题——究竟有没有标准，究竟什么是标准？

马克思在论及亚里士多德对希腊悲剧的阐释与法国古典主义戏剧理论家对希腊悲剧的阐释竟然毫不相同的时候，就文化价值的评判问题，有过非常精到的阐述。他说：（对同一文化的不同人群、不同集团的）不正确理解的方式，是（文化流动中）最普遍的方式。

这种情况与我们理解和判断国际 Sinology 研究价值有点类似。马克思认为，简单地批评法国人对希腊悲剧的理解错误是没有意义的。当时，法国哲学家安德烈·达西认为，这可能是因为法国戏剧家们不了解希腊悲剧而造成的误会，因此，他特意把亚里士多德的《诗学》从拉丁文翻译成法文。马克思认为，这是毫无意义的。马克思告诉我们，法国古典主义戏剧理论家之所以对希腊悲剧做出这样的解释，完全是法国戏剧家们生存的时代和他们所受到的教育，以及他们从事的职业使他们不能不做出的解释。我们没有必要去评论他们的解释是对还是不对，我们的任务应该是研究他们为什么要做出这样的解释。

马克思是何等的聪明！他告诉我们，对于不同国家即不同文化语境中的学者，对同一种文化的阐释，最主要的着眼点不在于匆忙地做出价值评判。我们最主要的着眼点应该在于研究并阐明隐藏在他们精神深处、促使他们得出这样的结论的复杂的文化语境，并阐明这么复杂的文化语境在形成他们的结论的过程中在隐性层面和显性层面中的各种表现形态。我以为，这样的学术思维原则，以及由此而形成的学术操作途径和操作方法，才有可能使我们中国学者在 Sinology 的广泛的学术中，获得最深厚的学术资源和享受最丰富的学术智慧。

我顺便要提出来的是，由于 Sinology 是一门外国人研究中国的学问，所以，我感觉到在实际研究过程中，它常常会经受到“对中国”“对中国人民”是不是“友好”这样的考问。我作为一个中国学者，对这样的考问始终保持着高度的警惕和高度的紧张。

例如，20 世纪的日本学者津田左右吉因为反对“皇权神授”，在日本发动对亚洲侵略战争时期的 1942 年以“亵渎皇室罪”被东京法院判处劳役徒刑。他以自己的哲学思想和历史理念构筑起的“津田史学”在学术界具有相当权威的地位，曾经左右日本历史学界达 50 年之久。其中，他有《周易研究》《左传研究》《论语研究》

《老子研究》等宏大著作论述中国古文化，从中可以归纳出他对中国古文化性质的四个定义，即中国文化是一种“人事本位文化”（不是我们说的人本文化），其核心是“帝王文化”；是一种儒、道、墨、法各家共有的以“物欲、肉欲、权势欲和名利欲”四者为核心的“利己主义文化”；是一种以礼教忠孝为手段、以知识者为羽翼，对民众实行极端残酷统治的“权力者文化”；是一种以虚构的尧、舜、禹为社会楷模的“尚古主义文化”。

无疑，尽管津田左右吉在战争期间遭受徒刑，但他对中国文化的评判却是无情和冷酷的，没有任何的友善色彩。所以，尽管他在学术史上是重大的存在，但我国研究日本 Sinology 的学者几乎都回避他的存在，有意忽略了他的价值。我们习惯于从研究的结论去判断一个学者的“友好”或者“不友好”，我们没有着力于研究并阐明隐藏在他精神深处、促使他得出如是结论的复杂的文化语境，并阐明这么复杂的文化语境在形成这一结论的过程中在隐性层面和显性层面中的表现形态，从而丢失了一种学术智慧。

我个人以为，面对我们不以为然的、不赞成的研究结论，如果能够采取冷静、宽容的态度并保留反对的意见，对于学术就是一笔可贵的财富。2004 年 11 月北京大学刘萍博士的大著《津田左右吉研究》作为由我主编的《北京大学 20 世纪国际中国学研究文库》的一种，由中华书局出版。刘萍博士认为，“津田文化观”首先不是为中国学界提供研究成果，而首先是为在日本国民国家构建过程中改造日本国民精神状态而提供的精神导向。所以，“津田文化观”既是“日本帝国话语”的一个类型，又展现了日本近代文化发展中的多类型特征。它的发生与内涵的成形，符合日本文化发生的多元文化语境渗透的逻辑过程。作者又揭示了由于津田氏对中国文化的研究，其首要目的不是为了中国文化本身，因此，他对中国文化文本的解读，既有在知识上未能补充的缺陷，又有在阐释中无法抵抗的不正确的理解。刘萍《津田左右吉研究》最根本的特点在于她不是一一指出“津田文化观”哪些是所谓“正确”的，哪些是所谓“错误”的，而是立足于作为日本中国学家的“津田文化观”首先是日本文化的一种表述形式，因此，只有从日本文化的总体演进中阐释他的逻辑过程，从而把握住他的总体脉搏；作为中国文化的域外延伸的研究，不评判价值观念的所谓“对与错”，而是抓住作为 Sinology 的学术基础的“文本解读”，在文化技术层面与文化史的知识层面，以原典实证的方法来鉴定“真”与“伪”。这样，我们就可以摆脱所谓“友好”或

“不友好”这样浅薄的意识形态的纠缠，不从宏观的政治立场上判断作为学术的Sinology，而是把“学术”放在“学术”的层面上研讨。

以上是我希望向各位请教的关于Sinology这一学术的基本学术定位和它的价值意义的问题。

接下来是关于第二层面问题的请教，即关于这一学术所构成的学术基础与它所应该容纳的学术内涵的问题。

我个人以为，Sinology之所以能够成为一个丰厚的学术系统，它的学术的基础则是存在于中国文化在世界范围内的流动。中国文化向域外的持久而广泛的传播，构成国际学术界对中国文化研究的基础。从最本质的意义上说，我觉得所谓的Sinology就是不同国家的学术界人士，在不同的学术领域中，对所接受到的中国文化的“刺激”所做出的各种各样的“反应”和“回应”，由此而构建成为一个独特的学术系统。

基于这样的认识，依据我和我的同事们的经验，我觉得作为一门学术，Sinology至少应该包含有这样四个层面的内涵。

第一层面的内容，就是需要掌握中国文化向域外传递的基本轨迹和方式。文化的传递可以有多种方式，其中，有人种的方式、典籍的方式、宗教的方式，到现代则有了电子传媒。但是一般而论，文献典籍的传播成为了文化传播的最主要的载体。因此，作为Sinology的基础性的研究，就必须以原典性的实证方法论，解明汉籍文典向世界的传播，探讨这种传递的轨迹和方式，并从事相关的收集、整理和研究。一旦失却了这一基本性的内容，所谓对Sinology的研究都是无根之木、无源之水。其实，从人文学科研究的基本要求来说，一个人文学者，假如他的一生从未做过关于自己研究课题的基本资料的收集、整理和研究，那么，他的所谓的学术，便是大可怀疑的了。

我国学者近30年来，在追踪汉籍文典向世界传播的领域中已经做出了大量的业绩，我们在朝鲜半岛、越南、日本、英国、美国等地做了大量的实地调研，并有相应的报告问世。南京大学为此成立了“域外汉籍研究所”。我国学者30年间的努力，令世界同行十分感佩。日本文献学的权威学者大庭修先生在评价由我在20年间编著的《日藏汉籍善本书录》时说：“这件本来是应该由我们来做的事情，现在却让中国的先生完成了，令我钦佩。”目前，作为Sinology的基础性研究，追踪国外汉籍文典正在向更加纵深的层面发展，如张西平教授等进行的早期来华传教士留存梵蒂冈、巴黎和马德里等地的文典的调查与整理，将会大大推进我们对欧洲早期 Sinology 的研究。

第二层面的内容，就是需要掌握中国文化在传入对象国之后，于对象国文化语境中的存在状态，即对象国文化对中国文化的容纳、排斥和变异的状态。有人对把这样的文化研究纳入 Sinology 的学术范畴大惑不解。但是，我们在自己的研究中深深地体验到，诚如前述，任何一个外国学者对中国文化的观念和他的方法论都受制于他的母体文化；而他的母体文化与中国文化交会接触的层面，便是造就他们的中国文化价值观的最重要的区域。这样形成的“中国文化价值观”便支撑着他们对中国文化的研究。不理解对象国在接受中国文化时形成的“文化的变异”，我们对他们的学术观念的把握就常常会陷入主观自我、自以为是的不良境地。就说个关于儒学研究的例子吧，当中国的儒学进入日本之后，它在日本文化的语境中已经发生了重大变异，变成了“日本的儒学”。“日本儒学”不是中国儒学本体，它是中国儒学的一种变异形态。所以，我们见到了十分令人震惊的文化现象——“日本儒学”成为日本法西斯主义的理论核心成分，而“中国儒学”成为抗击日本侵略的精神力量，差距何止是南辕北辙！我国一个著名出版社出版了《中国儒学文化大观》，它的第六编题目为“（儒学）播惠异域”，写作者完全没有掌握“文化变异”的知识，不能把握“儒学本体”与接受国形成的“儒学变异体”区别，依据一些非常陈旧的社会流传的小知识来进行表述。从 Sinology 的学术标准来考量不仅没有意义，而且误导学界，特别是青年研究者。

我以为，研究在异国文化语境中的中国文化的变异是十分必要的，它便命定地成为 Sinology 的学术范畴中的内容了。

第三层面的内容，就是需要探讨世界各国（对具体的学者来说，当然是特定的对象国）在历史的进程中在不同的政治、经济和文化条件中形成的“中国观念”。从宏观的角度看，“中国观念”恰恰并不表现在 Sinology 这门学术中，中国的存在和活动，就促使世界各民族和各国家都会在不同的层面上形成各自独特的“中国的观念”，并且会以“合力”的形式组合成一个社会在一个时代中的具有主流地位的“中国观念”。这样的中国观念，在不同的时期便会对各国的 Sinology 产生重大的影响，我们称之为“集体无意识”对学者的作用。尽管 Sinology 中许多的学者标榜自己的“学术独立”，但是，无论是“顺时思维”或者“逆向思维”，任何学者都不可能离开他现时生存的环境而独立地生存，因而他的思维必定具有特定时期的社会总体思维的烙印（公开的或隐蔽的、精致的或粗糙的……）。例如，我们现在指证的 20 世纪的日本“中国学家”中，几乎没有哪一位是不受他所生存的时代的社会总体的“中国观念”的影响的。只有在总体上把握了特定的对象国的各种“中国观念”的形态和特征（尤其是主流“中国观念”的形态和特征），才能在对特定国家的 Sinology 的论述中具有理论的深度和宽阔的视野。

我以为，无论是作为一门独立的学术，还是只是进行这一学科中的某一具体问题的研究，为了准确地（即科学地）把握和阐述客体对象，对特定对象国在特定的历史时期中的“中国观念”及其历史源流，要有学术史的概念，它们应该是 Sinology 的必不可缺的内容。这几乎成为考量一个 Sinology 研究者的学术水平的基本标准了。

第四层面的内容，就是需要研究和掌握各国 Sinology 在它自身发展中形成的各种学术流派，并由此而研究并掌握各个国家的 Sinology 的学术谱系。

三十年间在我国 Sinology 研究中，多次或反复发生下列这样不幸的情况——那就是把对象国的非主流学者的观点当成是对象国 Sinology 的主流性观点；把对象国一个学者的观点当成是对象国 Sinology 的普遍性观点。三十多年来，我们曾经为自己这种在学术上的鲁莽和无知闹出了不少“国际笑话”。

我以为，造成如此低劣和被动的局面主要是因为我们没有能够把握对象国 Sinology 的“学派”和“学派的谱系”，缺乏对对象国 Sinology 学术全貌的概念，把所谓的“研究”当作任意的捡拾外国人的“字纸”，看到一本书，读到一篇文章，心血来潮，就做起了 Sinology 的研究。我们很高兴地获知，北京语言大学教授、《汉学研究》主编阎纯德先生正在竭尽心力地主编涵盖世界各国汉学研究的《汉学史》，计划有 10 卷之巨。这将大大地提升我们对世界各国 Sinology 学术谱系的把握和学理传递的内在关系的理解。当然，我们有的研究者还怀有非学术的功利之心，他们明明知道对象国的某位学者，其学术水平并不很高，却偏要在我们的杂志报纸上说“×× 国中国研究的权威学者”，甚至弄到对方专门申明辟谣。这实在是一种学术的腐败。

上述四个部分，应该是构成 Sinology 的最主要的学术内容了。只有在这样的基本内涵的综合体系中，我们每个研究者才有可能真正地做着自己具体的研究。

我要谈的第三个层面，是关于从事 Sinology 的研究者的学识素养的问题。当然，我充分意识到由我在这里谈研究者的学识素养似乎有点“错位”。我只是说说我们培养 Sinology 研究方向的硕士生和博士生的一些综合的体会。1985 年开始，北京大学在硕士学位中设立了“国际中国学”研究方向，我担任了第一任指导教师；自 1994 年开始，在博士学位中设立了“国际中国学”研究方向，我也担任了第一任指导教师。

依据我们的综合经验，我以为并不是人文学术领域中的任何人都可以操作 Sinology 这一学术的，这一学术的研究，要求研究者具有超越国别文化研究的知识结构。从我们培养的经验来看，研究者至少应该具备四方面的知识素养。

第一，研究者必须具有本国文化的素养，包括相关的历史哲学素养，它是这一学术研究的基本点；如果从最根本的“根”上说，其实并没有完全独立的所谓 Sinology 学者。任何层面上的 Sinology 学者，他一定是在中国文化的特定领域中“滋养”出来的。中国文化的特定领域是 Sinology 生成的“皮”，Sinology 是黏附在“皮”上的“毛”。我觉得，一个成熟的 Sinology 研究者，应该是中国文化特定领域中具有丰厚知识的学者。

第二，研究者必须具有特定对象国的文化素养，同样也包括历史哲学素养，缺少了这样的素养，在 Sinology 研究中就是“盲人摸象”。我国 Sinology 学术在有些层面上成就不高，问题多多，其中很重要的原因就是研究者对对象国文化缺乏了解。

第三，研究者必须具有关于文化史学的基本学理的素养，特别是关于“文化本体”理论的修养，例如，文化的发生学理论、文化的传播与接受理论等。其中特别需要具有清醒的理论辨别能力，不要把各种“文化政策”与事实上的“文化理论”混淆。每个国家都有自己的“文化政策”，但是，“文化理论”在理论层面上具有更为普遍的意义。我们见过许多“文化垃圾”，其中非常重要的原因，就是用各种“文化政策”冒充了“文化理论”。Sinology 的研究水平，与研究者的文化史学的理论水平具有极为密切的内在关联。

第四，研究者应该具有两种以上语文的素养，本学术的研究者必须具备很好的汉语文素养，同时也必须具备对象国语文的素养，这就是说，研究的对象材料必须是母语的原典文本。假如不懂对象国的语文，看不懂原始文本，仅仅依靠“翻译本”来进行所谓的“研究”和“教学”，那是对这一学术的很大的嘲弄。

要培养这样的人才需要付出很大的辛劳，但我们必须坚持对研究者学术素养的基本要求。事实上，我国学术界已经造就了一批具有这样的学术水平的研究者。20

世纪 90 年代以来，我国学术界 Sinology 的蓬勃发展，与学术队伍的建设，已成相辅相成之势。

各位女士、各位先生，30 年过去了，在中国大地实现着 21 世纪最伟大的变革的步伐中，中国学术界以自己艰苦的努力，走过了荆棘之路，终于造就了 Sinology 这一独立的学术，并进入了与国际学术界对话的前沿。当我们今天在这里举行“世界性”大会的时候，回顾这一学术的形成与发展，研讨学术中的诸问题，提升自己的学术认识，我想这对于在未来深化这一学术将会是很有益处的。

（本文为 2005 年 7 月 23 日在中国教育部“世界汉语大会国际汉学会场”开幕式上的主题讲演）

严绍璗，1940 年生，北京大学教授，北京大学比较文学与比较文化研究所所长。主要从事东亚文化与文学关系研究。著有《中日古代文学交流史稿》《中国与东北亚文化志》等。

国学、汉学与中国学 [1]

刘　东

很高兴跟诸位先生交换关于国际汉学的心得。从学术发展的一般规律来看，把汉学纳入最高学府的课程，已经是顺理成章、水到渠成了，仅仅从引用率就可以看出，它已对国内学界产生了越来越普遍的影响。除了发挥原有的研究优势以外，大学的使命正在于敏锐地发现具有潜力的新领域，及时把它从社会引进讲坛，从而保持知识增长的正常张力。比如我们都知道，直到韦伯那个年代，他才有资格在德国的学府里首次执鞭主讲社会学；而从此之后，这个新兴的学术传统竟一发不可收，成为整整一个多世纪以来的显学，以至于如果不借助韦伯、齐美尔，不借助阿多尔诺、哈贝马斯，乃至卢曼和贝克等德国社会学家的智慧，大家简直都不知道该怎么思考现代社会和人类困境了。

系统了解国际汉学的脉络与布局，可以使我们的文科研究与教学，获得大致一一对应的精神对立面，使大家时常跳出现有的知识边界，换个角度从头思考原以为解决了的问题，甚至本来并没有构成问题的问题。因此，汉学这个知识领域的存在和传授，就向同学们提醒了这样的治学准备：即使你只打算研究母国文化，也必须收集大量的外文资料，否则视界和心胸就难免褊狭，就无法站到前沿

[1] 这篇稍有点口语化的讲演稿，是本人很多年前发表的讲演。过后我就信手把这份文档归入了一个文件夹，并且在此后的整整 15 年间，都误以为它已发表在《理论与心智》一书中了，只是到了最近想要征引它的时候，才发觉此文仍属于“未刊稿”，也不知这是编辑的差错，还是我本人的疏忽。我在那次讲演中所憧憬的、当时正待创办的《中国学术》杂志，现在也已印刷得跟我差不多高了，焉能不让人顿生“白驹过隙”之慨！也正因为这样，现又应友人之请要将此稿付梓，也算是为自己流逝得太快的生命留下一段或非全不足道的印痕罢！——作者谨记

寻求真正的创新。

另外，系统了解国际汉学的脉络与布局，不仅有助于引进一个镜中的自我，也有助于引进一个精神上的他者。这是一种另类的学术发展史，足以跟目前已经开展的“学术史研究”形成呼应和参对。而在相互的对比映照中，两方面的来龙去脉都会彰显出来，彼此的长短得失也都会显露出来。我想，对于学术史研究这种工作，怎么评价都不过分，因为总结现有的知识生产体系，发现其中的成败得失，找出最佳的运思路向，正是一个国家的国脉之所寄、一个文明的文运之所寄。

还有，系统了解国际汉学的脉络与布局，也有助于增益对外部世界的进一步了解，尤其是设身处地地了解别人对我们的了解。文明与文明之间的对话，有时候显得相当艰难，以致朱维铮教授曾经极而言之，把这种对话形容为徒劳无益的“聋子的对话”。但无论如何，只要不想让这种困难的倾听演变成激烈的对抗，那就必须认真修习对话的技巧，即使在听到了别人对我们明显的误解之后，也不是只会表示出义愤和匪夷所思，而是要能知其然，更知其所以然，知道别人为什么会这样说。在这个意义上，了解国外汉学的基本情况，正是做到知己知彼的关键，因为汉学家们对中国的理解，恰恰在很大程度上代表和引导着他们国家的公众舆论。

不过，无论今天的话题多重要，在正式开始讨论之前，仍有必要对这个思想对象加以界定。首先应当注意到，所谓“汉学”并不是一个特定的学科，而是规模建制跟我们的大文科大体相等的整整一大块知识领地。正因为这样，尽管我们需要了解和研究汉学，但天底下却只能有汉学家，而不可能存在“汉学学家”。这种特殊性就给我们的心智带来了挑战：一方面，大家都只能从自己的专业出发，分类对口地去了解某一特定方向的汉学成果，从而使我们的知识从整体上显得支离破碎；另一方面，任何个人又的确不可能全盘了解整个汉学，他干脆连这样的念头都不要产生，否则就只能成为彻底的杂家，不仅没有请来别人入自家之瓮，反而丢了自己的专业和优长。

解决这个矛盾的唯一办法，就是充分发挥集团的优势。尽管我本人一直主持着一项小小的汉学译介工程，可我在回答某个媒体的提问时，只是把它比作自己的一个“精神私生子”，从来就没想当个“汉学通”。鉴于我本人知识上的局限，今天的话题就只能大体限定在美国汉学。而说到这一点，则需要顺便澄清一下：什么是“汉学”？什么又是“美国汉学”？先来看前一点，从日常语言学派的观点看，语言的游戏规则既是约定俗成的，又是随着生活实践不断变化的，所以现代汉语中的“汉学”一词，它的意思就不再是和“宋学”相对，而是大致可以跟“国学”互成对峙。后者是国人对其祖国的研究，可以说是“内省”的“中学”；前者是外人对其“外邦”的研究，可以说是“旁观”的“中学”。在这一点上，我们大陆人没有必要学台湾人，他们讲的“汉学”是跟“和学”相对的，在很长一段历史时期内，小孩子到了入学的年龄，不是进“汉学堂”就是进“和学堂”。正因为这样，李登辉的族群认同才会出现那么大的问题。

接下来需要澄清的则是，这样的一种汉学，在知识类型上属于他国“区域研究”的一个分支，是应着其他文明从自身需要出发来认识中国这样一种问题意识才确立的，因此，它从逻辑上就必然是外国知识生产过程中的精神产品，并必然随其本土知识生产方式的转变而演进。由此，随着西方学术的自我演变，“汉学”一词在现代就势必衍生出宽窄两义。广义上，它可以指称“一切非本土的研究中国的学问”；狭义上，“汉学”（Sinology）一词则与以现代方法来研究现代中国的“中国研究”（Chinese Studies）相对，仅仅指以传统方法来考释中国古代文化，特别是经典文献的学问，它属于经典研究（Classic Studies）的一种。

由此，我们就追问到了美国汉学的特点。尽管在美国并非完全没有传统意义上的“汉学”，但就其主流而言，他们的汉学却无疑属于“中国研究”，或者说，属于新派的汉学。我们这套书之所以取名为“海外中国研究丛书”，而自觉地跟王元化先生的“海外汉学丛书”区分开，正是因为一开始就把侧重点放到了新派的美国。此中基本的区别是，如果老派的汉学属于标准的人文研究，那么，新派的汉学则超出了这个范围，带有相当的社会科学色彩。作为地区研究的一个分支，它是一门以近现代中国为主要对象、以追问中国现代化进程为基本宗旨、以广义的历史学研究为主要形式、横跨并调动了各种学科的综合学问。从优势上说，这种研究打破了传统汉学的学科界限，把各种社会科学理论及方法都拿到中国史中进行实验，大大拓宽了以往的研究视野和论述内容。但硬币的另一面却是，过于急功近利地专注于追问现代化问题，也容易使传统文化遗产的精神价值受到忽视，使古代中国文明的特有历史轨迹受到忽视，甚至反倒给理解中国的现代化问题制造了障碍。

附带说一句，美国汉学还有一个非常显著、却往往被人们忽视的特点，那就是作为一个综合国力独步天下的移民国家，它比任何其他国家都更容易吸纳中国本土的知识分子，将其补充到他们自己的研究队伍之中。这种特点到了中国改革开放以后，就变得更加突出，因为我们派出去的大量留学生，十有八九都在那里改做了中国研究，其中不少人明显要成为下一代汉学的中坚。这种情况就意味着，就我们刚才所做的国学与汉学的划分而言，在美国那里更是你中有我、我中有你。当然，眼下媳妇们大多还没熬成婆，所以我们现在看到的情况，更多的都是拿着洋腔洋调，被迫顺从美国导师的安排和偏好。但从长远的眼光看，研究队伍的这种成分变化，终究会使研究内容出现相应的变化。另外，将来大洋两岸的交流也会变得愈加顺畅；这是中华民族存储在大洋彼岸人才银行里的资本，就看我们会不会提取了。

做完了这些界定，我接着就向大家汇报一下，自己是如何在主持这项工程的过程中，逐渐摸索汉学的基本脉络和布局，反复思考它对本土学术的应有影响，从而一再调整自己的既定目标的。表面上看，“海外中国研究丛书”好像是一以贯之地连出了50本，而且还有20本左右正在翻译、审校和排印的过程中，但在我个人的内心世界中，这些书籍的意义从来都不是一成不变的。

在这项计划启动之初，我曾在丛书的总序中写道：“这套书不可避免地会加深我们150年以来一直怀有的危机感和失落感，因为单是它的学术水准也足以提醒我们，中国文明在现时代所面对的绝不再是某个粗蛮不文的、很快就将被自己同化的、马背上的战胜者，而是一个高度发展了的、必将对自己的根本价值取向大大触动的文明。可正因为这样，借别人的眼光去获得自知之明，又正是摆在我们面前的紧迫历史使命，因为只要不跳出自家的文化圈子，去透过强烈的反差反观自身，中华文明就找不到进入其现代形态的入口。”说实在的，逐字逐句地译介别人的“中学”要比心悦诚服地译介他们的“西学”更容易使人汗颜，使人悲从中来。不妨试问：曾使我们绞尽脑汁的大陆上的西学研究，又能有多少成果受到人家同等的器重？所以双方在研究水准上的差距是无可否认的。

但如今再来回味这段话，当年潜伏在我心目中的，与其说是崇洋媚外，倒不如说是求真意识。当时我最服膺的名言之一，是所谓“学术乃天下之公器”，而隐藏在这个“公器”之下的前理解，自然也就是“学者均心同此理”了。并不是说，外国人就一定做得比我们好，外国人就不会犯错误，但做学问毕竟是有一定之规的，只要不受政治运动的干扰，只要能有充足的科研经费支持，那么，如果他们犯下了错误，就迟早会被大家共守的治学准则所矫正。在这个意义上，挑选一些做得比较好的汉学成果翻译出来，只是因为人家帮我们提出和搞清了许多问题；这些问题只要能假以时日和条件，我们自己也照样会提出和分梳清楚，但现在既已有了现成的答案，就没有必要再做重复之功了。

即使到现在，我也不觉得上述想法没一点道理，所以我这次专门挑了两本新近推出的译著，来演示它们如何满足了我们的求知欲。

我们先来看郝大维和安乐哲两位教授的《孔子哲学思微》。这部著作的英文标题是 *Thinking Through Confucius*，所以中国台湾地区把它译成《悟透孔子》，并不是没有字典根据的。不过，后来我仔细看了上下文，却发现这个标题原来是个双关语，既有 think through 孔夫子的意思，又有 through Confucius 而思考的意思，很难用汉语同时表达出来。由此，仅从“通过孔子而思”这一点就足以看出，这本比较哲学著作原是写来反驳欧洲中心论的，具体而言，就是反对西方人以自己的架构和取向，来强求孔子的思想就范，相反，他们倒是应该把儒家哲学当成具有独特价值的精神支点，来反省西方哲学自身的某些基本取向。

然而，让人饶有兴味的是，相对于儒家文化圈的学者来说，这本比较哲学的著作却能给人带来相当别致的阅读效果：参照西方哲学的某些基本预设，来反忖自家思想深处的文化本根，这种解读策略就不再是“通过孔子而思”，而是“通过苏格拉底而思”了。尽管郝大维和安乐哲均隶属于欧美的思想谱系，而非来自儒家社会的文化保守主义者，可其行文间却不但没有流露出文化沙文主义，反倒表现出对中国文化本位的“固执”；而且，由于其西学学养更易于举重若轻地剖析欧美传统，他们就反而比某些以非母语去读解这种传统的中国作者更易于反省其有限性与相对性，不仅不会像全盘西化论者那样自以为真经在手，甚至比某些新儒家的代表，更能自觉对抗西方话语的无形支配。

书中给人印象最深的、也是最具挑战性的论点，就要数他们对“内在超越”这种提法的异议了。先来回顾一下相关的学术背景。记得我在“文化热”的高潮中，先是从余英时的文章中、后又从牟宗三的著作中，读到了“内在超越”这种说法。初读起来当然觉得高深莫测，但后来越是仔细寻思，就越觉得它恰好是“方的圆”。就“圆”的一面而言，它确实借“超越”二字，凸显了在人格修持方面不断上提的涵养过程，从而有助于体现和表达儒家伦理学说的丰富层次；就“方”的一面而言，它又确实无法照搬“超越”一词，去突破仅以“从心所欲不逾矩”为修身极境的内在限制，甚至反倒有碍于妙悟和分说由“上下同流”的宇宙论预设所必然派生出来的中国文化的审美精义及悦乐心态。这种困惑我当年在博士论文中就曾提到过。

然而，如果进行深层阅读，却发现要害不在于追问这种提法制造了多少迷雾，而在于思索人们为什么不自觉地制造了迷雾。不容否认的是，个中的难言之隐恰恰在于，在西方话语的长期重压下，外来的“超越”一词早已被“价值化”或者“正当化”了；所以，人们已顾不上分辨究竟是在释读中国哲学还是“准西方哲学”了，因为在救亡保种的重负之下，好像不在本民族的历史中硬生生地造出点类似的文化基因，便不能为中国文明争夺进取的冲力和生存的权利。想清了这一点，我们才会彻悟到，唯其不再将“本体”与“现象”的二元割裂视作不证自明的天经地义，我们才有理由在即使判定孔子未曾设定超然的绝对本原和形而上支点时，也丝毫不替中国文化感到心虚气短。

因此，妙就妙在，偏偏是这两位意识到了本有精神传统之限制的西方作者，反而并无偏见或歧视之嫌地指出，由于“内在”和“超越”这两个源于西方的对立概念在逻辑上不能合取，所以如果非要用西方术语来刻画儒家，那么，孔子哲学的基本预设毋宁显示了“内在而不超越”的特征。他们为此而提供的学理根据是：一方面，由于原理在欧美哲学传统中的支配地位，其必然在精确语义上要求对于“超越”的设定——“严格意义上的超越应被理解为：如果原理乙的意义及重要性不求助于原理甲就不能被充分地分析和理解，可反过来却并非如此，则原理甲对原理乙的关系便是超越的。”而另一方面，体现于中国思想传统中的从自然主义的立场来解释存在的强烈倾向，又远未像即使如“天”这般高高在上的概念赋予独立于世界之外的先存品格和创世能力——“天是全然内在的，并不独立于构成自身的现象之总和而存在。断定由现象‘创造’了天，跟说由天创造了现象同样正当；故此，天与现象间的关系乃是相互依赖的。天的意义和价值取决于其诸多表征的意义和价值，而天的秩序则体现在由其相关部分所达致的和谐中。”

当然需要说明的是，在思想史研究的领域中，像郝大维和安乐哲的这本书、葛瑞汉的《论道者》和芬格莱特的《孔子：神圣的凡夫》，在汉学著作中都几乎属于特例。因为这些人原都是知名的英美哲学家，所以一旦处理起思想史来，比之于纯粹东亚系出身的汉学家，更能显出思想的力度和透彻，他们不会受制于一般的俗见，只会去追问中国有没有过自然科学、有没有过自由人权、有没有过发展出现代性的可能。

然而这并不是说，纯粹科班出身的汉学家就不足观。我们再来看最新出版的这本《血路》，它的副标题是“革命中国中的沈定一传奇”，作者是以研究浙江精英闻名的萧邦奇教授。说来见笑，沈定一乃何许人也？刚在国外翻到这本书的时候，我脑子里竟是一片茫然，所以“ding yi”“ding yi”地拼了老半天，也闹不清这是哪两个汉字。由此原以为这不过是无名之辈，可是略加翻阅却发现不得了，原来他既出席过中共一大，又是国民党西山会议派的领袖！试问咱们的百年历史中，还有比这两次会议更重要的集会吗？可更加蹊跷的是，不光是我个人无知，回国后一查工具书，连公认编得最好的《中国近代史词典》也同样无知，它干脆连“沈定一”这个词条都没有！这究竟是怎么回事？直到把这本书读完，我才琢磨过味儿来！沈定一这个人物实在太复杂了：如果从书中着重描写的上海、杭州和衙前这三个场域来观察，他居然分别扮演了左翼报人、国民党省党部主席和农民运动领袖这样三个角色，最后还不知道叫谁给暗杀了。你叫咱们的近代史专家怎么归类？干脆省去这份麻烦算了！

所以，正如萧邦奇教授写到的：“‘我们不知道他是好人还是坏人’，当地官员在凤凰山上如是说。为什么？看一看他下面的头衔：地主、知县、省议员、西山会议派领导人、国民党保守派代表人物、地方精英领袖，这些头衔正如‘文化大革命’时农民炸开他的坟墓时所说的，都够得上‘黑五类分子’了；再来看看他做的事：领导抗租运动，并鼓励动员工农群众，鞭挞巡抚的父亲，怒斥省督军，呼吁不怕牺牲赶赴广州争夺权位，伺机寻求东山再起，以新思路、新观念使掌权者胆战心惊。从这些事迹来看，其色彩又是红色的。”也许，循名责实这种把握世界的方法，在人类而言是共同的，不过我们也应当承认，在极左思潮的影响下，这种方法的缺点被我们弄到了极致，命名简直就像“文革”时的“戴帽子”一样！

所以，沈定一这个选题好就好在这里！它以一个极端不好分类的特例，颠覆着经过两极简化的宏大历史叙事，从而深刻地提醒人们，我们身后的历史，原本是由日常生活中无数细小、偶然、主动的个体选择所决定的。因此，一方面，从微观的角度看，个体的身份认同从来都是闪烁不定的，它要随着社会的持续变迁进程而不断更替；另一方面，从宏观的角度看，历史的进程也绝不受目的论和决定论制约，它要取决于千百万个个体选择所形成的基本动力机制。那种把历史人物看成不是好人就是坏人的史观，或者再稍加一点掩饰和修正，还有犯了错误的好人或者偶有功绩的坏人，简直就是“见与儿童邻”了。

当然话说回来，对汉学家的成就也不能迷信，哪怕他是公认的汉学大师。就拿我译的《蒙元入侵前夜的中国日常生活》为例，作者谢和耐教授作为法兰西学院当年唯一的汉学院士，其权威性当然是毋庸置疑的。对于这本书的好处，我在《今宵梦醒何处》这篇文章里，也已经做过充分的肯定。而且，我在翻译这本书的过程中，也确实觉得非常感动：一位远在他乡的学者，完全凭靠纸面上的阅读，来还原一个异国的生活情调，探入古代中国的潜文化，这得要下多大的苦功呀！不过即便如此，你还是能够感受到他的局限，比如他居然根据阿拉伯旅行家的那些不足征信的材料，由杭州城里的房荒而推定，当年的富人都是住平房或两层小楼，而穷人则多住三到五层的高楼；再比如他居然根据肉类的消费量推定，杭州城里的穷人才吃米饭和猪肉，而富人则更加偏爱羊肉；甚至他还把"酒烧香螺"这样的小食，说成是比"宋五嫂鱼羹"更加高档的菜肴。这些误解都相当耐人寻味，因为作者无疑是根据巴黎的郊外别墅和市内公寓来理解杭州城里的富人区和穷人区的，却想不到无论是从当年皇城的形制出发，还是从古代建筑的材料力学出发，都根本不允许穷人住这样的高楼大厦；另外，他也肯定是从法国人对烤面包和小羊排的爱好出发，来判定中国的穷人可以大嚼米饭和猪肉，却想不到中国的饮食文化可以说是猪肉文化，连皇上也主要是进食这种体外蛋白的；至于他为什么把炒田螺这样的菜肴看得那么高档，更是因为他长了一个法国人的酷爱蜗牛的胃！由此可见，受切身经验和人生阅历的限制，汉学家在理解中华生活世界的时候，会受到生活实感的巨大阻碍。

再往更深的层次探看，汉学家受到的主要限制，更在于他们的学术话语本身。我们已经提到过，汉学在知识谱系上是西方区域研究的一个分支，由此便决定了，他们的学术活动只能从本有文明的自身需要出发，向自己所属的知识生产体系负责，去延续和发展他们本身的学术传统。这样一来，一方面你会生出感慨，觉得他们的研究太爱花样翻新，甚至极而言之，受现存国际学术霸权梯次的制约，简直是只要法国巴黎打个喷嚏，美国加州那边马上就会伤风咳嗽，紧跟着中国研究也就高烧不止，以至于你作为这套书的主编，也不得不紧张地追踪美国汉学的范式更新，因为有时候重要的并不在于人家写了什么，或你的直觉能否接受，而只在于他是沿哪种路数写的。但另一方面，你又会猛然间恍然大悟，觉得他们无论多么求新求变，仍然有万变不离其宗的盲点和误区！

这方面最明显的例证，就要数美国三代汉学的内部争论了。表面上看起来，相对于费正清的“冲击—回应”模式和李文森的“传统—现代”模式而言，以柯文等人为代表的第三代美国汉学家，已经开始主张以“中国中心观”为纲领来发掘中国本土社会的历史主动性和内倾延续性了，但是，由于他们关心的主题仍是中国过去的历程到底有利于还是不利于朝向西方文明框架的“现代化转型”，所以这种研究纲领就仍然摆脱不掉“西方中心观”的束缚。即使已经希望“在中国发现历史”，他们的要旨也仅限于去追问，这种历史中的潜在活力究竟是否有助于打破中国传统社会的内在结构，所以其结论仍与中国的事实有相当的隔膜。这种隔膜大体表现在两个方面：首先，如果就整理未被西方文明撞碎之前的中国传统而言，由于只图发现在中国文化从总体上受到“创造性破坏”的同时，到底还有哪些文明碎片又足以被“创造性转化”，所以他们就无法看出，在过去的文明系统中，应这种文明结构的自身要求而发育出来的种种文化因子的原有功能。其次，如果就认识中国历史的现代进程而言，由于刻意要反拨老一代汉学家的“冲击—回应”模式，牵强地在中华文明内部勾勒出一种“现代化指向”，反而矫枉过正地低估了近代以来西方文化对中国历史的影响力度。总而言之，受韦伯主义思想惯性的制约，他们总是不由自主地把“能否产生合理性资本主义”的问题，当成一把梳理中国史料的篦子（黄仁宇的“数目字管理”是其中最恶劣的例子），从未转念思索另一个更深刻的问题：至少从中华文明的价值理念来看，这种现代化运动的实质并不合理，因而绝不可能在中国古代社会内部自发地滋生出来。由此可见，仅仅“在中国发现历史”还远远不够，还应当向他们断喝：必须到中国去发现文明和价值！

这方面的例子不胜枚举，我在以前的文章里也说过不少了。这次我想说一下黄宗智的新著《民事审判与民间调解》。这本书的副标题是“清代的表达与实践”，意在通过对当时民法制度实际运作的分析，来凸显在清代法律的实际特点。具体而言，是企图证明民事诉讼在数量比例上、在衙门行政中所占的地位上、在当事人的性质和动机上、在知县判案的根据上、在衙门胥吏的行为上，以及在诉讼费用等问题上，实际情况都与官方的表达有很大差距。由此作者就得出结论，清代的法律制度是由高度道德化的表达和比较实际的运作共同组成的，它在这两方面是相互抱合、对立统一的。

也许作者的本意已经是求新求变。但我在读完这本书以后，却在读书笔记上不由得写下了这样一段话：“其方法论不过‘亦此亦彼’耳，即中国既有民事审判又有民间调解，既讲究道德又讲究法制，既有实质合理的法律又有形式合理的法律。尽管由此对韦伯的结论进行了小小的补正，反愈使中国史实陷入一种不合体的西方框架。由于对儒家话语不能精确地理解，他就只能从工具的角度来解释中国的法律及其操作，却看不到儒家本身作为一种终极价值指归，可以赋予法律以根本不同的意义，更看不到我反复张扬过的那种‘偶合’现象，也就是说，大凡经过长期历史洗汰后留下来的传统，你会发现它左右都解释得通，因为它原本就是由各种各样的合理因素反复磨合后形成的。如果他具备这种眼光，那么他就可以设想：强调民间调解不仅是一种儒家的价值，而且它还是一种早熟的郡县制帝国唯一能够支付得起的制度成本，因此儒家不仅是价值合理的，而且是工具合理的。我们想想灭亡秦朝的两次民变，都是由于形式合理却密如凝脂的法律逼出来的，就不难理解这一点。当然这样他就得彻底转换观念：中国文明并非如他所理解的那样，仅仅是西方文明的一个变种或亚种，而是自成体系、自圆其说、平分秋色的另一种文明。”

先生们！这就是汉学，就是跟国学有着本质区别的汉学！尽管论述的对象看上去都是中国，但它跟我们本土的知识生产体系却分属于迥然不同的两种学术话语，所以任何看上去中性的信息资料，一旦纳入这两种话语体系中，就会受到不同“前理解”的制约，被给予完全不同的处理。正因为这样，我赞成这样一种阅读心态，只要一打开汉学书籍，就必须保持警觉甚至与之搏斗，去体察它难以逾越的知识界限。由此，潜藏在我们内心深处和逻辑深处的价值取向就会被更加自觉、明确地意识到，我们的创作冲动就会得到大大激发，我们的文思就会源源涌出，我们的国学就会和汉学一起并长争高。

当然话说回来，在思想上与之搏斗，并不意味着事事都跟它“斗气儿”，否则在一种恶性循环中，汉学译介这种文化交流的典型案例就会被糟蹋成文化误读的典型案例。向国人介绍西方的“中学”跟向他们介绍西方的“西学”有相当根本的差异。后者很容易被当成心悦诚服的“取经”，即使对其中的细节处理不够满意，也只能通过进一步阅读来扩充视野，即使对其中的理论框架无法认同，也至少可以当成精神对话的另一极。而前者则容易被当成“照镜子”，如果自己的影像跟预期的差距太大，就会从本能上进行抵触。所以，我们绝不能主张任何认识论霸权，认为中国只有中国人才能研究，否则就会挑起无休止的“内外之争”，悲观点儿甚至可以说，就会形成一种循环往复的不断误读：先由西方学者来误读中国，再由中国学者来误读他们的误读，又由西方学者继续误读中国学者对他们的误读……这就掉入黑格尔意义上的“恶无限”了。

要打破这种恶无限，就必须在文明间学会平等的对话。既然在我们的知识视野中，势必出现双峰对峙的两派“中学”，既然国学和汉学互成对峙这件事本身就暗示了彼此实际各有局限，谁也不可能穷尽所有的真理，那么，我们对汉学家的成果就必须学会宽容。在这种心情下，我惊异地发现，原来大大出乎自己的逆料，如果这套书还算有点贡献的话，那并不在于它孤零零地引进了多少正确的断论，而在于它不很自觉地以相对完备的覆盖面，引进了一个活生生的自我更生着的学术传统和治学过程，构成了外在于我们精神活动的独立参照系。于是在我的内心中，这套书的选题标准也发生了微妙的变化，它不再从个人的见解和直觉出发，去简单判定某本书“是对是错”，而更希望从原有的学术语境出发，考量它能否代表那个知识领域的最新或主导倾向。即使对那些一时难以接受、甚至乍看几同儿戏的论点，它也开始变得越来越宽容和谅解了。我甚至在《国学与汉学》中说：“恰因为‘汉学’在知识谱系上属于‘东方学’，能够‘全息’地舶来外缘文化观念，才反而更值得好好研读，以便既取其具体结论又取其基本方法为己所用。缘此，不光应当感激国外同行的学术‘洞见’，促进了国人的多元自我意识，使大家广角地环顾着中国，甚至还应感激他们的文化‘偏见’，诱使国人去努力理解别人的立场，进而渐次管窥到了西方。”

也许哪位先生要疑虑：你这种态度是不是太和稀泥了？要是连中国的基本形象都弄不清楚，还能对父母之邦负起道义责任么？这确实是非常严峻的问题。为了防止现有的知识被彻底相对化，使人只要一涉足中国研究领域，就马上陷入一大笔糊涂账，连最基本的是非都不敢执信，连最基本的事实都不敢首肯，我们又有必要大张旗鼓地强调——引入外来文化刺激来促进今后的知识革命，借助多元研究范式来颠覆旧有的心理定势，都只是一种必要的手段而绝不是终极的目标。尽管国学与汉学的兴奋点不同，有时简直到了戏剧性对立的地步，比如正当这边郭店竹简走红的时候，那边的热点竟是《制造孔子》这本书，认为孔子这个人根本就是子虚乌有的，然而，正因为当今天下是“公说公有理，婆说婆有理”，我们就更不能满足于这种分裂的状态，而应企盼“公”与“婆”能尝试建立起码的共识，于是，一个真正超越国界和捐弃褊狭的“中国学”，正在我们的心念中呼之欲出！

这种憧憬中的学术“大一统”，并不是要以消磨彼此的治学特性为代价。恰恰相反，即使在“中国学”这个有限的经验领域，也应当主动鼓励、而不是消极泯灭精神样态的无限多样性。如果到现在还像我当年那样认为，汉学家只是在帮助我们提出和解决问题，那就有点幼稚可笑了。在文化交流和传播正步步深入、各文明间的关系正日趋密切的现代世界，从根本上说来，中国早已构成了其他文明的生活背景之一，故此也早已不再仅仅属于我们自己。因此，在汉学家提出问题的独特视角、解决问题的独特方法和潜藏其后的独特话语体系中，肯定会屡屡出现属于他们自己的、并不为我们所熟知的“中国形象”。而对于这种总在颠覆着我们现有自我意识的学术成果，我们其实并无特权去嫌好道歹地判定，别人的种种结论反映了其优点抑或缺点，而只有理由虚怀若谷地承认，人家的种种看法反映了他们自己的治学特点。只有从这种思想认识出发，我们才有可能把未来的超越国界的“中国学”，真正设想为生动活泼的、兼听则明的研讨班。

毫无疑问，要建立这样一种中国学，光靠译介汉学著作就远远不够了。所以，近年来我一直在苦苦寻思，如何不断向国人提供新的汉学代表作品，使之从中发现值得认真对付的交谈对手的同时，也试探着向国外学界进行良性回馈，以同样帮助他们克服自身的研究局限。为此，从学术策略上考虑，就必须努力创造跨国的学术论坛，使汉语尽快转变为国际学术的工作语言。具体说来，就是要挣脱以下两种“别人嘴大、我们嘴小”的被动局面。首先，相当一段时间以来，由于“东西”“南北”交织的种种落差，“改革开放”居然仅仅意味着，要么就由海外学者走进来，到中国采集原始的素材数据，要么由海内学者走出去，到国外提供有待加工的土产，似乎学术实验的重心只在人家那里，而真正称得上“研究”的工作也只在人家那里。其次，不管是什么原因造成的，反正眼下的中文学刊无论品位高低，在美国那边全都不能“打分”不能承认，弄得多数留学生根本不敢用汉语写作，生怕耽误了艰难的谋生活动，这就既抑制了他们的学术产能，也不利于调动海外兵团的积极性，使其效命于汉语学术的崛起。

基于这种考虑，我现在非常兴奋地向大家报告，经过近两年耗尽心力的努力，我们的《中国学术》季刊终于马上要由商务印书馆推出了！这是一份面貌全新的杂志，它采取了这样几个基本策略：第一，在格式上完全国际化，不再为论文划分细栏，也不再强求篇幅的短长，以免让国外同行觉得不规范；第二，主办单位由哈佛燕京学社担当，以便借助哈佛的势能，来向对方学术的腹地扩散，尽快获得国外学术界的承认；第三，学术委员会由海内海外各出一半，连编辑部成员也是海内海外各出一半，以便从一开始就获得双方的认同；第四，严格实行通行的双向匿名评审制度，而且逐步做到海内的文章由海外评审，海外的文章由海内评审，以从心念深处争取互动和互补；第五，所有的文章都必须译成中文发表，而且所有的文章都要求首次发表，以便逐步养成国外学者靠阅读中文来追踪学术最新进展的习惯。在这样的策略下，我们把自己的纲领宣布为："提升我国人文及社科的研究水准，推展汉语世界的学术成就；增强文化中国的内聚力，促进中外学术的深度交流；力争中文成为国际学术的工作语言，参赞中国文化现代形态在全球范围内的重建。"衷心希望诸位能成为我们的道友，使这个杂志逐渐成为大家的事业！

最后，我要说，如果真心憧憬"中国文化现代形态在全球范围内的重建"，那么，就必须清醒地意识到，我们的学术灵魂能否最终得救，很大程度上取决于能否完成理论创新。我们必须清醒地意识到，任何的理论创新都有天然的辐射性，也就是说，在此后的知识增长过程中，它总会被合法地试用于其他经验。由此，只有重视理论思维富于思考活力的文明，才可能对别人显出深刻的影响，在国际学术这个激烈的话语竞争场上立于不败。其实，这正是美国汉学能给我们的最大挑战和启示。一方面，我们应当感谢我们的西方同行，把本身必然具有"辐射效果"的理论框架，率先应用于对中国经验的把握，而且这种实验无论成功与否，都是认识不断深化的必经路途，否则我们对西方的种种文化理论，还只能空洞地当作思想史或方法论史来读。另一方面我们又必须心存警惕，他们充其量也只是拿西方主流话语中的既定框架，部分成功地寻找着跟中国材料的接榫点，所以虽不应否定这类思想游戏的实验意义，但同时也要看破，只靠这种小打小闹的范式更迭，不仅无益于凸显中国经验的世界性意义，还有可能使对它的诠释永远沦为西方研究的副产品。

正因为这样，我们绝不要因为美国汉学的某些失误，特别是它误用了某些新理论，就因噎废食地厌恶理论思维本身。哪怕是再空疏、再荒唐的理论，也必须用更体精思微的理论来代替它，而不是用纯粹的经验主义去代替它。所以"理论创新"四个字，理应成为我们念兹在兹的东西。首先，它更能提醒我们在理论思维和经验事实之间小心翼翼地维护平衡，而不是仅仅去修补外来研究范式的篱笆；其次，它更能突出本国传统资源的能动作用，而不是片面强调外缘文化模式的解释功能；最后，它更可以扩散这种研究在世界范围的辐射，而不是把它的贡献和意义局限于中国一隅。深愿大家能以此志共勉，不再把我们的事业仅仅当成某种地区性研究，而是看作有可能结出世界性理论成果的园地，看作有可能产生重大思想智慧的温床。果如此，则汉室之隆，可计日而待也！

1999 年 12 月 8 日讲演于北大

2014 年 11 月 1 日订正于清华

刘东，1955 年生于徐州。现为清华大学国学研究院副院长。曾先后任教于浙江大学、南京大学、北京大学等，并到哈佛燕京学社、斯坦福大学、海德堡大学等担任研究员或客座教授，著有《道术与天下》《再造传统：带着警觉加入全球》等，主编“海外中国研究丛书”“人文与社会译丛”《中国学术》（季刊）等。

试探 e 考据对汉学研究的冲击

——从“甲午八日”脂批谈起[1]

黄一农

甲戌本《石头记》第一回有“今而后，惟愿造化主再出一芹、一脂，是书何本（幸？），余二人亦大快遂心于九泉矣。甲午八日泪笔”之著名眉批（图表一），因提及曹雪芹与脂砚斋，故颇受红学界重视。然因其末署之系年方式被认为迥异于一般用法，且在诸脂批中仅见，胡适遂以“八日”为“八月”之误，亦有学者谓此应校成形近的“人日”[2]，然皆无法获得共识。又，传靖藏本中此批被系作“甲申八月”，唯因该本从不曾公之于世，更让此事众说纷纭。

崔川荣先生则因发现《佛祖历代通载》卷二十有“绍兴六年丙辰岁五月甲午八日乙亥”之用例[3]，遂以“甲午”为五月（五月之地支必为午，而甲午月只能见于

---

[1] 本研究受“e 考据与红学研究”计划（103-2410-H-007-018-MY3）之支持。此为笔者 2014 年 11 月在台湾清华大学讲授 e 考据方法时的个案，感谢兰良永先生和修课同学们所提供的意见。

[2] 古俗至迟在南朝即于新春正月，以阴晴占六畜之丰耗，一日为鸡日、二日为狗日、三日为羊日、四日为猪日、五日为牛日、六日为马日、七日为人日，后且有以初八日为谷日的说法，而人日多会登高赋诗。参见宗懔：《荆楚岁时记》，《景印文渊阁四库全书》本，台北：台湾商务印书馆，1983 年，第 5 页；谢肇淛：《五杂俎》卷二十三，《四库禁毁书丛刊》景印明代刊本，北京：北京出版社，1997 年，第 3 页；赵国栋：《也谈“甲午八日”》，《红楼梦学刊》1995 年第 2 期。

[3] 金石文献中亦可见类似用法，如“太平兴国三年十一月丁亥八日甲午建立”“政和元年辛卯岁六月壬辰八日己亥”等，但细探后发现此乃“太平兴国二年十一月丁亥朔八日甲午建立”“政和元年辛卯岁六月壬辰朔八日己亥”之讹误，知以干支表月的情形确实罕见。参见汤毓倬修、孙星衍纂：《偃师县志》卷二十八，《中国方志丛书》景印乾隆五十三年刊本，台北：成文出版社，1976 年，第 1 页；陈之骥编：《靖远县志》卷六，《中国方志丛书》景印民国十四年铅字重印本，第 2 页。

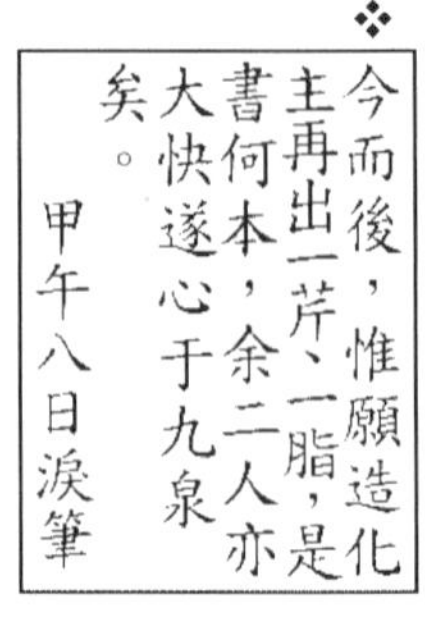

今而後，惟願造化主再出一芹、一脂，是書何本，余二人亦大快遂心于九泉矣。

甲午八日淚筆

图表一：甲戌本《石头记》第一回上的眉批

丙、辛年[1]）之干支，主张“甲午八日”可用来指“甲午月初八日”[2]。此因中国古代历法对年、月、日、时皆系以干支，也就是一般所谓的“八字”，前引之例即具体点出绍兴六年（1136）五月初八日的年、月、日干支分别为丙辰、甲午、乙亥。但古人除了算命之外，通常只有在描述年或日时才用干支。事实上，爬梳“中国基本古籍库”的大量文献，尚未见在前无年号或年、月叙述的情形下，径将“干支○日”中之干支用来纪月者。

近读兰良永先生的《曹雪芹卒年材料考释两则》，则指出“甲午八日”应即乾隆三十九年 (1774) 甲午岁的第八日（正月初八日），因其于清代诗文集中见到三则“干支缀日”之例，此谓在干支之后径接日序（从一日至九日）的情形[3]，而他认为这些干支皆代表岁次，日序则均系于正月[4]。兰氏所提首例是王闿运的《乙酉四日行东城作》[5]，他从该诗“新年人意喜”之用语，以及前后诗之系年，判断此应为乙酉岁正月初四日。

次例是吴绮《高山流水·戊申二日登学士山，次辰六》之词题[6]，因起句为“春城昨夜到东风”，故兰氏认为“戊申”不可能指七月，而应为年之干支。他并进一步称“这一年春事早，正月初七已是“雨水”，“春城昨夜到东风”，“宜于正月初二

[1] 黄一农：《敦煌本具注历日新探》，《新史学》1992 年第 4 期。

[2] 崔川荣：《再谈“甲午八日”及其使用价值：关于红学研究中的几个难题》，《红楼梦学刊》2005 年第 2 期。

[3] 笔者在各种资料库中尚未见有在干支之后立接“十日”之纪日方式。

[4] 兰良永：《曹雪芹卒年材料考释两则》，《曹雪芹研究》2013 年第 1 期。

[5] 王闿运：《湘绮楼全集·诗》卷十二，《清代诗文集汇编》景印光绪三十三年刊本，上海古籍出版社，2010 年，第 1—5 页。

[6] 吴绮：《林蕙堂全集》卷二十五，《景印文渊阁四库全书》本，第 31 页。

日”，然因节候在此并无法提供明确之判断，若我们再考虑下一首《沁园春》中的“春深”一词，亦顶多可推估“戊申二日”为春季之纪日。

再者，兰氏引梁恭辰为长洲毛鼎亨父琢轩所撰之《毛封翁》一文，此因其中有云：“吏部（农按：指毛鼎亨）在官，因无昆弟，急欲迎养，祈签正阳门外关帝庙，亦得第九签。翁悟签旨，允迎养，于壬申六日抵京。”然而，即使我们可论证“壬申”为岁次干支，该“六日”所系之月也很难考实。

兰氏接着又举《湖山便览》中所载樊良枢《乙酉八日邀张鲁叟、聂纯中游法相》诗题[1]与周必大《游记》“壬午三日入寿圣寺”文[2]，以及钱谦益《牧斋有学集》所收《新安汪然明合葬墓志铭》“然明生万历丁丑八日，卒乙未七月，年七十有九”句[3]，说明古代确有以岁次干支缀日者。然经详考之后，发现此三例很巧合地竟多可归为鲁鱼亥豕之讹。

如《湖山便览》所收樊良枢之前诗，在仔细比对同书中其他“八”及“人”字之刻法后，即可发现“乙酉人日”应为“乙酉八日”之误，而《武林梵志》所收同一诗则书此四字为“己酉人日”。再从樊氏之生平及该诗中的“空由清寂迥藏春”“登高此日又逢人”句，知此应吟咏于人日（所谓“此日又逢人”）登高之际，且为仁和县县令樊良枢于万历三十七年 (1609) 己酉岁正月初七日（即人日）邀友人游当地的法相寺时所赋。[4]

此外，因周必大《文忠集》的《记西湖登览》一文清楚载：“壬午三月己亥，晴，与芮国器、程泰之、蒋子礼出暗门，上风篁岭，酌龙井，入寿圣寺。”[5]而绍兴三十二年（1162）壬午岁的三月己亥日又恰为初三，故可判断兰氏所引《游记》之“壬午三日入寿圣寺”句，或为“壬午三月入寿圣寺”之形误，唯此亦可能无误，而是壬午岁三月初三日的缩写（见后文）。

另据汪汝谦（字然明）《西湖韵事》一书末附的钱谦益同一篇汪氏墓志铭，[6]知

---

[1] 翟灏辑、王维瀚重订：《湖山便览》卷八，《中国方志丛书》景印光绪元年刊本，第 18—19 页。

[2] 翟灏辑、王维瀚重订：《湖山便览》卷九，第 26 页。

[3] 钱谦益：《牧斋有学集》卷三十二，《四库禁毁书丛刊》景印康熙二十四年刊本，第 4—7 页。

[4] 吴之鲸：《武林梵志》卷三，《景印文渊阁四库全书》本，第 13 页；赵世安修，顾豹文、邵远平纂：《仁和县志》卷四，《中国地方志集成》景印康熙二十六年刊本，上海书店出版社，1993 年，第 42 页。

[5] 周必大：《文忠集》卷一百八十三，《景印文渊阁四库全书》本，第 9 页。

[6] 由于乾隆朝在纂修《四库全书》时，尝大量销毁钱谦益的著述，且谕旨称“勿令遗留片简”，故《西湖韵事》中所收钱谦益撰的汪氏墓志铭，或因此改系作者为“蒙叟”。又因《西湖韵事》一书乃经汪汝谦后人纂辑入《丛睦汪氏遗书》家集之中，故其内容或较正确。

其生于万历五年丁丑岁八月，亦即，在钱谦益《牧斋有学集》所收汪氏墓志铭中的“生万历丁丑八日”应为“生万历丁丑八月”之形误。尤其，该文在记汪汝谦的出生时间之后，接着称“卒乙未七月”，亦未言及日序。[1]

综前所论，兰氏所举六例似仅王闿运《乙酉四日行东城作》一例可系为正月四日，余者反而印证了古书中有误“月”为“日”或误“人日”为“八日”之情形！此令“干支缀日”之传统是否存在一事，蒙上了重大阴影。

唯笔者近期在翻阅刚购得的《陈鹏年集》时，发现其中的两三千篇诗文至少出现了三处符合“干支缀日”之用例：如《秣陵集》卷一有《癸未九日，江练亭登高，即事三首》，从前后诗之编年及此诗中“座上题糕同觅句”之用典，[2] 知其应作于康熙四十二年（1703；癸未岁）的九月（壬戌月）初九日（壬子日），尤其，前一首就是《重九前三日，雨中即事》；[3] 卷二又有《重九前一日，次讱斋韵，因订登高之游》及《甲申九日，诸子同集饮仙道院，予以他故不得与，怅然有作，用前韵》连续两诗，[4] 其中的“甲申九日”及“用前韵”等字，亦明显指为康熙四十三年（甲申岁）九月初九日；再者，《喝月词》卷二有《清平乐，壬申二日舟中作》，从其中的“两日新年春渐妩”句，[5] 亦知应系于康熙三十一年（岁次壬申）正月初二日（干支壬子）。

此一阅读经验令笔者感觉确有必要利用日益成熟的大数据 (Big Data) 环境，重新深入探讨兰良永先生所提假说的正确与否。遂以“中国基本古籍库”进行主要的采样，搜寻干支之后紧接“〇日”两字之用例，其中“〇”为从一至九之数词，[6] 再逐条分析可否判断其发生的具体月份。

几经努力，终于找出 415 个可试作分析之案例（图表二及三），其中“干支〇日”的干支皆为纪年，至于系月的部分，除 3 例不太能明确判断外，有 3 例应为

---

[1] 钱谦益：《牧斋有学集》卷三十二，第 4—7 页；汪汝谦：《西湖韵事》，《丛书集成续编》景印光绪五年刊本，台北：新文丰出版公司，1989 年，第 13 页。

[2] 此用唐朝诗人刘禹锡之典，因其曾于重阳节与友人登高畅聚，本想以桌上之糕作诗，却因《五经》中无“糕”字而不敢用。

[3] 陈鹏年：《陈鹏年集》，长沙：岳麓书社，2014 年，第 253—254 页。

[4] 同上书，第 264—265 页。

[5] 同上书，第 380 页。

[6] 实际操作时是搜寻“△〇日”，其中“△”是地支（从子到亥），“〇”是日序（从一到九），共得输入 108 次，每次从中筛选适合分析的案例。理论上，资料库应可设计成“△”和“〇”乃两个关键词之集合，使用者只要输入“{子、丑、寅……亥}、{一、二、三……九}日”，即可一次搜出所有符合之个案，但目前坊间所有中文资料库的功能均颇阳春。

"日"与"月"或"八"与"人"之形误（其中1例是资料库辨识错误），19例的"○日"意谓"正月初○日"，410例（约占96%）的"○日"则为月序与日序相同时（所谓之"重○日"）的简称，如一月一日（元旦；3例）、三月三日（春禊；4例）、五月五日（端午；23例）、七月七日（七夕；1例）、八月八日（1例）、九月九日（重阳；378例）等。其中用在九月初九日重阳节以及五月初五日端午节的例子尤多，而相应诗中的内容亦常会出现节令的相关用语，如重阳节之诗则见重九、登高、茱萸、题糕、赏菊等词，端午节之诗常用端阳、屈原、龙舟、竞渡、九歌、粽子等词。

图表二："中国基本古籍库"中"干支缀日"用例意义之统计

分类*	一日	二日	三日	四日	五日	六日	七日	八日	九日	各日
a	3	1	3	3	4	3	1	1	0	19
b	3	0	4	0	23	0	1	1	378	410
c	0	0	0	0	0	0	1	2	0	3
各类	6	1	7	3	27	3	3	4	378	

*a："干支○日"之意为干支岁正月初○日。
b："干支○日"之意为干支岁○月初○日，其月序与日序相同。
c："干支○日"乃"干支○月"之误或"干支八日"乃"干支人日"之误。

图表三：古代诗文中类似"甲午八日"之用例及其意涵。取样自"中国基本古籍库"

编号	相关叙述	内容讨论	出处及参考文献	*
1	《甲辰一日》	"一日刚占甲子经"有小注称"是日为甲子"，查康熙三年甲辰岁的元旦干支正是甲子	吕留良：《吕晚村诗》，清钞本	a b
2	顾楷《顾西坡岁旦诗帖》诗末署"西坡顾楷稿，辛巳一日"	诗题下有小注曰："岁旦偶得一章，录寄世占、秋元旧契一笑。"且有"满堂箫鼓贺新年"句，知此"辛巳一日"应为辛巳岁元旦	卞永誉：《式古堂书画汇考》卷二十八，《四库全书》本	a b
3	《戊午一日示诸子》	康熙十七年戊午岁，吕留良的家人准备为他做五十大寿（生日为正月廿一日），吕氏就于这年正月初一日写此文告诉家人勿为自己庆生	吕留良：《吕晚村先生文集》卷八，雍正三年刊本	a b
4	《辛巳二日立春》	因道光元年正月二日立春，知"辛巳二日"为辛巳岁正月初二日	沈钦韩：《幼学堂诗文稿·诗稿》卷十五，道光八年增修本	a
5	《戊戌三日雪，是日家喧爆竹，俗号送穷》	因古代在正月有送穷之习俗，知"戊戌三日"为戊戌岁正月初三日	敖文祯：《薜荔山房藏稿》卷二，万历刊本	a
6	《庚寅三日大雪，次前读书诗韵》	此诗有"元辰献嘉祥，微雪洒楼阁。三朝大如掌，积玉画疆索"句，知"庚寅三日"为庚寅岁正月初三日	朱黼：《画亭诗草》卷八，乾隆四十三年刻增修本	a

续表

编号	相关叙述	内容讨论	出处及参考文献	*
7	《跋曝书亭所藏曹全碑旧拓本》末题"壬寅三日斋宿祈谷坛归书"	据《翁方纲年谱》，乾隆四十七年壬寅岁正月初三日，翁方纲斋宿祈谷坛，知"壬寅三日"为壬寅岁正月初三日	翁方纲：《复初斋文集》卷二十，清代刊本；沈津：《翁方纲年谱》，台北："中研院"中国文哲研究所：2002年，第152—153页	a
8	《戊子三日偶成》	此诗有"春游良可欢"句，从古俗在三月初三日春禊节有踏青之传统，可推知"戊子三日"或为戊子岁三月初三日	阮元：《两浙輶轩录》卷七，嘉庆刊本	b
9	《丁亥三日陈伯严、涂穉衡禊集碧湖》	此诗有"言修会春禊"句，知"丁亥三日"应为丁亥岁三月初三日春禊节所作	释敬安：《八指头陀诗集》卷三，民国八年刊本	b
10	冯琦墓志铭称"癸卯三日公薨"	因《国榷》记冯琦卒于万历三十一年癸卯岁三月初三日，知"癸卯三日"为癸卯岁三月初三日	王锡爵：《王文肃公文集》卷十，万历刊本；谈迁：《国榷》卷七十九，清钞本	b
11	申光汉《癸巳三日寄茅洞瑞山二首》	此诗有"去年三月初三日……旧约同游底不来""三三九九年年会，旧约犹存事独非。芳草踏青今日是，清樽浮白故人违"句，从春禊节有踏青之传统，可推知"癸巳三日"应为癸巳岁三月初三日	钱谦益：《列朝诗集·闰集》卷六，顺治九年刊本	b
12	《己酉四日立春》	康熙八年己酉岁正月四日立春，知"己酉四日"为己酉岁正月初四日	许楚：《青岩集》卷四，康熙五十四年刊本	a
13	《戊戌四日同许有介……集道山亭》	此诗有"新年作客愁偏剧"句，知"戊戌四日"为戊戌岁正月初四日	胡介：《旅堂诗文集·诗集》，康熙刊本	a
14	《乙酉四日行东城作》	此诗有"新年人意喜"句，知"乙酉四日"为乙酉岁正月初四日	王闿运：《湘绮楼全集·诗》卷十二，光绪刊本	a
15	《丁亥五日自都门赴芦沟……》	因前卷之末有《除夕》诗，而此诗之后有《十三夜观灯》诗，知"丁亥五日"乃指丁亥岁正月初五日	朱黼：《画亭诗草》卷六，乾隆四十三年增修本	a
16	《丙子五日甲子雨》	此诗有"正月上旬逢甲子"句，又因洪武二十九年丙子岁正月初五日为甲子日，知"丙子五日"为丙子岁正月初五日	陶宗仪：《南村诗集》卷四，明代刊本	a
17	《丁酉五日饮叔华涵虚楼》	此诗有"晴光澹荡入年新，积冻全消万象春"句，知"丁酉五日"为丁酉岁正月初五日	敖文祯：《薜荔山房藏稿》卷三，万历刊本	a
18	《癸酉五日六日阴七日雨》	因诗中有"两日寒阴人日雨"句，而人日为正月初七日，知"癸酉五日"应为癸酉岁正月初五日	陶宗仪：《南村诗集》卷四，明代刊本	a
19	"程洴江卒于乙亥五日"	卢见曾有《洴江太史年丈以重五捐馆……》诗，从程梦星（号洴江）卒日，知"乙亥五日"乃指乙亥岁五月初五日	杨钟羲：《雪桥诗话·余集》卷三，民国刊本；卢见曾：《雅雨堂诗遗集》卷下，道光二十年刊本	b

续表

编号	相关叙述	内容讨论	出处及参考文献	*
20	《五君咏》有“乙丑五日海内词人共集秦淮，吊屈之篇至盈几案”	从悼念屈原之描述知“乙丑五日”为乙丑岁五月初五日端午节	卓发之：《漉篱集》卷十五，崇祯刊本	b
21	尹继善有《丁亥五日香树先生远寄画扇……》	从前诗知钱陈群乃于丁亥五月画赠诗扇，知“丁亥五日”乃指丁亥岁五月初五日	钱陈群：《香树斋诗文集·诗续集》卷二十五，乾隆刊本	b
22	《癸亥五日郑薇庵招饮》	此诗有“令节相邀共把杯”句，且前一首《雨中偶成》有“茅堂四月似深秋”句，知“癸亥五日”为癸亥岁五月初五日端午节	李驎：《虬峰文集》卷八，康熙刊本	b
23	《丙戌五日即事》	此诗有“每忆少年看竞渡”句，知“丙戌五日”为丙戌岁五月初五日端午节	邢昉：《石臼集·后集》卷四，康熙刊本	b
24	《壬戌五日拱极台燕集，即席赋得续字》	此诗有“九歌繄谁续古意”句，而《九歌》是由屈原改编，知“壬戌五日”为壬戌岁五月初五日端午节	李驎：《虬峰文集》卷四，康熙刊本	b
25	《为研生题明四贤书画卷》有“壬戌五日过又一村……”之小序	从前后诗可判断此诗系于壬戌三月初九日与六月廿三日之间，因诗中有“佳节来寻又一村”句，疑为端午节所赋	何绍基：《东洲草堂诗钞》卷二十四，同治六年刊本	b
26	《五月五日珠江观竞渡》有“予于庚戌五日观竞渡于芜湖，不及珠江之盛”小注	从“竞渡”两字知“庚戌五日”为庚戌岁五月初五日端午节	方浚颐：《二知轩诗续钞》卷一，同治刊本	b
27	《丁酉五日前陈北庄》	此诗有“何日龙舟白下门”句，知“丁酉五日”为丁酉岁五月初五日	许恕：《北郭集》卷四，《四库全书》本	b
28	《乙酉五日》	此诗有“淹留忽已七端午”句，知“乙酉五日”为乙酉岁五月初五日端午节	张佩纶：《涧于集·诗》卷三，民国十五年刊本	b
29	《丁未五日程昆仑别驾招同谈长益……金山看竞渡》	从“竞渡”一词，知“丁未五日”为丁未岁五月初五日端午节	陈维崧：《迦陵词全集》卷二十六，康熙二十八年刊本	b
30	《己酉五日》	此诗有“团栾解粽爱山家”句，知“己酉五日”为己酉岁五月初五日端午节飘粽香之时	陶汝鼐：《荣木堂合集·诗续集》卷四，康熙刊本	b
31	《甲申五日午醉后涂示儿辈》	此卷收甲申至乙酉之诗，在此诗之后一首为《夏至前三日晓趋直庐……》，而之前第五首则有系于乾隆二十九年甲申岁四月廿一日之诗，是年夏至在五月二十二日，知“甲申五日”应为甲申岁五月初五日端午节	陈兆仑：《紫竹山房诗文集·诗集》卷十，嘉庆刊本	b
32	《丙午五日客临安昭庆寺》	此诗有“见说端阳至，俄惊令节催”句，知“丙午五日”为丙午岁五月初五日端午节	张永铨：《闲存堂集·诗集》卷一，康熙刻增修本	b

续表

编号	相关叙述	内容讨论	出处及参考文献	*
33	《甲寅五日二首》	从“花县此端阳”句，知“甲寅五日”为甲寅岁五月初五日端午	裘琏：《横山初集》卷八，康熙刊本	b
34	尹继善有《庚寅五日香树先生见寄画箑并录咏菊诗即用》诗	此诗有“瑶笺寄我端阳后”句，知“庚寅五日”为庚寅岁五月初五日端午节	钱陈群：《香树斋诗文集·诗续集》卷三十，乾隆刊本	b
35	《乙巳五日舟中》	此诗有“水吼青鼍浪作烟，万人迷眩失龙船”句，知“乙巳五日”为乙巳岁五月初五日端午节	黎简：《五百四峰堂诗钞》卷十五，嘉庆元年刊本	b
36	《辛巳五日》	此诗有“老去还逢佳节至”句，知“辛巳五日”为辛巳岁五月初五日端午节	李驎：《虬峰文集》卷九，康熙刊本	b
37	《庚辰五日病中得诗三首……》	此诗有“是科于重五日廷试”之小注，知“庚辰五日”为庚辰岁五月初五日端午节	陈兆仑：《紫竹山房诗文集·诗集》卷八，嘉庆刊本	b
38	《己卯五日雨中客宣州病起》	此诗有“闭门正好过端阳”句，知“己卯五日”为己卯岁五月初五日端午节	曾异：《纺授堂集·二集》卷九，崇祯刊本	b
39	《辛丑五日滇城燕集兼怀旧游感成长句》	此诗有“四载之内两端阳”句，知“辛丑五日”为辛丑岁五月初五日端午节	邓显鹤：《沅湘耆旧集》卷一百零五，道光二十三年	b
40	《乙巳五日喜雨……》	此诗有“况逢时雨宴端阳”句，知“乙巳五日”为乙巳岁五月初五日端午节	冒襄：《巢民诗文集·诗集》卷五，康熙刊本	b
41	《庚申五日》	卷十四此诗有“又是女儿节”句，查中国不同时地的女儿节皆不同，但均为重日，再从卷二十七另诗可知陈维崧以重五为女儿节，“庚申五日”指庚申岁五月初五日	陈维崧：《迦陵词全集》卷十四、卷二十七，康熙二十八年刊本	b
42	《乙巳六日诏举千叟宴……》	《清实录》记乾隆五十年乙巳岁正月六日举行千叟宴，知“乙巳六日”乃指乙巳岁正月初六日	沈叔埏：《颐彩堂诗钞》卷八，道光二十八年刊本	a
43	《辛亥六日订董小缶陈南皋钱近村范绮霞光溪访梅……》	此诗有“腊尽春初来”句，下一首记辛亥上元事，上一首为《初春四日陈山学过笑读居限韵》，知“辛亥六日”乃指辛亥岁正月初六日	李暾：《松梧阁诗集·三集》，雍正乾隆间刊本	a
44	《招魂》有“丁丑六日小祥之日也”句	同卷之前的《寒夜哭》一诗有“父殁月正六日”之注，因“小祥”乃指父母丧礼周年，知“丁丑六日”应谓丁丑岁正月初六日	李驎：《虬峰文集》卷二，康熙刊本	a
45	王士禛《渔洋诗话》：“乙巳七日余北上京师，诸人祖于禅智寺即席赋五言……”	因此段末称载此一聚会中杜浚（号茶村）有“记逢人日雪”句，从“人日”用语判断，知“乙巳七日”乃乙巳岁正月初七日	陈田：《明诗纪事·辛签》卷十五上，清代刊本	a

续表

编号	相关叙述	内容讨论	出处及参考文献	*
46	程之鵕有《庚申七日》诗	诗中有“今夕何夕是巧夕，爱说人间七月七”句，知“庚申七日”乃指庚申岁七月初七日	徐世昌：《晚晴簃诗汇》卷八十六，民国刊本	b
47	“荆川父有怀公殁于嘉靖三十四年乙卯七日”	王慎中所撰之《中顺大夫永州府知府唐有怀公行状》，称唐顺之（号荆川）父亲“以疾终嘉靖三十四年七月初一日也”，知“乙卯七日”应为“乙卯七月”之误	姚范：《援鹑堂笔记》卷四十五，道光刊本，第12页；王慎中：《遵岩集》卷十七，《四库全书》本	c
48	《壬辰八日偕友人饮北固僧舍花下，觅潘江如不值》	因前一首《祀灶》有“亦欲烧刍狗，残年祀灶神”句，且此诗中有“条风暄谷日，好鸟乱春山”句，故此应系于壬辰岁正月初八日（谷日）	曾畹：《曾庭闻诗》卷三，康熙刊本	a
49	《丙寅八日同张尚宰过牛皮山僧舍》	因前一首《丙寅秋老母诞辰，王春和兄有歌为寿……》有“月到中秋几望时”句，知蔡母应生于中秋前不久，而王春和提前以歌祝寿。又因《丙寅八日……》诗中有“秋深重扣老休居”句，故此或应系于丙寅岁八月初八日	蔡献臣：《清白堂稿》卷十二下，崇祯刊本	b
50	“然明生万历丁丑八日，卒乙未七月，年七十有九”	出自钱谦益《新安汪然明合葬墓志铭》，然明为汪汝谦字，据《西湖韵事》所收汪汝谦之墓志铭，“丁丑八日”应为“丁丑八月”之误	钱谦益：《牧斋有学集》卷三十二，第4—7页；汪汝谦：《西湖韵事》，第13页	c
51	《除日四忆诗》有“丙戌八日别于大兄毂城官舍”注	经查《松寿堂诗钞》中“八”与“人”两字之刻法，发现“中国基本古籍库”将“丙戌人日”误识成“丙戌八日”，且从诗中之“人日一为别”，亦明指在人日	陈夔龙：《松寿堂诗钞》卷四，《续修四库全书》景印宣统三年刊本，第32—33页	c
52	《壬子九日登山小酌》**	此诗有“老怀多感惊佳节”句，知“壬子九日”为壬子岁九月初九日重阳节	陆游：《剑南诗稿》卷二十五，《四库全书》本	b
53	“甲子九日……冗不得践题糕之约”	从文中之“题糕之约”句，知“甲子九日”为甲子岁九月初九日重阳节	施绍莘：《花影集》卷二，明末刊本	b
54	刘克庄有《壬子九日》诗	此诗有“插茱萸伴半凋零”句，知“壬子九日”为壬子岁九月初九日重阳节	方回：《瀛奎律髓》卷十七，《四库全书》本	b
55	《甲子九日集茅孝若邸中，同赋八韵》	此诗有“九九节为阳新”句，知“甲子九日”为甲子岁九月初九日重阳节	葛一龙：《葛震甫诗集·筑语》，崇祯刊本	b
56	《壬子九日游玉泉观……》	此诗有“今年佳节无雨风，天靖山头作重九”句，知“壬子九日”为壬子岁九月初九日重阳节	董平章：《秦川焚余草》卷一，光绪二十七年刊本	b

续表

编号	相关叙述	内容讨论	出处及参考文献	*
57	《依韵奉和司徒侍中壬子九日》	此诗有“肯对茱萸忆赐枝”句，而古人有重阳节佩茱萸的风俗，知“壬子九日”为壬子岁九月初九日重阳节	强至：《祠部集》卷十，清刊本	b

* 各案例分类（从 a 至 c）之定义，请参见图表二。

** 由于“干支九日”之例甚多，故在此表中仅列出地支为子的前几例，其余之干支还约有 372 例可判断其系月全为九月（b 类）。

从图表二的统计数字以及图表三的个案分析中，我们可清楚地发现，“干支○日”之表达最常用于重五的端午节及重九的重阳节，其余事例不论是系于“正月”或“○月”者均顶多三四个，甚至挂零。“干支八日”的情形尤其特别，经爬梳“中国基本古籍库”后，只能找到六例：其中有一例之“八日”被证实为“八月”之误；一例之“人日”在资料库中被误识成“八日”；另有两例虽无法判断“八日”是否为“八月”之误，但可确知应非指正月初八日。[1]

至于曾畹的《壬辰八日偕友人饮北固僧舍花下……》，因诗中有“条风暄谷日，好鸟乱春山”句，而前一首《祀灶》有“残年祀灶神”句，知为十二月二十四日祀灶神时所赋，故《壬辰八日……》应系于壬辰岁正月初八日（谷日）。

另一可较确定的是蔡献臣《清白堂稿》中的《丙寅八日同张尚宰过牛皮山僧舍》诗题，此因前一首《丙寅秋老母诞辰，王春和兄有歌为寿……》有“月到中秋几望时”句，知蔡母应生于中秋前不久，而王春和乃提前以歌祝寿。再从《丙寅八日……》一诗中的“秋深重扣老休居”句，知其应系于天启六年 (1626) 丙寅岁的八月初八日。[2]

值得一提的是，笔者虽亦尝试爬梳“中国方志库”“中国谱牒库”或“读秀”

---

[1] 如萧麟德题壁诗有“癸酉八日奉母入都”之自注，而从“中元四日别吾庐，屈指中秋达帝都”诗句，可知萧氏于七月十五日中元节之后四日离河南西华老家，预计中秋节抵京，“癸酉八日”不知是癸酉岁的八月初八日抑或只是“八月”之误？又，《金硕人陈氏墓志铭》有“嘉靖丁亥八日”句，因陈氏卒于嘉靖丁亥岁五月二十八日，不知“丁亥八日”有无可能误“丁亥八月”为“丁亥八日”？参见李嘉乐：《仿潜斋诗钞》卷十一，顾廷龙主编《续修四库全书》景印光绪十五年刊本，上海：上海古籍出版社，2002 年，第 3 页；黄省曾：《五岳山人集》卷三十七，《四库全书存目丛书》景印嘉靖刊本，济南：齐鲁书社，1997 年，第 16 页。

[2] 因天启六年乃闰六月，八月初八日已是秋分之后六天，故有深秋之凉意，蔡献臣遂称“秋深重扣老休居”。

等资料库，却罕见“干支八日”之例。[1]

在笔者所取样的这 429 例当中（“干支一日”既可归于 a 类，亦可归于 b 类），即使有少数之系月可能无法获得读者的完整共识，但因已发现的事证不少，最早可追溯至宋代，如陆游即有《壬子九日登山小酌》，知古代诗文中确实存在“干支缀日”的小传统，而其特色是以此一略称来描述“重〇日”或该干支年的最前八天（从鸡日到谷日）。[2]

查宋王楙（1151—1213）《野客丛书》中的“重三”条有云：“今言五月五日曰重五，九月九日曰重九，仆谓三月三日亦宜曰重三。”[3] 知“重〇日”原本只用于重五的端午节和重九的重阳节，后才加入重三的春禊节。再查索“文渊阁四库全书电子版”和“中国基本古籍库”，可发现元、明之后亦出现重二（或四、六、七、八）日之用例，如清翁心存《药王观世音象歌》有“二年二月重二日，丁连母病祈鸿术”句，清童槐《闰重四诗答箫楼用谢山先生原韵》有“重四日学使按试鄞县童生”小注，清黎元宽《重新高桥碑记》有“岁丙午重六日记”之纪日，明殷奎《初度》有“年年重六日，是我始生朝”句，明杨慎《闰七夕》有“闰月新秋重七日”句，明石珤《秋日寄宋侍御》有“况逢重七日，儿女试针线”句，元萧㪺《重八日入城……》有“愁阴初霁月初弦，满意秋风洒静便”句。[4] 但总数仅十例左右。

“干支〇日”之纪日若为“重〇日”，有时即会因年份已见于前或作者认为不重要，而常出现省略岁次干支的情形，如东晋刘裕于义熙十四年 (418) 重九日在戏马台送孔靖时，谢瞻即作《九日从宋公戏马台诗》，谢灵运亦赋《九日从宋公戏马台送孔令诗》。[5] 陶渊明在《九日闲居》一诗的序中，也谓：“余闲居爱重九之名。”[6]

---

[1] 倒是因这几个资料库大多采用文字辨识技术先将古书之影像转化成文字，而在校对欠缺或不佳的情形下，屡见“八月”或“人日”被误成形近之“八日”。

[2] 图表三中有 378 个“干支九日”之例皆指重九，但因尚未发现系于正月者，知后一情形极罕用。

[3] 王楙：《野客丛书》卷十一，《景印文渊阁四库全书》本，第 15 页。

[4] 参见翁心存：《知止斋诗集》卷十六，《续修四库全书》景印光绪三年刊本，第 25 页；萧㪺：《勤斋集》卷八，《景印文渊阁四库全书》本，第 6 页；黎元宽：《进贤堂稿》卷十三，《四库禁毁书丛刊》景印康熙刊本，第 11—14 页；殷奎：《强斋集》卷七，《景印文渊阁四库全书》本，第 20 页；杨慎：《升庵集》卷三十六，《景印文渊阁四库全书》本，第 1 页；石珤：《熊峰集》卷一，《景印文渊阁四库全书》本，第 17 页；童槐：《今白华堂诗录补》卷八，《续修四库全书》景印光绪三年刊本，第 3 页。

[5] 欧阳询：《艺文类聚》卷四，《景印文渊阁四库全书》本，第 44—45 页。

[6] 陶潜：《陶渊明集》卷二，《景印文渊阁四库全书》本，第 2—3 页。

可知，至迟东晋已开始有用“九日”省称“九月九日”了。此外，在唐欧阳询的《艺文类聚》中，也可见以三月三日为“三日”，五月五日为“五日”，九月九日为“九日”之例。[1] 此等用法至清代仍常见，如笔者在王士禛的诗集中，即很容易找到十几例之诗题有“九日”字样但无月份者，而从诗中的描述皆可印证是赋于重九；又从其《五日龙溪作》一诗中的“夏五如凛冬”句，亦知为重五。[2] 这些另类的用例应可显示出“干支缀日”纪历方法的滥觞。

综前所论，脂批中“甲午八日”的描述并非不文，我们或不必非得通过改字之方式以求解。从迄今所能找到的两个能判断月序之“干支八日”案例，我们可推判“甲午八日”可指甲午岁的正月初八日（第八日；谷日）或八月初八日（重八）。唯因文献中也的确发现有误“干支八月”或“干支人日”为“干支八日”者，若不排除此等因形近而误抄的可能，则亦可指正月初七日（“甲午人日”）或八月。由于图表三中所发现之各种有关“甲午八日”的解释几乎均是孤例，故我们很难辨别何种可能性较高，但不论何者，前述讨论应可确认“甲午”必为其岁次干支。至于“甲午八日”眉批中的“造化主”一词，亦是先前红学界关注的焦点之一，有学者认为此乃耶教用语，在乾隆朝时尚未出现，遂怀疑“甲午八日”之眉批是清代后期所加。[3] 唯经爬梳“中国基本古籍库”和“中国方志库”后，发现相关词义早见于一些宗教，如明代武振的《哈密纪行录》，即称当地回民“每日约众登省性阁，念经祝赞，拜造化主”；明末王徵在协助传教士邓玉函翻译西书时，曾四度用“造物主”一词；康熙《江西通志》亦谓“道为太极，为天地之本，是指此理为造化之主也”；康熙《广东通志》在引述一道士之语时，也称“元气也，乃虚无之根、造化之主”。[4] 也就是说，乾隆之前的许多在华宗教，皆有以造化主或造物主为创造者之意。

若前论之“甲午八日”眉批确系于乾隆五十六年《红楼梦》程甲本摆印之

[1] 至于尚未见有以“七日”表示七月初七日者，此应是因重七日的应节活动都在晚上，故称“七夕”即可。参见欧阳询：《艺文类聚》卷四，第 10—49 页。

[2] 王士禛著，袁世硕主编：《王士禛全集》第 1 册，济南：齐鲁书社，2007 年，第 157 页。

[3] 刘广定：《化外谈红》，台北：大安出版社，2006 年，第 219—224 页。

[4] 参见黄文炜、沈青崖纂修：《重修肃州新志 · 西陲全册》，南京：凤凰出版社，2014 年；《中国地方志集成》景印乾隆二年刊本，第 8 页；邓玉函、王徵：《远西奇器图说录最》卷一，《百部丛书集成》景印道光年间重刊本，台北：艺文印书馆，1967 年，第 4、6、13 页；于成龙等修，杜果等纂：《江西通志》卷十五，《中国方志丛书》景印康熙二十二年刊本，第 37 页；金光祖纂修：《广东通志》卷二十六，《中国地方志集成》景印康熙三十六年刊本，第 16 页。

前，则甲午岁只能是乾隆三十九年（1774）。批时恰值康熙五十三年（1714）甲午岁出生者“花甲一周”（日本人称之为“还历”），或正逢康熙五十四年出生者的六十岁冥诞。

巧合的是，依照笔者先前对曹寅子侄及孙辈的梳理，曹雪芹最可能是曹頫（原为曹寅侄儿，后奉旨出嗣寅支）之子，其生年上限为康熙五十三年甲午岁，且愈接近上限可能性愈高。[1]若“甲午八日”恰逢曹雪芹“花甲一周”或“六十冥诞”之特别年份甚至生日（故批语中谓之“再生”），则我们就可理解批者为何会如此感慨万千，并在绝无可能逆天的情形下，还祈请造化主能否让酝酿出《红楼梦》这本杰作的“一芹（曹雪芹）”及“一脂（脂砚斋）”重生。又因有疑“甲午八日”之批乃甲戌本诸批者当中最后存世之畸笏叟所为，而先前不少学者从各种蛛丝马迹中推判畸笏叟或即曹頫，[2]若然，则此亦让我们可以更加体会曹頫的慨叹之情。

惭愧，以笔者治中国天文学史近20年的阅历，当我初见“甲午八日”一词时，也和胡适以降的许多学者一样，直觉该用语不合常规。此或因“干支缀日”之略语只适用于一年当中的少数日子，且又大多只用于诗题，故先前学界多未曾特别留意。然在大数据时代里，也许我们大家都得学习用更低调、更踏实的态度，去面对我们不熟悉的传统！

自笔者于2005年在拙作《两头蛇：明末清初的第一代天主教徒》中首揭“e考据”之概念，迄今已有超过60亿字的清代（含）以前古典文献数字化。一位拥有此种研究环境和运用能力的文史工作者，往往有机会掌握前人未曾寓目的材料，并能在较短时间内通过逻辑推理的布局，填补探究历史细节时的隙缝。[3]但我们必须深切理解，现有的中文资料库存在许多讹漏和局限，也就是说，研究时仍必须善用传统方式去努力发掘和爬梳尚未数字化的文献。如以本研究为例，陈鹏年的诗

---

[1] 黄一农：《二重奏：红学与清史的对话》，新竹：台湾清华大学出版社，2014年，第109—154页。

[2] 郑庆山：《红楼梦的版本及其校勘》，北京：北京图书馆出版社，2002年，第678—697页；皮述民：《红楼梦考论集》，台北：联经出版事业股份有限公司，1984年，第71—94页；戴不凡：《红楼评议·外篇》，北京：文化艺术出版社，1991年，第96—131页；赵同：《红楼猜梦》，台北：三三书坊，1980年，第15—18页；赵冈、陈钟毅：《从曹頫的笔迹看〈石头记〉抄本》，《四海红楼》，北京：作家出版社，2006年，第157—163页。

[3] 黄一农：《两头蛇：明末清初的第一代天主教徒》，新竹：台湾清华大学出版社，2005年版，第x、43—44、63—64页；黄一农：《明末至澳门募葡兵的姜云龙小考：兼答熊熊先生对“e考据”的批评》，《“中研院”近代史研究所集刊》总第62期（2008），第141—166页。

文集就不曾被任何资料库收录，而樊良枢的《乙酉八日邀张鲁叟、聂纯中游法相》诗，也仅见于纸本的《湖山便览》。

唯因今日的文史工作者面对的是前所未见的大型古典语料库，其扩张的趋势更是方兴未艾，我们已开始拥有一些较好的条件，可深入研究文本中的语意或语境，并爬梳人际网络与诗文用典、追索典章制度的演变、掌握避讳的实际做法……[1] 质言之，如何融会并交叉运用传统与数字两者的长处，将是新一代学术工作者最需要学习的挑战。

黄一农，1956 年生，现为台湾清华大学历史研究所教授兼“中研院”院士。主要从事科学史、中西文明交流史等领域的研究，著有《两头蛇：明末清初的第一代天主教徒》《社会天文学史十讲》等。

[1] 相关案例可参见拙著《两头蛇：明末清初的第一代天主教徒》或《二重奏：红学与清史的对话》。

汉学与社会人类学
——研究范式变异的概观与评价

王铭铭

我说过“人类学，至少对我来说是对我们过分标准化的文化的一种罗曼蒂克式的逃避”。然而补救的办法近在咫尺，如果允许我再引述我的一些其他看法的话，我认为“那面向人类社会、人类行为和人类本性的真正有效的科学分析的人类学，它的进程是不可阻挡的”。为达到这一目的，研究人的科学必须首先离开未开化状态的研究，而应进入世界上为数众多的、在经济和政治上占重要地位的民族的较先进文化的研究……

——马林诺夫斯基[1]

近年来，汉学（中国研究）界出现了大量有关“范式”（paradigm）的讨论。这些讨论针对的是传统汉学的两个相互关联的问题：（1）汉学研究是否存在自身独特社会科学理论体系？（2）作为区域性研究类别的汉学与一般社会理论之间存在何种联系？综合起来看，这两大问题可以表述为：中国研究应具有自身的独特理论体系，还是应附从于一般社会科学？80年代以来，在试图解答问题的过程中，汉学家已经分化为两大阵营：罗威廉（William Rowe）等坚持认为，某些在欧洲研究中提炼出来的社会科学概念（如civil society）可以运用于解释中国社会的事实[2]；而黄宗智（Philip Huang）等则强调中国社会的独特性，主张在中国研究中提炼出

[1] 马林诺夫斯基：《序》，载费孝通《江村经济》，南京：江苏人民出版社，1986年，第1页。

[2] William Rowe, “The Public Sphere in Modern China”, *Modern China*, 1990, 16:3:pp.309-329.

独特的文化范式[1]。诚然，诸如此类的论辩对于促使汉学研究者关注他们以往通常忽略的理论化问题做出了重要贡献。但是，论辩的双方均局限于汉学本身的讨论，而未引据早已存在于社会科学学科内部的“普同论”（universalism）和“文化相对论”（cultural relativism）的讨论，更未引述为此一讨论奠定理论基础的社会人类学论点。

事实上，近代汉学研究者所提出的问题在探讨中国社会的人类学者那里已经存在几十年了。从本质上讲，社会人类学综合了两种探讨，即区域性、地方性的社会—文化知识的探讨和社会人文学科的理论探讨。在这一社会人文学科中，一部分学者专攻中国社会研究，他们被称为“汉学人类学者”（sinological anthropologists）。在数十年的长期研究实践中，汉学人类学者面临着如何使其在中国社会中发现的地方性事实与一般社会—文化理论形成对话的问题，并向来十分关注地方性知识与社会科学理论之间的关系。可以说，汉学人类学是对中国社会及其人文类型的描述，也是汉学社会科学化的努力之一。自30年代以来，这一社会人类学区域分科提出了诸多范式，分别从不同的角度对汉学与社会科学之间的解释张力加以协调。社会人类学在汉学中的引进及汉学社会—文化研究五大范式的提出，是一部分研究者在解决中国研究自身的独特理论体系与一般社会科学理论体系方面所做的富有意味的探索。鉴于其对汉学研究的深化存在着重要启示，笔者将在本文中对其做较为全面的评介，并力图在评介的基础上进行相关的理论思考。

从汉学到社会人类学对中国社会及其人文类型的描述，不是西方式社会人文科学的独创。自中华文明出现以来，不同朝代的政论者和所谓的“史官”在其文献的写作中，均已对其社会与文化状况加以描述。同样地，活跃在民间的艺人、文人、巫术—宗教从业者甚至一般民众自身，也用独特的形式反映着不同时代中国社会生活方式的情况。不过，政论者、史官、民间文化的记录，表述的是不同时代正统的“治人之道”和非正统的“避世之道”及“抵抗之道”，它们构成与社会人文科学差别甚大的诠释体系。此外，历史上的本土社会描述，把中国当成“天下”，没有认识到中国只是世界的一个区域人文类型，从而其所指的社会状况不是“中国人的状况”，而是中国人眼中的“人”或“非物”的状况。因此，古代中国人对自身社会与人文类型的观察，更接近于综合式的社会哲学，而不构成一门独立的经验性社会

[1] Philip Huang, “The Paradigmic Crisis in Chinese Studies”, *Modern China*, 1991, 17:3:pp.299-341.

人文学科。

在西方，很早以前便有不少哲学家、文学家、史学家及旅行家在其作品中描写过中国。但是，把中国当成一个对象来进行系统化的研究，是16世纪之后欧洲经济、政治、军事、文化势力开始向西方之外的区域展开殖民进攻以后才逐步开始的。从16世纪至19世纪，欧洲各国统治者把中国当成拥有高度文明和财富并“值得”侵略和掠夺的国度。为了达到侵略和掠夺的目的，他们鼓励教会、学者、探险家致力于中国的研究，组成不同的“东方学”研究团体，使中国成为西欧学界的研究对象。最早的中国学就是注重汉语研究的“汉学”。后来，它扩大成了一门关注一切中国事物，如地理、风物、语言、哲学、社会、军事等的区域研究学科。19世纪后期以前，汉学均是描述性、资料性、工具性的研究。尽管它的切入点是中国的人文类型与社会，却不是一门社会人文学科，因为它的研究目的不是理论验证和分析，而是服务于侵略和掠夺的情报搜集。

19世纪后期以后，西欧学术界出现了一股建构社会科学的热潮，一些著名的哲学家和学者提倡用生物学和其他自然科学的路径来探讨社会，主张社会与人文类型的研究应着眼于社会与人的理论实证价值，反对单纯的资料情报搜集。这股思潮潜在地为当时正在升级的西方资本主义世界体系提供了进化论的社会科学依据，从而巧妙地延伸了东方学的掠夺性[1]。但是，“科学”与“实证”等词在社会与人文类型研究中的出现，也为汉学等区域性学科从情报学转变为社会科学提供了值得肯定的前提。自此以后，汉学才逐渐与社会科学结合，而在此结合过程中，社会人类学扮演着十分重要的角色。

社会人类学原是与体质人类学、考古人类学、语言人类学并列的人类学的四大分科之一。在20世纪初的西欧，它逐步从广义的人类学中分离出来，脱离生物进化论和地理学的影响，从过于广泛的“人类史”转变成一门社会人文学科。“社会人类学”一词首先出现于英国。1907年，著名人类学家弗雷泽（Frazer）被任命为社会人类学教授。在20世纪上半叶，一大批英国人类学者引用社会科学理论从事研究工作，以使自己的人类学探讨有别于原有的宏观人类学[2]。1946年，英联邦社

[1] Edward Said, *Orientalism* (London: Penguin, 1978) p.12; Eric Wolf, *Europe and the People without History*, University of California Press, 1982, pp.3-23.

[2] Evans-Pritchard, *Social Anthropology and Other Essays*, New York:the Free Press of Glencoe, 1962, pp.1-20, 43-62.

会人类学会（ASA）的成立不仅宣告了英国国内的社会人类学已经正式成为一个教学和科研门类，而且促使此一学科的独特理论及方法路径走向系统化，使之成为欧洲人类学的主流。在美国与加拿大，某些高等院校中至今仍然采用早期人类学四分科并列的界说作为学科入门教学门类。但是，在具体研究中，与社会人类学类似的文化人类学[1]也已成为独立的人文社会科学学科。

路易斯（Lewis）在其《社会人类学导论》一书中总结了这一学科的基本取向。他说：

> 早期人类学家被一般人想象为：蓄满胡子的教授，拿着测径器终日与骷髅为伍；后来人们渐渐地把人类学家看作奇风异俗的专案调查者与记录者。一般人对人类学家的后期印象，的确与社会人类学家传统的角色很逼近，而且使社会人类学具有很多浪漫的魅力，并且成为知识与学术上追求的动力来源。然而，社会人类学的旨趣不仅如此而已。的确，社会人类学家献身于"奇风异俗"的研究——包括其传统、变迁，以及目前的形式。但是除此之外，社会人类学家有更长远的企图：置身于世界的所有文明中，让那些我们不易了解也不熟悉的信仰与风俗，冲淡我们民族中心的限制，从而进行所有社会的比较研究。[2]

社会人类学的兴起，一方面是学科分类变化的表现，另一方面与20世纪人类学研究旨趣的转变有关。在20世纪20年代以前，人类学者的学术兴趣在于通过跨文化的社会形成排比，展示作为生物物种和文化物种的人类的宏观历史。首先，英美社会进化论者从生物学、考古学、语言学、文化学的角度，论证人脱离动物界而进入人界，并最终进入文明社会的过程。德—奥的人类学者继之提出文化传播论（diffusionism），主张从古代文明的式微来探索文化变异。无论是英美进化论，还是德—奥传播论，或是在其影响下在美国发展起来的历史具体主义（historical particularism），都是以人类史为研究目的，并且在意识形态取向上，侧重以欧洲民族中心论为依据，把非西方文化视为比西方文明"古老"而"低级"的形态。在方

[1] 传统上，美国人类学者称自己为"文化人类学者"，但也有不少人（如Geertz等）采用欧洲的"社会人类学"一词指代自己的研究。目前，大多数学者认为"社会—文化人类学"（socio-cultural anthropology）一词更为合适。

[2] Ioan M. Lewis:《社会人类学导论》，黄宣卫、刘容贵译，台北：五南图书公司，1985年，第1页。

法论上，除了个别人类学家（如摩尔根）采用实地调查法之外，大多数学者的方法论视野与世界史无异。

虽然 19 世纪和 20 世纪初的人类学已包含后来发展起来的社会人类学的因素，但是真正意义上的社会人类学可以说是在反思进化论和传播论的宏观人类史和民族中心主义的基础上创立起来的。社会人类学的视野和理论方法特点在其与广义人类学的比较上体现得最为清楚。首先，从研究对象看，广义的人类学研究的是过去的人种、文化和社会类型，而关于这些研究对象的大部分资料不仅来自学者本身对世界各民族的了解，也来自游记、历史记载和考古发现。社会人类学从过去的人类学继承了对不同民族的社会—文化形态的兴趣，在本质上是以研究“非西方社会”——包括亚、非、拉美、太平洋岛屿——为目标的。但是，与广义的人类学不同，社会人类学研究“非西方社会”并不是为了证明人类史的过程，而是为了把所谓“异文化”当成与“本文化”（如西方文化）具有同等地位和价值的实体加以理解，并通过这种理解来思考“本文化”的局限。这一研究取向的转变，是人类学从全球文化时空建构迈向文化多元并存观的具体表现。

在方法论上，因为广义的人类学重视的是人类史，因此它主要是以宏观的社会—文化探讨为内容和研究单位。相比之下，社会人类学的特色，在于对小型社区或族群的透视，以及对文化的整体观和制度关系分析的强调。社会人类学，对于这种文化整体观——其实践被称为“田野工作”（fieldwork）——的社会代表性问题，历来有争议。但是，人们无法否认社会人类学与古典的广义人类学和其他社会人文科学的分立点，就在于它的社区透视。这种方法比起宏观方法来有其独特的优势。通过对小型社会单位的透视，社会人类学者比其他领域的学者更容易深入被研究者中，体会和理解他们的生活世界，避免受到本身文化价值观和主观规范的制约，能够较为开放地吸纳“本文化”之外的现象和事物。可以说，人类学者是从宏观的人类史走进微观的社区参与（participation）之后，才将自身改造为社会人类学者的。

在表述风格上，与划分社会、经济、政治、文化领域的宏观分析不同，社会人类学采用的是较为微观的社会文化整体描述法或所谓的“民族志”（ethnography）方法。正如吉尔茨（Clifford Geertz）所说的，“在人类学界，即社会人类学界从业的人所做的工作就是民族志”[1]。民族志并不一定是对某一民族的社会—文化的全面

[1] Clifford Geertz, *The Interpretation of Cultures*, New York:Basic Books,1973, p.5.

描述，更通常发生的情况是，民族志作者（即社会人类学者）亲身到某一民族的社区中进行长期生活，参与到该社区的社会、经济、仪式等方面的活动中去，并通过学习当地的语汇和思考方式，理解当地的文化。在结束实地参与回到他们自己的家园之后，人类学者以一定的叙述框架论说这种参与的体验与发现。这种论说，就称为“民族志”。民族志的微观性和个别性，也已引起学界的批评，新的替代模式是在微观描写中，包容宏观的社会和历史视角。不过，以民族志方法作为基础，是大多数社会人类学者所坚持的研究路径。

在对所谓“非西方社会”进行的人类学研究中，人类学者大多对这些社会的整体面貌和社会存在的各种形式有广泛的兴趣。正如法国人类学家列维–斯特劳斯（Levi-Strauss）所说的：

> 社会人类学是从一个发现中发展出来的。这一发现就是：社会生活的所有方面——经济、技术、政治、法律、美学以及宗教——构成一个有意义的复合体，而且，如果没有被放在与其他方面的关系中考察，任何一方面也无法得到理解。[1]

不过，近一个世纪的发展证明，社会人类学者越来越把自己的研究视野集中在某一特定的课题之上。整体的民族志曾被视为社会人类学研究目的本身，而近几十年来，它逐步成为研究者借以描写、叙说、论证某种理论的工具。社会人类学者的研究主题是多样的，它们可以是社会组织、经济观念和过程、政治制度和行为、象征符号、仪式、宗教信仰、意识形态等。在西欧，人类学者认为他们的研究应被称为社会人类学，而在美国，多数人类学者把“文化人类学”当成他们研究的标签。列维–斯特劳斯指出，前者之所以称为“社会人类学”是因为它以“社会”的概念为组织分析体系的工具，而后者则以“文化”为分析单位和概念。不过，二者均是为了了解人的整体[2]。此外，无论社会或文化人类学者如何看待自己的分析概念体系，一般来说，他们的研究均可分为如下几个方向。

亲属制度（kinship）——对亲属制度的探讨被视为社会人类学的基本功，这主

[1] Claude Levi-Strauss, *Structural Anthropology*, Vol.1 (1972), p.358.

[2] Ibid., pp.356-359.

要是因为社会人类学者认为亲属制度是人类社会的基本物质。作为亲属间称谓体系的亲属制度，有时反映社会组织的类型，有时表达人们对人际关系的看法，有时构成一定的意识形态体系。因此，社会人类学者试图借以透视社会生活的基本结构。

经济人类学（economic anthropology）——社会人类学者与一般经济学者一样，对经济现象（如生计与交换）十分感兴趣。但是，他们的研究与后者不同。经济学者在其研究中把经济看成独立于社会之外的形态。社会人类学者则主张，经济观念和过程是社会和文化不可分割的组成部分。因此，他们从社会和文化的全貌入手考察经济，并提出一系列有关经济与社会关系、经济与文化关系的论点。

政治人类学（political anthropology）——非西方社会政治制度的比较曾被视为政治人类学的主要研究目标。不过，自 50 年代以来，社会人类学者在探讨这一专题时，更多地倾向于从政治制度、权力及它们与文化的关系出发进行探讨，从而对政治的本质加以界定。同时，一些人类学者运用一般政治科学的概念以描述他们所研究的社会，另一些人类学者则力图通过独特的民族志研究，对一般政治理论提出挑战。

宗教人类学（religious anthropology）——宗教学把自己的研究限定在经典和教义范畴之内，其对“宗教”的界定也偏向于“制度化宗教”，即有一定统一神谱、经典和教义的宗教。社会人类学者眼中的“宗教”既包括制度化的宗教，也包括其他宗教类型，并把象征符号、仪式、信仰、意识形态等都视为宗教探讨的对象。

根据不同研究者的不同区域专长，人类学又可以划分为非洲人类学、中国 / 汉学人类学、印度人类学等。

当然，对不同主题和区域赋予集中的考察，并不等于采用完全不同的理论和分析方法。事实上，社会人类学者不管是以何种主题和区域为专长，他们大多都有一套共同关注点。1979 年，法国人类学家奥格（Marc Auge）[1] 指出，传统人类学的研究有四个具体的关切点：进化、文化、象征、功能。进化与文化形成一个轴，象征与功能形成另一个轴。传统人类学理论的分类，可以以这两个轴、四个关切点为标准。[2] 进化论分为美式和英式两种，美式进化论所关心的是文化的进化，英式进化论关心的是文化功能的进化史。法国社会学派和英国结构功能主义关心的是象征

[1] Marc Auge, *The Anthropological Circle*, Cambridge: Cambridge University Press,1982, pp.14-18.

[2] Ibid..

(宗教仪式)的功能。英国功能主义人类学所关心的是文化、象征与功能的三角关系。传播论关心的焦点与进化论一样，是历史与文化的关系，但其所谓“历史”指的不是进化而是“退化”，或是文明从中心到边沿的空间传播和时间衰落。历史具体主义和结构主义人类学者所关心的是象征和文化两个焦点，他们几乎把象征和文化视为自在的与社会无关的空间分布体系的逻辑体系[1]。

社会人类学对奥格所界定的进化、文化、象征、功能四个关切点均有所涉及。但是，如果我们可以把这门学科严格界定为狭义的、20世纪初以后在英国兴起的社会人类学类型的话，那么也可以说它与德国学派的民族学及与之关系密切的传统美国文化人类学有所不同，它对进化—文化的轴线不感兴趣，但对其他三个关切点的联系十分关注。具体地说，社会人类学的内部一般分为两种类型：一种是涵盖文化、象征、功能的类型，其起源是人类学大师马林诺夫斯基(Bronislaw Malinowski)；另一种是只涵盖象征和功能的类型，其起源是法国学派和在英美传播法国学派的英国人类学家拉德克利夫-布朗(Radcliffe-Brown)。不过，对进化的排斥不等于完全反对变迁的观点。相反，尤其是60年代以后，大多数现代社会人类学者都对社会—文化的过程、历史等历时性变动十分关注。诚然，在社会人类学的理论前提下关注过程，与进化论者的超地方人类史的观察，在取向上有很大差异。

中国社会的人类学研究史

社会人类学之所以成为西方学界与公众广泛关注的学科，主要是因为它做出如下两个十分“开明”的承诺：

> 一方面，人类学者声称自己要拯救那些独特的文化与生活方式，使之幸免于激烈的全球西方化的破坏。借助于其浪漫的感召力及其吸引人的科学宗旨，人类学者挺身而出，反对席卷全球的西方模式；另一方面，人类学者用较隐晦的词句许诺要使自己的研究成为对我们西方自己文化的批评。他们说，通过描写异文化，我们可以反省我们自己的文化模式，从而瓦解人们的常识，促使我

[1] 王铭铭：《人类学与文化学说》，《国外社会学》1996年第1—2期。

们重新检讨大家想当然的一些想法。[1]

中国社会的人类学研究[2]，亦即汉学人类学，是社会人类学区域性分支的一门。这一区域性分科的缘起与其他区域性的人类学基本一致，其最早的目的就是把中国当成受现代西方文明冲击的文明加以“拯救”。因此，早期人类学家在对世界各民族的种族、社会和文化的形成进行分类和研究时，“中国人”也是他们的案例。弗雷泽在写作其巨著《金枝》一书时便已把中国当成充满“原始信仰”的社会加以渲染。最早符合社会人类学学科特点的汉学家是荷兰的高延（J. J. M. de Groot），他不仅把中国当成“异文化”来研究，而且还长期在中国从事田野调查和参与观察[3]。不过，他们的理论和写作风格均与社会人类学的民族志有异，虽然不少当代人类学者把他们推认为某一具体方面的创始人，但是他们并不是严格意义上的社会人类学家，而与专注于“奇风异俗”的古典人类学家颇为相似。当时人类学家的中国文明研究也还称不上“汉学人类学”，因为研究者对中国的社会现实并没有深入地把握，更没有像社会人类学者那样强调亲临其地，从内部体验中国文化的意义。只有在功能主义民族志方法和社会结构理论被引入社会人类学之后，汉学人类学才可以说是已经成立了。

功能主义人类学的出现，是近代欧洲学术发展的一个必然结果。自18世纪以来，欧洲社会产生了两种思潮：一是对“西方”过去的关注，二是对如何看待“西方”以外的世界产生兴趣。正如英国皇家人类学会前任主席吉尔耐（Ernest Gellner）所言[4]，表达这两种思潮的是一个当时十分流行的问题：“为什么世界会越变越好？我们可以用何种标准来衡量世界的变化？”对这一问题出现两种不同的回答。历史主义的理论主张，世界的进步是历史的必然，是欧洲社会的进步战胜“非欧洲社会”的落后的表现；实证主义者则主张，欧洲的先进在于它拥有别的社会所

[1] George Marcus and Michael Fischer, 1986, *Anthropology as Cultural Critique*, Chicago:University of Chicago Press, 1986, p.1.

[2] 一般读者容易把汉学人类学与中国民族研究相混淆。实际上，除了个别的例外，中国少数民族族群的研究与汉学人类学有很大差距。一方面，汉学人类学吸收了传统汉学 / 中国学的因素，对中国占人口多数的汉族（汉人）文化和社会组织特别感兴趣；另一方面，它不仅是对汉族社会—文化的描述，而且还力图从研究中提炼出有助于中国社会理解和总体人类学理论发展的观点。“汉学人类学”就是中国社会的人类学研究。

[3] Maurice Freedman, “On the Sociological Study of Chinese Religion”, *Religion and Ritual in Chinese Society*, Arthur Wolf ed., Stanford: Stanford University Press, 1974, pp.19-41.

[4] Ernest Gellner, *Culture, Identity and Politics*, Cambridge: Cambridge University Press,1983, pp.47-48.

没有的求证和知识结构。在人类学界，这两种答案是通过生物的类比法来表述的。19 世纪的文化进化论从生物的类比中得出一个结论，即文化与生物界的生存法则一样，经历了从低级到高级的演化，世界的发展则是从“非西方的落后文化”到“西方的进步文化”的演进。功能主义的创设者马林诺夫斯基和布朗的功能理论具有各自不同的特点，但是他们却从不同的线路达成了一个共同的结论。他们从生物学的启示中，得出一个与进化论相反的结论。

马林诺夫斯基和布朗认为，人文现象与生物现象的雷同，不在于它们有高低之别，而在于它们存在的目的与生物体一样，是为了自身的生存和发展。而欧洲的优势也并不在于它在进化阶层上的地位，而在于它可以通过实证的科学研究掌握“非西方”的文化特性。功能理论对人类学发展的主要贡献就在于它们指出了与以欧洲为中心的文明不同的文化形态，而它们并不能被贬低为比欧洲文明低等的文化。功能的解释，同样强调不同文化之间的“平等生存权利”以及“非西方文化”的合理性。同时，它还指出通过对“异文化”的研究所获得的实证知识有助于对西方文化的自我反省。这两点成为社会人类学研究的基本观念，对于人类学者的文化价值判断有深远的影响。

在这一理论前提下，人类学者提出了一套新的研究方法，力图解答一个他们视为至关重要的问题：在一个离现代西方社会十分遥远的地方，人民的生活方式表现出鲜明的特质，这种特质到底为什么存在？在功能主义处于支配地位的时代，解释这个问题的主要途径就是对被研究者生活需求和社会组织方式的理解。

中国之所以成为人类学研究的对象，原因正在于西方学界出现了理解非西方人的生活需求和社会组织方式的热潮。不过，具有讽刺意味的是，与其他区域性人类学不同，汉学人类学的开创者是本土人类学者。在目前西方学术界，多数汉学人类学家倾向于推戴西方的人类学家（如活跃于 20 世纪 50 年代至 70 年代的弗里德曼）为他们的学术带头人[1]。实际上，第一代运用严格的社会人类学理论和方法对中国社会进行研究的不是来自西方的“远方来客”，而是被从中国本土派往英美学习社会科学的一批青年学者。30 年代至 40 年代，费孝通、林耀华等就已经比较系统地学习过社会人类学。在他们的研究中，社会人类学的民族志方法被较为完整地运

[1] Burton Pasternak, “The Disquieting Chinese Lineage and Its Anthropological Relevance”, *The Chinese Family and Its Behavior*, Hsieh Jih-chang and Chuoang Ying-chang eds., Taipei: Academia Sinica,Institute of Ethnology, 1985, pp.165-191.

用，其对经济、亲属制度、信仰与仪式等方面的旨趣也得以较充分地表述。尽管他们并不自称为“汉学人类学者”，但是他们的具体研究实践开了这门社会人类学区域性分支学科的先河。

本土社会科学研究者成为第一代汉学人类学者，不是一个偶然的现象，而是与特定历史时期的文化沟通方式有密切关系。首先，社会人类学的“开明”承诺吸引了这批来自东方的学者，使其文化自尊的情怀在西方文化霸权的场合中获得一席之地。其次，作为本土人类学家，这一代学者已经天然地符合了功能主义人类学导师那种“尊重本土人知识”的文化价值观，满足了他们那种“钻进本土人脑中去求知文化”的欲望。此外，中国国内学术范式的缺失也促使这批青年学者在域外服从于当时“最先进”的功能观点。其结果就是：本土学者用来自西方的范式来描述中国社会的功能一体化特点，为西方人类学家提供了展开西方自我文化反省的非西方文明社会图景。

正当中国本土人类学者用英文发表了一系列论著之时，西方社会人类学界对于社会人类学的学科界定问题产生了争论。牛津大学的布朗和步他后尘的埃文斯－普里查德（Evans-Pritchard）在社会人类学和社会学之间划定了边界。前者认为，社会学是研究社会内部构造的学科，并偏向于以本土社会（西方）为研究重点，而社会人类学不仅应研究社会的内部结构，还应对不同的社会类型进行比较。后者则认为，社会学与社会人类学的基本差别在于：社会人类学是对简单社会（社区）的整体描述和分析，社会学则是对社会中的不同面向进行切割性分解。两者都坚持，社会人类学者务必以“异文化”或“原始简单社会”为研究对象。按布朗的观点推论，中国社会的研究是针对社会内部结构而展开的，因此构不成以比较为特点的社会人类学，而只能是社会学。而从埃文斯－普里查德的角度看，对中国这个“复杂社会”进行研究，只能获得有关“大社会”的片段性信息，构不成整体的文化理解，因此也不可能是社会人类学。

相比之下，伦敦大学经济学院的马林诺夫斯基则对人类学采取了较开放的态度。他在为费孝通的《江村经济》所写的前言中[1]，对中国社会的人类学研究提出两点希望：第一，他希冀中国人类学成为本土社会的先锋；第二，他还希望从此之后社会人类学可以把注意力从“简单社会”转向“复杂的文明社会”。虽然马林诺

[1] Bronislaw Malinowski, Preface, Hsiao-Tung Fei, *Peasant Life in China*, New York:AMS Press, 1939, pp.xix-xxvi.

夫斯基不是一位中国专家，但是他所提出来的却是汉学人类学一直面临的问题。50年代以来，由费孝通等开创的本土人类学并没有得到进一步的阐释。但是，关于中国社会的研究在社会人类学中的地位却是半个世纪以来汉学人类学探讨的大问题。

在第一代中国人类学家（费孝通等的人类学时代）之后，汉学人类学经历了半个世纪的发展。费孝通等人开始进行本土人类学的研究时，虽然与其他社会人类学者一样对某些专题性研究颇有兴趣，但是他们的主要关注点是如何通过民族志方法描述中国社会及其变迁。比较起来，此后一系列汉学人类学研究则较直接地与一般社会人类学的关切点和理论形成直接交流。

在界定社会人类学的研究旨趣时，埃文斯－普里查德说：

> 正如我将要论证的，它（社会人类学）研究的是以制度化形式存在的社会行为，包括诸如家庭、亲属体系、政治组织、法的程序、宗教信仰等。[1]

如上所述，当代社会人类学界已经把这些内容归结为：亲属制度（包含家庭）、经济人类学、政治人类学（包含法律文化研究）和宗教人类学。可以说，在半个世纪中，社会人类学一般所关注的四大焦点已经完整地在汉学人类学中生根了。在亲属制度范围内，弗里德曼（Maurice Freedman）的宗族理论引起了一系列有关中国家庭与社区的关系、地方与国家的关系、祖先崇拜与社会组织关系的讨论。在经济人类学范围内，施坚雅（William Skinner）的经济空间理论不仅引起了汉学人类学的改变，而且对中国社会经济历史的研究也颇有影响。从政治人类学的角度展开中国研究的学者为数不多，但是近年来社会人类学与政治科学的综合，也影响了汉学人类学的研究；另外，从中国这样一个存在国家制度的社会出发探讨人类学问题，也迫使汉学人类学者拓宽自己的政治与权力论视野。自60年代以来，大量的汉学人类学者在象征人类学、结构主义的影响下从中国民间信仰与仪式出发，提出了许多颇有见地的文化理论。

从学术史的断代看，汉学人类学已经经历了四个时代的发展。

第一个时代就是我们已经提及的本土人类学时代，它只延续了约10年，其特点是对社区民族志的强调。此外，除了费孝通坚持以社会人类学整体论民族志来描

---

[1] Evans-Pritchard, *Social Anthropology and Other Essays*, New York:the Free Press of Glencoe, 1962, p.5.

述乡土中国之外，其余学者有的为当时的“文化与人格”、宗教社会学等新理论所吸引而对社会人类学的传统失去了兴趣。

第二个时代从年代上讲起始于 50 年代后期，延续至 70 年代，其支配性人物是弗里德曼和施坚雅。弗里德曼根据海外华人社会的研究和第二手材料写出一批关于中国社会（宗族）组织和文化的论著，施坚雅根据文献从清史的角度研究中国的社会结构和经济人类学。他们的作品一时成为“反社区”的理论，而其对非正式制度与国家的考察至今影响依然十分强大。

第三个时代是 70 年代至 80 年代，其特点表现为：对社区方法和田野工作的重新重视和对旧范式的经验验证和发展。民族志方法的重新运用使一大批学者有机会对弗里德曼、施坚雅等人的模式进行实地体验。同时，新的社会人类学思潮的出现也造就了新一代汉学人类学家。

第四个时代开始于 80 年代后期，其特点是对旧有理论加以综合并在视角和方法论上受到一般社会科学的冲击。与一般社会人类学一样，现阶段的汉学人类学出现了空前的多样化，不同学者运用不同的理论与方法，有的采用宏观理论和非传统的研究法，有的支持社区调查法并对功能民族志的作用深信不疑。在批评理论和激进派话语的影响下，理论的新综合正在出现。

表面上看，不同时期的汉学人类学均十分强调中国社会与文化的独特性。但事实上，汉学人类学者对这些特性的解释，大多来自其他人类学者的理论认识范式，而这些人类学理论范式深受其所处历史时代的制约。正如上文指出的，汉学人类学发展的第一个时代与第二次世界大战以前功能主义人类学的时代重叠，也深受此一时代的主流理论（马林诺夫斯基和布朗的理论）的影响。第二次世界大战之后，西方理论界发生了很大变化。西方的经济危机引起第二次世界大战的爆发，这使英美认识到过去的“社会越变越好”的命题实际上不一定准确。因此，人类学者开始对他们的社会理论加以修正，而这些修正也是汉学人类学理论变迁的根源。

在美国人类学界，学者们为了解释世界在第二次世界大战期间“社会变坏”的原因，运用第一次世界大战之后发展起来的“文化与人格”理论开展大量的“国民性”研究[1]，试图从民族心理学的角度来解释导致德国和日本侵略性行为形成的心

[1] 李亦园：《文化与行为：心理人类学的发展与形成》，李亦园主编《文化人类学选读》，台北：食货出版社，1980 年，第 471—519 页。

理文化背景。在比较接近德国的英国，对战争的了解使社会科学界对社会的整体性、稳定性等功能主义命题产生了怀疑；同时，对德国种族主义危害的认识也使学者开始反思欧洲种族主义的历史。在欧洲，自功能主义盛行的后期起就出现了一些对它的“重新思考”[1]。与美国人类学者不同，英国人类学者在探讨这些问题时力图避免政治化倾向，避免用“国民性”这一类词汇。不过，这一系列问题的提出与学界对功能主义无法解释第二次世界大战所引起的“社会恶化”有密切的关系。

随着第二次世界大战的结束，东方和非洲许多新的民族—国家成立，并使欧洲失去许多殖民地。而对于人类学者来说，殖民地的失去等于调查场地的失去。为了克服这一新的缺失，人类学界出现了列维－斯特劳斯的宏观理论人类学，一反功能主义人类学强调社会现实的传统，把思维当成第一性的体系加以探讨[2]。

汉学人类学的第二个时代与这一系列的变动有莫大关系。它的主要代表人物弗里德曼深受埃文斯－普里查德和格拉克曼（Glackman）的影响。作为战争受害族群犹太人的一员，他体会到和平、一体化社会模式的虚设性质，从而与其他正在重新思考功能主义理论范式的学者形成了共识。1949 年，中国半殖民地半封建社会结束，限制了西方人类学家在中国从事实地考察的机会，迫使汉学人类学家不得已依靠文献分析中国社会。弗里德曼、施坚雅的学说之所以充满历史学的意味，与这一政治变迁有密切关系。同样地，他们对社区民族志分析法的质疑也与此一政治变迁引起的社区研究衰落有关系。

20 世纪 70 年代至 80 年代，汉学人类学出现了两大潮流：其一是社区调查的复归和范式的地方性检验的兴起，其二是象征人类学的发达。这两大潮流构成了汉学人类学在第三个时代的主要特点。前一潮流的出现条件是港台地区人类学田野调查地点的开放和中国大陆改革以后对对外交流的提倡，而后一潮流的出现则与更广泛的人类学理论范式变动相互呼应。

在新结构主义的影响下，西方人类学界从 60 年代后期起开始重视象征体系与社会体系关系的探讨。在一段相当长时间的和平时代出现之后，世界出现了新的

---

[1] E. E. Evans-Pritchard, *Witchcraft, Oracles and Magic among the Azande*, New York:Oxford University Press,USA,1937; E. E. Evans-Pritchard, *The Nuer*, New York: Oxford University Press, 1940; Max Gluckman, *Order and Rebellion in Tribal Africa*, Hove: Psychology Press, 1961; Edmund Leach, *Political Systems of Highland Burma*, London:Bloomsbury Academic, 1954.

[2] Claude Levi-Strauss, *Totemism, The Elementary Structures of Kinship*, Boston: Beacon Press,1969; *Structural Anthropology* (Vols.1-2), London: Allen Lane the Penguin Press,1969.

格局，文化之间的交往方式也从战争转入经济文化霸权的争夺。民族文化的独特性及其在世界文明格局中的地位问题重新成为人类学研究的主题，符合象征体系作为文化独特性的主要表现形式跃然成为人类学者的主要关注点。在道格拉斯（Mary Douglas）、吉尔茨、特纳（Victor Turner）等著名学者的提倡下，象征人类学成为人类学研究的主流[1]。在这一主流的推动下，许多从事汉学人类学研究工作的学者［如武雅士（Arthur Wolf）、马丁（Emily Martin）、王斯福（Stephan Feuchtwang）等］十分重视“汉人民间宗教”的探讨，他们力图在中国人的信仰、仪式与象征体系中发掘中国文明与社会构造的模式。

中国大陆实行改革以来，一批学者［如波特（Jack Potter）、萧凤霞（Helen Siu）等］带着他们对社会变迁的极大兴趣在中国南方地区展开了田野工作。港台地区的人类学研究进一步深化了民族志与地方史的理解。在欧美留学的一批中国青年学者也开始结合国内外理论进行汉学人类学的调查研究。80年代以来，新的人类学思潮逐步影响了中国社会的研究，使之与其他区域性人类学界一样，进入了一个理论反思和多元化的时代（即汉学人类学的第四个时代）。

必须承认，汉学人类学不完全是社会人类学的“中国复制”。就笔者的观察，与其他区域性社会人类学相比，汉学人类学具有两个值得注意的特点。

第一，正如马林诺夫斯基在五十多年前早已指出的，中国社会的人类学不同于一般人类学，它不是简单、无社会分化、无文字、无国家部落的人类学，而是“复杂的文明社会”的人类学。半个世纪以前，一些社会人类学者以为用从简单社会的研究中发展起来的社区民族志方法来研究中国，同样可以创造中国人类学。而在此后，汉学人类学者已经意识到中国社会的复杂性和传统民族志方法的局限性。这种意识最初导致一些学者对民族志失望。但是，越来越多的汉学人类学者试图在民族志和田野工作的基础上考察中国社会和文化，也就是在社区中考察当地的社会—文化与超当地的社会—文化，并力图理解二者的互动关系。

第二，中国是一个有文字历史的国家，而传统汉学对中国的研究大多是以“文

[1] Clifford Geertz, *The Interpretation of Cultures*, New York: Basic Books ,1973; Victor Turner, *Schism and Continuity in African Society*, Manchester: Manchester University Press,1957; *The Ritual Process: Structure and Anti-structure*, New York:Basic Books,1966; Mary Douglas, *Purity and Danger*, London: Routledge and Keegan Paul,1966; Edmund Leach, Animal Categories and Verbal Abuse, *New Directions in the Study of Language*, E.H.Lenneberg, ed., Cambridge: Cambridge University Press,1964, pp.28-63.

字文化”或“精英文化”为研究对象的。在传统汉学的研究中，从“文字文化”所得出的结论和对中国文化的理解成为汉学人类学的主要参考文献。这一方面促进了汉学人类学与史学的综合（此为其他区域性人类学所少见的类型），但另一方面也把传统汉学的“东方观”引进汉学人类学中来。“东方观”的存在给汉学人类学带来了对文明的尊重，同时也带来了传统汉学原有的保守特性，这种保守特性的基本特质是对描述的偏重和对理论的排斥。到目前为止，汉学人类学还没有提出一般社会人类学通用的概念，这与汉学的保守特性在汉学人类学中的支配地位无疑有密切的关系。

由于这两个特点的存在，汉学人类学与一般中国学 / 汉学之间的差异有日益消解的趋势。与其他区域的人类学者一样，受过社会人类学专业训练，在汉人社区（包含港澳台地区、海外华人社区）做过田野调查并在人类学系从事教学和研究工作的学者被称为“人类学家”。不过，他们之中有不少人已经把兴趣转向原属社会学、史学、政治学、经济学的学术领地。同时，不少非专业的汉学家所从事的研究也与汉学人类学无异。大多数汉学人类学的研究计划也并不受一般社会人类学的关注，汉学人类学的出版物也并不为一般社会人类学的杂志（如 *Man*、*Current Anthropology*、*American Anthropologist*、*Dialectical Anthropology*、*Ethnos* 等）所青睐，它们反而常常是在中国学杂志（如 *Late Imperial China*、*Modern China*、*The China Journal* 等）中找到自己的位置。

对于一般中国学家来说，汉学人类学的“汉学化”无疑是一件好事，因为社会人类学的理论、方法与资料可以补充一般中国学的缺陷（汉学人类学者向来重视家庭、宗族、民间宗教组织、社团、非正式经济活动、大小传统的关系，而这些是中国学所缺乏的）。但是，对于汉学人类学者本身来说，“汉学化”使他们失去了在一般社会人类学界的应有地位。这种两难的困境表面上是一个知识与职业的矛盾问题，而在其背后还潜藏着一系列与目前正在发生的表述危机有密切关系的问题。

范式问题与表述危机

在 60 多年来的发展过程中，汉学人类学所面临的范式问题可以归纳如下。

（1）社会人类学在部落社会研究中提出的社区民族志方法论与中国这个国土如

此之广大、历史如此之悠久、传统中央集权如此之强大的社会是否相匹配？

（2）中国研究应与西方社会理论形成何种对话、应在何种程度上强调中国素材的独特性？

（3）西方对“人”的看法（如理性人、经济人的观点）可否运用来探讨中国人的问题？

（4）中国人的象征和社会世界是一个一体化的体系，还是大小传统分立、区域分立的多元体系？

（5）把中国当成西方的“异文化”加以探讨存在何种问题？本土社会的人类学探讨能否克服上述问题？

尽管这五大问题分别产生于不同背景并且各有不同的针对对象，可是它们实际上是普同论与文化相对论之间的矛盾的具体表现，是对中国研究应具有自身的独特理论体系还是应附从于一般社会科学此一问题的不同分述。

第一个问题产生于学界对吴文藻、费孝通等的“中国社区论”的评论之中。如上所述，吴文藻、费孝通等把社会人类学在“简单社会”（原始部落）研究中发展出来的社区民族志方法运用于中国社会的研究中。60 年前，这种远距离的方法论范式传播并未引起任何质疑。50 年代以后，社区研究法被欧美人类学者视为方法论反思的对象。当马林诺夫斯基说费孝通因研究本土的“文明社会”及其变迁而促使人类学研究取向的转变时，忽略了一个后来引起争议的问题[1]：对中国这样一个与简单的原始社会有着深刻差异的“复杂文明社会”进行社区分析，能否体现中国社会的特点？质言之，社区研究针对的是小地方，而在大型的文明社会中，小地方无疑也是大社区的一个部分，但是，它们是不是可以被视为大社会的“缩影”？

对这个问题，社会人类学界出现了两种不同的看法。争论的双方就是普同论者和文化相对论者。前者从人类学方法论的角度出发，肯定功能主义的社区分析本身所具有的作用。他们关注的不是“中国社会”，而是社区在人类学描述（即“民族志”）中的作用。因此，对他们来说，汉人社区是否能够代表中国社会现实的问题并不重要，而重要的是，汉人社区的田野工作和民族志描述对人类学整体理论和话语的意义。换言之，汉人社区研究只要能够提供符合社会人类学田野工作与描述方

[1] 对于这个问题，费孝通早已加以重视。在江村研究之后，他开展了“云南三村”社会经济模式比较研究，并在理论上对中国社会与发展进行超区域的论述。近来，乔健先生的论文《中国人类学发展的困境与前景》（《广西民族学院学报》1995 年第 1 期）对此问题也有一定探讨。

法标准，就是“成功”的研究。

持这种看法的人类学者以利奇（Edmund Leach）为代表。在《社会人类学》（1983）一书中，利奇对上面提及的四本中国人类学家的英文著述以功能主义民族志的标准一一加以评判，他认为林耀华的著作运用的是小说而不是人类学的描述手法；杨懋春的著作则采用落后的早期民族学的方法，把中国的社区描述成“原始部落”，缺乏功能主义人类学的视角；许烺光对“西镇”的研究，类似社区调查，但是声称“代表整个中国”，因此也是失败的例子。他认为，在这四本作品中，最成功的是费孝通的《江村经济》，因为它与别的描述方法（小说）形成鲜明的对照，避免了早期民族学的方法论缺陷，而且没有声称是中国社会的“典型”。利奇说：

> 费著的优点在于他的功能主义风格。与社会人类学者的所有优秀作品一样，它的核心内容是关于关系网络如何在一个单一的小型社区运作的细致研究。这种研究没有，或者不应自称代表任何意义上的典型。它们也不是为了阐明某种一般的论点和预设的。它们的意义在于它们本身。虽然这种作品以小范围的人类活动为焦点，但是它们所能告诉我们的是有关人类社会行为的一般特点，其内容远比称为“文化人类学导论”的普通教材丰富博大。[1]

虽然利奇一再说明人类学描述不应有任何“一般预设”，但是他在本质上是一个“普同论者”，因而主张人类学社区调查的意义与“中国社会”的特征无关，而仅仅是有关人类社会行为的一般特点的通论。这一看法，与费孝通的本意显然是违背的。在对利奇评论的回应中，费孝通多次提到，他的理想是“了解中国社会”，而不是发现人类行为与文化的一般规则。与利奇不同，第二种评论针对汉人社区研究与“中国社会”的相关性而展开。这种评论与拉德克利夫-布朗的“社会结构”概念及其后来的变异有密切的关系。布朗本人也曾应吴文藻的邀约到燕京大学讲学，他对人类学的主要贡献不在于方法论，而在于理论方面，他是把法国社会学年鉴派的导师涂尔干（Durkheim）的社会理论引进社会人类学的学者。从费孝通本人的著作中，我们可以发现：除了功能的社区描述方法之外，“社会结构”的概念也占有重要的位置。与许多汉学人类学者一样，他的作品表现出一代本土人类学者

---

[1] Edmund Leach, *Social Anthropology*, London:Oxford University Press,1983, p.127.

对理解中国社会结构及其形态的旨趣。我们可以说，第二种评论比利奇的看法更符合他的研究旨趣。

1962 年，弗里德曼在《社会人类学的中国时代》一文中[1]，评论了汉学对社会人类学所能做出的具体贡献。弗里德曼与马林诺夫斯基的一点共识是，对中国社会的研究存在着把人类学从原始部落推向文明社会的潜能。但是，这种研究应该如何开展才可以达到这一目标，他与马林诺夫斯基有不同看法。他认为，功能主义者在宣扬社会人类学社区调查法的有效性时，忘记了"有历史的文明社会"是中国社会与传统人类学研究对象不同之根本所在，对这样一个历史悠久、有社会分化的文明大国，功能主义的社区研究方法和共时性剖析（即反历史倾向）是不适当的。

弗里德曼的批评是：马林诺夫斯基认为，吴文藻领导下的"中国社会学派"之所以成功，是因为他们运用了小型社区研究法，而这种研究法一旦在不同的村落社区反复实施[2]，便可借以理解整个中国社会；实际上，马林诺夫斯基（和拉德克利夫－布朗）之所以如此看，是因为他们原来十分习惯于原始部落的研究，而面对如此广大的中国社会，他们不免觉得无计可施，不得已将无法驾驭的大中国分割为可以用传统社会人类学方法分析的"社区"。弗里德曼认为，假使人类学者对中国社会的独特性没有充分了解，进行再多的社区调查也无法说明问题。社会人类学要出现一个"中国时代"，首先应该向历史学家和社会学家学习研究文明史和大型社会结构的方法，走出社区，在较大的空间跨度和较广的时间深度中探讨社会运作的机制。一言以蔽之，弗里德曼认为，小地方的描述难以反映大社会，功能的整体分析不足以把握有长远历史的文明大国的特点，社区不是社会的缩影。

在强调中国社会独特性、反对简单搬用一般社会人类学研究范式时，弗里德曼实际上已经使自身落入了上文列举的第二个问题：中国的独特性是否应该和可能让社会人类学者（或其他社会科学研究者）来认定？尽管弗里德曼是一个相对论者，但他的论述却与社区论一样无法避免社会人类学一般理论的制约。

西方人类学者在从事中国研究时，常常面临一个理论上的自相矛盾现象：一方面，他们力图运用中国素材来解释西方社会理论的一般性问题，使其研究在理论界

---

[1] Maurice Freedman, *A Chinese Phase in Social Anthropology in the Study of Chinese Society*, William Skinner ed., Stanford: Stanford University Press, 1962.

[2] 在作这一评论时，弗里德曼充分地意识到，费孝通对单一社区的代表性也存在保留态度，并在"江村"调查之后把视野扩大到村落的比较和"大传统"的研究。

获得一席之地；另一方面，为了突出其研究的独特意义，他们也十分强调西方理论在解释中国素材时所表现出来的弱点。自汉学人类学成立以来，这一自相矛盾现象长期存在并制约了几代学者的理论思考，而弗里德曼的理论最为典型地体现了这一矛盾。1981 年，与弗里德曼持不同观点的费孝通在英国皇家人类学会赫胥黎纪念演讲中承认，“弗里德曼教授在生前曾告诫进行微观研究的人类学者，不要以局部概论全体，或是满足于历史的片段，不求来龙去脉”[1]。弗里德曼的持续影响，不仅是因为他是一代欧美甚至东亚汉学人类学者的导师，而且更重要的是因为他在中国社会的人类学研究中提出了一个颇类似于“范式”的东西。汉学人类学者华生（James Watson）就认为弗里德曼的贡献在于他提出一种“范式”。他说：“过去的 20 年，从事田野作业的人类学者出版了一大批研究宗族组织的论文，其中，有些声称已经证明了弗里德曼的看法，有的力图修正或批评弗里德曼的范式。但大多是在他的宗族范式（the lineage paradigm）的架构下做一些工作而已。”

费孝通和华生等人对弗里德曼的评价不是随意的空谈，他的宗族理论几乎已经成为长期积累下来的汉学人类学和社会史所认同的学术论题和学界论述中不谋而合的架构，他之后的人类学者如裴达礼（Hugh Baker）、马丁、波特等都采用他的宗族概念，对他有所批评的中外学者如王崧兴、帕斯特耐克（Burton Pasternak）、科大卫（David Faure）、萧凤霞、陈其南、陈奕麟等人也不得已把他的概念架构当作具有相当开放性的体系，并在此基础上展开不同的陈述、批评与修正[2]。弗里德曼的影响不限于中国学界，在一般社会人类学界也颇引人注目，由于他的理论具有类似于“范式”的开放性的特质，因此亦已为其他相关课题（如社会史、中国法和政治制度分析）的研究所采用。更难以否认的是，他的研究已经成为马林诺夫斯基预期的“文明社会的人类学”的范例之一。

问题是：弗里德曼从中国宗族问题研究中提出来的概论是不是像华生教授所说的是一种“范式”？基于对库恩“范式论”的理解，可以推知社会人类学的范式基本上是以区域性、地方性模式建构（或文化个案描写）为先导，以学科内部长期论辩为途径而形成的。弗里德曼的理论建构模式与一般社会人类学范式的形成有相似之处。例如，他也是通过对区域性素材的分析导出理论，引起学界的论争，因而造

---

[1] 费孝通：《三访江村》，载《江村经济》，南京：江苏人民出版社，1986 年，第 250 页。

[2] Allen Chun, The Lineage-Village Complex in Southeastern China, *Current Anthropology*, 1996,Vol 37(3).

就一个著名的论说与概念体系。不过，我认为弗里德曼并不像华生所说的那样代表一个范式，他实际上代表的是汉学人类学范式形成的困境。研究中国以外其他地区的人类学者，可以轻易地从所谓“非西方文化的第一手材料的分析”中得出某种“通则”（如列维－斯特劳斯的“结构”）或“范式”（如吉尔茨的“地方性知识”）。相比之下，汉学人类学者的理论构造却常常需要第三层透视，他们不仅需要参照人类学的一般命题，而且由于这些命题是从其他社会的研究中发展出来的，所以他们也要参照非中国的资料与模式。在中国研究中，“宗族”貌似一个“范式”；但在一般社会人类学中，它却是一个更大的、从中国以外的地区（如非洲）发展出来的“范式”的分述。

弗里德曼的中国宗教研究服从人类学论证的一般仪式性程序：他从学派（埃文斯－普里查德与福忒思的新功能论）的解读（结构），走向地方性知识（中国宗教）的悖论（反结构），又回到学派的解读（结构）。弗里德曼不是一个全球文化的探险者，但是他却在内心的深处从英国学界习得非洲社会的模式，又从伦敦经济学院飞越大洋，把原始居民的社会模式“运输”到中国来，与当地“社会现实”比较，并将这一比较带回他的归属地。他的中国“宗族范式”来自埃文斯－普里查德的努尔人和福忒思（Fortes）的泰兰西人，尽管它表面上是以后者的悖论出现的。在这样的“跨文化理论运输”过程中，弗里德曼含辛茹苦，但是他认为值得为之做出奉献。在他的眼里，有一个一致性的“中国现实”，它对人类学一般理论有潜在的价值。

因此，弗里德曼的贡献，与其说在于他已经提供了一种“范式”，倒不如说在于它提供了我们进一步思考中国研究与社会科学理论建构之间关系的途径。虽然他有信心用中国素材制造出一种新人类学，但是他没有回答如下问题：在人类学已有范式下从事中国研究，可否创立出一个具有普遍性意义的学派？用中国“社会现实”反思英国人类学者的“非洲范式”到底符不符合他的新人类学的需要？区域性悖论是不是新范式的前提？问题涉及中国研究的区域独特性与可概化性（generalizability）。

虽然第三个问题与弗里德曼的问题是相联系的，但是它更直接地来自对施坚雅经济区位理论的质疑。30年来，中国学与汉学人类学深受施坚雅作品的影响。作为一个经济人类学家，施坚雅创设了一整套模式，对传统中国的特质进行分析和解释。他的研究旨趣主要是经济区系与行政区系，具体包括中国村落、集镇、城市与集市日期程序的等级关系、传统中国的地貌区系、晚期中华帝国的行政区域逻辑、19世纪中国的都市化动因与差异性、区域中心与边际区位互动关系的生命周期，等等。通过对这一系列现象的深入考察，施坚雅创立了前所未有的新学统，他用理论与模式引导了一代学者对早期中国学的概念进行挑战，造就了空前实证和概化的中国学流派。

施坚雅区系理论几乎是与弗里德曼宗族理论同时提出的。身在英国社会人类学界的弗里德曼用他的宗族理论，挑战了一般社会人类学界的“无国家社会”的范式；而身在美国中国学界的施坚雅则以他翔实的历史资料和经济人类学与地理学模式，挑战了中国学的无理论倾向。这两位汉学人类学大师不约而同地对中国的国家与社会并存的状态十分关注。不过，他们对这一状态的论述是顺着十分不同的路径展开的。在弗里德曼看来，宗族组织是汉人社会中国家与社会的透视点，但不是二者的相遇点，因为宗族发达于“边陲地区”，与国家力量相去甚远，并且常与秘密社团形成联盟，对抗集权国家的统治。而在施坚雅看来，区系空间的制度同时是国家与社会关系的透视点和相遇点。他认为，通过区系空间的组织，不仅可以观察非正式的制度，还可以观察行政体系。同时，非正式的市场区系与正式的行政区系建立在同一个基础之上，这个基础就是地理形貌的空间格局。因此，他进一步认为，国家与社会不是对立的，而是在社会空间上互相兼容、密不可分的。

为什么国家与社会能够在中国兼容并存？施坚雅所给予的解释是经济决定论。虽然他在许多论文中提到经济不是唯一的因素，但是他的具体分析却给予经济以十分特殊的地位。他认为，“官方区域行政结构与非官方社会组织结构之间是相互黏结的”，而它们之间的“黏结点”则由经济因素决定。他说：

> 从三种意识上讲，经济中心的功能可以说是基本的要素。第一，集镇和商城是物资、服务、金钱、信贷及追求生计和利益的个人的流通渠道之关键枢纽。这意味着，不同层次的贸易中心是社区庙宇、学校、慈善机构及施行政治、行政甚至军事控制的非官方结构等公共机构的大本营。从这个意义上讲，正是商业中心吸引了其他类型的功能，因而，地方的宗教区域、学校的生员分布区、司法辖区都显著地与贸易中心的腹地相对应并反映贸易中心的枢纽地位。第二，中心区位有利于经济剩余价值的抽取，也有利于政治体制的运作。因此，政府往往把力量集中在商业中心以图调控生产和经济的交换方式并

抽取地方的财富。秘密社团和其他类政治机构的大本营通常设置在集镇与城市之内，部分原因在于政治竞争大多是为了控制市场和其他经济机构。同样地，帝国的区域行政通常围绕着新成长起来的贸易中心而调整，重组它的首府。第三，比起行政流动和其他都市间联系的机制来说，贸易显然是塑造中国城市体系的更为有效的途径。贸易可能是因为区域行政体系的薄弱而显出其重要性，但更重要的是，贸易比行政更加显著地受地貌的制约，因为它对代价距离（cost distance）很敏感。因此，在塑造都市体系的过程中，地貌制约与贸易模式都倾向于相互强化。[1]

施坚雅之所以造成很大影响，原因在于他特别关注理论与数理模型在解释经验和社会现象中的运用，在于他特别关注对其他学科的模型的借用。他用正式的经济模型和目的论的理性概念来研究中国社会，通过创设正规化的经济空间模型来建立他在中国学界的威望，这既是他的长处，也是他的理论值得重新思考的原因。

在最近发表的一篇论文中，笔者已经结合在闽南地区发现的翔实社会史资料和新近社会人类学理论的发展对施坚雅的“经济区位论”做出了较为全面的批判[2]。笔者指出，施坚雅的理论忽略了一个事实：在一般情况下，传统中国的区位体系的形成不单是个人的经济理性选择引起的，而是政治、行政、宇宙观、仪式、社会冲突等诸多因素的共同促进下生成的，因而随着这些因素的变化，区位体系也会被改造成适应不同时代社会和意识形态状况的空间制度。进一步解读施坚雅的文章之后，笔者发现：施坚雅理论的弱点之根源不在于他对中国社会的考察不够全面，而在于他在中国研究中简单化地套用了西方经济地理学理论。因而，我认为，施坚雅忽视了一个值得我们加以认真思考的大问题：西方理性经济人的概念是否适用于传统中国这个非西方、非资本主义社会？

这个问题从一个与弗里德曼宗族理论不同的侧面反映了汉学人类学面临的理论困境。弗里德曼把中国当成一个可为西方人类学提供悖论并促成其理论范式更新的案例，而施坚雅则运用西方理论范式来描述中国社会，把中国当成引证西方范式的

---

[1] William Skinner, Cities and the Hierarchy of Local Systems, *Studies in Chinese Society*, Arthur Wolf ed., Stanford:Stanford University Press,1978, p.2.

[2] Wang Mingming, Place, Administration, and Territorial Cults in Late Imperial China: A Case Study from South Fujian, *Late Imperial China*, 1995 (2),Vol.16 (1), pp.33-78.

素材。前者之所以失败，主要是因为无法逃脱西方范式的潜在制约；而后者之所以面临问题，主要是因为理论的实践者对理论产生的文化背景毫无反思意识。与弗里德曼的问题一样，施坚雅的问题不是个人问题，它是一大批认为西方观点可以解释中国社会现实的“普遍论者”共同面临的挑战。

第四个范式问题是“汉人民间宗教”。从19世纪下半叶开始，人类学者便不断地发现中国宗教对于一般宗教学和宗教人类学理论的建构有着潜在的贡献。不过，值得注意的是，一个多世纪以来，与安达曼岛、特落布里安德岛、非洲、印度等地的宗教体系不同，中国宗教并没有成为人类学理论的起源地。从德格鲁特和葛兰言（Marcel Granet）经弗里德曼到60年代以后，几个世代的汉学人类学者对中国的信仰、象征与仪式的理解，做出了不可多得的贡献。可惜的是，汉学人类学者除了把西方已有的人类学理论运用到中国现实中来之外，并没有从中国现实推论出具有一般意义的理论。即使是近年来力图将中国素材理论化的桑格瑞也只能在结构主义的“调和”方面下功夫。

这种理论创新的缺失是不是可以归结为中国素材的局限？答案显然是否定的。现存社会人类学和中国学对中国民间宗教的研究主要包括如下几个取向：第一，多数学者越来越反对把中国民间信仰、仪式和象征看成没有体系的“迷信”或“原始巫术”的残余，而主张把这些社会—文化现象界定为一种宗教体系；第二，在此共识的基础上，学者们发展出对民间宗教与中国“大传统”的文化之间关系的不同探讨，有的学者采用“自上而下”或“从大传统到民间传统”的研究方法，有的学者采用“自下而上”或“从小传统到大传统”的研究方法；第三，无论采用何种方法，学者们注意到民间宗教的内在体系、社会功能、意识形态形貌等方面都值得我们进行深入的考察，同时这些考察可以理解中国一般民众的生活和思维方式；第四，在中国研究中文本传统和经验调查传统出现新综合的倾向，并主要表现在两个方面，即从区域历史中、社会空间结构中探讨民间宗教和对主观的历史与传统复兴问题的探讨；第五，对民间宗教与现代化的关系的探讨已开始引起学界重视。

中国民间宗教和仪式具有社会性、区域性和历史性。首先，它是对社会中人际关系、个人与社会、公与私及伦理道德的界定。其次，由于历史和社会的原因，它形成了一定的区域体系，在中国的区域格局中占有一定的地位。最后，在历史过程中的蔓延与再生，它表现出传统性，积淀为人们的“历史意识”和“社会意识”的主要组成部分，并在现代社会与意识形态变迁中体现出对多样化的适应和“反文化”（counter-culture）精神。如此丰富的素材出于何种原因而没有“产生”独特的理论？某些人类学者可能会以如下“借口”推托其词：由于中国是一个“复杂的文明社会”，因此从“简单社会”发展起来的宗教人类学理论不足以研究中国；同时，由于中国宗教的复杂性，因此不可能用单一的理论来强加解释。

的确，中国的社会复杂性要求人类学者运用较研究“简单社会”更复杂而精致的方法。汉学人类学者已日益意识到，如果没有结合整体和历史把握中国，纯人类学社区分析法便不足以解释中国社会。就民间宗教而论，为了达到探讨其社会性、区域性和历史性的目标，我们就有必要综合历史学和社会人类学的研究方法从多个层面加以分析。具体地说，为了理解中国民间宗教的内在体系，我们必须探讨它的观念层面和仪式层面及两者之间的关系（从观念层面看，探讨民间宗教的时空意识、阴阳论、人生观、社会观，以及仪式层面所表现的对社会、政治、经济的认识；从仪式层面看，探讨其仪式过程中所表现的社区性、人际关系、政治—意识形态。探讨这两个层面的对应和不对称关系，有助于理解宗教仪式的作用的实质）。为了对民间宗教在中国社会—文化结构中的地位进行有成果的探讨，我们必须采用社会人类学与区域社会历史和文化的综合法、田野工作与文献研究的综合法，对具体的社会过程和区域过程中的民间宗教本体及其辐射过程进行研究，在此研究基础之上，我们还应该探讨民间传统在中国文化体系中的地位，将之与“大传统”“文本传统”“官方意识形态”和“现代化”进行联系和比较。

在这种多层考察之下产出的理论解释体系自然是十分复杂的。但是，这并不说明它成不了一个理论体系。相反，它可以提供一个与现存宗教人类学理论不同的框架。由于传统人类学理论产生于对“简单的异文化”的探讨，因此通常局限于想象中与外界隔绝的社区。无论是功能主义、解释主义，还是结构主义均把宗教文化视为单一的、没有历史的体系。中国经验则表现得十分不同：其一，中国社会力量的多元性导致宗教文化解释与实践体系的多元性；其二，中国国家与社会的并存造成了与人类学一般研究对象“无国家社会”不同的宗教文化；其三，中国文字与历史文化的存在，提供了本土理论思考的工具，使中国社会成为具有自我研究能力的文化；其四，与精英文化相联系，近代以来社会变迁在中国体现出了极大的“计划性”与“人为性”，使文化的接触和融合展示得比别的社会更明晰。

作为占中国大多数人口的农村居民和一般民众的文化，民间宗教是中国文化的不可分割的组成部分。同等重要地，中国民间宗教是复杂社会的宗教，但它并不具有制度化的宗教的某些特点，与社会中的文本传统、官方文化和社会精英有相当微妙的关系，因此构成了世界上少见的宗教类型。因此，中国民间宗教素材所能提供的理论阐述将具有前所未有的独特体系。至少，就目前的观察来看，中国民间宗教传达着一段精彩的“故事”：一个古老的文化如何在不同的社会力量的共同促动下建立起较为开放的信仰体系；这一体系如何在历史的过程中成为“本土”社会对人生与权利的解释框架，在不同的意识形态与政治场合下寻求适合的空间；又如何在外部的冲击下以不同的方式生存着。

汉学人类学的第五个问题与一般社会科学的知识论反思密切相关。近年来，西方人类学的反思促使从事这一学科研究工作的学者对自身的社会定位提出了质疑。这一质疑一方面是来自对“学术”和“知识”本身的社会学和政治学解构，另一方面则是来自对人类学知识积累的话语分析，而两者均与社会哲学家福柯（Michel Foucault）的“后现代知识论”有密切的联系。福柯认为，知识与其说是真理，还不如说是权力的功能[1]。文化评论家萨义德（Edward Said）把福柯的观点运用到批评西方有关“东方”（即“非西方”）文化的文本中，指出西方的东方学认识实际上反映了西方对东方的文化殖民化。萨义德从“东方”定义的相对性出发，探讨“东方学”研究本身的主观性。在萨义德看来，“东方学”不仅指学术研究上的领域，它的存在还受各种势力的限制。他说：

> 东方学作为一种表象，在历史上不断地建构和更新自身，而且有对“东方”这个广大的地区越来越发敏感的倾向。东方学专家所做的工作，是用他们对东方的印象、知识和观察来表现西方社会的特色。而且在很大程度上，东方学者给他们自己的社会所提供的东方形象有如下几个特点：（a）这一形象有他们自己的印记；（b）阐明了作者对东方可能或应该是什么的想法；（c）与别人的东方形象形成反差；（d）为东方学界提供了当时所需要的东西；（e）是对一定时代的文化、职业、民族、政治和经济要求的应对。[2]

换言之，东方学者首先是一个“东方学者”，然后才是一个人。东方学者进行

[1] Michel Foucault, *The Archaeology of Knowledge*, London: Routledge,1972.

[2] Edward Said, *Orientalism*, London:Penguin, 1978, p.273.

东方社会—文化的讨论时，其所在的文化、社会、政治、经济场合对他们的思维、辩证、引据等各方面起着关键性的影响。东方学者不可能作为纯粹的个人从个人的兴趣出发对“东方”进行评论，他只能作为西方文化的代理人来“认识东方”，其思维及艺术创作成果，是东西方关系中西方形象与东方形象的对照。因此，除了学术上的意义（包括对东方的研究、东方学的教学与写作）之外，“东方学”还具有如下两个方面的含义：其一，东方学除了是一种学术研究领域之外，还是一种思维方式。作为一种思维方式，东方学对“东方”与“西方”的主观划分，渗透于诗人、小说家、哲学家、政治理论家、经济学家及殖民地行政人员的创作之中，远远超越了严格意义上的人类学、社会学和历史学的研究范畴，成为一种潜在的文化意识形态；其二，由于西方人所“拥有的”东方学具有此特点，因此也可以说西方人的东方学不仅是一种思维方式，还是一种制度，用萨氏自己的话说，“东方学是启蒙时代之后欧洲文化据以在政治学、社会学、军事、意识形态、科学和想象等各方面塑造甚至制造东方的一个极为系统化的学科”[1]。

西方汉学人类学所处的境况与此相一致，它也是“东方学”中的一门，其起源与殖民化也有密切的关系。在中国学界，马克拉斯（Mackerras）已经采用福柯和萨义德的理论对有史以来的“西方的中国印象”做出全面的评述。据他的看法，西方的汉学同东方学一样，很少与中国社会的现实本身形成关系，而更多地体现了汉学与西方的官方对华政策的变化。换言之，不同时代的汉学解释体系具有不同的特点。这些特点表面上是汉学界内部范式转换的结果，而在其深层却是不同时代欧美对华战略的副产品。[2]在汉学人类学界，“西方的中国印象”似乎还不被当作一个问题看待。与一般社会人类学和区域研究不同，汉学人类学的自我反思尚未出现，汉学人类学者的话语也惊人地缺乏文化批评色彩，反而充斥着传统东方学的特点。可是，如果我们采用萨义德的观点对之加以分析，那么我们就很容易发现如下事实：与西方的东方论一样，汉学人类学背后的制度是东西方关系中西方支配地位的学术合法化手段。首先，在第二次世界大战期间，马林诺夫斯基等一大批西方人类学家把中国视为一个“伟大的文明古国”，并提倡中国本土人类学研究，表面上体现了他们对人类学学科本身进步的关注，背后隐藏的则是当时西方盟国对中国这个

[1] Edward Said, *Orientalism*, London: Penguin, 1978, p.3.
[2] Colin Mackerras, *Western Images of China*, Oxford:Oxford University Press, 1991.

东亚反战大国的“友善”。其次，50 年代至 70 年代，弗里德曼等西方汉学人类学者提出对本土人类学者的严厉批评，同时还试图运用政治理论评论中国这个“东方帝国”的“历史结构”，这种取向与西方对中国的不信任和敌对有密切关系。其次，中国改革以后，变革与延续的矛盾给西方学者的中国印象是“两面性的”，因而，西方有关中国社会—文化的解释也纷纷出现两难的困境。这一系列变化与马克拉斯所描写的西方外交政策导致的西方中国学的变化是相一致的。

值得我们加以进一步注视的是，东方学、人类学、汉学的表述危机不仅在于话语背后的权威制度所导致的文化想象，而且在于这些表述所制造的概念困境已经成为十分严重的问题。西方文化霸权所造成的问题是：一方面，西方人类学者把他们的人文类型研究视为世界上唯一的“文化科学”，以为西方的学理和概念可以用来分析和解构非西方社会；另一方面，他们为了表现自己的文化优越性，也“不得已”在自己的解释框架下“容忍非理性的非西方文化体系”的存在。从而，在许多“非西方研究”中，研究者有时强调他们的解释的普遍性意义及规范社会科学概念的运用价值，有时为了展示出其所掌握的“区域知识”的丰富性而极力说明其所研究的地方文化的独特性。弗里德曼和施坚雅以不同的方式表现了他们在这个问题上所遭遇到的两难困境。

弗里德曼与施坚雅的学术关注点有很大不同。前者关注宗族和社会组织问题，后者关注市场和区系的关系问题。前者的理论背景是政治人类学，后者的理论背景是经济人类学和经济地理学。不过，从总体的学术倾向上看，这两位汉学人类学大师的研究有几个共同的特点：（1）他们都强调中国社会的“复杂性”与“文明性”，看到了中国与其他人类学对象的差异性，而且也看到了这种差异性主要表现在中国国家力量与社会力量的交错，历史对现时代的影响；（2）虽然他们都看到了中国社会中的国家的重要性，但是他们把主要的关切点放在“非正式制度”上，如村落宗族与民间市镇的空间之上；（3）他们一方面强调中国社会的独特性及汉学人类学所应具有的特色的重要性，另一方面却对西方社会科学范式依依不舍；（4）最严重的问题是，二者均在重视中国独特文化形态的同时，极力推崇西方发展起来的理论的有效性，并且，他们并没有将这种表述的矛盾明确地阐述出来，而只是使之隐藏在具体研究的影子后面。上述前两大特点典型地体现了西方汉学人类学者对区域性知识的独特性的强调，而后两大特点则体现了他们所面临的一般人类学普同范式与文化独特范式的矛盾。

在弗里德曼与施坚雅活跃的年代，问题的出现带有时代性的色彩，它们与当时西方对华政策的不确定性密切相关。从话语分析的角度，这两个问题实际上可以被看成另两个问题：中国文明与西方文明之间到底有多大的可兼容性？中国文化之于西方文化的差异到底造成了多大的政治体制差别？ 70 年代以来，西方汉学人类学发生了很大变化。弗里德曼、施坚雅等人的模式已经受到不同新派人类学者的批评。桑格瑞、杜赞奇、萧凤霞等人的理论在前人的基础上也展示出新综合的迹象。不过，60 年代至 70 年代存留下来的范式危机尚无法解决。因而，我们可以看到，上述诸位新派汉学人类学者的取向中，一般社会科学范式与对中国独特性的强调各占一定的比重。更值得注意的是，直到目前为止，形形色色的研究依然没有把社会人类学中的普同范式和文化范式的矛盾及其权力背景明确地提出来讨论。

中国社会到底可否用西方社会科学范式来解说？中国社会的独特性到底具有何种理论意义？这两大问题在很长一段时间里将仍然无法得到确定的解答。看来，人类学中的普同范式与文化范式的矛盾只有在文化霸权的状态消失之后才有可能得到圆满的解决。目前，急需解决的问题是：在萨义德所说的“文化帝国主义”的状态下，人类学者可以做的工作是什么？可以说，60 年代以来，人类学的反思运动提出了解决问题的路径之一，其所做出的贡献是指出了西方在“异文化”的研究中所遇到的理论与表达困境。把非西方社会的研究直接与权力、话语及社会场合联系在一起，对社会人类学来说起到了巨大的冲击作用。传统上，社会人类学（包括汉学人类学）的知识基础是“异文化”研究，因而难以避免地与“东方学”的文化地理想象和文化帝国主义形成共谋的关系。对这一点的意识迫使不少西方人类学者对自身的“文化经验”提出反省性的思考，也迫使他们对人类学的职业性实践（田野工作和民族志写作）提出批判。

从反思和批评中，一些人类学者提出了一种替代性模式。他们认为，由于人类学者在从事“异文化”研究时难以摆脱自身所处的文化霸权制度的制约，因此，他们最好把关注点转移回西方本土社会。对于本土社会研究，个别人类学者仍然存有怀疑态度。例如，伦敦经济学院现任人类学教授、系主任布洛克（Bloch）就认为，本土人类学是一门过于简单的学问[1]。但是，本土社会研究的优点已经引起大多数理论家的关注。马尔库思（Marcus）和菲舍尔（Fischer）在其所著的《人类学作为文化批评》（1986）一书中就认为，为了使人类学从殖民关系和西方政治话语中逃脱出来，人类学

[1] Maurice Bloch, Interview with G. Houtman, *Anthropology Today*, 1988, Vol.4, No.1:18-21.

者必须自觉尊重异文化并从异文化中找到可以用来批评西方文化霸权的材料，使自身成为西方文化的批评家。在这种“回归本土”号召的影响下，“异文化”研究最为发达的英美出现了大量有关自己社会的民族志研究。本来用于“异文化”描写的民族志方法成为了西方政治经济学、文化社会学、管理学对经济的权力关系、文化制度、人事管理和公司文化研究的手段。更重要的是，民族志方法和文化理论成为了一批著名人类学家用来观察和评论西方社会科学概念、内部文化互动及社会分化的途径。

对于西方汉学人类学者来说，这一替代性模式是不是意味着要求他们把中国问题留给中国去研究，而让自己改变专业去从事欧美研究？问题的关键不在于此，何况汉学在西方已经成了不少学者的谋生手段，并不是十分容易“挥之即去”的。我认为，人类学本土化的主张对于我们的启发，不是为我们把西方学者从中国国土“驱赶”出去提供借口，而是向我们提出一个新的挑战：假使让中国本土人类学者来研究自己的社会，我们会不会克服权力关系导致的文化偏见并创造出一种比西方人类学优秀的学派？

汉学人类学是汉学社会科学化的路径之一，它的产生和发展对于为殖民主义和帝国主义服务的区域人文情报研究是一个冲击。不过，由于它与各种东方学一样是西方的产物，因此，它至今为止尚未避免西方文化霸权意识的支配，尚未妥善处理西方社会理论范式与本土文化范式之间的关系。值得注意的是，一些支持或参与人类学反思的学者已经指出：由于社会人类学的研究难以避免地受学者所处的社会体系的影响，因此与其说他们的学说是理论，毋宁说它们是对西方学者的文化和被研究者的文化之间关系的解说；而且，由于社会人类学是一种社会实践和文化体系，因此要准确地反映这门学科的地位，就必须对这门学科本身的“制度”及它与被研究者的实践和知识之间的关系加以考察。

这个知识社会学的问题，实际上早已存在。自马林诺夫斯基以来，社会人类学者最引人注目的特点在于他们的参与观察法，在西方社会人类学中，这种“参与”实指西方人对非西方社会的某种渗入。不少人类学者都同意只有用当地人的眼光理解当地社会或采用“主位法”（emic perspective）进行观察才能达到“科学”。不过，用费孝通的话说，他们并没有真正地走进非西方社会，而是走进去不久又很快地“出来了”[1]。他们进去的地方是他们的文化不断冲击着的对象，因为人类学者的

[1] 费孝通：《再谈人的研究在中国》，载《东亚社会研究》，1993 年，第 161—165 页。

跨文化行动反映出西方近代以来的“殖民遭遇”[1]和世界政治经济体系与文化接触的变迁。他们回去的地方是他们的“家园”，或他们国家内部的关系与冲突和对外的关系与冲突的状况及文化背景。在这种实践背景下产生的理论范式，不免深受意识形态的制约。

为了克服这一问题，有些学者认为人类学者要从他们的研究中利用人类学知识批评西方文化的弱点，反省同构人类学者与被研究者之间关系的世界文化不平等格局。问题实在不这么简单，因为即使人类学者有这样的批评和反省，他们在被调查的社会中的实践依然是“殖民遭遇”的表现。虽然我们不能否认西方对“异邦”的人类学研究对文化之间的相互理解和交流可能起到了积极的作用，但是从知识社会学的观点看，“远方文化”的研究（西方汉学人类学研究）难免会引起人类学者自身社会角色的界定的模糊不清或误选。

近年，不少人类学者开始转向研究西方人类学，其目的就是为了避免出现从事“异文化”研究的人类学者本身的角色问题。本土社会研究在两大方面较之于“异文化”研究占有优势。首先，本土社会研究者更易于把握社会与文化、规则与人本身的生活的相关性；其次，只有在对本土社会的透视中，社会科学工作者才可能了解自身在社会中的角色，并给予自身一个贴切的社会定位。大量的反思性研究说明：人类学把自己限制在“异文化”研究的做法可能会导致很大的认识论问题，而运用社会人类学的观点研究本土文化则具有相当巨大的潜力。对于汉学人类学的进一步发展，这无疑是一个重要启示。

王铭铭，1962 年生，北京大学社会学系教授。研究方向为社会人类学理论与方法、社会文化理论研究、宗教与家族研究、海外民族志等。著有《社会人类学与中国研究》《村落视野中的文化与权利》等。

[1] Talal Asad, *Anthropology and the Colonial Encounter*, London: Ithaca Press, 1973.

汉学的临界点
——日本汉学引发的思考

孙　歌

“汉学”是历史上与“宋学”相对的学问还是广义上的国外中国学，是靠它的上下文来决定的。对于这一点，中国人似乎不用咬文嚼字就能心领神会，所以至今也未产生进行全面梳理的需要。另一方面，在分工日益精细的现代社会，一个表示学科范围的语词本身的暧昧，有时倒可以带来一些方便：它往往可以提供某些意想不到的新的可能性。当然不能指望所有语词都具有这样的功能，我也无意在此为那些因研究者的怠惰而被随意滥用的语词张目；但是“汉学”这一在使用过程中具有相当随意性的中文语词，却的确具有这样的生产性。

这是因为，“汉学”是一个有丰富历史内涵的语词，它不仅包括了不同历史阶段的学术内容，而且涵盖了中国文化与世界文化的触点；它来自中国学术自身演变的轨迹，也来自近代西方研究中国的需要。而这两者的结合产生了“世界汉学”的特定语感：由国外学者进行的、以研究中国古典（训诂考据占重要位置）为主的学术领域。但是，在考察日本汉学的时候，情况有些不同：西方的 Sinology 可以译成中文的“汉学”一词，在日语里却只能译成“支那学”，不能译成“汉学”；换言之，日本的汉学不是日本的中国学，在日本的许多大学里，前者属于国文科或国文汉文学科（这一点因学校而异），后者属于外国学学科。至于日本汉学那令日本知识分子不快的特定历史语感，更暗示着一个日本中国学界不甘认同、而中国学者又往往茫然不知的“知识错位”的领域。要言之，由于“汉学”一词具有如此复杂的内涵，以至于它的使用不仅歧义重重，而且至今它所蕴含的生产性也尚未得到穷尽。

我在此使用“生产性”一词，并非意在对“汉学”（无论是中文的还是日文的）进行价值判断。换言之，我不想使用肯定或否定性的判断简化这个极其复杂的知识和历史领域的问题。当中国、日本、世界和汉学各自经历了历史的变迁之后，我相信我们有可能超越价值判断的层面，把它们视为一种为人类提供精神营养的资源（不言而喻，“营养”可以来自正、负两方面的遗产）。只有在这一意义上，“世界汉学”才会成为中国人进入世界的一个新视角，而不仅仅是中国知识界寻求海外认同的自我认知方式。

本文试图对日本“汉学”中隐含的几个关键问题进行简单的勾勒，从知识和历史的层面对其进行分析。我所感兴趣的问题是：“汉学”在日语的上下文中具有什么样的临界点？它所经历的历史变化为它提供了什么契机？而日本汉学作为一个日益失掉吸引力的松散知识领域，它的衰亡本身是否掩盖了它所可能带给我们的启示？

日本汉学是一个富有“临界性”的领域，它在历史沿革中曾经催生了日本学术中最富于创造性的部分，也保留了日本学术中最陈腐的部分。片面强调任何一个部分，都会导致对汉学问题理解的狭隘性，从而忽略它所可能提供的生产性因素。本文所要探讨的，是在今天走向没落的日本汉学在历史上发生性质转变时的动态情况，而不是把它作为一个固定学科的静态构成。通过对这种动态状况的思考，我希望能够重新考察那些司空见惯的定论，乃至我们不加置疑的学术前提。我认为，日本汉学在这方面具有不可多得的资源。限于个人知识储备和篇幅，本文内容只限于问题的提出，进一步的论证则只能留待今后的研究。

一、日本汉学之于“世界汉学”

日本汉学究竟从何时、最初经由哪些人而诞生？这是一个与日本历史源头同样富有争议的问题。通常，日本汉学被理解为以儒学为中心的经、史、文研究。据《古事记》所记，应神天皇（公元5世纪前后）时代《论语》和《千字文》经由百济传入日本，《日本书纪》记载这最初的文化传播者名叫王仁。由于缺少确实的证据，目前能够肯定的汉籍传入的确切年代是在6世纪中叶，当时把带着汉籍进入日本、并对日本上层人士讲解它们的外国人（可能是朝鲜人甚至是中国人）称为“五经博士”。而圣德太子则是五经博士最出色的学生，并将儒家典籍活用到他的施政措施中，相传由他制定的《宪法十七条》就是依据《诗》《书》《论语》《孟子》等写成的。这可算是汉学的原初形态。日本汉学最基本的特点是：1. 使用汉语书写形式，但是被称为“音”“训”的读音却与中国汉字读音相去甚远[1]，这是因为在汉学形成的时期，日本尚没有自己的文字，但是却有声音文化；同时阅读的顺序也与中文的语序不同。古代的上层日本人似乎在很短的时期内就为传入日本的中文典籍确定了一套特殊的阅读方式，从发音到语序，他们很快就从单纯的模仿转而形成自己的阅读规则。但在书写形式上，日本汉文仍然保留着中文的书写原貌，哪怕是由日本人创作的汉文作品，书写形式也与中文相同。2. 日本汉学具有“国家学术”的特点，亦是上层统治者所操纵的文化工具，这是东亚儒教文化圈之外的西方国家的“汉学”所不具备的特点。尤其在古代日本，汉学占据着意识形态的中心位置，遣隋使、遣唐使的派遣也强化了这种“自上而下”的文化机制，即使在废除了遣唐使的平安时代前期（公元 9 世纪末），汉学也仍然以曲折的方式成为当时的主流文化[2]。3. 基于以上两个特点，可以看出，日本汉学是一种相当特殊的文化形态：它既不能纯粹归属日本，也不能纯粹归属中国。说它不是纯日本的，是因为它使用的材料来自中国，它的书写形态也来自中文古汉语，这使得日本汉学的文字标示方式区别于公元 6 世纪诞生的“万叶假名”[3]，更区别于平安初期诞生的日本假名[4]；说它不是纯中国的，是因为日本汉学既不采用中文的阅读规则，也不用来研究中国的问题，近代以前的日本汉学家可以对于中国的儒家典籍倒背如流，却不会用汉语来读它，并且对中国社会一无所知，这种典型的文本与语境、文字与声音的分离状态

[1] 日本汉学的语音问题有一个复杂的历史流变过程，在早期的读音中有一部分语音系引进当时的汉语读音，所以在日语汉文读音中有吴音、汉音和唐音之分；但是，这部分语音在进入日本后便脱离了中国本土的语音演变轨迹，同时，在日语汉字读音中还存在着百济即韩国语音的影响，故与其后的中文汉字读音相去甚远。这部分发音方式被称为“音”；另一方面，日本本土的语音亦被用于阅读汉字，这也就是后来与“音”分庭抗礼的“训”。

[2] 平安时代（794—1192）的日本汉学经历了从官方进入贵族阶层的过程，它的直接后果便是导致了日本汉文学的繁荣。初唐至盛唐诗文文体在此时空前流行，上至天皇，下至贵族，日本上层人士完全使用汉语诗文的体裁进行创作。在平安朝后期，白居易的影响达到了统领日本文坛的程度。

[3] 万叶假名是日本第一部歌集《万叶集》所采用的文字。在形式上看，它采用的是汉字，但是使用汉字的规则与日本汉文不同，是用汉字来记录日本本土的声音，汉字字义仅在有限的范围内有效，在这种符号系统中不能成为基本的书写阅读规则，故万叶假名是中国人所不能猜读的外语。

[4] “假名”一词是相对于“真名”而言，是日本人在接受了汉字书写符号之后发明的本土书写符号。真名意指汉字，假名则是从万叶假名的笔画中摘取必要的部分进行简化后发明的拼写符号。基本符号现有 48 个，通常称之为“五十音”，可以用它们自由拼写日本的本土语音。

造就了日本汉学独特的“骑墙”文化性格。

如上所述的三个特点，在日本汉学形成以来直至江户时代为止，虽然经历了不同历史阶段的不同表现形态，却基本上得以持续。如何认识这种现象呢？现今的日本汉学家们对于日本汉学的这种暧昧的骑墙性格一直保持“点到为止”的态度，越是晚近，这个问题就越是变得棘手。因为现代社会的国家观念不可能为日本汉学这样的骑墙学问确定一个准确的位置，所以在谈论日本汉学的时候，它的归属问题便被一笔带过。在战后，随着日本中国学研究的发展，日本汉学的轮廓日益模糊，成为一个极为松散的知识领域。比如日本大修馆书店在出版十卷本的“中国文化丛书”的时候，第九卷就是《日本汉学》[1]；这部书很典型地代表了日本汉学在归属问题上的不确定性，尽管它跻身于“中国文化”的行列，但是并没有明确的“中国意识”，而只是表现出了对中国儒学典籍的兴趣；同时，由于它避免讨论汉学在现代社会的位置，因而在面对现代日本汉学何去何从的问题时，便只好纠缠于一些技术性的细枝末节。在60年代末出版的这本书，可以视为日本汉学寻找归属的一次不成功的努力，尽管它提供了有关日本汉学的许多具体知识，但是却无法回答这样的问题：在日本知识界已经掌握了足够的有关中国的知识以便进行中国学研究的时候，日本汉学这样的知识领域独立存在的必要性是什么？

日本汉学的归属性不是靠编入中国文化丛书就能够解决的，在它的背后，不仅有学理问题，也有意识形态背景。对此，直到80年代末才有学者从正面给以揭示。日本中国学家沟口雄三在他的《作为方法的中国》中以极为明快的方式揭露了日本汉学的“知识性”面纱背后所掩藏的保守乃至右翼的意识形态内容：“日本汉学的特征，……在于它试图构筑一个没有‘异’的‘自我’的世界，亦即舍弃‘异己’而以自己为小宇宙的世界。”“所以日本汉学当然不可能是外国学，在本质上，它只能是日本学。不过，这里所说的日本学，并不是以日本为研究对象这一意义上的学问，而是强调日本的自我、所谓反相对主义的学问。结果，日本汉学的学术根基在于以我为中心地强调自我，而这与将自我的世界相对化的立场是背道而驰的。”[2]

沟口雄三的汉学批判虽然有失简略，却提出了两个重要的问题：1. 日本汉学

[1] 水田纪久、赖惟勤编，1968年。

[2] 沟口雄三：《法国支那学与日本汉学和中国哲学》，载《作为方法的中国》，东京大学出版会，1989年6月。

的学术立场缺少将自我相对化的自我中心主义立场；2. 这种自我中心主义立场阻碍了日本学术在国际化过程中寻求与普遍性的联系。这种分析主要针对的是战后日本汉学的问题点，而汉学的这些问题点背后隐藏着与近代日本意识形态中“日本特殊论”的逻辑联系。在这一意义上，日本汉学间接参与了日本“国体论”的制作，它与战后日本中国学的精神背道而驰，这正是日本的中国学家拒绝被称为“汉学家”的原因所在。

那么，在这样的背景下，我们所面对的“日本汉学”便导致了“世界汉学”语义的扩展：它意味着汉学中包含了不以中国为研究对象并且也是“反世界”的学问。在这一意义上，日本汉学的确是世界汉学中的不和谐音。由于这样的情况不存在于西方世界，日本汉学的这种性质一直被习惯使用西方话语的中国学术界所忽视，它从自己的语境中被剥离出来，被含糊其词地划入了世界汉学的领域，当成了“日本中国学”的代名词。尤其是战后的日本汉学，由于它失掉了江户时代以来的汉学的主流意识形态功能，仅仅保留了考据学的知识性表象，更使得中国知识界易于忽略它在日本历史的上下文而产生的“纯学术”的误解。

于是问题便产生了：日本汉学是不是世界汉学的一部分？我们该从何种角度去谈论它？既然它与日本中国学有复杂的联系（我将在后文中涉及这个问题）又有重大的差别，我们的问题设定是否也要做相应的调整？

这个问题直接关系到我们如何理解“世界汉学”的问题。我相信，它不仅与这本刚诞生的杂志有关，而且与近年来的儒学热和全球化的思潮有关。第一世界包括日本正在盛行“中国威胁论”，据我所知，日本知识分子中为了抵制这种论调也有学者在倡议建立全球性的“中国研究网络”；在这种形势下，“世界汉学”不仅仅是一种纯学术的视野，这是不言自明的。无论是否正面提及，我们都必须面对一个问题：国外汉学究竟是中国知识分子通向世界的窗口，还是我们转向自身的捷径？

或许有人会说这两者并不矛盾。的确，如果我们不把自己的思考局限于是否向“后殖民”表示认同的命题，那么，其实通向世界与转向自身本来是相辅相成的。但是，这两者之间所暗含的紧张在遇到具体个案的时候才会爆发出来，在本文所要处理的问题中就包含着这样的紧张：如果我们试图通向世界，那么，日本汉学在它所处的语境中的位置将会成为我们关注的重点；如果我们希望回到自身，那么就完全有理由无视它的意识形态上下文而仅仅关注它的“知识性结论”。不言而喻，这两者所导致的结果截然相反：前者是一种世界性的立场，后者与日本旧汉学一样，也是自我中心、没有他者的立场。

在欧洲中心主义的普遍性受到批判而东方的民族主义特殊论亦受到质疑的今天，“世界汉学”变成了一个极富“临界状态”的领域。它可以提供具有建设性的思想资源，也可以变成一个因循陈旧的话题。其中，日本汉学的这种临界性尤其突出。在历史事实方面，日本汉学从近代以来一直走向没落，它失掉了江户时代的勃勃生机而逐渐变为思想贫困的知识手段；本文讨论的日本汉学问题，并非意在为这种已然没落的日本汉学招魂；但与此同时，它的没落并不意味着它的消亡，今天日本汉学思维方式的保守性与排他性，却仍然在日本学术中阴魂不散，它也正与日本社会保守的意识形态相吻合。在此意义上，沟口雄三在人们已不把汉学作为对手的80年代末仍然对其进行批判，堪称有识之举。这反而证明了，日本汉学在日本文化的结构中占据着不可忽视的文化位置，只不过被它的知识性假象所掩盖了而已。就此而言，对于日本汉学的讨论并未达到应有的深度，而它所隐含的基本思想契机也并未得到揭示：在日本知识界对于汉学的批判和汉学在自身转型时期所引发的论争中，曾经产生过思想巨人；如果把对日本汉学的理解从狭义的和静态的训诂考证之学推向更为开放的学术领域，尤其是注视它在临界状态下所受到的刺激与冲撞，那么，在知识的帷幕之后，我们将看到有声有色的思想源泉。

二、荻生徂徕“翻译论”的启迪

日本汉学到了江户时代（1603—1867），达到了一个顶峰。说它是“顶峰”，并非因为在江户时代汉学曾经成为显学并在此时期真正渗透到了民间；也并非因为儒者们只有在这个时期才真正独立成为一个阶层：日本汉学只是在这个时期，才显示出它的各种临界状态——在日本历史上，江户时代这种内含多种可能性的时期是绝无仅有的，日本汉学在这一时期的异彩纷呈，在汉学史上也堪称前无古人后无来者。

关于江户儒学历史过程的评价，丸山真男的学说具有决定性的影响：朱子学前近代的思维方法在17世纪初至中叶获得正统的地位，这与幕府确立自身正统性的需要有关；而中经山鹿素行、伊藤仁斋的古学，到了荻生徂徕创建古文辞学，日本的儒学发生了重大的转变，朱子学的思维样式解体，形成了具有近代特征的思维方式[1]。在建立历史的上下文方面，这种源自近代视角的勾勒引起了日本学界乃至他国学者的质疑，从而提供了进行一系列争论的契机；然而事实上，丸山真男却仍然给了我们最为重要的"进入"江户汉学的线索，这就是徂徕学在江户儒学中作为分水岭的特殊地位。

荻生徂徕（1666—1728）以诠释三代圣贤之书作为自己毕生的事业，他的古文辞学和译学都以此为终极目标；在此意义上，他是个"汉学家"；但是，他同时又是日本汉学阵营内部的叛逆：当他还是一个默默无闻的年轻私塾先生时就已经开始着手废除日本汉学借以安身立命的汉文训读，推行将汉文作为中文文本来阅读的崭新主张。他的处女作《译文筌蹄》，便是他讨论如何翻译中文典籍的记录。可以说，在日本汉学史上，通过废除训读所进行的原创性思考，是在荻生这里形成规模的。训读是日本汉学的阅读方式，上文提到日语语音有"音""训"两种读音，前者为对汉语语音的照搬（不过这种照搬并非全部忠实），后者为日语语音。对同一个汉字，日语在多数情况下都有这两种读音。训读就是使用日语语音来阅读中文原文，在书写形式上不改变中文的方式，但是在旁边注以阅读标记（训点）提示阅读者改变语法顺序并提示部分读音。这是一种似是而非的翻译，因为它使用日语的语音、语法，却不使用日语语汇和书写符号，使汉文不能变成日语；反过来说，中文书写符号又因为失掉了自己的语音、语法而不再是外语。训读与日本汉学一样具有骑墙的特性，这使日本人在训读时感觉不到自己是在读外语。

在荻生的翻译理论里，"翻译"究竟占有何种位置，其实还是一个疑问。作为一个儒学学者，尽管他后来成了批判朱子学的急先锋，但他始终是在日本汉学的语境里思考问题的。当他主张废除日本汉文训读法的时候，他敏锐地抓住了日本汉学的要害，即训读所造成的汉学日本化，但这其实并非他要解决的问题。他的翻译理论所指向的目标并不是现代意义上的"民族国家语言"，而是与这种民族国家语言意识具有相反性质的历史相对主义语言概念。

在荻生的著述中，成文于他晚年的《徂徕先生学则》极为精练地表述了他的学术方法论。在《学则》第1、2则中，他集中提出了自己的语言观：日本与中国各

[1] 参见《日本政治思想史研究》，东京大学出版会，1952年初版，1986年新版。丸山特别注目于江户思想史中"政治思想"的含义，因而他对于徂徕学最杰出的分析也在于诸如公私观念与国家观念的联系等方面。而对于荻生创建古文辞学的意义，他涉及得极为简略。对于丸山真男的分析，日本的学术界和韩国的学者都进行了质疑，比如朱子学是否真的占据过统治地位，以及对它的具体历史评价等，均有不同的意见，因与本文不直接相关，在此从略。

自拥有自己的语言，而日本汉学的训读方式则使得这种区别变得模糊，荻生特别以作为遣唐使渡唐的吉备真备（695—775）为例，指出他使用训点方法传入的汉籍“乃吉备氏之诗书礼乐也，非中国之诗书礼乐也”[1]。其理由是，如果像汉文训读那样将中国语言视为本国语言，那么，必然会把中文所包含的内容偷换成日语的内容。他进而举例说，读《橘颂》时，长江以北地区不产橘的地方以枳替代，来设想其颜色味道，焉能不张冠李戴？而“中国独有四海皆无之物，其理亦有所同”。所以，他主张要恢复中国典籍的“中国特色”，在中文的语境中用中文的方式去阅读，并认为只有这样才能通达“天下之志”。

在荻生早期的重要著作《译文筌蹄》的《题言十则》[2]中，以一种悖论的方式表达了他对于翻译的认识。对于中国的书生来说，“读书”与“看书”，虽也意味着不同的修业方式，但绝不会指向不同的方向，而在日本汉学的语境当中，这意味着两种完全不同的文化手段。对荻生来说，“读书”意味着翻译：“译之一字，为读书真诀”；即发出声音的读书可把中文译为相近的日语；在这一意义上，他认为使用“和训”这一翻译方式倒不如使用近世俚语更能够接近圣人之道的“人情世态”；在另一方面，“看书”则意味着更高层次的无隔阂的读解，亦即不借助翻译而直接进入汉语的语境。他为此激烈地批判了当时学者“贵耳贱目、废读务听”的倾向，引出了著名的“读书不如看书”的命题。他主张不用口耳听说，而要用心灵去体验，用眼睛去“听”。具体的方法是把陌生的文本放在它所由产生的历史上下文中去反复揣摩，直到意会神通为止。据说当他第一次阅读李攀龙、王世贞二家文集时，最初完全不得要领，他所使用的方法就是反复阅读李、王倡导的古文运动的蓝本——从六经到秦汉的文章，直到对李、王之文亦有领悟为止。他特别强调文章气象“非

[1] 荻生徂徕《学则 1》，载《荻生徂徕集》，日本盐尻：筑摩书房，1970 年。在原文中荻生为避将军纲吉之讳而将吉备写为“黄备”，为简略起见在译文中仍将其译为吉备，特此说明。此外，本文所引《学则》原文均引自上书，不再另行注明。

[2]《译文筌蹄》是荻生早年开设私塾时所讲授的内容，用今天的话说，那是一种“翻译课”；但是，荻生在他的翻译学中充分注意到了语词的功能问题，例如，语词在“读书”中的作用，“翻译”在读书中的位置等问题；所以他提出以江户时期的“平常俚语”取代训读的文言，以更为准确地理解三代之文。但是，荻生关心的并非是翻译，对于他来说，翻译仅仅是达到理解中文的“筌蹄”（语出《庄子》），得鱼忘筌才是真意。这一思想一直贯穿他古文辞学的始终。《译文筌蹄》在荻生 27 岁（1692）时由其门人记录整理而成，在当时的汉学界引起极大的反响；正文之前有荻生本人所作《题言十则》，简练地概述了他对于“译学”与“古文辞学”的想法。《题言十则》与《学则》是研究荻生徂徕古文辞学的重要文献。《题言十则》引自《荻生徂徕全集 2·言语篇》（户川芳郎、神田信夫编，みすず書房，1974 年）。下同。

耳根□业所能辨，唯心目双照始得窥其境界”。因此，“译语之力，终有所不及者”。在此意义上，译文正是达到目的便可抛弃的“筌蹄”。荻生不仅指出了翻译的极限，而且在翻译的层面上指出了声音的有限性。他推崇“崎阳之学”（即使用中文语音阅读并且译为日语俚语的翻译学）的目的并不是追求完满的日语译文，而是“始得为中华人”，亦即依靠中文的语音进入中文的语境。

荻生在他批判汉学的立论中强调了“声音”的重要性，但是在他的个人实践方法上，“声音”并不是最重要的因素。在很大程度上，对于声音的强调只是他瓦解汉学训读的一种策略。他在1711年请长崎通事冈岛冠山主持“译社”的中文研习，但是《学则》的草定却是在1715年。其间，他又一次强调了用眼代替口耳的意义。荻生本人在阅读汉文的时候究竟是否发出声音，发的是哪种声音，至今仍是一个谜，可以确定的仅仅是，他是按照汉语顺序去“看”的，这与使用训读颠倒汉语语序的阅读方式不同；在他个人的学术方法上，他所强调的是书写符号本身在它所处的语境中的含义，这种个别性的含义实际上是不可译的，所以荻生一再强调“身临其境”的重要性。为汉语恢复声音不是他语言理论的终极目标，因为对他来说，声音和文字都仅仅是载道的工具而已，而他关心的是在心灵的融会贯通之后去把握那些无法用规则概括、无法用讲授方式习得的内容，这就是“道”的真谛。在《学则3》里，他批判老子的“道可道，非常道”，强调六经是具体的，道就寄寓于具体之物当中。“圣人恶空言也。”荻生表示了对于语词抽象性的高度警惕，他经常强调不可拘泥于语词本身，要在历史上下文中确定语词意义，这与他对于声音的“得鱼忘筌”态度是一脉相承的。

荻生的古文辞学，意在对当时占据了主流意识形态的朱子学进行否定性的批判，而同时，他也对伊藤仁斋的理论进行了批判[1]。有学者考据说，荻生的这种两面出击的做法是根源于个人恩怨[2]，但是正因为他需要批判以古义学来否定朱子学的伊藤仁斋，这反倒使他的学说更为精细，从而更加突出了他的相对主义历史观。在这一意义上，荻生的个人恩怨对他的学术倒未尝不是一种营养。在《弁名》中，荻生对儒学的关键语词逐一进行了解读，而作为他所批判的对象，朱子学和伊藤仁

---

[1] 徂徕古文辞学的批判功能相当复杂。他的学说本来是针对朱子学进行批判的，但同样批判朱子学并在古学方面为他铺平了道路的伊藤古义学，却也成为他的批判对象。

[2] 野口武彦：《评传·荻生徂徕》，载《江户人的历史意识》，大阪：朝日新闻社，1987年。据野口考证，荻生攻击伊藤的古学派，是因为他曾致函伊藤，因后者病笃而未接到回信；荻生不知情而生怨恨，后来此信在伊藤逝世后被发表，又加深了他的积怨。所以，荻生为了攻击伊藤，有时甚至不惜站在朱子学的立场上。

斋的古义学同样被作为不懂圣人之道的样本[1]。理解了荻生这种批判精神的特殊位置，才能理解他为什么要执着于相对主义的语言观念和历史观念。

如果充分注意到荻生语言论背后所隐藏的重要思想框架，那么他的语言论中所潜在的生产性就会把我们引向另外的方向。在《学则》中，有一些对现代人亦有启迪的重要思想，这就是他的相对性认识论。《学则2》开篇的一句是这样的："宇犹宙也，宙犹宇也（空间犹如时间，时间犹如空间）。"他分析道：时间与空间在一定的距离之下会产生同样的陌生化效果。在这一意义上，同一时代不同国家的人与不同时代同一国家的人，在理解对方时所遇到的困难实际上是同样的。所以即使是自己祖先的语言，对于血脉相承的后人来说也与外语无异。荻生进而又说："世，载言以迁移；言，载道以迁移。"在移动变化的大千世界，他虽然设定了绝对不变、具有普遍性的圣人之道，却同时又意识到了"道"与"言"之间的流动关系，因而强调后人读古人的不可靠。在流动变化之上，荻生敏锐地感觉到时间的距离比空间的距离更加难以克服：千年岁月流逝，风俗流变世事消亡，我们如何能够置身于仲尼之时呢？显然，这一困难要比同时代的人理解"外语"更为困难。但是，荻生坚信，不朽者会留下千古之文，后人可以将其烂熟于心，使自己从语气到精神皆酷肖不二，从而达到与古人朝夕相处的境地——这也是他强调以目代口耳的良苦用心。

在把时、空相对化的同时，荻生其实也把民族国家的界限相对化了。结合日本汉学的历史，有学者倾向于从福柯知识考古学和德里达书写语言学的角度来解释荻生的语言理论，并指出了荻生对于语言透明性和内部化的追求[2]，这的确是一种相

---

[1] 例如，他批判伊藤仁斋误读《易》的"一阴一阳"；过分拘泥于孟子的言论，不懂孟子所谓"四端"之说并不是完成"仁"的方法等。他由此将古学派和朱子相提并论，认为他们同样没有读懂圣贤之书。

[2] 具有很好的后现代理论修养的日裔美国学者酒井直树在他的英文专著 *Voices of the Past: the Status of Language in Eighteenth-Century Japanese Discourse* 中专门讨论了这个问题，书中有许多精彩的见解，比如他认为"和训是揭示书写形式中日本语在何种层次上与中国语发生关系的最合适的材料"，并从话语空间的角度提出了很多深刻的见解。该书的立论基点在于以18世纪为时间单位横向考察言语危机问题，因此对于"日本特殊论"有积极的批判功能；但是，由于问题的设定偏重于理论需要，所以徂徕学的音声部分被强调到首要的地位，而对其与他"读书不如看书"的主张之间的关系却缺少分析；由于过于强调语言透明度，荻生"合华和而一之"的思想也很难作为问题加以讨论。笔者所读到的是该书日译的两章，载《批评空间》第11号（1993年10月）、第12号（1994年1月），所论也仅以此两章为依据。另一位学者宇野田尚哉的论文《读书不如看书——荻生徂徕与近世儒家言语论》（《思想》1991年11月）则注意到了这一点并有相当出彩的描述，文章指出近代儒家言论中"耳口二者"并未占有近代语言学习中那样的第一位的地位，而是屈居第二。在这一点上，荻生与同时代的其他儒者是一致的。

当诱人的历史分析，它使那些难以解释的问题变得清晰了；但是由于它侧重于对历史的重新建构，而这一建构过程似乎把荻生本身也变得透明了。就汉学历史而言，徂徕学对于训读的挑战的确带有对语言透明度的追求和对不同文化独立价值的强调，然而与此同时，正如他同时向朱子学和古义学挑战这一事实所象征的那样，荻生的相对主义使他总是看到语词（事物）的临界状态，意识到不同事物之间的对立不是绝对的；他实际上以这种临界点同时化解了所谓国家的框架和语词的透明度。意味深长的事实是，荻生在《译文筌蹄·题言十则》结尾处说："古云通古今谓之儒，又云通天地人谓之儒。故合华和而一之是吾译学，合古今而一之是吾古文辞学。"这一荻生早期的思想在他的学术高峰时期并未改变，在晚期代表作《学则》中，它体现为荻生复杂精细的"兼收并蓄"精神[1]。在近代国家意识尚未普遍化的时代里，这种天真的儒生气概与民族观念并不能直接挂钩，与现代语言学也不可同日而语。

《学则》的灵魂其实在它的第六则。在这一章里，荻生提出了一个重要命题：君子不轻易弃人，亦不轻易弃物。他引用《论语·里仁》之语指出不拘泥于是非善恶才能成就伟大之业，并进而论述道：物不得其养，不得其所为恶，得其养得其所，便可转而为善。因而圣人时代不抛弃任何人，也不憎恨恶本身，这是圣人得以成其大业的根本。而儒者将善恶邪正区别开来，只能令先王和孔子的领域变得狭隘，这是儒者之罪。后世学问不及古代，原因亦在于失掉了广博和兼容的精神，只守一家立场。

当然，无论是对于"圣人之道"的理解还是对于汉文训读的瓦解，荻生的兼收并蓄都在于一套复杂的相对主义的技术处理方式。例如，他强调没有绝对的古与今，在时间长河中的任何一点都既是古又是今，但同时他又强调古有圣人而今无圣人，圣人与普遍人的区别在于前者能够集大成而后者只能恪守小智；在对于训读的态度上，他一方面指出训读是不准确的翻译，力主以"崎阳之学"代之，同时又对翻译本身的有限性保持着清醒的认识，主张抛开翻译、抛开声音而以心目感应直接力透纸背，接近圣人之道；在语词问题上，他一方面强调语词的相对性，批判伊藤

[1] 从以汉文训读方式写成的《译文筌蹄》的《题言十则》到用近世日语写成的《学则》，荻生有很多变化，如他对训读的态度，后者比前者更为严厉。对语音和语言的国别的强调，后者也较前者显著。但是，荻生的一些基本看法并无大的变化，尤其是他对翻译有限性的看法和"道"之包容性的强调，在这两个文本中保持了一致性。《译文筌蹄》的文本包含一个相当庞大的著述群，《题言十则》只是其中《译筌初编》的卷首语。黑住真论文《有关〈译文筌蹄〉(1)》(《人文科学科纪要〈东京大学教养学部〉》第102辑）对这一著述群的实态有详尽研究。

古义学过分拘泥于语词而忽略了圣人使用语词的真意；另一方面又批评汉文训读在读解方面的模棱两可，主张准确把握语词。荻生的这种复调的思维方式有效避免了他的学术体系因强调广博与包容而陷入大而无当或八面玲珑的境地，不仅保持了强烈的批判精神，而且同时创造了丰富的发展可能性。

对于我们这些后人来说，荻生徂徕的启迪是什么呢？首先，他对异质文化之间“不同质”问题的清醒认识，对时间与空间距离的文化理解，较之近代以后狭隘的民族文化思维框架，更加富于弹性；作为“前近代”的江户儒者，荻生徂徕反映出了以国家为本位的现代人的思维局限。其次，他从语言角度对汉学传统进行批判的做法，暗示着语言问题在日本汉学史中与思想问题的密切关联。事实上，在其后的历史过程中，围绕着汉学的生死存亡问题，日本人所进行的思想论争主要是在语言层面进行的。同时，徂徕学知识结构背后的思想体系使其具有了原创性，这使它反衬出近代以后日本汉学的知识弱点：逐渐失掉了这种思想潜能而仅剩知识本身。因此，荻生徂徕提供了读解日本汉学史的重要视角，而特别要指出的是，训读这一独特的阅读方式所暗含的文化、思想契机，在今天仍未得到日本和世界学术界的足够重视。最后，荻生徂徕对语词从音声到字义的相对主义观念，对语词所处上下文的强调，仍对我们有方法论的启示。至今，荻生所批评的伊藤仁斋过分拘泥于语词而误解原文的错误其实仍然盛行于现代学术界。如何回到历史语境当中去，如何作为今人来阅读历史，这不只是江户时代的问题。

三、日本汉学的“不死之身”

经由伊藤古义学、徂徕古文辞学和本居国学与兵学、兰学等的内外夹攻，日本以朱子学为中心的汉学从体制之内被排挤到了体制之外。江户开国[1]这一决定性的历史转折，使得日本汉学的骑墙性格变成了一个问题。应该说，哪怕是在荻生对训读发起攻击的时候，汉学的性质也不足以成为一个问题，在他的时代里，儒学学者们对于汉学的读解方式产生疑问，并不直接等同于国民国家和民族语言的自觉。本

[1] 通常以 1853 年美国提督贝利率军舰抵达日本递交国书强迫幕府接受“和亲条约”为基本分界来界定日本的开国。但是在此之前，江户幕府已经在各国的特使、军舰、商船的压力下无法维持锁国状态。

居宣长对于“汉意”的排斥与日本民族观念的联系或许体现了日本人民族意识的自觉，但这是个需要相当多论证的复杂问题。可以确定的是，在江户幕府岌岌可危的19世纪中叶，随着欧美列强对日本威胁的加剧及鸦片战争的结局造成的对于同时代中国的轻蔑，一方面使得“国家”进入了日本人的思维领域，另一方面也带来了日本对中国态度的改变。这样，汉学的处境便发生了根本改变。

早在17世纪中叶，江户的儒学学者中就产生了一种把“中华”符号化的动向。他们认为清朝取代明朝是“华夷变态”，亦即“夷狄掌握了中国”；甚至有人主张把日本称作“中国”。在此，中国不是国家实体的名称，而是文化正统性、文化优越性的代名词。在19世纪上半叶出现的“尊王攘夷”之说，承接的正是这种日本式的“中华思想”。有些日本学者注意到了这一情况，并进行了出色的分析[1]。这种文化相对论的思潮在何时演变为近代意义上的国家观念，它的媒介是什么，笔者无力在此进行研究，能够指出的仅仅是，“中华”的符号化思潮本身造就了日本知识界特有的思维定式：把“中华”甚至“中国”这一语词从它所称的地域（亦即近代意义上的国家）中分离出来，使它得以相对独立。在此前提下，“偷换概念”便是不言自明的结果了。

这种思维定式显然来自日本汉学的骑墙品质，而这种思维定式又在很大程度上决定了日本汉学日后的命运：当它被作为日本近代化的阻碍而遭到否定和扬弃之后，它便从自身中游离出来，作为知识、教养的代名词，甚至作为更为暧昧的知识领域而获得“不死之身”。

对于日本汉学的又一次攻击同样来自语言方面，这就是日本“言文一致”运动的始作俑者、江户末期的前岛密（1835—1919）所提出的废除汉字的主张。前岛在江户幕府末期任开成所[2]翻译，任此职期间，他于1866年上书将军德川庆喜，题为《汉字御废止之议》，提出国家之本在于教育国民，而汉字的艰深晦涩不利于这一目标，因此应采用和西洋诸国文字类似的音符文字，亦即假名。不言而喻，前岛

[1] 例如，黑住真的《日本思想及其研究——关于中国认识》(《中国——社会と文化》第11号，1996年6月)，指出了这种将中国相对化的潮流在进而演变为将日本自身纯粹化的动机时，产生了谋求神道正统性、排斥“汉意”的本居宣长国学。又如，渡边浩《进步与中华》（收入《アジアから·考える5·近代化像》）指出，在江户日本，对于“华夷观念”的对应是一个困难的思想问题。它导致了各种回答方式，也引起了不息的争论。渡边指出，当时的“文明开化”实际上就是日本的“中华化”尝试，同时，它又将西方视为“中华”从而使中国“非中华”化。

[2] 幕府创办的教授荷、英、法、德、俄等国“洋学”和洋式教学的学校，几经变化，后成为现东京大学的一部分。

采取了与荻生徂徕不同的立场，他要瓦解的不是汉学的读解方式，而是汉学的存在本身。然而他采取的方法却与荻生相近，即从语言文字入手。

前岛上书的1866年，也正是福泽谕吉出版他的《西洋事情》初编的同一年。这一巧合构成了明治维新前后时代思潮的象征，即以西方为参照系建立近代日本的"国民国家"框架，通过对传统汉学的否定实现建立平民文化体系的目标。前岛密在明治维新之后亦坚持了他的基本立场，在1873年创办了《每日假名新闻》，尽管这份仅使用假名不使用汉字的报纸出版一年多便停了刊，但它所代表的并非成功的尝试却在日本语言文体变革历史上具有特殊的意义：这是民族性与平民性在"文明开化"的前提下对于汉学的一次清算。与前岛密相对应，创刊于1874年的《明六杂志》在第一号上刊登了西周（1826—1894）的《以洋字为国语论》，呼吁使用罗马字代替难懂的汉字，尽管西周本人仍然使用汉字进行他的翻译与启蒙工作；1885年，由外山正一、矢田部良吉等人发起了"罗马字会"，力主依据声音进行书写；该团体有两名外国籍会员充当了推行罗马字的中坚力量，并且也拥有自己的罗马字刊物。

与前岛的以假名代汉字和西周的以罗马字代汉字的激进主张相对，福泽谕吉提出了相对温和的"汉字限制论"。这位有很深汉字教养的学者为了实现他普及文化开化思想的目标，在汉文文体充当西学翻译手段的时期，着手改革汉文文体，使其通俗化、平易化。福泽避免使用难解的汉字，创造了平易近人的"福泽调"，这使他的著述在汉文盛行的明治初期得到广泛的阅读。以假名和罗马字取代汉字的主张尽管在工具上进行了彻底的改革，但是最终未能得以持续。而它们真正的建设性意义却在于其引发的从文学到教育及大众传媒和政府公文等各个领域的"言文一致"运动。

当汉字受到如此猛烈的攻击，并且被视为建立近代市民社会的绝大障碍的时候，汉学的处境自然十分艰难。日本学者绪形康指出：从明治初期的1870年开始的12年间，刚刚创立的大学南校、大学东校（亦即后来的东京大学）取消了汉学学科。明治政府的这一"汉学断种政策"，有力地促进了包括"言文一致"运动在内的近代日本文化的重构[1]。

---

[1] 绪形康：《他者形象的演变——投向中国的目光》，载《江戸の思想》第4号，东京：ぺりかん社，1996年。

然而这并不意味着汉学的真正消失。明治天皇在稍后视察了东京大学，对于日本举国上下学西方科技的潮流表示了忧虑。他认为如果不搞国文、汉文的话，医学、理工科再先进，日本也无法治国[1]。而据绪形康考证，东京大学经一系列改组在1889年增设了汉学科。他指出，复活的汉学在三个方面与江户以来的汉学有着重大的区别：一、把重心从仁斋、徂徕学、折中学派等江户传统儒学转移到以朱子学为中心的新儒学和注重考证的宋汉学方面；二、作为日本帝国鼓吹臣民道德的意识形态工具，复活的汉学被要求以"纯学术"的形态为后来的日本侵华政策提供依据；三、新汉学在文字符号的领域里部分成功地掌握了新的主导权[2]。

汉字未能废除，汉学也未寿终正寝，而意味深长的是，有着西学教养和中国知识、以区别于旧汉学的近代科学方法建立了日本"支那学"的第一代日本"支那学家"，如狩野直喜、桑原骘藏等人，均是东京大学汉学科的早期毕业生。尽管他们已经算不上是汉学家了，但是这种特殊的教养途径使他们及其弟子在后来年青一代的中国学家眼里仍被视为汉学的传人。当然，绝大多数日本"支那学家"对汉学只采取改良态度，从不进行彻底清算，这也是他们不同于中国学家的、与汉学的血脉联系。

经过上述一波三折的历史，日本汉字虽未脱胎换骨却得以改头换面。不言而喻，同是日本汉学，江户汉学与明治汉学在社会文化结构中所占的位置、所起的作用却不同，它们的内涵也不同；即使同为江户汉学或者明治汉学，各个学派、各个时期之间的根本性差异也显而易见。在上文提到的大修馆《日本汉学》一书中，这一切都被归入"日本汉学"的领域之内，仅此显然无助于问题的解释。正如水在一定温度与压力下可以改变形态一样，汉学在临界点上也会发生性质变化。日本汉学正因为极其富于临界性，才具有了"不死之身"。而正因为它的这种临界性，宽泛地谈论"日本汉学"几乎没有意义。所以，日本学者更加倾向于具体地讨论问题而将"汉学"束之高阁。

但是日本汉学的"不死之身"却是一个不应该忽视的问题。正因为它缺少一个清晰的轮廓，它对于大到日本文化小到日本学术的潜移默化的影响才一直被遗漏在日本学者的视野之外，只有少数具有敏锐问题意识的学者注意到了它。前述沟口雄

[1] 吉川幸次郎编：《东洋学的创始者们》，东京：讲谈社，1976年，第174页。
[2] 绪形康：《他者形象的演变——投向中国的目光》。

三、绪形康的研究从完全不同的角度涉及了汉学在思想史中的位置问题，而另一位学者渡边浩对于汉学的影响提出了更加值得注意的观点。他在讨论日本、中国近代前后的“进步”观及其与西方进步观联系的同时指出，在近代日本接触西方文明的时候，是通过经过置换了的“华夷”观念理解西方的：“西洋在某种意义上说，比‘中华’更为‘中华’。”明治政府树立的正是“参照儒学价值基准的理想化了的西洋图像”，并以此为目标为维新定义。因此，渡边指出了在明治维新时期儒学学者的作用，例如，在《明六杂志》上著文数量位居第三的阪谷素的“文明开化”言论，“恐怕并非奇妙的例外”[1]。在今天的学术界尚倾向于把近代东方的“西方图像”看作西方自身，并且使其与东方固有文化彼此两立的状态下，渡边的揭示有深刻启发。无疑，他的讨论所涉及的也正是汉学的“不死之身”问题。儒学的思维方式、价值观念对于近代日本人制造“西洋图像”的直接影响，暗示了日本汉学不仅不能局限于一个学科，甚至也不能仅仅在一个领域中加以认识的复杂历史实态。

四、中国学与“支那学”的龃龉

日本中国学诞生于20世纪30年代。它的标志是以竹内好、武田泰淳等人为中心所组织的“中国文学研究会”的出现。竹内好（1910—1976），这位始终与学院派的思维方式和局限性相抗衡的孤独的思想家和中国学家，在某种意义上说，具有与荻生徂徕同样的“相对主义”知识感觉与现实感觉。尽管他不是徂徕那样的学者，而更多的是一位评论家，然而他的思想之深刻与洞察力之敏锐却赋予他的文章以跨时代的不朽生命力，这使他与徂徕一样，属于那种在历史中无法绕开的思想家。竹内好在文化活动与学术活动中提出的一系列问题在他那个时代具有预见性和深度，在我们今天的时代也仍然具有同样的价值。借用他本人评价冈仓天心的话说，竹内好也是一个“不断扩散放射性能”的“危险的思想家”[2]。

在竹内好进入中国学界的20世纪30年代，日本汉学已经在很大意义上为日本的“支那学”所取代，在这个领域里，内藤湖南、狩野直喜、桑原骘藏等大家已然

[1] 渡边浩：《进步与中华》。
[2] 竹内好：《冈仓天心》，载《竹内好全集》第八卷，1962年。

取得了辉煌的成就，他们创造了与西方中国学同质的近代学术。由于日本语近代文体在 20 世纪 30 年代已经日趋成熟，加以大众传媒对于知识界的广泛渗透，故日本汉学在竹内好的时代失掉了它在福泽谕吉的时代尚且具有的社会根基。昭和前期的日本思想界、文学界忙于在“科学”的旗帜下引进西方的各种新思潮流派，与此同时，以日本浪漫派为代表的文化国粹主义者也开始形成自己的阵营，日本汉学在这样的形势下，不再具有江户、明治时期的话语权，而仅仅剩下“知识”这一唯一可以据守的阵地，它从社会中退了出来。

然而，那时的汉学却仍然具有某种今天所没有的势力，这便是它通过自身的庞大知识构架所造成的经院派优势。在很大程度上，当时这种优势是通过“支那学”的经院性曲折地反映出来的，但汉学却仍然可以直接说话。1935 年 3 月，由竹内好等年青一代中国文学研究者组织的中国文学研究会会报《中国文学月报》创刊发行，同年 7 月，该杂志的第 5 号发表了竹内照夫的论文《关于所谓汉学》。该文针对当时学界对于日本汉学“非科学性”和“助长封建制度”的批判进行了反驳，强调汉学由于具有包罗万象的“百科全书”性质而最适于成为启蒙的工具，同时强调汉学具有“实践性”，因而是“圣学”。他认为汉学在幕府时期既充当了为政的工具，也孕育了反幕府的精神，同时又是与洋学相同的“外国学”；儒学“述而不作”的传统，使得汉学在诠释经典的框架内，容纳了庞大的创造性内容。所以，汉学因其杂多性而获得了永恒。同年 10 月的第 8 号上发表了竹内好的文章《汉学的反省》，对竹内照夫的论点提出了尖锐批评。他指出：“我们想要听的，并非作为理念的汉学是否是‘圣学’的问题，而是对‘圣学’之汉学为何堕落（有教养的说法是不景气）至今日地步的适当自觉以及有关如何改变现状的分析。”

那么，竹内好所看到的汉学的堕落是什么？他说：“失去了意识形态功能、被弃之不顾的汉学，集过多的封建桎梏于一身，置身于社会进化之外，徒具形骸；这正是导致诸恶之根源。……即使一切学问都无法舍弃其经院性质，只好允许鲜活的外来气息自由进入，它尚可防止自身的硬化；今天，一般社会思潮均不得不程度不同地依靠大众传媒，而传媒对汉学的冷淡是不明智的，这一点自不待言；首先应予追究的，倒是不知利用（抑或是害怕）传媒的汉学学者自身的因循态度。”他进而指出，汉学学者不管如何执着于虚名，在学问上却不得越儒教“绝对服从”的雷池一步，对于公开论争总是畏首畏尾；这是因为汉学学者自己所写的文章不欲为人所读，也无力理解他人所写文章，抱定“独善”态度和缺乏批评精神，亦是因为汉学学者依靠晦涩的文字来掩盖逻辑的粗浅。竹内好的结论是，现实中的汉学已经失掉了学术热情，在此意义上，他认为汉学需要注入“游戏精神”。

竹内好的要点可从正面概括为三点：一、学术应保持对现实社会的关心，置身于社会进程之内，具有开放性；二、学术应具有批判精神和平等自由精神；三、学术要有“热情”，亦即发自内心的人生兴趣。他特别强调的对于“大众传媒”的利用，可以视为他对于当时日益严重的经院式学风的挑战。

竹内好的这篇短文引来了竹内照夫的反驳和武田泰淳等人的不同意见[1]，而竹内好所指出的汉学“堕落”的问题，却未得到真正的讨论。尽管这场小小的论争不了了之，然而竹内好的这篇短文却不容忽视。其一，在后来的历史中，只有竹内好的意见得到了证实，日本汉学既未成为“圣学”，在实质上也未与日后的中国学合流而变成“新汉学”，竹内好所批评的僵化、封闭、缺少自由创造与批评精神而据守文字要塞的因循态度，一直构成日本汉学界的基本学风，因而，当日本学术走到80年代后期的时候，仍然需要重新对于汉学进行批判；其二，更为重要的是，竹内好在其后与“支那学家”们进行的一系列论争，其基调均与这篇短文一致。在当时最能代表日本中国学研究学术性的，是日本的“支那学”，这个领域内的研究成果在学术史上的意义至今仍无可置疑。然而在“支那学”庞大严整的知识与学术体系里，竹内好却找不到思想的原创性。他把这种状况与“支那学”的学院派学风联系起来考虑，并一再追溯根源到日本汉学的保守性。这样，以竹内好所代表的日本中国学（尽管他本人强调只代表自己），不可避免地与日本的“支那学”发生了龃龉，而龃龉的原因则在于对现代学术和现代知识分子的使命的不同理解。

1939年11月，《中国文学月报》第5卷总第57号刊登了目加田诚的论文《文人的艺术》，对中国古代文学中诗画结合的“文人精神”进行了论述；次年1月的第59号刊登了竹内好的《目加田的文章》，对这篇相当平淡的文章进行了激烈的抨击。在此文中竹内好对“支那学”进行了相当明确的宣战：“就算我整得动目加田本人，也动不了他借以为生的地盘……我是打算以‘长泽、吉川、仓石、目加

[1] 在《中国文学月报》第1卷第9号（1935年11月）上，刊登了一组相关的讨论文章。竹内照夫的《非道弘人》对于竹内好文中用语的偏激处加以猛烈回击，然而对他提出的汉学现状问题仍采取不承认态度；丸山正三郎的《汉学学者与新闻媒介》把重点放在了新闻界与儒学教养的关联问题上；武田泰淳的《新汉学论》虽支持了竹内好对于汉学现状的批判，但是重点却在于如何拯救汉学，而不是否定它。

田'[1]为题来写这篇文章的。这一类品种对我来说极有趣味。……我对他人来说也许不逊，但对于绝对者却远不像这般人那样傲岸。……每天早上夹着皮包到'支那文学事务所'去上班的生活不合我的性情……"应该说，这是竹内好批判目加田的真正用意。在他写这篇文章时，他已经自觉地在中国学与"支那学"之间划了一条区隔线，为了区别于"支那学"的基本立场，他在其后又以论争的方式与他所说的"这一类品种"的中坚力量交锋。

从第6卷总第66号（1940年11月）开始，《中国文学》开设了"翻译时评"专栏。其动机在于"翻译的问题不仅仅是语言学和表现的问题，说到底最后还是归结到人的问题上"。[2]竹内好在语言层面上与"支那学家"们进行了多次交锋。

在第69号（1941年1月）上，竹内好发表了他的第一篇"翻译时评"。在文中，他对当时大量粗制滥造的中文译本表示了忧虑，并特别指出这种状况起因于大多数"支那学者"不能创造新的翻译基准而固守训读的传统，而训读所造成的"忠实于原文"的假象使人们把它和直译相混淆，也就妨碍了独立的翻译立场的形成。竹内强调"需要对使翻译得以成为文化现象的社会文化基础进行批评"，并呼吁要独立对待中国与日本文化，让人意识到两国的语言是两种完全不同的语言，从而不以日语附和中文（亦即使用训点进行训读），而以日语解释中文。在这一意义上，他不仅否定训读，也抨击直译。

竹内好在很大程度上是在重提当年荻生徂徕所提出的问题，而令人惊异的是，时隔两个多世纪，训读问题在日本仍然悬而未决，并且比江户时代更为深入地渗透到初具规模的日本翻译界。当时"言文一致"运动已接近尾声，日本文学的文体、欧美文学的日译文体等均在现代日本语的基础上形成，只有在中译范围内，训读的痕迹仍非常明显。但是，竹内好面对的问题已经不是荻生徂徕的问题了，他关心的并非是如何读解圣人之书，而是如何摆脱因文化混淆形成的日本的民族语言翻译基准。他对直译的激烈否定，正表现了他对于"日本文化至今尚未从'支那文化'的支配下独立出来"这一状况的忧虑，在这一点上，他始终自觉地站在近代立场上。

在建立日本民族语言方面，经院式学术却必然是中坚力量。由"支那学家"仓石武四郎首倡的"支那语教育运动"在这方面提供了颠覆训读的文化位置的有力武

---

[1] 即"支那学家"长泽规矩也、吉川幸次郎、仓石武四郎、目加田诚。

[2] 见《中国文学》第66号《后记》。另外，从第60号开始，《中国文学月报》更名为《中国文学》。

器。1941 年 3 月，仓石武四郎出版了《“支那语”教育的理论与实际》，正式提出改革和调整中国语和日本汉文关系的设想，即在学校教育体制上废除汉文科，把汉文归入国文科，使“支那语”完全变为外国语。这本 200 多页的小册子立刻在“支那学”界引起了反响，人们分为赞成与反对两派，在众多的赞成者中，竹内好是“最深刻的赞成者”[1]。但是，他又无法因此而认同“支那学”的经院立场。从第 71 号（1941 年 4 月）开始，《中国文学》陆续组织了围绕这部书的讨论，大部分论者均在与仓石的同一层面上对他表示支持，只有曾与竹内好论争过的竹内照夫著文强调中日文化自古浑然一体，故对“仓石主义”持保留态度。而竹内好的立场则与上述人不同。在《中国文学》第 73 号（1941 年 6 月）上，他发表了《“支那学”的世界》，在对“支那语”改革运动本身表示了支持后，对于这一改革的目标表示了怀疑：“仓石相信可以依靠手段的改革来救助‘支那学’的贫困，其实对于‘支那学’来说，思想本身才是贫困的。”“如果命中注定了没落的话，那么促进没落才是学者的使命。”“我对于学问的理解更为严峻：所谓否定的造型者是也。我所考虑的学问不是作为实际存在的东西，而是无意义之物。”“实现不可能才是学问。”在这一层面上，他对仓石武四郎在时机成熟的时期发起的绝不会失败的运动给予很低的评价——尽管仓石的“支那语”运动后来所遇到的艰辛远远超过竹内的轻描淡写，而竹内本人也在后来表示了对仓石的同情。

在这篇文章中，最值得注意的是竹内好对于“热情”的看法。他说仓石的语言里充满了明亮的确信，那不是一个相信热情的安那琪的人的语言，在那毫无阴影的充满确定性的姿态中，他看到的是以漫画形态展现的使人痛心的传统。他曾在批判汉学的文章中提到的“游戏精神”，其实也出于同样的考虑。在竹内好与“支那学家”论战中反复出现的“人生热情”的命题，其实是他思考近代知识分子历史使命的基本母题。所以，这篇短文结语部分的“‘支那学’改造得了改造不了，这对于我无关紧要，我更注重的是自己的生存方式”一语，是不可小视的“竹内视角”。在 20 世纪 30 年代以后的中国学界，竹内视角预示着新的学术立场的出现，下文将会涉及，这与他抨击的吉川幸次郎的“旁观者立场”恰成对照。

《中国文学》第 70 号（1941 年 2 月）上发表了竹内好的第二篇“翻译时评”，文中对直译进行了进一步批判；与此相对，把吉川幸次郎等称为“意译派翻译家”。

---

[1] 见竹内好《“支那学”的世界》，载《中国文学》第 73 号。

他肯定了吉川翻译的准确性，同时又指出，吉川“语言感觉的敏锐性不足”，这表现在他对原文的格调缺少感觉[1]。因而，他称吉川氏为自己所尊敬的“学者”，认为他不是个杰出的“文学家”。该文的发表引起了吉川幸次郎的强烈反应，第72号（1941年5月）以“翻译论的问题”为题发表了他和竹内好之间的往来信函。吉川强调说，自己并非竹内所说的“意译派”，倒更像是“直译派”，理由在于他“尽量把‘支那语’所具有的观念不加附带物也不加省略地原样移到日语中来，与其说是重视日语的协调，不如说是致力于寻找可以原样保留‘支那语言’本色的日语”。在此意义上，他称自己的翻译是“一种训读”。诚然，他并非自认汉学家，也对旧训读的方式提出了批评[2]。但是，吉川对于汉学的态度显然与竹内好不同，这位成就卓著的“支那学家”并没有感觉到与日本汉学划清界限的必要；相反，他所关心的仅仅是翻译的技巧问题。他花了大量篇幅一一驳回竹内好所指出的误译之处，强调说那“是因不了解国语所致，并非由于误解了‘支那语’”。

同期发表了竹内好的回信，他显然对吉川的反驳有些茫然。他称后者为“意译派”原本是一种赞扬，意在寻找摆脱当时训读式直译法的新规范，而他对吉川的批评则是他的“纯学术”立场，亦即所谓非文学的立场；然而吉川对此却未加回应；相反，进入吉川视野的仅仅是翻译的技术性问题。在很大程度上，他保留着日本汉学的文化观，他在研究中国文学的时候缺少“他者”意识，对于“支那学”的前提缺少怀疑精神[3]。竹内好在批评仓石武四郎的时候说过：“如果这一世界受到来自外部的冲击，那会怎样呢？……对于仓石来说，‘支那学’是无可怀疑的实在的世界。”[4]其实，对于吉川幸次郎来说问题也是同样的。他在“支那学”框架内建立自己的学术体系，对他来说，这个“世界”本身是绝对的、无可置疑的。他不关心这

---

[1] 在此，竹内好以吉川幸次郎所译胡适《四十自述》为例说：“胡适原文是格调不高的（但这不等于它没有价值）；不过其中却有着某种难以因其格调而舍弃的情绪；而在译文里，却只有这种低格调存在。我想恐怕吉川氏并没有对胡适文章感觉到讨厌吧。”

[2] 当时，吉川幸次郎正受到汉学界的批评，他翻译了《尚书正义》后被贬斥为“汉文的意译家”，这导致他对意译一词极为敏感；但他尝试新的翻译方法的目的却是建立区别于旧训读的直译法，从他在其他场合对江户时期训读的推崇看，他并不在整体上反对训读。

[3] 解释吉川幸次郎的文化立场是一个相当复杂的工作，因为他并不是那一类只从事考证的旧汉学家。他的杰出著作如《元杂剧研究》显示了他考证的功力是服务于文化研究的目的的。吉川不是一个没有头脑的腐儒，然而他的思想被严格局限于“支那学”的框架之内，因而，在第二次世界大战前后政治问题尖锐地摆到日本学界面前的时候，他显得捉襟见肘，与竹内好那种清醒的思想认识相比，他思想的狭隘性是很明显的。关于这一点当另行撰文专论，在此无法展开。

[4] 《“支那学”的世界》。

个世界之外存在的问题，也不试图通过建立准确的“意译”而摆脱汉学传统，从而通过翻译来思索异质文化之间的关系问题；所以，他对直译的评价高于意译，并且对翻译问题中的思想内涵不做反应。竹内面对这样的隔阂只好甘拜下风，他在信中收回了有关直译意译的区分，但并未放弃自己的立场：“我最初读《四十自述》时就感到，吉川这个人好像是学‘支那语’学过了头，把日语给忘了。这感觉竟与吉川的说法相符，很有意思。”“原文倒是正确理解了，但在表现它的时候却搞错了——真的存在这种二元阶段吗？……我认为解释就是表现，表现就是语词。……语词绝对是‘存在之物’。在这一点上清楚地存在着两种态度：是主体性地去把握它，还是作为旁观者站在它之外。……对我来说，使‘支那文学’存在的就是我自身，而对于吉川氏来说，无限地接近‘支那文学’才是学问的态度。”

在20世纪三四十年代，竹内照夫那样的汉学学者已经不可能构成学术主体了。尽管斯文会等汉学组织也有它的地盘，但最具有影响力的是“支那学”与中国学。竹内好以文学的方式处理了这两者的关系：揭示了“支那学”以客观的纯学术形态所掩盖的旧汉学特质——将“支那学”世界绝对化的封闭形态，同时，通过对自我主体的强调把中国学相对化。结合他在初期批判汉学时就一直强调的“热情”“人生”来理解，竹内好对主观性的强调其实一直是针对汉学（“支那学”）的“客观性”而言的。这种对主观性的强调固然使竹内的文章出现前后矛盾、用词不统一的特点，但也使他充分意识到语词的极限与主观性。他多次强调“语词的背叛”，强调“语词的不足”，从来不曾表现出吉川幸次郎、仓石武四郎等“支那学家”对于语词的确信态度。在这一点上，竹内好更为接近荻生徂徕的语言感觉[1]。诚然，他要解决的并不是朱子学解释经典的可信性或语词在读解中的作用问题，但是，竹内好比他的同时代人更清醒地意识到了语词的临界性质，是因为他也同样处于价值观念转型与重新组合的时代。在这样的时代里，同一语词往往要承担多种价值观，竹内好显然比吉川幸次郎更敏感地感受到了不同价值观念在同一语词中相碰撞的

---

[1] 最能体现竹内好这一语言感觉的是他的《“支那”与中国》(《中国文学》第64号，1940年8月）一文。在文中，他对当时流行的以“中国”取代“支那”的做法提出了疑问，他指出在“支那”一语尚未得到理解、它的内涵尚未得到穷尽的时候，自己宁愿使用“支那”一词。“我不想简单地对待语言问题。”在回答目加田诚来信的《返答》(《中国文学》第60号，1940年4月）中，他提出了另一个问题：“我想，目加田是一次也没有被语词背叛过的幸福的人中的一位。以我的逻辑言之，这是因为不爱，所以不会被背叛。”这种语言感觉在当时并不多见，反倒在荻生徂徕的语言论里可以找到类似的感觉。

痛苦。《中国文学》杂志上的一次次论争，明显地表现出竹内好“热情”的痛苦与“支那学家”“旁观”的平静之间的龃龉，这终于导致了竹内好绝望的结论：“不管我如何宣称不以汉学为对手，其实汉学那一面也不把我当成对手；汉学以‘不死之身’活动着。因为这样的事态，我不能不对所有的事情抱有无力感。”[1]

但是，竹内好却做了一件了不得的事情：他以自己的这些论争，揭示和批判了日本“支那学”在经院的标牌下自我封闭的倾向，以“人生热情”的形式与学院派对垒，直接切入日本社会的问题点，为新的中国学在日本文化结构中确定了位置。所以，竹内好以后的日本中国学，特别是战后那一代人的中国学，一直以密切关心中国社会现实、同时介入日本社会现实问题为其特色；竹内好本人也在从事中国研究的同时写下了极有分量的日本研究著作；更重要的是，在有关中国的著述中，他的问题意识始终紧扣日本思想传统这一基本点，这使他的著述与日本大部分“支那学家”就中国谈中国、“把日语给忘了”的学风判然有别。同时我们不能忘记，今天现代学术日趋精密的学科分化，其实把我们又重新推到了当年竹内与吉川们所面对的问题面前：学术在文化中的位置应如何确定？知识分子在现代社会中的使命，以及完成这一使命的途径是什么？竹内好的“热情”与吉川幸次郎的“客观”并不仅仅是个人的学术品格问题，它们暗示了两种不同的学术立场，也暗示着现代学术的两难之境。今天的日本学界更多地具有吉川幸次郎的“客观”，而使那些仍有着“热情”的学人成为少数派，似乎是个耐人寻味的事实；问题并不在于这两者孰是孰非，而在于人们并未意识到它们的分歧意味着知识人的不同功能。今天的日本学人是否在这一认识上真正超越了竹内好，这是个疑问。

五、并非结论：对于“临界”的思考

日本汉学，在它的历史演变轨迹中为我们留下了丰富的遗产。这遗产来自它内部的变革与改良，也来自它外部的批判与否定。要言之，日本汉学对于后人的启迪来自它的临界点。当日本汉学从静态转向动态从而发生某种性质变化的时候，它便为我们提供了思考的新视点；相反，当它试图在成规中固守的时候，它便丧失了学术活力。

---

[1] 《关于“支那语”的教科书》，载《中国文学》第78号，1941年10月。

本文不可能回顾日本汉学的历史，更不可能归纳日本汉学的所有问题点，所涉及的问题也仅仅是粗线条勾勒，不可能进行深入的论证。笔者之所以采取这样的方式，意在探讨“汉学”这个思考框架究竟能容纳何种内容。所谓“世界汉学”本身，是否也有“临界点”？

仅就日本汉学的状况而言，它显然远远超出了“日本人研究中国”的范围；不仅如此，日本汉学在日本学术中所引出的问题，恰恰是日本文化本身的基本问题。换言之，日本汉学在日本文化中的特殊位置，使它总是引起一些重大的冲突，它的“不死之身”不在于它是否具有特定的能量，而在很大程度上取决于它所处的文化位置。日本汉学的“骑墙”状态，使它涵盖了近现代的一些基本问题；在它内部也曾产生过像荻生徂徕这样的儒学学者，这使它拥有提出和解释这些基本问题的资源；由于日本汉学在意识形态上的右倾保守和学术规范上的日趋陈腐，它的这些生产性被掩盖了，换言之，人们不认为日本汉学这个视角可以提供非常重要的问题意识。日本汉学在近代以后的衰亡是一回事，它的文化位置是另一回事。今天，日本的很多优秀学者所研究的问题，比如对江户思想史的研究，对日本近代性的研究，初看起来与日本中国学和日本汉学并无直接联系，但是事实上，这些问题意识却与日本汉学的文化位置有着密切关联。在这一意义上，从日本汉学这一视角中，我们可以窥斑见豹地了解到日本思想史的基本问题点，也可以更多地了解日本文化这一“既近又远”的参照系。在比较文化的视野当中，这意味着新问题的提出和国际化学术规范的形成。

竹内好当年批评日本“支那学”封闭性的学术规范时，一再强调“支那学”不该成为安身立命的空间[1]；他一生都致力于建立新的思想传统，其特点就在于开放性。竹内好不是个经院式学者，正因如此，他才独具慧眼地看到了经院式学术在思想上的局限。“在站在‘支那学’的立场上看事物之前，为什么不能站在更广阔的立场上看看‘支那学’呢？”竹内好的质问针对的是日本“支那学”（他在文章中所称的汉学学者和“支那学学者”在他的语汇中是同义语），但他的这种质问所具有的放射能量其实具有更广阔的针对性。当他思考日本汉学的问题点时，他亦在思

[1] 参见《“支那学”的世界》。在文中，竹内好批评仓石武四郎说：“我不拥有如‘支那学’那样的可以安身立命的场所，在这一点上，仓石也许是另一世界的人。”“支撑着‘支那学’的东西是什么？在站在‘支那学’的立场上看事物之前，为什么不能站在更广阔的立场上看看‘支那学’呢？在把‘支那学’的延续作为前提之前，为什么不把自己的生活作为根据呢？”

考近代日本的文化范型问题。在1947年他回顾与吉川幸次郎的论争时明确指出："我在吉川氏的身上看到了顽固的'汉学'传统。在那（次论争）之后过了两年，吉川氏在公众传媒明确发表了日本文学必须指导某国文学的主张。……对于那个某国，吉川氏曾经采取过卑屈态度，他显示了这样的尊大之态，让我觉得顺理成章。尊大与卑屈互为表里，那不过是植根于日本文化的非独立性的、奴隶性的、不自觉的崇拜外国—侮蔑外国之心理的反映罢了。而吉川氏在他的主张之下从事实际活动，日本的文学家也支持他的活动，这一状况在我眼里不足为奇。"[1] 竹内好清醒地看到日本汉学不是孤立的，它之所以改头换面得以"不死"，是因为它的奴隶根性与日本文化的奴隶根性恰恰合拍，而这种奴隶根性有着广泛的社会基础。竹内好一生致力于摧毁它，他推崇鲁迅的因由也在这里。他的有关东西方文化对抗的思考，他对于形成日本独立思想传统的关注，以及他的中国观和他的"人生热情"本身，均基于这样一个基本点，而他生前与死后那种不被理解的孤独，其原因也在于此。在我们思考"世界汉学"的时候，竹内好把日本汉学作为思考日本文化特质的切入点这一方式不是一个很好的参照系吗？

日本汉学在它的临界点上创造过或诱发过优秀的精神遗产，它所提供的精神资源属于全人类，而在世界汉学的视野中，我们能够看到的也不仅仅是外国学者的中国研究结论本身。假如我们"站在更广阔的立场上"对待世界汉学，它的临界点也会浮现出来。我深信，那时映入眼帘的，将是真正意义上的"他者"，而对荻生徂徕"宇犹宙也，宙犹宇也"的议论，对竹内好"如果这一世界受到来自外部的冲击，那会怎样"的疑问，中国人也会有新的共鸣吧！

孙歌，1955年生，中国社会科学院文学研究所研究员。主要从事日本及亚洲思想的研究。著有《主体弥散的空间》《竹内好的悖论》《求错集》等。

[1] 《评吉川幸次郎译〈胡适自传〉》，载《竹内好全集》第三卷，日本盐尻：筑摩书房，1981年。

汉学的悲剧

——西方汉学的回思与检讨

〔美〕王海龙

一

耶鲁大学著名的汉学家史景迁教授给我们讲过这么一个故事：在1694年的法国巴黎发生了一件轰动朝野的大事件，一个中国的公主被海盗掳掠到了这儿。据说这是法国人第一次见到中国女人。事情是这样的：这个女人说她是中国公主，是康熙皇帝的女儿，她被皇帝嫁给日本的皇子。但不幸在海上被荷兰海盗掳去，陪伴她的母亲死在了海上，她则被荷兰海盗带到了欧洲。后来这艘船又被与之交战的法国船俘获。这样，这位中国公主就被带到了巴黎。这一切，都是这位公主用磕磕绊绊的法语叙述的。

这件事在300年前的法国当然是一个爆炸性的新闻。大家都争相来看这个东方人，这个中国皇帝的女儿啥模样。一些最有名的法国贵妇人，甚至皇族都来认她做干女儿，给她买最高贵的华服，吃丰馔珍馐，给她最好的照顾，教她最高贵的宫廷礼仪，并劝她放弃中国宗教信仰而皈依天主教，这一切都闹得极其热火朝天。

不巧得很，这轰动一时的巨大传闻当然也震动了当时巴黎研究中国或对中国学问题有兴趣的小圈子（严格地讲，那时还谈不上有汉学），此时恰有一位在中国传教20年刚回到巴黎的耶稣会修士。闻得此讯，他辗转托门路去会见这位中国公主。可不幸的是，当他用汉语同这位"中国公主"交谈时，她一点也听不懂，她用一种稀奇古怪的语言同这位修士交谈，并坚称她说的才是正宗的"汉语"。在当时，因为没有其他懂汉语的人可以判别，人们只能听信"中国公主"说的是纯正的汉语而修士说的不是。

受尽冤枉的修士不甘心，特别是他看到这娘们儿模样长得根本不像中国人，于是他想出了另外一招儿，回去拿了一本中文书请这位“中国公主”读，想用这招儿来揭穿她。没想到“中国公主”却不含糊，拿到书后就又响又快嗷嗷地读了起来，模样儿投入又认真。但可惜，读的根本就不是中文。修士明知她念的不是汉语，但“公主”却死死咬定她念的是汉语。因为她的身份是“中国人”，所以她自然又赢了。

当然，随着时间的推移，这位“中国公主”露出的马脚愈来愈多，以致最后几乎没人再听信她的辩言。那么，一个外国女人为什么要冒充中国人，要冒充中国皇帝的女儿呢？直到她风烛残年的时候，这个女人才做出了她痛切的回答：“我是一个十分贫寒的法国女人。如果我是法国人，没有任何人会关心、照顾我。但是只要我摇身一变成了中国人，我所有的好年景就都会来了。”[1]

从这个使人欲笑不能的小故事我们可以看出，中国那块神奇的土地是多么的富有魅力，又是多么的富有号召力！作为那个时代西方文化先锋代表的法国人又是多么地景仰那圣地般的中国。几乎在那个冒充中国公主的无名法国女人时代的前300多年，中国在西方已经是个充满传奇色彩的瑰丽的梦了。14世纪中叶，意大利人马可·波罗的《东方见闻录》已经轰动了文艺复兴时期的西方，中国成了西方人的文明梦境，成了它们的“理想国”和奋斗目标。这种局面不仅延续到了“中国公主”时代，而且一直延续到了19世纪初叶。它不仅轰动并影响了西方各国的一般民众，甚至连著名学者、哲学家、思想家、政治家也加入了这“赞美中华”的大合唱。可惜，由于路途的遥远和当时的科技、交通的局限，这些最狂热的中国信徒们大都没有亲睹其崇拜的中国的荣幸。

在“中国公主”事件轰动法国上百年之后，世界著名的大文豪歌德在他的晚年迷上了中国。这位伟大的诗人用他最优美的诗章赞美中国，在他晚年同他的秘书爱克曼的对话中，他称中国是个最文明、最人道的国家。他读了译成西文的中国小说（不是一流的）《好逑传》《玉娇梨》后激动得不能自制，同他的秘书阔论中国文明的伟大，开化历史的悠久，然后大发感慨：“在我们的祖宗还生活在野森林的时代，

---

[1] Jonathan D. Spence, *To Change Europe: The First Chinese in France, 1680-1735* (The John Hamilton Fulton Lecture in the Liberal Arts), Middlebury, Vermont: Middlebury College, 1989, pp.8-10, p.3.

中国就有了这么精致、优雅、伟大的文明。"[1] 可惜这段话当时没人传给中国，否则我们的先贤肯定会无比兴奋。所幸，当代的中国学人大都记住了这段话，每次提起都乐颠颠的。

其实，以这样高的热情赞美中国的远不止歌德。法国18世纪启蒙运动的大师们都极力称颂过中国。哲学大师伏尔泰盛赞过中国文明的伟大感化力，并坚称世界历史的真正开端不是《圣经》纪年的时代而应以中华文明为开端。伏尔泰特别赞誉中国的法律不仅惩恶而且还扬善，这是不同于任何其他国家法律制度的。此外，伏尔泰还颂扬了中国美学和中国人的审美观。另据史书所载，美国著名政治家、散文家、发明家富兰克林曾购买过大量关于中国社会组织的书加以研读，他甚至试图派大员们到中国去代表"年轻的美国"学习古老的中国法律。而另一位伟大的政治家、美国总统、美国《独立宣言》的起草者杰斐逊竟称誉中国人是"天生的贵族"。[2]

在这些先贤和西方老百姓的眼里，中国曾是何等风光！中国人是何等伟大！

西方人是那么渴望了解这个神奇而富庶的国度，但可惜的是，他们所能得到的关于它的信息又那么少。从文艺复兴肇始以后的几百年以来，尽管"东方热"一再加温，可关于神秘的中华帝国的著作除了《东方见闻录》以外乏善可陈。心理学常识告诉我们，我们人类对于自己难以企及之物越是得不到就越有热望；热望越高，目标物越是难以企及，则吸引力越大。这种吸引力或热望的极度高扬则会产生对目标物的夸张或神化，夸张或神化的最后结果当然是脱离事实。这种情景大约有点像中华文明或汉学在西方初始的遭遇。

中国学亦即汉学就是这么带着夺目的光环走入西方文化视野的。前面我们引述过大文豪歌德曾经怀着那么崇高的热忱和自贬的心情礼赞过中国文化，其实他的这番讲话是有来头的。他的议论受到了德国学术界景仰中国文化传统的影响。如果我们把歌德的这段话同早他100年的一位前辈、自诩为"西方汉学之父"的普鲁士早期汉学家贝耶（其实贝耶远不是最早的，即使在他的同时代，他甚至也不是最优秀的。故远不足以称为"汉学之父"，下面将详述）的议论对照一下，我们就会知道歌德的评论是有其学术渊源的。贝耶在他的皇皇两大册巨著《汉学博览》绪论中

---

[1] Jonathan D. Spence, *Chinese Roundabout*, New York: W.W.Norton & Company Inc. 1992, pp.81-83.

[2] Ibid..

说："中国又一次活脱脱地给我们展现了一个全新的世界。它的人民受过那么良好的教化，遵循着他们祖上先贤的礼乐诗书的陶冶，他们礼貌、优雅、品性高贵。它的这些光荣足以胜过我们这些欧洲国家。"[1]

说到著名的汉学家贝耶，我有必要在这儿多书几笔。不仅因他一生扑朔迷离的悲剧色彩和他遭遇的传奇性，还因他在短短一生中不懈探索、为汉学而献身的执着精神，他的经历确实代表着早期西方汉学家对汉学探讨的坚韧、虔诚、谦恭、盲目、勇敢和悲剧性的荒诞。

贝耶 1694 年生于东普鲁士的一个小镇，父亲是位画家，他在中学及大学里受过良好的教育，精通希腊语、希伯来语等古典语言。在他 19 岁时，像得到了神示似的，他忽然立志要研究汉学——那个在东方、他见所未见甚至闻所未闻的神秘国度的学问。在他后来的自传里，他描述了自己那瞬时的灵感和遭受雷殛一般的感情："1713 年的一天，当我待在乡下时，发生了一件大事，突如其来地我被一种强烈的想学习汉语的情感攫住了。在那些日子里，我着魔般地搜寻，学习和思考着怎样才能进入那神秘的疆域。我曾想，如果我在这个领域里哪怕能做出一点小小的贡献，我也会自豪地把我列入众神之孙和众王之王。就像一只怀孕的母兔子，我收集了所有的东西在我的洞穴里——我找了所能找到的字典和介绍汉语、中国文学规则的所有资料。"[2]

怀着这个野心和神秘的愿望，贝耶辗转于他所住的小镇、柏林和俄国彼得堡。这只怀孕的兔子在他的洞穴里苦苦地咬啮着、整合着，整整辛苦工作了 17 个年头，可惜，他生出的却是一只怪胎。

1730 年，贝耶终于出版了他两巨册的《汉学博览》。它被称作欧洲研究汉语的第一部著作。[3]《汉学博览》被认为是一部气度恢宏但荒诞不经的著作。贝耶蛰伏在洞穴里孕育了那么久才生出来的成果不久便被法国汉学界和东方学家批得体无完肤，可怜的贝耶读了这些刻薄的书评后，不久即郁郁而终。

据现代西方汉学家考据，贝耶的书并非那么无价值和荒唐。他收集了在他那个时代所能得到的重要材料，总结分析了各家成果，但遗憾的是，他依然陷入了那个时代欧洲东方学家传统的窠臼，总是竭力去找寻解读汉语和中国文化这个神秘的泥

---

[1] Knud Lundbaek & T. S. Bayer, *Pioneer Sinologist*, London and Malmo: Curzon Press, 1986, p.43, p.92, pp.60-68.

[2] Ibid..

[3] *To Change Europe: The First Chinese in France, 1680-1735*, pp.8-10, p.3.

沼后面的规律的那把“万能钥匙”，以为这把钥匙一朝在手，一声“芝麻开门”就会让万事迎刃而解，人人都会变成中国通。这个命题起点的虚假性导致了它最终亡于死胡同。但是贝耶的勇敢和真诚还是令人敬佩的。在那个年代，他并不深通中文，手头也没有几部中文书籍、字典和像样的参考资料，却怀着那样的雄心，辗转于古道风尘之中四处求访，而且几乎没有真正的学术同道可以对话；手头拮据，筚路蓝缕，通信不便，甚至连一些极简单的语言学上的问题在当时与人通信讨论都要等上几个月甚至几年才能得到回答——这还得是幸好信件没在路上丢失。贝耶就是在这样艰难的境遇下孜孜不倦、夜以继日地工作。他的梦想与失败被视为早期西方汉学家发展道路曲折、命运艰难的一种文化象征。

贝耶的著作应该是有建设性的。他的本意是想更正早期学者的谬误。在汉学萌芽初期，有些学者和传教士仅凭勇气，作为拓荒者涉足世界，但并没花足够的时间和气力去学好汉语。有感于此，贝耶想补救并矫正他们的过失。他综合研究了当时人们的所有成果，从他的书目和研究名单上我们确实看出他博采了欧洲众家之说，尽管这些学说本身的价值也是值得怀疑的。比如，当时英国学者约翰·韦伯毕其一生求证汉语是世界上第一种语言，希望证明它是世界上所有语言的“母亲”。荷兰学者伊萨克·沃休斯认为中国的艺术与科学遥遥领先于所有国家，而且他“强烈表示他宁愿生而为中国人而以属于欧洲世界为耻”。法国学者菲利普·麦逊曾“证明”汉语是古希伯来语中的一支方言，关于它的知识可诠释《旧约》中一切语言学上的难解之谜。比如《旧约》中上帝为救困在沙漠里的以色列孩子们而从天上撒下来的食物“玛那”（Manna）就是中国人所说的普普通通的“馒头”（man-tou）。讨论不清的千古之谜，只要你了解了汉语，事情就能这么简单地迎刃而解。而瑞典学者奥拉欧斯·拉德贝克认为汉语是离古哥特语最近的平行的一支。贝耶本身对上述学者的态度是兼收并蓄，“批判地继承”。他认为尽管上面诸说都有其“模糊与肤浅”的一面，但在他们的热情背后亦有其深刻、智慧和勤勉的一面。

最可称奇的是贝耶在他的书中讲述了一位惊世骇俗的才子学人安迪亚斯·缪勒。这位出生在旧德国东北部的怪才声称他琢磨出了一种解读汉语的魔钥（Clavis Sinica or Key to Chinese），它可以在短短几天里或者顶多一个月之内教会任何人汉语。但他不屑于，并拒绝和欧洲各国共享这绝活儿；另外，也因为他开出的6000银马克的价码儿太高，无豪杰相购，一怒之下缪勒烧掉了他所有的学术手稿，包括那名震四海的宝贝命根子“魔钥”，末了便撒手西去。在评价缪勒的生平和学术时，贝耶认为，作为学者他是有点“贪婪”，但不乏创造性。尽管他中文方块字写得很差，而且时常无可救药地误释中文的意思，但他在研究汉语的方法上却给他人以富有建设性的启迪。比如他用音叉去测量汉语四声的音度音位，“就像他在想象整个中华民族正在一个晚宴上歌唱——有的是在四重唱，有的是八音阶组唱，更有十六音阶组唱”！贝耶对缪勒的评价是很宽容的；尽管他有许多舛谬之处，但他始终是个“充满激情和理解的渴望而且具有令人敬佩的创造力的学者”。[1]

我以为，贝耶对缪勒的宽容评价也是可以作为墓志铭概括他本人的努力、宽厚而又带有悲剧色彩的一生的。尽管他首先曾谦逊地声明他的《汉学博览》的本意“不是详尽地陈述自己在两大卷著作中完成了什么，当然也不是为了展示我的失败，是非曲直只待读者去公断吧”。[2] 可以想见，他那时的心情是很舒适和自信的。可是他的读者们并没有他的那份对先贤的宽容。他的毕生之作受到了法国汉学家埃蒂恩·福尔芒的严厉批评，使他从此一蹶不振。尽管如此，在临死前给朋友的信中，他仍然称他尊重福尔芒的学识，这种敬重并不因福氏对他著作的刻薄和残忍而稍减。在这儿，他说出了他最后的、感人的、值得所有做学问的人终生记取的话：“我敬重我的对手的真正的优异和价值，哪怕它是属于一个敌人。”[3]

一个最宽容的学者却死于一个不宽容的同道手里；一个终生献身、号呼转徙倡导汉学的学问家竟死在他虔诚热爱、情之所钟的汉学上。神秘的汉学一开始就给西方学界造成了那么大的轰动，学术界把它最优秀的儿子送上了其顶礼膜拜的祭坛。而世界的目光又一次转向了东方。经过这一系列的波折，西方更加热情地呼唤着汉学，呼唤着中国学的产生。但真正的汉学或中国学产生之后，它又揭示了些什么？它展示给西方世界的关于神秘、古老的中国文化精神的内容具体又是些什么呢？

二

西方汉学界做过回顾，如果不算那充满传说和炫耀色彩的意大利人马可·波罗

[1] *Pioneer Sinologist*, p.43, p.92, pp.60-68.

[2] *Pioneer Sinologist*, p.93. 另可参见此书第 151 页，贝耶在此处陈述他希望有朝一日被人尊为“汉学之父”。

[3] 同上。

的《东方见闻录》，西方第一部关于中国的著作是 1570 年 2 月出版的葡萄牙人盖斯帕尔·达·克鲁兹写的《中华博物风土志》。这部洋洋 29 章的著作虽竭力写实，但也是一曲绚丽的颂歌。达·克鲁兹是一位虔诚的传教士，凭着他传教的雄心及对天主的爱、他与葡萄牙探险家的交情及少得可怜的一点汉语知识，他来到了遥远的中国。在这个梦一般的国度里他兴奋地生活了许多时日，记下了很多事。这些日常琐事对西方世界来说都是新鲜而又奇异透顶的。克鲁兹不是要人，居中国的日子也多混迹于市井，书中所述没有马可·波罗所历的那么富有传奇色彩；尽管如此，在好奇的西方人眼中，那亦足可以大饱眼福，因为中国毕竟是个完全不同的世界。克鲁兹知道自己经历有限，不足以描写中国全部，在书的前言里事先道了歉，但书的出版仍在西方引起了轰动。

我不知道克鲁兹的教育背景和他是否受过文学专业训练，但他的书确实是很煽情的。他在他的著作前开宗明义地声明：距离遥远的事情往往听起来比其本身有魅力而易于被夸大。但他敢保证，在他描写中国的这本书里，恰恰相反，不管怎么描写都难以言传中国的伟大与辉煌。[1] 其实，今天看来，克鲁兹是位热忱的传教士而且真诚地热爱中国。在广东待了几年后，克鲁兹于 1569 年回国述职，恰遇首都里斯本瘟疫流行，他无私地救助病人，染病而亡。在他死后两星期，这部凝结他毕生心血的著作出版，他没能见到这本书，却享尽了身后的哀荣。这些离奇的遭遇和巧合更给神秘的中国和汉学罩上了扑朔迷离的色彩。而我们前面谈到的贝耶，乃至歌德们关于中国汉学的知识及对它的景仰也正是在这种文化氛围中产生的。

根据上面简单的介绍，我们可以知道，西方人自文艺复兴至 18 世纪启蒙时代以来，关于中国的知识大部分是被美化的和片面的知识。其中主要是旅行家、探险家、传教士们怀着赞美、夸大及一厢情愿的心情描述着遥远的中华帝国的富庶、华贵、秩序、道德以及在伦理、智慧上的优越。

但是渐渐出现了“不谐和音”。西方早期汉学家不可能亲自去中国，囿于时、地、语言及科技的限制，他们也无从与中国的学术界产生对话。他们研究中国所能依据的第一手材料大都是上面所述的著作。但是，第一，随着西方传教士在中国的人数增多，带回去关于中国的知识自然更是多方面的，补充和纠正了前述著作因无知和臆测而造成的误导。第二，受宗教教派斗争和政治分歧的影响，早期教士的威

---

[1] C. R. Boxer, ed., *South China in the Sixteenth Century*, London: Hakluyt Society, 1953, p.56.

信受到质疑，他们关于中国的记录、报道渐失其影响力。第三，启蒙时期的西方思想界、学术界盛赞中国也有其深刻的文化、宗教背景与思想目的性。有的学者并非真正了解中国而只是想以它作为一种理想与参照系来批判当时欧洲自中世纪以来封建制度、宗教神权制度的沉滞和黑暗，其醉翁之意并不在酒。例如，启蒙运动的几乎所有杰出大师都抒写过中国赞美诗。大哲学家、思想家莱布尼茨研究《易经》及中国秩序、伦理制度，大文豪伏尔泰写《中国孤儿》，孟德斯鸠和卢梭在著作里把中国当作圣地和理想国等。诗人和思想家歌德的赞美我们已经提及。直到 19 世纪末年，中国已经积贫积弱，西方已经可以自由出入中国，对大多数西方人来说她依然是个美丽缥缈的远梦。不仅是对普通老百姓，对杰出的人物也是这样。其例可见于早期拿破仑谈到中国、如今被当代中国人津津乐道的中国“睡狮”的预言，以及法国著名小说家巴尔扎克对中国的崇拜迷狂等，这都是后话。[1]

除了上面三个原因外，还有一个更重要的原因，那就是随着工业革命使西方诸国逐渐强大，列强开始对外殖民，强占了亚、非、美洲及大洋洲的许多土地，它们对中国的情感也由赞美转为觊觎，直到最后想占有。这种心情很复杂，作为历史的进程，它也是经历过许多反复和曲折的。

我在前面谈汉学萌发时追溯过其心理原因，越得不到的东西越想往、越神化。但是一般而言，达到目的后，会出现两种结果，即：或继续陶醉、享受这一成果，并力图保持住它；或失望于原来对目的物的错爱而冷淡并弃之。但是，逐渐走向成熟期的中国热却走了完全不同于上面所述的另一条道路。它既非“始乱终弃”，亦非“生死恋情”，也不是“若即若离”，套用一句现成的话，它始终被规范在“中为洋用”的基础上。西方对它的认识逐渐处于一种强势文化对弱势文化的优越与攫取，不论是在物质上或精神上。西方对中国学或汉学研究的主流是有着很强的致用目的的，它享用着它而又贬抑着它。了解这一背景以后，我们就不难明白。下面对其产生的原因进行几点分析。

一、既然中国那么富有丰裕，像一个取之不尽用之不竭的宝库，那么，渴望富庶，特别是刚从一千年的黑暗停滞的中世纪崛起的西方为什么不能从它那儿得到点什么？这种愿望虽然存在已久，但只有在 18 世纪及工业革命以后，经济及军事的强大才给它的实现提供了可能。经商和航海术的进步更给这种觊觎贡献了机会和可

[1] 王海龙：《巴尔扎克在中国经商》，1994 年 5 月 23 日《新泽西时报》第 2 版。

行性潜力。

二、随着与中国交往的增多和商业活动的发展，不仅传教士，商人及各色人等皆进入中国。外来经济对沿海自给自足的旧有经济形式有所干扰，而一向自大的中国人对西方的“番邦”及洋鬼子也并无好感。一方面，这种鄙视和敌意影响了西方人对中国文明的评价；另一方面，各色西方人等进入中国社会，得以较深入观察中国，看到了中国文化的弱点，如女人裹小脚、溺毙女婴、买卖儿童、包办婚姻、佛道巫术活动猖獗、妓女泛滥、士大夫的虚伪和耽溺于男风，这些负面的见闻一时又很容易为好奇和喜新厌旧的西方人所接受。这种情势在主观上影响了中国在西方的形象；在客观上为对中国怀有野心、热衷于殖民主义掠夺的别有用心者所利用，为其今后侵略、瓜分中国提供了理论准备。

三、另一个内在原因是中国自身的。中国历史发展了几千年，有其内在的成功与缺陷。可时至清朝，中国的科技与国势已落在后边。但原本强大的帝国自恃泱泱、金玉其外而积贫积弱，其势汹汹却不堪一击，以致在鸦片战争中被英国击败，拉开了西方群狼侵略中国的序幕，从此，这个看上去曾经不可一世的大帝国在西方面前受尽了轻蔑和凌辱；即使是真正热爱中国和汉学的西方人，在谈起她时也只能是对她的同情怜悯多于赞美，偌大的帝国一下飘零如丐，真个是“昨怜破袄寒，今嫌紫蟒长”了。

其实对史料细心些的学者早在18世纪时就已经能听出这遥远的不谐和音了。英国著名作家，因写作富于侵略性、顽强意志和冒险精神的小说《鲁宾逊漂流记》而闻名的笛福就在他的小说中对中国充满了鄙视和敌意；另一位英国船长乔治·安森也在1745年因他写了污蔑中国的航海回忆录而一举成为“作家”，名噪一时。[1]

在学术界，1763年，尼克拉·布朗热的《东方专制主义的起源》出版，布朗热在书中大拾启蒙思想家的牙慧，说中国人守法并不是道德高尚而是怕被惩罚，中国式的教育毁坏人的性格多于陶冶人的性格，云云。而到了19世纪初叶著名的哲学家黑格尔那里，中国则被说成了是游离于世界历史发展之外的一个异数，它超越了现代西方文化所评判的自由和成长主题，永远地封冻在人文精神发展的早期阶

---

[1] 1. Daniel Defoe, *The Further Adventures of Robinson Crusoe*, London: W.Taylor, 1979.
2. George Anson, *A Voyage around the World in the Years 1704-1744*, Oxford: Oxford University Press, 1974, pp.351-352, p.336, p.368.

段[1]。而美国著名作家爱默生在19世纪中叶则说得更为露骨，他认为，中国要想进入当代世界，必须为西方重新塑造。中国曾经是“世界童年阶段的游戏场”，但是现在它必须被逼着长大。[2]

而受这种舆论引导的一般西方民众：一则为其优越感所陶醉，为其“神圣使命感”所驱遣；一则为其好奇心和经济利益所鼓动。他们几乎是义愤填膺，共同声讨中国并要求改造中国，处于农业向工业社会过渡转型期的大英帝国主义在这时充当了急先锋。其结果大家今天是知道了。它强霸东方，抢占印度，向中国逼售鸦片，后来大发鸦片战争财，对羸弱的清帝国给予了致命的、最后的一击。从此，中国历史进入了最耻辱的时期——任人宰割，受各帝国列强随意瓜分。

鸦片战争以后，随着国势日衰，中国逐步沦落为西方列强掠夺的对象。到了19世纪中后期，原来带着那么多美丽光环的中国已经完全被刻毒和污蔑的文字蹂躏得惨不忍睹。中国的形象已经完全转向负面。而这一时期的西方“汉学家”们大多迎合其政府与一般民众，为虎作伥，把中国描绘成怪物：文化封闭、人性卑鄙、唯利是图、诡诈而无良知。中国人缺乏诚信，无革新能力，服从权威、俯首帖耳，是天生的奴隶。

不幸的是，自那以后，上述中国人落后、无理性的结论竟变成了一种正宗说法或者传统，成为西方社会，特别是非学术界的一般大众及舆论界认定东方抑或中国人的不成文的模式。这种状况自第二次世界大战以后，东西方对峙，特别是因意识形态上的社会主义与西方资本主义两大阵营的冷战时代的对抗而强化。既然红色魔鬼是西方人认为最可怕的敌人，那么本身愚昧、非理性的人们再加上魔鬼的驱使，会是一种什么样的局面？这就是西方人给中国描绘的那幅恐怖的画面。

他们几乎是怀着悲天悯人的善良和纯洁来为中国人的命运担忧，中国既是一个沉疴久患、难以医治的病人，当然需要全部高明的医生聚齐会诊为其开药方。于是，所有那些自以为是的学者都可以指手画脚，以权威和救世主的姿态对中国问题发言；而一般民众谈到中国甚至到今天都仍以一种难以掩饰的倨傲和深深的怜悯来显示其优越感，即使受过很好教育的一般知识分子也大多如此。

在今天我们考察历史的时候，可以平心静气地去追索这一段事实。但是作为

---

[1] G. W. F. Hegel, *Lectures on the Philosophy of History*, Trans. J. Sibree, New York: Dover, 1956, pp.120-121.

[2] F. I. Carpenter, ed., *Emerson and Asia*, Cambridge: Harvard University Press, 1930, pp.37, 239.

一个有良知的中国学者，面对着这些刻骨铭心的耻辱和累累伤痕，我们的确难以平静。

19 世纪初关于中国的舆论误导和风向突转是与这一时期的所谓汉学家们的推波助澜的污蔑有直接关系的。

我在前面说过，最早走向中国、和中国社会接触的西方人大约是两种人：传教士和商人。因而他们也大都是向西方介绍中国的早期报道者。这批人最早受到中国人的礼遇，震惊于中华文明的发达与繁华，他们对宣传中国有着一种非凡的热忱。但随着中国日渐衰弱，西方列强觊觎中国野心的逐步暴露，清廷为了自保，开始排外。这当然刺激了这些早期的宗教虔信者和冒险家。特别是在 19 世纪之初，清廷为了杜绝鸦片和传教士造成的中国内乱，彻底闭关自守，杜绝西方传教士、商人入境。

这些被拒的传教士和商人恼羞成怒，为了得到他们国内人民的声援和支持，他们开始通过办杂志、出书等手段进行舆论宣泄，他们在出版物中极力描写中国人的不人道、残酷无情及非理性，他们的工作是如何受到中国人的阻挠，他们的殉道献身精神是多么伟大等。为了举出实例，这批人物当然也顺便写了一些中国的风土民情、地理民俗知识等。这正是西方早期的某些汉学杂志和“汉学”知识产生的背景。

本着这样的目的和居心叵测的出发点，这些出版物当然不能公正地评价和介绍中国。其中的偏见、误导、无知的批评和污蔑、谩骂是如此之刻毒，以至于今天稍有良知的欧美学者都对之不能卒读。[1] 由于这些杂志、书籍的出版全仗教会和商人们的金融支持，当然它们在某种意义上主要是他们的传声筒。这批出版物大都是由英、美人士主办，它们自然成了那时不论是学者还是一般民众关于中国知识的主要来源。

这些刊物中影响较大的有英国人在马六甲出版的《印中搜闻》(*Indo-Chinese Gleaner*, 1817—1822) 及流产了的《印中丛报》(*Indo-Chinese Repository*)、德国传教士办的月刊《暹罗—天津旅航杂志》(*Journal of a Voyage from Siam to Tientsin*) 及美国传教士和商人合办的臭名昭著的《中国通》(*Chinese Repository*, 1832—1851)。它们的宣传大都是为西方诸国的帝国主义政策张目，为敦请其政府

[1] Elizabeth L. Malcolm, “The Chinese Repository and Western Literature on China 1800 to 1850”, *Modern Asian Studies*, Printed in Great Britain, 1973, pp.167-168, 170, 177.

逼迫中国打开门户，允许传教、经商自由而呼吁。由于它们都有国内外教会、商界募捐及私人支持，因此发行量都较大，并广泛投寄到大的机构、图书馆、博物馆和媒体，范围广及欧、亚、美、非诸大洲，其影响是非常恶劣的。以《中国通》为例，它在全盛期的发行量曾达到 1000 册。这个数目也许今天看来没什么，可是考虑到当时西方最著名的期刊如《北美评论》《西敏寺评论》在全世界的发行量尚不到 3000 册这一点[1]，这个无名而又低质量的小刊物的影响和能量就不可忽视了。我这个结论的另一论据是，继鸦片战争英国胜利以后，教士和商人可以直奔中国，他们不再需要这些杂志为他们造势，而这批杂志制造舆论的功能尽失，得不到经济支持，也就偃旗息鼓、寿终正寝了。西方评论家谈到这一点时不无幽默地认为，这些杂志为中国门户开放而大肆叫嚣，而一旦达到目的，它们自己竟成了第一个牺牲品，这真是一个绝妙的讽刺[2]。而在评论这批杂志的内容和质量时，西方论者认为它们"包含着明显的偏见""带着基督教烙印去恶评中国和她的文明"[3]。论者对它们的批评和鄙夷是显而易见的。

杂志的质量是如此，那么这一时期出版的关于中国的书籍情况又如何呢？《中国通》在 1849 年第 18 卷 8 月号上有一个统计，这个统计报道的是在 1849 年用英文和法文出版的关于中国书目的一览表。其中分为四大类外带 12 个子目。具体为：一、学习汉语的辅导书：（甲）语法，12 种；（乙）字典和词汇，19 种；（丙）对话和其他语言学著作，23 种。二、中文书翻译：（甲）典籍，20 种；（乙）诸类杂书，30 种。三、关于中国的著作：（甲）一般评论，37 种；（乙）游览及航海记，40 种；（丙）关于中国的专项条约，71 种；（丁）传教士著作、传记等，28 种；（戊）关于中国的杂志，13 种；（己）关于中国外省的著作，35 种；（庚）关于日本、交趾支那及朝鲜的著作，46 种。四、关于蒙古和满族语言的著作，29 种。全部合计达 403 种[4]。考虑到这仅是一年的出版量，在当时是十分了不起的数字。

但是，值得怀疑的是，遍查权威的《大不列颠出版物目录索引》，在 1816 年到

---

[1] 1. *Chinese Repository*, Vol.5, No.4, August, 1836, p.159.
2. Mott & F. Fether, "Economic Controversy in the British Reviews 1802-1850", *Economica*, Vol.32, 1965, p.425.

[2] Elizabeth L. Malcolm, "The Chinese Repository and Western Literature on China 1800 to 1850", *Modern Asian Studies*, Printed in Great Britain, 1973, p.175.

[3] Ibid., p.170.

[4] *Chinese Repository*, Vol.18, No.8, August, 1849, pp.402-444.

1851 年这 36 年间关于中国的出版物仅有 36 本[1]，平均一年刚刚一本；这 36 年累积的总和还不如《中国通》报道的仅 1849 年一年出版中国书数目的 1/10。如果我们再搜寻得远一点儿，从 1801 年到 1852 年这 52 年间，在《大不列颠书目》及《英国书目》中加起来所列的全部关于中国的书是 42 本[2]，与《中国通》所列数字比例的悬殊更是令人瞠目。

我并不愿简单贸然定论《中国通》撒谎，但我更愿相信英国国家图书馆缜密权威的统计数字。那么，对于《中国通》的统计数字只能有两种解释：比较客气的解释是，也许《中国通》所报道的数字是因这些著作大约发行量很少或只在私人小圈子里，难以进入公开场合和国家图书机构的统计，没能为广大读者使用并进入公共循环，换句话说，它们大都是些闲书和废书；另一种解释就是这些“书”是否能被称为书并被正规图书馆收集、典藏和编入目录。据西方学者伊丽莎白·马尔孔考证，这些出版物大多出版于中国第一次鸦片战争前后，其作者大都是商人、下层官吏和士兵，他们的作品远不能引起严肃学者的关注。“这些作者大都没受过什么像样的教育，大部分对汉语和中国文化极端无知，他们通常也只是混迹于底层和市井细民打交道。”[3] 知道了这些“书”的作者，我们大致就可以明了早期的“汉学家”是些什么样的货色与乌合之众了。但不幸的是，那个时期偏偏是这些青皮浪荡子有活力去闯荡中国。

顺便说一句，据史料统计，在 1815 年到 1832 年间，英国每年都有 1000 到 1500 种新著出版发行；而在 1816 年到 1951 年之间，英国共售出 4.526 万种著作[4]。与这个数字相比，这些年间，这个号称崇尚学术的国度对当时世界上最大、人口最多、文明最悠久的国家——中国的研究（到 1850 年止，英国公众所能读到的关于中国的出版物仅 40 种，也就是说，不到其同期出版物的千分之一）不仅微乎其微，而且真正是少得可怜。这种真正的研究和学术评价的缺席也确实给妖言惑众者提供了空间和发挥的余地。

---

[1] *The Classified Index to the London Catalogue of Books Published in Great Britain, 1816 to 1851*, London: Thomas Hodgson, 1853, p.148.

[2] Sampson Low ed., *The British Catalogue of Books Published from October 1837 to December 1852*, London: Sampson Low, 1853, p.64.

[3] Elizabeth L. Malcolm, “The Chinese Repository and Western Literature on China 1800 to 1850”, *Modern Asian Studies*, Printed in Great Britain, 1973, pp.165-178.

[4] Ian Jack, *English Literature 1815-1832*, Oxford: Clarendon Press, 1963, pp.38-39.

在这里，我当然不愿意仅仅责备英国人的粗心和忽略中华文明。据西方学者统计，一直到19世纪20年代末，大批西方传教士涌入中国前，全部会说汉语的西方人加起来只有3个[1]。中国人自己也是有责任的。中国人有责任去介绍自己，交流文化。如果那时的中国人能拿出唐三藏时代的热情和勇气去学习和翻译外来文化，介绍自己，取其所长并强健己身，那么不仅是中国，世界的历史也会改写成另一种样子了。

三

“汉学”（Sinology）这个今天提起来多少有些使中国人精神起来的名字说来可叹。直到今天，在欧美主要的大型百科全书如《大不列颠百科全书》《美国百科全书》中都找不见这个词条。也就是说，不论是学术价值和一般意义，它都没有被给予足够的注意。中国辞书上对“汉学”有所解释，比如《辞海》和《中文大辞典》中对“汉学”就有几种释义：一、指汉儒考据训诂之学，亦称“朴学”；二、指清代专力于训诂、辨伪的乾嘉学派，与“宋学”对称；三、外国人称中国学术为“汉学”，研究中国学术的人为“汉学家”。[2] 从字面意义上看，第一、第二两个解释显然有别于本文的题旨。那么我们所讨论的应是第三个义项，即外国人专门研究的中国学术称为汉学，而欧美经典的工具书却连不经意的介绍都缺乏，我们可知它所受的冷遇。笔者写作此文时竟找不到一本像样的汉学史概论之类的著作而需从万千资料里一一爬梳，我并非抱怨工作艰难，但从中可见在学术土壤深厚、资讯发达的欧美地区，汉学的地位之一斑。

台湾地区的学者在上列工具书中介绍“日本称中国学术曰汉学”。但在日本人所编的《大汉和辞典》中却称之为“支那学”，解释它发端于应神天皇时代，而于奈良、平安朝盛行，研究中国古代文化与礼乐制度，于镰仓、室町时代衰微[3]。

倒是苏联人编的《大苏维埃百科全书》第23卷中对汉学给予了慎重、科学的定义与完整的评价。汉学在这儿被界定为“中国研究”，它的研究范畴包括中国的

[1] George H. Danton, *The Culture Contacts of the United States and China*, New York: Columbia University Press, 1931, p.21.

[2] 1.《辞海》中卷，上海辞书出版社，1989年，第2312页；2.《中文大辞典》卷五，台北：中国文化大学出版部，1982年，第1507页。

[3]〔日〕诸桥辙次：《大汉和辞典》卷七，东京：大修馆书店，1992年，第224页。

历史、经济、政治、哲学、语言、文学和文化[1]，并不只限在古代经典、文献和文学里面。汉学是整个东方学的一支，自19世纪下半叶以来，汉学在西方政治、殖民扩张领域起了许多作用；西欧、美国、日本汉学是因其帝国主义国家利益和统治圈子利益的驱动而发展起来的，汉学研究较严肃深入地开展也是由于受到了东方人民的斗争及“欧洲中心论”失败的刺激[2]。20世纪50年代以来，我们虽因苏联僵化的意识形态模式而吃尽了理论的亏，以致到最近我们对苏联的结论总是给予带有警惕性的引用；但对照汉学发展的真实历史，我是尊重他们的这种评价的。

据学者们考证，汉学最早是在德国滥觞的。而在德语中表示“汉学”的Sinologie这个字眼（与英文词Chinaman一样）在使用初期不是一个中性的纯学术名词。它多少带有些轻蔑的意味和殖民主义色彩。其背景意义我在前面已经详述了。

而Chinaman一词更可看出西方人对中国人的蔑视与侮慢。直到今天，西方的权威字典都认为这个词是“无礼的、侮辱性的”“攻击性的”，而禁止使用。而由这个词衍生出来的“have a Chinaman's Chance”今天亦被释为“希望微乎其微”“机会渺茫”[3]，可见在当时欧美人是如何从内心里对中国人瞧不起的。

不仅仅是对中国，当时对整个东方——甚至今天在美国——说到Oriental都会被指为具侮辱性和有种族主义色彩。更有甚者，在今天有良好教养的西方人和美国大学、科研机构连foreign这个词都会避免使用，认为该词有排外和唯我独尊的意味而带有侮辱和伤害性，进而改用international这个词[4]。当时西方人那么肆无忌惮地满口“中国佬”“猪崽”“猪花”地吆喝，这些名词不由不使人联想起上海滩那个“华人与狗不得入内”的时代。

我们知道，学习一国文化必须首先学习它的语言，因为语言是最基本的交流手段，没有它作为工具，进一步的深入研究是没有可能的。西方人学汉语是很困难的，前面讲的学者们为研究汉语所闹出的滑稽笑话使人喷饭，但毕竟属于书斋探

---

[1] *Bolshaia Sovetskaia Entsiklopediia*, Moscow: Sovetskaia Entsiklopediia Publishing House, Volume.23, 1976.

[2] R.V. Viatkin, L.I. Duman and I. S. Li, *Sinology in Entsiklopediia*, Volume 23, 1976.

[3] 1. *Merriam Webster's Collegiate Dictionary*, Tenth edition (Springfield, Massachusetts: Merriam Webster, Incorporation, 1993), p.199. 2. *Continental's Concise English-Chinese Dictionary*, 台北：大陆书店，1989, p.225。3. *Far East English-Chinese Dictionary* (Taipei, China: The Far East Book Co., Ltd., 1977).

[4] “About Change of the Title of Foreign Student Office to International Student & Visiting Scholar's Office”, *The Bulletin of the City University of New York*, Spring, 1995.

讨范畴。另一条捷径就是后来的商人在中国娶妻（妾）。但这种生活便利并不足以使这些西方人尽快学会汉语，西方人学汉语找到捷径和突破竟是通过中西结合的子女——混血儿来达到目的的。中国的母亲抚育孩子，自会教他们汉语；而孩子从小同父亲生活，当然也能与其用西语交流。这样，孩子长大后先是在家里为言语各自不通的父母当翻译[1]，然后走向社会。这些混血儿两种语言都相对熟悉，两种语言也都是他们的母语，所以在语言习得的先天能力方面就占了优势和便宜，为以后编中西辞典和学习汉语的西方人做了不少贡献。西方人真正学习中国竟是从到中国猎艳开始的，西方人研究中国的最初成果竟是来自中西人士的通婚。这样的肇始，无论就其内容还是形式来看，都不能不说是令人深思的。

真正当代学术意义上的汉学萌发于西欧，最早钻研汉学而卓有成就的当推法国17世纪与18世纪之交的传教士J. H. 普雷麦尔、J. F. 吉卜林·麦拉等。为汉学研究打下科学基础的学者首推J. P. 阿贝尔·雷缪萨。他最早于1814年在巴黎大学开设了中国语文学课程。在俄国，17世纪的俄国外交官和传道士P. I. 古都诺夫、N. G. 斯巴法里等人就出版了第一部关于汉学的著作。后来其他外交及宗教界人士如A. L. 雷昂蒂夫、I. K. 罗索里及N. 伊阿·毕曲林翻译并编撰了大量关于中国历史、文化学、地理学和语言学的著作，对俄国汉学的贡献居功至伟。早在1837年，D. 西韦洛夫就在俄国开设了最早的汉语课，而V. P. 瓦西列夫1851年在喀山大学已开设中国文学课程。瓦西列夫撰著了大量关于中国东北史和佛教方面的著作，而且也是世界上第一部系统的中国文学史——《中国文学史大纲》的作者。圣彼得堡大学于1855年也开设了汉学课程，在1845年及1851年，俄国地理学会和俄国考古学会东方部也分别创设了汉学部，同时，研究中国历史、满洲史、中蒙历史、佛教史的著作大量出现；研究中国土地关系史、中国古代史、中国神话学、中国古代文字书写系统的著作也纷纷问世；另外还有人编写了中俄字典。P. S. 波波夫翻译了《论语》和《孟子》，A. O. 伊凡诺夫撰写了大量关于中国历史、中国古币学、文化学及中国文学的著作。这批学者的弟子们则把他们的事业延续了下来，例如，A. I. 伊凡诺夫翻译了《韩非子》；N. V. 昆纳尔开展了对中国物质文化和非物质文化历史的研

[1] French Army Surgeon, "The Erogenous Zones of the World: Descriptions of the Intra-Sexual Manners and Customs of the Semi-Civilized Peoples of Africa, Asia, America and Oceania, the Whole Paraphernalia of their Love as Taken from Untrodden Fields of Anthropology", New York: Book Awards (1964).

究；A. V. 卢达科夫开展了对太平天国和中国文化史的研究。

在 19 世纪末及 20 世纪初，汉学研究受到了政治气候和殖民主义的影响。但欧洲的一些学者仍对其做出了贡献。如英国的著名汉学家里雅格翻译了孔子的典籍；翟理斯编辑了《汉英辞典》和《中国文学史》等著作。德国汉学家 H. 冯·德·格贝林茨出版了研究中国基本语法的著作；W. 格鲁伯研究中国的宗教和文学卓有建树。法国同期的汉学家中，S. 格伏瑞尔编辑了《汉法辞典》并翻译了孔子的典籍；儒连和沙畹翻译了司马迁的《史记》。同时，英国学者马士还撰写了中国与国际关系的著作，在此期间日本的汉学研究也有很大的发展。

20 世纪 20 年代以来，西欧、美国及日本基于其政治目的对汉学研究更加注目。大量相关学术机构、科研中心和学会在西方应运而生。在第二次世界大战以前，法国汉学家伯希和、高第、M. 葛兰言、马伯乐和 P. 戴密微，德国汉学家 O. 弗兰克、A. 福尔科、卫礼贤、E. 赫尼斯克和 F. 赫斯，意大利汉学家 G. 杜齐，荷兰汉学家戴闻达，美国汉学家顾立雅、I. 克得雷奇、恒慕义，瑞典汉学家 J. 安德森等人都撰写了大量的关于中国历史及中国思想的著作。此外，瑞典汉学家高本汉还重构了中古和上古汉语的语音，并对许多中国古代典籍进行了语言学意义上的文本分析；英国的汉学家 A. 威尔利，奥地利汉学家 E. 冯·札克，法国汉学家 G. 马尔利耶则翻译了大量的中国文献，对汉学发展贡献很大。这一时期日本汉学界的研究成果也颇为卓著，在中国历史、中国经济和中国语文学方面的成绩尤为突出。

进入 20 世纪 30 年代，经历了十月革命，苏联的汉学界开始拓宽视野，用马克思主义的观点来指导其汉学研究，并开始留意中国人民的革命斗争。这些研究包括 P. A. 密夫等汉学家对中国革命运动的研究、米凯尔·维林等人对中国群众运动和农民运动史问题的研究、A. 伊阿·坎特洛维奇等人对帝国主义侵华史问题的研究、A. A. 佩特罗夫对中国哲学史的研究及 G. M. 安德列夫等人对中国奴隶制度和封建社会的研究等。著名汉学家阿列克谢耶夫才华横溢，在中国文学、美学、文学批评、民俗学、戏剧、写作、词汇学等各个领域都有造诣，同时也是最早对汉语进行语音实验分析研究的学者，卓然成为这一时期的大师。这一时期对中国古代典籍的翻译也成绩斐然；同时，对商代甲骨文的研究，对通古斯和基坦斯等上古书写系统的判读也取得了成就。K. K. 弗禄格研究了中国绘画史；E. D. 波利凡诺夫研究了中国语音学，并开创了对汉语语法的科学性研究；A. A. 德拉古诺夫重构了元代的语音学、发现了湘方言群，并奠定了汉语语法的研究基础；A. A. 德拉古诺夫还和 A. G. 谢普伦琴等其他汉学家一道，最早开始汉语书写拼音化的尝试，U. S. 克鲁克娄夫还编过一种收录拼音化汉字的新型字典。

1949 年以后，主要是以美国为代表的西方汉学开始转向专注于对中国当代事务的研究，研究中国共产党和中华人民共和国政策的著作大量出现，这些汉学家大都带有较浓厚的政治色彩，代表人物包括英国的 S. 斯拉姆及美国的 H. 亨顿、A. D. 巴奈特、R. 斯卡拉皮诺、A. 怀丁和史华慈等。

但是传统的汉学课题仍不断有研究专著涌现。如美国以 D. 鲍德为首的一批汉学家、法国的 E. 拉兹、联邦德国的 H. 弗兰克等人，荷兰的何四维、英国的鲁惟一等人均有对中国古代和中古历史研究的著作问世。另外，对中国现当代史的研究也受到很大的重视，美国的以费正清为首的汉学家们、联邦德国的 W. 弗兰克、英国的 V. 蒲尔瑟等人都出版了大量著作。中国的经济问题也有专门汉学家悉心研究，如美国的 A. 埃克斯泰恩、澳大利亚的 A. 唐尼瑟恩等人。同时，中国的哲学及文化史领域也受到很大的重视，被称为当代西方汉学三大支柱之一的狄培理（曾为笔者业师）和美国众多汉学家，英国以 S. 格雷费思为首的汉学家均出版了大量关于中国传统文化及哲学的研究专著和译著，提高了西方汉学研究的素质。英国学人李约瑟的《中国科技文明史》则以对中国科学技术及生产力发展的研究闻名于世。在此期间，日本的汉学研究水平也有了很突出的进展，对中国的研究涉及上列各个领域，而且都有较高的质量。

关于汉学研究中的目录学、史料学、索引学、传统学及辞典编纂学等领域的研究，成就也很高。对于中国语言学、语言史及中国文学的研究成就尤其突出。除了西方的汉学大师外，有中国旧学根底极为深厚的老一代学者韩喻山、陈寿颐和赵元任等人又加盟其中，使这些领域的研究更上一层楼。这一时期值得特别提出的是丹麦人 S. 英格鲁德对汉语的方言学调查及法国人 A. N. 雷迦洛夫和比利时人 J. 缪利耶对汉语语法的研究，这些研究都对汉语研究的完善起到了重要作用。赵元任建立了现代汉语的基本语法框架，这些都是极富意义的。

日本的汉学在此期间的贡献也很大，在版本学、材料学、中国现代文学和参考资料出版领域成就卓著。日本汉学家编纂了《中国语文学百科全书》及汉日双语词典，并出版了大量汉语方言学和语法学方面的论著，一时人才辈出。而同期的东欧诸国，如波兰、民主德国、捷克斯洛伐克和匈牙利，也涌现出了许多汉学家，并在各自领域取得了令人瞩目的成就。

20 世纪中后期的汉学研究范围开拓得更宽广了，有时事研究、社会政治研究、外交政策及外交史研究、毛泽东思想研究、中国共产党党史研究，以及中国经济、社会问题的各门类研究等。同时，在时空领域也进入了更新层次的拓展。如对中国中古时期的政治、经济状况的研究，中国早期资本主义萌芽问题，帝国主义入侵对中国是有益还是有害的争议，中外交通史，以及中国人和周边民族关系史研究等。

在纯学术领域，更为细致精密的分类学研究在此期间亦获得很大进展。如中国的人文思想研究、中国文化的革新与传统问题研究、中国文学和美学思想、中外交流冲突史的研讨等。在语言学研究领域，开始更加注意结合时代文化背景。对中国古诗、古代叙事文体、古文献的研究，无论是技巧上还是理论上都日益深入。而对汉语语言学的研讨也从语言结构、语言学、符号学的研究推向对语形论、造句法的研究，这些研究尝试都很有启发意义。另外，海外汉学对敦煌学的研究，法国的戴密微、日本的一些学者（如藤枝晃等）和苏联的 L. N. 门什科夫等人都取得了卓越的成果。苏联东方研究所的敦煌文献目录和敦煌变文文本的出版、E. S. 斯图洛娃的列宁格勒木刻敦煌资料的开放，都为研究汉学和后期佛学文献提供了极大的便利。

四

从上文所述可知，汉学在历代西方学人的努力下，是有可观的成就的。在使用科学的概念方法，与西方人文科学及社会科学相结合，以及运用西方学术概念、逻辑、归纳等西方传统治学方式来规范崇尚灵感、不羁于规律、不屑于条分缕析、便于传承的中国旧式治学等方面的成果尤为突出。它至少提供了一个极为有力的参照系，能够使古老的中国学问获知这门学科如何从合适的角度走向当代、走向世界。西方人重逻辑，爱找寻规律，也颇得益于此。西方哲学理论发达，社会科学和人文科学的发展多受其影响。近现代心理学同人文、社会科学的结盟，更是大大助益了认识论和哲学思想的深化。现代汉学家受哲学观念的启发，往往能从新的角度、视界探讨中国文化，新意迭出（尽管“新意”并不都是正确的意义），往往具有启示的功能。特别需要指出的是，西方汉学界为了对中国文化进行国际性探讨，就必须把它的形式和内涵规范化，从而可以使用国际学术的共同语言进行对话，这种对概念、原则、理论的规范对中国学术走向世界意义极大。

但是，不管对西方汉学如何评价，我们都不可以忘记一个事实，那就是我们所指的“汉学”并非一般中国意义上的“中国学”，它是一种特殊场合、特殊需要、特定时期、特定意义下的产物。“汉学”本身就是针对非中国人而言的，特别是考虑到前述我们论及的它的产生背景，它的语源学意义中所含有的令人不快的贬义。中国人研究自己的文化、文学并不自称“汉学”，正如美国人无“美学”，英、法人无“英学”与“法学”一样。

我们上面列述了西方汉学的发展和主要成就，看上去硕果累累。但如果我们考虑到它是十数个国家、多少代人的努力，而这些成果中又有许多肤浅、误解、舛谬，甚至很荒诞的东西时，我们对汉学的成长和传统的理解就要打一个折扣了。

举一个简单例子，就关于明代以来中国文明为什么衰落，为什么西方崛起而中国却由强势文明颓然坍塌，帝国主义侵略对中国走向现代社会是有害还是有益这些题目而言，西方汉学界曾给予过很热烈的讨论，其观点不可谓不多，花样不可谓不新，奇谈不可谓不动人。诸如中国文明太古老，像一个老人，没有文化内动力啦；中国儒家文化的守旧秩序是中国落后的祸根啦；中国的中央集权、灌溉系统统治人民太死而缺乏革新能力啦；中国是士大夫文化，不注重科技文明啦；中国文明发展得过于成熟，由于开发太早已把地力用尽啦；帝国主义入侵刺激了中国走向现代化，对中国近代发展有功啦；帝国主义入侵对中国无益也无害，中国是那么一个偌大帝国，对它的任何外来刺激都像一只苍蝇在骚扰一头大象，既难真正惹怒它，也根本不能改变它啦，云云。恕我不在这儿罗列包含上述观点的图书书目及出处，否则将占用太多的篇幅，干扰我们的正常讨论，因为这些题目本身就不只是几篇文章或一本书的课题。

上面谈的只是一个例子。像这样的题目在汉学发展史上真是不胜枚举。我并不认为上面的课题没有意义，也不否认上面的议题有某种程度的深刻、精辟和发人深省。但综合起来看，其结论却都有某种雾里观花、隔靴搔痒的感觉。在数学意义上一加一等于二，在人文科学和社会科学领域部分真理与部分真理的集合或相加并不一定能成为绝对的真理，有时甚或成为相反的东西。

上面的偏差一方面是时、地环境所致，另外也有文化传统的原因。如前面列举的命题，西方汉学家大多没有受过我国古代传统思想的正规训练，莫说对经、史、子、集有深入的见解，其中国旧学根底大致不如旧时中国上过私塾的普通童生。中国近代学人经历了中国历史上最屈辱的一页，这种悲怆、浃骨浸髓的国耻远非闲坐书斋、万里以外的西洋人所能理解。而由于科技文明的进步而导致的经济、政治上的强势，又助长了西方人的文化优越感。既然他们怀着那份居高临下的心情和俯视的态度，我们又怎能期待他们对中国给予真正的关心、对中国的研究能切题并得出公正的结论呢？

当然，西方汉学的偏颇并非完全是主观因素，有些客观的限制也造成了难以避免的文化罅隙。语言不通、文化相隔造成了资料方面的限制；师承关系、学术偏好也桎梏了学者的眼光。有些学者可以在一个特定的领域里钻研得很深很专，成为权威，可对其他邻近的学科内容却一无所知。而有的学者却只能蜻蜓点水地普遍涉猎，在各个课题上都有话讲却又一无是处。这种自负的万金油式汉学家在当代欧美日渐增多。随着当代西方社会生活和竞争节奏的加快，甘愿数十年如一日深入钻研、为学问而献身、坐冷板凳的学者也越来越少了，不仅在遥远国度的汉学研究领域是这样，即便对西方人自己古典文化的研究也是这样。

于是，一些真正有功底、学有成就的老一代汉学家正在消逝，那些由中国学者带出来或老一代汉学家培养出来的有很深、很专或很偏的功底的中生代或新生代的汉学家则在坚持、观望或犹豫，有的在考虑或已经改行。这儿的改行不是指从书斋研究改到了去教书，而是指抛弃所学，干一些与汉学永远无关的事，如经商之类。

直到今天，我仍然以为欧美的“西方中心论”者们的偏见不完全是他们自己的过错。正如夜郎国和井蛙们所持有的一些看法只是偏见而并非完全错误一样。只要知道外面的世界有多迷人，真正的天有多大，我相信他们会改变观点。西方中心论者的主观偏见固然不可不指出，但在客观上他们不懂行甚或没见过东方文献，不知天外有天，这不完全是他们的过错。东方人当作《圣经》一样翻译介绍了那么多西方经典，为什么不能反过来，把自己的货色也翻译、兜售出一些呢？知道了天外有天、崇尚科学的西方人还是愿意纠正学风的。比如，近几十年欧美对日本的研究就比较透彻和公正，这当然与政治联姻、经济交往多有关系，但与日本的自我介绍、学术界的交往频繁、互相多提供研究的可能亦有关系。如果东方或中国不能把自己的优点完全展示出来，不能用自己的文化优势和成果去说服别人，而只是终日窃窃抱怨欧美人的“西方中心论”，再怎么抱怨也于事无补。

在考察西方汉学史的时候，我注意到了一个奇怪的现象：一般在西方，“×× 学”或“×× 研究”总爱张扬自己的研究对象这面旗帜，而且常常以自己与研究对象关系之亲近、与研究对象所在国的学术联系之密切自诩。而在西方的汉学研究领域，研究者却是有意识地自外于或者说自绝于中国的学术传统，倨傲地以俯视的角度对待研究对象和学术同道。如果仅把这种自大解释为一种无知、偏见和骄傲，那么它也许是可以克服的；但是如果是另一种解释，例如，包含了人种、政治和经济原因在内，那么，它不仅亵渎了当代科学的求知精神，对西方汉学的未来发展，也将是一个先天性的阻碍因素。

五

前面谈了汉学在西方的悲剧，那么它在中国的命运呢？（尽管我前面定义“汉学”应专指外国人研究中国学问，但中国的“海外中国学”研究和文学研究界也常把自己的研究对象称作“汉学”。）

治近代中国学术史的学者已对这段曲折给予了总结。简而言之，在鸦片战争和甲午战争失败后，中国官方和知识界陡然兴起了仇洋与崇洋两派。后者于后来渐占上风，在全国大兴西学，片面地认为西洋的一切都是好的（因为日本的成功也是学西洋的结果），从而走上了另一个极端。

事实上，由于国势日衰和国内外形势动荡，这些以洋为宗的学人并没能学到西方的真谛而只是学到了表面文章。特别是以士大夫文人为主体的那时的知识分子，他们学习西方，较少献身于对国计民生有切实利益的科技、军事，而多凭兴趣学习政治、哲学和文学等。晚清翻译小说的兴盛迎合了一般民众了解西方的趣味，也唤起了中国小知识分子的感伤情怀。文学救不了国，却勾起了学人愁肠百结的感伤情怀，一时间翻译小说泛滥；对西方的介绍没有着重于科学技术、农业、经济，却在无关痛痒的文学上占了上风，后来又加上了哲学、历史等。当时的中国国难当头，兴亡在即，但知识分子的情趣却够风雅的。

以当时的情况而论，甚至直到今天，中国人了解西方远比西方人了解中国多得多。随便一个受过中学以上教育的中国人都知道莎士比亚、巴尔扎克、托尔斯泰与狄更斯；而在美国，即使受过最好高等教育的大学生（约占万分之几比例的中文专业学生除外）能知道李白、曹雪芹或鲁迅的几乎没有。纵使是文科的教授，对中国先哲的了解也几乎都是除孔夫子外一片空白。对中国文化的了解是这样，那么对他们自己的文化根源欧洲文化的了解呢？答案也几乎是使人诧异的。美国文科大学生、研究生对欧洲经典作家的知识和了解并不比中国文科学生的知识丰富。笔者在国内时曾讲授欧美文学经年，对中国文科的教学大纲和学生的一般水准算是了解的。按照这个标准，中国一般文科学生在欧美文、史、哲经典方面的知识远比美国同类学生丰富得多。因为我测试的对象所在学校不是美国普通的高校而是在美国甚至全世界都闻名的哥伦比亚大学，所以这更加证实了我前面的结论。

能用英文阅读莎士比亚、萨克雷、狄更斯及其他经典作家，以及能用法文阅读巴尔扎克的中国学者在对照阅读了上述名家著作的原文和译文之后，几乎无人不对译者的才华敬佩不已。那一支支生花的译笔竟是那样地点铁成金，把那些笨重的文字弄得那么服服帖帖，意象万千，美不胜收！后来有的学者抱怨译者美化原著，有的认为中文的表达力强于西文，有的人持相反意见，认为西方文字远胜于汉语的表现力，可是遗憾得很，真正的中国文学的精华在译成英文后则大多尽失其光华，使人不忍卒读。不仅是韵律本身难以把握的唐诗宋词，连那些较容易表现的叙述性文字——如中国古典小说——的情形也大抵是这样。我们当然不能全怪译者，因为中国小说所表现的那种文化氛围往往是集文、史、哲、儒、佛、道、中国人的文化伦理观念、人物臧否甚至是人生理想为一体的，没有对这种文化的深刻体悟是很难传达出其意境的。即使有对这种文化的深刻体悟，也很难向西方那些对中国文化懵然无知的一般读者传递出那种文本之外的隽永的意味，因为文学作品的翻译要用作品本身说话，是不能像翻译论著那样可以掉书袋，用一系列注释来说明其言外之意的。举一个不恰当的例子，这正如一位娇袅的苏州少女在向咱们的山东老农演唱侬软的苏州评弹。虽然用的是汉语，也是中文的句法，唱者有意，听者有心，大家都在努力，却总难互相理解，更难说传达其韵味。不幸的是，西方人却大都是通过这种方式来了解中国的文学和文化的。

尽管已经惨不忍睹到了这种地步，西方人所能见到的中国作品仍是少得可怜。大约是除了几种经典和名著外寥寥无几。如果要归罪于翻译水平差的话，那么为什么会有前述那瑰美的中译极品？如果说翻译水准足够，那么为什么这百年来仅西译中的作品充斥于市，而中译西的著作竟是那么少得不成比例呢？

中国人对汉学贡献较少的第二个原因说起来应该是个技术问题，但这个问题的症结却几乎是致命的或者说是难以克服的，那就是在中国搞古典学问的大多不通西文，而通西文的又大多不治古典之学。我不愿意仅仅从传统和教育体制上去找寻原因，或归咎于什么制度、纲领。人在青年或成长时期的精力有限，能把一切都学好确非易事。我国在古典文献、文学研究方面有很多的专才，在研究西方语言方面也有不少俊彦，但为什么能综合二者的人是那么少之又少呢？这种缺乏擅长古典研究又中西文皆通的学者的直接后果，就是人为地割断了中国古典学术同国际的联系。既难以把自己的优秀成果介绍出去，使国际汉学界对我国的杰出成就有所了解而不至于沉迷在自己的夜郎自大中，又使中国古典学术的研究与国际同行相隔绝。不知西方在搞什么，不理解他们的思路和方法，从而导致了两种结果：一是对西方的盲目崇拜，一是对它们的盲目贬斥和轻视。我国专治古典的学者缺乏深厚的外语功底，难以参用西语自如地表达学术思想，而精通西语的学者虽有语言优势，但缺乏学科训练且没有敏锐的专业眼光，纵使能译介西方汉学成果，其针对性和适应性也要大打折扣了。另外，精通西语的目的并不仅仅是要译，语言是一种工具，有了它恰如打开了一扇窗户，专业学者可以通览别人的成果，从而启发自己或举一反三，甚至触发灵感去开创一种新的东西，可以有所选择和鉴别，而这些都是无法通过别人的翻译来实现的。

语言问题虽是个很难的症结，但并非绝对不能克服，西方学者或专家往往一人精通多种语言，我国老一代的学者即使治古典学问也大都精通一门或几门国际语言。回顾20世纪的人文学科历史，我们更易看到这种局限的严重性。笔者认为，这也是我国迄今的“汉学”和古典研究很难超越三四十年代甚至“古史辨”学派的一个原因。我在此这样说，可能会有人要反驳我。我知道，虽然像钱锺书那样的老先生还有，但已属凤毛麟角，这样的力量不是太多，而是太少。

中国与汉学悲剧的第三个命定关系在于，汉学研究诞生于一种弱势文化背景，当时它很难打进西方的学术领域和文化市场；而纵使今天有了合适的气候与环境，它却错过了机遇。种过庄稼的人都知道，良种、肥料、雨水都重要，但节气、农时却是关键的因素。误了农时，有的作物可以补种，有的不可以，有的干脆没法种，它会耽误整整一季。而厨艺不精、做过夹生饭的朋友也有这种体会，米饭做夹生或煳了，不论你怎么补救，它终究无法再做出正常米饭的味道。上面列举的种种先天不足的情形，大约可以譬喻汉学后来在西方的命运。

前面所叙，汉学经历了大起大落，随着中国国势衰败和政治因素的影响，它开始为人们所遗弃。后来西方的汉学家不再为纯学术动机所驱使，而多是出于对中国的政治、经济的关心和实用趋利目的的考虑，从事针对性的研究。中国真正的典籍和灿烂的文明被系统介绍的很少。西方一般读者所了解的汉学和中国文献，一是早期那些神化中国的文字，一是中后期那些污蔑中国的文字，搞得他们莫衷一是。加之其后的一二百年，一直都没有真正的大批的翻译介绍为之继续，人们渐渐丧失了对中国和汉学的兴趣，以为中国只是一个远梦，中国的文明只是一个银样镴枪头。西方人没有认真介绍中国的优秀典籍，这不难理解；而中国积贫积弱无暇自顾，更难以维护祖宗的脸面。除了历史和时代的因素，主观上能力的不足我在上节已述。

随着与西方交流的增多和近代留学生被派往西方及西方人的努力，20 世纪以来，中国译介到西方的典籍渐渐多了一些。但经历了后工业革命时代的欧美人已更加趋利务实，偏重于工商与科技，忙于赚钱和谋生，正如西方老一代学者所叹的，这是一个没有贵族、没有优雅的知识分子的时代。我在前面说过，西方名牌大学的学生对西方经典知识都知之甚少，不屑于去下功夫——因为它们与谋生、挣钱、身份和体面并无多少关系——那么谁又愿意拿出闲心闲力去翻弄那些无关经济、毫无谋财经商指南意义的中国故纸堆呢？试想一下，不要说在欧美，在今日的中国又有几人能真正坐得住冷板凳，又有几人能不因献身学问而被嘲为不识时务和书呆子气呢？我曾设想，如果在 18 世纪或 19 世纪，汉学以一种正常的情形进入西方并扎下较正的学术根基，那么，它在今天的发展会不会是另一种样子呢？可惜，历史不能重演也不容假设，它嘲笑任何柔弱的白日梦和一厢情愿，汉学还是要以坚强的铁与血的实力去证明自己。

中国与汉学的悲剧最致命的一点，还在于中国人几百年来始终难以摆正对外国的态度。与“西方中心论”一样，中国从古即有“大汉族主义”。不仅西方人，连周边的少数民族在汉人眼里也非蛮即夷。西方诸国则被称为“藩”和“胡”。甚至直到晚清与外国人打仗败得一塌糊涂惨不忍睹之时，一些中国人还仍然忘不了吹牛自慰。与外国人联系交涉的国家机构不叫外交部而叫“理藩院”——尽管洋人老毛子打败了我们，却仍需要我们的“修理”。在嘴强心强但本事不强的统治者和怀着“大中国”阿 Q 情结的士大夫心里，不管怎么落后，他们也抵死不服西方的科技，西方不管什么先进的“玩意儿”，他们总能在祖宗玩剩的故纸堆里找到“中国古已有之”的先例。这些都反映在当代学术心理上，表现为国内读书界仍有儒家思想的使命感和骨子里唯有读书高的孤傲，虽对西方汉学缺少了解，却总有和外国人比试一下、报八国联军侵华之仇的愿望。

另一种态度则正好相反，完全迎合洋大人，靠骂翻自己的祖宗来投其所好。例如，这几年某些“走向世界”的书籍与电影（包括台湾地区作品）千方百计讨好西方，助长西方人的优越感和怜悯心。为让洋大人感到刺激有趣，甚至捏造了一些中国人都闻所未闻的丑恶故事，贴上“中国”的标签以博洋大人的好感。与这种媚外不同的变例则是缺乏内心底气的吹嘘。例如，有些著名的大报或海外版经常吹嘘“国际掀起汉学热”“中文热遍五大洲”，云云。吹嘘者其实不知道，无论什么东西，一旦形成“热”，就一定意味着不正常，特别是学问。更何况几个读书人搞点跨国学问探讨在任何学术领域都属平常，其他学科的这种文化交流或许更频繁；海外的唐人街为谋生教教汉语或西方人为了同中国人做生意及其他目的学学中文也并不值得大惊小怪。作为世界上使用人口最多的语言，汉语在西方并没有“热”到应有的程度，它的影响不是太大而是太小了，它几乎只在华人小圈子内使用。不要说它不如西欧语言的使用频率和引人去学的兴趣，在某些方面它甚至远不如日语在西方受尊重（如欧美许多城市的路标、旅游指南、博物馆导览牌或导游小册子上都有日文而无中文）。知道了这一点，作为当代中国人，我们的心情可不是仅仅用“不平静”和“沉痛”就能概括得了的。

六

汉学发展到了今天，它还有没有出路呢？

任何一种学科的兴衰，有其自身的生命周期，汉学也是这样。只要世界上有对它的需要，有它生存的环境和土壤，它就不会亡绝。既用不着杞人忧天，也不必对其揠苗助长。但是，我们还是应该抱持积极的态度，在这方面我们还是有提升的空间的。

我以为，我们所能做的最重要的一点就是端正学风，克服短视和急功近利的治学态度，真正鼓励和培养出一批献身学问的非功利型学人。

记得《六祖坛经》有一段故事很好笑。梁武帝曾问达摩：“朕一生造寺度僧布施设斋，有何功德？”达摩答曰：“实无功德。”后来韦刺史以此相问，六祖答得好：“武帝心邪，不知正法，造寺度僧，布施设斋，名为求福，不可将福便为功德，功德在法身中，不在修福。”其实这段故事是有很深的象征寓意的，它讲的并不仅仅是积德成佛，也在讲做学问、做人。做学问和搞研究只有在返璞归真、去掉了一切的光环和利益的诱惑、为其自身的价值和使命而存在着的时候，它才真正有意义，或有被光大的可能。我想，汉学的发展尤其应该这样。

但汉学的出路，我以为，一是要改革培养人才的方式，在一定的范围和圈子内培养“通才”；二是要使汉学发展与人类学研究密切结合。实际上，从汉学的名称设立、学科内容和研讨的课题上看，它所研究探讨的是比较文化的问题。它以中国文明文化为主要研究对象，更重要的是，它是从整个人类文明的进化和文化发展的视野来进行比较研究。而人类学就是从宏观到微观研究人和人之间的文化的一个专门学科，故而有的学者就直呼人类学为“文化学”[1]或“比较文化”[2]。当今欧美的汉学研究有相当大的部分借鉴了人类学的成果，甚至有的直接移师到人类学的麾下，这是不容忽视的一个重要趋势。

当然，即使有了最好的蓝图，能否建成一座大厦仍是未知数。盖楼需要的不仅是图纸，还需要具备资金、技术等方面的条件；而学问的事情比盖楼更复杂。

除了开头那个故事，史景迁教授还给我们讲过另一个故事：法国的中国热持续了几十年后，势头略减。1750 年，有两位北京的青年人路易斯·高和斯蒂芬·杨被从北京挑选出来去法国学习基督教，准备以后作为传教士为天主教会服务。二人在法国巴黎上了神学院和大学，待了十几年，不巧遇上了当时的法国议会与教会反目，社会上的反教会浪潮势头汹涌，这两位仁兄被断了口粮，更不幸的是也被断了退路。他们辗转奔波，流离失所，只有靠中国人那种对土地和回家的生死眷恋支撑他们活着。他们的遭遇传遍了法国，博得了各界人士的同情，甚至法国皇后 1764 年还在凡尔赛宫接见过这两位不再年轻的年轻人，但没人能提供让他们返程回中国的船票。

终于有一天喜从天降，法国的一位部长贝特兰和另一位更年轻、在法国大革命前的法国史上出尽风头的部长图戈找到了这两位中国人，他们愿意为这两位在海外无助的中国赤子提供回国的船票，但有一个条件：他们必须在走之前考察一下法国的工业和科技的发展，参观法国产品，回国后向中国人报道法国的强大与国势——条件就这么简单，高、杨二位先生当然丝毫没有犹豫就答应了。这两位法国部长乐颠颠地奔走了些时日，给他们备下了大宗礼物，大都是显示国力和科技实力的机械、工艺品，其中还包括两块极昂贵精致的金表和一台印刷机。这两位可怜人终于在淹留法国 16 年后于 1766 年回到了北京。[3]

如果我们不仅仅把这个故事当作当代的天方夜谭来看，我们就很容易看到它的深层文化寓意：那时心里怯怯、不那么自信的法国多么想露露富，想向他们心仪已久的大中华帝国显示一下呀！可怜它连那么谦卑的愿望都没能实现——据说高、杨二

[1] 1. 王海龙：《人类学入门：文化学理论的深层结构》，南宁：广西教育出版社，1989 年，第 2、5 页；王海龙、何勇：《文化人类学历史导引》，上海：学林出版社，1992 年，第 6、10 页。2.Conrad Phillip Kottak, *Cultural Anthropology*, New York: Random House, 1987, pp.2-3, 19.

[2] Michael C. Howard & Janet Dunaif-Hattis, *Anthropology: Understanding Human Adaptation*, New York: Harper Collins Publishers, 1992, pp.3-15, 662.

[3] Jonathan D. Spence, *To Change Europe: The First Chinese in France, 1680-1735*. (The John Hamilton Fulton Lecture in the Liberal Arts), Middlebury, Vermont: Middlebury College, 1989, p.22.

人回国后发了财，忙于享福，早把二位部长的托付忘到了脑后。法国人想露一手的愿望又隐忍了近百年，直到开着坚船架了利炮来到中国的珠江口时才算真正遂了愿。

这给了我们一个启示：汉学要想真正振兴，首先在于中国的强大。只有在经济和政治上占据强势，汉学的真正振兴才是有希望的。中国真正强大了，不必提倡，汉学的大发展你挡都挡不住。

汉学的问题其实不在汉学本身，它是一个比较文化问题。特别是在当代世界文化大融汇、大变革、大改组的时代，这一点更是显而易见的。本文试图从文化人类学的角度对汉学几百年来的问题给予一个总的梳理和盘点。中国的古典研究，中国人文科学的历程及在国际学术论坛上未来的中国学如何发展、如何适应及如何定位的问题，是本文关心和探讨的重点。下面这段话虽然大家都知道，我还是愿意在此重提：历史在行进中面临的不都是鲜花和微笑，它有时可能是悲剧性的。悲剧的受害者也不一定是有错的。按照古希腊人对悲剧的定义，悲剧是崇高的毁灭。天若有情天亦老，浴火的凤凰是一种毁灭，但更是一种新生。悲剧可以惊天地泣鬼神，但也可以转变为正剧，从而开创一个历史的、学术的崭新时代。

参考文献

Duyvendak, J. J. L., 1950, *Holland's Contribution to Chinese Studies*. London: The China Society.

Goligina, K. I., and I. S. Lisevich, 1967, *Soviet Sinology in the Past Fifty Years*. Moscow: Nauka Publishing House.

Goodrich, L. C., "Recent Developments in Chinese Study", *Journal of the American Oriental Society*, 1965, Vol.85, No.2.

Latourette K. S., "Far Eastern Studies in the Unites States", *The Eastern Quarterly*, 1955, Vol.15. No.1.

Moule, A. C., "British Sinology", *The Asiatic Review*, 1948, Vol.44.

Vyatkin, R. V., 1967, "*Sinology*" *in Fifty Years of Soviet Oriental Studies*. Moscow: Nauka Publishing House.

Wright, A. F., "Chinese Studies Today", *Newsletter of the Association for Asian Studies*, 1965, Vol.10, No.3, pp.2-13.

王海龙，美国哥伦比亚大学东亚语言与文化系教授，著有《人类学电影》《人类学入门：文化学理论的深层结构》等。

文献学与汉学史的写作

——兼评韩大伟《顶礼膜拜：汉学先驱和古典汉语文献学的发展》

程 钢

一

进入20世纪90年代以来，国际汉学研究成为中国人文学术一个新的增长点。汉学这个名词逐渐活跃起来。它从一个比较普通的边缘术语提升为得到广泛关注的一种话语。不少大学成立了汉学研究机构，出版了不少以汉学命名的不定期专刊，还召开了一些以汉学命名的会议[1]。因而对于汉学是什么及如何看待汉学史的问题就提上了议事日程。近年来，要求写作汉学史的呼声逐渐增高。个别学者甚至将这件事提到了非常高的程度。例如，刘正在其《东西方汉学思想史·序》中认为，没有产生一部中国人写的《汉学通史》，"对于从事中国古代文化和思想研究的现代中国学者来说，这至少是一种有点让我们感到难堪的学术耻辱"。[2]这一评论虽然有点过分，但反映了部分学者渴望中国人自己写作汉学史的强烈愿望。

汉学史大概有两种写法。其一是描述和积累汉学史的历史资料。外国人对中国的研究已经有几百年的历史，有许多可以描述的故事和业绩，目前见到的汉学史大多是这种写法。其二是将汉学研究置于所在国及其特定时代之中，联系当时的政治、经济、社会和时代思潮等诸多外部因素来考察汉学。李学勤曾经呼唤过第二种写法："我认为研究国际汉学应当采用学术史研究的理论和方法，最重要的是将汉

[1] 关于20世纪80年代以来国内汉学研究的出版物，见任大援《八十年代以来国内汉学出版物一瞥》,《世界汉学》创刊号，第217—219页。

[2] 转引自三浦国雄《〈东西方汉学思想史〉寄语》,《世界汉学》创刊号，第194页。

学的递嬗演变放在社会与思想的历史背景中去考察。和其他种种学科一样，汉学也受着各时代思潮的推动、制约，不了解这些思潮的性质及其产生的社会原因，便无法充分认识汉学不同流派的特点和意义。尤其要注意，汉学家的思想观点常与哲学、社会学、文化人类学等学科存在密切的联系。”[1] 很显然，这是一种分析型的汉学史。当然，分析型的汉学史还可以细分，大体上可以分为内部型的和外部型的。这两者有时也不那么容易区分，但大体上来讲，外部型更注意社会思潮对汉学学科的影响及汉学学科对社会思潮的反映，内部型更注意汉学的技术成分的内在组合机制与哲学、社会学、文化人类学之间的相互作用，以及参与生产制造新学术与新思潮的积极功能。在汉学家使用的诸多技术之中，文献学大概是其中最重要的一种。韩大伟在《顶礼膜拜：汉学先驱和古典汉语文献学的发展》的“导言和致谢”中也认为，对汉学界来说，“我们所需要的是一部像费佛（Rudolf Pfeiffer）《古典文献学史》那种类型的分析性的历史著作”。[2] 它为汉学史的写作提供了一部可资借鉴的典范。

到目前为止，以中文形式发表的汉学史只有莫东寅的《汉学发达史》，该书 1949 年 1 月由北平文化出版社出版。这部书是中国学者学习汉学史的简明扼要的入门书，但是，今天再看这部著作，我们就会感到它有这样那样的缺点。第一，它成书较早，近几十年来国外汉学已经有了长足的进展，因而仅就事实而论，已不能适应今日的要求。第二，对中国学者来说，这本书有一个先天不足之处。从总体上看，这部书的内容基本上没有超出当时日本学者的研究范围[3]。在莫东寅出版此书以前，日本学者石田之助写过一部论文集《欧美对中国的研究》，其中包括论文 15 篇。《汉学发达史》中有不少篇幅直接引用自石田之助的一篇论文《欧美对中国的研究》（论文集名称即取自该论文的标题），只是稍加修改而已。第三，本书的写法全然是描述性的，基本上没有分析，它既缺乏历史分析，也缺乏思想文化史和社会史的分析。在以往的评论中，第三点最容易被忽略。这恰恰表明了目前的汉学史还没有真正成为一门严肃历史学科的实际情况，也就是说，无论汉学的存在已经有了多么长的时间，也无论汉学经历了多少变化，迄今为止，汉学还没有对于自身的变化产生自觉的意识。

---

[1] 李学勤：《国际汉学著作提要·序》，南昌：江西教育出版社，1996 年，第 3 页。

[2] 《顶礼膜拜：汉学先驱和古典汉语文献学的发展》，第 1 页。笔者使用的是该论文的打印稿，下文简称稿本。

[3] 参见刘国忠：《四十五年前的一部汉学史》，葛兆光主编《清华汉学研究》第二辑，北京：清华大学出版社，1997 年，第 283 页。

汉学史如果只是事件和人物的流水账，这正是这门学科还不成熟的表现。汉学如果要健康成长，这种自我批判和反省的历史意识大概是必不可少的。

美国学者韩大伟为我们提供了一部基本上从分析的视角出发写成的汉学史：《顶礼膜拜：汉学先驱和古典汉语文献学的发展》[1]。这是第一部分析意义上的汉学史，尽管作者很谦虚地声称："拙著并不是那种历史，它充其量只是微薄的尝试而已。本书也没有选择若干最重要学派的代表人物加以综述。本书毋宁说是对于现代汉学中的有助于为其他所有努力建立基础的一个分支学科即文献学的一个介绍。"[2]作者认为还够不上分析的汉学史，其理由大概是，作者没有选择重要学派的重要代表作为个案进行全面考察，而是选择文献学作为中心线索对汉学史进行了叙述性的整理，作者的理由是，文献学是有助于为汉学中所有学术活动提供基础的学科。在作者看来，没有以各派代表人物为个案进行有深度的分析就意味着构不成完整意义上的汉学史。的确，到目前为止，我们还缺少真正具有分析分量的汉学史的个案分析。对汉学文献学本身进行探讨的重要原始资料大都是著名汉学家对于师友的回忆文章，这些回忆者具有对师友进行学术评价的资格，但是，专家的回忆与学术史家的关怀是有差别的，因而这些回忆文章往往是汉学史必不可缺的背景材料，却并不恰好是汉学史的重要材料。更重要的问题是，不同专家之间在视角和学术评判标准上都有差别，如何以一以贯之的立场考察和调和诸多专家的视角，正是汉学史家所要做的事。

汉学史可以有很多写法，也可以有很多种视角。我们这里暂时讨论学术史意义上的汉学史，它是汉学作为学术而发展演化的内在故事。如果坚持汉学是一门学术，那么，学术史视角在汉学史诸种视角中应当据有优先的地位。汉学史首先是一种学术史，因而它与传统的以政治事件为中心的历史学相比就既有共性也有其自身的特性。在一般的经验中，历史学重在描述历时性事件，它与以阐发共时性原理为中心的学科是对立的和不相容的。我国现代历史学界有一个传统的话题：史与论，其中"史"强调的是历时性，而"论"往往指共时性。在以政治、经济活动为中心的历史学之中，这两者往往会有冲突。除非是在很强而又很特殊的理论前提之下，

[1] 这里"文献学"一词的英文是 philology，它的另一种译法是"语文学"。它指的是以古典语言为主要研究对象的语言文字研究。

[2] 稿本，第 1 页。

否则这两者很难统一起来。因而历史学家往往会否认历史中的结构性成分[1]。但是，这一矛盾对于汉学史这样的学术史却并不突出。学术史正是这样一种历史，在其中的历时性与共时性比较容易得到统一和综合。原因如下：正如维柯所说，人们不能理解自然，因为自然是上帝造的；但人们却能理解历史，因为历史是人造的。这话对于人类的全部历史未必都恰当，但是对于汉学这样的学术史却大体上是得当的。如果说决定人的政治、经济行为的原因往往因为人受到情感、欲望的支配而具有较大偶然性的话，那么像文献学原理这样的事物却具有保守得多的稳定性，因而更容易为人的理性所理解。如果说，随着时间的推移在历史舞台上顺次出现的学术人物和成果代表了学术史的历时性内容的话，那么随着时间的推移而不断得到完善的学术原理就代表了学术史的共时性内容。尽管每个瞬间（共时）都有属于它自己的共时性内容，但是这诸多的共时性内容之间却能够保持比较融洽的交往关系，可以通过对话、批评来修正前人及同时代人的结论，从而使得诸多共时性内容大体上呈现出不断进步的特征。

并非所有的学术分支都能享有这样的特征。最符合这个特征的要数科学。当代著名科学哲学家波普的中文选集的标题就是《科学知识进化论》，它简单明了地概括了波普哲学的一个重要论题[2]。科学知识的进化既是波普哲学所要辩护的结论，也是徘徊、萦绕在他心头的哲学前提。哲学史就没有这么幸运了。在达尔文以前，黑格尔就通过《哲学史讲演录》试图为哲学建立一种思想进化的历史，这一形而上的进化体系在20世纪受到了猛烈的攻击。以政治活动为中心的人类历史虽然在极大尺度上也呈现出某种模糊的规律性，但在中小历史尺度上的确充满了偶然性。

以文献学为中心的汉学具有较高的客观性与较稳定的进化特征，这一点在汉学界虽属常识，但是似乎还很少得到学术史家的关注和分析。这是汉学发展史的最基本的特征。福克斯－吉诺韦塞有一句格言式的观点："历史，至少真正的历史，不可回避地带有结构的特征。"[3]他所说的结构是结构主义的结构，其实就是共时性的代名词。这一看法对于汉学史的写作既是有启发意义的，又是可行的。如果我们不

---

[1] 历史学界与社会学界对历史的看法就不太一样。不少历史学家认为，年鉴学派的所谓大尺度的理论与结构就出于理论性虚构。

[2] 尽管自然科学的合理性在当代遭到了不断的挑战，但是至少从知识积累的角度看，自然科学的进化特征仍然成立。

[3] 转引自海登·怀特：《评新历史主义》，见张京媛主编《新历史主义与文学批评》，北京大学出版社，1993年，第103页。

想让汉学史仅仅成为汉学家学术事迹的编年史，我们就不得不寻找能够把诸多汉学成就以及汉学事件贯通起来的共时性结构[1]。只有这样，才可以为作为学术史的汉学史找到发展的基本支点与发展的力矩。汉学文献学扮演的正是这样一种共时性存在的角色：支点与力矩。

汉学史是外国人研究中国传统学术的历史，由于涉及多种外语以及汉学所在国的历史文化与学术思潮，因而到目前为止，汉学史实际上是一门以外国人为活动主体的历史学科。对汉学所在国的学者来说，这是一门外国史，它是关于“我国”人研究外国人的历史。这是“我中有他”的历史。对中国人来说，这也是一门外国史，是关于外国人研究我国的历史。这是“他中有我”的历史。外国人以“他”的身份来参与写作，并对“他”所在国的知识生产体系和文化谱系负责。中国人以“我”的身份参与关于“他”研究“我”的历史过程的写作。既然其中有“我”，作为“我”的中国人就似乎责无旁贷地要参与进去。文献学为我们提供了让“我”以“我”的身份参与汉学史写作的契机。

中国有一个高水平的文献学传统，这就是通常所说的清代学术（其中包括乾嘉考据学）。它在诞生年代上和国外汉学的起源基本上同步，所取得的成绩大部分也互相认可，所运用的方法虽有所不同，但是在原理上应当是相通的。中国人对于清代学术史的研究有较悠久的传统，自章太炎、刘师培以来，梁启超、胡适、钱穆都有过研究。梁启超与钱穆都写过《中国近三百年学术史》，均为中国学术史名著。而且自此之后，清代学术史的研究代不乏人，成果众多。如果将汉学史的发展与清代学术史的发展进行比较研究，将使得我们能够更清晰、更直观地理解汉学史的历史发展。中国学者从这一取径进入，既可以与西方汉学史进行对话、刺激汉学史的发展，也可以为中国学术史研究找到新的视角，使得中国学术史与中国思想史找到新的突破口，从而形成中国学术史与汉学史互相比较、互相对话、互相批评、共同提高的良性循环。

本文的基本论述内容是：（1）对于汉学史来说，理解它的要点是文献学；（2）文献学的诸要素是如何在汉学史当中呈现其自身的；（3）如何将在历史演变中呈现出自身的诸要素组合还原成文献学体系，作为学术界关心汉学史的公共讨论空

[1] 在汉学学术中，编年常常具有极其重要的意义。但是这种重要性只有在那些史料罕见而又残缺模糊的领域中才能凸显出来，汉学史文献绝大多数都保存完好，这一意义不那么明显。换句话说，图书馆学学者就大致上可以完成这一编年工作，学术史的目标与之有所不同。

间；（4）中国学者该如何参与汉学史的写作。

在上文中，我们已经对（1）给予了简略的论述，在（2）（3）中，我们将以韩大伟著作稿本中的部分内容为凭借，通过评述的方式考察文献学的诸多要素是如何在汉学史中呈现其自身的。在（4）中，我们将具体讨论，为了理解汉学史，我们的文献学应包含哪些内容才能充当起恰当的坐标系。

二

韩大伟的著作包括四部分。

第一部分是 19 世纪末以前的汉学。具体又分为两章。

第一章是“学术性差会”。这一章处理的内容大致上相当于孟德卫（D. E. Mungello）在《好奇的土地：耶稣会士的调解与汉学的起源》一书中讨论的内容。这同时也是谢和耐《中国与基督教》（持批评态度）、杨（John D. Young）《东西方综合：利玛窦和儒教》、史景迁《利玛窦的记忆宫殿》以及裴化行（Henri Bernard）《利玛窦和中国的科学》都讨论过的话题。和这些学者的工作相比，韩大伟没有什么独创性的研究，不过，韩大伟也给出了能够使我们把注意力转向文献学问题的新表述。他强调了利玛窦传教方式中注意书写的一面，“和多明我会的 Domingo de Nieva 一样，利玛窦既利用口头汉语也利用书面汉语为他的传教事业服务。但是，与多明我会和其他耶稣会同事不同，利玛窦更倾向于利用书面语言而不是口头语言”。[1] 与此相应的是，正如史景迁指出的那样，利玛窦在为这一传教路线辩护的过程中，甚至于有意（或无意）地将中国的识字率大大地夸大了。于是，利玛窦和他的同事开创了一种将中国典籍译成外文的潮流，这些典籍流入了欧洲，汇合到了启蒙运动的潮流之中，曾经产生过一定的影响。

西方汉学的早期历史与启蒙运动和文艺复兴有着紧密的联系。从西方看，启蒙运动和文艺复兴是一条大河的两段。文艺复兴是西方古典文化的复兴，启蒙运动则与东方文艺复兴有紧密关联。近代西方对于中国文化的吸收就演变成了东方文艺复兴的一部分。东方文艺复兴（Oriental Renaissance）是施瓦布（Raymond Schwab）

[1] 稿本，第 33 页。

在《东方文艺复兴》(*La Renaissance Orientale*，法文著作，英译本为 *The Oriental Renaissance: Europe's Rediscovery of India and the East, 1680-1880*）一书中提出的概念。它描述的是这样一个文化潮流：首先是对波斯文化，然后是对印度文化和中国文化的强烈关注。在思想文化层面上，这种对中国文化的关注后来被称作“巴洛克风格的中国爱好”(baroque sinophily)。从汉学的角度看，汉学的产生与文艺复兴和天主教的反宗教改革有关，反宗教改革（the Counter-Reformation）使得传教士能够跨越中西之间的空间障碍来到中国，而文艺复兴使得传教士中有一批博雅之士能够通过科学知识化解中西心灵的隔膜状态，换句话说，跨越了中西之间的时间—心灵障碍。

中国学者对于文艺复兴和启蒙运动并不陌生。我们的通常解释是“人性的解放”与“思想的自由”，这当然都是正确的解释。对于大多数当代中国学者来说，“人性的解放”与“思想的自由”几乎都具有价值上的直接真理性，不过对于西方思想学术史来说，情况绝非如此简单。今天看上去仿佛是“不证自明”的东西，在历史上却有一个颇为复杂的、间接的展开过程，换句话说，后来转化为不证自明之思想的那些观念都离不开与之相对应的学术活动，它通过学术这一道间接的环节而展开其自身。我们这里借用这几年国内学术界一种流行的范畴划分法（思想 / 学术）来简化这个问题。诸如“人性的解放”与“思想的自由”之类的提法属于思想史的范畴，与之相对应的还应当有学术史的范畴。换句话说，思想史中思潮的转变往往都依赖于学术史的转变[1]。在这里，我们想强调文献学在其中所起的作用。这样，通过文献学这个窗口，我们也可以窥视文艺复兴和启蒙运动这场大运动的波澜壮阔的巨幅图画。“就其成熟的方面而言，东方文艺复兴与比其更早的欧洲文艺复兴一样，其基础是文献学。欧洲文艺复兴虽然扩展到了不同的艺术领域，但是，其基础是文献学的：拉丁文的牢固恢复。”[2]

早期对中国语言文字的兴趣背后当然有普世的宗教背景，例如，追求巴别塔语言分化以前的普世语言，但更令人感兴趣的却是如何理解文艺复兴和启蒙运动与文献学发展的关系。中国文献学是如何加入了这场运动之中，以及它又是如何被扬弃的，这都是值得研究的问题。[3]

---

[1] 当然，这是一种极度简化的说法。思潮的转变可以有很多种原因，如社会、经济和政治上的原因。学术只是其中一种。

[2] 稿本，第 35 页，注 43。

[3] 前汉学与汉学的差别就在于对中国本土语言学（其实是很不全面的和陈旧的文献学）的态度是依赖还是扬弃。

20世纪20年代，梁启超先生在《清代学术概论》中用“以复古求解放”来概括清代学术。而清代学术的主要部门就是文献学[1]。所谓“以复古求解放”就是借助于文献学求得解放。不少中国学者把“五四新文化运动”概括成启蒙运动。启蒙运动的主要活动之一就是译介和宣传西方近代思潮，因此，如果我们把翻译也看作是文献学的一个门类，那么“五四新文化运动”又何尝不可以从文献学角度加以考察？把清代学术比作文艺复兴，把“五四新文化运动”比作启蒙运动，固然有牵强之处，但是，从文献学角度看，它们完全可以具有相似的学术机理，而这正是我们过去分析得不够的地方。从事中西比较的学者也曾将文艺复兴比作清代学术，把启蒙运动比作“五四新文化运动”，但是，由于没有对中国的文献学和西方的文献学同时进行考察，比较就失去了基础。因此，如果我们真想从文献学角度分析清代学术和“五四新文化运动”，那么，我们需要的就是一种广义的比较文献学。

对中国学者来说，文艺复兴、启蒙运动及清代学术、“五四新文化运动”可以合成一个整体加以分析，把它们联系在一起的纽带不是高妙的思想观念，而是发展学术的一种内在机制：文献学。这就是我们阅读韩大伟的著作间接获得的一个启迪。循此而论，汉学史就不仅仅只是发生于外国的、外国人研究中国人学术的外国史，它还可以和发生在中国的、中国人追求中国学问的中国史相比证，因而在这里我们或许可以发现一条打破中西隔阂、甚至打破古今隔阂的学术领域。

孟德卫在《好奇的土地：耶稣会士的调解与汉学的起源》中讨论了近代初期研究中国的欧洲学者，并将他们称为“前汉学家”（protosinologist）。孟德卫认为，这批前汉学家活跃于汉学尚未成为一门严格学问的时期，他们的研究与来华传教士的中国研究很不相同。耶稣会士的著作是博学的，而且有在华的广泛经验为基础，而前汉学家的著作实际上出自热情远远超过其知识储备的欧洲博雅之士之手笔。以利玛窦和前汉学家克察（Kircher）为例，孟德卫说：“利玛窦神父的孔子—基督教综合立足于对当时中国文化深刻的调解性的洞见之上，而耶稣会神父克察对于中国语言与文化的前汉学式的解释则立足于包含在他那种影响深远但又是前汉学式研究之中的肤浅理解之上。”[2]

很明显，孟德卫称赞利玛窦等传教士的汉学见解，对克察等前汉学家的研究却

[1] 朱维铮校注：《梁启超论清学史二种》，上海：复旦大学出版社，1985年，第6页。
[2]《好奇的土地》，檀香山：夏威夷大学出版社，1985年，第15页。

评价不高。而韩大伟则认为，由于传教士的汉学研究被卷入欧洲内部的思想争论之中，汉学研究也就被拖入到以伏尔泰、培尔为代表的对基督教进行理性主义攻击的思潮与以孟德斯鸠、杜尔阁为代表的捍卫虔诚正统的思潮的辩论之中。因此，耶稣会士的汉学研究的客观性也值得怀疑。除了少数传教士的研究是以中文或满文文献为依据之外，大多数传教士的研究是以冯秉正（Joseph de Mailla）的《中国通史》为依据的，这是一部引证原始材料较为严谨、叙述较为公允的著作，但是，这部著作的客观性也是可疑的，因为该书主要以朱熹的《通鉴纲目》为依据；而其他的依据则大多与杜赫尔德的《中华帝国概述》（*Description de l'empire de la Chine*）类似，该书又被称作“欧洲中国热爱者的圣经”，对于一切不同情中国的言论都讳而不论[1]。克察这样的前汉学家把他们的汉学研究整合到视野远远超出中国的广阔研究计划之中，因而他们比耶稣会的中国文明辩护士们更有资格担任具有独立思想的前汉学家[2]。在进行深入研究以前，我们尚不能对孟德卫和韩大伟的结论给出评判，现在能够说明的似乎只有一点，孟德卫重视的是传教士们对中国语言知识的实际掌握及对中国的实际经验，而韩大伟重视的是研究立场的客观性与学术视野的开阔性。

尽管不同的学者对早期传教士与前汉学家各有偏向，但是毫无疑问，他们都不能算是真正的汉学家，理由是，他们对中国的研究缺乏方法论上的反思，而这一方法论的标准来自文献学。

在第一部分第二章，韩大伟还讨论了法国早期汉学的进展。早期汉学的中心在法国，这也是有历史原因的。宗教改革之后的欧洲分裂成了两个世界：旧世界和新世界。新世界如英国将最主要的注意力转向了科学技术和商业，对人文主义的热情不高；而旧世界在一定程度上更关心宗教和人文，因而对与之有关的人文主义保持着浓厚的兴趣。具体到我们这里讨论的问题，这个兴趣就是对于语言的兴趣。与这种语言狂热相关联的人文主义精神在当时被看成是反动的思潮。18 世纪天主教气氛浓郁的法国对于旧的被人们目为反动的人文主义仍然具有极大的热情。正是在这里，我们才能找到现代汉学的起源。[3]既然汉学最原初的问题语境就是这种和语言狂热捆绑在一起的人文主义，那么是否可以说，只有在这一语境里，我们才能找到早期汉学的用心所在呢？下面我们以韩大伟评述的若干人物为例加以讨论。

---

[1] 参见稿本，第 40—41 页。
[2] 稿本，第 42 页。
[3] 稿本，第 44—45 页。

（1）福赫芒（Etienne Fourmont，1683—1745）是法国第一位有专门职位的汉学家。韩大伟引用了雷慕沙、马伯乐、高第等人的评论，对他评价不高。但是，韩大伟似乎没有直截了当地陈述理由，这里，我们试图从文献学角度重建评价背后的理由，所用材料大多取自这一书稿。从学术上讲，福赫芒仍然沉浸在耶稣会时代的神学思维范式之中，因而他没有提出任何新的思路。他的思路仍然是探索汉字的入门钥匙：214 个偏旁。这也是米勒（Müller）和门泽尔（Mentzel）做过的工作，他们都写过《汉字门津》（*Clavis sinica*）一类的书。这一工作不能为汉学提供可行的基础[1]。这一工作的问题语境是神学为主、语言学为辅的神学—语言学话语：亚当时代的普世语言。由于在现实世界中找不到不属于任何特殊民族的普世语言，因而这个问题注定是神学的而不是语言学的合适话题。它有意义，但不是文献学层次上的意义。此外，福赫芒还在调和中国历法和西方历法方面做出了自己的努力。很显然，和他对于语言的关注一样，这一话题仍然来自于那个时代的神学语境[2]。福赫芒的最大成绩是指挥 5 名工匠花费了 20 年时间刻印了一部《双语语法》（*Grammatica duplex*），在刻印的过程中制造了欧洲第一套较完整的汉字字模。韩大伟风趣地称其为行政成绩而不是学术成绩[3]。

（2）老德金（Joseph de Guignes，1721—1800）是福赫芒的学生，他最有名的观点是：中国是埃及的殖民地[4]。这一曾经影响很大、如今又看起来荒谬的观点值得我们稍做一点分析。不论在学术上这一观点有多么错误，这一观点却代表着汉学史的一个历史转折。这一转折是：汉学开始从天上转回人间，从神的世界转向人的世界。老德金关注的不再是普世的语言和普世的人类，而是现实的语言和现实的人类。现实的语言和人类被分作两部分，分别属于东方和西方。世界被简化了，从而为深入的学术研究和理论思辨提供了第一个前提。这一简化中必定带有荒谬之处，它是一切理论都不可能完全避免的。问题的关键在于，这一简化在历史中带来了学术上的积极成绩，这促使他把汉学研究纳入东方主义的大范畴下进行。他有一部著

---

[1] 这一点须从文献学角度细加分析。在不考虑金文和甲骨文研究的前提下，汉字偏旁在本质上只是汉字的检索系统，它和语义并没有必然的可靠联系。因而偏旁研究如果不是置于整个汉学研究的大系统下作为辅助系统发挥作用，很难产生成果。

[2] 孟德卫曾经指出，前汉学家有两个最主要的研究兴趣：历史编年学和普世语言。其动机从学术上讲都与神学有关。见《好奇的土地：耶稣会士的调解与汉学的起源》，第 355 页。

[3] 稿本，第 47 页。

[4] 稿本，第 51 页。

作题为《匈奴、突厥、蒙古和其他西鞑靼人通史》(*Histoire générale des Huns*, *des Turcs*, *des Mogols et des autres Tartares occidentaux*)[1]。正如韩大伟所说的那样，这部书是亚洲学的而不是汉学的。但是，这毕竟是把中国包括在内的东方学著作，是一部摆脱了一直支配着前汉学家头脑的普世神学范式的东方学著作。可以说，它开创了法国汉学的主要视野和切入点[2]。

还可以从更大的学术视野来考察这一视角。这一视角的转换与当时法国对于东方专制主义的论辩有着紧密的联系。杜尔阁(Turgot，1727—1781)、马布利(Mably)和布朗热(Boulanger)都参加过这场讨论。他们很怀疑，一个专制的亚洲、一个静止和保守的中国能否成为向往自由与和平的欧洲的未来期望[3]。由于看不到更多的材料，我们还不能更详细地断定老德金的立场和态度。不过可以断定，这是很值得关注的问题。尤其是，杜尔阁和马布利在我国学术界早已受到关注，关于东方专制主义的论辩是不仅仅影响到学术界而且还影响到了整个中国思想界的大问题。对于它的来源的讨论是大家共同关心的问题。值得注意的是，这样的问题与汉学史有着紧密的关联。缩小了视野看，汉学史只是冷清清的图书馆里少数学者的活动，但是倘若扩大了视野看，正是在这种寂静的学术活动之中，汉学史才为当时热闹非凡的思想界提供了进行思考必需的学术资源。

(3)雷慕沙(Jean-Pierre Abel-Rémusat，1788—1832)真正标志着现代汉学的诞生。德国汉学家福赫伯(Herbert Franke)把雷慕沙担任法兰西学院教席的1914年看作现代汉学的诞生年[4]。韩大伟清晰地给出了理由。

第一，他使汉学进一步独立于耶稣会的神学关怀，从而使汉学加入了历史比较语言学的学术思潮之中。他写过《汉语语法原理》(*Éléments de la grammaire chinoise*)，是他为学生授课讲稿的结集。这是欧洲汉学家当中将汉语单独孤立开来考察汉语自身语法特性的第一部著作。这部书的结论是对是错姑且不论，它所产生的重要历史影响是毋庸置疑的。著名语言学家洪堡(Wilhelm von Humboldt)曾经写过一封有影响的哲学书信(philosophical epistle)，标题是《就普遍语法形态的本

---

[1] 韩大伟认为，这是老德金唯一的对于今天的汉学仍有参考价值的著作。稿本，第52页。

[2] 这一视野和切入点的影响是如此之大，以至于影响到了像陈寅恪这样有学术想象力和创造力的人。陈寅恪刚刚回国时，开的课程中有一门就是“国外东方学的目录学”。

[3] 葛吉达:《近代欧洲思想界心目中的中国》，翟灿译，见《国际汉学》第一辑，北京：商务印书馆，1995年，第480页。

[4] 稿本，第55页。

质以及特别就汉语的类别致雷慕沙先生的一封信。》[1]

也就是说，这一研究与当时影响到整个欧洲思想界的主流话语曾经产生过对话。他还是尝试对蒙古语、满语、藏语和东突厥语的语系与语族进行分类的第一个学者[2]。对于韩大伟为我们提供的众多宝贵材料，我们想附加一些说明，以便更全面地理解这些材料的学术史意义。在雷慕沙的时代，欧洲的学术界已经发生了巨大变化：从神学的目标转向了历史的目标。具体来说，就是由对亚当时代普世语言的追求改变为对遗失了的印欧语言遗迹的追求。“普遍性”在此改写成了“印欧性”，和纯粹的“欧洲性”相比，普遍性的确增加了。增加的这一部分最典型表现就是对梵语性质的认识和发现。有不少学者和思想家很清楚地认识到这一普遍语法在实质上的不普遍性。要真正认识其普遍性，就至少还要认识东方的波斯语、汉语、藏语、蒙古语和满语等。东方学的重要性就在于此。另外还应指出，在这种思潮中，语言被看成是民族的最典型的代表和象征。因而语言的产生和遗失就相当于民族生命的兴起和衰亡；在研究语言中所感悟到的东西大体上和中国古人所讲的“天人之际”和“盈衰消息”是相通的。语言学的魅力和引起的狂热正是起于这种“消息”。

第二，他在汉学方法论上也有创新。其中最值得关注的是文献目录学。雷慕沙已经开始考虑为汉学建立可靠的目录学基础。他尝试着翻译马端临的《文献通考》的“经籍考”部分，不过他仅仅翻译了该书的第一卷，就因病逝世，未能看到这本书的付印。对此，我们想发表两点评论。他的学术方向感是正确的，要让汉学可靠地成长，目录学是必不可少的。我们还不清楚西方的文献学是如何看待这个问题的。但是，我们可以通过清代文献学家的观点来间接理解。例如，清代著名学者王鸣盛说：“目录之学，学中第一要紧事，必从此问途，方能得其门而入。”[3]但是，对于西方汉学家来说，何种目录学是实用的，这需要加以研究。无论如何，马端临的《文献通考》作于14世纪初叶，在雷慕沙的时代是过时了的，也不适用于西方汉学家，他没有选好。如果非要选的话，可以选《四库全书总目提要》，它在18世纪90年代就已出版。可能是由于当时的中西文化交流已经不够畅通，所以也许雷慕沙根本就没有读到《四库全书总目提要》，更谈不上对这本书的价值有深刻的认识，或许《四库全书总目提要》所展示的书籍系统过于庞大和复杂，因而使得雷慕

[1] 稿本，第56页。
[2] 稿本，第57页。
[3]《十七史商榷》卷一。

沙无法进入这个世界。考虑到目录学对于文献学的重要性，这一努力方向是特别值得注意的。

此外，他在讲课中还重视文学和道家经典，其中有《老子》与《太上感应篇》等，尤其是，他还翻译了法显的《佛国记》，尽管并非严格的翻译而只是串讲（paraphrase）[1]。但这些都反映出他的确距离依赖于正统儒家的耶稣会士比较远了，对于法国汉学的方向产生了巨大影响。

（4）儒莲（Stanislas Julien，1797—1873）和雷慕沙相比在汉学领域做出了更为重要的突破，他的成绩的持久性要长得多。这要分两点讲。

一是，他的视野要宽阔得多。他的翻译对象扩展到元曲和明清小说。尤其是，他还研究玄奘，而为中国本土的儒家传注传统所限制的耶稣会士根本就不会关注这个问题，因为利玛窦制定的传教策略是联合儒家反对佛教。这表明他在选题中已经有了自己独立的标准，韩大伟誉之为汉学发展史上的里程碑[2]。

二是，他的文献学方法更为规范。这可以概括为如下几点。

（a）重视版本校勘学。这是文献学非常基础的功夫。例如，他在将《孟子》译为拉丁文的时候，就收集了 10 个版本（其中包括满文本）来进行版本校勘。又如，在译《道德经》的时候，他又尽可能地收集了 7 种版本进行校勘[3]。

（b）重视句法学在理解词义中的作用。他认为这是理解文本的一把钥匙。为此他著有《汉语句法新编》（*Syntaxe nouvelle de la langue chinoise*，1869）。韩大伟告诉我们，在该书第 151—231 页，他大量吸收了王引之的《经传释词》（1798）中关于虚词的成果[4]。这一部分文献学方法与清代训诂学方法其实是相通的。韩大伟还告诉我们一条信息，儒莲从未来过中国，而且他以自己在“冷酷无情的文本活动”（relentless textuality）中从未利用过 native informant（姑且译为“来自本土的通告者”）而感到自豪[5]。所谓“冷酷无情的文本活动”就是完全依据文本中文本之间的关系来确定文本的含义，而“来自本土的通告者”则指依靠权威注疏来确定文本的含义。我们目前还不清楚西方文献学对于这一看法的发展过程，但我们想通过清代经

[1] 稿本，第 57 页。

[2] 稿本，第 59、61 页。

[3] 稿本，第 59 页。

[4] 稿本，第 60 页。由此似乎可以提一个饶有趣味的问题，清代学术对法国汉学的影响——清代文献学方法又是如何与法国人的西方古典文献学方法协调一致的？两者之间有无冲突？

[5] 稿本，第 455 页。

学中的经学方法来间接诠解。清代经学家万斯大（1633—1683）认为，正确的解经原则应是以经典文本解释经典文本，也就是说，如果我们碰到经书中不懂的字句，我们必须通过经书中与之相同的或与之相关的字词来相互比证，加以解释，这是唯一正确的解释原则。引入这一原则的目的在于运用经书的文献学优先性来排斥宋明理学家的主观见解。黄宗羲将万斯大的经学概括为两点："非通诸经不能通一经；非悟传注之失则不能通经，非以经释经亦无由悟传注之失。"[1] 所谓传注主要指宋明理学。第一点是说以通诸经来通一经中的字句问题，第二点是说通经的目的是发现传注的错误，从而将经书设置为传注的对立面。所谓以经释经就是以经的文本解释文本，它就表现为枯燥的文本活动[2]。当然，我们还不能直接把万斯大的主张完全等同于文本活动，但是它的原则的确有点近似于"冷酷无情的文本活动"。而后来文本主义立场比万斯大要彻底得多的王念孙（1744—1832）却说："前人传注不皆合于经，则择其合经者从之；其皆不合，则以己意逆经意，而参之他经，证以成训，虽别为之说，亦无不可。"如果说，万斯大的"以经释经"还把注意力集中于经学文本，那么，王念孙则把文本扩大到诸经、汉儒传注（成训，有特定含义），乃至个人独立见解，呈现出一个以经书文本为主、兼容后代解释及当代见解的庞大综合体，意在调和经书文本活动与后儒主观解释之间的紧张与不一致。清代学者焦循（1763—1820）在评论万斯大的经学方法时说："万氏经学，以经释经，不苟同于传注。"[3] 他与黄宗羲的评论一致，但是在第二点上语气有所缓和，同样是想调和紧张和不一致。以经释经的方法使得经学研究的面貌过于"质朴"，缺乏"文采"，从而使得经学与广大的儒家知识分子之间拉开了距离，这一点，在清代中叶就有人想加以补救，最典型地表现于姚鼐（1732—1815）的"义理、考据、文章"三者统一的学术主张之中。这种"冷酷无情的文本活动"与中国儒家"文质彬彬"的价值观不太吻合，故需要做这样的调解。如此看来，要理解乾嘉考据学，我们也许需要引入西方汉学这样一个参照系，才能比较真切地理解乾嘉考据学的深层特性。

（c）梵汉对音方法。著作有《中国书籍中所见梵文的释文方法》（*Méthode pour déchiffrer et transcrire les noms sanscrits qui se recontrent dans les livres chinois*,

[1]《万充宗墓志铭》，《黄宗羲全集》第10册，杭州：浙江古籍出版社，2005年，第405页。

[2] 中国古代学者会以"质"（质朴）来描述这一类活动，但是西方学者会以"冷酷无情"来描述。这一点细小差别是否也向我们透露出中西方学术史观的某种差别？

[3]《雕菰集》卷十五，丛书集成初编本，第239页。

1861）[1]一书。用梵—汉对音的方法来研究文献，大概始于儒莲。他在实际运用这一方法时错误较多，原因在于今形和古形，今音和古音（也许还应考虑方言）有别，而他一概用今形今音，但他在方法论上的开创之功是巨大的。

还值得提一下的是，儒莲将中国置于整个亚洲背景下来加以研究，他尤其关注亚洲历史地理和中国印度哲学的研究。此外，他还进行过中国技术史——如丝绸业和瓷器制作历史——的研究，开后来由伟烈亚力（Alexander Wylie，1815—1887）接续的相关研究的先河。这些对于20世纪的中国学术界都产生过重要影响。

（5）圣德涅（Léon d'Hervey de Saint-Denys，1823—1892）夹在儒莲和后来的沙畹之间，是个不怎么重要的人物。从文献学角度看，他的重要性在于，他是第一个译中国诗的人。他译过《离骚》，善译唐诗的美国汉学家沙弗（Edward Schafer）对之推许甚高，而法国本国的著名汉学家戴密微则对他批评甚多。但是，译诗的确是文献学中的一个重要的问题，翻译理论中最有趣的部分往往都与译诗有关[2]。圣德涅未必对于译诗问题有多少自觉的反思，但无论如何他开辟了一个重要方向。此外，还值得一提的是，他还翻译了《文献通考》中涉及外国人的两部分。韩大伟认为，在这一工作中，他回到了他的学术根源，因为马端临的《文献通考》是雷慕沙的研究对象，而他的老师儒莲则特别关心在华外国人的活动。他把这两者结合起来。特别有趣的是，研究在华外国人是一种特殊的研究汉学的视角。在中国以往的正史或野史中，在华外国人都处于历史的边缘，他们不仅在地理上是在边缘，而且在价值观和学术研究价值上都处于边缘。自儒莲开始的这一学术取径可以说是一种对于中国的"边缘式解读"。当然，可以用同样的视角看待关于在外国游历的中国人的研究。

三

这部书稿的第二部分则是关于法国汉学三巨头的研究。三巨头是：沙畹（Edouard Chavannes）、伯希和（Paul Pelliot）、马伯乐（Henri Maspero）。此外还

[1] 稿本，第61页。其中，"déchiffrer et transcrire"（识别与转写）参照我国文献学习惯译为"释文"。

[2] 将翻译理论纳入文献学中统一加以思考，这是我们在这篇文章中尝试着提出的看法。传统的文献学的界说中似乎不把翻译问题列入进来。下文对这个问题还会有所展开。

论述了另外三个人物：高第（Henri Cordier）、葛兰言（Marcel Granet）和高本汉（Bernhard Karlgren）。这都是国际汉学界大名鼎鼎的人物，我们在这里仅仅从文献学的角度对他们进行适当的评述。

（1）对于沙畹，我们只想讨论两点。

一是他的研究方法。他的基本思路是翻译与注释。不能说以前的汉学家没有采取过这样的学术门径，但是，既重视翻译又重视注释，尤其是翻译的后面附有几乎是穷尽性的注释，这的确是自沙畹以来法国汉学的某种特色，它似乎开创自沙畹。这一取径在伯希和身上达到了顶峰[1]。这一思路听起来平淡无奇，不过问题绝没有这么简单。儒莲在翻译《孟子》和《老子》时也曾经收罗版本加以校勘，但那只是版本校勘，并不是注释的汇集，而且也很不全。这似乎受了当时印度学的影响。沙畹深受当时著名的印度学家莱维（Sylvain Lévi）的影响，而莱维似乎又受到18世纪圣经解释学的影响。他的具体做法是，穷尽无遗地收集各种文字的佛教经典版本（中文的、梵文的、藏文的、巴利文的），最后校订文本。沙畹在这一方面似乎也受了莱维的影响，虽然韩大伟没有明说这一结论，不过可以从他对莱维的讨论中推断出这一看法[2]。

二是他的研究视野，这一方面更为有名。沙畹将碑铭学和考古学引入了汉学研究之中。在这一部分，韩大伟介绍了碑铭学在西方文献学中的发展史。这对于中国学者来说是宝贵的材料，因为中国文献学界对于这一段历史是颇为陌生的。以碑铭学为例，我们读到了如下一串名单：波焦·布拉乔利尼（Poggio Bracciolini，1380—1459）、比奥多（Biondo，1392—1463）、布德（Budé，1468—1540）、伊拉斯谟（Erasmus，1466—1536）、葛鲁特（Gruter，1560—1627）、斯卡利格（Scaliger，1540—1609）等。这中间除了伊拉斯谟以外，对于其他人，我们都很陌生。当然他还讨论了中国的金石学，从欧阳修、赵明诚到顾炎武、阮元，都有介绍。但是，对考古学是如何影响了沙畹的汉学研究这个问题，韩大伟

[1] 这里想强调一句的是，文献学是一门技术性（而不是学理性）很强的学科，它的很多重要进展看上去更像技术上的know-how，讲出来之后似乎都是平淡无奇的。但是，两种know-how的发明之间却往往隔着几百年，是什么导致了这一结果？探讨这一问题大概是汉学史乃至古典学史（无论是中国的还是西方的）都不能回避的问题。

[2] 我们还想讨论另一个材料：日本学者泷川资言的《史记会注考证》。这本书汇集了各家注释。它和法国汉学有没有关系？是它影响了沙畹，还是法国汉学影响了它？还是两者属于平行发展的关系？似乎也值得探讨。

似乎没有给出明确的解说。碑铭学和考古学介入汉学中并占据了重要地位，产生了重要的影响。在这里我们关心的是这一影响与汉学史写作之间的关系。碑铭学和考古学都不折不扣地属于“专门之学”，不是专家的人很难弄懂，汉学史的研究者在绝大多数情况下也不可能是这方面的专家，那么汉学史研究者该如何处理这种具有高度专门性的问题呢？对这一问题加以思考将有利于我们界定汉学史的研究框架。

（2）伯希和（1878—1945）是汉学史上最著名的人物之一，韩大伟对他评价很高，把他比作汉学界的亚历山大大帝，并做了较详细的讨论[1]。韩大伟在本节前引用了一句法国社会学家涂尔干（Durkheim）的格言：“如果你要使自己的思想成熟起来，那么就请你全神贯注地研究一位大师的思想；仔细探究他的体系直至你掌握了他最隐秘的思想秘密。”[2] 也就是说，如果谁要想了解汉学的秘密，那么就请他来钻研伯希和的文献学研究。我们同意他的看法。从文献学角度看，伯希和是汉学史上最伟大的文献学家之一，汉学文献学在他这里几乎达到了顶峰。后代的汉学家当然仍然可以取得汉学文献学的新进展，但是，就文献学的方法论而言，到伯希和这里基本上就成形并稳定下来了。

对于伯希和，这里仅仅想评论两点。

一是伯希和的学术风格问题。伯希和没有写过一部专著，他的全部成果都是论文和注释翻译[3]。而且他的论文也都是翻译注释工作。这就涉及学术论文的文体（genre）问题。除了翻译以外，注释是中世纪学者最喜欢采用的学术文体。如果伯希和是一位中世纪学者，这自然不会引起异议，但他是出生于19世纪末主要生活于20世纪的人，因而就不免值得讨论[4]。韩大伟指出，在伯希和“笔记风格”的学术研究中，他经常提及一些会产生成果但迄今为止又被忽视了的、值得加以探讨的领域[5]。中国学者很熟悉这类学术性笔记的启发作用[6]。不过，韩大伟将这种学术

[1] 稿本，第110页。

[2] 稿本，第98页。

[3] 稿本，第112页。

[4] 文体学是现代西方文论中很重要的一个话题。在古典学领域里，中国关于钱锺书的研究中就一再涉及这一问题的讨论。钱锺书的著作《管锥编》《谈艺录》都是笔记体裁，这样的体裁能否表现现代人的学术关怀尤其是社会科学的关怀就成为争论中的焦点。

[5] 稿本，第112—113页。

[6] 这里想举一个与此有关联的中国例子。沈曾植写过《海日楼札丛》。葛兆光在《读书》上曾经评论过沈曾植《海日楼札丛》中的只言片语对于佛教史研究的启发意义，参见“世间原未有斯人”（《读书》，1995年9月），第66页。陈寅恪的不少著名观点也出现于序跋和书信之中。

风格称为 annotation and translation，并且将它和中世纪人文学者在注释经典时常用的笔记风格联系在一起。我们认为，这是很有启发意义的学术见解。在论述这一见解的时候，最让我们感兴趣的是，韩大伟对西方和中国的注释学传统都进行了讨论，而对于西方注释学传统的介绍是我国学术界的薄弱环节。韩大伟的著作可以帮助我们对另一种注释学传统有所了解。在介绍西方注释学史的时候，他的注意力集中在注释的文体上。这里涉及很多有趣的细节。例如，注释文字与原文之间的分合演变史。在希腊化时代，注释和原文是分离的；10 世纪开始出现行间注释及在原文中间插入的单独注释。印刷术的兴起导致了文本校勘的兴盛，通过印刷，校勘过的典籍实际上充当了标准版本的角色，它最大的作用在于使分散在各地的人文学者都能注意到同样的文本问题[1]。对于文本的高度关注就使人们将对经典学术的注意力从语法和修辞转向文本本身[2]。其后，印刷术流行之后，逐行注释的注释方式才成为占主导地位的学术文体（literary form）[3]。由于这种注释方式使得研究者不能躲避任何疑难，因而出现平均消耗研究者精力的局限性，有时还会影响作者创造力的发挥，故而又产生了选择部分段落进行注释的方式。这里似乎间接表达了作者对于伯希和的注释翻译学术文体的意见。因为伯希和的注释翻译既有如《马可·波罗游记注释》这样的穷尽无遗型注释翻译，又有挑出一些段落个别注释翻译的类型，后者所占比例更大，从中可以发现有学术意义的问题，并进一步提示未来的研究。中国学术史上最经典的案例要数《经典释文》和《读书杂志》。此外，韩大伟的著作还涉及了注释学上一个十分有趣的问题：原义与引申[4]。亚历山大学派重视字面含义，柏加蒙（Pergamum）学派重视“喻意”[5]。

作者对于中国的注释学史也进行了论述，其论述基本上依据的是韩德森（J. B.

[1] 换句话说，这就造就了公共的思想空间。

[2] 稿本，第 116 页。对于这句话的具体含义，我们还理解得不够。不过，对于对思想史有兴趣的学者来说，这句话几乎就在暗示我们，马丁·路德的宗教改革在某种意义上也与文献学有关联。因为路德的宗教主张就是摒弃中世纪天主教的烦琐解释而让每个教徒直接面对圣经文本本身。我们过去讲近代的文艺复兴与宗教改革时也往往将印刷术作为背景之一，但是，如果不深入到这种细节中去，我们想，就很难说我们对于这两者之间真实的历史联系真正有所理解。让我们高兴的是，在这些节点上，思想史与文献学以及广义的技术史、经济史都紧密地联系了起来。

[3] 稿本，第 116 页。

[4] 我们在这里直接使用了“引申”这一说法。毫无疑问，allegory 与“引申”会有差别。在西方比喻可以分成很多种，如 metaphor（隐喻）、metonymy（换喻）、synecdoche（提喻）和 simile（明喻）。在汉语中，比喻的方式亦有很多种。至于引申方式，亦有多种。

[5] 不妨说，前者与汉学类似，后者与宋学类似。

Henderson）的著作《经典、正典和注经》（*Scripture*，*Canon and Commentary*，1991）[1]。在这里，韩大伟引用了韩德森的观点。其中最令人感兴趣的是，中国的经学起源于《易经》的注释，而希腊的经学起源于对《荷马》的注释。因而理解前者的钥匙在占卜者，而理解后者的钥匙在诗人。在西方，吟诗者、智者派、语法学家、人文主义者和古典学家注经，而在中国有资格注经的人则是占卜者、圣人、贤人、汉学家（scholiast sinologist）[2]。对于经学这样庞大的学术综合体，可以想见，不难找到若干例证来反证其武断性[3]。但是，在比较经学这样的学科还没有发展起来的情况下，这样的二元对立无疑能够帮助我们将复杂的经学现象归类分档，从而为进一步的研究提供初始的基础。关于中国古代的注释形式，作者提到，西汉的注释与原文是分开单独流通的，东汉时代注释才开始插在经书文本的行间，早于西方大约800年[4]。作者对于清代的学术笔记也表现出了浓厚的兴趣，其中提到《日知录》、《潜邱札记》（阎若璩）、《十驾斋养新录》（钱大昕）、《读书杂志》（王念孙）等著作，认为它们类似于文艺复兴时期人文学者的miscellany（杂记）。其动机是发表个人见解，有时也用于进行个人攻击[5]。

二是伯希和的集大成性。汉学文献学的所有方法论原则在伯希和以前基本上都已经萌生，但是，前代汉学家由于种种原因在运用这些方法时总是考虑得不够周到，例如在进行对音研究时不注意语音的历史性，这就难免要犯错误，而伯希和则对造成这些错误的根源有比较明确的认识并尽量避免了这类错误。用韩大伟的原话来说就是“翻译—注释取径在伯希和手上才得以完善”。[6] 因此，对于我们来说，伯希和代表着汉学史的一个转折点。首先，在他以前，汉学文献学是不成熟的，因而汉学文献学的方法论原则在成长过程中不断被后起的学者修正，在伯希和

[1] 这是一本应该得到我国学术界关注但实际上并没有得到关注的、从比较经学角度来论述中国经学史的著作。关于这本书的内容，笔者曾经写过一个很不令人满意的简短提要，参见《国际汉学著作提要》，南昌：江西教育出版社，1996年，第381—382页。提要写于1994年，笔者当时对于这本书的认识是很不够的。

[2] 稿本，第119页。scholiast 原义为“批注者”，sinologist 在此处似可译为“学者”。两者合起来似可译为汉学家。

[3] 最容易让笔者想到的反例是，在春秋时期，占主导地位的经典不是《易经》而是《诗经》。关于孔子晚年学《易》的问题，在中国经学史上是始终有争议的。如果我们承认《论语》“五十以学易，可以无大过矣”这句话的可靠性，又该如何解释孔子早年以前、《诗经》占主导地位时代的经学呢？

[4] 稿本，第119页。稿本上使用了“print”一词，恐系误笔，东汉时代尚无印刷术。

[5] 稿本，第119页。

[6] 稿本，第122页。

之后，汉学的方法论原则似乎主要是完善性的补充。其次，还因为汉学文献学方法论原则的诞生往往还与时代的意识形态和思潮有着紧密的关系，毋宁说这些方法论原则的产生在一定程度上是西方自身的理论与学术关怀的产物。但是，在伯希和之后，这两个特征都在一定程度上消失了。非常有趣的是，韩大伟在论述伯希和的这一节的最后一个标题就是“文献学的边缘化”。不过，他似乎关注描述这一现象而不是给这一现象提供文献学角度的解释，他的目的似乎是参加到捍卫伯希和的活动之中，为伯希和辩护。这一点很明显地见诸他的表述方式之中。他引证了毕汉思（Hans Bielenstein）和福兰阁的论点以强调文本考据及考据性、注释性翻译活动的必要性，从引文中我们知道西方学术界对“注释传统”有过很不好的评价[1]。我们还知道，毕汉思还曾经做过“不负责任的结论”（unwarranted conclusion）：既然历史学家都具有从事文献工作的能力，那么像沙畹对《史记》的注释性翻译及德效骞（Homer H. Dubs）对《汉书》的翻译就代表了过时的方法[2]。

对于我们来说，有趣的问题不在于伯希和对于文献学的具体贡献，而在于伯希和所代表的文献学时代的结束。伯希和之后，汉学成为一门真正严肃的学问，它逐步超越于社会思潮和意识形态之上。它开始成为知识分子顽强抵制喧嚣不定的时代思潮的有力堡垒，在这一领域内，学者们把眼光投向大尺度的、永恒的事物，而不是朝发昔改的报刊评论式的实际议论。在伯希和之后，对汉学文献学的批评才真正地诞生。它针对的不是某个个人的学术是非，而是作为一门学科的汉学文献学对现实的相关性。

真正对文献学时代构成威胁的批评来自被韩大伟称为社会史家的那些学者们。这当中比较早而又比较激进的一位是白乐日（Étienne Balázs），他本人就是一位有成绩的文献学家。正如芮沃寿（Arthur Wright）所评论的那样：

尽管他（白乐日）称赞那些杰出的研究中国的法国学者（scholars of China，按，这一复杂的用法使得我们认为，芮沃寿是在回避 sinology 这个词）——葛兰言、伯希和、马伯乐，以及他的朋友戴密微，但是，他对传统汉学的许多方面都持激烈的批评态度。其中包括：全神贯注于古代和经典，缺乏对社会史和文化史基本问题

[1] 福兰阁的原话是：“不论我们可以怎么看待名声很坏的（much maligned）‘注释传统’说法，不可否认的是，在今天对中国基本典籍的注释性翻译绝不代表一种认识中国文明和历史的过时方法。”见稿本，第 122 页。

[2] 稿本，第 122 页。

的关怀，对钻牛角尖的强烈爱好，这些牛角尖有“对文献学琐碎细节的探讨，前往荒僻省份代价昂贵的旅行，为了未知人名和其他令人心旷神怡的古代职官的复原问题而争辩不休”。[1]

上述论点可以代表战后欧美对伯希和等汉学名家的批评，这实际上就代表了对汉学文献学的批评。这样的批评越来越多，而且在人身攻击上还有上升的趋势。更近的例子是对卜德（Derk Bodde）的批评和攻击[2]。据卜德论文集的编者说：“卜德学术研究中占据非常重要地位的考据研究，作为一种方法论来说，在近几十年来频频遭受攻击，被斥为琐碎，甚至被斥为过时。”[3]

（3）高第以编辑《汉学书目》(*Bibliotheca sinica*）而闻名。他可以说得上是个善于研究的汉学家。他本人在汉学方面的功力是很不够的。韩大伟引用了茨威科（Zoe Zwecker）的观点来说明高第的汉语水平不高[4]。但是，在这里我们要强调的是，高第有很精准的图书馆学眼光，一下子就抓住了目录学的根本要点，他的《汉学书目》在操作上难度并不高，但给学术界带来的效益却很高。在这里我们同时使用了“图书馆学”和“目录学”的说法，对此需要加以辩证和解说。目录学是中国古代小学的重要门类之一，而且历史悠久，可以称得上是中国文献学的骄傲。自从清代著名学者章学诚（1738—1801）区分了两种目录学之后，这一问题变得更加复杂。章学诚把目录学区分为“部次甲乙之学”与“辨章学术、考镜源流”之学。前者是图书编目之学，后者是学术史[5]。这种区分当然是正确的。章学诚贬低前者而提倡后者，从学术上讲，当然很深刻。但是，当学术进化到非个人之力所能全部把握、集体协作分工不可避免的时代时，图书馆这样的学术机构就能发挥出更大的作用。图书馆需要的正好是图书编目之学，它简单易做，但是它的学术质量稳定，持续性好，能一代一代地做下去，可以跨越代际而存在。它依靠的是集体的联系力，而不依靠个人的杰出才智。这样由每个环节看上去都是很容易的学术操作组合而成的“图书馆学”与依靠个别学者的超人才智去判断学术发展脉络的“目录学”之间

---

[1] 稿本，第 131 页。

[2] 对卜德的批评与攻击发生于卜德的《中国文明论文集》(*Essays on Chinese Civilization*，1981）出版之后。格拉夫林（Dennis Grafflin）对此书写了一个在笔者看来是人身攻击的、而不完全是学术批评的书评。见《亚洲研究期刊》(JAS）第 42 卷第 2 期，第 377—378 页。

[3] 《中国文明论文集》，普林斯顿：普林斯顿大学出版社，1981 年，第 14 页。

[4] 稿本，第 77 页。

[5] 侯外庐将章学诚的《校雠通义》直称为“学术史”，见《中国思想通史》第 5 卷，北京：人民出版社，1992 年，第 496 页。

就存在着某种张力和不协调。中国文献学界往往为章学诚的个人才智与学术上的魅力所震慑，在图书馆学与古典目录学的两难选择之中似乎表现得有点患得患失。在我们的印象里，在古典学术这个领域里，二次文献的编目似乎划归到了图书馆学，而一次文献的编目似乎又归属于古典学界。在今天的条件下，也许应该完成新层次上的综合。或许高第是完全依靠个人做成的，但是，高第的工作似乎并不需要十分精深的汉学修养，而更需要工夫和耐心。这最典型地表明了现代汉学的现代性（学术分工性）是它与古代汉学的不同之处。高第因为这一著作获得了儒莲奖，这是国际汉学界最有影响的奖励，这也表明国际汉学界对汉学特性的认识。没有高第的这些工作，很难想象沙畹他们能够迅速地进入学术前沿，吸取前人的经验，避免前人的不足。在汉学中，如何使得以一次文献为主的古典目录学与以二次（乃至三次）文献为主的图书馆学取得平衡，也是个十分有趣的课题。这对于我们总结分析汉学史是必不可少的。

高第的成绩其实也是来之不易的。在他之前，汉学在文献目录学上走过弯路。前面提到过雷慕沙试图以马端临的《文献通考·经籍考》作为汉学文献学的基础读本，这显然是失败的尝试。伟烈亚力实现了重要的突破，他的《中国文献笔记》（*Notes on Chinese Literature*）主要以《四库全书总目提要》为基础。但是，即便是伟烈亚力的著作，涉及的也仍然只是一次文献，对于研究来说，二次文献是必不可少的。认识到这一点，并投身于比考证语言文字更枯燥的二次文献目录学，这反映了高第的学术眼光和将汉学与现代学术从体制上结合起来的决心[1]。

（4）高本汉（1889—1978）是在中国学术界有重大影响的汉学家。尽管高本汉在很多方面都有杰出的成就，在这里我们只谈他的历史音韵学研究。他的历史音韵学成绩可以参阅两本书：《中国音韵学研究》（赵元任、罗常培、李方桂合译本1940年出版）和他晚年撰写的《中上古汉语音韵纲要》（聂鸿音中译本1987年出版）。他的历史音韵学在中国不只具有学术意义，还产生过思想性、思潮性的意义。胡适称赞他用科学的方法打倒了清代三百年的考据学[2]。不论我们是否同意胡适的

---

[1] 当然其中也包括一次文献的翻译，不过经典在经过翻译之后就其文献性质而言可以看作是二次文献。

[2] 胡适说："高本汉他有西洋的音韵学原理做工具，又很充分地运用方言的材料，用广东的方言做底子，用日本的汉音吴音做参证。"他用了几年的时间"便可以推倒顾炎武以来三百年的中国学者的纸上功夫"。以上材料转引自王汎森《什么可以成为历史证据》，见《新史学》第8卷第2期，1997年6月，第99页。

看法，但不得不承认高本汉在中国的巨大影响以及他对汉学历史音韵学的重要贡献。要认识高本汉的贡献，首先要明确认识历史音韵学对汉学文献学的重要性。从文献学技术角度讲，衡量汉学是否成熟的重要标志是对历史音韵学的认识水平。沙畹对音韵学还不精通，但他的学生马伯乐、伯希和对于汉学历史音韵学或者有直接的研究或者有方法论上的开创作用，其中贡献最大的要数高本汉。

在汉学文献学的诸种技术之中，最复杂的就是语音学。从汉学文献学的历史演进过程来看，它成熟得最晚。夏德（Friedrich Hirth，1845—1927）、高延（J.J.M.de Groot，1854—1921）等人都是很有才华的汉学家，在很多方面都做了开创性的探讨，但是因为他们对汉学历史音韵学没有深入的研究，因而就影响了他们的学术水准[1]。为了更好地认识西方汉学历史音韵学的发展，我们想引入一个新的学术坐标系：清代的汉语历史音韵学的历史发展[2]。在中国传统文献学的各个门类，文字学、音韵学、训诂学、版本学、校雠学、目录学当中，历史音韵学是发展最晚的。虽然中国有悠久的语音学研究历史，但一般把陈第（1541—1617）的《毛诗古音考》作为历史音韵学诞生的标志。中间经历了顾炎武的《音学五书》、江永的《古韵标准》、戴震的《声类表》、段玉裁的《六书音均表》、江有诰的《江氏音学十书》，以及钱大昕的音韵研究（尤其是声母研究），历史音韵学日趋成熟。清代学术发展最有力的基础之一就是历史音韵学。早在17世纪，顾炎武就主张："读九经自考文始，考文自知音始。"到18世纪晚期，段玉裁则明确表示："古人之制字，有义而后有音，有音而后有形；学者之考字，因形以得其音，因音以得其义。……治经莫重乎得义，得义莫切乎得音。"[3] 如果说顾炎武只是从读书方法（其实就是读书的修养工夫论）来认识历史音韵学的意义，那么段玉裁则是从文字的起源论（实际上就是经书的历史—宇宙起源论）来认识历史音韵学的意义。清代学术史上的许多重要问题的解决都与历史音韵学有着紧密的联系。历史音韵学绝不只是一个纯技术性的问题。它与当时中国知识分子的精神信仰有紧密的关联。这里我们举一个例子。对历史音韵学有着历史—宇宙论信仰的段玉裁在晚年写信给江有诰时一直念念不忘之脂支三部的古音分别何在的问题，他说："足下能知其所以分为三乎？仆老耄，倘

---

[1] 稿本，第3页。

[2] 我们在这里引入两个词"汉语历史音韵学"与"汉学历史音韵学"，权且区分清代学者的研究和国外汉学家的研究。

[3] 《〈广雅疏证〉序》。

得闻而死，岂非大幸！”[1]历史音韵学在中国曾经产生过巨大的精神冲击波，在中国近代学术史上仍然影响过一代学者对西方汉学的接受取向。这里我们想以陈寅恪为例加以说明。陈寅恪早年留学外国时，最佩服的就是汉学历史音韵学研究。西方东方学中的历史音韵学通过多种语言文字之间的对音能够揭示历史上许多隐秘的民族—文化踪迹，这让陈寅恪倾心不已。他曾经说过：“我近学藏文甚有兴趣，因藏文与中文，系同一系文字，如梵文之与希腊拉丁及英俄德法等之同属一系。……如以西洋语言科学之法，为中藏文比较之学，则成效当较乾嘉诸老，更上一层。”[2]历史比较语言学在18世纪末和19世纪的西方也曾经产生过巨大的冲击力，其影响可以说几乎涉及人文学术的所有分支。现代西方以共时性为主的语言学研究就是把以历时性为主的历史比较语言学作为自己的对立面或他我，并通过克服这一他我而确立了自己的位置。这一过程也是从19世纪末开始的，其历史影响绝不只限于语言学界。但是在19世纪末到20世纪初的西方语言学乃至整个人文学科的话语之中，汉学的历史音韵学又处于什么地位，发挥了什么作用呢？[3]因此，同样一种文献学技术，在不同的国度、不同的时代都会产生出它具有自身特色的历史演化形态，而这些似乎也应当是我们研究汉学文献学时应当加以注意的。因此，我们似乎又可以发现如下值得关注的问题：历史音韵学在西方的兴起过程、它在西方的兴起过程与在中国本土的兴起过程的比较、历史音韵学对于中国和西方所具有的历史意义的比较等。

书稿的第四部分讨论了英国汉学家理雅各（James Legge）和威利（Arthur Waley）。这两位学者都是以翻译著称的。前者以翻译中国儒家经典著称，后者以翻译中国文学和《论语》《道德经》著称。我们关心的正是他们的翻译活动与文献学的关系。由于中国本土自身的文献学传统极其强盛，梵文、巴利文的佛典翻译传统在中国并没有延续下来，因而中国的文献学即便从最广义的角度看也是不包括翻

[1] 余英时首先注意到了这个例子。见“清代思想史的一个新解释”，收入《内在超越之路》（北京：中国广播电视出版社，1992年），第503页。

[2] 转引自汪荣祖《史家陈寅恪传》（1984），第53页。从今日的学术来看，陈寅恪的这些论述也是存在可商榷之处的，例如，所谓“汉藏语系”概念就是将西方历史比较语言学中的印欧语系概念向亚洲地区推广的结果，其分类似乎有些勉强。不过，这里只是运用这条材料来反映历史比较语言学对中国近代学术的影响。

[3] 基本上可以断定，历史比较语言学在20世纪的西方显然不再是新的潮流，也许它们恰好是学术保守的象征，考虑到这一点，对这样一场中西学术交流的评价与描述似乎又要增加一些复杂的内容。尽管学术上更关心的是对错而不是新旧，但若涉及学术背后的话语，这个问题显然不是无意义的。

译问题的。如果我们要把国际汉学也作为一种研究中国典籍的文献学传统容纳到广义的文献学传统之中，那么，我们似乎就不能不将翻译纳入文献学的概念之中。翻译理论中最有趣的问题之一是诗的可翻译性问题。通常认为，诗是不可翻译的，但那是在严格等值原则的标准下得出的结论。现代西方哲学中，对于可译性的怀疑已上升到哲学的层次。美国哲学家奎因（Willard Quine）有一个著名的翻译不可能命题。在这一命题里，连普通的陈述命题也是不可翻译的。我们当然不同意这一看法。详细地讨论将涉及许多其他问题，我们在这里只是简单地给出我们的看法。

第一是翻译的必须性。翻译是必须的，这一点是文字的本性决定的[1]。严格说来，不存在脱离语言文字而独立存在的所谓"原义"，这是文献学的基本前提之一[2]。所谓"原义"都是与语言文字的具体形态紧密相关的。"原义"约相当于康德的"物自体"。"原义"，亦近于禅宗的"第一义"，但是，正如禅宗理论所说的那样，"我向你道是第二义"[3]。如果存在所谓的"第一义"，这样的"第一义"也与人类文明无关。如果我们把陈述命题的严格等值翻译看成"第一义"的转述，这样的转述在我们讨论的文史领域内是不存在的。没有完全不具备诗学特性的经典。

第二是翻译与诗学的关系。关于这一点，在讨论威利的那一节，韩大伟对翻译的诗学特性予以了肯定。他的标题就是"威利：作为诗人的文献学家"。在正文前面，他引述了两位学者的议论。一段是20世纪的美国著名汉学家肯尼迪（Kennedy）的。"只有在罕见的情况下，文献学家才能身兼诗人，或者是诗人身兼文献学家。文献学家关注的是从外国语言中发掘出表述，而诗人关注的却是在

---

[1] 这里讨论的都是文字的翻译，而不是口头语言的翻译。以实用为目的的商业与谈判翻译的可能性是另一个问题。

[2] 至于它能否成为语言学（linguistics）的基本前提，由于当代语言学哲学的极度复杂格局，我们还没有思考清楚这个问题。语言学原先附属于文献学之中，但是在20世纪语言学早已由附庸变为显学。目前，在《大英百科全书》中，文献学只是作为语言学的一个历史发展阶段而加以讨论的。我国著名语言学家（文献学家、语文学家？）王力也将文献学纳入语言学之中。参见王力《中国语言学史》。王力的学生何九盈也著有《中国古代语言学史》(1984)。但这个问题并非没有争议。一些学者的立场就稍有不同。胡奇光著有《中国小学史》(1986)，不取语言学史的说法。陈高春编有《中国语文学家辞典》(1986)，周大璞为之作序。近年来，李开著《戴震语文学研究》，不叫"语言学研究"。在韩大伟的书稿中，我们发现，著名美国汉学家沙弗也持有类似的观点。他说："我是一位文献学家……我宁愿被人看作一位不成功的文献学家，也不愿意被人冠以不知所云的历史学家或者是自以为是的语言学家一类的头衔。"见稿本，第440页。另一位英国古典学家劳埃德－琼斯（Hugh Lloyd-Jones）也埋怨英国人错误地理解了文献学这个词。他认为，语言学其实只是文献学的一个部分。见稿本，第446页。

[3] 《五灯会元·卷十·法眼·清凉文益禅师》。

自己的语言中完善其表述。成功的结合方式就是将这两者结合起来。”另一段是19世纪曾从文献学角度对尼采进行过严厉驳斥的欧洲著名文献学家维拉莫维茨（Wilamowitz）的，他写过一篇很有影响的文章《什么是翻译？》。下面的论述取自这篇文章：“单靠瞬间的灵感是不够的；它必须由大脑长时间的思想活动来加以补充，假如我们想产生多少有益的东西的话，那么，这就不再是靠文献学，也不再是靠我们的技艺。在这种情况下，我们若没有文献学就将一事无成，但仅有它是不够的……尽管学术是必须的，但是，甚至于对于理解文本来说，也并不是有它就行，于是，翻译也是某种类似于写诗的活动，缪斯的帮助是极其必要的。”[1]

在威利身上，法国汉学与英国汉学在翻译问题上的差别表现得格外明显。总的说来，英国汉学没有得到法国那样多的体制性支持，这一影响表现在两国汉学翻译对象的差别上。法国学者可以从容不迫地沉浸在经典和重要典籍之中，而英国学者却往往要考虑翻译作品的销路问题。不知道由于什么原因，威利拒绝担任体制性职位，这大概也是他选择文学作为他的翻译对象的原因之一。他在翻译中极其重视可读性。美国汉学家沙弗曾经对学术性翻译提出过三条标准：（1）考虑作者所用词汇中的微妙含义，（2）词法（词态）学（morphology），（3）语言中的句法（syntax）。韩大伟认为，威利的那些成熟的翻译作品基本上都符合这三项要求，没有损害原作的风格和趣味[2]。人们也会发现威利为了保持风格而牺牲字面的精确性，他往往会努力迎合读者的趣味和期望而不是原作者的原始构造[3]。讨论到文学翻译，人们就不得不想起另一位很有争议的著名文学家庞德（Ezra Pound）。有趣的是，这两位都译过《诗经》。庞德的翻译对20世纪的西方文学曾经产生过较大的影响，但从翻译的标准来看，是很值得商榷的[4]。从事比较文学研究的学者欧阳桢（Eugene Eoyang）对威利的评价也比庞德要高[5]。不过总的说来，如何将当前在文学研究领域很活跃的翻译理论引入汉学史写作的领域，仍是个有待进一步探讨的问题。

---

[1] 两段均见稿本，第312页。

[2] 稿本，第330—331页。

[3] 稿本，第336页。

[4] 张隆溪评论说：“费诺罗萨对于庞德及其诗论的影响的确是众所周知的；但是在那些通晓中文因而能判别是非的人中间，费诺罗萨在汉学方面更多地是以误人子弟的影响而出名。在这种影响之下，庞德对中国文字的理解是众所周知地不可靠且又异想天开的。”见《“道”与“逻各斯”》，《文化：中国与世界》第二辑（北京：生活·读书·新知三联书店，1987年），第154页。

[5] 稿本，第335页。

四

我们在上文通过对汉学史的具体学术现象的分析考察了它所具有的文献学意义。现在我们总结一下，对于汉学史写作来说，我们的文献学将会包括哪些内容。当然这仅仅是一种主观设想，供关心汉学史写作的人参考而已。

汉学文献学包括如下内容：通论、翻译论、注释论、工具论、专题研究。

所谓通论是指讨论文献学的总体性的重要问题。在这当中，如下问题是特别值得注意的：文献学与语言学的关系、中西方文献学的可比性、文献学与意识形态的关系、文献学中传统语法学与修辞学之间的关系等。

翻译论是讨论文献的翻译问题，在这里我们要特别强调翻译在文献学中为人所忽视的重要性。对于国外汉学家来说，这是个必然存在的问题，因为中文文献都必须通过翻译才能理解，就像初学外语的人在理解外文时总是在心中翻译然后才理解一样。由于文献学研究的通常都是大家不熟悉的文献，因而即便对于专业人员翻译也不是可有可无的。毋宁说，翻译中的不通顺或其他类型的疑问常常是专业研究人员发现问题和课题的第一道程序。通常所说的翻译论针对的是两种语言之间的翻译，其实这只是翻译的最典型的形态。在广义的文献学当中，翻译不仅仅是一种实用的职业工具，它实际上可以看成是“理解”（诠释学中的 verstehen）的最为典型的形态之一。在目前对于诠释学的讨论之中，“理解”通常都被解释得很玄乎，使得“理解”成为躲避公共学术批评的相对主义的避风港。以翻译作为“理解”的最典型形态恰好可以避开这样的学术死角。在翻译中，还有另一类不那么典型但是更具有思想意义的类型，它是在同一种语言文字之间进行的。最典型者有古汉语文献的白话翻译，另外的例子还有莎士比亚文学著作的现代英语“译本”等。如果用这种眼光看待翻译，那么翻译就同时涉及了文化批评中的两大块内容：古今和中外。在现有的学术中，这两类内容分属翻译（中外）和训诂（古今）。翻译理论中有“信、达、雅”标准，其中“达”和“雅”都和“通顺”有关。由于这方面的研究成果已经很多，这里暂且不论。值得一论的是训诂问题。训诂的目的是解释词义（或词组义、句义），其中必定要涉及“信”（姑且借用翻译理论中的术语）的问题。但是，中国著名语言学家黄侃对于训诂却给出过这样一个著名的界定：“诂者，故也，即本来之谓；训者，顺也，即引申之谓。若以此地之语释彼地之语，或以今时之语释昔时之语，虽属训诂之所有事，而非构成之原理，真正之训诂学，即以语言解释语言，初无时地之限域也。”[1] 这段话有三点意义：（1）信（诂者，故也，即本来之谓）；（2）达与雅（训者，顺也，即引申之谓）；（3）训诂活动是以语言解释语言的活动，并不仅仅局限于古今及不同地域的沟通[2]。这说明训诂是人类存在的本始状态，它就是人类之作为“此在”（Dasein，又译作“亲在”“纯在”）而存在的基本特征。如果将现有的翻译理论和中国传统的训诂学结合起来，并获得一种贯通的理论性解释，合成一个广义的翻译理论，将会使我们能够以更为宽阔的视角和更深入的穿透力来考察汉学研究和汉学活动的不少问题。

如果我们承认翻译为人生存在之所必需，那么似乎就可以将上文已经讨论过的命题即“根本就不存在第二义”结合起来一起研究。如果第一义根本就不存在的话，那么一切语文学的学术活动本质上都是一种翻译活动。如果我们同意美国著名汉学家肯尼迪的下述观点：“文献学家关注的是从外国语言中发掘出表述，而诗人关注的却是在自己的语言中完善其表述。成功的结合方式就是将这两者结合起来。”那么，文献学家的工作本质上都是在和外语打交道，哪怕他是在解释自己的“母语”。[3] 只有诗人才是和自己的语言打交道，这仅仅是因为诗的语言是本真的语言。这与具体说什么语种并没有本质联系，例如，一位中国学者可以在歌德和里尔克的诗中，外国人也可以在《诗经》（如庞德）、唐诗［如音乐家马勒（Gustav Mahler）］中与“自己的语言”建立本真的联系。

注释学是讨论注释的形式，如经传的分合、注释的文体等。中国传统的经学很注意对注释形态变化的研究，但是在近代以来的学术中对这类形式性的内容很不注意。当代西方文论中很重视文体的研究，完全可以和中国古代经学的研究进行有益的对话，以丰富完善注释学的内容。

工具论讨论的是文献学的技术问题，在中国古代大体上分为六个部分：文字、音韵、训诂、版本、校勘、目录。前三部分后来又被称为“小学”。关于这三个部分的相互关系历来就有很多争论。比如说训诂学能否和文字、音韵之学并列就是一个问题。至于后三者，目录学地位较高，校勘学似乎直到清代才拥有较高的地位，出了一批以校勘而著名的专家，顾广圻即为其中的代表。至于版本之学，一直被看

[1] 转引自陆宗达、王宁著《训诂方法论》（北京：中国社会科学出版社，1983年），第3页。

[2] 黄侃似乎还没有考虑到外语的问题，他考虑的是方言的问题。不过，经过适当的补充与限定，可以将方言与外语的问题都纳入到同一个理论框架中加以考虑。

[3] 严格来讲，“母语”是一个含混的字眼。古汉语、拉丁文之所以能够被称作学者的“母语”，乃是因为在文化上建立起来的联系，这与生存环境直接赋予的母语是不同的。

成高雅的业余兴趣，学者兼治之无伤大雅，但专治则有失身份。专治版本的人大概只有书商，专门以版本而著名的学者大概到晚清以后才开始产生。至于西方文献学中的“小学”概念如何界定，其存在形态和历史演变，因为所知甚少，无法讨论。韩大伟此书的重要优点之一就是能够促进中西方文献学的对话。只有在中西方文献学进行对比的基础上，才有可能对中国传统文献学的工具之学做出较为全面的论述。汉学正是中国文献学和西方文献学相互激励和对话的产物，如果我们的汉学史能够把这一激励和对话的内在故事讲述出来，对于文化交流的研究必定是重要的贡献。

最后一个内容是专题研究。汉学研究领域主要包括两种汉学，一个是中国在清代产生的以文献学为特色的汉学，另一个就是西方汉学[1]。如果以沙畹、伯希和时代的法国汉学为西方汉学的代表，那么，西方汉学的确可以看作与考据学是大体一致的。汉学在伯希和等学者推动下的确又向前跨进了一步。无论是乾嘉汉学还是伯希和时代的法国汉学，汉学都以其专门性而使得这门学术成为专家之学。这一专门性给汉学史的写作带来了困难。除非我们等待着某一天有一位既精通中西方文献学，同时又受过历史学及汉学专门训练的具有理论思维头脑的学者来从事汉学史写作，否则真正从文献学角度进行思考的汉学史著作就无从诞生。在现今时代和现有条件下，提出这样的要求无异于取消汉学史的写作希望。我们似乎可以提出这样的方案，大家应该努力合作产生广义文献学，由专家对某些专题进行介绍，从而使得汉学史研究人员对有关专门之学获得较低限度的了解。对汉学史的理解就以这样的公共知识作为默认的知识和技能背景。这类专门之学有金石学、考古学等，另外，文字学和音韵学之类的“小学”似乎也有同样的问题。解决的希望似乎应该放在学术体制上，也就是说，应该从体制上刺激专门学科与其他学科的交流。

我们想以探讨汉学史可能会对文化交流做出哪些贡献结束本文。德国学者卜松山（Karl-Heinz Pohl）曾经站在国外汉学家的角度对此发表过议论。他认为，21世纪的新学术范式将会是跨文化对话（intercultural dialogue）。鉴于这一发展趋势，汉学将被赋予重要的任务。这是由于国外的汉学家了解中国文化并熟谙欧洲人文思想传统，西方汉学将扮演文化之间的“翻译者”，来沟通中国和西方这两个世界。他还

[1] 当然还有日本的汉学。但日本汉学的内涵很特殊，它指的是宋明理学类型的学术。它还指继承了德川以来在道德上采取严肃主义的儒家思想的人，他们往往特别注重研究哲学著作也就是宋明理学著作。参见国际历史学会议日本国内委员会编《战后日本研究中国历史动态》（东北师大历史系中国古代史研究室译，西安：三秦出版社，1988年），第397页。日本的汉学与这里所说的汉学有较大差距，故暂时不列入讨论，如果非要讨论的话，应当讨论日本的“支那学”，即考证学。

强调，沟通不再是用西方的眼睛看中国，以西方的方法整理中国的材料；沟通也不再是单纯的“输出”“输入”，而更多的是共同创造[1]。这一观点是很有启发意义的。在这里，我们想在这个结论基础上做进一步的推论，尽管历史上以文献学为核心的汉学也难免有为殖民主义意识形态服务一类的问题，但是其主流的效果应该是起到了促进文化交流和文化对话的作用。近代中国著名学者如王国维、陈寅恪与当时东方学的学术交流取得了积极的成绩，将文献学和它的“对头”哲学做一番对比，将是十分有趣的。总的说来，西方近代哲学以追求普遍性为其职责，但是西方近代哲学在世界各地被接受的程度是不高的。换句话说，哲学恰好并不内在地具备普遍性，在某些地区，哲学是作为意识形态的搭配品强行推销的。德里达对于这种普遍性哲学自称的普遍性做了无情的揭露。可是从总体上来讲，文献学——尤其是其中的语言学——就恰好相反，最初只是以探究亚利安语族源头这样一个十分特殊的学术为目标的历史比较语言学（其实也是普世语言学）比较容易地得到了接受。以中国为例，马建忠的《马氏文通》在中国的接受就很顺利，伯希和、高本汉的学术成果也十分容易地获得了我国学者和日本学者的认同，其他研究，包括西方语言学者的梵文研究及其他古代文字的释读，似乎也未听说过遭到古老文明所在国学者的顽强抵制。也许这与语言学研究中的比较多元化的开放的文化视野有关。汉学文献学史上发生了中国、西方和日本学者的互相激励和对话，无论如何对于我们都是一个值得研究的课题。

最后，还应该说明一点，本文对韩大伟的书稿进行评述的注目点在于讨论汉学史写作中的某些方法论原则，以及中国本土学术对于国际汉学史的写作应该起到什么样的积极参与作用。因而，本文只是选取了韩大伟内容丰富的书稿的一小部分进行讨论，以免主题过于分散。对于本书第三部分“德国汉学”和第四部分“美国汉学”都没有讨论。值得指出的是，韩大伟对于美国汉学有精深的研究，本文没有对之进行讨论，实属遗憾。不过，我们征引的肯尼迪的言论，虽然只是片言只语，已经可以帮助我们约略领会美国汉学文献学的风采了。

程钢，清华大学历史系副教授，主要研究方向是中国思想史（明清部分）、国际汉学（中国思想史）、大学人文教育等。

---

[1] 《以美学为例反思西方在中国的影响》，（清华大学）“20 世纪国际汉学及其对中国的影响国际研讨会”发言提纲，1997 年 1 月。

“汉学”还是“汉印学”？
——探寻一个包罗万象的科学阐释

〔印〕墨普德

虽然“汉学”一词起源于西方，中国的国学家可不能忘记中国是印度文化概念的最大受惠国这一事实。中国文化早由印度美术主题和乐旨修饰一新。这可以参看季羡林和金克木关于印度文化对中国影响的论述，他们没有丝毫的“华夏中心”意识。通过西方的万花筒观看中国传统文化以及最近中国某些学者试图否认或湮没印度对中华文化影响的做法，实为荒谬绝伦。不可否认的是，发源于印度肥沃平原的故事丰富了中国的民间故事集。中国脚踏实地的农民社会一直没有恣意从事任何哲学精神追求或讲故事的时间，难道我们可以否认这一事实吗？绝对不能忘却的是：印度的史诗也丰富了中国汉族以外各民族的民间文学。汉学家不能将这一切从汉学或中国学的范围内排除出去。

另一方面，中国古人启动的科技发明通过生产资料带来物质上的富裕。因此，中国人的整个物质文明和精神文明不能被称为纯粹的“汉学”，而应当被称为“中印学”或“汉印学”（Sindology or Sin-Indology），它是中国和印度的融合。从这种协同作用的道理演变出对汉学或者更具体的“汉印学”问题的一个科学性的新视角，其目标为进一步探索中华民族精神层面的问题。中国的社会等级、优先考虑事项、权威等微妙地反映于汉字。汉字毫无疑问在很大程度上反映出原始人的世界观。在汉学研究中，狭隘地理解中国语文亦是荒谬的。横穿喜马拉雅山脉，南北两国文化间虽有差异，但我们会时常目睹两国人民世界观的汇合。这种共有的视角也有容纳于“汉学”实体的潜力。数学公式可使用于推断中国人的某些思维方式。

汉学不可能涉及像时事或经济问题那样过渡性质的研究课题，因为这些问题在性质上是全球性的，而不是中国独有的。中国传统文化的当代阐释不能忽视来自其他文化的合成元素，尤其是曾经促进了汉学全面发展的周边东方文化。

就汉学与中华传统文化的当代阐释而言，我想坦率地说几句话。第一，把汉学看作难以改变的坚如磐石的学术系统是一种误导。中国对外交往的开端在于中印文化交流，那是跨文化交际的第一阶段，是不持出境、入境签证而随时赴他乡的真正的全球化时代。发源于印度肥沃平原的史诗、神话故事不仅很自然地丰富了中国汉民族的故事集，而且也丰富了中国少数民族的民间文学。这样，汉学本身就是个跨学科的混合学术课题。国学家没法忽略古印度文化对中国的影响。因此我提议，要创建一门全新的学科——“汉印学”。这将是一门涉及中印世界观离合的学术领域，是个交叉学科。第二，有些学者对汉学研究有广义和狭义之分，把语言文字列入狭义。但说实在的，没有汉语、汉字和中国历史，哪儿能有汉学？其实，汉学离不开语言、文字、历史。缺乏读懂汉字能力的所谓汉学家，只能用非汉文的参考资料下结论。这种人自称中国通，却全靠第二手资料写论文，其理解是非常表面化的。第三，对译出语（source language）和目标语（target language）都能熟练掌握的人才能够真诚地、公正地对待翻译事业。但还有个问题，翻译诗歌的人必须自己就是个诗人，否则翻译过来的作品缺乏诗魂，读起来没有任何味道。第四，中印两国的不少人缺乏民族意识，对历史知之甚少，传统文化的传承已出现断裂。两国人民对彼此间的文化关系和文化遗产的继承都一无所知。这种局面对汉学的全面发展有减缓的作用。目前在不少情况下，中国各个部门没有经过仔细审查而光靠个人的关系，聘请不同的人士来当不同组织的顾问，这种局面也不利于汉学事业的发展。

早于1931年，在印度诗翁泰戈尔建立的国际大学，著名的印度汉学家、史学家及泰戈尔学泰斗墨晓光（1892—1985）曾写成《印度文学在中国与远东的传播》一书。书中谈到了佛教文学在中国历代传播的情景。新中国成立后，中国著名东方学家季羡林（1911—2009）在其《中印文化关系史论文集》一书里写道：“印度人民首先创造，然后宗教家，其中包括佛教和尚，就来借用，借到佛经里面去，随着佛经的传入而传入中国，中国的文人学士感到有趣，就来加以剽窃，写到自己的书中，有的也用来宣扬佛教的因果报应，劝人信佛；个别的故事甚至流行于中国民间。”[1] 另外一本书叫《印度文化论集》，是金克木（1912—2000）发表的关于印度文

[1] 季羡林：《中印文化关系史论文集》，北京：生活·读书·新知三联书店，1982年，第125页。

化的一些论文的结集。他在书中说："由印度之古可以有助于了解印度之今，由了解印度也可以有助于了解我们的祖国。"[1]

谈到中印两国分享的文化遗产，我们首先可以从盘古开天辟地的故事开始。流行于华南的故事认为盘古是从一只巨卵中出现的。这个巨卵发源于印度的"梵卵"，即 Brahmaṇḍa。印度神话中，Purusha 是阳性，而 Prakṛti 是阴性。梵语中，Prakṛti 一词也有大自然、自然界、天性的意思。盘古死了以后，他的身体各个部位就变成了世界自然万物。

众所周知，中国少数民族地区，尤其是中越边境地带，有供奉女娲和生殖器崇拜的习俗。在汉墓神画中伏羲与女娲本来就是两大巨蛇缠绕在一起的形象[2]。画面中他们两位均为人首蛇身。印度的卡纳塔克邦的名为哈雷毗特的小镇有一座古老的印度教寺庙，庙里同样有人首蛇身的雕塑，是二蛇尾各自后卷的形象。这里要指出，印度巨蛇的神话人物后来在中国、日本、韩国、越南就变为了龙。像中国的女阴崇拜习俗一样，印度也有男阴崇拜的习俗，将湿婆神的生殖器当成崇拜的对象。中国汉字中的"祖"字便描述了其事实。"示"＋"且"便反映出这古老的习俗。这里我想顺便指出，崇拜蛇是世界上最古老的习俗。"蛇"字中就包含着这个意思。

谈到中国蚕丝输入印度的过程，季羡林指出，根据公元前 4 世纪时印度名为《治国安邦书》的古籍，中国丝绸早已输入印度。季老说，吠陀时代以后印度人民知道蚕丝。他还说，从梵文"丝"字里可以看出，古代印度人民对蚕丝的认识比古代希腊人和罗马人更早、更高明。梵文里有许多词都有"丝"的意思。这些词都是复合词，组成部分都有 kiṭa 或 kṛmi，意思是"虫子"，kiṭaja 和 kṛmija 意思就是"虫子生"。此外还有 kauśeya，是从 kośa 一词演变来的，kośa 的意思是"茧"，茧产生的东西就叫作 kauśeya。古代印度人知道丝是虫子吐的，知道丝是茧抽成的。[3]

唐代义净于公元 671—695 年去印度求经。义净编写的名为《梵语千字文》一书里，除了"丝"字外，还有绢、绫、锦、绣等字。足见中国的丝织品早就传布到印度和东南亚各国了。[4] 印度人特别欣赏来自今之四川的蜀锦，是彩色花纹的丝织

[1] 金克木：《印度文化论集·自序》，北京：中国社会科学出版社，1983 年，第 3 页。

[2] 李立：《汉墓神画研究——神话与神话艺术精神的考察与分析》，上海：上海古籍出版社，2004 年，第 13 页。

[3] 季羡林：《中印文化关系史论文集》，第 76—77 页。

[4] 陈炎：《南海"丝绸之路"初探》，收入北京大学东方语言文学系编《东方研究论文集》，北京：北京大学出版社，1983 年，第 33—35 页。

品。中国西南部与印度北部、东北部都有繁盛的边境贸易往来。丝织品中绣有弥勒佛像、观世音像等。可见，传布宗教和传布丝绸就有了必然的联系。印度人的词汇中“锦”字就有“中国”之意。印度人把中国称为“锦”；从此，“锦”字在世界各国得到推广，如 China、Chine 等词。

只有俄语是例外的，俄罗斯很可能在辽朝（907—1125）时与中国开始交往，那时契丹人以辽朝的名义统治着中国北部一带。因此，俄罗斯人将中国称为 Китай（Kitay），是直接将“契丹”一词指代中国。

在《一张有关印度制糖法传入中国的〈敦煌残卷〉》一文中，[1] 季羡林指出，是印度最先发现甘蔗汁如何制造 guṛh，即糖或赤砂糖。这种糖在梵语里被称为 śarkarā，汉语中的石蜜就是从此而来的。中国唐代时，印度制糖法传入中国，因此，“糖”字带有唐朝之名。中国人炼糖炼成白砂糖，又把它送到印度。印度人这一回不知道那是他们本土的食物，因此把它叫作 Chini（意思是“中国的”）。同样，印度的赤砂糖到了埃及就变成糖果，再回到印度时，被叫作 Misari（意思是“埃及的”）。不过欧美国家的“糖”字都来自梵语的 śarkarā，比如英文的 sugar、法语的 sucre、德语的 zucker、俄语的 caxap、西班牙语的 azúcar 等。英文的 candy 来自梵文的 khaṇda，即“石蜜”。

印度的《五卷书》早已闻名于世。人们较熟悉的拉·封丹的《寓言》、格林兄弟的童话里都可以找到印度故事。季羡林正确地指出：在亚洲、非洲和欧洲许多国家的口头流传的民间故事里，有从《五卷书》中借来的故事。[2] 不仅在中国民间文学中，而且在中国的汉字中也会找到《五卷书》的影响。比如，我们都知道兔子和乌龟赛跑的故事。赛跑的终点线有丝带。比赛中乌龟战胜了自满的兔子。兔子来得晚，因此中文有了“毚”字。分析汉字时，我们会发现字中上下位置标志胜败之意，指出哪一方占优势。在这里乌龟战胜了兔子，因此龟在上，兔在下，中间的“比”就有“比赛”的意思。

谈到汉字中的上下位置，我们可看到中国古人如何认识“人体”。“體”字不仅有脊椎骨，而且有“曲”字——代表精神文明，其下有“豆”字——代表物质文明，表示上头的脑子需要音乐，下面的肚子需要食物。在古人的眼里，精神的位置比物

---

[1] 季羡林：《一张有关印度制糖法传入中国的〈敦煌残卷〉》，《东方研究论文集》，第 1—17 页。

[2] 季羡林：《中印文化关系史论文集》，第 417 页。

质高，因此“曲”在上，“豆”在下。

中国的寓言、神话中都会找到月亮里面有一只兔子的说法。季羡林指出，这种说法来自印度。从公元前一千多年的《梨俱吠陀》起，印度人就相信，月亮里面有兔子，梵文的词汇就可以透露其中的消息。[1]月亮的梵文词都有 śaśa（兔子）这个词作为组成部分，譬如 śaśadhara 和 śaśabhṛt，意思是“带着兔子的”；śaśalakṣana 的意思是“有兔子的影像的”。

印度教所信奉的诸神当中有位女神叫“难尽母”，她的化身是 Kālī。Kālī 的脖子上挂着一串头颅，她代表时间的流逝。Kālī 一词中的 Kāl 有“时间”的意思，而 Kālī一词有“时母”的意思。Kālī 的男配偶是 Mahākāla，即大时天。中国南朝梁代的《述异记》中可看到鬼母的故事。据说，鬼母每天早晨生出十只鬼，到了晚上她就吞下自己的孩子。从故事的情节来看，她的孩子好像是太阳或者是时间的流逝。谈到这一课题时，我们能够想起“羿射九日”的故事中十个太阳及三足乌鸦。值得注意的是：鬼和晷是同音词。“晷”字有相关的三种意思：日影、时间与日规。“時”字本来包括“日”与“寺”，意思是日规与日晷完全相同。

中印文化关系史上有郑和下西洋的历史事实。不过对“海上丝绸之路”和印度南方语言与汉语的亲属关系有了解的人实在不多。1405—1433 年郑和七次航海时，每次都到过印度南方的喀拉拉地区。当地的马拉雅兰语有不少与汉语非常相似的词语，譬如，两种语言里都有“你”，“您”是 ningal，“姐姐”是 chechi，喀拉拉邦的回民把“一点儿”说成 ittiri。“墨水”是梵语中的 masi，“哥哥”很可能来自阿拉伯语的 kaka，转变为马拉雅兰语的 ikka。除了这些例子之外，孟加拉语、泰米尔语中也有不少带有 cheena 的前缀，说明那些事物曾从中国引进到印度各地。譬如，孟加拉语中有“中国花生”“中国陶土”“中国编连成串的爆竹”“中国丝绸”等。马拉雅兰语中有“中国渔网”“中国煎锅”“中国白星芋属的植物”“中国的红薯”“放咸菜的中国瓷罐”等。类似的例子在其他语言中也有不少。孟加拉的乡村里对河、江有个通俗的称呼叫 gāng，该词发音与中国南方的上海话、浙江方言、粤语中对“江”的发音（即 kāŋ）非常接近。看来，印度北方最大的河流 Gangā 或恒河本来就有大江的意思。

除了这些之外，中印两国分享的文化遗产还包括不同的数字，尤其是带奇数的

[1] 季羡林：《中印文化关系史论文集》，第 121 页。

词句，比如，佛教的三藏、三生、三宝，儒家的三纲五常，五金、五行、五脏、五岳、五毒、五谷、五官，七情，九泉等。两国还通过佛教分享了一些神秘数字，譬如，八十一、一百零八、七十二等。每一个神秘数字都是“九”的倍数。“九”从中国文化的角度去看，跟长久的“久”谐音；而从梵文的角度去考虑，有“新颖”的意思。

中国诗歌中的五言诗和七言诗据说来自印度古典诗律。印度古典诗律也是印度文学史后期著名诗歌作品的母亲。中文诗里每一行有五言或七言，即五个字或七个字；而印度梵文诗里每一行都是带有五个音节或七个音节的词句。金克木说：念梵文经典时的音调曾对汉语不同声调有一定的影响。梵文有 udātta（高调）、anudātta（低调）、guru（重音）、laghu（轻音）及 svarita（中调或降调）等。[1]

谈到把数字公式应用于汉字书写方式，由此来推断中国人的思维方式，我们可以举出“靈”字。在这个字中，我们会看到下雨天一个巫婆吟咏招魂的画面。字中有三个口，表明吟咏动词的重复。从古时候到现在，在印度不同场合向上帝或某人的灵魂祈祷后，三次说“山低”（shanti），意思是“安宁、和平”，含义是“让世界万物得到安宁”。“靈”字中三个口呈一条直线，这是因为单调乏味的吟咏，没有必要体现上下位置之别。但是“品”字有三角形的结构，说明是把某些产品堆积起来。同样的三角形结构还出现在“晶”“森”“焱”“淼”“犇”等字中。它们都是三合一组合的形式，反映出积累、积聚、密度、极度等方面的意义。除了三合一组合外，还可以找到四合一组合（如“器”）或二合一组合（如“骂”“哭”）。某个机器、器具或器官都有不同的出口——排气口、排水口或通风口等。梵文中 yantra 一词同样有“机器、器具、器官”的意思，把内脏各部也称为 yantra 。

结束之前，还得讲季羡林所提出的几点，他不同意“中印文化关系在历史上是一边倒的买卖（one-way traffic）”，他说：“我认为，长达二三千年的中印友好关系有很多特点，其中最突出的就是互相学习、各有创新、交光互影、相互渗透。在任何一个历史时期都是这样的，我相信，将来也还会是这样的。这是一个很可贵的特点。像中印这样两个伟大的民族，都有独自创造的光辉灿烂的文化，这些文化曾照亮了人类前进的道路。在相互接触和学习中，也必然会既保存发展了自己文化的特点，又吸取学习了对方的文化。在什么时候也不会是‘一边倒的买卖’，不管是倒

[1] 金克木：《印度文化论集》，第 313—318 页。

向中国，或是倒向印度，都与历史事实不符。”[1]

在我的论文中，我致力于证明汉学不能单独存在，应当把它看成“汉印学”。这是一种由中华民族与印度民族间的文化交流而产生的混合型文化视角，也成功地保留了本文化的典型特征。

墨普德（Prof. Priyadarsi Mukherji），1962年生，现为印度新德里尼赫鲁大学中国与东南亚研究中心教授。主要从事中国语言、文学和文化研究，著、译有《鲁迅诗集》（孟加拉文译本）、《中国当代诗歌集》（印地文译本）、《汉藏社会反映于民间文学》（英文）等。曾获第八届中华图书特殊贡献奖。

[1] 季羡林:《中印文化关系史论文集》，第3—4页。

用中国自己的语言谈国学的体系

舒大刚

"国学"自从19世纪末在中国讨论以来，已经经历了一个多世纪。关于它的内涵和定义曾经五花八门，莫衷一是，时至当下仍无定论。综观各家说法，大致可归纳成以下几种。一是"国学即六艺之学"，此说以马一浮先生为代表。一是"国学即四部之学"，此说以章太炎先生为代表；一说"国学即国故"，是中华民族故有的历史文化，此说应以胡适之为代表；一说"国学即国粹"，是中华民族的精神世界，这一派大概可以《学衡》（吴宓、柳诒徵等）暨《国粹学刊》（邓实、刘师培、黄侃等）诸君子为代表。还有人说"国学即国术"，即医卜术数；"国学即国艺"，是琴棋书画、诗词歌赋等。我们认为，以上说法不能说都是错的，但也不能说都是确凿的，六艺、四部、国故、国粹、国术、国艺等，都属于"国学"范畴不假，但如果要作为当代国人都能普遍接受的"国学"内涵，恐怕这些解释都不全面，更不明晰，有的失之过泛，有的又失之过狭，故有重新认识之必要。

我们认为，国学首先是国家学术，它奠基了国人的知识结构；国学是国家信仰，它维系着国民的精神家园；国学是国家道德，它维持着国民的基本素质；国学是国家价值，关系到国人的处世态度；国学是国家礼仪，还影响着国民的行为举止；国学是民族文化，还孕育了国家的文化基因；国学是国家艺术，还蕴含着国民特有的技能，等等。如果这样理解，"国学"内涵的应有指向就十分清楚了，它的具体内涵及其现实意义，就有必要明确地突出出来。

一、“国学的三个层面”

“国学”一词，或者说“国学”这个概念，无论是持中国故有说者[1]，还是持从日本传入的东来说者，他们都共同认为，现代中国人在使用“国学”一词时，它已经是一个代表国家或民族的学术文化的概念了，而且都意在突出“国学”的固有价值和传统特征。

不特中国如此，在日本，或者在西方（如英国），在现代化的进程中，也都出现过重振自己“国学”或“国教”的运动。“现代化”的过程说到底是一个革新和创新的过程。在这个过程中，难免发生对原有的国家或民族的传统文化的丢失、抛弃或背离，如大量的古代文献被冷落，传统的文化道德和观念被抛弃或被搅乱。为了保持本民族、本国家的文化特征不被遗忘，甚至为了保证本民族、本国家发展的可持续性，对传统文化就有必要进行维持和抢救。如16世纪到18世纪，英国有“国教”运动，日本有“国学”运动，都试图将本国学术文化确立为全民性智力学习活动的基础，其目的都在于阐明和保持本民族的历史、语言、宗教和文化。于是在英国产生了对16世纪前国家文化的感情皈依和复古热情，在日本也产生了对未来甚至对中国也具有重要影响的“国学”运动。这些运动都试图重新发现本国古老信仰的正统性，努力以历史观为基础，确立本土文化的合理性、可持续性、正统性和珍贵性，重新树立本民族的自信心和自尊心。

19世纪末叶中国兴起的“国学”运动也如出一辙。在“西学东渐”“中学式微”的局势下，具有忧国忧民之心的中华学人，也不能不做出自己的选择和呼唤。有主张“祖宗之法不可变”的保守派，有主张“中学为体，西学为用”的洋务派，也有主张最激进地进行“全盘西化”的改革派，甚至还有主张彻底抛弃传统（号称“与传统彻底决离”）的“革命派”。“国学”一词（或“国学”这个概念）便在此时得到广泛的运用。今天所说的“国学”，兴起于19世纪末20世纪初，而于20世纪20年代达到鼎盛，80年代又有“寻根”热，90年代“国学”热再次掀起，到了21世纪，世界各地陆续出现孔子学院和汉语教学。与此同时，西方人士（如传教

[1] 如有人据《周礼·春官·大司乐》：“乐师掌国学之政，以教国子小舞。”是即《礼记·内则》所谓：“十三舞勺，成童舞象，二十舞大夏。”《学记》所谓“古之教者，家有塾，党有庠，术有序，国有学”是国中（都城内）所设学校。于是孙诒让《周礼正义》就解释说：“国学者，在国城中王宫左之小学也。”小学在国，大学在郊。

士、外交官、汉学家）也开始大规模地研究古代中国，这种学问，被称作“汉学”（Sinology），或称“中国学”（China Studies），上述种种都属于广义的“国学”潮。回顾这一历史，正好说明“国学”不是死的国故，而是活的国魂，是随着国家命运一同起伏的学术思潮。

那么，“国学”到底有哪些内涵呢？有人说，广义的国学就是研究古代中国社会所有方面的学问。狭义说，是现代中国人研究和探索中国古代社会，揭示其中比较有现实意义的那一部分。广义的“国学”，被认定是极其庞大的体系：举凡历史文化、神话传说、三教经典、政治法律、军事战略、姓氏家谱、古文汉字、学术思想、伦理道德、教育科举、典籍藏书、科技成就、建筑艺术、诗词书画、人文地理、风俗习惯、中外交流；甚至星相、风水、八卦、中医、音乐、算数、历法、京剧、武术、气功等，无一不在“国学”的笼罩之中，或者说无一不体现出“国学”的价值和魅力。但是，这么多东西都要塞进“国学”，国学就真成一个大酱缸了！漫无头绪，宽无边际，终身无法究其源，皓首难以究其竟。必然“博而寡要，劳而少功”！让人望而生畏，无所适从。

任何一种学术必然有其主体内容和精神实质，就像先秦诸子纷争，驰骋游说，但都各有一个本质特征，《吕氏春秋·不二》曾归纳诸子学术的宗旨说：“老聃贵柔，孔子贵仁，墨翟贵廉（兼爱），关尹贵清，子列子贵虚，陈骈贵齐，阳生贵己，孙膑贵势，王廖贵先，兒良贵后。”中华“国学”也应当有自己的“所贵”（即核心）。只不过中华“国学”之所贵不是用一个字所能概括的，我们得用一组概念来表达它或解答它。

我们认为，作为一种成熟的“国学”（特别是像中国文化这样历史悠久，且每变益上、历久弥新的文明）必然包括至少下列三大层面。

首先是伦理道德体系，它决定了这个民族的理想人格，即“做怎样的人，怎样做人”的问题，是做君子还是做小人，是做退隐之士还是仕族名宦，是做高人还是俗士，是做文明人还是江洋大盗（如海盗）？

第二个是信仰价值体系，它关系到国人的精神家园，即“追求什么，怎么追求”的问题，是追求入世还是出世，是建功立业还是逍遥江湖，是成仙还是成贤，是出世成佛还是入世成圣？

第三个是知识文化体系，它关系到一个民族的学识修养，即“学习什么，怎么学习”的问题，是重视人文还是重视自然，是重视社会还是重视宇宙？按传统的说法就是“重道”还是“重器”的问题。

前者决定国人做什么样的人，关系到道德自律和社会秩序等问题；次者决定国人做怎样的事，关系到精神家园和价值判断的问题；最后决定国人学什么东西，关系到国人的内在修养和知识结构等问题。这三大问题，应该是一切高度发达（或者说曾经高度发达）的文化必须面对的问题。将这三大问题处理好了，解决好了，这种文化就是优秀的，这个民族就是成功的，那里的民众就是幸福的，这个政权才是稳固的，这样的国家也才能长治久安。否则前景堪忧，难于持久！

提起国学的基本内涵，如前所述，近代以来曾经有过多种多样的解说，不是太泛（如国故），就是太窄（如国艺、国术）。而当代的表达又太过现代（如“传统文化”或“历史文化”等），都不一定切合中华“国学”的实际和基质。我想，既要表达和概括中国“国学”，还是采用中国学术文化史上故有的概念为好，那样才具有中国特征，也才会切合中国国学的实际。我们讨论中国历史，如果抛开了中国自己既有的朝代和历史时期不谈，刻意将中国历史时期或朝代打散，生造一些新的名词，或是生搬硬套一些西方用语，这样的讨论虽然新鲜奇异，却不一定合乎中国自己的历史实际。

就像对待中国古史分期，一些学人曾经套用西方术语，搞出多种分期学说，结果都是此牵彼掣，不得安帖，原因就在于他们罔顾中国自己的历史和习惯。金景芳先生则反其道而行之，采用了中国历史上有关历史分期的固有观念，特别是《礼记·礼运》提出的“大同”“小康”分界，将中国上古历史分成原始共产主义和奴隶社会两个时代。传统所说的“三皇”代表母系氏族时代，“五帝”代表军事民主制时代，“三王”代表奴隶制时代，“五霸”则代表奴隶制的衰落，“七雄”代表封建制度的孕育时期。因为《汉书·盖宽饶传》就“引《韩氏易传》言：‘五帝官天下，三王家天下。’家以传子，官以传贤”。传子和传贤这两种不同的继承制就区别了原始公有制和奴隶私有制的不同，明确地将“五帝”和“三王”的不同本质（官天下、家天下）揭示出来了。宋人郑伯谦的《太平经国书·序》也说：“汉承亡秦绝学之后，不独‘二帝’‘三王’之法度无复余脉，虽‘五霸’‘七雄’区区富强之事，亦一扫而无遗。草创之初，大臣无学，方用秦吏，治秦律令图书，固难责以先王之制度也。”又将“二帝”“三王”“五霸”“七雄”和“秦制”的不同历史时期刻画得清清楚楚。清人恽敬的《三代因革论》说：“夫‘五霸’，更‘三王’者也。‘七雄’，更‘五霸’者也。秦兼四海，一切扫除之，又更‘七雄’者也。”这几家的论述，充分显示了传统中国学术对本国历史的不同时期的精辟概括，既是客观的，也是准确的，所以金老利用它们，与西方奴隶社会发展史相比较，得出了“启代益作后”是中国奴隶社会（亦即“家天下”，或“小康”时代）的开始，以周室东迁作为中国奴隶社会衰落的开始，以秦统一六国作为中国奴隶社会的结束和中国封建社会的开端。金老的历史分期法成功地将历史与理论、传统与当代、中学与西学结合起来了，所以取得了良好的效果，形成了响当当的“金氏”分期法。

我们讲中华“国学”似乎也可以依照此法，在中国固有的历史“辞典”中去寻求恰当准确的词汇，来构建中国自己特色的“国学”体系。依我们前边提到的“国学”应当具有的三体系说，大致可以将中华“国学”的基本内容和主要特征归纳为：信仰体系：一儒、二教、三统。道德体系：五常、八德、十义。知识体系：四部、六艺、七学、九流。下面试分别剖述之。

二、“国学”的信仰体系：一儒、二教、三统

中国自东汉以后就有所谓“三教”（儒、释、道）的说法（此处是就汉民族来说的，其他民族容或有其他宗教，但也要与儒、道互补），其实儒并非真正意义上的“宗教”，它只是一种教化，但也起到过中国人精神家园和道德规范的作用。道有道家和道教之别，但是其基本特征或其立教哲学是相通的。佛教虽然不产于中国，但是传入中国后就被深刻地中国化了，成了“中国佛教”，对儒、道也起到了补充作用。

什么是儒学？《汉书·艺文志》有精辟的概括：“儒家者流，盖出于司徒之官，助人君顺阴阳、明教化者也。游文于‘六经’之中，留意于‘仁义’之际，祖述尧舜，宪章文武，宗师仲尼，以重其言，于道为最高。”儒学的功能是助人君、顺阴阳、明教化的，是入世的、治世的学术。它的经典文献是“六经”，六经不仅是儒家的经典，也是中华历史的宝库。儒家的理论特征是“仁义”，它的道统体系是尧、舜、文、武、孔子。这些都是儒家的基本要素，同时也是中华历史文化的主干部分。

什么是道家？《汉书·艺文志》：“道家者流，盖出于史官，历记成败、存亡、祸福、古今之道，然后知秉要执本，清虚以自守，卑弱以自持。此君人南面之术

也。合于尧之克让，《易》之‘嗛嗛’，一谦而四益，此其所长也。”道家知道历史变迁，荣辱无常，故知白守黑，知贵守谦，以此求益，其“清虚自守，卑弱自持”不过是一种处世态度和守势方法而已。东汉后期诞生的道教，即是以道家的哲学和处世态度为主，再融合方术、杂艺、鬼神信仰乃至医药而成，其基本哲学仍然是清虚自守的理论。

佛教本产于古印度，可是传入中国后已经中国化了，属于中国文化的一部分，对中国文化也起到了补充和制衡作用。《隋书·经籍志》在讲到“佛经”时说“（释迦牟尼）舍太子位出家学道，勤行精进，觉悟一切种智，而谓之‘佛’。……华言译之为‘净觉’。其所说云，人身虽有生死之异，至于精神则恒不灭。此身之前则经无量身矣，积而修习，精神清净，则佛道天地之外，四维上下，更有天地，亦无终极。然皆有成有败，一成一败谓之一劫，自此天地已前，则有无量劫矣”云云。佛教不仅知道世事无常，还知道宇宙无常，所以要追求“精神清净”“精神永恒”，这一哲学与中国的忠孝伦理，甚至老庄的清虚自守、无为而治的思想相结合，便形成了中国佛教。中国佛教从无常、无争的角度与儒之进取、道之洒脱形成了互补的格局。

儒、佛、道三教是中国传统思想文化的核心，其中又以儒学为主干，以佛、道为辅翼，形成了有中心、有层次的多元互补、良性互动的结构。三教之间的互动及其内部哲学与宗教的互动，使中国人在哲学与宗教之间、理性与神性之间可以从容选择；在出世与入世之间自由来往，形成中庸、平和的心态（牟钟鉴）。中国士人素来就是以儒来鼓励自己积极追求仕进，以道来提炼自己的高尚风骨，以佛来打消自己的人生彷徨。儒教人积极进取，道教人事不关己，佛教人悲天悯人，用一位学者的话说，就是“儒学让人拿得起，道教让人放得下，佛教让人想得开。”（周立升）儒、释、道毋宁就是中国士人在事功或归隐、入世或出世、得意或失意之间快意选择的三种法宝。自儒家而言，自是以“仁义”为主，以清虚、超脱为辅的，故自唐宋以来就有“吾儒与二教”“吾儒与二氏”或“诸儒与二教”的说法。自释氏、道侣而言，虽然他们洒脱，但是儒也是他们要行教中国、避免非议、获得立足之地的重要资源。无儒即无以立教，无儒则无以行世。但反过来，无二教儒者也太辛苦，太沉重，难于持久，难以自适。所以得三教互补，各取所需。

何谓“三统”？“三”的概念在中国数字中是十分奇妙的，《老子》说：“道生一，一生二，二生三，三生万物。”《周易》说易有“三才之道”：“兼三才而两之”，

"立天之道曰阴与阳、立地之道曰柔与刚、立人之道曰仁与义。"《孝经》亦有《三才章》，谓："夫孝，天之经，地之义，民之行也。"《礼记》说夏、商、周文化各有所尚，谓之"三统"。历家制法也提出，夏历、殷历、周历岁首所建各不相同，亦谓"三统"。当然，法家也提出有"三纲"："君为臣纲，父为子纲，夫为妻纲。"（《韩非子》）一直到当代新儒大师牟宗三先生，又提出中国文化的"道统、政统、学统"命题。都表明"三"是关键的一环。不过如讲文化特征，还是以《礼记》之说最有代表性，也最有现代意义。《礼记·表记》："子曰，夏道尊命，事鬼敬神而远之，近人而忠焉；先禄而后威，先赏而后罚，亲而不尊，其民之敝，惷而愚，乔而野，朴而不文。殷人尊神，率民以事神；先鬼而后礼，先罚而后赏（质），尊而不亲，其民之敝，荡而不静，胜而无耻。周人尊礼尚施，事鬼敬神而远之，近人而忠焉；其赏罚用爵列，而不惭，贼而蔽。亲而不尊，其民之敝，利而巧，文而不惭，贼而蔽。"夏尚忠，忠者奉上，故尊命。殷尚质，质者不欺，故尊神。周尚文，文者多仪，故尊礼。此"文化"之三统，实代表中国人文化发展的三大阶段或说三个路径。夏人尚忠朴，是未脱离自然状态；殷人尊神，是信仰形上的状态；周人尚文，是文化自觉和自信的状态。由于有此三个境界，从而形成了中国人"天人相与""鬼神无欺"的信仰系统，"仁义忠信""礼乐文明"的文化系统，"天下为公""选贤举能"的政治系统。这与牟宗三先生的"道统、学统、政统"恰可互相吻合。如果我们要将儒家关于"三统"的观念加以提炼，那么应当是"天为人纲，仁为德纲，公为政纲"，分别代表了尊重自然、尊重人性、尊重民意的优秀的价值取向。

三、"国学"的道德体系：五常、八德、十义

伦理道德是一个民族的基本操守，也是一个国家的基本情态。中华各个民族虽然生存在不同的具体的环境之中，具有不尽相同的历史文化，也拥有不尽一致的价值追求，但是在道德伦理方面却是基本相同或者说是基本趋同的。那就是"五常""八德"和"十义"，甚至连中国土地上的宗教人士也不例外。

所谓"五常"即五种基本的道德观念。中华民族是一个尚五的民族，有所谓"五伦""五行""五色""五音""五味"，甚至"五方""五季""五谷"，其中最基本的、影响道德最深的则是"五行""五伦"和"五常"。"五伦"和"五行"都始于《尚书·舜典》有载：

帝曰："契，百姓不亲，五品不逊。汝作司徒，敬敷五教，在宽。"

何谓五品、五教？《孔传》："五品，谓五常。逊，顺也。布五常之教，务在宽。"孔颖达疏："品，谓品秩，一家之内，尊卑之差，即父、母、兄、弟、子是也。教之义、慈、友、恭、孝。此事可常行，乃为五常耳。"又说《尧典》有"五典克从"，即此"五品能顺"，此处的"不逊（顺）"即谓不义、不慈、不友、不恭、不孝。儒家另一部经典《左传·文公十八年》，也载舜"举八元，使布五教于四方，父义、母慈、兄友、弟恭、子孝"。所记皆同一事。可见斯时的"五品"即父、母、兄、弟、子这五种血缘关系，"五教"即父义、母慈、兄友、弟恭、子孝这五种伦常规范。至《孟子·滕文公上》有："饱食暖衣，逸居而无教，则近于禽兽。圣人（舜）有忧之，使契为司徒，教以人伦：父子有亲，君臣有义，夫妇有别，长幼有序，朋友有信。"赵岐注《章句》云："司徒主人，教以人事：父父、子子、君君、臣臣、夫夫、妇妇、兄兄、弟弟、朋友、贵信，是为契之所教也。"在原来的父（母）子、兄弟关系之外，加入了君臣、长幼、朋友等社会和政治关系，这是五伦关系的扩大，从尧舜时代纯血缘的关系扩大到具有政治、等级的社会关系了，但是仍然称为"五伦"。

"五行"观念本来始于《尚书·洪范》："五行：一曰水，二曰火，三曰木，四曰金，五曰土。"水、火、木、金、土这五种物质，具有五种性质、功能和性味，五者之间也具有相生相胜的关系。这五种关系又仿佛人类的德行，具有相似性，故儒家又将其用来称人的五种品行了。孟子在《尽心下》说："仁之于父子也，义之于君臣也，礼之于宾主也，智之于贤者也，圣人之于天道也，命也，有性焉，君子不谓命也。"仁、义、礼、智、圣，当时就被称为"五行"，据说始于子思，重于孟子，到战国后期又受到荀子的批判。《荀子·非十二子》："案往旧造说，谓之'五行'……案饰其辞而祗敬之，曰此真先君子之言也。子思唱之，孟轲和之。"[1]新出土的郭店楚简《五行》篇也说："仁形于内谓之德之行，不形于内谓之行；义形于内谓之德之行，不形于内谓之行；礼形于内谓之德之行，不形于内谓之行；智形于内谓之德之行，不形于内谓之行；圣形于内谓之德之行，不形于内谓之行。德之行

[1] 唐人杨倞注："五行，五常，仁、义、礼、智、信是也。"杨氏说五行又称五常，即后之仁义礼智信，不完全正确，因为仁义礼智信是自汉代董仲舒开始才将"信"与四德搭配，战国时期是"圣"与四德搭配的，详见李耀仙《子思、孟子"五行"说考辨》。

五，和谓之德；四行和，谓之善。善，人道也；德，天道也。”（马王堆帛书《五行》略同）正是仁、义、礼、智、圣的搭配法。汉初贾谊《新书·六术》尚曰：“天地有六合之事，人有仁、义、礼、智、圣之行。”仍然保持着战国时期的样式。至董仲舒则进一步圣化孔子，以为圣者无不能、无不知，圣兼四德，是孔子的专利，岂能再与四德相提并论？遂以“信”易“圣”，以为此五者可以常行不替，故谓之“五常”，于是“仁、义、礼、智、信”乃成固定搭配，而影响中国两千余年。

“八德”，也是八种品行，比之五行、五常更为具体，即“孝悌忠信、礼义廉耻”也。《管子·立政九败解》：“然则礼、义、廉、耻不立，人君无以自守也。”《牧民》又曰：“仓廪实则知礼节，衣食足则知荣辱，……不敬宗庙则民乃上校（效，即忠），不恭祖旧则孝悌不备，四维不张，国乃灭亡。”又说：“国有四维，……何谓四维？一曰礼，二曰义，三曰廉，四曰耻。”这里明确提到“礼义廉耻”是维系国家安全的四种力量，亦即“四维”，但还是从消极的、外在的角度来说的。《管子》前文虽然也提到“上校”（忠）和“孝悌”等的作用，在《戒》篇也说：“博学而不自反，必有邪，孝弟者，仁之祖也；忠信者，交之庆也。”但都没有将其与“四维”相提并论。至孟子乃强调个人内在的修养和人格的自觉，从最根本的道德“孝悌”入手，讨论四德的强大作用。《孟子·梁惠王上》：“王如施仁政于民，省刑罚，薄税敛，深耕易耨，壮者以暇日修其孝、悌、忠、信，入以事其父兄，出以事其长上，可使制梃以挞秦楚之坚甲利兵矣。”孝于亲，悌于兄，忠于上，信于友，仍然是五伦之教的内容，却被孟子政治化了。从这以后，“孝悌忠信”与“礼义廉耻”便结合起来，成为八种德行了。明商辂在《奏疏》中就有一款说：“一、谨士习。臣惟古者，人生八岁入小学，教之‘孝、弟、忠、信、礼、义、廉、耻’之事，以正其心术。十五入大学，教以‘穷理、正心、修己、治人’之道，以明于体用。此其教有次序，故学有成效。”他将八德作为士人初学（小学）就应当掌握的基本品行，而将穷理、正心、修己、治人作为大学阶段的深造功夫。

“十义”即父慈、子孝、兄良、弟悌、夫义、妇听、长惠、幼顺、君仁、臣忠，仍然是五伦的具体落实，但是却更加具有对等的性质，更加合理易行。只讲“五常”容易概念化、虚化，光讲“五教”也容易单方面地片面化，甚至光讲“八德”也容易被专制者利用，成为要求他人的教条。只有“十义”都讲全了，才具有持久性和可行性，也才能达到全民素质提高的程度。《礼记·礼运》中有一段话，阐述此理最为明切：

> 故圣人耐（能）以天下为一家，以中国为一人者，非意之也，必知其情，辟于其义，明于其利，达于其患，然后能为之。何谓人情？喜、怒、哀、惧、爱、恶、欲七者，弗学而能。何谓人义？父慈、子孝、兄良、弟弟、夫义、妇听、长惠、幼顺、君仁、臣忠十者，谓之人义。讲信修睦，谓之人利。争夺相杀，谓之人患。故圣人之所以治人七情，修十义，讲信修睦，尚辞让，去争夺，舍礼何以治之？

人有七情，天有十义，七情是私欲，十义是天理，只有人情服从天理，私欲听从公义，五伦关系才会调正，否则就是专制暴力，就是愚忠愚孝，就是奴隶道德！是难于持久的，也是极不公正、极不公平的！孔子曰："君使臣以礼，臣事君以忠。"孟子曰："君视臣如手足，臣视君如腹心。君视臣如草芥，臣视君如寇仇！"俗语说"上行下效"，"有诸己然后求诸人，无诸己然后非诸人"，都是出于这一观念的考量。

四、"国学"的知识体系：四部、六艺、七学、九流

"四部"即经、史、子、集，是一种文献著录系统。讲伦理、讲道德、讲价值观、讲信仰、讲文化、讲学术、讲思想、讲修养等，都要体现在文献之中，文献就是文化的主要载体，脱离文献是无法讲文化的，更无法讲中国国学。中国是世界上第一文献大国，也是人类文明史上最早对文献进行系统整理和分类的国度，我们讲"国学"的知识体系，自然离不开文献。我国古代的文献分类，早期是六分法，后来是四分法。汉刘歆《七略》（即后之《汉书·艺文志》）用"六艺、诸子、诗赋、兵书、数术、方技"六略，下再分 38 种，共著录图书 596 家、13269 卷（班固"入三家五十篇，省兵十家"），先秦及西汉的文献基本收录其中，这是当时世界上最早的最庞大的图书分类体系。《隋书·经籍志》又用经、史、子、集四部，下分 40 类（另附道 4 类、佛 11 类），来著录六朝及其以前图书 14466 部、98666 卷。清乾隆朝修《四库全书》，其《总目》亦分经、史、子、集四部，下分 43 类，其正编录图

书 3401 种、79309 卷，存目录 6793 部、93551 卷，基本上包括了清乾隆以前重要的古籍。此后的典籍更多，类别更繁，据当代学人考据，凡清人著述 22.8 万多种，但若按传统分类法著录，也无外乎经、史、子、集四部，故“四部”可以概括中国古代文献。大致而言，四部即是以“六经”阐释文献为核心的经学体系，以劝善惩恶为目的的史学体系，以儒为首、诸子互补的子学体系，以真、善、美、诚为核心的文学体系。抽绎四部，得此体会，四部精神或精华即知过半矣！

“六艺”本是指礼、乐、射、御、书、数六种技艺，我们此处兼指“六经”之文。《周礼·大司徒》载乡大夫之职曰：“以乡三物教万民而宾兴之：一曰六德，知、仁、圣、义、忠、和。二曰六行，孝、友、睦、婣、任、恤。三曰六艺，礼、乐、射、御、书、数。”这里“六艺”本来是与“六德”“六行”相并列的，即六种具体的技术性能力。这一表述的含义至战国末期仍然如此。《吕氏春秋·博志》有谓：“养由基、尹儒，皆六艺之人也。”而下文在述其能耐时说，养由基善射，尹儒则学御。说明当时“六艺”仍然是射、御之事。至汉初此情乃改，六艺与六德、六行合一，进而与执行六艺教育的“六经”合一，于是“六艺”乃成为儒家修炼“君子”人格、进德修业的总括，是否“身通六艺”也成了衡量一个“君子”是否合格的基本考虑。

大凡要提倡一种人格，要修成一种德行，必须要有具体的从内到外的修养课目。有如古希腊“智者”，要求其既具有“算术、几何、天文、音乐”等古之“四艺”，还要求其具有“辩论术、修辞术、文法”的新“三艺”，合为“七艺”。中世纪欧洲的“骑士”也被要求具有八大美德：“谦恭、正直、怜悯、英勇、公正、牺牲、荣誉、灵魂。”17 世纪以来盛行的英国“绅士”教育，也需要“道德、健康、智慧、礼仪”等课目，以便修成彬彬有礼、待人谦和、衣冠得体、有爱心、尊老爱幼、尊重女性、谈吐高雅、身体健康、内在修养、知识渊博、见多识广、无不良嗜好、举止文明、善于交际等良好素养。江户时代日本盛行的“武士道”，也要求具有“义、勇、仁、礼、诚、名誉、忠义、克己”的美德，表现出“正直、坚毅、简朴、胆识、礼节、诚实、忠诚”，其课程则有“击剑、箭术、柔术、马术、矛术、兵法、书法、伦理、文学、美学、哲学”等。就是当代美国的“精英”教育，也明确提出了“平等精神、领袖气质、博雅知识、大众情怀”，包括在价值观、远见、能力、目标、信心、责任心、使命感、微笑、语言、合作、组织、操作、演讲等方面具有全面修养。同样，中国儒家的“君子”教育也不例外，也有具体而生动的要求。孔子就提出“文质彬彬，然后君子”，强调从内到外的完整修养和完美举止。《周礼》所提“六艺”显然只是六种技艺（即“文”），还不足以修成君子人格，必须将“六德”“六行”一起讲习，才能达到“文质彬彬”的效果。

汉初文献已经有“小六艺”和“大六艺”概念了，小六艺即文，大六艺即质。《大戴礼·保傅》：“古者年八岁而出就外舍，学小艺焉，履小节焉。束发而就大学，学大艺焉，履大节焉。”伏胜《尚书大传》也说：“公卿之太子、大夫元士嫡子，年十三始入小学，见小节而履小义；二十而入大学，见大节而践大义。”是其证。

贾谊更将六理、六法、六行、六术与“六经”结合，统称为“六艺”。《新书·六术》长篇论述说：“德有六理，何谓六理？道、德、性、神、明、命。此六者，德之理也。六理无不生也，已生而六理存乎所生之内。是以阴阳、天地、人，尽以六理为内度。内度成业，故谓之六法。六法藏内，变流而内外遂。外遂六术，故谓之六行，是以阴阳各有六月之节，而天地有六合之事，人有仁、义、礼、智、圣之行，行和则乐，与乐则六，此之谓六行。阴阳天地之动也，不失六行，故能合六法。人谨修六行，则亦可以合六法矣。然而人虽有六行，微细难识，唯先王能审之。凡人弗能自至，是故必待先王之教，乃知所从事。是以先王为天下设教，因人所有，以之为训；道人之情，以之为真。是故内法六法，外体六行，以与《书》《诗》《易》《春秋》《礼》《乐》六者之术，以为大义，谓之‘六艺’。令人缘之以自修，修成则得六行矣。”

司马相如《子虚赋》：“游乎‘六艺’之囿，骛乎仁义之涂，览观《春秋》之林，射《狸首》，兼《驺虞》。”此处的六艺显然就是指“六经”了。司马迁《史记·孔子世家》记载，孔子论次《诗》《书》，修起《礼》《乐》，“以备王道，成‘六艺’”。又说：“孔子以《诗》《书》《礼》《乐》教，弟子盖三千焉，身通‘六艺’者七十有二人。”又言：“孔子布衣，传十余世，学者宗之。自天子王侯，中国言‘六艺’者，折中于夫子。”都是将“六经”称为“六艺”，说明此时“六经”已经担当起“六德”“六行”等内在修养的教育任务了。

《史记·滑稽列传序》引孔子所说“‘六艺’于治一也，《礼》以节人，《乐》以发和，《书》以道事，《诗》以达意，《易》以神化，《春秋》以义”云云者，虽然可能是司马迁的揣摩之辞，但是对“六经”精神实质亦即教育意义的揭示却是可取的。《庄子·天运》载孔子向老子自陈“六经”，老子曰：“夫《六经》，先王之陈迹也。”《天下》又云：“古之道术，其明而在历数者，旧法世传之史尚多有之；其在于《诗》《书》《礼》《乐》者，邹鲁之士、缙绅先生多能明之。”这说明“六经”皆史，它们是上古历史文化的载体。《礼记·王制》载：“乐正崇四术，立四教，顺先王《诗》《书》《礼》《乐》以造士，春秋教以《礼》《乐》，冬夏教以《诗》《书》。王大子、王子、群后之大子、卿大夫元士之适子、国之俊选，皆造焉。”这说明《诗》《书》《礼》《乐》“四经”历来是周人实行精英教育的教材。《左传》载晋文公作三军，谋元帅，“赵衰曰：‘郤縠可。臣亟闻其言矣，说《礼》《乐》而敦《诗》《书》。《诗》《书》，义之府也，《礼》《乐》，德之则也。德、义，利之本也。”这说明“四经”的修养是培养优秀帅才的教典。《庄子·天下》又说：“《诗》以道志，《书》以道事，《礼》以道行，《乐》以道和，《易》以道阴阳，《春秋》以道名分。”《荀子·劝学》也说：“故《书》者政事之纪也，《诗》者中声之所止也，《礼》者法之大分、群类之纲纪也，故学至乎《礼》而止矣，夫是之谓道德之极。”上述典籍对“六经”内容的揭示与前引《史记》孔子之说基本相同。

《礼记·经解》又说：“入其国，其教可知也：其为人也，温柔敦厚，《诗》教也；疏通知远，《书》教也；广博易良，《乐》教也；絜静精微，《易》教也；恭俭庄敬，《礼》教也；属辞比事，《春秋》教也。”“六经”还是推行教化、实现移风易俗的有效法宝。董仲舒《春秋繁露·玉杯》说：“君子知在位者之不能以恶服人也，是故简‘六艺’以赡养之。《诗》《书》序其志，《礼》《乐》纯其美，《易》《春秋》明其知。六学皆大而各有所长”云云。《汉书·翼奉传》载翼奉之说：“圣人见道，然后知王治之象，故画州土，建君臣，立律历，陈成败，以视贤者，名之曰‘经’。贤者见经然后知人道之务，则《诗》《书》《易》《春秋》《礼》《乐》是也。”这说明汉人普遍认为“六经”具有极强的政治教化功能，它之所以成为“国学”的核心内容亦可知矣！

“七学”本指七类学校，后来演变成为七种专科学术。中国自古重视教化，《礼记·学记》有所谓“君子欲化民成俗，其必由学乎”，“是故古之王者，建国君民，教学为先”。郑玄注：“为内则设师保以教，使国子学焉。外则有大学、庠序之官。”至于办学类别，则夏曰庠，殷曰序，周曰校，学则三代共之。但由于时代久远，文献盖阙，其具体功能已经无法详考矣。《论语》记孔门教学，或称其“以四教，文、行、忠、信”，或记其戒弟子“四勿：勿意，勿固，勿必，勿我”，而记其学业有成之弟子又曰“四科”：文学、德行、政事、言语。盖孔子亦实行分科教育矣。文即文学，行即德行，忠即政事，信即言语也。为此四学必须客观公正，故要求“四勿”。汉言太学，教之“五经”，故只设“五经博士”。同时文翁治蜀，立学宫成都市中，教以七经及法令，是于经学之外，已经涉及法律之学矣。其后虽有大学、小学之别，率不过识字与习经之事。及南朝宋文帝元嘉十五年，“征（雷）次宗至京师，开（儒学）馆于鸡笼山，聚徒教授，置生百余人。会稽朱膺之、颍川庾蔚之，并以儒学，监总诸生。时国子学未立，上留心蓺术，使丹阳尹何尚之立玄学，太子率更令何承天立史学，司徒参军谢元立文学，凡四学并建，车驾数幸次宗学馆”（《宋书·雷次宗传》）。正式开启了儒学、玄学、史学、文学四学并重的新局面。唐代的学校非常发达，学校门类达到历史鼎盛。《旧唐书·职官志》载祭酒司业之职，“掌邦国儒学训导之政令，有六学：一国子学，二太学，三四门，四律学，五书学，六算学也”。《新唐书》则增加广文，“凡七学”。大致而言，国子学系招收三品以上官员子孙、从二品以上官员的曾孙入学，主习经学、礼乐和政事；太学主习经学；广文主业进士，重文学；四门接收四方推荐之俊士，主习文案；律学主习律令、格式、法例；书学主习六书、字画；算学主习“算书十经”。这七学涉及的学科有：小学、经学、史学、玄学、文学、法律、算学等门类。此外，《汉书·艺文志》著录群书，有六艺、诸子、诗赋、兵书、术数、方技等分科：《六艺略》即经学诸书，分记《易》《书》《诗》《礼》《乐》《春秋》《论语》《孝经》、小学等书；《诸子略》为子学，著录儒、道、阴阳、法、名、墨、纵横、杂、农、小说等诸家著作；《诗赋略》为文学，分记屈原赋、陆贾赋、孙卿赋、杂赋、歌诗等；《兵书略》记军事谋略及技巧著作；《数术略》记天文、历谱、五行、占卜之书，属于古代科学的范围；《方技略》记医药、神仙之书，属于医药保健及养生之类。无论是唐人的“七学”，还是汉人的“六略”，都昭示了中国古代学术之丰富、学科之齐全、门类之细密。后来虽然没有继续下去，但是这些学术在中国古代曾经存在却是无疑的。我们今天讲“国学”，自然不能忽视这“七学”。

“九流”即诸子百家，这也是中国国学的重头戏，是在儒学产生后形成的与儒争鸣、也与儒互补的学派。《庄子·天下篇》讲天下学术衍生曰：“古之人其备乎，配神明，醇天地，育万物，和天下，泽及百姓，明于本数，系于末度，六通四辟，小大精粗，其运无乎不在。其明而在数度者，旧法世传之史尚多有之。其在于《诗》《书》《礼》《乐》者，邹鲁之士、缙绅先生多能明之。……其数散于天下而设于中国者，百家之学时或称而道之。天下大乱，贤圣不明，道德不一，天下多得一察焉以自好。譬如耳目鼻口，皆有所明，不能相通，犹百家众技也，皆有所长，时有所用。虽然，不该不遍，一曲之士也！”这段文字揭示出天下学术从“旧法世传之史”，到邹鲁之士所诵习的“《诗》《书》《礼》《乐》”，再到诸子“百家之学”兴趣的递进过程。但他也感叹诸子百家“多得一察焉以自好”，是“不该不遍”的“一曲之士”。

汉司马谈《论六家之要旨》对诸子中的“六家”有所评说：阴阳家“大祥而众忌讳，使人拘而多所畏；然其序四时之大顺，不可失也”；儒者“博而寡要，劳而少功，是以其事难尽从，然其序君臣父子之礼，列夫妇长幼之别，不可易也”；墨者“俭而难遵，是以其事不可遍循，然其强本节用，不可废也”；法家“严而少恩，然其正君臣上下之分，不可改矣”；名家“使人俭而善失真，然其正名实，不可不察也”。道家“使人精神专一，动合无形，赡足万物。其为术也，因阴阳之大顺，采儒墨之善，撮名法之要，与时迁移，应物变化，立俗施事，无所不宜。指约而易操，事少而功多”。表现出对道家的推崇，这其实反映了汉初崇尚黄老的习尚。东汉班固在《汉书·艺文志》中继续对九流十家进行了点评，但是取向颇与司马谈不一致，如他称赞儒家“于道为最高”，就与谈“博而寡要，劳而少功”自然异趣。此外，班固还一一揭示了诸子学术的渊源，然后对其优劣进行评说，如讲纵横家“盖出于古之行人”，“言其当权事制宜，受命而不受辞，此其所长也。及邪人为之，则上诈谖而弃其信”；说“杂家者流，盖出于议官。兼儒墨，合名法，知国体之有此，见王治之无不贯，此其所长也。及荡者为之，则漫羡而无所归心”；说“农家者流，盖出于农稷之官，播百谷，劝耕桑，以足衣食，故八政一曰食，二曰货。孔子曰‘所重民食’，此其所长也。及鄙者为之，以为无所事圣王，欲使君臣并耕，悖上下之序”；说“小说家者流，盖出于稗官，街谈巷语，道听途说者之所造也。孔子曰：‘虽小道，必有可观者焉。致远恐泥，是以君子弗为也。’然亦弗灭也。闾里小知者之所及，亦使缀而不忘，如或一言可采，此亦刍荛狂夫之议也”等。

不过，无论是司马谈，还是班固，都认为诸子百家虽有所短，亦各有所长，王者兼而用之，亦可以成一时之材。谈曰：“《易大传》：‘天下一致而百虑，同归而殊涂。’夫阴阳、儒、墨、名、法、道德，此务为治者也。直所从言之异路，有省不省耳。”他认为诸子六家都是追求治道的学派，由于他们所言不同，故人们不能认真分析和辩白罢了。班固更明确提出儒、道、墨、名、法、农、阴阳、杂家、纵横、小说等诸子同源异流，可以相反相成：

诸子十家，其可观者九家而已，皆起于王道既微，诸侯力政，时君世主，好恶殊方。是以九家之术，蜂出并作，各引一端，崇其所善，以此驰说，取合诸侯。其言虽殊，辟犹水火，相灭亦相生也。仁之与义，敬之与和，相反而皆相成也。……今异家者各推所长，穷知究虑，以明其指，虽有蔽短，合其要归，亦“六经”之支与流裔。使其人遭明王圣主，得其所折中，皆股肱之材已。……若能修“六艺”之术，而观此九家之言，舍短取长，则可以通万方之略矣。

他认为前述十家之中，其理论可观的只有九家，虽然他们操术不同，其实都是“六经”的流裔，他们的学术相反相成，可以互补，只要以“六艺”为本根，兼采诸子百家学说，也就可以得到来自不同角度、不同层面的观点和帮助。既然如此，我们讲“国学”当然就离不开诸子百家学术了。

余 论

通过我们对“国学”的三个体系所容纳的传统概念的概括，归纳一下即是：“一儒二教\三统四部\五常六艺\七学八德\九流十义”。这十组概念，看似各不相干，它们之间好像没有必然联系，但是当我们信手把它们集中在一起时，却发现其间原有异常奇妙的现象。《周易·系辞》曰：“天一、地二、天三、地四、天五、地六、天七、地八、天九、地十。”“天数五，地数五,五位相得而各有合。”天数即单数（奇数），地数即双数（偶数）。韩康伯注“五位相得而各有合”曰：“天地之数各五,五数相配，以合成金、木、水、火、土。”孔颖达疏进一步指实曰：“天以一生水，而地以六成之；地以二生火，而天以七成之；天以三生木，而地以八成之；地以四生金，而天以九成之；天以五生土，而地以十成之。”他用五行生成理论来解释《周易》之数。其实这是不对的。因为先秦、汉初文献都说“《易》以道阴阳”“《易》以神化”,《易》不是讲“五行”的，如前所述“五行”观来自《洪范》。韩康伯以下如此注解，实受汉代阴阳五行合流观念的影响，司马迁已云“《易》道阴阳五行”，然而这不是先秦《易》学固有的，用来注《易》当然不确。

所谓“五位相得而各有合”者，乃颠倒其数，在“天数”或“地数”这一列的五个数中（所谓“五位”），最小的数与最大的数相加都等于十。也就是一加九、二加八、三加七、四加六、五加五。汉徐岳《数术记遗》载：“九宫算：五行参数，犹如循环。”北周甄鸾注称：“九宫者，即二、四为肩，六、八为足，左三、右七，戴九履一，五居中央。五行参数者，设位之法依五行，已注于上是也。”对角相加正好是十，加上中央的五乃是十五，也是“五位相得而各有合”之意。宋人据此以为《洛书》之数，亦误。

其实“五位相得而各有合”揭示的乃是天数、地数自相互补的问题。如果我们将其原理引入“一儒二教\三统四部\五常六艺\七学八德\九流十义”来考察，正好一儒与九流互补，然后才形成“十家”，同时也反映出在佛教传入、道教产生之前，儒学与诸子互补、相反相成的状况。二教与八德也可互成，因为在中国任何宗教都不能逃离孝悌忠信礼义廉耻，否则它就没有立足之地。三统与七学也是如此，三统是分类概括，七学是具体展开，七学所要研明的正是三统之内涵。四部与六艺的关系不正好表现出六艺居首并影响四部的历史和现状吗？至于五常与十义，如前所述，十义正是对五常的具体化和完善化。所以我们说，在我们传统的学术词汇中，对“国学”的道德、价值和知识都有固定而又精致的概括，这些概括由于经过长期的历史积淀和打磨，已经形成了相辅相成的系统，我们没有必要生硬地另创新词来解读它们，而只需将它们阐述清楚、组合严密，即可构成“国学”的固有体系。

舒大刚，1959 年生，现为四川大学国际儒学研究院院长兼古籍整理研究所所长。主要从事儒学、历史文献学研究，著有《中国孝经学史》《三苏后代研究》等，主编《儒藏》《巴蜀全书》《儒学文献通论》等。

第二编

国际汉学研究的回顾与前瞻

西方汉学的萌芽时期

——葡萄牙人对中国的记述

万　明

当前，海外中国学（又称汉学）方兴未艾。众所周知，这项国际性的学术研究最早形成于西欧，史界一般认为始自耶稣传教士利玛窦入华。然而，追根寻源，应该说它萌芽于西方人来到东方之时。葡萄牙是第一个发现通往东方的航路，并首先来到东方的西方殖民国家。如果说在15世纪末16世纪初葡萄牙人到达东方时就形成了早期汉学，那么未免过早，但是说从此拉开了海外中国学研究的序幕，还是贴切的。

早在13世纪，中国已引起西方的强烈兴趣。一部《马可·波罗游记》，曾使多少欧洲人心驰神往。然而，当时东西方之间不仅有着许多人为阻隔，更重要的是存在自然屏障。随着葡萄牙人率先开始进行的一系列伟大的航海探险活动，自然屏障不复存在，西方人能够来到东方了。随之而来的是大批西方传教士。于是，海外中国学由此肇始，中国及其文化真正走向了世界。

15世纪末是世界航海史上最辉煌的时代，这个时代与葡萄牙人紧密联系在一起。由航海家恩里克王子开始的航海事业，到此时如日中天，巴拉托洛格·迪亚士发现了非洲南端的好望角；克里斯托弗·哥伦布发现了美洲新大陆；瓦斯科·达·伽马绕过好望角，开辟了通往印度的新航路；此后费尔南·达·麦哲伦进行了环球航行。他们的航海活动使世界历史进入一个新的里程，从此，西方海外扩张的狂潮席卷全球。上述四位航海家中，三位是葡萄牙人，唯一一位不是葡萄牙人的哥伦布早年曾侨居葡萄牙，并曾首先向葡王申请向西航行，以求到达东方。《马可·波罗游记》为伟大的航海活动起到了推波助澜的作用。早在1428年，恩里克王子就见到了其兄佩德罗王子从威尼斯带回的这部书，深受激励。而上述航海家几乎都是受到这部书的影响而踏上航程的。在瓦斯科·达·伽马第二次率船队前往印度前夕，1502 年，这部书的葡文版在里斯本问世。出版者在前言中如此评介葡萄牙人当时对东方的认识："想往东方的全部愿望都是来自想要前去中国，航向遥远的印度洋拨旺了对那片叫作中国（Syne Serica）的未知世界的向往。那就是要寻访契丹（Catayo）。"

首先来到东方的葡萄牙人于明正德五年（1510）占据了印度西海岸的果阿，次年（1511）又攻占了马来半岛上的马六甲（明朝称为满剌加）。满剌加地处东西方贸易的咽喉之地，是当时明朝朝贡体系中的重要一环。因此，在攻占马六甲后，葡萄牙实际上已打开了通往中国的大门。可以说，在踏上梦寐以求的东方土地后，他们对东方开始有了真实的认识，很快，对中国再也不是隔岸观火了。

鉴于即使是在许多关于西方中国学缘起的专著中，也很少提及葡萄牙人的早期记述，而葡文文献资料在西方早期汉学形成中有着不可忽视的地位，因此，笔者根据在葡期间搜集的史料，择要做一简略介绍。

一、托梅·皮雷斯与他的《东方记》

《东方记》（*The Suma Oriental de Tomé Pires*）是地理大发现时期西方人来到东方以后，由葡萄牙人执笔所写的第一部也是最为详尽叙述东方的著作。作者托梅·皮雷斯（Tomé Pires）即西方世界派往中国的第一任使节，但那是发生在他撰写此书之后的事。

托梅·皮雷斯大约生于 1465 年，出身于一个医药世家。他在年轻时曾任葡王若奥二世王子阿丰索的药剂师。王子早逝，他离开宫廷。在葡萄牙攻占马六甲后，他来到东方，曾在印度和马六甲居住，足迹遍及苏门答腊和爪哇。《东方记》一书是他在 1512—1515 年间写成的。由于职业的关系（他当时具有商务书记员、会计和药剂师多重身份），托梅·皮雷斯在东方无论走到哪里都十分注意广泛搜集资料，这使他掌握了大量第一手资料，为他的《东方记》提供了丰富的内容。

《东方记》一书涉及东方的方方面面，包括历史、地理、经济、贸易、植物、钱币，以及人类学等。它出自首批亲历东方的西方人之手，加上作者的撰写态度是严肃认真的，因此，是一部具有较高史料价值的书。正如葡萄牙史学家阿曼多·科尔特桑所评价的，这部书对于远东的记述“在一两个世纪内没有人能够超越”。

《东方记》一书列有关于中国的专门章节。应该说明的是，在撰写此书时，作者尚未到过中国，他成为欧洲派往中国的第一位使节的事发生在后来的岁月里。因此，书中不免有传闻虚妄之言，但他的记述是广泛采访亲身到访过中国的人后整理而成的，这又使之具有较高的史料价值。在书里，作者评论说：“中国是一个庞大、富饶、壮观的国家，拥有大片土地和众多百姓……还有许多漂亮的马匹和骡子。”“中国有许多城市和要塞，都是用石头建造的。皇帝居住在叫作汗八里的城中。……那里有众多居民和贵族，拥有无数马匹。”“一般人从来没有见过皇帝和显贵，只有极少的人见过他们。那是中国的习俗。”

托梅·皮雷斯还是第一位提到中国朝贡制度的欧洲人，他记述道：“爪哇、暹罗、帕赛（苏门答腊一王国）、马六甲的国王每5年或10年派遣使臣携带中国颁发的证明文书去见中国皇帝，并且送去他们国中最好的礼品……如果他们带有成千的礼品，中国皇帝也会加倍还礼。”后来，葡萄牙驻印度总督选中托梅·皮雷斯作为葡王派往中国的使臣，正是由于他对东方和中国有一定程度的了解。书中也描绘了外国使节觐见中国皇帝的一幕，书中这样写道：“除了在帘幔后面的模糊身影以外，他们（外国使臣）什么也看不到。他（中国皇帝）从帘幔后面对他们说话，有7个书记员记录下他对各国使节讲的话。这份记录由朝廷官员签字，皇帝既不接触也不看它。随后各国使臣就退出了。”这些记述显然是来自托梅·皮雷斯在马六甲听到的传闻，当然也不排除亲历者的叙述。在刚刚来到东方的葡萄牙人笔下，中国的统治者充满了神秘感。而这份神秘感在托梅·皮雷斯成为欧洲第一位赴华使节后，仍无法消除，因为他始终没能得到中国皇帝的接见。

作为葡萄牙海外扩张的先驱代表之一，托梅·皮雷斯还曾在书中口出狂言：“中国不以掠夺他国为荣，而它无疑是一个重要的乐善不倦且非常富饶的国家。由于中国人非常懦弱，易于被制服，所以马六甲总督无须动用很多军队即可将中国置于我们的统治之下。”中国的乐善好施竟使他产生了“懦弱”的错觉，以致认为可以扩张到中国来。这个错觉在他后来成为使臣踏上中国土地后恐怕立即就会消失了。

《东方记》一书原稿早已散佚，直至1937年，葡萄牙史学家阿曼多·科尔特桑才在巴黎议会图书馆内发现一部手抄本。1944年在伦敦出版了由科尔特桑注译的英文本（作为哈克鲁特学会丛书之一）。迟至 1978 年，葡萄牙科英布拉大学才出版了葡文古抄本。原稿的后半部手抄本现保存于里斯本葡萄牙国家图书馆，葡文名为 *Suma Oriental que Trata do Mar Roxo até aos Chins*。

二、加列奥特·佩雷拉的《中国报道》和加斯帕尔·达·克鲁斯的《中国志》

众所周知，西班牙人儒安·贡萨雷斯·德·门多萨（Juan Gonzãlez de Mendoza）的《中华大帝国史》（*Historia de las cosas más notables, ritos y costumbres del gran Reyno de la China*），是 16 世纪欧洲的畅销书，1585 年出版时轰动了整个欧洲。在同一世纪末已经有各种欧洲语言的 30 种版本。后来英国学者哈德逊如此评价这部书："（它）接触到了古代中国的实质。它的出版可以看作一个分水岭，欧洲学术界从此开始得到关于中国及其制度的充分知识了。"

然而，知其然还应知其所以然。这部书之所以有如此高的价值，是因为足迹并未踏上东方土地、仅到过墨西哥的门多萨利用了当时亲历中国的西方人的著述或者材料。其中最重要，也可以说是构成其书基本史料的三种材料，有两种是葡萄牙人的记述，即加列奥特·佩雷拉（Galiote Pereira）的《中国报道》（*Algumas Cousas Sabidas da China*）和加斯帕尔·达·克鲁斯（Gaspar da Cruz）的《中国志》（*Tractado em que se cõtam muito por estẽso as cousas da China, cõ suas particularidades, e assi do reyno drmuz*）。

《中国报道》的作者加列奥特·佩雷拉约在 1510 年到 1520 年间出生，是阿哈约卢斯省省长之子。他在 1534 年前往印度，在印度总督马拉丁·阿丰索·德·苏萨的军中服务。1548 年他随著名的耶稣会传教士沙勿略的好友迪奥戈·佩雷拉去暹罗，同年，又随其前往中国。在福建进行一些贸易活动后，迪奥戈·佩雷拉约于 1548 年年底或 1549 年初返回马六甲，这时他留下两艘货船和包括加列奥特·佩雷拉在内的约 30 名葡萄牙人，继续从事贸易。而这些人、船不久被明朝官军俘获，于是，加列奥特·佩雷拉开始了他在中国的囚徒生活。他和他的同伴们先被押往福州，经过审讯后，他们被流放到广西。后来，加列奥特·佩雷拉侥幸逃脱。在 1552 年年底沙勿略死于上川岛时他已获得自由。以后一些年他在印度，卒年不详。

加列奥特·佩雷拉是在广西流放期间开始笔录他在中国的经历的。在获得自由以后，在笔录的基础上，他于 1553 年到 1561 年扩充完成了关于中国的记述——《中国报道》。这部记述的葡文原稿存于罗马耶稣会档案馆，里斯本有副本。虽然葡文版迟迟没有问世，但原稿很快被译为意大利文和英文，1565 年威尼斯出版了意大利文版（删节版），1577 年伦敦出版了英文版，使之在 16 世纪流传于欧洲。直到 1953 年，英国学者博克舍才将葡文原稿全文发表在他的以“在 1549—1552 年一个葡萄牙人对中国南部的叙述”为题的长篇论文中（《耶稣会历史档案》第 23 卷）。同年，他又出版了英文注释版，即《16 世纪中国南部行纪》（收入了《中国报道》和门多萨的著作依据的另外两种基本史料，其一即下面将要介绍的克鲁斯的《中国志》），1990 年中华书局出版了何高济翻译的中文版。笔者蒙葡萄牙发现委员会副主席伯利度先生盛情获赠一本 1992 年由发现委员会出版的葡文版，此版是由鲁伊·曼努埃尔·洛雷罗注释的最新版本，将古葡语译为现代葡语，加以注释，颇便阅读。

博克舍在他的《16 世纪中国南部行纪·导言》中说：“一般认为，葡萄牙在亚洲的先驱者们没有努力了解与他们相处的民族，但佩雷拉的叙述和许多撰述一样，可以用来驳斥这种说法。”更为难得的是，加列奥特·佩雷拉这个曾为中国囚徒、经受过铁窗之苦的葡萄牙人却能够比较客观地描述中国明朝的司法制度和监狱管理制度及其状况。在他的记述中首次对中国的科举制度做了特别介绍，成为后来门多萨书中有关科举的基本材料。他的记述对中国充满了仰慕之情：“这个民族不仅吃饭文明，讲话也文明，若论礼节，他们超过了所有的其他民族。他们做生意也差不多如此，按照他们的方式，是那么彬彬有礼，远远超出其他国家的人和摩尔人，没有理由羡慕我们。”又说：“我要谈到中国人在司法方面的措施。应该知道的是，这些教徒在这方面是多么超越基督徒，比之更讲公道和事实。”由此可知，作者虽然是一名囚犯，但他的内心深处却为中国古老文明所倾倒。

较晚些时候，1569 年在葡萄牙埃武拉出版的加斯帕尔·达·克鲁斯的《中国志》，无疑是参考过加列奥特·佩雷拉的记述的。作者克鲁斯本人在 1556 年到过中国，这个年代也较晚于佩雷拉。

克鲁斯的出生地是埃武拉，出生日期不详，只知道他是在阿塞塘被接纳入圣多明我会的。1548 年，他随副主教迪奥戈·贝穆德斯前往印度，后曾到过马六甲。1556 年年底，他访问了中国，在广州住了几个星期。据博克舍所考，克鲁斯“在中国的时间总共不超过几个月”。然而就在这么短暂的时间里，克鲁斯对中国产生了深刻的印象，并且记录下了他所知道的关于中国的一切事情。1569 年的 6 月至 8 月之间，他回到里斯本，随后在 1570 年 2 月 5 日死于色图堡的一场瘟疫中。他的《中国志》于同年同月出版于埃武拉。

由于《马可·波罗游记》的内容不单是讲述中国，也包括东方。博克舍称《中国志》一书“可以公正地被视为欧洲出版的第一部专门记述中国的书”。在书中，克鲁斯以朴实无华的语言围绕中国展开了全面叙述。全书分为 29 章，开篇叙述了作者要到中国的原因，谈到中国的名字和称呼；阐述了中国是个怎样的国家，中国人是什么样的人。接着他介绍了中国的疆域、省份，并对自己到访过的广州进行了描绘。后面的叙述涉及中国社会的方方面面，如土地、行业、服饰、等级、监狱、音乐、方言、丧葬和信仰等，触及中国传统文化和日常生活习俗，并记述了中葡早期的交往。无疑，正是因为它丰富的内容，才使得此书成为门多萨所写著作的基本史料之一。门多萨本人对此直言不讳。

此书在葡萄牙的大疫之年出版，受到灾疫的影响，流传很少。倒是门多萨的《中华大帝国史》一书，对此书内容在欧洲的广泛传播起了极大的作用。

三、费尔南·门德斯·平托和他的《游记》

费尔南·门德斯·平托（Fernão Mendes Pinto）于 1509 年出生于葡萄牙科英布拉附近的旧蒙特莫尔一个贫苦家庭。在 26 岁时，也就是 1537 年，他前往印度，此后在东方四处流浪，达 21 年之久。根据他的自述，曾游历过红海、埃塞俄比亚、霍尔木兹、马六甲、苏门答腊、暹罗、缅甸、中国等地，他也是随同沙勿略去日本的第一批欧洲人中的一员。他曾加入耶稣会，但后来又脱离了。在 1558 年，他回到了阔别多年的故土，定居于邻近里斯本的阿尔马达，开始撰写他的《游记》（*Peregrinação*）。

在《游记》中，平托记述了他在东方的游历和所到之处的名胜，描述了 16 世纪一个欧洲人对亚洲、对中国文化的印象。作者自称在游历中经历了种种挫折和磨难，13 次被囚，16 次被卖，5 次海上失事。总之，在这部长达 226 章的巨著中，作者的描述是极具传奇色彩的，可读性很强。但恰恰是这一点，再加上书稿后来由弗朗西斯科·德·安特拉德经手润色时只注意词句华美流畅，不顾本来面目，遂使这部《游记》的历史价值大为减色。因此，许多学者认为他的游记不可信以为真。然而，此书是平托在东方的见闻及他所搜集的西方人各种东方见闻的选编，上述佩雷拉的《中国报道》和克鲁斯的《中国志》也都是平托《游记》的资料来源。从选编的意义来看，应该说这部《游记》中的资料尚存一些历史真实。

《游记》是在作者平托死后多年，即1614年，才以葡文出版的。1678年和1725年再版。而葡文版出版不久，1620年就有西班牙文版出版，1627年和1645年再版。1628年巴黎出版法译版，1653年伦敦出版英译版。多种文字版本的出版使得此书在欧洲流传甚广。但据说葡文原本的材料尤为丰富。

《游记》一书向西方较详细地介绍了中国文明。作者在书中记述了他于1541年10月到过北京，在他笔下，对中国的都城北京，无论是城市建筑、市容，还是集市、客栈、学校，都有生动描述。平托还记述了南京，他了解到南京是中国的第二个重要城市。他曾在那里的监狱中度过6个星期，于是他以囚犯特有的眼光叙述了中国的法律。平托对葡萄牙海盗商人在中国沿海进行掠夺而被中国官军在1542年给以严惩事件的记述，经与中国文献资料印证，已被认为是较接近真实的。他还对葡萄牙国王派往中国的第一任使臣托梅·皮雷斯之死提供了值得参考的佐证。因此，对于史学工作者来说，这部《游记》不是没有史料价值的，问题是如何从其长篇冒险故事中剥取真实的成分。也正因为如此，在引用它的时候，需要谨慎，尤其是书中大量的地名和事件还有待于细心考证才能利用。

四、若奥·德·巴洛斯与他的《亚洲数十年》

在葡萄牙，伴随航海大发现而来的是这个国家的黄金时代，同样，在文化方面，也进入了一个鼎盛时期。若奥·德·巴洛斯（João de Barros）是这个时期最著名的历史学家。他于1496年出生于维塞岛，曾做过皇家侍从，主要是陪伴唐·若奥王子。从1520年他开始写作生涯，直到1570年去世，笔耕了50年，出版了大量作品，其中有些是语言文学方面的，但最重要的是历史著作。直到15世纪末，葡萄牙的历史学家大多是编年史家，而正是从若奥·德·巴洛斯开始，大规模的史学著作才有了应有的地位。

巴洛斯曾做过海外贸易部门的管理工作，因此有机会得到大量东方的第一手材料，这个有利条件使他产生了要写一部葡萄牙海外扩张史的愿望。他以葡萄牙海外扩张时代的全球性视野为他的历史巨著《亚洲数十年》（*Décadas da Ásia*）做了一个庞大的计划，分为四大卷撰写。第一大卷写欧洲，第二大卷写非洲，第三大卷写亚洲，第四大卷写新大陆，即美洲。每一大卷书包括十篇（又称十卷书）。在他的有生之年，这部巨著没有全部完成，但毕竟完成了大半（第四卷未能完成）。余下的部分由另一位葡萄牙史学家迪奥戈·德·科托撰写完成。

《亚洲数十年》的第一大卷《第一个十年》主要叙述了葡萄牙海外发现史的历史背景以及航海家恩里克王子和若奥二世时期的航海探险和地理发现的历史。第四篇记述了瓦斯科·达·伽马开辟到达印度新航路的历史性航行。从第五篇到第十篇，讲述了葡萄牙1500—1505年在东方的活动。《第一个十年》出版于1552年6月。

《第二个十年》出版于1553年3月，它讲述了葡萄牙人是如何把势力扩张到印度洋地区的。从唐·弗朗西斯科·德·阿尔梅达的活动开始，以阿丰索·德·阿尔布克尔克1510年至1515年占据果阿、马六甲和忽鲁模斯结束。在第六篇中，巴洛斯运用马来口述资料叙述了马六甲和新加坡的早期历史，很有价值。

现在要提到的是巴洛斯历史巨著的第三大卷《第三个十年》，毫无疑问这是全书最重要的部分，因为它包括了大量关于中国的叙述和作者对中国的看法和认识。它出版于1563年8月，葡文全名为：Terceira Década da Ásia de João de Barros, Dos Feytos que os Portugueses Fizeram no Descobrimento e Conquista dos Mares e Terras do Oriente。

在《第三个十年》的第二篇中，作者记述了葡萄牙国王曼努埃尔一世命令费尔南·贝雷斯·达·安特拉德前去“发现”孟加拉湾和中国，安特拉德第一次前往中国的重要省份广东。在这里应该提到的是，由此记述可以清楚得知安特拉德是葡王亲自派往东方的。然而，由于我国老一辈中西交通史家张星烺先生《中西交通史料汇编》中的译文是根据俄国学者布莱茨内德的《中世纪研究》英译本而来，而布莱茨内德的英译本又来自德国人索尔涛的德文译本，译文中只摘译了葡萄牙满剌加总督派遣安特拉德前往中国一段，致使至今我国史学界以安特拉德为马六甲总督派往中国的说法仍然存在，应予澄清。

在书中，巴洛斯首次把中国的长城介绍给欧洲。他得知长城是由一名葡萄牙人买到里斯本的中国人画在一幅中国地图上的。这幅地图是中文的，由那名中国人译为葡文。葡萄牙人将他和一些中文书籍一起带回欧洲，因此他也为他们翻译中文地理书籍。巴洛斯说他“会阅读和书写我们的文字，并且精通阿拉伯数字”。因此，我们知道，这名在欧洲的中国先行者精通中葡两国文字，他的翻译工作对巴洛斯了解中国及其文化提供了极大的帮助，曾首先使中国长城的全貌展现在欧洲人眼前，为中西文化交流做出了贡献，可惜现已无从考知其人其事。巴洛斯说：“关于这座长城，以前曾经听说过，但起初以为它不是连续的，只是建立在中国人和鞑靼人土地之间的崎岖山峦中。但现在我们已经知道它的连绵不断的全貌，不由得感到极为惊奇。”在这里，巴洛斯表述了在闻知长城这一中华灿烂文明时所感受到的震撼。

正是由于他对中国文化产生了钦佩之感，才使得他在著作中对中国采取了与对待同样是异教的印度和伊斯兰教国家非常不同的态度。他记述中国人意识到了文化的优越性，“正如古代希腊人把其他所有民族都看成是野蛮人一样，中国人宣称他们有两只眼睛去认识一切事物。而我们欧洲人，因为与他们发生联系，有了一只眼睛，其他的民族则是不具备的”。这位具有人文主义思想的葡萄牙史学家高度赞扬了中国的文化和文明，在书中还列举了中国在艺术和科学方面令人赞叹的成就，如印刷术和火药等，他认为中国的文明比希腊文明和罗马文明更为优越。

《第四个十年》出版于巴洛斯去世后的1615年。因为此时西班牙国王腓力二世已经吞并了葡萄牙，故此书在马德里出版。

虽然巴洛斯不懂得亚洲任何国家的语言，但是他可以被称为西方的东方学先驱。他不但系统地搜集亚洲历史和地理书籍及手稿，而且还借助了葡萄牙海外扩张的条件，利用买来的奴隶为他翻译材料。由于在他的著作中运用了大量关于亚洲的第一手材料，此著作具有很高的史料价值。

巴洛斯的《第一个十年》和《第二个十年》在1516—1562年间被译为意大利文，在威尼斯出版。而《第三个十年》却没有意大利文译本。这种情况使《亚洲数十年》在欧洲的流传很少。仅在出版20年后，葡萄牙史家迪奥戈·德·科托在果阿继续撰写巴洛斯未完成的部分的时候，他就已无法确知《亚洲数十年》在葡萄牙是否有10部，或者在印度只有一部。由于版本稀少，影响了此书在欧洲的流传，这不能不说是件憾事。但由于它本身的价值，它应在西方汉学萌芽时期占有一定地位。虽然作者巴洛斯是以葡萄牙海外扩张的眼光来看待和叙述亚洲和中国，但在其著作中明显蕴含的人文主义，透露出欧洲的中国文化研究的萌芽，而这也正是西方汉学的萌芽。

中国学的研究者一般认为，在马可·波罗和门多萨、利玛窦等人的著作中间，欧洲没有什么有价值的记述中国的书，这是一种错误的概念，实际上是忽视了葡萄牙历史文献。应该说西方对中国认识的逐步丰富首先要归功于葡萄牙人的记述。总括上述同期几位重要的葡萄牙记述者，虽然不免带有海外扩张的时代印记，但无论是传教士、商人，还是历史学家，抑或是受过中国铁窗之苦的囚徒，都在记述中表达了他们对中国文化由衷的赞叹。作为整个欧洲对中国认识的先声，这种对中国文化倾心仰慕的态度，无疑对欧洲传教士也有很大影响，从而构成了西方早期中国学的基调，或者可以说这些记述为西方汉学的形成提供了良好的开端。

万明，1953 年生，中国社会科学院历史研究所研究员，主要研究方向为中外关系史和明史等。著有《中葡早期关系史》《明太祖本传》等。

传统与寻真
——西方古典汉学史回顾

〔美〕韩大伟

由作为翻译者、编撰者和编辑的耶稣会士、驻外领事、商人组成的前汉学家（protosinologists）队伍，以及19世纪中后期的第一批传教士汉学家，他们留给20世纪初期的汉学研究的是一种既粗糙又不成体系的方法论观点及研究课题，尽管两者的资料都是得自中国本土学者或是注经家（scholiasts）。但沙畹（Chavannes）继承了这一传统，并将工作方法系统化，为后继者建立了一种文献学新的正统。直到第二次世界大战之前，文学研究的方法与计划在大多数汉学家那里毫无疑问占有支配地位。今天的汉学研究的目的仍是寻中国问题之真，无论是从古代文献中爬梳，还是采用新的研究范式，都使成果概念化。

在追寻汉学发展过程中的文献学研究取径的某些基本方法时，我选择了每个阶段中至关重要的学者作为关注点，并注重作为典型方法论的文本研究。在卡莱尔（Carlyle）的“伟人模式”中，“大汉学家”是一种抽象的同时又取决于建构一项课题所需的知识和其文学价值表现的客观评价。我们所讨论的汉学家皆是研究文献学传统的典型，在方法论的运用上也堪称模范。这既不意味着其他汉学家没有做出重大贡献，也不意味着在其他方法论中文献学取径首先可以超越文本层面来操作。

但是，由于文本研究，即所谓文献取径所固有的局限性，一个问题随即出现：那些习惯于忽视对社会科学进行更多理论关注的文献学家研究视野与取径是否窄小而狭隘呢？从某种程度上讲似乎如此，尤其是当他们致力于语言学重建与文本校注的细致工作时。但就全部文献之被翻译、注释而且要经过文学分析而言，这种文献取径的研究范围与别的领域，如历史学，内容同样广阔。事实上，人们传统上认为社会学运用一些流行的方法，而历史学却拘泥于具体细节的研究而以牺牲普遍研究模式为代价[1]。亚里士多德早在他的《诗学》第九卷中就第一次对历史学提出过这样的指责[2]。在某种程度上讲，兰克（Ranke）的19世纪新史学研究虽然从概述性的、派生性的编年体史书转到官方原始档案，但在受制于文本研究这一点上仍与传统的文本范畴的文献学有本质上的区别。

彼得·伯克（Peter Burke）在总结新史学的文献学基础时说："与兰克的名字联系在一起的史学革命最终是史料学与方法论的革命，即从利用早期历史著作或编年史料转向利用政府的官方记载。"历史学家们开始中规中矩地研究档案史料，并创制出一整套逐步完善的持续体系来对资料的可信程度进行评估。[3]

这样，至少从一个层面上看，处理文本资料的这一特有方式，似乎使历史学家与文献学家有了关联[4]。在关于文献学发展所做的一项较大的工作中，我主要以历史学的民族学派为研究对象，运用了时代划分的方法，依照文献学学科对研究方法按其创造、运用及成熟的时间段来划分的原则，将研究方法运用的漫长过程具体划分成不同的阶段。

耶稣会士时期。耶稣会士们在中国定居，借助于日渐娴熟的口语和对中国本土解经学、诠释学及应用伦理学学术传统的深入了解，发展出了一种最早的探寻中国文学传统的途径，其考释技能的特长表现在运用并不成熟且不成系统的学说，他们可以被认为是最早的汉学家。

法国汉学学派时期。这一时期的法国汉学家们是自学且在家研习的学问家。他们没有亲身感受中国文化和语言的经历，却拥有文献学上的敏锐。他们首先发展出了一套复杂的技术方法，不仅用于通过阅读使用文献，而且更重要的是在文本传统之中批判地评估文献的价值及地位，并且大胆地提出了自己的理解。这一直接有助于汉学研究尝试的技术方法更多来源于对古典学术成就和比较语文学方法的吸收，很少有来自对中国注释传统的借鉴。尽管研究方法有所创新，但终究受制于欧洲

---

[1] 彼得·伯克：《历史学与社会理论》，纽约：康奈尔大学出版社，1992年，第3页。

[2] 关于历史学的共性化趋势与诗歌艺术的普世关怀间讨论的背景，见凡内（M. I. Finley）《历史学的使用与滥用》（1975年；又见纽约：企鹅图书，1987年），第11—12页。

[3] 伯克：《历史学与社会理论》，第6页。

[4] 依据海顿·怀特和多米尼克·拉卡普拉的说法，甚至表现方式也应多借自文献本身。关于历史文献中独特的"诗学"成分，见海顿·怀特的《元史学：对十九世纪欧洲的历史想象》（巴尔的摩：约翰·霍普金斯大学出版社，1973年）；关于历史学家们所借用的修辞手法，见多米尼克·拉卡普拉的《修辞与历史》一文，载《历史与批判》（伊萨卡：康奈尔大学出版社，1985年）第15—44页；亦可参见彼得·盖伊（Peter Gay）的《历史的时尚》（纽约：诺顿，1988年）。

图书馆有限的原始资料。由于当时讲求理性及方法学的研究环境，诺曼·吉拉尔多（Norman Girardot）和费乐仁（Lauren F. Pfister）称他们为汉学东方主义者。他们中的佼佼者为儒莲（Stanislas Julien），他不仅从未到过中国，而且以在“冷漠无情的文本活动”中从未利用过中文原文资料而自傲。

英美汉学学派时期。这一时期的汉学家是到中国的英美领事、军事及商务代表。他们代表了有中国居住经验的本土学者和局限于图书馆的法国汉学团体的完美结合。在这一时期，最初运用尚且幼稚的考古学、碑铭学、民族学、人类学、民俗学学科方法的田野工作刚刚起步。在居住于中国的兼职汉学家当中，理雅各（James Legge）是最有影响的杰出人物，继儒莲之后成为汉学家中大师级的人物，他在1876年坐上了牛津大学汉学研究的首席交椅，并由此确立了英美汉学相对于法国汉学的优势地位。在那时，法国学派在圣德涅（Saint-Denys）执掌教席期间正经历着一个短期但十分明显的低迷阶段。于是，理雅各的牛津生涯标志着早期汉学方法实例时代的开始。

沙畹建立了第一个当代汉学学派，综合了前汉学家、法国学派及英美学派的各个不同的学术特点。从耶稣会士那里，他学会了对本土传统怀有深深的崇敬之情；从法国学者那里，他继承了一种精确的文献学研究头脑和方法，及法国图书馆科学的可贵遗产；从英美汉学家那里，他了解到第一手田野考察经验和当代汉语知识的重要性。由此而产生的以沙畹为代表的学术派别有利于突破汉学东方主义的智识局限和宗教魔法主义（Religious Hermetism）——吉拉尔多所用的一个妥切的词汇——及殖民传教式的家长作风的心态局限。如果说汉学能成为一门当代学科的话，那么应当归功于它不仅综合了各不相同的旧方法，而且率先尝试运用新方法。

对于沙畹以后汉学发展的分期，我在本文中不拘泥于民族与语言的分界（如说英语或是以英语发表著作的汉学家），而试图依照以下一些新方法来描述其发展：伯希和（Paul Pelliot）的翻译/诠释取径、马伯乐（Henri Maspero）的文本归类和神话研究、哈隆（Gustav Haloun）的文本考据、高本汉（Bernhard Karlgren）的历史音韵学、葛兰言（Marcel Granet）的社会学，以及福兰阁（Otto Franke）的历史编纂学（尽管后两者更多关注的是学者运用文献学工具所做的，而不关心它们自身的完善）。也许，为了不总是从方法论角度，而至少能分辨清楚历史学家、其他社会科学家与文献学家在研究目的和视野上的区别，可以运用一种新的分期方案。该方案建立在一种学术手段及其更改意图的概念之上，而不是建立在过去常用方法论的发展之上。这正是历史学家芮沃寿（Arthur Wright）所提出的。

作为传统的汉学家，芮沃寿在对几个世纪中的不同阶段中国思想的汉学意识形态所做的富有价值的总结中，继续向文献学家呈现了有威慑力但受人欢迎的千年的中国文明，借用艾尔曼（Benjamin Elman）在中国个案中所运用的福柯（Foucault）范式的概念，这一知识群体建立起了一个前后一致的“话语学术表述与意义的共同体系”[1]，即“思想体系与认知型的考古学”[2]。当代社会学家更愿将其称为“思想模式”、信念系统或“认知地图”。这些都可追溯到涂尔干的（Durkheimian）思想隔离法。照伯克的说法，即团体的观点，不可言说的假想，对某文化的共识及信念系统结构的集合[3]。

芮沃寿认为这一论述方式或者说思想（他称为传统）是试图使一种有学术价值的传统和研究取径永久化地为自我服务的文士们的自我取像。芮沃寿评论说：

> 当欧洲人开始了他们对这个遥远国度文化本质认识的过程时，在主题及解释方法的选择上，他们受到了中国本土学术传统的引导。毕竟，没人比中国学者更加权威……因此，在早期研究中，欧洲人从某种意义上说成为他们所研究的传统及使那传统不朽的人——上千年中国文明形象——的俘虏。[4]

从这一意义上讲，汉学东方主义幼稚而全心全意地接受了中国人的东方世界。这一东方世界并非作为西方殖民主义尝试的虚构自我所认可的中国模式，而是萨义德对东方主义总体心态的假定。但是，既然欧洲人站在这一封闭共同体之外，他们就没有作为讨论者参与谈话的能力。然而，他们受到葛兰西（Antonio Gramsci）所定义的“文化霸权”[5]的影响。当这种文化霸权选择了认识中国的方法和将这种认识付诸笔端的方法后，它就产生了普遍的影响，尽管这一影响没被认识。于是芮沃寿评价西方、中国或日本的汉学发展是建立在独立发展或摆脱了这一被禁锢的霸权传统的基础之上。就西方汉学而言，首先是富有浪漫色彩的亲华倾向，它来源于早期的耶稣教士和18世纪的启蒙运动者。接着是汉学东方主义，它们是遍及欧洲的

---

[1] 本杰明·艾尔曼：《从哲学到文献学：中华帝国晚期的知识界与社会面貌变迁》，《哈佛东西文化专刊》第110号（1984），第××页。

[2] 伯克：《历史学与社会理论》，上海人民出版社，2010年，第92页。

[3] 同上书，第91—92页。

[4] 芮沃寿：《中国文明研究》，《思想史月刊》21（1960），费城：宾夕法尼亚大学出版社，第233页。

[5] 伯克：《历史学与社会理论》，第86页。

对于东方事物之热情关注的一部分：那种嵌藏在——就像琥珀中嵌藏有一只昆虫一样——超越于历史进步趋势或必要性的、没有变化的静态社会之中的艺术瑰宝和哲学真理[1]。

浪漫的亲华人士与汉学东方主义者所共同采用的方法论十分典型，正是传统中国学者团体所倡导的取径，即翻译注释（translation-annotation）的取径。芮沃寿评价说，沙畹的视野超越了传统，引导了一条对待历史的批判方法的新途径。对葛兰言的评价是："他阅读了那些表面上反映知识界文化观点的全部古典文本，并读懂了其后的社会真实。"最后，他认为福兰阁是从欧洲考订中学习，而不是从文人学士传统那里汲取研究方法的第一位历史学家。此外，芮沃寿加上了马伯乐，认为他发展了沙畹的方法，将其运用在传统思想的正统界限之外的领域，甚至在研究道教这样的非正统领域[2]。

但是，或许因为外表为历史学家而实则是文献学家[3]所引起的深层次心理冲突，芮沃寿忽视了沙畹、马伯乐和葛兰言差不多所有工作的文献基础。更为引人注目的是沙畹对翻译—注释取径的提倡。他的学生伯希和，基于他正在进行的档案工作而将这一传统推至顶峰。当然，芮沃寿强调的是人们关于资料可以做些什么。也许文献学家在一定情况下被允许在决定如何超越注释传统和过分关注注释过的文本时，有同样的回旋余地。从操作程序上讲，在文学学者对一首诗歌的注释，与费正清（John K. Fairbank）对清政府档案材料翻译的"评论说明"、韦慕庭（Martin Wilbur）对汉代的奴隶史料或中国共产主义档案的翻译所做的"说明注释"之间，我几乎看不出有何分别[4]。然而，正是顾颉刚及其疑古学派久享盛名的对文本批判主义的应用，在中国宣告了一种新的历史学的诞生，其后，傅斯年和他在历史语言研究院的同事又使得这一立场有所缓和与收敛[5]。

芮沃寿意识到，从根本上讲，即使是顾氏一派的新史学家，他们的历史学工作

---

[1] 芮沃寿：《中国文明研究》，第 240—242 页。

[2] 同上书，第 246—247 页。

[3] 可以证明他对佛教文本的超凡的注释翻译能力，见罗伯特·萨默编《中国佛教研究》（纽黑文：耶鲁大学出版社，1990 年），该书五章中有三章是关于佛家传记和资料的文献学研究。

[4] 韦慕庭：《西汉时期的中国奴隶制（206B.C.—A.D.25）》（"人类学系列"）自然史考古博物馆，卷三十四（1943）。

[5] 劳伦斯·A. 施雷德（Laurence A. Schneider）在其《顾颉刚和中国的新历史：民族主义与对可供选择传统的探寻》（加利福尼亚：加利福尼亚大学出版社，1971 年）中分析了这次史学革命；关于傅斯年和哲学与历史的结合，见王汎森：《傅斯年：一位知识分子的传记》（普林斯顿大学博士论文，1993 年），第二章。

仍是文献性的：在历史学领域，顾颉刚代表了这些年中国研究重新定向的趋势。他的批判精神和对研究中国历史的新方法的运用，反映了史学研究从中华帝国文化仰赖的神话及传统秩序所认可的探索方法中解放出来。儒教教义被重新审视，根据可靠性与真实性程度的不同，及其创作时代与作者的可分析性关系，经典文本被当作历史文献，而不是当作智慧的积淀逐一被研究。[1]

具有讽刺意义的矛盾是，一方面芮沃寿对文献学家的翻译—注释取径心怀反感，另一方面却赞同从历史学家的角度运用翻译—注释取径。这一矛盾也许可以通过他自己创造的术语来解决：顾颉刚的“批判精神”决定了他如何对待文本。换句话说，顾颉刚文本批判主义的方法论受到了批判精神的指导，即将文本置于一个新的范式中，在此范式中，文本是作为史料，而非顶礼膜拜的经典；作为可供钻研的文献而非供人欣赏的文学作品。也就是说，他以文献学作为迷信的一个对头，如本文第二段引语中所陈述的，或作为一个牢固的世界视野。

这一自尊崇传统经典向探寻其历史意义的转化的确经历了一个艰辛的、理性的重新取向，而并不是以观念改良或在平和的情绪下协商而成。比如，根据约瑟夫·勒文森（Joseph Lewenson）的说法，“章炳麟（1868—1936）有些苦涩地承认，传统经典已从不可动摇的指导变成了历史资料，它们再也不能够自始至终地控制人们，而相反得接受人们的审阅，以被允许在历史中存留片刻”[2]。经典作为真理宝库的地位消失了，接踵而来的是将它们看作一般的可利用的档案文献而对它们进行的反击。这标志着近代思想文化的重要转折点。正如约翰·亨得森（John B. Henderson）所总结的，解经学的焦点从经典向古典文献领域的转移，“从人类学的经典过渡到利用潜藏其背后的历史关系（historical interconnection）的转移”是社会科学发展史上最为重大的事件之一。这一转变发生在 18 世纪和 19 世纪的欧洲历史研究中及清代学术界……不是所有清代的学者都为这一历史第一主义的看法而着迷[3]。

在第一段引语中，佩里坎（Pelikan）提出史册不是用来复原传统，而是对传统

[1] 芮沃寿：《中国文明研究》，第 251 页。

[2] 约瑟夫·勒文森：《儒学中国及其近代命运：一个三部曲》（奥克兰：加利福尼亚大学出版社，1968 年），1：93。关于章炳麟，见日本学者岛田虔次（Shimada Kenji）：《中国革命的先驱：章炳麟和儒教主义》，约书华·福杰（Joshua Fogel）译，雷德伍德城：斯坦福大学出版社，1990 年。

[3] 亨得森：《经典、正典与注释：儒教与西方解经学的比较》，普林斯顿：普林斯顿大学出版社，1991 年，第 214—215 页；勒文森：《儒学中国及其近代命运》，1：79—94；施雷德：《顾颉刚和中国的新历史》，第 188—217 页。

的再发现时，做了同样的区别："特别是在19世纪及其后的时期中，出现了一些学者。他们认为对那些他们曾经对之不加鉴别地证实的传统的再发现与批判研究，导致了对那一传统的否定……再发现往往导致摒弃。"[1] 假如说这一阐述的再发现没有导致对作为伦理价值宝库的过去的完全摒弃，顾颉刚的确完全摒弃了[2]。文献学家们需要确保他们以超越传统并运用批判性范式而非文化性范式工作的手段从传统的禁锢中解放出来。然而实施的唯一前提是，这一工作的目的是利用批判手段对史料中真理的再发现，而不是对传统中文化史料的复原。

汉学中的真理

伯希和的同学、同事及后继者，包括戴闻达（Duyvendak）和阿历克赛夫等人，认为一些文本甚至还不如那些爱情不专者，它们不忠于历史，并对文献学的劝诱与哄骗无动于衷。然而，它是时代的一个原则，对今天的哲学家来讲也是一个通常的影响法则。例如，"阿历克赛夫要求他的学生注重文本的高度准确性，尤其是要一丝不苟地恪守文本本身。他认为这是最主要的学术证明方法。就是说，他坚持将客观资料列为首位，而反对所有形式的思辨推测"[3]。按照他的说法，文本是"真理的最高尺度"[4]。

这一对文本神圣天性的敬畏和对文本顶礼膜拜的态度，颇有几分19世纪晚期法国历史学家的旧实证主义史学的风格，对于他们来说，所有的真理都蕴藏在文本中，只可惜它几乎总是处于晦暗不明的状态。历史需经过缜密的文献处理——就如同实验室中化学家们所进行的有条不紊的工作——发现提炼真理，从而有益于智慧的活跃、人文的引导及社会的进步。有古朗士（Fustel de Coulanges）为证，他鼓吹"文献实证主义"。根据厄恩斯特·布赖沙施（Ernst Breisach）的说法，古朗士在他的六卷本《古代法兰西政治制度史》（巴黎，1891年）中表明"文献中没有提

---

[1] 佩里坎：《为传统而辩》，第23—24页。

[2] 约书华·福杰：《对中国过去的再发现：崔述和相关的例子》，见《变化中国的视野：纪念韦慕庭教授退休论文集》（1979），第219—235页。

[3] 梅尼希克夫：《学问家阿历克赛夫（1881—1951）和他的俄国汉学学派》，见《欧洲的中国研究：欧洲汉学史国际会议论文集》（1995），圣彼得堡：俄罗斯科学院东方研究所，第138页。

[4] 同上书，第136页。

到的就根本不存在”。古朗士主张，只有通过对每一时代本身所遗留的文字记载及档案的悉心研究，人们才能够“充分地摆脱现时的成见并充分地摒弃各种各样的偏好与偏见，以便能够精确地想象过去人们的生活”[1]。伯希和是这一传统最为典型的代表。

另外，马伯乐尽管是一位富有天分的文献学家，但他摆脱了实证主义对待文本的成见，做了大量对古代中国政治、社会、经济和诸如道教仪式与信仰的宗教史等方面的综合阐述与分析。这些工作建立在严谨的、大量的文本阅读的基础上，但他最终跳出文本之外，对可利用的资料进行整理与协调，形成大体性总结和暂定性结论。虽然他还没有像葛兰言在运用初期档案学的模式上走得那样远，但他也并没有为历史决定论的疑惑所禁锢，而是使用现代术语来解释各段的历史。

除了文献学的路数，当代社会科学是在理解模式，而不是在文本中发现真理的。模式的长处是，它们脱离了中国传统的束缚，由主观建构并加以运用。这避免了玛丽安娜·巴斯蒂－布吕吉埃（Marianne Bastid-Brugière）提醒我们注意的早期历史学家的问题：他们赋予中国历史以独特性，这一独特性与中国文献和早期汉学家们的改编相一致[2]。这一主观模式在与其他文化和人民的比较研究中立即派上了用场。这也有助于确认，为注释传统所支持的自我肯定的汉学中心观被超越了。

沙畹将汉学文献传统推至顶峰，伯希和使文献技巧尽善尽美，历史学家马伯乐处于转折时期，社会学家葛兰言在引进概念模式上起着至关重要的作用。由以上汉学的发展，我们得到一个看似矛盾的结论，那就是：沙畹及他的三个追随者奠定了现代汉学的基础，而这三人却标志着传统汉学出现了分歧，一枝独秀的局面被打破了。历史学家福兰阁、校勘学家哈隆、文学家威利（Waley）和沙弗（Schafer）、博物学家劳费尔（Laufer）、亚洲词源学家卜德贝格（Boodberg），他们都成为了对传统研究有各自独特取径的象征性代表，而这一传统若不是已经衰落，也无疑是在衰落过程中。

然而，在一个考古发现不断增多的时代，跨学科取径显得尤其重要[3]。由于考

---

[1] 厄恩斯特·布赖沙施：《史学研究方法：古代史、中世纪史和近代史》（芝加哥：芝加哥大学出版社，1983年），第276页。

[2] 玛丽安娜·巴斯蒂－布吕吉埃：《19、20世纪欧洲中国史研究的几个主题》，《欧洲的中国研究》，第231页。

[3] 迈克尔·洛伊在其文章中强调历史学家们需要采用这样一个文献学取径。见《中华帝国早期历史：西方的贡献》，《欧洲的中国研究》，第247页。

古发现中包含有档案史料，不仅需要对这些新的文本进行文献检阅，而且同样对于整个作为文本传统的考古新文献与发现也要进行审阅，尤其是在历史音韵学和校勘学学科领域日益复杂、文学批评和比较文学领域的新取径有了发展的情形之下。休斯（H.Stuart Hughes）沉思说："历史学家似乎忘记了——假如他们曾经确切地知道过——一个简单的真理：所谓研究工作的进步不仅仅来源于新资料的发现，而至少多数来源于对已有材料的新的解读。"[1] 我们也不期望将回到笛卡尔式的对于理性的盲目信仰——这一理念巧妙地装扮成哲学、数学和物理模式——作为唯一通向真理的途径。如大卫·哈克特·菲舍尔（David Hackett Fischer）所警告的，"方法论神话"总会出现[2]，它既使人产生盲目性，又同等程度地产生着诱惑力。例如，狄奥多尔·汉莫若（Theodore Hamerow）将整个事业比作艺术史学家的工作：

> 社会科学家就如同古代艺术品的管理者，他试图将一大堆零散的碎片拼合成一件罗马镶嵌作品。结果似乎不错，但它永远比想象中的复原要逊色。使用方法论所得出的结论往往巧妙而富有说服力，甚至其推论也十分正确。但我们可以据此确认它们代表了客观事实而非主观认识的结果吗？[3]

在这一设想的方案中，手段成为目的。对文献学家来说，方法论是通向物质文本（physical texts）本身结果的途径。我认为，历史学和其他社会科学似乎是建立阶段性结论的方法论途径，这些结论本身常常仅仅是由途径推测而来的；它们不是独立的存在体，仅为难以表述的并且变化着的抽象观念而建立。（当然，我们在回避直接回答一个本体论的问题，那就是究竟是否任何人都可以真正"读"懂一个文本并找见作者的意图，而从文献学家的观点来看，这一问题则无关宏旨。）另一方面，萨义德指出，"这似乎是一种常有的人性的失败：与直接面对人类而迷失方向

---

[1] 引自拉卡普拉：《历史与批判》第 20 页。

[2] 大卫·哈克特·菲舍尔：《历史学家们的错觉：关于历史学思想的逻辑性》（New York:Harper & Row, Publishers，1970），pp. xx-xxi。

[3] 狄奥多尔·汉莫若：《对历史与历史学家的批评》，麦迪逊（Madison）：威斯康星大学出版社，1987 年，第 197 页。他的全文为《新历史与旧历史》（第 162—204 页）。该文应与希麦法伯（Gertrude Himmelfarb）的《新历史与旧历史：评论文章和重新评价》（剑桥：哈佛大学出版社，1987 年）一同阅读，以便对新的可利用模型保持警惕，并对这些模型的应用的方法小心对待。

相比，人们认为已成纲要的文本更为权威[1]。但是，即使一个特殊的文本或档案主体拥有一般意义上的讨论和资料来源优势，也必须小心避免转向文字资料这一安全做法的倾向，尽管它们所提供的研究方法似乎十分安全而稳妥”。

今天，检验汉学家——无论他忠诚于哪一门学科——的试金石都将是对真理的继续探索。在这一情形下，真理不是通过对方法艰苦而准确的运用，或凭借辉煌一时的洞悉力来领悟的新发现而得到的客观事实，而是在诚实的态度下的方法本身。给真理下这样一个定义造成了客观上的理想与固有倾向的真实间不可避免的分歧。对此，彼得·诺维克（Peter Novick）曾做过富有说服力的证明[2]。鉴此而论，保罗·利科（Paul Ricoeur）坚持认为历史学家——或主要方面——不要在掌握抽象力的、无限的、基本的真理上空耗气力。相反地，他们认为真理存在于“我所做的合乎历史学家职业道德的工作”中[3]。沃勒斯坦（Immanuel Wallerstein）通过将真理的讨论拉回到给客观性下定义来澄清这场争论：

> 学者的角色是在他所笃信的准则下辨明清楚他所研究的现象的当下真实状况，从这一研究中推知普遍原则，最终从这些原则出发，特定的应用得以实施。“真理”在改变，因为社会在改变。在任何一个指定的时期内，没有永恒的结论，任何历史都是当代史，尤其是那些已成过去的历史。而当前我们都不可救药地成为我们的成长背景、专业训练、个性、社会角色及我们在其中运行的环境下的社会结构化压力等诸因素的产品。

他总结说：“客观性只在此框架内真实。”[4]而文献学家的真理则是运用最佳学术手段及文献学取径理论所进行的诚实的研究。

在目前的著作中所描述的汉学家提供了大量有用的典型文献学生活与工作的事例，这就是为什么尽管劳费尔独立为学、没有建立任何学派，也将他列为拥有卓越技巧的汉学家。如果我们忽略对汉学制度发展的描绘，并且没有将足够的汉学学派

---

[1] 引自克利福德（James Clifford）:《萨义德评述，东方主义》,《历史与理论》19（1980），New Jersey: Wiley，第212页。

[2] 彼得·诺维克:《卓越之梦：“客观性问题”与美国历史学职业》，剑桥：剑桥大学出版社，1988年。

[3] 保罗·利科:《历史与真理》，埃文斯顿（Evanston）：西北大学出版社，1965年，第8页。

[4] 沃勒斯坦:《近代世界体系》卷1,《六世纪资本主义农业与欧洲世界经济的起源》，纽约：学术出版社，1974年，第9页。

及其师承详尽明确地登记在册，那就不要说试图描述一个汉学的理论史和学术思想史。至少，某些特定的方法的隐患和成功都被引进。

如果我采用了任何一种阐述模式，那么，它就是一种成系统的模式，能将我对汉学家的论述协调地编排起来。转述詹姆斯·克利福德的话，这一系统化取径使我绕过了思想文化史，而以追溯过往和持续不断的形式描述哲学史的“结构和方法论”。在19世纪及20世纪的早期，这一哲学史就形成了其古典形态[1]。假若有人进一步观察那些最受关注的汉学家，这一传记体框架必然被打破，成为一个个人的“伟人”记述传统，并表现为不可避免地让中国人感到别扭的世俗化的“铁三角”：由英国传教士—领事汉学家理雅各、伟烈亚力（Wylie）和翟理斯（Giles）组成的三人委员会；由法国汉学学派的福赫芒（Fourmont）、雷慕沙和儒莲组成的三驾马车；由大师级汉学家沙畹、伯希和与马伯乐组成的三重奏；由德国汉学家哈隆、福兰阁和流亡者劳费尔组成的三点纸牌；以及由英裔美国人文学家威利、卜德贝格和沙弗组成的三剑客。

将汉学置于一个由伟大的个体典型所组成的历时过程中，比将之看作浑然的、同步的“主观支配性论述”或“学术论文”，可能更容易进入、分析并有时加以重新建构，但维护传统的正是组织化后的汉学，它将通过学科领域范围内多层次实践者的优势介入——在方法上，保证长期的可靠性；在可读性上，保证其具有增进知识的功效——来与学科外进行对话。然而，若没有领域内这样的英雄形象时常出现，面对日益加剧的对于资金、资源配置和资金赞助的竞争，允许文献学在汉学研究图书馆内拥有一个独立的单间也许愈来愈困难，尽管程度并不剧烈。这一困难境地的一个典型例子是当代荷兰学派。正如伊维德（W. Idema）所感叹的：

> 荷兰汉学一直以踏实良好的文献基本功引以自豪。这一研究中国文化的基本方法途径难以在对学科方法复杂化的要求日益增长的情形下继续奏效，其原因有二：一是随着学科专业的增多，对运用学科方法的要求日益增长；二是政府严格控制大学本科教学和研究生工作的时间。[2]

[1] 克利福德：《萨义德评述，东方主义》，第207页。

[2] 伊维德：《欧洲的中国研究》，第107页。

在这种压力下，像汉学这样以保守主义的恋旧情结、不时髦的方法取径和传统主义的沉重负荷而闻名的学科，只好通过待续不断地证明其与整体的人文科学研究的联系，抵制全方位的学科萎缩，来保持其在学术中的稳固地位，这对于中国学来说尤其重要。拉卡普拉（LaCapra）警告说："当过去不再与现实有关联，关注过去就会被讥为'好古癖'。"[1] 我们不能允许用"好古癖"或其他已成定势的表述词语来指责 19 世纪、20 世纪的文献汉学家。要做到这一点，唯有忠实地面对传统，这一传统是由该著作所论述的权威所倡导、发展起来的，那就是我们为我们的同龄人勤奋地重新审阅、分析和介绍中国文学遗产——以一种有效的操作方式，并且清楚、明确、有力地表述文献学家的技术武器，但是同样重要的是他们表现出的灵感，当我们满怀敬意地在学术的祭坛前净手焚香阅读他们的著作、思考他们的理论，在我们脑海里涌现的是日益增强的技术手段、日益广阔的研究语境和与我们自己工作的关切性，没有人能从过去中期望过多。

韩大伟（David B. Honey），1955 年生，美国杨百翰大学文学院教授，主要从事西方汉学史、中国岭南文学史、中国经学史等的研究，著有《西方经学史概论》《南园诗社：广州文人文化与社会记忆》等。

[1] 拉卡普拉：《历史与批判》，第 30 页。

德国汉学研究的历史与现况

〔波兰〕魏思齐

1. 德国汉学研究的历史脉络

1.1. 德国早期汉学：17 世纪至建立于 1871 年的德意志帝国

众所皆知，欧洲汉学研究的开端来自天主教 16 世纪至 18 世纪在中国所进行的传教工作，最早来自伊比利亚半岛，其为欧洲最早的汉学研究之地，之后在法国、意大利等国家所发展的中国知识都是一种初步传教式的汉学。

就德国而言，亦是如此。提起汉学在德国的发展，必须追溯到明末清初的德国耶稣会会士汤若望（Johann Adam Schall von Bell，1592—1666）。他在 1623 年抵达北京后，在中国住了几十年，熟悉中国语言和文化。虽然当时他在中国生活条件并不是很好，因为当时的中国正值明清易代，也受了不少苦，但由于他的从中引介，不仅为中国带来了现代欧洲的科学知识，同时也将中国文化传播至欧洲，促进了东西方文化的交流。

继汤若望之后，又有其他德国与奥地利的传教士相继来华，其中，应该特别提到基歇尔（Athanasius Kircher）的《伟大中国：由宗教及世俗层面介绍》（*China Monumentis qua Sacris qua Profanis Illustrata*, Amsterdam，1667）。

1748 年，耶稣会会士巴尔（Florian Bahr，1706—1771）在北京编纂了一本词汇索引，被当成是第一部德汉辞典。如此，汉学研究又从传教士层面推广到哲学与学术界。理性主义与启蒙时代（尤指 18 世纪）的哲学家们兴奋地研读传教士们有关中国的著作与描述，并把以儒家思想为主的中国理想化，譬如沃尔夫（Christian

Wolff, 1679—1754）作为德国哲学家是 18 世纪早期世俗理想主义最有力的倡导者。当他身为哈勒大学副校长时，在以“über die praktische Philosophie der Chinesen”（“Oratio de Sinarum philosophia practica”：论中国的实践哲学，1721）为题目发表演说时即宣称，为了达到道德和政治推理的妥当原则，天启（启示）乃至对上帝的信仰都是不必要的。此外，他也把属于非基督徒的中国人之德行生活作为一个值得师法的生活模式，这造成了他与哈勒虔敬主义者（Pietisten aus Halle）的紧张关系加剧。沃尔夫把儒家思想看成一种完全根据理想推理的自然神学。早于他，莱布尼茨（Gottfried Wilhelm Leibniz，1642—1716）1697 年出版了《中国新知：中国的最新信息》（*Novissima Sinica*），这位德国理性主义哲学家对有关中国的内容表现出一种崇拜的态度。

1702 年，在弗里德里希·威廉一世（Friedrich Wilhelm I，普鲁士国王）的柏林皇家图书馆里，其中文馆拥有约 400 本中文藏书，因此柏林成为了 17 世纪欧洲最大的中文图书及汉学中心之一。在此我们也发现一些人从事对中国的一些研究，如米勒（Andreas Müller，1630—1694）与门泽尔（Christian Mentzel，1622—1701），他们都为国王工作。

之后，又有德国浪漫主义运动（18 世纪末至 19 世纪初在欧洲文学艺术界兴起的一个反对权威、传统与古典模式的运动）。德国大文豪如歌德（Goethe，1749—1832）曾作名为《中德四季晨昏杂感》的咏叹诗。德国洪堡兄弟［指自然科学家 Friedrich H. A. von Humboldt（1769—1859）与语言学家 Karl Wilhelm von Humboldt（1767—1835）］对中国文化亦有浓厚兴趣。

当时，有些德国学者对中国采取了越来越消极的态度，法国耶稣会会士冯秉正（J. A. M.de Moriac de Mailla，1669—1748）撰写了《中国通史》（*Histoire Generale de la China*），此著作出版之后，持续地影响欧洲人，尤其是德国历史哲学家，如赫尔德（Herder，1744—1803）、黑格尔（Hegel，1770—1831）。早一些时候的康德（Kant，1724—1804）也对中国保持负面的看法，后来的马克思（Marx，1818—1883）也是一样，他们都把中国看成一种完全静态的、没有进展的国度。除此之外，几乎整个 18 世纪对中国的认识与研究，以及态度和内容，都基于对儒家思想的传统印象，还有对儒家自我介绍的直接吸取，所以非儒家（如道家、道教、佛教）的中国思想与宗教传统都没有受到应有的重视。

其实，19 世纪初德国有在大学制度中设立汉学研究的机会，1816 年正在准备建立波恩大学（Universität Bonn）时就打算设立汉学教授席位（汉学系），不过被邀请的克拉普罗特（Heinrich Julius Klaproth，1783—1835）宁愿留在巴黎，但是波恩大学仍被当作欧洲第一个且唯一的东方研究中心。另外一个德国学者施勒格尔（August Wilhelm von Schlegel，1737—1845）当时也在巴黎，反而接受了相关邀请，在德国建立了印度学的基础。巴黎的法兰西学院（Collège de France）在1814年就设立了汉语教授席位；1843年，巴黎的东方语言学院（L'École des Langues Orientales）又设立了另一个汉语教授席位；在19世纪的德国，汉学研究（其实应说是汉语研究）并不被视为独立的学科，只是东方学或普通语言学的一个分支，譬如诺伊曼（Karl Friedrich Neumann，1793—1870）于1833年在慕尼黑大学出任中文与阿拉伯语教授，他也为巴伐利亚国家图书馆（die Bayerische Staatsbibliothek）从中国争取并获得3500本中文书，另外肖特（Wilhelm Schott，1802—1889）原先是神学家和东方语文学家，自1833年在柏林开始教授有关中国与中文的课程，他的汉语完全是自学的。其实德国早一些时候也有蛮出名的中文自学者，叫作巴耶尔（Gottlieb Siegfried Bayer，1694—1738），他的《汉文博览：详论汉语和中国文学的道理》（*Museum Sinicum in quo Sinicae linguae et litteraturae ratio explicatur*），出版于1730年，可以说是18世纪德国汉学研究中唯一的重要成果。

19世纪德国的汉学研究也有一位伯莱特（Johann Heinrich Plath，1802—1874），他写了有关中国写作的很多实用的学科式的著作。随着政、商情势的发展，自18世纪中叶至19世纪中叶，德国已没有德籍天主教的传教士可推动汉学研究了，不过有越来越多的侵略者、野心家、外交官、商人先后来到中国。

1.2. 德国汉学：自德意志帝国（1871）至第二次世界大战（1939—1945）

1871年是建立德意志帝国的时刻，1887年德国建立了位于Friedrich Wilhelms Universität［弗里德里希·威廉大学，今日洪堡大学（Humboldt-Universität）］的东方语言研究院（Seminar für Orientalische Sprachen），其目标是为那些将要去东方和在东亚地区工作的人，如官员、军官、技术人员、教师、商人和传教士等德国人提供有关国家的语言和概况等方面的知识，而中文是从一开始就被列入其教学计划的重点之一。该院自1898年起开始出版《东方语言研究院通讯》（*Mitteilungen des Seminars für Orientalische Sprachen*），其第一部就是东亚（中国）研究专栏。柏林的东方语言研究院成立之后，25年间，共有480人在那里学过中文，授课的对象主要为法律系的大学生，也有部分为邮政人员、银行职员、外交官、工程师、商人等。就该院的功能而言，它是语言训练的学校，以实用为目的，中文在该院并非一门独立的学科，所以那里基本上没有任何有关中国文化或中国哲学的课程。

随着东方语言研究院的建立，研究当代中国学的问题和现代汉语的口语教学，以及偏重古典文言与古代中国研究的汉学，在内容上和机构上第一次实现了分离；然而，并不是所有该院的中文老师都赞同这种分离。除此之外，当代德国还有另一个值得提出的贡献，再早一些，即 1881 年，加贝兰茨（Georg von der Gabelentz，1840—1893）出版了他的《汉语文言文法》（*Grammatik der chinesischen Schriftsprache*），此为第一本德文工具书，帮助了解中文文言文。作者本身是一个语言学家，他在汉学研究方面属于 19 世纪汉学主流，即语言比较，此事实证明了当时德国、印度等日耳曼语系的社会中，比较语言学（Indogermanistik）的重要性。在很多汉学家身上我们都可以发现此种发展脉络，譬如阿伦特（Carl Arendt，1838—1902）是葆朴（Franz Bopp，1791—1867，历史比较语言学奠基人之一）的学生，而后去了中国，回来之后在柏林的东方研究院教汉语；另一个学者孔好古（August Conrady，1864—1925，莱比锡大学主要的汉学研究推动者之一）一开始先研究印度学，之后在汉藏语言（Sinotibetisch，当时称 das Indochinesische）方面做出了重要的贡献。其实，德国第一个获得汉学教授席位的学者福兰阁（Otto Franke，1863—1946）先是在梵语文学方面获得他的博士学位［跟基尔霍恩（Kielhorn）在哥廷根］，之后才在阿伦特的领导之下学习中文。

一段时间后，德国学术界逐渐意识到，假如要提升中国研究的质量，就要改善相关研究的条件，譬如追求更纯学术性的研究，或利用所有机会到中国去生活，与当地的中国学者往来接触。因此，德国在迫切需要将汉学正式列入大学制度与学术研究的学科之下，经相关的有心人士大声疾呼及多年奋斗，1909 年终于在汉堡（Hamburg）成立第一个汉学系。汉堡当时为汉萨同盟的自治城市之一，那边有殖民地研究院（das Kolonialinstitut），院内设立了第一个汉学教授的席位，它象征德国大学汉学的真正开端。这个汉学系汉学教授席位的第一个获得者福兰阁在那边找到了教学与研究工作的良好条件，他的名声来自他的著作《中国帝国史》（*Geschichte des chinesischen Reiches*），这是一部五卷本的未完成巨著（内容写到元朝为止），于 1930—1952 年间陆续出版。

在此可以提及在当时德国汉学研究的发展过程中，有一个特殊的研究者群体，即“非汉学的中国通”（eine nicht-sinologische Chinakompetenz）。他们的代表人物为李希霍芬（Ferdinand von Richthofen，1833—1905），他是一位地理学家和考察旅行者，他的研究盲点在于不会中文，且对中国文化没有任何深度的知识，不能以帝国主义的方法讨论很多跟中国有关的问题，福兰阁在他的《汉学研究在德国》（*Die sinologischen Studien in Deutschland*，1911）中也对此有所批评。

在汉堡之后，柏林大学也于1912年设立了一个汉学系，其第一位系主任为荷兰汉学家高延（J. J. M. de Groot，1854—1921）。如此，柏林大学汉学系一下子成为了德国拥有汉学图书的机构之一，其他两所为柏林国家图书馆（die Staatsbibliothek zu Berlin）和巴伐利亚国家图书馆（die Bayerische Staatsbibliothek）。其实，此种对柏林汉学的支持并不是因为德国学术界对中国改变了思想而体验到其重要性，最主要的原因是跟普鲁士吐鲁番考察队及其所带来的宝贵发掘物有关。以上我们已提及柏林汉学有很丰富的发展，自1833年已有自修的汉学家肖特（W.Schott），他的继承人就是我们之前所提过的加贝兰茨，他的学生顾路柏（Wilhelm Grube，1855—1908）继续领导德国汉学研究，直到他过世。此外，1902年他出版了他的著作《中国文学史》（*Geschichte der Chinesischen Literatur*）。

第三个德国大学中的汉学系于1922年设立于莱比锡大学（Universität Leipzig），那边在1914年已有东亚研究系（Ostasiatisches Seminar），第一个中文教授为孔好古，他的任期从1922年直到1925年他过世，他的继承人为汉尼士（Erich Haenisch，1880—1966），此人以后还创办了慕尼黑大学（Universität München）的汉学系，最主要以1930年出版的四卷本《古典中国文言课程》（*Lehrgang der klassischen chinesischen Schriftsprache*）而闻名。

第四个大学汉学机构于1925年在法兰克福歌德大学（Johann Wolfgang Goethe-Universität Frankfurt am Main）设立，其名称为中国研究所（China-Institut），而第一任所长是卫礼贤（Richard Wilhelm，1873—1930），任期从1925年直到1930年他过世。德国汉学被列入大学学科之后，逐渐发挥其影响力，除了德国学术界以外，汉学研究普及化成为一种趋势，尤其是在社会中产阶级。当然在此过程中也有一些历史因素，随着第一次世界大战的失败和《凡尔赛条约》的签订，德国在东亚地区的殖民野心被打消了，不过这并没有使德国人丧失对中国的兴趣。其中，卫礼贤有特别的定位，作为基督教传教士，他曾在中国山东青岛传教达20年之久，主要以中国经书（经典）的翻译工作而闻名。他将《论语》《道德经》《列子》《庄子》

《孟子》《易经》等经书翻译成德文，如此就把中国精神介绍给了一般民众。他也是该所的自办杂志《中国》（*Sinica*，出版于1926—1943年）及著名的《东方舆论》（*Ostasiatische Rundschau*）的主编之一。

另外一位是库恩（Franz Kuhn，1884—1961），他是为了更广大的读者而做汉学研究的。他的翻译作品包括《金瓶梅》《红楼梦》《水浒传》等小说，也介绍中国民间的通俗小说。在这些背景中，我们在当代德国汉学中可以发现一种所谓的“专业汉学家”与“普及化汉学家”之间的张力。在专业汉学中，当时德国拥有两部巨著，第一部是之前提到的福兰阁的《中国帝国史》，第二部是佛尔克（Alfred Forke，1867—1944）三卷本：《古代中国哲学史》（*Geschichte der alten chinesischen Philosophie*）、《中古中国哲学史》（*Geschichte der Mitte lalferlichen chinesischen Philosophie*）、《近代中国哲学史》（*Geschichte der neueren chinesischen Philosophie*），（于1927—1938年间出版），此著作的贡献在于对中国思想史做了一个总括，其中第一次包含了非儒家的思想。

在以上的背景下，我们根据1959年傅吾康（Wolfgang Franke）所发表的《德国对中国研究的问题与现况》（*Probleme und heutiger Stand der China-Forschung in Deutschland*）提出了至20世纪20年代中期德国汉学研究的四种趋势：一、研究兴趣在于语言而不是在文化上；二、研究中国与西方之间的交流关系史，研究重点在于中国的邻邦与邻近民族；三、随着德国殖民主义而产生的现实需要与现实利害关系，使得中国地理学及当代问题占有重要部分；四、儒家思想对西方汉学的影响与统治。

第二次世界大战以前，德国也有其他大学如波恩大学（1927），哥廷根大学（1930或1931）等设立汉学系。其实，在希特勒于1933年任总理、次年成为纳粹德国的元首之后，德国学术界受到了很大的打击，其中，德国汉学界也遭遇到很大的损失。以前已有德国汉学家去美国工作的例子，如夏德（Friedrich Hirth，1845—1927）自1902年起就在纽约哥伦比亚大学教书，而劳费尔（Berthold Laufer，1874—1934）也前往芝加哥自然史博物馆就职。纳粹德国的统治和第二次世界大战使得很多德国汉学家都离开了德国，移居外国，尤其是美国，其中有哈隆（Gustav Haloun，1898—1951；在莱比锡大学读过汉学，也在哥廷根工作，1938年起任教于剑桥大学）、西门华德（Ernst Julius Walter Simon，1893—1981；1936年起任教于伦敦亚非学院）、艾伯华（Wolfram Eberhard，1909—1989；1937—

1948 年在土耳其首都的安卡拉大学教汉学；1952 年成为美国公民）、魏复古（Karl Wittfogel，1896—1988；1939 年移居美国）、卫德明（Helmut Wilhelm，1905—1990；1948 年起在美国华盛顿大学执教）。留在德国的其他重要汉学家对战后汉学研究的恢复都有所贡献，如艾士宏（Werner Eichhorn）、傅吾康、福赫伯（Herbert Franke）和霍夫曼（Alfred Hoffmann）等。

1.3. 1945 年以后的德国汉学

第二次世界大战后，德国地区像欧陆很多国家一样，一片焦土，百废待兴，尤其是上述的纳粹德国时代的种族歧视等政策导致研究汉学的专家几乎无立足之地，约有 30 位汉学家迁居其他国家，造成了后继无人的局面。另外，第二次世界大战中，德国许多汉学图书馆遭到相当大的毁坏，其中包括法兰克福中国研究院，莱比锡大学、哥廷根大学等的汉学图书馆。譬如，柏林国家图书馆的中国图书收藏量在当时为全国之冠，但这些书籍也因为当时的德国被瓜分而被各占领区瓜分。尽管如此，战争结束后，德国又逐渐地重新建立起德国汉学，在此发展过程中，德国在政治上一分为二：东部为德意志民主共和国（Deutsche Demokratische Republik，1949—1990），而西部为联邦德国（Bundesrepublik Deutschland）。

在东德，柏林洪堡大学（Humboldt-Universität zu Berlin）和莱比锡大学（Universität Leipzig）都设立了汉学系。此外，柏林科学院（Berliner Akademie der Wissenschaften）也开展了汉学研究工作。在西德，1945 年时，就只剩汉堡大学（Universität Hamburg）还保留着汉学系，其教授为颜复礼（Fritz Jäger，1935—1948 年在任）。不久之后，1946 年慕尼黑大学（Ludwig-Maximilians-Universität München）设立了汉学专业，由汉尼士重新建立并努力经营。之后福赫伯与鲍吾刚（Wolfgang Bauer）又进一步建设此汉学系。1956 年柏林自由大学（Freie Universität Berlin）设立了汉学系，其第一位教授为福克斯（Walter Fuchs，1902—1979）。之后，也有其他大学重新设立了汉学教授席位，如哥廷根大学（Georg-August-Universität Göttingen，1953）、波恩大学（Rheinische Friedrich-Wilhelms-Universität Bonn，1957）、马堡大学（Philipps-Universität Marburg，1957）、科隆大学（Universität zu Köln，1960）和法兰克福歌德大学（1962）、海德堡大学（Ruprechts-Karls-Universität Heidelberg，1962）、明斯特大学（Westfälische Wilhelms-Universität Münster，1962）、维尔茨堡大学（Universität Würzburg，1965）和埃尔朗根-

纽伦堡大学（Universität Erlangen-Nürnberg，1967），到现在为止已有20多个汉学教授席位。

其实，从1950年以来，德国汉学逐渐蓬勃发展。1953年，汉堡大学与慕尼黑大学培养出战后第一批汉学博士，其中有葛林（Tilemann Grimm）、鲍吾刚和德博（Günther Debon），后来他们都成为了德国战后汉学界的重要人物。当然，他们的老师那一辈也都很重要。

那时代的德国汉学界分为几个“大本营”，如慕尼黑大学有汉尼士和福赫伯，研究中国中古史（特别是宋元史）；汉堡大学有傅吾康，他的专长为明清史和中国近代史；在东德的莱比锡有何可思（Eduard Erkes，1891—1958），他专门研究先秦文学史。因为德国在中国有一段时间的殖民地史及传教事业，第二次世界大战以前，在德国汉学界中已出现了一个特别的现象，即有所谓的“本地”——德国本地培养出来的汉学家，譬如汉尼士和福赫伯，以及在中国居住很长一段时间、可以说对中国有直接经验的一批汉学家，如早期的卫礼贤和傅吾康。之前我们有提过，有一大批德国汉学家在纳粹时期被迫隐居或战后生活在东德，如何可思。因为他们有不同的生活经历与探讨中国问题的经验，因此对汉学的观点也不尽相同。

在20世纪50年代至60年代，许多德国大学的汉学系仍保有一种纯粹古典的汉学，譬如汉尼士担任汉学系系主任，慕尼黑大学便不教中文口语，因为他认为汉学就是古文字学。当时德国对当代中国或亚洲的社会科学研究几乎没有任何发展，美国却在这方面获得了快速的发展。傅吾康是德国汉学界第一个批评这种情况的人，1959年，他因为认为德国汉学落后于国际标准而深感痛心。此外，继任慕尼黑汉学系系主任的福赫伯已改变汉尼士的作风，开始重视汉语学生阅读中文之外的会话与写字的能力，这也是现今全世界汉学的潮流及趋势。此种发展在德国也有其历史脉络，1958年，波恩重建东方语言研究院。此外，柏林东方语言研究院在第二次世界大战结束时即被撤销，后来隶属于柏林弗里德里希·威廉大学（东部自1949年称为洪堡大学）。波恩重建的东方语言研究院的建院宗旨是为外交官等讲授有关国家语言当今发展的情况，另外此重建也强调在大学部应该成立一些研究当代中国政治、经济和社会发展的学术机构。1964年，波鸿鲁尔大学（Ruhr-Universität Bochum）终于落实了此种理念。

20世纪60年代末，德国大学汉学界因政治上的事件影响到相关的发展，当时不少汉学家也受到中国“文化大革命”（1966—1976）的影响，其影响方向为反对所谓“传统汉学”（古典汉学或纯粹汉学），意思是说：汉学应该当作新的社会科学专业领域，比如必须要研究毛泽东的著作，而不列出经典书籍的内容。西部的柏林自由大学东亚系先开始推动相关改革，德国其他大学的汉学系也表达了对中国“文化大革命”的热情。自那时候开始，在德国及其他西方国家都出现了“中国热”，推动了汉学或中国研究的发展。虽然20世纪70年代末的西德研究毛泽东思想的风潮冷却下来，但接着中国开始实行对外开放政策，汉学专业就具有了新的影响力。对西方国家而言，中国是潜在的市场，可以在经济方面带来巨大的利益，所以需要更多的中国学家，在此种情况之下，又看到德国大学汉学的教学设计根本无法满足这方面的需求，解决此困境的政策引起了一种汉学经济化现象，譬如图宾根大学（Eberhard-Karls-Universität Tübingen）的地区课程，它是国民经济学与东亚文化学整合的产物。还有很多类似的例子，目前德国大学中设有汉学系的共有20多所大学。在20世纪80年代中期至80年代末，德国汉学系的学生人数达到了高峰，也引起了另一个问题，即汉学专业毕业生的失业现象，意思是说：汉学专业毕业生的数目远远超过了社会的需要。

就德国汉学界所发表的论文总数而言，在西方国家仅次于美国，位居第二。另外，当代德国大学的汉学系也有一些特殊现象，譬如有一些具有双重身份的德国汉学家，他们对中国研究的一些特殊领域进行研究，还有一些汉学家任职于非汉学研究岗位，如文树德（Paul Unschuld）任职于慕尼黑医学史研究所，专攻中国传统医学；塞弗特（Herbert Seifert）在汉诺威大学执教，专攻中国宗教学专业，这与在美国的中国研究模式是相类似的。诸如此类，除了汉学系之外，其他科系也会依其研究兴趣而开设与中国相关的研究和课程，例如，慕尼黑大学政治系和医学研究所开设了相关课程与研究，波鸿鲁尔大学教育系开设了“21世纪的中国教育”，科隆大学法律系安排了“中国法律”专题讲座等。

总之，德国各大学汉学系的教学内容是极为不同的，这也与各校教授汉学专业知识的方向有关，譬如明斯特大学重视中国传统古典语文学的方向，慕尼黑大学偏重中国思想史与哲学史的走向，而柏林大学强调当代社会科学研究的教学内容，其中一定有巨大区别。德国大学的汉学系主要以学术研究和教学为主，语言反而是其次，某些大学与日语或韩语合并在一起，称为“东方”或“亚洲”之类的语言学系。为了真正学以致用，德国汉学系多半鼓励学生出国，到中国大陆、台湾地区留学，至少学习一年以上的实地中文。除了德国大学汉学系、东方系或亚洲系之外，德国民间也提供学习中文的渠道——大型公司、企业或工厂，如西门子公司就设有夜间部汉语语言班，让对中文有兴趣或必须学习中文的员工进修学习。

2. 德国汉学教学与研究的现况

以下我们按拉丁字母次序先介绍德国大学体系中的教学与研究机构，之后也简介其他机构。

2.1. 大学体系内教学与研究的汉学机构

根据中国研究网际指南（IGCS：Internet Guide for Chinese Studies；http://www.sino.uni-heidelberg.de/igcs/sinology/profger.htm）的网页"Institutes and Professors of Sinology at German, Austrian and Swiss Universities (1945—2001)"（德国、奥地利和瑞士大学中的汉学研究所与教授［1945—2001］，由康蓬（Thomas Kampen）编辑，于 2001 年 11 月 12 日最后更新），有下列的德国大学机构：

1）FU BERLIN（柏林自由大学）

Freie Universität Berlin（柏林自由大学［1948 年成立于西柏林］）

Ostasiatisches Seminar（东亚研究所）

Sinologie（汉学系）

Podbielskiallee 42，D-14195 Berlin

Tel：+49 30 8383598

网址：http://userpage.fu-berlin.de/~oas/oas.html

Professors（教授）：

1956—1960：Walter Fuchs

1961—1963：Alfred Hoffmann

1970—1977：Bodo Wiethoff

1971—1994：Kuo Heng-yü

1983—　：Erling von Mende

1990—　：Mechthild Leutner

1998—　：Eberhard Sandschneider

亦可参考：http://www.fu-berlin.de/sinologie

【基本信息】

1. 大学生人数：2003年该系有280位学生攻读汉学，其中210位学生以汉学为主修专业，而70位以其为辅修专业。一般来说，每年有40位新生开始攻读汉学；2. 教学重点：中国经济、中国政治、中国历史、中国社会、中国外交政策和外交关系，以及中国文化；3. 图书馆拥有30000册图书及150类期刊，其中约有一半是中文，另一半为英文及其他西文；除开设一般的中文与汉字方面的课程之外，该系也会举办一些研讨会与专题的演讲活动。

【该系师资】

1. 罗梅君（Mechthild Leutner）教授（中国近代史）；2. 门德（Erling von Mende）教授（明清史）；3. 桑德施奈德（Eberhard Sandschneider）教授（中国政治）；4. 柯兰君（Bettina Gransow-van Treeck）教授（近代中国社会、经济与政治）；除了大学教授之外，该系还有6位研究员（其中有四位博士）、两位语言教师。

1. 罗梅君教授工作概览：

研究计划：（一）第三国际（共产国际，1919—1943）与中国：基于苏联共产党、第三国际与共产工会国际（Profintern，RILU，1921—1937）的档案中新开发之资料；（二）19世纪帝国主义时期贸易与传教中的德中关系；（三）妇女研究；（四）德中关系史资料研究；（五）对近代中国跨文化关系分析的理论与方法的研究；（六）教学计划：E教学“在线中国历史”。

出版工作：（一）柏林中国研究丛书（Berliner China-Studien）：此汉学丛书1983年由郭恒钰（Kuo Heng-yü）策划立项，而自1995年以来由罗梅君继续编辑，丛书由LIT Verlag出版公司的柏林、汉堡、纽约、明斯特分公司出版，到现在为止出版了43册，尤其是年轻汉学家可以发表其硕士、博士论文；（二）《柏林中国研究：原始资料与文献》（*Berliner China-Studien: Quellen und Dokumente*），已有三本；（三）《中国社会与历史》（*Berliner China-Hefte. Beiträge zur Gesellschaft und Geschichte Chinas*）：该期刊一年出版两次（5月、10月），由LIT Verlag出版公司明斯特分公司出版，由罗梅君和史明（Nicola Spakowski）编辑，它包括论文、研讨会报告、书评、评注及其他资料。1991年8月该期刊问世，那时刊名为《中国与妇女通讯》（*Newsletter Frauen und China*）。第10期（1996年3月）起改为《中国社会与历史》。它是一个有关中国妇女问题的论坛。此外，它还发表有关中国社会科学研究成果报告等。第 26 期（2004 年 5 月）的专题为中国与现代史学编纂（China und Modern Historiography）。

2．门德教授工作概览：

明清史、经济史。

3．桑德施奈德教授工作概览：

中国与东亚政治中心（Center for Chinese and East Asian Politics）的主任，该中心的重点在于政治、社会和经济问题，其中连接区域研究和社会科学、国际研究及比较政治学。此种研究基于政治和社会科学的理论与方法论。为了达成该中心的宗旨目标，他还与个别学者和世界上其他的研究机构密切合作。出版工作：1．担任政治科学期刊（Zeitschrift für Politikwissenschaft）的共同编辑。2．担任国际政治研究丛书（Studien zur Internationalen Politik）的编辑，出版公司为 Deutscher Universität Sverlag，Wiesbaden；3．担任中国与东亚政治现实分析丛书（Aktuelle Analysen zur Politik Chinas und Ostasiens）的编辑（Freie Universität Berlin）。

2）HU BERLIN（柏林洪堡大学）

Humboldt-Universität zu Berlin（柏林洪堡大学）

Fachbereich Asien-und Afrikawissenschaften（亚非学院）

Sinologie（汉学系）

Luisenstraße 54，D-10117 Berlin

Tel：+49 30 20936620

Fax：+49 30 20936666

网址：http://www2.hu-berlin.de/asaf/sinologie

Professors（教授）：

1954—1964：Paul Ratchnevsky

1959—1969：Siegfried Behrsing

1970—1988：Fritz Gruner

1977—2000：Roland Felber

1983—1998：Klaus Kaden

1983—1998：Eva Müller

1994— ：Florian C. Reiter

【基本数据】

该汉学系的系主任为常志静（Florian C. Reiter）教授，他是传统中国文化方向的教授（Professor für vormoderne chinesische Kultur），主要研究领域为中国宗教史，涉及地方与地区史，尤其注重道家宗派、修行养生及道家经典的研究。此外，也有在其传记中所反映的士大夫文化，将文学范畴与价值观和历史、地理相联结。

3）BOCHUM（波鸿）

Ruhr-Universität Bochum（波鸿鲁尔大学）

Fakultät für Ostasienwissenschaften（东方学学院）

Universitätsstraße 150，Postfach 102148，D-44780 Bochum

Tel：+49 234 7006189

Fax：+49 234 7002000

网址：http://www.ruhr-uni-bochum.de/oaw/

Professors（教授）：

Language and Literature（语言与文学）

1963—1976：Alfred Hoffmann

1979—1999：Helmut Martin

History（历史）

1965—1974：Tilemann Grimm

1977—1996：Bodo Wiethoff

1998— ：Heiner Roetz

Politics（政治学）

1968—2000：Peter Weber-Schäfer

1983— ：Konrad Wegmann

Economics（经济学）

1984— ：Wolfgang Klenner

【基本资料】

除了汉学部，该东方学学院还包括其他学部，涉及日本历史、日本语言与文学、韩国语言及文化、东亚政治与经济等。汉学部包括中国历史与哲学（Geschichte und Philosophie）及中国语言与文学（Sprache und Literatur Chinas）专业。

中国历史与哲学专业的合作科研人员为：罗哲海（Heiner Roetz）教授、毕鹗

（Wolfgang Behr）博士、戴谨琳（Licia D: Giacinto）硕士及杜麟鸥（Ole Döring）博士［参与跨文化生命伦理计划（kulturübergreifende Bioethik）］。

1．罗哲海教授是该学部部长，于1950年出生在温特贝格（Winterberg），现在研究重点为：1．中国伦理；2．儒家史；3．中国文化与人权；4．生命伦理。

2．毕鹗博士为助理研究员（Akademischer Rat），他的研究重点为：音韵学、古文字学、古中文字源学、汉藏语言学、中国语言学史等。

中国历史与哲学部（1998年以前叫作"中国历史部"）重点研究古典时期中国的哲学、传统语文学的基本问题，不过在哲学与历史研究方面总有过去与现在的联结。该部有以下的研究计划：1．跨文化生命伦理计划，它是一个德国研究团体所支持的计划，其重点在于追求有关生命医学中所发生的一种跨文化的、全球化的共识。2.《孟子》与人权问题（Das Buch Mengzi im Kontext der Menschenrechtsfrage），该计划内容为研究《孟子》中有关人权思想的章节及其不同文化场合中的容受史。

中国语言与文学部的教学重点是中国大陆与台湾地区当代文学，在台湾地区文学研究领域，该部的研究条件尤其优越。该部部长为冯铁（Roul D. Findeisen）教授（生于1958年），他的研究重点为民国时代的文学、文学社会学、比较文学与文字。

吕迪格·布鲁尔（Rüdiger Breuer）博士为卫礼贤翻译中心（das Richard-Wilhelm-übersetzungszentrum）的负责人。他的研究重点为中国早期的口语小说/故事，中国文学口头语与书面语之间的关系。该翻译中心是由马汉茂（Helmut Martin，1999年去世）教授于1993年设立的，它不是一所培养翻译者的机构，只是提供有关翻译理论与实践的课程，准备研习会及安排专题演讲，目的是自语言学、历史及社会背景等方面了解中文转换成德文的翻译过程。除了翻译的专业著作之外，它的图书馆也包含自中文译成德文的译本。有一个计划为把图书馆藏书目录计算机化及把它提供在互联网上。

中国语言与文学部也包括台湾研究中心（Taiwan-Forschungstelle），中心的主任是韩可龙（Henning Klöter）。该中心自20世纪80年代初在马汉茂的领导下，把中国语言与文学部的研究重点集中在中国台湾地区，如此，到今天为止，该中心建立的中国台湾地区文化及文学图书馆仍是欧洲该领域的最好图书馆之一。

关于东方学学院图书馆的相关信息，可浏览以下网页：

http://www.ruhr-uni-bochum.de/oaw/home/bibliothek

可使用图书馆目录调查：

1．东方学学院图书馆在线目录

2．取得信息在线目录

3．东方学学院连续期刊目录

4．波鸿大学图书馆在线目录

5．卡尔斯鲁厄虚拟目录

6．柏林国家图书馆（东亚部）

7．巴伐利亚国家图书馆（东方与东亚部）

东方学学院图书馆拥有 186000 册图书及 300 种持续获得的期刊与报纸（包括中文、日文与韩文在内）。

4）BONN（波恩）

Rheinische Friedrich-Wilhelms-Universität Bonn（波恩莱茵弗里德里希·威廉大学），Sinologisches Seminar（汉学系）

Regina Pacis Weg 7，D-53113Bonn

Tel：+49 228 735731

Fax：+49 228 737255

网址：http://www.sinologie.uni-bonn

Professors（教授）：

1928—1955：Erich Schmitt

1957—1975：Peter Olbricht

1975—1995：Rolf Trauzettel

1985— ：Wolfgang Kubin

在今日该系的网页上，有以下教师 / 研究人员：

1．顾彬（Wolfgang Kubin）教授，自 1995 年担任该系系主任。自 1989 年起，与贝特霍尔德（Berthold Damshäuser）一同担任《取向：亚洲文化期刊》（*Orientierungen: Zeitschrift zur Kultur Asiens*）的编辑，还和章穗子（Suizi Zhang-Kubin）一起主编《袖珍汉学》（*Minima sinica. Zeitschrift zum chinesischen Geist*）。

2．司马涛（Thomas Zimmer，编外教师；暂时准休假）博士，1992 年获得博士学位，博士论文为《白话：中国语言中口语文字化之问题》（*Baihua. Zur Problem der Verschriftung gesprochener Sprache im Chinesischen*），1998 年完成取得在大学授课资格的论文（Habilitationschrift）《16 世纪末至 20 世纪初古典中国小说的来源与发展》(*Genese und Entwicklung des klassischen chinesischen Romans vom frühen 16. bis zum Beginn des 20.Jahrhunderts*)。

3．马雷凯(Roman Malek，波兰籍)博士，同时担任德国华裔学志研究院的院长与《华裔学志》(*Monumenta Serica Journal of Oriental Studies*)的总编辑，亦主编《华裔学志丛书》(*Monumenta Serica Monograph Series*)和《华裔选集》(*Collectanea Serica*)。

4．史克礼(Christian Schwermann)硕士。

5．郭尚文(Jari Grosse-Ruyken)硕士。

自1975年陶德文教授(Rolf Trauzettel)担任主任开始，在汉学研究题目方面，该系发展出一种特色。陶德文借着他一辈子汉学方面的教学与研究工作，在中西思想比较上——如在研究“人/个人与自律/他律”等概念上——特别强调中国与西方双面的不同(区别)。1995年顾彬教授担任该系系主任，就把此种研究精神延续了下去，例如，《袖珍汉学》是一个半年刊，目标为深度的研究传统与现代之间过渡时期的中国精神史(Geistesgeschichte：如文学、哲学等)，重点在于19世纪及20世纪，尤其是在20世纪。当然有时传统中国及其精神也会出现，《袖珍汉学》通过介绍重要的中国文学家与思想家而让中国精神表达出来。此外，该期刊也打算让中国在欧洲与欧洲在中国互相影响。其实，它也填补了一个汉学研究的空白，因为现在大部分中国研究的兴趣都在政治、社会和经济方面。而它把自己看成一个支持与促进年轻学者与译者工作的论坛。除了学术界与德国国外代表处(香港、北京、上海)之外，其读者对象还包括汉学系学生或读中文者。

第二种期刊《取向：亚洲文化期刊》由波恩大学各亚洲学系及东方语言院出版，它也是一个半年刊，注重吸纳年轻学者与译者。其重点在于东亚与东南亚国家，如中国、印度尼西亚与马来西亚。其中包括关于亚洲国家现况与文化的贡献，翻译文本、语言学与翻译学方面的文章以及重要人物或事件的相关文献数据。其特色为翻译批判(übersetzungskritik)的部分，包含有对亚洲文学译文等方面的探讨内容。

波恩大学汉学系的特色应该是顾彬教授主持并于2002年开始出版的十卷本《波恩中国文学史》(*Bonner Geschichte der chinesischen Literatur*)。

5)ERLANGEN(埃尔朗根)

Universität Erlangen-Nürnberg(埃尔朗根—纽伦堡大学)

Institut für Außereuropäische Sprachen und Kulturen（欧洲以外语言与文化研究所）
Sinologie（汉学系）
Bismarckstraße 1，D-91054 Erlangen
Tel：+49 9131 852448
Fax：+49 9131 856266
网址：http://www.phil.uni-erlangen.de/~p2sinolo/index.html

Professors（教授）：

1967—1975：Heinz Friese

1978—1997：Wolfgang Lippert

1984—　：Klaus Flessel

2000—　：Michael Lackner

除了汉学教学（也包括现代中文及古代文言的学习在内）之外，该系也重视研究工作，其重点为中国与西方之间的知识交流史，以下列出相关的研究计划。

1. 近现代汉语学术用语研究（WSC："Wissenschaftssprache Chinesisch"）：研究 1800 年以来政治、法律、哲学、自然科学与社会科学术语在中文中的形成过程。详情见 http://www.wsc.uni-erlangen.de。

2. 自决、自我维护、异族知觉：自 20 世纪 80 年代以来东亚自我认同与历史版本的重建（"Selbstbestimmung，Selbstbehauptung，Fremdwahrnehmung: Neufundierung von Identitäten und Geschichtsversionen in Ostasien seit den achtziger Jahren des 20. Jahrhunderts"），这是一个较大计划——"异己与自己之建设：跨文化的排斥、调解与自我认同形成"——的一部分。

3. 清末外语课程（"Fremdsprachenunterricht in der späten Qing-Zeit"）：该计划研究 19 世纪中国欧洲语言课程的形成与发展。

4. 亚洲自我维护论述（"Selbstbehauptungsdiskurse in Asien"）：这是埃尔朗根—纽伦堡大学的汉学系与日本大阪大学及德国日本研究院一起进行的计划。

5. 耶稣会会士著作中的中文新词语（"Chinese Neologisms in Jesuit Works"），此计划与罗马大学（La Sapienza）的一批学者共同进行。

【图书馆】

该汉学系图书馆拥有 30000 册图书，也包括文集在内，还有 150 种刊物，其中 60 种是持续订阅的。

藏书重点为语言学、现代中国历史与政治（自 1800 年）、20 世纪中国文学、中国科学与人文思想史论著。

【师资与合作者】

1. 系主任是朗宓榭教授（Michael Lackner），2000 年获得现代中国研究教授席位（Lehrstuhl Modernes China）。他研究的重点为中国与西方的关系史与现况，近现代中国思想史及汉语学术用语的形成。

2. 费瑞实（Thomas Fröhlich）教授：中国国家与社会研究讲席教授。

3. 顾有信（Joachim Kurtz）博士：学术工作人员（自 2003 年）。

6）FRANKFURT（法兰克福）

Johann Wolfgang Goethe-Universität Frankfurt（法兰克福歌德大学）

China Institut（中国研究所）

Dantestrasse 4-6，D-60325 Frankfurt a. M.

Tel：+49 69 79822852

网址：http://www.rz.uni-frankfurt.de/presse/brosch/fb1102.htm

Professors（教授）：

1942—1948：Carl Philipp Hentze

1962—1972：Otto Karow

1972—2000：Chang Tsung-tung

2001—　：Dorothea Wippermann

2002—　：Natascha Gentz

【历史背景】

该研究所是卫礼贤于 1929 年设立的，有很长的历史。1930 年鲁雅文（Erwin Rousselle，1890—1949）继任所长。1942 年，来自比利时的亨茨（Carl Hentze，1883—1975）开始担任所长。自 1949 年至 1972 年，詹森（Adolf Jensen，1899—1965）任该所的代理所长。1972 年至 2000 年，台湾古文字学家、汉学家张聪东（Chang Tsung-tung，1931—2000）任研究所所长。自 2001 年开始，韦荷雅（Dorothea Wippermann）教授成为所长，她开始改造该研究所的发展方向及其内容，作为一种跟现代中国有关系的汉学，它应该有广泛跨学科领域的程度。

2002 年该研究所又设立一个教授席位，获得者为费南山（Natascha Gentz）。该研究所 2003/2004 学年度有 208 名学生主修汉学，302 名学生辅修。

【师资与研究人员】

1．韦荷雅教授：她的研究与教学的重点为：现代中国语言与文化、应用语言学、中德语言比较语言与翻译教学、中西跨文化的沟通、20世纪中国文学、传统中国语言与文学。

2．费南山教授：她的研究与教学的重点为：中国（自1890年以来）大众媒体与新闻业、科学史、近现代中国文学与戏剧、中国文学史、跨国家联结、中国留学生史等。

3．埃贝茨霍伊泽（Georg Ebertshäuser）博士：研究人员，他的教学与研究重点为：政治思想史、儒家、中国大陆与台湾地区政治制度、中国国际关系、现代化与传统、近现代中国史、中国经济与社会。

【出版工作】

法兰克福中国研究丛书（Reihe Frankfurter China-Studien）由张聪东策划出版，到现在为止出版了六种。

7）FREIBURG（弗赖堡）

Albert-Ludwigs-Universität Freiburg i. Br（弗赖堡阿尔贝特—路德维希大学）

Orientalisches Seminar（东方学系）

Werthmannplatz 3，D-79085 Freiburg i. Br.

Tel：+49 761 2033144

网址：http://www.sinologie.uni-freiburg.de/Main.php

http://www.uni-freiburg.de/sino/sino.html

Professors（教授）：

1980—　：Peter Greiner

1989—　：Harro von Senger

在德国大学界，弗赖堡大学也有其特色，东方学系的教学与研究重点是中国法律史及其古老行政机构、传统军事理论著作及其在近现代的容受史、中华人民共和国的法律及中国马克思主义。

该系的教学内容比较广泛，包括现代中文与古代文言文，提供给学生一个专业化的基础。此外，日文属于弗赖堡大学汉学学习中的基本课程之一，这样也使汉学专业学生便于吸收借鉴日本汉学研究成果。

在弗赖堡大学，汉学学科与企业管理、法学、政治学或人文科学等其他学科紧密联系，这样，毕业生因在学校学习了多学科知识而更容易找到工作机会。

【师资与合作研究人员】

1．格赖纳（Peter Greiner）教授：他的专长为中国明代行政史、中国传统哲学、中国抒情诗，最近他研究佛教汉化现象。

2．胜雅律（Harro von Senger）教授：曾长期在中国与日本居留学习，研究重点是古典汉学，自1981—1989年为瑞士法律比较研究院的中国法律顾问。

3．胡海燕（Haiyan Hu-von Hinüber）博士：中文教师。

8）GÖTTINGEN（哥廷根）

Georg-August-Universität Göttingen（哥廷根格奥尔格—奥古斯特大学）

Fachbereich Historisch-Philologische Wissenschaften（历史—语言科系）

Ostasiatisches Seminar（东方学系）

Papendiek 15，D-37073 Göttingen

Tel：+49 551 394345

Fax：+49 551 397048

网址：http://www.gwdg.de/~oas/sinhome.htm

http://www.user.gwdg.de/~oas

Professors（教授）：

1953—1970：Hans O.H.Stange

1972—1975：Rolf Trauzettel

1977—　：Erhard Rosner

1993—　：Helwig Schmidt-Glintzer

1993—2000：Michael Lackner

【师资与合作研究人员】

1．罗志豪（Erhard Rosner）教授：研究计划为：（1）中国医疗史，其核心部分为中国营养学及传统中国医学中的诊断基础（"Handbuch der Medizingeschichte Chinas"）；（2）边缘民族的汉化（"Sinisierung der Randvölker"）。

2．合作研究人员：Wu Zihui讲师。

3．格利德（Gerlinde Gild）博士。

4．施寒微（Helwig Schmidt-Glintzer）教授：担任奥古斯特公爵图书馆（Herzog August Bibliothek Wolfenbüttel）馆长，也是《华裔学志》的顾问。

9）HAMBURG（汉堡）

Universität Hamburg（汉堡大学）

Fachbereich Orientalistik（东方学）

Asien-Afrika-Institut（亚非研究所）

Abteilung für Sprache und Kultur Chinas（中国语言与文化部）

Von-Melle-Park 6，Vll，D-20146 Hamburg

Tel：+49 40 42838-4878

Fax：+49 40 42838-3106

网址：http://www.uni-hamburg.de/Wiss/FB/10/ChinaS/ChinA/ChinA.html

http://www.uni-hamburg.de/Wiss/FB/10/chinasS/dsino/index.html

Professors（教授）：

1935—1948：Fritz Jäger

1950—1977：Wolfgang Franke

1967—1980：Liu Mau-Tsai

1970—1994：Jutta Rall-Niu

1980—　：Hans Stumpfeldt

1982—1993：Friedrich A. Bischoff

1994—　：Michael Friedrich

1996—　：Bernd Eberstein

【历史背景简介】

汉堡大学是德国汉学研究的摇篮：1909 年在殖民地研究院设立了东亚语言与历史系，它的第一个教授为福兰阁，汉堡大学的汉学教学与研究从那时开始起步。研究领域涉及中国历史、科学，亦关注当代中国发展。福兰阁的五卷本《中国帝国史》，佛尔克的三卷本《中国哲学史》及傅吾康的近现代中国史基本著作获得了国际赞誉。1967 年，傅吾康主动协助设立汉学系（Lehrstuhl für Sinologie）。鉴于该系汉学研究涉及领域较广，该系设立了两个专业方向，即第一汉学（Sinologie I：中国语言与文学）和第二汉学（Sinologie II：中国国家与社会）。

今日汉堡大学的汉学系有三位教授，分别是第一汉学傅敏怡（Michael Friedrich）教授、第二汉学司徒汉（Hans Stumpfeldt）教授及研究近现代中国史的艾伯斯坦（Bernd Eberstein）教授。汉堡大学建立亚非研究所之后，带来了改变，名称改为中国语言与文化部（Abteilung für Sprache und Kultur China）。该部的图书馆属于德国相关图书馆中最大与最老的之一，拥有中国与欧洲有关中国的善本书。

【师资与合作研究人员】

1. 艾伯斯坦教授（近现代中国史）：他的研究重点为20世纪的中国。

2. 傅敏怡教授（第一汉学）：研究重点为中国思想史。

3. 司徒汉教授（第二汉学）：现任系主任，研究重点为中古中国史与文化。

【出版工作】

期刊：1.《远东》（*Oriens Extremus*，OE）；2.《东亚自然与民族学学会通讯》（*Nachrichten der Gesellschaft für Natur-und Völkerkunde Ostasiens e.V.*, NOAG）。

丛书：1. 汉堡汉学学会之声（"Mitteilungen der Hamburger Sinologischen Gesellschaft"）；2. 汉堡汉学著作（"Hamburger Sinologische Schriften"，HSS），到目前为止出版了39种。

10）HEIDELBERG（海德堡）

Ruprecht-Karls-Universität Heidelberg（海德堡鲁佩特—卡尔大学）

Sinologisches Seminar（汉学系）

Akademiestraße 4-8，D-69117 Heidelberg

Tel：+49 6221 542465

Fax：+49 6221 547639

网址：http://www.sino.uni-heidelberg.de/

Professors（教授）：

1962—1966：Wolfgang Bauer

1968—1986：Günther Debon

1987— ：Rudolf G.Wagner

1989— ：Susanne Weigelin-Schwiedrzik

1994—2000：Barend ter Haar

1999. 6：Barbara Mittler 副教授

2004：Gotelind Müller-Saini

East Asian Art History（东亚艺术史）

Ruprecht-Karls-Universität Heidelberg，Kunsthistorisches Institut（艺术史研究所）

Seminarstraße 4，D-69117 Heidelberg

Tel：+49 6221 542352

Fax：+49 6221 543384

网址：http://www.sino.uni-heidelberg.de/oak/

Professors（教授）：

1965—1976：Dietrich Seckel

1976—　：Lothar Ledderose

该汉学系1962年设立，属于海德堡大学的东方与古典研究学院（Faculty for Oriental and Classical Studies），第一任系主任为鲍吾刚。1966年他转投慕尼黑大学汉学系，该系也参加了许多研究计划，参考 http://www.uni-heidelberg.de/projects/index.html

【师资与合作研究人员】

1. 德博（Günther Debon）：退休教授，研究重点为古典汉学。

2. 瓦格纳（Rudolf G.Wagner）教授：现任系主任，2001年6月出任欧洲中国研究数字资料中心（European Center for Digital Resources in Chinese Studies）主任。

3. 梅嘉乐（Barbara Mittler）教授：研究重点为近现代汉学。

4. 顾德琳（Gotelind Müller-Saini）教授：研究重点为中国近现代文化史。

【图书馆】

该系图书馆拥有80 000本专著。目前仍订阅420种期刊与12种报纸。此外，藏书也包括缩微胶卷资料。中国研究档案（DACHS：The Digital Archive for Chinese Studies）项目是该系许多项目之一，是海德堡大学汉学系的欧洲中国研究数字资料中心所收集资料的一部分，尤其注重收集社会与政治论述方面的网络数据。中国研究档案相关出版物（DACHS-Publications）也是该图书馆藏书的一部分。

11）KIEL（基尔）

Christian-Albrechts-Universität zu Kiel（基尔克里斯蒂安—阿尔布雷希特大学）

Sinologisches Seminar（汉学系）

Leibnizstraße 10，D-24118 Kiel

Tel：+49 431 8802249

Fax：+49 431 8801598

网址：http://www.uni-kiel.de/sino

Professors（教授）：

1990—　：Gudula Linck

1998—　：Antje Richter（助理教授）

自 2003 学年度以来，注册该系的学生把汉学作为主修或辅修专业，只能为“Quereinsteiger in höhere Semester”，研究重点为传统与近现代中国的社会史与性别研究。

【师资与合作研究人员】

1．顾铎琳（Gudula Linck）教授。

2．李安琪（Antje Richter）博士：研究重点为文学史与考古。

3．史安梅（Angelika C. Messner）博士：学术工作者。

12）KÖLN（科隆）

Universität zu Köln（科隆大学）

Philosophische Fakultät（哲学学院），Ostasiatisches Seminar（东方学系），Sinologisches Institut（汉学研究所）

Albertus-Magnus-Platz，D-50923 Köln

Tel：+49 221 4705421

Fax：+49 221 4705406

网址：http://www.uni-koeln.de/phil-fak/ostas/sinol/index.html

Professors（教授）：

1960—1970：Walter Fuchs

1964—1968：Günther Debon

1970—1995：Martin Gimm

1989—　：Thomas Scharping

1989—　：Lutz Bieg

1992—　：Robert Heuser

2001—　：Helmolt Vittinghoff

1960 年，科隆大学设立了汉学与满清学系，第一任主任为福克斯（Walter Fuchs）教授；现任教授席位属于费丁豪（Helmolt Vittinghoff）。目前，该系的阅读图书馆数据库正在进行电子化整合。

13）LEIPZIG（莱比锡）

Ostasiatisches Institut der Universtät Leipzig（莱比锡大学东亚研究所）

Schillerstraße 6，D-04109 Leipzig

Tel：+49 341 9737150

网址：http://www.uni-leipzig.de/~ostasien/

Professors（教授）：

1947—1958：Eduard Erkes

1952—1954：Paul Ratchnevsky

1984— ：Ralf Moritz

1993— ：Rainer von Franz

【课程】

莱比锡大学的汉学教学区分为基本教学（Grundstudium）与主要教学（Hauptstudium）。前者包括：中国历史与社会基本课程（超过三个学期）、汉学入门、当代中文与古代文言文。基本教学的目的，是为了让学生对中国书面语言有基本的认识，其实学习现代中文占了该课程大部分的时间。后者有两个深化方向：1. 文化史 / 哲学（古代汉学）；2. 社会 / 语言（现代汉学）。

【历史脉络】

莱比锡大学历史悠久，在德国大学中排名第二，建校时间只比海德堡大学晚一些，但要说汉学传统的历史，莱比锡是德国最长的。1878 年，该校设立了第一个汉学教授席位，由加贝兰茨（Hans Georg Conon von der Gabelentz，1840—1893）担任东方语言副教授（außerordentlicher Professor），1889 年加贝兰茨被聘到柏林，他的继承人直到 1897 年才出现，由孔好古继任，1922 年他升任为正式教授，莱比锡大学因此获得了一个教授职位（讲座：Lehrstuhl）。他的贡献在于把汉学从语言学中解放出来，更在他的领导之下成为一个中国文化的学科。1925 年汉尼士作为他的继承人直到 1931 年被聘到柏林为止，其贡献在于写作共分四册的《古代汉语教程》（*Lehrgang der klassischen chinesischen Sprache*，1921，1986，Leipzig）。

1928 年到 1933 年，何可思（Eduard Erkes）在莱比锡大学担任汉学副教授，但是德国纳粹兴起后，他就被赶走了。直到纳粹统治在德国被推翻之后，他于 1945 年成为讲师（außerplanmäßiger Professor），1947 年成为正式教授。他的影响力在于发展孔好古汉学，即汉学作为中国文化与民族研究，透过历史而深入社会向度。他个人学术著作的贡献也很大，他获取在大学授课资格的论文《〈淮南子〉的世界观》（*Das Weltbild des Huainanzi*，1917）即为一篇优秀成果。1947 年，何可思成为东亚学系的系主任，该系 1951 年改为东亚研究所（Ostasiatisches Institut），接着有一个很大的教学与研究方面的扩展，除了古代汉语与中文语言学之外，还开设中国历史、艺术史、宗教、哲学、地理与近现代文学等课程，但是，1958 年何可思去世后，此种发展受到了很大的打击，不过 20 世纪 60 年代以后又有了进一步发展。

20 世纪 60 年代末，东亚研究所被解散后，该所的教师都转往柏林大学、汉堡大学，加强那里的亚洲学，而留下的教师则被派遣到非洲或是近东学部的南亚和东亚小工作室。自 60 年代末至 80 年代，莱比锡大学都没有培养汉学家，直到 1984 年才设立汉学系，其主任至今仍为拉尔夫·莫里茨（Ralf Moritz）。自 1992 年起，又增加了一个现代汉学教授席位，教席获得者是赖纳·冯·弗兰茨（Rainer von Franz），1993 年年末，在莱比锡大学重新设立了东亚研究所，除了汉学以外，还研究印度学与日本学。

【师资与合作研究人员】

1. 拉尔夫·莫里茨：研究重点为中国文化史与哲学，特别的研究范围为儒家史。

2. 赖纳·冯·弗兰茨教授：研究重点为中国语言、文学、社会与地方志。

3. 费凯（Karl Filipiak）博士：研究重点为中国历史、社会、文化与哲学。

4. 郭嘉碧（Gabrielle Goldfuß）：研究重点为中国历史与社会。

【研究计划】

1. 儒家史（Konfuzianismusgeschichte）：由拉尔夫·莫里茨教授主持，2001 年 12 月 13 日已完成。

2. 明朝基于防卫行动模式中的冲突与冲突解决（Konflikt und Konfliktbewältigung auf der Grundlage defensiver Handlungsmuster zur Zeit der Ming-Dynastie (1368-1644)），由费凯博士主持。

3. 莱比锡大学汉学藏书系统目录制作（DFG-Projekt: Erstellung einer systematischen Bibliographie der sinologischen Bestände in der Universitätsbibliothek Leipzig bis zum Erscheinungsjahr），由托马斯·詹森（Thomas Jansen）博士主持。

4. 中国经济互联网数据库（Internet-Datenbank “China Economy”），由拉尔夫·莫里茨于 2000 年 6 月设立，并由 R. Kalata-Wong 管理。

5. 变化中的中国行为模式：经改革 20 年以后的个人负责任与独立性（Chinesische Verhaltensmuster im Wandel: Eigenverantwortung und Selbständigkeit nach 20 Jahren der

Reform)，由特克拉·维布施（Thekla Wiebusch）博士主持。

6. 儿童声音：中国与德国儿童声音之间的声音障碍治疗与声学的比较（Die kindliche Stimme-ein phoniatrisch-akustischer Vergleich zwischen chinesischen und deutschen Kinderstimmen）。与大学门诊所合作。

7. 现代汉学研究计划：中国新词语（Chinesische Neologismen），由赖纳·冯·弗兰茨教授及彼得·默克尔（Peter Merker）博士主持。

【图书馆】

东亚研究所有一个专门的汉学图书馆，其藏书的重点为中国思想史（涵盖全部的中国哲学与宗教）、中国历史、中国社会史、中国经济史等方面的著作以及关于1949年之后的中国的书籍。

东方学分部的汉学藏书可从莱比锡大学图书馆的在线公开目录（OPAC：Online Public Access Catalogue）检索。

14）MARBURG（马堡）

Philipps-Universität Marburg（马堡菲利普斯大学）

Fachbereich Außereuropäische Sprachen und Kulturen（非欧洲语言与文化部）

Fachgebiet Sinologie（汉学系）

Wilhelm-Röpke-Straße 6E，35032 Marburg

Tel：+49 6421 284933

网址：http://www.uni-marburg.de/sinologie

Professors（教授）：

1957—1961：Alfred Hoffmann

1988—　：Monika Übelhör

【教学与研究方向】

1. 中国社会与思想史。

2. 自17世纪耶稣会士到中国传教至今（特别是20世纪），中国关于西学与传统的争论与辩论。

3. 传统中国与20世纪妇女地位及其在艺术和文学中的形象。

【师资与合作研究人员】

1. 余蓓荷（Monika Übelhör）教授：研究重点为传统中国教育、宋朝的儒学、地方政治与行政、中国与西方文化思想的争论与辩论、中国妇女的地位。

2．李玛丽（Marie-Luise Beppler-Lie）硕士：负责现代中文课程

3．延斯·许尔特（Jens Hürter）硕士：学术工作合作者与任教的委任。

15）MÜNCHEN（慕尼黑）

Ludwig-Maximilians-Universität München（慕尼黑路德维希—马克西米利安大学）

Institut für Ostasienkunde（东亚学研究所）

Sinologie（汉学系）

Kaulbachstraße 51a，D-80539 München

Tel：+49 89 21802349

Fax：+49 89 342666

网址：www.fak12.uni-muenchen.de/sin/index.html

Professors（教授）：

1946—1952：Erich Haenisch

1952—1979：Herbert Franke

1966—1997：Wolfgang Bauer

1981—1993：Helwig Schmidt-Glintzer

1994—　：Roderich Ptak

1998—　：Hans van Ess

Art and Archaeology（艺术与考古）

1977—1989：Käte Finsterbusch

1995—1996：Klass Ruitenbeek

1997—　：Thomas O. Höllmann

Medicine（医学）

1975—1996：Manfred Porkert

1986—　：Paul Ulrich Unschuld

【基本信息】

该大学东亚学研究所设有汉学系与日本学系，两系都有各自的教职员工与图书馆。

像其他德国大学一样，若要在该大学获得汉学硕士学位（主修），至少需要八个学期，除了主修之外，也有两个辅修，如中国艺术与考古，日本学或人类学、历史、经济学等学科。前两个学期的教学重点是当代中文（教授汉语口语与书面语、

繁体字与简体字）。

【汉学部师资】

1. 叶翰（Hans van Ess）：汉学（含蒙古学）教授。

2. 罗德里希·普塔克（Roderich Ptak）：汉学教授。

3. 贺东劢（Thomas O. Höllmann）：汉学（含中国艺术与考古）及民族学教授。

【编外讲师】

1. 屈汉斯（Hans Kühner）教授：研究重点为近现代中国文学和晚清史与思想史。

2. 萧婷（Angela Schottenhammer）博士：研究重点为宋朝史（经济、技术、社会、思想与考古）、现代中国经济、政治与社会、古代中国墓葬文化、中国（10—13 世纪，15—19 世纪）海运贸易关系、器物铭文研究。

【研究项目】

1. 15 世纪至 1800 年间的"中国东部地区海域沿岸国家贸易关系（Das "Ostchinesische Mittelmeer" in der Zeit vom 15. Jh. bis z. 1800: Eine neue Qualität in der Entwickulng der Handelsbeziehungen seiner Anrainerstaaten），此项目是由萧婷博士主持。

2. 德国图书馆开发中国丛书（Erschließung chinesischer Collectanea in deutschen Bibliotheken）。其研究成果可以参考 www.collectanea.lmu.de。

3. 瑶族宗教（Written Sources on Yao Religion）：研究人员包括贺东劢教授，格策弗里德（X. Götzfried）博士等。

【东亚学研究所的出版工作】

1. 慕尼黑东亚研究丛书（MOS: Münchener Ostasiatische Studien，Stuttgart: Franz Steiner Verlag）：到今天为止共出版了 81 册。

2. 中国南部与航海亚洲丛书（SCMA：South China and Maritime Asia，Wiesbaden: Herrassowitz Verlag）：到现在为止出版 14 册。

3. 论文集：《中国思想史与文学研究》（*Studien zur geistesgeschichte und Literatur in China*，Wiesbaden: Herrassowitz Verlag）：到目前为止有 4 册。

16）MÜNSTER（明斯特）

Westfälische Wilhelms-Universität Münster（明斯特威斯特法伦威廉大学）Institut für Sinologie und Ostasienkunde（汉学与东亚学研究所）

Schlaunstraße 2，D-40143 Münster i. W.

Tel：+49 251 8324574

Fax：+49 251 8329827

网址：http://www.uni-muenster.de/Sinologie/

Professors（教授）：

1962—1965：Tilemann Grimm

1966—1996：Ulrich Unger

1997— ：Reinhard Emmerich

【基本信息】

明斯特大学的汉学教学以中国古代史为教学特色，力图给予学生有关中国语言、历史与文学方面的深厚知识，为学生今后的专业发展打下基础。1962 年设立了东亚学系，系主任为葛林（Tilemann Grimm）教授，他的继承人为翁有礼（Ulrich Unger）教授，他们两位确定了该所汉学方面的特色。研究重点为中国语言、文学、哲学、唐以前历史与考古。

【图书馆】

此图书馆在 20 世纪 50 年代成立的东方学图书馆基础上发展而来。该图书馆拥有 64000 册图书及 100 种相关期刊。这是一所阅览图书馆，其目录卡正在进行计算机化。

【师资与合作研究人员】

1．艾默力（Reinhard Emmerich）教授：现任所长。

2．翁有礼：退休教授。

3．客座教授杜润德（Stephen W. Durrant，美国俄勒冈大学［University of Oregon］东亚语言与文学［East Asian Languages and Literatures］系），2004 学年度。

4．纪安诺（Enno Giele）博士：助理教授（Wissenschaftlicher Asistent）。

5．Yu Hong 博士：讲师（Lektor）。

6．齐墨君（Martin Kittlaus）博士，梅思德（Barbara Meisterernst）博士，丁慕妮（Monique Nagel-Angermann）博士：委任任教人员。

17）TRIER（特里尔）

Universität Trier（特里尔大学）

FB II（Fachbereich II：专业学科范围二）-Sinologie（汉学）

Universitätsring 15，D-54286 Trier

Tel：+49 851 20132 03

Fax：+49 851 20139 44

网址：http://www.sinologie.uni-trier.de/seiten/menue.html

Professors（教授）：

1984—1991：Chiao Wei

1992—1998：Thomas Heberer

1992—　：Karl-Heinz Pohl

1999—　：Sebastian Heilmann

2002—　：Yong Liang

【基本信息】

特里尔大学汉学是一个与当代中国相联系的汉学（gegenwartsbezogene Sinologie），其重点在于现代中国。该大学图书馆中的汉学部拥有大约30000册书籍。也包括东亚—太平洋研究中心（ZOPS：Zentrum für Ostasien-Pazifik-Studien；www.zops.uni-trier.de）及特里尔亚洲在欧服务进修计划（EAST：Weiterbildungsprojekt Europa Asien Service Trier；www.east.uni-trier.de），后者提供中国地理与经济方面的信息。

【历史脉络】

1981学年度，汉学学科进入大学课程，包括语言与文学。1984年设立由乔伟（Chiao Wei）博士担任教授的职位，自那时以来一直有发展和进步。1986年设立了第二个教授职位，但是直至2002年初都是由不同的中国客座教授担任该教职，直到2002年3月才由梁镛（Yong Liang）教授担任该教职的非客座教授。如今特里尔大学汉学的特色是语言学、经济与跨文化沟通。1991年乔伟教授退休，他的继承人为卜松山（Karl-Heinz Pohl），继续从事跨领域的东亚研究。

【图书馆】

以上已提到它拥有约30000册的书籍，其中大多数是有关古代、现代中国文学与语文的书籍，也有哲学、历史与文化史方面的重要著作。藏书中也有德国著名汉学家福兰阁与傅吾康的私人图书——8000册，大部分是明清及民国时代的著作和罕见汉学期刊。

【师资与合作研究人员】

1. 乔伟退休教授（“退而不休”）：研究与教学重点为中国语言学（语言学、词汇学、语言教学）、中国文学、儒家、新儒家。

2．卜松山教授（汉学负责人）：研究工作范围为中国思想史、传统与现代中国伦理、中西跨文化沟通与对话等。

3．梁镛（Yong Liang）教授：研究重点为中国语言学、经济交流、语言与文化比较等。

4．郎鹤立（Heribert Lang）博士（讲师）：研究重点为现代中国语言学、语言教学、古典中国哲学与语言哲学。

5．Lin Huiru 博士（讲师）：研究重点为德中文学（比较）。

6．克里格斯克尔特（Magnus Kriegeskorte）博士（合作研究者，教学辅导）：研究重点为中国历史与思想史、中日关系。

【研究项目】

亚洲亚洲化（Die Asiatisierung Asiens）：此研究项目要解决的关键问题是，亚洲现代化的现况到底如何？它越来越西方化，或者已有不同亚洲式现代化模式，即“亚洲的亚洲化”，而其意涵为何？

2．中国的互联网（Das Internet in der Volksrepublik China）。

【ZOPS 著作丛书】

1．东亚—太平洋：特里尔政治、经济、社会与文化研究丛书（Ostasien-Pazifik. Trierer Studien zu Politik Wirtschaft，Gesellschaft，Kultur）。

2．不定期论文（Occasional Papers：ISSN：1431—0929）：特里尔大学东亚研究成果报告集。PDF 格式文件可从 www.chinapolitik.de 下载。

18）TÜBINGEN（图宾根）

Eberhard-Karls-Universität Tübingen（图宾根埃伯哈德—卡尔大学）

Seminar für Sinologie und Koreanistik（汉韩学研究所）

Abteilung Sinologie（汉学部）

Wilhelmstraße 133，D-72074 Tübingen

Tel：+49 7071 2972711

Fax：+49 7071 295733

网址：http://www.uni-tuebingen.de/sinologie/sino/sinoset.htm

Professors（教授）：

1960—1974：Werner Eichhorn

1970—1973：Otto Ladstätter

1974—1989：Tilemann Grimm

1987—1992：Karl-Heinz Pohl

1994—　：Hans Ulrich Vogel

1994—　：Hermann Kogelschatz

2003—　：Gunter Schubert

【基本信息】

图宾根大学汉学部的研究重点是中国历史与文化，成果报告也进入教学部分。它开设学士与硕士学位课程，其特色为致力于探索汉学跟经济学融合的可能性。图宾根大学还参与了北京大学欧洲中国研究合作中心（ECCS：European Centre for Chinese Studies at Peking University）的设立，该中心由图宾根大学与哥本哈根大学、法兰克福大学合办，在北京有一个中文教学点。第四学期可以在北京就读。

图宾根大学汉学部设有三个教授席位：1. 中国历史与社会讲座教授席位（Lehrstuhl für Geschichte und Gesellschaft Chinas）；2. 大中华研究讲座教授席位（Lehrstuhl für Greater China Studies）；3. 中国语言文学及哲学教授席位（Professur für Chinesische Sprache，Literatur und Philosophie）。

自 1994 年起担任中国历史与社会讲座教授的是傅汉思（Hans Ulrich Vogel），他也是汉学部部长，研究重点包括中国经济、社会与文化史，尤其是传统中国中自然科学与技术史。自 1999 年他是《东亚科学、技术与医学》（*East Asian Science, Technology, and Medicine*）期刊的编辑。

自 2003 年 10 月起担任大中华研究讲座教授的是舒耕德（Gunter Schubert）。此讲座研究对象为中国内地、港澳台地区和新加坡，以及上述地区的政治、社会、经济和文化等。此外，东南亚地区与非亚洲地区的华侨，也是研究关注的对象。

自 1994 年起，科格尔沙茨（Hermann Kogelschatz）成为该部的教授，他的研究重点为中国语言、哲学与文学。

19）WÜRZBURG（维尔茨堡）

Bayerische Julius-Maximilians-Universität Würzburg（维尔茨堡巴伐利亚尤利乌斯—马克西米利安大学）

Institut für Kulturwissenschaften Ost- und Südasiens（东南亚文化学研究所）

Lehrstuhl für Sinologie（汉学讲座）

Am Hubland，D-97074 Würzburg

Tel：+49 931 8888570，8888571

Fax：+49 931 8884617

网址：http://www.uni-wuerzburg.de/sinologie/

Professors（教授）：

1965—1985：Hans Steininger

1988— ：Dieter Kuhn

1988— ：Gert Naundorf

1998— ：Raimund Kolb

【基本数据】

在大部分的德国大学汉学系，学生可以主修或辅修汉学。主修时间至少持续八个学期，可获得硕士学位（除了基本条件之外，还要写作硕士论文及通过口试）。主修课程在第一学年度内特地强调现代中文强化训练，第二学年度也有现代中文，不过较少，再开始学习文言文。另外，前四个学期有许多非语言的学程，学习内容为中国历史、地理、文化、词典学等，第四学期末有中间总考，通过之后学生才有资格参加其他课程（高考学历）。辅修课程中，可选择现代中文或文言文，高学历上应该至少完成一个研究课程，辅修汉学的终结考试是口试。

自 2002 年，在汉学讲座上，大学生也可以获得“现代中国”学士学位，在此种学程中，学生不必有两个辅修（学科领域），而此学程的文凭是经过一次又一次的考试累积所得到，这种方式在德国是首开先例，具有创新与独特性。

【讲座历史背景】

维尔茨堡大学中的汉学教学与研究开始于 1965 年，第一个教授为石泰宁（Hans Steininger），1988 年库恩（Dieter Kuhn）继承了他的职位，他也是现任的负责人。如今还有两个教授职位，1998 年由科尔布（Raimund Theodor Kolb）担任其中一个，另一个是由埃布纳（Silvia Ebner）申请。除此之外，师资方面还有三个职位，一个是类似助理教授的职位，另外两个是讲师的职位（负责教学、研究、图书馆与其他行政工作）。

汉学讲座是东亚与南亚文化学研究所的一部分，其他两个为日本学与印度学讲座。其共同的特色为涉及文化幅度及对相关文化的过去与现在的文化理论、文化人类学研究。另一个特色为与当代相联系的教学与研究。

【讲座师资与合作科研人员】

1．库恩教授：研究与教学重点为：（1）中国历史（宋代），20 世纪中国历史；

（2）文化史（诸朝代物质之文献；基于考古证明的原始资料，在中国文明中对古代中国的容受史之见解）；（3）技术史（中国技术发展及技术转让问题，纺织品技术史）。

2．科尔布教授：教学与研究重点为过去与现在的中国环境、中华帝国晚期的历史民间文化、历史中的天灾研究、性与亲密史、人文科学的汉学入门。

3．埃布纳（Silvia Freiin Ebner von Eschenbach）教授：教学与研究重点为新文化史与历史人类学，尤其是中国史中人类现象及其对当代中国的超时间意义。

4．施塔尔（Helga Stahl）博士（助理研究员）：教学与研究重点为北宋时代（960—1127），尤其注重李觏（1009—1059）研究；《周礼》文本及其容受史；唐、宋朝时代的坟墓及墓志铭等。

5．莱博尔德（Michael Leibold）博士（助理研究员）。

【图书馆】

汉学藏书拥有40000册左右，其中有不少丛书。此外，还有340种（西方、亚洲）期刊，其中170种持续订阅。重点收藏关于中国历史（尤其是宋代）、碑铭研究、考古、技术史及现代中国史的书籍。该馆藏书已完全计算机化，可以通过维尔茨堡大学在线目录OPAC查询。

【汉学讲座计划】

1．重要研究计划为明、清时代丝织业作坊的组织与产生（The Organisation and Production of Silk-Weaving Workshops in the Ming-and-Qing Dynasties），它是1997年的计划，其成果已部分纳入维尔茨堡汉学著作丛书出版。

2．中国市场（Market China）计划：在该计划研究成果基础上将出版《中国经济决策指南》（*Manual on Decision Making in Economics in China*）。

3．出版计划：维尔茨堡汉学著作丛书（Würzburger Sinologische Schriften, Edition Forum, Heidelberg）开始于1990年，可为该大学汉学讲座的研究成果报告、学位论文等提供出版机会。

2.2. 大学体系以外的汉学/中国机构（选录）

1．德国汉学协会（DVCS：Deutsche Vereinigung für Chinastudien e.V.；1990年设立于柏林—柏林洪堡大学）：该协会由东德与西德汉学家共同设立，旨在促进统一后的德国对中国的研究，该协会每年召开一次会议，可以为汉学研究者，尤其是年轻学者，提供发表研究成果的机会。现今该协会有117位成员。到目前为止，出版了三部 DVCS 论文集。第十五届 DVCS 年会于 2004 年 11 月 12 日至 14 日在莱比锡举办，主题为“中国及其对世界的察觉”（China und die Wahrnehmung der Welt）。该协会每年出版四期会员刊物《通讯》（*Rundbriefe*）。

2. 亚洲学研究院（IFA：Das Institut für Asienkunde）：1956 年在德国联邦议院及外交部的协助下设立，在汉堡德国海外研究院（Deutschesübersee-Institut）所联结的地区研究院当中，它是最古老的。所在地汉堡是一个非常好的环境。因为汉堡拥有汉堡大学东亚研究机构和东亚协会（Ostasiatischer Verein e.V.; German Asia-Pacific Business Association，1900 年由德国商人设立，为德国商界接洽亚洲贸易事宜提供服务）。研究重点为中国（包括港澳台地区）、东南亚、日本、韩国与印度，每年举办至少一次有关亚洲政治、经济及社会问题的大规模研讨会。它与很多大学及大学以外的研究机构合作、如荷兰莱顿国际亚洲研究院（IIAS：International Institute for Asian Studies）、丹麦哥本哈根北区亚洲研究院（NIAS：Nordic Institute of Asian Studies）、比利时布鲁塞尔欧洲亚洲研究院（EIAS：European Institute for Asian Studies）、法国巴黎亚洲欧洲中心（AEC：Asia Europe Centre）、西班牙马德里东亚研究中心（Centro de Estudios de Asia Oriental）、英国伦敦亚非学院（London School of African and Asian Studies）、瑞典斯德哥尔摩亚太学院（Swedish School of Advanced Asia Pacific Studies）。这些机构与亚洲学研究院都是欧洲亚洲研究协会（European Alliance for Asian Studies）的成员。该研究院出版双月刊《当代中国》（*China aktuell*），提供当代中国政治、经济与社会方面的信息。

3. 德中协会（DCG：Deutsche China-Gesellschaft e.V.），会长为葛保罗（Gregor Paul）教授（卡尔斯鲁厄［Karlsruhe］）。他的出版工作包括：（1）德中协会著作丛书（Reiheschriften der Deutschen China-Gesellschaft）：到现在为止，已出版七册；（2）《德中协会通讯》（*Mitteilungsblatt. Bulletin of the German China Association*）；（3）《中国杂志》（*China-Journal*，初版 2002 年 12 月 31 日至 2004 年 12 月 31 日）。

4. 德国圣奥古斯丁华裔学志研究院。1972 年华裔学志研究院由美国加州大学洛杉矶东亚语言系迁至德国圣奥古斯丁，其编辑部先使用圣言会德国北区的著名人类学研究院 Anthropos。华裔学志研究院的成立与北京辅仁大学有密不可分的关系，它也是圣言会的汉学研究机构。1933 年 4 月 29 日，圣言会自美国本笃会接办北平辅仁大学，圣言会辅仁大学团体的第一位汉学家鲍润生（Franz Xaver Biallas，1878—1936）于 1935 年创办一个以汉学研究为中心特色的学术性刊物——《华裔学志》(*Monumenta Serica. Journal of Oriental Studies of the Catholic University of Peking*)。该刊名即已标示了这份刊物的目标与宗旨，即把中国文化历史的遗迹介绍给西方人。当时的辅大校长陈垣（1880—1971）十分重视这份刊物，并为之确定中文名称为《华裔学志》并沿用至今。当时负责中国方面的副主编是以中国和西方文化交流史的开拓性著作著称于学术界的陈垣、张星烺（1888—1951）、沈兼士（1887—1947）和英千里（1901—1948）。欧洲方面的副主编则是比利时的蒙古学研究者田清波（Antoine Mostaert，C.I.C.M，1881—1971）。德国籍汉学家有钢和泰（A.von Staël-Holstein）、艾锷风（Gustav Ecke，1896—1971）和施蒂尔利茨（Ernst Stierlitz，1902—1940）。定居于圣奥古斯丁之后，华裔学志研究院的成员，特别是卜恩礼（Heinrich Busch，1912—2002）、弥维礼（Wilhelm Müller）和马雷凯（Roman Malek）等人除整理原有的宝贵藏书之外，更积极地加强图书资料的搜集，并设立了一座藏书丰富的图书馆，其中，中西文图书各有 8 万余册，并收有中、西文缩微胶片开放给读者查询。该图书馆的特色在于其中文方面的藏书，特别是关于中国古代史、古代文化方面的藏书数量，在德国可算名列前茅。目前，本院除了出版《华裔学志》(已有第 52 册［2004］）之外，有两个丛书系列：（1）华裔学志丛书（MSMS：Monumenta Serica Monograph Series)，到现在为止已出版 52 部。（2）华裔选集（CS：Collectanea Serica）到现在为止，已出版了十多种。2002 年 8 月 1 日，位于台湾的辅仁大学为延续辅大在汉学方面的研究，推动中西方文化交流，乃由辅仁大学外语学院与德国圣奥古斯丁华裔学志研究院共同设立一汉学研究中心，定名为“华裔学志汉学研究中心”(Monumenta Serica Sinological Research Center，Sinologisches Forschungszentrum Monumenta Serica)。该中心本着《华裔学志》的编辑们在北京辅仁大学所怀抱的宗旨，并通过中国台湾地区汉学家在汉学研究上所做的努力，加强中西方汉学家之间的沟通与对话。

5．德中法学家协会（DCJV：Deutsch-Chinesische Juristenvereinigung e.V.，http://www.dcjv.org)：当代中国的法律制度正在改善，尤其是配合现代经济发展的需要，在此过程中，中国也参考了外国法律系统，包括德国法律在内。德国法制作为其他国家法律发展的模范有两个理由：第一为历史传统，第二个理由跟第一个有关，代表德国法制系统化之高度。中国改革开放之际，也引起德国法律学家对其法律发展的兴趣。1986 年夏天德中法学家协会成立，其成员来自德国律师界、经济界与行政界。有不同的学术活动，如一年一度的会议、学程及专题演讲等，促进了德中法律界的对话，该协会出版有《中国法律》(*Zeitschrift für chinesisches Recht*，季刊)。

6．德中友好协会 (GDCF：Gesellschaft für Deutsch-Chinesische Freudschaft Berlin e.V.，http://www.dnc-online.de/gdcf/nav_gdcf.htm)：该协会于 1973 年成立，其目的是推动中国人民与德国人民之间的友谊。它有其独立的世界观和政治立场，提供有关中国的信息，编有在线版刊物《新中国》(*Das Neue China*)。

7．不来梅中国学院 (Das China-Institut Bremen e.V.，http://www.chinainstitutbremen.de)：该院是一个公益协会，1992 年由应用经济语言与国际企业管理 (AWS：Angewandte Wirtschaftssprachen und Internationale Unternehmensführung) 专业师生创立，其目的是支持经济科学与文化交流，促进德国与中国之间进一步沟通并加深友谊。该院一年出版两期《不来梅中国研究院通讯》(*CIB-Kurier*)。

8．汉诺威中国中心 (Chinesisches Zentrum Hannover e.V.)：它是一个公益机构，目的为建立并维持德国和中国之间的经济、文化和科学方面的关系。该中心 1997 年 12 月 8 日由下萨克森州地方政府与中国政府共同设立，并且提供一些文化、语言、经学方面的课程。

9．德国圣奥古斯丁中国中心 (China-Zentrum e.V.，Sankt Augustin)：该中心于 1988 年由德国地方天主教社会机构设立，以推动中西方文化和宗教相互了解及交流为宗旨。

以上只是对德国大学以外研究机构的选择性介绍，除了上述机构其他一些学术机构以及很多地方类似德中友好协会的机构也从事汉学 (中国学) 的研究。

3．德国汉学图书馆 (选录)

虽然德国大学体制内第一个汉学教授席位设立较晚，但德国图书馆早就通过收藏中文书籍和资料表示出对中国及其文化的重视。其中，巴伐利亚国家图书馆及柏林国家图书馆占有特别的地位。两家图书馆几乎同时编制其中国图书目录，巴伐利亚图书馆于 1678 年左右编制好一本目录册，而柏林图书馆于 1674 年开始编制，其第一本中文图书目录册于 1683 年编制完成。随着时间推移，德国汉学图书馆拥有的中文书籍及其他资料越来越多。

在德国，内部有中文图书馆的大学，第二次世界大战之前已有如下几家：汉堡大学、柏林大学、法兰克福大学、波恩大学及哥廷根大学。虽然图书馆在“二战”中受到毁坏，法兰克福大学、莱比锡大学及哥廷根大学的图书馆受损尤其严重，但是德国各大学内汉学及汉学图书收藏逐渐兴起，尤其是20世纪60年代，如科隆大学（1960）、明斯特大学与图宾根大学（1962）、海德堡大学图书馆（1962/1963）、波鸿大学与维尔茨堡大学（1965）及埃尔朗根—纽伦堡大学（1967）均设立了汉学图书馆，20世纪80年代也有汉学方面的新建，如弗赖堡大学汉学图书馆（1988）及基尔大学汉学图书馆（1990）。

以下我们列出德国汉学图书馆的基本信息。

1. 巴伐利亚国家图书馆（1558）

地址：Ludwig Str.16，D-80539 München，E-Mail：bm.224@rlg.org；http://www.bsb-muenchen.de；重点收藏中国古典文学、地志及考古方面书籍。

2. 柏林国家图书馆（1661）

东方部（Ostabteilung）1922年成立。

3. 汉堡亚非研究所图书馆（1909）

http://www.uni-hamburg.de/Wiss/FB//O/AA/Bibliothek/index.html；亚洲研究院（Institut für Asienkunde）：Rothenbaumchaussee 32，D-20148 Hamburg。

4. 柏林大学汉学图书馆（1912）：旧柏林大学（1949年改名的柏林洪堡大学），19世纪50年代后期，汉学藏书放在该大学的亚非学分部图书馆（Zweigbibliothek Asien-und Afrikawissenschaften，Luisen Str.54/55；D-10117 Berlin；http://www.ub.hu-berlin.de/zentrale_ub）。截至1999年馆藏25000册图书；100种刊物；自1991/1992年开始收藏EDV（elektronische Datenverarbeitung［电子数据处理］）；柏林自由大学汉学图书馆1994年成立，收藏汉学图书42000册及150种连续出版物；Podbielskiallee 42，D-14195 Berlin；http://www.fu-berlin.de/sinologie；无EDV。

5. 莱比锡大学（1922）：http://www.uni-leipzig.de/seifen/biblio-r.htm；7900册图书；无刊物；有EDV。

6. 法兰克福大学东方与东亚及文学研究所汉学图书馆（1925）：图书38800册；46种刊物及丛书；有EDV。

7. 波恩大学汉学图书馆（1927）：55000册图书；360种刊物，其中90种为期刊；自1993年有EDV。

8. 哥廷根大学汉学研究所图书馆（1930/1931）。

9. 慕尼黑大学汉学图书馆（1933）：http://www.fuk12.uni-nuenchen.de/sin/library/library.html：图书110000册，丛书藏书丰富；1000种中西文的刊物；自1993年有EDV。

10. 科隆大学汉学图书馆（1960）：http://www.uni-koeln.de/phil-tale/ostas/moderne/inder.html，61000册加上8000册（丛书）；465种刊物和年鉴；自1989年有EDV。

11. 明斯特大学汉学图书馆（1962）：http://www.uni-muenster.de.sinologie；http://www.uni-muenster.de/ULB/welcome-d.html；28000册图书；100种刊物，其中37种期刊；无EDV。

12. 图宾根大学汉学图书馆（1962）：35000册图书；300种刊物，其中有200种期刊；有EDV。

13. 海德堡大学汉学图书馆（1962/1963）：http://www.sun.sino.uni-heidelberg.de/library；70000册中文图书及12000册西文图书；393种刊物；有EDV。

14.（维尔茨堡大学汉学图书馆（1965）：25000册图书；有众多刊物及文集；有EDV。

15. 波鸿大学汉学图书馆（1965）：http://www.ruhr-uni-bochum.de/ouw/bibliothek；163000册图书；320种刊物；有EDV。

16. 圣奥古斯丁华裔学志研究院图书馆：自1972年起在德国连续出版《华裔学志》；http://mounmenta-serica.steyer.de/library.htm；75000册图书，其中有48000册中文图书、4000册日文图书及14000册西文图书；有9000册刊物，期刊有350种。此外，还有很多缩微胶卷。该图书馆的数字藏书目录正在编制中。

17. 弗赖堡大学汉学图书馆（1980）。

18. 特里尔大学汉学图书馆（1981）：http://www.ub.uni-trier.de.8080/bib/bib/htm；25000册图书，200种刊物，有EDV。

19. 马堡大学汉学图书馆（1988）：http://www.ub.uni-marburg.de/bi-syste/bjzl.html。

20. 基尔大学汉学图书馆（1990）：http://www.uni.kiel.de.sino；9500册图书；19种刊物；有EDV。

以上为德国汉学图书馆方面的基本信息，在这方面我们应提及汉学图书馆馆员协会（AGSB：Arbeitsgemeinschaft Sinologischer Bibliothekare），它也与欧洲汉学图书馆馆员协会（EASL：European Association of Sinological Librarians; http://www.easl.

org/index.html）合作，它们还有国家及跨国家的发展计划。AGSB 还有一年一度的全体成员会议讨论及推动新的发展。

【参考资料】

1. Thomas H.Hahn（Heidelberg），“Neuland für Chinawissenschaftler: Datenbanken und vernetzte Ressourcen”（中国学的新领域：数据库与网络的资源）。

2. Lutz Bieg（Köln），“Von zwei Großbibliothekenüber viele Seminarsammlungen zur ‘Virtual Library’”（由两大图书馆开始经许多汉学系藏书而演变为“虚拟图书馆”）。

3. Martin Woeseler，Der Computer als Hilfsmittel der Sinologie für Spracherwerb，übersetzung，Bibliotheksverwaltung（计算机作为汉学辅助工具——语言习惯、翻译及图书馆管理）。

4. 德国主要汉学期刊（选录）

在对以上不同汉学研究机构的介绍中，我们已经提及这些机构所出版的刊物及丛书，我们希望再次提出一些重要观点：

a）刊物方面

1）汉学与中国学专业期刊（按照字母次序列出）

（1）《当代中国》（*China aktuell*）：由汉堡亚洲学研究院主办，研究重点是当代中国的政治、经济和社会。

（2）《中国教讯》（*China heute. Informationenüber Religion und Christentum im chinesischen Raum*）：创办于 1981 年，目前由圣奥古斯丁中国中心出版，专门发表当代与旧时中国宗教和中国基督教的信息与研究报告。

（3）《中国杂志》（*China-Journal*）：德中协会创办，初版为 2002—2004 年。

（4）《中国社会与历史》（*Berliner China-Hefte. Beiträge zur Gesellschaft und Geschichite Chinas*），原名《中国与妇女通讯》（*Newsletter Frauen und China*），1991 年 8 月创刊，1996 年改今名。

（5）《袖珍汉学》（*Minima sinica. Zeitschrift zum chinesischen Geist*）：1989 年在波恩大学创办，重点关注 20 世纪中国思想史和文学史。

（6）《华裔学志》（MS：*Monumenta Serica. Journal of Oriental Studies*）：于 1935 年创办于北京，自 1972 年在德国圣奥古斯丁继续出版。除了英文之外，原来多用德文及法文讨论中国文化诸方面问题，同时也刊登日本学、韩国学、满学、藏学及蒙古学等方面论文。

2）刊有汉学与中国学论文的东方与东亚学刊物（按照字母次序列出）

（1）《亚洲、非洲、拉丁美洲》（*Asien Afrika Lateinamerika*）：1973 年创刊，刊登经济、哲学、宗教、法律、语言学及文学方面的研究报告。

（2）《亚洲：德国政治、经济和文化期刊》（*Asien. Deutsche Zeitschrift für Politik, Wirtschaft und Kultur*）：1981 年创办，由汉堡德国亚洲学协会出版，定期刊登有关德文地区亚洲学教学与学术活动的综述。

（3）《波鸿东亚研究年刊》（BJOAF：*Bochumer Jahrbuch zur Ostasienforschung*）：1978 年由波鸿东亚学院出版。

（4）《东亚文学期刊》（*Hefte für ostasiatische Literatur*）：创刊于 1983 年。

（5）《东亚自然与民族学协会通讯》（NOAG：*Nachrichten der Gesellschaft für Natur-und Völkerkunde Ostasien e.V.*），1926 年创办于东京，1951 年复刊，由汉堡大学日本语言与文化东亚自然与民族学协会出版，大部分内容与日本有关。

（6）《远东：远东国家语言、学术和文化期刊》（*Oriens Extremus. Zeitschrift für Sprache, Kunst und Kultur der Länder des fernen Ostens/Journal for the Language, Art and Culture of the Far East*）：创办于 1954 年，由汉堡大学亚非研究所中国语言与文化部出版。

（7）《东方学文学学报：全部东方学及其邻居文化圈之科学期刊》（*Orientalische Literaturzeitung. Zeitschrift für die Wissenschaft vom ganzen Orient und seinen Beziehungen zu den angrenzenden Kulturkreisen*）：创办于 1989 年，由柏林洪堡大学亚洲与非洲学研究所出版。

（8）《东方导报：亚洲文化期刊》（*Orientierugen. Zeitschrift zur Kultur Asiens*）：1989 年创刊，由波恩大学亚洲学术及东方语言院出版。

（9）《德国东方研究协会期刊》（ZDMG：*Zeitschrift der Deutschen Morgenländischen Gesellschaft*），这是德国创办最早的东方学专业期刊，第一期 1847 年问世，2004 年出版第 154 期，由柏林洪堡大学出版。

b）丛书方面（按字母顺次序列出）

（1）亚洲研究（Asiatische Forschungen）：亚洲民族历史、文化与语言研究，1954 年推出该丛书，1959 年以前为《哥廷根亚洲研究》（*Göttinger Asiatische Forschungen*）。

（2）柏林中国研究（Berliner China-Studien）：1983 年由郭恒钰创办，自 1995

年由罗梅君继续主持编辑出版，该丛书到现在为止共有 43 册（柏林自由大学）。

（3）柏林中国研究：原始资料与文献（Berliner China-Studien: Ouellen und Dokumenten）：由罗梅君主编，已有 3 册（柏林自由大学）。

（4）中国诸课题（Chinathemen）：1980 年在波鸿推出该丛书。

（5）《华裔选集》（*Collectanea Serica*）：由圣奥古斯丁华裔学志研究院出版。

（6）汉堡汉学著作 / 文集（HSS：Hamburger Sinologische Schriften）：由汉堡大学中国语言与文化部出版，到目前为止已有 39 册。

（7）论文，中国思想史与文学研究（Lun Wen. Studien zur Geschichte und Literatur in China）：由慕尼黑东亚学研究所出版，到今天为止已有 4 册。

（8）汉堡亚洲学研究院通讯（Mitteilungen des Institutes für Asienkunde Hamburg）：每年出版 15 本新专著，到现存为止已出版 500 多本专著。

（9）华裔学志丛书（Monumenta Serica Monograph Series）：由圣奥古斯丁华裔学志研究院出版，内容为中西文化交流史，到目前为止已有 52 部。

（10）慕尼黑东亚研究（MOS：Münchener Ostasiatische Studien）：由慕尼黑东亚学研究所出版，到今天为止已有 8 册。

（11）中国南部与亚洲航海丛书（SCMA：South China and Maritime Asia）：由慕尼黑东亚学研究所出版，到今天为止已有 14 册。

（12）维尔茨堡汉学—日本学（Würzburger Sino-Japanica）：于 1979 年创办。

（13）维尔茨堡汉学（Würzburger Sinologische Schriften）：著作文集丛书，1990 年开始出版，提供该大学汉学系的研究成果报告、学位论文等。

4. 当代德国汉学的特征

以上述德国汉学教学与研究的机构为基础，我们可以发现当代德国汉学发展的特征如下：

1）从历史脉络来看，第二次世界大战后的德国汉学各方面（由于图书馆受损、汉学家流亡国外、西德与东德分裂等原因）都很差，但只过了 10 年至 15 年的时间，它又有不错的表现。

2）德国汉学教学与研究机构是分散的，比较像美国而不是法国，德国汉学研究机构分散在全德国 20 多个大学里面。

其中至少有 5 个或 6 个城市的教学研究条件特别良好，如柏林、慕尼黑、汉堡、海德堡、法兰克福及波鸿，之后还有科隆、波恩、圣奥古斯丁、哥廷根、莱比锡等城市。此种现象有其优点又有其缺点，其反面即集中也是一样。不过从整个德国的汉学教学与研究来看，分散模式有利于学科独立、健康竞争、发展富有弹性及多样化。

3）像几乎所有欧洲国家一样，在过去几十年间，德国大学的地位及与政府和市场的关系都有相当的转变，虽然德国的大学生还不需要交学费，但也发生了政府补助迅速缩减的现象，不过在德国还有相当多的私人或半私人机构可以支持许多研究计划。

4）20 世纪 80 年代中国改革开放时，德国就希望能给汉学毕业生提供具体的职业。但到今天，此种期许还没有实现。当今在德国每年有约 200 名大学汉学毕业生（其中 70% 为女生），他们都面临不确定的职业未来，因为他们没有具体的职业，既不是口译者，也不是经济学专家，所以在德国（在其他国家也有）出现越来越多的多学科融合的读书方法，开设经济汉学（Wirtschaftssinologie）专业即为一例。这是一种尝试，把汉学专业作为像中国地理、历史及语文学等方面的专业知识一样，作为经济学专业知识的能力扩充，如此读汉学的学生，毕业之后会有更好的工作机会。目前，德国有三所专科大学（Fachhochschule）开设了所谓的“经济汉学”，其中中文（口头语言与书面语言）作为一种额外资格。

5）德国汉学学生人数并不是那么多，2002 年（来源：联邦统计局［Statistisches Bundesamt］，2002），学习汉学（读韩国学的大学生也包括在内）的学生约有 1900 人，德籍及外国学生有 440 人。每年有 500 名左右的学生开始读汉学，不过若与其他系比较，这个数字并不是很大（譬如英国语言文学系的人数是汉学系的 20 倍）。

6）当代德国汉学界提出一个今日批评性汉学（kritische Sinologie heute）的理念，其意涵为何？柏林自由大学的罗梅君（Mechthild Leutner）女士指出：

第一，西方汉学（包括德国汉学在内）应该放开其对中国（及其他国家或文化）的优越感，而采取一个平等态度。

第二，一个批判性汉学应该包括对自身立场的质疑及对所牵涉的世界观及价值观的解释。此态度也包括：汉学家应该注意到他们的汉学知识与关于中国的理论在日常生活中如何影响其对周围中国人的态度。

第三，中国学家在他们的理论上，应该做出一些科学解释，其内容应对社会大多数人的生活和福祉有积极促进作用。中国学者应该对其理论内容的影响力负责。

第四，最后她提出了哈贝马斯（Jürgen Habermas，1929— ）的一个设定，即在学术研究中应该“发现社会现实之系统性命令（systematische Imperative）及发掘一种反对人生中内在殖民化的社会力量”。假如所谓“批判性汉学”要发挥其影响力，德国汉学家应该进一步把它的意涵弄清楚，并且在这方面安排一些具体研究计划。

7）有的德国汉学家认为当代德国汉学研究正处于危机中，如杜麟鸥（Ole Döring）在他的文章《文化主义与全球化之间——汉学是否站在十字路口？》所描绘的，中国学家正面临一个危机，他们对自己的新了解应该进一步厘清其构思和立场。其实，他也认为德国汉学需要结构制度方面的改革，不过他的文章重点在于对文化主义立场和方法的含义探讨。首先应该有汉学（Sinologie）与中国学（Chinawissenschaften）的分别，汉学一方面需要一个跨文化诠释学（interkulturelle Hermeneutik）的新部分，另一方面需要与其他学术有更密切的互动。杜麟鸥对德国传统汉学提出一些具体批评，如：

第一，学术汉学无法影响到德国的公共生活，它仍有一种异国气氛。

第二，它需要把对中国的看法理性化或合理化（Rationalisierung des China-Bildes），此种批评牵涉汉学科学性的定位。基本上，传统汉学有三部分：1. 语文学；2. 历史学；3. 文化学。杜麟鸥认为，对中国看法之理性化或合理化的基本条件是一个基本信念 / 共识，即“普遍的人性”（eine universelle Menschlichkeit），所以从这种立场可以排斥类似“亚洲价值”（Asian values）的论述。在此种背景下，杜麟鸥提出了一些值得注意的观点，如当代德国汉学正面临一种发展趋势及挑战，即没有计划和系统性的专业化（一般来说，一个汉学系或相关研究机构的发展方向根据的是其教授的专长）。此方面缺少一个全面的发展和专业化的政策；同时汉学需要向其他人文科学和社会开放，要互相配合，要发挥相辅相成的功能。

第三，德国汉学界更多的是需要公开讨论现况及共同来建立新的自我认同（Selbstverständnis）及其将来的新走向。

魏思齐（Zbigniew Wesołowski），1957 年生，德国《华裔学志》主编。

法国对中国哲学史和儒教的研究

〔法〕汪德迈　程艾兰

即使是从史学要素来讲，在欧洲的背景下，汉学最早似乎也是习惯于借助古典研究（希腊和拉丁研究）方法的一门法国专业[1]。它经历了深刻的变化，尤其是在标志着美国汉学突破的第二次世界大战之后，汉学如同是随同交流国际化的潮流而出现的一门突飞猛进的专业化学科。我们同样觉得，汉学这一学科始终未能摆脱在20世纪60—70年代震撼了中国意识形态的旋涡。我们会联想到对中国思想，特别是儒学思想研究的命运。这种研究成为法国汉学的文化构成和机构设置必不可缺的组成部分。此外，当时的兴趣也多为乐于转向显得更加极端自由主义和更具有“东方睿智”、颇具代表性的潮流，诸如道教和佛教那样的学问。仅仅是自20世纪80年代开始，儒学于中国开始被恢复名誉并在其他地方显得如同是一种新的人文主义时，儒学传统才真正地受到了尊重。

在中国对儒学遗产的态度发生了一种突变时，法家思想在法国汉学内部却变成了一种新兴趣的中心。汪德迈（Léon Vandermeersch）以“论法家思想的形成：对古代中国一种典型政治哲学形成的研究”为题，于1965年推出了一部著作。汪德迈所受到的就是法律学家的培养，他通过分析中国春秋战国时期的经济社会变化及比较同时代其他思想潮流，极力阐明商鞅、申不害、慎到和韩非子那种被人称为“法家”的思潮史。后来，乐唯（Jean Lévi）又以译介《盐铁论》（由D. 博

[1] 请参阅戴密微：《法国汉学的历史概貌》，《亚洲学报》（东方文化研究所所刊）第11卷，东京，1966年，第56—110页；苏远鸣（Michel Soymié）：《汉学研究50年》，《亚细亚学报》第261卷，1973年，第209—246页。

德利、P. 博德利和乐唯译，巴黎，1978年）做出了贡献。乐唯还出版了一部译著《商君书》（巴黎，1981年），其中包括有关国家法治思想的一篇概论，书末的跋则是《史记·商君传》的译文。汪德迈沿此思路，继续关注中国的刑法哲学。乐唯则继续关注政治哲学，这种政治哲学是马基雅维里主义（machiavélisme）的先兆，它启发了秦始皇的改革变法运动（请参阅：《公元前4世纪—前3世纪的以言治罪——施政策略》，1985年；《神授官吏——古代中国的政治、专制主义和神秘奥义》，1989年）。

法国对中国哲学研究的复兴，是从1975年开始的，当时法国大学科学研究最权威的圣地法兰西学院设立了中国社会文化史讲座，从此，法国对中国哲学研究的复兴才算是羽毛完全丰满了。直到1992年止，谢和耐（Jacques Gernet）教授一直占据这一教席，他继已故的戴密微（Paul Demiéville，1894—1979）之后成了法国无可争议的汉学大师。谢和耐教授是其父亲——著名希腊学家路易·热尔奈（Louis Gernet）那种意义上的史学家和哲学家，也完全如同那些传统汉学先驱们一样，始终采取一种理性主义者的态度，其写作方式清晰易懂且没有任何学究气，其思想方式则展现了他酷爱中国文化的唯理主义方面。他因其最早的一系列有关中国佛教史、敦煌文献和中国通史的著作而闻名遐迩。他在第二阶段则致力于对16—18世纪的批判儒教（对宋明理学提出异议）及其社会—文化背景的研究。在分析了有关教育史、当时的书院和文化、社会、历史的同时，他又分析研究了顾炎武、王夫之、唐甄（谢和耐教授于1991年在巴黎出版了《潜书》的法文译注本）的思想，同样也没有忘记反复研究李贽的思想。同时代的中国文人对由利玛窦等耶稣会传教士传入的基督教的态度是对传入中国的全部西方思想的反应。谢和耐教授还从事了这方面的研究。他指出，西方思想结构的语言形式和汉语语言结构是格格不入的，中华世界的思想结构与西方思想结构完全不可比，所以中国文人的这种反应是消极的或否定的。中国思想拒绝永恒的真谛和超验性的假设，于内在方面解释世界，同时也通过拾取、灌输、共鸣概念的作用来探讨其变化的原因。他对这些原因的酷爱超过了属于推理顺序的逻辑范畴。这些论点已在一部世界名著中做了阐述，此著作已被译成意大利文、德文、英文、中文、日文、西班牙文等语言，这部著作就是巴黎1982年出版的《中国和基督教》。

在对法家产生兴趣之后，汪德迈又将其工作转向古代儒教。他在一部重要的两卷本著作《王道》（巴黎，1977年和1980年）中，以大量的金石文献资料为基础，在这方面大幅度地修订了葛兰言（Marcel Granet）的一部权威著作（1934年出版的《中国人的思想》，至今仍有用处）。儒教的人文主义显得如同是商周上古时代“王道”之巅峰。在他的眼中，正是这种儒教特征形成了整个中国文化的基础，同时也成了一种可以被普遍利用的模式，而且它在岁月的长河中实际上也被移植到亚洲的其他文明中了。汪德迈在一部叫作《新的汉文化圈》（巴黎，1986年）的著作中，研究了这种汉化（其大部分的内容就是儒教化）的过程。他同时也关心当代的新儒教思潮，这种思潮被人认为是东亚当代发展的动力之一。在汪德迈的倡议下，这种思想的代表人物或研究者被邀请到巴黎做报告，如杜维明、刘述先、范克立等。汪德迈在其出版的论著（最新的一种叫《汉学研究》，巴黎，1994年）中，就如同他直到1993年在高等实验研究学院宗教科学部承担的授课（有关自汉至宋的古典儒教）所坚持的那样，一直坚持研究中国文化的精髓，特别是中国和其他地方儒教精神之历史与当代的发展。

作为谢和耐和汪德迈的弟子，程艾兰（Anne Cheng）15年来坚持从事中国思想特别是儒教传统的研究。她从儒教之源开始其研究，首先翻译了《论语》（巴黎，1981年）。她后来又于其《汉代儒教研究：一种经典诠释传统的形成》（巴黎，1985年）一书中关注古儒教传统于汉代的结晶。这部论著不仅仅是根据一种语言学观点，还特别从一种历史学和政治学的角度出发，试图在这样一个时代来理解中国思想史：这种历史同时相当接近于其起源（无论如何，是在它经历了由佛教而引起的彻底动荡之前），又相当成熟而且具有了一种最终形式并形成传统。汉王朝崩溃之后的那段时期，具有代表性的作家之一是王弼（226—249），程艾兰现在正继续对王弼的研究，特别是关于王弼对《周易》注释的研究，这种研究对理解宋代道学至关重要。它为人们理解近代中国之演变提供了重要的秘诀。程艾兰正是从这种历史性的角度着眼，目前正在写作一部《19世纪之前的中国哲学史》，此书即将于巴黎出版。

一般来说，法国现在的倾向是更新传统汉学，甚至是断然地从中摆脱出来，以致超越传统的分界，并将从人文科学借鉴来的方法论（结构论、符号学、认识论等）纳入其中。于连（François Jullien）正是根据中国的古汉语文献，从符号学出发（《鲁迅：文字与革命》，巴黎，1979年；《影射的价值：中国传统中的诗歌解释类别，对于文化相似性的思考》，巴黎，1985年），发展了一种专门用于中国文化的符号学。事实上，于连于其《突变或创造：中国文人思想研究，论多种文化间的疑问》（巴黎，1989 年）中，将以创造、实体和神之超验思想为基础的西方形而上学与中国人的世界观对立了起来，特别是像王夫之等思想家所证明的那样，以从宇宙的内在性中抓住的任何一种现象的永久变化思想为基础。于连是一位非常多产的作家，他在其不同著作中多次分析了文化符号学。例如，《平淡赞》（巴黎，1991 年）是一部关于“平淡”之中国审美观的论著，被人形容为如同是在提高“中庸”伦理价值的艺术中的一次大震动；《中国“嗜”之观念的研究》（巴黎，1992 年）是对中国之潜在力（嗜）之观念研究的专著；《内在性的形象》（巴黎，1993 年）则是研究《易经》哲学意义的一部论著；于连的最新著作是《迂回或直达》（巴黎，1995 年），在书中，作者试图对中国和古代希腊文化遗产进行对照比较研究。

马克（Marc Kalinowski）现在的著作，从一种更为严格的汉学家的角度着眼，表现了一种向更加专业化方向发展的强烈愿望，从而对于已被人接受的思想和被普遍采纳的模式提出了挑战。他于 1980 年和 1982 年在巴黎的《法兰西远东学院学报》上发表了两篇文章，提出的观点与那种已被人接受的思想（认为秦帝国是由法家思想统治的思想）大相径庭，他指出，像《吕氏春秋》那样的著作绝非纯粹的法家著作，因为它同时也形成了一种未来帝国思想的轮廓。吕敏（Marianne Bujard）和华澜（Alain Arrault）在他们各自的博士论文中分别研究了董仲舒和邵雍，他们指出，所谓儒家与道家之间的传统区别从未产生过实际的效果，对此进行研究时应该抛弃那些使用得过滥的标签。依然是某种超越故辙的愿望才促使某些青年研究人员关心那些在法国研究较少的时代，比如六朝时代。安娜-玛丽·拉腊（Anne-Marie Lara）研究刘邵《人物志》的博士论文、菲利普·巴多尔（Philippe Bardol）对宗教诸说混合论的研究即属此类。

对于诸多观点的关注，也出现在近期，学界对汉初的一部综合性名著进行了集体翻译，这项工作对诸多观点也给予了关注，这部名著就是《淮南子》。顾从义（Claude Larre）神父、贺碧来（Isabelle Robinet）和罗姹（Elisabeth Rochat de La Vallée）已经翻译了该书的 1、7、11、13、18 卷。一个法国—加拿大联合研究小组在 1992 年于蒙特利尔出版了一部叫作《中华帝国黎明时代的神话与哲学》的文集后，又完成了对《淮南子》一书的全文译注。我同样还应该指出，独立译者们为使法国读者了解中国的一些重要经典（特别是儒教经典）做出了相当大的努力。仅仅《论语》一书，近来已有三种法译本，使已略显陈旧的顾赛芬（Séraphin Couvreur）的译本以崭新的现代面目出现。除了上文已指出的程艾兰译本之外，法国大众现在还拥有李克曼（Pierre Ryckmans）译本（1987）和最近的雷威安（André Lévy）译本（1994）。在被纳入到20世纪初叶顾赛芬的“四书”译本中的其他经典著作中，《大学》又被马蒂娜·哈斯（Martine Hasse）以《曾子·大学》为题而重译，并且还附有朱熹的那些传统注释（巴黎，1984年），《中庸》又由于连重译（巴黎，1993年）。而另外的儒教作家的其他著作已被伊凡·卡梅纳洛维奇（Ivan Kamenarovic）翻译，包括《荀子》（巴黎，1987年）和王符的《潜夫论》（巴黎，1992年）。

在中国思想史领域中的论著、教学和译著的迅速发展表明，不仅仅是法国汉学界，法国大众也对中国哲学和儒学产生了日渐强大的兴趣，这种兴趣同样也通过公开报告会、学校授课或文化机构的讲演、广播和电视表达出来。

（耿昇　译）

汪德迈（Léon Vandermeersch），1928年生，曾任法兰西远东学院院长，主要从事语言学、古代中国宗教、政治思想与制度及中国儒学史的研究，著有《新汉文化圈》《王道》等。
程艾兰（Anne Cheng），1955年生，法国华裔学者，法兰西学院院士，巴黎东方语言文化学院教授，主要研究方向是儒学、新儒学和当代哲学问题，著有《中国思想史》等。

法国对20世纪中国史的研究

〔法〕鲁　林

一、基本背景和体制框架

法国对20世纪中国史的教学与科研，始终只局限于某些机构且只涉及数目相当有限的科研人员。法国的汉学家们似乎也确实（或者说更加）关心古典中国，这或许是由于一种要上溯到17世纪的耶稣会士和“启蒙时代”的哲学家的传统，又或许是由于中国在政治学范畴内高度近代化了。从清末到1949年延续了一段相当长的历史“真空地带”。此外，当时在法国的正规大学之外，即在高等实验研究学院（后来其中的一部分成为社会科学高等学院），两位先驱纪亚玛（Jacques Guillermaz）和谢诺（Jean Chesneaux）于50年代末首创了这种新的研究。二人中前者为军人，后者则是马克思主义史学家，他们都不是普通的大学教员。

此种研究的方向及其立足还应该在很大程度上归功于上述最早的开创性工作，其社会边缘性特征一直延续至今。甚至是法国最大的大学都认为不设立20世纪中国的教学课程绝非不正常，而这种教学在美国、日本、俄罗斯和英国很早以前就已经发展起来了，在德国和意大利这种教学还获得了巨大发展。大体上来看，至少是作为一个教学机构，法国大学仍停留在由高第（Henri Cordier）于1920年出版的四卷本《中国通史及其与外国的关系》中的观点上，或者是仍局限于由皮埃尔·勒努宛（Pierre Renouvin）于1946年在阿歇特出版公司出版的《远东问题》（1840—1940）中的观点上，其中的中国史仅作为中欧关系或者甚至是帝国主义入侵中国内地的冲突之一章。然而，在1985—1993年，共有96部有关近代和当代中国史的博士论文（国家级或根据新条例所撰的论文），或者是已经提交其主题，或者是已经被通过了。其中有半数（48 部）涉及中国的国际关系，15 部不是由汉学家而是由史学家或法学家们撰写。

影响 20 世纪中国的史学研究发展的另一种障碍，是缘于固守对这段历史的一种断代分期观念，这种断代形成于该学科的草创之始。纪亚玛和谢诺确实接受了中国和日本使用的一种断代法，它在从鸦片战争到 1919 年的“近代史”与 1919—1949 年的“现代史”之间做了区别。这种“现代史”的专家们在他们的指导下培育了这一学科。因此，除了极少数特殊情况之外，他们都不懂中文的文言文，对他们研究的近代之前的中国史往往只是具有一种肤浅的和第二手的知识。他们对过去一味摒弃。然而，世界上最优秀的专家们的近期著作都清楚地说明，在从 16 世纪初叶至今的整个现代（取其广义）中存在着一种深刻的、有机的统一。在一般情况下，各种各样的所谓“定论”的背后，我们从其中可以区别出一个发展阶段。从 16 世纪的最初几十年开始，直到 18 世纪末期（尽管 17 世纪有一种骤变）是亚当·斯密（Adam Smith）式的发展（参照亚当·斯密的思想）并伴以市场的扩大、经济的货币化、雇佣劳动的发展和国家角色的演变。接着，从 19 世纪初叶直至当代，却出现了一个放慢发展的阶段，随之出现了停滞，甚至是区域性的倒退。但在 19 世纪，经过 1895—1901 年的严重危机之后，也出现过一种近代的和西方化的缓慢而又障碍丛生的经济发展。我们已不再是只有局限于 1919—1949 年才能做出一种精辟的分析了，我们必须上溯到本源，必须注意在此之前所发生的事情。

我应该补充说明，史学家在扩大其时代视野的同时，还必须在他所浏览的年代中再增加近一个世纪的时期，与此同时，也必须改变其空间的感知。事实上，我们无法设想，在我们研究其历史的这个中国的现代化时，只囿于一种对这个国家的西化研究。近代中国的史学家应该完全像其他史学家在研究印度史或日本史时所做的那样，耐心地在中国本地，甚至是在“儒教”社会及其文化和制度内部，研究中国本身对这种“扩大的现代化”做出的特殊贡献，从此之后就应该能够取代“西方化的现代化”之狭隘的概念了，因为后者无论是被强加的还是主动接受的，毕竟完全是外来的[1]，这是与僵化社会的一种休克性的必然而又颇有成效的决裂。这种研究

[1] 大家应该接受魏丕信（P. E. Will）1992 年 4 月 3 日在法兰西学院中国史讲座开讲仪式中阐述的思想，见《历史、社会科学年鉴》第 1 期《近代中国和汉学》（1994 年 1—2 月），第 7—25 页。

必须有一种比较的功夫，至少是要与在不同程度上的“中国文化圈世界”（从越南经朝鲜到日本）之间时代的演变相比较。因此，史学家不仅必须浏览更长的时代，而且还要注意到更多的空间，同时既要熟悉东亚（或太平洋亚洲），又要知道中国。这些新倾向和法国汉学传统的重心又同时出现在法国研究现代中国史的各科研中心的地点和专业中。

这些研究中心主要有五个。

1．法兰西学院和汉学研究所。经常与这些机构打交道的众多科研人员实际上是从事研究的时间长得多的课题研究者，但他们也关心近代中国。清史专家和于1992年当选为法兰西学院中国现代史教授的魏丕信出版的著作当然已超越了本文的范畴。但是，不经过他对大清王朝的分析又怎能研究20世纪中国那艰难的国家现代化过程呢？如果不了解18世纪时官方对赈荒的管理史，又怎能理解中国的民国时代当局以及其后的共产党人政权对于灾荒的反应呢？当我们思考20世纪中国文人与官僚之间的艰难关系时，怎能不去了解戴廷杰（Pierre-Henri Durand）有关戴名世文字狱和文士与政权之间关系的研究呢？毫无疑问，现在正在培养的某些科研人员，他们即将使我们至今过分封闭和隔绝的历史面目一新。将一个已经西方化的现代中国与一个僵化的传统中国之间截然断裂开来，则具有双重的讽刺意义，但某些研究者们从前却过分地听任这种做法的支配了。

2．法国国家科研中心和社会科学高等学院。我们可以在那里发现两名科研人员，他们的著作也超越了本文的狭窄范畴。

贾永吉（Michel Cartier）是明史专家，他发表的论著涉及中国直到我们当代仍起作用的中国父系家族的历史人类学研究，文化因素在某种农业活动中占据绝对优势的行为意义、饮食习惯、建筑中偏爱木材的做法，马匹在运输中的地位下降而让位于漕运的做法……西方诸多研究者们（他是其中的佼佼者）所探讨的长期项目，则由于他们为新史料（由于北京第一档案馆和南京第二档案馆收藏的“县志”的开放而提供了这些新史料）而使用的计量方法，正在打乱我们有关中国人生活的知识，当代史学家不能对此一无所知。

巴斯蒂（Marianne Bastid-Brugière）夫人是晚清史专家，同时还主持着有关整个20世纪中国的士绅、国家及其机构的研究工作。我还将有机会回头再谈到她。

3．法国国家科研中心与社会科学高等学院第1018联合研究组（URA 1018）。该研究组以其研究人员和已完成的著作，成为当今最重要的一个在民国时代中国以及 1949 年之后中国大陆与台湾地区历史的研究中心。毕仰高（Lucien Bianco）主持着这个联合研究组以及当代中国研究与资料中心（一般通称为"中国中心"），那里设有西欧这一领域中的一个最重要的图书馆。在那里，特别注重经济和社会史而不是事件史的"年鉴派"传统却让人感到了其突出的优势。

半年刊杂志《中国研究》（*Etudes Chìnoìses*）是由法国汉学研究会在该中心与社会科学高等学院的支持下出版的，由梅泰理（Georges Métailié）主持。该刊特别注重对研究人员的著作发表书评，而这些科研人员的科研业务则分散于国立科研中心、社会科学高等学院、各大学和法兰西学院。

4. 法国国立东方语言文化学院。在白吉尔（Marìe-Claìre Bergère）教授的主持下，该院设立了一个中国研究中心，主要研究中国民国时代和共产党人领导下的人民中国，并出版《中国研究丛刊》（*Cahìers d' Etudes Chìnoìses*）。在该中心培训的研究人员可能会具有中国之外的其他语言文化知识，从而可以使人怀有这样一种希望，即对东亚—南亚之间必不可缺的比较研究，于此地比在其他地方更容易发展。

5. 在里昂，国家科研中心于 1992 年创建了一个东亚研究所，与里昂第三大学合作。我在这里是指国家科研中心与社会科学高等学院第 1579 联合研究组（URA1579），设在罗纳—阿尔卑斯（Rhône-Alpes）人文科学会馆，由安克强（Christian Henriot）主持。大家应该还记得，里昂曾是法国汉学研究的一个重要中心，于 1921 年在那里创建了法中学院，主要是在李石曾（又名李煜瀛）的鼓励下创建的。现在的东亚研究所在历史研究方面，打算以"东亚的城市和都市社会"为工作重点。该研究所拥有一批档案和一个历史很长的专业图书馆，它正在变成一个重要的资料中心。

二、主要科研人员

我们可以粗略地区别出三大类科研人员，以他们出版其主要著作的时代为根据：先驱者、奠基者和继承者。最后一类将按照目前的研究方向而在一种单独发展方面进行介绍。

1. 先驱者

纪亚玛是一部中国共产党通史的作者，他的书曾有多种版本。第 1 版共包括两卷：第 1 卷《中国共产党史》（1921—1949），巴黎帕约出版社 1968 年出版；第 2

卷《执政的中国共产党》(1949—1978),巴黎帕约出版社1972年出版,后于1979年再版。这部著作以及过去曾由其作者在社会科学高等学院主持的讲座开辟了法国此后所从事的20世纪中国政治史与国际关系史大部分研究的先河。此外,纪亚玛将军曾是当代中国研究和资料中心的首倡人和创始人,我已详细讲述过该机构的主要功能。

谢诺于1962年在巴黎和海牙的木通(Mouton)出版社出版了其国家博士论文,书名为《1919—1927年的中国工人运动》。除了1969—1975年与人合作在阿蒂埃(Hatier)出版社出版四卷本中国史教科书这一工作涉及中国史,谢诺的研究主要关注社会史。他于1965年在巴黎于利雅尔出版社出版了《中国19—20世纪的秘密会社》(档案部分),于1970年在巴黎马伯乐(Maspero)出版社出版了《19—20世纪中国的民间运动和秘密会社》(集体著作)。这些著作(以及大量论文)和由作者在社会科学高等学院以及巴黎大学[在1968年之后变为朱西厄(Jussieux)的巴黎七大——狄德罗(Denis Diderot)大学的那一部分]主持的讲座,形成了法国对现代中国研究的主要新特征之一——社会史研究的大部分著述之缘起,但这些研究往往与谢诺当时遵循的方向相差甚殊,有些甚至是从相对立的视角进行研究。此外,谢诺还清醒地分析了他对毛泽东思想的好感,从而形成了他与其大部分学生们的分道扬镳(见他在《澳大利亚中国事务报》上发表的文章,1989年7月,第22号,第129—140页,标题为"我的中国史研究40年")。他过早地放弃了大学职位,从而导致在巴黎大学中设立的唯一一个由官方正式批准的当代中国和东亚史讲座教席被撤销了。

2. 奠基者

在初期,这一类研究者恰恰是指那些成功地开辟了现代中国史新领域的先驱者们的弟子。这些弟子中主要有三人,他们共同获得了国际上的承认,均属于非盎格鲁—撒克逊人的少数作家圈子的组成部分,都曾为《剑桥中国史》这部巨著写过数章内容。他们的多种出版物不仅被译为英文,而且也被译成日文和中文(分别译于北京和台北)。

巴斯蒂夫人以其《论20世纪初叶中国教育的某些方面》(根据张健的著作写成,巴黎社会科学高等学院,1968年)而知名。人们后来又注意到她有关中国整个20世纪的绅士、国家和教育问题的研究发展过程,尤其是注意到她在一些集体编著著作中所分担的重要部分,这些著作包括谢诺主编的中国史教科书(前文已引证），还有由施拉姆（S.Schram）主编，1985 年于伦敦、香港和纽约出版的《中国的国家权力范畴》（其文为《清代国家税制的结构》），以及《中国国家权力的基础和界限》[由施拉姆于 1987 年在伦敦、香港出版，其文为《清代有关皇权的官方观念》]。另外她还写有一本小册子《清代末年（1873—1911）中国社会的演变》，于 1979 年在巴黎由社会科学高等研究院出版，它形成了《剑桥中国史》（第 11 卷，晚清史，第 2 册，剑桥大学出版社，1980 年，“地区和社会变化丛书”）中的文章之法文本。

白吉尔夫人围绕着对中国资产阶级在 20 世纪的中国所起作用的重新评价构思了其著作。这是从她的三级博士论文《中国的资产阶级和辛亥革命》（巴黎—海牙木通出版社，1968 年），1966 年的《研究》及其国家博士论文《中国资产阶级与经济发展的问题（1917—1924）》（1975 年通过）中表现出来的。作者的第一部著作是《旧制度末年上海的一次金融危机》，于 1962 年在巴黎木通出版社出版。在书中，作者成功地将经济、社会和政治史结合了起来，正如与这部著作同时代的一位法国大史学家让·布维耶（Jean Bouvier）所做的那样。白吉尔在 1975—1986 年间最终形成的主导研究思想，又于她的多部论著中得到了重申、修正或发展，这些论著包括《民族资本主义与帝国主义：1923 年中国纱厂的危机》（巴黎社会科学高等学院出版社 1980 年出版）、《拯救中国，中国的民族主义和 1919 年的五四运动》（巴黎法国东方学出版社，1977 年，与张馥蕊合作）。《中国资产阶级的黄金时代，1911—1937 年》由巴黎弗拉马里雍（Flammarion）出版社 1986 年出版，尤其能够体现她的研究思想。由白吉尔为《剑桥中国史》所写的章节《中国的资产阶级》载于第 12 卷《中华民国史》（剑桥—纽约，1983 年）。白吉尔扩大了其探讨范围，她也与谢诺的《中国历史教科书》合作，与毕仰高、杜勉（Jürgen Domes）共同参与了在巴黎法雅尔出版社出版的两卷本《20 世纪的中国》的撰写。第 1 卷是《从一次革命到另一次革命（1895—1949）》，1989 年出版；第 2 卷是《从 1989 年至今的中国》，1990 年出版。她还在巴黎阿尔芒·科兰出版社出版了《1949 年至今的中华人民共和国》，1987—1989 年出版。最后，她又回头追述了这个现代化中国的开始阶段、向世界开放，以及近 10 年来又使人重新关注的海峡两岸问题。她同时又根据传闻和所接触的新史料，介绍了能最好地代表这个时代的一个令人颇难研究的人物——孙中山。《孙逸仙传》这部著作于 1994 年 4 月在法雅尔出版社出版。

毕仰高作为科研人员，一生都在钻研一个因人数众多而令人难以把握的“巨人阶层”，他所猛烈抨击的许多神话故事均是以这个“巨人阶层”为基础构思而成的，巨人阶层在这里是指中国的农民阶级。毕仰高的思路是很严谨的，研究中国革命的法国学者们对当时的问题已持肯定态度，他重新提出质疑（《中国革命的起源》，巴黎伽利玛出版社，1967 年），直到在《剑桥中国史》第 13 卷（1986）的《农民运动》中，一概如此。民国时代和当前形势研究之间的联系已经得到了证明，这表明毕仰高不屑于从事的政治学或现时史研究在使用史学家的方法时，在一定程度上应该赢得严肃性和深度。毕仰高本人也参与了《20 世纪的中国》一书的编写工作，此书是他与白吉尔、杜勉合作出版的。他与施维叶（Yves Chevrier）共同主编了《中国工人运动传记辞典》（巴黎工人—国立政治学基金会出版社，1985 年）。

3．继承者

多名研究人员，由于其年龄较小或者提交博士论文的时间较晚，尚未主持足够的研究项目，故未能以他们为核心形成新的研究组，或者一种新颖而又颇具生命力的研究中心。所以，我认为最好是让他们出现在他们参与的研究轴心的范畴内，同时又指出他们各自独特的方向，其中有些人可能会成为这些研究方向的奠基人。

三、现时的研究重点

我将突出介绍五个研究重点，其规模大小不等。

1．国际关系

这是最古老的轴心，我已经介绍了其起源。现在最重要的是应该指出，在本领域中已提交的或正式写作的 48 部博士论文中，有三分之二都是由汉学家们主持的。这就反映出了一种向深化研究方向发展的演变，研究者们于其中不能再对中文史料、中文出版物以及中国史学家们的观点不闻不问了。纪亚玛、巴斯蒂和白吉尔的影响对这种正面演变起了很大作用。曲星颇有价值的博士论文《1949—1955 年间的法中关系》由杜明（Jean-Luc Domenach）指导并于 1992 年在巴黎政治学研究所通过。他使用的法国外交部的档案要比中国外交部的档案更多。然而，没有档案，就不能够出现史著。在这一领域中，人们可能会害怕，由于缺乏档案，史学家们会很难超越中国和远东研究中的老套的欧洲中心论的范畴。

2．经济和社会史

这一中心如此重要，以至于它事实上产生了四个越来越独立的小群体。但我必须指出一名非汉学家在经济学方面做出的颇有意义的努力，这就是1994年通过的由巴黎第四大学的克鲁泽（François Crouzet）指导的鲍－贝尔蒂埃（Gilles Baud-Berthier）的博士论文，题目是“19世纪（1840—1900）的英中贸易”。同样，让纳内（Jean-Noël Jeanneney）在《史学评论》（*Revue historique*）[1]上发表了一篇文章，而法国在中国经济领域中一种雄心勃勃的尝试失败了，这使得他的这篇文章引起了人们的注意，这篇文章又成了由雅克·马赛（Jacques Marseille）指导于1988年在巴黎第八大学通过的一部博士论文的内容。我这里是指篠永宣孝（Nobutaka Shinonaga）的一部博士论文，此人也是汉学家，其博士论文是：《中国工业银行的形成及其崩溃：贝尔多罗兄弟的一次挑战》。

我们可以在该轴心中区别出的第一个群体是企业史研究，由白吉尔夫人主持。接触地方档案始终受到限制，柯蓉（Christine Cornet）为撰写《中国的国家与现代化：江南造船厂，1865—1937》（1990年通过的博士论文）进行的研究就遇到了这种困难。而于1994年通过的王如的博士论文，在撰写过程中这种困难则似乎比较容易克服，论文题目为“中国上海棉纺业的繁荣和衰落：中国现代民族工业的发展，1937—1947”。在该领域中的最佳研究至今仍为1978年发表于白吉尔主编的《汉学研究所丛刊》的博士论文，也就是戴仁（Jean-Pierre Drège）的《1897—1947年的上海商务印书馆》。有关法国在上海的有轨电车和水电公司历史的论著什么时候才能出现呢？

第二个群体形成了一个上海史研究组，这确实似乎为法国的一种专长（但却与力量强大的美国加州伯克利研究中心共享，该中心由魏斐德主持，由佩里和闻新叶协助）。

鲁林（Alain Roux）于1972年之后得以继续由谢诺开创的研究，并且将其研究集中到了上海工人运动问题，这主要应归功于该城市档案（社会事务局档案）和华盛顿所拥有的上海警察局档案（DC）的开放。这位研究者得以于1991年在巴黎第一大学（先贤祠—索邦大学）提交了其国家博士论文《国民党时代（1927—1949）上海的男女工人》，并由此而出版了第一部书：《30年代的上海工人：苦力、

[1]《财政、新闻和政治，1921—1923年的中国实业银行事件》，《史学评论》第514期，巴黎，1975年4—6月。

强盗和工联主义者》（阿尔玛塘出版社，1993 年）；第二部书也已付印，叫《上海的罢工与政治》，巴黎社会科学高等学院出版社出版。第三部书也是他根据其博士论文而写成的，于 1995 年在中国工人出版社出版，书名为《苦力和委员：1937—1949 年的上海工人》。

安克强也将其历史研究的重点放在了上海史上。他的三级博士论文又促成了一部著作在社会科学高等学院出版社问世，书名为《1927—1937 年的上海：市政权、地方性和现代化》。他于 1992 年在社会科学高等学院通过的博士论文是《上海妓女：19—20 世纪中国的卖淫与性》。

兰德（Françoise Ged）在成为汉学家和史学家之前，所学专业是建筑学。她的博士论文《1842—1990 年上海的市政发展史》于 1993 年在社会科学高等学院获得通过。这三位史学家正计划与中国的史学家和舆图学家们合作，绘制一本上海地图集。

在谢和耐教授的指导下，吴均益的博士论文于 1970 年在巴黎七大通过，这是一部有关上海租界的社会研究的专著。

王枫初（Nora Wang）在 1986 年于巴黎第八大学提交了其国家博士论文，由米歇尔·卢瓦（Michelle Loi）指导，论文名为《巴黎—上海，思想辩论和社会实践，1920—1925 年中国的进步知识分子》。文中特别论述了 1920 年左右移居法国的中国人。作者从此之后便扩大了其对属于中国文明圈中的亚洲知识分子与文人以及海外华人的研究，并写了一部名为《19 世纪中叶至今的东亚》的著作，于 1993 年在阿尔芒·科兰出版社出版。

何弗兹（Françoise Kreissler）刚完成了其国家博士论文《1893—1949 年上海的欧洲难民》，由吉尔贝·巴迪亚（Gilbert Badia）指导，在巴黎第八大学通过。她特别注重研究为逃避希特勒的迫害而逃往香港的犹太人的重要社区。

第三个群体是女性研究群体。我们可以于其中发现倪娃尔（Jacqueline Nivard）的博士论文《中国妇女杂志的历史（1915—1931）》。该论文于 1983 年提交于社会科学高等学院。1981 年，华昌民的博士论文《1935—1946 年延安的妇女状况与活跃的女共产党员》在社会科学高等学院出版（该中心图书的第 4 种）。吉浦龙（Catherine Gipoulon）曾写过多篇有关向警予以及“女性知识分子”的文章，于 1975 年由中国妇女出版社出版了她在波尔多大学的雷威安（André Lévy）指导下通过的博士论文：《秋瑾、精卫鸟石：中国 19 世纪的妇女与革命者》。

第四个群体是由在毕仰高推动下的民家社会研究人员组成的。可以纳入到这一类中的有：顾德明（François Godement），著有《天灾和内战：1928—1931 年的粮食危机》，1978 年提交于社会科学高等学院。自 1986 年秋季以来，南京第二历史档案馆和各种地方档案馆的开放，使人可以从事有关分配土地和土地制度的研究了，如伊凡·鲁宾斯坦（Ivan Rubinstein）正在准备的博士论文《20 世纪 30 年代四川的土地制度和农村经济》，就是根据重庆附近的巴县档案写成的。伊沙白（Isabelle Thireau）则研究一个家族自 20 世纪初叶以来的历史，更多地则是属于人类学的范畴，因为它特别偏重口头调查，但特别会使史学家感兴趣，从而让人洞察到了新领域的开放。

3．文化活动、教育和政治思想史

大家于这一栏目中会重新看到何弗兹，1989 年，她在人文科学馆出版社出版了其博士论文《德国从 19 世纪末到第二次世界大战在华的文化活动》。其中确实讲到了青岛，但也涉及了上海。

在该领域中，另一部博士论文也已通过答辩，它也同时涉及上海史。阮桂雅（Christine Nguyen）的名为《南洋公学：1897—1937 年上海的近代绅士与教育》的博士论文，于 1990 年提交于社会科学高等学院。这部著作已经出版。

海博（Martine Raibaud）在巴斯蒂夫人的指导下撰写的博士论文《1912—1947 年民国时代的中国天主教教育》于 1991 年在巴黎第七大学通过。

另外一部博士论文是于 1995 年在同一位导师指导下答辩的。这就是王小琳的《卢梭的政治思想于 1911 年之前对中国的影响》。

另外两部博士论文由白吉尔指导，于社会科学高等学院通过，它们均涉及了思想和政治运动。一部是葛若望（Laurent Galy）于 1987 年提交的《中国民族运动的一段插曲——收复旅顺大连的运动与 1923 年的抵制日货运动》。另一部是诺埃尔·卡斯特利诺（Noel Castelino）于 1983 年提交的《中国 1945—1949 年不受约束的知识分子和公众舆论》。

施维叶在这一类中占据着一种特殊的地位，他是一位在讲座和讨论会上传播思想且不知疲倦的鼓励者，曾发表过大量文章，特别是涉及近代和当代中国思想论战的文章，却未提交博士论文。除了上文已经介绍过的与毕仰高合作编纂的《中国工人运动传记辞典》之外，他仅写了两本小书，主要是供大众而不是专家们阅读的，以至于让我觉得必须提及它们。我这里是指《近代中国》（法国大学出版社出版，“我知道什么？”丛书第 308 种，1983 年和 1992 年）和《毛泽东和中国革命》（巴黎卡斯曼—琼蒂出版社，1993 年）。

4．1949 年之前的中国共产党史

纪亚玛将军的威望再加上毕仰高的影响，使这项研究成了最活跃的领域之一。

现有的研究成果主要是中国共产主义自法国起源这一课题的多种资料集和对这一课题进行研究的著作，而且这也是使多位非汉学家对诸如安妮·克里热尔（Annie Kriegel）那样的共产主义史学专家感兴趣的一个方面。根据同样的思路，现有一大批科学价值参差不齐的文献涉及了中国共产党的历史，它们均由非中国专家们刊行。其中的某些书就是普通的通俗读物（如有关长征的书），却未为科研提供任何内容。本文并不注重它们，诸如那些吸引读者的著作（尤其是有关康生的著作），其作者们没有任何考证思想和史学家的必不可少的严谨态度。但对于这一内容和这个时代却存在着由非专家们所写的某些有用的著作。这方面的最佳例证便是皮埃尔·布鲁埃（Pierre Broué）的那本书：《共产国际中的中国问题（1926—1927）》，由巴黎国际研究和文献出版社于 1976 年出版。同样，外国学者斯图尔加·施拉姆（Stuart Schram）的主要职务在英美两国，曾在那里出版了其主要著作。但他也出版了两部法文著作（除了其著作的英译本之外），介于思想史和政治学的交叉边缘。一部著作是他对毛泽东一篇文章的译注：《体育之研究》，1962 年以此书名在巴黎木通出版社出版；另外一本是毛泽东的文章选译并附有注释，书名叫《毛泽东》，他于 1964 年在阿尔芒·科兰出版社出版（U 集）；他于 1965 年又在同一出版商处补充了一部更为全面的著作，与海莱娜·卡雷尔·当高斯（Hélène Carrère D’Encausse）合作，叫作《1853—1964 年亚洲的马克思主义》。这两位学者当时在巴黎政治学国家基金会（国际关系研究中心）从事科研工作。相反，白而曼（Geneviève Barman）和妮科尔·迪利乌斯特（Nicole Dulioust）则以社会科学高等学院和中国中心为资料基地，编成了一本重要的工具书，叫作《1920—1940 年赴法勤工俭学人员：社会科学高等学院当代中国研究和资料中心档案目录》，1981 年由社会科学高等学院出版。

在历史调查和“重写”访问记的边缘学科中，我们发现了高达乐（Claude Cadart）和程映湘合著的《彭述之回忆录：中国共产主义的高潮》，巴黎伽利玛出版社 1983 年出版。这部著作的论述到 1924 年为止，其中许诺的下文至今仍未问世。

胡直喜推出了其《红军和毛泽东的掌权，试论毛泽东在中国共产党内权力的上升》，社会科学高等学院1982年出版。南耀宁（Yves Nalet）的博士论文《1897—1915年的陈独秀：一名革命知识分子的成长》，于1984年在社会科学高等学院答辩。尽管它颇具意义，但至今仍未出版。最后，蒲吉兰（Guilhem Fabre）的博士论文《中国的政权与反对派的渊源：1942年延安的春天》，由巴黎阿尔玛塘出版社于1990年出版。

5. 执政的中国共产党和政治争议

我现在讲到了这样一个领域，由于无法接触档案和没有充分的回旋余地，所以它在更大程度上应该属于政治学而不是地道的史学范畴。在最多的是出自国际关系研究中心和社会科学高等学院的作品中，这一领域非常重要。我们可以从中发现作为中国中心主任的毕仰高和作为国际关系研究中心主任的杜明所起的作用，我们确实处于一种临界点。此外，在“文化大革命”中出版的所有作品则更具有历史编纂学而不是史学的长处，因为历史本身就是“文化大革命”攻击的目标，本处就不再注意它了。

但我们却发现了某些人的那些可以称为“现时史”的著作。吉浦罗（François Gipouloux）的博士论文就属于这种情况，即《工厂中的百花，中国1956—1957年的工人骚乱和苏联模式的危机》，社会科学高等学院1986年出版。从杜明的博士论文《“大跃进”的面貌：1956—1958年中国的一个省份——河南省的情况》（1982年社会科学高等学院版）及《中国，被遗忘的群岛》（1992年法雅尔出版社出版），我可以认为马克·孔（Mak Kong）正在毕仰高指导下撰写的博士论文《中国的“文化大革命”：群众运动或社会运动》很快即将成为一部史学家的著作。但我们应该根据事实做出判断。

最后，我还需要指出，这个时代仍然是一片刚开工的历史大工地，因为目前尚无法接触档案。唯有最开始几年的情况例外，只有某些如同教科书形象一类的综述性著作中有所论述，就如同是大家觉得应该从事比记者或政治家们更为扎实可靠的探索一样。我已经介绍了白吉尔的书、同一位作家与毕仰高和杜勉合作的著作。鲁林早在1980年就在其麦西多尔—社会出版社出版了《中国之谜》（后来改成了《人民中国》，于1981年和1984年分两卷出版），他试图做这种初步探讨；杜明与菲利普·里歇尔（Philippe Richer）合作，也试图做出初步总结，于1987年在巴黎国家印刷局出版了《1949—1985年的中国》。

当代中国史将随着档案的开放而陆续撰写出来，史学家们将与研究当代的人员合作，可以在自由的辩论中比较他们的分析，整个中国的史学家将在参与这种辩论的各国研究人员中充分占据自己的位置。仅仅到那个时候才能脱离一种匆匆忙忙地追逐事件的历史局势的反映之危险。

（耿昇　译）

鲁林（Alain Roux），巴黎第八大学教授，法国汉学研究会前任会长，主要从事20世纪中国社会和中国历史研究，著有《毛泽东：雄关漫道》等。

法国对中国考古和艺术的研究（1950—1994）

〔法〕毕梅雪

由于本文篇幅的限制，我做出了一些困难的选择。因此，我仅限于介绍已发表的或已付印的科研成果，我觉得它们在各个领域中都很具代表性。同样，我也被迫删去了大部分的通俗作品，虽然这些著作十分有益，所有的专家们都曾致力于这些著作的写作，他们正是通过这些著作向法国大众介绍了中国的考古发现[1]。另一种限制是，我放弃了论述20世纪的艺术。最后，在可能的范围内，我将首先介绍那些法文著作。

一、机构

法国的特藏处、图书馆和教学单位都集中在巴黎，这是一种令人遗憾的现实，但必须重视它们。如果我们这个学科中的一名学生或青年研究人员，不与一个或数个巴黎机构维持密切而又稳定的关系，那么他过去是、现在依然是根本不可能从事对原文物的研究的。

[1] 我无论如何也要于此提到《世界百科全书》，这项工程开始于1968年，现已出版并且定期补充。其中从一开始起就为我们的学科留下了充分的位置，无论是在历史总结方面还是在专题文章和艺术家专集方面。这部《百科全书》又于1985年由《考古大地图集》和1993年由《艺术大地图集》所补充。其中有关中国的条目提供了某些超越简单通俗作品范畴的总结。

1. 特藏

法国主要的中国艺术特藏都保存在以下机构中。

巴黎：

· 国家亚洲艺术博物馆—吉美博物馆，由埃米尔·吉美（Emile Guimet）创建于1885年，于1889年开馆；

· 赛努奇（Cernuschi）博物馆，巴黎市立博物馆，于1898年开馆；

· 法国国立图书馆：拓片室、钱币室、东方稿本部；

· 装饰艺术博物馆；

· 卢浮宫（Louvre）博物馆艺术品部；

· 人类博物馆；

· 丹纳瑞（d'Ennery）博物馆，国家博物馆，于1908年开馆；

· 塞夫勒国立瓷器博物馆。

其他城市：

· 图卢兹（Toulouse）的乔治·拉比（Georges Labit）博物馆、昂热（Angers）克里塞的图尔班博物馆、里昂的吉美博物馆（1879年开馆）及设在里昂的纺织品博物馆和美术博物馆。

——某些规模大小不等的特藏入藏于其他博物馆中：尼斯（Nice）的美术博物馆、拉罗谢尔（La Rochelle）的奥尔比尼—贝尔侬（Orbigny-Bernon）博物馆、利摩日（Limoges）的阿德里安—迪布赛（Adrien-Dubouche）博物馆、路易港（洛里昂）东印度公司博物馆和南特（Nantes）的多博雷（Dobree）博物馆。我就举这些例子吧！

在整个这一时代，博物馆的科研人员都明显不足。博物馆的一名保管员负责从中国新疆到日本（包括日本在内）和从西伯利亚到越南（包括越南在内）的广阔地域，这种情况一直持续到1977年。从20世纪80年代初开始，这种形势得到了显著改善。但科研人员却负担着越来越繁重的管理、活跃其工作和公共关系的任务，而这一切始终都不利于收集品的保管和科学开发利用。至于省属博物馆，它们都不曾拥有任何中国艺术或考古的专家保管员。

除了对它们各自特藏的研究（对此我还将论述）之外，巴黎各家博物馆在这一时期还举办了某些展览，其中有些展览大幅度地推动了本学科研究的发展，在20

世纪 50 年代是主题展览[1]、对外国特藏中国绘画的介绍[2]、考古展览，自 20 世纪 70 年代起举办的展览推动作用更加明显[3]。近期，各市都主动与中国交流，其成果也以展览的形式具体展现[4]。

2．资料

——图书馆。在专业方面，向大学生和科研人员开放的藏品主要是吉美博物馆（巴黎）的特藏，其藏品最为丰富（有关中国的 3.5 万卷左右），此外还有在我们这个领域中不太专门的特藏，包括汉学研究所、巴黎大学图书馆（特别是西文和中文期刊）、法国国立图书馆和法兰西远东学院图书馆的特藏。非常遗憾的是，这些不同图书馆的财力再也无法使它们获得必不可缺的工具书了，特别是在艺术史书籍方面。

——吉美博物馆的照片收藏部（巴黎）：该特藏非常引人注目，但近 25 年来已经停止发展了，仅可查索旧藏品，但它们的鉴定结果尚未公布。

3．教学

第一个致力于中国艺术和考古教学的教育机构是卢浮宫学院。在本文所涉及的时代，相继在那里主持教席的有 1955—1969 年间的玛德莱娜·保罗 - 大卫（Madeleine Paul-David，1908—1989）、1968—1977 年间的毕梅雪、自 1977 年以来任教的德罗什（Jean-Paul Desroches）。在巴黎第四大学——索邦大学也设立了一个教席，最初于 1970—1985 年间由樊德隆（Nicole Vandier-Nicolas，1908—1987）主持，后来自 1988 年起由白莲花（Flora Blanchon）主持。一个关于"中国—日本世界的艺术和物质文化研究"的讲座于 1955—1985 年间由叶利谢夫（Vadime Elisseeff）先生在社会科学高等学院主持。在法国高等研究实验学院第四系，自 1977 年以来就存在着一个中国考古研究的研究导师的教席（由毕梅雪主持）。最后，高等研究实验学院第五系自 1993 年便设立了一个有关中国宗教肖像学的讲师教席，贾珞琳（Garoline Gyss-Vermande）主持。

---

[1]《中国宋代的艺术》，赛努奇博物馆，1956 年举办；《东西方的风景画》，1960 年举办（流动展览）。

[2] 尤其是古画展览，由赛努奇博物馆于 1959—1971 年举办，其后是在同一博物馆的范畴内，自 1981 年以来举办了数次 19 世纪和 20 世纪的绘画展。

[3]《中国艺术的宝藏：中华人民共和国的考古新发现》，1973 年由小皇宫组织；《被人遗忘的中山王陵》，由大皇宫于 1984 年组织；《长沙瓷器展》，由赛努奇博物馆 1976 年组织。

[4] 我只指出一个例证。《古代中国，灵魂的旅行，湖南的考古宝藏》，由杜拉斯修道院文化中心 1992 年组织。其他活动也分别于里昂（1988）、索吕特雷（1991）和梅斯（1992）举办。

4．研究中心

在我们所研究的这个领域中，聘任研究人员的唯一的一个中心，是法国国立科学研究中心。直到 1974 年只有唯一的一名研究人员（保罗－大卫，于 1967 年聘任）；然后在 1974—1994 年的 20 年间，只有四名研究人员应聘。这显然与一种多样化研究的需求不相吻合。

法国国家科研中心第 315 研究组（UPR 315）是中亚考古研究组，涉及了移民、环境和技术，由冯赫伯（Henri-Paul Francfort）主持。这是国家科研中心的唯一的一个发展法中考古勘测和发掘（新疆）计划项目的研究组。

5．刊物

《亚洲艺术》是吉美博物馆和赛努奇博物馆的年鉴。它是法国绝无仅有的一份有关从伊朗到日本的辽阔领域中的艺术和考古的专业刊物。这家期刊创办于 1920 年。自 1962 年以来，该刊物每年出版一卷，由法兰西远东学院负责出版，由国家科研中心资助。

其他杂志也接受本学科的文章，特别是《法兰西远东学院学报》《通报》和《卢浮宫学报》（它主要是研究法国博物馆新获品的刊物）。

二、1950—1994 年以来的科研和出版物

如果不是几次搜集资料的出差考察使命，那么这种实地研究就完全是不可能的。获得中国的考古资料和中国博物馆中成套藏品的困难性、资金的匮乏，这一切都使 1950—1980 年间的研究工作转向了对保存在法国的特藏品学术价值的开发利用（分类、科学性的编目、研究和刊布）。与此同时，专家们都介绍并试图公布在中国获得的最新考古发现[1]。但从 20 世纪 60 年代开始，某些研究人员就已经开始为研究新的考古资料而工作。自 20 世纪 80 年代以来，这种倾向形成了一种情有独钟的举措。

[1] 对这一切的首次介绍是玛德莱娜·保罗－大卫对夏鼐的一篇文章（载《考古》1959 年第 10 期，第 505—512 页）的译文，它叙述了中国 1949—1959 年这 10 年间考古发现的成果，译文载《通报》第 49 卷第 4—5 期（1961），第 405—426 页。我同样还应提一下叶利谢夫夫妇较新的介绍：《中国的新发现，从考古看历史》，书籍发行所，弗赖堡，1983 年。

为了论述得更清楚一些，我将按研究领域，分别介绍我们的研究和已发表成果的明显特征。

1. 史前时代

只有很少的创新文章，直到戴寇琳（Corinne Debaine-Francfort，法国国家科研中心）有关新石器时代[1]、华北[2]和齐家文化[3]的近期著作问世。在这部著作中，作者首次对中国西北部向青铜器时代的过渡做了评论性的概括。戴寇琳试图以墓葬遗物为出发点，研究清楚齐家文化社会等级化的复杂性和程度。

2. 中国从商朝到帝国时代的考古与艺术史

在20世纪60年代初叶，对商代祭祀青铜器的一种客观分析，导致叶利谢夫先生确立了一种描述规则，它可以分别解释青铜器的形状、外表和加工制作的细节[4]。这种规则涉及了诸多因素，使它们变得具有双重特征，从而会赋予每件物品一种可比定义。其最初的假设是，这种演变在总体上是枝叉状的，而在细节上则是直线状的。其目的是辨认出由一系列直线演变（坐标）和与相似类别的联系现象（网络）限定的每件文物。这些工作可以使人对商代青铜器的成分做详细分析，曾影响了多位法国研究人员和参与这项工作的外国科研人员的工作方法，特别是毕梅雪和雷德侯（Lothar Ledderose）。

在古代楚国地区完成的考古发现，特别是湖北擂鼓墩曾侯乙墓（公元前5世纪末）的发掘，自20世纪80年代初起，便为杜德兰（Alain Thote，法国国家科研中心）的研究提供了资料。杜德兰的著作涉及了楚国的墓葬方式、擂鼓墩墓葬[5]、棺

[1] 戴寇琳：《公元前90000—前2000年左右中国新石器时代的重大阶段》，载奥伦什（O. Aurenche）和科宛（J. Cauvin）主编的《新石器时代》，东地中海文化宫出版，考古系列第5卷；《考古研究学报》国际系列第516种，牛津，1898年，第297—317页。

[2] 戴寇琳和韦尔宁（J. Verning）：《黄河沿岸》，索吕特雷的史前史博物馆，1991年。

[3] 戴寇琳：《中国西北从新石器时代向青铜时代的过渡：齐家文化及其前后关系》，巴黎：文明研究出版社、法国思想传播会，1994年。

[4] V. 叶利谢夫：《由标量分析表替代的分类资料》，载《考古学与计算机》，巴黎：国家科研中心，1970年，第177—186页；另参阅V. 叶利谢夫：《赛努奇博物馆藏中国的古代青铜器》，巴黎：亚洲文库出版社，1977年。

[5] 杜德兰：《公元前5世纪的一座中国王陵》，载《金石和美文学院报告》，1986年4—6月，第393—413页。

木上的画像[1]、墓葬中多件青铜器的风格研究[2]、战国时代的漆器手工业[3]。对突出地区传统及其相互关系之价值的东周艺术已有人做了一个全面的总结，该书目前正在印制中[4]。

3．公元3世纪时青铜器时代的新疆

在20世纪80年代初，法国国家科研中心的第315研究组与中国新疆考古文物研究所开始合作，从而导致了相当多次的田野考察使命和一批出版物[5]的问世，并在巴黎接待了中国学者居住一个月甚至两年。该研究组由冯赫伯和王炳华共同主持。经过多次共同研究考察之后，于1989年在哈密县进行了首次考古勘察，考证清楚了从公元前1500年到汉代之间的时期，那里曾有过一个重要的农牧业人员居住中心。第二次勘察是于1991年在克里雅河（Keriya）流域进行的。紧接着于1993年实施的勘察是一项双重勘察：既在古克里雅河三角洲勘察，又在已湮没的绿洲喀拉墩发掘。这次发掘弄清楚了灌溉系统，清理出了一栋住宅和一座佛寺。我们可以权且将这一切都断代于公元2世纪至4世纪初叶。现在正在对已发掘到的沉积物、花粉和物品进行大量的分析。1993年在喀拉墩发掘出的佛寺是南疆罕见的佛教遗址之一。其壁画的风格已经非常印度化了，属于中国已知最古老的壁画之列[6]。

4．秦汉时代

这个时代的研究主要是侯锦郎（Hou Chin-lang）和毕梅雪的研究课题。前者的研究涉及了雕塑和绘画[7]，但由于生病，其工作过早地停止了。毕梅雪一方面从事古代滇王国的研究工作，另一方面又研究汉代物质文明。经过以石寨山发掘为基础对

[1] 杜德兰：《擂鼓墩1号墓的双层棺椁、图像资料及有关问题》，载劳顿（T. Lawton）主编的：《东周时代楚文化的新视野》，普林斯顿：普林斯顿大学出版社，1991年，第23—46页。

[2] 杜德兰：《对公元前5世纪的一种青铜雕的试诠释》，载《亚洲艺术》第42卷（1987），第45—58页。

[3] 杜德兰：《技术改革和订货的多样性：公元前5世纪至前4世纪的漆器手工业》，载《亚洲艺术》第45卷（1990），第76—89页。

[4] 杜德兰：《东周的艺术》，载毕梅雪主编的《中国艺术》第1卷，都灵，1994或1995年。

[5] 戴寇琳：《从起源到汉代的新疆考古》第一部分，载《古代东方》第14卷第1期（1988），第5—29页；第二部分，载《古代东方》第15卷第1期（1989），第183—213页。

[6] 戴寇琳、伊第利斯和王炳华：《塔克拉玛干沙漠腹地的灌溉农业和佛教古艺术（新疆喀拉墩公元2世纪至4世纪）》，这是法中双方在克里雅河流域考察的初步成果。载《亚洲艺术》第49卷（1994）。

[7] 侯锦郎：《秦代雕刻》，载《亚洲艺术》第33卷（1977），第131—181页；侯锦郎：《汉初（公元前206—前141年）中国肖像画研究》，载《亚洲艺术》第36卷，1981年，第37—58页。

滇文化做了初步介绍的尝试之后 [1]，毕梅雪建议对这种文化的两个重要墓葬区的年代做出修订 [2]，她近来又解释了将小贝壳作为滇王国之权威财产的问题 [3]。她对汉学研究的另一个方面涉及了动产、烹调术 [4]、保护地和王公藏品 [5]，但同时也涉及了殡葬方法的演变、在汉帝国 4 个世纪间出现的文化转化 [6]。对这个时代的艺术的总结将刊登于正在印制的一部集体著作中（请参阅上页注 4）。

此外，汉代的织物自 20 世纪 60 年代末以来便是多种技术研究的内容，由克里希纳·里布（Krishna Riboud）倡导进行 [7]。

5. 中世纪的新疆和伯希和特藏

关于新疆绿洲物质文化的两个重要总结，都出自莫尼克·玛雅尔（Monique Maillard）之手 [8]。这些研究大部分均依靠 20 世纪初叶欧洲探险团的发现。

由伯希和搜集的资料现由吉美博物馆和法国国家图书馆收藏，它们以其丰富性而使法国科研人员们在 50 多年来为之忙碌。我于此将仅仅论述与伯希和于 1906—1908 年间结束探险时携归的绘画、织物、雕塑和实物相关的论著。伯希和探险团的约十五卷考古文献已经出版，首先是由金石和美文学院赞助，由韩百诗（Louis Hambis）主持，直至他 1978 年逝世，后来在法兰西学院亚洲研究所中亚和高地亚

[1] 毕梅雪：《汉代滇王国的文明》，收入《法兰西远东学院丛刊》，巴黎，1974 年。

[2] 毕梅雪：《滇文化的年代问题》，载《考古》1990 年第 1 期，第 78—86 页；其英文本已于 1994 年出版。

[3] 毕梅雪：《滇王国的贝壳币与信誉良好的中国铜钱》，载格洛弗（I.C.Glover）主编的《1990 年的南亚考古》，赫尔：赫尔大学，1992 年，第 45—52 页；中译文载《云南民族学院学报》1994 年第 1 期，第 49—51 页。

[4] 毕梅雪：《公元 2 世纪的中国厨灶画》，载《食物和饮食方式》第 1 卷第 1 期（1985），第 95—103 页；《汉代的饮食：马王堆一号墓中的餐具研究》，载《食物和饮食方式》第 4（3）卷（1991），第 209—219 页。

[5] 毕梅雪：《中国汉代皇家画坛、保护与收藏》，载《金石和美文学院报告》，巴黎，1990 年，第 521—536 页。

[6] 毕梅雪：《汉代的中国》，巴黎：法国大学出版社，1982 年。

[7] 里布与鲁柏（E.Loubo-Lesnichenko）：《苏联在奥格拉提的新发现及其与汉代楼兰彩绘的相似性》，载《亚洲艺术》第 28 卷（1973），第 139—164 页；维雅尔（G.Vial）和德·莱格（D.de Jonghe）：《诺音—乌拉和汉代马王堆斜经织物的样品》，载《古织物国际研究中心通讯》（里昂版）第 57—58 卷第 1—2 期（1983），第 16—49 页。

[8] 玛雅尔：《古代高昌王国物质文明史》，载《亚洲艺术》专刊号第 39 卷（1973），第 1—983 页，包含 237 幅线图、16 幅图版和 2 幅地图；耿昇中译本中华书局 1995 年出版。玛雅尔：《西域的石窟与建筑：论从公元初到穆斯林征服期间西域的民用和宗教古迹的建筑术》，巴黎：麦松奈夫出版社，1983 年。

洲研究中心出版[1]。在这几卷中，有 6 卷是关于伯希和敦煌石窟笔记的[2]，即由伯希和于 1907—1908 年在敦煌石窟中所进行的描述、考察和题识录文。耐心的释读和誊清的工作，是由埃斯特·列维（Esther Lévy，1892—1975）完成的，出版工作、照片和介绍是由樊德隆、莫尼克·玛雅尔、罗贝尔·热拉－贝扎尔（Robert Jera-Bezard）、弗朗奇娜·蒂索（Francine Tissot）和陈明明完成的。

与 1974—1976 年由樊德隆发表的那卷相比，收藏在吉美博物馆的敦煌画的一种新目录则更为侧重描述，更集中在肖像学研究方面。它于 20 世纪 80 年代初由敦煌写本研究组（法国国家科研中心联合研究组 URA 1063）的数位成员准备，由苏远鸣（Michel Soymié）任主编。其出版由日本讲谈社（东京）承担，拖延了很久。这部著作应先出版日文本[3]，然后再出版法文本，包括论述分别出自敦煌和新疆的织物、雕塑和物品的行文。

有关雕刻和木制品的第一部分类目录，虽然篇幅很小，却颇为有用。它是由弗朗索瓦丝·戴奈斯（Françoise Denès，1944—1973）编写的[4]。此外，敦煌的幡幢（装潢、风格及其在仪轨中的位置）已成为热拉－贝扎尔和莫尼克·玛雅尔多篇论文的研究内容[5]。

对伯希和自敦煌携归的某些织物的技术研究，已在里昂古织物国际研究中心做了很好的研究[6]。

伯希和特藏并不仅限于自敦煌和新疆携归的作品，即使它们形成了其中的主要内容。它同样还包括一套 114 幅的中国道场画，系由伯希和于 1900 年在北京获得。保存在吉美博物馆并直至 20 世纪 80 年代末才刊登的这些绘画，已由贾珞琳

[1] 保罗－大卫、哈拉德（M. Hallade）、韩百诗：《吐木休克》（2 卷本），巴黎：国家印书局，1961—1964 年；哈拉德与高利埃（S. Gaulier）：《都勒都尔—阿乎尔和苏巴什》（2 卷本），巴黎：国家印书局，1967 年，巴黎：文明研究出版社，1982 年；里布和维雅尔：《吉美博物馆和国家图书馆所藏敦煌织物》，巴黎，1970 年；樊德隆：《吉美博物馆所藏敦煌绘画与幡》（2 卷本），巴黎，1974 年和 1976 年；晁华山、高利埃、玛雅尔、彼诺：《库车地区诸遗址》，巴黎，1987 年。

[2] 《伯希和探险团档案》第 11 卷（第 1—6 册）：《伯希和敦煌石窟笔记》，巴黎：法兰西学院，1981—1992 年；耿昇译本，兰州：甘肃人民出版社，1993 年。

[3] 日文本由秋山光和编译。

[4] 戴奈斯：《吉美博物馆所藏敦煌木制品》，巴黎：国家博物馆出版社，1976 年。

[5] 热拉－贝扎尔和玛雅尔：《敦煌彩幅的原型和装潢》，载《亚洲艺术》第 40 卷（1985），第 83—91 页，耿昇中译文载《法国学者敦煌论文选萃》，北京：中华书局，1993 年；同一位作家：《绘画与幡幢在西域佛教仪轨中的作用》，载《亚洲艺术》第 44 卷（1989），第 57—67 页。

[6] 维雅尔：《巴黎吉美博物馆收藏的一块唐代丝绸》，载《古织物研究国际中心联络通讯》第 23 卷（1966），第 55—94 页。

做了鉴定，她已开始对它们做肖像与风格方面的研究了[1]。这些绘画中的大部分都与“水陆法会”有关，并且分成了不完整的两大类。其中一类（33 幅）应断代为 1454 年，第二类（74 幅）应断代为 19 世纪。贾珞琳分析了在道场中对这些绘画的使用，她通过其中所绘制的神又分析了“水陆法会”（水陆道场）万神殿中诸神的形成。

6. 文人画、宫廷画和书法

在对敦煌佛教画研究的同时，樊德隆同样也是哲学家出身，她的哲学家修养可能比艺术史学家更高，所以她特别关心文人画家，关注他们的绘画特点和他们的著作。她研究米芾（1051—1107）的艺术作品、思想和选题[2]，同时探讨中国文人的美学和他们创作绘画之精神领域。她摘录自中国美学论著那部卷帙浩繁的文集中的译注文献形成了一种重要的工作基础[3]。

在这些文献中的最古老者，已由德罗绘（Robert Delahaye）在一部有关宗教信仰的论著中做了分析，因为这些信仰意味着中国风景画于 4 世纪至 5 世纪诞生[4]。其他著作则涉及了一名艺术家及其社会环境[5]、一幅绘画或者是国家收藏的一套重要著作集[6]。程纪贤（François Cheng，即程抱一）以一种并非完全是史学家而更应该是哲学家的观点，试图通过一种符号学的分析来破译绘画意义的表达方法[7]。熊秉明将其书法经验、对中国美学的理解及其有关美学的西文著作知识结合了起来，论及唐代的书法，特别是张旭的草书[8]。

[1] 贾珞琳：《魔鬼和奇迹：15 世纪的一幅仪轨画中的自然化现》，载《亚洲艺术》第 43 卷（1988），第 106—122 页；《神的使者及其肖像》，载《亚洲艺术》第 46 卷（1991），第 96—110 页。

[2] 樊德隆：《中国的艺术和智慧：米芾（1051—1107）》，巴黎：法国大学出版社，1963 年，1985 年第 2 版；樊德隆：《米芾（1051—1107）的〈画史〉》，巴黎：法国大学出版社，1964 年。

[3] 樊德隆：《从起源到宋代的中国美学和风景画》，巴黎：法国大学出版社，1964 年。

[4] 德罗绘：《中国最早的风景画：宗教表象》，巴黎：法兰西远东学院，1981 年。

[5] 伯尔德利夫妇（Cecil 和 Michel Beurdeley）：《中国皇宫中的耶稣会士郎世宁》，弗赖堡书籍经营处，1971 年；贾珞琳：《黄公望（1269—1354）的生平与著作》，巴黎：法兰西学院汉学研究所，1984 年。

[6] 毕梅雪和侯锦郎：《一画一诗：万寿祺（1603—1652）的画卷》，载《亚洲艺术》第 28 卷（1973），第 185—200 页；侯锦郎和毕梅雪：《乾隆皇帝的木兰秋狩》，载《通报》第 65 卷第 1—3 期（1979），第 13—50 页。

[7] 程纪贤：《空与实：中国的绘画语言》，巴黎：塞伊出版社，1979 年。

[8] 熊秉明：《张旭和狂草书法》，巴黎：法兰西学院，1984 年。

7．建筑术

在 20 世纪 50 年代末，石泰安（R.A.Stein）出版了一部杰出的著作，它论述了中国和更广阔一点说是远东住宅空间相关之宗教观点[1]。这种研究应有助于此后有关这一内容的全部思考。

自从 20 世纪 70 年代以来，除了第一部综合性著作[2]和对于刘敦桢《中国住宅概说》(北京，1957 年）一书的译本（该译本增加了一篇介绍文字和索引）[3]之外，其余主要著作都涉及了在其目标来说瞄得更准的时空内容。黄河流域穴居住宅[4]是建筑学家卢贝斯（Jean-paul Loubes）的首次调查对象。他从 20 世纪 80 年代末起，与西安和新疆吐鲁番的建筑学家和城市规划学家们合作，继续其有关中国的空间安排和城市规划的研究。

自 20 世纪 50 年代以来，数位科研人员都关注 18 世纪皇家建筑中向外国借鉴图案并指导这些建筑的思想意识。安娜·莎耶（Anna Chayet）针对根据西藏的原型而建筑的承德寺庙写成了一部同时涉及建筑术和政治问题的论著[5]。另外一种研究则涉及了 1747—1768 年耶稣会士们在乾隆皇帝的皇宫圆明园中设计的西洋楼。这个研究组成立于 1983 年，由毕梅雪主持，从不同的角度研究这些宫殿及其御花园：建筑的年代及乾隆对于这一套具有异国情调的建筑之使用[6]、供建筑术研究的可视资料——

[1] 石泰安：《远东和高地亚洲的住宅、社会及人类集团》，载《亚细亚学报》第 245 卷（1957），第 37—74 页；耿昇中译文载《国外中国学研究译丛》第 1 卷，西宁：青海人民出版社，1996 年；还可以参阅同一位作者：《微缩景观：远东宗教思想中的山与住宅》(此书一般译为《壶中九华》——译者），巴黎：弗拉玛里雍出版社，1987 年。

[2] 毕梅雪：《中国：有关世界建筑的文集》，弗赖堡书籍经营处，1970 年。

[3] 刘敦桢：《中国人的住宅》，由梅泰理夫妇（Georges 和 Marie-Hélène Métailié)、索菲·克莱芒－夏尔庞蒂埃（Sophie Clément-Charpentier）和皮埃尔·克莱芒（Pierre Clément）翻译和介绍，巴黎：贝尔热－勒夫罗出版社，1980 年。

[4] 鲁柏：《黄河流域的窑洞住宅：中国的穴居建筑》，巴黎：克雷阿菲斯出版社，1988 年。

[5] 安娜·莎耶：《热河寺庙及其西藏原型》，巴黎：文明研究出版社，1985 年。

[6] 菲利普·若纳唐（Philippe Jonathan）和安托万·杜兰（Antoine Durand)：《乾隆皇帝的京西休养地》，载《圆明园：中国皇宫 18 世纪喷水柱和西洋楼》，巴黎：文明研究出版社，1987 年，第 19—33 页；毕梅雪：《西洋楼、历史和传说》，载上引书，第 6—10 页；毕梅雪：《郎世宁与乾隆皇帝西洋楼的多学科研究》，载《“国立”博物馆学报》第 24 卷，台北，1989 年，第 4 期第 1—12 页，第 5 期，第 1—16 页。

1783 年的版画[1]和旧照片[2]、建筑复原问题[3]、对植物的鉴定[4]、西洋模式[5]。

8．瓷器

对法国公共收藏处的几套非常丰富的中国瓷器的鉴定、描述和断代等大量工作[6]，大部分都是保罗－大卫和黛西·利翁－戈尔德施密特（Daisy Lion-Goldschmidt）的成果。前一位女学者更擅长鉴定 14 世纪之前的瓷器，后一位女士则精于 14 世纪至 18 世纪的瓷器。她们已发表的科学论著包括大量专著、综合性论文[7]和通俗读物、展览目录中法国收藏品的各件展品解说[8]及刊登在有关博物馆的集体著作[9]或学术杂志[10]中的论著。利翁－戈尔德施密特有关 16 世纪至 17 世纪初叶桑多斯宫（法国驻日本使馆）的青白瓷的论文，便是这一种类的范本[11]。

最后，保罗－大卫在从事研究中国瓷器的同时，也撰写了中国和朝鲜的瓷器技术向 4 世纪至 12 世纪的日本传播之重要论文[12]。

最近，国家收藏处的几件过去不怎么为人所知的瓷器，又被“重新发现”并已公布[13]。此外，许多著作和展览[14]，都涉及了瓷器贸易。中国的瓷器是年代的标记和

---

[1] 安托万·杜兰和雷吉娜·蒂里耶（Régine Thiriez）:《中国皇帝西洋楼的多学科研究》，载《纽约公共书店报》第 1 卷第 2 期（1993），第 81—107 页。

[2] 蒂里耶:《从 1860—1940 年间的照片看圆明园的西洋楼》，载《亚洲艺术》第 45 卷（1990），第 90—96 页。

[3] 杜兰:《圆明园西洋楼复原》，载《亚洲艺术》第 43 卷（1988），第 123—133 页。

[4] 吉勒·热内（Gilles Genest）:《圆明园的西洋楼：论御花园中的植物》，载《亚洲艺术》第 49 卷（1994）。

[5] 范桑·德罗盖（Vincent Droguet）:《乾隆皇帝的西洋宫殿及意大利原型》，载《艺术史》第 25—26 期（1994），第 15—28 页。

[6] 最重要的特藏是吉美博物馆那一套，共计有 8000 多件中国瓷器。

[7] 利翁－戈尔德施密特:《中国的陶器与瓷器》，巴黎：法国大学出版社，1957 年第 1 版，1978 年第 2 版；同一位作家:《明代瓷器》，弗赖堡书籍经营处，1978 年；保罗－大卫:《中国瓷器的起源》，载《瓷器、玻璃和淬火技术丛刊》第 55 卷（1974），第 44—67 页。

[8] 如保罗－大卫对《中国宋代艺术》展览的解说词，赛努奇博物馆，1956 年。

[9] 我只举一个例证:《东京的东方瓷器收藏》，是《世界大型成套收藏品》的第 8 集，东京：讲谈社，1975 年。

[10] 保罗－大卫:《吉美博物馆收藏的一部中国 7 世纪初叶历书》，载《卢浮宫学报》1976 年第 4 期，第 291—296 页。

[11]《桑多斯宫中的中国瓷器》，载《亚洲艺术》第 39 卷（1984），第 5—72 页；1988 年。

[12] 保罗－大卫:《从古坟时代到平安时代之间的日本瓷器之演变》，载《夏尔·哈格纳先生纪念文集：日本研究》，巴黎：亚洲文库书店，1980 年，第 527—568 页。

[13] 德罗什:《瓷器花园》，巴黎：国家博物馆联合会，1987 年；德罗什:《论元代的一尊菩萨像》，载《亚洲艺术》第 39 卷（1984），第 73—77 页。

[14] 西莫内塔·卢斯·阿丰索（Simonetta Luz Afonso）、德罗什和玛丽亚·安东尼娅·平托·德马托斯（Maria Antonia Pinto de Matos）:《从特茹河到中国海：一部葡萄牙史诗》，巴黎：国家博物馆联合会，1992 年。

交易潮流的绝妙见证，它们已被在东南亚、阿拉伯—波斯湾、非洲东海岸的考古遗址中，或者是在对残余物的发掘中发现，而且都被研究和公布过了[1]。

9. 文人情趣与民间艺术

由于缺少涉及明清动产和艺术品（玉、景泰蓝等）的研究，所以我将在多个领域的边缘提及汪德迈（Léon Vandermeersch）有关拼花和与此有关的明末论著的文章[2]。

同样，我不完全触及20世纪，但我至少还想指出艾丽白（Danielle Eliasberg）那些受戏剧和文学启发的拓片著作，它们是于1907年由沙畹（Edouard Chavannes，1865—1918）搜集的，现藏于巴黎亚细亚学会[3]；还有杜德兰发表的有关民间艺术的总结性文章[4]，我想也同样是应该指出的。

（耿昇　译）

毕梅雪（Michèle Pirazzoli），法国高等实验学院教授，主要从事中国文物考古与艺术研究。

[1] 杜布瓦扎（Marie France Dupoizat）:《万丹吉朗进口瓷器的初步报告》，载《亚洲艺术》第47卷（1992），第57—68页；毕梅雪:《苏哈尔堡的中国瓷器》，载《亚洲艺术》第43卷（1988），第87—105页（译文载《海交史研究》，泉州，1992年第2期，第100—106页）;《海洋》（*Neptunia*）杂志专刊号第173期，1989年3月（以《毛里求斯：被湮没的记忆》的展览为中心，巴黎：海军博物馆，1989年）。

[2] 汪德迈:《中国的拼花》，载《亚洲艺术》第11卷（1965年第2期），第79—140页。

[3] 艾丽白:《中国民间的年画》，载《亚洲艺术》专刊号第35卷（1978）。

[4] 杜德兰:《中国民间艺术》，载《世界百科全书》第5卷（1990），第615—619页。

德国汉学家在1933—1945年的迁移
——重提一段被人遗忘的历史

〔美〕柯马丁

在德国纳粹政权统治时期，绝大多数从事汉学与东亚艺术史研究的德国青年学者，和一些已确立地位的德国学者，离开他们的国家，迁往他地继续其学术生涯，尤其是前往美国。若不提及50年前所发生的这一幕——一方面德国知识与创造力广泛损失，与之相对应的是，这些学者在美国的学术机会有效地发展——就几乎不能阐释当前国际汉学研究的状况。迁移者尽管通过他们的学生薪火相传，使这些富于戏剧性的迁移影响深远，但它们还从未成为一个分析与讨论的主题。

50年来，在这一问题上普遍一致的、刻意的沉默，使得重建汉学和东亚艺术史研究变迁的细节变得愈加困难。同时，历史撰述反思上的连续受挫，其本身就成为一种持久的历史现象，那就是：一种对学术自知的谨严的争议。

一

在1949年，华盛顿大学中国史教授卫德明（Hellmut Wilhelm，1905—1990）以一段批判性的言论开始了他的《今日德国汉学》[1]一文：

> 在所有过去的学术中心及在美因兹新增加的一个学术机构中，德国学术生活快速复活，与这一普遍趋势相比，德国汉学恢复的步履相当缓慢。一些远东

[1] 《远东季刊》1949年第8期，第319—322页。

研究原有的主要席位仍然空缺。造成这一特殊情形的原因首先是缺乏研究人员。

学术研究人员到哪里去了？如卫德明所言，他们以不同的方式离开，这是纳粹主义从兴起到衰败产生的种种后果，由于直接或间接的原因，即战争和战争的后果：一些学者去世了；一些学者仍旧从德国国外（尤其是中国）回国——他们主要是些以德国学者或官方专业人员代表团成员的身份，在存续 12 年之久的德意志第三帝国统治期间、甚至这一时期以前就到中国去的；第三部分人是那些因与纳粹有染、1945 年后失去他们的职位而且 1949 年前尚未重新就职的学者；最后，数量上和声望上都最为可观的是那些根据 1933 年 4 月 7 日臭名昭著的《重建公务员队伍法》[1] 被开除出大学的学者以及 1933 年受纳粹恐怖威胁作为反当权者而离开祖国的学者。

本文要致力阐述的即以上所提及的后一团体。在德国及移居地保留的关于他们的姓名、职位及迁移后果的记载，提供了洞知中国研究发展史的视角——没有这些了解，我们将很难理解以往 50 年在西方学术界中这一领域的发展。

政治移民和那些第二次世界大战后立即离开德国的人的名单表明，从总体上看，迁移曾是欧洲职业性中国研究的短暂历史中唯一最为重要的决裂。不仅是单个的学者，而且还包括整个领域和新的学术方法移徙德国国外，在中国（和东亚）艺术史、社会史、经济史、民族学、语言学诸领域尤为明显。除了致力于中国研究诸领域的学者，德国汉学还失去了博物馆馆长、图书馆馆长，以及《泰东》（*Asia Major*）杂志——1935 年，这一关于中国研究“唯一具国际水准的德国专业杂志”[2] 终止出版。为了理解这一移徙造成的后果，了解以下事实亦非常重要，那就是汉学作为“我们的学科”（如卫德明惯于说的）在德国大学里拥有了自己合适的地位，存在了 20 多年，但其仍然是一个年轻而十分狭小的领域，尤其是与如近东、中东的传统“东方学”相比。例如，加贝兰茨（G. von der Gabelentz，1840—1893）在写作其前驱作品《汉语语法：不包括俚语与交际口语》时，曾是普通语言学教授（1878—1889 年在莱比锡，后来在柏林）。19 世纪末 20 世纪初两位最杰出的德国

[1] 此“恢复永久公民服务法例”用来作为剥夺所有那些被认为是“非雅利安人”，尤其是犹太人的德国公民服务（包括大学）的正式纲领；判定是否为犹太人的一条充足的标准是，例如，祖父或祖母属于犹太团体。法例亦用于驱逐政治上的反对者。

[2] 福赫伯：《汉学》（伯尔尼：A. Francke，1953），第 10 页。

汉学家夏德（Friedrich Hirth，1845—1927）和劳费尔（Berthold Laufer，1874—1934），在德国未找到职位而在美国却找到了：夏德在哥伦比亚大学，劳费尔在芝加哥自然史田野博物馆。在与过于冗长的迁移者名单相对照时，1933 年设立的汉学教学职位数目之少令人震惊。第一个在中国研究方面的德国职位晚至 1909 年在汉堡大学的前身“汉堡殖民学院”[1] 设立，其后仅有三个个别的职位：1912 年在柏林[2]、1922 年在莱比锡[3]、1925 年在法兰克福[4]。此外，汉学研究班和讲师职位在哥廷根和波恩设立，东亚艺术史研究在柏林、科隆、莱比锡和慕尼黑的博物馆进行。在纳粹执政期间，教授职位没有增加；第五个德国汉学职位直到 1946 年才在慕尼黑[5] 设立。

一些移民的学术成就使中国研究的新领域和方法明确下来，如卫德明——卫礼贤（Richard Wilhelm）的儿子——这样一个学者的生活和工作也显现出了过于短暂的研究传统的崩溃。与一些早期的学科领域状况的报告的看法相反，1945 年后，一种断裂的趋势强过了连续的趋势，其后只是逐渐地才出现了一个德国汉学的新的开始。在这种情况下，像卫德明或艾伯华（Wolfram Eberhard，1909—1989）做教师对德国的损失也许比他们做研究者的损失还要严重。尽管我在本论文的第三部分中会追溯移民者在德国以外的经历，但在这里评价他们的视角仍然主要是德国式的。面对的主题包括两部分：移出和移入，而我对前者更有兴趣。关于第二次世界大战后德国学者在中国研究和东亚艺术史上的成就的概括性的赞许，在他处可以找到[6]，特

[1] 首席教授福兰阁（Otto Franke，1863—1946）。

[2] 首席教授高延（J. J. de Groot，1854—1921）。

[3] 首席教授孔好古（August Conrady，1864—1925）。

[4] 首席教授卫礼贤（Richard Wilhelm，1873—1930）。

[5] 见福赫伯：《德国大学中的汉学》（威斯巴登：Franz Steiner，1968 年），第 11—12、46 页，关于 1942 年形势概观，见官方《帝国部委 1942 年关于汉学及日本学在德国的现状报告》，在《妇女与中国短讯》1994 年第 7 期（第 1—17 页）重印并加了注解。

[6] 在美国，见劳拉·费米（Laura Fermi）《著名的移民：1930—1941 年欧洲的知识分子处境》第 2 版（芝加哥：芝加哥大学出版社，1971 年）第 352—357 页各处；在英国，见诺曼·本特威奇（Norman Bentwich）《逃亡学者的营救与成就：1933—1952 年失去家园的学者和科学家们的故事》（海牙：马蒂纳斯·奈霍斯（Martinus Nijhoff，1953 年）第 70、87 页各处。对知识移民于英国的意义的概括评估见盖里奇（J.M.Ritchie）的《逃离纳粹主义的德国难民》，收入帕尼科斯·潘纳斯（Panikos Panayi）编《1500 年来在英国的德国人》（伦敦：Hambledon 出版社，1996 年），第 147—170 页。从事中国研究的学者的移徙当然是 1933—1945 年整体知识分子移民的一部分，移民在新居地的工作常常与别的学术领域的同事相关联。关于艺术史的状况，见费米书第 247—253 页及考林·艾斯勒（Colin Eisler）《艺术史的美国风格：关于移民的研究》，收入唐纳德·弗莱明（Donald Fleming）和伯纳德·贝林（Bernard Bailyn）编《知识移民：欧洲和美国，1930—1960》（剑桥：哈佛大学出版社，1969 年）第 544—629 页。

别是在美国和英国。这里我也希望能探讨如此多的从事中国研究和东亚艺术史研究的学者怎样或在什么程度上在德国汉学领域内被承认和理解。依我所见，假如他们认为学科领域的现状是历史发展的结果的话，这一问题在这一领域的历史撰述中及在从事中国研究的德国学者的自我意识上都至关重要。在我的结论中（第四部分），我将试图将移出与移入两个现象联系起来考察，并且考虑到对今天整个国际范围的一些影响。

这项工作中尚存在许多难点，需要事先加以考虑。首先，我将不试图展现在德国纳粹时期中国研究的全景，尽管这将有助于理解个体移居德国国外者决定离开他们的国家的方方面面。在许多个案中，像那些犹太学者或马克思主义者，自 1933 年后多半很快被大学驱逐（或从未找到通往学术位置的途径），移居德国国外的动机显而易见。其他学者，那些没有立刻被纳粹政权视为德国社会敌人的，和那些没有经历过直接迫害的人可能有不同的离开理由。这里，确定唯一的动机似乎是不可能也是不合适的，除非这一动机被移居者本人明确承认。移居或不移居在许多情形上基于诸多原因的相互作用，我将避免得出简单结论。

在移民的历史事件中——这一事件历时数年，与个人传记紧密相关，但仍然只构成一个单个的历史现象——数条线索交织在一起：纳粹主义作为政治现象的出现；1933 年后德国大学的一般形势；那一时期中国研究和东亚艺术史研究在学术界中的角色；个体的问题和不同的视角——个人的、政治的、学术的，等等。局势的全景由这些不同的方面组成，并且需要基于制度史和个人传记的记载。然而，要了解移民的方方面面，我们首先需要查阅所有大学和其他学术机构的档案，其中有关于移民从哪里离开，又到哪里去了的记载。

以下概述显得十分清楚，即绝大多数从事中国研究及东亚艺术史研究的德国学者在 1933 年法令发布后离开他们的国家：除了勒辛（Ferdinand Lessing，1882—1961）和西门华德（Walter Simon，1893—1981）教授，大多数富有潜力的年轻讲师和新晋博士都离开了。我们因此期望这一极为重要的事件会被公众认识并在 1945 年后的年份里加以讨论，以便于我们能够根据丰富的资料和研究成果来描述。但事实并非如此。在这个问题上没有系统的陈述，我视这一特殊事实本身为一种进行中的历史。在我们这一领域中，对认识理解刚刚过去的历史进行的历史研究几乎都失败了，因而有一种双面性的问题：一个被讨论的议题，以及，在此同时，理解移民这一历史现象的中心障碍[1]。其结果是迟到的初步的研究尝试，这一尝试远非完整，但提供了一个姓名、日期的框架，后来者可以加以补充。对于单个学者的描述很不平均：对那些最有名的学者，因为他们曾获得为其出版纪念文集的荣誉，他们的生平被概括进传记图中，使得我能够获得较多的信息；对于那些逝去的学者，我们可以使用一个或多个讣告所提供的有价值而可靠的资料。另一方面，对于那些仅有微名的学者，重建他们的生平有时相当困难。在这种情形下，在我的叙述中间或有空白，是受制于遗留至今的材料的匮乏，由于那些本应当在三四十年前做的工作——那时大多数学者还健在，可以进行个别咨询——没有做所导致的材料阙如，是一种无法改变的客观现实。

在这里我不欲详细探讨的是那些在纳粹政权统治期间待在德国的少量汉学家（和未来汉学家）的政治倾向和所起的作用。尽管不是全部，但他们中的一些曾是早期党内成员和纳粹主义的赤裸裸的支持者[2]，因而得到当政者的直接奖赏。与此相反的是，较有才华的学者被迫移居德国国外，他们的位置被那些显露出具备纳粹式学问的适时条件的人占据[3]。不足为奇的是，第二次世界大战后在移民问题上的沉寂不仅仅是对移民者的冷淡；经过第二次世界大战后早些年代短暂的中止，对牵连的纳粹党成员仍热衷。于是，除了一些总体性的结论外，纳粹分

---

[1] 应当注意，这一形势并非代表了所有德国学术界，甚至东亚研究学界。在纳粹政权下日本研究的陈述，见赫伯特·沃尔姆（Herbert Worm）《纳粹时期的日本学》，收入格哈德·克雷布斯（Gerhard Krebs）和贝恩德·马丁（Bernd Martin）编《柏林—东京轴心的形成及衰败》（慕尼黑：Iudicium，1994年）第153—186页。关于中国研究的第一个且最近的途径由费路（Roland Felber）着手做，《适应与反抗之间：纳粹时期东亚学学者的命运》，《柏林中国期刊》1996年第10期，第80—86页。正如题目所示，费路的论述包括对相对来讲较少数量的人数的注解，其价值在于作者使用了洪堡大学和其他机构的档案材料。

[2] 关于纳粹党成员，见《帝国部委报告》中提供的材料，唯一未献媚于纳粹而得以保持其职位的汉学教授是汉尼士（1880—1966）。他在1932—1945年，供职于柏林大学，于正常年龄退休；在该时期内，他得以使自己和他的研究集体坚决地远离纳粹党。在1944年，他曾独自吁请德国当权者释放其德国同事马伯乐（1883—1945）；马伯乐最后于1945年3月17日在魏玛附近的布痕瓦尔德集中营死去。所有的汉尼士请求支持其吁请的德国汉学家都拒绝了他的请求；见福赫伯：《慕尼黑之汉学：回顾与展望》，载《慕尼黑大学1967—1968年大事记》（慕尼黑：慕尼黑大学出版社，1970年）第113页。据傅吾康为福克斯（Walter Fuchs）写的怀念文章（《远东》1980年第27期，第148页），汉尼士是“二战”结束初期西德东亚研究学者中唯一在政治上不妥协的学者。他在纳粹政权下的令人敬佩的行为，见艾芮卡·陶伯（Erika Taube）《汉尼士：刚正不阿一例》，载拉尔夫·莫里茨（Ralf Moritz）编《新研究中的汉学传统形象》（莱比锡：莱比锡大学出版社，1993年）第179—189页。汉尼士亲自为马伯乐撰写讣告，刊登于《德国东方研究会会刊》第101期（1951）第1—2页。

[3] 关于这个问题，参看费路的《适应与反抗之间》及《帝国部委报告》第1—17页，后一来源无疑表明一个明显的学术界的纳粹倾向曾是评价的明确准则。

子——主动的或被动的，秘密的或公开的——在单个的例子中所扮演的强迫一位同事或学生移民的确切角色，似乎目前难以确定[1]。这一问题当然值得做彻底的档案工作。屈从于纳粹政权显露出与历史撰述问题的关联，以及一些早期学科状况报告，将被一一陈述。

二

卫德明关于第二次世界大战后的中国研究较其他学科恢复为慢的看法已被他人所认同。1960年，德意志研究协会（Deutsche Forschungsgemeinschaft）试图对西德东方研究的和大学中对东方研究的最为急迫的需求做出综合性的概括。《东方学状况专题报告》的前言——人文学科中的第一个专题报告，紧随那些致力于医学、自然学科和应用学科的报告——陈述道：

> 1933年后，它（东方学研究）遭到了比别的专业更严重的人员损失，……西德各大学重新开办后的几年中，战争造成了科研后备人才短缺且大量的专业和大学图书馆被破坏，致使（研究工作）一直为此所困扰。[2]

在他对于新近出版的傅吾康（Wolfgang Franke）自传的第一卷所做的介绍性评论中，马汉茂（Helmut Martin）指出，1942年德国东亚研究的个体工作——那时移民们造成的空缺已得到填补——直到20世纪60年代早期方得到恢复[3]。然而，除了卫德明的看法和专题报告的前言中所暗示的蛛丝马迹，移民这件事似乎至少对那些与移民同处在一个时代、并对德国中国研究发表状况报告的学者中的一些人来说，成为一个秘而不宣的事实。只有何可思（Eduard Erkes，1891—1958）在1948年及福赫伯（Herbert Franke）在1968年认为大多数出色的学者是移民，并且坦率

---

[1] 在此问题上瓦拉文司关于克拉德（Ruth Krader，1911—1996）移居国外提供的确切的论据十分宝贵。见下文。

[2] Adam Falkenstein编：《东方学状况备忘录》，威斯巴登：Franz Steiner，1960年，第2页。

[3] 马汉茂：《裂痕与夷平的努力》，收入傅吾康《中国之魅力：一位汉学家的自传（1912—1950）》（多特蒙德：Project Verlag，1995年）。

地承认德国汉学遭受的损失[1]。在傅吾康的总结中我们看到：

> 1933年后的政治事件使德国汉学遭受了极其严重的损失。损失的一部分已无可弥补。纳粹政权将大批学者驱逐出境——在这里，我们只需提及西门华德、科恩、白乐日、哈隆、申得乐和艾伯华作为他们的代表。接着军事行动摧毁了一系列重要的图书馆，柏林、莱比锡和哥廷根的研究生班和法兰克福的中国学会（China-Institut）。1945年后的政治分裂使得柏林的国家图书馆内巨大的中国图书收藏流散到若干军事区域。[2]

据何可思所言，学者的被放逐和移居德国国外使得德国汉学的发展在纳粹统治下处于停滞状态[3]。然而，在1937年到1968年写就的试图总结德国的中国研究背景的其他文章，几乎完全隐藏了关于移民总体现象的资料，对具体的数据和事例更是绝口不提[4]。从近来的这些论述中，不明实情的读者几乎觉察不到表面上

---

[1] 何可思：《德国汉学的文化政治含义》，《地球》（1948）第38—40页。文章发表时，他刚刚出任莱比锡大学的教授，回到1933年被纳粹驱逐的研究班；见Johannes Schubert《莱比锡—卡尔·马克思大学的东亚系：传统与展望》，《民族解放战争与新殖民主义》（柏林：柏林学术出版社，1962年）第412—413页；曾担任慕尼黑大学教授的福赫伯的论述见《德国大学中的汉学》第30页。

[2] 福赫伯：《德国大学中的汉学》，第30页。在他早期的纯专业性的文章《德国的远东研究》（《亚洲研究》1959年第18期，第535—540页）中，他未对移居国外者及其后果提及一言，将此情况排除出任何历史背景外。

[3] 何可思：《德国汉学的文化政治含义》，第39页。

[4] 1937年，首批关于中国研究的德文总结在纳粹政权下出现。我选择1968年作为人为的终点，因为它标志着福赫伯上面提到的专论的出现。并且，那些离开德国的、作为著名学者的移民中的多数人的学术生涯在那时也已结束或接近终点。除了以上提到的报告，我还注意到以下的总结：颜复礼用英文写的《德国的汉学研究现状》，《研究与进步》1937年第3期，第96—99页（德语版：《德国汉学现状》，《东亚环顾》1936年第17期，第561—563页）；福兰阁《德国汉学》，《研究与进步》1939年第5期，第257—267页（德文版：《汉学在德国》，《研究与进步》1939年第15期，第85—88页）；傅吾康《德国汉学家的年青一代》，《华裔学志》1940年第5期，第437—446页；施坦格《德国汉学》，《人民生活中的德国文化》1941年第16期，第49—56页；傅吾康《近50年来汉学之发展》，《东亚自然与民族学协会通讯》1952年第72期，第8—18页；傅吾康《德国中国研究的问题与现状》，《现代世界》1960年第1期，第409—429页，又见傅吾康《中国—马来西亚：明清史研究及东南亚海外中国人研究论文选编（1942—1988）》（新加坡：南海社会，1989年），第546—566页。另一个重要文献是上面提到的《帝国部委1942年关于汉学及日本学在德国的现状报告》，除了上面提到的Schubert关于莱比锡的报告，单个机构的文章包括：汉尼士《东亚学研究在慕尼黑的创建》，《德意志东方学会学报》103（1953），第45—48页；傅吾康和Oscar Benl《东亚学在汉堡的创建》，《德意志东方学会学报》104（1954），第15—20页；汉尼士《1889年至1945年间柏林大学的汉学综述》，《关于科学问题及柏林大学历史的文章及论著》，Hans Leussink编（柏林：Walter de Gruyter，1960年），第554—566页。

持续发展中的德国汉学研究有任何明显的间断。即使德国汉学从1933年到1945年所遭受的损失也许在约20年后单就从事研究的学者的数目来衡量得到了挽回，但许多那些原本初露才华和第二次世界大战后成为杰出学者的人却永远地离开了，这样无意中暗中影响着德国汉学的新传统。迄今为止，唯一对移民问题做出的综合陈述是瓦拉文司（Hartmut Walravens）发表于1990年的一个名单，此名单涵盖了中国、日本、阿尔泰研究及东亚艺术史诸领域[1]。这张有43个名字的名单——包括图书馆学专家们和一些东亚研究的业余爱好者——当然证实了瓦拉文司的介绍性言辞[2]：

> 虽然1933年开始的移民使德国的东亚研究受到很严重的挫折，但同时却使德国学者汇集到别的国家，结合着固有的科学传统，他们在新的研究领域取得了丰硕的成果。

对1937年至1968年发表的德国学术成就的总结显露出他们背景不同的迹象，特别是对1945年5月这一重要的历史性中断而言。在此日期之前，以往在德国的作者不得不考虑一个政治上预想的框架，这一框架与后来显露的框架有根本的不同，后一框架本身也因一篇文章发表于民主德国抑或联邦德国而不同。在史学撰述上，我们因而需要认清各种修辞上的策略及这些文章在学术与政治功用上的不同。那些撰写1933年至1945年学科状况报告的学者，包括福兰阁和傅吾康、颜复礼（Fritz Jäger，1886—1957）和施坦格（Hans O. H. Stange，1903—1978）。福兰阁1939年的调查报告，试图成为“1930年以来德国在最宽泛意义上所做的关于汉学的工作的一个简短的提纲”[3]。

---

[1] 瓦拉文司：《1933—1945年间德国的东亚学家及其流亡》，见《书目及报告》，瓦拉文司编（慕尼黑等地：K.G.Saur，1990年），第231—241页。

[2] 同上书，第231—232页。

[3] 福兰阁：《德国汉学》，第257页注。仅在德文版中，这一注释后有“在于提到和不提到的著作中不存在任何偏见，那些德国人在他国或以其他语言发表的文章作品，及与那些非德国人而用德文发表的著作，因节省空间的需要不能提到”。对“节省空间”一词值得认真对待：在该文章的同一页，福兰阁提到了Hans Praesent定期在莱比锡德国图书馆编制的关于东亚研究的作品目录，并发表在《东亚环顾》上。福兰阁指出，从1933年始的许多杂志“出于节省空间之原因”被清除出该目录（福兰阁已使用引号）。当福兰阁在他自己的陈述中使用同样的方式时，我们可在字里行间明白他事实上希望说：“德国人在他国……和非德国人的作品定在考虑之外，不是出自他的愿望。”

福兰阁那时已正式退休[1]，他提到了以下学者的工作：魏特夫（Karl Wittfogel，1896—1988；1934年移民）、白乐日（Étienne Balázs，1905—1963；1935年移民）[2]、勒辛（1935年移民）[3]、布林（Anneliese Bulling，1900年生；1936［？］年移民）、艾伯华（1937年移民）、哈隆（Gustav Haloun，1898—1951；1938年移民）、奥托·梅兴－黑尔芬（Otto Mänchen-Helfen，1894—1969；1933年离开德国去维也纳，1938年移民）[4]，丝毫不提及他们的迁移和新的联系[5]。加之，福兰阁提到著名的《泰东》杂志“不幸于1935年停止发行”，但未通知读者原因是杂志的犹太资助者、出版者和编辑申得乐（Bruno Schindler，1882—1964）1933年移民至伦敦（1949年他在伦敦恢复了该杂志）。即使我们假设福兰阁在写报告时也许还没有得到梅兴－黑尔芬移民的消息，也许他不认为艾伯华、勒辛、布林和哈隆是政治移民，但他应清楚魏特夫、白乐日及申得乐的情形。

福兰阁将1930年（他进行研究的第一年）看作是汉尼士（Erich Haenisch）发表其“汉学”报告的年份[6]。福兰阁绝口不提纳粹党成员颜复礼的1937年的报告（该报告的英文版出现在《研究与进步》杂志上），仅仅两年后，就在同一杂志上，福兰阁自己的概述发表了，这当然不是偶然的。尽管福兰阁绝非一个政治解放主义者[7]，但

[1] 1909年，福兰阁在汉堡殖民研究所被授予首席汉学研究职位，直至1923年。1919年，东亚研究班合并入刚刚成立的汉堡大学；见《汉堡东亚研究的创建》，第15—16页。1923年至1931年福兰阁退休，又在柏林大学获得教席；见汉尼士《1889年至1945年间柏林大学的汉学综述》，第559—561页。他的自传在其去世后出版，名为《来自两个世界的回忆》（柏林：Walter de Gruyter，1945年）；其讣告出现在福赫伯的《汉学》第22页，注1。

[2] 福兰阁《德国汉学》第259页提到他为白乐日，1905年生于布达佩斯，名István Balázs，后用德语、法语名字的形式，不用匈牙利的发音。

[3] 福兰阁文章发表时，非常清楚勒辛实际已移民美国。1935年，他被授予伯克利的东方语言文学Agassiz教授席位，经政府允许，教育部发布指令，他离开德国，“休假”达三年之久（见《东亚环顾》1935年第16期，第304页）。1938年，柏林大学重新任命他为藏语、蒙古语、中国佛教教师（见《东亚环顾》1938年第19期，第333页），他没有接受任命。

[4] 福兰阁：《德国汉学》，第259页。1938年移民美国后，梅兴－黑尔芬将其姓名英文化为Maenchen-Helfen（有时仅仅是Maenchen），并加入一个中间的缩写J.代表Johann，1959年后他使用英语形式的拼写John；见Charles King《匈奴人和中亚：奥托·梅兴－黑尔芬著作目录》，《中亚杂志》1996年第40期，第178页注22。

[5] 参见上页注3所引福兰阁的陈述。

[6] 见哈隆缩编《德国科学50年：各专业领域的发展》（柏林：Walter de Gruyter，1930年），第262—274页。

[7] 其自传《来自两个世界的回忆》的编辑，福兰阁的两个孩子Olga和Wolfgang，注意到他们忽略了“今天可能引起误解的政治假象。在最后的章节中，偶然的，也许在某种程度上突然的意变是由于这些删改”。最后章节主要针对纳粹的年份，关于福兰阁的“国家保守主义”政治倾向，见傅吾康《中国之魅力》（第11—12页）和福兰阁在其自传中自己的证明。

他也不是一个纳粹分子；他在20世纪30年代末和40年代初[1]与外交部有沟通渠道，并在外交部中有一定的影响力，得益于他作为出色的西方中国历史权威而获得的无可争议的荣誉。当颜复礼在其《德国的汉学研究现状》中轻易地将移外者的名字丢弃后，福兰阁的报告读起来像是随机的修正：尽管他不能视学者为“移民”，他仍要将他们纳入“德国汉学”的范围内。在这一似乎扑朔迷离的言辞策略中，我们可以认识一个被隐藏在忠诚之内的被冲突所撕裂的人性所达致的高度境界。当然，信奉国家保守主义的福兰阁绝不会扮演一个反对其国家的政治领袖的角色，而作为学者的福兰阁却不会背叛或忽视该领域的杰出学者——他们中的很多人曾是他的学生。

福兰阁的儿子傅吾康1940年致力于“德国汉学家的年青一代”的研究，他也提及艾伯华、白乐日、西门华德（1936年移民）、卫德明（当时在北京）、石坦安（Diether von den Steinen，1903—1954；1927年后在北京）、艾锷风（Gustav Ecke，1896—1971；1923年后在中国），以及老一代的哈隆和勒辛[2]。为避免被贴上“移民”标签，傅吾康陈述道：“这一概述中囊括的德国汉学家不都住在德国，他们发表作品所使用的语言也不总是德语；其中也包括一些主要在德国接受过学科训练和大多在德国科学杂志上发表文章的外国汉学家。”[3]除此以外，他们还将每位学者的前受雇地注明。他在1945年后所写的若干报告的这头一篇中，不是纳粹党成员的傅吾康仅仅处于其学术生涯的最初阶段，也出于实用主义的原因，似他父亲一样，选择了这一如实表达但微妙陈述的方法[4]。纳粹党成员颜复礼和施坦格所写的考察报告与福兰阁父子所写的不同[5]。颜复礼1937年报告的英文版对移民问题避而不谈。颜复礼以一种无意的令人啼笑皆非的态度仅仅提到申得

[1] 见《中国之魅力》，第66、80—81、96、111页。

[2] 傅吾康那时在北京中德学会工作（见下注4）；见其自传《中国之魅力》，第93—110页。

[3] 傅吾康：《德国汉学家的年青一代》，第437页，注2。我不能确认他打算将什么人纳入“外国学者”这一类中。

[4] 尽管福兰阁从1937年到1950年待在中国，他不能认为——也没有自认——是移民。一方面，他主要在德国机构工作；况且，在德国取得军事胜利的最初阶段，他申请加入纳粹党，是出于其未来在德国学术界前途的实用主义的考虑；见《中国之魅力》，第123页。（足够幸运的是，他的党员资格未成为事实。）

[5] 据1937年的记载，颜复礼1935年即获得汉堡大学的汉学教席。1941年记载，施坦格在哈隆移居英国后第二年（1939）接替了他在哥廷根的职位。见瓦拉文司《弗里德里希·恩斯特·奥古斯特·克劳斯：少校与东亚学家》（汉堡：C. Bell Verlag，1983年），第14—15页。1945年后，颜复礼和施坦格都由于政治原因被短期驱逐；见卫德明《德国汉学现状》，第320页，注11。据《帝国部委报告》第6页和第9页，颜复礼1933年后曾是纳粹党成员，而施坦格于1932年1月入党（早期党员号为855624），也曾是纳粹党的“风暴骑兵”的成员。

乐的《泰东》，“表现了第一次世界大战后德国汉学的巨大发展”，鉴于此，他希望“资助将继续，以保证这一不可或缺的杂志得以不间断发行”[1]。（没有提到这一事实：申得乐已移居德国国外，《泰东》的发行业已停止。）这个报告的早期德语版本发表于1936年，包括了勒辛（那时在伯克利“休假”）、申得乐（与《泰东》同被提及）和哈隆（彼时尚未移民）的名字[2]。施坦格在1941年的文章中暗示性地提到哈隆、艾伯华和卫德明——我们注意到他们之中没有一个是非“雅利安人种”[3]。两位作者都没有提到在他们自己的写作生涯中的任何学术间断，也没有言及那些离开祖国的学者们，只是提供了那时活跃在德国的学者的名字，他们中的许多人在欧洲汉学研究史上几乎没有得到哪怕一个注脚。

以上1937年、1939年、1940年、1941年的四个例子显露出一种给德国汉学自己的位置定位的需要——在1930年到1937年还没有这样的报告出现。理解这一需要至少作为大多数有希望的年轻学者移居德国国外的直接后果并不太具冒险性[4]。这一观点为一份官方报告所证实，这份报告产生于1942年夏天，由柏林的帝国安全中心办公室应慕尼黑的纳粹党中心的要求准备，它评价了德国和奥地利大学的中国及日本研究的处境。根据从学术界不知名的学者那儿得来的资料，该报告认识到年轻人才的缺乏，以及在德国的中国、日本研究的“明显的危机”，该危机也许会影响对于目前以及预想的远东重大政治变革的理解[5]。移民的影响几乎完全被隐瞒起来：根据这份报告，许多年轻学者接受了博物馆的职位，因为东亚研究不能使他们维持生存。“在单个的事例中”，一些人“甚至”移居德国国外，于是“为德国研究和教育的工作失去了”[6]。报告没有提到其后的政治原因，也未对大批学者事实上是从原职位上被开除有所陈述。在报告中对德国、奥地利大学[7]的所有关于中国、日本研究的学者的全面陈述中，没有出现任何移民者的名字。为了强调一本有明显纳粹倾向的东亚研究的德国杂志的紧迫需要，报告也隐瞒了《泰东》曾经存在的事实。

---

[1] 颜复礼：《德国的汉学研究现状》，第98—99页。Felber：《适应与反抗之间》，第83页注22，提到汉尼士于1937年7月给柏林大学写了封信，请求《泰东》第10卷的出版资助。

[2] 颜复礼：《德国的汉学研究现状》，第563页。

[3] 施坦格：《德国汉学》，第54—55页。

[4] 写作这些报告的另一动力也许是在德国学术界中资金及职位的竞争，中国研究仍缺乏宽广的基础。

[5]《帝国部委报告》，第1页。

[6] 同上书，第2页。类似的陈述可在施坦格1941年的《德国汉学》第52页中发现。

[7] 同上书，第5—17页。列举了有建树的老师和年青一代的学者，在许多例子中，报告分别给予了政治评价（有些时候是批评），并提到党员资格的事实，一般包括入党的年份和党员的号码。

根据这一背景，我们可以注意到颜复礼和施坦格对大多数移民者的意味深长的沉默——由于这一沉默，试图创造一个不间断的、未被破坏的、真实的“德国”汉学图景，构成这一图景的主要是那些留在德国国内的人。但在另一方面，福兰阁父子明显试图对抗这一德国学术界的狭隘而可怜的环境；而在1939年和1940年，他们也都在坚持彼时即将瓦解的学术传统的延续。

1945年后，摆脱了纳粹政权的政治压力的德国汉学家，哪怕是职业历史学家，都处于一个十分不幸的、常常不明确的境地，甚至他们被迫要面对他们自己领域内的刚刚发生过的历史。当福赫伯——其对移民的态度无可怀疑——为他的老师哈隆写长长的怀念文章时，关于其移居德国国外的背景他仅仅提了一句：

> 他1938年11月离开德国去剑桥接受了一个教授的职位，成为自慕阿德（A. C. Moule）退休之后空位的继承者。[1]

我认为，这句话无意中[2]隐瞒的意思多于它表达的意思，并有可能使历史真实模糊化：哈隆自哥廷根到剑桥并不仅仅是一个事业生涯上的阶段[3]。我们必须认识到哈隆所做决定的政治及人文含义，以便抓住我们在这里所被告知的内容的意义。这一言辞使我们想起了早些时候发生的一件相似的事件。1935年北京的中德文化协会的一份报告[4]宣称卫德明于1934年12月辞去协会主席的职位，这一简短消息背后的真相

[1] 福兰阁：《怀念哈隆（1898—1951）》，《德意志东方学会学报》102（1952），第2页。

[2] 为避免任何误释，应注意福赫伯以其《汉学》（1953年出版）纪念他的老师哈隆。

[3] 参见傅吾康为白乐日写的怀念文章：“30年代初不断恶劣的政治局势使他日趋悲观，德国在当时非人道的极权主义体系的扩大，使他被迫离开这一他视为第二故乡的德国。1935年他移居巴黎。”（《纪念白乐日》，《远东》1965年第12期，第1页）。1952年怀念文章刊登16年后，在以上引用的《德国大学中的汉学》中，福赫伯将哈隆列入政治移民之列。

[4] 中德文化协会成立于1931年10月，由郑寿麟（1900年生）创办。作为一个促进德国文化与科学进步的中心，1933年5月始由一名中国人和一名德国人领导，在德中理事会的指导下工作。中国教育部及德国驻华大使为其名誉主席。最初中文名为“德国研究会”，1933年改为“中德文化协会”，1935年改为“中德学会”。该学会旨在满足学术及实践的需求：帮助那些欲学习德文、访问德国或申请奖学金的中国机构和个人，并出版德国科学、文学著作的中文翻译作品。另外，它有一个自己的图书馆，主要是德国文史哲著作及关于德国的中国书。该学会在北京的北半部，靠近各大学及国家图书馆。1945年8月，德国单方面自协会撤出，然而协会在国家图书馆指导下仍继续存在了几年。傅吾康坚持认为协会成立的资金主要来自德国外交部，但它保持了较少受政治干预影响的相对的自由。毫无疑问，中德学会也服务于宣传的目的。见Francoise Kreissler：《德国在中国的文化活动：从19世纪末到“二战”》（巴黎：Maisondes Sciences de L'home，1989年），第184—195页。关于中德学会，也见傅吾康《中国之魅力》，第60—68、142、167页。

是卫德明的夫人玛丽亚有犹太血统，这一事实成为协会自柏林得到政府资助的潜在障碍[1]。1952年，傅吾康又在汉堡发表其就职演讲，题目是“近50年来汉学之发展”，他也选择从历史的视角强调中国研究的方法论问题，而不触及德国汉学仍旧裸露的创伤[2]。在他1960年的文章《德国中国研究的问题与现状》中，开篇是一个激烈的陈述：仅仅从“历史背景”来看才可以理解“中国研究的现状”。不幸的是，从“历史背景”出发，历史学家福兰阁明晓自其产生之时起的欧洲汉学的整体发展和方法论问题；在排版密集的20页文字中，只有一句提及移民，而即使这一句，事实上也并未针对问题本身[3]。我们如何能将福兰阁1952年和1960年的报告与其颇有声望的1940年的文章相联系与调和?

在德国，在何可思1984年的较早的评论之后，需要如此多的时间重新得到福赫伯的《德国大学中的汉学》（1968）中清晰明了的语言方式，或得用瓦拉文司的名单（1990）进行系统性撰写德国汉学家迁移史的首次尝试，这是为什么？要解释这一点仍然很困难。部分原因是时过境迁，我们面对越来越多的困难：考虑这一移民情况，并在个人传记中所记载的各种各样的动机中捕捉到一个共同的认识。从今天的视角来看，政治移民的范畴（即使是在1933年到1945年间）不总是轻易可以确定的。

试图撰写1933年到1945年间德国汉学的迁移史，首先必须有一系列的限定，组成一个概念模式，这一模式可与实际的传记相对照，以便于确定谁应纳入这段历史。但正是由于传记全是独立的，个体单独成篇，一个固定不变的限定不可能适用于移民的每个事例。即使我们试图将我们的概念框架灵活些，关于移民的任何名单都将不是太局限就是太庞杂，或不全面，或其中有些人将其作为政治移民则有疑问。以下的名单中所包括的人是那些曾是（在一个宽泛的意义上）以中国研究为职业（也包括中国艺术史学家）的学者。包括像石坦安和艾锷风这样的学者，我们做不到严格确定学者们在1933年到1945年离开德国的日期，但应该考虑到一个早些（而并非晚些）的日期[4]。纳入卫德明，而不是傅吾康、福克斯（Walter

[1] 傅吾康：《中国之魅力》，第64—65页。

[2] 《东亚自然与民族学协会通讯》1952年第72期，第8—18页。

[3] 他在《现代世界》1960年第1期第422页说：1933—1952年移民美国的汉学家数量是“仅仅少于”那些留在德国的。这一陈述的背景是战后国际学术合作的考虑而已。在他的文章中，傅吾康没有提到移民对于“德国中国研究问题和现状”的真正冲击。

[4] 在战后立即或很快离开德国的学者包括艺术史学家罗樾（Max Loehr, 1903—1988），他于1936年在慕尼黑大学获博士学位，于1941年任北京中德文化协会主任，直至1945年。他在北京待到1949年，后回到慕尼黑民族人类学博物馆，1951年到美国任密歇根大学远东艺术和考古学教授。1960年

Fuchs，1902—1979）、奥地利人查赫（Erwin Ritter von Zach，1872—1942）和其他人，我们必须仔细深入地考察他们在1945年前的个人背景。（1945年后一个学者返回德国的事实当然不能影响我们确定他在1945年是否是一个移居德国国外者。）纳入白乐日，我们应该考虑那些在移居前一直在德国工作并发表作品的外国人，和那些看起来事先决定继续他们在德国的生涯的人[1]。（白乐日不仅以德文完成其主要作品，还将他的名字István改为Étienne。）至于傅汉思和谢康伦（Conrad Schirokauer），我们应该包括那些移居德国国外后仍选择他们的专业及在他们的新国家接受汉学训练者。所有这些不同的背景或许可以作为讨论的主题，比如傅汉思，我们不知道是否他在德国的背景——或在美国的背景——使他选择中国文学作为其兴趣的主要领域。

作为主导原则，我将以下所列的学者归为三组，以期确立起该领域内移居德国国外者的全景和意义：A）在其领域内经过充分的专业训练，在移居国仍继续其工作的学者；B）离开德国时为中国研究或东亚艺术史领域的学者，但后来未在其专业领域内继续其学术生涯；C）在其学术训练早期便移民，在德国国外开始其中国研究的生涯。这一领域的业余研究者，尽管他们有时做出了有意义的贡献，但没有被纳入此

（接上页）接受哈佛大学东方艺术Abby Alrich Rockefeller教席，直至1974年退休。见《美国学者辞典》第7版（纽约：R. R. Bowker，1978年）1：417；《美国艺术名人录》第17版（纽约：R.R.Bowker，1986年），第623页；高居翰（James Cahill）《七十岁的罗樾》，《东方艺术》1975年第10期，第1—10页；贝格利（Robert Bagley）刊登于《亚洲艺术档案》1989年第42期第86—89页的文章（包括书目）；卜寿珊（Susan Bush）在《东方艺术》1989年第35期第69—70页，和Helmut Brinker在《慕尼黑：民族人类学研究》1989年第2期第283—290页的文章。罗樾在北京的日子，见傅吾康《中国之魅力》，第112—123、146—147、167页。李佩（Aschwin Lippe，1914—1998）也是一位著名的艺术史学家（1942年在柏林获博士学位），去纽约地中海艺术博物馆，1949年任高级研究员，从1949年到1973年退休任馆长，见李雪曼（Sherman Lee）撰写的讣告（包括书目），在《亚洲艺术档案》1989年第42期，第84—86页。汉学家艾士宏（Werner Eichhorn，1899—1991）（1926年在哥廷根大学获博士学位，1937年在波恩大学取得任职资格），1937年始任职于德国和奥地利的大学，1949年在牛津Bodleian图书馆做助理馆员；在那里一直待到1961年，他成为图宾根大学的汉学教授，直至1970年；见《当代作家》（底特律：Gale Research）第29—32卷（1978第一次修订版），第182页。战后不久由于不同的理由学者们出走国外（包括因他们刚刚过去的历史所带来的政治问题）；尽管有时与纳粹政权及战争所带来的德国学术界的艰难的学术及物质处境有关系，我们必须将这些例子与那些过去的政治移民或避难者严格区分开来。

[1] 在这个德国学者的限定下，我将包括奥地利人黑尔芬、查赫和施瓦茨（Ernst Schwarz）。黑尔芬在莱比锡大学学习，纳粹掌权时，他本打算在柏林开始其学术生涯。施瓦茨战后从中国回到德意志民主共和国，在那里获得博士学位并任教于柏林洪堡大学。只有查赫似乎与德国学术界没有联系，但因为共同的语言和知识文化——查赫1927—1928年曾在柏林工作——我认为应将他包括进来。

列，因为并不能指望他们分担某一特定汉学领域的学术责任[1]。我也不打算提及在中国工作的传教士们，他们中最为著名的曾是圣言会（SVD）的天主教神父，在天主教辅仁大学担任教授，出版了期刊《华裔学志》。他们不是政治或宗教移民，只是完成其在北京的职业任务的个人。最后的概念性问题是关于“中国研究”的定义，严格来讲，中国研究学者不包括那些偶尔越界进入中国研究领地的阿尔泰学家和日本学者，尽管学术划分在一定程度上讲是随意的，但作为一种旨在建立领域制度史的方法，接受这些划分似乎是合适的。

三

巴赫霍夫（Ludwig Bachhofer，1894—1976）是一位亚洲艺术史学家，主攻印度和中国研究。1921 年获得博士学位后，他在慕尼黑大学任教至 1935 年，其间（1922—1926）还在慕尼黑民族学博物馆任职。（在慕尼黑期间，他最优秀的学生

---

[1] 这里展示的多数学者曾被瓦拉文司详细地关注并描述过。然而，我增加了一些学者，并做了修正和补充，尤其是关于其生平细节、讣告和出版的论著。另一方面，因为我主要集中在中国研究或东亚艺术史研究领域，瓦拉文司列入的学者将不以概论的次序出现，但会在这里提及，即 Leonhard Adam（1891—1960）、Willy Baruch（1900—1954）、Walter Fuchs（1888—1966，外交官，不要与同名的科隆的汉学家相混淆）、Curt Glaser（1879—1943）、Eduard Freiherr von der Heydt（1882—1964）、Stephen George Kuttner（1907— ）、Alfred Oppenheim（1873—1953）、Lucian Scherman（1864—1946）和 Gerd Wallenstein 及 Karl With（后两者皆生于 1891 年）。三个不寻常的例子是 Vincenz Hundhausen（1878—1955）、John Hefter（1890—1953）和 Leonardo Olschki（1885—1961）。Hundhausen 只是在晚年学了少量汉语，且从未获得中国研究的职位。他 1923 年去北京直至 1954 年被要求离开。作为一位出色的作家，他在中国学者的帮助下做了有价值的翻译工作，特别是在中国诗歌戏剧上；他在北京还有自己的一个小出版社，见《东亚自然与民族学协会通讯》1956 年第 79—80 期第 142—147 页上 Herbert Müller 写的具有资料价值的长篇讣告。John Hefter 也未在大学里学习汉语，但自己在柏林学习过古汉语并出版了一些汉学文章和翻译作品。第二次世界大战前他离开德国，在重庆、昆明和上海做秘书、老师和翻译。第二次世界大战后被遣返回德国并死在柏林；见 Martin Gimm 编《两部清代中国歌剧》（威斯巴登：Franz Steiner，1993 年）第 9—12、505—508 页（包括书目）。Olschki 是海德堡大学的古罗马语犹太教授，1933 年被解职。后去意大利，在罗马大学工作直到于 1938 年第二次被驱逐。随后，他移民美国，起初的几份工作都是临时工作，1944 年成为伯克利东方语言学系副研究员，1948 年成为讲师。他从 1950 年开始学习中文，发表《马可·波罗笔下的亚洲》（意大利语版 1951 年出版，英语美国版 1960 年出版）。1950 年，他又被伯克利解聘，理由是他没有在“忠诚的誓言”上签名。1952 年“誓言”被宣布违背宪法后，Olschki 的原有职位被恢复，但他那时住在意大利，没有返校任职，不久后就退休了。见 Arthur R. Evans，Jr.，“Leonardo Olschki 1885-1961”，《罗马语族语文学》1977 年第 31 期，第 17—54 页，特别是第 41—44 页；《1933—1945 年中欧移民传记手册》（德文本为《1933 年后德语区移民传记手册》），Werner Roder 和 Herbert A. Strauss 编（慕尼黑和纽约：K. G. Saur，1980—1983），2：874。

是罗樾。）因为他的妻子是犹太人，1933 年，他在慕尼黑大学未能获得助教职位 [1]。1935 年，他移民去了美国，成为芝加哥大学艺术史教授 [2]。

白乐日（Étienne Balázs，1905—1963），原名 István Balázs，生于布达佩斯。1923 年在柏林开始研究，1925 年或 1926 年去了巴黎，然后回柏林，并于 1930 年在柏林获得汉学博士学位。其毕业论文《唐代经济史》[3]，他的老师福兰阁认为是他指导过的研究论著中最为优秀的，因为其引进了中国史研究中社会、经济的新视角。1935 年他移居法国（1955 年入籍）。从 1940 年到 1945 年，他和他的夫人在法国南部以务农为生。1950 年成为法国国家科学研究中心研究员；后来他又推动了法国高等实验学院中国研究的发展。在法国，他的主要出版物是他大量的翻译著作和出版于 1945 年的关于《隋书·刑法志》的学术性论著（为此他获得儒莲奖）。除了撰写涉及各种研究课题的文章 [4]，白乐日后来还开创并指导了高度成功的宋代研究，这一课题是在欧洲中国研究中第一个进行国际合作的项目，其中还包括了日本学者。作为访问学者，他还于 1960 年和 1963 年在汉堡大学教书 [5]。

布林在柏林大学学习中国艺术史和考古。1936 年获博士学位，论文为《从汉到唐的中国建筑》。同一年，布林前往英国。1946 年，布林在伦敦大学做研究学者；1947 年到 1950 年，她在剑桥大学做研究，在那里她得到文学硕士学位。1953 年到 1954 年，她在伦敦大学讲学。1956 年，她到了美国（1977 年入籍）。1961 年起，她在哥伦比亚大学工作。从 1969 年直到 1983 年退休，她为艺术史系的助研。[6]

科恩（William Cohn，1880—1961），生于柏林，有犹太血统，为亚洲艺术史学家，研究课题广泛，发表作品的主题不仅仅涉及日本、中国和印度，还有朝鲜和

---

[1] Wolfgang J. Smolka：《慕尼黑的民族人类学：机构化的前提条件、可能性及其发展轨迹（1850—1933）》，柏林：Duncker & Humblot，1994，第 290 页。

[2] 见 Harrie Vanderstappen 撰写的讣告以及 Diane M. Nelson 刊登于《亚洲艺术档案》31（1977—1978）第 110—112 页的文章。关于大量的书目（和一些传记）资料，见瓦拉文司《德国东亚艺术史书目 1：Adolf Fischer，Frieda Fischer，Karl With，Ludwig Bachhofer》（汉堡：C. Bell Verlag，1983 年）及瓦拉文司的《德国东亚艺术史书目 2：Alfred Salmony》的增补（汉堡：C. Bell Verlag，1984 年），第 ii—ix 页。

[3] 《东方语言系通讯》34（1931），第 1—92 页；35（1932），第 1—73 页；36（1933），第 1—62 页。

[4] 他的一些德文及法文文章后译为英文并收入《中国文明及官僚主义》，H. M. Wright 译（耶鲁大学出版社，1964 年）。

[5] 白乐日去世后有两篇长篇讣告资料翔实，戴密微（Paul Demiéville）撰写的一篇见《通报》51（1964），第 247—261 页（包括书目）；傅吾康《远东》12（1965），第 1—5 页。

[6] 《美国东部名人录》第 19 版（芝加哥：Marquis，1983—1984 年），第 123 页；《美国学者指南》第 7 版（1978）1：87。

东南亚艺术[1]。他于1904年获埃尔朗根（Erlangen）大学博士学位，从1929年直到1933年被逐，任柏林国家博物馆东亚艺术部主任；1934年到1938年，他任职于柏林的东亚艺术协会，做秘书工作。1938年，他移居英联邦。1946年开始，他在牛津大学教东亚及印度艺术；此外，从1949年到1956年，他组建并领导了牛津东亚博物馆，那是这一领域的第一个英国博物馆[2]。

科恩－维纳（Ernst Cohn-Wiener，1882—1941），生于蒂尔西特的一个犹太家庭，为艺术史学家。1907年在海德堡大学获得博士学位后，他在柏林大学任讲师，直至1933年被解聘。其后他移居印度，被任命为巴罗达市艺术总监。由于健康原因，他1939年移居美国。他的主要作品发表于1921年至1930年，包括有东亚、犹太人和中亚伊斯兰艺术[3]。

艾伯华开辟了中国研究中社会学和文化人类学的新领域，在德国的时候，他（与他的叔叔、天文学家Rolf Müller一起）为汉代天文学研究做出了极大的贡献。当他1933年在柏林大学获得博士学位时，他已在柏林民族学博物馆远东部做了4年（直至1934年）的助手。在他1934年到1936年第一次访问中国期间，他曾在北京大学、北平市立大学和保定的医学院讲学。回到德国后，1936年到1937年，他主持了莱比锡的Grassi博物馆亚洲部的工作。1937年，在特罗特（Adam Von Trott Zu Solz，1909—1944，纳粹当政期间作为反对派成员被处决）[4]的帮助下，他得到了孟德尔松奖学金，使他能够承担环游世界的旅费，访问美国、日本、中国大陆（由于日本侵华只好去了香港）。这时，他接到了土耳其安卡拉大学的邀请，1937年到1948年在那里任汉语教授[5]。他不仅在土耳其创中国研究之先河，还从

---

[1] 见《William Cohn博士书目：纪念其75岁生日（1955年6月22日）》（牛津：Bruno Cassirer，1955年）。

[2] 《国际传记辞典》2：192；一篇讣告由Peter C. Swann在《东方艺术》7（1961）第90页上发表。

[3] 同上书，2：193。

[4] 见鲍吾刚为艾伯华写的讣告，载《巴伐利亚科学院1992年年报》（慕尼黑：Verlag der Bayerischen Akademieder Wissenschaften，1993年），第218—219页。关于特罗特，见Hsi-huey Liang《中德关系：中德间的Alexander von Falken hausen（1900—1941）》（Assen：Van Gorcum，1977），第147—157页。

[5] 作为在安卡拉和伊斯坦布尔德国移民安置地的土耳其大学的意义，见Horst Widmann《逃离及教育帮助：1933年后在土耳其的德语学术移民》（波恩：Peter Lang，1973年），和Fritz Neumark《避难在博斯普鲁斯海峡：1933—1953年间德国学者、政治家及艺术家在逃亡》（法兰克福：Josef Knecht，1980年）；又见Bentwich《逃亡学者的营救与成就》，第53—56页。1933年后，144名移居土耳其的德国与奥地利学者由法兰克福医学教授Philipp Schwartz及其在瑞士的“急救协会”组织营救（见《逃离及教育帮助》，第131—132、167页）。大批学者移居土耳其缘于两件毫不相干的历史事件的巧合：德国纳粹主义的兴起和土耳其大学体制的现代化需要大量的外国教授。相应地，在安卡拉和伊斯坦布尔的学术移民的地位和责任就与其他国家全然不同。

事土耳其语民间文学的工作（如他在汉语方面所做的）。1948年，安卡拉的聘约没有继续，拥有一年的洛克菲勒资助，他移居伯克利，同年在那里成为一名讲师，1949年成为副教授，1952年任社会学教授，同年入美国籍。1976年，艾伯华自伯克利退休。在他的职业生涯中，其广泛的研究领域使他不仅到过中国大陆、台湾地区，以及韩国和日本，而且到过土耳其（1951—1952）、巴基斯坦和印度（1956—1958和1977）、缅甸（1958）和阿富汗（1960）。他曾在法兰克福（1956）、拉合尔（1957—1958）、海德堡（1964）、台北（1967）、慕尼黑（1979）和柏林（1980）做访问教授[1]。他从1931年到1978年发表、出版了630种论文及著作，其中有60本专著（包括他的主要作品的几种版本和译本，比如《中国历史》，初版为土耳其文）[2]。他作为教师的影响与作为学者的影响相当：他的许多学生现在都成为了著名的学者。

艾锷风先后在波恩大学、柏林大学和埃尔朗根大学学习，1922年获得博士学位，论文是研究梅龙（Charles Meryon）和浪漫主义运动。他先后受聘于厦门大学（1923—1928）、清华大学（1928—1933）和辅仁大学（1935—1948）任教授。在北京期间，艾锷风与特罗特保持着紧密的联系和政治上的一致性[3]。在中国期间，他也曾在北京中国画院做讲师，并在东京、奈良和巴黎做艺术史研究。1949年，他任火奴鲁鲁艺术研究会中国艺术馆主任；后来他又出任夏威夷大学的艺术教授。1966年退休后，他在波恩做了两年访问教授。1935年，他参与创办了辅仁大学的《华裔学志》[4]。他的作品包括有关中国艺术史和建筑的六本专著以及大约60

[1] 《国际传记辞典》2：232页有所记载，一部分在瓦拉文司《纪念艾伯华》，《远东》1990年第33期，第7页。根据《现代作家》新版系列1981年第2卷第195页，艾伯华1952年、1957年、1969年、1978年和1980年在德国教书；又见《艾伯华：简短的传记》，在《中国的传奇、知识和信仰：艾伯华七十寿辰纪念文集》，Sarah Allan 和 Alvin P. Cohen 编（洛杉矶：中国资料中心，1979年），第xxiv页。

[2] 这一资料见 Alvin P. Cohen《纪念艾伯华（1909—1989）》，《亚洲民间研究》49（1990），第128页及《中亚杂志》34（1990），第180页。Cohen提到的论著是指《中国的传奇、知识和信仰》第225—266页列出的论著。在安卡拉和伊斯坦布尔的德、奥教授被希望用土耳其语讲课及出版专著：起初他们求助于口译者和笔译者，后来则全由自己来做；见 Helge Peukert 为 Philipp Schwartz 的《急救协会：1933年在土耳其的德国科学家移民》（Marburg：Metropolis，1995，第22—23页）写的前言。

[3] Liang：《中德关系》，第149—151页。

[4] 应该注意的是纳粹十分清楚在中国的天主教传教士的研究与出版活动。据《帝国部委报告》第2—5页，这些十分活跃的活动被认为与纳粹意识形态相抵触。“报告”认为北京和东京的天主教大学是强大的“作战单位”，并将《华裔学志》连同其在日本的同类刊物描绘为一种垄断学术出版的思想工具。《华裔学志》的出现正好填补了《泰东》1935年停刊带来的空白。另一段令人啼笑皆非的历史是1949年《泰东》在英国复刊，恰逢《华裔学志》1948年在中国的压力下停刊。（后来该刊又在他国复刊。）

篇文章[1]。

傅汉思（Hans Hermann Frankel，1916—2003）先举家迁往英国，后于1935年迁往美国（1942年入籍）。他在斯坦福大学（1935—1937）和伯克利（1937—1946）接受教育；1942年，傅汉思获得罗曼语文学博士学位。1942—1945年，傅汉思服兵役，退役后赴伯克利学习汉语（1946—1947），之后到北京大学做拉丁语、德语和西方文学副教授（1947—1948）。从1949年到1959年，他在伯克利教授汉语，1959年到1961年任斯坦福大学的中文助理教授。1961年，他进入耶鲁大学做中国文学副教授，1967年升任教授。作为访问教授，他曾在汉堡（1964）、波恩（1974）和慕尼黑（1980）任教。其著作文章多是关于中国文学，特别是诗歌的[2]。

哈隆1922年在莱比锡大学取得博士学位，并在1926年向布拉格大学提交资格论文：《中国从何时起知晓吐火罗人和印度日耳曼人》。同年，哈隆开始其教学生涯。他1927年到1930年在哈雷大学任教，1930年在哥廷根和波恩任教。1931年后，他在哥廷根大学任不支薪讲师，建立起了汉学图书馆——欧洲同类机构中的最顶尖者之一（尽管图书馆经战争仍得以保留，但大多数图书被撤走，而后在一次灾难中被毁掉了）。1938年离开哥廷根后，他成为剑桥大学的中文教授，并在其新的工作地建起汉学和日本学图书馆；他的努力而带来的卓越成就在今天依然十分显著。在他们公开发表的关于中国早期历史的学术研究论著中，将缜密的文本校勘方法——正如其在欧洲古典研究中发展的那样——运用到了中文文本中[3]。

克拉德（Ruth Krader，1911—1996）曾在汉堡大学（1931，1934—1935）、柏林大学和东方语言讲习班（1933年取得学位证书）、巴黎的法国东方学语言学校（1933—1934）学习汉语。1935年到1938年，她在日内瓦研读政治学。然而，她不得不承认，由于“种族”原因，她在德国不再受欢迎，而且汉堡大学的教授颜复

---

[1] 见Pierre Jaquillard所写讣告，《亚洲艺术》34（1972），第115—118页，包括课程简介和著作目录。艾锷风在北京的角色，见傅吾康《中国之魅力》第68页。

[2] 《国际传记辞典》2，第319—320页；《当代作家》61—64（1976），第198页；又见康达维（David R. Knechtges）《傅汉思：教师和学者》；宇文所安《傅汉思：温和变革者》；康达维《傅汉思著作部分目录》，《唐研究》13（1995），第1—11页。

[3] 傅熊《忘与亡：奥地利汉学史》（波鸿：Project verlag，2001年），第231—234页。《国际传记辞典》2，第454页；亦参照福赫伯所写传记，《德意志东方学会学报》102（1952），第1—9页；E. B. Ceadel所编著作目录《哈隆（1898年1月12日—1951年11月24日）发表作品》，《泰东》3（1953），第108页；瓦拉文司《弗里德里希·恩斯特·奥古斯特·克劳斯：少校与东亚学家》，第11—15页。

礼选择了忽略她的存在[1]。她1939年移居美国（1946年入籍）。她先后分别在哥伦比亚大学（1939—1942）和耶鲁大学学习，1946年取得了中国研究博士学位。在华盛顿大学，她成为远东图书馆的馆长（1947—1968），并在1955年获得图书馆学硕士学位。从1968年直到1978年退休，她任华盛顿大学哲学图书馆主任[2]。

从1935年到1950年退休，勒辛担任伯克利的东方语言教授（1946年入籍），当时，他在美国第一个开设有关中国西藏和蒙古的课程。作为1930—1933年与斯文·赫定一起的中国西北探险队的主要成员，他成为藏传佛教的专家，在北京雍和宫庙宇研究方面成绩尤其突出。他还主持了1961年出版的《蒙古语英语词典》的编纂工作。勒辛学术生涯开始于柏林的东方语言研究班，在那里他在1905年得到了他的第一个学位证书（俄语和中文），并开始在民族学博物馆做助理。他在天津（1907—1909）、青岛（1909—1919）、北京（1919—1921）和沈阳（1921—1925）待了18年，做指导和翻译；他还曾在北京大学，做德文和梵文教授。1925年，他回到柏林，成为东方语言研究班的中文教授。1927年后，勒辛同时任职于民族学博物馆东方部，后成为负责人[3]。

李华德（Walter Liebenthal，1886—1982）是佛教专家，第一次世界大战后开始其学术生涯，并作为战俘在法国待了两年。他1920年回到柏林，从1928年开始在柏林大学及其他大学对巴利语、梵语、藏语和汉语进行系统研究并开设印度学课程，1933年获得布雷斯劳大学博士学位。同年，他前往中国，任燕京大学中印研究院的助理研究员（1934—1935）。1935年，他被任命为北京大学梵语及德语讲师。1937年日本入侵中国后，他随北京大学迁往长沙和昆明。1946年到1952年，他返回北京工作。1952年到1960年，他任教于印度森蒂尼盖登（Santinilekan）的维斯瓦—巴拉蒂大学（Visva-Bharati Vniversity）。他于1960年去耶路撒冷做访问学者，也去了巴黎（1960—1961）。最后，他在图宾根大学成为荣誉教授，从1964年到

[1] 资料来源于瓦拉文司所写讣告（带传记），刊于《东亚自然与民族学协会通讯》159—160（1996），第13页。

[2] 瓦拉文司所写讣告（见上注），第13—14页；《美国妇女名人录》第5版（芝加哥：Marquis，1969—1969年），第674页；《美国西方名人录》15版（芝加哥：Marquis，1976—1977年），第404页；更多的资料见于华盛顿大学个人服务部。

[3] 见Richard C. Rudolph所写讣告，《远东》9（1962），第1—5页（包括著作目录），和Alexander Wayman，《亚洲艺术》25（1962），第193—194页，及瓦拉文司的《勒辛教授著作目录补编》，《远东》22（1975），第49—58页（包括传记和一份由勒辛1933年后写的早期简介；《国际传记辞典》2，第712页。

1967 年在那里教书 [1]。

罗文达（Rudolf Loewenthal 或 Löwenthal，1904—1906）1933 年在柏林大学获得新闻学博士学位，1934 年到 1947 年任燕京大学新闻学讲师。他还与在北京的德国汉学家们联络，为他们提供俄国的学术翻译资料 [2]。1947 年，他移居美国（1957 年入籍），在康奈尔大学做助教及副研究员（1947—1953），后成为乔治敦大学的讲师（1953—1959），1959 年后，他离开学术界进入工业公司。他撰写了一些关于中国出版发展的论著，特别是关于中国宗教（天主教、伊斯兰教、佛教、犹太教）期刊的著作，并出版了关于中国犹太人的成果丰硕的著作。此外，他还出版了俄罗斯—伊斯兰和中国—伊斯兰研究专著，编写书目，准备俄文学术成就的翻译，并撰写了各种中亚主题的文章 [3]。

黑尔芬（Otto John Maenchen-Helfen 或 Otto Mänchen-Helfen，1894—1969）[4] 生于奥地利维也纳，1923 年，他凭借研究《山海经》的论文获得莱比锡大学博士学位。他在 1927 年以前一直是一名维也纳的独立学者。1927 年，他到莫斯科，领导马恩学院的社会—人类学研究。1929 年，他参加了苏联中亚地区及蒙古西北、尼泊尔、克什米尔、阿富汗的考古考察工作。从 1930 年到 1933 年，他居于柏林并取得任职资格；1933 年，当被要求参加纳粹讲师协会时，他拒绝了一个教职，回到维也纳。1938 年，第二次取得任职资格后，他开始在大学做不支薪讲师。同年，奥地利和德国的结盟又一次迫使他离开，前往美国。在加利福尼亚奥克兰的米尔斯学院，先是担任访问讲师（1939 年开始），后成为东方学教授（1942—1947）。从 1947 年到退休的 1962 年，他先后为伯克利大学的讲师（1947—1948）和艺术史教授。1962 年始，他成为《中亚杂志》的合作编辑。他最为著名的著作是关于匈奴人和其他欧亚民族的；其未完成巨著《匈奴人的世界》，在他去世后于 1973 年出版。他掌握多种语言（能够读并流利地说拉丁语、希腊语、罗马语族的语言、德

[1] 《中印研究》第 5 卷，1957 年第 3 和 4 部分：Kshitis Roy 编《李华德纪念文集》7—9（包括到 1957 年的著作目录），《德国学者日历》第 14 版（柏林、纽约：Walter de Gruyter，1983 年），第 2497 页；《国际传记辞典》2，第 727 页。

[2] 见傅吾康《中国之魅力》，第 121、136、145 页。

[3] 《美国学者指南》第 6 版，1974 年，1：383。Michael Pollak 所写讣告与罗文达著作目录，由瓦拉文司编，见《华裔学志》45（1997），第 415—437 页；又见 Michael Pollak《中国犹太教参考书目》（辛辛那提：希伯来联合学院出版社与中国犹太教研究所联合出版，Palo Alto，1988 年）“导言”，第 7—13 页。

[4] 见本书第 292 页注 4。

语、英语、俄语，在一定程度上掌握中文、日文、蒙古语和匈牙利语），加之他在艺术史和考古方面知识广博，他能在较广泛的范围内汲取资料[1]。

梅谷（Franz Michael，1907—1992）1928年到1930年在柏林大学学习法律，在柏林东方语言研究班学习中文。1930年获得学位证书后，他去弗赖堡大学学习政治学及法律；在那里，他于1933年获得法学博士学位。同时，他在巴登行政机构任区域检察官和法官（1931—1933）。尽管1933年被德国外国行政处任命为专员，他还是因犹太血统被解雇，同年移居中国。1934年到1938年，他任教于国立浙江大学（日本入侵期间随校进入内地）；1938年，前往美国（1944年入籍），成为霍普金斯大学的研究助理。1942年，他被委任在华盛顿大学设立美国军队亚洲语言课程，在那里又成为远东历史和政府助教，1943年升为副教授，1946年成为教授。从1947年到1962年，他任远东及俄罗斯学院助理主任，后为执行主任，还担任了当代中国历史课题的负责人。1964年，他去了华盛顿的乔治·华盛顿大学。作为中国史教授，他担任中国—苏联研究学院副主任，后又任学院及国家防御教育中心主任（1969—1972）。从1972年到1977年退休，他教授历史学和国际政治，并任当代中国及亚洲研究主任。他的早期著作研究中国封建帝国后期政治史（《中国满族统治的起源》）；后期在致力于当代中国政治研究前，他与人合写了三卷本的《太平天国起义：历史及资料》[2]。

米什（John Mish，1909—1983），生于波兰俾斯麦呼特（Bismarckhütte），原名Johannes Misch，在布雷斯劳大学学习古典文学和法律。1931年始，米什在柏林大学的东方语言研究班学习汉学和满语。1934年，米什因主修满语研究及提交的一篇语言学论文获得汉学博士学位。从1934年到1939年，他在华沙东方学院任教。之后他又到巴格达（Baghdad）的马卡兹亚（Markaziyah）学院教授德语和

---

[1] 傅熊：《忘与亡》，第227—229页。《国际传记辞典》2，第761页；《当代作家》1983年第109卷，第294页；《美国传记大全》（纽约：James T. White & Co.）第54卷，1973年，第550页；福赫伯《新德国人传记》卷15（柏林：Duncker & Humblot，1987年），第636页。讣告见Money Hickman《东方艺术》17（1971），第183页和Robert Göbl《中亚杂志》13（1969），第75—77页；书目见Charles King《匈奴人和中亚：奥托·梅兴-黑尔芬著作目录》，《中亚杂志》40（1996），第178—187页。

[2] 《国际传记辞典》2，第815—816页；Marie-Luise Näth所写讣告，《中国季刊》138（1994），第513—516页；《美国南部及西南部名人辞典》（Wilmette，Ill：Marquis，1976—1977）第15版，第525页；梅谷的个人笔记和论文在华盛顿大学的档案（到1965年，5个盒子）中。1963年前的著作，见GeraldStourzh《在美国的德语国家移民的出版物》第2部分及后补，《美国研究年报》11（1966），第282—283页。据《国际传记辞典》，梅谷1979年前著作的完整目录可在纽约犹太移民研究基金会找到。

英语（1940—1941），并兼任孟买的印度政府对华情报官（1941—1946）。1946 年，他出任纽约公共图书馆东方分部主任，建立了一个出色的东亚研究资料中心。1955 年始，他又兼任斯拉夫语分部主任；他于 1978 年退休。作为满语专家，他还接受了亚洲学院等高等学院的学术职位（1946—1951）[1]。

明斯特贝格（Hugo Munsterberg 或 Münsterberg，1916—1995）父亲是德国人[2]，母亲为美国人。他 1935 年到美国，1938 年在哈佛大学获学士学位，1942 年获博士学位。他的毕业论文整理为《中国佛教铜器》，为其撰写的 25 本著作之一。他先是在卫斯理（Wellesley）学院任艺术史讲师（1941—1942），后入伍 4 年。1946 年到 1952 年，他成为密歇根大学艺术史副教授，后升为教授。1952 年到 1956 年，他在东京国际基督教大学任艺术史教授，接着在纽约亨特（Hunter）学院任艺术史讲师，后成为纽约州立大学艺术史教授。1979 年退休后，他在巴尔德（Bard）学院及帕森斯（Parsons）设计学校任访问教授，一直到 1991 年[3]。

罗逸民（Erwin Reifler，1903—1965）是奥地利维也纳人，在维也纳大学学习汉语，1927 年到 1928 年任柏林欧洲中国通讯社编辑。1931 年以论文《古代中国国家与行政》获得维也纳大学政治学学位。他于 1932 年前往上海，最初在上海经商。在那里他成为奥地利政府国家联盟顾问的助理（1932），后成为上海交通大学德语教授（1932—1937）。日本人入侵后，他去香港教授中文和德文（1938—1940）；后来他又回到上海，成为上海国立医学院（1940—1941）和中法大学（1941—1942）的德语教授、拉丁语教授。因其岳父为犹太教士，罗逸民与上海犹太组织关系密切。1943 年到 1947 年，他任法国天主教震旦大学的汉学教授。1947 年，他去美国旅游，在魏特夫的帮助下，在华盛顿大学远东和俄罗斯系任中文访问教授（1947），于 1948 年任副教授，1955 年成为教授。他关注语言学领域，主要是符号学问题，并承担了一项自动翻译课题的研究。此外，他还广泛地研究各文明中

[1] 《美国学者指南》第 8 版（1982），3：第 385 页；《美国及加拿大图书馆员传记指南》第 5 版（芝加哥：美国图书馆协会，1970 年），第 762 页；Martin Gimm《一篇约翰·L. 米什的遗文》（包括米什的满族研究目录资料）。讣告，见《亚洲研究杂志》53（1984），第 615 页；1983 年 8 月 28 日《纽约时报》和《纽约时报传记集》第 14 卷，1983 年，第 972 页。

[2] 其父奥斯卡·明斯特贝格（Oscar Münsterberg，1919 年去世）出版了《日本艺术史》（1904）和《中国艺术史》（1910）。

[3] 《国际传记辞典》2：第 840 页；《当代作家》1981 年第 2 卷，第 499 页；《美国艺术名人录》第 20 版，1993—1994 年，第 837 页；另见 Elizabeth Brotherton 写的讣告，《亚洲艺术档案》，1995 年第 48 期，第 100—101 页。

的古代度量系统[1]。

萨尔莫尼（Alfred Salmony，1890—1958）在波恩大学（1912—1914）和维也纳大学（1919—1920）学习艺术史和考古，并以毕业论文《欧洲和东亚的雕塑比较》获得波恩大学博士学位。1920年到1924年，他任科隆东方艺术博物馆馆长，1925年到1933年任该馆副馆长。同时，他还在科隆大学讲学并任《亚洲艺术》的合作编辑（1924—1933；1946年后为主编）。1926年，他组织了亚洲艺术科隆展览。研究及讲学行程目的地包括美国（1926—1927；1932—1933）、苏联（1928—1934）、中国和日本（1929—1930）。1933年他前往法国，加入巴黎雪铁龙（Citroen）和赛努奇（Cernuschi）博物馆。1934年3月他离开法国前往美国，并于1934年到1937年在加利福尼亚密尔斯学院任美术讲师。1937年，他曾在华盛顿大学因讲学做过短暂停留，后去了纽约大学美术学院任讲师（1938—1947；1938—1941），同时任瓦萨（Vassar）学院讲师；1944年，萨尔莫尼还曾在卫斯理学院任副教授（1947—1953）和教授（1953年后）。他的11部专著及大量论文涉及有关亚洲文化的多个方面，特别是中国艺术：绘画、玉器、雕塑、铜器、墓葬陪葬品、陶瓷等。他的大量藏书，包括最为重要的关于俄国艺术与考古学术成果的收藏，现在保存在美术学院的阿尔弗雷德·萨尔莫尼亚洲研究纪念图书馆中[2]。

申得乐（Bruno Schindler，1882—1964）是莱比锡的犹太出版者，最初编辑出版《泰东》（从1923年开始），该杂志作为亚洲研究期刊很快成为德国中亚、东亚和东南亚研究的最重要的期刊。从最开始，连同《夏德周年纪念号》，杂志多半为英文版，并成为国际性期刊。申得乐曾在柏林和布雷斯劳学习历史和政治法规与宪法。1907年到1910年，他在各英文图书馆工作，并成为东方学家加斯特（M. Gaster）的秘书。1912年，他到中国，考察开封、上海的中国犹太人问题，帮助组织犹太集团。第一次世界大战前，他回到德国；1919年，申得乐向莱比锡大学提交论文《古代中国的神职人员阶层》。除《泰东》外，他还是其他几种中亚学杂志

---

[1] 傅熊：《忘与亡》，第245—265页。《美国学者指南》第4版，1964年，3：204；《美国教育名人录》第21版，第1141—1142页；个人论文（9个盒子）在华盛顿大学档案中。瓦拉文司《德国的东亚科学家及其流亡》第239页，提到了一些他的语言学著作；他关于度量的作品于其去世后以缩微平片的方式发表，见H. J. Griffin和罗逸民《度量衡制的比较史》（伦敦、纽约：Mausell，1984年）。

[2] 《国际传记辞典》2，第1011页；《学院艺术杂志》18（1958），第77页收入讣告；J. F. Haskins撰写的讣告刊于《亚洲艺术》21（1958），第285—286页；A. B. Griswold撰写的讣告刊于《考古环顾》（1960），第104—106页（包括书目注释）；艾锷风撰写的讣告刊于《东方艺术》4（1961），第453页。《纽约时报》上的讣告发表于1958年5月3日。关于萨尔莫尼最为详尽的资料可在瓦拉文司《德国东亚艺术史书目2》（汉堡：C. Bell Verlag，1984年）中找到。

的合作创立者。1933 年，他移居英国，这使得《泰东》骤然停刊。在英国，他和他的妻子共同创建并主持为犹太孩子而设的摄政公园学校。1936 年，他加盟泰勒外国出版社，1939 年进入隆德·汉弗莱出版公司。《泰东》最初是为纪念夏德而创办的，1949 年，《泰东》在英国复刊，复刊的第一期献给了马伯乐 [1]。除了期刊，他还负责了隆德·汉弗莱公司关于东方学及斯拉夫语研究的大量著作的出版 [2]。

谢康伦（1929—　）1939 年随家人经由意大利移居美国。他在美国耶鲁大学（学士，1952）和斯坦福大学（硕士，1952；博士，1960）接受大学教育。1960 年到 1962 年，他在斯沃斯莫尔（Swarthmore）学院教授历史，后成为纽约城市大学历史学助教（1962）、副教授（1970）、教授（1977）。谢康伦主要研究宋代道学 [3]。

施瓦茨（Ernst Schwarz，1916—2003）作为犹太学生于 1938 年由维也纳移居上海，在上海他开始学习中文，工作则主要是当体育教练。日本人投降后，他于 1945 年秋迁往南京，在国家图书馆工作，住在佛寺中，供职于教育部做秘书，并于金陵大学 1946 年秋自成都迁回南京后，在外语系教书 [4]。1947 年到 1950 年，他在南京奥地利外交部任秘书，后为中国外文出版社做翻译。他于 1958 年到 1960 年在杭州大学教授英国语言文学。1961 年到 1969 年，他担任研究助理，1969 年到 1970 年，他在柏林洪堡大学任讲师，在那里，他于 1965 年获得博士学位。在 1973 年到 1974 年、1975 年到 1976 年、1981 年、1988 年，他在维也纳外交研究院做了一系列关于中国的讲座。他的著作包括中国传统哲学与诗歌翻译 [5]。

---

[1] 关于《泰东》的书目和索引，见瓦拉文司《〈泰东〉（1921—1975）：德英东亚杂志：书目及登录》（威斯巴登：Harrassowitz，1997 年）。

[2] 《国际传记辞典》2，第 1032 页；《泰东》11（1965），第 93—95 页；汉尼士《申得乐与早期〈泰东〉》，《远东》12（1965），第 7—9 页；戴密微《通报》51（1964），第 461 页。

[3] 《国际传记辞典》2，第 1033 页；《美国学者指南》第 8 版（1984），第 673 页；《当代作家》第 107 卷（1983），第 461 页。

[4] 如其他机构一样，美国基督教金陵大学（1888 年成立，1952 年停办）于 1937 年日军入侵后西迁。1938 年前期到 1946 年夏在成都。见《南京大学大事记（1902—1988）》（南京：南京大学出版社，1989 年），第 189—226 页。

[5] 施瓦茨传记材料，由 Thomas Vašek 发表在奥地利杂志《传略》第 44 期（1994 年 10 月 31 日），第 46—50 页，提供了关于他长期为民主德国国家安全部服务的资料，Robert Buchacher 和 Thomas Vašek 的另一篇署名文章《共和国风俗画》发表于《传略》第 3 期。从他本人处得到的额外资料包括一个个人声明和在 1994 年 10 月 24 日南德广播电台播放的自传广播稿。根据他的声明陈述，1960 年他被划为“资本家”，只能前往民主德国：“离开中国去奥地利，一个资本主义国家，我就从未被准许过。”他的未发表论文《屈原研究之问题》被 T. Kampen 的《1949—1990 年间东德关于中国研究的博士论文及取得在大学授课资格的论文》引用，《亚洲》60（1996），第 170 页。关于施瓦茨最全面的资料，见傅熊《忘与亡》。

西门华德（Ernst Julius Walter Simon，1893—1981）出生于犹太家庭，1911 年到 1914 年在柏林大学研究罗马语族和古典语文学。他 1915 年到 1918 年在德国军队服兵役，1919 年获得博士学位，次年又获得图书馆学博士学位。1921 年到 1922 年，他任职于基尔大学图书馆，之后回到柏林大学做馆员，直至 1935 年被解职。拿到博士学位后不久，他就开始在福兰阁的指导下学习汉学及几门亚洲语言。1926 年始，他在柏林大学作为不支薪讲师教授远东语言学，从 1930 年开始又成为汉学临时教授；他还是《东方学文学报》的合作编辑。1932 年到 1933 年，他作为交换馆员前往北京国家图书馆。1934 年，他的讲学资格被取消，第二年被解职；1936 年，他移居英国，成为伦敦大学教员（1936—1960）。1936 年起，他在亚非学院先作为讲师开课，1947 年成为中文、日文、藏文和满文教授。退休后，他作为访问教授在多伦多大学（1961—1962）、堪培拉大学（1962、1970）、东京大学、墨尔本大学（1970）教书。他从 1964 年起担任《泰东》编辑委员会主席并在 1965 年到 1975 年任《泰东》编辑。他的著作及文章主要致力于中文及藏文语言学研究[1]。

石泰安（Rolf Alfred Stein，1911—1999）1933 年移居法国之前，与福兰阁在柏林学习。在巴黎，他在巴黎法国东方语言学校、法国国立高等学院和法兰西学院继续其中文、日文和藏文研究。1939 年他入法国籍，不久后被动员迁往印度支那。他在军中做中文及日文翻译。作为法国东方语言学校的一员，他的薪水被维希政府取消了；1946 年他恢复原职。同年，他去了中国，在北京待了 3 年，继续其中国西藏、蒙古和汉藏交界土著文化的研究。1949 年，他成为巴黎法国东方语言学校的中文教授。1951 年，他在法国国立高等学院第五部获得一个职位，在那里他工作至 1974 年；1966 年，他又成为法兰西学院的教授。他在法国高等学术研究机构的工作和其大量的著作展现了其在西藏语言和文化、藏传佛教、民间宗教、密教、道教和中国宇宙论研究领域的独特专长[2]。

---

[1] 《国际传记辞典》2，第 1085 页；《名人录》（纽约：圣马丁出版社，1973—1974 年），第 2966 页；C. R. Bawden《西门华德（1893—1981）》，《英国学院报告》67（1981），第 459—477 页；其中 1963 年前的书目，见申得乐《西门华德教授著作目录》，《泰东》10（1963），第 1—8 页。费路《适应与反抗之间》第 82 页，给予了以下不同的日期：1929 年为讲师，1932 年为教授。

[2] 《前言》，在 Strickmann 所编《密教与道教研究：纪念斯坦因》第 1 卷（比利时中国高等学院，1981 年）；1981 年前的书目见第 17—20 页，另见施舟人《欧洲道教研究史》，载 Ming Wilson 和 John Cayley 编《欧洲中国研究：欧洲汉学史国际会议论文集》（伦敦：寒山堂书店，1995 年），第 481—482 页。

石坦安（Diether von den Steinen，1903—1954）[1] 至早在 1927 年离开德国到中国，此前一年在德国完成其学位论文。他先后在中山大学（1927—1929）、清华大学（1929—1936）和德中学会长沙分部（1937）教书。1938 年，他到伯克利任东方语言讲师，1940 年成为图书馆中日藏书部主任。他以其关于曹操诗歌的重要文章闻名 [2]。

维思（Ilza Veith，1915— ）1937 年移居美国之前（1945 年入籍）在日内瓦和维也纳（1934—1936）的医学学校学习。她于 1944 年在霍普金斯大学获得硕士学位，1947 年获得博士学位（学位论文的研究对象是《黄帝内经·素问》）。在东京顺天堂大学医学院，她于 1975 年获得医学博士学位。1947 年到 1957 年，她在华盛顿军事医学图书馆任东方医学顾问，同时，她还担任了芝加哥大学的医学史讲师（1949）、副教授（1953）和教授（1957—1963）。1963 年，她在门宁格精神病学学校任访问教授，并从 1964 年到退休的 1979 年，在加利福尼亚大学旧金山医学中心任医学史教授和副主席；同时，她还任精神病学史教授（1967—1979）。她还专门研究了中国医学史及其古典著作 [3]。

卫德明生于青岛，为传教士、汉学家卫礼贤之子。第一次世界大战后，他在法兰克福新建立的中国研究院协助其父亲。1928 年，他通过了联邦法律考试，然后决定继承父亲的工作。1932 年，他从柏林大学获得汉学博士学位，在那里，他师从福兰阁，学位论文是关于顾炎武的。1933 年，他离开德国，1933 年到 1937 年为讲师，经过几年的独立研究后，1946 年到 1948 年出任北京大学德国语言与文学教授。在北京的头一年，他还出任了中德文化协会（后来的中德学会）的指导 [4]。他给德国组织做的演讲奠定了他后来一些著作的基础，其中就包括《易经八论》——流传最广的《易经》入门本。在北京时，华盛顿大学为他提供了一个职位，在那里他于 1948 年任中国历史讲师，1950 年任副教授，1953 年任教授。至 1971 年退休，一直任有教职。他于 1951 年至 1967 年所做的一系列演讲，收入

[1] 瓦拉文司《1933—1945 年间德国的东亚学家及其流亡》第 240 页错误地认为他死于 1956 年；据《远东季刊》14（1955）第 314 页，他死于 1954 年 9 月 10 日。

[2] 《美国学者指南》（1942 编年），第 855 页；他在长沙的职位，在傅吾康《中国之魅力》第 61 页中提到。其“曹操的诗”载于《华裔学志》4（1939），第 125—181 页。

[3] 《美国学者指南》第 8 版，1982 年，1：792；《美国名人录》第 51 版（新普罗维登斯：Marquis，1997 年）2：4388。

[4] 他从这一职位上退下来的背景见上文。

《〈易经〉中的天、地、人》一书出版。尽管卫德明的教学及发表的论述涉及了中国文史领域内极为宽泛的课题（除了他的几本书，他发表了大约100篇文章和80多篇评论）[1]，他关于《易经》的著作是其学术研究的核心。在这些著作中，他还继承了他父亲的学术精华。许多主要从卫德明处得到汉学教育的杰出学者证明了他作为一名教师的重要性。

魏特夫（也称“魏复古”）在莱比锡、柏林等地的大学（1921年开始于莱比锡）学习汉学、历史、哲学、社会学、经济学和地理。他于1928年在经济史学家古伦伯格（Carl Grünberg）的指导下，自法兰克福获得博士学位，论文是《农业以及工业生产力的经济意义》，该论文成为他1931年出版的著作《中国的经济和社会》的第一章。1920年，他参加了德国共产党，到1939年仍是其中一员，而在同年希特勒与斯大林签订条约后，他与共产主义决裂。1925年，他加入法兰克福社会研究学院。他对中国社会经济史的兴趣可追溯到1919年在柏林所做的六次公开演讲；他的第一本关于中国的书于1926年出版（《觉醒的中国》）。在德国，他的许多关于中国当代政治、经济的文章（特别是1926年到1928年）不过占有其著作的一部分，作为一个马克思主义者，他发表了大量攻击希特勒及其政党的文章。1933年3月，他在试图离开德国时被捕，在几所监狱和帕彭堡与利希滕堡早期集中营度过一段岁月，后于1933年因国际社会的抗议和请愿而获释放，去了英国，后来又去了美国。1934年到1939年，他在纽约的社会研究国际学院（法兰克福社会研究学院的后身）工作，同时加入了哥伦比亚大学太平洋关系学院；1939年到1947年，他前往中国研究访学；1935年到1937年，他成为中国历史研究课题的指导者，定居于哥伦比亚大学。1947年，他被华盛顿大学任命为中国历史教授，但只有有限的教学任务，使他可以继续在哥伦比亚的研究。他在1957年出版的杰作《东方专制主义》对所谓的东方“水利社会”和其在苏联政治结构中相对应者进行

[1] 《当代作家》第5—8卷（第1次修订，1969年），第1249页；华盛顿大学个人服务部的资料；《卫德明：回忆和书目》，《远东》35（1992），第5—34页（由康达维、G. E. Taylor、D. W. Treadgold、F. W. Mote和福赫伯投稿）；F. W. Mote《卫德明：一条传记》，《华裔学志》29（1970—1971），第3—6页；高慕柯《卫德明：汉学家》，《中国近代史研究通讯》8（1989），第27—51页；早期的著作目录记载包括“卫德明1968年前出版目录”，《华裔学志》29，第7—12页；瓦拉文司《卫德明1968年前出版目录补编》，《华裔学志》30，第634页；瓦拉文司《卫德明1968年前出版目录再次补编》，《华裔学志》32，第400—403页；Ursula Richter《回忆卫德明：1905—1990》，《中国近代史研究通讯》11（1991），第131—139页。

分析，十分有影响[1]。1966 年，他从华盛顿大学退休。

沃尔夫（Ernst Wolff，1910—　）生在天津一个德国犹太商人家庭。1928 年，他开始在柏林大学学习法律，在东方语言研究班（1930 年拿到学位证书）学习汉语。1933 年通过第一次国家考试后，他在柏林的法院工作，但因其犹太背景而被公共服务部门解雇。他回到天津，1936 年加入了在唐山和天津经营业务的南开矿物公司，直到 1951 年，起初在英国人手下，后来由中国人领导。1951 年，他经香港到东京，在东京待至 1959 年，这时梅谷帮助他加入华盛顿大学。在那里，他开始在远东和斯拉夫语系做研究指导（1960），并在东亚图书馆做克拉德的助理。1962 年，他获得图书馆学硕士学位，1966 年取得中国文学博士学位，论文是关于周作人的。他从 1965 年起担任高级图书馆馆员，他在伊利诺伊大学建立了亚洲图书馆。1978 年退休后，沃尔夫在西雅图定居[2]。

四

至 1968 年，离开德国的汉学家与那些仍旧留在德国的汉学家，最终还是决裂了。福赫伯在其《德国大学中的汉学》有限的篇幅中，仅仅提及了这一领域最为重要的出版物，对几乎所有移居德国国外者的著作都绝口不提。尽管他也纳入了在德国大学工作过的汉学家以别种文字而非德语写作的作品，但移居德国国外者的学术成就仍依照另一种标准衡量：

> 对于那些以前曾在德国工作而今在国外仍然活跃的学者，我们仅仅选择那些以德语出版的作品。[3]

---

[1] 《国际传记辞典》2，第 1253 页；《美国学者指南》第 8 版（1982），第 838 页；《社会科学国际百科全书》（纽约：自由出版社，1979 年）18，第 812—814 页；《新马克思主义传记辞典》（Greenwood Press，1985），第 431—432 页；G. L. Ulmen《社会的科学：理解魏特夫的生活和工作》（The Hague：Mouton，1978），包括 1917—1977 年的著作目录（第 509—523 页）；Karl H. Menges 所写讣告刊于《中亚杂志》33（1989），第 1—7 页。《纽约时报》（1988 年 5 月 26 日）和伦敦《时报》（1988 年 6 月 18 日）也有讣告；另见《纽约时报传记集》19（1988），第 626 页。

[2] 1997 年 10 月 24 日的个人书信在华盛顿大学。其出版物包括《周作人》（纽约：Twayne，1971）和《中国研究：书目指南》（旧金山：中国资料中心，1981 年）。

[3] 福赫伯：《德国大学中的汉学》，第 31 页。

这是一种过于实用主义的折中，而且甚至在福赫伯总论的标题中也没有强加限定。（否则，为什么只包括德语作品，而不一定包括在德国大学完成的作品？）关于敏感的界线问题，对第二次世界大战后20年来“德国”汉学的一种新的反省来说十分重要。

在从最初“德国”汉学和移居德国国外者的学术成就界线的不确定到最终显而易见的分界这一发展中的一个重要因素，是在人文学科内使得这一学术领域与其他学术领域决然分离的现象：第二次世界大战后的再移民问题。目前关于1933年到1945年间德国移民的最详尽最全面的资料是《1933—1945年中欧移居国外者传记大辞典》，这是由慕尼黑现代史学院和纽约犹太移民研究基金会共同研究编纂的。关于科学和人文学科，该辞典将入选人员基本上限定于那些拥有教授职位或杰出的研究者，即科学与学术精英。这样，它就纳入了约2400到2500人，绝大多数是“正”教授。与1930年到1931年冬季学期德国大学教授数量（总数4482人，其中2741位是正教授）做一比较，立刻可知移居德国国外者作为一个整体对德国学术界意味着什么。无疑地，在德国移民中，学术精英多得不成比例[1]。

1984年，《辞典》编纂项目的主持学者默勒（Horst Möller），将注意力放在了以往被忽视的再移居现象。并没有提及所有文化及科学的移居德国国外者，而是仅仅考虑那些在1908年（在德国）和1913年（在奥地利或捷克斯洛伐克）前出生的移居德国国外者——那是移居德国国外前已得到其专业社会地位、并在1984年仍然活着的人。默勒注意到他们中有几乎三分之一后来回到德国。他们中间，近27%主要是人文学科领域的学者[2]。审视这些数字，中国研究和东亚艺术史研究在人文学科领域内与总体情势就有了极大的不同。何可思在1948年的期望——一些移居德国国外者会回来[3]——并没有实现。在所有在1945年前移居德国国外的学者当中，唯一在其活跃期间回来的（其实，他将开始其学术生涯）是施瓦茨，他于1960年离开中国加入德国民主共和国。李华德和艾锷风只是在正式退休后才回到图宾根和波恩。而且，在以上提到的所有汉学家和艺术史学家中，只有白乐日、艾伯华和傅汉思不定期地作为访问学者返回德国。

---

[1] 见默勒：《移民中的科学家：数量及地域方面之观察》，《科学史报告》7（1984），第1—2页；另见默勒的《文化之出埃及记：1933年后移民中的作家、科学家及艺术家》（慕尼黑：C. H. Beck，1984年），第38—46页。

[2] 默勒：《移民中的科学家》第6页和《文化之出埃及记》第102—118页。

[3] 何可思：《德国汉学的文化政治含义》，第40页。

有三个因素在起作用。首先是在我们领域中的移居德国国外者当中，许多都算是当时最具创造力的学者，这一现象在许多领域内都十分典型，如社会科学、政治科学和心理学[1]，还有艺术史或音乐研究。这样，中国研究领域内大批具有创造潜力的人才从德国移往美国。魏特夫和艾伯华的名字可以在这里作为典型的例子。他们和其他人离开老师和同事后，发现在德国国外，主要在美国，有更为有利的条件来发展其新的兴趣点和学术研究方法。

第二个因素是大多数移居德国国外者是在移居国外后或通过移居国外首次得到了教授职位，勒辛和西门华德除外。这一情势，与囊括了许多杰出教授的人文学科中的其他领域不尽相同。另一方面，中国研究作为一块年轻的领域，刚刚经历过其首次主要的更新换代：卫德明 1930 年去世，接着是主要学者福兰阁、佛尔克（Alfred Forke，1867—1944）和罗士恒（Arthur von Rosthorn，1862—1945）退休。而其他领域的教授们也许仍然能感受到与他们以前所属的机构和同事有密切的联系——也许接到了更多的劝其回国的邀请。我们可以考虑到，年轻学者，对他们来讲，政治移民是其生涯中最富决定意义的一步，不太可能在第二次世界大战后返回德国。

第三个可资解释返德汉学家稀少的因素，是德语环境也许对从事东亚研究的学者相对其他领域来讲比较不重要。

以上三个因素值得进一步考虑，因为它们不止是对理解在德国的中国研究的历史和现状至关重要。比如我们可以问，第二次世界大战后有什么机会发展比在最近 20 年里早许多的范围广泛的国际合作。战后的形势看来确有希望：在很短的时间内，大量德国学者在伦敦、巴黎和美国各地的主要研究部门找到新位置，将他们的方法和专业引进到这些机构中，并发现而且利用了发展其工作的新机会。当然，也产生了深深的裂痕。在某些情形下，德国的前纳粹积极分子们直接填补了比他们能力强的移居国外同事的实际或候选席位，可以想象那些被迫放逐者与日俱增的痛苦——期待得到一个职位。在对战后早期德国汉学所做的分析性评价中，我们需要确切的资料，来说明关于呼唤学者回到德国大学的学术领导职位所实际做出的审慎的努力，以及为什么这些努力总是失败——如果这些努力有案可查的话[2]。就目前来

[1] 默勒：《移民中的科学家》，第 7 页。

[2] Bawden 的《西门华德》提到在 1946 年和 1947 年西门华德“由坐落于城市苏维埃部分的柏林大学提供了一个汉学职席，但他拒绝接受。对这一请求的拒绝也许没有花费太多的考虑：在我看到的他与学校的通信中没有提及这一情况，我是从私人渠道得知此事”。

讲，我们不能够考察到我们的历史的内向的一面。这一历史当然非常有个性，但最终一定与德国学术界当时的制度有关联。当然在这一语境中，我们不应忘记即使曾是冲锋队成员的施坦格，在一段时间学术职位被迫中断后，1953 年还是得到了哥廷根大学的体面教职[1]而使其增色，更不要说其他机构的那些“一般”党员了。

原则上讲，是否移居国外本身并不能成为褒贬学者的标准，我们听说过永久关系，甚至越过这一边缘的友谊，也许可以作为进行更多合作的基础。欧洲汉学国际合作的第一个主要计划“宋代研究”是由移居国外的白乐日发起的。我想到即使在今天，一份关于德国汉学的状况报告也应考虑德国的中国研究在战后所失去的机会。

因为与我们的现状有直接的关系，语言环境问题成为一个微妙的问题，它在移居德国国外者决定是否回到故地时起了作用。在我们的领域中，英语成为唯一的西方通用语没有多少疑问。在过去 20 年中，英语的重要性通过各方面的强力冲击被加强了，这些冲击包括在美国的年轻学者数量的增加，其中有许多中国人，他们与法国或德国汉学没有学术上的关联；另外，在欧洲英语的地位抬升，而且，英语通行的香港作为中国内地和西方的中间地带的重要性使其地位上升，也是原因之一。

然而，尽管英语由于多种因素的作用成为通用语言的势头强劲，我们不应忘记 60 年前德国学者的移居是如何大幅度地消减了以往德语在东亚研究中的重要性。当我们在检讨以上所列移居者的编年传记时，我们可以看到这些杰出的学者离开的不仅仅是地理概念上的地区，而且在教学及写作中他们也丢掉了他们以往的语言。自从那决定性的时刻起，虽然德国汉学在其发展中仍然占据龙头地位，它却失去了一个由教师和人才组成的“临界质量”来平衡这一严重的损失的机会。结果是，移居者用英语（一小部分用法语）发表的作品和同时期的德语作品在数量及总体学术意义之间没有可比性。当然这一观察并不意味着贬抑那些用德文写就的杰出的作品，比如福兰阁的代表作《中华帝国史》，但它表明在它们发表时，从国际眼光来看，自己的语言环境及语言优势相对来讲减弱了，相反却遭受移居德国国外者的著作强大不可预料的英文文本的日益增长的压力。于是，这一历史转折所带来的十足冲击，通过移居德国国外者的学生们的工作的增加得到继续发展。

谈到 1933 年到 1945 年德国汉学家的迁移造成的对德国汉学的影响持久的后

[1] 据《屈施纳德国学者日历》第 12 版（1976）第 3100 页，1946—1953 年，施坦格没有学术职位。1953 年后的职位是“编外教授”，一直没有评上正教授。

果，应该记住的是，无论从德国角度出发来看损失是什么，中国研究在那些接纳移民的机构中——特别在美国，也在英国和法国——有巨大的收获。考虑到移民给他们移居避难的国家带来的冲击，中国研究的提高可与人文研究的其他学科，及自然科学、社会科学、政治科学等量齐观。第二次世界大战后美国汉学的大发展与移居德国国外者的努力分不开，他们也因此得到在宜人的环境中发挥他们创造力的新的机会。而且，因为移民有了一个新环境，他们的学术水平也受到挑战，被新的动力所激励，他们现在已对适应这种环境游刃有余。在 20 世纪 20 年代和 30 年代初，像白乐日或金守拙（George A. Kennedy，1901—1960）[1] 这样的外国学生去柏林和其他德国大学接受汉学教育。1933 年后，是老师们自己离开，去寻找他们在德国国外的学生。今天，从事中国研究的德国学生可以在莱顿、巴黎、伦敦、剑桥以及北美的大学里找到，有时他们已接近找回自己失去的传统。

［作者注：本文的基础是为 1997 年 10 月 24—26 日在柏林举办的德国中国研究学会第八次年会提交的论文。原文发表于《美国东方学会学报》（*Journal of the American Oriental Society*）第 118 卷，第 507—529 页。］

柯马丁（Martin Kern），美国普林斯顿大学东亚研究系教授，主要从事早期中国文本与文献研究，著有《秦始皇石刻：早期中国的文本与仪式》《剑桥中国文学史》之开章《先秦西汉文学》等。

[1] 金守拙 1932 年自上海到柏林，在东方语言研究班通过中文及日文的学位考试前，在大学里学习了 4 个学期；见其毕业论文《中国法律中坦白的作用》（柏林：自刊，1939 年）中的简历。据《纽约时报》1960 年 8 月 17 日的讣告称，他于 1934 年在柏林获博士学位，《名人录》卷 4（第 520 页）中载为 1937 年，即在他人耶鲁大学后，这个日期也在李田意（Tien-yi Li）编的《金守拙选集》（纽黑文：耶鲁大学出版社，1946 年）第 511 页中的《金守拙年表》中注明。

《华裔学志》及其研究对西方汉学的贡献

〔德〕巴佩兰

本文试图评估《华裔学志》对西方汉学的贡献。1935 年《华裔学志》在中国创办，学志为国际导向，共襄此举者一者来自中国，二者来自西方国家，包括美国。《华裔学志》创办至今已出刊 50 册，本文将论评其中内容。此外，本文还涉及对《华裔学志丛书》(*Monumenta Serica Monograph Series*) 以及最近才更名为《华裔选集》(*Collectanea Serica*) 的其他出版物的评述。

一、《华裔学志》草创时期的特色

本文不拟在此细论《华裔学志》的历史[1]，只列举某些较重要的事实。依年代而言，《华裔学志》可据其编辑室所在地而划分为四个阶段。第一阶段为 1935 年到 1949 年的中国时期，此阶段为学志初创阶段，编纂于北京天主教辅仁大学[2]，第二

[1] 《华裔学志》最重要的历史记录包括：马雷凯 (Roman Malek),《华裔学志：1935—1985》["Monumenta Serica (1935—1985)"]，发表于 *Verbum SVD 26* (1985)，第 262—276 页；高杏佛 (Cordula Gumbrecht),《华裔学志——一份汉学期刊及其北平时代 (1935—1945) 的编辑部和图书馆》[*Die Monumenta Serica: Eine sinologische Zeitschrift und ihre Redaktionsbibliothek in ihrer Pekinger Zeit (1935-1945)*] (Köln: Greven, 1994)；谢沁霓《〈华裔学志〉研究 (1950—1970)》，硕士论文，辅仁大学历史研究所，1997 年。

[2] 高杏佛的研究中曾译过这阶段的始末 (参阅附注 1)。有关学志前 10 年的历史信息也可参阅：Josefine Huppertz,《〈华裔学志〉的草创时期》("Aus den Anfängen der 'Monumenta Serica'"), in: Herm[ann] Köster (ed.),《对中国的经验与研究——有关批评性中国学的一些贡献》(*China erlebt und erforscht. Partielle Beiträge zur kritischen Chinakunde*) (München: Selbstverlag, 1974)，第 191—233 页。

阶段为1949年到1963年的日本时期，此阶段学志重建编辑部，起初编辑部设在东京，后来又迁往名古屋。学志在停刊一些年后，亦于1955年第14册复刊。第三阶段为美国时期，时间为1963年到1972年，学志为洛杉矶加州大学东方语文系的一个机构。第四阶段为1972年至今，学志及其图书馆和编辑室选址于德国波恩和科隆附近的圣奥古斯丁（Sankt Augustin）圣言会院区。笔者原不拟在本文中依时间先后论事，然《华裔学志》经历四个阶段的时、地更动；因之，不同地区的不同汉学观点是否影响学志的内容列为最后的评估。

后文将析述《华裔学志》对西方汉学的贡献，在此拟列举学志在初创和发展过程中的特色。

首先，《华裔学志》是一份创办于中国却以西方语言发表作品的刊物；它从一开始就强调中西学者密切合作。《华裔学志》的创办人圣言会传教士和汉学家鲍润生（Franz Xaver Biallas，1878—1936）曾提起创办此学志的诸多缘由，以下是选择北京为学志诞生地的理由：

> 目前的北京是旧文化的中心，同时也成为中国科学发展的核心点。中西学者共同合作，展望未来东亚研究的最佳成果，殊堪可期。[1]

知名史学家及辅仁大学校长陈垣（1880—1971）后来也成为《华裔学志》的执行编辑之一，他曾规划出天主教大学学术研究工作的三大目标：

1. 应用西方最新的研究方法论整理、组织中国的历史资料。

2. 编纂和翻译相关参考书籍，协助中外学者的研究工作。

3. 借由书刊的出版和向外流通，发布汉学研究领域的最新发现和研究成果，促进国际学术合作。[2]

他接续道："上述列举三项目标原本同等重要，然吾人应特别强调中外合作。"[3]

---

[1] 《北平天主教大学学报》（*Bulletin of the Catholic University of Peking*）（1934），第ii页。

[2] 引自《倾听未来计划》（"Listening in on Some Future Plans"）一文，见《辅仁学志》4（1935年10月），第157页。

[3] 同上。此文刊于天主教大学校方刊物《辅仁学志》。引陈垣之语，特别强调这种中外合作关系，他举辅仁大学教授中国语言学家沈兼士和他的同事鲍润生神父为例："此二人工作高度互补。沈兼士从中国学者的立场挞伐中国语言研究的问题，鲍润生采用欧洲人的类比观点议论同样的主题。此类型的合作，正是辅仁多年前的规划，今日陈垣校长再提及此，说明它仍是当今的理想目标。"（同上书，第158页）

创办一个汉学杂志算是这个理想的直接实现，而这份理想也表现在学志执行编辑群的组合阵容。1935 年《华裔学志》初创，编辑群的中西学者数目相当。随后数年，西方学者数目渐增；然 1948 年学志北京初创阶段最后一期（第 13 册）出刊时，仍尚有三位中国执行编辑张星烺、陈垣和英千里。

此后，学志迫于时势迁离中国，学志和中国的关系因此割断。在日本阶段，主编卜恩礼（Heinrich Busch，1912—2002）领军下的编辑顾问群皆是欧洲学者，其中有甚多圣言会成员。即便如此，学志仍试图和日本汉学界联结。如同在日本复刊的第一本学志（第 14 册）（1949—1955）的“编辑语”所言：

> 我们希望在此新家（日本）做客，缘其丰厚的中国研究传统，《华裔学志》仍得如先前在中国文化中心北京时一般，得其地缘之便共蒙其刊，同时也让学志的作者和读者共沾其益。[1]

本文随后将析述学志在日本阶段如何朝此目标努力。

学志的第三阶段为美国阶段，此时中国学者再度受邀加入学志编辑顾问群[2]，如此延续至今。然持平而论，中西最是鼎力合作、编辑群最是合作无间者当属 20 世纪 30 年代和 20 世纪 40 年代的北京初创阶段。

《华裔学志》的第一个特色是编辑群所强调的跨文化关系。观乎学志的中文名称，即可得其旨意。学志的中文名称——陈垣所选用——可意译为“中国和其邻近民族之科学研究评论”。第一期的“编辑语”如此细说分明：

> 我们的意图在为广大读者呈现诸多资料，包括中国及其邻邦的民族、语言和文化研究，同时不忽视人类学和史前史学领域。[3]

随着汉学研究日益成长，成为一门专业学问，学志编辑群对跨文化研究的兴趣也与时俱进。19 世纪，汉学渐渐发展成东方研究的一门学科，重点先是集中于

---

[1] 《华裔学志》14（1949—1955）。

[2] 具有中国渊源和文化背景的协作编辑为陈纶绪、蒋复聪、王际真［从《华裔学志》第 21 期（1963）起］、乔伟、石庆成（音）、黄秀魂［从《华裔学志》第 31 期（1974—1975）起］。第 41 期（1993）以后称之为编辑顾问（advisors）。

[3] 《华裔学志》1（1935—1936），第 ix 页。

研究中国语言以及翻译重要的文本，在20世纪初，丝路沿线吐鲁番和敦煌等地发现了大量的手稿，因此引发了欧洲汉学家研究中国和其他亚洲国家文化交流的兴趣[1]。而刊登在《华裔学志》上的许多文章的研究主题正是中亚、朝鲜半岛、日本、中国少数民族地区的文化和宗教[2]。

《华裔学志》第三点不可或忘的事实是它的宗教色彩。要知道，《华裔学志》为圣言会所创建，彼时圣言会正负责辅仁大学的教学运作[3]。因之，学志就具有其传教功能，就如同其原先旨意乃是"尤其要作为辅仁大学科学（学术）地位的证明，同时……成为一个'橱窗'，展示其杰出成果"。[4]就传教任务而言，学志的学术成果及其对中国文化的兴趣，势必对中国的知识分子及彼等对天主教教会的态度有正面的影响。另外，学志原本也是传教士吸收中国资讯的来源，有助于他们的传教工作。如同鲍润生神父所言，《华裔学志》要为一般大众完成的目标为：

> 远东现今面对现代社会和文化迁变的紧迫压力，如此就要求身处现代风暴和压力期的传教人员对此地民族、语言、文化有更深刻的认知。……当今的处境已使得传教人员不易与时代的诸多发展齐肩并进。更不易得知他当于何处作为、如何作为。我们希望在此类事务上襄助传教人员，促进我们的传教任务。[5]

了解学志的传教背景后，就不会惊讶有这么多神职人员，包括诸多来自其他传教会者，皆是学志的固定投稿者。他们议论发表的主题甚为多样，包括中国少数民族地区研究；包括语言学、人类学、佛学、文学、哲学，也旁及中国基督教的历史。学志的编辑群虽从未曾特别强调中国的基督教历史论题，学志也从未特别关注

[1] 参阅 Hans-Wilm Schütte,《西方国家的汉学》（"Sinologie in westlichen Staaten"），见 Brunhild Staiger et al. (eds.),《中国大百科辞典》（*Das groe China-Lexikon*）（Darmstadt: Wissenschaftliche Buchgesellschaft, 2003），第679—680页。

[2] 读者可以在《华裔学志引得第I-XXXV册（1935—1985）》中，依照个别国家名，轻易在前35册中找到这些文章。

[3] 有关天主教辅仁大学历史，请参阅上文注释所列高杏佛著作，第19—27页以及 Donald Paragon，《英敛之（1866—1926）和辅仁的诞生》["Ying Lien-chih (1866-1926) and the Rise of Fu Jen"，北京公教大学]，见《华裔学志》第20册（1961），第165—225页。

[4] 马雷凯：《华裔学志：1935—1985》，第265页。

[5] 《华裔学志》，见《辅仁学志》5（1936年5月），第78页。在此文结论中，谢沁霓质疑鲍润生所规划的这个目标是否有可能达成。只因学志只是仍刊登研究中国文化的文章，但并未刊登现代的发展（参阅谢沁霓《〈华裔学志〉研究（1950—1970）》，第65页）。

此论题；然而插柳成荫，从学志第一册持续至今，此论题一直扮演着重要的角色。随后我将就此析论。

二、20 世纪 30 年代汉学界中的《华裔学志》[1]

1935 年《华裔学志》第一册于北京出刊时正逢《泰东》（*Asia Major*）停刊，彼为当时德国研究中亚、东亚和东南亚最重要的杂志[2]。如《泰东》一样，《华裔学志》为国际导向，大部分文章乃以英文写就。彼停此出之下，先前甚多在《泰东》发表研究成果的学者乃向学志投稿，如汉学家和满学家汉尼士（Erich Haenisch，1880—1979）[3]、蒙古学家和满学家福克斯（Walter Fuchs，1902—1979）[4]，以及印学家和佛学家卫勒（Friedrich Weller，1889—1980）。《华裔学志》的创建者鲍润生神父也曾在 Leipzig 出刊的《泰东》上发表论文，彼也正是鲍润生神父完成汉学学位之所在[5]。

除了《泰东》之外，此时德国汉学界另有其他两份期刊：一为专门出版艺术和考古学论文的《东亚杂志 / 德国》（*Ostasiatische Zeitschrift*）[6]，二为《中国》（*Sinica*）。《中国》为法兰克福一曼因中国机构出版的月刊，其汉学研究内容主要

---

[1] 若欲概览 20 世纪前半叶欧洲、中国和日本最重要的汉学期刊，请参阅 Herbert Franke，《汉学》（*Sinologie*）（Bern: Francke, 1953），第 14—16 页。

[2] 参阅 Martin Kern, “The Emigration of German Sinologists 1933-1945: Notes on the History and Historiography of Chinese Studies” in Journal of *the American Oriental Society* 118/1998/4, p.253（柯马丁《德国汉学家在 1933—1945 年的迁移》），至于《泰东》的历史始末，也参阅 Hartmut Walravens 之《引言》，发表于《泰东》（1921—1975）。*Eine deutsch-britische Ostasienzeitschrift, Bibliographie und Register* (Wiesbaden: Harrassowitz, 1997)，第 5—13 页，以及 Erich Haenisch，《申得乐与早期〈泰东〉》（“Bruno Schindler und die alte Asia Major”），发表于《远东》（*Oriens Extremus*）12（1965），第 7—9 页。

[3] 有关此君生平和作品（至 60 岁生日止），请参阅《华裔学志》5（1940），第 1—5 页。

[4] Wolfgang Franke:《纪念福克斯》（“Walter Fuchs in memoriam”），发表于 *Oriens Extremus* 27（1980），第 143—147 页；Martin Gimm,《纪念福克斯》（“In memoriam Walter Fuchs”），以及《福克斯教授作品目录增补》（“Nachträge zum Schriftenverzeichnis von Prof. Dr.Walter Fuchs”），见 Michael Weiers, Giovanni Stary (eds.),《满清精华——纪念福克斯》（*Florilegia Manjurica in Memoriam Walter Fuchs*）（Wiesbaden: Harrassowitz, 1982），第 2—6 页。

[5] 此文主题为论中国诗人屈原，屈原为其博士论文研究对象。见《泰东》4（1927），第 50—107 页，续文见《泰东》7（1932），第 179—241 页。

[6] 此刊为 1912 年到 1943 年在柏林的东亚艺术协会出版。

为一般读者而写而非针对学术研究功能，刊物 1927 年开始发行，直至 1942 年[1]。另有两份刊物偶尔刊印汉学研究文章，分别是《德国东方学会期刊》（*Zeitschrift der Deutschen Morgenländischen Gesellschaft*），以及《东方语言研究院通讯》（*Mitteilungen des Seminars für Orientalische Sprachen*）。

就整个欧洲而言，当时研究东亚和中亚的最重要的刊物是《通报》（*T'oung Pao*），1890 年以来，荷、法学者在 Leiden 担任编务。第一次世界大战过后，法德交恶，《通报》因之未接纳德国学者的投稿[2]。另有 1939 年以来在斯德哥尔摩出刊的《远东典藏博物报道》（*Bulletin of the Museum of Far Eastern Antiquitie*）。此刊物主要因高本汉（Bernhard Karlgren，1889—1978）对中国语言划时代的研究而为众人所知。

1936 年，就在《华裔学志》面世仅一年时，《哈佛亚洲研究期刊》（*Harvard Journal of Asiatic Studies*）创办，随即成为领美国汉学研究期刊之风骚者。美国的汉学研究日兴，正是第二次世界大战的间接结果。在战前，欧洲学者主导着西方的汉学研究[3]。此时，《华裔学志》不只是唯一一份在中国出刊、以西方语言发表的汉学期刊，更是如德国汉学家领袖福赫伯（Herbert Franke）所言，“是最重要的一份期刊”[4]。另有《皇家亚洲学会中国北部分会期刊》（*Journal of the North China Branch of the Royal Asiatic Society*），在上海发行，始于 1858 年，迄于 1948 年。还有《中国研究》（*Studia Serica*），1940 年创办于成都西南联大（投稿论文有英、德、法和中文）。另有一法国汉学家发声的重要刊物为《远东法国学派报道》（*Bulletin de l'Ecole Française d'Extrême-Orient*），此刊物 1901 年起在河内（Hanoi）发行。

20 世纪 30 年代，天主教和新教教会团体在中国发行的刊物超过 400 种[5]，其中有 8 种刊物的名称具备汉学导向。就天主教而言，则有《华裔学志》的前身《北平天主教大学学报》（*Bulletin of the Catholic University of Peking*）[6]；《辅仁学志》（辅

[1] 此中国机构乃由知名的基督教传教士卫礼贤（Richard Wilhelm，1873—1930）所创建。

[2] 参阅 Erich Haenisch, “Bruno Schindler und die alte Asia Major”, *Oriens Extremus* 12（1965），第 7 页。

[3] Herbert Franke，《追寻中国：欧洲汉学研究史评》（“In Search of China.Some General Remarks on the History of European Sinology”）发表于 Ming Wilson（ed.），《欧洲研究中国——欧洲汉学国际研讨会论文集》（*Europe Studies China.Papers from an International Conference on the History of European Sinology*）（London: Han-Shan Tang, 1995 年），第 16 页。

[4] Herbert Franke，*Sinologie*，第 15 页。

[5] 在研究报告《中国的宗教期刊出版》（*The Religious Periodical Press in China*，Peking: The Synodal Commission in China, 1940）中，罗文达（Rudolf Löwenthal）列举天主教会的 125 个刊物名，和基督教会的 256 个期刊名。这些数字指的都是 1938 年。

[6] 辅仁天主教大学 1926 年以来就出版此刊物，到 1934 年已出版 9 期。

仁汉学期刊），此为学志的中文对等刊物[1]；最后则是《华裔学志》。上述三种刊物皆由圣言会在北京出刊。另有《震旦杂志》（*Bulletin de l'Université Aurore*），由耶稣会在上海出刊。就新教而言，则有《燕京学报》《金陵学报》[2]《岭南学报》《史学年报》，以及《中国西界研究学会期刊》（*Journal of the West China Border Research Society*）。根据罗文达（Rudolf Löwenthal）在他的研究《中国的宗教期刊出版》（*The Religious Periodical Press in China*）中的说法，"《华裔学志》因其学术立论中肯而广为汉学圈所接受"[3]。

三、主题特色分析

如同先前所言，《华裔学志》不仅刊登汉学研究的文章，更包含其他无数论文及单册，研究范畴包括中亚、朝鲜半岛、中国少数民族地区[4]。参与研究投稿者除了这些学门的学者外，还有为数甚多的传教士。他们的研究工作为大家树立了良好的典范，其精神正如法国汉学家伯希和（Paul Pelliot，1878—1945）致学志编辑的一封信中所传述者。此信刊登于1935年首册学志中，他在信中敦促学志编者致力使学志成为神职人员科学研究的集中发声所在。根据伯希和的看法，神职人员在中国内地的生活相形孤立，特别能够从周遭环境中收集丰富的第一手资料，包括方言、风土民情、考古发现等。如此研究工作所需的并非富藏资料的图书馆，而是善用耳目尽心倾听观察的能力[5]。就此意图，伯希和举出了比利时圣母圣心会（CICM，Scheut，又称斯格脱传教会）神职人员的例子[6]，他们搜集了相当广泛的语言和方言资料（包括发音和成语）。圣母圣心会的有些传教士皆是《华裔学志》的

---

[1] 此刊物1929年创办于北京，以中文每半年出版一期。《华裔学志》上有许多文章皆是源于《辅仁学志》的翻译作品。

[2] 此刊物创办于1931年，由金陵大学中国文化研究院每半年出版一期。罗文达形容其内容为"教育性的"。从《华裔学志》《刊物简评》的目录表来看，他绝对够资格称为汉学研究。（参阅《华裔学志》第1册第234页和第521页，第2册第491—493页）。

[3] 见该书第42页。

[4] 感谢乐慕思神父（Peter Ramers）为我提供宝贵建议，尤其是本篇论文此部分。

[5] Paul Pelliot,《致编辑》（"Letter to the Editor"；法文写成），见《华裔学志》1（1935），第192页。

[6] 有关此传教国的历史，参阅 Daniël Verhelst, Nestor Pycke (eds.),《圣母圣心会传教团的过去和现在，1862—1987》（*C. I. C. M. Missionaries Past and Present 1862-1987*）（Leuven，1995）。有关他们在中国的活动，参阅第25—75页和第256—281页。

投稿常客和编辑顾问，同时也出版刊行他们的一些主要作品，有的出现在期刊中，有的则是单册系列。其中首先要提及的是田清波（Antoine Mostaert, 1881—1971）[1]，杰出的鄂尔多斯方言研究者[2]。他的主要著作中有三种，皆收录在《华裔学志丛书》中，第一种是《鄂尔多斯方言教本》(*Textes Oraux Ordos*)，研究鄂尔多斯民俗文学[3]，另有划时代的《鄂尔多斯字典》(*Dictionnaire Ordos*)，分三册，收录主要条目逾两万，迄今为止仍是鄂尔多斯方言的标准参考书[4]；最后则是蒙古方言文法，此书为他和另一位圣母圣心会传教士刘维则（Albert de Smedt）[5]合作写成。至于期刊方面，他曾发表大量文章。(参阅《华裔学志引得》。)

为《华裔学志》西藏研究和方言学贡献最多者当推司律思（Henry Serruys，1911—1983）和司礼义（Paul Serruys，1912—1999）兄弟，他俩皆是圣母圣心会的神职人员，同时也是期刊的编辑顾问[6]。另一位常在学志刊登文章者则是杰出的蒙古学家、满学家

---

[1] 相关传记和书目资料，参阅《华裔学志》10（1945），第1—4页。

[2] “比利时的圣母圣心会传教士田清波以其在蒙古研究上的杰出成就闻名。他收集了相当多的第一手蒙古资料和手搞。当年他搬迁至北京时，透彻研究这些资料，出版数本甚具学术价值的著作，吸引了举世蒙学家的眼光。在现代的蒙古方言中，鄂尔多斯方言有甚特有的语音、文法和词汇。在田清波之前，无人曾系统化地研究此方言。因之田清波乃是这个研究领域的先锋。”额尔敦孟克（Eerdunmengke）《田清波和鄂尔多斯方言研究》(“Antoine Mostaert and Ordos Dialect Studies”）发表于 Klaus Sagaster (ed.),《田清波（1881—1971）：圣母圣心会传教士和学者》[*Antoine Mostaert (1881-1971) C. I. C. M. Missionary and Scholar*] 卷1：*Papers*，*Louvain Chinese Studies* 4（Leuven: Ferdinand Verbiest Foundation, 1999），第63页。

[3] 《鄂尔多斯方言教本》简介语音评注、评论和词汇（北平：天主教大学，1937年）。先前所引额尔敦孟克如此论评此书：“从语言学观点而言，这是方言学的少见文献。从文学观点而言，它是珍贵少见的专题民俗文学等。”

[4] 《鄂尔多斯字典》第I—III册，《华裔学志丛书》5（北平：天主教大学，1941—1944年）。“它是田清波最出名的作品，含括21438主要条目，以注音符号写成并有法文说明。根据知名蒙古学家鲍培（Nicholas Poppe）的说法，它堪称一本优秀的字典。在字典中，不只精确解释了在鄂尔多斯方言中诸字的意义，并举丰富的口语资料为例。因之，此部字典不只成为研究现在蒙古第一部全面性的方言字典，也是至今为止研究鄂尔多斯方言最佳的参考书。”额尔敦孟克，第63—64页。另请参阅鲍培：鄂尔多斯（“Das Ordossische”）收入《东方学研究手册》(*Handbuch der Orientalistik*）丛书第一部分：近东与中东（*Der Nahe und der Mittlere Osten*），第五卷：阿尔泰语系学（“Altaistik”），第二册：蒙古学（“Mongolistik”），Nikolaus Poppe et al.（Leiden-Köln: Brill, 1964），第134页。

[5] *Le dialecte der Monguor, parlépar les Mongols du Kansou occidental, IIe partie, Grammaire*，《华裔学志丛书》6（北平：天主教大学，1945年）。此部作品亦出现在论蒙古方言的一篇文章中：Dominik Schröder，“Der Dialekt der Mongour”，收入 *Mongolistik*（Leiden-Köln: Brill, 1964），第158页。

[6] 有关司律思的生平作品，参阅 Françoise Aubin，“In memoriam Le R.P. Henry Serruys（Ssu Lü-ssu 司律思），CICM（10 juillet 1911-16 août 1983）érudit sino-mongolisant”，有关迄1977年止的司礼义的出版论著目录表，参阅《华裔学志》33（1971—1978），II—V。

兼汉学家福克斯，他编辑耶稣会康熙地图，此书对中国地图制作史深具贡献[1]。

另外值得提出的则是有关蒙古学研究的诸多文章。最早的一篇是钢和泰（Alexander von Staël-Holstein，1876—1937）的《论西藏人的六十进位》（“On the Sexagenary Cycle of the Tibetans”），此文至今仍是研究西藏历法的典范参考资料[2]。另有多篇论文出自德国藏学家和汉学家胡梅尔（Siegbert Hummel，1908—2001）之手。此君于1955年从莱比锡人类学博物馆主任职位退休后，就一直是过着个别学者的研究生活。最近在《华裔学志丛书》中，有关西藏研究的专著是沈卫荣的博士论文，主题是研究第一位达赖喇嘛（1391—1474）的生平和历史定位，此文有助于厘清喇嘛黄教教派的历史和达赖喇嘛的组织机制[3]。这份研究包括两本喇嘛黄教传记的完整德文翻译，加上西藏文本的复印本。

中外关系主题研究一向是学志的主要关怀。诸多学者最常探讨的便是外国宗教在中国的角色问题。

学志中有多篇论文探讨中国对外国的认知。例如，地理学家赫尔曼（Albert Herrmann）就中国的地理名词“大秦”做了深入调查，因其描绘西方诸遥远的国度[4]。另一个贡献则是19世纪早期中国旅行者游历西方国家的旅游记载[5]。荣振华（Joseph Dehergne）有一次也探讨在欧洲的中国旅者及18世纪中国对法国文学的影

---

[1] 《有关满洲、蒙古、新疆、西藏康熙时代的耶稣会地图集及其形成历程与名词目录，提供原来大小的耶稣会地图》（*Der Jesuiten-Atlas der Kanghsi-Zeit. Seine Entstehungsgeschichte nebst Namenindices für die Karten der Mandjurei, Mongolei, Ostturkestan und Tibet, mit Wiedergabe der Jesuiten-Karten in Originalgröße*），《华裔学志丛书》4（北平：天主教大学，1943年）。Arthur F. Wright如此提到此书：“福克斯博士处理了问题的每个层面，为地图学家、历史学家和文献学家（语言学家）提供了珍贵无比的资料用书。”［“Sinology in Peiping 1941-1945”（《汉学在北平：1941—1945》），发表于*Harvard Journal of Asiatic Studies* 9（1945-1947），第345页］。

[2] 收录于《华裔学志》1（1935），第277—314页。参阅Dieter Schuh，《西藏年历历史研究》（*Untersuchungen zur Geschichte der tibetischen Kalenderrechnung*）（Wiesbaden: Steiner, 1973），第1页；Karl-Heinz Everding，“Die 60er-Zyklen. Eine Konkordanztafel”，见*Zentralasiatische Studien* 16（1982），第475—476页。钢和泰的讣闻见《华裔学志》3（1938），第286—291页。

[3] *Leben und historische Bedeutung des ersten Dalai Lama dGe'dun grub pa dpal bzang po (1391-1474). Ein Beitrag zur Geschichte der dGe lugs pa-Schule und der Institution der Dalai Lamas*，《华裔学志丛书》49（Sankt Augustin-Nettetal，2002）。

[4] 《中国人眼中辽西的大秦：对它历史与地理的研究》（“Ta-ch'in oder das China des fernen Westerns. Eine historisch-geographische Untersuchung (mit einer Karte)”），《华裔学志》6（1941），第212—272页。

[5] 陈观胜（Kenneth Ch'en）：《〈海录〉：西方国家游记的中国先行者》（“Hai-lu 海录，Fore-Runner of Chinese Travel Accounts of Western Countries”），《华裔学志》7（1942），第208—226页。

响[1]。近期出版的学志中有一册包含一篇书目介绍式文章，探讨澳门和中葡关系[2]。

在《华裔学志丛书》中，有关此主题最重要的出版物是陈垣的著作《元西域人华化考》（*Western and Central Asians in China under the Mongols: Their Transformation into Chinese*）[3]。此书的中文标题直接表明是元朝西域诸民的汉化调查[4]，处理“中国文化历史中最引人入胜的一面——探讨中国文化如何吸纳融入外来元素”[5]。陈垣是宗教史专家，他也在研究不同宗教和不同思想流派在这个汉化过程中的角色，包括儒教、佛教、道教、回教和基督教。

学志中有两篇重要文章探讨了中国境内的犹太人[6]。近些年来出版的《华裔学志丛书》也有两种和犹太人主题有关，一种是李渡南（Donald Daniel Leslie）编汇的书目，内容为有关传统中国境内土生土长的犹太教者之主要及次要作品，其中最著名者为开封的犹太教徒社区[7]；另一种为马雷凯辑列的会议论文集，收录的是1997年在圣奥古斯丁（Sankt Augustin）举行的国际会议的论文。评者曾如是论评此书：

> 如此正十足吻合1934年在北平辅仁天主教大学初创学志时定下的原始目标，即：研究在中国境内所谓的“外国”宗教和文化。[8]

---

[1] “Voyageurs Chinois venus à Paris au temps de la marine à voiles et l'influence de la Chine sur la littérature française du XVIIIe siècle”，《华裔学志》23（1964），第372—397页。

[2] Roderich Ptak，《澳门和中葡关系：1513年或1514年到1900年前后——书目论文》（“Macau and Sino-Portuguese Relations, ca. 1513/1514 to ca. 1900.A Bibliographical Essay”），《华裔学志》46（1998），第343—396页。

[3] 钱思海和L.Carrington Goodrich译注，《华裔学志丛书》15（Los Angeles: Monumenta Serica at the University of California,1966）。Nettetal: Steyler Verlag-Wort und Werk，1989年再版。

[4] 《元西域人华化考》。

[5] 见本书书评，作者为Frederick W. Mote，见《亚洲研究期刊》（*Journal of Asian Studies*）26（1967）4，第690页。亦请参阅杨联陞书评，见《美国东方学会期刊》（*Journal of the American Oriental Society*）89（1969）2，第425—426页。

[6] Rudolf Löwenthal，《中国的犹太人命名法》（“The Nomenclature of Jews in China”），《华裔学志》12（1947），第91—126页；Irene Eber，《重访开封犹太人：汉化为身份认同》（“K'aifeng Jews Revisited: Sinification as Affirmation of Identity”），《华裔学志》41（1993），第231—247页。

[7] 李渡南：《传统中国的犹太人和犹太教：书目大全》（*Jews and Judaism in Traditional China. A Comprehensive Bibliography*）《华裔学志丛书》（Sankt Augustin-Nettetal: Steyler Verlag, 1998）。有篇书评曾说：“李渡南的册子是当今研究传统中国犹太人和犹太教的标准书目。”［Jonathan Goldstein于《中国宗教期刊》（*The Journal of Chinese Religions*）27（1999），第191—192页。］

[8] 52 Josef Meili，见《新宣教学刊》（*Neue Zeitschrift für Missionswissenschaft*）58（2002）2，第152—153页。

学志也曾刊登有关中国的伊斯兰教的文章，包括唐朝的伊斯兰教[1]、中国的伊斯兰教在苏俄的源起[2]、唐代中国的波斯庙[3]，以及元朝广州波斯驻军的叛变[4]。在《华裔学志丛书》中，近期预计出版一本有关伊斯兰教的书籍，名为《传统中国的伊斯兰教》（*Islam in Traditional China*），由李渡南等负责编纂。

探讨中国的基督教一向是《华裔学志》义不容辞的责任，学志的每一期几乎都有相关文章[5]。学志从未曾特别提及此类主题，可有关此类主题的文章却频频出现。贝克曼（Johannes Beckmann S.M.B.，1901—1971）就曾在1945年的一份评论中提道："《华裔学志》开始的数册就对中国的传道历史有了不能小看的科学论辩分析之文章。"[6]他首先提到了裴化行（Henri Bernard S.J.，1889—1975）[7]、林仰山（F. S. Drake）[8]、马定（Desmond Martin）[9]和陈垣[10]等人写的有关景教的文章。这些文章迄今仍是研究景教的重要参考资料，2003年在奥地利萨尔茨堡举行的国际景教研讨会即可证明这些文章的价值[11]。

学志亦刊登耶稣会在中国的研究活动文章。贝克曼在前述论评中强调此类文章之意义，原因在于它们集中于汉学文化研究。根据贝克曼的说法，这个研究角度别具意义，因与他同时代的传道历史学家大部分都不懂汉语，无法阅读中文原文作

[1] F. S. Drake：《唐朝的伊斯兰教》（"Mohammedism in the T'ang Dynasty"），《华裔学志》8（1943），第1—40页。

[2] 罗文达：《中国的俄文回教资料》（"Russian Materials on Islam in China"），《华裔学志》16（1957），第449—479页。亦请参阅《中国的伊斯兰教：中国回教徒书目评注》（"Sino-Islamica.Bibliographical Notes on the Chinese Muslims"），《华裔学志》22（1963），第209—212页。

[3] 李渡南：《唐朝中国的波斯庙》（"Persian Temples in Tang China"），《华裔学志》35（1981—1983），第275—303页。

[4] 张星烺：《关于泉州波斯人驻军的一次叛乱（西元1357—1366）》["The Rebellion of the Persian Garrison in Ch'üan-chou（A.D.1357-1366）"]，《华裔学志》3（1938），第611—627页。

[5] 请借助《华裔学志引得》，即可容易找到前35册。

[6] 贝克曼：《华裔学志》（"Monumenta Serica"），*Neue Zeitschrift für Missionswissenschaft* 58（2002）2，第152—155页。德文引言之英译乃据马雷凯之《华裔学志：1935—1985》，第261页。

[7]《远东的基督教历史》（"Notes sur l'histoire du christianisme en Extrême-Orient"），《华裔学志》1（1935），第478—486页。

[8]《唐朝的景教寺院和景教碑发现地址》（"Nestorian Monasteries of the T'ang Dynasty and the Site of the Discovery of the Nestorian Tablet"），《华裔学志》2（1936—1937），第293—340页。

[9]《绥远归化北景教遗址记事》（"Preliminary Report on Nestorian Remains North of Kuei-hua, Suiyüan"），《华裔学志》3（1938），第232—249页。

[10]《内蒙古马定先生发现之已毁损景教碑》（"On the Damaged Tablets Discovered by Mr. D. Martin in Inner Mongolia"），《华裔学志》3（1938），第250—256页。

[11]《中国景教研究》（"Research on Nestorianism in China"），2003年5月20—28日。此次会议由奥地利萨尔茨堡大学教会历史研究所和华裔学志研究中心共同筹办，算是第一次举办国际规模的会议探讨此类主题。此次会议的参与者一再指出刊登在《华裔学志》上的文章对他们研究景教的重要性。

品[1]。他提出裴化行[2]等人的作品来探讨耶稣会在中国文化生活中的定位及对中国文化生活的影响[3]，包括耶稣会的地图学论著[4]以及他们的数学和天文学研究成果[5]。裴化行是投稿《华裔学志》的熟面孔，在最近出现的文章中有两份研究值得特别提起，他按年代顺序列举分析所有知名的欧洲作品的中国译本，共收列 655 条标题，包括时间自 16 世纪初至 18 世纪末年，共超过 250 年[6]。这两篇论文刻画了中国对欧洲的早期观念，自有其深意和贡献[7]。

贝克曼亦提到另一个在学志上发表文章，研究中国基督教历史的重要耶稣会作者，此君即是荣振华（Joseph Dehergne S.J.，1903—1990）[8]，文章内容为海南岛的

---

[1] 贝克曼引用书籍，第 142 页。

[2] 有关其生平和作品，参见 Joseph Dehergne，“Henri Bernard-Maître: Choix d’articles et de livresécrits par lui sur l’Extrême-Orient”，见 *Bulletin de l’école française d’Extrême-Orient* 63 (1976)，第 467—481 页。（Adrian Dudink, Leuven 提供此书目资料，在此致谢。）

[3] 《17 世纪至 18 世纪天主教在中国的传播以及它在中国文化史演变中的地位》（“L’Eglise catholique des XVIIe-XVIIIe siècles et sa place dans l’evolution de la civilization chinoise”），《华裔学志》1（1935），第 155—167 页。

[4] 《中国及其邻国的科学地图绘制工作的诸发展阶段（16 世纪至 18 世纪末期）》（“Les étapes de la cartographie scientifique pour la Chine et les pays voisins (depuis le XVIe jusqu’à la fin du XVIIIe siècle)”），《华裔学志》1（1935），第 428—477 页。

[5] 《汤若望关于天文历法的著作〈崇祯历书〉〈西洋新法历书〉》[“L’Encyclopédie astronomique du Père Schall：（*Tch’ong-tcheng Li-chou* 崇祯历书，1629 et *Si-yang sin-fa Li-chou* 西洋新法历书，1645）. La réforme du calendrier chinois sous l’influence de Clavius, Galilée et de Kepler”]，《华裔学志》3（1938），第 35—77 页，第 441—527 页。《南怀仁对汤若望的科学工作的继承》（“Ferdinand Verbiest, continuateur de l’oeuvre scientifique d’Adam Schall.Quelques complémentsàl’édition récente des sa correspondance”），《华裔学志》5（1940），第 103—140 页。

[6] 《欧洲著作的中文编译——葡萄牙人来华及法国传教士到北京后的编年书目》（“Les adaptations chinoises d’ouvrages européens. Bibliographie chronologique depuis la venue des Portugaisà Canton jusqu’àla Mission Francaise de Pékin 1514-1688”），《华裔学志》10（1945），第 1—57、309—388 页。《欧洲著作的中文编译——以法国传教士到北京至乾隆末期的天主教编年书目（1689—1799）》[“Les adaptations chinoises d’ouvrages européens. Bibliographie chronologique.Deuxième partie. Depuis la fondation de la Mission Française de Pékin jusqu’à la mort de l’empereur K’ien-long 1689-1799”]，《华裔学志》19（1960），第 349—383 页。

[7] 参阅 Arthur F. Wright，《汉学在北平：1941—1945》（“Sinology in Peiping 1941-1945”），*Harvard Journal of Asiatic Studies* 9 (1945-1947)，第 317 页。就欧洲之研究早期（17 世纪和 18 世纪）耶稣会在中国的传教任务等主题，Erik Zürcher 曾作文分析，批评 Bernard 之欧洲中心取向以及 Henri Cordier 之专注于书目研究，原因在于他们的研究总表内完全不包括任何中国作者之作品。（参阅 Zürcher，《从“耶稣会研究”到“西学”》（“From ‘Jesuit Studies’ to ‘Western Learning’”），见 Ming Wilson (ed.), *Europe Studies China*，第 273 页。

[8] 参阅 Edward Malatesta S.J. 之《死亡启事》（“Necrology”），见 *Actes du IVe Colloque International de Sinologie de Chantilly 8-11 septembre 1983. Chine et Europe: évolution et particularités des rapports est-ouest du XVIe au XXe siècle* (Taipei a.o., 1991)，第 303—308 页（英法对照），及《荣振华的作品书目》（“Bibliography of Works by Joseph Dehergne, S. J.”），Theodore N. Foss 辑，见上注，第 309—314 页。

传教史[1]。他近期在学志上发表了一份目录，值得吾人特别注意。此为 16 世纪末到 19 世纪初耶稣会传教士在中国的教义问答目录，此目录为荣振华遗作，编辑时间逾 15 年[2]。

在学志首册评论中国基督教历史的文章中，贝克曼亦提醒读者注意有关北堂图书馆历史的三篇短文[3]。这个机构乃是 17 世纪法国耶稣会所创立，收藏品包括许多罕见的欧洲和中国珍本书籍，提供读者认知早期中国传教士的知识背景[4]。目前，这个图书馆的先前藏书已分散在好几个机构，不易取得。因之学志内的这三篇文章仍都具学术价值[5]。

贝克曼也提到陈垣所写的关于吴渔山（1632—1718）的一篇论文，此君为最早的耶稣会中国会士之一[6]。陈垣诚然领第一批研究者之风骚，钻研杰出的中国改信基督教者之生平。在 20 世纪 60 年代末期之前，西方学者一向忽略此类研究[7]。

学志亦刊登陈垣的一篇文章，主题是耶稣会传教士汤若望（1592—1666）以及他和佛教僧侣木陈忞的关系[8]。根据今日上海中国基督教研究者顾卫民的说法，陈

---

[1] 《海南岛基督教起源》[“Les origines du Christianisme dans l'î le de Hainan（XVIième-XVIIième siècles）”]，《华裔学志》5（1940），第 329—348 页。

[2] 荣振华：《1584—1800 年中国基督教教义问答》（“Catéchismes et catéchèse des Jésuites de Chine de 1584 à 1800”），《华裔学志》47（1999），第 397—478 页。至于编辑过程，请参阅马雷凯之编辑语（“Editorial Note”），同上，第 397—399 页。

[3] 参阅贝克曼，《华裔学志》（“Monumenta Serica”），第 144 页。论北堂图书馆的文章为：J. van den Brandt，《北堂书目—历史志》（“La bibliothèque de Pé-tang-notes historiques”），《华裔学志》4（1939—1940），第 616—621 页；J.B.Thierry，《北堂遣使会 1861 年图书目录》（“Catalogus bibliothecae Domûs Pé-tang Congregationis Missionis Pekini Sinarum 1861”），同上，第 605、615 页；H. Verhaeren，《北堂中文书目》（“La bibliothèque chinoise du Pét-tang”），同上，第 622—626 页。Verhaeren 为辣匝禄会传教士，随后曾编辑北堂所有典藏图书的完整目录。（《北堂藏书目录》）[*Catalogue de la Bibliothèque de Pé-Tang*，北京，1949 年]。

[4] 有关此和传教历史之关联，请参阅 Johannes Beckmann，《北京北堂书馆》（“Die Pé-tang Bibliothek in Peking. Ihre missionsgeschichtliche Bedeutung”），*Neue Zeitschrift für Missionswissenschaft* 4 (1948)，第 275—278 页。

[5] 有关最新资料，请参阅 Lars Laman，《北堂收藏近况》（“The Current State of the Beitang Collection”），《欧洲汉学图书馆协会通讯》（*Bulletin of the European Association of Sinological Librarians*）9（1996），第 19—20 页。

[6] 《吴渔山入耶稣会 250 周年纪念文集》（“Wu Yü-shan. In commemoration of the 250th anniversary of his ordination to the priesthood in the Society of Jesus”），《华裔学志》3（1938），第 130—170b 页；亦见 Beckmann，“Monumenta Serica”，第 143—144 页。

[7] 许理和（Erik Zürcher）特别强调这个事实，见“From ‘Jesuit Studies’ to ‘Western Learning’”，第 275 页。

[8] 《汤若望与木陈忞》（“Johann Adam Schall von Bell S. J. und der Bonze Mu Tschen-wen”），《华裔学志》5（1940），第 316—328 页。此中文论文亦有德文译文，见《辅仁学志》7（1938），第 1—28 页，译者为 D.W.Yang。令人扼腕的是，德文译本只完成三分之一。

垣的这篇文章算是 1949 年之前中国学者研究汤若望之首篇[1]。

1955 年《华裔学志》在日本复刊后，贝克曼评论学志的第 14 册，提出有关传教史的文章再度占有重要地位，如同先前诸册一样[2]。他提到当时学志主编卜恩礼针对东林书院的全面研究，文章还包括一份附录，调查学院和天主教会的关系[3]。随后论明朝和中国教育制度的西方作品经常援引此文。此外，援引此文的方法学角度，许理和（Erik Zürcher）更盛赞此文属于"孤独的先行者"，在其分析"耶稣会士身处的中国氛围中，在论及知识分子圈对西学的接受情形和 17 世纪中国知性运动的关系时"并非采取"传教学导向和欧洲至上的观点"。[4] 顺此研究路线发展，卜恩礼之研究东林书院正是所谓的汉学研究。因之，当今中国基督教历史研究之带头学者之一钟鸣旦（Nicholas Standaert S.J.）[5] 之言就有待商榷。他说，"真正第一次从汉学观点研究这一主题"者为谢和耐（Jacques Gernet）的知名研究作品《中国和基督教：行动和反应》（*Chine et Christianisme. Action et réaction*）。此研究发表于 1982 年，晚于卜恩礼的文章几乎有 30 年[6]。

---

[1] 参阅顾卫民，《19 世纪至 20 世纪中国的汤若望介绍与研究（1799—1991）》，见马雷凯编，《中国的西学和基督教——汤若望耶稣会会士（1592—1666）的贡献和影响》[*Western Learning and Christianity. The Contribution and Impact of Johann Adam Schall von Bell S.J. (1592-1666)*]，第 2 册（Sankt Augustin-Nettetal，1998），第 1104 页。

[2] 见 *Neue Zeitschrift für Missionswissenschaft* 11 (1955)，第 306 页。

[3] 《东林书院和其政治及哲学意义》（"The Tung-lin Academy and its Political and Philosophical Significance"），《华裔学志》14（1949—1955），第 1—163 页。O.B.van der Sprenkel 曾为此文写下摘要，见《汉学书目》（*Revue Bibliographique de Sinologie*）1（1955），第 161—162 页。在《附录 II：东林书院和天主教教会》（"Appendix II: The Tung-lin Academy and Catholic Church"，第 156—163 页）中，Busch 分析欧洲和中国的资料，拒斥耶稣会士 Daniello Bartoli（1608—1685）的说法——东林党对天主教教义抱持正面态度。他也反对裴化行更具远见的论点——就哲学观念和科学方法而言，耶稣会直接影响东林党。这些论点出现在裴化行《明末的哲学运动何由发生？》（"Whence the Philosophic Movement at the Close of the Ming?"）的文章，见 *Bulletin No.8 of the Catholic University of Peking* (1931)，第 67—73 页。

[4] 许理和：《从"耶稣会研究"到"西学"》（"From 'Jesuit Studies' to 'Western Learning'"），第 273、274 页。

[5] 他为此书的主编《中国基督教手册》（*Handbook of Christianity*），册 1:635-1800 (Leiden-Boston-Köln: Brill, 2001)。

[6] 钟鸣旦：《中国基督教史料编辑新趋势》（"New Trends in the Historiography of Christianity in China"），见《天主教历史评论》（*The Catholic Historical Review*）83（1997），第 580 页。有关 Gernet 著作之评价，亦请参阅许理和，"From 'Jesuit Studies' to 'Western Learning'"，第 275—276 页。当然，我不拟忽视谢和耐划时代研究的优点。他的研究重新发现了中国的基督教之研究领域，为范围更广的汉学家提供素材，同时启发了各家对此主题的多方论辩。事有巧合，华裔学志研究中心目前正拟出版谢和耐著作之德文增订版，以飨诸学院读者。先前之德文版 *Christus kam bis nach China. Eine erste Begegnung und ihr Scheitern* 已绝版数年。新版将包括更正后的德文译文、作者新序、中文词汇索引和重印此书重要论评。

基督宗教汉学研究的一个最近的好例子是杜鼎克（Adrian Dudink）的一篇论文《〈南宫署牍〉〈破邪集〉与西方关于南京教案（1616—1617）的报道》[*Nangong shudu (1620), Poxie ji (1640), and Westen Reports on the Nanking Persecution (1616-1617)*]，其中，作者从历史和批评的新角度去研究所谓南京教难，或者 19 世纪初所发生的反基督宗教事件。在比较两本供给消息的中文书籍的过程中，杜鼎克从此事件中获得了新启发——凭借证据所谓的南京教难“并不是追求毁灭基督宗教与中国土地的破坏，而是企图将其控制在自己的管辖之下”[1]。

在《华裔学志丛书》中，过去 20 年来，中国的基督教研究一直是核心重点，尤其是 1986 年马雷凯担任此系列书籍编辑后更是如此。专门研究中国基督教历史的刊物《中西文化关系期刊》（*Sino-Western Cultural Relations Journal*）[2] 的编辑孟德卫（David E. Mungello）前些年曾在一篇论评文章中说道：“近年来，《华裔学志丛书》已成为世界中西历史学术作品之领先者。”[3] 从 1985 年起出版的学志丛书 34 册书中，即有 13 册探讨中国的基督教历史。这其中有些单册和会议文集讨论在中国的传教士白晋（Joachim Bouvet S. J.，1656—1730）、柏应理（Philippe Couplet S. J.，1623—1693）、汤若望（Johann Adam Schall von Bell S. J.，1519—1666）、南怀仁（Ferdinand Verbiest S. J.，1623—1688）和艾儒略（Giulio Aleni S. J.，1582—1649）。其他书册则专做专题研究，比如礼仪之辩、圣经在现代中国社会的流布普及情况，另有一册专门搜罗耶稣基督在中国的研究和文本。华裔学志研究中心另外出版了《华裔选集》（*Collectanea Serica*），发行对象为一般读者，而并非是面向学术界的读者。此系列丛书中也包括中国基督教的著作，亦即传教士卫匡国（Martino Martini S. J.，1614—1661）、戴进贤（Ignaz Kögler S. J.，1680—1746）、南怀仁（Gottfried von Laimbeckhoven S. J.，1707—1787；编者按：与前述南怀仁中文名字相同，实非一人）、薛田资（Georg M.Stenz S.V. D.，1869—1928）等人的生平事迹，另有谈及香港和澳门的基督教历史，亦有一册收录现代中国的宗教、神学和教会等文章。

在这些有关基督教历史的专著中，我只拟详细论述两册：一为魏特（Alfons Väth S. J.）执笔的汤若望传记；二为夏德明（Dominic Sachsenmaier）执笔的有关

[1] 于《华裔学志》48（2000），第 137 页。

[2] 此期刊先前称为《中国传教研究公报（1550—1880）》[*China Mission Studies (1550-1800) Bulletin*]。

[3] 《中西文化关系期刊》（*Sino-Western Cultural Relations Journal*）21（1999），第 35 页。此文评论《华裔学志丛书》第 35、37、42、43、44 诸册。此文也包括《华裔学志》简史及辅仁大学简介（第 36—37 页）。

中国改宗者朱宗元（约 1616—1660）的专门论文。这两部专著可视为两种不同研究趋势的典型代表作，分别是 20 世纪前 60 年或 70 年盛行的“传记式、传教导向的研究方法”[1]，以及 20 世纪末 20 年或 30 年渐受重视的汉学研究式、文本导向的研究方法。魏特的传记最先出版于 1933 年，直译可被叫作“徘徊在圣徒传边缘的颂词式传记”[2]。即使如此，1992 年汤若望 400 周年冥诞上，华裔学志研究中心仍然重印了此书。原因无他，此传记纵或有欧洲中心的偏见论点，却仍是今日研究汤若望的最佳资料。新版传记并附有最新的书目以及词汇索引。此书一出，评家广为论评，并成为《华裔学志丛书》的畅销书[3]。

夏德明的研究是 1999 年在德国弗赖堡（Freiburg）大学完成的博士论文。论文研究焦点是明清之交较不为人所知的改信基督教人士朱宗元的作品，论文试图要呈现出“基督教融入中国文化的方法和机制”[4]。这份研究的特色在于运用跨领域的研究方法，将剑桥学派政治思想的方法架构应用于错综复杂的文化融合问题。从汉学研究的观点来看，如此正符合许理和所规范的要求，转向一个新的研究趋势，探讨基督教在中国的流布发展。其新意所在乃是不把耶稣会当成文化中介者，而是集中强调中国文化界对西学的反应，包括种种从西方引进的神学、道德、科学、技术和艺术理念[5]。

在《华裔学志丛书》方面，未来计划出版更多书籍探讨基督教在中国的历史；例如，正在进行中的出版计划是马雷凯编辑的《耶稣基督的中国脸容》（*The Chinese Face of Jesus Christ*）。此书预计分为五册，孜孜于呈现全面性跨学术领域研究下耶稣在中国的多重面貌和意象。它将结合汉学研究、传教历史、神学、艺术历史和其他层面。前三册包括的文章和文本讨论唐朝迄于今日的耶稣脸孔和意象。第

---

[1] 许理和：“From ‘Jesuit Studies’ to ‘Western Learning’”，第 272 页。

[2] 同上书，第 273 页。

[3] 在评论《传教国际评论》[*International Review of Missions*；83（1994），第 346—351 页] 中，Arne Sovik 写道：“我们眼前所见是一本杰出的传教传记，其中引介的个人生平映照了其所处的时代和社会，同时也呼应了角色生平所属的时代运动。先前曾有其他评者简短探讨汤若望，然此书是第一流的学者就非常丰富完整的第一手资料全面地研究汤若望。这是一本由爱而来的著作。这对传记对象并非吝于批评，然其为言义我同类，或许这正是作为一本传记之所当为。”许理和对此著作批评较多，他认为“像魏特写作的汤若望传记的这类作品，今日的作者不会用此类颂诗式的写作。”（Zürcher, “From ‘Jesuit Studies’ to ‘Western Learning’”，第 273 页。）

[4] 参阅夏德明：《由朱宗元（1616—1660 年左右）所接纳的欧洲内容融入中国文化内》[*Die Aufnahme europ?ischer Inhalte in die chinesische Kultur durch Zhu Zongyuan (ca.1616-1660)*]，《华裔学志丛书》47（Sankt Augustin-Nettetal: Steyler Verlag, 2001），第 471 页。

[5] 参阅许理和：“From ‘Jesuit Studies’ to ‘Western Learning’”，第 264 页。

四册有份评注的书目，列举研究中国耶稣形象的中西方作品，并附有词汇索引。此丛书第五册则是肖像学，试图呈现出西方传教士和中国人士如何用艺术的方法刻画耶稣基督。这五册中的第一册和第二册已经在 2003 年出版[1]。

《华裔学志》中有甚多文章含括最新汉学出版品的重要书目信息。早在《华裔学志》于北京编辑出版阶段，知名的新教传教士卫礼贤之子卫德明（Hellmut Wilhelm，1905—1990）就曾发表过三篇系列文章，介绍 1938 年到 1945 年中国出版的重要汉学研究作品[2]。这些文章把书目分为中文作品和外文作品，并含括分类和评注书目。这些文章不仅让读者意识到 20 世纪 30 年代和 20 世纪 40 年代中国境内西方汉学家积极广泛的出版活动[3]，而其附注评论，尤其是针对中国作品的评注文字，更是至今为止仍具学术价值。

学志在日本编辑出版阶段，编辑群试图把日本汉学家、满学家和蒙学家的重要作品引介给西方读者。学志曾刊出一系列十篇论文，写作者为后藤基巳、后藤均平、冈本敬二、渡边惠子等人，他们探讨了日本研究中国哲学[4]、宗教[5]、文学[6]、社会和经济史[7]、考古学[8]、题铭学、民俗传统和人类学[9]、满族和蒙古族历

[1] Roman Malek (ed.), *The Chinese Face of Jesus Christ*（《耶稣基督的中国脸容》）, vols.1, 2. Jointly published by Institut Monumenta Serica and China-Zentrum, Sankt Augustin.Monumenta Serica Monograph Series 50/1, 2 (Nettetal: Steyler Verlag, 2003).

[2]《1938 年以来中国出版的汉学书籍选目》（“A Selected List of Sinological Books Published in China since 1938”），《华裔学志》7（1942），第 92—174 页；《1938 年以来中国出版的汉学书籍选目 II》（“Second List of Sinological Books Published in China Since 1938”），《华裔学志》8（1943），第 336—393 页；《中国出版的最新汉学书籍选目 III》（“A Third List of Recent Sinological Publications in China”），《华裔学志》11（1946），第 151—189 页。

[3] 以西方语言写作的专题书册量已惊人，有 356 个标题之多，以中文写作的则有 490 个标题。

[4] 后藤基巳（Gotō Motomi）:《战后日本中国哲学研究》（“Studies in Chinese Philosophy in Postwar Japan”），《华裔学志》14（1949—1955），第 164—187 页。

[5] 后藤均平（Gotō Kimpei）:《战后日本中国文学研究》（“Studies in Chinese Literature in Postwar Japan”），《华裔学志》15（1956），第 463—511 页。

[6] 后藤均平:《战后日本中国宗教研究》（“Studies in Chinese Religion in Postwar Japan”），《华裔学志》16（1957），第 397—448 页。

[7] 后藤均平:《战后日本中国社会和经济历史研究》（“Postwar Japanese Studies in Chinese Social and Economic History”），《华裔学志》17（1958），第 377—418 页。

[8] 后藤均平:《战后日本中国考古学研究》（“Postwar Japanese Studies in Chinese Archaeology”），《华裔学志》18（1959），第 431—459 页。

[9] 后藤均平:《战后日本中国题铭学、民俗传说、人类学研究》（“Postwar Japanese Studies in Chinese Epigraphy, Folklore and Ethnology”），《华裔学志》19（1960），第 384—402 页。

史[1]、中国语言[2]、中国陶艺[3]和韩国历史[4]等主题的成果，含括了日本研究中国及其邻邦范围最广、资料最新的诸多重要作品的书目信息。其中，大部分的书目条目皆有评注。就此系列文章而言，学志的编辑们已是忠实于前文所引学志第十册“编辑语”中所言，将日本中国研究的丰厚传统呈现给学志的读者。

《华裔学志》亦刊登无数学者的传记、讣闻和书目，这对汉学研究史和相关研究领域而言亦是贡献良多。其中共有32个学者，包括编辑、编辑顾问、投稿学志的熟悉脸孔，以及各个领域的杰出代表。

就此方面而言，傅吾康（Wolfgang Franke）有一文堪值一提，此文把“德国年青一代的汉学家”介绍给《华裔学志》的读者[5]。傅吾康的文章发表于1940年，就当时的政治情境而言，此文别具意义。傅吾康原是德国知名汉学家福兰阁（Otto Franke，1863—1946）之子，彼时正为驻于北京的德国文化机构工作[6]。在纳粹政权下，许多德国汉学家被迫迁离德国，如此就意味着德国汉学的大量失血。傅吾康避免在文章中提到“移民”（emigrant）一词，但是他特别提到一些德国汉学家，“他们不必然一定住在德国”，“他们的写作出版语言也不必然总是德文”。在这些特殊的德国汉学家中，他提到了艾伯华（Wolfram Eberhard，1909—1989）、白乐日（István Balázs，后来的Étienne Balázs，1905—1963）和西门华德（Walter Simon，1893—1981）[7]。

在北京出版的大部分学志皆含括一个特别的专刊，谓之《刊物简评》（*Review of Reviews*），评论搜罗当代以西语、中文和日文写作的、与中国研究相关的期刊。

---

[1] 冈本敬二（Okamoto Yoshiji）：《战后日本满蒙历史研究》（“Studies on the History of Manchuria and Mongolia in Postwar Japan”），《华裔学志》19（1961），第437—479页。

[2] 后藤均平：《战后日本中国语言研究》（“Postwar Japanese Studies in the Chinese Language”），《华裔学志》20（1961），第368—393页。

[3] 渡边惠子（Watanabe Keiko）：《战后日本陶瓷研究》（“Postwar Japanese Studies in Chinese Ceramics”），《华裔学志》21（1962），第379—404页。

[4] 冈本敬二：《日本“二战”后韩国历史研究》（“Japanese Studies on Korean History since World War II”），见《华裔学志》22（1963），第470—532页。

[5] 见《华裔学志》5（1940），第437—446页。

[6] 见其自传《被中国迷住：一位汉学家的自传》[*Im Banne Chinas. Autobiographie eines Sinologen (1912-1950)*；Dortmund: Projekt Verlag, 1995]，尤其是第60—68页。

[7] 有关诸学者及其他移民的德国汉学家之传记资料，请参阅柯马丁《德国汉学家在1933—1945年的迁移》。柯马丁也提到傅吾康在《华裔学志》上的文章，写道：“傅吾康正如其父，本身并非是国家社会党的一员，学术生涯也正处初试啼声的阶段，似乎也因实际理由选取这种隐晦的方式，做忠实的呈现（后略）。”（第513页）。

书评为期刊内容列表，或是相关文章摘要[1]。如此被列入评写的共有68种期刊，其中一般性质—导向的汉学研究期刊（如《通报》《支那考古》），但亦有分类期刊专论艺术史（如《亚洲艺术》《美术刊物》）、考古学（如《考古》）、人类学（如《人类学》）、地理学（如《地理学报》《地理杂志》）、历史学（如《史学杂志》《史学季刊》）、书目（如《中国书目季报》）、建筑学（如《中国营造学社汇报》）和其他学科[2]。

至今为止，此部分仍别具意义。读者若要一览20世纪30年代和40年代的汉学，尤其是日本的汉学研究，此部分正足以派上用场。如同海陶玮（James Robert Hightower）所言，“这些刊物简评尤其能唤醒西方汉学家注意日本的主要期刊，彼时尚未固定按时推出已出刊文章的英文简介。”[3] 负责筹划此部分内容者为沈兼士，此君为《华裔学志》的编辑顾问之一，也是著名的语言学家[4]。至于这部分内容的作者，学志中有数册提及陈祥春和方志浵[5]。方志浵长期担任学志编辑助理，后来又成为学志编辑顾问，因而可能是《刊物简评》的主要负责人士[6]。

另有其他同时代的汉学期刊亦有类似的内容。例如，《泰东》即有“东方书目”部分，把中国、日本，偶尔是暹罗的出版物介绍给读者。在期刊部分，大部分只刊出目录[7]。《哈佛亚洲研究期刊》包括一个相当详尽的部分谓之“书目”，介绍来自俄国、中国、日本、美国和欧洲汉学研究出版物的摘要[8]。

---

[1] 《刊物简评》可见于：第1册（1935），第229—240、515—527页；第2册（1936—1937），第261—289、487—527页；第3册（1938），第327—344、667—679页；第4册（1939—1940），第715—736页；第6册（1941），第422—451页；第7册（1942），第353—378页；第9册（1944），第262—299页；第11册（1946），第343—353页；第12册（1947），第332—381页；第13册（1948），第433—444页。因为编辑作业，学志《书评》部分有时也评论期刊。

[2] 在学志册II（1936）编辑提及《刊物简评》之后，这类特殊范围的研究被称为“边界研究”（第260页）。有关受评的期刊分析及彼等之个别研究领域，亦请参阅高杏佛关于华裔学志研究的专著，第70—71页。

[3] 见海陶玮：《纪念方志浵》（“Achilles Fang: In memoriam”），《华裔学志》45（1997），第400页。

[4] 见高杏佛关于华裔学志研究的专著，第51页。方志浵执笔的沈兼士讣文见《华裔学志》13（1949），第409—412页。有关其生平和著作之其他资料，请参阅周祖谟所辑沈兼士条目，见《中国大百科全书·语言文字》（北京：中国大百科全书出版社，1988年），第339—340页。

[5] 第3册（1938），第344、679页；第4册（1939—1940），第736页；第6册（1941），第451页；第7册（1942），第378页。

[6] 见“Achilles Fang: In memoriam”，《华裔学志》45（1997），第400页。

[7] 详细资料，见Hartmut Walravens，*Asia Major*（1921—1975）。

[8] 第I册（1936）开始，第257—280、407—437页。有关期刊个别标题，见John L. Bishop,《哈佛亚洲研究期刊索引，第一册（1936）至第二十册（1957）》[“Index to the Harvard Journal of Asiatic Studies, volume 1（1936）- volume 20（1957）”], Cambridge, Mass.: Harvard-Yenching Institute, 1962.

从前述所言看来，《华裔学志》的《刊物简评》算是与同领域杂志刊物齐肩并进，为读者提供了研究中国文化殊称重要，然有时不易取得的诸多期刊的研究成果。

结　论

当今，在中国研究的领域中专科、专业研究与日俱增，西方汉学针对不同领域不同时代的期刊如雨后春笋般快速成长。时代趋势即或如此，《华裔学志》的主题光谱仍是一般宽广，学志本身及丛书仍立意持续刊登汉学研究的各层面作品，包括所有相关学科。当然，学志的内容也会反映当前的研究趋势；因之，传统的、较为注重文本的汉学研究已转变为强调人类精神与思想历史的研究。又，与学志初创的年代对比，吾人发现英文已渐成主要的论著写作语言——这是以德、法为母语的汉学家们可能抱憾之趋势。

展望未来，《华裔学志》仍将忠于其职志，刊行研究中国基督宗教历史的相关作品，强调从汉学观点探讨此类主题。学志也将持续促进中国和其他亚洲学者密切合作这一目标。

（谢惠英　译）

巴佩兰（Barbara Hoster），德国华裔学志研究中心编辑。

日本的现代中国研究与现代中国学部

——访日本爱知大学加加美光行教授

张　萍

张：据我所知，战前日本的中国学研究主要以汉学和中国哲学为对象，第二次世界大战以后特别是1949年新中国成立以后，以社会主义中国为对象的现代中国研究也相当活跃。请加加美先生介绍一下第二次世界大战后日本关于现代中国研究的发展和特点。

加加美：如你所说，1945年以前日本的中国学研究主要是以讲座方式在东京大学、京都大学等大学内开展的汉学研究和中国哲学研究，同时也存在着以当时的中国社会为研究对象的中国学，如当时的满铁研究所和东亚研究所等国策研究机构的研究对象就是现实中国社会。因为这些研究机构的宗旨是为日本侵略中国提供政策依据，如果只研究中世纪或古代历史的中国而不了解中国的现实社会，便无助于日本对中国大陆的军事侵略。

真正学术意义上的现代中国研究是从1945年以后开始的。第二次世界大战后日本关于现代中国的研究大体上可以划分为三个阶段。

第一阶段为1946年至1965年。这一时期的主要代表人物有研究中国政治经济的平野义太郎、中西功、高桥勇治、岩村三千夫、波多野乾一、石川忠雄、松村一人、安藤彦太郎、野原四郎、幼方直吉，研究中国文学和历史的竹内好、贝塚茂树、波多野善大等人。从研究方法来看，主要分为采用马克思主义方法和采用美国式观察学方法两派，前者占据主导地位。

在研究机构方面，第二次世界大战后初期，当日本的国土还是一片废墟的时候，一些有志于中国研究的学者便聚在一起，于1946年1月创立了中国研究所

（社团法人）。1951 年 5 月，又在该研究所的基础上成立了现代中国学会。当时的中国研究所及现代中国学会的核心人物，均为 1945 年以前在满铁研究所等国策研究机构工作过的研究人员或以合作研究等方式与这些研究机构有过联系的学者。其中多数为马克思主义学派学者。因为 1945 年以前，在满铁研究所等国策研究机构中，有不少研究人员是为了躲避政治镇压而入所的马克思主义者和日本共产党员，因左尔格事件而被判刑的尾崎秀树就是一个典型代表，第二次世界大战后初期的中国研究所第一任所长平野义太郎也属于这种学者。

无条件地赞美新中国的一切是这一阶段马克思主义学派的重要特点。出现这种现象的原因主要有三点。第一，他们中的许多人虽然是马克思主义者，但是在战争期间都曾经或直接或间接地参与过日本国策研究机构的研究，支持过日本对中国的侵略，因此对中国抱有一种赎罪感。第二，1949 年 10 月新中国成立后，不仅使中国国内的面貌焕然一新，而且由于参加了朝鲜战争并与第二次世界大战后最大的强国美国分庭抗礼，也极大地提高了中国的国际威望，令日本的这些研究中国的学者羡慕不已。与新中国的情况相反，战后初期的日本在美国的占领下丧失了独立主权，1952 年 4 月生效的《旧金山和约》虽然使日本结束了被占领的时代，但是依然处于美国的支配之下。因此，一些日本学者出于反美反殖民地争取民族独立的愿望，把新中国看作能与欧美国家相抗衡的另一方势力的带头人，同时也期待中国能开辟出一条与欧美不同的独特的社会主义发展道路。第三，由于当时中国的有关资料不公开，封锁性很强，又缺乏客观的新闻报道，很多日本学者并不了解中国的实际情况，只能根据中国官方提供的资料来分析和研究当时的中国。这一时期的马克思主义学派的学者不仅出版了许多赞美毛泽东的著作，而且发表了赞美人民公社、“大跃进”甚至反右运动的论著。

1953 年 6 月，在日本外务省亚洲局、内阁官房调查室等政府机构和一些财团的支持下，亚洲政经学会正式成立。1958 年 11 月，该学会在岸信介的支持下创立了通产省的外国研究机构——亚洲经济研究所。与中国研究所和现代中国学会不同，亚洲政经学会和亚洲经济研究所的核心人物不是研究现代中国的学者，而是板垣与一、马渕东一、岸幸一等研究东南亚的专家。1945 年以前，他们也在国策研究机构从事过为日本军政服务的东南亚研究。此外，加入这一研究组织的还有一些对中国与东南亚比较研究感兴趣的学者，以及石川忠雄、卫藤沈吉等第二次世界大战后才开始研究中国的年轻学者。需要指出的是，第二次世界大战后初期日本的东南亚研究与中国研究有很大不同。当时的东南亚地区尚未出现拥有独立主权的社会主义国家，而像日本一样追随美国的国家则为数不少，因此，亚洲政经学会的学者对自己在战争期间所做的国策研究的反省意识没有中国研究所和现代中国学会的学者那样强烈，而附庸于美国的日本政府和日本财界的支持又助长了这种倾向的发展。他们对新中国的态度也与中国研究所和现代中国学会不同，采取的是一种冷眼旁观的态度。在研究现代中国的方法上，亚洲政经学会里也有少数采用马克思主义方法的学者，如高桥勇治，但占主导地位的是美国的中国学者费正清所倡导的观察学及地区研究方法。由于费正清等人以西欧现代化为标准对新中国所采取的政策给予了肯定的评价，日本的这一派学者受其影响，也认为20世纪50年代的中国基本上是朝着现代化的方向发展，给予了肯定的评价。20世纪60年代以后，这一派培养了很多的美国留学生，但在第一阶段的日本中国研究学界仍属于少数派，现在则发展成为多数派。

第二阶段为1966年至1975年，相当于中国的“文革”时期。这一时期的重点是亲中国派与批判中国派之间发生了激烈的对立。1966年，围绕批判苏联的问题，日本共产党和中国共产党之间出现重大分歧，继而彻底决裂。这种决裂也反映在日本的中国学界中，引起了亲中国派和批判中国派的对立。由于中国研究所里亲中国派占优势，所以当时对中国持批判态度的平野义太郎、米泽秀夫、尾崎庄太郎、金丸一夫、伊藤敬一等9名学者被研究所除名。同时，现代中国学会也随着批判中国学派学者的退会而变成亲中国派的据点。与此相反，日本共产党内部则由于批判中国派居主流而将亲中国派的学者开除出党。

另一方面，在亚洲政经学会里以美国式观察学的方式研究中国的卫藤沈吉、石川忠雄、坂本是忠等非马克思主义学者，于1964年前后逐渐了解了中国“大跃进”政策失败的真相，他们以欧美的现代化为标准认为这是因为中国尚处于前现代的阶段，随着“文化大革命”的爆发，这些学者都变成批判中国派。当时，美国推行世界霸权主义政策，插手世界各地的纠纷，介入最深的是朝鲜战争，与中国势不两立。在这种情况下，以观察学的方法来批判“文革”的中国这一派学者，自然而然地就站到了支持美国的霸权主义的亚洲政策和对华政策的立场上。

在这个时期，批判中国派中的两派学者，即反美的日本共产党系统的学者和亲美的非马克思主义学者，评价中国的方法论越来越相似。

从思想方法来看，亲中国派的学者是从反欧美现代化模式的角度来强调中国社会主义模式的合理性与正确性的；与此相反，批判中国派的学者则肯定了欧美的现代化模式，并以此为标准强调中国政治经济文化的不合理性与落后。因此，“文化大革命”爆发后，亲中国派理所当然地站到了支持“文化大革命”的立场上，而批判中国派则举起了反对“文革”的旗帜。

张：在我的印象中，亲中国派的不少学者都是一些很有理想的人，他们看到了欧美社会的种种弊病，也不满于日本因追随欧美优先发展经济而出现的公害泛滥、人被物所控制等社会现实，所以寄希望于中国，热切地盼望中国发展成为与欧美不同的理想国家，在这种热情的驱动下，有点盲目地肯定中国的一切。而批判中国派的思想渊源既可追溯到日本明治维新以后的“脱亚入欧”思想，也与50年代以来美国的冷战思维有关，当然，还有一些学者则完全是因为日本共产党与中国共产党的决裂而转到这一派的。

加加美：是这样。特别需要指出的是，由于亲中国派过于理想地看待中国社会，所以当“文革”后期关于“文革”的真实情况传到日本以后，对他们的打击相当大，可以说是理想的破灭。

以1976年中国“文化大革命”为界限，日本对于现代中国的研究进入了第三阶段，一直持续到现在。在这个阶段，由于亲中国派“肯定中国的一切”的观点已失去了合理性，批判中国派成为主流派，他们所使用的观察学的方法也随之成为研究现代中国的主要方法。

所谓观察学，即把研究的对象看作假想敌，与其不直接对话，而仅靠搜集资料来研究对方。这种方法产生于战后美苏对立的冷战初期，美国学术界最初用于研究当时的苏联，后来又用于研究中国。20世纪50年代即已传入日本，但到20世纪70年代后期才在日本的现代中国研究中占据主导地位。

这种方法有两个缺陷：一是不与研究对象对话，容易囿于一己之见，犯主观主义的错误；二是把研究对象看作假想敌会令对方感到不快，譬如日本就从未出现过“美国观察学”或“英国观察学”，在这个意义上，说“中国观察学”是冷战和歧视中国的产物也不过分。

张：与20世纪五六十年代研究中国的学者相比，20世纪八九十年代研究中国的学者有什么不同？

加加美：20世纪五六十年代研究中国的学者，学问上是在研究中国，实际上思考的却是日本社会的发展方向问题，不少人站在批判日本现实社会的立场上；20世纪八九十年代开始研究中国的学者，已不再思考日本社会的问题，因为他们满意日本的现状。这是根本的不同之处。

从研究课题来看，20 世纪五六十年代的学者注重对中国政治的研究，特别是关于毛泽东及其思想的研究很盛行。20 世纪 80 年代的学者则注重对中国改革开放以来的经济政策和经济变革的研究。另外，随着中国对外开放程度的加深，以实地访谈、问卷等方式对中国进行实地调查也成为 90 年代的一大特色。

张：从加加美先生以上的介绍来看，日本研究现代中国的学者的立场、观点和方法，好像经常受到中国社会的变化、日本社会的变化和国际局势的变化这三个因素所影响，不断发生变化。

加加美：是这样。由于研究对象发生变化而改变观点和研究方法的做法属于正常的现象。但是 80 年代以来，也出现了因缺乏独立见解而人云亦云或一味追随美国人的观点的情况，这则属于一种不正常的现象。另外，我也不赞成某些研究现代中国的学者对日本社会漠不关心的态度，我认为这是一种没有社会责任感的表现。即使是把中国作为研究对象，也应该关心本国的社会现实，不了解日本社会的人，也不会很好地理解中国社会。

张：加加美先生是研究现代中国政治特别是“文化大革命”问题的专家，今年既是“文化大革命”爆发 30 周年也是“文化大革命”结束 20 周年，您认为应该怎样评价“文化大革命”？

加加美：今天，无论是中国国内还是世界各国研究中国的学者，都对“文革”持全面否定的态度。但是却忘记了这样一个基本事实：“文化大革命”爆发的 1966 年，也是美国的世界霸权地位开始崩溃的年头，“文革”作为反抗美国霸权主义的第三世界的革命，曾得到全世界参加反美、反战运动人士的热情支持。众所周知，“文革”最初是以青年学生为主体的红卫兵运动和造反运动开始的，不久就发展成为世界规模的青年学生运动，如 1967 年 10 月在美国华盛顿发生的反越战大游行，1968 年 1 月在日本发生的大学学生运动，1968 年 5 月在法国发生的学生运动，等等。另外，把重视物质经济发展的现代化路线看作唯生产力论进行猛烈批判，也是“文革”的一个特点。我认为，这种否定唯物质的精神主义，可以说是对近百年来欧美、日本等列强仰仗物质力量不断蹂躏、侵略中国的一种反动。这种现象不仅出现在中国，也是 20 世纪第三世界国家开展反对殖民地统治、争取民族解放运动时的一个共同特点，譬如印度的圣雄甘地所领导的非暴力抵抗运动也是这样的精神主义。因此，尽管“文革”存在着根本性的错误，但是仅仅全面否定“文革”还是过于简单，应该对产生“文革”的国际、国内背景和历史背景进行更为详尽的分析研究。

张：爱知大学筹建的现代中国学部目前已获得日本文部省的批准，1997 年 4 月将正式开学，这是日本大学中第一个以“中国”命名的学部，作为现代中国学部的第一任学部长，请加加美先生谈谈爱知大学成立这个学部的背景和办学宗旨。

加加美：急剧变化的中国对亚洲和世界的影响越来越大。在即将到来的 21 世纪，怎样才能与中国在文化、经济、政治等方面继续保持良好的合作关系，对于日本来说是一个重要的课题。中日两国的关系目前虽然不坏，但也存在着一些不容忽视的不利因素，如日本对侵略中国的战争责任的认识至今仍是个未了的问题，更重要的是中日两国相互理解的深度不够。有人认为，中国人和日本人肤色相同，又使用一样的汉字，很容易互相理解对方，实际上这是一种皮相之见。以中日两国青年到国外留学的情况为例，近年来日本青年到中国留学的人数越来越多，但绝大多数仍以学习中文为目的，而到欧美留学的日本青年则大都学习专业课程，以获得学位为目的，显而易见，在日本青年心目中留学中国的档次要比留学欧美的档次低得多。同样，在中国青年学生心目中，留学档次最高的是到美国留学，其次是到英国、法国、德国留学，再次才是到加拿大、澳大利亚、日本留学。由此可以看出，在学术和文化方面，欧美中心主义对中日两国青年都有着巨大的影响，从而使中日两国之间的相互理解变得更为困难。我们爱知大学建立现代中国学部，就是为了改变这种现状，培养真正了解中国的政治、经济、社会、文化，能在 21 世纪为维护中日友好关系做出贡献的有用人才。

张：谢谢，祝现代中国学部办学成功。

加加美光行，日本爱知大学现代中国学部部长、教授，著有《现代中国的挫折——关于“文化大革命”的考察》(1985)、《现代中国的走向——关于“文化大革命”的考察续》(1986)、《作为逆说的“中国大革命”——反近代精神的败北》(1986)、《漂泊中国——转型期的亚洲社会主义论》(1989)、《现代中国的黎明》(1990)、《市场经济化的中国》(1993)等。

张萍，日本爱知大学法学部客座助理教授。

第三编

中华文化与人文精神的阐释

清儒“说经”的“基础知识”

张寿安

前　言

学术界至今仍习惯用“考据学”来称呼乾嘉学术，也习惯用“考据”来称呼乾嘉学者的治学方法。事实上，乾嘉时从事经史考证的学者从未认同这个称呼，也不认为考据可以被称为“学”。在他们看来，“考据”是做学问的基本态度，也是研治所有学问的基本方法，焉可以“学”称之！焦循就批评说，若考据意指“唐必胜宋，汉必胜唐，凡郑、许之一言一字，皆奉为圭璧，而不敢少加疑辞”，那根本是“非愚即伪，出主入奴”。他接着解释道：所谓考据，古人称之为“理据”“根据”，只不过是主张学之有本、不为妄言而已，绝非今日的坚执一端，以通声气、争门户。焦循的这番议论发表在嘉庆三年（1798）回复王引之的信中。[1] 事实上，关于以考据学称呼乾嘉以降经史考证工作的此一争论，从乾隆中叶的惠栋、袁枚之辩，到乾隆晚期（乾嘉间）袁枚、孙星衍、焦循、凌廷堪之辩，一直是学术界的大事。此一学术升降还需另文详论，此处不言。但令我们感兴趣的是：乾嘉学者既然反对用考据学一词，那么乾嘉学者如何称呼自己的学术工作呢？

在浏览过乾嘉学者的文集后，我发现他们最常用的称呼有：“实事求是”“古

[1] 焦循：《三月望日与王引之书》，此信焦循《雕菰集》不载。见罗振玉辑印《昭代经师手简二编》（“中央研究院”傅斯年图书馆藏）。王引之是否回信，今查罗振玉辑《高邮王氏遗书》（南京：江苏古籍出版社，2000 年）内的《王文简公文集》和《王文简公文集补编》得信四封，皆无与此有关之内容。

学”[1]“说经”等，其中最值得留意的是后者。

一、治经方法的开拓：从小学到天算、典制

《四库提要》开宗明义在“凡例”中就指出四库收录的标准是“说经、论史”、征实之作。其中，征实是指“考证精核，辩论明确”，无须说明。至于史以“论”字为言，应该是指“得其事之本末”以为褒贬之据，表示四库仍主张史主褒贬的立场，也就不难了解。至于“经”为何要以“说”字为言，就值得推敲了。《提要》阐释说：“刘勰有言：意翻空而易奇，词征实而难巧。儒者说经论史其意亦然。故说经主于明义理，然不得其文字之训诂，则义理自何而推？”[2]明确指出纵使说经的目的在于明义理，但“说”乃是推明义理的基础，最根本的还是文字训诂。所以儒者“明经”当以“说”字为本色。同样，乾、嘉、道三朝学术领袖阮元在面对被指责为考据学、汉学等的讥弹时，也是神态自若地向批评者宣称他的学问只是“实事求是”“说经而已”。[3]但是，我们绝不能小看了“说经”这个宣言，也不能狭隘了文字、训诂这层功夫。因为经学在清代之所以产生多元发展，就是这个“说”字。

然则，经得如何“说”呢？

在此，我们得先指出一条乾嘉学术发展的线索——以治经方法的开拓为主线，观察惠栋、戴震以来的发展。

基本上学术界都认为清儒治经的方法是由文字、音韵、训诂以明义理，即所谓

---

[1] 卢文弨、钱大昕都主张治学“必自实事求是始”。钱大昕识阮元时亦以“古学相励”。阮元《揅经室集》即慕钱大昕“潜研堂”之名而命之。汪中论乾嘉学术亦以“古学”为言，所举学者有惠栋、戴震、王念孙、李惇、刘台拱。

[2] 纪昀等：《四库全书总目提要·凡例》，北京：中华书局，1965年，第4—5页。

[3] 嘉庆十八年（1813）阮元编刻《揅经室文初集》，命弟子张鉴志其缘起。张鉴详其辑校义例并言：“师尝诲鉴曰：修学好古，实事求是，此汉人朴实之学也，难者勿避，易者勿从，此鲁师精博之学也。”又云：“是以集中说经之文为多，说经之道以平实求其是，言昔人之所难言，而不言所易言。”（张鉴：《冬青馆甲集》卷五，顾廷龙主编：《续修四库全书》第1492册，上海古籍出版社，2002年，第55页。）十年后（道光三年，1823）阮元刻《揅经室集》，《自序》云：“余三十余年来，说经记事，不能不笔之于书。……余之说经，推明古训，实事求是而已，非敢立异也。”（阮元：《揅经室集》，《丛书集成初编》本，香港：商务印书馆，1957年，第1页。）可见终其一生皆以“说经”自述其学。事实上戴震也每以“说经”赞举时人。其《郑学斋记》就赞美王昶：“今之知学者，说经能骎骎进于汉、进于郑康成氏，海内盖数人为先倡，舍人其一也。”（《戴震全集》第5册，北京：清华大学出版社，1999年，第2591页。）

由字通词、由词通道。这固然没错，而且也是清儒研究经学最重要的基本功。如顾炎武（1613—1682）倡导“读九经自考文始，考文自知音始。以至诸子百家，亦莫不然”[1]，树立起研究古经从古韵入手的基本方法。他在《音学五书后序》中自述纂辑刊刻此书的艰难，并详述其编排用意：

> 然此书为三百篇而作也，先之以《音论》，何也？曰：审音学之原流也。《易》文不具，何也？曰：不皆音也。《唐韵正》之考音详矣，而不附于经，何也？曰：文繁也。已正其音而犹遵元第，何也？曰：述也。《古音表》之别为书，何也？曰：自作也。盖尝四顾踌躇，几欲分之，几欲合之，久之然后胪而为五矣。呜呼！许叔重《说文》始一终亥，而更之以韵，使古人条贯不可复见，陆德明《经典释文》割裂删削，附注于九经之下，而其元本遂亡。成之难而毁之甚易，又今日之通患也。[2]

具体说明《古音表》的撰写目的在于发明古韵，通过韵来正读六经的文字。《答李子德书》更具体阐明经“文”与“音”的密切关系：

> 三代六经之音，失其传也久矣，其文之存于后世者，多后人所不能通，而辄以今世之音改之，于是乎有改经之病。始自唐明皇改《尚书》，而后人往往效之，然犹曰：旧为某，今改为某。则其本文犹在也。至于近日锓本盛行，而凡先秦以下之书率臆径改，不复言其旧为某，则古人之音亡而文亦亡，此尤可叹者也。……嗟夫！学者读圣人之经与古人之作，而不能通其音；不知今人之音不同乎古也，而改古人之文以就之，可不谓之大惑乎？……闻之先人，自嘉靖以前，书之锓本虽不精工，而其所不能通之处，注之曰疑；今之锓本加精，而疑者不复注，且径改之矣。以甚精之刻，而行其径改之文，无怪乎旧本之日微，而新说之愈凿也。故愚以为读九经自考文始，考文自知音始。以至诸子百家，亦莫不然。[3]

---

[1] 顾炎武：《答李子德书》，《顾亭林诗文集》，香港：中华书局，1976 年，第 72—76 页。
[2] 顾炎武：《音学五书后序》，《顾亭林诗文集》，第 28—29 页。
[3] 顾炎武：《答李子德书》，《顾亭林诗文集》，第 72—76 页。

所以说“读九经自考文始，考文自知音始”。

王鸣盛也认为通经必以识字为基，不识字足以败坏学术：

> 夫学必以通经为要，通经必以识字为基。自故明士不通经，读书皆乱读，学术之败坏极矣，又何文之足言哉？[1]

钱大昕则称六经者圣人之言，因其言以求其义，则必自训诂始。义理由训诂所出：

> 国朝通儒若顾亭林、陈见桃、阎百诗、惠天牧诸先生，始笃志古学，研覃经训，由文字、声音、训诂而得义理之真……六经者，圣人之言，因其言以求其义，则必自训诂始。谓训诂之外别有义理，如桑门以不立文字为最上乘者，非吾儒之学也。[2]
>
> 有文字而后有诂训，有诂训而后有义理。训诂者，义理之所由出，非别有义理出乎训诂之外者也。[3]

戴震亦谓“经之至者道也，所以明道者其词也，所以成词者字也。由字以通其词，由词以通其道，必有渐”，认为小学是明道的必要途径：

> 仆少时家贫，不获亲师。闻圣人之中有孔子者，定六经示后之人。求其一经启而读之，茫茫然无觉。寻思之久，计于心曰：经之至者道也，所以明道者其词也，所以成词者字也。由字以通其词，由词以通其道，必有渐。求所谓字，考诸篆书，得许氏《说文解字》，三年，知其节目，渐睹古圣人制作本始。又疑许氏于故训未能尽，从友人借《十三经注疏》读之，则知一字之义当贯群经，本六书然后为定。[4]

---

[1] 王鸣盛：《问字堂集序》，孙星衍《问字堂集》卷首，《丛书集成初编》本。
[2] 钱大昕：《臧玉林经义杂记序》，《潜研堂文集》卷二十四，《四部丛刊》本，第 218 页。
[3] 钱大昕：《经籍纂诂序》，《潜研堂文集》卷二十四，第 219 页。
[4] 戴震：《与是仲明论学书》，《戴东原集》卷九，《四部丛刊》本，第 98 页。

戴震弟子段玉裁且进而称经义可由字音而得，与炎武之言相契：

经之不明，由失其义理。义理所由失者，或失其句度，或失其故训，或失其音读，三者失而义理能得，未之有也。[1]

小学有形、有音、有义。三者互相求，举一可得其二。有古形、有今形。有古音、有今音。有古义、有今义。六者互相求，举一可得其五。古今者，不定之名也。三代为古，则汉为今。汉、魏、晋为古，则唐、宋以下为今。圣人之制字，有义而后有音，有音而后有形。学者之考字，因形以得其音，因音以得其义。《周官》六书，指事、象形、形声、会意四者形也。转注、假借二者，驭形者也，音与义也。治经莫重乎得义，得义莫切于得音。[2]

王石臞之作《广雅疏证》也说，“以诂训之旨，本于声音”，故就古音以求古义，引申触类，不限形体。复为玉裁《说文解字读》作序，谓《说文》之为书，以文字而兼声音、训诂者，段氏作《六书音韵表》，立十七部以综核古音，故曰：

《说文解字读》一书，形声读若，一以十七部之远近，分合求之，而声音之道大明，于许氏之说，正义借义，知其典要，观其会通。而引经与今本异者，不以本字废借字，不以借字易本字，揆诸经义例，以本书有相合无相害也，而训诂之道大明。训诂、声音明而小学明，小学明而经学明，盖千七百年来无此作矣。[3]

王氏之学父子相继，龚自珍尝述引之之言曰：

吾之学，于百家未暇治，独治经。吾治经于大道不敢承，独好小学。夫三代之语言，如燕越之相语，吾为之舌人焉。其大归用小学说经，用小学校经而已矣。[4]

以上都说明文字、音韵、训诂是清儒治经的基本，所谓训诂明而后义理明。

---

[1] 段玉裁：《在明明德，在亲民说》，《经韵楼集》卷三，道光元年刊《经韵楼丛书》本，第25页。
[2] 段玉裁：《王怀祖广雅注序》，《经韵楼集》卷八，第3页。
[3] 王念孙：《段若膺〈说文解字读〉叙》，《王石臞先生遗文》卷二，《高邮王氏遗书》本，第7页。
[4] 龚自珍：《工部尚书高邮王文简公墓表铭》，《龚定庵全集类编》，上海：世界书局，1937年，第233页。

然则，当我们更仔细地梳理则发现，清儒的治经方法并非仅止于此。在文字、音韵、训诂之外，清儒说经还有更丰富的其他方法、其他途径。卢文弨（1717—1796）就是一个关键的转折人物。他在乾隆三十八年为惠栋《九经古义》写序时就特别指出惠栋治经的方法，在文字、音韵、训诂之外还注重名物、象数：

> 凡文之义，多生于形与声。汉人去古未远，其所见多古字，其习读多古音，故其所训诂要于本旨为近，虽有失焉者，寡矣。唐之为释文、正义者，其于古训亦即不能尽通，而犹间引其说，不尽废也。至有宋诸儒出，始以其所得乎天之理，微会冥契，独辟窔奥，不循旧解。其精者固不可易，然名物、象数、声音、文字之学多略焉。近世安于记诵辞章之习，但知发策决科为务，与之言古训，骇然以为迂晦而难通，塞耳而不能听也。嗟乎！此学问之所以日入于靡烂，而有终身读书不识一字之诮也乎！今读征君此书，单词片义，具有证据，正非曲徇古人。后之士犹可于此得古音焉，求古义焉，是古人之功臣而今人之硕师也。为性理之学者，或视此为糟粕。然虚则易歧，实则难假，承学之士，要必于此问涂，庶乎可终身不惑也。[1]

这和戴震在为惠栋写授经图时，特别标举惠栋之学于文字、训诂之外尤其重视典章、制度，有异曲同工之效，都展现了两人独特的识力，也因此在乾嘉学术发展上，戴震能集其大成，开创新局面。

卢文弨又在为江宁郡学官钱塘所著《圣庙乐释律》作序时，回顾康熙年间因考定历法的一段中西算学之争，特别讨论了康熙对数学和律吕学的重视，并对乾隆遵循康熙之教推广天算之学，大加推扬。特别揭示的用心是：卢文弨认为儒者应当通晓数学与审音。其序曰：

> 大乐与天地相应，故审音与明时无异理也。康熙年间司天者，中西各是其说而不相下，廷臣莫能决。圣祖仁皇帝谓不明其理则何以判其争，于是专精研求于句股乘除之术，而数学于以大明，于是乎有《仪象考成》之书，而晦朔弦望无不正，合朔中气无不验。又推之以定乐，而有《律吕正义》一书，不泥古

[1] 卢文弨：《九经古义序》（癸巳），《抱经堂文集》，北京：中华书局，2006 年，第 32 页。

法，而独探天地间之元声，为发千古未发之秘。今上缵绪，悉遵循之以为准。圣明作述，此诚千载一时之盛也。儒者躬被陶淑之化，而不明其理，不究其数，阳景中天而瞽者不见，震雷动物而聋者不闻，不当引以为深耻乎？[1]

卢文弨严厉地指责：儒者不明天文、不通历算、无法验证晦朔弦望、无能审音定律，不仅是置天下、国家经济于无睹，也是儒者之耻！所以他主张“说经之道，贵择善而从，不可以专家自囿”[2]，呼吁儒者得扩大治经的范围。

卢文弨又在为戴祖启《春秋五测》作序时，强调天文知识与说解经书的重要性，认为“说《春秋》者之有例也，犹夫观天者之有法也”：

> 揆日之度，察星辰之行，以正时而成岁，必稽其玄焉，必立之法焉，而犹有参错而难合者，则其立法疏也。故善观天者不能废法，而要当使法一禀于自然。此岂幸其一二偶验而遂谓吾法之尽善，至其不验，则将强天以求合，是其为不可也不甚明哉！说《春秋》者之有例也，犹夫观天者之有法也。属辞比事之为教也远矣。顾左氏所称，犹为史官之常例。虽其间亦有圣人所不易者，然不可即以为圣人之所笔削者尽如此。厥后诸儒之说，莫不知有例，而用之不精，或偏而不全，或常而不变，其蔽往往陷于缭绕破碎，而使经之义转晦。故夫法不密，则悬象迟速之度不能必其无差也；例不精，则垂文示教之旨不能必无失也。……昔之人所据以为说《春秋》之例，然者君谓其不尽然，立五测以祛四蔽，不必定出己见，而亦不必固守成说，期于适当而止，君之所以为例者不綦善乎！夫观天者，至近世而仪器更精，分数更明，故其密合亦远胜前代。盖鉴前人之失，而顺天以求合，不偏守一法以测天。君也因文以见例，不偏执一例以测圣人。其道实有相类者，余是以拟议而为之说如此。君名祖启，上元人，乾隆二十七年乡贡士，今为关中书院山长。[3]

卢文弨为段玉裁《说文解字读》作序时则提道：研治《说文》固然是明经的重要基础，但不通众经则不能治一经，更何况许慎之学非止《说文》，还包括礼乐、

[1] 卢文弨：《圣庙乐释律序》（丙午），《抱经堂文集》，第 10 页。
[2] 卢文弨：《丁小疋（杰）校本郑注周易序》（庚子），《抱经堂文集》，第 11 页。
[3] 卢文弨：《春秋五测序》（丙申），《抱经堂文集》，第 17—18 页。

天道、经济、道德，所谓“彰明礼乐而幽通鬼神”，明经训以推治道。儒者治经的目的不只在明文字、音韵，还得扩大到经世济民的种种制度：

> 我朝文明大启，前辈往往以是书提倡后学，于是二徐《说文》本，学者多知珍重。然其书多古言古义，往往有不易得解者，则又或以其难通而疑之。夫不通众经则不能治一经，况此书为义理事物之所统汇，而以寡闻尠见之胸，用其私智小慧，妄为穿凿，可乎？……盖自有《说文》以来，未有善于此书者。匪独为叔重氏之功臣，抑亦以得道德之指归，政治之纲纪，明彰礼乐而幽通鬼神，可以砭诸家之失，可以解后学之疑，真能推广圣人正名之旨，而其有益于经训者功尤大也。[1]

若我们综合观察，不难看出他的理想是经学与治道相合，包括天象、历法、律吕。

二、戴震以降的说经传统：“说经”的“基础知识”

但真能综汇诸学成一家理论的还是戴震。事实上，当我们仔细阅读受戴震影响最深的扬州学派阮元江南学圈的学者著作时，不难发现清儒自戴震以降已经形成了一个“说经传统”。这个说经传统不仅开启了“古学”的丰富资源，分判出治经应有的基础知识，也造就了专门之才，其后又因理论与实践的高度发展令这些专门之学展演成独立的专门学科，对经学宣告独立。[2] 其中最有趣的莫过于：连“说经”本身也成了专门之学，即所谓“经训之学”，至今不衰。这是经学发展在清代所呈现的一大转折，也是近四百年学术发展史上的一大转折，有必要加以表明。

乾隆年间，戴震在《与是仲明论学书》中有很重要的治学宣言，乃学界皆知之事。不过，学界重视的多是他说的“经之至者道也，所以明道者其词也，所以成词者字也。由字以通其词，由词以通其道，必有渐”一段，并视之为戴震治经明道的方法，甚至用来解释“训诂明而后义理明”一语。其实，这种解释，对了解戴震学术造成了很大偏差。因为在这封信中，戴震接下来还有更重要的一大段话，阐释上

---

[1] 卢文弨：《段若膺〈说文解字读〉序》（丙午），《抱经堂文集》，第 33 页。

[2] 此即梁启超最喜言之“附庸蔚为大国”，指文字、音韵、训诂等学科离经学而宣告独立。但梁启超却并未看出其后竟连“说经”本身也成为一门独立学科。详见本文结论。

面那段话，即所谓：

> 至若经之难明，尚有若干事：诵《尧典》数行至“乃命羲和”，不知恒星七政所以运行，即掩卷不能卒业；诵《周南》《召南》，自《关雎》而往，不知古音，徒强以协韵，即龃龉失读；诵古《礼经》，先《士冠礼》，不知古者宫室、衣服等制，则迷于其方，莫辨其用；不知古今地名沿革，则《禹贡》职方失其处所；不知“少广”“旁要”，则《考工》之器不能因文而推其制；不知鸟兽、虫鱼、草木之状类名号，则比兴之意乖。而字学、诂训、音声未始相离，声与音又经纬衡从宜辨。汉末孙叔然创立反语，厥后考经论韵悉用之。释氏之徒，从而习其法，因窃为已有，谓来自西域，儒者数典不能记忆也。中土测天用句股，今西人易名三角八线，其三角即句股，八线即缀术，然而三角之法有穷，必以句股御之，用知句股者，法之尽备，名之至当也。《管》《吕》言五声十二律，宫位乎中，黄钟之宫四寸五分，为起律之本。学者蔽于钟律失传之后，不追溯未失传之先，宜乎说之多凿也。凡经之难明，右若干事，儒者不宜忽置不讲。仆欲究其本始，为之又十年，渐于经有所会通，然后知圣人之道，如县绳树槷，毫厘不可有差。[1]

这段话在我看来，戴震所欲指出的根本就是“说经的基础知识”，包括：天文、历法、古音韵、名物、制度、地理、九数、乐律、古动植物知识等。换言之，欲治经学，必须先具备这些基础知识，不明文字、音韵、训诂固然不足以治经。同样地，不明天文、历法、名物、制度、地理、九数、乐律、古动植物等知识，也不够资格治经！戴震清楚地认识到经书所记载的是古代人类的生活文化事实，蕴含丰富的自然人文记录，面对这两三千年前的文献，他发现经之难明绝不单是文字、音韵的问题，还包括自然环境、生活方式的种种变迁。所以他要在由字通词之后，紧接着举出这些非文字所能包括的“难明”“若干事”，进一步说明“明经”除了文字、音韵之外还得具备各种“技艺性的实用知识”。

这封信写于乾隆十八年（1753）戴震《经考》完成后。次年，戴震避仇入都，

---

[1] 戴震《与是仲明论学书》声称他的治学方法乃“自得”之，并无师承（《戴震全集》第5册，第2587—2588页）。

结识钱大昕、秦蕙田、纪昀等一般新科进士，所著诸书也被冠以“精博”“奇才”之美誉，广受学界推崇。[1] 次年（1755），纪昀即为戴震序梓《考工记图》。[2] 戴震在《自序》中，又一次清楚表明明经所必须具备的基础知识：

> 立度辨方之文，图与“传”“注”相表里者也。自小学道湮，好古者靡所依据。凡《六经》中制度、礼仪，核之传注，既多违误，而为图者，又往往自成诘诎，异其本经，古制所以日就荒谬不闻也。旧《礼图》有梁、郑、阮、张、夏侯诸家之学，失传已久，惟聂崇义《三礼图》二十卷见于世，于《考工》诸器物尤疏舛，同学治古文辞，有苦《考工记》难读者。余语以诸工之事，非精究少广旁要，固不能推其制以尽文之奥曲。郑氏《注》善矣，兹为图，翼赞郑学，择其正论，补其未逮。图傅某工之下，俾学士显白观之。因一卷书，当知古六书、九数等，儒者结发从事，今或皓首未之闻，何也？[3]

《考工记图》谈“立度辨方”，是名物度数方面的记载。这篇《序》文中值得留意的有几点。其一，戴震把“图”的地位举高到和“传”“注”等同，指出图录的重要性和秦汉以降的文字载录相当。要确实读懂文本必须先了解图录，令图录的解读发展成一重要的解经辅助工具。[4] 其二，他进一步说明：欲解读图录，必须从古六书、九数的基本知识入手。何谓“六书、九数”？据《周礼·地官·司徒下》：“养国子以道，乃教之六艺：一曰五礼、二曰六乐、三曰五射、四曰五驭、五曰六书、六曰九数。”盖六书、九数是古代保氏教弟子的学习内容。所谓六书是指：象形、会意、转注、指事、假借、谐声，六种造字之本。九数是：方田、粟米、差分、少广、商功、均输、方程、赢不足、旁要，九种算术的方法。[5] 这些原本是古代王公子弟八

---

[1] 《潜研堂文集》“前言”提到钱大昕识拔戴震一事。乾隆十九年，33 岁的戴震还只是秀才，“策蹇至京师，困于逆旅，人皆以狂生目之，几不能供饘粥。获交于钱少詹大昕，称为天下奇才。秦文恭公纂《五礼通考》，求精于推步者，少詹举君名，文恭延之。”（《汉学师承记》“戴震”）之后，钱大昕又在纪昀、王鸣盛、朱筠这班同年进士中间为戴震延誉，“于是海内皆知戴先生矣”（《潜研堂文集》卷三九《戴先生震传》）。

[2] 《考工记图》在北京受到纪昀等人热切重视，和乾隆修纂三礼的学术环境有密切关系。参见拙著《十八世纪礼学考证的思想活力》第一章“三礼馆与学风初变”，第 55—61 页。

[3] 戴震：《〈考工记图〉序》，《戴震全集》第 2 册，第 707 页。

[4] “以图解经”在清代蔚为风气，不仅以图解经，也以图解名物、制度、水地。作品极多，值得做专题研究。

[5] 《周礼》，《十三经》上册，上海：上海书店出版社，2001 年，第 383 页。

岁成童即开始学习的基本知识，到后世却成了皓首也未能明晓之难事。所以戴震才说："群经六艺之未达，儒者之耻"，"然舍夫道问学，则恶可命之尊德性"？他所说的六艺，在此是指古六书、九数之学；他所谓的道问学，在此也是指这些技艺之学。其三，值得留意的是，戴震为"六艺"和"小学"做了新的界定。《〈考工记图序〉》说："自小学道湮，好古者靡所依据。"细读戴《序》全文，不难发现，这里所谓的小学，显然不是朱熹所说的洒扫、应对、进退，也不是单指文字、声韵、训诂，如吾人今日所谓之小学，而是包括了六书、九数等治经所应具备的技艺性基本知识。至于六艺，则是指《周礼·地官·司徒下》所言礼、乐、射、御、书、数六种教学科目，而非六经。至此，我们可以清楚看出，戴震的明经方法绝对不是单一的由字通词、由词通道。事实上，六书、九数所蕴藏的丰富古代天文、地理、历法、算术、动植物及典章、名物、制度等都是明经之士所当从事的学问，这才是戴震所谓的"明经之事"（"经之难明，尚有若干事"）。

三、从工具性知识到专门之学

戴震所揭示的说经途辙，在凌廷堪为他所写的《事略状》中有进一步的阐扬：

> 昔河间献王实事求是。夫实事在前，吾所谓是者，人不能强辞而非之，吾所谓非者，人不能强辞而是之也，如六书、九数及典章制度之学是也。虚理在前，吾所谓是者，人既可别持一说以为非，吾所谓非者，人亦可别持一说以为是也，如理义之学是也。[1]

凌廷堪私淑戴震，一生致力于典章制度之学，在乾嘉年间以精通音律、礼经、天文、三角几何、制器和史学闻名，与焦循、李锐被称为"谈天三友"[2]。凌廷堪这篇《事略状》较诸当时其他人所写之同类文章，有几个要点值得说明。首先，他把戴

[1] 凌廷堪：《戴东原先生事略状》，《校礼堂文集》，北京：中华书局，1998 年，第 317 页。

[2] 阮元言："焦理堂，江都人，朴厚笃学、邃于经义，尤精于天文步算。与李尚之、凌次仲为谈天三友。"详见氏著，《定香亭笔谈》（香港：商务印书馆，1957 年，《丛书集成初编》）卷四，第 166 页。也有以焦循、李锐、汪莱为"谈天三友"者。参见洪万生：《谈天三友焦循、汪莱和李锐——清代经学与算学关系试论》，《谈天三友》，台北：明文出版社，1993 年，第 43—124 页。

震所述惠栋的治学理念——典章制度转成戴震的治学理念，又结合了六书、九数，令六书、九数和典章制度俨然成为实事求是理念的具体内容。其次，他在介绍戴震的学术成就时，完全以专门分科的方式来陈述。凌廷堪先把戴震学术大分为三项：小学、测算、典章制度。小学之下又细分：故训、音声，且特别阐述了戴震四体二用的文字学理论。测算之学之下又细言：黄极、月道、勾股。此外，又归纳出戴震的理义之书、地理之学（包括水、地之学）等。他论述戴震之学的后传时，也是以专门之学的方式，分门系属。他说：

> 先生卒后，其小学之学，则有高邮王给事念孙、金坛段大令玉裁传之；测算之学，则有曲阜孔检讨广森传之。典章制度之学，则有兴化任御史大椿传之。皆其弟子也。[1]

其后至晚清，学界凡论述戴学之流传，几乎都沿用了这种形式。这种以专门之学的分列方式介绍戴震学术在当时正逐渐成为共识。戴震死后书写其生平学行者甚多，我们可试举例，并观察证明专门之学正逐渐成为一种说明学问传衍的模式。

洪榜［乾隆十年（1745）——乾隆四十四年（1779）］所撰《戴先生行状》是诸多传志中最翔实的一篇。他最特别的是，引用了戴震《与是仲明论学书》“经之难明，有若干事”的一大段文字，来阐扬戴震学术的“专门”取向，并解释说：

> 凡经之难明，有此数事。先生日夜孳孳，搜集比勘，凡天文、历算、推步之法，测望之方，宫室、衣服之制，鸟兽、虫鱼、草木之名状，音和、声限古今之殊，山川、疆域、州镇、郡县相沿改革之由，少广、旁要之率，钟实、管律之术，靡不悉心讨索。知不可以雷同剿说，瞻涉皮傅。……年二十余而五经立矣。[2]

王昶［雍正二年（1724）——嘉庆十一年（1806）］所撰《戴东原先生墓志铭》也引用了这段话，还溯源似的说明戴震所治若干专门之学与同县前辈江永［康熙

[1] 凌廷堪又言：“先生之学，无所不通，而其所由以至道者则有三：曰小学，曰测算，曰典章制度。”（《戴东原集》，《四部丛刊》本，第 313 页）所论学术分门及成就，详见第 313—316 页。

[2] 洪榜：《戴先生行状》，《戴震全集》第 6 册“附录二”，第 3381 页。

二十年（1681）——乾隆二十七年（1762）］之学十分相契，如：钟律、声韵、步算、地理，表明这种治经重专门的学术现象乃清初以降学界的共同走向：

本朝治经者众矣，要其先之以古训，析之以群言，究极乎天地人之故，端以东原为首。昔韩昌黎铭施士丐，柳子厚表陆淳，皆称先生。盖以经师为重。今窃取是例，以示张君，俾刻于幽窒。[1]

王昶举韩愈和柳宗元的例子称戴震为“先生”、为“经师”，可谓公然肯定了戴震的治经方法在清学上的圭臬意义。王昶是阮元在西湖建诂经精舍时与孙星衍同时聘请之精舍讲席，足见阮元对其学术识见之肯定。观察精舍的教学内容：十三经、三史疑义、小学、天文、地理、算法、词章，可见专门之学在乾嘉以降蔚为风气，源流、脉络历历可循。

与此同时，钱大昕在总结戴震的学术贡献时虽未引用这段文字，但也是用专门之学的方式来介绍戴学的。他的归纳是：礼经、制度、推步、天象、声音、文字、训诂、水地等。[2] 目类较前者更细。

江藩所撰《汉学师承记》也是重要指标之一。以下试归纳该书所举人名与学门，以见其归类：[3]

江藩：明象数、制度之原，声音、训诂之学。（第 34 页）

阎若璩：精于地理之学。（第 69 页）

顾祖禹：为地理之学者，莫之或先焉。（第 114 页）

惠栋：又因学易而悟明堂之法。（第 184 页）

钱大昕：精研古经义、声音、训诂之学，旁及壬遁、太乙、星命。（第 273 页）

[1] 王昶：《戴东原先生墓志铭》，《戴震全集》第 6 册“附录二”，第 3439—3440 页。

[2] 钱大昕《戴先生震传》称戴震为“奇才”（《戴震全集》第 6 册“附录二”，第 3429 页）。阮元序钱大昕学术时也分九种：人伦师表、道德性理、经学、史学、天算、地理、小学、金石与职官、诗古文词。详见阮元《十驾斋养新录序》，陈文和主编：《嘉定钱大昕全集》第 7 册，南京：江苏古籍出版社，1998 年，第 1—2 页。

[3] 以下引文根据漆永祥笺释《汉学师承记》（上海：上海古籍出版社，2006 年），页码随引文标明于后。

说经之大略，至于辨文字之诂训，考古今之音韵，以及天文舆地、草木虫鱼，散见于文集、《十驾斋养新录》者，不下数万言。（第277—313页）

钱大昕从子钱塘：于声音、文字、律吕、推步之学，尤有神解。（第325页）

钱坫：精于小学。在毕沅幕中，与方子云、洪亮吉、孙星衍讨论训故、舆地之学。（第329页）

王昶：从惠栋游，讲求声音、训故之学。（第336页）

王昶弟子袁廷梼：精于雠校，邃深小学。（第382页）

王昶弟子李威：深于六书之学。（第433页）

孙星衍：训诂、舆地及阴阳、五行之学，靡不贯串。（第433页）

江永：长于步算、钟律、声韵。（第476页）

卢文弨：精于雠校。（第566页）

汪莱：深于经学……尤善历算，通中西之术。（第627页）

论学推许戴震与程瑶田的汪元亮：六书之学。（第631页）

郝懿行：著有《山海经注》，乃实事求是之学，若近世剽窃肤浅者，岂可同日而语哉！（第674页）

许鸿磐：深于舆地之学。（第676页）

陈厚耀：有《春秋长历》十卷……精于历法……于考证之学尤为有裨。（第690—691页）

江德量：为声音、训诂之学。（第708页）

凌廷堪：至于声音、训诂、九章、八线，皆造其极而抉其奥。（第770页）

焦循：声音、训诂、天文、历算，无所不精。（第774页）

杨大壮：精于历算、律吕之学。（第777页）

嘉庆十七年（1812），汪喜孙［乾隆五十一年（1786）—道光二十七年（1847）］受江藩之命为该书作跋，直接指出乾嘉学术的特色是“专门之学”：

国朝汉学昌明，超轶前古，阎百诗驳伪孔，梅定九定历算，胡朏明辨易图，惠定宇述汉易，戴东原集诸儒之大成，裒然著述，显于当代。专门之学，于斯为盛。至若经史、词章、金石之学，贯穿勃穴，靡不通擅，则顾宁人导之于前，钱晓征及先君子继之于后，可谓千古一时也。[1]

汪喜孙承继其父汪中之学，又与前辈师友论学往还频繁，识见亦颇不俗。从这篇跋可以看出他对乾嘉学术的评断颇类似龚自珍。所谓“专门之学”，兼含专经、史学、词章、金石、历算云云，并不拘限于两汉经学而已。

小　结

清儒的治学方法以考据称谓是否妥当？纵使称考据，然所考所据者又竟是何种学问？其具体知识内容为何？确实是值得深入探索的议题。学术界以考据学或考据方法称呼清学已过百年，这种偏见使学界在讨论考据学时落入了抽象的方法讨论，而忘却清儒治学其实采用的是很具体的技艺性知识（其中不少都发展成专门之学），种类相当丰富。戴震后学焦循在论及治学途径时也说：

> 经学者，以经文为主，以百家子史、天文术算、阴阳五行、六书七音等为之辅。汇而通之，析而辨之，求其训故，核其制度，明其道义，得圣贤立言之指，以正立身经世之法。[2]

展现出他和戴震相承继的说经传统。

戴震所言经之难明若干“事”，这绝非单指一字一音的考订，而包含了具体的古代之事。戴震不仅指出经书所蕴含的丰富知识内容，广开名物、度数、典章、天文、算学、地理、古代动物、植物之学，也令此后的治学导向专门之途。但戴震的原意毕竟是教人研治六书、九数以求经之至道，作为修身之本、经世之资，从方法到目标，有其一贯的“成人、成学”之理念，绝非但启人以专门知识而已。其后，阮元领导的大规模编书辑书工作，尤其是编《畴人传》，最能彰显戴学的理念。我们不妨再读读他的序：

---

[1]　汪喜孙：《汉学师承记跋》，《汉学师承记笺释》，第 872—873 页。

[2]　焦循：《与孙渊如观察论考据著作书》，《雕菰集》卷十三，《丛书集成初编》本，第 212 页。

《畴人传》，纵算氏之大名，纪步天之正轨，质之艺林，以谂来学，俾知术数之妙，穷幽极微，足以纲纪群伦、经纬天地，乃儒流实事求是之学，非方技苟且甘禄之具。有志乎通天地人者，幸详而览焉。[1]

阮元一面慨叹“六艺道湮”，一面说明迎日、推策乃皇帝以来“帝王之要道”，“术数穷天理，制作谋造化。儒者之学，斯为大矣”。所以，技艺之学绝非单纯的技术而已，它和大道有“作法、立论”的关系，后儒小看了技术之学是一大错误，而割裂了技艺和大道的关联，更是错误。

本文只是粗略地勾勒了一个大要，之后将仔细梳理出此一说经传统在吴皖扬州、常州的发展脉络。近几年，笔者致力于研究近代中国知识转型，尤其重视探讨传统学术的分化，清三百年学术发展进程中，所呈现的专门之学的逐渐建立，正是传统学术转型的有力证据，其丰富性有待开发。

张寿安，1951 年生，现任台湾“中研院”近代史研究所研究员，主要从事明清学术思想史、礼学思想史研究。著有《以礼代理——凌廷堪与清中叶儒学思想的转变》《龚自珍学术思想研究》《十八世纪礼学考证的思想活力——礼教论争与礼秩重省》等，主编《乾嘉学者的义理学》等。

[1] 阮元：《〈畴人传〉序》，《畴人传》，台北：商务印书馆，1955 年，第 1—2 页。

经典注释文本与流行版本的异同
——以《四库全书》本皇侃《论语义疏》为例 [1]

〔英〕傅　熊

引　言

《四库全书总目》这部乾隆帝（1735—1796年在位）时期给人印象深刻的皇家藏书目录，初版本于1781年呈献给乾隆皇帝，无疑是中华帝国晚期最杰出的目录学成就 [2]。然而，尽管当代读者仍能从目录学家的注解中获得有益的见识，但对这部皇家授权的私人藏书集成的审查实效的估价则仍有进一步讨论的余地 [3]。

一、皇侃注释《论语》与对它的认可

皇侃（488—545）对于《论语》，以其将某些段落的来源广泛的注解整合在一起

[1] 缩写如下：CSJC：《丛书集成》，（上海：上海古籍出版社，1935—1937年）；HQJJ：阮元等（编纂）《皇清经解》（广州学海堂，1829年）；LYJC：严灵峰（编辑）《无求备斋论语集成》30函（台北：艺文印书馆，1966年）；SKQS1：文渊阁照相平版印刷复制版本《（钦定）四库全书》1500卷（台北：台北故宫博物院，1986年）；SKQS2：文渊阁《（钦定）四库全书》校勘本（上海：上海古籍出版社，1987年）；SSJZS：阮元（编纂）《十三经注疏（附校勘记）》（1815/1816）8卷（台北：艺文印书馆［1955］，1984年）。

[2] 见永瑢等编《四库全书总目》二卷（北京：中华书局［1965］，1987年）与洪业（William Hung）《四库全书总目及未收书目引得序》，见 HJAS, 4（1939），pp.47-58。［HJAS 是《哈佛亚洲研究》（*Harvard Journal of Asiatic Studies*）的缩写。］

[3] 例如，比较 L. Carrington Goodrich: *The Literary Inquisition of Ch'ien-lung* [(Baltimore: Waverly Press, 1935) New York: Paragon, 1966] 和 R. Kent Guy: *The Emperor's Four Treasuries. Scholars and the Statein the Late Ch'ien-lung Era* [Cambridge, Mass.: Harvard UP, 1987 (Harvard East Asian Monographs)]。

而闻名，其中包括——不仅从难以妥协的纯粹主义者的观点看——不被认作儒家传统的内容[1]。他调和道家、佛学、玄学、阴阳和五行的思想观念于《论语》解读中的尝试，被一些人称许为儒家传统的一个持续的拓展[2]。另一些人则以同样的理由拒绝他的《论语集解义疏》或《论语义疏》。考虑到中国五六世纪时的思想氛围，在不同哲学传统中划分一条清晰的界线，无论如何是十分棘手的，因为横跨学说边界是此时基本的思想现况。然而，后世相当多的《论语》传统注释者甚或现代读者颇为不安于王弼（226—249）、孙绰（约 314—371）及其他很难贴上“儒家”标签的学者对某些段落的解释。这部话语重构的普遍意象是倾向于把学派划分搁置一旁，而且，考虑到本文讨论的问题，我们可以从一种思想史的观点得出结论，这种多重材料的整合使皇侃集中了理解孔子及其弟子言论的极其丰富与值得重视的原始资料。

在萧衍即梁武帝（502—557 年在位）统治时期，皇侃以《三礼》《孝经》和《论语》专家的身份闻名天下[3]。他教授于太学，并因在皇宫讲解《礼记》而得到皇帝的宠信[4]。尽管他的《礼记义》已佚失，但他有关《论语》的著述却幸存下来，它似是源于皇侃对何晏（190—249）等编纂的《论语集解》的讲课笔记[5]。在正史的本传中提到他的著作久负盛名，并言及他有关《论语》的著作《论语义》十

---

[1] 有关皇侃学术的理论专著，见陈金木《皇侃之经学》（台北：“国立”编译馆，1995 年）。武内义雄《论语的研究》（东京：1939 年），重印于《武内义雄全集》第一卷［东京（1965—1966），1978—1979 年］，探讨了皇侃的《论语》版本。关于《论语（集解）义疏》的某些问题，见梁启雄《论语注疏汇考》，见《燕京学报》34（1948 年），第 202—225 页，尤其是第 216—219 页。

[2] 关于皇侃把这些概念综合进他的义疏的专门事例的讨论，见戴君仁《皇侃〈论语义疏〉的内涵思想》，见《孔孟学报》21（1971 年），第 15—30 页（也发表于钱穆编《论孟研究论集》，台北：黎明文化事业股份有限公司，1981 年），董季棠《评论语皇侃义疏之得失·上·兼评邢疏之得失》，见《孔孟学报》28（1974 年），第 143—168 页，与董季棠《评论语皇侃义疏之得失·下·兼评邢疏之得失》，见《孔孟学报》29（1975），第 183—200 页，以及陈金木《皇侃之经学》，第 245—263 页。

[3] 《孝经义疏》（三卷），归于皇侃名下的佚书，见陈金木《皇侃之经学》，第 39—40 页，与马国翰（1794—1857）《玉函山房辑佚书》（1883）。

[4] 关于皇侃的传记，见姚察和姚思廉《梁书》卷三［北京：中华书局（1973），1987 年］，第 680—681 页，与李延寿《南史》卷六［北京：中华书局（1975），1987 年］，第 1744 页。

[5] 说明：皇侃的《礼记义》或曰《礼记义疏》（五十卷）成了孔颖达（574—648）与他人编辑的《礼记正义》的最重要的原始资料。关于《礼记义（疏）》与另一部归于皇侃的佚书《礼记讲疏》（一百卷），见陈金木《皇侃之经学》，第 37—39 页。对《礼记义（疏）》片段的汇编，见武内义雄《论语的研究》，第 424—425 页，与马国翰《玉函山房辑佚书》。对《论语集解》的有价值的观察，John Makeham: “He Yan，Xuanxue and the Editorship of the *Lunyu jijie*”, in: *Early Medieval China* 5 (1999), pp.1-35。关于《论语（集解）义疏》系讲稿的注释，见皇侃《论语义疏》（怀德堂本的拍照平版印刷 LYJC）“序”中的“今日所讲”和“侃今之讲”的段落，第 4 页下，第 5 页下。说明：在他对《论语》5·4 的义疏中，也把参考文献给予其他“讲者”；见《论语义疏》3：3 上。“义疏”的书名常用作对源于背诵与讲座手稿的注释的引证（起源于佛教的语境）；见牟润孙《论儒释两家之讲

卷[1]。在《隋书》《旧唐书》《新唐书》和《宋史》等后世史书的有关传记中，列出的书名略有不同——其中除了偶用《论语集解义疏》（十卷）作为替代外——仍使用这个流传至今的书名：《论语义疏》（十卷）[2]。

当邢昺（931—1010）受命创建一个《论语》注解的权威版本时，他把《论语集解》作为注疏的主要蓝本，不过，其中有相当的事例表明邢昺沿用了皇侃在《论语（集解）义疏》中的解读。《论语注疏》一旦升为国家的标准版本，也就等于提高了重现于《论语注疏》中的首注位置的《论语集解》的地位。尽管《论语（集解）义疏》本来是作为《论语注疏》的另一个主要来源，但由于皇侃疏中的一些解释与较为流行的诠释时尚发生了冲突，《论语义疏》的地位便日渐沉沦。换言之，皇侃兼收并蓄的解释方法被认为不太适合于新的思想氛围，与前代相比，这个时代以降低“容忍经典的多种排斥性解释的意愿”为特征[3]。而且，对于这种诠释焦点的转换，以及鉴于在诸如所谓儒、道、释的古典主义者间的持续竞争，皇侃的方法确实变得在政治上不合时宜了[4]。

在这部经书的文本方面，邢昺依照了《论语集解》的措辞而不是《论语（集解）义疏》的版本，这与保存于唐代石经的文本有着有趣的相似性。后世的权威版本如朱熹（1130—1200）《论语集注》（1177），从1313年始作为科举考试的基本教材，直至满清政权倒台前不久科举考试废除时为止，还有刘宝楠（1791—1855）及其子刘恭冕（1824—1883）编纂的《论语正义》（1866），继而——以某种方式——主要是邢昺的修订本，特别是以阮元将其并入著名的《十三经注疏》的校勘形式再现。作

（接上页）经与义疏》，蓝吉富编《现代佛学大系》（六十卷；台北：弥勒出版社，1984年）卷六，第1—66页（《新亚月报》重印）。关于注释发展的简略概括，从汉代章句到魏晋的注释义说或义，到六朝的注释隐义和义疏，见曾秀景《论语古注辑考》（台北：学海出版社，1991年），第515—520页。尽管只有一个早期参考文献称书名为《论语义疏》（见本页注2），但皇侃关于《论语》和《礼记》的讲座的实际情况，与他背诵《孝经》就像佛学手稿（见《南史》，第1744页），有益于日后在他有关《论语》的著作里使用类型学，于是书名变成《论语（集解）义疏》。

[1] 见《梁书》第681页与《南史》第1744页。参阅简博贤：《今存南北朝经学遗籍考》（台北：黎明文化事业股份有限公司，1975年），第239—246页，尤其第240页。

[2] 魏征等《隋书》[六卷；北京：中华书局（1973），1987年] 第937页列有《论语义疏》十卷；刘昫《旧唐书》[十六卷；北京：中华书局（1975），1995年] 第1982页列有《论语疏》十卷；欧阳修《新唐书》（二十卷；北京：中华书局，1975年）第1444页列有《论语皇侃疏》十卷；脱脱《宋史》（四十卷；北京：中华书局，1985年）第5067页给出书名为《皇侃论语疏》十卷。

[3] 引自 David McMullen: *State and Scholars in T'ang China* (Cambridge: Cambridge UP, 1988), p.77。

[4] 有关著作佚失背景的重要观察，见杜德桥（Glen Dubdridge）、赵超《三国典略辑佚》（台北：东大图书公司，1998年）与 Glen Dudbridge: *Lost Books of Medieval China* (London: British Library, 2000)。

为这种发展的结果，《论语集解》始终是传统热衷的基本部分，而对皇侃的一度闻名却又被不断冷落的版本的兴趣与关切，降到了最低点。众所周知，在该书典籍佚失之前，它与流行的思想趋势的相关性就已经减少了。于是，皇侃《论语（集解）义疏》逐渐丧失了读者群，直至其典籍最终流失。

二、传统流失的踪迹

除了见于史书有关目录学的章节所提供的信息外，藏书目录对我们考察皇侃本人的命运也提供了有价值的线索，皇侃的义疏版本列于宋朝人陈癸（1128—1203）的《中兴馆阁书目》（1178）[1]。由于晁公武（？—1171）和尤袤（1127—1193）都在他们的目录中提到了它，我们得知《论语（集解）义疏》在南宋（1127—1279）前期数十年间仍然在流传[2]。尤袤与程朱学派的联系及他与朱熹的密切关系是否说明朱熹曾看见并研读过皇侃的版本，这个论题可留待进一步讨论[3]。但是，不久后的目录学如陈振孙（约1190—1249年以后）的图书馆目录就没有列出《论语（集解）义疏》，从这一事实可以推断此书或者佚失于北宋（960—1127）末年，或者是佚失于北宋与南宋之交[4]。尽管似乎不可能指出《论语（集解）义疏》在中国佚失的确切时间，但这点却显示出，在朱熹以后我们未见任何一位注解者提到皇侃的书。这表明如此说法是靠得住的，即在1200年前后，它在中国已经确定无疑地佚

[1] 见陈癸《中兴馆阁书目》（南京：江苏书局，1829年）中对宋代文献学与图书目录的简短描述，见 The articles by Yamauchi Masahiro in: Yves Hervouet (ed.): *A Sung Bibliography/Bibliographie des Sung* (Hong Kong: Chinese UP, 1978), pp.195-198 与 Piet van der Loon: *Taoist Books in the Libraries of the Sung Period* [London: Ithaca Press, 1984 (Oxford Oriental Institute Monographs, 7)], pp.17-28。

[2] 见晁公武《郡斋读书志》（四卷；台北：商务印书馆，1978年）卷一第79页“论语类”，与尤袤《遂初堂书目》（《四库全书》本卷674）第435—491页，尤其是第442页。

[3] 朱熹没有直接提到《论语（集解）义疏》的事实并不能成为假定他没有见过皇侃义疏的决定性证据。无论如何，这是值得注意的，朱熹似乎偶然看到皇侃义疏的某些段落但被随后的注释者置于一边。有相当段落表明朱熹研究过皇侃的著作并把《论语（集解）义疏》中的解释综合进他的《论语集注》，解释见陈澧（1810—1882）《东塾读书记》与邹伯奇（1819—1869）《皇侃论语义疏跋》。

[4] 《直斋书录解题》三（南京：江苏书局，1884年）第17页上至第22页上。《四库全书总目》卷一，第290页主张“佚在南宋时矣”。昌彼得：《论语版本源流考析》，《故宫学术季刊》1994年第12期，第141—152页，尤其第145页文字认为此书大概佚失于南北宋之交。

失了[1]。结果，不少古典主义者，包括名家朱彝尊（1629—1709）等人在内，均言不见《论语（集解）义疏》[2]。

鉴于隋唐时期日本对中国文化的强烈兴趣及中日两国持续紧密的文化交往，《论语》的最重要的版本在那时流传到日本是不足为奇的。虽然说出《论语（集解）义疏》到日本的确切时间是困难的，但人们有个大致的共识，即它到达日本约在唐朝建立之初。关于《论语（集解）义疏》（十卷）存于日本的最早记载见于藤原左世（？—898）。在皇家图书焚毁后，对日本保存的中国典籍的调查与875年的总集中，目录大致编于898年以前，并再版于黎庶昌（1837—1897）的《古逸丛书》（1882—1884）[3]。

早于藤原左世目录的再版，山井鼎（1681—1728）已经把《论语（集解）义疏》与其他《论语》修订本的文本区别纳入他出版于1731年的关于"七经"与孟子的校勘研究中[4]。1761年，翟灏（1736—1788）设法从杭世骏（1696—1773）处借到一本山井鼎的《七经孟子考文》，杭氏是著名的翰林院编修，《十三经》武英殿修订本的校勘者，因其批评朝廷时政而遭到皇帝的羞辱。由于困惑于山井鼎记载的《论语（集解）义疏》的文本差异，翟灏成了首位通过二手资料，把日本的手抄本并入"四书"的文本研究的中国学者[5]。于是他的《四书考异》（1781/1782）使人们对皇侃的《论语（集解）义疏》本的需要愈发迫切。结果，建构一个可信的文本传统的迫切需要导致其他学者如余萧客（1792—1777）和王谟（1731—1817）去竭尽全力重建《论语（集解）义疏》的文本[6]。他们的工作成果见于所编的《古经

---

[1] 陈金木：《皇侃之经学》，第151页。

[2] 朱彝尊：《经义考》，北京：中华书局，1998年，第1091页。

[3] 藤原左世：《日本国现在书目》，见黎庶昌《古逸丛书》（东京，1882—1884年）第8页上列出的《皇侃论语义疏》（十卷）。关于《古逸丛书》，见Paul Pelliot: "Notes de bibliographie chinoise I: Le Kou yits'ong chou", in: BEFEO2 (1902), pp.315-340。陈述主要基于丛书的引言。关于这个目录引发的一些问题，见Peter Kornicki: *The Book in Japan. A Cultural History from the Beginnings to the Nineteenth Century* [Leiden: Brill, 1998 (Handbuch der Orientalistik. Funfte Abteilung: Japan)], p.422f。

[4] 对于这个《论语》文本问题的注，见山井鼎《七经孟子考文（补遗）》（十卷；上海：商务印书馆，1936年）卷九至卷十，第1285—1343页。

[5] 见翟灏《四书考异》中关于《论语》的注（《皇清经解》，卷449—484，尤其卷451—470）与武内义雄《论语的研究》，第427页。

[6] 关于那时片段汇编的介绍性实用考察，见Rudolf G. Wagner: "Twice Removed from the Truth. Fragment Collection in 18th and 19th Century China", in: Glenn W. Most (ed.): *Collecting Fragments/Fragmente sammeln* [Göttingen: Vandenhoeck & Ruprecht, 1997 (*Aporemata. Kritische Studien zur Philosophiegeschichte*, 1)], p.3452。

解钩沉》（完成于 1762 年左右）和《汉魏遗书钞》（1789）[1]。阮元在中国重印的山井鼎著作的序言中指出，山井鼎使用的“皇侃《论语（集解）义疏》”的手抄本，引出关于文本区别的大量注释，“洵为六朝真本”[2]。

无论佚著何时何地失而复得，各种离奇故事常常围绕下述事件展开。关于《论语（集解）义疏》，目录学家卢文弨（1717—1796）在 1788 年记载，一个名叫汪鹏（翼沧）的商人，在日本经商的过程中，从位于下关的足利（Asshikaga）学院买得一本《论语（集解）义疏》，时间约为 1761 年至 1764 年之间[3]。汪氏自身是否意识到这本书的重要性或者是否有人要他带一本回国尚不清楚。就人们所说，某些资料显示他实际上是为鲍廷博（1728—1814）购书。鲍氏是著名的目录学家，也是在杭州拥有大量珍本残卷的藏书家。然而，汪鹏所购的版本成于 1750 年（宽延三年），实际上是根本逊志（1699—1764）校勘的修订本，他是足利学院山井鼎的同事，把存于学院图书馆的手抄珍本用作其文本比较分析的底本[4]。

随着《四库全书》编纂处从全国范围的私人和地方藏书中搜求珍本善本工作的进行，购回国内的一本《论语（集解）义疏》据称由汪鹏呈给浙江布政使王亶望（？—1781）。于是王亶望被假定把这个“原版本”交给了《四库全书》编纂处[5]。此外，据说王亶望还搞了一个巾箱本的《论语（集解）义疏》（1775），出版于 1781 年《四库全书》文渊阁版本的《论语（集解）义疏》完成前数年[6]。

---

[1] 这些《论语义疏》片段汇编都重刊于《无求备斋论语集成》。

[2] 阮元：《序》，见山井鼎《七经孟子考文（补遗）》卷一，第 2 页

[3] 这个记载见于卢文弨：《论语（集解）义疏》的《序》（《知不足斋丛书》本，《无求备斋论语集成》），第 1 页上至下。由于汪鹏去日本的时间记录是 1764 年，可以推知他是在 1764 年以前获得这个稿本的 ante quem。

[4] 关于这个版本的重刊，见存于日本的 1864 年元治的有日文阅读符号的木版印刷本，重刊于《无求备斋论语集成》。关于这部文本在日本流传的评论，见根本逊志对《论语义疏》的编辑。它后来在中国的混淆，见杨守敬《日本访书志补》（中国图书馆协会丛书本，三卷；孙楷第《序》，1930 年），第 10 页上至第 11 页下。这个背景也值得注意，杨守敬从日本得到一本《论语（集解）义疏》，随后存于观海堂图书馆，现存于台北故宫博物院；见陈金木《皇侃之经学》，第 169 页。关于足利学院与其他著名的所谓足利本，见严绍璗《汉籍在日本的流布研究》（南京：江苏古籍出版社，1992 年），第 252—262 页。

[5] 说明：吴慰祖《四库采进书目》（北京：商务印书馆，1960 年）没有记载王亶望把《论语（集解）义疏》交给《四库全书》编纂处。根据翟灏在《四书考异》（总考三十二）的记载，《论语（集解）义疏》由汪鹏送交遗书局，时间大约在于日本购买此书的 10 年之后，例如约 1771 年；见武内义雄《论语的研究》，第 427 页。《四库全书总目》卷一第 290 页说明，《论语（集解）义疏》为浙江巡抚所献，王亶望于 1777 年至 1780 年任此职。

[6] 关于把王亶望视为在中国重新出版《论语（集解）义疏》第一人的记载，见《续修四库全书总目提要·经部》卷二（二卷；北京：中华书局，1993 年），第 860 页。注意：在重印版本中，王亶望替换了所有提及根本逊志及其整理本的编辑文字，所有参考文献都成了他本人的文献。

尽管《四库全书》的各版都源于根本逊志校勘的修订本，但录于《四库全书》版的《论语》3·5的皇侃疏的措辞明显不同于其他的传世本，忠实复制根本逊志版本的武英殿本（甲本）是唯一的例外。虽然这点是明显的，《四库全书》本疏的文本（版本乙）有讹误，但很难断定是否是王亶望因担心文本内容犯忌擅自做了修改。然而，由于吴骞（1733—1813）关于《论语义疏》的文本研究所据的本子与王亶望密切相关，疏已被改动，似乎有理由假定，王氏预想满清政府敏感于这段贬损非汉人民族的文字，而“校正”了若干本作为预防手段[1]。如果王篡改了提交给《四库全书》编者和鲍廷博的本子的疏，武英殿修订本表明他可能至少留下了一个没改的本子。较不可能的情况是，王亶望本人对此全无责任，是《四库全书》《论语（集解）义疏》修订版的姓氏不明的编纂与审查者做了修改。这很自然，见于《四库全书》的相当多的《春秋》的本子有文本篡改问题，且其诠释工作确实表明编者清除了文本中潜在的犯上内容[2]。他们对有关“蛮夷”及满族段落的拙劣的修改痕迹见于《四库全书》修订本的各种文本。在这一点，提到顾炎武（1613—1682）《日知录》的审查与未经审查的版本之间很大的文本差异就足够了[3]。

在王亶望因贪污腐化而被赐死（1781）后，一个篡改的本子最终为鲍廷博所有，根据1772年2月7日的皇帝诏令，他把私人收藏的626部著作呈交《四库全书》编委会，并对建于1773年至1782年间的皇家图书馆多所贡献[4]。

尽管有各种残卷辑本和王亶望的重印，但皇侃《论语（集解）义疏》在中国最早广泛使用的重印本是鲍廷博出版的。他与其长子合作，复制了一些他私人收藏的最佳的珍本善本。这些活字印刷的重印本编于1769年至1814年间，并辑录在《知不足斋丛书》中陆续出版于1776年至1823年间[5]。在这套丛书中皇侃这部年代不

---

[1] 他的《皇疏参订》或《皇侃论语义疏参订》（十卷）未完成，尽管从未被出版，带有许多学者附加的注的手稿在流行。本子至少存于日本的两个图书馆；不幸的是没有一本可为我所用。从《续修四库全书总目提要·经部》卷二第860页判断，吴骞最初的研究是基于山井鼎关于文本差异的注与关于《论语》3·6的已经变化了的义疏的本子。

[2] 我要感谢Hans van Ess（Munchen），因其曾与我讨论《春秋》解释的一些相关问题。

[3] 详见徐文珊（编辑）《原抄本日知录》（台北：明伦书局，1979年）中的介绍和集注。

[4] 有关此诏令的一些段落，见Guy: The Emperor's Four Treasuries, pp.34-37；关于诏令全文做了注解的翻译和关于此的短讨论，见Christoph Kaderas: “Ch'ienlung's Kompilationsedikt des Ssu-k'u ch'uan-shu”, in: ZDMG 148.2 (1998), pp.343-360。此书以编者的儿子鲍士恭的名字上交；关于被鲍氏提交的给人印象深刻的图书目录，见吴慰祖《四库采进书目》，第88—96页。

[5] 对《知不足斋丛书》的描述，见Andrew C. West: *Catalogue of the Morrison Collection of Chinese Books* (London: School of Oriental and African Studies, 1998), p.289。

详的重印本名为《论语集解义疏》(十卷);附有卢文弨的序言,见于第七集;而最重要的是,它混入乙本《论语》3·5等改过的疏的措辞[1]。

鲍廷博除了再版《论语(集解)义疏》,他还使皇侃的著作为大量学者所利用,其中包括翟灏、吴骞、卢文弨和陈鳣(1753—1817)[2]。而当陈澧(1810—1882)后来在他的《古经解汇函》中重新刊行《论语集解义疏》时,他只是重印了鲍廷博《论语集成》中那个疏已被改动的版本(乙本)[3]。

然而,使人不解的是,在严灵峰《论语集成》(1966)的《知不足斋丛书》版本的照相平版印刷中展示的是见于根本逊志的修订本(甲本)的措辞[4]。于是我们有了两种都宣称来自同一个来源的版本。虽然《知不足斋丛书》中两个版本的编辑表明是相同的页码与同样的印刷版式(疏中每个标准纵双行九个字),我们还是发现了显著的区别[5]。《论语集成》中复制的《知不足斋丛书》修订本有宽延年间作的序,该序亦见于元治修订本(1750),而早期的《知不足斋丛书》版本(1776—1823)中则无此序[6]。除了把"集解"归于何晏名下与称皇侃为"义疏"的编者外,用《论语集成》复制的编者的话说该修订本为王亶望重刊。像他的袖珍重印本一样,这条消息昭示于同样位置,元治本在此处则称根本逊志为"校正"[7]。而且,严灵峰的复制本在每卷末尾也给出"校字"者之名[8]。如此内容不见于《知不足斋丛书》版本(1776—1823),那里只提及何晏和皇侃的名字,而未提及王亶望或根本逊志。文本的整理无论如何都引起人们的怀疑,第三纵行——涉及王亶望或根本逊志——是不是在印刷字体排版后被抽出的。由于关于严灵峰复制本的准确来源尚缺

[1] 见《论语集解义疏》(《知不足斋丛书》本,1776—1823),第4页下至第5页上。

[2] 卢文弨在其关于《经典释文》的研究中使用它。陈鳣是阮元编纂《经籍纂诂》的助手,把《论语集解义疏》综合进他的旧的解释的研究,名为《论语古训》,并重刊于《无求备斋论语集成》。关于吴骞,这位《拜经楼丛书》的藏书编者是用了王亶望的重印本抑或是从鲍廷博处得到《论语(集解)义疏》,尚不清楚。

[3] 见陈澧《古经解汇函》(12函;1873年),《论语集解义疏》,第4页上。

[4] 见《论语集解义疏》(《知不足斋丛书》,《无求备斋论语集成》),第4页下至第5页上。

[5] 说明:甲乙本明确表明相同的字数。即是说,除了文本的区别,甲本《论语集解义疏》(《知不足斋丛书》,《无求备斋论语集成》)第4下至第5页上与乙本《论语集解义疏》(《知不足斋丛书》,1776—1823)第4下至第5页上有着同样的书写形式,例如同样的纵行和同样的字数。

[6] 见这两页,带有附于第一卷前的多余的页码(在何晏"序"那页后面),《论语集解义疏》(《知不足斋丛书》,《无求备斋论语集成》)。

[7] 《论语集解义疏》(《知不足斋丛书》,《无求备斋论语集成》),第1页上,尽管这种相似性,汪的重印本显示的是乙本文本,《无求备斋论语集成》中的重印本是义疏的甲本。

[8] 见《论语集解义疏》(《知不足斋丛书》,《无求备斋论语集成》),第33页下。

乏进一步的有用依据，我们需要处理两种不同的版本，就我们目前所论，系来自同一丛书[1]。

《四库全书》的目录无疑提到了日本1750年本的复制[2]。目录学家把《论语义疏》与鲍氏家族密切联系起来，并对《知不足斋丛书》修订本的文本信以为真[3]。甚至在《四库全书》复制的两个本子之间出现了文本不一致的混乱，无论如何都表明目录学家的目光短浅与编委会的效率低下。

前此在中国佚失的皇侃义疏的传播再次成为可能，保存在国外的本子的文本可靠性成了讨论的话题。如江藩（1761—1831）、丁晏（1794—1875）等学者就挑战过其真实性并主张不要依靠这个材料[4]，尽管有这些警告，其他人如桂文粲（1823—1884）研究了文本的不同版本并编辑了校勘注释[5]。

至于进一步的史料来源与参考文献，有被伯希和（Paul Pelliot，1878—1945）发现的敦煌卷子与存于巴黎国立图书馆的成书于唐代的《论语义疏》的残卷[6]。这个残卷对我们的考察极其重要，因为它证明了流传于日本的手抄本（甲本）的措辞，并因此确定了乙本很可能不是原始文本的忠实体现。鉴于存于日本的样本，岛田翰（1879—1915）在其目录学注释中列出历应年间（1338—1342）[7]的《论语义疏》手抄本。并且，除了根本逊志的校勘本外，武内义雄（1886—1966）还描述了

---

[1] 关于复制本的来源，严灵峰《知不足斋丛书》只提供了不充足的信息；《无求备斋论语集成》的出版者曾致信前者，要求就《知不足斋丛书》版本的复制本的来源做较详细的陈述，但未得到答复。

[2] 见《四库全书总目》卷一，第290页。

[3] 见《四库全书总目》卷一，第290页。我认为这样假定是可靠的，即参考文献为《知不足斋丛书》修订本给出（1776—1823），表明是改过的文本版本。至于假定鲍廷博或其子提供了1750年版本的本子，《四库全书》版本由此复制，我们注意到，吴慰祖《四库采进书目》第88—96页没有把《论语（集解）义疏》列入鲍氏家族呈送的图书之中。

[4] 见江藩《隶经文》，徐世昌《清儒学案》（一百一十卷；北京：中国书店，1939年），第7页上至第15页上，尤其第12页上，和丁晏《读经说》，《清儒学案》，第31页上至第33页上，尤其第32页下。关于《论语（集解）义疏》真实性的进一步讨论，亦可参见桂坫的《晋砖宋瓦室类稿》，祁永膺的《勉勉鉏室类稿》及傅维森的《缺斋遗稿》。

[5] 《庚辰丛编》（也收入《桂氏经学丛书》或《桂氏遗书》）中桂文粲批评性注释有成于1845年的序言，书名为《论语敦煌考证》（十卷）与《无求备斋论语集成》复制本。

[6] 这个手抄本的照片见于神田喜一郎《敦煌秘籍留真新编》卷一（二卷；无发表日期，陆志鸿序于1947年），第69—96页。照相直排重印本亦以《唐写本论语义疏》书名收入《无求备斋论语集成》。关于这个残卷，见 *Catalogue des manuscripts chinois de Touen-Houang. Fonds Pelliot chinois de la Bibliothèque Nationale*, Vol. IV: Nos 3501-4000 (Paris: École Francaise d'Extrême-Orient, 1991), pp.66-68。关于《论语》残卷，见陈铁凡《敦煌论语异文汇考》，《孔孟学报》1961年第1期，第87—247页。

[7] 见岛田翰《古文旧书考》（东京，1905年）第64页上至第67页下。

存于日本的《论语义疏》的10个本子，最早的年代可上溯到1451年（宝德三年）、1477年（文明九年）与1490年（延德二年）[1]。武内义雄也校订整理了被广泛使用的怀德堂修订本（1923，大正十二年），这是一部1477年手抄本的校勘本，在日本有大量古本[2]。

三、《论语》3·5——问题

在对文本来源的传承进行了一番简短的审视之后，我们将聚焦于在读者中引起极大争议的《论语》3·5的一个解释[3]。乍看“夷狄之有君不如诸夏之亡也”这段文字，便知道“不如”两字是关键所在。“不如”这个系词使人想起了许多英文读法：“A is not as (good) as B”，“A is unlike B”，“A is not like B”，“A is not equal to B”，“A is inferior to B”，“B is preferable to A”，“A is dissimilar to B”，等等。但考虑到《论语》的内容和语言，哪个读法较为适合？传统解释者提出两种相互冲突的解读[4]。

对于相似的段落如“无友不如己者”（《论语》1·8）的理解，第一种解释是认为“不如”是“不及”的意思[5]，较早的诠释于是主张“夷狄”应被定义为劣者而

[1] 关于这些以及其他手抄本的目录学背景的简略描述与文本样本的复制，见林泰辅《论语年谱》（东京，1916年）注释32—36，陈金木《皇侃之经学》，第475—544页。关于手抄本和其他修订本的较详细的描述，见武内义雄《论语的研究》第429—435页和陈金木《皇侃之经学》第158—174页。

[2] 皇侃《论语义疏》的怀德堂修订本在中国和日本出于需要而重印，也附于武内义雄《论语的研究》。他的校勘注释名为《论语义疏校勘记》（怀德堂修订本）和《无求备斋论语集成》。关于较早将《论语（集解）义疏》与其他主要《论语》修订本进行比较，见阮元《十三经注疏校勘记》（1806）。有关《论语（集解）义疏》的文本问题的最新研究，见董季棠《论语皇本异文举要》，《孔孟学刊》第23期（1972），第99—122页。

[3] 有关其虽不完美但值得称赞的创建文本年代排序的努力，见 E. Bruce Brooks and A. Taeko Brooks: *The Original Analects. Saying of Confucius and his Successors* (New York: Columbia UP, 1998), p.127 认为这段文字产生于公元前310年。

[4] 某些意思的解读近来有所讨论，见 Heiner Roetz: *Die chinesische Ethikder Achsenzeit. Eine Rekonstruktion unter dem Aspektdes Durchbruchs zu postkonventionellem Denken* (Frankfurt a. M.: Suhrkamp, 1992), pp.148-150 和 Simon Leys: *The Analects of Confucius* (NewYork: W. W. Norton, 1997), pp.121-123。

[5] 关于此段的评论，亦可参见 Edwin G. Pulleyblank: *Outline of Classical Chinese Grammar* (Vancouver: University of British Columbia Press, 1995), p.83。“不如”读作“不及”，见王书林《论语译注及校勘》（二卷；台北：商务印书馆，1982年）卷一第40页和康义勇《论语释义》（二卷；高雄：丽文文化，1993年）卷一第144页等。

不考虑国家的实际地位。至于《论语》中的语境证明，收集的有关言论表明不存在一个对中国以外的“野蛮民族”的固定态度。但考虑到文本的不同层面，无论如何，阅读文本，我们可能会发现使用这个术语的时间正处在一个中国对邻国日益抱有敌意的时期。见于早期文献的友善和积极的态度（见《论语》5·7、12·5）正转向相当有节制的态度（见《论语》9·14、13·19），后期文献表明是充满敌意的意向（见《论语》14·17、3·5）[1]。除了这种发展估计反映了中国与其邻国关系的变化外，这个系统也似乎完全适合《论语》3·5 的早期注解主张的意译[2]。《论语》3·5 的第二个解释在后来的解释传统中成为主导，“不如”被理解为“不像”的意思[3]。这个解释所依据的基本假定是——根据程朱学派的说法——孔子是在抱怨他所目睹的无政府状态。于是“夷狄”被看成是优越者，因为他们正当地获取王位，而同时周王朝却陷入了篡夺与混乱的麻烦之中。

四、《论语》3·5——对立的版本

直至最近，诠释者对皇侃义疏流传下来的版本的可信性仍持有不同的观点。有关《论语（集解）义疏》，大多数学者都依靠甲本或乙本，但未能讨论文本的差异[4]。例如，程树德（1877—1944）在他方便而非常有用的传统注解汇编中，对见于甲本的引语的权威性提出了挑战[5]。当列于他的目录学的两个版本都是乙本的义疏时，他感到需要详加讨论这条引语的问题，这被作为他的二手资料之一而提及。[6] 由于考虑到程树德这种水平的学者不可能不知道甲本，他的沉默使人产生了他是否认为唐代残卷与存于日本的本子不可信而加以拒绝的疑问。

仔细考察《论语》3·5 中的皇侃义疏的两个版本，有助于澄清偶见于注解文献

[1] 见 Brooks and Brooks: *The Original Analects*, p.127；按 Brooks 提出的系统，《论语》3·5 很可能反映了一种敌对态度，属于上述的第三个短语。

[2] 见 Brooks and Brooks: *The Original Analects*, p.127 和 Levy: *The Analects of Confucius*, p.121。

[3] 见王书林《论语译注及校勘》卷一，第 40 页；Roetz: *Chinesische Ethik der Achsenzeit*, p.149 和康义勇《论语释义》卷一，第 144 页。

[4] 例如见王书林《论语译注及校勘》卷二第 66—67 页和曾秀景《论语古注辑考》。

[5] 见程树德《论语集释》［四卷；北京：中华书局（1990），1996 年］卷一，第 148 页。

[6] 见程树德《论语集释》卷四，第 1384 页，其中列出了《知不足斋丛书》校勘本（1776—1823）和《古经解汇函》鲍本重印本作为来源。

的曲解[1]。为了使句子结构较清楚明了，这条义疏可划分为如下五个部分。

第一部分：

除了措辞略微不同，甲本的所有样本都对《论语》3·5这段话给出如下概要[2]：

> 此章重中国贱蛮夷也。[3]

乙本设置了明显不同的语境。它关注权力（被那些假定无权享有特权的人）僭取与篡夺，这是《论语》第三章“八佾”的核心议题。在文体上，甲本的反义词“重”与“贱”体现于“上”与“下”的并置；乙本释读文字为：

> 此章为下僭上者发也。[4]

第二部分：

接着是并入《论语集解》中的包咸（10世纪）注的重复。两个版本相同：

> 诸夏中国也。亡无也。[5]

第三部分：

这部分是《论语》此段的委婉表达，从中我们发现不少措辞的区别。最早的文本，即唐代的残卷，具体文字为：

---

[1] 甲本的主要文本证明包括：唐残卷（第3573页），复制于元治时的根本逊志校勘本（1864），重印于《无求备斋论语集成》（1966）的《知不足斋丛书》，有武内义雄校勘注释的怀德堂校勘本。乙本的变体包括：见于吴骞《皇侃论语义疏勘订》的王亶望的版本，其根据摘录于《续修四库全书总目提要·经部》（SKQS1：文渊阁照相平版印刷复制版本《（钦定）四库全书》和SKQS2：文渊阁《（钦定）四库全书》校勘本有相同的措辞），重印于《古经解汇函》鲍本（1873）的《知不足斋丛书》校勘本（1776—1823）。

[2] 为方便起见，义疏的原文附于注释中。

[3] 甲本：“此章重中国贱蛮夷也。”唐代的变体表明措辞略微不同：“明孔子重中国。”

[4] 乙本：“此章为下僭上者发也。”

[5] 甲本和乙本：“诸夏中国也。亡无也。”

夷狄之有君生，而不如中国之无君。故云不如诸夏之亡……[1]

尽管这里的关键性系词“不如”仍未变化，但其显然应解读为“不及”的意思。甲本的其他样本提供了一个更明确的表述：

夷狄虽有君主，而不及中国无君也。[2]

在居于义疏前部的这行论点的附加部分，乙本阐明了一个论域，无论是与见于甲本的措辞还是概念，都没有任何关系。乙本释读文字为：

中国之所以尊于夷狄者，以其名分定而上下不乱也。[3]

第四部分：

尽管双方都以参考文献展开，但它们之间的区别是有意义的。甲本以早期学者的引文作为结论。乙本则以引用常识性的民族历史经验来说明。

在甲本中，义疏引了惠琳的话，这个僧人的演说受到刘宋的开国皇帝刘裕（363—422，420—422 在位）的高度赞誉[4]。惠琳注解了《孝经》《老子》和《论语》。但皇侃的义疏包含了僧人孙绰的文献不下 37 条，下面的材料是唯一一条参考了惠琳或其《论语说》的引语[5]。甲本文字为：

故孙绰曰：诸夏有时无君，道不都丧。夷狄强者为师，理同禽兽也。释惠琳曰：有君无礼，不如有礼无君也。刺时季氏有君无礼也。[6]

这条论点在《论语注疏》中得到进一步展开，在注疏中邢昺把礼与义，恰当行

---

[1] 甲本：“夷狄之有君生，而不如中国之无君。故云不如诸夏之亡……”

[2] 甲本：“夷狄虽有君主，而不及中国无君也。”

[3] 乙本：“中国之所以尊于夷狄者，以其名分定而上下不乱也。”

[4] 沈约：《宋书》，北京：中华书局（1974），1987 年，第 1902 页。

[5] 陈金木：《皇侃之经学》，第 238、240 页。关于第二条引语也见于程树德《论语集释》卷一，第 148 页，对乙本的两个复制本的使用，他完全根据自己的理解。

[6] 甲本：“故孙绰曰：诸夏有时无君，道不都丧。夷狄强者为师，理同禽兽也。释惠琳曰：有君无礼，不如有礼无君也。刺时季氏有君无礼也。”

为的基本规范，界定为文明成就的一个参量。于是，文明被理解为在华夏“盛”而在野蛮人中“无”。在甲本中，皇侃提到季氏，他的僭取与篡夺行为为孔子所不能容忍。而另一方面，在西周历史的典型时代的引述中，邢昺则采用较少个人化的态度。于是他的解读把《论语》3·5 的看法视为孔子“刺时”而废除，这个解读在他之后被程朱学派恢复。北宋有关《论语》的正义的手册释读文字为[1]：

> 夷狄虽有君长而无礼义。中国虽偶无君，若周召共和之年，而礼义不废。[2]

此事涉及的是国王被逐后（公元前 841 年）两位大臣共同执政的长达 14 年的权力真空期，此条文献开启了一个有新远景的途径。后世的不少注解者列出了一系列事例，那时中国或者暂时无君，或者有君之位而被中国以外的人占据。其他的则关注于真正的王权。然后论点集中在真正的君，关注其真正行使权力而不是徒有其名。

与邢昺的事例相比，乙本义疏的解读有点迂腐：

> 周室既衰，诸侯放恣，礼乐征伐之权，不复出自天子，反不如夷狄之国，尚有尊长统属，不至如我中国之无君也。[3]

假定皇侃的一些陈词是在重复《孟子》的一段内容，即《孟子》3 下·9，这章讲的是周灭亡道衰[4]。此外，乙本的义疏成了见于《论语集注》中的论说的提示，那里朱熹引用了程颐（1033—1107）与其学生尹焞（1071—1142）的话。在这部享誉数个世纪的集注中，关于《论语》3·5 的部分释读文字为：

> 程子曰：夷狄且有君长，不如诸夏之僭乱，反无上下之分。尹氏曰：孔子

[1] 《论语正义》是《论语注疏》的另一书名。

[2] 《论语注疏》[《十三经注疏（校勘记）》修订本]，第 26 页：“夷狄虽有君长而无礼义。中国虽偶无君，若周召共和之年，而礼义不废。”关于这个真空期，见司马迁《史记》[十卷；北京：中华书局（1959），1982 年] 第 144 页，作者把“共和”理解为一个统治时代。关于《竹书纪年》中的不同读法，见崔述《丰镐考信录》七第 4 页至第 6 页，收入杨家骆编《考信录》卷一（二卷；台北：世界书局，1989 年）。详见 Edward L. Shaughnessy: *Sources of Western Zhou History: Inscribed Bronze Vessels* (Berkeley: University of California Press, 1991), p.272。

[3] 乙本：“周室既衰，诸侯放恣，礼乐征伐之权，不复出自天子，反不如夷狄之国，尚有尊长统属，不至如我中国之无君也。”

[4] 类似内容见《孟子义疏》[《十三经注疏（校勘记）》修订本]，第 117—118 页。

伤时之乱而叹之也。亡非实亡也，虽有之不能尽其道尔。[1]

在这则解释中，“不如”的套语不再解读为“不及”的意思。这里的“不如”被理解为“不像”。此外，尹焞回复了皇侃（甲本）主张的语境化，这个解释被后世学者拓展。于是孔子被认为是在批评他的国人，这个解读被许多学者拒绝。甚至未受过教育、从来不忌讳批评“迂腐”的宋儒的明朝创立者朱元璋（1328—1398），也依据这条解释进行讲说。他对《论语》此段及其他段落的认知以趣闻逸事形式流传下来[2]：

宋儒乃谓中国之人不如夷狄，岂不谬哉。[3]

尹焞的论说最后部分的措辞选择再次为《孟子》的一个段落所激发[4]，明确地把关注的视角从君的形式的存在转移到君应该“尽君道”[5]。

对假定为皇侃思想激发的潜在资源的进一步考察，将导向程颐与程颢（1032—1085）《二程遗书》中的一个注，含有对《论语》3·5的评论：

此孔子言当时天下大乱，无君之甚。若曰夷狄犹有君，不若是诸夏之亡君也。[6]

孔子被描述为担心他那个时代没有明君，这个解读可能直接与甲本义疏中提到的季氏的篡夺王位有关。习语“若曰”引导二程兄弟重复《论语》3·5的话，这个意思在乙本义疏中被重新措辞。

---

[1] 《论语集注》，在《四书集注》（台北：学海出版社，1984年）第68页：“程子曰：夷狄且有君长，不如诸夏之僭乱，反无上下之分。尹氏曰：孔子伤时之乱而叹之也。亡非实亡也，虽有之不能尽其道尔。”

[2] 关于明代开国皇帝对《论语》另一段落的注解，见 Bernhard Fuehrer: “Did the Master Instruct His Followers to Attack Heretics? A Note on Readings of *Lunyu* 2.16”, in: Michel Hockxand, Ivo Smits (eds.): *Reading East Asian Writing. The Limits of Literary Theory* (London: Routledge Curzon, 2003), pp.117-158。

[3] 李贤《古穰杂录》[1617；涵芬楼重印，《（国朝）纪录汇编》修订本，《丛书集成》修订本]，第10页。

[4] 见《孟子注疏》，第125页。

[5] 刘殿爵：《孟子》英译（London: Penguin, 1970年），第118页。

[6] 朱熹编：《河南程氏遗书》（上海：商务印书馆，1935年），第116页：“此孔子言当时天下大乱，无君之甚。若曰夷狄犹有君，不若是诸夏之亡君也。”

对此段文字的另一考察是，我们主张乙本义疏与《孟子》3下·9的密切关系不是一个巧合。《孟子》3下·9最早把《春秋》描述为孔子所为，并且包含了这个著名的段落，《春秋》被说成是孔子为救治天下而著。在对《论语》3·5的解读中，陈栎（1252—1334）与其他人把孔子对他的时代的绝望与其著述的《春秋》联系在一起，并在《论语》3·5与《孟子》3下·9之间建立了紧密的联系[1]。

总结我们对皇侃义疏两个版本的观察，我们认为邢昺与二程似乎是从甲本注疏中得出他们的观点。而邢昺则涉及他对前辈主张的解读，二程提出了一个新的解释，成了后世学者争论的主要激发源泉。在这个给出的语境中起决定作用的是，乙本与二程的评论有着惊人的相似性。考虑到它的潜在的文本来源与参考文献的观点，怀疑乙本实际上只是杂烩拼凑，这是难以服人的。无论是谁重写了《论语》3·5的义疏，其都使全部文字保留不变，而用从《孟子》与宋代著名哲学家那里借来的神圣言论的拼凑替代了有潜在冒犯内容的段落。

第五部分：

义疏的最后部分返回到最早的注疏层面，例如，包咸对“诸夏”——中国——的解释。甲本文字为：

> 谓中国为诸夏者，夏大也，中国礼大，故谓为夏也，诸之也，语助也。[2]

考虑到乙本的这个较早的段落已经关注礼的统治的极端重要性，这个改过的版本在此处则有所省略。最后这部分乙本文字为：

> 谓中国为诸夏者，夏大也。诸之也，语助也。[3]

结　论

《论语》3·5引起争论的一个确定因素，能够归因于皇侃义疏的文本返回中国

---

[1] 陈栎：《四书发明》，引自程树德《论语集释》卷一，第150页。

[2] 甲本：“谓中国为诸夏者，夏大也，中国礼大，故谓为夏也，诸之也，语助也。”

[3] 乙本：“谓中国为诸夏者，夏大也。诸之也，语助也。”

后造成的两个版本的并存。我坚信，搜集的证据表明乙本在其从日本复还后不久就被篡改了。尽管我不能准确确定篡改这个文本的人是谁，但我认为，线索已经找到，足可以使人信服地提出，很可能是王亶望鉴于满清政权的种族和政治敏感性而先期篡改了这个义疏。

假定《论语（集解）义疏》不是一个早期伪造品，我们可以有把握地得出结论，流传于日本的手抄本是原版本的客观再现。此观点被这一事实所证实，日本手抄本中的义疏的措辞与流传于唐代的残卷的文本相对应。而且，关于义疏的这两个版本，只有甲本代表了皇侃的文本。怀德堂修订本于是成了这个假定的原版本的最好的重构。

《论语（集解）义疏》的个案对以前的结论提出了严峻挑战，即所谓保存在中国的经典文本好于日本。流传于日本的文本被证明显示为一个合理的统一传统，即是说，文本混杂的情况极少。另一方面，《论语（集解）义疏》最初在中国佚失，然后返回中国，可信版本的流传被审查制度所严重妨害了。

考虑到《论语义疏》的文本状况，《四库全书》的目录表明“经传文与今本多有异同”[1]。除了出名的文本差异，考察使我们增加了对这个说法的也许是更为悲观的关注，因为这显然产生于《四库全书》编修的广泛背景之下，即皇侃义疏的文本已经篡改了。

尽管《四库全书》的编修没有效率，处理材料的好方法则是有益的——那些编有索引的典籍幸存了下来，被《四库全书》禁用的著作则以别的版本的形式出现，这里篡改的文本在那里却完好地保存下来，这只是因为不同的编者群有不同的审查标准——皇侃有关《论语》3·5 义疏的个案表明，篡改的努力并不总是徒劳的。甚至阅读皇侃关于《论语》3·5 的义疏的中国的阅读方法，仍被这个发生于审查与禁锢时代的悄然变化所困扰。

傅熊（Bernhard Fuehrer），英国伦敦大学亚非学院教授，主要从事中国文化经典与文学研究。

---

[1]《四库全书总目》卷一，第 290 页。

芳帙青简，绿字柏熏
——六朝与初唐的文本与物质文化[1]

〔美〕田晓菲

在文本电子化和数字化的今天，我们很容易忽略和忘记一个简单的事实：文本是物质文化的一部分。这个事实对我们理解与诠释产生于手抄本文化时代的文本具有格外重要的意义。在一切文本的流传依靠手抄的时代，每一个抄本都是独一无二的，每一个文本异文都值得我们去考究与追寻，因为除了正常出现的抄写错误之外，抄写者往往集读者与编辑于一身，对抄写的文本进行编选、删削、校正、修改。手抄本时代的作品是没有作者原稿、没有经过作者亲自审核校订而印刷出版的文集，在这种情况下，任何追寻"原本"或者"真本"的努力都是徒劳，也是毫无意义的。

在本文中，我将从文本的角度，对六朝与初唐时期物质文化的一个重要的侧面做出探究。一方面，通过对比南北朝的物质遗产，强调南朝乃是文本的帝国；另一方面，通过考察书籍传播和藏书文化的变迁，指出文本在南北朝时期的高度物质化。最后，以公元6世纪萧梁时代的两部文学选集《文选》《玉台新咏》和公元7世纪初唐时期的类书《艺文类聚》对建安文学的不同呈现作为范例，探讨南朝和唐代文本文化的互动。我们会清楚地看到，一个时代的形象经由文本的载体传到后世，文本来源的不同决定了文本的不同，并最终决定了这个时代的形象的不同。

[1] 本文初稿曾在2010年12月台湾清华大学举办的"唐代文史研究的新视野：以物质文化为主——纪念杜希德"国际研讨会上作为主题发言宣读，在此感谢陈珏教授的邀约以及与会学者的反馈。

一、南北朝文学与物质遗产的奇特反差：作为文本帝国的南朝

在中国传统文化想象中，南朝常被视为耽于声色享受，北朝则被描述为质朴、刚健、清新。然而，这样的二分法在物质文化的领域并不能得到证实。相反，从近年来的考古发现和出土文物来看，我们发现这样一种有趣的倾向：南朝器物的风格往往倾向于素朴简洁，北朝器物则倾向于华丽奢侈，其精美的程度至少可以说与南朝不相上下。

试举一些例子进行说明。瓷器是南北朝社会日常生活中越来越重要的一部分。南朝的青瓷制造非常发达，无论是从工艺上还是数量上来看，都达到一个新的高峰；然而，南朝的青瓷制作工艺一方面日趋精美，另一方面在装饰方面又往往以素面为主，纹饰常常被描绘概括为“简朴”“清新”。南北朝的陶瓷往往被简化为“南青北白”的对立，然而在实际情况里，北方的瓷器制造发展史要复杂得多。和南方千篇一律的青瓷相比，北方的瓷器品种更为多样，除了青瓷之外，还有黑瓷以及北方所特有的白瓷。在北方的青瓷生产中，每一类别的青瓷器物中的形式都较南方多；相比于南方青瓷以刻画花纹为主，北方青瓷则兼用堆塑、模印、贴塑和刻画工艺；北方瓷器系“形制多样，有方形、圆形、双附系等多种形式，而且经常交叉使用，颇具特色，南朝则一般为单一的桥形系”[1]。所有这些都显示出了北朝的瓷器工艺在风格和技术方面非常勇于试验和创新的特点。

举一个具体的例子。青釉莲花尊被公认为六朝青瓷的登峰造极之作，南北墓葬中皆有发现。除了淄博出土的莲花尊被认定为淄博寨里窑烧制之外，其他十几件莲花尊的具体产地还没有确定。从河北景县北齐时代封氏墓中出土的四件莲花尊，因其胎釉的化学成分与南方青瓷有明显差别，已被断定为北方窑烧制；而 1972 年从南京灵山南朝墓出土的一对莲花尊，在所有莲花尊中形制最大，“在纹饰、风格、胎土成分等方面和南方的瓷器都有所不同，却和河北景县出土的四件极相似。它们之间虽有体形大小、纹饰繁简的差别，但都集中运用了贴塑、刻画、模印等工艺手法，通体装饰的莲花纹及器型堂皇庄重方面也非常相像，应该不是属于南方瓷

[1] 郭学雷、张小兰：《北朝纪年墓出土瓷器研究》，《文物季刊》1997 年第 1 期。

系”[1]。很多艺术史家推测这种类型的莲花尊原产地是北方。[2]“河北景县封氏墓群出土的四件仰覆莲花尊与南方出土的两者之间的关系究竟怎样，仍然值得研究。”[3]

同样，南朝的漆器，从东晋以降，在装饰上也呈现从繁复到简洁的特点；而北朝墓葬中出土的漆器，虽然数量稀少，却至为华美，比如北魏司马金龙墓中出土的漆画屏风。虽然有学者推测这具屏风可能来自南方，但宁夏固原北魏墓漆棺画的北方身份则不容置疑。再看墓葬中的金银器皿：根据美国历史学家 Albert Dien 对近年来发掘的 1800 座南北朝墓所做的统计调查，北朝墓葬中的金器在比例上超过了南朝，鎏金青铜器则主要发现于北朝墓葬中。南朝墓葬中的银器比例则高于北朝，但北朝银器的种类却又超过南朝。[4] 最后，北朝墓葬中的外来珍奇物品十分丰富，这些舶来品的风格异常华美，尤其是金银首饰，从制作工艺的精致到式样的华丽繁复都远远超过了华夏本土。无论是因为民族身份导致北朝鲜卑族对这些舶来品的喜爱和接受，还是因为丝绸之路贸易往来的便利，从北朝墓葬中出土的奢侈舶来品从数量到种类都较南朝为多，给人带来一种北朝物质生活五光十色的印象。

出土文物反映的当然很有可能是葬礼习俗厚薄的不同，何况文物考古发掘也带有强烈的偶然性因素，因此墓葬物品不能完全视为一个社会的物质文化的简单再现。不过，南朝虽有提倡薄葬之风，北朝历史上也有不少王公大臣要求“薄葬”的记录；而且，提倡薄葬并不意味着厚葬风气的消失，因此《六朝文化》一书的编者虽然竭力强调“薄葬成为当时普遍采纳的丧葬形式”，但在综考南朝墓葬情形之后，还是得出了“六朝薄葬与厚葬并存”这样的结论。[5] 我们甚至可以说，某人因遗令薄葬而被史书作者写入传记，更是凸显了世人以厚葬为常、以薄葬为不常的事实。

虽然我们应该意识到墓葬物品反映现实生活的局限，但墓葬出土文物还是可以让我们窥测到社会风气、物质文化和审美趣味的一些端倪。而且，北朝上层社会物质生活的豪华丰富，也可以从传世的文字数据中得到证实。比如《南齐书·魏虏传》在描写北魏风俗时提到北魏宫廷“正殿施流苏帐，金博山，龙凤朱漆画屏风，织成幌。坐施氍毹褥，前施金香炉，琉璃钵，金碗，盛杂食器。设客长盘一尺，御

---

[1] 魏杨菁：《六朝青瓷之王：莲花尊》，《南京史志》1998 年第 5 期。

[2] James C.Y. Watt et al, *China: Dawn of a Golden Age: 200-750 A. D.* (New Haven: Yale University Press, 2004), p. 248.

[3] 李辉柄：《中国瓷器的时代特征：三国两晋南北朝的瓷器》，《紫禁城》2004 年第 6 期。

[4] Albert Dien, *Six Dynasties Civilization* (New Haven: Yale University Press, 2007), pp. 269, 271.

[5] 许辉、邱敏、胡阿祥：《六朝文化》，南京：江苏古籍出版社，2001 年，第 593、598 页。

馔圆盘广一丈”。[1] 据《魏书·食货志》记载：“自太祖定中原，世祖平方难，收获珍宝，府藏盈积。和平二年（461）秋，诏中尚方作黄金合盘十二具，径二尺二寸，镂以白银，钿以玫瑰，其铭曰：

> 九州致贡，殊域来宾，乃作兹器，错用具珍。
> 锻以紫金，镂以白银，范围拟载，吐耀含真。
> 纤文丽质，若化若神，皇王御之，百福惟新。”[2]

从物质到铭文，都极尽华美。

北朝出土文物精工富艳，南朝出土文物清新简约，这和北朝、南朝的文学和文化在人们心目中的传统印象形成了鲜明的对比。《隋书·文学传》序言可以说代表了一般人对南北朝文学的看法：“江左宫商发越，贵于清绮；河朔词义贞刚，重乎气质。气质则理胜其词，清绮则文过其意。理深者便于时用，文华者宜于咏歌。此其南北词人得失之大较也。”[3]《隋书·经籍志》如是描述南朝诗歌：“谢玄晖之藻丽，沈休文之富溢，辉焕斌蔚，辞义可观。梁简文之在东宫，亦好篇什，清辞巧制，止乎衽席之间，雕琢蔓藻，思极闺闱之内。”[4]“华、绮、新巧”，“藻丽、富溢、雕琢蔓藻”，相对于北朝文学的“气质、理、贞刚”，分别概括了古往今来对南北朝文学的主流评价。把这一评价和南北朝的物质遗产进行比较，不难看出其中的反差。

与北朝相比，南朝在物质层面所富有的是书籍。据《隋书》记载，东晋南渡，书籍流落，著作郎李充整理皇家藏书，以荀勖书簿校之，其见存者唯有 3014 卷。东晋末年，公元 5 世纪初期，刘裕伐秦入长安，收得姚秦图籍 4 千卷，“赤轴青纸，文字古拙”[5]。自此以后，南朝皇家藏书数量逐年递增。宋文帝元嘉八年（431）谢灵运所整理的图书目录有书 14582 卷（《隋书》作 64000 云云，误）；宋后废帝元徽元年（473），秘书丞王俭造图书目录，凡 15704 卷；齐永明中，秘书丞王亮、秘书监谢朏造四部书目，大凡 18010 卷；梁初，虽然易代之际兵火延烧秘阁，经秘书监任昉整理部集，文德殿藏书达到 23106 卷，而这尚不包括佛教图书在内。相比之

[1] 萧子显：《南齐书》，北京：中华书局，1972 年，第 986 页。
[2] 魏收：《魏书》，北京：中华书局，1974 年，第 2867 页。
[3] 魏征等：《隋书》，北京：中华书局，1973 年，第 1730 页。
[4] 同上书，第 1090 页。
[5] 同上书，第 907 页。

下，北朝图书在 4 世纪时以长安为盛，然而刘裕入关，囊括后秦府藏所有书籍 4 千卷带回南方。北魏建都平城，“粗收经史，未能全具”，直到魏孝文帝徙都洛阳，借书于南齐，“秘府之中，稍以充实”[1]。然而据《南齐书·王融传》记载，魏孝文帝遣使向南齐求书，朝议欲不与，王融上疏劝谏，齐武帝虽然答说“吾意不异卿”，但最后“事竟不行”[2]。而北魏向南齐求书恐怕不止一次，北魏藏书究竟多少也不得而知，但想必远远不如江南。之后北方战乱，北魏瓦解，书籍流散，周武帝即位之初，藏书才得 8 千卷，后来逐渐增至万卷，直到公元 577 年平北齐以后，先封书府，但所获与其原有藏书不同者也不过 5 千卷而已。[3] 南方梁朝的公私藏书，则在 6 世纪上半叶达到极盛，在侯景之乱以后，梁元帝萧绎把建康劫余的 7 万卷皇家藏书运到江陵，和自己的 8 万卷私人藏书合并。这其中一定有许多重本，但即便如此，南朝书籍的种类和数量之丰盛，也是同期江北公私藏书难以望其项背的。

藏书的极大丰富，文字再现的繁华清丽：这两点是南朝文化的特色。如果说北朝社会具有物质的华美，南朝则是文本的帝国。

二、“一个真正的收藏家”：文本的物化

> 对于一个收藏家来说——我是说，一个真正的收藏家，一个像样子的收藏家——“占有”是人与物之间所能达到的最亲密的关系。不是物通过收藏家获得生命，而是收藏家就活在他的收藏品中。
>
> 本雅明《打开书箱：一场关于藏书的讲座》[4]

然而，文本也属于物质文化，因为文本不是抽象的概念，而是以纸张笔墨生产出来的物质存在。文本的生产和流传以物质作为基础，对文本的接受也受制于物质的因素。这在理论上的意义有以下两点：第一点，意识到文本的物质性，促使我们不再把文本作为脱离于实物的抽象存在进行对待，而是注意到它作为物质实体在流

[1] 魏征等：《隋书》，第 907 页。

[2] 萧子显：《南齐书》，第 818—820 页。

[3] 魏征等：《隋书》，第 908 页。

[4] Walter Benjamin, *Illuminations* (New York: Schocken Books, 1969), p. 67.

传中发生的变化；第二点，书籍传播史在南北朝时期发生了重大的改变：藏书不再仅仅出于纯粹的阅读需要，而是个人财产的一部分，是社会身份和地位的标志，是文化资本。而当藏书不再仅仅是出于阅读需要的时候，书的性质就发生了根本的变化：书籍在真正意义上成为了“物”，而不再只是知识和信息的载体。我们在下一节中再回到第一点，在这一节里，我们先谈第二点。

书籍作为物质的存在，进而被视为“物”或者发生了“物化”，其中一个重要因素是纸的发明、改善与普及，以及随之相应的书法的发展。纸出现于西汉，至迟到东汉时期，纸已经成为书写的工具。在现存文字数据中，马融（79—166）致窦章（约 110—144）书最早直接提到了以纸作为书信的载体：“孟陵奴来赐书，见手迹，欢喜何量，次于面也。书虽两纸，纸八行，行七字，七八五十六字，百十二言耳。”[1] 强调“手迹”之仅“次于面”，细细计数友人来信的纸张数量、行数、字数，凸显了书信的物质性，而友人的“手迹”更是带有强烈的个人和私人性质，直接把文字和身体联系在一起。与笨重、坚硬的简牍相比，轻便、柔软的纸书容易携带，容易把玩，也更具有感性。绢素虽然也有此特点，但纸比起绢素来较为廉价，因此崔瑗（78—143）以纸书《许子》一部馈赠友人葛龚（约 89—125）时道歉说：“贫不及素，但以纸耳。”[2] 将近一个世纪之后，曹丕（187—226）把自己的《典论》及诗赋用绢素抄写一部送给孙权（182—252），又以纸抄写一部送给孙权的大臣张昭（156—236），说明了素、纸的贵贱和等级关系。[3]

在六朝之前，书籍不作为知识和信息的载体而作为“物”被使用，曾经发生在东汉末年的战乱岁月。据应邵（？—196）《风俗通义》记载，汉光武帝徙都，以两千辆车装载写在素、简、纸上的书籍，从长安运到洛阳；后来董卓移都长安，载书七十车，“于道遇雨，分半投弃”。董卓又焚烧洛阳观阁，“经籍尽作灰烬”，其火中劫余者“或作囊帐”。[4] 这里用作囊、帐的，当是写在绢素上的书籍。在兵荒马乱之时，人们把书还原为物，这和“作为物的书”具有根本的区别。

“作为物的书”只能产生于造纸技术进步和书法艺术发达的时代，也就是魏晋南北朝时期。3 世纪中叶已经出现了用黄蘗汁把纸染成黄色的“染潢”之法，黄蘗

---

[1] 严可均编：《全上古三代秦汉三国六朝文·全后汉文》，北京：中华书局，1991 年，第 569 页。

[2] 同上书，第 717 页。

[3] 陈寿：《三国志》，北京：中华书局，1959 年，第 89 页。

[4] 严可均编：《全上古三代秦汉三国六朝文·全后汉文》，第 680 页。

汁可防蛀虫，因此能用黄纸书写重要文件；但到了4世纪，已经出现各种不同颜色的纸张。如果说黄纸有防蛀的实用功能，这些各种颜色的纸张则似乎只是为了美观。据《晋东宫旧事》载："皇太子初拜，给赤纸、缥红纸、麻纸、敕纸、法纸各一百。"东晋陆翙《邺中记》称石虎诏书用"五色纸"。东晋末年的桓玄，在中国造纸史上因下令以黄纸代替竹简而知名（"古无纸，故用简，非主于敬也，今诸用简者皆以黄纸代之"），记录这一诏令的《桓玄伪事》还称他令人"作青、赤、缥、绿桃花纸，使极精，令速作之"[1]。

桓玄爱好书画。刘宋时期的虞龢在《上明帝论书表》中说他对二王法书"耽玩不能释手，乃撰二王纸迹，杂有缣素，正行之尤美者，各为一秩，常置左右。及南奔，虽甚狼狈，犹以自随，擒获之后，莫知所在"[2]。故桓玄对纸特别重视，自有其原因。魏晋之际，凡以书法名家者无不对纸的选择格外留意。3世纪号称"草圣"的韦诞称蔡邕自矜能书，"非流纨体素，不妄下笔"。又说："夫工欲善其事，必先利其器。用张芝笔、左伯纸及臣墨，兼此三具，又得臣手，然后可逞径丈之势，方寸千言。"[3]东吴书法家皇象谈草书："宜得精毫软笔委曲宛转不叛散者，纸当得滑密不粘污者，墨又须多胶绀黝者。"[4]相传为东晋书法家卫铄（或云王羲之）所作《书论》强调笔一定要用"崇山绝仞中兔毛"，墨用庐山松烟和代郡鹿角胶，纸则取"东阳鱼卵虚柔滑净者"[5]。鱼卵即鱼卵纸，唐代又名鱼子笺，以蜀地产者为有名。当然也不是只有书法家才留意纸的质量。范宁曾经告诫属下不可以用"土纸"作文书，"皆令用藤角纸"[6]。

善书者对高质量纸、笔、墨的要求，也很快进入到书籍的领域。这是手抄本文化的时代，一切书籍无不来自手写，对文本的珍视，体现于精美的用纸和精工的书法。现在所知最早把纸张、书法和文本联系在一起的是著名的西晋作家陆云（262—303）。在写给兄长陆机的一封信中，陆云谈到自己打算集陆机文为二十卷，已经完成十卷，准备进行染潢（"当黄之"），最后抱歉地说："书不工，纸又恶，恨

[1] 李昉等编：《太平御览》，台北：商务印书馆，1975年，第2854页。
[2] 严可均编：《全上古三代秦汉三国六朝文·全宋文》，第2730页。
[3] 严可均编：《全上古三代秦汉三国六朝文·全三国文·魏文》，第1235页。
[4] 严可均编：《全上古三代秦汉三国六朝文·全三国文·吴文》，第1451页。
[5] 严可均编：《全上古三代秦汉三国六朝文·全晋文》，第1610页。
[6] 同上书，第2177页。

不精。”[1] 南朝后期，梁武帝使张率“撰妇人事二千余条，勒成百卷，使工书人琅邪王琛、吴郡范怀约、褚洵等缮写，以给后宫。”[2] 徐陵（507—583）《玉台新咏》序中，对这部诗选的精致装潢极尽赞美夸饰之能事：“于是丽以金箱，装之宝轴。三台妙迹，龙伸蠖屈之书；五色华笺，河北胶东之纸。高楼红粉，仍定鱼鲁之文；辟恶生香，聊防羽陵之蠹。”[3] 从内容到形式，无论从哪一种意义上来说，这都不是我们现在所能看到的《玉台新咏》。

公元 5 世纪，亦即宋齐时代，是文学、图书目录学、书法鉴赏、造纸技术都产生巨大发展的时代。公元 417 年，刘裕西征，从长安带回大量文化宝物，这其中包括四千卷“赤轴青纸、文字古拙”的图书，120 名宫廷乐人，还有张昶、毛弘、索靖、钟会等人的书法，素、纸兼有，以赐永嘉公主。“俄为第中所盗，流播始兴。”直至宋明帝泰始年间（465—471）遣人求索，始失而复得。这些书籍、音乐（包括乐人师徒相传的乐府歌词）和墨迹对南朝文学和艺术形成了巨大的、积极的冲击。虞龢在泰始六年（470）《上明帝论书表》中，提到用珊瑚轴、金轴、玳瑁轴、梅檀轴、漆轴，以及金题（泥金书写的题签）、玉躞、织成带装治二王和羊欣等人的墨迹，还提到张永（410—475）自造的“紧洁光丽、辉日夺目”的纸，“色如点漆”的墨，等等。[4] 虽然虞龢是在谈论法书，但是完全可以联系到当时书籍的抄写生产。正是在这种语境里，我们才能理解梁元帝萧绎在《金楼子·聚书篇》中谈到一批从姚凯、江录等人处所获书籍时的沉溺语气：“并是元嘉书，纸墨极精奇。”（元嘉乃宋文帝年号，424—453）[5]

五六世纪，官方与私人藏书的数量都达到了历史上前所未有的高峰。萧绎，因为他个人的狂热爱好，因为他的王子身份，因为历史创造的机遇，成为了当时中国中古时代最大的藏书家。在《聚书篇》中，他提到自己拥有 8 万卷藏书。又据《隋书》记载：“元帝克平侯景，收文德之书及公私经籍，归于江陵，大凡七万余卷。”[6] 如果这 7 万卷书并未包括在萧绎本人的 8 万卷藏书之内，我们就可以解释公元 7 世纪丘悦的《三国典略》一书中提到元帝在江陵陷落前焚烧“古今图书

[1] 严可均编：《全上古三代秦汉三国六朝文·全晋文》，第 2045 页。
[2] 姚察、姚思廉：《梁书》，北京：中华书局，1973 年，第 475 页。
[3] 严可均编：《全上古三代秦汉三国六朝文·全陈文》，第 3457 页。
[4] 严可均编：《全上古三代秦汉三国六朝文·全宋文》，第 2730—2731 页。
[5] 萧绎著、许德平校注：《金楼子校注》，台北：嘉新水泥公司文化基金会，1969 年，第 100 页。
[6] 魏征等：《隋书》，第 907 页。

十四万卷”的数字。

萧绎在《聚书篇》中提到，当他公元519年在会稽为郡守时，“写得《史》《汉》《三国志》《晋书》”。然而嗣后又“聚得元嘉《后汉》并《史记》《续汉春秋》《周官》《尚书》及诸子集等可一千余卷。又聚得细书《周易》《尚书》《周官》《仪礼》《礼记》《毛诗》《春秋》各一部。又使孔昂写得《前汉》《后汉》《史记》《三国志》《晋阳秋》《庄子》《老子》《肘后方》《离骚》等，合六百三十四卷，悉在一巾箱中，书极精细”[1]。

这里有两点值得注意。第一是萧绎藏书的重复性。《诗》《书》《易》《礼》《春秋》，也就是所谓的“五经”，是最具有普遍性的书籍。萧绎平生所得到的第一批书，就是他的父亲梁武帝在他六岁时送给他的一套“五经正副本”。此外，诸如《史记》《汉书》《后汉书》《三国志》《庄子》《老子》《离骚》等，也都应该是建康书市上即可买到的常见书。然而这些书萧绎却几次三番“聚得”或命专人“写得”，这是为什么？其中部分原因我们可以从他的措辞中看出端倪。萧绎提到“聚得元嘉《后汉书》并《史记》”云云，又提到“细书《周易》”等等，又专门点出使孔昂写得《汉书》《后汉书》等。元嘉年间写就的书籍应该是纸墨精良的“善本”，而“细书”则恐怕是指所谓的“巾箱本”。齐高帝第十一子萧钧（472—493）曾以蝇头细字亲手抄写五经置于巾箱中，引得诸王子纷纷效尤，开创了所谓“巾箱五经”的风尚。[2] 至于孔昂，则想必是当代工书人之一。凡此种种，向我们显示了萧绎的数万卷藏书中很多都是副本。

《聚书篇》第二点值得注意之处是萧绎藏书的非实用性。我们需要特别注意所谓“细书”。熟悉萧梁历史的人都知道，萧绎自幼患眼疾，梁武帝曾亲自给他医治，结果反而越治越糟，以至萧绎自少年时代起已一目失明，而且似乎另外一只眼睛的视力也很成问题。据他的《金楼子》自叙传：“自余年十四，苦眼疾沈痼，比来转暗，不复能自读书。36年来，恒令左右唱之。”[3] 又据《南史》记载，“既患目，多不自执卷，置读书左右，番次上直，昼夜为常，略无休已，虽睡，卷犹不释。五人各伺一更，恒致达晓。常眠熟大鼾，左右有睡，读失次第，或偷卷度纸。帝必

[1] 萧绎著、许德平校注：《金楼子校注》，第100页。
[2] 李延寿：《南史》，北京：中华书局，1975年，第1038页。
[3] 萧绎著、许德平校注：《金楼子校注》，第263页。

惊觉，更令追读，加以榎楚”。[1] 对于这样一个眼疾患者来说，命人抄写“大字本”还比较合乎逻辑，一切“细书”的经籍岂不都只是摆设而已吗？

上述两点只能说明，对萧绎来说，书并不都是看的，而是值得收而藏之的“物”，因此，书的物质层面——精奇的纸墨与书法——才会比书的内容更引起重视，而藏书（collected books）作为收藏（collection），卷帙的数量，而非书籍种类的数量，也才成为重要的因素。

庾肩吾（487？—551）曾写过一首诗，题为《和刘明府观湘东王书》：[2]

陈王擅书府，河间富典坟。
五车方累箧，七阁自连云。
松椠芳帙气，柏熏起厨文。
羽陵青简出，妫泉绿字分。
方因接游圣，暂得奉朝闻。
峰楼霞早发，林殿日先曛。
洛城复接眼，归轩畏后群。

诗的后半部分表示因为和圣明的王子接游，因而得到这个宝贵的机会观书。一天时间转瞬即逝，他们必须回返京城，但诗人仍然流连忘返，恐怕将要落在同侪之后了。诗的前半部分则用汉代河间献王、惠子、周天子在羽陵晾晒书籍等典故，用“五车累箧”“七阁连云”的形象，盛赞萧绎藏书之丰富，并用诉诸感官的词语描述书籍的香与色：松椠指松木削成的书牍；柏熏指书橱所用的材料，或者防蠹虫的柏子香之类；绿字是说河图上的绿色文字。这些描述突出的不是书籍的内容，而是书籍的卷帙数量与物质属性。

在江陵陷落之前，萧绎命人焚烧14万卷图书，甚至准备亲自赴火，虽然当时被宫人劝阻，但不久之后也被俘遇害。萧绎是一个本雅明所说的“真正的收藏家”：他的《聚书篇》缕述了他从6岁至46岁长达40年的聚书经历，聚书可以说是唯一一项贯穿了他的整个生命的活动。萧绎活在他的收藏里，当收藏毁灭，他的

[1] 李延寿：《南史》，第243页。
[2] 逯钦立编：《先秦汉魏晋南北朝诗·全梁诗》，北京：中华书局，1983年，第1991页。

生命也就随之结束了。

在《金楼子·自序篇》里，萧绎回忆童子时在会稽为郡守读书的经历：

> 吾小时，夏日夕中下绛纱蚊幮，中有银瓯一枚，贮山阴甜酒。卧读有时至晓，率以为常。又经病疮，肘膝烂尽。[1]

这一经历给他留下了深刻的印象，除了写入自传，他还曾和属下谈起。颜之推在《颜氏家训》中写道：

> 梁元帝尝为吾说："昔在会稽，年始十二，便已好学。时又患疥，手不得拳，膝不得屈。闭斋，张葛帏，避蝇独坐，银瓯贮山阴甜酒，时复进之，以自宽痛。率意自读史书，一日二十卷，既未师受，或不识一字，或不解一语，要自重之，不知厌倦。"[2]

对萧绎来说，读书是和童年往事，和疥疮带来的疼痛、四肢不能弯曲的不适，和暑热、蚊蝇、绛纱帐、银瓯、甜酒，混合在一起的感性体验。萧绎的经历，可以说最集中地表现了这一节开始时申明的观点：在南北朝时期，书籍在真正意义上成为"物"，而不再只是知识和信息的载体。

初唐史官编写的《隋书·经籍志》明确地反映出这种态度。隋文帝开皇三年（583）下诏搜求书籍，"民间异书往往间出"，但真正充实皇家图书馆的显然还是589年平陈之后来自南方的藏书，所谓"平陈之后，经籍渐备"。隋人对陈朝藏书的挑剔表现在对书籍物质载体的不满："检其所得，多太建时书，纸墨不精，书亦拙恶。"于是"召天下工书之士，京兆韦霈、南阳杜頵等"抄写正副二本藏于宫中。隋炀帝即位，"秘阁之书，限写五十副本，分为三品：上品红琉璃轴，中品绀琉璃轴，下品漆轴"[3]。

唐代皇家藏书也十分重视书籍的物质性，对抄写书籍所用的纸、笔、墨都有严格的要求。据《新唐书》记载，唐代的两京长安、洛阳分别收藏着四部书籍各一

---

[1] 萧绎著、许德平校注：《金楼子校注》，第262—263页。
[2] 颜之推著、王利器集解：《颜氏家训集解》，上海：上海古籍出版社，1980年，第188页。
[3] 魏征等：《隋书》，第908页。

套，“太府月给蜀郡麻纸五千番，季给上谷墨三百三十六丸，岁给河间、景城、清河、博平四郡兔千五百皮为笔材”以供写书。[1] 据《旧唐书》记载：“其集贤院御书，经库皆钿白牙轴，黄缥带，红牙签；史书库钿青牙轴，缥带，绿牙签；子库皆雕紫檀轴，紫带，碧牙签；集库皆绿牙轴，朱带，白牙签，以分别之。”[2]

关于六朝时代书的“物化”，另一个例子是司马消难的无字书。北周的司马消难于公元 580 年降附南朝以后，“见朝士皆重学术，积经史，消难切慕之。乃多卷黄纸，加之朱轴，诈为典籍，以矜僚友。尚书令济阳江总戏之曰：‘黄纸五经，赤轴三史’”。[3] 在这个极端的例子里，“书”已经完全真正地消失了，所余唯纸与轴而已。藏书再明显不过地成为了本节开始时所说的文化资本和身份地位的标志。这是西晋豪宦如石崇、王恺等人争胜斗富故事的延续和反面，和南朝后期“文化贵族”阶层的形成息息相关。[4]

三、作为物质载体的文本，和作为容器的文本来源

司马消难的故事也可以作为南北文化争胜斗富的寓言。[5] 在这则寓言里，北人南渡，置身于一个文本的帝国，受到了多重意义上的挫败和羞辱。

南朝文本帝国的实力不仅仅表现于此，也不仅仅表现于初唐诗歌几乎完全是南朝宫体诗的继承和延续。在本文的最后一节，我们回到前一节提出的观点，也就是说，意识到文本不是超出物理现实的抽象存在，文本的物质性促使我们注意到它作为物质实体在流传中发生的变化。在这一节里，我们以公元 6 世纪萧梁时代的两部文学选集《文选》《玉台新咏》和公元 7 世纪初唐时期的类书《艺文类聚》对建安文学的不同呈现作为范例，探讨南朝文本文化和唐代的互动，主旨在于说明：历史，包括文学史和文化史在内，是以文本作为载体的；一个时代的形象通过文本的

---

[1] 欧阳修、宋祁：《新唐书》，北京：中华书局，1975 年，第 1422 页。

[2] 刘昫：《旧唐书》，北京：中华书局，1975 年，第 2082 页。

[3] 阳玠著、黄大宏校笺：《八代谈薮校笺》，北京：中华书局，2010 年，第 277 页。

[4] 关于六朝后期逐渐形成的所谓“文化贵族”，参见拙著《烽火与流星：萧梁王朝的文学与文化》（新竹：清华大学出版社，2009 年），第 87—97 页。

[5] 虽然故事由北人记录，但故事里受到嘲笑的是一个叛齐入周、后又降附南朝、以“反复”闻名的北人，作者阳玠则很有可能是曾仕于魏、齐的北平无终阳氏家族的成员。

载体传到后世，文本的不同决定了这个时代的形象的不同。

建安时期是一个具有传奇色彩的文学史阶段。翻开20世纪的任何一部中国文学史都会看到学者们惯用“风骨”“慷慨”“述恩荣、叙酣宴”等来概括建安文学从风格到内容方面的特点。然而，当我们检视《文选》和《玉台新咏》这两种南朝资料时，会发现它们所反映出来的建安文学的面貌大不相同。众所周知，唐前作家中只有极少数几位如陆云、陶渊明有旧集流传下来；除此之外，作家的作品绝大多数散佚，只有少数通过总集、选集和类书的渠道得以保存，很多直到明代才被辑录为一集，而公元6世纪前期成书的文学总集《文选》和诗歌选集《玉台新咏》是唐前文学的主要资料来源。《文选》收录的文体和预期的读者具有普遍包容的性质；《玉台新咏》则是为女性读者编辑的诗选，诗歌形式以五言为主，题材则以闺情为主。它们的不同性质决定了编选者的不同编选目的和编选标准。如果我们把这两部选本比喻为容器，就会得出两点教训：第一，容器的形状塑造了一个时代和一个时代之文学的形状；第二，容器的形状也决定了我们对盛放在这一容器中的个别文本的解读。

《玉台新咏》里面包括的建安作家不过只有八位：陈琳、徐干、繁钦、曹丕、曹植、曹睿、甄皇后、刘勋夫人王氏；其中，只有曹丕、曹植、曹睿的诗作有七首与《文选》重合。从标题来看，这些诗作往往和女性、闺情相关，比如《室思》《情诗》《定情诗》《于清河见挽船士新婚与妻别》，乐府《美女篇》《妾薄命行》，等等。如果唐前文学选本只有《玉台新咏》传世，我们对建安文学的印象就会大为改观。

比较《玉台新咏》和《文选》，我们发现同样的作品往往有不同的标题和不同的作者，比如《玉台新咏》中系于曹睿名下的《昭昭素明月》在《文选》中作无名氏乐府《伤歌行》。有时，不同的标题和作者会完全改变我们对一首作品的认识和解读，如系名甄皇后的《塘上行》，在其最早的资料来源也即沈约（441—513）的《宋书·乐志》中作魏武帝曹操《塘上行》。《宋书》版的魏武帝《塘上行》完全没有《玉台》版中的第一人称性别标志（“莫若妾自知”在《宋书》中作“莫能缕自知”），并且比《玉台》版多出一解：“倍恩者苦枯，倍恩者苦枯，蹶船常苦没。教君安息定，慎莫致仓卒。念与君一共离别，亦当何时共坐复相对。”这里对“倍恩者”的警告，令人想到曹操《短歌行》中的“契阔谈燕，心存旧恩”，而《塘上行》中对众口铄金“使君生别离”以及别离之后思念旧交（“想见君颜色，感结伤心脾”“莫用豪贤故，弃捐素所爱”）的情绪，也和《短歌行》中“但为君故，沉吟至今”“周公吐哺，天下归心”的思贤情绪不谋而合。然而，当《塘上行》系于甄皇后名下并且收录在《玉台新咏》里的时候，我们对这首作品的感受和理解也就全然改观了。

《宋书》是史书，不是文学选集，《宋书·乐志》旨在忠实地记录和反映宫廷音乐的变迁，而不是以“优秀诗歌”作为收录的标准。正由于此，《宋书》使我们得以窥见公元五六世纪文本流传的一个侧面。比如说，《玉台新咏》没有收录曹操的任何诗作，《文选》也仅仅收录了曹操的两篇作品，即《短歌行》和《苦寒行》；因此，如果没有《宋书·乐志》，今天作为主要建安诗人之一的曹操，其作品就会几乎全部湮没无闻。

与《玉台新咏》和《宋书·乐志》相比，《文选》对建安作家和作品的收录不仅范围宽广，而且似乎十分全面，除了赋、诗之外，尚有“七”“册”“表”“笺”“书”“檄”“论”“诔”等文体。《文选》收录的建安诗文主要集中在以下四类：一，公宴；二，赠答；三，书；四，笺。具体来说，《文选》公宴诗中包括了 4 首建安作品（曹植、刘桢、应玚、王粲）；赠答诗中包括了 17 首建安作品（王粲、应玚、曹植）；书中包括 6 首建安作品（曹丕《与吴质书》二首、《与钟繇书》一首；曹植《与杨修书》《与吴质书》各一；吴质《答曹丕书》一首），占此类作品的四分之一；笺则更是半数以上都属建安作品（杨修答曹植、繁钦致曹丕、陈琳致曹植、吴质致曹丕）。这些作品的收录给人留下的印象是什么呢？印象就是一个关系非常紧密的男性文学集团，年轻的公子和侍从之臣相处融洽和谐。当然我们可以说这并不代表《文选》编者对建安文学具有独家认识，因为对南朝文学产生深刻影响的谢灵运在其《拟邺中集》序言中借曹丕之口，强调“建安末，余时在邺宫，朝游夕宴，究欢愉之极。天下良辰美景，赏心乐事，四者难并。今昆弟友朋，二三诸彦，共尽之矣”。刘勰《文心雕龙》的《明诗》篇也明确提出：“暨建安之初，五言腾踊：文帝、陈思，纵辔以骋节；王、徐、应、刘，望路而争驱；并怜风月，狎池苑，述恩荣，叙酣宴，慷慨以任气，磊落以使才。”勾勒出一幅具有社交集团性质的写作场景。但是，这种宾主欢洽、君臣和谐的气氛和场面却在先唐文学的另一主要资料来源《艺文类聚》中受到了挑战。

《艺文类聚》是唐代宫廷主修的第一部大型类书。如果我们继续“容器”的比喻，类书就好似一个巨大而多元的容器，它既不像《文选》那样注重作品的文学性，也不像《玉台新咏》那样针对某一读者群而特别设定某种体裁、主题和风格，更不像《宋书·乐志》那样单纯地旨在保存宫廷音乐传统，而是完全以类书中包括的“物类”作为取舍的标准，并且对绝大多数的收录作品加以删削割裂，只收录与其物类相关的片段。因此，如果某篇唐前诗文的主要来源是《艺文类聚》或者《初学记》这样的类书，那么我们几乎可以肯定这一篇诗文是片段而非全貌。

在《艺文类聚》中看到的建安诗歌，题材虽然并不算广，却比《文选》和《玉台新咏》范围更宽。最明显的是建安七子之一的阮瑀，其诗歌在《文选》《玉台新咏》中毫无收录，但在《类聚》中却存有数篇诗作。这些诗作的主题包括隐逸、叹老、思乡、苦雨以及哀悯孤儿，这些都是不见于《文选》《玉台新咏》建安诗歌的题材。

《类聚》中收录的建安诗歌，另一个引人注意的地方是很多诗作中蕴含的伤怀与不满情绪。王粲《杂诗》“联翩飞鸾鸟”借孤飞的鸾鸟表达自己孤独求友的心情；另一首《杂诗》，“鸷鸟化为鸠”，更俨然是自身经历的写照：

鸷鸟化为鸠，远窜江汉边。
遭遇风云会，托身鸾凤间。
天姿既否戾，受性又不闲。
邂逅见逼迫，俯仰不得言。

远窜江汉，似指自己在董卓之乱中托身荆州、依附刘表；现在归于曹氏，侧身鸾凤之间，却感到拘束逼迫，不得舒畅。再比如繁钦的《咏蕙诗》感叹托身失所：

蕙草生山北，托身失所依。
植根阴崖侧，夙夜惧危颓。
寒泉浸我根，凄风常徘徊。
三光照八极，独不蒙余晖。
葩叶永雕瘁，凝露不暇晞。
百卉皆含荣，己独失时姿。
比我英芳发，鶗鴂鸣已哀。[1]

---

[1] 欧阳询等编：《艺文类聚》，上海：上海古籍出版社，1999 年，第 1560、1600、1393 页。

对比收入《文选》和没有收入《文选》却侥幸被《类聚》保存下来的同题材作品，我们常常会注意到昂扬和低落、欢洽和忧患之别。王粲的《从军诗》,《文选》收录五首，第一首起句即云："从军有苦乐，但问所从谁。所从神且武，焉得久劳师。"但建安七子的行役诗并非都这么乐观，如阮瑀的行旅诗：

我行自凛秋，季冬乃来归。
置酒高堂上，友朋集光辉。
念当复离别，涉路险且夷。
思虑益惆怅，泪下沾裳衣。[1]

即使在归乡与亲友完聚之际，聚会的欢乐也被未来的离别投下一层阴影。应玚《别诗·其一》更是声称："行役怀旧土，悲思不能言。悠悠涉千里，未知何时旋？"[2]

《文选》"咏史"诗选录了王粲和曹植的《三良诗》，这两首诗都以秦穆公死后以贤臣三人为自己殉葬作为主题。王粲虽然在诗中指出殉葬不是"达人"之举，明确提出"秦穆杀三良，惜哉空尔为"，但还是强调三良"结发事明君，受恩良不訾，临没要之死，焉得不相随"，因此三良毅然不顾妻子兄弟的悲哀号哭，表示"人生各有志，终不为此移"。这一来就为三良的殉死行为涂抹上了一层英雄主义的色彩，甚至造成三良主动选择死亡的印象。曹植更是把秦穆公命三良殉葬改写为三良主动殉死："功名不可为，忠义我所安。秦穆先下世，三臣皆自残。生时等荣乐，既没同忧患。"相比之下，我们再看没有收入《文选》的阮瑀同题作品，诗人一开始就对秦穆公、也对盲目服从君主临终乱命的三良直截了当地提出批评："误哉秦穆公，身没从三良。忠臣不达命，随躯就死亡。"[3]

《文选》收录的四首建安公宴诗（作者分别是曹植、王粲、刘桢、应玚）无不铺陈宴会的丰盛美好，表达客人对主人的赞美和感激之情。然而，《类聚》中有一首陈琳的公宴诗却展现了公宴的另一面。诗人一开始就提出"高会时不娱，羁客难为心"，并且在宴会进行一半的时候"投觞罢欢坐，逍遥步长林"。萧条的自然景物不但没有给诗人带来解脱，反而更使他感到伤怀："萧萧出谷风，黯黯

[1] 欧阳询等编：《艺文类聚》，第 484 页。
[2] 同上书，第 515 页。
[3] 同上书，第 992 页。

天路阴。惆怅忘旋反，歔欷涕沾襟。”[1] 这种以伤感为基调的宴会诗，和《文选》公宴诗格格不入。

《艺文类聚》成书于公元624年，当时，经过侯景之乱、元帝焚书和南朝的灭亡，又经过隋唐之际的战争动荡，尤其是唐高祖武德五年（622）运书船在黄河底柱的倾覆，尚存《阮瑀集》五卷，《徐干集》五卷，《应玚集》一卷，《陈琳集》三卷，《刘桢集》四卷，《王粲集》十一卷，以及《繁钦集》十卷。[2]《艺文类聚》分为46类，以文从类，据欧阳询的序言，是“弃其浮杂，删其冗长”[3]。与《文选》《玉台新咏》比较起来，《艺文类聚》的取舍反映出了建安文学的另一种面貌，也折射出初唐时期书籍流传的现实。

这篇论文强调了一个简单而又重要的事实：文本是物质文化的一部分。这一事实，促使我们不把文本视为透明的媒介，亦不把“文学作品”视为可以脱离于物质载体的抽象存在，这对于我们从事文学与文化研究，特别是手抄本文化时代的文学与文化研究，具有复杂而深远的意义。

田晓菲，1971 年生，现任美国哈佛大学教授，著有《秋水堂论〈金瓶梅〉》《尘几录：陶渊明与手抄本文化研究》等。

[1] 欧阳询等编：《艺文类聚》，第 501 页。
[2] 魏征等：《隋书》，第 1058 页。
[3] 欧阳询等编：《艺文类聚》，第 27 页。

扬州评话：传承、表演与保护

〔丹〕易德波

引　言

说书在中国乃是一种职业化的表演艺术，迄今已有上千年的历史了。在宋朝（960—1279），说书被称为“说话”，明末清初，通称变为“说书”。地域有别，“说书”的称谓各有不同，文白相间，散文讲述，偶尔辅之以诗韵吟哦，在北方叫作“评书”，而在南方叫作“评话”。扬州评话属于最为悠久的说书艺术形式，有案可稽的历史长达400多年，且生生不息地绵延到了20世纪。

顾名思义，“扬州评话”乃是用扬州方言说书，其流布地域范围广大，西起金陵（南京），东至沪上（上海），覆盖大江南北。扬州评话乃是中国“评话”传统中久负盛名且生机最为旺盛的传统之一。

说书艺术在历史上兴衰沉浮，说书人也屡遭迫害：“文化大革命”（1966—1976）就是这么一个特殊的时期，各类说书人经受着严酷的制度挤压，个人遭受迫害的案例比比皆是。悲苦历史，殷鉴不远，但说书氛围犹在，说书人总是千方百计地在废墟上修复表演艺坛，重建“书场”，培养后起之秀，以期书艺代代相传。

在中国传统社会中，书籍文化对于口传文化显然不是一股毁灭力量。然而，扬州评话在当今处境维艰，遭遇到前所未有的“三头怪物”的威胁，也就是说，这门艺术正在同现代化、西方化和电子化的革命这“三头怪物”绝命抗争。扬州评话是一种民间口传艺术。20世纪30年代收音机进入中国之前，尚无录制故事的可能，

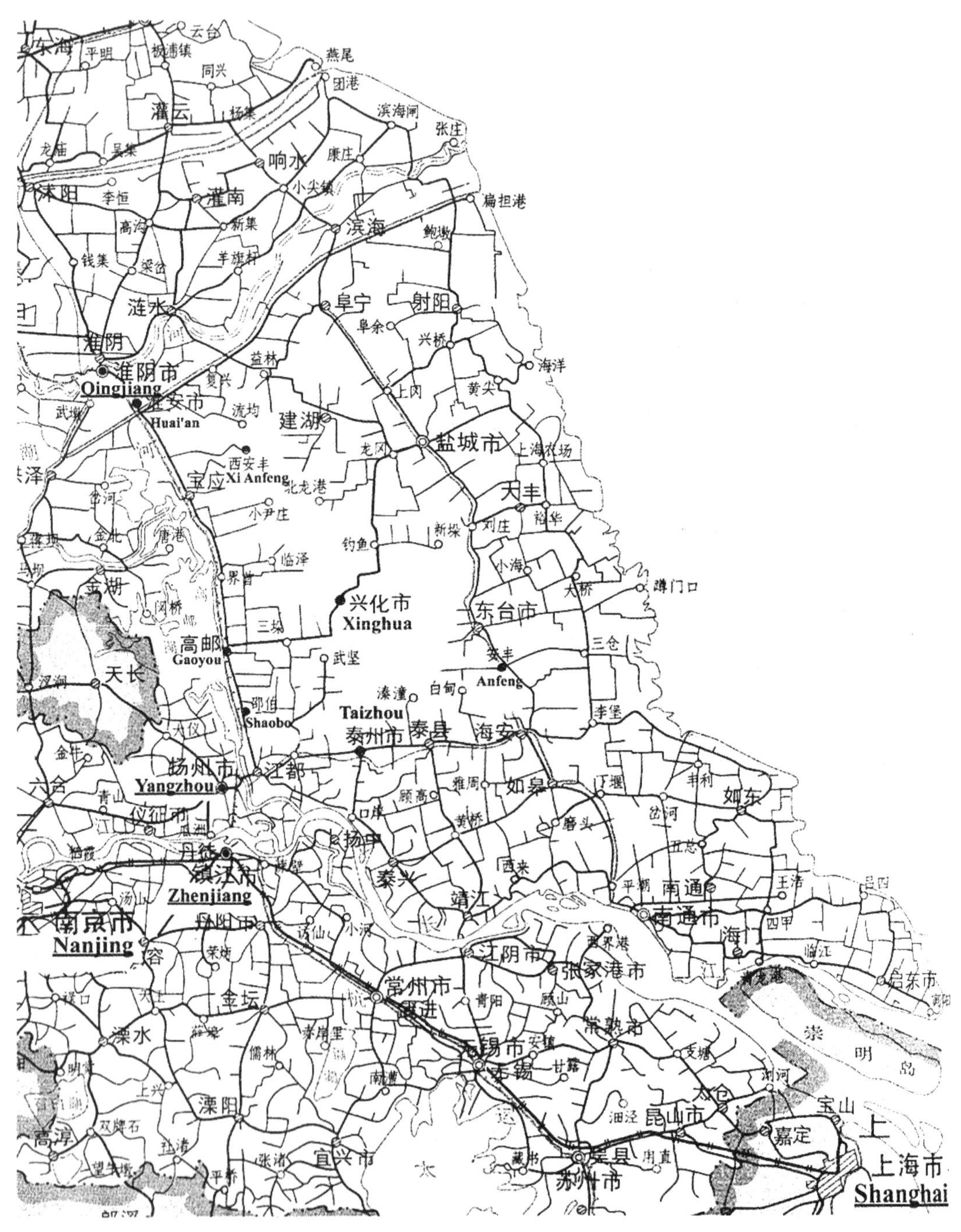
东海
灌云
响水
沭阳
灌南
滨海
涟水
阜宁
射阳
淮阴
淮阴市
Qingjiang
淮安市
Huai'an
建湖
盐城市
西安丰
Xi Anfeng
宝应
大丰
兴化市
Xinghua
东台市
高邮
Gaoyou
安丰
Anfeng
天长
邵伯
Shaobo
Taizhou
泰州市
泰县
海安
扬州市
Yangzhou
江都
如皋
如东
六合
仪征市
丹徒
镇江市
Zhenjiang
扬中
泰兴
靖江
南通
南通市
南京市
Nanjing
容
江阴市
张家港市
海门
常州市
武进
金坛
溧水
无锡市
无锡
常熟市
崇明岛
启东市
溧阳
昆山市
太仓
宝山
嘉定
高淳
宜兴市
吴县
苏州市
上海市
Shanghai

图 1：扬州评话流布地域

图 2：王少堂，1959

因而关于实际书艺表演的记录阙如。我们只知道一些著名说书艺人的姓名及其师徒传承谱系，还有一些曲目（“书目”或“书”）名。有时也偶尔留下一些文字记载，如李斗关于扬州的地志学著作《扬州画舫录》（1797）中就记载了一些说书人的奇闻逸事，可是我们对于说书之具体表演方法和口头语言技艺一无所知。

在这篇论文里，笔者想探讨说书艺术的流传传承与表演方法，以及它同口头交流环境之间密不可分的关系。

一、流传和表演

（一）书目、语言和口传环境

清季以降，扬州评话分享了全中国广为人知的书目，诸如《三国》《水浒》之类。晚清时期，一些具有地方历史事件和个人传记背景的书目也陆续创造出来，诸如《清风闸》(后来改名为《皮五辣子》，还在表演之列)和《扬州话》(失传)等。但是，不论这些书目是不是在中国广为人知，是不是属于地方环境，评话艺人也只是在非常例外的情况下才在扬州方言区之外表演。

评话艺人通常作为表演者仅仅往返奔波在长江下游，主要是沿着水路乘船沿着长江漫游在南京和上海之间，沿着运河漂泊于北方的淮安和涟水。出身于泰州（一说北京通州）官商之家的柳敬亭（1592—1674）乃是名满天下的评话艺人，同时也是罕见的走南闯北的说书艺人之代表，相传他在苏州、杭州、南京、上海和北京等许多城市传艺。20世纪的评话大师王少堂(1889—1968)名震朝野，获得了国家声望，但一辈子只是在扬州、镇江、南京、上海及运河沿岸的评话艺术传统据点小镇表演书艺。在所谓的“江淮方言区”内，种种方言紧密相关，且大体上彼此理解无碍。显然，南京和上海之所以能成为扬州评话的重镇，是因为这两个大城市都有偶然来自江淮方言区的大量居民，在迁徙的人群中间扬州评话很容易就能找到理想的听众。王少堂在20世纪30年代在上海广播里说书，60年代在南京的收音机里传艺。王少堂收音机广播的评话之现实听众人数到底是否超过了江淮话听众？这还是一个悬而未决的问题。1960年，作家老舍撰文谈及王少堂的艺术，那时他也仅仅是依据其书目《武松》的书籍版本。他高度评价了这个书面版本的语言，但这么一来就显然限制了对口传艺术的理解，因为他可能从来没有亲眼见过王少堂大师登堂说书。

在讨论扬州评话艺人的语言及其语言资质的时候，他们对方言的不同音域的运用意义极为重大。为了扮演不同的角色，创造不同的氛围，表演艺人总是必须在两种音域之间不断转换。所谓“方口”音域就是模仿当时(民国)的地方官话，而“圆口”音域则非常接近于扬州日常言语。方口风格的使用可能有助于进一步在北方方言（亦称“官话方言”）区传艺，甚至进一步在吴语方言区（苏州和杭州）传艺。一部分听众可能具有双重方言背景，因而他们基本上听得懂方口风格的地方官话。我们不妨猜想，柳敬亭在清初之所以能远传其书艺可能是因为他主要使用了一种类似于当今方口的音域，也就是使用了一种扬州官话之中语速缓慢而字正腔圆的音域。我们不妨将这种语言理解为上流人士的通用语，特别是那些商人、士兵和官员的通用语，他们习惯于用这样的语言风格交流。但是，通常的情形是：扬州评话书艺的主要受众仍是江淮方言区的人群。

这就表明，听众对说书叙述的内容并不是非常关心，而更关心口传的语言。尽管大多数中国人可能都熟悉扬州评话所述故事的梗概（这些故事有广为流行的章回体小说、戏剧等），这显然不是说他们也能欣赏扬州评话的传艺。关键在于说书艺人的语言工具，即他们所操的方言及运用方言取得艺术效果的方式。要欣赏一门艺

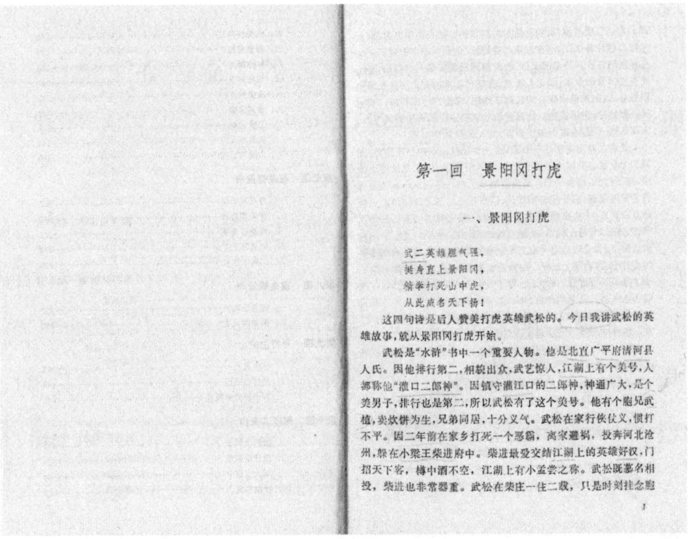

第一回　景阳冈打虎

一、景阳冈打虎

武二英雄胆气强，
挺身直上景阳冈，
赤拳打死山中虎，
从此威名天下扬！

这四句诗是后人赞美打虎英雄武松的。今日我讲武松的英雄故事，就从景阳冈打虎开始。

武松是“水浒”书中一个重要人物。他是北直广平府清河县人氏。因他排行第二，相貌出众，武艺惊人，江湖上有个美号，人都称他“灌口二郎神”。因镇守灌江口的二郎神，神通广大，是个美男子，排行也是第二，所以武松有了这个美号。他有个胞兄武植，卖炊饼为生，兄弟同居，十分义气。武松在家行侠仗义，惯打不平。因二年前在家乡打死一个恶霸，离家避祸，投奔河北沧州，躲在小梁王柴进府中。柴进最爱交结江湖上的英雄好汉，门招天下客，樽中酒不空，江湖上有小孟尝之称。武松既慕名相投，柴进也非常器重。武松在柴庄一住二载，只是时刻挂念胞

1

图 3：《武松》第一页

术，听众首先必须了解这门艺术的语言。在口头说书的氛围下，了解关于故事情节以及其中的主要角色的知识显然被认为是理所当然的，但要恰如其分地理解这门艺术，光凭这一点还远远不够。方言对于评话堪称艺术之本，但唯有那些受过教育的听众，年年月月日日都听说书的听众，以及那些内部的书迷群体，方有资格真正成为评话的理想听众。

对于这门艺术的狂热迷恋者，人们可以期待他们完全熟悉说书的规则与说书的方式。价值共识、语言资质及关于艺术技巧的内在知识构成了一种整体氛围。在这么一种氛围下，说书人才能完美地展示他们的艺术。除了说书人之家的前传后教之外，不少书迷也成为了说书人的徒子徒孙。

（二）口头表演与艺术流传

扬州评话之表演与流传，乃是一体两面。年轻弟子，不论出自说书之家，还是来自业外，都是置身于绵延不息的说书氛围之中。他们必须每日听师傅公开表演，师傅则拿一些短小的片段让弟子做家庭功课，循序渐进地教他们说书。弟子学徒期间必须每日“还书”，乃是给师傅表演当天的功课，所以学书也是天天锻炼口头表演。

为了提高技能，学徒期的青年说书人还必须观摩其他说书人的表演。在这样

一些情况下，公开说书的师傅和为学习而听书的学徒之间必须签订议约。没有议约，统统视为“偷书”。因为那些有职业学养的学徒必须习得记忆和模仿的能力，以便通过简单地坐听师傅们的表演就可以传承其他评话艺人的书目、语言和表演能力。

说书之道大体上就是通过聆听和模仿师傅及其同行的全部公开表演来教和学的。故此，这门艺术的表演与传播是一回事。传承与传授的氛围就是表演的氛围。听众在培养青年弟子的过程之中，地位非同小可。许多说书人少年出道，不到十岁就已从业，但名家常常出少年。可是，为了成为一代宗师，书坛弟子常常要经过几个艰苦历练的阶段，有时还会遭遇生存危机，而且面对听众时还要奋力提升艺术表达能力。尽管大量的时间都用来孤独面壁，天天锤炼书段，每一句台词都必须辅之以恰当的面部表情和手势，但远离书场听众，仅仅靠一个人的研究是学不到这门艺术之真谛的。师傅为第一个听众，随后是广大公众。只有面对听众，说书人才能学得真正的书艺，而真正的书艺远远不同于背书，即所谓“说死书”。

（三）扬州评话的口传与脚本

我们知道，说书首先是口传艺术。但中国说书艺术的许多类型却在一定程度上依赖书面文字来翻新书目、彩排表演和艺术传承。那些用吟诗歌唱来表演的书艺类型显然更是这样。但是，其他类型，特别是那些单个表演的、只用几行诗句或者根本不用诗句的散文类型，如评书和评话，在传统意义上仍独立于书面材料，所以许多说书人就不能假借任何文字来表演。20 世纪 50 年代，民间艺人、民俗学家之间爆发了一场巨大的争论，问题的关键就是：说书人是否应有脚本？

仰仗表演并借助于倾听、观看、模仿及记忆口头表演语言，扬州评话得以流布和传承。这样一个事实并不意味着在它的传承和流布之中完全排除了书面素材。书面素材确实具有二手性，二手到在许多情况下几乎不存在的程度。只有极少数的扬州说书人用书面文字记载他们的书目，多数说书人根本就不用。我们知道的一些扬州评话脚本主要是一些较短的故事梗概，有诗句插入其中，要求表演者会心记诵。还有一些脚本只包含一些诗句。一般来说，评话的散文叙事和人物对话不是让学生背出来的，而是让学生重新用活生生的语言说出来的。即便是这些诗句和其他的某一些书段必须会心记诵，保持精确的形式，它们主要还是由师傅口口相传，而非见之于白纸黑字。清末民初残存的评话脚本表明说书人从不曾会心记诵过一段白话文本，他们几乎只是把脚本的书词当作一道粗略的“书路子”，借以唤起原初的口头表演场景。师傅从来就不拿脚本或别的书面文字来教导青年弟子们。说书家庭的脚本，要是有的话，主要也是作为有经验艺人的记忆本子，在记忆有错时偶尔查证而已，有的保留着也只是为了尊重前辈——一代代的老艺人。说书人一般认为，脚本和别的书籍的材料对年轻的学书的徒弟会有不好的影响。说书是一门活的艺术，说书人必须具有将故事铭刻于记忆之中并创造出生动活泼的场景的能力，而书籍和文字的影响极坏，削弱了这些能力。

20 世纪 80 年代至 90 年代，评话的书籍形式的“新话本”得以出版，某些艺术学校尝试让学生学习这些话本作品来培养新一代说书人。在扬州戏剧学院，会心记诵新话本的书词与教师课堂传授两种办法齐头并进，但结果收效似乎非常不理想。20 世纪 90 年代，磁带录制成为时尚。疑虑再次困扰人心：录音永远是用同样的方式重复同样的语言，到底是不是学习说书的捷径？跟从录音学习根本上不同于跟从师傅学习，而且师傅从来就不以同样的方式重复表演，而是每一次都在特殊的时刻根据特殊的情形修改他讲述的故事，调整他的手势。跟从书本上固定的语言学习，或者跟从磁带里一成不变的声音学习，显然在根本上悖逆了口头传播的本质，尤其是对立于白话叙事的艺术。

二、文字与媒介保护

（一）书和说书

书籍文化和许多口头曲目（书目）借着小说的形式而存在，显然对于口传文化并非产生消极的影响，或者危及口传文化的存在。不错，明朝以来小说为人们所喜闻乐见，但口头说书也流布甚广，两种艺术类型花开并蒂，长盛不衰，直到当今。章回小说和评话 / 评书这两个艺术门类里隐含着完全不同的流布渠道和不同的欣赏场景，从某些方面讲还有不同的受众类型（因为说书可以雅俗共赏，听众可以是文化人也可以是文盲）。不唯宁是，口头书艺与文字小说之间的互动关系乃是一个妙趣横生的话题。可是，我们在此关注的重点不是中国小说和说书的宏大发展进程，而只能集中于扬州评话的历史。明代的小说巨著在扬州评话之中都有对应物，但是，不论是从 20 世纪说书人的生平资料来看，还是从我们所知道的早期著名评话艺人柳敬亭来看，评话艺人都绝对不是靠记诵小说名篇来学习说书，而且他们在说书过程中所说的也仅仅是一些大路货情节，几乎没有什么“干货素材”。通常说书的情节主线也和小说大异其趣。不能靠记诵小说来学说书，从篇幅长度这么一个简单的事实就可以看得一清二楚：《武松》的王少堂评话版比小说文本长十倍，诗句或成段绝不相同，白话与对话则更少相同之处了。但是，扬州评话的某些口传书目据说是基于个别小说而得以创作出来的，比如 19 世纪戴派的《西游记》书目即是如此。可是，必须强调指出，这一书目的评话语言乃是以其他口传书目为基础的，而不是明朝小说。后者只不过是为评话提供了故事的角色和粗略的情节架构而已。

在 18 世纪晚期李斗的《扬州画舫录》中记载，评话的三个书目胪列对应扬州几十年间流行的现存三部小说：《清风闸》（1819）、《善恶图》和《飞跎全传》（1817）。这几部地方小说以妙趣横生的扬州方言印行，其中的词汇和句法结构都有不少扬州俗语的印记，处处表现出与评话的紧密关系。因此，这些小说显然是评话的副产品，也许是那些书迷的记录。但是，这些书籍版本对口传书目的流布传承影响甚微，只不过是提供了粗略的情节架构而已。

（二）用书本保存评话，改编成书面文类

20 世纪 50 年代，中国民俗学家展开了将最为著名的大师书目转化为书籍的工作，出版了若干系列的《新话本》。这些书籍并不指望在严格意义上成为原汁原味的话本，据称，出版的意图在于为全中国的广大读者提供阅读材料。其中有一些在当时被视为不符合社会道德规范的段落及政治上不正确的说法被删除了。同时，语言也应该是按照标准的现代汉语予以净化了，而这就意味着其中许多的方言表达形式不是被清除，就是被转换为标准的现代汉语。但是，大量的方言俗语仍然被保留在句法结构之中。看用汉字写的材料，关于语音方面，各地人可以按他自己的发音习惯读一读，但熟悉扬州话的人却可以顺畅地基于对方言用法的印象用方言发音朗读文本。以书籍形式出版的评话书目的口传艺术原型就圆融地转化为新的文类规范，即小说惯例，而且也吸收了一些现代文体的营养。让我们看几个例子：

在王少堂《武松》（1959）书版的第一页上，我们就可以看到某些特征显示出小说文类的模式，对立于通过他弟子的录音和他本人的广播表演录音（1961）而保

存的口头艺术传统。

第一，划分：书分章回，而说书分段，即所谓的“一天书”“一场书”，书段与章回并无对应关系。

第二，开场诗：书是按照历来的话本文学把韵文（开场诗句）放在第一回的上头，而在说书中这首诗另有所属。

第三，开端：书中插入了编者写的标准现代汉语的开端介绍，而说书则开门见山，没有介绍语，从头到尾都是扬州方言（除了扬州腔，还有大量的扬州话句法和词汇）。

第四，叙述者的类型：书中的故事开始于明明白白的第一人称叙述者（而这并非中国传统小说的叙事者的形式），有一点类似于现代的广播电台的记者；而说书则是以第三人称叙述开始，仅仅是在表演的最后说书人才断断续续地以第一人称介入，评点自己所讲的故事。

（三）用电子文本格式保存评话

用电子文本格式（广播、电视、录音、CD、DVD 等）来保存评话，在多大程度上能够真正体现出评话活生生的艺术性？这种转译在多大程度上是原汁原味的？

1．录音，作为发生在彼时彼地的声音印象或视像确实具有真实性。因此，录音乃是具有相当高价值的研究材料。但研究者总是必须探究制作录音的那些条件，以便认识录音与在口传条件下鲜活的表演艺术之间的关系。

2．录音是否可信大体上取决于录音发生的具体条件。如果广播录音条件允许从一本书中诵读而不是以口传方式表演（因为表演者不露面），那么这种半真半假的说书就不可能是通常在书场实际表演的扬州评话的真实反映。如果制作广播或电视录像的环境氛围及其技术对以不同语速或不同长度表演的说书人施加压力，他们或者要排除某些内容，或者改变通常的表演方言使之适合国家听众，所有这些新的条件可能同样也创造了一种新的表演形式，它仅仅是在某种程度上忠实于传统的扬州评话。（据个人观察，1961 年王少堂的广播：艺人并不是诵读他自己的书《武松》，而是以一种创造性的方式为广播表演，而且仅仅是为每次 30 分钟左右的广播表演短小的片段；陈荫堂在 1985 年广播表演《武松》期间，可能是一半读书一半解释，同样也是 30 分钟左右的短小片段。）

3．要么缺少听众，要么面对不同的听众，也是影响录音制作的表演的重要

图 4:《扬州评话四家艺人》
全书表演录像，2004

因素之一。然而，令人匪夷所思的是，扬州说书人在表演能力上却没有太多地受到缺少合适听众的影响。即便是面对空墙表演，他们似乎也能够想象其目标听众。但人们可能依然期望在说书人的书场看到具有不同氛围和生香活意的鲜活表演。

4. 诸如扬州评话之类的说活书艺术与电子文本格式保留的说书之间的最根本差别在于，电子文档乃是固定不变和可以重复的，鲜活艺术形式的扬州评话则是变动不居和不可重复的。不仅表演的语言变动不居，而且手势、音质、面部表情及听众都随着每一场说书而变动。同样的故事从来绝不同一。

结　论

以书面形式和电子形式保存口传艺术不仅产生了不同类型的文本，而且还产生了从根本方式上偏离了原始口传“母体艺术”的不同的亚属艺术。这种保存不可能完全忠实于艺术的口传特征。不论是印刷文字，还是电子声音，抑或是广播、电视的定格，这些保存艺术的方法顶多也只不过是起到了一种二手的文本化作用。用书籍形式、录音录像、广播电视来“保存”扬州评话之类的口传艺术不啻是将其木乃伊化——躯体被保留了，可是人是死的。作为档案材料，作为流行读物（故事新编），以及在当代更为重要地作为媒介消遣（广播、电视、电脑），固化的物质以不同的方式在不同程度上对艺术史研究至关重要。但是这些“拷贝”同时也“疏远”了原始的口头表演艺术，疏远了口头说书的环境与氛围。当口头说书被转化为广播电视时，它就发生了一种我们必须意识到的转型。尽管如此，这些形式也许仍然最为接近于传统环境（“书场”）的口头说书环境，因为它们比书籍更能让人回想起这种环境。同时也应该强调，这些媒介形式可以用于传播艺术知识，以及让人在闲暇时间于广播、电视、DVD上欣赏到艺术，因而这些媒介形式也起到了非常积极的作用。当然，这种情形非常类似于媒介中的音乐：它能够支持活的音乐表演，维持音乐艺术中师承转换的活传统。

不论老少，当代说书人都深深地忧虑着书艺的未来。一如扬州评话，活生生的说书艺术如何能够在当代社会中幸存下去且生生不息？活的艺术之养育仰仗师徒之间活的传承，依赖于在合适的场合面对一群心怀感激的听众展开生香活意的表演。口传艺术令人想到河水。河水即传统，同一条河流却绝不永远同一。口头表演也绝对不会以同样的方式重复，听众也总是变动不居。公元前4世纪希腊哲人赫拉克利特的古训曰：“汝不可二度濯足于同一道溪流。”用这条古训来强调口传文化的动态性同样十分贴切：叙述传承，创化不已。

（胡继华　译）

易德波（Vibeke Børdahl），1945年生，现为丹麦哥本哈根大学北欧亚洲研究院（NIAS）资深研究员，主要从事中国语言文学、方言、口传表演艺术等领域的研究，著有《沿着现实主义的金光大道：秦兆阳的小说世界》（*Along the Broad Road of Realism: Qin Zhaoyang's World of Fiction*, Richmond: Curzon Press, 1990）、《扬州说书的口传文化传统》（*The Oral Tradition of Yangzhou Storytelling*, Richmond: Curzon Press, 1996）等。目前正在将《金瓶梅》翻译为丹麦文。

胡继华，1962年生，现为北京第二外国语学院跨文化研究院教授，主要从事比较文学研究、当代西方美学研究，著有《宗白华：文化幽怀与审美象征》《后现代语境中伦理转向——论列维纳斯、德里达和南希》，译有《为承认而斗争》《友爱的政治学及其他》等。

五百年前郑和研究一瞥

——兼论葡萄牙史书对下西洋中止原因的分析

〔葡〕金国平 〔中国澳门〕吴志良

2005年是人类历史上首次大规模洲际远航——中国伟大的航海家郑和下西洋六百周年。“毫无疑问，2005年是一个重要的年份，可以与最近的纪念达·伽马和其他欧洲‘发现家’的庆祝相媲美。”[1] 两岸四地及海外都已展开了各种形式的纪念活动。应该承认，长期以来，郑和下西洋的研究一直未得到应有的重视。从五百八十周年、五百九十周年庆祝活动起，郑和研究才有了显著的发展和成就，逐渐在中国学术界成为一门显学。尽管如此，较之西方航海家哥伦布、达·伽马、麦哲伦，郑和的远航尚未在世界范围内得到广泛的认识和足够的重视。2000年重走郑和航路的范春歌这样写道：

> 而六百年来，我们和这世界的大多数人一样，每当说起航海史，首先就会想起那三位欧洲人的名字。我们忘了，我们自己也曾经有过那么波澜壮阔的蔚蓝色。
>
> 印度南部卡利卡特的一个僻远的渔村，郑和与葡萄牙人达·伽马都曾在这里登陆。我寻郑和无踪，当地却建有一座纪念达伽马的航海碑，镌刻着“1498”，他登陆的日子。

---

[1] Roderich Ptak, *China, the Portuguese, and the Nanyang: Oceans and Routes, Regions and Trades(c.1000-1600)*, Farnham: Ashgate Publishing Limited, 2004, p.vii. 2005年年初，Roderich Ptak 与 Claudine Salmon 合作编辑出版了 *Zheng He Images & Perceptions* (Bilder & Wahrnehmungen), Wiesbaden: Harasssowitz Verlag, 2005。内收八篇用法语、德语及英语撰写的有关郑和的论文。前有一篇 Roderich Ptak 与 Claudine Salmon 联合署名的前言，详细回顾了中外学界的郑和研究。此书为欧洲汉学界唯一一部郑和研究的论文集，参考书目很新，应引起国内郑和研究同行的注意。我们将发表一简短书评，予以介绍。

2003年出版的《世界新史》叹息道："中国的达·伽马——宦官郑和的伟大航行完全被遗忘了。"[1] 既然大家都认为郑和下西洋本身是国际性的壮举，具有世界意义，那么，郑和研究自然也不能不是一门国际性的学科，而21世纪的郑和研究所面临的主要任务之一便是国际化。我们认为，郑和研究的国际化包括两个方面。其一，将中国百年来的郑和研究的优秀论文汇编成册[2]，然后刊印英语版，向国际学界介绍自己的研究成果。其二，翻译、出版国外有关郑和的重要论文和专著，并组织召开国际学术会议，与国外学界交流接轨。一般学科国际化的最大受益者通常是国内学界，但在郑和研究中，情况有所不同。由于汉语本身资料的匮乏，除了早期西方的几位汉学大家对汉语资料拓荒性的翻译、介绍外，近几十年来，西方学界出现的力作数目不多[3]。从事研究而且有所成就者都是精通汉语的汉学家。汉语新史料的披露有如凤毛麟角，中外研究无不受制于此。较之其他中国问题的研究，西方的郑和研究数量少、水平不高的症结也在于此。欧美汉学界的特点是"小题大做"，一口井挖到底，不穷不罢，自然不会有人花工夫、下力气去进行史料匮乏、难出理想成果的研究。商业界则不受此规律支配，什么书都可能出。学人需要遵守基本的学术规范，而纯粹求利的那类书籍的作者通常是语不惊人死不休。一个最近的例子便是孟席斯的《1421：中国发现世界》[4]。这本书未出笼前，所谓的惊人发现被炒得沸沸扬扬。其实作者是"伞兵"型业余历史爱好者，其书绝对不是学术著作，只能作为虚构的历史演义来读。杨槱院士已告诫过我们："孟席斯的书不会导致世界航海史被改写，我们应该感谢他为弘扬古代中国的海洋文化所做的孜孜不倦的努力，但如果再为他的那本书宣传，则将贻笑大方了。"[5]

如果说，研究郑和的现实意义是弘扬我们的民族精神，那么，我们这些搞郑和研究的人当应该先振奋自己的学术自信心。在某种新说高论铺天盖地而来之时，应

[1] J. M. Roberts, *The New History of the World*, Oxford University Press USA, 2003, p. 460.

[2] 王天有、万明：《郑和研究百年论文选》，北京：北京大学出版社，2004年。

[3] 李约瑟以后的西方语言著作，将另文讨论。

[4] Gavin Menzies, *1421, The Year China Discovered the World*, London: Bantam Press, 2002. p.520. 孟席斯（Gavin Menzies）：《1421：中国发现世界》，鲍家庆译，台北：远流出版社，2003年。关于对此书的评论，可见苏明阳编：《孟席斯著〈1421：中国发现世界〉中外评论集》，台北，2003年。

[5]《纪念郑和下西洋六百周年海峡两岸学术研讨会论文集》，第3页。在香港城市大学中国文化中心举办的"郑和的世界·世界的郑和——郑和下西洋六百周年纪念研讨会"上还有人坚持说，目前还没有人能驳倒孟氏的理论，我们建议读一读中国郑和研究公认的权威之一朱鉴秋先生的《虚构的环球航行——评孟席斯〈1421：中国发现世界〉的宝船队航线》一文及《孟席斯著〈1421：中国发现世界〉中外评论集》。

有最基本的学术判断能力。总体而言，中国的郑和研究并不落后于目前西方的研究水平。可以说，郑和研究是中国人社会科学研究的强项。同仁们深知，郑和研究最大的困难莫过于资料不足。在进一步发掘汉语史料的同时，当务之急是有组织地开发域外资料，即开展资料的国际化工作。其具体做法是普查郑和船队所经国家和地区的史料中的有关记载。目前多数研究集中在东南亚，而且已有了相当的成果问世[1]，相比之下，印度沿海、波斯湾及东非海岸的研究则显得十分不足。这一地区正是葡萄牙人东来时首先接触的区域，因此，在葡萄牙的史料中留存了他们在这里收集到的关于郑和下西洋的情报。鉴于国内的郑和研究学界对此不太熟悉，我们发表了一部分搜集到的资料[2]，引起了同仁的兴趣，得到了他们的鼓励，因此我们又做了进一步的爬梳，获得了一些新的资料[3]。

郑和研究始于何时？通常的看法是：西方研究始于英人梅辉立（W. F. Mayers），我们中国的研究则以梁启超 1904 年在《新民丛报》发表的《祖国大航海家郑和传》一文为开山之作。这便是通常所说的“百年郑和研究”。一条葡萄牙史料将这个时限前推了四百年，换言之，郑和航海在四百多年前就已经受到葡萄牙人的注意，可以说，郑和研究已有五百年之久。

尽管刊载此资料的葡萄牙海外大发现时期的御用编年史官若昂·德·巴罗斯（João de Barros）的《亚洲旬年史之三》（*Terceira Decada da Afia de Ioam de Barros*）出版于 1563 年，而鉴于葡萄牙人从 1498 年达·伽马抵达古里时就已经开始收集中国人航海的资料，所以我们才提出郑和研究五百年之说。

巴罗斯记叙、分析说：

为保持其征服者之英名，华人在内陆东征西战。他们曾出师勃固王国。那里至今犹存的华人的手迹向我们叙述了他们的征战业绩，尚存有硕大无比的金

[1] Kong Yuanzhi, *Sam Po Kong dan Indonesia*, Jakarta: Haji Masagung, 1993; Kong Yuanzhi, *Muslim Tionghoa Cheng Ho: misteri perjalanan muhibah di Nusantara*, Jakarta: Pustaka Populer Obor, 2000; Kong Yuanzhi, *Pelayaran Zheng He dan alam Melayu*, Bangi: Penerbit Universiti Kebangsaan Malaysia, 2000.

[2] 《葡萄牙史料中所见郑和下西洋之史实述略》及《1459 年毛罗世界地图考述》，载金国平、吴志良《东西望洋》，澳门：澳门成人教育学会，2002 年；《〈1421 年：中国发现世界〉中葡萄牙史源之分析》，《西方文献中所见中国式帆船之龙骨及“郑和宝船”之桅杆资料》，《郑和船队冷、热兵器小考》，《龙涎香是否可作船体涂料使用？》，《“木兰皮国”考》，《“巴喇西”与“吧儿西”试考》及《郑和航海的终极点——比剌及孙剌考》，载金国平、吴志良《过十字门》，澳门：澳门成人教育学会，2004 年。

[3] 除开本文所用资料，还有两三种与本文主题关系不大的史料，将另文发表。

属钟及火铳。似乎他们使用火铳的历史较我们更为悠久。在勃固北部的阿瓦王国的遍达（Piandá）与米兰都（Mirandú）之间尚存有华人在那里兴建的一座城市的遗址。不仅上述王国，正如前述，暹罗中包括的大大小小诸国，如位于勃固北部的梅里台（Melitay）、蒲甘（Bacam）、茶兰瓦拉固（Chalam Varagu）及其他与其相邻的内陆王国，或多或少地保存有华人的宗教、华人的自然科技知识：他们将年分为十二个阴历月份，在黄道图中使用十二宫及天体运动的其他知识。因为华人在其征讨之地，传播了他们的文化。这些被征服的王国，作为对中国的承认，从那时起直至现在，每隔三年便遣使中国，进呈礼物。贡使人数总在四人以上，因为抵达中国大皇帝、王爷所在地的路程遥远，候见及赏赐的时间又长，一两个恐有不测。即便免于病卒，出席为他们所设的宴会后，也有人入土。暴死者得以隆重安葬，竖有灵位，上面书写着死者的姓名、何国贡使。此种种做法，不无为其王国树碑立传之意。但当他们从陆地或水路前来印度时（前有所述），其行动必比希腊人、罗马人、迦太基人尤为小心谨慎。华人因征战他国，远离故土，竟然一度失去了自己的祖国，但无意重蹈覆辙。相反，看到他们在印度劳民伤财，与四邻兵戎相见且时有败绩，他们发觉自己的土地上有金有银，其他金属不一而足，自然财富如此丰富，百工技艺如此高超。人人从中国得益，但她从未从他人处获益，为何他们要流血征服他人之地？在当时一位贤明君主的命令下，华人重返家园，实行务实的防务，但诏令不得出海，违者以死论之。此禁海令沿用至今，仍有两条未废：

其一是外人不得经陆路或海路入华。肩负国王托付的重要使命而入华者均系贡使。他们的一举一动有专人监视，一言一行稽查在案。那些欲由陆路入华的商人，甚至联合推举一人为首领，借贡使之名，行贸易之实。

其二为华人不得出海。邻近大陆的数个海岛的居民深受其害。无论前往何处，当年必须返回。航前，需向当地官员申请出海许可且要确保按时返回。船的吨位不可超过150吨。若申请大吨位船出海，绝无获准的可能，言之叛国。但无法禁止外人经海路潜至山洲海岛或偷入华夏大地，当地居民与其交易不绝。如今我们的商人便以此法买卖。[1]

[1] *Terceira Decada da Afia de Ioam de Barros*，里斯本，1563年，第46a-b页。

此处虽未明确涉及郑和之名，但从文字内容来看，无疑报道的是郑和下西洋。篇幅不短，有叙有议，当可视作迄今为止、古今中外最早的郑和研究。

巴罗斯不清楚蒙古人和汉人的区别，因此他所说的“内陆东征西战”的“征服者”是横扫欧亚大陆的蒙古铁骑。蒙古人以攻为守，因此他们节约了边防的费用。“国初，府库充溢，三宝郑太监下西洋，赍银七百余万，费十载，尚剩百万余归。盖乘元人所藏。而元时不备边，故其充溢至此。可见今闾阎疲惫，去于边费为多。”[1] 历史上，元、明都曾师征勃固，因此巴罗斯的信息是正确的。葡萄牙人曾为勃固王[2]和暹罗王[3]充当雇佣军，接触过“硕大无比的金属钟及火铳”。这一消息可能来自于他们。铸铳技术以更早的铸钟技术为基础，两物并提符合逻辑，因而巴罗斯毫不犹豫地得出了“似乎他们使用火铳的历史[4]较我们更为悠久”的结论。中国火器的发展史证明了此观点。巴罗斯报道了在勃固、阿瓦、暹罗的“大大小小诸国”及其他“相邻的内陆王国”，“或多或少地保存着华人的宗教、华人的自然科技知识”，具体的例子就是阴历年和黄道十二宫的天文知识。巴罗斯得出结论说：“因为华人在其征讨之地，传播了他们的文化。”不久前，何芳川先生在香港城市大学中国文化中心举办的“郑和的世界·世界的郑和——郑和下西洋六百周年纪念研讨会”上说，郑和七下西洋时有强烈的历史使命感，传播了中华文明，提升了周边国家的文明水平。在此，我们找到了欧洲人报道的实例。我们认为，今后的郑和研究应该加强这方面的调研，凸显下西洋的文明传播意义。

巴罗斯对朝贡贸易制度的描写，也可能是西方文献中对此最早的涉及。“被征服的王国”大多是在元蒙时代被征服的。郑和七下西洋显然是为了保持这种朝贡关系。对此，汉语文献记载繁多，学界并无异议。但5个世纪前，巴罗斯便有了此种认识，不可谓不深刻。除了关系极好的国邦——如暹罗——一年一贡外，一般的国家确实是三年一贡。关于“贡使人数总在四人以上”的原因，巴罗斯的解释别开生面。虽不见之汉籍，却也符合逻辑。德州的苏禄王墓及南京渤泥王墓足以证明“暴死者得以隆重安葬”一语不虚。巴罗斯这段文字最有价值处是他对下西洋中止原因

---

[1] 王士性：《广志绎》，北京：中华书局，1981年，第5页。

[2] M. Ana de Barros Serra Marques Guedes, *Interferência e integração dos portugueses na Birmânia ca. 1580-1630*, Lisboa: Fundação Oriente, 1994, pp.173-176.

[3] Maria da Conceição Flores, *Os portugueses e o Sião no século XVI*, Lisboa: Comissão Nacional para as Comemorações dos Descobrimentos Portugueses e Imprensa Nacional Casa da Moeda ,1995, pp.103-115.

[4] 关于这个问题，见金国平、吴志良《郑和船队冷、热兵器小考》，载《过十字门》，第378—393页。

的分析。郑和航海事业辉煌一时，却又昙花一现，偃旗息鼓的原因何在？这是多年来中西学者都十分关心并努力探索的问题，至今仍未尘埃落定。想不到的是，早在近 450 年前巴罗斯便提出了自己的看法，虽不尽全面与正确，至少可资参考，并帮助我们了解 16 世纪西方人对郑和下西洋骤止原因的认识。这个看法与中国传统的劳民伤财、得不偿失说不谋而合。看来，葡萄牙人是深入地了解了情况，足以证明这是当时国人流行的看法。

在很长的时间里，西方地理学及地图学界都将东非埃塞俄比亚以东的地区泛称为印度。葡人东来时建立的“印度国”范围更广，从好望角一直延伸至远东的日本，中国也包括其中。巴罗斯笔下的“他们在印度劳民伤财，与四邻兵戎相见且时有败绩”就是指蒙古人对亚洲广大地区的征战。“时有败绩”显然指的是征日、征爪哇的失利。元朝以威征服失败后，明朝汲取了教训，以德抚四海。

明朝在拥有了绝对海权后，也从未因此而对东南亚、印度洋及东非实行后来西方式的强权政策。这体现了中国人的一种固有思维观念。天子是当然的全天下的统治者，“普天之下，莫非王土”，自然无必要征服理论上在中国版图之内的任何地方。中国只要求“万邦来朝”。除了其贸易性质外，朝贡贸易是一种十分有效的政治、外交及军事制度。中国与外邦互通有无，并提升他们对中华帝国的忠诚度，以此来避免军事冲突。这比殖民占领聪明得多、有效得多，也经济得多。元朝是以攻为守，明朝却反其道而行之。《明史·郑和传》谓下西洋，乃“耀兵异域，示中国富强”。此说颇精，而欧洲人、美国人在几百年后才得出了相同的“新殖民主义”的认识。即便如此，欧美国家今天依然四处点火，试图征服扩张。

无论如何，看看这些信息和分析，葡萄牙人对中国历史的了解令人惊讶！相比之下，我们到 1565 年才弄清楚“佛郎机”的正式国名叫“蒲利都家”[1]。巴罗斯始终未能搞清进行大规模洲际扩张的元蒙与取而代之的朱明之间的区别，以为是同一个朝代。他将郑和下西洋称为“流血征服他人之地”，是时代的局限。在地理大发现的时代，任何大规模的海外活动，除了征服之外，再无其他解释。“人人从中国得益，但她从未从他人处获益”，这是对“薄来厚往”的朝贡贸易经济性质的一种分析，但他还无法理解其更深远的政治及国防意义。巴罗斯将中止下西洋的明仁宗

[1] 杨继波、吴志良、邓开颂总主编：《明清时期澳门问题档案文献汇编》，中国第一历史档案馆、澳门基金会、暨南大学古籍研究所合编，北京：人民出版社，1999 年，汤开建主编，第 5 卷，第 234 页。

朱高炽称为“贤明君主”，认为“华人重返家园”是“实行务实的防务”。这一对海禁的论述在汉籍中不难找到印证。至于“不得出海”的“诏令”，《明史》曰：“初，明祖定制，片板不许入海。”他所言“外人不得经陆路或海路入华。替国王担任重要使命而入华者均系贡使。他们的一举一动有专人监视，一言一行稽查在案”，正是严密的朝贡贸易制度的真实写照。

“不可超过150吨”的船是单桅船，“大吨位船”则指“双桅”船。“即使有警而禁，唯禁乎双桅重匠之舡，勿禁乎单桅平底之舡。以双桅重，乃过洋过番之舡；单桅平底，乃采捕通贩之舡，一字区别之间，则海枭既通，海禁未尝不严。”[1] 由于“绝无获准的可能，言之叛国”，于是，“迩来漳泉等处奸民，倚结势族，私造双桅大船，广带违禁军器，收买奇货，诱博诸夷，日引月滋，倭舟联集，而彭亨、佛郎机诸国相继煽其凶威，入港则佯言贸易，登岸则杀掳男妇，驱逐则公行拒敌，出洋则劫掠商财，而我内地奸豪，偃然自以为得计。”[2] 这与巴罗斯所描写的“但无法禁止外人经海路潜至山洲海岛或偷入华夏大地，当地居民与其交易不绝。如今我们的商人便以此法买卖”如出一辙！故《明史》总结说：“承平久，奸民阑出入，勾倭人及佛郎机诸国入互市。”的确，宋元积极鼓励海外贸易，而明初却采取了海禁政策，严重窒息了对外贸易。永乐帝派遣郑和下西洋有明显的贸易性质，而且是垄断形式的官方海外贸易。后来，粤、闽、浙民间的走私海外贸易的兴起，正是补充了官方海外活动结束后留下的真空。葡萄牙人在此背景下，迅速抓住了商业契机[3]，据居澳门后，更开辟了果阿—马六甲—中国—日本的航线，将欧亚贸易发展至前所未有的繁荣阶段。由此看来，在葡萄牙人和中国民间走私贸易的推动下出现的双屿、漳州月港、浯屿、南澳、上川、浪白滘以及澳门开埠是因应商品经济而产生的，冲破了以往官府对海外贸易的垄断，孕育了带有反封建束缚性质的民间自由贸易，并已具有资本主义雇佣关系的经营方式。这改变了东南沿海对外交通和贸易的形态，将中国同正在形成的世界贸易体系接驳在了一起，对整个中国社会的经济及文化的影响至深，直接导致了“隆庆初年，巡抚福建涂泽民请开海禁，准贩东西二

[1] 杨继波、吴志良、邓开颂总主编：《明清时期澳门问题档案文献汇编》，汤开建主编，第5卷，第86—87页。

[2] 同上书，汤开建主编，第5卷，第227页。

[3] 精彩的理论性论述，可见何芳川著《澳门与葡萄牙大商帆——葡萄牙与近代早期太平洋贸易网的形成》，北京：北京大学出版社，1996年。另见万明：《中葡早期关系史》，北京：社会科学文献出版社，2001年，第151—168页。

洋。”[1] 至此，施行 200 年的海禁寿终正寝，而在中国沿海活动的葡萄牙人是促成此种巨变的主要因素之一。

无独有偶，继巴罗斯之后，葡萄牙文学史上最杰出的诗人卡蒙斯（Luís de Camões，又译为贾梅士）在其于 1572 年首次出版的不朽史诗《卢济塔尼亚人之歌》（又译为《葡国魂》）中也涉及了中国的航海 [2]：

马丁斯用精通的阿拉伯语，
半通不通与他们进行交谈，
获悉有与我们一样的大船，
在此处海域上下往来航行，
他们从日出之地远远而来，
沿海岸驶向南方然后返回，
他们所居之地有一种人民
有同我们一样的白皙肤色。[3]

这是 1498 年达·伽马的船队在莫桑比克得到的消息。“他们从日出之地远远而来”显然指的是东方的中国。“沿海岸驶向南方然后返回”一语显示出中国船队曾沿着东非海岸南行至莫桑比克，然后返回。事隔几代之后，郑和航海的事迹仍在当地人中流传并传播给了东来的葡萄牙人。看来，下西洋确实对南洋、印度洋以及后来的西方航海者产生过巨大的影响。葡萄牙人的航海大舶在当时的西方是最先进的，当他们得知“有与我们一样的大船”时，其内心的震撼可想而知。

1590 年在澳门以拉丁文出版的《日本遣欧使团》（*De Missione Legatorvm Iaponensium ad Romanum Curiam*）中，亦有对中国“航海”和“军事艺术”的叙述：

---

[1] 《明清时期澳门问题档案文献汇编》，汤开建主编，第 5 卷，第 118 页。

[2] 从文学作品比较中葡航海的论文可见 Robert Finlay, “Portuguese and Chinese Maritime Imperialism: Camoe’s Lusiads and Luo Maodeng’s Voyage of the San Bao Eunuch”, 载于 *Comparative Studies in Society and History*, 34:2 (1992), pp.225-241。国内史学界一提到“帝国主义”就紧张，我们认为，大可不必“谈虎色变”，且应该放弃对具有某种时代内涵的“帝国主义”的偏见。有帝国就有“帝国主义”。郑和下西洋和平外交的基本原则就是“大明帝国”的“主义”，或称“大明帝国主义”，但不具有当今“帝国主义”的含义。

[3] 卡蒙斯：《卢济塔尼亚人之歌》，北京：中国文联出版公司，1995 年，第 227 页。

除了这些机械和非自由职业的技艺外，还可补充两项，即航海和军事艺术。古代的中国居民对此最得心应手，因为华人曾航行至印度，征服了她的一些部分；之后，在减少其国家的军队之前，将他们分散到许多省，改变了看法并决定退避在国境之内。[1]

孟三德（Duarte de Sande）和范礼安（Alesandro Valignano）在列举了中国的“铸炮术”“火药”和“印刷术”后，又专门强调了“航海术”和“军事艺术”。如此看来，这是两位耶稣会会士十分推崇中国的航海及军事技术而特别加以介绍的，足见郑和下西洋的地位之崇高、影响之广远。

《日本遣欧使团》是已知的在澳门印刷出版的第二部拉丁文著作，因此澳门又添加了一个“之最”的称号：澳门是中国最早刊印涉及郑和航海的外语著作的地方。

卡蒙斯、孟三德和范礼安的著作虽未超出巴罗斯的水平，但考虑到他们曾在澳门逗留过，他们的信息还是有一定价值的，因为他们都从侧面确实地核实了海外发现的“官史”。

郑和航海的伟大不是用华丽辞藻堆砌的，葡萄牙史料中的这些细节的记载比连串的形容词更高级更具说服力。上述几种资料的披露，直接导致了对现有的几种郑和研究的分期理论的探讨。黄慧珍和薛金度于 1985 年最早提出：

第一时期：1904—1934 年；第二时期：1935—1949 年；第三时期：1950—1984 年。[2]

在第一时期里，两位专家简单述及西方历史学家和汉学家研究郑和的情况，并认为“西方和日本学者研究郑和比国人要早二三十年”[3]。将梅辉立在 1874 年发表的《十五世纪中国人在印度洋的探险》一文视为西方研究之始。

2001 年，黄宗真提出了更细的划分：“这 100 年来的郑和研究分为两大阶段。

[1] *Um tratado sobre o reino da China : dos padres Duarte Sande e Alessandro Valignano* (Macau, 1590) / introd., versão portuguesa e notas de Rui Manuel Loureiro, Macau: Instituto Cultural de Macau, 1992, p. 49.

[2] 《郑和研究资料选编》，北京：人民交通出版社，1985 年，第 4 页。

[3] 同上书，第 7 页。

第一阶段 1904—1949 年，其中可分为两个时期，即 1904—1934 年和 1935—1949 年。我认为，第一时期中可以包括英国人梅辉立于 1874 年在《中国评论》（英文）第三、四卷上发表的《十五世纪中国人在印度洋的探险》一文。因为他简要地介绍了黄省曾《西洋朝贡典录》中有关郑和下西洋的部分史料，并对其中的地名及民俗做了考证。他是西方研究郑和的第一人。第二阶段 1950—2000 年，其中也可分为两个时期，即 1950—1984 年和 1985—2000 年。”[1]

2001 年，时平在全面评述 20 世纪的郑和研究时，构思了“五个发展阶段说”：

（一）郑和研究的开拓阶段（1904—1934）；

（二）对郑和开拓专门研究并引向深入的阶段（1935—1949）；

（三）郑和研究广泛展开和进一步深入研究的阶段（1950—1982）；

（四）郑和研究全面开展的阶段（1983—1997）；

（五）郑和研究面向 21 世纪的创新时期（1998 年以后）。[2]

由此可见，1985 年，黄慧珍和薛金度在论述“第一时期：1904—1934 年”时只是简单涉及了西方历史学家和汉学家研究郑和的情况，并未明确地将其列入这一时期。2001 年，黄宗真发现了这个问题，于是明确地将西方的研究编入了第一阶段，而且做了一定的补充。这种分类不无牵强之感，因此时平做了不予涉及的处理。在谈到《郑和航海图》的研究时，他评述了西方和日本的有关研究，但谨慎地未将其归入任何时期。我们认为，中国以外的研究不宜列入学界公认的从 1904 年开始的中国郑和研究。外国的郑和研究应该有自己的分期，16 世纪开始的葡萄牙文献应为其上限。只有对 16 世纪至 21 世纪的国际研究[3]的情况进行大规模普查后，才能进行恰如其分的科学分期。

总而言之，葡萄牙史料中的大量关于郑和下西洋的记载基本符合事实的分析，将郑和研究的历史提早了 500 年。这确凿地显示出郑和航海在世界上产生过重大的影响，葡萄牙及其他域外史料的重要性也不言而喻。在确凿的文献面前，英国人梅

---

[1]《郑和研究》2001 年第 1 期，第 4—5 页。

[2]《郑和研究》2001 年第 2 期，第 3—8 页。

[3]《八十年来国内外关于郑和研究的论著目录》(《郑和研究资料选编》，第 459—520 页）对郑和研究产生了很大影响，但亟待更新。

辉立的“西方研究郑和的第一人”这顶桂冠看来是要让给葡萄牙人巴罗斯了。无新史料便无史学的繁荣。21 世纪的郑和研究欲“宽频化”，提升水平，在我看来努力发掘中外的新史料是其关键的关键，否则难免“老生常谈”。更多域外史料的发掘与披露定会将郑和研究提升到一个单靠汉语文献不可能达到的新水平。

金国平，1956 年生，葡萄牙东南亚研究中心研究人员，主要从事中葡关系及澳门史研究。
吴志良，1964 年生，澳门基金会行政委员会主席，主要从事澳门史研究。

理解过去的三条途径：作为事件、经验和神话的义和团

〔美〕柯　文

关于历史学家的工作到底是什么性质的问题，哲学家已经做过长篇的理论性论述。我最近刚刚写完了一本书，在这本书中，作为一个历史从业人员，我通过一个实际的历史个案，即19世纪与20世纪之交的义和团，来探讨这个问题[1]。在此我想总结一下我在这本书中提出的问题和我所得出的初步结论。

对于历史学家所做的到底是什么这个问题，我在开始研究历史时的理解，和我今天的理解很不一样。以前我一直认为，“过去”在某种意义上就是一堆固定不变的事实资料，历史学家的工作就是去发掘并清楚地说明这些资料。我至今仍然认为史学家的主要目标就是理解并说明过去。但是，现在的我对这个过程和其中存在的问题的看法，绝不像过去那样单纯天真了。我现在认为史学家所写的历史和另外两种“了解”过去的方式——亲身经历和神话——之间经常存在着一种张力，而且就其对日常人类生活而言，后两种“了解”过去的方式所产生的影响要广泛得多，也强大得多。

从一定的抽象层次上来说，义和团起义是人们叙述晚清历史时的主要一章。它是19世纪中叶的起义和辛亥革命之间所发生的规模最大的一次武装冲突。义和团中的许多成员都是青年农民，他们被19世纪90年代初期以后摧毁华北的连续不断的天灾弄得赤贫如洗。作为一次社会运动，义和团明显地表明了世纪之交中国农村

[1] 本书题为 *History in Three Keys: The Boxers as Event, Experience, and Myth* (New York: Columbia University Press, 1997)。

秩序经历了一场大崩溃。这种崩溃，在清帝国的许多地区突出地反映为频繁的群众骚乱，但同时也反映在义和团的宗教信仰上，尤其反映在一套降神附体和频繁地求助于魔术的作法上。义和团现象中的排外层面，在攻击当地基督教徒和外国传教士时表现得最为激烈。它在中外关系中造成了深刻危机，并最终导致了外国的直接军事干涉和中国向所有列强的宣战。最后，使馆区的撤围、清廷逃奔西安、外国占领北京，以及战胜国强加于中国的外交解决办法，这一切都促使清政府在政策上做出决定性的转变。新政策在20世纪的头几年越来越多地倾向于影响深远的改革，即便是清廷并非心甘情愿地进行这些改革。芮玛丽（Mary C. Wright）在她的一篇著名的讨论辛亥革命背景的论文中开宗明义地说："历史上很少有一年能像1900年那样在中国戏剧性地标志了一个分水岭。"[1] 如果我们通观义和团事件中上述的各个方面，就会觉得芮玛丽的断语并不奇怪。

义和团是一个事件，是一个与构成该时期中国历史的更广阔的画面紧紧交织在一起的事件。但是，义和团又不仅仅是一个事件，它还是从中国和西方民众的想象中创造出的一套有影响力的神话。在西方，在20世纪的前几十年里，义和团曾被广泛地看成是"黄祸"的化身，义和团这个词本身就会在西方人的心中引起恐惧、仇外、反理性的野蛮性等联想。在中国，20世纪20年代初期以前的知识分子像鲁迅、胡适和早期的陈独秀等人也对义和团有同样的否定看法。他们在上面列举的特征之外，还给义和团加上了"迷信"和"落后"的帽子。可是，在20世纪20年代那个民族主义和排外主义高涨的时期，当许多西方人想把民族主义贴上复活"义和团主义"的标签，从而把民族主义搞臭的时候，中国的革命派都开始把义和团作为一个正面的神话来重新解释，把中心放在了"爱国主义"和"反帝国主义"上。

在"文化大革命"时期的1966年至1976年，义和团作为反对外来侵略的英雄斗士的正面形象在大陆的中国人和一些美籍的华裔中达到了高潮。可是，与此同时，在中国台湾地区的中国人（和许多西方人）却在复活一种描述义和团的耸人听闻的陈规老套，把他们看成是一些狂热的、未开化的仇外分子。在"文化大革命"时期，还有人极力歌颂义和团中的女性团体——红灯照，尤其是她们所谓的曾奋起

---

[1] Mary C.Wright, Introduction: The Rising Tide of Change，见芮玛丽主编的 *China in Revolution: The First Phase, 1900-1913* (New Haven: Yale University Press, 1968)，第1页。

反抗旧社会妇女从属地位的行为。

作为“事件”的义和团代表了对过去的一种特殊的解释，而作为“神话”的义和团则代表了一种用过去来为现实服务的对历史的强加。无论如何，现在与过去之间都有一种能动的相互作用，在这种相互作用中，过去都被有意识或无意识地按照现在人们的多种多样的、不断变化的中心思想而被重新塑造了。那么，当我们进行这种重新定义的时候，过去——或者更准确地说，那个“曾被生活过”或“体验过”的过去——会发生什么变化呢？换言之，当史学家出于澄清和说明的目的，而以“事件”的形式重构过去的时候，或者当神话创造者出于完全不同的原因，想从过去提炼出某种特定的象征性信息的时候，原初创造过去的那些人所亲身经历过的那个世界会随之发生什么变化呢？法国哲学家保罗·韦纳（Paul Veyne）曾说过（这里只述其大意）：事件永远都不可能与事件的参加者和目击者的感知相吻合；而史学家正是要从证据和文件中刻画出他们自己想塑造的那个事件[1]。如果韦纳的话是真的，那么这对我们理解历史究竟有什么影响呢？它是否意味着历史学家，说到底，也是神话的创造者呢？最后，如果我们要解剖一个事件，把它分解为更小的、更加分离的微小事件，或人类经验的种种单元——例如，战壕生活中的烦闷无聊和肉体上的悲惨遭遇，而不是战役的宏观景象，那么我们所剩下的将是些什么呢？仅仅是一堆乱七八糟和毫无意义的资料吗？还是更乐观地说，这样做的结果会比一心想说明过去的史学家或者想从过去获取某种象征性内容的神话创造者都更加接近过去的真相，更加接近这个“真正的过去”所发生的事情呢？

这些问题只能说明我在这本书中所关心的问题的范围有多大，但并没有穷尽其中的所有问题。这本书的第一部分，叙述了义和团起义这个“故事”。我和其他史学家一样，事先已经知道了这个事件的结局，而且可以从广角纵观整个事件。我的目的不仅在于说明义和团现象本身，而且还要说明义和团与其前后历史事件的关系。第二部分是探讨在义和团事件的不同阶段其直接参加者的思想、感情和行为。在这些人中，有的是中国的年轻农民，他们常常为了求得生存而参加了村里的义和团组织；有的是忧虑的传教士，他们在起义的高潮，散居在旱情严重的华北；有的是在天津的中国和外国居民，他们在1900年初夏战火烧到这座城市时，被困在城

[1] 见 Paul Veyne 所著，Mina Moore-Reinvolucri 翻译的，*Writing History: Essay on Epistemology* (Middletown, Conn.: Wesleyan University Press, 1984)，第 40 页。

里。总之，这些人不知道他们是否能从这场劫难中逃生，而且他们脑子里事先也没有该“事件”的全景，因此，他们对自己的遭遇的理解和史学家们反观、回溯的解释有着非常根本的差别。这本书的第三部分则探索了在 20 世纪的中国围绕着义和团和“义和团主义”而产生的种种神话。这些神话作为象征性的表述方式，与其说是被用来说明义和团的过去，还不如说是义和团的现在，被用来从中汲取力量，并在当前的竞赛中赢分，而这种得分又往往（但不总是）具有某种政治的或公开宣传的性质。

我将这几种不同的意识领域平举并列并加以考察是为了显示历史是如何难以捉摸，并表明人们所创造的历史和人们所写的所利用的历史之间存在着一种张力。前者在某种意义上说是固定不变的，后者则似乎永远都在变化。不过，这种现象与著名的“罗生门”（rashomon）效应却很不一样[1]。所谓“罗生门”效应，在英语中是指不同的人依据自己所处的不同位置（不论是确实的还是象征性的），而对某个事件所做出的不同解释（不同版本的“真理”）。我在书中所探讨的了解过去的不同方式当然也包含了透视角度的不同，但是它们又超越了这些不同，进而讨论更具有实质意义的不同。亲身经历过去的人根本没有办法了解史学家所了解的过去；而为过去创造神话的人虽然也和史学家一样享有“后见之明”的优势，但又根本没有兴趣去了解创造过去的人所亲身体验的过去。

我这本书的主要目的是广泛地探索历史写作的许多问题，而义和团的作用则是作为一种陪衬来为这个主要目的服务。中国的一些史学家主要关注义和团事件本身及它在 20 世纪中国人心中的记忆如何，我希望这本书对于这些中国史专家也会引起同样的兴趣。在这方面，我的主要贡献是在第二和第三部分。第二部分的篇幅在本书中是最长的。与通常论述义和团的专著不同，在这一部分，我更加深入地探讨了 1900 年华北地区真实生活的某些侧面，诸如旱灾、大众降神附体、魔术和妇女污染、谣言与谣言引起的恐慌以及死亡。在这个过程中，我常常像一位“民族学的史学家”一样，力图设身处地地捕捉普通老百姓——义和团成员、非义和团的中国人和传教士们——是如何“理解这个世界”（made sense of the world）的[2]。但是，

[1] 这里所引的是黑泽明导演的著名电影《罗生门》。该电影讲的是发生在 11 世纪日本的一起强奸谋杀案，以及四个见证人对案件的不同陈述。

[2] Robert Darnton, *The Great Cat Massacre and Other Episodes in French Cultural History* (New York: Vintage, 1985), p.3.

我也同样常常从他们那个世界中退回一步，来解释那里发生了什么，而我所描述的事件的直接参与者肯定会对我的解释方法感到奇怪。

例如，在关于谣言的一章中，我注意到一件事：即在1900年春夏两季流传最广的谣言是洋人和中国的基督教徒在华北的水井中放毒。当时每个人都知道这个谣言。但是，据我所知，当时却没有人对这个谣言做出解释。在我的书中，我假设这种谣言的流行可以作为一种象征性的路标，来帮助我们找出当时人们最担心的是什么。例如，1900年缺雨，人们指控洋人，应该对这件事负最终责任；同样，指控洋人和中国教徒在华北的水源中放毒的谣言也是象征性地把外来人描绘成为剥夺中国人维持生命的必需品的罪人。因此，流传井内放毒谣言这件事正好直接说明了在当时的老百姓心里压倒一切的集体恐惧是对死亡的恐惧。

第三部分所谈到的那种张力的根源和上面所谈的有某种联系，但又并不相同。从本书更广阔的议题来讲，我在这部分中所描述的对义和团的神话化，实际上是为了说明神话化的一般过程。但是，不同的历史事件与后来在该国发生的事件之间发生共振的方式是不相同的。在20世纪的中国，西方一会儿由于它是帝国主义侵略者而遭到痛恨，一会儿又由于它掌握了富强的奥秘而受到尊敬。由于义和团既攻击了西方，又攻击了西方掌握的现代奥秘，因此它扮演了一个模糊但又有特殊力量的象征性角色。随着环境的变化，它有时会大受赞颂，而有时则猛遭恶骂。

我在此书中还间接地提出了一些问题，对这些问题我在结论部分会直接加以解释。其中有一个问题是关于代表性的问题。在这本书里，为了更清楚地了解史学家到底在做些什么，我考察了事件、经验、神话的不同特点。我以一个在许多方面都相当独特的历史片段，即世纪之交的义和团运动或起义，作为参照来进行这种考察。这样做，我当然是设想在义和团的特殊性背后隐藏着某些可以适用于其他历史事件的普遍性，但是，对这个假设还需要进行更仔细的审查。

我先谈谈一个可能使有些读者感到棘手的问题。在这本书中我并不是对过去的各个方面都有兴趣，我感兴趣的只限于那些与史学家以及亲身参与者和神话创造者的意识有关的方面。这样一来就撇掉了史学著作中的一个完整领域，这个领域专门研究一些长期的、非人格性的发展，而这些发展常常是（但未必必然是）与社会或经济方面有关。由于这种发展是逐步积累而成，因此不论它们多么重要，一般也不会引人注目，因而很少激发人们的热情。研究这类发展的历史著作，像所有的历史著作一样，也采取了一种叙事的方式[1]，因此也表达了史学家也就是叙事者的意识（因为史学家是永远不会失去他们的意识的）。但是，这类著作给那些历史的推动者——也就是那些创造并亲身体验历史者——的意识所留下的余地就非常少了，或者说根本就没有。我也怀疑是否有人竟然会就 18 世纪中国的通货膨胀或者就封建时代晚期北欧的农业变化而编制一套神话。

过去的有些侧面，不论它们积累的效应对人们生活的影响有多大，由于其变化的速度太慢，因而没有被人注意。如果我们撇开这些侧面，把注意力全部集中在人类个人在意识层面的体验上，我们仍然有许多东西可以研究。事实上，如果我们把过去看成是“各种事情发生”的一个场所，那么，我们通常所能想到的一切那里就都有。因此，对我们来说，真正的问题在于，尽管义和团有自己的种种特性，它是否仍然可以被用来说明我们有意识去理解的过去的一般性。对这个问题，我的回答是完全肯定的。

如果我们把义和团看成一个事件，一个历史学家为了理解并说明过去发生了什么和为何发生，从而根据事实加以重建（像我在书中第一部分所做的那样）的事件，那么我认为义和团就同过去的其他任何历史片段一样，可以起到说明的作用。其实，在所有这类对历史事件的重建工作中，我们的注意力都是集中在历史学家的意识上，而不是集中在直接参与者或者神话创造者的意识上，因此即使是对过去的比较缺少人格性的那部分（而不是对历史“事件”或“个别人物”）进行历史重建，我们也没有理由认为这种重建不能作为例子来说明史学家究竟是做什么的。当然，每一个历史事件的内容都是独特的，而且其中有些事件，像义和团，是非常复杂的，跨越的时间很长，波及的空间极广；而另外一些事件，例如，一个新话剧的首次演出或者某一位全国性政治人物的死亡，则相对来说比较简单（尽管它们所产生的各种影响可能并不简单）。但是，历史学家对这些事件的建构——也就是我们对这些事件的叙述——则总是根据一套相当独特的原则来进行。其中一个最为根本的原则就是：和神话创造者不同，史学家总是力求理解并说明过去。另外一个原则，它的重要性不亚于前者，那就是：和直接参加者不同，史学家一开始就知道他们想

[1] 布罗代尔（Braudel）和其他年鉴学派成员自称其作品是非叙事体的，但是保罗·利科（Paul Ricoeur）却很有说服力地指出，一种叙事体的结构实际上是隐藏在他们的作品后面。请特别参见利科在其 *Time and Narrative* (Chicago: University of Chicago Press, 1984) 中关于 Historical Internationality 的论述。另可参阅 David Carr, *Time, Narrative, and History* (Bloomington: Indiana University Press, 1986), pp.8-9, 175-177。

重建的事件的结局。第三个原则，也是区别史学家和直接参与者的，即：史学家并不受空间、地点的局限。与当初的历史参与者不同，史学家被赋予了一种我在上文所提到的所谓“广角的视野”，也就是史学家能够看出过去的不同个人的经历是如何彼此关联，看出在空间上（同时也是在时间上）分布很广的一大堆分立的事件如何彼此相互联系，从而形成更大范围的“事件结构”。

如果我们把过去看成经验（书中的第二部分），那么义和团的个案就不是那么典型的例证了。在这里，聚光灯所对准的毕竟不是作为重新建构者的史学家的意识，而是历史参与者的意识。我们可以宣称，史学家，不论研究的课题是什么，他们做的事，多是大同小异的，但是，那些首先创造“过去”并且直接参与历史的人则是另一回事。战争、竞赛活动、垒球比赛、初恋和期末大考都是不同的经验。这类经验千差万别，不胜枚举，而个人的经历、体验却是独特无二的。在这种情况下，像义和团这件事，它所涉及的主要经验领域包括旱灾、降神附体、魔术、谣言和死亡等，那么它怎样才能用来说明亲身经历的“过去”的普遍意义呢？我们甚至可以追问：“普遍性经验”这个概念本身难道不是一个自相矛盾的概念吗？

要回答这个问题，就像回答义和团作为事件本身到底具有多少代表性的问题一样，都包括了几个层次。在最具体、最特殊的层次上，也就是说就义和团发生的那个夏天所涉及的各种人的经验而论，这类经验，像过去任何历史片段参与者的经验一样，都是独特的、无法复制的，但是，在更一般的层次上就未必如此了。世界的历史中毕竟充满了群众运动，其中宗教和魔术仪式起着关键作用，排外情绪构成它的驱动力，谣言和轻信心理到处泛滥，而战争、流血和垂死挣扎则笼罩了一切。最后说到了最一般（或者说形式）的层次上，像凶吉难卜（结局不可预知）、情绪纠缠、多种的动因、文化建构和传记的意识这类现象似乎是所有人类经验的共有特点，不管它们是以哪种具体形式来表达的。

当然，重建不同的经验领域时，所依据的历史资料会由于历史环境的不同而有所不同。例如，除非在某种最肤浅的意义上，我们根本没有办法探索义和团成员的传记意义，因为其成员中识字者寥寥无几，似乎没有人能够留下个人经验的纪事[1]。另一方面，长期干旱和作物大量夭折带来了前途未料的焦虑；此外，不论是

[1] 主要在山东和天津地区搜集的口述历史资料给我们提供了有关义和团成员个人经历的最完整的回溯。但是，这些材料还不足以满足我们的需要，因为它们不是同时代的，而且它们在很大程度上不是根据回答者的意识，而是根据询问者的意识组织起来的。

中国人还是外国人都倾向于用自己的文化模式来诠释个人经验。有大量的档案文件谈到义和团经验的以上的这些侧面。换句话说，我们没有办法重建全部的义和团经验。但是，我们肯定可以进入其中相当大的一部分，并由此进而在一般的意义上，从被经验的“过去”取得真知灼见。

义和团作为神话，它的代表性就有些问题，但是从根本上说并没有什么两样。最主要的不同是，过去——我这里指的是自觉地经验的“过去”——的许多部分不能作为神话存留下来。因为无论是事件或者是个人，要作为神话留存下来，必须本身体现出后世的人或（和）政府所特别关切的主题。哥伦布对于意大利族裔的美国人特别重要，因为作为美洲的发现者，他象征着意大利裔美国人对今天美国的贡献。哥伦布以另一种方式对美国的印第安人也很重要：因为他到达美洲时对当时美洲的印第安人采取了暴虐行动，因此他象征着欧洲族裔对他们的压迫。

在这一点上义和团的情况很类似。他们被后来的中国人以截然不同的方式加以神话化。在神话创造者心目中，到底把近代中国文化认同的哪一方面放在首位：是要谴责帝国侵略，还是要学习外国的现代模式？尽管神话化的具体例子各有区别，神话化的基本过程则不然。不管是义和团，还是哥伦布，法国大革命，或者林肯，在所有把过去加以神话化的具体例子中，重点都不在于过去确实发生了什么事，而在于它被后人为自己的目的而如何加以重新塑造。神话化的过程是：认定过去某个特定的主题，把它简单化，加以夸张和渲染，直至变成今人力量的源泉，足以使现在和过去强有力地相互肯定、互相印证。被利用的主题可能是真实的历史过去的一部分，但也可能不是。例如，我们到现在还搞不清楚，真实的“红灯照”是否自己认为自己是反抗过世纪之交压迫中国妇女的儒家社会习俗的组织。不过，为了有效地发挥神话的作用，这类主题必须具有一定的可信度，不论它是不是真实的。

总括起来，就我书中所探索的通向过去的三种渠道而言，我以义和团为例也可以得出同样的结论。在最具体、特殊的层次上，义和团不论被看成是事件、经验，或者神话，都不可否认是独一无二的。但是，深嵌在这种独特性里面的是一些存在着自觉体验的过去的各个方面都会遇到的基本模式。这就使我们完全有可能在普遍性较高的层次上，利用义和团——随之也可以说任何其他历史插曲——作为具体事例，来说明普遍性的问题。我们不会为了了解长颈鹿去研究狮子，但是我们可以通过研究狮子或者长颈鹿来充实我们对动物王国的理解。

另外一个需要进一步讨论的问题，即对事件、经验和神话三者作为了解过去的途径而言到底哪种途径比较正当，或者说站得住脚。我们能不能因为被亲身体验的“过去”更加逼真而认为它比历史上重建的“过去”更有价值？或者因为历史上重建的“过去”更加接近事实而认为它比被神话化了的“过去”更有价值？作为一个历史学家，我曾一度会对这两个问题毫不犹豫地作出肯定的回答。不过，现在我越来越相信，尽管它们中间存在着张力，这三种取向却在各自的领域中都有相当牢靠的依据。

对于亲身体验的“过去”和历史上重建的“过去”这一对概念而言，以上观点大体上已被大家所接受。虽然两者之间各有自己的价值。以我们自己直接参与了的一段“过去”为例，如一次战争或者一次政治运动，当我们第一次碰到对这一部分“过去”的历史重建时，我们就会体验到面对新资料和新看法的喜悦。不过，我们对自己原初的体验，即属于我们自己的“过去”，仍保持着一种特有的亲切感——那是任何历史重建都无法动摇的。当然，除非随着记忆的消失，亲身体验的“过去”和历史重建的“过去”在人们的心目中已经混淆不清，无法分辨。

虽然神话与经验之间的关系不如神话与历史之间的关系那样复杂、有争议，谈到神话的价值，情况就比较复杂而且可能引起更多的异议。经验不是在一个文化空白中发生的。一旦你和“生活”相遇，你马上就会按照神话的标准对这部分“生活”进行加工；这些神话是个人社会化过程中极为重要的成分。义和团成员认定附在他们身上的神灵就是他们从小熟悉的历史或文学人物，或者认定他们的魔术失灵是由于女性的污染。基督教的传教士则几乎本能地把义和团运动看成是撒旦创造的。在由经验组成的世界里，这类神话式的解读到处都是，是其不可分离的一部分。在某一个经验第一次被记录下来的瞬间，它似乎马上就和神话融为一体了。尽管如此，二者仍然是可以分解开的。特别是当我们在很久以后回顾亲身所经历的“过去”，从而不由自主地把它神话化时，其间的区别就特别明显。我把这种不断地对自己亲身经历的“过去”重新加工的过程叫作“自传式的神话化”，这种神话化过程当然会歪曲原初的经验。罗伯逊·戴维斯小说中的一个人物说过：“不管我们怎样想在回忆中力求忠实不假，我们根本没有办法避免用后来的知识来歪曲这些回忆。”[1] 但是，另一方面正像不少作者有力地申辩的那样，自传式的神话创造有一个

[1] Robertson Davies, *World of Wonders* (New York: Penguin, 1981), p.58.

很明显的价值，那就是帮助人保持某种心理上的连贯性和个人人格的完整性[1]。

就神话和历史的相对关系而言，神话的价值到底如何却是一个更为复杂的问题。职业的历史学家认为自己的责任之一就是在他们对过去的重建和一般群众的“庸俗化”的、神话化的理解之间划出一条鸿沟。我们不能接受林肯的简单的理想化的形象，把他看成是“伟大的解放者”，而是觉得自己有责任指出，尽管林肯个人深信奴隶制度是错误的，但是他自始至终不是把解放奴隶，而是把保住联邦放在首位[2]。同样，把第二次世界大战简单地看成是一场“正义的战争”的观点，我们要提出挑战，我们要指出，尽管许多美国人深信这场战争起码部分地是为了打倒一种种族主义的意识形态，可是美国政府本身就派出了一支实行种族隔离的部队，还以实施战时保密措施的名义有系统地监禁了十万多住在西岸的人，仅仅因为他们的祖先是日本人[3]。但是，尽管我们做出了最大努力，像林肯或者第二次世界大战这类神话的威力却岿然不动。这种威力的根源在于人们把情感投入对某人或某事的本质化的理解上，这种理解像是从一幅复杂的图景中抽出了一小部分，把它孤立起来，不及其余地加以渲染。史学家忘了自己史学家的身份时也会这样做。我们中间受过最严格训练的纯洁史学家，他们毫无问题会随时准备用经过实证的史实取代自己长期以来心爱的神话。但是，多数史学家宁肯围攻别人的神话化的偏见，而放过自己的。其实，咬定说史实——这是史学家孜孜追求的——就一定比人们愿意相信的版本更有价值存在，这种观念本身就可能是一种神话化。我们应该记住，有各种各样的价值存在——道德的、智性的、感情的、审美的。我们对“过去”下断言时，只是以一种价值观来评价的，换上另一种价值观，则另当别论了。

最后有一个问题和上面讨论的问题有关联又有区别，需要加以探讨。这就是我自己作为这本书的作者在书中各部分所扮演的角色。诚然，书中每一部分所探索的意识领域都不一样，第一部分探索了史学家的意识，第二部分探索了参与者、经历者的意识，第三部分探索了神话创造者的意识。可是，能贯通这三个部分是我自己

---

[1] 例见 Barbara Myerhoff, *Number Our Days* (New York: Simon and Schuster, 1978)，第 37、222 页。

[2] 1862 年 8 月 22 日，林肯在写给 Horace Greeley 的信中写道：“我在这场斗争中的主要目的是要保住联邦，而不是保住或结束奴隶制。如果有能够不解放任何黑奴而保住联邦的办法，我会去尝试。”见 *The People Shall Judge:Readings in the Formation of American Policy*(两卷本，Chicago: University of Chicago Press, 1949) 卷 1，第 768—769 页。

[3] 将近 75% 的被拘留者是美国公民。对于德裔美国人、意大利美国人，以及居住在美国的德国人和意大利人，只有在确有根据认为他们是敌方间谍的情况下，他们才会遇到麻烦。

作为一个史学家、叙事者的意识一直在起作用。这一点对第一部分而言倒没有带来什么问题，因为这时图书作者的意识和重建义和团历史片段的史学家的意识本来就是一码事。可是到了第二、第三部分情况就不同了，这又该如何理解呢？

在书中的经验部分，我作为一位史学家 / 作者选择了一些特定的主题：旱灾、降神附体、魔术等。我还探索了一些义和团成员本身根本不可能提出的问题，例如，在义和团的降神附体仪式的迅速流传中，青年的角色和饥饿（以及由饥饿引起的焦虑）的作用，还有当时在关于"红灯照"的集体狂想中前青春躁动期所起的作用。同样，在神话部分，除了辨认出义和团如何在不同的历史时期被神话化之外，我还以神话创造者难以接受的方式分析了神话化的过程。换句话说，在这两部分里，在我扮演史学家重建"过去"的传统角色时——这里的"过去"指的是亲身体验的"过去"和被神话化的"过去"——我还引进了一种意识，即我自己的意识，而这种意识和我正在研究的那些人的意识不但不同而且很可能会发生冲突。

我们如果认为这不成问题，那就太天真了。关键在于，这个问题到底有多严重？对这个问题的回答的一部分取决于作为一位史学家，他到底能够做到什么程度。另一部分取决于他企图做到什么程度。显然，史学家没有能力把人们亲身体验的"过去"按照原初的纯正形式全部复活。但是，不论是亲身体验的"过去"还是神话化的"过去"，都可以唤起过去的活生生的话语（虽然未必是我们理想中的那部分话语）。这是我们目前所拥有的一种唤起我们的研究对象的思想感情的最好的办法（不论是参与者还是神话创造者）。

我在书中的第二部分和第三部分就是这样做的。但是，做到这一点还只是部分地完成了我写这本书的初衷。因为，从一开始，我就不仅仅是希望描述一些事件、经验和神话的具体事例，而是要剖析这些事例的特殊性，作为了解"过去"的途径。既然如此，把我作为一位史学家的个人意识引入这个剖析过程是完全必要的，但是，很可能这就造成了一种情况，使两种不同的意识，即剖析者的意识和被剖析者的意识，处于一种紧张的状态中。但我认为这种状态不仅不可避免，而且从更广的历史透视来看，这种张力是有益的。

我这里讨论的问题实质上是所谓的史学家的"外在性"问题。这种"外在性"可以采取不同的形式，美国史学家写中国的过去，男性史学家重建妇女的经验，白人史学家探究黑人历史。它也必然采取一种更普遍的形式，那就是今人说明前人的经验。在所有这些情况下，史学家正是因为站在"外面"，所以就有可能误读、歪曲，把一些完全陌生的意义强加给研究对象。就这方面来说，“外在性”当然是个短处。

但是，史学家的这种“外在性”也可能是一种长处。它构成了历史学家和“过去”的直接经历者以及“过去”的神话创造者之间的一个重要的区别，它使我们这些历史学家有办法把过去变成可以理解的、有意义的，而后面两种人是做不到这一点的。换句话说，除了力求重建过去的参与者或神话创造者的意识之外，历史学家还力求在他们的世界和我们今日的世界之间搭起一座桥梁，让两者之间有可能在某种程度上展开有益的沟通。这种情况很像翻译家，翻译家的工作不仅是把一种语言忠实地译成另一种语言，而且还要让它对于操后一种语言的人具有意义。和翻译家一样，史学家成了现在和过去之间的中介人。在随之而来的复杂的协调过程中，当我们想努力理解我们的研究对象的意识时，我们必须克制我们的“外在性”。但是，当我们要向我们的（现在的）读者阐述这种意识，使其富有意义时，我们则相反，要充分利用我们的“外在性”。总之，史学家很像翻译家，必须熟悉两种语言，对史学家来说就是熟悉“过去”也熟悉现在。史学家必须在这两个截然不同的世界之间不断地、敏感地、尽可能忠实地来回穿梭。正是这种来回穿梭构成了史学家工作中张力的最终来源。

（林同奇　肖艳明　朱虹　译）

柯文（Paul A.Cohen），1934 年生，美国哈佛大学费正清东亚研究中心教授。主要从事中国思想史和中西关系史研究。著有《中国与基督教》《变换中的中国历史研究视角》等。

中国文化与21世纪的人类文明
——以“儒道佛”三教为核心的思考

林安梧

前　言

东方已然兴起，已经不必宣称，因为这样的事实是确然无可怀疑的。在多种语音之下，文化的多元思考、多中心思考已经是人们必得承认的事情。当原先的话语系统已经疲惫，话语货币已然贬值时，新的话语货币之船正升火待发。对比之下，我们的儒道佛传统、印度的古奥义书传统、印度教传统乃至伊斯兰的可兰经传统都正在酝酿中。敏感的亨廷顿（Samuel P. Huntington）说这是“文明的冲突”（The Clash of Civilization），不幸的是，文明却果真通过了“9·11”来展现这种悲惨的事实。话说回来，特别是站立在儒道佛传统的我们主张文明要有新的对话与交谈，宗教要有新的倾听与交融，人的生命要在话语退去后用真实的天机交往。我们正等待着，正升火待发。

不过，我们仍然处在传统、现代，甚至后现代的纠结之中，我们得好自厘清，并探求它与21世纪人类文明之可能的关联。

一、从“传统”到“现代”：从“血缘性纵贯轴”到“人际性互动轴”

中国文化之“传统社会”是由血缘性纵贯轴及原先的儒道佛文化传统所构成的。“血缘性纵贯轴”是以“血缘性的自然联结”为背景，以“宰制性的政治联结”为核心，以“人格性的道德联结”为方法所构成的，这三个联结的顶点是“父”“君”“圣”，而血缘性纵贯轴可以说是这三者的统合。

这是由“五伦”（父子有亲、君臣有义、夫妇有别、长幼有序、朋友有信）之转为“三纲”（君为臣纲、父为子纲、夫为妇纲），由先秦之落为秦汉以后，由“宗法封建”之落为“帝皇专制”而构成的。这样的构成是由“父子轴”为主导的伦常规范转而为以“君臣轴”为主导的伦常规范。值得注意的是，君臣关系逐渐由“主从”关系转变为“主奴”关系。秦汉以来，中国传统的道德教化从原先强调的主体互动感通，逐渐转为主奴式的封闭性教条，此即我所谓的“帝制式儒学”。

当然，除了“帝制式儒学”向度外，原先就有的“批判性儒学”与“生活化儒学”仍然有其民间的强旺力量。除了“主奴式的封闭教条”外，经由生活伦常之润泽、调适而上遂于道的生活化儒学，一种主体际的生活感通之儒学丰姿是极为强旺的。它与道家、佛教交融成极为丰厚的民间心灵土壤。

“现代公民社会”是由人际性互动轴、社会契约及其普遍意志构成的。“公民”不同于帝皇专制下的“子民”，也不同于自然状态下的“天民”；“子民”是在君臣轴为核心之伦常架构而有的思考，而“天民”则可以是回到人伦孝悌，也可以是归返自然天地这样的思考；“公民”则不只是落在“天理之公”而说的“公”，还是落在“社会之公”的“公”，是 civil society 义下的“公”。

“公共意识”之长成是极为艰辛的，因为它得由原先的“血缘性纵贯轴”转为“人际性互动轴”；从原先的“知耻伦理”转为“责任伦理”；从原先的“气的感通”转为“话语的论辩”；从原先的“人伦道德的生长传递”转为“人际权力的理性规约”；它得跨出“血缘性的自然联结”而进到“契约性的社会联结”；它得瓦解“宰制性的政治联结”而缔造“委托性的政治联结”。

“人际性的互动轴”不同于“血缘性的纵贯轴”之互为隶属的格局，而转为“对列的格局”，因此原先的“纵贯的道德创生论”系统亦得转化为“横摄的道德认知论”系统。当然，横摄的道德认知论仍然可以置于纵贯的道德创生论系统下来思考它是如何转出的。

“转出”一语可以是一个“理论逻辑次序”的安排，亦可以是一次“历史发生次序”的厘清，亦可以是一次“实践学习次序”的置定。阐明现代公民社会之长成实可以接续中国传统文化之儒学传统，如牟宗三先生提出的“良知的自我坎陷以开出知性主体，并以之涵摄民主、科学”，这是理论逻辑次序的安排；叙述西方的公民社会是如何发展而成的，这是历史发生次序的厘清；正视如何一步一个脚印，从传统逐渐解开，伴随而生的是活络的社会资源，又是如何由传统的“波纹型结构”转为“捆柴型结构”，如何转为具有公民意识的民主宪政，这当属实践的学习次序。

二、儒道佛文化传统是现代化最重要的调节性机制

儒道佛文化传统可以说是我们最重要的心灵土地，是迈向现代化的进程中最重要的调节性机制。华人地区的现代化并不是原生的，而是衍生的，是在资本主义核心国家的带动下衍生出来的；相对于原生型的资本主义化的现代化，我们是经由一个“实践的学习次序”所逐渐生长而成的。儒道佛的文化土壤所形成的调节性机制正好成为了迈向现代化极为重要的精神背景。

依韦伯（Max Weber）所论，资本主义精神与基督新教伦理有着极为深切的“选择性的亲近性”（selected affinity），甚至可以说基督新教伦理是西方近代资本主义发达的心源动力；韦伯甚至反论中国之所以未出现近代的资本主义正与我们的儒道佛文化相关，但这一论点已有反例，难以为证。不管韦伯之说如何，儒道佛文化在迈向现代化的过程中有着极为重要的调节性力量，此已是不争的事实。儒道佛文化之所以作为调节性的机制，而不是作为现代化的心源动力，是因为儒道佛文化并没有开启一个原生型的资本主义，但在全球资本主义化、现代化的过程中，它却起着调节性的作用。东亚“四小龙”的经济奇迹就可以置放在这样的文化基底上来理解。依此而言，我们可以发现文化本质主义的缺失，我们实宜经由一个约定论的立场来思考，以多元、差异、包容、融通来面对全球化的问题。以往站在本质主义的方法论下，彻底地反传统主义，与传统主义成为了同一个对立面的两端，而构成了一个整体。在历史的进程中，它已然被扬弃。

“方法论上的本质主义”（methodological essentialism）是中国近现代文明发展的主调之一，中国大陆也曾因此而造成严重的损害，台湾地区却因为这样的思考仍只是知识界与学术界的高级论争而幸免。至于民间文化的生长、宫庙的香火传递、经典的讲习化生活化，亦无一日终止，就在这样的“点滴工程”里，它虽未明示对于本质主义的批驳，实际上却已逐渐瓦解了本质主义，较接近于“方法论上的约定主义”（methodological conventionalism）。

近一百年来的中国一直在问如何处理“传统”与“现代化”的接续问题；“如何由传统开出现代化”几乎成为任何社会学者、人文学者都要去关注的问题，而且对于这样的问法亦从来不发生疑问。其实，这个问题问得并不好，应该问的是：在学习现代化的过程中，传统要如何重新调节互动，而有新的发展？若以“体用”这对概念的范畴来说，并不是“中体西用”，也不是“全盘西化”，也不是“西体中用”，而是“中西之体互为体，中西之用互为用，即用显体，承体达用，体用一如”。尤其值得注意的是，这里所说的“体”仍然只是约定主义下的“体”，是总体之体，而不是一个超然绝对的形上之体。

这根本不是如何“由内圣开出新外王”的问题，而是在“新外王”的学习过程中，重新调理“新内圣”的问题。以前的“旧内圣”是在宗法封建、帝皇专制下生长成的，而“新内圣”则是在亲情伦常、公民社会、民主宪政下生长成的。

三、儒道佛三教隐含极为丰富的“意义治疗学”思维

自20世纪90年代起，我开始致力于儒道佛三教传统心性之学所隐含的“意义治疗学”思维。儒家之学强调的是“孝悌人伦、仁义为教”，而且上溯至宇宙造化之源来强调“道德创生”。这是经由纵贯地对于生命根源的崇敬这样的“孝”与顺此生命根源之落实而横面展开的“悌”，再推而广之，强调彼此存在的真实感通（仁），并落实于公众而要求一个客观的法则（义）。孝悌仁义皆通于宇宙造化之源，“天地之大德曰生”。

儒学一方面经由“孝悌人伦”，强调经由家庭的血缘亲情的培养，让人间的真情实感从此被培养出来；另一方面经由“仁义教化”来有意地深化、高化这些情感，从而达到一般普遍性的人际真实，并具现于社会总体之中。更重要的是，它强调经由这样的教养过程可以上遂于宇宙造化之源，默契道妙；可以内溯于心性之源，本于本心良知；亦可以经由一个历史的连续性，通古今之变，造为典型，成就一道之统绪（道统）。儒家就在孝悌仁义下建构了其由人文化成的理想世界，它强调的自我是在亲情网络中长养，并落实于社会人我之中，更可通及于古今幽冥，上遂于宇宙造化之源。这是“正名以求实”的积极建构方式，而其端倪就在于反身而诚的自觉。

道家之学强调的是“尊道贵德、慈俭虚静”，认定天地场域中有一种自发的和谐的调节力量，人应“自然无为”。这是强调要遵循着总体之本源的自然大道，并珍惜内在之本性的天真之德，长养我们生命原初就具有的真纯的爱心之慈，尽量舍弃外在的不相干的涉入，以简约为主，回到生命自身，谦卑虚怀，宁静自守。如此一来，无所造作，物各付物，各可其可，各然其然。

道家对于语言的介入和主体的对象化活动中所夹缠而生之对权力名位的执着、贪取，深以为戒；它强调要回溯到生命具体实存的原初场域，让这个原初的场域唤起人内在的最真挚的爱心之慈；以“慈爱”的生长取代“权力”的争竞，以及其所挂搭而成的“话语”系统，以及连带而生的“理性”之约制。道家强调“去名以就实”，它重在话语系统的解构，并强调归根复命，回溯到自然生命之源。它强调的是否定性的思考、负面的思考、场域的思考，它以一种圆环性的思考化解了单线性思考的弊病，从矛盾的对立两端，转为对比的两端，进而回到一个辩证的和合总体之中，依靠场域的自发调节其生长力，任其生长。

佛教之学强调的是“缘起性空、悲智双运”，认为经由缘起的洞察，能见得存在的空无、意识的透明，心无挂碍，而达到“涅槃寂静”的如来境界。这是经由般若智慧的遮拨作用，扫除心灵意识的执着、染污，瓦解话语的论定，回到一无意识的空无，因之而说“无缘大慈”，并由此“真空”而显现其“妙有”，因之而说“同体大悲”。

佛家深入人实存底蕴的阐析，特别是对于生命业惑的理解格外深刻，它强调人的内在心灵意识的终极体悟，当意识回到一个原初的无意识状态时，境识俱泯，存在亦本空无。山河大地，万有一切亦还归于空无；既是空无，则心佛众生，三无差别，烦恼、忧困、荣辱、生死全部放下，即此放下就是“彼岸”，它认为这是人实存的大觉醒。佛家强调“名实俱遣”，我法二空，而又真空妙有。

儒家提出了人伦教化的落实，并强调了“主体的自觉性”，以“我，就在这里”这个论式作为“意义治疗”的切入点；道家开启了自然天地的奥蕴，并点示了“场域的和谐性”，以“我，归返天地”作为“存有治疗”的切入点；而佛教则深化了生命实存的阐析，并体现了“意识的透明性”，并以“我，当下空无”作为“般若治疗”的切入点。

四、儒道佛三教与现代社会有其互动相生、相长的可能

经由儒道佛三教传统的治疗可以使得华人的公民社会有一个崭新的风貌，在个体与群体之间取得一个平衡点，在崭新的天地中长养其自己。儒道佛三教的信仰所形成的调节性机制，形成了广大华人地区整个历史社会总体的心灵湖泊，它可作为一种心灵水位的升降调节。

佛教的“我，当下空无”之“般若治疗”让人的生命归返坐标的原点，无所挂碍；再者，又结合了业力轮回的观念，落实为一种福报的行动，形成了民间实践的趋力。道家的“我，归返天地”之“存有治疗”，让人的生命回到总体之根源，并有一种无分别的消融，因之而有一种天地之常的调节氤氲，以及“为而不有”的洒落。儒家的“我，就在这里”之“意义治疗”，让人的生命体会当下的真存实感，经由一种主体的自觉，才念即觉，才觉即化，即知即行，达乎“一体之仁”的境地。

我们可以说经由心灵意识的回归与纯化才有业力束缚的解开，如此才能让生命回归天地自然场域之中，任其自然，即此自然便有了一种调节性的力量，依此调节性的力量而发出一种主体之自觉，当下承担，知行不二。华人社会民间对于儒道佛或者并没有如上所述自觉的认知，但其在心灵所形成的调节性机制对迈向经济现代化已起到了相当大的调节性作用，而现在则正为政治民主化、社会公义化的过程提出其治疗性的作用。

值得注意的是，治疗性的作用有其结构性的层面，亦有其调节性的层面，往者经济现代化多属调节性的作用，而这波政治社会共同体的变迁则属结构性的作用。尤其是在现代化之后，更是预示着整个结构性的大调整，这样的调整不只是我们如何从传统走向现代化的过程，而且更是在现代化之后面对崭新的问题时，好好去思考一个崭新的政治社会共同体的可能。

这也就是说，我们将重新站在前现代、现代、后现代交织的紊乱现象下，深入反思，并重新唤醒儒道佛的治疗学思维，重新思考一个结构性的长成问题，不再是以西方的政治社会共同体的结构为摹本，而是一如我们的生活世界、我们的历史社会实况，经由具体的真存实感，提升到理论性的反思，而生出自家的结构来，缔造我们自家特色的公民社会。儒道佛的文化传统将不只是狭义的心性修养，也不只是往昔一般的调节性作用而已，它的意义治疗将是结构性的，深入社会总体的底蕴，

并进一步在公民社会的长成过程中有所调适，进而有崭新的可能。换言之，并不是以儒道佛所形成的心性论为核心，去开出所谓的公民社会，不是“如何由内圣开出新外王”，而是在这个公民社会长成的过程中，相与为体，互为其用，互动融通，进而有一个崭新的可能，即是“在新外王下而调理出一个新内圣”来。

结论：21 世纪人类文明的交谈与对话

显然，在我们这个不是以“话语、理智”为中心的族群来说，“生命存在、场域觉知”一直是我们所重视的，正因为我们强调的“不可说”与“可说”的连续性这样的道论传统，我们反而有一个崭新的可能。这种可能就是：当西方一直喊着“语言学转向”的时候，我们却可以更深一层地去问，在语言学转向之后，进一步的发展可能，那却是回溯到一个“不可说”的“寂静空无”之中。

因为我们知晓的不只是“语言是存有之道落实于人间世的居宅”，而且“存有之道正是话语调适而上遂的形上家乡”。我们知道，“话语”与“存有之道”是“互藏而为宅”“交发以为用”的，这“两端而一致”的思考是值得我们去注意的。这也就是说，在我们的哲学传统里，我们有机会清楚地确知西方哲学所说的“存有的异化”原来该是“话语的异化”；他们所强调的“语言的治疗”，我们确知那其实是要回溯到“存有之道”才可能有的“存有的治疗”。从海德格尔对于西方文明的总体反省起，我们进一步可以对比地发现中国哲学在方向上有着无与伦比的优越性。我们深知“言外有知”“知外有思”“思外有在”，我们不能全幅地如巴曼尼德那样认定“思维与存在的一致性”，自老子的“有名万物之母”“始制有名”，到王弼的“名以定形”，我们确知的是人们经由一个主体的对象化活动，由名言概念话语的决定，才使得那个对象成为了一个决定了的定象。外物是经由人们所建构起来的，正如同公孙龙子《指物论》上说的“物莫非指，而指非指，天下无指，物无可谓物”。我们一方面清楚地知晓如何是“曲成万物而不遗”，如何是“有名万物之母”；另一方面却也知道如何是“范围天地之化而不过”，如何是“无名天地之始”。

原来《易经传》所说的“形而上谓之道，形而下谓之器”也有了崭新的理解可能，而不会落在亚里士多德的“形而上学”（Metaphysics）之后来理解。这么一来，我们将可以经由价值哲学、实践哲学，以人参赞天地之化育而有重新苏活形而上学的可能。就在这样的理解与诠释里，我们将明白“存有的根源”之为“根源”乃因其为天地人交与参赞而构成的总体，它即是“场域”、即是“存在”、即是“觉知”，就在这“境识俱泯”下而进一步“境识俱显”，这即是“存有的彰显”，而进一步则是“以识执境”落实为“存有的执定”。原来存有学、价值学、知识论与道德实践是一体而不分的。

“三才者，天地人”的传统有了恰当的诠释，“场域”中有“存在”，“存在”中有“觉知”，“觉知”后方有“话语”，“话语”本来就只是个“权”，如何“开权显实”那是极为重要的，这涉及存有安宅的确立问题，是人安身立命的问题。在西方主客两觉观下的个体性、原子性原则，在现代化之后面对的是彻底虚无与空寂的挑战；相对来说，我们强调的是“家”，一个生命生长氤氲的处所，一个生命能得以生长的场域，“个体”与“群体”就在此中协调和谐，好自生长。我们深知在理性的架构展开分析之前，生命的觉知之场域是更为优先的；我们深知在意识所及的对象化过程之前，有一种意识所及之前的主客不分的状态，这是更为优先的，人的生命就是在这个过程中长养以成的。

进入 21 世纪，哲学的领域随着文明的变迁多有变异，特别值得我们留意的不是它增减了多少版图，而是由于它作为“智慧真理”的永恒追求的性格，让我们真切地觉知到，唯有回到人这活生生的实存而有的“此在”，才可能有真实之场域的觉醒，才可能有一个真切的哲学疗治活动，中土的儒道佛思想将是极重要的精神资源。

林安梧，1957 年生，曾任台湾清华大学宗教与哲学教授兼通识教育中心主任、台湾师范大学国文系教授等，现为慈济大学宗教与人文研究所所长。主要从事中国哲学、比较哲学、哲学人性论、文化心理学等领域的研究，著有《王船山人性史哲学之研究》《存有、意识与实践》《中国近现代思想观念史论》等，主编《鹅湖学刊》《思与言》等。

中国传统文化两极评判的当下启示

冯天瑜

中国文化延绵久远，仪态万方，蕴藏丰富，视角各别、价值取向有异的中外人士对它的评议往往见仁见智、各执一端，甚至同一位思想者在不同的语境下可能做出截然悖反的判断。

一、西方对中国文化的两极评论（甲）：佳评如潮

西方早在希腊罗马时代即有关于遥远而神秘的东方文化的种种传说。

13、14世纪之交入华的意大利人马可·波罗（1254—1324）在其《东方见闻录》（又名《马可·波罗游记》）中描述了“契丹”（实为元代中国）文化的繁盛发达。而抵达富庶的“契丹”（中国），成为了15、16世纪开拓新航道的哥伦布（1451—1506）、达·伽马（1469—1524）等人冒险远航的动力。

16、17世纪之交，意大利人、耶稣会会士利玛窦（1552—1610）进入明朝，发现“契丹”即“支那”（中国）[1]，并由衷赞扬那里的人民勤劳、知礼，国家奉行和平：

[1] 〔意〕利玛窦、金尼阁著，何高济等译：《利玛窦中国札记》，北京：中华书局，1983年，第541—566页。

中国人是最勤劳的人民。[1]

以普遍讲究温文有礼而知名于世。[2]

虽然他们有装备精良的陆军和海军，但他们的皇上和人民却从未想过要发动侵略战争。他们很满足于自己已有的东西，没有征服的野心。[3]

利玛窦尤其欣赏中国通过国家考试从平民中选拔官员的文官制：

他们全国都是由知识阶层，即一般叫作哲学家（指儒士）的人来治理的。[4]

利玛窦对中国文化也有批评：

中国所熟习的唯一高深的哲理科学就是道德哲学……他们没有逻辑规则的概念。[5]

大臣们作威作福到这种地步，以致简直没有一个人可以说自己的财产是安全的……人民十分迷信，难得信任任何人。（皇上出巡戒备森严），人们以为他是在敌国旅行，而不是在他自己的子民万众中出巡。[6]

明清之际，艾儒略（1582—1649）、汤若望（1591—1666）、张诚（1654—1707）等天主教传教士怀着“中华归主”的梦想，联翩入华，一方面向中国传播西学，另一方面又向西方译介中学，中国经典和文学作品流播西土，中国民间以至宫廷生活的实态及中国文化渐为西人知晓，西洋人对中国及其文化有了非传说的、较为实在的认识，从而开启了西方汉学的端绪，早期汉学论著迭现——门多萨著《中华大帝国史》，卢哥比安、杜赫尔德、柏都叶编《耶稣会会士通信录》，杜赫尔德等主编《中华帝国概述》，勃罗堤业、萨西等编纂《中国丛刊》，冯秉正著《中国通史》，丹维尔著《中华新图》等。与康熙皇帝过从甚密的法国人白晋（1656—1730）

[1]《利玛窦中国札记》，第19页。
[2] 同上书，第63页。
[3] 同上书，第58页。
[4] 同上书，第94页。
[5] 同上书，第31页。
[6] 同上书，第94页。

撰《中国皇帝传》，详介了康熙的文治武功。

17、18世纪以降，西洋人对中国文化经历了从客观译介到主观评断的转化，而这种评断与西洋人自身的不同观念和文化诉求相联系。欧洲人的中国观大略呈现出赞赏与贬抑两极状态。先议佳评。

西方对中国文化赞赏的一极以德国哲学家沃尔夫（1679—1754）、法国启蒙思想家伏尔泰（1694—1778）、法国重农学派重要人物魁奈(1694—1774)等为代表。

承袭莱布尼茨（1646—1716）的沃尔夫欣赏中国的哲学与政治，其弟子毕芬格著《古代中国道德说并政治说的样本》肯定了中国政治与道德结合的传统，认为康熙皇帝近乎是柏拉图推崇的"哲学王"那样的理想君王。

伏尔泰希望在清除现存的基于迷信的"神示宗教"之后，建立一个崇尚理性、自然和道德的新的"理性宗教"。在伏尔泰心目中，中国儒教乃是这种"理性神教"的楷模。在他的哲理小说《查第格》中，他说，中国的"理"或"天"，既是"万物的本源"，也是中国立国古老和文明完美的原因。他称中国人"是在所有的人中最有理性的人"[1]。他推崇孔子，称赞他"全然不以先知自认，绝不认为自己受神的启示，他根本不传播新的宗教，不求助于魔力"[2]。

狄德罗（1713—1784）的见解类似，他主编的《百科全书》中关于"中国"的一段介绍了先秦至明末的中国哲学，认为其基本概念是"理性"。他特别欣赏儒教"只须以'理性'或'真理'便可以治国平天下"。中国的这种理性观念对欧洲启蒙运动时期出现的自然神论有所启迪。

欧洲启蒙思想家还从历史中看到了以伦理道德为主要内容的中国文化的力量。万里长城未能阻止异族入侵，而入主中原的异族无一不被汉族所同化。启蒙思想家认为，这种"世界上仅见的现象"，究其原因，乃在于中国所特有的伦理型文化强大的生命力。伏尔泰对此深有所感，遂仿照元曲《赵氏孤儿》创编诗剧《中国孤儿》，剧中崇尚武功、企图以暴力取胜的"成吉思汗"（这是一个移植的代称，《赵氏孤儿》本来讲的是战国故事，伏尔泰却将剧中的王者取名"成吉思汗"，乃是考虑到欧洲人最熟悉的东方暴君是成吉思汗），最后折服于崇高的道义。伏尔泰在这个诗剧的前言中写道："这是一个巨大的证明，体现了理性与才智对盲目和野蛮的

[1] 〔法〕伏尔泰著，傅雷译：《伏尔泰小说选》，北京：人民文学出版社，1980年，第31—33页。
[2] 《伏尔泰全集》第7卷，第330—331页。

力量具有自然的优越性。”[1]

伏尔泰的《诸民族风俗论》(1756)等著作展示的中国文化，闪耀着理性、人道的辉光，中国的儒学深藏着当时欧洲现实难得见到的“自由”精神及宗教宽容。伏尔泰发现，孔子和西方古代贤哲一样，“己所不欲，勿施于人”，“己欲立而立人，己欲达而达人”，并“提倡不念旧恶、不忘善行、友爱、谦恭”，“他的弟子们彼此亲如手足”，这就是“博爱”的本义，因而也就和“自由”与“平等”的信条息息相通。伏尔泰对经验理性、仁爱精神等东方式智慧大加推崇，借以作为鞭笞欧洲中世纪神学蒙昧主义的“巨杖”。

魁奈更多地肯定中国的制度文化，他在《中国的专制主义》(1767)中称中国的政治是“合法的专制政治”，中国的法律都是建立在伦理原则基础上的，法律、道德、宗教、政治自然地合为一体。他认为孟德斯鸠等政治作家把中国政治的专制性“大大地夸大了”。魁奈对《周礼》中的均田观、贡赋制十分推许，对中国的思想家崇仰备至，有“一部《论语》可以打倒希腊七贤”的名论。魁奈视中国为“一个世界上最古老、最大、最人道、最繁荣”的国度。

在英国，启蒙学者常常引用“中国人的议论”来批驳《圣经》。例如，18世纪早期的自然神论者马修·廷德尔在其思精之作《自创世以来就有的基督教》中，把孔子与耶稣、圣保罗相提并论，将其言行加以比较，从中得出“中国孔子的话，比较合理”的结论。英国哲学家休谟(1711—1776)曾说，“孔子的门徒，是天地间最纯正的自然神论的学徒”，将中国哲学引为自然神论的思想数据。

中国哲学的宗教色彩淡薄，而伦理准则渗透着本体论、认识论、人性论，这一特质引起了欧洲思想家的广泛注意。法国启蒙学者霍尔巴赫(1723—1789)认为：“伦理与政治是相互关联的，二者不可分离，否则便会出现危险。”而在世界上，“把政治和伦理道德紧紧相连的国家只有中国”。[2]德国哲人莱布尼茨也说道：

> 如果请一个聪明人当裁判员，而他所裁判的不是女神的美，而是民族的善，那么我相信，他会把金苹果送给中国人的。

---

[1] 《伏尔泰全集》第1卷，第680页。

[2] 霍尔巴赫：《社会体系》，第174页。

> 就我们的目前情况而论，道德的败坏已经达到这样的程度，因此，我几乎觉得需要请中国的传教士来到这里，把自然神教的目的与实践教给我们，正如我们给他们派了教士去传授启示的神学那样。

直到法国大革命时期，中国哲学中的德治主义还对雅各宾党人产生影响，罗伯斯庇尔（1758—1794）本人起草的1793年《人权和公民权宣言》的第6条引用了中国格言：

> 自由是属于所有的人做一切不损害他人权利的事的权利；其原则为自然，其规则为正义，其保障为法律；其道德界限则在下述格言之中：己所不欲，勿施于人。[1]

中国哲学对欧洲思想家的影响是经过他们自己的咀嚼和消化才发生作用的，他们所理解和表述的中国文化带有明显的理想化色彩。这种理想化的中国哲学对于18世纪欧洲启蒙运动思想体系的完善发挥了不可忽视的作用。法国学者戴密微高度评价了这一东方哲学流向西方的现象。他认为：

> 从16世纪开始，欧洲就开始了文艺批评运动，而发现中国一举又大大推动了这一运动的蓬勃发展。[2]

中国哲学对欧洲的影响并不局限于18世纪。从19世纪中叶开始，欧洲加快了同中国的文学、艺术、哲学的融合。就德国而言，19世纪末叶至20世纪初，出现了一种可称之为“东亚热”的思潮。

第一次世界大战后出现的欧洲文化危机使不少知识分子再次把目光转向东方，希望在东方文化中，尤其是在中国哲学、文学中寻找克服欧洲文化危机的办法。德国哲学家、戏剧家布莱希特（1898—1956）便注目中国古代哲学，赞赏墨子学说对解决个人与社会取得和谐的问题的探索，其“非攻”“兼爱”等思想常被布莱希特

---

[1]《法国宪法集》，巴黎，1970年，第80页。

[2]〔法〕戴密微：《中国和欧洲最早在哲学方面的交流》，《中国史研究动态》1982年第3期。

援引。老庄修身治国、“柔弱胜刚强”的理论也为布莱希特所赞赏。他的《成语录》采用中国古代哲学著述常见的对话体裁，处处流露出将墨翟引为忘年交的感情。中国哲学不仅给布莱希特与德国表现主义戏剧家的哲学论争提供了有力的论据，也开拓了他的眼界，使他从一个欧洲学者变成一个世界性的哲人。

中国传统文化在19世纪的俄国也颇有影响。俄罗斯近代文学奠基人普希金（1799—1837）深受启蒙时代法国出现的“中国热”的感染，他的作品吸纳了中国元素，诗歌《致娜塔丽娅》中出现了“谦恭的中国人”，《鲁斯兰与柳德米拉》中出现了“中国的夜莺”，《骄傲的少女》中出现了“去长城的脚下”等句，显示出他对中国文化的向往。[1] 俄国文豪托尔斯泰（1828—1910）对中国传统哲学极感兴趣，他研究过孔子、墨子、孟子等中国古代哲学家的学说，而对老子著作的学习和研究则持续到暮年。他在日记中说：“孔夫子的中庸之道是令人惊异的。老子的学说——执行自然法则——同样是令人惊异的。这是智慧，这是力量，这是生机。”“晚上全神贯注修改《墨子》。可能是一本好书。”[2] 他认为，孔子和孟子对他的影响是“大的”，而老子的影响则是“巨大的”，托尔斯泰主义的核心——“勿以暴力抗恶”——在很大程度上便得到老聃“无为”思想的启迪。

二、西方对中国文化的两极评论（乙）：谪评渐深

18世纪以降，欧洲的中国观还呈现出贬抑的另一极，代表人物有法国社会学家孟德斯鸠（1689—1755）、英国经济学家亚当·斯密（1723—1790）、德国哲学家黑格尔（1770—1831）等。

与推崇中国文化的伏尔泰同时代的孟德斯鸠也十分关注中国文化，但他反对美化此一东方文化。作为西方近代国家学说奠基人的孟德斯鸠，把政体归为共和、君主、专制三类，三者奉行的原则分别是品德、荣誉、恐惧，而“中国是一个专制的国家，它的原则是恐怖。”[3] 他认为，中国的立法者“把宗教、法律、风俗、礼仪都

[1] 柳若梅：《普希金笔下的中国》，《中国社会科学报》，2012年7月20日。

[2] 转引自清华大学思想文化研究所编：《世界名人论中国文化》，武汉：湖北人民出版社，1991年，第546、547页。

[3] 孟德斯鸠著，张雁深译：《论法的精神》，北京：商务印书馆，1987年，第129页。

混在一起”：

这四者的箴规就是所谓礼教。……中国人把整个青年时代用在学习这种礼教上，并把整个一生用在实践这种礼教上。……当中国政体的原则被抛弃、道德沦丧了的时候，国家便将陷入无政府状态，革命便将到来。[1]

英国哲学家休谟18世纪中叶便提出“中国停滞论”，他将中国停滞的原因归结为国土庞大、文化单一、祖制难违。休谟说：

在中国，似乎有不少可观的文化礼仪和学术成就，在许多世纪漫长的历史发展过程中，我们本应期待它们能成熟到比它们已经达到的更完美和完备的地步。但是中国是一个幅员广大的帝国，使用同一语言，用同一种法律治理，用同一种方式交流感情。任何导师，像孔子那样的先生，他们的威望和教诲很容易从这个帝国的某一角落传播到全国各地。没有人敢于抵制流行看法的洪流。后辈也没有足够的勇气敢于对祖宗制定、世代相传、大家公认的成规提出异议。这似乎是一个非常自然的理由，能说明为什么在这个巨大帝国里科学的进步如此缓慢。[2]

亚当·斯密的“中国停滞论”在西方更有影响。他将17世纪耶稣会会士提供的中国观察与此前数百年的《马可·波罗游记》的中国记述加以比较，发现二者几无差异，证明了中国自古就相当繁荣富庶，而久未进展。他于18世纪70年代指出：

中国，一向是世界上最富的国家。其土地最沃，其耕作最优，其人民最繁多，且最勤勉。然而，许久以前，它就停滞于静止状态了。今日旅行家关于中国耕作、勤劳及人口状况的报告，与五百年前客居于该国之马可·波罗的报告，殆无何等区别。若进一步推测，恐怕在马可·波罗客居时代以前好久中国

[1] 《论法的精神》，第312—313页。

[2] 休谟著，杨适等译：《人性的高贵与卑劣——休谟散文集》，上海：上海三联书店，1988年，第47页。

财富就已经达到了该国法律制度所允许之极限。[1]

亚当·斯密着重从经济学层面分析中国社会停滞的原因，如劳动工资低廉，劳动货币价格固定；欧洲处于改良进步状态，而中国处于不变的静态；又如中国重农抑商，轻视对外贸易。

德国哲学家赫尔德（1744—1803）认为亚细亚专制制度是一种僵化的政治制度，实行这种制度的中国“就像一座古老的废墟一样兀立在世界的一角”。这是“中国停滞论”的较早表述。

稍晚于赫尔德，作为欧洲中心论者的黑格尔，在《历史哲学》中把中国称为“那个永无变动的单一”，在《哲学史讲演录》中把孔子视作：

> 一个实际的世间智者，在他那里思辨的哲学是一点也没有的——只有一些善良的、老练的、道德的教训，从里面我们不能获得什么特殊的东西。

20世纪美国社会学家帕森斯(1902—1979)大体承袭了赫尔德、黑格尔的理论，并进而推衍：儒家价值观与现代社会价值观相左，妨碍中国社会的现代转型。[2]

时至当代，西方人对中国文化的认识在逐步深化，但大体仍在上述两极间徘徊。其一极蔑视中国文化，他们往往来自西方政坛、学界，并往往与“中国崩溃论”“中国威胁论”交织在一起；另一极则对中国文化高度赞许，尤其将《老子》《周易》奉为天纵之书，以为是克服“现代病”的良药，甚或认为中国是未来世界的希望。这类对中国传统文化的褒词往往发自西方学界，发表过此种赞语的学界人士中不乏一流的思想家、科学家（包括诺贝尔奖得主）。

西方的中国文化观形成了悖论，17—18世纪的主流是向往、颂扬中国文化（常有对中国文化的理想化描述），19—20世纪的主流是批判、贬抑中国文化（不乏西方式的傲慢与偏见），它们分别反映了启蒙时代和资本主义发达时代西方文化的两种诉求：前者是寻找突破中世纪蒙昧的借鉴，后者是为西方文化的优越性做衬托。

---

[1] 〔英〕亚当·斯密著，郭大力、王亚南译：《国富论》上卷，上海：中华书局，1949年，第85页。

[2] 〔美〕帕森斯：《中国》，收入《世界名人论中国文化》，武汉：湖北人民出版社，1991年，第615—626页。

三、近世中国人的中国文化两极论（甲）：以梁启超清末抨击传统弊端为例

近代中国人自身对传统文化评价的分歧之大并不亚于西方人。这种分歧不仅指西化派对中国传统文化的贬斥与东方文化本位论者对中国传统文化的坚守之间形成的强烈对比，而且，在同一位中国思想家那里，在不同时期对中国智慧的褒贬扬抑，往往形成巨大反差。如现代中国著名文化人严复、梁启超自清末到民初评价中国文化的言论，其骤变性和两极化走势便是典型案例。这里侧重从梁氏展开。

梁启超（1873—1929）是中国近代重要的革新运动——戊戌变法的领袖之一和主要宣传家。1898 年变法失败后，梁氏流亡日本，潜心研习西方文化，以寻求强国之借鉴。与此同时，又解剖中国文化的弊端，尤其激烈地抨击专制帝制。梁氏 1902 年曰：

> 专制政体者，我辈之公敌也，大仇也！……
>
> 使我数千年历史以浓血充塞者谁乎？专制政体也。使我数万里土地为虎狼窟穴者谁乎？专制政体也。使我数百兆人民向地狱过活者谁乎？专制政体也。[1]

他号召新中国之青年，“组织大军，牺牲生命，誓翦灭此而朝食”[2]。洋溢着对中国制度文化的核心——专制帝制的不共戴天的批判精神。这种对中国专制政治的谴责，与孟德斯鸠十分类似。

1899 年，梁氏东渡太平洋，造访美国，目的是“誓将适彼世界共和政体之祖国，问政求学观其光”[3]。1903 年 2 月，梁氏再次离日游览北美，在加拿大与美国逗留了 8 个月，并于 1904 年 2 月在《新民丛报》增刊发表《新大陆游记》，大力推介美国的现代文明，特别是民主政治。他发现，美国实行的共和宪政是拥有“市制之自治”的基础，而中国仅有“族制之自治”，人民仅有“村落思想”，不具备共和宪政的条件。他由此出发，尖锐批评中国固有文明，在这部游记中列举“吾中国人之

[1] 梁启超：《拟讨专制政体檄》，李华兴、吴嘉勋编：《梁启超选集》，上海：上海人民出版社，1984 年，第 380 页。

[2] 同上书。

[3] 梁启超：《二十世纪太平洋歌》，《饮冰室合集》第 5 册，北京：中华书局，1989 年，第 17 页。

缺点”如下（仅引纲目）：

> 一曰有族民资格而无市民资格。
> 二曰有村落思想而无国家思想。
> 三曰只能受专制不能享自由。
> 四曰无高尚之目的。[1]

此外，梁氏还痛斥中国人行为方式的种种不文明处，诸如：

> 西人数人同行者如雁群，中国人数人同行者如散鸭。西人讲话……其发声之高下，皆应其度。中国则群数人座谈于室，声或如雷；聚数千演说于堂，声或如蚊。……吾友徐君勉亦云：中国人未曾会行路，未曾会讲话。真非过言。斯事虽小，可以喻大也。[2]

1899—1904年间的梁启超具体考察西方现代文明（从民俗、经济到政治制度），并给予肯认，同时又对中国传统社会及文化加以痛切的批评。梁氏1899—1902年间热烈倡导民主共和，1903—1904年间则转向君主立宪，寄望于“开明专制”。他正是通过中西文化的比较意识到当时的中国不具备实行民主共和的文化条件。他认为，在缺乏“市制之自治”等文化条件的情形下，贸然推行民主共和，必致天下大乱。总之，19世纪末20世纪初，梁启超是对中国传统文化的犀利的批评家，正如冯自由所说，《新民丛报》开初一二年，梁启超所倡之“破坏论”极具感召力，“影响青年思想至巨”[3]。黄遵宪1902年致函，称赞梁启超在《新民丛报》发表的文章“惊心动魄，一字千金，人人笔下所无，却为人人意中所有，虽铁石人亦应感动”。梁氏诚为“言论界的骄子”也！

---

[1] 梁启超：《新大陆游记节录》，《饮冰室合集》第7册，第121—124页。

[2] 同上书，第126页。

[3] 冯自由：《开国前海内外革命书报一览》，《冯自由回忆录：革命逸史》上册，北京：东方出版社，2011年，第433页。

四、近世中国人的中国文化两极论（乙）：梁启超在第一次世界大战后对中国传统的高度赞美

时过十余载，历经辛亥革命的大波澜，又目睹了第一次世界大战对人类（尤其是西方世界）创巨痛深的打击，敏感的"言论界骄子"梁启超对于中西文化有了新的体悟。

1918 年 12 月，梁启超与蒋百里 (1882—1938)、丁文江 (1887—1936)、张君劢 (1887—1969)、刘崇杰、徐振飞、杨鼎甫等 7 人赴欧（其中丁文江、张君劢二位后来成为 20 年代"科玄之争"科学派与玄学派的主将），于旁观巴黎和会前后，遍游英、法、德、意等欧洲列国，1920 年 1 月离欧，3 月回上海。梁氏一行访欧一年又两个月期间，正值第一次世界大战刚刚结束，西方现代文明的种种弊端一并充分暴露。一批西方人，尤其是西方的人文学者，对西方文明持批判态度（德国人斯宾格勒 1918 年出版的《西方的没落》为其中的代表作），有的甚至对西方文明陷入绝望，并把希冀的目光投向东方。梁启超返回后出版的《欧游心影录》（1920 年印行）描述了这一情形：

> 记得一位美国有名的新闻记者赛蒙氏和我闲谈，他问我："你回到中国干什么事？是否要把西洋文明带些回去？"我说："这个自然。"他叹一口气说："唉，可怜，西洋文明已经破产了。"我问他："你回到美国却干什么？"他说："我回去就关起大门老等，等你们把中国文明输进来救拔我们。"[1]

曾几何时，在《新大陆游记》（1904 年印行）中梁氏历数中国社会及文化的种种病态，认为唯有学习西方才有出路。而在《欧游心影录》中，梁氏却来了个一百八十度转弯，向中国青年大声疾呼：

> 我可爱的青年啊，立正，开步走！大海对岸那边有好几万万人，愁着物质文明破产，哀哀欲绝的喊救命，等着你来超拔他哩。我们在天的祖宗三大圣（指孔子、老子、墨子——引者）和许多前辈，眼巴巴盼望你完成他的事业，

[1] 梁启超：《饮冰室合集》第 7 册，北京：中华书局，1989 年，第 15 页。

正在拿他的精神来加佑你哩。[1]

这里梁启超申述的不仅是“中国智慧救中国论”，而且是“中国智慧救世界论”。必须指出的是，1920 年的梁启超与 1904 年的梁启超相比，其爱国救世的热情和诚意别无二致，其笔锋也都“常带感情”。然而，同样是这位有着赤子之心的梁启超，何以在十余年间对东亚智能现世价值的评判发生如此截然悖反的变化？

五、“现代化诉求”与“后现代反思”

西方关于中国文化的两极评论的动因前文已略加评述，此处不赘。这里也不拟就梁启超个人的心路历程做详尽的分析，而只简要考察梁氏十余年间对中国文化评价系统的变化，进而探求如何整合这两种评价系统。

梁启超 1904 年撰写了《新大陆游记》，洋溢着对中国传统文化的批判精神，这是那一时代的中国先进分子“向西方求真理”，以谋求现代化出路的典型表现。梁氏当年对传统产生椎心之痛，缘故在于，东亚社会及文化未能导引出现代化，其若干层面还成为现代化的阻力，以致中国社会及文化落伍于西洋，一再被动挨打，陷入深重的民族危机。为解除危机，梁氏选择了现代化走向，揭露中国传统社会及文化的种种病态，可谓爱之深、责之切，即使今日读来，人们也能产生会心之叹。梁氏批评传统所秉持的文化评价标尺是西洋文化中呈现的现代化模型，出于对现代文明的渴求，梁氏扬弃旧学，倡导新学，力行“新文体”“新史学”“诗界革命”，以新文化巨子现身 19 世纪、20 世纪之交，如惊雷闪电般辉耀于那个风雨如晦的年代。

梁启超于 1920 年撰写的《欧游心影录》，则是在对西方文明的弊端（或曰“现代病”）有所洞察后，再反顾东方，发现了中国传统智慧具有疗治现代病的启示价值。这种以中国传统智慧挽救现世文明的论断与现代西方初萌的反思现代病的思潮相呼应，就尚未实现现代化的中国而言，是一种早熟的后现代思维。虽然缺乏细密深入的历史分析，却颇有切中时弊的精彩宏议，包蕴若干真理的颗粒。身处现代文明之中、为“现代病”所困扰的今人读到此类评论，亦有切肤之感。

---

[1] 梁启超：《饮冰室合集》第 7 册，第 38 页。

于是，呈现在人们面前的有“两个梁启超”：激烈批判中国传统文化的梁启超与高度称颂中国传统文化的梁启超。

人们往往因梁启超1904年所撰《新大陆游记》与1920年所撰《欧游心影录》思想的大转变，而讥讽他的“多变”，梁氏自己也曾以“流质易变”“太无成见”自嘲。其实，对传统文化先后持两种极端之论，并非梁氏的个别特例，在其他近代文化大师那里也有类似表现，例如，严复戊戌时期在《救亡决论》中历数中国传统文化的弊端，并倡言：

天下理之最明而势所必至者，如今日中国不变法则必亡是已。

而严氏晚年力主回归传统，高唤：

回观孔孟之道，真量同天地，泽被寰区。

我们今天对此种现象的认识不能停留于对梁氏、严氏等先哲跳跃式思维的一般性批评，不应止于“早年激进、晚年保守”的皮相之议，而应当进一步考析：梁启超、严复等人这种对于传统文化从“离异”到“回归”的心路历程反映了怎样的时代消息？

否定与赞扬中国传统文化的两种极端之论集于一人，是近代中国面对多层级变革交会的一种反映。西方世界几百年间实现工业化与克服工业化弊端这两大先后呈现的历时性课题都共时性地提到近代中国人面前。面对中国社会“多重性”，国人颇费思量。力主汇入“浩浩荡荡”世界文明大潮的孙中山，一方面力主发展资本主义经济，实现工业化，同时又在中国资本十分薄弱之际发出警告。要“节制资本”，便是他交出的一种有民粹倾向的答案。而梁启超于20世纪初叶发表的两种极端之论是他试交的双重答案：1904年批评东亚社会及文化，是一种“现代化诉求”；1920年呼唤以东亚智慧拯救西方，拯救现代文明，其着眼点则是“后现代思考”。

梁氏在短短十余年间发表两种极端之论，给人以“大跳跃”的印象，是因为他在尚未厘清前一论题时，便匆忙转向后一论题。这当然与梁氏的个人学术性格有关，但也是20世纪的中国面临文化转型的多重性所致。

作为“后发展”的中国，在以经济层面的工业化和政治层面的民主化为基本内容的现代化刚刚起步之际，已经完成现代化任务的西方世界面临的“后现代”问题，也通过种种管道朝着中国纷至沓来。这样一来，中国人（特别是知识精英）一方面要扬弃东亚固有的“前现代性”，以谋求文化的现代转型；另一方面，又要克服主要由西方智慧引发的现代文明病，此刻，以原始综合为特征的东亚智能又显现出其“后现代”的启示功能。

梁启超敏锐地把握了东亚智能在历史不同层面上的不同功能，各有精彩阐发，留下足以传世的谠论。当然，他未能将两种历时性的论题加以必要的厘清与整合，留下思维教训。今人需要在梁氏等前辈的基点上迈出更坚实的步子。

我们今日讨论中国传统文化的现代价值当然不应重蹈先辈的故辙，在“一味贬斥”与“高度褒扬”的两极间摆动，而理当历史地考察传统文化的生成机制和内在特质，既肯定中国智慧创造辉煌古典文明的既往事实，又研讨中国智慧未能导引出现代文明的因由，还要深思中国智慧对疗治现代病的启示意义。在展开这些思考时，应当把握历史向度，而不能做超时空的漫议，同时还必须真切把握西方智慧这一参照系，克服夜郎自大的东方主义和心醉西风的西化主义两种偏颇，充分而有选择地弘扬传统，促成其现代转型，以为今人师法，为万世开太平。

冯天瑜，1942 年生，现为武汉大学历史系教授、中国传统文化研究中心主任。主要从事中国文化近代转型研究，著有《明清文化史散论》《张之洞评传》《“封建”考论》等。

论中国和平发展的历史文化根据

董恩林

2005年国务院发表的《中国的和平发展道路》白皮书指出："中国坚定不移地走和平发展道路，是基于中国历史文化传统的必然选择。中华民族历来就是热爱和平的民族。中华文化是一种和平的文化。渴望和平、追求和谐，始终是中国人民的精神特征。"习近平总书记最近在"对外友协"成立60周年纪念大会上更是明确指出："中华民族的血液中没有侵略他人、称霸世界的基因，中国人民不接受'国强必霸'的逻辑。"这是基于中华民族五千年文明发展史的结论，有着充分的历史依据。中国学者特别是史学家有责任、有义务对此做出更具体的阐释。因为在中国近30年的和平发展博得世界各国人民喝彩的同时，也出现了诸如"中国威胁论""中国崩溃论""中美争夺霸权"等许多不和谐的噪声，我们有必要解除世界上爱好和平者多余的顾虑，更有必要回击少数别有用心者的险恶意图。而目前有关中国和平发展问题的历史根据方面的研究成果，注意从中华文化和平性去泛泛阐释者多，而从中国历代发展史实的角度去实证者少。本文拟从中华民族文化和平思想的原委、中华民族疆域扩展史、中华民族群体融合壮大的历程三个角度去论述中国的发展为什么必然是和平的而非暴力的、必然是内需式的而非对外扩张的。

一、中华传统文化以"中和"为根本

"中和"是中华传统文化最基本、最核心的思想，早在夏、商、周三代以前即已产生，并一直传承至今。中华“五经”对此有系统表述。《尚书》要求君主“建中于民”“作稽中德”，要求民众“各设中于乃心”“协于中”，赞扬周成王的大臣君陈“克和厥中”，期望君臣民“咸庶中正”[1]。可见，“中”在当时已是一种成熟且普遍认可的政治理念。最经典的还是《尚书·大禹谟》所载儒家推崇备至的“十六字心传”：“人心惟危，道心惟微，惟精惟一，允执厥中。”意思就是人心难测，天道难明，唯有精诚专一加以体会，始终把握住不偏不倚、无过不及的中正之道。[2]在《周易》经传中“中正”一词出现了17次，均为不偏不倚、无过不及之意。孔子则提出了“君子而时中”的命题，要求践履中正之道要适时适当，强调“中”的与时俱进意义。

《尚书》更把“和”作为一切政治的法宝加以提倡：“正德、利用、厚生，惟和。”正身之德、利民之用、厚民之生，唯有和谐方能实现。“庶政惟和，万国咸宁”，“其难其慎，惟和惟一”，“协和万邦”“燮和天下”“咸和万民”“睦乃四邻，以蕃王室，以和兄弟”等皆是如此。[3]“和”也是《周易》的核心概念，如《乾卦》彖传“各正性命，保和大和，乃利贞”，《咸卦》彖传“圣人感人心，而天下和平”等。因为阴阳和合始有万物化生，故《三统历》载：“《易》尚中和，二五为中，相应为和。”《说文解字》也指出：“和，相应也。”“应，当也。”《诗经》则屡用“和羹”“和乐”“和鸾”“和鸣”来形容“和”的意义。“和羹”即用咸、酸、苦、辣、甜等各种味道的调味品调制出来的可口适中的羹汤，《尚书》即有“若作和羹，尔惟盐梅”的比喻；[4]“和乐”“和鸾”“和鸣”则均指各种乐器相互配合、演奏出来的悦耳动听的音乐。中华先贤对“和”的理念有着深刻的哲学思考，认为“和实生物，同则不继。以他平他谓之和，故能丰长而物归之；若以同裨同，尽乃弃矣”[5]。什么叫“和实生物”？就是“天地细缊，万物化醇；男女构精，万物化生”，天地万物阴阳相交融、相杂处，则相得益彰、各适其所、繁育昌盛。什么叫“同则不继”？同性相交，则不生不长，绝后无继。物理学“同性相斥，异性相吸”，相吸则化生，相斥则绝止，亦同此理。《春秋左传》“昭公二十年”记载了晏婴对“和同”的精辟论述：“‘和’如同制作肉羹，将鱼、肉用柴火慢慢炖煮，厨师要加进

[1] 分别见《尚书》“仲虺之诰”“酒诰”“盘庚上”“大禹谟”“毕命”“吕刑”等篇。
[2]《尚书注疏》孔颖达疏“厥中”：“当一意信执其中正之道。”
[3] 分别见《尚书》“大禹谟”“咸有一德”“周官”“尧典”“顾命”“无逸”“蔡仲之命”等篇。
[4]《尚书·兑命下》。
[5]《国语·郑语》。

醯、醢、盐、梅等各种作料，给予调制，味道不够则补，过分则减淡，使味道爽口可心、恰到好处，令人食之心平气和。君臣之间的‘和同’亦如此。君主赞成一事而有不足之点，臣下应指出其不足以完善其事。君主否定一事而有不妥之处，臣下则指出其事不妥之点以商榷君主的否定，因而，政治平稳而不乱，民众没有异心。古代圣王正是借助五味调剂、五声和谐的道理来进行政治统治。五声和谐也如五味调剂，声气、舞蹈、诗词、乐器、声调、音律，加以各地特色与时代背景，相配合而成，再考虑清浊、小大、短长、疾徐、哀乐、刚柔、迟速、高下、出入、周疏等因素，以调剂和谐。这样的乐舞曲调，人们听了之后会爽心悦目、心平气和。‘同’则犹如用水调水，这种羹谁愿意吃？又如单琴单瑟独奏，这种乐谁愿意听？”孔子更是强调“君子和而不同”。[1]可见，五经所谓“和”，其义有二：一是和合，即人与人、人与物、物与物之间必须要相互依靠、相互交流、配合协调、相辅相成，如同和羹和乐，各种调料、各种音素交汇配合；二是和谐，即配合协调的标准是不刚不柔、不偏不倚，恰如其分、恰到好处。显然，“中”“和”在三代圣贤的思想中，意思是相近的，即物我交融、和谐守分、无过不及。

正因为如此，“中”“和”在《周礼》中成为了大司徒教化民众的重要职责和教育目标。[2]《礼记·中庸》则将“中”与“和”两个理念组合起来，做了系统的阐释：“喜怒哀乐之未发谓之中，发而皆中节谓之和。中也者，天下之大本也；和也者，天下之达道也。致中和，天地位焉，万物育焉。”这里的“中”就是天地万物之情欲存于胸而无所偏倚的天然本始状态，所谓“性本善”者也；“和”就是天地万物之情欲诸如喜、怒、哀、乐、好、恶、饥、渴等，形于色、溢于言、践于行而符合人类常情、万物公理的无过不及的融洽适当程度。只要达到了这种“中和”境界，则天地顺遂、万物化育、社会安宁、人民幸福。汉代经学家董仲舒指出：“中者，天地之所终始也，而和者天地之所生成也。夫德莫大于和，而道莫正于中……是故能以中和理天下者，其德大盛，能以中和养其身者，其寿极命。”[3]

总之，正如清代大经学家、乾嘉吴派代表人物惠栋所指出的那样：《易》尚“中和”，《诗》尚“中和”，礼乐尚“中和”，君道尚“中和”，建国尚“中和”，《春

---

[1] 《礼记·中庸》。

[2] 《周礼·地官》载大司徒之职，“七曰以刑教中”，“以五礼防万民之伪，而教之中；以六乐防万民之情，而教之和。”《周礼·春官》之职：“以乐德教国子：中、和、祗、庸、孝、友，以和邦国，以谐万民。”

[3] 董仲舒：《春秋繁露·循天之道》。

秋》尚“中和”。[1]“中和”是中华民族在几千年生存斗争中，通过“天人合一”思维，仰观天文、俯察地理、中省人事而“近取诸身，远取诸物”总结出来的始终坚信与追求的一种成熟的政治理念，一种不偏不倚、无过不及的和合、和谐之道，有着深厚的自然原理和实践基础。从尧、舜、禹到三代再到秦汉，迄于宋元明清，“致中和”既是中华民族上层精英致治的理想追求，即“中和之治”，也是平民百姓修身齐家的共同标准，即“中和之化”，并始终贯穿于中华民族生活的方方面面、过去与现在。为达此中和之道，历代统治者皆苦心孤诣，设礼乐以规范之，倡仁义以引导之，制刑法以惩戒之。故中和之道乃礼、乐、刑、政之本质。[2]诚如宋代张浚所说：“必有中和之道、中和之化、中和之治，熙熙乎尧舜时矣。”[3]

这种“中和”思想和世界观决定了中华民族的国家观念、民族观念、战争观念等与“和平发展”论题直接相关的因素，极富包容与保守色彩。

正是基于中和的思想，中国传统的国家观并没有西方那样的此疆彼界、森严壁垒、不可侵犯的概念，只有模糊的天下意识。在先秦的文献中，“天下”的使用频率是“国家”一词的十倍以上。“天下治”“天下文明”“天下和平”“天下服”“王天下”“天下安”等提法比比皆是。而“天下”的范围是《尚书》《周礼》等先秦经典所定的“九州”“五服”，并无明确而严格的疆域规定，[4]其外围是可延展的。其天下观中最重要的思想有三。一是“普天之下，莫非王土”，即“天下一统”“天下一家”。天下一统就意味着没有此疆彼界，就没有国家的概念，就不在意于开疆拓土，以文化认同为国界，不以统治疆域大小为转移，“汤以七十里，文王以百里”照样可以统治天下，[5]“夷狄而中国则中国之”，[6]所以能接受西戎之秦、蒙元、满清等所谓“夷狄”的统一与统治。另一方面，天下一统又意味着“九州”之内不允许分裂，所以，几千年来，中华民族不管汉族主导还是“夷狄”“入主”，对国家统一始终认同、不懈追求。二是远近有别。古人认为，天圆地方，因而天下一统必定有个中心，这个中心就是“中国”“中土”；有中心就有外夷，这个“外夷”就是东夷西戎北狄南蛮，就是四夷之外的荒服。有中外就有差别，古人认为宅居农耕、礼

[1] 惠栋：《易例》卷上。
[2] 《礼记注疏》卷七三孔颖达疏。
[3] 张浚：《紫岩易传》卷五。
[4] 《周礼》“夏官司马”“秋官司寇”。
[5] 《孟子·公孙丑》。
[6] 湛若水：《春秋正传》卷一。

乐和谐才是文明开化的标志，而茹毛饮血、逐草而居则是人类初始的野蛮状态，故中土文明而外夷荒蛮的观念很强烈，这导致华夏民族有一种先天的文化优越感，对于化外荒蛮之地历来不屑一顾，没有太多的占有欲望。如朝鲜、越南等地被多次占领又旋即撤出，长期为藩属国却终究没有被收入版图以为郡县。三是王者之责在于“燮和天下”“协和万邦”，以实现“天下大同”的政治理想。[1]所以，天下一统、天下一家的思想基础和外围防范都是一个“和”字。

正是基于中和思想，中国传统的民族观没有西方那种以肤色、血统为标志的你死我活、不可调和的理念，以礼乐政教为界别，具“有容乃大”之胸怀。其一是抱守“四海之内皆兄弟”“王者无外”（王者以四海为家，无有内外）的信念，即民族平等思想，这是天下一统观的必然结论。之所以如此，是基于以下认识：“中国、戎夷，五方之民，皆有性也，不可推移。东方曰夷，被发文皮，有不火食者矣。南方曰蛮，雕题交趾，有不火食者矣。西方曰戎，被发衣皮，有不粒食者矣。北方曰狄，衣羽毛穴居，有不粒食者矣。中国、夷、蛮、戎、狄，皆有安居、和味、宜服、利用、备器，五方之民，言语不通，嗜欲不同。”[2]这就是说，华夏族和东夷、西戎、南蛮、北狄等五方民众因为所居之地的寒暖燥湿、广谷大川不同，导致风俗不同、性格不同、饮食不同、器械不同、服装不同，举凡“安居、和味、宜服、利用、备器”等，一切都有差异，这种差异是天然的、不可推移的，应当“修其教不易其俗，齐其政不易其宜”。这是典型的民族平等思想，是中国没有发生种族灭绝、种族隔离、种族歧视惨剧的重要思想基础。遗憾的是，有些学者在研究这一问题时引用古典文献却往往断章取义。如《春秋左传》“成公四年”中“非我族类，其心必异”一语常常被用来说明华夷对立和华夏族对夷狄的歧视。实则此语出自周太史之口，意即不同姓不同族，其心性其思维也会不一样。这本是人情物理，世界各民族无不如此，有什么值得非议的呢？季文子引用此语来说明因楚人与鲁人不同姓而难免二心，绝非强调华夷对立、不可调和的“极端狭隘的认识”。[3]其二，既然“王者无外”，那么如何对待中国与夷狄的民族差异呢？于是产生了“夷夏之防”“华夷之辨”的命题，历代政治家和学者对此有许多论述，当代学者也多持批判态度。实际上，无论是上古时代还是当今社会，种族与民族的差异及其区分都是自然的、必

---

[1] 分别见《尚书》“顾命”“尧典”“周官”篇。

[2] 《礼记·王制》。

[3] 彭建英：《论我国古代民族观的演变》，《西北民族学院学报》1996年第3期。

然的，符合各民族的愿望，因为各民族生活习惯、文化模式、宗教信仰等都不同，特别是华夏族为农耕民族，夷狄为游牧民族，差异甚大，不可能混而不分。无论是华夏族，还是各少数民族，都承认这一点。如《左传》“襄公十四年”载姜戎首领驹支之言：“我诸戎饮食衣服不与华同，贽币不通，言语不达。”《史记·楚世家》载楚国君语：“我蛮夷也，欲以观中国之政”，“我蛮夷也，不与中国之号谥”。最重要的内容不在于是否应该区别，而在于如何区分、用什么标准辨别。综观中国历史，不难发现，夷夏之辨的核心是文化、文明之辨，既不是种族之分，也不在政权之别。华夏先民也认识到自己就是从“茹毛饮血”的时代进化而来的：“昔者先王未有宫室，冬则居营窟，夏则居橧巢。未有火化，食草木之实，鸟兽之肉，饮其血，茹其毛。未有麻丝，衣其羽皮。后圣有作，然后修火之利，范金合土，以为台榭、宫室、牖户，以炮以燔，以烹以炙，以为醴酪，治其麻丝，以为布帛，以养生送死，以事鬼神上帝。”然后制礼作乐、行仁讲义。华夏与四夷从此始有区别。[1]故后世讲夷夏之别主要指文化、文明进程的差异化。孔子虽然有“夷狄之有君，不如诸夏之亡”的鄙视夷狄的话语，但也有“九夷，君子居之，何陋之有”的认识，显然夫子是以华夏礼义来讨论民族差异的。所以《春秋》虽然整体上“不与夷狄之主中国”“不与夷狄之执中国”，可“昭公二十三年”记载齐、吴艾陵之战时却贬齐而挺吴，是因为当时齐国礼义有缺，“亦新夷狄也”。[2]董仲舒在总结《春秋》晋楚邲之战的义例时说：“《春秋》无通辞，从变而移，今晋变而为夷狄，楚变而为君子，故移其辞以从其事。”自此以后便形成了“春秋之法，中国而夷狄则夷狄之，夷狄而中国则中国之”的通识。[3]孟子也指出：“舜生于诸冯，迁于负夏，卒于鸣条，东夷之人也。文王生于岐周，卒于毕郢，西夷之人也。地之相去也，千有余里；世之相后也，千有余岁。得志行乎中国，若合符节。先圣后圣，其揆一也。”意即舜出身于东夷，文王出身于西夷，前后相距千余里、相差千余年，而统治中国、施行礼义所走道路是一致的。可见，文化才是民族最重要的分水岭。这个传统一直为历代学者与统治者所继承，在大局方面、在政治与社会管理中，从来不以血统、肤色、种属来分别民族，而以文明、文化发展高低论亲疏，所以才有后来中华民族滚雪球式的大融合与大发展。所以，在强调“夷夏之防”的同时，古人也抱持

[1] 《礼记·礼运》。
[2] 《春秋公羊传》“昭公二十三年”。
[3] 石介：《徂徕集》卷七；湛若水：《春秋正传》卷三十四。

“华夷一家”“华夷一体”的理念。[1] 当然，夷夏之辨无疑包含着“贵中国而贱夷狄”的意识，但“贵中国者贵礼义也”[2]。有的学者不加分析地以为“夷夏之辨”是错误的，危害严重。[3] 这显然是把种族区分与种族歧视混为一谈。《春秋》“内其国而外诸夏，内诸夏而外夷狄”，[4] 即以本国为内，以其他诸夏邻国为外，在外交上又以诸夏为内，以夷狄为外。这表明中华先民不仅注意到了华夷的差异，也强调了内部的差异，正视差异化是中华先贤最伟大的思想之一，不只是针对夷狄的歧视性分别。特别是中华先民还能够正确认识到，夷夏差异的形成并非天生有高低，而是后天的地域环境、文化教育、饮食习惯的不同造成的。《荀子》谓“于越夷貉之子，生而同声，长而异俗，教之使然”，“居楚而楚，居越而越，居夏而夏，是非天性也，积靡使然也”。[5] 其三是努力“用夏变夷”，“修文德以来之”。中华先民不仅正视华夏民族与夷狄民族文明、文化的差异，更着眼于未来，注重以自身的先进文化去影响和改造夷狄民族，即所谓“用夏变夷”；而“变”的方法就是“修文德以来之”，即发展自身的文化建设、道德修持，树立起先进文化、高尚道德的榜样，以感召夷狄民族，坚信“德日新，万邦惟怀；志自满，九族乃离”。[6]《尚书》甚至夸张性地记载了商汤王以德服人的一个例子：“东征，西夷怨；南征，北狄怨。曰：奚独后予。”因为商汤王以德服人，所以东征时西夷埋怨，南征时北狄埋怨，都说：“为什么把我放在最后征讨呢？”最能说明传统民族观和平与包容性的是历代所谓“夷狄”入主者无一例外地承认华夏文化的主体性，无一例外地以正统华夏文化继承者自居，积极推行华夏文明的治国之道、修身之道，推进国家的大一统。诸如出自西戎的秦国及秦始皇、“五胡乱华”中的前秦皇帝苻坚、北魏孝文帝拓跋宏、辽太宗耶律德光及元清历代皇帝，都是如此。清代最有作为的“十全”皇帝乾隆甚至公开承认“贵中华、贱夷狄，犹可也”。[7]

正是基于中和思想，中国传统的战争观，讲求先礼后兵，目的是以战求和，即所谓“义战”，完全没有西方殖民者那种以征服、占有为目的的掠夺性。《左

---

[1]《明太宗实录》卷二六四，台北：“中央研究院”历史语言研究所，1962 年，第 2407 页；《文苑英华》卷五〇四，萧昕《元日奏事上殿不脱剑履判》。

[2] 王樵：《春秋辑传》卷七。

[3] 路金龙、任慧英：《“华夷之辨”的错误及其危害》，《西安建筑科技大学学报》2005 年第 2 期。

[4]《春秋公羊传》“昭公二十三年”。

[5] 分别见《荀子》“劝学”“儒效”篇。

[6]《尚书·仲虺之诰》。

[7]《续资治通鉴纲目》卷首载乾隆四十七年《御制〈续资治通鉴纲目〉内发明广义题词》。

传》"宣公十二年"记载，晋楚邲之战后，楚庄王有一段话也对华夏先贤的战争观做了经典解释，他说，从文字上看，止戈为"武"，"武力"有"禁暴、戢兵、保大、定功、安民、和众、丰财"七种用途，或者说七种德性。而我如今与晋国征战，两国死伤累累，不能禁暴；连年战争，没有休兵；不能禁暴戢兵，又怎能保大？晋国强大，怎能定功？违背民心而战，民心如何安定？不修德而以武力与诸侯争战，如何服众？以别人的危机为利，以别国的动乱为荣，如何能丰财？武力的这七种德性，我没有做到一种，如何面对子孙？具体而言，传统战争观包括以下方面。一是慎战思想。中华先贤，除了部落联盟时代的蒙昧征战外，从夏、商、周三代开始，逐渐形成了非常浓厚的慎战思想。"贵和重人不尚战"，[1]主张珍视和平，不要轻启战端，不能穷兵黩武。认为"兵者，不祥之器，非君子之器，不得已而用之"，[2]"兵，凶器；战，危事"，[3]"尧、舜、禹、汤、文、武尚德不尚战"[4]，"国虽大，好战必亡"[5]。《论语·述而篇》也说孔子"所慎：斋、战、疾。"孔子所慎重对待的是祭祀斋戒、战争、疾病，这体现了孔子的慎战思想。《孙子兵法》开篇即说："兵者，国之大事也。死生之地，存亡之道，不可不察也。"既然战争是关系到国家存亡的头等大事，所以孙武多次告诫并提醒统治者，必须慎重对待战争，指出："亡国不可以复存，死者不可以复生。故明君慎之，良将警之。"《孙膑兵法·见威王》也指出："乐兵者亡，而利胜者辱。"《周易》经传屡屡传达"古者不得已而用兵"的思想，[6]《诗经》更是连篇抨击"兵革不息，男女相弃""民穷于兵革，男女失时"的战争恶果。[7]二是"以战止战"不忘战的思想。中华先民对待战争的慎重态度并不意味着反战、不战，而是强调在战争不可避免的情况下，要敢于以战争制止战争。对于正义之战，主张采取积极主动的态度。如在受到外敌侵略、挑衅、骚扰，以及内部社会发生暴乱，国家边疆、人身安全和社会稳定受到威胁时，必须奋起反击，"以战止战""以暴制暴"。因为，"彼兵者，所以禁暴除害也"[8]。军队、战争就是用来禁暴除害的。只有不义被禁，

[1] 《太白阴经·贵和》。
[2] 《老子》三十一章。
[3] 《春秋公羊传注疏》卷一二；《汉书·晁错传》。
[4] 胡宏：《知言》卷五。
[5] 《司马法·仁本》。
[6] 李光：《读易详说》卷二；潘士藻：《读易述》卷二。
[7] 《诗经·国风·野有蔓草》。
[8] 《荀子·议兵》。

暴乱被诛，才能获得真正公正、持久的和平。古典兵书之一《司马法·仁本第一》明确指出：如果通过杀人可以安定民众，那就可以杀人；如果攻击那个邦国是出于拯救和爱护其民众，那就可以攻击；如果是出于制止战争的目的而发动战争，那就可以开战。[1]《论语·宪问》载：陈恒弑其君，孔子沐浴而朝，请求鲁君出兵讨伐，恢复陈国的秩序与和平。可见，孔子虽然主张慎战，但对于破坏社会安定的暴乱也是主张“以杀止杀”的。另一方面，既然强调要以战止战，就要时刻做好战争准备，不能忘记战争危险的存在，“天下虽安，忘战必危”[2]。《周易》系辞指出：“是故君子安而不忘危，存而不忘亡，治而不忘乱，是以身安而国家可保也。”把“安而不忘危，存而不忘亡，治而不忘乱”看成是安身保国的前提。孙子也说：“用兵之法，无恃其不来，恃吾有以待之；无恃其不攻，恃吾有所不可攻也。”就是说要时刻保持警惕，宁可“相守数年”而无战，不可疏于戒备而失“一日之胜”，要依靠自己雄厚的武备力量严阵以待，造成敌人“不可攻”的强大优势。老子虽然主张回避战争，“不为天下先”，却提出了“以奇用兵”，“吾不敢为主而为客”等一系列战略、战术原则。唐太宗《帝范》有言：“夫兵甲者，国之凶器也。土地虽广，好战则民凋；邦国虽安，亟战则民殆。凋非保全之术，殆非拟寇之方，不可以全除，不可以常用。”强调既不能好战，也不能忘战，这正是不偏不倚之中和思想的体现。三是在“以战止战”的过程中要坚持“以德服人”的信念，对方一旦降服，即应“服而舍之”，不可滥杀无辜。以德服人是中华所谓“王道”政治的重要理念，强调以中华文化的礼乐之道感化周边少数民族和域外友邦，使之自然归心；而以力服人则是所谓“霸道”理念。孔子指出：“为政以德，譬如北辰，居其所而众星共之。”即以德服人，民众才会像众星拱北斗一样有着自然的向心力。[3]孟子曾对以力霸和以德王做了一个对比，指出：“以力假仁者霸，霸必有大国；以德行仁者王，王不待大。汤以七十里，文王以百里。以力服人者，非心服也，力不赡也；以德服人者，中心悦而诚服也，如七十子之服孔子也。”[4]意即以力服人，必须凭借强大国力，且不会长久，因为并非心服，一旦力量蓄积强大便会起而反抗；以德服人则是心悦诚服，即使七十里、百

---

[1]《司马法·仁本第一》。
[2] 同上书。
[3]《论语·为政》。
[4]《孟子·公孙丑上》。

里领地也可以臣服天下，从而达到四野宾服、万方来朝的“协和万邦”的理想状态。军事家们也认为：“善用兵者，屈人之兵而非战也，拔人之城而非攻也。”[1]即善于用兵的人，要打正义战争，要打有准备之战，占领道德高地、预做周全准备，就能够不战而屈人之兵、不攻而破人之城。故先秦典籍一再申明：“贰而执之，服而舍之，德莫厚焉，刑莫威焉。服者怀德，贰者畏刑。”“叛而伐之，服而舍之，德刑成矣。伐叛，刑也；柔服，德也。”[2]如《尚书·大禹谟》载：虞舜统治时有苗氏不服，禹受命率兵讨伐而有苗氏反抗，舜以为“上德不厚而行武非道也”，即命退兵而修文德，“修教三年，执干戚舞，有苗乃服”。[3]《左传》“僖公十九年”载：“文王闻崇德乱而伐之，军三旬而不降，退修教而复伐之，因垒而降。”这两件事都是在宣扬单纯的武力征伐是行不通的，只有“修文德以来之”，才能长治久安。又如《春秋》记庄公三十年“齐人伐山戎”。“齐人”指齐桓公，《公羊传》认为这是有意贬低齐桓公。因为按照华夏先贤的民族观，“戎亦天地之所生”，齐桓公对待戎狄，应当“驱逐之而已”，不可“迫杀之甚”，[4]齐桓公却杀伤颇多，未免不仁，故贬之曰“人”。无怪乎英国现代哲学大师罗素惊叹道：“如果世界上有‘骄傲到不肯打仗’的民族，那么这个民族就是中国。中国人天生的态度就是宽容和友好，以礼待人并希望得到回报。”[5]

中华民族的“中和”本色并不只是记载在经典中、停留在远古时代，而是始终一以贯之，被历代统治者和民众共同信奉着、践履着。中华帝国疆域的形成和中华民族群体的壮大，就充分遵循着这一基本理念。

二、中华帝国疆域因“安边”而形成

本文所谓“疆域”指的是中国秦、汉、隋、唐、宋、元、明、清等大一统帝国的边疆经略，故用“中华帝国”作为主语。对于中华帝国的疆域形成过程和理念，

[1] 《孙子·谋攻》。
[2] 《春秋左传》“僖公十五年”“宣公十二年”；《管子·霸言》。
[3] 《韩非子·五蠹》《韩诗外传》均载此事。
[4] 《春秋公羊传》“庄公三十年”。
[5] 转引自刘锋、熊建、刘曙昌：《全球化浪潮与国学的创新》，《江西社会科学》2004 年第 10 期。

许多学者已经做了比较全面的研究，取得了丰硕成果，无须笔者再做细致考证。[1]笔者想着重指出的是，中华帝国疆域的形成有着非常独特的发展模式，既非如俄罗斯那样一味向东扩张乃至最后脱离了自己的发源地，跨越亚洲大陆，也不像美国那样通过联合、购买而成形。而是在“尊王攘夷”思想指导下，根据自身农业文明区域发展安全和平的防御需要逐步向外推展而形成的。“尊王”是为了维护大一统局面，“攘夷”是为了“安边”，即保证边疆安全，“重内轻外”是其安全追求的明显特征，故中华帝国经营边疆恒守“重防御、轻扩张”的理念。在汉、唐、宋、明、清等朝代有作为的君主看来，只有国内政治清明、经济发展、民众安居乐业，才可能抵御外侮、安定四方，外部敌人才不至于、不敢于轻启边衅。在这种安全目标的指导下，军队的主要使命与任务就是自卫与防御。明代万历年间来华的意大利耶稣会会士利玛窦（他来华前曾遍游南欧列国以及印度）指出，明朝军队是他所见到过的世界上数量最庞大、装备最精良的军队，但这支军队完全是防御性的，中国人从没有想到过要用这支军队侵略别国。[2]

审视中华帝国的疆域，首先应该注意其先秦史籍中使用频率相当高而且已经越来越多地被考古资料特别是出土的简帛文献所证明了的《尚书·禹贡》“九州”概念：冀州、沇（兖）州、青州、徐州、扬州、荆州、豫州、梁州、雍州，即今河北、山东、山西、陕西、甘肃、河南、湖北、湖南、江苏、安徽、江西等地，这是中华帝国因之而起的自然疆域。后经西周和春秋、战国九百年的疆域经营，范围比上述九州略有扩大，东北面的燕国将领地扩展到了今内蒙古东部和东三省大部，置有上谷、渔阳、右北平、辽西、辽东郡，吴、越则开拓了浙江、福建等地，楚国势力一度达到今云南昆明，秦国则向西南拓展到了陇西（今甘肃兰州以东）和巴蜀（今四川）。这也就是黄河、长江流域适于农耕的地区，恰恰是中华农业文明的基本范围。水是农业文明的命脉所系，也就成了农业文明的标签，故“大禹治水”的历

[1] 可参阅专著：顾颉刚、史念海：《中国疆域沿革史》（北京：商务印书馆，1938 年初版，2000 年再版）；童书业：《中国疆域沿革略》（上海：开明书店，1946 年）；葛绥成：《中国边疆沿革史》（北京：商务印书馆，1938 年）；夏威：《中国疆域拓展史》（文化供应社，1941 年）；刘宏煊：《中国疆域史》（武汉出版社，1995 年）；葛剑雄：《中国历代疆域的变迁》（北京：中共中央党校出版社，1991 年）；林荣贵主编：《中国古代疆域史》（哈尔滨：黑龙江教育出版社，2007 年）；马大正：《中国边疆经略史》（郑州：中州古籍出版社，2000 年）。论文可参阅：马大正：《中国疆域的形成与发展》（《中国边疆史地研究》2004 年第 3 期）；李大龙：《试论中国疆域形成和发展的分期与特点》（《中国边疆史地研究》2011 年第 3 期）。

[2] 参见〔意〕利玛窦、金尼阁著，何高济等译：《利玛窦中国札记》，北京：中华书局，1983 年。

史记载说明早在4000年前，上述“九州”地区已经因为共同的农业经济需求而形成了农业文明与文化共同体，不管其是否已经构成政治共同体。这是中华帝国疆域的基本范围，我们考察春秋战国后的疆域扩展必须以此为基点。

此后，中华帝国的疆域，经历了几次大的拓展：一是秦始皇的经略岭南，二是西汉武帝至宣帝时期对西北边疆的开拓，三是唐太宗至唐玄宗对四方疆域的恢复性经营，四是蒙元帝国的扩张，五是满清帝国对疆域的最后界定。揆诸这些对外拓展的历史事实，都是在巩固边防、保证腹心地区安全的思想指导下进行的。

秦始皇于公元前221年统一了关东六国，分全国为36郡。这36郡基本就是包括秦国在内的七国疆域。公元前214年又“发诸尝逋亡人、赘婿、贾人略取陆梁地，为桂林、象郡、南海”。[1]“陆梁”即今天所说的岭南，三郡地相当于今广东、广西及越南北部、海南等地。这是秦始皇在原七国疆域基础上唯一的对外扩张。所以秦朝疆域“地东至海暨朝鲜，西至临洮、羌中，南至北向户，北据河为塞，并阴山至辽东”。“北向户”即指北回归线以南地区，包括今越南中部、海南岛等。临洮、羌中即今甘肃和四川西北部。“据河为塞”指今内蒙古河套地区。

汉武帝至宣帝的90年间，是西汉王朝疆域向外扩展时期，方向是西北面，对象是游牧民族匈奴的领地。原因主要是当时匈奴对华夏农耕民族区域不断袭扰以获取粮食、财物等，对华夏农业文明区域的安全构成严重威胁。关于这个问题，有的学者根据《史记》《汉书》等资料统计出匈奴“背约南侵”仅九次，便以为匈奴南下袭扰只是为了经济利益，没有造成边境危机，汉武帝应坚持和亲政策而不应该发动征服战争，从而否定匈奴南侵频繁的事实和西汉用武力反击匈奴的正当性。[2]这显然是值得商榷的。首先是《史记》《汉书》所明确记载的匈奴的九次“背约南侵”，只能看作朝廷所知道的匈奴大规模“南侵”次数而不能作为实际发生的次数，因为以当时的交通与信息传播条件，边疆的每一次汉匈冲突不可能都向朝廷汇报，即使汇报了也不可能每一次都能送达朝廷。其次，仅仅注意了这九次而不顾其他谈及汉匈冲突的大量记载是不科学的。如汉文帝分别于前元三年（公元前177年）和后元二年（公元前162年）发布诏令，声讨匈奴“右贤王离其国，将众居河南降

[1]《史记·秦始皇本纪》。

[2] 参见白音查干《匈奴“背约南侵”考》(《内蒙古师范大学学报》1985年第3期)、《论汉武帝对匈奴的征服战争》(《内蒙古社会科学》1997年第5期)、王绍东《汉武帝转变对匈奴政策的原因新论》(《秦汉研究》第6辑）等系列论文。

地，非常故，往来近塞，捕杀吏卒，驱保塞蛮夷，令不得居其故，陵轹边吏，入盗，甚敖无道，非约也”。“间者累年，匈奴并暴边境，多杀吏民”。[1]《史记·匈奴列传》也载，文景之时：“匈奴日已骄，岁入边，杀略人民畜产甚多，云中、辽东最甚，至代郡万余人，汉患之。”汉武帝也曾指出：“单于待命加嫚，侵盗无已，边境被害，朕甚闵之。”最后，匈奴游牧民族与华夏农耕民族相邻而居，因生活方式不同而发生的冲突是经常性的、互动性的。自春秋战国到两汉，统计史籍所载匈奴南下入塞侵扰事件，几乎都是在冬春之际，北方天寒地冻、万物凋零，甚至“人民畜产冻死”，正是游牧民族面临艰难生存危机的时候，而此时又恰是华夏农耕民族区域“秋收冬藏”之时，故匈奴“好汉缯絮食物”，“候秋孰，以骑驰蹂而稼穑耳”，“掳人民畜产甚多”，[2]“小入则小利，大入则大利”，[3]目的在于抢掠华夏族农耕区域的牲畜、粮食、布帛等，以度过严冬。[4]反过来，华夏农耕民族不可能主动入侵游牧区，因为“其地不可耕而食也”。[5]故只要这种冲突曾经发生或可能继续发生，华夏农耕民族在无暇顾及时便采取了“和亲”“货赂”对策，一旦实力壮大，必然会采取武力反击，以求一劳永逸地解决边患问题，这是人之情、物之理，天经地义，与西方殖民者越洋跨境不远千万里灭人之国、夷人之族不可同日而语。更何况早在战国时，北方逐水草而居的匈奴游牧民族即开始袭扰秦、赵、燕三国边境，并曾在公元前318年参与了韩、赵、魏、燕、齐联军攻秦，迫使三国各自筑长城以防御。秦始皇统一六国后，于公元前214年派蒙恬率军十万北击匈奴，逐之漠北，沿黄河中上游设四十四县，从甘肃至山海关修直道、筑长城万余里以防御。岂可仅仅以汉初匈奴“背约南侵”次数论是非？战国时赵将李牧守雁门、防匈奴，先取守势示怯致使匈奴年年来袭，一旦有备而大举反击则匈奴十余年“不敢近赵边城”，就是应对匈奴的最好案例。[6]可见，自战国时起，中原农耕民族对北方游牧民族采取的就是防御策略，否则，以秦始皇统一中国的余勇消灭匈奴、郡县其地是完全可能的。

---

[1]《汉书·孝文本纪》。

[2]《史记·匈奴列传》。

[3]《汉书·爰盎晁错传》。

[4] 参见廖伯源：《论汉廷与匈奴关系之财务问题》，《秦汉史论丛》第11辑，长春：吉林文史出版社，2009年；王子今：《西汉时期匈奴南下的季节性进退》，《秦汉史论丛》第10辑，呼和浩特：内蒙古大学出版社，2009年。

[5]《汉书·匈奴列传下》。

[6]《史记·李牧传》。

西汉初年的匈奴已成长为北方最强大的游牧民族，首领为冒顿单于，“置左、右贤王，左、右谷蠡王，左、右大将，左、右大都尉，左、右大当户，左、右骨都侯”。[1]右贤王以下居今甘肃、宁夏一带，与西域接壤；左贤王以下居今内蒙古东部，与东北各民族和朝鲜为邻；冒顿自己的王庭则居大漠南，今内蒙古中部，与华夏农耕民族相联系。汉高祖刘邦七年秋（公元前200年），匈奴冒顿单于率大军围攻韩王信治所马邑（今山西朔州），韩王信求和不成而与之联合叛汉。刘邦亲自率军讨伐，先胜后败，被围平城几不得脱。此后，“匈奴以汉将众往降，故冒顿常往来侵盗代地。于是汉患之，高帝乃使刘敬奉宗室女公主为单于阏氏，岁奉匈奴絮缯、酒米、食物各有数，约为昆弟以和亲，冒顿乃少止”[2]。吕后执政时期曾想出兵反击，遭诸将反对而罢，继续和亲。文帝前元四年（公元前176年）五月，匈奴侵入河南地，丞相灌婴率兵8万出击，文帝亲至太原策应。此后汉匈冲突不断，和亲政策被暂时废止，汉军多次出击匈奴。后元二年（公元前162年），文帝发布诏令，重启和亲政策。后元六年（公元前158年），匈奴出兵六万侵入山西北部，汉军再次兵分六路大举反击。汉景帝在位16年，始终坚持和亲政策，但对匈奴的三次南侵，也准许边疆守军予以坚决反击。可见，西汉帝国在武帝以前对匈奴也是采取和亲与征讨兼用策略的。

汉武帝即位之初继续了景帝的和亲政策，但在政治架构稳定后，鉴于国力已臻强盛和匈奴自汉高祖以来“侵盗无已，边境被害”，开始着手解决北部边疆不宁的问题，元光二年（公元前133年）冬出兵30万在马邑设伏，企图一举消灭匈奴主力，被匈奴察觉，没有成功。此后汉匈关系恶化，连年征战，先后经历了公元前129年的龙城之战、公元前128年的边塞之战、公元前127年的漠南之战、公元前124年的高阙之战、公元前123年的阴北之战、公元前121年的河西之战、公元前119年的漠北之战等大战。通过漠南之战，汉廷收复了河套地区，筑朔方城，恢复了蒙恬所筑长城及风燧等边防设施，设朔方、五原郡，徙民屯兵驻守，同时主动将上谷什辟县北部（今张家口市西北部一带）让给匈奴，这样的部署充分说明了当局安边保境的防御思想。河西之战，迫使匈奴昆邪王率数万众降汉，汉廷恢复对陇西、河西、北地（今甘肃、宁夏一带）的管辖权，并徙民实边，屯兵镇守。漠北之

[1]《史记·匈奴列传》。
[2] 同上书。

战则是汉匈百年战争中的决战之役，战场在漠北的匈奴王庭地区，西汉投入24万多匹战马和约50万士卒，匈奴以全部兵力迎战，战役以汉军全胜、匈奴退处漠北而结束，“是后匈奴远遁，而漠南无王庭”，汉朝则从河套地区到河西走廊“通渠置田官”，[1]驻军防守，徙民开边，与匈奴漠北地区接壤，从而暂时解除了汉帝国西北部边疆的威胁，汉武帝的征服战争也至此告一段落。

特别值得注意的是，西汉和东汉帝国对于四方疆域的拓展实行的是属国、郡县并行的制度，所设的“郡”实际上只是在边疆一些要害地区设立的军事据点而已，周边各少数民族原政权均作为“属国”予以保留，只要其承认汉廷的宗主地位即可。这种“开疆拓土”本质上是一种保境安民的措施，而不是真正意义上的扩张领土。正如《汉书·韦贤传》载王舜、刘歆总结汉武帝功业时所说：“孝武皇帝愍中国疲劳无安宁之时，乃遣大将军、骠骑、伏波、楼船之属，南灭百粤，起七郡；北攘匈奴，降昆邪十万之众，置五属国，起朔方，以夺其肥饶之地。”“单于孤特，远遁于幕北，四垂无事，斥地远境，起十余郡。”汉宣帝时，匈奴呼韩邪单于率众内附，汉廷君臣讨论其地位，宣帝力排众议，以属国客礼待之，不占其地，不灭其国，直至东汉诸帝都是这样对待“南匈奴”，充分体现了汉民族对周边少数民族“攘夷”对策的非领土扩张特征。

在漠南地区因边疆防御而直接与匈奴作战的同时，汉武帝为了彻底解决匈奴边患的问题，还采取了“东伐朝鲜，起玄菟、乐浪，以断匈奴之左臂；西伐大宛，并三十六国，结乌孙，起敦煌、酒泉、张掖，以鬲婼羌，裂匈奴之右肩”的战略部署。西汉武帝以前的西域，天山以南的塔里木盆地、以北的准噶尔盆地周围分散着几十个不同的民族政权，或农或牧，如大月氏、大宛、大夏、康居、疏勒、车师、楼兰等。其中，天山以南以龟兹国为最大，以北以乌孙为最大。但都“役属匈奴，匈奴西边日逐王置僮仆都尉，使领西域，常居焉耆、危须、尉黎间，赋税诸国，取富给焉”。先是居于河西走廊的大月氏被匈奴赶走，大月氏则转而打败乌孙，占有其地，即今新疆伊犁河流域。汉武帝两次派张骞出使西域，了解西域各国的情况，宣传西汉帝国的战略意图，尝试联合大月氏等西域国家共同打击匈奴。对其中愿意与西汉联盟的乌孙等国则选送公主和亲，对坚持与匈奴结盟的姑师、楼兰、大宛等国，则先后派赵破奴、李广利等名将率大军征讨。至汉宣帝神爵三年（公元前59

[1]《汉书·匈奴列传上》。

年）设西域都护府于乌垒城（今新疆轮台东北），郑吉为首任都护西域骑都尉，“镇抚诸国，诛伐怀集之”，从此，“汉之号令班西域矣”[1]，基本完成了“裂匈奴右肩”的战略任务。

西汉前期的东北分别居住着乌桓、鲜卑、夫余、肃慎和大量流亡到此的华夏族民众，以乌桓为大；朝鲜半岛则有高句丽、秽貉、朝鲜、真番等民族。西汉初即设辽东都尉加以管辖。汉武帝“断匈奴左臂”的行动则相对比较容易，在北击匈奴、西拓西域取得进展后，徙乌桓于“上谷、渔阳、右北平、辽西、辽东五郡塞外，为汉侦察匈奴动静”，并置护乌桓校尉管辖，“使不得与匈奴交通”。[2] 又于元封二年（公元前 109 年）派使者涉何到朝鲜，试图劝说朝鲜与汉联合打击匈奴。被拒绝后，即兵分水陆两路直捣辽东半岛，击败朝鲜国王，设乐浪、临屯、玄菟、真番四郡。至宣帝时代，匈奴一度出现前后腹背受敌的局面：“丁令乘弱攻其北，乌桓入其东，乌孙击其西。”结果是“匈奴大虚弱，诸国羁属者皆瓦解”，“而边境少事矣”。[3] 至此，汉武帝经营西域、拓展辽东，断匈奴左右臂的战略目标初步实现，客观上则拓展了汉帝国的疆域。

至于汉武帝对西南地区的拓展，则主要是出于征讨南粤王的需要。南粤王赵佗原为河北真定人，秦时任南海尉属下的龙川令，秦末战乱，遂乘机独立，自称南粤武王。汉初国穷民困，遂封赵佗为南粤王，令其管控今海南及两广地区。至武帝元鼎初年，南粤丞相吕嘉谋反，杀南粤王及太后和汉使者等，断绝了与西汉朝廷的联系。武帝遂派四路大军征讨：一路出湖南桂阳，一路出湖南零陵，一路出江西豫章，一路即从云南下牂柯江，齐会番禺。讨平南粤后，以其地为儋耳、珠崖、南海、苍梧、郁林、合浦、交阯、九真、日南九郡。因路经云南的这一支部队受到了夜郎、滇国等阻挠，南粤平定后，朝廷即回兵讨定夜郎、滇国，以为粤嶲、沈黎、文山、武都、益州郡。

经过近 400 年的分裂，汉帝国开创的大一统疆域的范围到唐初已大大缩小，主要是由于北方突厥和西部吐蕃两支游牧民族发展壮大起来，突厥占领了漠南直至河套的广大地区，控制了西域；吐蕃则向东北扩张到今四川西部和青海及甘肃东部；突厥的颉利可汗一度率军攻到长安的渭水边，吐蕃的 20 万大军则占领长安城，迫

[1] 《汉书·郑吉传》。
[2] 《后汉书·乌桓鲜卑列传》。
[3] 《汉书·匈奴列传上》。

使唐代宗出逃。终唐之世，这两大游牧民族“屡为边患”，[1] 严重威胁着隋唐帝国的西北部边境乃至都城地区的安全。所以唐太宗至唐玄宗130年的边疆经营，主观上仍然只是“攘夷”“安边”，以便恢复前代疆土、保境安民而已。客观上则通过彻底消灭东西突厥，将北部边疆扩至贝加尔湖以南地区，即今蒙古国全部，西部完全控制西域；又通过与吐蕃的百年战争、和亲和会盟，最终建立起全面的政治联系，实现了唐、蕃的和睦相处，吐蕃从文化到政治制度等都受到唐朝的深刻影响，为元、明、清时期西藏归入中华帝国的版图奠定了基础；西南部与南诏（今云南地区）的关系同样出于联合牵制吐蕃的需要而时战时和，最终实现了控制南诏的战略意图。对于边疆地区的和与战，唐太宗在与臣下讨论如何处理铁勒族求婚一事时说过一段话：“北狄世为寇乱，今延陀崛强，须早为之所。朕熟思之，唯有二策：选徒十万，击而虏之，灭除凶丑，百年无事，此一策也；若遂其来请，结以婚姻，缓辔羁縻，亦足三十年安静，此亦一策也。”[2] 以唐太宗百世难得之枭雄对待周边的异族，竟以边疆安宁为限，足见中华民族“协和万邦”、保境安民意识之始终一贯。

至于隋唐对朝鲜、日本的战争，同样是因巩固东北边疆安宁而起。历史事实是：东北自三代以来虽然生活着数十个少数民族，先后受到匈奴、鲜卑、突厥的控制，但自汉代以后即基本在中国版图之内。十六国、南北朝时期，中国内乱，朝鲜半岛北部之高句丽乘势而起，逐渐强大，占领辽河以东地区，并不断寇掠辽西。隋文帝开皇十八年，“高丽王元帅靺鞨之众万余寇辽西，营州总曹韦冲击走之。上闻而大怒，乙巳，以汉王谅、王世积并为行军元帅，将水陆三十万伐高丽”。[3] 从此，开始了隋朝与高句丽争夺辽东的战争，一直延续到唐代，经历唐太宗、高宗连续数十年的征战，至公元668年，终于占领平壤城，灭掉高丽国，在平壤设置安东都护府。又因半岛西南部的百济与高句丽结盟抗唐，唐朝廷遂派水军涉海登陆，联合半岛东南部之新罗，对百济发动进攻，随之降服。但朝廷仍分别敕封高丽王、百济王，对其地实行羁縻政策。唐帝国与倭国（日本）之战，则是因为当时的百济联络倭军与唐对抗，唐军先后在熊津口、白江口大败倭国水军。

最能体现唐帝国开拓边疆只是为了保境安民的是，唐帝国对边疆地区，与两汉

[1] 分别见《隋书》卷三九、卷四〇、卷四一、卷四三、卷五二，《旧唐书》卷七七、卷九三，《旧五代史》卷一三八。

[2] 《旧唐书·北狄传》。

[3] 《资治通鉴》卷一三四。

一样，实行的是羁縻政策，即在边疆地区设置羁縻州县。虽然名义上隶属于边疆地区的大都护府、大都督府，但实际上各民族的政权仍然如以前一样王位世袭、体制不变，财政独立、拥兵自卫，相当于今天的民族自治模式，即所谓“示以羁縻，达其声教，苟欲爱人，非求拓土”，[1]“外夷稽首称藩，中国让而不臣，此则羁縻之谊、谦亨之福也”[2]。对于唐帝国所设的羁縻州，《新唐书·地理志七下》有明确解释：“自太宗平突厥，西北诸藩及蛮夷稍稍内属，即其部落列置州县。其大者为都督府，以其首领为都督、刺史，皆得世袭。虽贡赋版籍，多不上户部，然声教所暨，皆边州都督、都护所领，著于令式”，“大凡府州八百五十六，号为羁縻”。而唐朝廷的直属州府，只有三百多个。[3] 汉唐这种民族自治模式有其深刻的文化背景与原因。正如《汉书·韩安国传》所云：“自三代之盛，夷狄不与正朔服色，非威不能制、强弗能服也。以为远方绝地不牧之民，不足烦中国也。”《白虎通义·王者不臣》：“夷狄者，与中国绝域异俗，非中和气所生，非礼义所能化，故不臣也。”即认为四夷的文化比较落后，与中原礼俗差异太大，很难使之彻底同化，因此应该尊重其民族风俗，不必强迫其成为郡县的一员，藩属羁縻而为边疆屏藩即可。当然，如果其愿意臣属于郡县，那又是另一回事了，如汉代南匈奴的内附。

至于蒙元帝国“并西域，平西夏，灭女真，臣高丽，定南诏，遂下江南，而天下为一。故其地北逾阴山，西极流沙，东尽辽左，南越海表”，[4] 使中华帝国的疆域达到前所未有的范围。这当然不能算作“安边”，而是具有领土扩张的性质，元世祖忽必烈两次派大军进攻日本，更是有征服的意图。但蒙古民族自始至终有着独立的文化、文明和生活方式，与汉民族保持着明显差异，故不能把元帝国对外扩张的文化根源追溯到华夏文化、农耕文明中去，应区别对待。

明帝国在陆地上基本承袭了元帝国疆域（除漠北地区外），在明成祖北征蒙古阿鲁台时，仍然屡屡谕示：“朕非欲穷兵黩武也，虏为边患，驱之足矣。”[5] 而在海洋方面则开始了大规模的航海探险。郑和从永乐三年（公元 1405 年）到宣德八年（公元 1433 年）先后七次率庞大船队巡游西太平洋和印度洋，最远到达了今非洲东部，比麦哲伦、哥伦布等西方著名航海家的环球航海要早了近一个世纪。郑和“下

[1]《旧唐书》卷五三《李密传》。
[2]《汉书·萧望之传》。
[3]《旧唐书·职官志二》。
[4]《元史·地理志一》。
[5]《明太宗实录》卷二五〇“永乐二十年”，第 2332 页。

西洋”的船队完全是武装船队，每次都在两万人以上，具备很强的武装火力，对东南亚的国情民俗、政治与军事都做了深入调查，曾经很轻易地平息过途经某国的内乱、海盗袭击、一些地方的武装攻击。英国著名汉学家李约瑟博士根据这支船队推定，当时明朝的海军是亚洲最出色的，乃至欧洲所有国家的海军联合起来也无法与之匹敌。而且，郑和的这支航海舰队带有明显的宣扬国威以来远人的目的，每次出航前都带有皇帝给沿途诸国的诏书，宣称“君临万邦”，“尔诸藩国……其各敬天道，抚人民，共享太平之福”，但一路上却没有占领任何领土，仅仅满足于诸国遣使随船队“入贡”而已。如果当时的中国像西方列强一样奉行殖民政策，早就成了殖民大国。这同样充分体现了中华帝国不以领土扩张、殖民为目的的国家观、疆域观。

清帝国的开疆拓土除了继承元、明时代的疆域版图外，最突出之点就是在新疆和台湾建省，进行直接管辖。其次便是历经多年战争，最终平定了蒙古准噶尔部，统一了新疆天山南北，恢复了中华帝国对新疆的管辖。康熙在《亲征朔漠方略》御制序文中也一再申明噶尔丹屡为边患、自己不得已而用兵的情况。至于东北全境最终纳入中华帝国的版图，既是蒙元帝国疆域的一种恢复，也是满清皇室自带的一份“嫁妆”。

综上所述，中华帝国的疆域扩张完全是基于两个理念：一是出于防御游牧民族对华夏农耕民族区域的侵扰，二是拱卫华夏腹心区域特别是都城所在地的安全。两汉和唐帝国对西北的扩张、对朝鲜和越南的羁縻最为典型。西北边的匈奴、突厥等游牧民族不断侵扰边疆，甚至威胁都城安全，故中华帝国统治者不惜一切代价、前赴后继、一代接一代地武力反击，直至摧毁其政权、占领其属地，将边疆向西向北拓展到远离统治腹心——关中的天山以西、大漠以北，从而彻底解决边患。朝鲜、越南与华夏一样同属农耕文明，早在秦汉时代便是中华帝国的属国，除在极少数情况下与华夏民族武力对抗之外，一般都向先进的华夏文明靠拢，接受中华文化的浸润，承认中华帝国的宗主国地位。直到明清，朝鲜士大夫的墓碑上面都刻着“大明朝鲜国”“大清朝鲜国”“有清朝鲜国”名衔，显然以朝鲜属于明朝、清朝的一部分为荣。一句话，这两个属国始终没有对中华帝国的边疆构成严重威胁，所以除了唐帝国短期内在朝鲜半岛设置都护府、明永乐年间一度把安南改为直辖行政区外，中华帝国最终并没有把两国纳入自己的版图。以中华帝国的实力，能够征服匈奴、突厥、吐蕃等强大的游牧民族，将朝鲜、安南等农耕民族地区纳入自己的版图应该不是难事；同时，如果说中国因北方大漠以北不适于农耕而放弃向北扩张，那么将朝鲜、安南等极适合农耕的地区归入版图加以殖民亦合情理。这只能说明中华民族在本性上、文化中就不具备领土扩张基因，历史上亦不存在西方列强所熟悉的跨洋越境、灭种殖民的纯粹领土扩张。至于元、清两帝国时代西藏与新疆的最终归入版图，则是一种民族大家庭组合的结果，不是中华帝国领土扩张的“成绩”。

三、中华民族群体由“融合”致壮大

中华民族群体的壮大同样不是依靠西方那种灭绝他族、移植本民族的方式所致，而是中国本土及周边民族自然融合的结果。今日中华民族的主体是汉族，占总人口的92%以上。汉族，汉代以前称诸夏、华夏，汉代以后，“汉人”是主称，此后，又称唐人、宋人、明人、清人等。先秦的“诸夏”“华夏”只是生活在今黄河中下游地区的几个农耕部落，地域约为当今河南、山东及河北、山西的一部分。其发展壮大，正如其领土扩大的渐进一样，是通过“融合”逐渐形成的。所谓“民族融合”，是指各民族间相互认同和接受对方文化或影响对方文化，从而融合为一体。其中，既包括民间自发的相互迁徙杂居、通婚、通商等方式的融合，也包括官方的政治、文化一体化措施和强制性大规模移民等方式的融合，这两个方面往往是相互制约的，有时又是混杂不分的。中华民族的融合壮大，既不像美利坚民族那样通过殖民而拼成，也不像西欧诸国那样奉持基督教的反犹太文化、日耳曼民族的种族歧视信念，通过驱赶、灭绝其他种族从而拓展自身壮大的空间，而是依靠自身强大的文化感染力、宽容的厚德载物心、先进的生产生活方式，逐渐感化、同化、融化其他民族加入这个群体中来，使自己不断地发展壮大。中国历史上没有发生过种族灭绝行为，没有划分过种族隔离区域，种族歧视较西方社会也少得多。先贤先圣们的“四海之内皆兄弟”“天下一家”“王者无外”的思想是切切实实付诸实践的，并非一种理论构想。

自西周形成比较稳定的华夏民族群体之后，从春秋、战国到秦汉是华夏族形成后经历的第一次民族大融合，以华夏诸族为主体，融合了四方夷、蛮、戎、狄诸族的一部分，形成了新的民族共同体——汉族。毋庸讳言，这一民族融合过程最主要的杠杆就是春秋的“灭国”行为和兼并战争。《春秋繁露》卷五《灭国上》说春秋

“弑君三十六，亡国五十二”，实际远不止此数，春秋时期仅楚国就灭国五十一。[1] 从春秋到战国到秦汉，诸侯国由数以百计到七雄争战，再到并而为一，疆界的消失、战争的驱使、关市的敞开、商贸的自由，必然会导致民族的自然融合。这个过程中当然有杀戮，但绝不是西方殖民者对待印第安人、希特勒对待犹太人那样的种族灭绝，[2] 而是“胜国曰灭”，即战胜其国、取缔其政权、占有其土地和人民；其中，有胜者、败者，强者、弱者，但没有种族间的残害、屠灭。多数情况下，连君主都不加害而是供养起来或流放他处。如春秋鲁闵公二年，狄灭卫，卫都城逃出来的民众“男女七百有三十人”，[3] 加上卫之共、滕两邑之民共五千人，寄住于曹。又如鲁僖公五年，晋灭虢、虞二国，执虞公及大夫百里奚等，“以媵秦穆姬而修虞祀”。[4] 又如鲁襄公六年，齐侯灭莱，将莱君迁到齐盟国小郳居住。又如鲁昭公四年，楚子灭赖国，迁赖子于鄢；八年灭陈，流其公子于越；十二年，“灭肥，以肥子绵皋归”，则是将失国之君俘回闲养起来；三十一年，吴灭徐，允许其国君带着家室和从臣“奔楚”。哀公二十二年，越灭吴，最初想让“吴王居甬东”，吴王不愿屈就，自杀。公元前 249 年，楚灭鲁，鲁顷公带着家室迁居卞邑，终于家。公元前 221 年，秦灭齐，流其王建于共。最有力的证据是秦末陈胜、吴广、项羽等举兵起义，山东六国的旧贵族纷起响应，各自在短时间内组织起数万乃至十几万、数十万的军队。这表明了战国的兼并战争中，六国贵族上层及其原居民没有遭受灭绝性的屠戮。

而春秋战国时期的兼并战争必然导致民族大迁徙，迁徙的结果当然是民族的大融合。这种迁徙既包括战争期间不可避免的逃难流动、被迫迁徙，如“邢迁于夷仪”“许迁于白羽”[5]，春秋时期相当一部分诸侯国都曾因强邻而迁都；也包括战胜者对战败国俘虏与民众的强制性迁徙，如“齐师迁纪”“宋人迁宿”“齐人迁阳”“秦、晋迁陆浑之戎于伊川”等[6]。又如昭公九年，“楚公子弃疾迁许于夷，实城父，取州来淮北之田以益之。伍举授许男田，然丹迁城父人于陈，以夷濮西田益

[1] 何浩：《春秋楚所灭国新探》，《江汉论坛》1982 年第 4 期。

[2] 《论语·尧曰》。

[3] 《春秋左传》“闵公二年”。

[4] 《春秋左传》“僖公五年”。

[5] 分别见《春秋左传》“僖公元年”“昭公十八年”。

[6] 分别见《春秋左传》“庄公元年”“庄公十年”“闵公二年”“僖公二十二年”。

之。迁方城外人于许”[1]，这显然是一个连环大迁徙。又如定公十年，“齐人将迁郈民，众凶惧”，[2]可见当时战争导致的移民工程是相当多的。除了灭国兼并和迁徙流转外，华夷各族互为避难场所、相互通婚，相互商贸活动也十分频繁、相当普遍。晋文公重耳落难时先后到过狄、卫、齐、曹、宋、郑、楚、秦诸国避难，其中在狄国十二年并娶妻生子。同时，秦始皇实行的强制性同化措施是这个阶段民族融合的又一强大动力。秦始皇二十六年（公元前221年）统一全国后，分全国为36郡，实行“一法度、衡石、丈尺，车同轨，书同文字”的政治措施，并从咸阳修建直通全国各地的驰道。这从制度、文字、交通等方面极大地促进了全国各族民众的相互来往与融合。统一文字这一措施尤其重要，统一的文字可以说是中国几千年来各民族和睦相处、往来交融的重要工具和内在凝聚力之一。有了统一的文字，无论民族如何杂居、政权如何变异、语言如何复杂、生活如何殊俗，人们始终有一个统一的交流工具和标准，也就等于在各民族间系上了一根统一的纽带，使之永不分离。

总之，在这个过程中，华夏诸族之间以及与四方夷、蛮、戎、狄诸族之间虽然战争不断，虽然“戎狄豺狼，不可厌也”[3]“戎狄无亲而贪”[4]的记载史不绝书，但先秦史籍所载事实却是华夏族与夷、蛮、戎、狄各民族的交往好像兄弟之间相处，往往今天相斗，明天结盟，一边“攘夷”，一边“和戎”，没有太多的种族隔阂，更没有出现种族屠灭。融合的结果，不仅中原诸夏之间的戎夷逐渐融入汉族，东北的夷狄、西方的戎秦、南方的荆蛮与吴越都融合进了汉族大家庭，戎秦最后更是成了华夏族新的统治者和代表者。

从魏晋南北朝到隋唐是第二次民族大融合，形成了第二个新的民族共同体——唐人。这个阶段的民族融合，有两个特点：一是战争与大规模民族迁徙；二是少数民族政权的强制汉化政策，主动向华夏先进文化靠拢。除了西晋极短的统一和唐代200多年大一统的和平时期以外，这个时期约有300余年的战乱，战争规模、频度与烈度应该说都超过了春秋、战国时期，动辄百万人参战，如三国时期的官渡之战、前秦与东晋之间的淝水之战等，而且，几乎没有谈判与会盟机制，战争结果

[1]《春秋左传》“昭公九年”。
[2]《春秋左传》“定公十年”。
[3]《春秋左传》“闵公元年”。
[4]《春秋左传》“襄公四年”。

非胜即败。这一时期的战争所导致的大规模人口迁徙更是远超春秋战国时代。从东汉末年开始，东、西、北边疆地区的匈奴、羯、乌丸、氐、羌和鲜卑等民族或因被中原王朝所征服，或因自身经济发展的需要，纷纷向中原迁徙。据粗略统计，至西晋末年，内徙匈奴有五六十万人，羯族最少也有20余万，氐族有七八十万，羌族和氐族大体相当，乌丸有二三十万，鲜卑更多，将近300万，总数几乎达到五六百万，《晋书·文帝纪》则更说有"八百七十余万口"。西晋全盛时，北方人口大体只有800万人上下，从《晋书》的数字来看，内徙的少数民族的人口已超过了汉族；按上述粗略统计来算，人口也在汉族的四分之三左右。[1] 此外，还有"关中之民百余万口，率其多少，戎狄居半"[2] 的说法。北魏孝文帝在太和十八年（公元494年）从平城迁都洛阳时，前后迁洛和南徙的贵族、官僚、军队及鲜卑民众，总数即达100万左右。同时，北方的汉族群体在胡族大量内迁和战乱不断的背景下，也开始了汉族历史上的第一次南迁。山东、河南、河北、山西、安徽等地的汉人大量移居长江以南的江苏、浙江、江西、湖北、湖南等地，甘肃、陕西等地汉人则迁徙四川、湖北等地，总数达百万之多，这其中尚不包括依附于世家大族的众多人口。[3] 民族大迁徙打乱了昔日相对稳定的民族居住区，涤荡了诸少数民族较为严重的部落组织残余，实现了各族人民的交错杂居，为民族融合创造了条件。周边游牧民族在内徙前就在不同程度上接受了汉族文明，内徙后更是快捷地吸收了汉族文明，并逐渐转向农业生产与生活，悄然融入汉族群体中，汉族民众也会有部分融入少数民族群体中。当然，数百万人背井离乡，千里跋涉，来到新的生存之地，必然伴随着刀光剑影、尸骨满野，这些都是不可讳言的事实，但这是社会生存的争斗，不是民族间的屠戮。至于十六国时期，冉闵在邺城内外屠灭胡人20多万，只是瞬间的逆流、个案而已，改变不了民族和平融合的大趋势。在战争所导致的民族迁徙与融合之外，所谓的"五胡乱华"时期的胡人民族，在中国北方几乎都承认华夏文化的先进性，都自觉或不自觉地实行汉化政策。石勒、北魏孝文帝等更是依靠政权的力量全面推行汉化政策。孝文帝的汉化举措是历史上有名的一例：他在迁都洛阳后，下令设立国子、大学、四门、小学，全面学习华语、华文，改穿汉族的服饰，

---

[1] 参见蒋福亚：《魏晋南北朝的民族融合》，《文史知识》1999年第12期。

[2] 《晋书·江统传》。

[3] 可参阅谭其骧：《晋永嘉丧乱之后的民族迁徙》，《燕京学报》第15期（1934年6月）；王仲荦：《魏晋南北朝史》，上海：上海人民出版社，1979年，第345页。

实行汉族的礼乐、度量衡制度，改鲜卑族姓氏为汉族姓氏等，又实行郡县制、三长制，推行均田制和徭役制度，从而使北魏境内的胡人尤其是鲜卑人很快与汉民族融为一体。至隋唐一统，作为有胡人血统的隋唐皇室实行了更加开放的民族和解与融合政策，唐人作为汉人的后继者，进一步扩大了民族融合范围，将鲜卑、匈奴、羯、氐、羌、越、蛮等许多原来汉人以外的民族都吸纳进来。

从五代十国、辽、金、夏到宋、元、明、清，是第三阶段的民族大融合。在这一阶段中，先是五代十国的大分裂，后有辽、金、西夏等国与两宋对峙，接着便是蒙古族、满族先后进入中原并分别建立了大一统的元、清两帝国。除了元、清中间的明朝外，汉族始终处于弱势，却最终接纳了更大规模的“胡人”融入，这是此一时段的最大特点。其间，各少数民族在进入中原之初都曾实行过短暂的施行于局部的民族歧视和胡化政策，如辽、金统治者进入华北后，曾大肆屠城，并驱掠数十万汉人为奴。蒙古族入主中国后，到处开辟牧场，“据民田为牧地，田游无度”。清军入关后，曾颁布“圈地令”，大量掠夺汉民的产业，“圈田所到，田主登时逐出”。又颁布“投充法”“缉捕逃人法”和“剃发令”等，推行满族生活方式。但他们最终都“自顾其宗族国人尚少，乃割土地、崇位号以假汉人，使为之效力而守之。猛安谋克杂厕汉地，听与契丹、汉人昏因以相固结”等，[1]很快便放弃了上述种种狭隘的种族歧视举措。同时，汉文化、汉族生活方式对少数民族的影响却丝毫没有减弱，各民族之间的交流，特别是各少数民族融入汉民族的步伐并没有放慢，范围则继续扩大。至清末，北方及东北、西北，除了蒙古族外，契丹、女真、党项、满族等民族大多融入汉族群体，蒙古族则在中国内地的云南、贵州、青海、湖南等地留下了大量定居者。从而在中国历史上出现了弱者、被入侵者大量融合、同化入侵强者的奇特现象，充分显示了汉族文明、儒家文化的强大感染力、凝聚力。当然，回纥民族也在各民族融合中成长为中国境内一支新的稳定的民族，与汉族和平共处于中国广大地域中，这也是这一时期民族融合的又一伟大成果。

总之，在中华民族发展史上有一种很奇特的现象值得注意：春秋战国、十六国南北朝、五代十国三大分治时期，无论哪个诸侯小国，无论哪个少数民族政权，都承认中国、华夏的正统，都以绍承华夏正统为荣，都崇拜尧、舜、禹、汤、文王、武王、周公、孔子等，几乎没有人愿意去“另立门庭”、另寻祖宗。这大概是汉民

[1]《金史·兵志》。

族不断壮大、与周边民族和平共处的秘密所在，也是汉文化特别是其中的儒家文化具有强大的凝聚力、感染力的表现。

我们认为：人类既有共同的遗传基因、普世价值，如饮食男女、生老病死、饥餐渴饮，如伦理道德、善善恶恶等；也有异质基因、独特价值，如发肤之异、语言之异、宗教之异、文化之异等。各民族宗教与文化的异质、历史传统的不同决定了他们思想与行为的根本性差异，不会因科技与军力强大而改变，不会因生存环境与地位的不同而改变。中华民族有着独特的以"中和"为根本的儒家思想文化，与人为善、睦邻友好是其民族基因，即使再强大，也不会像西方列强那样弱肉强食、掠夺成性，到处毁人家园、灭人种族，这一点与西方列强永远不可同日而语、相提并论。日本国在明治维新以前以中华儒家文化为国本，自号"大和"民族，不曾有过对外扩张的野心；明治维新后，推行西化政策，"脱亚入欧"，"大和"从此变质，很快走上了军国主义扩张的道路。这是东西方文化异质异果的典型案例，值得人们正视。

董恩林，1956 年生，现为华中师范大学教授、历史文献学研究所所长、国学院副院长。主要从事中国历史文献特别是经学文献的整理与研究、中国思想史研究等。著有《唐代老学：重玄思辨中的理身理国之道》《唐代〈老子〉诠释文献研究》等。

《美国国家档案馆藏中国抗战历史影像全集》序

杨天石

战争是力的对峙，国与国的战争则是国力、军力、心力（战略战术、人心向背）等诸种因素的对峙。

70多年前爆发于中日两个近邻之间的战争，是强弱异势、力量相差悬殊的国家之间的战争。日本虽然是小国，经过明治维新，迅速成长为现代化的工业强国，而中国虽然是大国，但由于种种原因，却依然是落后的农业弱国。据统计，战争爆发前，日本的年工业总产值已经高达60亿美元，而中国仅为13.6亿美元；钢产量，日本高达580万吨，中国仅为4万吨；石油，日本高达169万吨，中国仅为1.31万吨。日本年产飞机1580架，大口径火炮744门，坦克330辆，汽车9500辆，年造舰能力52422吨，而中国尚不能生产一架飞机、一门大口径火炮、一辆坦克或汽车，除少量小型船艇外，不能造出任何一艘大型军舰。

国力是军力的基础。战前，日本总兵力为448万人，中国总兵力约为200万人；日本有作战飞机1600架，中国仅有223架，日本有舰艇285艘，中国仅有60余艘。就步兵师而言，日本每师21945人，中国仅10923人； 步枪射程，日本3000米，中国仅2000米；轻机枪，日军每师配备541挺，中国每师仅274挺；重机枪，日军每师104挺，中国军队仅有54挺；野山炮，日军每师64门，中国军队仅9门。

当时，中日两国的差距不仅表现在国力、军力上，而且表现在国家的统一与分裂的歧异上。日本实行天皇制，国家统一，上下齐心，武士道精神弘扬；中国，国共两党正在进行生死搏斗。1931年11月，中华苏维埃共和国临时中央政府在江西瑞金成立，与建都南京的号称“中央”的国民政府对立。次年，东北成立伪满洲国。此外，广东、广西、四川、云南、贵州、西康、山西、新疆等省都存在着各怀异志的地方实力派，南京国民政府的号令范围不出长江中下游的有限的几个省份。

就中国方面来说，抗日战争是被侵略者中国人民所进行的卫国战争，有“人心”上的天然优势，但是，就国力和军力来说，中国处于绝对劣势。人们常说：不打无准备之仗与无把握之仗。面对长期准备、武装到牙齿的日本法西斯，中国当然无法，也不应该匆促上阵。在进行一场决定国家存亡、民族兴衰的大战之前，不可以鲁莽灭裂，必须有广泛的动员与充足而缜密的准备。因此，一段时期内的犹豫，一定程度上的妥协、退让，战争过程中的后退、失败、溃败，以致大面积的国土沦丧，都是难以避免、可以理解的。关键是这种一定时期内的犹豫、妥协是否最终转化为雄起、奋战，其结局是屈服于对手还是将对手打翻在地，战而胜之。忆当年，第二次世界大战初期，英、法、美、苏等强国面对德、日法西斯军队时，都曾有过不堪启齿的惨重失利和败绩。英、法在西欧战场上的表现不去说它了。以苏联战场论，德军开战两个星期即长驱500公里，半年之内即俘获苏军280万人；以亚洲战场论，日军进攻香港，英军只守了17天，便全部投降；进攻新加坡，仅7天，英、澳、印联军10万余人投降；进攻菲律宾，仅5个月，美军总指挥温莱特将军投降，近10万美菲联军成为俘虏。了解了这些情况后，人们就不会苛责当时的中国这样一个孱弱而四分五裂的国度！

要对外作战，内部自然必须团结和统一。1935年8月，共产国际号召各国共产党“建立广泛的反法西斯人民阵线”。中共发表了《八一宣言》，呼吁中国各党派、各团体、各界、各军组成国防政府和抗日联军，共同反对日本侵略。蒋介石抓住时机，于1936年1月派人到莫斯科和中共代表团谈判。中共以民族大义为重，毅然改变了政策，于1937年2月回应蒋介石在“西安事变”时提出的要求，做出了四项保证：1．在全国范围内停止推翻国民政府之武装暴动方针；2．工农政府改名为中华民国特区政府，红军改名为国民革命军，直接受南京中央政府与军事委员会之指导；3．在特区政府区域内，实行普选的彻底民主制度；4．停止没收地主土地政策，坚决执行抗日民族统一战线共同纲领。两党经过长时间的多次、多线接触达成停止内战、一致抗日的协议，1937年7月，中共中央更进一步向国民党提出《合作宣言》，郑重表示：孙中山先生的三民主义为中国今日所必需，本党愿为其彻底实现而奋斗；红军愿受国民政府军事委员会之统辖，待命出动，担任抗日前线之作战职责。这样，国民党和共产党这两个冤家、仇敌终于化干戈为玉帛，进行第二次合作。以国共合作为核心，各地的地方实力派感于民族危机深重，陆续接受国民党和国民政府的领导。中国由此出现了各党派、各阶级、各民族共同参加的全民抗战的热潮。

要战胜比自己强大数倍甚至几十倍的敌人，还必须选择正确的战略与战术。当时中国两个最大的政党——国民党和共产党都以持久战为作战方针。国民党提出“以空间换时间，积小胜为大胜”，计划以中国的广大国土与日本长期周旋。中共领袖毛泽东则发表《论持久战》，提出以依靠人民、发动人民为主要方针的一整套对日作战思想。

在全民抗战的热潮中，中国出现了两个战场：正面战场和敌后战场。

正面战场的主力是中国国民党所领导的作战部队。这支部队阻挡和遏制了日军的进攻，承担了和日军主力作战的任务。自卢沟桥事变爆发，中国进入全面抗战时期起，中国军队与日军进入单独苦战的阶段。在武器低劣、缺少外援的情况下，中国军队与日军进行了华北、淞沪、南京、徐州、武汉、南昌、随枣、长沙、桂南、枣宜、豫南等诸多会战。在这些战役中，中国军队依靠大无畏的牺牲决心与血肉之躯，保卫国土，坚毅顽强，屡败屡战，不屈不挠，可谓一寸山河一寸血，其伟大精神与浩然之气，足以惊天地、塞两间、泣鬼神，足以证明他们无愧于先人，无愧为炎黄后裔。1941 年 12 月，太平洋战争爆发。1942 年 1 月，美、英、苏、中等 26 个国家在华盛顿签署《联合国家宣言》，世界反法西斯统一战线正式形成，蒋介石出任中国战区盟军最高统帅。此后，中国军队与日军进行了长沙、浙赣、鄂西、常德、豫中、长衡、豫西、鄂北、湘西等会战。自 1942 年 2 月，中国远征军应邀赴缅甸作战，开辟出与国内战场同时并存的国外战场。仅在缅甸北部，远征军即歼敌 4.8 万人，收复缅甸土地 13 万平方公里，大小城镇 50 余座。在滇西，远征军歼敌 2.1 万人，收复失地 8.3 万平方公里。1945 年 4 月，广西地区的日军开始撤退，中国军队旋即反攻。7 月下旬，收复桂林。中国军队向前推进 350 余公里，全部收复桂柳地区。这是中国军队从颓势转为优势的转折，是大反攻、大胜利的起步。据国民政府官方的不准确统计，抗战中，中国政府动员的正规军和游击队约 550 万人，发生一般战斗 38931 次，主要战役 111 次，大的会战有 22 次，中国军队伤亡 338 万人。牺牲上将 8 人、中将 41 人、少将 71 人。日本军队伤亡 133 万人，占日军在“二战”中伤亡总数 195 万人的 70%。日军少将以上军官有 44 人阵亡。

敌后战场的主力是中国共产党所领导的作战部队。这支部队在1937年8月的平型关战役中初获胜利，其后就扬长避短，发挥自己的独特优势，深入敌后，发动群众，壮大力量，建立根据地，以游击战、破袭战、地雷战、地道战等形式，骚扰和打击敌人。1940年8月至12月，八路军的领导者不顾将敌焰引向自己的危险，毅然决然地在华北地区发动“百团大战”，破坏日军铁路线，突破其“囚笼”封锁，充分发挥了人民战争的巨大威力。4个月间，八路军进行大小战斗1800余次，攻克据点2900个，歼敌4.5万人。在抗日战争中，中共及其所领导的武装得到了快速发展。初期，八路军、新四军只有4万余人，而到抗战胜利时，野战军、地方军武装已发展至120余万人，根据地面积达230万平方公里，人口1.36亿。敌后战场的存在，有力地牵制和分散了日军的兵力，保障和支援了正面战场。

“九·一八”事变后，国民政府调整了对外关系，将恢复中苏邦交视为对日本的第一打击。苏联为了让中国拖住日本，防止其北进，避免自己在欧洲、亚洲同时作战，在抗战初期最早援助中国，也是那一时期援助中国的唯一国家。援助形式包括向中国提供贷款、提供军火、派遣飞行员到中国参加空战、派遣顾问为中国参谋等。但是，苏联的援助是小心翼翼的、有限的、有时间性的，力图尽量不激怒日本。1941年4月，为了确保苏联东部领土安全，苏联甚至和日本签订严重践踏中国主权的《苏日中立条约》。1944年，苏联又一度支持新疆的“东突”分裂政权，陷中国政府于前所未有的艰难境地。1945年，苏联政府得到保证，可以恢复1904年日俄战争中俄国已经丧失的利权，而且美国已在日本投下原子弹、日本败局已定，苏联终于决定出兵中国东北，给了日本精锐关东军以最后的致命一击。

英国为了自身利益，力图绥靖日本。1938年5月，英国与日本签署协定，将原来由自己控制的中国海关权利转让给日本。1939年，英国又与日本签署《有田—克莱琪协定》，承认日本侵略中国合法。1940年6月，英国将中国政府在天津的巨额存银交给日本监管。同年，英国居然应日本的要求，一度封锁滇缅公路这一中国接受外援的重要通道。只是由于日本后来不断侵犯英国在华利益，英国才逐渐转变态度援助中国抗战。

美国长期被中立主义、孤立主义所包围，起初并不关心日本侵华，还一度向日本大量出售废钢铁、石油、铜、铅、机床等战略物资，增强其侵华实力。在一段时期内，美国甚至企图放松对日本的经济制裁，想以此拖延战争的爆发。只是由于中国政府的愤怒谴责和外交斡旋，美国政府才放弃了原先的“愚蠢”打算，开始对日本全面强硬。日本则认为美国已经成为重庆政府和蒋介石的代言人，故而偷袭了珍珠港等地，太平洋战争爆发。自此以后，美国开始大规模向中国提供经济、军事、外交和道义上的援助，帮助中国度过了最困难、最危险的时期。

中国自古以来就是多民族国家。在漫长的中国历史上，以汉族为主体建立的政权曾经灭亡过两次，但是，日本侵华却是中华民族之外的“大和民族”的军国主义者对中华民族的野蛮侵略。当时，全国全部、部分沦陷省份达 22 个，沦陷县市共计 1001 个，沦陷区人口达 2.6 亿。中国，面临着前所未有的亡国危机，中华民族经受着前所未有的深重灾难。在这场战争中，中国被打死、打伤或被残害的人口达 3500 余万，财产损失共计 600 多亿美元，战争消耗价值 400 多亿美元，间接经济损失约 5000 亿美元。[1]

中国抗日战争之所以胜利，原因之一在于中国人民发扬了古老、悠远、世代相传的爱国精神、民族精神，不屈不挠，含大辛，茹巨苦，长期奋斗；原因之二在于国共两党以民族利益、国家利益为重，在一定时间内、一定程度上捐弃前嫌和曾经有过的血海深仇，毅然合作，从而形成了“地无分南北，人无分老幼”的全民抗战的局面。合作过程中，双方虽有摩擦和反摩擦的斗争，限制和反限制的斗争，但直至抗战胜利，这种合作始终维系着，没有破裂；原因之三在于国际分裂，在法西斯和反法西斯的两大阵营对垒中，中国政府站队正确。在战争过程中，日本曾多次对中国政府诱降，德国也曾妄图拉拢中国，缔结军事密约，梦想实现东西方两支法西斯军队的会师。但是，中国政府不为所动，屹然兀立，坚定不移地与美国、英国、苏联结盟，为人类正义与和平奋斗，因而得到同盟国的援助并与之同步获得胜利。如果缺少了国际反法西斯战线这一极为重要的条件，相信依靠自己的力量，中国人民最终也将获得抗日战争的胜利，但其历程将会艰难得多，时间也将会推迟很多。

抗日战争是自鸦片战争以来中国人从未取得过的完全的胜利。它使中华民族走出了“最危险的时候”，洗刷了耻辱，废除了不平等条约，收回了失地。中国人昂首阔步，进入了世界四强，成为了联合国的发起国和常任理事国，中华民族由此走上了一条民族复兴的康庄大道。这是中国人民世世代代永远不能忘记的胜利，其历史意义是怎样估量都不会过分的。

史学是人类最古老的学科。最初，人们口耳相传，形成了口头史学，如神话、

---

[1] 关于中国抗战损失，诸说不一，此据解放军出版社《抗日战争史》下，1994 年，第 625 页。

远古传说、远古史诗等。后来，人类发明了文字，于是出现了以文字为载体的文字史学。近代以来，由于录音、摄影技术的发展，又出现了以记录声音、形象为主体的音像史学。美国国家档案馆藏有大量照相兵和记者拍摄的有关中国抗战的照片，它们全面、忠实地记录了当时的纷繁而丰富多姿的场面，真实，生动，栩栩如生，活灵活现，其独特的直观效果与感人的力量，都是文字史学所无法比拟的。深圳越众投资控股有限公司应宪先生等一群“立志将历史带回家”的可敬人士从大洋彼岸将这些照片复制回国，数量达 8000 余帧，康狄先生等翻译英文说明，编辑整理，化学工业出版社以睿智的眼光和宏大的魄力将这些照片编辑为 30 卷的皇皇巨著。这是音像史学发展中的大事，是文化出版界纪念抗战胜利和世界反法西斯战争胜利 70 周年的大事。我和南京大学张宪文教授同膺主编之职，感到在个人的生命史和学术史上做了一件很有意义的事情。

一切在抗日战争中牺牲的烈士永垂不朽！

一切为抗日战争做出贡献的人士都将受到中华民族永恒的纪念！

杨天石，江苏东台人，1936 年生，1960 年毕业于北京大学中文系，现为中国社会科学院近代史研究所研究员，研究生院教授、博士生导师，兼任中央文史研究馆馆员、中国社会科学院荣誉学部委员、国家图书馆民国文献保护工程专家委员会顾问、《中国社会科学》编委等。长期从事中华民国史、中国国民党史和蒋介石研究。著有《找寻真实的蒋介石——蒋介石日记解读》《蒋氏秘档与蒋介石真相》等二十余种专著。

第四编

国际汉学与跨文化交流

欧洲人眼中的他者
——中国：从想象的异邦到理解的异邦

张国刚

欧洲与中国处在大陆的两极，在文明形态上也有着极大的反差。欧洲对中国的了解虽然可以追溯到希罗多德《历史》中记载的久远的时代，[1] 但是真正的接触只是在马可·波罗以后。而文化上的交流则应该是公元1500年大航海时代的事情。不需要到鸦片战争之后，中国文化就通过传教士、商人、使者传播到了欧洲。

就欧洲对中国的认识而言，18世纪上半叶可算是一个分水岭，也是一个过渡期，在此前后，欧洲分别处在两个不同的文化阶段，它看待中国时的基本着眼点也因此有了显著区别。回顾一下从那个时代以来欧洲中国观念的变化，一方面可以让我们感觉到“变色龙”的变化，温故而知新，[2] 另一方面，我们想强调的是，在今日全球化的形势下，西方的“他者”观念依然有重新解读的价值。

一

从《马可·波罗游记》，到门多萨的《中华大帝国史》，从《利玛窦中国札记》到杜赫德的《中华帝国全志》，传播给欧洲的中国形象和中国知识不绝如缕。但是要了解不同时期欧洲对中国的认识，就要以理解那个时代欧洲的社会思潮为前提。

---

[1] 参见张国刚：《从中西初识到礼仪之争》“引言”，北京：人民出版社，2003年。

[2] 雷蒙·道森著有《中国变色龙》一书，谈西人眼中中国形象的变化，中译本有常绍民、明毅译本，北京：时事出版社，1999年出版。

尽管有宗教改革的影响，但是，截至18世纪初，欧洲仍深受《圣经》的神学观念的制约，对待包括中国在内的异域文化的态度也在此制约之下。16世纪和17世纪，欧洲人虽然认为中国是个异教徒之邦，但又坚持基督教的普适性理想，故而试图在中国与欧洲之间寻找相似性，并自认为找到了。这种相似性的基础是宗教的相似性，亦即不同地区的人对于上帝有着类似的需要和接受能力，它忽略了文化的现实差异，其目的是试图将中国已有的宗教纳入基督教范畴。这种基于基督教普遍主义思想产生的对相似性的认识，在耶稣会会士具有特定意图的不断宣传之下更加强化。耶稣会会士希望在不撼动中国原有文化的前提下将基督教平稳移植到中国，因此更注意在两者之间寻找可供嫁接的相似之处。他们还要把自己的一整套理念传递给欧洲的宗教赞助者和普通民众，以获取他们对自己做法的支持。结果在相当长的时期内，欧洲人完全通过耶稣会会士来认识和评价中国，脑子里完全被两种文明的巨大相似性所占据。无论是耶稣会会士还是欧洲本土的知识分子，都一度沉醉于在中国古代宗教中寻找原始基督教的痕迹，在中国的上古史中寻找《创世记》关于人类起源故事的踪影，在汉字中寻找上帝和初民的声音，这一切都是直接在《圣经》背景下认识中国并彰显中国与欧洲之相似性的努力。流风余韵所及，在欧洲本土17世纪末期的对普遍语言或哲学语言的探求中，即使不着眼于神学的相似性，也难免要把汉字作为代表整个人类文字发展过程中初级阶段的符号。

在传教实践上，这种相似性的追求就体现为利玛窦的适应政策的推行。利玛窦承认了中国文化的自身价值，并且尽量排除各种干扰，在中欧不同的文明间寻求相似性的解释。比如，儒生祭祖祭孔不被认为是宗教情怀，而只是文化习俗。他抨击佛教，因为这并不是中国文化的本真。利玛窦的适应政策带来了在中国的传教事业的巨大成功。

但是，这种寻找或构筑相似性的努力进入18世纪就逐渐褪色了，这与在中国的传教团的内部发生的礼仪之争的时间正好吻合。托钵修会指责耶稣会离经叛道，允许中国教徒的二元崇拜，也可以说这与欧洲人自我意识的膨胀互为表里。罗马梵蒂冈和法国教会对中国传教事业的直接干预排挤了葡萄牙人的势力，这些世俗权力的争斗也加剧了早期形成的相似性观念的瓦解。到18世纪中叶，随着礼仪之争的落幕，相似性观念已经黯然无光，取而代之的是日益强烈地认识到中西文化的差异性和对立性的观念，而这种认识又成了19世纪和20世纪欧洲人认识中国的起点。

18 世纪中叶发生这种明显变化的原因有几方面。首先，神权的急剧衰落和对教会的强烈敌对情绪致使人们会有意否定与基督教神学有关的种种思想，包括其普遍主义思想。否认中西思想间的相似性在某种程度上就是对教会权威的挑战。

其次，原先极力灌输中西宗教相似性的耶稣会会士在时代变局中遭受了巨大的冲击，他们的失势直接影响欧洲人对他们所塑造的中国形象的重新估价。礼仪之争以利玛窦为代表的耶稣会会士失败、托钵修会成功而落幕。

最后，中西文化本身就有巨大的差异性，18 世纪时两者的社会发展趋势又截然不同，当极力寻找两者相似性的动机解除之后，它们之间的差异自然而然越发明显，直至建立起“中国是欧洲的对立面”这样一种认识。

二

“中国是欧洲的对立面（他者）”这种认识一经形成，便一直延续至今。如果说在中国与欧洲间寻找相似性是神权统治下的那个欧洲的产物，那么对中国是欧洲“他者”的深切体认则可说是处于近代工业文明下的这个欧洲的产物。不同时期欧洲眼中的中国“他者”形象体现了处于不同文化时代的欧洲的特点。近代工业资本主义在人类历史的进程中其实只是在西欧产生的一个特例，欧洲人自身对这种特殊性的感受会随着他们征服世界的旅程而不断展开且日益强烈。将中国定位为欧洲的“他者”也正是欧洲人对其自身特殊性深刻领会后的一个投影。

将中国当作世界的另一极来谈论在 18 世纪的启蒙作品中已不鲜见，从 19 世纪到 20 世纪初，这种认识的强度更是有增无减。但值得注意的是，关于这种“对立性（他者）”的评价不仅因人而异，更是因时而异。中国从 18 世纪就开始成为欧洲人认识和反思自己的鉴照，同时欧洲总是基于自己的需要决定对中国（以及其他外国）采取肯定或否定的态度。因此，在讨论 18 世纪以来欧洲人的中国观时，要一分为二。一方面是欧洲人对中国文明一些基本特质的总结和认识，比如中国和中国人的特性、中国社会发展的特征、中国制度结构的特征，这些知识比较具有恒定性，其基调在 18 世纪差不多都已定下，此后也没有大的改观。另一方面则是欧洲人对这些基本恒定的内容的评价，它们或正或反，总不相同。

伏尔泰就已经非常鲜明地把中国树为欧洲的对立面，中国在遥远的古代便不间断地探索各种技艺和科学并达到很先进的水平，但后来的进步却微乎其微；相反，欧洲人获得知识的时间很晚，却迅速使一切臻于完善。伏尔泰由此确定，中国是早慧而停滞的，欧洲则是后学而富于创造性的。导致中国出现如此状况的原因有两点，其中一点就是中国人对祖先留传下来的东西有不可思议的崇敬心，认为古老的东西都尽善尽美而无须改进。中国人崇古且故步自封，在孤立主义中陷于静止。这些其实是伏尔泰对中国文明的基本看法，而它们也成为了后来欧洲人对中国人的重要印象。事实上维柯（Giambattista Vico，1668—1744）早于伏尔泰在《新科学》中就提到中国人直到几百年前都一直与世隔绝、独自发展，因此文明的成就微乎其微。孟德斯鸠也认为，中国文明的古老和悠久源自地理原因所造成的对外隔绝和国内的贫穷，中国历史实际上是没有进步的治乱循环。在孔多塞的《人类精神进步史表纲要》中，中国文明兴起于游牧时代之后并且始终没有脱离这个相当低级的阶段[1]。

18 世纪后半叶的欧洲作家也不断谈论中国的制度，并且将中国作为专制主义的典型与欧洲所追求或应该追求的政治精神相对立。孟德斯鸠在谈论政体和制度时指出，欧洲历史上分别有共和、君主、专制的政体，但他最赞赏和提倡的是英国当时所实行的君主立宪，认为这是由法律维护的、以理性为原则的政体形式；与这一欧洲的希望之光相反，中国是一个以恐怖为原则的专制国家，而专制主义是一种令法律失效的制度，它的专制随着历史的发展会愈演愈烈。狄德罗和霍尔巴赫也都认为专制主义是中国和东方政治的典型特征，不足以成为欧洲的范本，而欧洲即使是实行专制主义，也比东方的专制要谨慎、节制和有分寸一些[2]。

关于中国人的性格，孟德斯鸠曾将西班牙人和中国人的性格作为两个对立面，西班牙人永远以信实著称，但不幸又懒惰，这对西班牙人造成的恶果是，别的欧洲国家抢夺了他们的贸易活动；中国人则恰恰相反，由于土壤和气候性质的关系造成他们生活的不稳定，这使他们有难以想象的活动力（勤劳），但同时又有异乎寻

---

[1] 见伏尔泰：《风俗论》上，北京：商务印书馆，2009 年，第 215 页；维柯：《新科学》，北京：商务印书馆，1989 年，第 84—85 页。孟德斯鸠的论述见《论法的精神》（北京：商务印书馆，2012 年，第 103 页）和其随笔札记。另参见许明龙：《孟德斯鸠与中国》，北京：国际文化出版公司，1989 年，第 71—72 页。孔多塞的论述见张国刚、吴莉苇：《启蒙时代欧洲的中国观》，上海：上海古籍出版社，2006 年，第 322—324 页。

[2] 孟德斯鸠：《论法的精神》，第 129 页。狄德罗和霍尔巴赫的论述见《启蒙时代欧洲的中国观》，第 296—301 页。

常的贪欲，结果没有一个经营贸易的国家敢于信任他们[1]。中国人勤劳却生活贫穷，聪明却失于狡诈贪婪，这是一些启蒙作家对中国人的共识，也是借助以英国海军军官安森的游记为主的欧洲商人、水手、士兵们的见闻得出的认识。

以上这些关于中国文明和中国人基本特征的认识深刻影响了后来的欧洲人，不管是不谙中文的欧洲学者，还是亲历中国的各类游客，不管他们以怎样的方法和立场来发挥引申，其基本模型都是18世纪所塑造好的。

比如关于中国人的性格，19世纪末期美国公理会传教士明恩溥（Arthur H. Smith）有一本名著《中国人的素质》（*Chinese Characteristics*）[2]，他所总结的中国人的性格特点包括爱面子、节俭、勤劳、知足常乐、对生活状态和对具体事情都有强烈的忍耐性、重视礼节、孝行仁慈、漠视时间和精确性、天性误解、没有契约精神、拐弯抹角、因循守旧、柔顺固执、麻木不仁、心智混乱、互相猜疑、缺乏同情、共担责任（或者说株连）、敬畏法律等。这些看法在安森船长的游记和马戛尔尼使团成员的各种报告里都随处可见，只是明恩溥将它们系统化、专题化后，做了更全面的描绘。而法国作家瓦莱里写于1928年左右的一段关于欧洲人如何看待中国人的总结更具代表性："他们既聪明又愚蠢，既软弱又有忍耐性，既懒惰又惊人的勤劳，既无知又机灵，既憨厚而又无比的狡猾，既朴素又出乎常规的奢华，无比的滑稽可笑。人们一向把中国看作地大物博但国力虚弱，有发明创造但墨守成规，讲迷信但又不信神，生性凶暴残忍却又明智，宗法制而又腐败。"[3]这段话中更值得注意的是，所有的评价都是以一组组的对立的词汇表达的，上述的每一对特点在欧洲人看来都是不该并存的，但偏偏在中国人身上同时出现了，这令欧洲人困惑不解。将中国人的特点以这种对立的方式来表达本身就体现了欧洲人以为中国是超出他们理性理解范围的世界的另一极。中国和中国人存在的如此多的对立特性给欧洲人带来的困惑使他们无法在自己认可的文明序列上定位中国。

可是，正是"中国"或者"中国人"这种对立的特性可以使西方人在任何一个适合自己需要的方向上解释中国或者中国人，可以说你是天使，也可以说你是魔鬼！

---

[1] 孟德斯鸠：《论法的精神》，第308页。

[2] 所采中译本为秦悦译，上海：学林出版社，1999年。

[3] 何兆武、柳御林主编：《中国印象——世界名人论中国文化》，桂林：广西师范大学出版社，2001年，第84—85页。

三

第一次世界大战几乎毁掉了欧洲所有近代文明的成就，促使欧洲人反思自己的进步理念与进步方式。当初伏尔泰对欧洲文明贪婪性的孤独的担忧之情此时得到了许多人的响应，伏尔泰希望欧洲能参照中国的静来反思自己过分的动，这一主张也被人重新提起。

斯宾格勒在《西方的没落》中一反启蒙时代以来认为近代欧洲文明不会结束的乐观理想，认为西方文明已经完成其历史任务而正在走向没落。不过，他并不把希望寄托在中国，并不认为可以用中国文明来冷却西方的狂热。他依然认为中国是在历史之外，现存的中国是中华帝国及其文明的伟大历史的碎片，行尸走肉般地存在于世间[1]。

瓦莱里则真正地反思起西方人滥用物力，过分创造，不重视安宁与自由，也不尊重他人的信仰与利益，却以全人类的拯救者自居，结果导致了一场令人类饱受蹂躏的大规模战争。对西方人引以为傲的使事物永远更紧张、更迅速、更准确、更集中、更惊人的创造精神，瓦莱里也对其结果和价值表示质疑。他还提到，中国人也因为这场大战意识到过于固执和持久被动的恶果，当她苏醒后会给世界带来怎样的震荡还不可预料。但无论如何人类的相互依赖性愈发强烈已是事实，因此，西方人当收敛自己的贪欲，去重视另一个民族的生命力。他意识到传统和进步永远是人类社会中的两大对立势力，过去与未来、旧与新都无时无刻不在较量，并且谁也无法消灭对方，因此更需要去理解和深入[2]。瓦莱里依然强调东西方的对立性和本质上的不可融合性，但他不认为对立就是敌对，就是一方定要借助强势取消另一方，他认为对立的双方可以试着去相互同情和了解。

汤因比更进一步，他提出了东方文明与西方文明的互补性，以及东方文明对于建设一个共同的世界文明的必要性甚至是主导性。他说东亚的很多历史遗产都可以使其成为全世界统一的地理和文化上的主轴，这些遗产之一就是中华民族那种在21个世纪中始终保持为一个迈向全世界的帝国的经验。请注意，这恰恰是长期以来被欧洲人讥诮为“停滞”的中国的可诟之处，但汤因比却让其升起为世界新文明

[1] 可参见齐世荣等人的译本，北京：商务印书馆，1995年。
[2] 何兆武、柳御林主编：《中国印象》，第85—91页。

的晨星。汤因比所说的其他遗产还包括中华民族的世界精神、儒教世界观中的人道主义、儒教与佛教具有的合理主义[1]，而此前欧洲人只认为自己的文化中才真正有世界精神、人道主义和合理主义。汤因比的这些言论发表于1972年，可以说是在经历了两次世界大战之后对欧洲文明和世界文明的进程反思后的一个结果，他对西方文明不能自律的掠夺性和扩张性感到不安，提出世界的统一应当在和平中实现，而不是靠武力，由此中国人积淀多年的和平主义精神和在此精神笼罩下的对世界的宁静态度就显得弥足珍贵。然而不要忽略，汤因比也是把东西文明作为对立的两极来看待的，只是他对“对立性”的价值判断不同于启蒙时代以来、资本主义文明急速上升时期的大多数西方人罢了。

归纳起来，西方把中国作为对立面的“他者”形象至少经历了三大变迁：第一，中国是想象的异邦，第二，中国是批判的异邦，第三，中国是理解的异邦。所谓想象的异邦就是用自己心中的块垒来浇铸中国的形象，所谓批判的异邦就是居高临下、盛气凌人地诋毁中国文明，所谓理解的异邦就是试图从文化上理解中国文化不同于西方的独特价值。

四

星移斗转，人类进入了21世纪，世界格局发生了很大的变化。40多年前，汤因比等人“展望21世纪”的图景，其中的一部分已经浮现，即在全球化的背景下，西方文明的优势已经相对消解了些。随着经济的发展，非西方国家显露出更多自信，包括文化自信、制度自信等。尤其是中华文明的独特价值并没有被西方主流媒体和社会接受。与当年受到宗教神学的约束不同，现在西方对中国的认识受到了从启蒙时代到冷战时代“欧洲中心主义”（普世观念）的约束。尊重各个民族的传统与适应西方的游戏规则之间，尊重发展中国家的发展权利和保持西方优势不变的现有利益格局之间，发生了冲突。现实利益的冲突又影响到人们对于文化传统的理解与接受。

[1] 苟春生译：《展望21世纪——汤因比与池田大作对话录》，北京：国际文化出版公司，1985年，第287页。

从大航海之后西方文明扫荡这个世界以来，非西方文明一直都在学习与拒斥中挣扎着。美洲、大洋洲的原住民成为了最大的牺牲品，在那里建立了主要由欧洲人及欧洲人的混血后裔构成的国家。欧亚大陆的其他地区和非洲，绝大多数都成为了被征服的殖民地或者半殖民地。非西方的国家和文明中，又以中国文明最有传统（悠久而不曾中断），也最具独特性（不像欧亚大陆西部、北非，与西方文明都有着复杂的长期的联系）。从这个角度来说，中国与中华文明具有自己的独特性，具有某种程度的“他者”的性质是不言而喻的。欧洲从近代以来与中国文明的接触与碰撞所形成的“他者”意识经历了如前所述的历程，无法加以否定。

这种具有“他者”特征的独特品质其实就是我们常常说的民族文化传统。如何理解中国的民族传统是一回事，不管是明恩溥，还是瓦莱里，乃至汤因比，都有自己的理解与描述，不管是否夹杂着偏见或者带有好感，中国有自己的民族特性是毋庸置疑的。问题是，这些特性在所谓的“普世价值”面前价值几何？在这里已经不仅仅是西方的评判，而且是中国人自己的定位。

西方“他者思维”中的中国，无论是想象的异邦，还是批判的异邦，抑或理解的异邦，中国自身的变化都不太大，只是西方人观察的视域在发生变化。现在的中国，经过“五四”到“文革”是一变，改革开放到现在是二变，变得离传统更远，离西方更近。但是，不管如何远离传统、走近西方，中国还是中国。西方的文化不可能完全覆盖中国，因为中国不是印第安人所在的北美，也不是毛利人所在的大洋洲。

毫无疑问，各个民族的传统中都有随着时代的变迁而自然扬弃的内容，比如，今日西方的基督教已经不是中世纪设立宗教裁判所的基督教，因为启蒙运动改革了其固有部分；可是，我们从“五四”到“文革”，却想彻底打倒孔家店。各个民族传统中，也有作为民族特性（Identity）而传承且历久弥新的内容，后者有核心价值观等内在部分（如孝悌、忠恕），也有作为民族标识的外显部分（如礼仪、习俗）。西方不应该完全抛弃“异邦”的他者思维。中国是欧洲的异邦，欧洲也是中国的异邦。不应该一方面认识到对方是“异邦”，一方面又认为只有自己的文化和发展模式才有“普世价值”。

在全球化的时代，中国的改革开放就是为了融入国际社会秩序，建设和谐世界。改革就是要敢于否定自我，革除传统中的糟粕；开放就是要善于学习，学习世界各国首先是发达国家的优秀文明。但是，这绝不是为了所谓的“普世价值”来完全否定自己的“他者特性”。总之，假如西方能够在“他者”的思维下尊重中国文明的独特性、尊重中国发展道路的独特性，在实际的国际关系中，把中国看作是理解的异邦，那么这将是全人类的福祉。

张国刚，1956 年生，现为清华大学历史系教授、博士生导师，兼任中国唐史学会会长、中国中外关系学会副会长、教育部历史教学指导委员会委员等。主要从事隋唐史、中外交流史、中国政治制度史研究，著有《唐代藩镇研究》《文明的对话：中西关系史论》等。

16 世纪葡萄牙的中国观

吴志良

16 世纪贯通欧亚新航路的发现，开创了中西交流的一个历史的新时代。在这个海外殖民、文化交流和侵扰掠夺相辅相成的发现新世界的过程中葡萄牙担负着关键性先锋角色，在早期葡萄牙是如何看中国的呢？其较完整的中国观又是怎样形成的？本文试图寻找出若干历史轨迹，以抛砖引玉。

一、“中国”的源 [1]

“中国”一词早已有之。据考，其在文献上最早起源于西周武王时期，或指一国的都城京师，或指处于一国中土的位置。作于 2000 年前的《诗经》中就有“惠此中国，以绥四方”“《小雅》尽废，则四夷交侵，中国微矣”的句子。可见，一开始“中国”一词就具多义性。以后因年代久远，记载互异，含义演变更大。从我国历史文献中，“中国”这一称谓大抵可以分辨出十种不同的含义来：1．指国中；2．指京师；3．指帝王都城之地；4．指华夏族；5．指诸夏（周代王室所分封的诸国）；6．指中华；7．指春秋齐、宋地；8．指赤县神州；9．指战国时关东六国的总称；10．指三国时魏国。

上述“中国”的词义，基本上指的是地理、民族和文化上的意义。国体意义上

[1] 忻剑飞：《世界的中国观》，上海：学林出版社，1991 年，第 2—4 页。

的“中国”直至1689年9月7日《中俄尼布楚界约》签订后才首次正式出现于外交文件中。但由于当时的中外条约一般为满、蒙、俄或拉丁文本，汉文中的“中国”在1842年8月29日签订的《中英南京条约》中方初次使用。

二、西方早期的中国观

古罗马人便已知道了中国的存在。他们称中国为Serica，称中国人为Seres或Sinae。这些名称，都直接与“丝”有关。普林尼（Pliny the Elder，23—79）在其《自然史》中曾谈到丝绸的生产，并戏言“所有罗马女士都将穿上透明的丝质衣裳，展示她们的魅力”。所以官方的来往虽未开始，相信公元前1世纪中国的商人已进入了罗马帝国[1]。

第一位较为详细地谈论中国的西方作者是公元7世纪的古罗马史学家西摩卡达（Theophylact Simocatta），其时拜占庭帝国早已与中国王朝建立了稳定的友好往来关系[2]。他称中国为“陶加斯”（Taugas），并开始关注中国的政治：“陶加斯国王，号天子（Taissan），犹言上帝之子也。国内宁谧，无乱事，因威权皆由国君一家世袭，不容争辩，崇拜偶像，法律严明，持正不阿。”[3]

西摩卡达的著作在当时并未造成特别的影响，聂斯脱利派（Nestorius，中国统称为景教）教徒于6世纪末已将养蚕术带到了西方，拜占庭帝国业已开始丝绸的生产。不久，穆斯林世界将中西分隔开来，欧洲忘记了中国。

由于积聚了古希腊、古罗马的智慧和知识，在中世纪世界文化潮流中处于领先地位的伊斯兰文化向西扩散，促进了欧洲的文艺复兴，向东与盛极的中国唐文化交汇。阿拉伯人东西并举的“伊斯兰远征”在7世纪至10世纪为向世人传播中国的知识立下了功劳。9世纪上半叶到中国旅行的阿拉伯商人苏莱曼（Suleiman）公元851年撰著的《中国印度游记》便是国外有关中国知识的最重要文献之一。然而，使欧洲中国观出现真正的萌芽却是13世纪才发生的事情。

---

[1] Colin Mackerras, “Western Images of China”, Hong Kong: Oxford University Press, 1989, p.15.

[2] 张维华主编：《中国古代对外关系史》，北京：高等教育出版社，1993年，第36页。

[3] 转引自《世界的中国观》，第64页。

三、传教士东来中国

1206 年建立了大蒙古国的成吉思汗扬起“上帝的神鞭”进行了大规模的军事征服，到他的孙子忽必烈在位时期，他们终于吞并南宋，统一了中国，并将版图扩张至今天的匈牙利、奥地利一带。蒙古人元帝国的崛起，一方面令欧亚的陆路交通畅通无阻，为基督教文化和中国文化的直接接触提供了地理和交通条件；另一方面，又使欧洲深为震惊，对穆斯林帝国之外的另一个强大世界谈虎色变。势力已经巩固的罗马教廷，在做好了准备与蒙古人“圣战”的同时，又派出传教士作为教皇的使节前往蒙古，以期说服蒙古大汗与基督教世界结盟，并一同对付穆斯林，顺便秘密收集有关蒙古人的情报。

意大利方济各会会士柏朗嘉宾（Plano Carpini）于 1245 年 4 月奉教皇英诺森四世（Innocentius IV）之命出使蒙古，他在次年 7 月抵达漠北，正好赶上贵由大汗的即位典礼。贵由大汗接见了他，并委托他转交一封谕降教皇的国书。他虽未完成使命，却写下一份报告——《柏朗嘉宾蒙古行纪》，流传至今。这是欧洲人最早记述蒙古人的历史、风俗、民情的著作，虽然含混不清之处甚多，但“对契丹人（Cathayans）所做的描述在欧洲人中是破天荒的第一次；同样，他也是第一位介绍中国语言和文献的人”[1]。

1253 年受法王路易九世之命往蒙古传教和了解情况的鲁布鲁克（Guillaume de Rubruquis），其结果也大同小异。蒙哥大汗拒绝了天主教会在蒙古传教的请求，向法王回赠了一封谕降书。但他在出使报告《鲁布鲁克东行纪》中，首次弄清了 Cathay 的地理和名称的对称和统一问题，澄清了西方对东方宗教的谣传或误传，对中国文化的观察和介绍亦更进一步[2]。

天主教会在华传教的梦想直至教皇尼古拉四世（Nichola IV）1288 年即位并于次年派出孟特哥维诺（Monte Corvino）到蒙古才得以实现。孟氏在中国创设了第一个天主教区，并亲自担任主教，以蒙语传教，也算最早的一个中国通。不过，真正“在欧洲人心目中创造了亚洲”的，还是马可·波罗。

---

[1] 《柏朗嘉宾蒙古行纪·鲁布鲁克东行纪》，耿昇、何高济译，北京：中华书局，1985 年，第 129 页。
[2] 《世界的中国观》，第 76 页。

四、《马可·波罗游记》在葡国

马可·波罗（Marco Polo，1254—1324）一家是威尼斯城的商人。他的父亲和叔父在黑海沿岸经商时，曾与元朝使臣一起出使过罗马教廷。1271 年，即蒙古人定都北京后，波罗一家经教皇同意回到元朝复命。年轻的马可·波罗受到忽必烈器重，多次受命出使，且游历了中国各地，于 1295 年才回到威尼斯。次年由于参加战争为热那亚军队所俘，在狱中他口述了游历东方各国的经历，并由他人整理成书——《马可·波罗游世界志》，后人俗称《马可·波罗游记》。该书问世后即为人们争相传阅和翻印，为欧洲人描绘出了一幅生动绚丽的中国图卷。

《马可·波罗游记》和 13 世纪初东游的另一位意大利人鄂多力克（Odoric Oda Pordenone，约 1286—1331）的《游记》一样，对中国的繁盛绘声绘色，极尽赞美，令一部分人不敢相信，另一部分人则对中国异常神往。14 世纪中叶，蒙古帝国崩溃，欧洲也因为黑死病而失去近三分之一人口，中西联系随之中断，中西交流再次陷入低潮。但是，马可·波罗创造的神话并未被人遗忘，寻找“契丹”的接力棒传到葡萄牙人手中。

虽然葡文版的《马可·波罗游记》在 1502 年——达·伽马（Vasco da Gama）第二次远航印度的前夕——才面世，但在国王杜亚特（D. Duarte）的藏书室里，人们发现有两部拉丁文的抄本。学者在考证后，认为是唐·佩德罗（D. Pedro）王子在 1428 年访问威尼斯和罗马时所购。显然，这部书对其弟恩里克（D. Henrique）的航海事业带来支持和鼓舞[1]。事实上，“他对他兄弟所倡导的地理发现所给予的支持确实超过了一般人的估计”[2]。

哥伦布（Cristóvão Colombo）在出发探险美洲前也读过《马可·波罗游记》，并给后世留下了一本写满旁注的《马可·波罗游记》，该书现存于里斯本，但该书对葡萄牙的航海事业产生了多大的作用并无文献可考。从葡文本的序言中可以看出，当时的葡萄牙人仍称 Catayo 是“印度洋尽至未知土地的另一地方”，除开丝绸、陶瓷等实物外，他们对中国的认识依然模糊不清[3]。随着航海发现的往东推进，

---

[1] Eduardo Brazão, *Em Demanda do Cataio*（《寻找契丹》），Instituto Cultural de Macau, 1989, p.11.

[2] 查·爱·诺埃尔：《葡萄牙史》，香港：商务印书馆，1979 年版，第 46 页。

[3] Rui Manuel Loureiro, *Cartas dos Cativos de Cantão*（《广州囚犯的信函》），Instituto Cultural de Macau, 1992, p.10.

才逐渐形成了中国观的轮廓。

五、航海大发现时代

航海大发现具有强烈的经济贸易和宗教文化扩张动机，在其过程中当然未忘记富饶的中国。达·伽马的船队在到达印度后，葡萄牙人即开始大规模系统搜集有关亚洲的地理和人文资料，其中的一个地区便是中国。依利玛窦（Matteo Ricci）的说法，China 一词是由葡萄牙文传入西方的，而葡人则是从印度人那里学到了 Chins（中国人）这个词。印度和波斯早在公元前四五世纪就将“中国（秦国）”称为 Cin 或 Cina 了[1]。

事实上，葡萄牙在占据果阿后就开始关注中国了。根据曾在印度生活了半个世纪的历史学家戈雷亚（Gaspar Correia，约 1490—1563）在其《印度传说》（*Lendas da India*）卷一中的记载，达·伽马从印度带回的给王室的礼物中，多件在卡里古特（Calicute）购买的中国瓷器深得王后的喜爱。戈雷亚还称给予葡人建货站的土地叫作 Chinacota，意即 fortaleza dos Chins（中国人的堡垒），因为当时“黑长头发的白种”Chins 在印度一带也有许多货站。另一位供职果阿的葡萄牙人奥尔塔（Garcia de Orta，约 1500—1568）在其著作《印度药用植物辨析》（*Colóquios dos Simples e Drogas da India*）中也提到了中国人在印度洋的航海活动：“Chins 很早便在这一带航行了”，“来航的 China 船只是那么多，根据霍尔木兹岛的记载，有时一次涨潮便有 400 只船进入港口”（第 204—205 页）。1502 年 9 月在里斯本绘制的第一次标明赤道线和热带回归线的一张地图上有关马六甲的说明如下：“这个城市所有的特产，如可香、檀香、大黄、象牙、名贵宝石、珍珠、细瓷及其他各种货物，绝大部分从外面进来，从中国（terra dos Chins）运来。”[2] 此乃葡萄牙文献上有关中国的最早明确记载。

1504 年，意大利人佐尔齐（Alessandro Zorzi）在其《印度游记》中称葡萄牙船队与来自 Chins 的白人相遇。一年后，葡王唐·曼努埃尔（D. Manuel）向天主教

[1] 《世界的中国观》，第 32 页。
[2] 《澳门：从地图绘制看东西方文化交流》，纪念葡萄牙发现事业澳门地区委员会，1994 年，第 29 页。

国王写信时声称收到了确切消息，在交趾（Cochim）一带有许多天主教徒，众多王国只服从一个叫作 Malchima 的国王。该国所产瓷器甚是精致，“一只瓶子便价值百金”[1]。

虽然至此中国只是一个名称而已，有关中国的情况也甚为含糊和不尽不实，但已为葡萄牙王室所深切关注。1508 年 4 月，唐·曼努埃尔向塞格拉（Diogo Lopes de Sequeira）的船队发出指示，探听查明 Chins 的情况：

> 你必须探明有关秦人的情况，他们来自何方？路途有多远？他们何时到马六甲或他们进行贸易的其他地方？带来些什么货物？他们的船每年来多少艘？他们的船只的形式和大小如何？他们是否在来的当年就回国？他们在马六甲或其他任何国家是否有代理商或商站？他们是富商吗？他们是懦弱的还是强悍的？他们有无武器或火炮？他们穿着什么样的衣服？他们的身体是否高大？还有其他一切有关他们的情况。他们是基督徒还是异教徒？他们的国家大吗？国内是否不止一个国王？是否有不遵奉他们的法律和信仰的摩尔人或其他任何民族和他们一道居住？还有，倘若他们不是基督徒，那么他们信奉的是什么？崇拜的是什么？他们遵守的是什么样的风俗习惯？他们的国土扩展到什么地方？与哪些国家为邻？[2]

六、中葡早期接触：葡使赴华

塞格拉次年虽然在马六甲曾与中国商人和船只接触，但是，由于受到当地人的敌视，葡萄牙很快被迫撤离马六甲，短暂的交往中，当然无法了解到足够的情况来回答国王的全部问题。

1511 年阿尔布克尔克（Afonso de Albuquerque）征服马六甲后，形势有了极大的改变。葡萄牙不仅可以与来往当地的中国商人打交道，控制马六甲这个交通要津后，前往远东的航道也畅通了。两年后，欧维治（Jorge Álvares）便成功航行至

---

[1] 转引自 *Cartasdos Cativos de Cantão*，第 11 页。
[2] 译文引自张天泽：《中葡早期通商史》，姚楠、钱江译，香港：中华书局，1988 年，第 36 页。

珠江口的屯门（Tamão）进行贸易，成为第一个抵达中国的葡萄牙人。欧维治在第二年回航马六甲时，除了满载的中国货物外，还带着有关中国的第一手消息。同期（约 1513），由航海家和地理学家罗德里格斯（Francisco Rodrigues）撰写的《东方地理志》（*Livro de Geografia Oriental*）也收集了印度半岛和中国沿海的航海资料和地图。事实上，罗德里格斯也是第一位编写中国海域航行指南的人，在其著作《中国之路》（*Caminho da China*，约 1519）中的一幅地图上首次使用了 China 一词[1]。

欧维治的成功之旅，令葡萄牙人备受鼓舞。1517 年 9 月，费尔南·安特拉德（Fernão Peres de Aandrade）率领另一支船队抵达广州。随行人员包括了受印度总督之命为赴华使节的皮雷斯（Tomé Pires）。有趣的是，皮雷斯在出发前刚刚完成了《东方记》的撰编。《东方记》是根据他在印度和马六甲收集到的资料撰成，可以说是第一部由葡萄牙人撰写的较完整的东方地理志。该书涉及甚广，从红海到日本的地理、历史、经济、贸易和风俗习惯等无所不包，然而，由于作者从未去过中国，有关中国的描述只是道听途说。虽然他对中国的不少事物惊赞不已，但是，仍足足用了一个段落来讨论征服中国的可能性。皮雷斯认为，控制中国沿海应是相对容易的事情："用印度总督（阿尔布克尔克）征服马六甲的十艘船只便足以轻易控制整个中国沿海。"[2]

由此可见，葡萄牙当时的中国观仍然十分模糊。这在某种意义上也导致了首次遣使中国的失败。安特拉德虽请求通商未果，但仍得以在华停留一年多，后来才被明朝"诏给方物之直遣还"（《明史·佛郎机传》）。而"谨慎好奇、对中国药物甚为了解"（戈雷亚语）的皮雷斯更是在等候三年后，获准北上赴京，并于 1521 年年初抵达。不过，由于葡萄牙人对中国缺乏足够认识，安特拉德之弟西蒙（Simão de Andrade）沿用在印度和马六甲一带对当地土著使用的传统手法，在屯门经商时不遵守中国的法律和风俗，胡作非为，令广东官员改变了对葡人的印象。恰好此时武宗驾崩，满剌加（马六甲）王又遣使到北京控诉葡人的恶行，皮雷斯之行即功败垂成，他被逐出京城，并囚于广州，中葡早期交往遂陷入敌对的状态。

---

[1] 《澳门：从地图绘制看东西方文化交流》，第 77 页。

[2] Armando Cortesao, *A Suma Oriental de Tomé Pires, e o Livro de Francisco Rodrigues*（《皮雷斯的〈东方记〉》），Coimbra: Acta Universitatis Conimbrigensis, 1978, p. 364.

七、广州囚犯的信函

皮雷斯自广州出发，很可能是经南雄越梅岭至江西南昌，然后乘船沿长江顺流而下至南京，再取道大运河到北京，沿途经过许多城市，见闻甚多，考虑到他触角敏锐和好奇心强的特点，他应该记录了不少东西。据平托（Fernão Mendes Pinto）称，皮雷斯后来流浪至粤北，并娶中国女子为妻，私下传教至死。然而，他在中国的生活并无确凿的记载，如果撰写了有关中国的情况，也没有留传后世，只是戈雷亚在《印度传说》卷二中提到过皮雷斯曾"送他一本书，书中所描述中国皇帝的财富和伟大，令人难以置信"。

不过，皮雷斯的中国之旅的部分情况和观感却由他的一个同僚在广州的监狱中写了下来，后人将之整理为《广州囚犯的信函》[1]。信函共两封，一封为皮雷斯同僚维埃拉（Cristòvão Vieira）所撰，另一封为同期抵达珠江口因做生意而被捕的商人加尔沃（Vasco Calvo）所撰，日期分别标为1534年和1536年，但多位史学家经考证后认为，上述日期为抄写笔误，正确日期应为1524年和1526年。这两封长信是马可·波罗之后的欧洲人描述在中国的亲身经历的早期证据，对了解16世纪葡萄牙的中国观具有重要意义。

维埃拉的信共57段，印成32开的书有32页。加尔沃的信共50段，有18页。前者用了近半的篇幅对皮雷斯出使失败的经过及包括加尔沃在内的葡萄牙商人赴华贸易的情况做了详细的叙述，自第27段起详细描绘了中国——特别是广东——的地理概貌、行政司法体制、生产结构、商贸潜力、军事力量，以及人民的日常生活，虽然尚有很多不确之处，但由于是耳闻目睹、亲身经历，所做的描述比较具体实用，时刻不忘为葡萄牙的航海活动提供最有用的情报。例如，谈到中国共分为15个省时，特别指出了哪些是沿海省，写到广东省，也说明是"唯一可以跟外国人交往经商的省"，因为"陌生人既不能进入中国也不得离开中国"（第31段）。

维埃拉对中国的司法任用制度甚有看法。"中国的方式是司法人员不得为本地人"，且定期轮换，这样就不会跟当地的利益产生瓜葛，也不会与当地人产生感情，因而从严执法，甚至虐待人民。这样，"人民对国王和官员都没有爱，无日不在抗

---

[1] 信函如何托人带出监狱，已无从稽考，只知最早由英国东方学家霍格逊（Donald Ferguson）于1900年在巴黎王室档案馆发现抄本。葡萄牙东坡国立档案馆所存残缺不全的原本，亦于数年后被找到。

争，沦为贱民"，"因为人民被偷被抢，没吃的没喝的，沦为贱民是必然的"（第35段）。此外，他还用了整整一段（第36段）去描写种种酷刑。

或许是身陷牢狱的缘故，维埃拉将当时中国的形势形容得很是负面，尤其强调了人民所受的压迫和专制的统治。虽然"所有人都拥有田地"，但无论旱涝，都需交粮租，若收成不好，便得卖儿卖女甚至变卖土地以凑足数量，否则，将受到严惩。因此，"人民与官吏不共戴天，渴望获得自由"（第38、39段）。虽然中国特产丰富，但"没有贸易是不能维持的"，"外国人带来的商品在该国很有需求"（第42、43段）。"广东的所有船只都在所谓的贱民手中"，但贱民"一个顶得上三个官兵"，"广东人很弱小，没有内地人强悍"，"人民如此受压受惊，连说话都不敢"，"因此所有人都想造反，希望葡萄牙人来"（第44、45段）。他认为"只要派两千人来"，轻而易举，不必伤亡，便可夺取广州，"因为中国人看见葡萄牙人占领被围困的地方一定会揭竿而起"，所以他建议葡兵从南头取东莞，制顺德，"切断补给，再包围广州，船长便可随心所欲招降"（第52、53段）。

加尔沃的信更是一开始便称"中国人弱小且毫无防卫，若是有足够的人手来管理，可以占领半个中国"（第2段），然后坐地收租，再将"一半租金缴给国王陛下"（第14段）。他谈到广东的地理环境和战略位置、人民的疾苦和葡萄牙应使用的战术时，似乎胜券在握，要在"这个城市建立另一个印度公司，除开往印度和葡萄牙搬运金银的船只外，无须从葡萄牙带任何东西来"（第38段）。

两个囚犯尤其是维埃拉对中国的政治、经济和社会的认识算是全面、客观的，对广东的地理、战略位置和军事布防的深刻了解更令人称奇，然而，大概是由于在狱中时间太长且受到了严酷的对待，从而高估了人民的疾苦和反抗的意愿，低估了明朝的防卫和统治能力，并异想天开地炮制征服中国的计划，令其中国观的正确性大打折扣。其后，尽管有关中国的消息不断增加，但总体上仍低估了中国的形势。葡萄牙准确、真实的中国观的初步形成还要等到16世纪中叶以后。

八、福建囚犯的见闻录

皮雷斯使华失败后，葡王唐·曼努埃尔又派出马蒂姆·阿丰索（Martim Afonso de Melo Coutinho）率船队访问中国。船队1522年8月在屯门被中国官兵击败，船员受到严惩。此役后，“葡萄牙政府不仅放弃了在中国建立堡垒的计划，还对处理在那个帝国的未来利益表现出致命的漠不关心”[1]。然而，由于与华贸易利润惊人，不少葡商仍私下非法在广东、福建、浙江等沿海地区活动，直至1553年聚居中国澳门。克鲁斯（Gaspar da Cruz）神父在《中国志》（*Tractado em que se cõtam muito por estẽso as cousas da China, cõ suas particularidades, e assi do reyno drmuz*）中称，违法移民外国的中国人信赖葡萄牙人来维持与华的交通贸易，并提供向导和协助。

有关葡萄牙在亚洲的活动及其对中国的认识，曾供职印度公司的编年史家巴洛斯（João de Barros，1496—1570）在1552—1553年陆续出版的《亚洲数十年》（*Décadas da Ásia*）、在印度度过青少年时期的卡斯坦涅达（Fernão Lopes de Castanheda，约1500—1559）在1551—1554年出版的《葡萄牙发现征服印度史》（*História do Descobrimento e Conquista da India pelos Portugueses*）以及遍游欧洲的外交家戈伊斯（Damião de Góis，1502—1574）在其《唐·曼努埃尔王编年史》（*Crónica do Felicíssimo Rei D. Manuel*）中都有所记载。然而，这三位作家都未到过中国，对华观感多循间接途径获得。卡斯坦涅达曾称收到过皮雷斯的一本书，巴洛斯在撰写《亚洲数十年》时也承认参考了广州囚犯的信函，而戈伊斯则根本与亚洲没有过任何联系，只有前述克鲁斯1570年出版的《中国志》是作者踏足中国并有了亲身经历后写成的。

克鲁斯的“记载是确实可靠的，他在走马溪之役后来过中国，曾与当时被中国俘获后来释放的葡人谈过话。这些材料是从那些放回去的被俘人员口中得来的，是葡萄牙海盗商人的自供”[2]。

事实上，克鲁斯在其著作的前言中承认“读了一份由一个在中国内地游历过的被俘贵族所写的稿子”，并在第8章指出，此人乃葡商加列奥特·佩雷拉（Galiote Pereira）[3]。与同期的其他葡萄牙人一样，加列奥特在为王室而战的同时也为自己谋取商业利益。1584年，他随迪奥戈·佩雷拉（Diogo Pereira）自马六甲前往暹罗，再到中国沿海贸易。迪奥戈次年折返，由于未售完所携的货物，加列奥特与其他

[1] Montalto de Jesus, *Macau Histórico*（《历史上的澳门》）, Macau: Livros do Oriente, 1990, p.29.

[2] 戴裔煊：《〈明史·佛郎机传〉笺正》，北京：中国社会科学出版社，1984年，第40页。

[3] Frei Gaspar da Cruz, *Tractado em que se cõtam muito por estẽso as cousas da China, cõ suas particularidades, e assi do reyno drmuz*, Barcelos: Portucalense Editora, Barcelos, 1937, pp.XIV, 47.

30位船员留下来继续非法贸易，为浙闽海防总兵朱纨所俘。朱纨在其《甓余杂集》卷四《六报闽海捷音事》中也记述其详，并提到“一名二王，审名兀亮咧咧”，即加列奥特·佩雷拉[1]。

一批被俘的葡人不久便被处决。由于朱纨“擅自行诛，诚如御史所劾”，继而“被逮自杀”（《明史·佛郎机传》），加列奥特得以幸免，被放逐至广西，后来由其他葡商救出，他将其在华多年的经历撰写成一部《中国报道》[2]，得以流传于世。

《中国报道》虽未及时在葡萄牙印刷，原文到1953年才由博克舍（Charles R. Boxer）在《耶稣会历史档案》第23卷首次发表，但在当时流传甚广，对前述的几个历史学家都曾产生过影响，并于1561年到达耶稣会手中，被抄送至罗马教廷。有关抄本，至今仍存于罗马耶稣会档案馆。由于意大利文简本和英文本分别在1565年和1577年出版，故《中国报道》在欧洲产生了一定的影响。不过，为克鲁斯的《中国志》所参考引用，对葡萄牙中国观的形成帮助最大[3]。《中国报道》共81段，约30页[4]，对中华帝国的人口、疆土、行政、司法和风土人情都有生动细致的介绍。作者首先用13个短段落介绍了13个省，然后讲述了他熟悉的福建见闻，“看见这些东西（城镇、道路），便会认为世界上没有比中国人更好的建设者”（第17段）。“这块土地居民很多，也利用得很好，没有一寸土地是无人耕种的”，“城市也甚为干净”（第18段），但中国人“狗、猫、蛙、鼠、蛇无所不吃”（第19段）。

加列奥特可能是在狱中得到宽待又死里逃生，花费大量篇幅（第36段至第52段）对明朝的司法制度做了详尽的介绍，“以便让人了解到土著人（当时葡人对所有非基督徒的称呼）优胜于我们基督徒的地方，令我们更能唯真唯法”（第36段），赞美之词，溢于言表。由于他曾亲身经历，对明朝的法律、刑罚也甚是了解，“通奸罪要‘捉奸在床’，且得由丈夫提出指控”（第45段），甚至连买通狱卒来减轻牢狱之苦的这些细节都知道（第49段）。

加列奥特对中国社会的赞美不止于此。“所有城市都有医院，医院里总是人潮不断。那么长的时间里，我们没有看见一个上门讨饭的乞丐”（第60段）。他在谈

---

[1] 详见《〈明史·佛郎机传〉笺正》，第43—47页。

[2] Galiote Pereira, *Algumas cousas Sabidas da China*（《中国报道》）, introdução, modernizaζão do texto e notas de Rui Manuel Loureiro, Lisboa: Comissão Nacional para as Comemoraõs dos Descobrimentos Portugueses, 1992.

[3] 见上引《中国报道》中Loureiro的评介，第10、11页。

[4] 上引《中国报道》的Loureiro评介本连注释、插图共42页。

到上层社会的生活和礼仪时，也称“Lutea”（御史？）[1]待人接物“如此完美无缺，远胜所有土著和摩尔人，对我们也无甚羡慕”（第30段）。葡人如此仰慕“土著”文明，在那里是鲜见的。不过，加列奥特虽然对中国人的口头禅“天晓得”（Tien jantee）、“阿弥陀佛”（Homithofon）朗朗上口，知道中国人“还称这个世界的人如果做好事，上天便给他许多福禄，若做坏事，便得到疾病、麻烦、贫困（等报应）”，但对中国人的宗教信仰仍估计不足，认为“只费少许气力，短时间便可让这块土地皈依（天主教）”（第33、34段）。

很明显，《中国报道》是16世纪葡萄牙中国观的转折点，对China的认识无疑前进了一大步：“我们称这块土地为China，其人民为Chins。由于被囚于此地的那么长时间里都未从本地人口中听过这个词儿，乃决定去查询一下到底怎么称呼。问过几次，皆不明白Chins这个名称。于是，我向他们解释说，葡萄牙的名字取自其最古老的一个城市，其他国家也是这样起名的。在印度，大家都叫他们Chins，这到底是怎么来的，是否有个城市叫China。我得到的答复是没有这个名字，从来都未有过。……告诉我以前这块土地上有许多国王，但现在只有一个，唯那些王国仍保持原名，只不过变成我前述的省了。如是，这块土地叫大明（Tamen），人民叫作大明人（Tamenjis）。”（第56段）

九、克鲁斯《中国志》

克鲁斯曾于1556年到过广州一段时间，是首位进入中国大陆的葡萄牙传教士，《中国志》也被称为“第一部在欧洲出版的有关中国的专著”[2]。该书除开讲述在华的传教活动和葡人来华的贸易情况外，主要对中国的地理、历史做了生动的描写。作者不仅简要总结了当时葡萄牙人得到的有关中华帝国的情况，同时对中国事物的伟大表现出惊奇和崇拜的心情：“中国人口众多，疆土辽阔，治安和管理都一流。物产丰富，不仅黄金、宝石等贵重物品很多，主要用来满足人民需要的农庄和物质

---

[1] 前引戴裔煊《笺正》第44页称该词指“老爷”，为“葡人译福建语高官的尊称”，从加列奥特文中的大篇幅介绍来看，更似“御史”。《中国志》中的拼法为Louthia。

[2] Rui Manuel Loureiro, *Um Tratado Sobre o Reino da China*（《有关中国的一篇论文》）, Macau: Instituto Cultural de Macau, 1992, p.23.

也甚丰。”[1]这在某种意义上，代表了葡萄牙中国观的根本转变，因为同一时期的大部分葡萄牙文献都表达了对中国的仰慕，与初期声称数百兵员便可征服半个中国的心态不可同日而语。

《中国志》共29章，全部专门讲述中国的事物，只在文末附录了一篇《霍尔木兹市建立及其国王的编年史》。作者在进入主题前告诉读者，“不要期望我行文流畅、言词优雅，你们只能满足于本人在简朴的叙述中的忠实……首先，本人将总体介绍中国，其人民和土地；其次，详介王国及其省份；之后讲述楼宇建筑和船只、土地的利用和人民的职业、男女的服饰及其风俗习惯。然后，大幅讲解这块土地的法律和管理，最后才谈该国的宗教信仰和崇拜以及我所看到的传教手段和阻碍”[2]。克鲁斯在第一章就说明了赴华的目的是传教，当然不会忘记他的使命。

克鲁斯对明代中国的认识极为全面深刻，在沿袭加列奥特“大明”“大明人”的说法时，还解释说“很早以前，有人在一个叫作交趾支那（Cauchim China）的王国的海岸一带航行，并在那儿做生意、进行补给，稍事休整再前往中国，并臣服于中国”，满剌加、暹罗、阇婆王国的人都“很中国化”。“但中国国王看到其王国越来越大，担心属民还会臣服于其他国度来扩展生存空间，乃颁布谕旨，令人民不得出海，否则，将处死刑，从而使人民安居国内。至今，谕旨还有效。”[3]

虽然克鲁斯与同时期的葡萄牙人一样，错误地认为中国与德国交界，但对中国周边国家的认识仍基本清晰。他们“尽管言语不一，但与中国人的文字相同，之间通过文字而非言语来沟通。这似乎对谁都不算过分，因为在中国境内言语的差异也很大，中国人之间都言语不通，只能靠文字来沟通”。[4]

他简述中国省市划分后，重点谈到了广州。广州并不算“中国最尊贵的城市之一”，但“四周城墙高大坚固，砌得很好，似新的一样。据中国人说，城墙已有1800年的历史”。城市有多个大门，“每个城门都有一位受人敬重的军官，率若干士兵日夜不停地把守”[5]。

“由于这块土地上木材和铁既多又便宜，船只不计其数”，在广州周围，满载

[1] Frei Gaspar da Cruz, *Tractado em que se cõtam muito por estẽso as cousas da China, cõ suas particularidades, e assi do reyno drmuz*, Barcelos: Portucalense Editora, Barcelos, 1937，第XIII页。

[2] 同上书，第XV页。

[3] 同上书，第6—8页。

[4] 同上书，第12、14、29页。

[5] 同上书，第30、37页。

“布匹、丝绸、粮食和其他货物”出出入入，“显示出其富贵丰足”。“所有这些物资或输往内地，或从内地运来，不必从国外进口，也不出口到外国。葡萄牙人和暹罗人带来的东西与这块应有尽有的土地上的交易量相比根本微不足道……”中国人口众多，土地肥沃，物产也丰富。虽然也有穷人，“但这些穷人并不像葡萄牙的穷人那样贫困和受到虐待”，“如果看见有乞丐向葡人讨乞而葡人又向他施予，大家都会取笑他”[1]。

克鲁斯对中国的工匠和工艺品很欣赏，盛赞中国的“秤”很准，但“商人一般都奸诈骗人，尽可能在货物上掺水掺沙，以欺骗买办，因为已习惯此道，他们这样做并不觉得内疚”。作者似乎也很享受中国的美食，还称中国人的面包做得很好，“是跟葡萄牙人学的”[2]。

克鲁斯认为中国男女的服饰很漂亮，女人“除开沿海和山区的外，也美丽温柔，五官端正”，不过，“男人一般都丑怪，眼睛小，脸部和鼻子凸显，且不修须鬓”。中国人认为女人裹脚才性感，一般来说，男人只有一个老婆，不过，“要是能够负担，要多少个都可以，但有一个是主要的”。“如果女人通奸受到丈夫指控，她和奸夫都要处死。若丈夫同意其妻子通奸，也将受到严惩”。[3]

克鲁斯谈及中国的行政司法制度时，花了相当的篇幅来解释官制、科举制度及官员升迁的方法，认为中国独一无二的行政司法组织严密有序，官员也尽忠守职，故国王能明察秋毫，“对国内发生的大小事情无所不知”，所有外国的来朝使节，均能得到“国王很多礼物和祝福”[4]。克鲁斯对中国司法制度的公正性的赞赏，在讲述处理为朱纨所俘葡商的过程时也有所体现。若非法律公正严明，皇帝又明察秋毫，包括加列奥特在内的一批葡商便难以死里逃生，而他在写《中国志》时也可能少了一份可资参考的素材。他足足用了 4 章（第 23 章至第 26 章）来解说葡人来华贸易和审判葡商的过程，对明朝海禁政策、地方官员执行政策时的两种态度以及葡人的贸易状况记载甚详，这对其时居澳的葡人制定与华商贸交往的策略应有助益。葡萄牙人的中国观，也不再停留于耳闻目睹的感性层次，开始走向更深层的思想认知。

《中国志》1570 年初版时，印刷商布戈斯（Andre de Burgos）在出版说明中向

[1] Frei Gaspar da Cruz, *Tractado em que se cõtam muito por estẽso as cousas da China, cõ suas particularidades, e assi do reyno drmuz*, Barcelos: Portucalense Editora, Barcelos, 1937，第 48、49、52、55 页。

[2] 同上书，第 66、67 页。

[3] 同上书，第 82、73、83、94 页。

[4] 同上书，第 119、121 页。

国王献词道："臣之所以决定印制这部《中国志》，乃因为知道陛下热衷于此（反映真实的作品），希望看到新奇的事物，尤其是中国风情……"目前所知的初版善本寥寥无几，其后也只在1829年和1937年重印过两次，流传不广，然而，该书在欧洲的间接影响却很大，原因是它成了另外两部著作的蓝本——其一是西班牙奥古斯丁会士门多萨（Juan Gonzãlez de Mendoza）1585年在罗马刊行的《中华大帝国史》（*Historia de las cosas mas notables, ritos y costumbres del gran Reyno de China*）。至16世纪末，《中华大帝国史》已以多种欧洲语言发行了40版，门多萨也由于这部书的风行一时、影响深远而被尊为汉学的始祖。其二便是平托（Fernão Mendes Pinto，约1510年—1583年）的《游记》（*Peregrinacão*）。《游记》是葡萄牙游记文学的代表作，被喻为另一部《马可·波罗游记》。作者以虚实结合的手法将中国描绘成一个乌托邦式的理想国家，令欧洲人难以置信，平托也被人叫作"吹牛大王"。由于篇幅所限，且《游记》的初版在1614年才面世，故我们将另文介绍。

十、有关中国的一篇论文

耶稣会成立后不久，便于1542年到达果阿，并建立了在东方的传教基地。1567年，澳门教区也正式设立。为了传教的需要，传教士利用这两个基地想方设法搜集东方各国的历史、地理、文化、政治等情报，耶稣会也定期向罗马呈送报告，汇报有关的情况和传教活动。在圣·方济各会沙勿略（Francisco Xavier）神父的主理下，日本的传教事业发展迅速。1579年到达日本的耶稣会视察员范礼安（Alessandro Valignano）神父有意组织了一批日本新教徒往欧洲访问。访问团于1582年出发，经果阿到达里斯本、马德里和罗马，于1587年返回。应范礼安神父的请求，访问团从葡萄牙带回一部活字印刷机，在1588年7月运到澳门。同年，出版了在澳门印刷的第一部著作——《基督儿童教育》（*Christiani Pueri Institutio, Adolescentiaeque perfugium*）。两年后，即1590年，刊行了一个拉丁文对话录——《关于日本使节朝拜罗马教廷的对话》（*De Missione Legatorum Iaponensium ad Romanam Curiam*），讲述日本教徒的欧洲之旅，同时也描写所经过的亚洲和欧洲地区的情况。在某种意义上，"这部《对话》是16世纪末海外耶稣会会士所掌握的地理学和人类学知识的简明百科。有趣的是，作品在处理欧洲时采用了东方的视角，而在处理亚洲一些地区（如中国）时则用了西方的观点。据可信资料，原著由范礼安神父本人以西班牙文撰写，然后由当时的中国澳门耶稣学院院长孟三德（Duarte de Sande）神父译为拉丁文”[1]。

耶稣会利用葡萄牙人开辟的航道来到了东方，且在葡萄牙人提供的物质协助下进行传教，虽然范礼安神父是意大利人，但《对话》在澳门出版且由孟三德神父译为拉丁文，而拉丁文本又于1592年落到英国人手中，有关中国的部分七年后被译成英文出版并得以流传于世，促进了欧洲中国观的形成，因此，葡萄牙人应有一份功劳。本文亦以此作为探讨16世纪葡萄牙中国观的结束。

英译本标题为 *An Excellent Treatise of the Kingdome of China*，*and of the Estate and Government Thereof*，我们姑且将之译为《有关中国的一篇论文》（下称《论文》）。《论文》对哲学、科举制度等方面都有详细的描述，是其时耶稣会会士对明朝中国的最新认识，可以说《论文》反映了葡萄牙人半个多世纪以来有关中国情况的积累。葡萄牙人到达东方头15年在印度和马六甲收集的口头情报并不完全真实，是第一阶段的特点；16世纪中叶开始了另一个具有批判性的认识中国的理想化阶段，其完美代表作便是克鲁斯的《中国志》；而《论文》则显示出“耶稣会试图在欧洲知识界建立一个更真实和准确的中国观”[2]。

《论文》共30页，以三人对话形式“整理从目前居住在中国的耶稣会神父那儿收到的众多不同情报”[3]。对话中，对中国的地大物博、人口众多、城镇建设良好、政府管理完善等仍大为赞赏。不过，也看到了存在的问题，指出“葡萄牙人中有关中国从未受到战争、饥饿和瘟疫等三大令人悲伤的天灾人祸的侵扰的观念”是“普遍但不确定的，据十分可信的史书记载，中国也曾发生可怕的内战，时至今日，一些省份还受到瘟疫、传染病和饥饿的侵袭”[4]。这时的利玛窦等人已在广东一带传播天主教教义，不时向澳门教友报告中国的现实情况。无疑，西人对中国的认识已更加正确、理性和接近现实，理想化的色彩逐渐变淡。

1584年至1588年，首部葡中词典——也是第一部中西语言词典问世。1594年，远东第一所大学——圣保禄修院成立，致力于培训赴华传教的神职人员。随着大批

[1]《论文》，第17、18页。
[2] 同上书，第22、23页。
[3] 同上书，第33页。
[4] 同上书，第39页。

受过严格职业培训——尤其是语言能力培训——的传教士从澳门这个大本营输入中国，实地考察获取了第一手准确的情报，葡萄牙的中国观有了质的飞跃。虽然在1600年马六甲为荷兰人所占据，葡萄牙的海上霸权走向了衰落，但是，葡萄牙人已完成了历史使命，利用澳门这个基地将中国研究的接力棒成功交到耶稣会会士及后来崛起的西班牙人、荷兰人、英国人和法国人的手中，让理想和知识兼备的传教士去开创中国学职业化、专业化的新时代。16世纪末的中国观虽未完全形成，葡萄牙仍不相信利玛窦神父所讲的“契丹”就是中国的说法，派遣鄂本笃（Bento de Goes）由印度经陆路前往西藏、甘肃，继续寻找“契丹”，但以他们为代表的欧洲人对中国的认识已经日渐深入，欧洲的“中国风”也随之兴起，且越吹越炽，而欧洲人自己都认为在许多领域皆优胜于他们的天朝帝国的世界观却停滞不前，天朝臣民仍坐井观天、悠然自得，直到200多年后在鸦片战争的炮声中才猛醒。

历史真是捉弄人。不过，历史是人写的。

吴志良，1964年生，现任澳门基金会行政委员会主席，著有《澳门政制》《生存之道——论澳门政治制度与政治发展》等，主编《澳门论丛》《新澳门论丛》《濠海丛刊》和《澳门法律丛书》等。

19 世纪以前的中俄互识

柳若梅

近年来，关于各国的“中国形象”研究进展较快，俄罗斯汉学界从 20 世纪七八十年代开始便有学者研究这一问题，同一时期西方也有英文作品问世。在俄罗斯，具有代表性的成果之一是莫斯科国际关系学院国际研究所研究员卢金连载于俄罗斯科学院远东所《远东问题》1998 年第 5 期和第 6 期的《1917 年以前俄国的中国形象》一文，该文详细地剖析了 19 世纪俄国知识界对中国的认识；之二是圣彼得堡大学萨莫依洛夫教授对于俄罗斯中国形象问题研究的梳理和看法。在完成国家清史编纂委员会“清代入华传教士文献档案整理与研究”项目的过程中，笔者通过已出版的俄国东正教驻北京使团成员论著把握俄国认识中国的过程和着眼点，通过清代的历史看中国对俄国认识的轨迹，其中的一些问题发人深省。希望通过本论题的研究能进一步明确俄国认识中国的独特之处，同时深入理解新时期的中俄关系。

翻开历史的篇章，中国与俄国这两个有着世界上最长陆路边界的大国，直到 18 世纪彼此间才开始真正意义上的接触和了解。

一、中国对俄国的认识

1. 早期的俄国商人在中国的出现使得中国对俄国有了最初的直观印象

自蒙元时起，即有俄俘来到中国，但是其被同化的程度远甚于其所带来的俄风异俗，故而虽然俄罗斯这个名称早已有之，但在中国却远未形成对其哪怕是直观层面上的认识。

17世纪至18世纪，俄国相继向中国派出使团，以寻求同中国建立稳定的关系。这些使团出使中国，使俄国至中国的路线更为清晰，越来越多的俄商、布拉哈商人来到中国，《尼布楚条约》签订后俄商来华犹多，他们在带来俄国商品、把中国商品带往俄国的同时，也使得中国对俄国有了初步的、直观上的认识。同时，两国间日益增多的往来交涉，也大大地丰富了中国对于俄国的认识与了解。清初，顺治十三年（1656），俄使拜科夫首度携国书来华，但双方争执于外交礼仪，拜科夫无功而返。顺治十七年，信使伊万·佩尔菲利耶夫（但被清廷误认为是使臣）携国书来华，国书内以俄历记载时间，自称皇帝，言语间妄自尊大之气令清廷上下反感[1]。康熙十五年（1676），俄国派外交官员米库赖·噶窝里雷齐·斯帕法礼[2]率外交使团来京，来函傲慢无礼、外交礼仪之争等为清廷留下了俄人矜夸、无礼的印象，康熙称斯帕法礼"行止悖戾"[3]，嘱中国赴土尔扈特使臣"断不若此"[4]，清廷官员也认为斯帕法礼出言粗鲁，"执拗不娴典礼"。此时在清廷眼中的俄国"居极边绝域之北海附近，自古未与中国遣使往来"[5]。

2. 以满、汉两种文字成书的《异域录》全面地介绍了俄国的基本国情

康熙五十一年（1712），清政府为了向游牧于伏尔加河和乌拉尔河下游的蒙古族土尔扈特部传谕，派遣了使团，使团由太子侍读学士殷扎纳、理藩院郎中纳颜、新满洲噶扎尔图、朱邱、内阁侍读图理琛五名清廷官员和厄鲁特人及随从共32人组成，康熙五十一年五月二十日（1712年6月23日）从北京出发，沿途经过蒙古、贝加尔湖地区，沿安卡拉河、叶尼塞河、鄂毕河、图拉河西行，穿过乌拉尔山脉西南向下，两年后到达里海北部的阿玉奇汗的领地。归程则取道托博尔斯克、托姆斯克、叶尼塞斯克，于康熙五十四年三月二十七日（1715年4月30日）回到北

[1] 见（清）《世祖实录》卷一三五："表内不遵正朔，称一千一百六十五年。又自称大汗，语多不逊。下诸王大臣议，佥谓宜逐其使，却其贡物。奏入，得旨：察罕汗虽恃为尊长，表文矜夸不逊，然外邦从化，宜加涵容，以示怀柔，鄂罗斯远处西陲，未沾教化，乃能遣使奉表而来，亦见其慕义之忱。来使着该部与宴，贡物察收。察罕汗及其使量加恩赏，但不必遣使报书，尔衙门可即以表矜夸不逊，不令陛见之故，谕其使而遣之。"

[2] 此译见康熙汉文起居注册，另有译作"尼果赖·罕伯利尔鄂维策""尼郭莱"的译法，今译作"尼古拉·加夫里洛维奇·斯帕法礼"。

[3] 庄吉发校注：《满汉异域录校注》，台北：文史哲出版社，1983年，第11页。

[4] 同上书。

[5] 《清代中俄关系档案史料选编》第一编，北京：中华书局，1981年，第37页。

京。使团临行前所奉康熙的训令，或许可以代表当时中国对俄国的认识。在训令中可见康熙眼中的俄国：俄国的国家制度——“鄂罗斯国法令严峻”[1]；俄国与邻国的关系——“数年前闻得鄂罗斯国与其邻国不睦，互相攻伐”[2]，由此预想到俄人在与使团见面时“鄂罗斯国必言及火炮之类”[3]；对于俄国的民情风俗也有所认识，“鄂罗斯国习尚矜夸，必陈其所有之物以示尔等”[4]，“地方风俗甚坏，妇女不端者多”[5]。

出使土尔扈特的使团回京后，使团成员图理琛按临行前康熙帝“此役鄂罗斯国人民生计、地理形势，亦须留意”的训令，详细地记录了沿途所见地理风貌、气候、民族、风俗、物产、城寨、人口、宗教、法律、兵备以及使团的活动，成《异域录》一书，以满、汉两种文字书写，于康熙五十五年（1716）上呈，约在雍正元年（1723）[6]末刊刻。该书对于俄域自然状况的描写细致全面，至今仍具有很高的学术价值，但对于俄国宗教文化等的介绍，有些方面囿于作者本人的认识有所偏差，如将东正教堂一概称为“天主堂”，将东正教的受洗仪式称为“浴佛”等。遗憾的是，这部最早的记录欧俄的书在中国社会却并没有产生应有的反响。在该使团出使之后，中国又两次向俄国派出使团。在1727年中俄签订《恰克图条约》之时，清廷对俄国的认识是“俄罗斯僻在漠北，从古不通诸夏，负势险远，未即驯服”[7]。

3. 俄国东正教驻北京使团长期驻扎北京增进了中国对俄国的了解

康熙四十七年（1708），为“承办翻译俄罗斯往还案件文书”，清政府设立了受内阁、理藩院管辖的俄罗斯文馆。创建初期，由来中国贸易的俄商或归降后编入镶黄旗的俄罗斯人担任教师，但由于为师者的人员不固定，为学者不能安于学习俄国文字，及其他诸多原因，俄罗斯文馆的俄语教学收效甚微。

1715年，俄国东正教驻北京使团第一任成员带着俄罗斯东正教圣主教公会和沙皇的训令来到北京，使团团长列扎伊斯基（И. Лежайский）被清帝赐官五品，

---

[1] 庄吉发校注：《满汉异域录校注》，第16页。
[2] 同上书，第12页。
[3] 同上书，第14页。
[4] 同上书，第14—15页。
[5] 同上书，第15页。
[6] 关德栋：《略论图理琛异域录满文本对汉文本脱错的订补及其他》，《文物资料丛刊》（5），北京：文物出版社，1981年，第180页。《异域录》刊刻时间有多家之说。
[7] 张鹏翮等：《奉使俄罗斯日记——中国近代内乱外祸历史故事丛书》，新北市：广文书局，1967年，第3页。

随行司祭、辅祭也被授予七品官。他们结交中国官员，与天主教传教士往来，和普通的中国人也有接触。在北京，人们在生活中对俄国人有了直接的了解，从此，东正教使团成员定期轮换，他们为了了解中国而公开或暗暗进行的种种活动丰富了中国社会对俄国的直观认识。为了解决中、俄交往中的语言障碍，俄国在每任使团成员中都安排了随团来华学习满语和汉语的学生，掌握了中国语言的教士和学生则常常为清朝的理藩院翻译两国往来公文，并担任理藩院的通译，还被俄罗斯文馆聘为教师，如第一任使团修士司祭拉夫连季（Лаврентий）、学生季亚科诺夫（Осип Дьяконов）、第二任东正教使团学生罗索欣（Илларион Россохин）、弗拉德金（Алелсей Владыкин）、第四任使团学生列昂季耶夫（Алелсей Леонтьевич Леонтьев）等，特别要提到的是，罗索欣和列昂季耶夫相继与满人合作，把17世纪俄国著名的《俄语语法》[Грамматика русского языка；斯莫特利茨基（М.Г.Смотрицкий）著于1692年] 译成了汉语，书名为《俄罗斯翻译捷要全书》。

可见，在18世纪，应该说，在北京，在清廷内，中国人与俄罗斯已经有了深入的接触。然而，从下面的一段话中，我们可以了解到在已是19世纪的道光年间，中国对俄国的认识程度："西北有俄罗斯国，地荒远，负北冰海，南邻蒙古及诸回部；慕我朝德化，岁时使其国秀颖子弟来都城学满汉文字，诵习经史诸图，国家厚给廪糈，精选文学之官以教习之，岁满则归其本国，复使其他子弟来代，谓之换班。盖我圣朝声教远讫，渐仁摩义，举凡遐荒远徼，莫不欲使之习道德而敦诗书，斯诚亘古以来，所未有之盛举也。二百年来其国渐被风化，文事益盛，国人以本国文字纂集成书，不下数十百种；然限于疆域，传至中国者绝少。其国民各分种族，曰萨剌瓦族，曰力丁族，曰芬族，曰日耳曼人犹太散民，皆重希腊教门，亦天主教别派也。曰鞑靼里族，游牧于国南鄙，奉回教，即西域回部种类。曰甲才族，亦游牧于国东南部鄙，奉佛教，即中国蒙古之别部也。"[1] 这是在谈及1845年俄国向清政府赠书时所言，从中我们可以看出，19世纪清政府对俄国的认识比图理琛时期的认识有所进步，但把俄国在国家治理、科技文化、历史地理等方面的成就[2] 归结为200年来向中国派驻东正教使团而受中国的熏陶所致，言之以"其国渐被风化，文事益盛，国人以本国文字纂集成书"，未免过于偏颇而显得见闻孤陋，与实不符。"普天之下，莫

[1] 张鹏翮等：《奉使俄罗斯日记——中国近代内乱外祸历史故事丛书》，第71页。

[2] 此次赠书计300余种，其中一半为俄国历史、地理、军事、算法之书，其余为医药、种树、字学训解以及宗教、文学类书籍。

非王土”这种以本朝为天下中心，视他国为远夷蛮邦的情绪流露于字里行间。

二、俄国对中国的认识

1. 早期使华的使团

早在蒙古西征之前，中国的丝绸等商品就经由里海北岸的商道传入基辅罗斯境内。到了17世纪，整个西方都向中国睁着好奇的眼睛，远在东方的神秘中国，是文明、富足、先进的代名词，商人、教士、冒险家争相探索通向中国的方便、快捷之路，作为中国近邻的俄国当然不甘人后。

从俄国历史来看，俄国的发展一直伴随领土的扩张，或为强大国家，或迫于生存寻找通向富庶之路。俄国历史就是一个正在从事开拓的国家的历史，“移民和国土的开拓是我国历史中的主要事情，所有其余的事情都和它们有或近或远的关系”[1]。从公元13世纪下半叶起，莫斯科公国兴起后，便一直奉行领土扩张政策，领土覆盖西至芬兰湾、北至白海、东至乌拉尔的广大地区。与此同时，在伊凡四世（“恐怖的伊凡”或“伊凡雷帝”）统治时期，一方面俄军以武力收服了喀山汗国，把整个伏尔加河流域都划入了沙俄的版图；另一方面，哥萨克人不断向东推进，并与沙皇军队联合征服了西西伯利亚。接下来，通过贸易与移民，俄国将领土继续东扩，直到17世纪中叶，俄国的东扩活动开始遭到清朝政府的阻挡，中俄双方多次在雅克萨交战。1689年，中俄签订了《尼布楚条约》，确定了中俄的边界，结束了两国的交战局面，由此开启了两国近百年的和平时期。但俄国在远东谋求利益的行动并没有终止，当时彼得一世统治着的俄国，军事上大举进攻瑞典、土耳其、伊朗，国内则实行大规模的改革，这一切都需要强大的财力的支持。彼得一世为“财源问题煞费心机，使他自然而然地重视外兴安岭以南、黑龙江流域广袤而富饶的土地，重视在这块土地上生活的居民，以及同大宗毛皮进口国——中国的贸易”[2]，俄国的毛皮、中国的金银和贵重布匹会给俄国方面带来可观的利益，彼得一世把珍贵毛皮买卖等贸易项目收归国家垄断的政策保障了俄中贸易的利润能够使俄国的国库

[1] 克柳切夫斯基：《俄国史教程》第一卷，北京：商务印书馆，1992年，第26页。
[2] 张绥：《东正教和东正教在中国》，上海：学林出版社，1985年，第182页。

得到充实。

前述提到的俄国派往中国的早期使团为俄国乃至西方了解中国做出了开创性的贡献。1619年完成中国之旅的佩特林带回了中国皇帝的国书，第一个讲述了翻越阿尔泰山、穿越茫茫戈壁直至长城、再经张家口到达北京的路线，并记下了“详细笔记”。当时的俄国意欲独享陆路通往中国之便利，所以佩特林的《详细笔记》（Роспись Китайскому государсрву и Лобинскому и иным государсвам，жилым，и вочевым，и улусам，и великай Оби，и рекам и дорогам）一度被秘密地对外封锁，直到200年后才得以公开出版，但是出于对中国的浓厚兴趣，人们手抄传阅，至今发现的佩特林的《详细笔记》不同年代版本的抄本竟达15种，而在西方则早在佩特林完成旅行后的第五年便出版了英文版，然后被译成欧洲几乎所有的语言[1]。佩特林的《详细笔记》充分地描述了富足的中国，那些拥挤而繁华的城市里，“店铺内各种货物应有尽有，有各色的丝、花缎、绢、塔夫绸、绣金缎、各色镶着铜丝的绸缎”，皇城、普通人的生活面貌等[2]亦有所呈现。《详细笔记》使俄国人眼中的中国有了具体的意义。

1655年到达北京的拜科夫使团是俄国向中国派出的第一个官方使团。到达北京后，因中国宫廷礼仪问题、也因清朝政权内部问题等一些综合因素，使团未能得到中国皇帝的接见，在北京滞留6个月后返回了俄国。因蒙古部族争战，拜科夫使团前往中国的路线与佩特林使团不同，这是一条新的路线。在拜科夫的《出使报告》（Статейные список）中，除了对行程线路及沿途风闻的记录外，还把他们在北京6个月的见闻一一记述，内容包括中国皇宫、宫廷礼仪、居民、风俗、信仰、与外国人的往来等。内容丰富的《出使报告》自然在欧洲引起了很大反响，在1755年6月的《每月学刊》[3]上发表了译自法文的版本，后来俄文版本也得以出版。

1675—1676年，莫斯科派往中国的斯帕法礼使团，级别最高，并得到了中国皇帝的接见，其肩负的使命却未完成。斯帕法礼在沿途记下了日记，1677年

---

[1] П.Е.Скачков, Очерки истории русского китаеведения, М., 1977, с.18.

[2] 《十七世纪俄中关系》第一卷第一册，北京：商务印书馆，1975年，第100—129页。

[3] 创刊于1755年，初名为Ежемесячные сочинения к пользе и увеселению служащие，1758至1762年间名为Сочинения и переводы, к пользе и увеселению служащие，从1763年起更名为Ежемесячные сочинения и известия об ученых делах，1764年后停刊。该刊从开明绝对主义的立场出发，以传播科学知识、健康的文学品位和正确的标准语为宗旨，刊登哲学、自然科学、农业、手工业、医学、政治经济学、地理学、民族学、历史、教育、艺术等方面的文章，其中关于中国问题的文章十余篇，包括法国耶稣会士杜赫德《中华帝国概述》的摘录、罗索欣译自满文的《异域录》等，罗蒙诺索夫、苏马罗科夫、赫拉斯科夫等都是该刊积极的支持者和撰稿人。

11 月，他完成了以“记天下被称为亚洲的第一部分，其中包括中国、其城市和省份”（Описание первыя части вселенныя, именуемой Азии, в ней же состоит Китайское государство, с прочими его городы и провинции）为题的出使报告，并上交了外交衙门。从苏联档案馆保存的文献上看，至 17—18 世纪前，该报告有 40 多种抄本，足见当时的俄国对中国的兴趣之大。

俄国派往中国的早期使团虽然都留下了详细的出使报告和记录，但是俄国出于自身利益考虑对外封锁了这些消息，限制了使团获得的关于中国的消息在俄国的影响。可以说，使团带回的资料在西欧的影响远远超过了在俄国的影响。

2. 欧洲关于中国的认识对俄国的影响

早在 1585 年，欧洲第一部关于中国的著作——《中华大帝国史》——便在罗马问世。从 16 世纪起，天主教传教士进入中国，他们撰写的关于中国的论著源源不断地被寄回欧洲，为欧洲社会提供了大量关于中国的最新资料。启蒙运动时期，欧洲的“知识分子以批判的眼光看待几乎所有的欧洲传统”[1]，他们“分析政治传统、社会和经济结构、看待过去的态度、人性思想、知识、科学、哲学、美学和道德理论”[2]，“目标是推翻旧有结构，重建人类社会、机构和知识，并用所谓的自然秩序为新社会提供坚实的理论基础”[3]，很多启蒙思想家都对中国表现出极大的兴趣。在俄国，彼得一世执政以前，俄国的政治、经济、文化等方面的发展一直处于低潮。彼得一世在其统治时期进行了一系列大规模的改革，从而把俄国带入了 18 世纪初的西欧世界，进入到启蒙运动的思想氛围之中，也使自己成为启蒙运动中的一个重要俄国代表。在俄国启蒙运动中，中国成为俄国知识分子寻求俄国发展之路过程中的主要参照，他们大量地译介欧洲关于中国的资料，分析中国的统治制度、历史地理、人文思想和实用技术，希望从根本上改变俄国的社会生活，并提出废除农奴制度。

1）俄国科学院关于中国问题的研究

1711 年，彼得一世多次邀请欧洲启蒙运动的重要人物莱布尼茨访问俄国。作为柏林科学院的创始人，莱布尼茨与彼得一世的交往对俄国科学院的成立发挥了很

[1] 彼得·赖尔、艾伦·威尔逊：《启蒙运动百科全书》，上海：上海人民出版社，2004 年，第 11 页。
[2] 同上书。
[3] 同上书。

大的作用。1724 年，按照彼得一世生前的规划，俄国成立了科学院。在俄国科学院成立之初的 1726 年，在深受莱布尼茨思想影响的德国数学家哥德巴赫的推荐之下，德国东方学家巴耶尔受聘于俄国科学院，成为东方学院院士。早在赴俄前，巴耶尔就钟情于东方语言历史问题的研究。在俄国生活、工作的 12 年间，他潜心研究，出版了欧洲第一部关于中国的著作——《中国博览》（*Museum sinicum*）。同时，在几乎每期的科学院通报上都有巴耶尔的论文，其中关于中国问题的内容占了不少的篇幅。在科学院的工作会议上，他的发言常常要以东方问题特别是中国问题为题。巴耶尔在刻苦研究的同时还做了大量的学术组织工作，组织出版了其他学者的著作，绘制了一些东方文字的字模，还收集手稿、积极同俄国境外的学者建立学术联系。他特别注重收集关于中国的信息，向由中国归来的劳伦茨·朗格和东正教北京传教士使团成员，询问关于中国的各式各样的问题。他充分利用了俄罗斯上流社会如 А.И. 奥斯杰尔曼伯爵[1] 等人的中国藏书和收藏品，并在奥斯杰尔曼的帮助下，同居住在北京的耶稣会会士建立了通信联系，互换资料及各自出版物[2]。由巴耶尔而始的俄国科学院学者同中国耶稣会会士的通信为俄国科学院积累了大量珍贵的中文书籍和文献。1732 年，巴耶尔接待了造访俄国科学院的中国访俄外交使团[3]，巴耶尔与中国代表团的会面大大地提高了一些俄国学者对中国的兴趣。

当时俄国学界以外籍学者居多，属于俄国的学界发育尚未成熟；巴耶尔本人不懂俄语，导致其成果读者范围狭小，没有培养出后继者而使中国研究在其身后无以

---

[1] Адрей Ив. Остерман（1686—1736），俄国外交家，国务活动家，高级枢密院成员。在安娜·伊万诺夫娜（1693—1740）时期是俄国对外对内政策的实际实施者。1741 年伊莉莎白·彼得罗夫娜登基后被流放到西伯利亚的别廖佐夫。奥斯杰尔曼对于俄国远东邻国中国一直十分关注，热衷于收藏中国书籍、钱币、艺术品。

[2] 巴耶尔的《中国博览》一书出版后，其汉学研究受到了奥斯杰尔曼的关注，1731 年，一直对巴耶尔极为支持的俄国宫廷学者侍从团团长费奥冯·普罗戈波维奇（Новгородский Феофан Прокопович，1681—1736）建议巴耶尔同在中国和印度生活的欧洲耶稣会会士通信，在奥斯杰尔曼伯爵的帮助下，双方通信得以实现，第一封写给北京耶稣会会士的信及回信由劳伦茨·朗格传递，双方达成了进行通信往来及互换作品及手稿抄本的约定。由此，在 1731—1738 年，俄国科学院很多学者都同北京耶稣会会士建立了通信联系。详见拙文《18 世纪俄国汉学先驱巴耶尔》，载《中西文化研究》（澳门）2003 年第 1 期，第 93—99 页。

[3] 这是中国向俄国派出的第二个外交使团，成员包括内阁学士德新、侍读学士巴延泰以及秘书福卢等 20 名随从人员，使团前往祝贺安娜·伊万诺夫娜继位，1732 年 5 月 8 日（俄历 4 月 26 日）至 7 月 26 日在彼得堡逗留。详见张维华、孙西：《清前期中俄关系》，济南：山东教育出版社，1997 年，第 308—337 页。

为继，这些都决定了当时中国问题没有引起更广泛的重视，但巴耶尔的研究为俄国后来认识中国、了解中国打下了一定的基础。

2）18 世纪下半叶的俄国与中国

在俄国历史上，对俄国的政治、军事、文化等发展有着重要影响的另一个执政者是 1762—1796 年间统治俄国的女皇叶卡捷琳娜二世。如果说彼得一世打开了面向欧洲的窗口，那么叶卡捷琳娜二世则敞开了通向欧洲的大门，她积极地鼓励西方思想在俄国的传播，欧洲启蒙运动中的思想家如孟德斯鸠、伏尔泰、贝卡里亚等对叶卡捷琳娜二世在俄国所进行的改革有着重要的影响。为了树立自己“开明君主”的形象，她自称是伏尔泰和孟德斯鸠的学生，并和伏尔泰、狄德罗等重要的欧洲思想人物保持着通信。正是在欧洲启蒙运动的影响下，对中国的物质文化早有接触的俄国在叶卡捷琳娜二世统治时期把带有“中国风格”的洛可可建筑引入彼得堡，如今圣彼得堡的冬宫、查斯科伊谢洛宫、斯莫尔尼女子修道院和涅瓦大街在建筑风格上都隐约透露出叶卡捷琳娜二世对中国的物质文化所表现出的浓厚兴趣。虽然叶卡捷琳娜二世出台的《宪法》和《贵族宪章》都深受孟德斯鸠和狄德罗的影响，但启蒙思想家所提倡的反对封建主义，保卫自由、人和权利以及民众的利益，却远远得不到叶卡捷琳娜二世的回应，狄德罗提出的改革建议被她认为脱离现实，她所关心的只是中国的物质文化而已。

欧洲启蒙运动思想界对中国的国家体制和政治道德的关注也影响到了俄国的知识界，形成了俄国知识分子关心国家的发展和民众的利益的传统，当然由此也造成了俄国知识分子从 18 世纪的拉吉舍夫到 19 世纪的“十二月党”人再到苏联时期的文化豪杰遭受压制打击的后果。在 18 世纪，俄国知识分子通过中国的国家体制和统治制度影射批判了俄国的现实，诺维科夫、苏马罗科夫、冯维辛、科泽尔斯基（Я.П.Козельский）等俄国启蒙运动思想家在自己关于君王、国家等的观点中都表达了对中国国家制度的赞赏 [1]。诺维科夫主办的几份杂志《雄蜂》（Трутень）、《闲谈者》（Пустомели）、《画家》（Живописец）大量发表介绍中国的文章，大胆地表达了对开明专制的怀疑，并以中讽俄，描绘了构建美好的理想国家的图景。冯维辛站在启蒙思想的立场上接受了开明绝对主义的思想，认为只有开明的专制能够拯救民众，认为思想家们应当广泛地传播这些思想并促进开明专制的形成，他从法文本

[1] 参见 О. Л. Фишман, Китай и Европа, Санкт-Петербург, 2003，第 234—394 页。

翻译了《大学》，并于1779年在《科学院消息》上匿名发表译文，意在把中国古典文献中的君王典范同现实中的俄国女皇相对比，君王与其臣民之间没有什么差别，“自天子以至于庶人，壹是皆以修身为本”，强调皇帝的权力体现了对于专制制度的巨大责任——“上老老而民兴孝，上长长而民兴弟，上恤孤而民不倍，是以君子有絜矩之道也”。科泽尔斯基以卢梭和盖尔维茨的思想为基础，于1786年出版了《哲学见解》一书，书中以中国为例反对农奴制和暴政，主张君王应以仁爱之心明智地治理国家，特别提出了中国古代的君王尧以开放的姿态接受臣民的劝谏，自然能够消除民众中的敌对因素，意在反对叶卡捷琳娜二世的《贵族宪章》和由此而来的贵族对农奴的极端压榨。《从彼得堡到莫斯科旅行记》的作者、18世纪后期的俄国思想家拉吉舍夫因在该书中揭露了统治者的暴政和农奴制的黑暗而被判流放西伯利亚。在西伯利亚，拉吉舍夫仍关心着俄国的农民问题，从农民的利益出发，对俄中贸易中的一系列重要问题提出构想和对策。

在俄国，书刊审查制度建立于18世纪末，因而18世纪在俄国的图书出版方面最突出的表现是期刊出版的极大繁荣。据俄罗斯学者的统计，这一时期出现的期刊将近150种[1]。这些杂志大都刊登了译自西欧杂志上的一些道德讽刺文章，不少文章都有关于中国的内容，特别是关于中国的统治制度的内容，包括译自杜赫尔德《中华帝国概述》、柏应理《中国哲学家孔子》等耶稣会会士关于中国的作品的摘录，如1727年创办的政府报纸《圣彼得堡报》（Санкт-Петербурские ведомости），前述提到的《每月学刊》，苏马罗科夫创办的俄国第一份杂志《勤劳的蜜蜂》（Трудолюбивая пчела），甚至诺维科夫创办的俄国第一份儿童杂志《儿童益智成长必读》（Детское чтение пля сердца и разума）上也有关于中国的内容。据俄罗斯汉学家菲什曼的研究，从1731年至1793年的俄国刊登有关中国文章的杂志就达50种，占期刊总量的三分之一，内容及数量大致如下：中国及其国家体制12篇，中国历史5篇，民族学5篇，哲学和道德5篇，法律2篇，汉语2篇，医学1篇，地理2篇，游记4篇，文学作品翻译4篇，手工业8篇[2]。除此之外，在18世纪，俄国还出版了俄文译本的中国典籍及译自法文、德文的关于中国的著作近20部，其中就包括涅恰耶夫以诗歌形式翻译的伏尔泰的《中国孤儿》。

---

[1] П.Н. Берков, Проблемы исторического развития литератур. Л., 1981.

[2] О.Л.Фишман, Китай и Европа, Санкт-Петербург, 2003，第388页。

3. 俄国东正教驻北京使团

俄国东正教驻北京使团写给俄国外务委员会和圣主教公会的报告，加深了俄国上层对于中国的了解，使团的学生轮换回国后，对于俄国认识中国更是发挥了积极的作用。

1741—1751 年，在俄罗斯科学院从事满语和汉语翻译的罗索欣，同时也在圣彼得堡的科学院满汉语学校教授汉语和满语，学生有 4 人。1741 年俄国参政院核定的教学大纲内容包括："教汉语文法、会话，教授中国所有的礼节，使学生逐渐能够了解中国的政治" [1]，教材则是从北京搞到的《汉满语简单会话手册》，以及罗索欣自己从中国带回的《三字经》《千字文》《二十四孝》《四书》的一些章节等。在为政府培养满汉语人才的同时，也通过作为教材的课本和老师的言传身教，使得中国的传统思想在一定范围内得以传播。

俄国东正教驻北京使团的教士与学生留下的关于中国的著作使俄国对中国的认识发生了大大的飞跃。在俄国东正教驻北京使团的成员至今为止发表的近 400 种论著、译著中，18 世纪发表 30 余种，具体内容及相关数量如下：国家体制和国家治理 13 种，中国历史文化 10 种，中国基督教问题 3 种，茶叶和丝绸 1 种。1741 年 3 月，返回俄国的罗索欣被科学院正式录用为翻译，其大量的翻译文字虽然只发表了 3 种，但其翻译的资料对当时俄科学院的学者研究中国发挥了十分关键的作用，科学院中很多学者关于东方问题的研究都有赖于罗索欣的译文，如著名的德国历史学家米勒关于西伯利亚、蒙古问题的研究。值得一提的是，罗索欣和列昂季耶夫共同翻译的《八旗通志》，由于统治者希求利用中国的史籍以证明其专制制度的合理性而得到了出版。未出版的大量译文手稿还包括《通鉴纲目》《大清一统志》，以及关于中国的史地、天文、手工艺的内容，罗索欣的译文除了翻译原文外，大都给出了详细的注释，从而成为认识中国的可靠资料。米勒曾对比过《异域录》的罗索欣译本和宋君荣译本，他认为罗索欣的译本因带有详细的注释而更加实用。俄国东正教驻北京使团的论著、译著再加上前述欧洲关于中国的认识对俄国的影响，使得俄国上层社会及知识界形成了初步的中国形象，并将这些认识与俄国的现实相结合。叶卡捷琳娜二世为强调帝制和贵族的特权，授意列昂季耶夫将《大清律例》译成了俄

[1] А. М. Куликова, Востоковедение в российских законодательных актах, СПб., 1993.

文出版。知识界也希望通过中国的资料影响俄国的发展。为了讽谏女王，使其做一个真正开明的君主，诺维科夫在他主办的讽刺杂志《雄蜂》上刊登列昂季耶夫翻译的《名臣奏议》；为暗示女皇应将皇位传给已满16岁的儿子，刊登了列昂季耶夫译成俄文的《雍正传子遗诏》。冯维辛还撰文把俄国社会丑陋的一面同被理想化了的俄国的中国形象对比起来[1]，影射俄国不堪的社会现实，也表达了俄国知识分子对国家前途的深切关注和美好期望。

在18世纪俄国对中国的认识中，由于启蒙思潮的作用，西欧对中国的研究在俄国知识界产生了很大的反响，推动了俄国对中国的认识。而俄国东正教驻北京使团对中国的译介和研究或是被作为国家机密而封存，或是由于学术条件的局限受到排挤压制而难以发表（罗索欣的境遇就是一个典型的例子），但鉴于俄国科学院甚至政府部门中有大量来自欧洲其他国家的人士，这些资料却又成为欧洲其他国家及俄国所发表的一些关于东方——特别是西伯利亚、蒙古——的研究成果的基础资料。

三、19世纪以前中俄互识对两国的进一步认知及两国关系的影响

18世纪中俄两国相互认知的程度对两国关系发展的影响巨大，其后果对于满清中国来说是极其可悲的。

1. 中国对俄国的认知

俄国与蒙古毗邻，蒙古为清朝的藩部，因而对俄事务大都与蒙古相关，这固然是清朝以理藩院处理对俄事务原因的一个方面。然而，清朝统治者只是模糊地把俄国看成是与其藩属国同等的未沾教化的外藩小国，而难以认识俄国欲同中国建立稳定的关系的起因和目的。

“道光二十五年，俄罗斯国王表言《丹珠尔经》乃佛教所重，而本国无之，奏求颁赐。上命发雍和宫藏本八百余册赐之，越数月，其国王因肄业换班学生进京，乃尽缮俄罗斯所有书籍来献，凡三百五十七号。”[2]当时的文人对此十分关注，将之

[1] 参见 П. Е. Скачков, Очерки истории русского китаеведения, М., 1977, с.50—73.
[2] 张鹏翮等：《奉使俄罗斯日记——中国近代内乱外祸历史故事丛书》，第71页。

与利玛窦等天主教传教士向中国朝廷献书、著书相比，认为“俄罗斯渐被文德，沦浃已久，其国王自献书籍至三百余种之多，皆确实而有证……为自古所未有，夫岂明代利玛窦等进书之事，所可比拟于万一哉！”[1] 但中国却远未把握好这个了解西方和俄国的机会，只是将书目译成了汉语，后便束之高阁，最后遭流散之运。这些书籍共分 21 大类，全面地反映了 19 世纪以前俄国文化知识的发展状况，其中很多是当时最新出版的文化及科学名著。例如，其中有俄国数学家布尼雅科夫斯基译自柯士（Cauchy）的法文本，在中国直到 1859 年才由英国的新教传教士伟烈亚力译出；赠书中的《矿学课程》为俄国工程师乌札蒂所著，1843 年出版于圣彼得堡，作者曾亲身参与俄、奥、德、比等国的采矿工作，具有丰富的采矿经验，在清代直到 1884 年才出现采矿方面的译著。正是由于对俄国的轻视，使清朝坐失全面了解西方科技文化的良机[2]。

对彼之不知，自然导致清政府在中俄边境争端中逐渐陷入劣势。清政府在清前期占了上风，以《尼布楚条约》使两国保持了 100 多年大体和平的关系，但是，从 18 世纪初叶起，俄国就不断向中国的西部、北部连续推进、蚕食，导致清朝忍无可忍，中俄关系因此恶化。康熙帝在接见伊兹玛依洛夫时所言“两国征战，纵互有所获，究于两国何益？两皆有许多土地足以自存也”[3]，既反映了清朝对中俄关系争端不断的疑虑，也反映了对俄国的认识上的粗浅无知。到了 1727 年《恰克图条约》《布连斯奇条约》签订之时，俄国边境地区的面积“反而更加扩大了，有的地方扩大了几天行程的面积，有的则扩大了几个星期行程的面积，从而给俄国带来不少好处”[4]。其间虽有法国耶稣会会士巴多明贿赂内阁大学士马齐之嫌，但清朝对俄国的认识不足也是根本原因之一。清朝一步步地陷入了被动，俄国与中国谈判的使臣萨瓦（Сава Владиславич）在给外交部的报告中说，“中国远不如人们相信的那样强大……康熙时代的老臣已被没有才能的青年人所代替”[5]，俄国的中国形象也一路下滑，直到 19 世纪，在俄国的知识界，同欧洲其他国家类似，把中国看成是“停滞不前”“封闭顽固”的代名词的看法已占有相当一部分的比例。到了 19 世纪中后期，中国沦为西方列强瓜分的目标，蒙受了无尽的苦难。

[1] 张鹏翮等：《奉使俄罗斯日记——中国近代内乱外祸历史故事丛书》，第 72 页。
[2] 参见张铁弦：《记 1845 年俄国所赠的科技图书》，《文物参考资料》1958 年第 7 期，第 45—46 页。
[3] 《俄中两国外交文献汇编（1619—1792）》，北京：商务印书馆，1982 年，第 116 页。
[4] 同上书，第 167 页。
[5] 《彼得大帝时期的中俄关系史》，北京：商务印书馆，1983 年，第 209 页。

在中国，直到19世纪中叶，林则徐才在与西方列强的禁烟斗争中意识到了解西方国家的迫切性，组织编译了《澳门新闻纸》，主持编译了《四洲志》，由此开一代风气之先，引发了魏源撰《海国图志》、徐继畬撰《瀛寰志略》、汪文泰撰《红毛英吉利考略》、梁廷枏撰《海国四说》、肖令裕撰《英吉利记》等研究外国史地的热潮。1840年7月25日的《澳门新闻纸》，翻译了关于英俄战争的情况，林则徐亲自作注，指出了俄国对我国西南边陲的潜在威胁。

2. 俄国对中国的认知

18世纪俄国知识界通过了解中国反思俄国现实的传统也延续到了19世纪，赫尔岑、别林斯基、索洛维约夫在思考俄国的命运时都因袭了这一传统。尽管如前所述在19世纪以前俄国知识界对中国有了一定的认识，但是，严格来说，在俄国的“中国观”还远未广泛地形成，俄国东正教驻北京使团在去国赴华前所表现出的乡愁便是文化隔阂的绝对的证明。

在俄中政治关系中，俄国把中国看成是其远东计划的一部分。从彼得一世开始，俄国政府从宗教、贸易入手，为其在远东谋取更大的利益而步步为营，主要通过俄国东正教驻北京使团的报告和信件来了解、研究中国。同时，18世纪的俄国对中国的分析与研究也为其19世纪上半叶对中国的地理、民族、考古研究打下了基础，更为其同西方列强争夺在华利益奠定了根基，使其在中国东北的一系列活动屡屡得逞，我国学界数十年来以沙俄侵华史为主题的中俄关系研究所反映的虽不是中俄关系的全部内容，我们从中却可以清楚地看到对中国有着全面深入的认识、了解的俄国在处理俄中关系时占尽了先机。

柳若梅，1966年生，北京外国语大学副教授，主要从事中俄比较文学与比较文化、中俄文化交流史、世界汉语教育史等研究。

《圣经》在 17 世纪的中国

〔比〕钟鸣旦

自 16 世纪末以降，天主教一直持续不断地在中国传教。然而，第一部天主教的《圣经》全译本却只是在 1953 年才得以印行，而新教的多种译本早在 19 世纪就已经可以见到了。马歇尔·布鲁姆霍（Marshall Broomhall）在其所著的《〈圣经〉在中国》一书中，对天主教的《圣经》译本之阙如深表诧异："当我们回想起耶稣会会士曾翻译过诸如托马斯·阿奎那的《神学大全》这类著作，而且教宗曾收到过一份献给他的中文弥撒书时，我们便有强烈的理由质问：为什么我们没有听到更多的关于《圣经》翻译的消息？"[1] 任何一位当代的天主教徒也肯定会深有同感。在本文中，我们力图探究传教士在何种程度上利用了他们所能得到的翻译《圣经》的机会，我们还将探寻天主教的《圣经》译本最终未能出现的原因。我们还会努力将那些《圣经》的替代性出版物置于更为广阔的中国文化脉络中，并尝试探究这些作品如何适应中国思想。

一、真正的翻译

在开始探究之前，我们必须指明一点：曾经有过一些"真正的翻译"的尝试（这个词意指那些旨在翻译《圣经》全文的努力）。在整个 19 世纪以前的时段里，

[1] Marshall Broomhall, *The Bible in China,* London: The China Inland Mission, 1934, p.40.

天主教中似乎有过为数极少的系统翻译《圣经》的努力。

白日升（Jean Basset，1662—1707）翻译了拉丁文本的新约的绝大部分（四福音书、宗教大事录、保禄书信），他卒于1707年，去世前他还在翻译《希伯来书》的第一章，而他的译著却从未印行。不过，英国人霍格逊（Hodgson）得到了一份白氏译本的抄本，该抄本成为汉斯·所罗那爵士（Sir Hans Solane）的图书馆藏品，后又为大英博物馆收藏。当马礼逊（Robert Morrison，1728—1834）于1807年启程前往中国时，他得到了这个文本的一份抄本，这个抄本成为了他自己的《圣经》译本的重要参考[1]。

两位方济各会士也曾做过翻译《圣经》的尝试。梅述圣（Antonio Laghi，卒于1727年）将《创世记》和《出谷记》的一部分翻译成白话汉语，他把自己的译文转给了麦传世（Francesco Jovino，1677—1737），而后者觉得该译文不能接受，因为它几乎完全是直译。他本人修订了这些部分，并赓续译事。当他译至《民数记》（而且显然已译至《多俾亚传》和《达尼尔》）时，其译本被送到方济各会士康和子（Carlo Horatii，1673—1759）那里，而康和子却坚决劝诫麦传世不要使译本流传。他的看法是：在中国尚未经历“可观的皈依”之前，不应该译出中文本。而且，《圣经》的中文翻译不仅要由欧洲人来做，还应由中国人来做，如此才能使译本臻于“准确、优雅和庄严”。麦传世的手稿似乎并未被保存下来[2]。

耶稣会会士贺清泰（Louis de Poirot，1735—1813）完成了整个新约的翻译，并翻译了部分旧约[3]。该译本完成于1803年，但从未出版，其标题为《古新圣经》，卷数多于34卷，亦以拉丁文本为依据，每章后都附有简释。仅《雅歌》和《先知书》大部分未译，《以赛亚书》《但以理书》和《约拿书》均已译出[4]。北堂图书馆

[1] Bernward Willeke, “The Chinese Bible Manuscript in the British Museum”, *Catholic Biblic Quarterly* VII (1945), pp.150-153; B.Willeke, “Das Werden des Chinesischen Katholischen Bible”, *Neue Zeitschrift Für Missionswissenschaft* XVI (1960), pp.284-285; Quartor Evangelica Sinica, Sloane Manuscript #3599 (1737/1738, 1805). 香港大学抄本，参看 Jost Zetzsche, “Bible in China (I): Transcriptionen in den chinesischen Bibelübersetzungen”, *China Heute* (1994), p.184。

[2] 此一信息由 Jost Zetzsche 慷慨提供，并将收入其学位论文之中。该信息的根据是由 Willeke 发现的麦传世于1726年2月13日写给康和子的一封信；亦可参看 Willeke, “Das Werden...”, 第285页。

[3] 在耶稣会被解散之后，他获准留在北京。1806年，他重入耶稣会。关于他的生平，见 Joseph Dehergne, *Répertoire des Jésuites de Chine de 1552 à 1800*, Roma: Institutum Historicum S.I.,1973, p.207。

[4] Willeke, “Das Werden...”, p.286；贺清泰还曾将《圣经》译为满文，关于各章之目录，见 Louis Pfister, “*Notices biographiques et bibliographiques sur les Jésuites de l'ancienne misson de Chine (1552-1773)*”, Shanghai: Imprimerie de la Mission Catholique, 1932, pp.968-969；费赖之（Louis Pfister）所提到的各章均有抄本保存在徐家汇图书馆；徐宗泽的《明清间耶稣会士译著提要》亦提供了各

存有一份抄本[1]。

小结：所有这些翻译都是由个人独立实施的，并非合作或教会决定之结果。此外，这些译著从未印行，因而从未被大量读者所用。职是之故，虽然它们都有不可取代之价值，但很难说它们代表了天主教在《圣经》翻译方面所做的早期努力。

二、欧洲的背景

为了理解《圣经》在天主教于17世纪在华传教活动中的地位，我们必须了解一下其传教方针的更广阔的背景。最近的研究已经开始强调传教士所属国家的宗教、文化、社会、经济和政治的现实[2]。这种背景确实影响了传教士们所采取的在华传教活动的方法。因此，我们应该首先了解一下16世纪至17世纪欧洲的天主教在《圣经》出版方面的情况，以便更好地理解其与在华之《圣经》有关的方针。

16世纪下半叶和17世纪初的《圣经》出版，主要发端于特利腾大公会议（1545—1563）的一些提议[3]，大公会议不仅仅限于对《圣经》与传统之间的关系做教条式的讨论。新教更注重《圣经》，受此刺激，大会以其特有的方式重新发现了《圣经》的重要性。这一点，不仅可以见之于对《圣经》是否是正经及拉丁文译本的可靠性的讨论中，还可见之于该会议就《圣经》在教义、培育及宣讲方面的整合所颁布的法令中。关于《圣经》的方言翻译，该会议仍保持中立，未做出规定或加以禁止。

（接上页）章之目录（见该书台北中华书局1957年版，第18—22页）；亦可参看Joseph Dehergne, "Travaux des Jésuites sur la Bible en Chine"，收入Yvon Belaval和Dominique Bourel所编的*Le siècle des Lumières et la Bible*, Paris: Beauchesne, 1986, p.226。

[1] 冯瓒璋编纂的《北平北堂图书馆暂编中文善本书目（四）乙编公教善本书目》（收入《上智编译馆馆刊》11，4—5，1947年，第363页）提到了三种被认为是贺清泰所译的译著：《古新圣经》《圣保禄谕罗马教友的书札》以及《圣经》，这些译著的两种序言被收入徐宗泽的《明清间耶稣会士译著提要》，第20—22页。

[2] 其中的一例是Carine Dujardin的"Historiography and Christian Missions in China"，收入*Historiography of the Chinese Catholic Church*, J. Heyndrickx ed., Leuven: Ferdinand Verbiest Foundation, 1994, pp.92-93。

[3] 以下描述的依据是：Guy Bedouelle，"La réforme catholique"，收入G.Bedouelle和B.Roussel所编的*Le temps des Réformes et la Bible*, Paris: Beauchesne, 1989, pp.327-368。

这些选择的自由导致了16世纪末出现了大量的《圣经》方面的出版物：

1.《〈圣经〉武加大译本》（*Sixto-clementine Vulgate*，1592）：这个版本成为天主教中钦定的拉丁文译本。它是由众多的《圣经》专家组成的几个委员会工作的成果，是根据不同的修会所拥有的大量手稿进行校勘而成书的。

2.《罗马日课》（《每日祈祷书》，1568年）：这种日课是司铎和会士所用的一种日常祷告书，也包括一些圣人的榜样。根据16世纪中期的评论，日课经书里的新约被无趣的文本所取代，并被一些“粗制滥造”的圣人“所说”所充斥。新的罗马《每日祈祷书》的主要目的在于教育，它试图通过与选自新旧约的一些文本的日常接触增进人们对《圣经》的了解。

3.《罗马弥撒书》（1570）：弥撒书是用于弥撒典礼的一种课本。在特利腾大公会议上，关于圣体的神学成了另一个重要的议题。会议决定：要使各种不同的圣体仪式具有更大的统一性，而《罗马弥撒书》则是这一决定的结果。弥撒书包含了《圣经》中的一些段落，这些段落要按照礼仪年的次序在弥撒中诵读。这次大会和准备弥撒书的委员会几乎均未想过使《圣经》在弥撒典礼中占据新的位置。如果这次大会选择了运用各种方言的典礼，那么情况就会迥然不同了，但大会并未这么做。不过，大会还是推荐对弥撒中诵读的经文常加解释。

4.《教义问答手册》：特利腾大公会议之后，为初入教者撰写的各种《教义问答手册》非常流行。它们大都模仿了中世纪基础教育的四支柱结构：宗徒信经、天主经、十诫以及圣事。对《圣经》的新兴趣反映在了《特利腾大公会议法令问答》（*Catechismus ex decret concilii Tridentini*，*ad parochos*，1566）中，一些非常流行的教义问答手册，诸如耶稣会会士奥格尔（Auger）和卡尼秀（Canisius）所撰写的手册，就是仿此而成的。

5. 安特卫普多语种对照本《圣经》：一项最重要的科学事业就是配有多种语言翻译（包括希腊文七十士译本版译文及拉丁文、叙利亚文译文等）的原始《圣经》的出版。安特卫普多语种对照本《圣经》是由西班牙国王菲力普二世斥资、由著名的普兰丁出版社印行的，共8卷，印于1569—1572年。

6. 注释：在更为学术化的层面上，还有一些主要关注方法论的长篇大论的翻译，它们大都受到了那些常被征引的教父们的影响。印刷业的成功使得这种著作获准出版，并得到了相当广泛的流传。

小结：16世纪末和17世纪初远赴中国的天主教传教士们来自深受特利腾大公

会议影响的欧洲，这是他们曾生活于其中的背景。在他们的成长过程中，他们亲眼见到了由天主教教会产生的对《圣经》的新兴趣所带来的第一批成果，而这种新兴趣又肇端于由对新教的批判所导致召开的特利腾大公会议。

三、中国之镜

传教士们在中国的活动主要是其出发国的背景的反映，在这样的背景中，强调以下一点是很重要的，即：17 世纪时，《圣经》在福音宣讲中的地位与今日的情况并不相同。比如说，在华普通传教士并未携来过一本哪怕是袖珍版的《圣经》，因为（欧洲的）普通天主教教士当时也没有《圣经》。教士和信徒们通常都是通过弥撒书这类关于礼仪的书籍才得以接近《圣经》的。而且，令人非常惊讶的是，尽管当时通信困难，传教士们却受到欧洲之发展的重大影响。在《圣经》研究这一领域里情况也是如此。

普兰丁多语种对照本《圣经》

普兰丁多语种对照本《圣经》到达中国不过是一个个例。利玛窦（1552—1610）曾要求得到一本这种的《圣经》，圣塞韦里娜的红衣主教圣托里（Guilio Antonio Santori，1532—1602）赠给了利氏一本。这本《圣经》装订精美，饰有大量的黄金。1604 年，在运往北京的途中经历了一次翻船事故，这本《圣经》却大难不毁，终于到达了北京。1604 年 8 月 15 日，这本《圣经》首次在教学中向公众展示，据说赢得了很多人的钦慕[1]。1605 年，在遇到艾姓犹太人时，利玛窦也曾向他展示过这本《圣经》。当艾氏看到其中的希伯来语的文字时，他虽然能认出来，却读不出来[2]。

关于圣礼的翻译问题

《圣经》不仅被重视，其中的一些章节也被用于弥撒。正像在世界上的其他地区一样，圣礼都是用拉丁文举行的。要想用方言做弥撒，必须得到罗马教廷的

---

[1] 见 Willeke, "Das Werden...", p.281; Pasquale M.D'Elia, *Fonti Ricciane*, Roma, 1949, II, pp.281-282; Jonathan Spence, *The Memory Palace of Matteo Ricci*, London: Faber and Faber, 1985, p.87。

[2] Fonti Ricciane（《利玛窦全集》）中未提到这件事，只见于金尼阁的版本：M. Ricci &N. Trigault, *Histoire de l'expédition chrétienne au royaume de la Chine*, Paris: Desclée de Brouwer, 1978, p.176。

准许。在培养中国本地的神职人员这样更广阔的背景中，有人提出了希望获准把《圣经》翻译成中文的请求[1]。试图允许中国人成为教士的方针最初遭到了范礼安（Alessandro Avalignano，1539—1606）的否决，范礼安决定着主要的传教策略。但是，利玛窦去世后，中国教区的负责人龙华民却推翻了这一决定。此外，他还有另一种看法，即认为可能的中国神职人员候选人应该免除拉丁语的学习，因为拉丁语的语法和发音对中国人来说有很多问题。

因此，龙华民派遣金尼阁（N. Trigault，1577—1628）赴罗马请求准许用中文学习神学，举行弥撒，诵念每日祈祷书，并用中文安排圣礼。教宗保罗五世（1615）准许将中文文言用于圣礼，同时，亦准许把《圣经》译成中文，但不是译成方言土语，而是要译成“适合于士大夫的语言”[2]。

尽管获得了准许，耶稣会会士却从未着手翻译。根据早期的耶稣会史学家巴托利（D. Bartoli）的看法，其原因在于当地的耶稣会的教务负责人不准许做这项工作。他写道：“那时的神父们精于用中文文言写作和谈话，因为他们致力于中文的学习已长达二三十年乃至更久。但由于翻译是一项艰难、危险、非常漫长而又很难说是必要的工程，教务负责人便不允许做这项工作。”[3] 这些理由与利玛窦反对翻译《圣经》所持的理由是相一致的。尽管有很多中国人都请求他着手这项翻译工作，他总是谢绝。其借口是工作负荷太大，这项任务太难，着手翻译之前要得到教宗的批准[4]。

翻译工作当然是有优先性的。其他一些大型的翻译项目，如《崇祯历书》[5]或《科英布拉哲学》（*Coimbra Philosophy*）[6]，就曾被耶稣会会士们视为更加

---

[1] 见 J. Jennes, “A propos de la liturgie chinoise”, *Neue Zeitschrit für Missionswissenschaft* II (1946), pp.241-245. 亦见 F. Bontinck, *La lutte autour de la liturgie chinoise au XVIIe et XVIIIe siècles*, Louvain/Paris: Nauwelaerts, 1962, pp.31, 40。

[2] Jennes, “Apropos...”, p.248，注 42。

[3] Jennes, “Apropos...”, p.248. D. Bartoli, *Dell'Historia della Compagnia di Giesú: La Cina, terza parte dell'asia*, Roma, 1663, p. 123.

[4] 在 1605 年 5 月 12 日写给阿夸委瓦（Aquaviva）的助手阿瓦尔（Alvarez）的信函中，利玛窦谈到过《圣经》的翻译以及他对别人的请求的谢绝。参看 P. Tacchi Venturi, *Opere Storiche II: Le Lettre dalla Cina*, Macerata, 1913, p.283; Spence, *The Memory Palace*..., p.60。

[5] 参看 H. Bernard, “Les adaptations chinoises d'ouvrages eruopéens: Bibliographie chronologique,” *Monumenta Serica* 10 (1945), pp.1-5, 309-388，注 262。

[6] 该书包括由科英布拉耶稣会大学编写的亚里士多德著作注释（Commentarii Collegii Conimbricensis）的中文翻译。其编纂历时多年，最终（约在 1683 年）以 60 卷成书，题为《穷理学》（参见 Bernard，“Les adaptations chinoises...”，注 533）。

紧迫的事，而它们所需要的精力和时间与翻译《圣经》所需要的是一样的，而翻译其他有关圣礼的著作也费时颇多。在翻译圣礼著作方面，最为积极的传教士是利类思（Ludovico Buglio，1606—1682），他翻译的《弥撒经典》初版于1670年，在卷首插画中刻有拉丁文句：MISSALE ROMANUM autoritate Pauli V，Pont. Max，since redditum a P. Ludovico Buglio s.j.，Pekini in collegio ejusdem Soc.，ann. MDCLXX[1]。该书包括一部分抄自其他选译本的《圣经》译文[2]。此书及《罗马每日祈祷书》（1674）、《圣礼手册》（1675）[3]意在得到新的许可，以使圣事能够采用中文。该书由柏应理于1680年携往罗马，但其使命未获成功。因此，这本弥撒书在16世纪、17世纪未被普遍使用[4]。

17世纪末，欧洲的背景发生了变化。实际上，把《圣经》翻译成中文已经不只是由传教士们决定在翻译次序上孰先孰后的问题了，它还取决于由传信部制定的更为广阔的政策。传信部成立于1622年，是负责管理所有传教区教务的机构。17世纪时，这方面的政策变得更加严厉。例如，关于Illyricum《圣经》的翻译，罗马宗教法庭于1643年决定："各地主教务必监督信徒们学习教义手册和贝拉明（Bellarmin）的《基督教义》，务必保证人人都得到关于救赎的必要性方面的教导，尤其是在主日弥撒中，更应如此。职是之故，新的《圣经》翻译是不必要的。"这一决定表明，较之于《圣经》阅读，教义问答教育与参与圣事得到了与日俱增的重视[5]。

传信部还于1655年12月6日颁布法令：如果未得到该会的书面许可，禁止印行由传教士撰写的著作。这一教令使得各种《圣经》译本的出版实际上成为了不可能之事，而且它对中国教区也同样有效。比如说，当巴黎外方传教会于1670年请求获准将《圣经》、弥撒书和每日祈祷书译成中文时，这一请求便（于1673年）遭

---

[1] 参看Pfister, *Notices biographiques*..., p.240; Bernard, "Les adaptations chinoises...", 注432; Willeke, "Das Werden...", p.284; R.Streit & Didinger, *Bibliotheca Missionum*, V, Aachen/Freiburg, 1928, p.768。

[2] 解释福音的文本抄自《圣经直解》（1636—1642；详细情况本文还会述及）；其余译文似乎都是初稿。

[3] 参看Pfister, *Notices biographiques*..., p.420; Bernard, "Les adaptations chinoises...", 注462：司铎课典（罗马每日祈祷书）；注470：《圣事礼典》；徐宗泽，《明清间耶稣会士译著提要》，第30—33页。

[4] Jennes, "Apropos...", p.253.

[5] N. Kowalsky, "Die Sacra Congregatio 'de Propaganda Fide'und die übersetzung des Hl.Schrift", 收入Beckmann 编 *Die Heilige Schrift in den Katholischen Missionen*, Schöneck-Beckenried: Neue Zeitschrift für Missionswissenschaft, 1966, p.30。

到了拒绝。贺清泰的翻译也遭遇了同样的命运。当他于1803年告知传信部：他已将整个旧约和新约的大部分译成了满文和中文时，传信部对他的热情表示了赞赏，但禁止他出版其译本[1]。

小结：《圣经》译本在17世纪之所以未能出现于中国，看来是因为错失了良机。早在1615年，耶稣会就已经获准翻译《圣经》，但由于他们优先考虑去翻译其他著作，未能利用这一良机。17世纪末和18世纪末，当一些个人率先翻译《圣经》时，由于传信部的严厉政策，他们从未获准印行《圣经》译本。

四、其他种类的福音书译本

《圣经》全译本未面世并不意味着根本就没有任何译本。在17世纪30年代，有人译出了两种重要的福音书的概论性著作，其一是基督的生平，其二是主日读物的注释。

耶稣基督的生平

这方面最重要的著作是艾儒略（G. Aleni，1582—1649）的《天主降生言行纪略》，该书初版于1635年。这是一种以福音书为依据的耶稣生平编年纪。有一注释是这样解释该书之标题的："即万日略《圣经》大旨"。书中所采用的"万日略"这一表述方式是Evangelium的音译。

该书开篇即以四页的篇幅解释《圣经》福音的意义（《万日经略说》）。在这一部分里，作者解释了《圣经》有古经和新经。他简要介绍并解释了福音书的内容，指出福音书有四种，并总结了每种福音书作者的特点，说明了从希腊文翻译成拉丁文的情况。最后，作者指出，他的著述只包含了一些选自福音书的材料，"虽不至陨越经旨，然未敢云译经也"。

人们常把该书与《天主降生出像经解》（1637）放在一起合而观之[2]。后者包括大约50幅耶稣的生平画像，依据的是纳达尔（H. Nadal，1507—1580）的《福音

[1] 见前引Beckmann所编书中所收Kowalsky文章，第31—32页；Acta Congr. super rebus Sinarum et Indiarum ab anno 1802 adannum 1808 Tom. XIX. f.98-99v. 122；只是到了19世纪下半叶，那些提出过请求的中国教区的主教才获准出版《圣经》。

[2] 关于对该书不同版本的分析，参见J.Dehergne, "Une vie illustrée de Notre-Seigneur au temps des Ming"，载*Neue Zeitschrift für Missionswissenschaft* 14 (1958)，第103—115页；杜鼎克以此与另外一些版本做了进一步的校勘。

史事图解》(*Evangelicae historiae imagines*，安特卫普，1593年)，该书亦常被收入纳达尔的《福音注释与默想》(*Adnotationes etmeditationes in evangeliae quae in sacrosanto missae sacrifico toto anno leguntur*，安特卫普，1595年)中。这个安特卫普文本是一种对主日读物的沉思性注解，非常有名，是由依纳爵·罗耀拉(Ignatius of Loyola)的一位著名的同伴撰写的[1]。早在1599年，在华的耶稣会会士就曾要求得到该书，而且可以肯定的是，1605年，在他们的南方处所已经有了一本[2]。但是，《天主降生言行纪略》并不是对纳达尔的注释的翻译。此外，在17世纪，《天主降生言行纪略》与《天主降生出像经解》是独立的两种著作，只是在19世纪它们才被合成一本书[3]。

不过，我们还是能够指出这两种著作之间的互补性。耶稣会的传教士们深知生动的画面能产生帮助记忆的效果，因此，他们认为"画像"是对"言辞"的一个重要补充。职是之故，他们多以画像和图画来帮助传播福音。艾儒略的两种著作也继续采用了利玛窦的方法，程大约的《程氏墨苑》中收有四幅宗教绘画，并配有利玛窦本人的注释，从中即可见出利氏方法之一斑[4]。既然耶稣会会士都希望这些宗教绘画能使《圣经》中的一些有戏剧性情节的章节铭记于中国人的心中，它们便可以被看作对福音书的另外一种类型的翻译。

《天主降生言行纪略》也可以被视为路多尔福斯(Ludolphus de Saxonia，1300—1378)的《基督的生平》(*Vita Christi*)的中文改编版。路多尔福斯这部著作全名为 *Vita Jesu Christi e quatuor Evangeliis et scriptoribus orthodoxis concinnata*，初版于

---

[1] 近年来，纳达尔的著作得到了广泛的研究，参看 Maj-Brit Wadell, *Evangelicae Historiae Imagines: Entstehungsgeschichte und Vorlagen*, Gothenburg: Lindgrens, 1985; P. A. Fabre, *Ignace de Loyola: Le lieu de l'image*, Paris: Vrin, 1992，特别请看第163—296页。

[2] 参见前引 J. Dehergne 文章，第104页；利玛窦在中国的很多年都携带一册在身边。他曾把纳达尔的著作借给阳玛诺(M. Dias)，后者将该书带到南昌，用于在那里的传教工作。因此，利玛窦曾要求多得到几本。在一封信函中，利玛窦写道：纳达尔的著作"在某种意义上比圣经的用处还大，即，在交谈的过程中，我们可以把书放在他们(中国人)面前，将一切讲得清楚明白，而仅靠言辞不可能做到这一点"。参看 Spence, *The Memory Palace...*, pp.62-63；也可参看 J. Bettray, *Die Akkommodationsmethode des P. Matteo Ricci S. J. in China*, Rome: University Gregoriana, 1955, pp.62-63；前引 Tacchi Venturi 著作，p.284。

[3] 《天主降生言行纪略》被收入《道原精萃》(上海，1887年)中，但是，这个重印本中的画像不同于1635年的版本，而且文字亦有变化。

[4] 这些绘画(有些是受纳达尔的启发而作)和翻译的《圣经》中的一些段落构成史景迁(Jonathan Spence)的《利玛窦的记忆之宫》的核心：步行海面(《玛窦福音》14，23—33，见史著，第59—62页)；厄玛乌二徒(《路加福音》24；见史著，第128—132页)；索多玛和蛾摩拉(《创世记》19，24—25)。

1474 年，是 16 世纪和 17 世纪欧洲非常流行的文献 [1]。当时，在欧洲的各主要城市都翻译出版过这本书。该书对耶稣会亦有特殊的影响，因为其创办人依纳爵·罗耀拉就是通过阅读该书而转向一种新的生活方式的，而且他所撰写的《神操》亦深受该书影响，尤其是在积极发挥想象方面，所受影响甚巨 [2]。

比较一下《天主降生言行纪略》和《基督的生平》就会发现，艾儒略所采用的一定是《基督的生平》的简写本 [3]。两者除了章节的顺序一致以外 [4]，其内容也相同。

我们也可以在对福音书的一些章节的罕见的解释中发现这种一致性，例如，在有关耶稣在孩提时进入殿中（《路加福音》2，41—52）这一章节里就可以发现这种一致性。耶稣 12 岁时同父母去耶路撒冷朝圣，朝圣结束后约瑟和玛丽亚都不知道他们的儿子还留在殿中。《天主降生言行纪略》对这个故事的解释是："瞻礼毕，男女班分而出，惟童稚从父母皆可。乃耶稣独留，若瑟意其随圣母以去，圣母则以为从若瑟也。及程相遇，始知失耶稣。"[5] 在《基督的生平》中，我们可以看到完全一样的解释 [6]。

更为明显的是，在《基督的生平》和艾儒略的著作中都采用了伪经中的资料。路多尔福斯曾从早先的一些史料如康默斯托（Petrus Comestor，1110—1179）的

---

[1] 有关描述可参见 *Dictionnaire de Théologie Catholique*（Paris: Letouzey et Ané, 1926）第 9 卷及 *Theologische Realenzyklop ädie*（Berlin/New York, 1991）第 21 卷。

[2]《神操》（注 261—312）中有一些关于对福音书进行沉思的说明，引文依据的是《圣经》的拉丁文通行译本，通常都直接取自《基督的生平》。一些不见于福音书的文字则引自《基督的生平》和《圣人传记》（*Flos sanctorum*）[或者佛拉金（Jacobus de Voragine, 1230—1298）的《黄金传说》（*Legenda aurea*），参见 M. Rotsaert 翻译的《神操》（*Geestelijke Oefeningen*, Averbode,1994, pp.17, 149）]，这进一步说明，16 世纪时，天主教往往不直接引用《圣经》；关于积极发挥想象，亦可参见史景迁的《利玛窦的记忆之宫》，第 14—15 页。

[3] 我们比较过该书与《耶稣基督的生平》的全本 [L.M.Rigollot 编，Paris: Victor Palme，1878，4 卷；法文译本：*La Grande Vie de Jésus-Christ: Traduction nouvelle et complète*, M.P. Augustin（翻译），Paris: C. Dillet, 1964]；也与法文缩略本做过比较：*Vie de N.S. Jésus-Christ*, Paris: E.Thorin, 1892, 2 卷。除了个别的例外以外，中文本的章节顺序与法文缩略本是一致的。目前，我们还无法确定作者所用的版本是拉丁文本还是其他语种的译本。拉丁文缩略本早在 1500 年以前就已问世，例如，*Vita Christi in compendium redacta* 和 *Vita Ihesu a venerabili viro fratro Ludolph Cartusiensi edita incipit seliciter*（参见 L. Hain, *Repertorium bibliographicum*, Stuttgart: G. Cottal, 1826-1838, 第二卷，第 296 页。）

[4] 这一顺序包含了《基督的生平》的一些典型方面，诸如西满伯铎罗和谙德助的三次奉召（《天主降生言行纪略》卷 2，第 15b 页之后，及 *Vie de N.S. Jésus-Christ*，卷 1，第 111 页之后）或两次参观圣殿（《天主降生言行纪略》卷 2，第 17a—b 页；卷 6，第 28a 页及 *Vie de N.S. Jésus-Christ*，卷 1，第 111 页之后和卷 2，第 107 页之后）。

[5]《天主降生言行纪略》卷 1，第 12a—b 页。

[6] *Vita Jesu Christi*...，卷 1，第 130 页和 *Vie de N.S.Jésus-Christ*，卷 1，第 79 页；这里提到的男女两排也见于 Nadal，*Adnotationes et meditationes*...，第 43 页 adnotatio B，但没有给予解释。

《经院哲学史》（*Historia scholastica*）中吸取了一些资料[1]，艾儒略亦以此种史料为“西史”。在《凡例》中，艾儒略在论述这一史料时写道：“凡篇中按西史等语，指是端万日略经未载，乃借国史续补之。”这里提到的一些来自西史的章节，诸如在神圣家族滞留于埃及期间所出现的不同的神迹（偶像的崩塌、树的生长，以及用给耶稣施洗的水治愈病人），明显地都可以在《基督的生平》中找到其来源[2]。

小结：从这类著作中可以引出一些结论。我们首先会注意到：其出版的时间较晚（在利玛窦到达中国50多年之后）。在耶稣会会士的传教方针之中，他们首先专注于撰写教义问答手册之类的书籍，以阿奎那的推理方面为基础的基督教信仰概论（诸如《天主实义》之类的著作），继则撰写解释教义和基督教的价值观等的著作。只是在较晚的时候，他们才开始撰写一些著作，介绍对耶稣生平的记述。在此过程中，他们优先考虑的是那种对耶稣的生平做概要式和编年式的介绍，而不是翻译四福音书。这种以教育为目的的介绍完全是当时欧洲类似的著作的反映。此外，正如聂仲迁（A. Greslon，1618—1696）的《古圣行实》（约1680）[3]和殷弘绪（Francois-Xavier D'Entrecolles，1664—1741）所翻译的收录《多俾亚传》的《训慰神编》[4]所显示的那样，旧约中的传记性描述是他们喜爱翻译的素材。这种选择投合了中国人对传记性描述的喜好。《天主降生言行纪略》则进一步表明，对耶稣生平的介绍，包括那些选自伪经的材料，符合当时欧洲天主教的想法，而且更是基于这样一种努力，即试图解释整个《圣经》，而不是以那种精确的释经学方法为基础的翻译。

对主日读经的注释

然而，另外一种重要的著作，即由阳玛诺（M. Dias，Jr. 1574—1659）撰写的

---

[1] 另一种史料是佛拉金的《黄金传说》。

[2] 可比较一下《天主降生言行纪略》卷1第11b—12a页与《耶稣基督的生平》卷1第114页之后以及*Vie de N.S. Jésus-Christ*卷1第71页之后；德巴依省厄未坡里府是梯比斯省的Heliopolis；所提到的耶肋米亚的预言显然取自historia Scholastica。另外一个明显的例子是阿巴嘎茹（Abagarus）王写给耶稣的信函，该信保存在教会史（Ecclesiastica historia）中（《耶稣基督的生平》卷1，第249页和《天主降生言行纪略》卷5，第9b页）。

[3] 参看Willeke，“Das Werden...”，第283页；这部从未印行的著作包括Adam, Noe, Isaak, Jacob, Joseph, Moses, Aaron, Joshua, Salomon, Elijah, Isaiah, Tobias, Jonah, Judith, Esther的传记；Bernard，“Les adaptations chinoises...”，注505；Pfister，*Notices biographiques*...，第297页；徐宗泽，《明清间耶稣会士译著提要》，第45页。

[4] Willeke, “Das Werden...”, pp.285-286; Pfister, *Notices biographiques*..., pp.545-546; R.Streit & Didinger, *Bibliotheca Missionum*, VII, p.87.

《圣经直解》(1636—1642)却表明：释经学并未受到排斥[1]。该书是一部大部头的著作(14卷)，它翻译和注解了每个主日的福音书诵读。该书始于降临的第一个主日，一直持续到第24个主日，还包括一些重要的宗教节日，完全与天主教的礼仪年(liturgical year)相符合。后来，利类思在他的《弥撒经典》中抄录了这些翻译。

第一册包括一篇序言、目录和索引(杂事目录)。据说这是索引首次出现于中文书籍之中[2]。在第一卷的卷首，作者以七对折页的篇幅对《圣经》做了解释。首先，解释了"《圣经》原文谓之厄万日略，译言福音"，然后，作者详细地解释了旧教新教之间的差别。在其论述中，该书提到了对常见于17世纪神学中的进化性启示的解释，即：性教—上帝通过对每个人的本性的启示来启子民之蒙；书教—上帝通过梅瑟传谕教义；恩教—上帝以人身耶稣基督亲传启示。这也解释了为什么福音书多于一种或只是整个《圣经》的一部分，它们只包含了《圣经》的唯一意义。("虽圣史各有所载，同归一理，则《圣经》犹一也。")末了，作者也解释了福音书有四种。

该书各个不同部分的结构可列述如下：

各主日礼仪的名称，如圣诞前第四主日(简介)；

经：介绍主日读经(福音书和各章的名称"未说明节数")；

主日读经的译文，中间插有简注[3]；

箴：对主日读经的注释；一些文句先重复，接着是注解；经常采用早期教会教父的著作中的引文。

这些注解据说依据的是耶稣会会士巴拉达(S. Barradas，1543—1615)的四卷

[1] Bernard，"Les adaptations chinoises..."，注264；该书的出版日期不甚确定，看来它曾印行和重印于不同的时期；下述事实使这一点显得非常明显，即：为该书提供出版许可的耶稣会会士的名字在各卷与各版中都有变化[此信息由杜鼎克博士提供，他以几个较早的版本，包括重印于《天主教东传文献三编》(台北：中华书局，1972年，卷4—6)中的那个版本与RGO Ⅲ，215；Borgiano Cinese 338，339，363以及Vitt. Emanuele 72 B.300等几个版本做过比较]。还有一些重印版，如1793年的杭州版、1790年版、1800年版、1842年版、1866年版、1904年版、1915年版、1930年版。似乎还有一个由中国学者缩略而成的版本，即《圣教浅说》。该书还曾被译成韩文、日文、满文(一部分)和拉丁文(Dehergne，"Travaux..."，p.219)，我们采用的是1642年版的重印本(印于1790年)，共14卷，8册。

[2] 徐宗泽：《明清间耶稣会士译著提要》，第23页，序言载于该书第23—25页。

[3] Pfister，*Notices biographiques...*，第109页提到：福音书读物是以"经"的文体翻译而成的，这是一种最为文学化的文体，但也最难理解；伟烈亚力(A.Wylie)的《中国文学札记》(*Notes on Chinese Literature*)(上海，1867年，重印于1964年，纽约，Paragon)第140页说：该书"文体简洁朴实，明白晓畅"。

本的《福音史义笺注》（*Commentaria in concordiam et historiam evangelicam*，第一卷初版于 1599 年）[1]。该书是一种流行非常广泛，闻名遐迩的注解（到 1742 年已经重印过 34 次），其作者是科英布拉和埃武拉（Évora）大学的一位教授，也是一位受人欢迎的宣道士。阳玛诺似乎未曾翻译过巴拉达的注释本，但他可能以此作为他本人的注解的来源之一[2]。

关于这本书的使用情况，目前完全不得而知。比如说，我们不能肯定它是否被用于圣礼。其难懂的文体使得它不适合于对公众朗读[3]。然而，张星曜（1633—1715）的著述以及《天主降生言行纪略》却表明：在 18 世纪，该书往往与福音书等量齐观。此外，较晚的一部著作更说明了其翻译是如何被用于祷告生活之中的。[4]

---

[1] RGO Ⅲ，215，1—8（梵蒂冈图书馆）这一抄本的封面提到了 Evangelia Dominicalia, et festiva cum comment: P. Barradii；这正好与中文图书目录（梵蒂冈，拉丁文部，13201 号，第 281—293 页注 69）提到的那种书目相符（该目录由耶稣会会士柏应理于 1685 年进呈给梵蒂冈图书馆，书目由 E Schelstrate 于 1686 年编纂而成）。柏应理在其 *Histoire d'une dame chrétienne de la Chine* (Paris: E.Michallet, 1688, p.35)"Bamadius 的福音书的注解"的译本（这一参考资料由 J. B. Du Halde 抄录，参看 *Description géographique, historique, chronologique, politique, et physique de l'Empire de la Chine et de la Tartarie Chinoise*, Vol.3, Den Haag: Henri Scheurleer, 1736, p.94）。巴拉达的著作也出现在北堂图书馆的目录中，它可能是金尼阁于 1619 年带到中国的（参看 H.Verhaeren, *Catalogue de la Bibliothéque du Pé-tang*，北京：Imprimerie des Lazaristes，1949 年；1969 年重印，Paris，第 265 页，注 939），由 S.H. Cardon 出版公司于 1610 年在 Lugduni 出版。

[2] 我们以阳玛诺的著作与巴拉达的《福音史义笺注》（Moguntiae: Arn.Mylii, 1601-1612, 4 卷）做过比较，有几处与中文文言翻译正好相反：1）最为明显的一例是：巴拉达是按照耶稣的生平，以编年方式来编排《圣经》中的段落的，而阳玛诺则以主日读经的顺序为依据；2）巴拉达的著作更为广泛，而且更为详细；3）巴著中所注解的各节不一定与阳著中所注解的相同；4）巴拉达在引用福音书读经时，并未收入那些简注，而阳玛诺则收入了简注；5）阳玛诺和巴拉达两人都广泛地征引了教父著作，但引文不一定相同：巴拉达引用的很多资料不见于阳著，而阳玛诺引用的资料在巴著的相关细目中也不一定能找到。目前尚不清楚阳玛诺是否采用过别的注解作为其范本。关于这一点，我们的研究［得到了贝窦勒教授（Prof. G. Bedouelle）的友好帮助］尚未得出明确的结论。

[3] 殷铎泽（P. Intorcetta，1625—1696）的一种著作（"Informazione che da Prospero Intorcetta...Alli Eminentissimi Signori Cardinali Della Sacra Congreg. ne de Propaganda Fide"，讨论了中国的教士、《圣经》，以及中文弥撒书和每日祈祷书，1672 年，Biblioteca naz. Centrale Vittorio Emanuele Ⅱ，Rome: Fondo Gesuitico, 1275 号 14）提到了"la versione degl'Evangelij con l'Espositione do Sti. Padri, stimatissima nella Cina"（是配有教父注解的福音译本，在中国颇受青睐）。殷铎泽没有进一步探究这部看来是由阳玛诺撰写的著作，他的全部论点似乎都在暗示：这部著作未曾被用于圣事。殷铎泽曾请求获准翻译罗马弥撒书、福音书、感恩经和弥撒祷告书。

[4] 参看张星曜为《天儒同异考》写的跋，见该书第 64a—64b 页（1715 年，藏巴黎国家图书馆，中文部，7171 号）；关于张星曜对《圣经》的看法，参看 D.Mungello, *The Forgotten Christians of Hangzhou*, Honolulu: University of Hawaii Press, 1994, pp.89-90。

《圣经广益》[1] 确实利用了《圣经直解》中翻译的一些《圣经》章节，该书是由冯秉正（1669—1748）于 1740 年编纂出版，其目的是用作《神操》的指南，它从依纳爵·罗耀拉的《神操》中吸取了一些启示，即把《圣经》诵读用于沉思。每年神操之通常的形式是为期八天的避静。《圣经广益》就是用于这种避静的一种手册，它包括对避静的目的与方式的介绍，也包括对不同的默思形式的介绍。避静之后的内容则是依据主日读经而撰构的，这些读经完全就是抄自《圣经直解》：对“宜行之德”与“当务之求”则另加说明。

小结：当耶稣会会士于 17 世纪到达中国时，他们所面对的是一个拥有强盛的文本与经典传统的社会，他们被迫使自己与这种环境相调适。他们以“经”来与基督教的圣典相对应，这一选择再好不过地昭示了他们的适应性的传教策略。借助于“经”这个字，他们一方面也表明了西方也有经典之作的传统，他们力图以此使基督教的著述与中国的儒家和佛教两教的“经”处于同等水平。

事实上，耶稣会会士们把这个词用于整个著述：不仅指严格意义上的《圣经》，而且也指祈祷文（例如，“天主经”）和信经。有一点应该引起注意：对耶稣会会士们来说，入教不仅意味着要受洗，还意味着要“承经”[2]，并且以此进入一种新的经典传统。

这一文化适应的具体事例对经典在中国和西方社会中的地位的诸多方面都已经有所揭示。在这两种文化中，《圣经》和经典都属于精英文化的核心，为了与另一种文化进行对话，耶稣会会士们不得不进入中国的经典传统，而中国的皈依者也必须接受西方的经典传统。

如果说在过去，经典是属于精英文化的核心，那么，它与未受教育者的文化也并不是完全隔离的。实际上，书籍的功能在于它能被阅读。我们可以对个人（静默）的阅读和公共场合的阅读做一些区分。个人的阅读意味着可以得到文献，而且

[1] 参看 Pfister, *Notices biographiques...*, p. 600；两卷；Willeke, “Das Werden...” , p.286；还有一种德文译本：R.Streit & J.Didinger, *Bibliotheca Missionum*, VII p.199, XIV pp.660-661；我们使用的是 1740 年版以及 1866 年和 1875 年的重印本。

[2] 在利玛窦的《天主实义》之末（第 456 页），我们可以看到“承经”这一表述方法。正是在该书的末尾，基督教经典的翻译这一事实以及一些翻译工作才得到解释（参看《天主实义》第 452—457 页）；其他著述（如《口铎日钞》）则提到“受经”，这可能是教义指导的开始仪式，在这种仪式中，初学者要接受一本信经，接受圣父；在道教和佛教中，我们也可以看到类似的传承经典的仪式（参看杜鼎克的博士论文 *Christianity in Late Ming China: Fire Studies*, Leiden,1995, p.263, n.111）。

经常会产生一些书面的评注。但是，由于可以得到的书籍数量有限，在过往的多个世纪中，公众性的阅读就成了宣讲经典的重要手段，而且，它经常会产生一些口头的评注和说教。书籍的印刷导致了从公众性的阅读到个人阅读的重大转变[1]，它也使注解的传统在西方和中国都得到了可观的发展。

如果心中有这样的考虑，那么，注意到下面一点就很有意义：通常被认为是专注于精英阶层的耶稣会传教士们写了很多书，但在翻译和出版经书方面却显得很迟缓。即使是那些描述基督生平的著作也未冠之以经的标题。

唯一的例外是《圣经直解》[2]。这些章节之所以被收入《弥撒经典》，都是由于天主教当局过分地强调翻译《圣经》要使用“学者的语言”，并使之用于圣事之中（在欧洲，用于圣事的《圣经》章节也不是用方言诵读的，而是用拉丁语诵读的）。《圣经直解》最终只能用于个人的阅读。就此而言，书中从早期教父的著作征引而来的许多引文也就显得相当重要了，它们显示了西方是如何也同样拥有注解经典的悠久传统的。虽然程度有限，但该书还是强调了耶稣会会士要与中国的精英经典传统相适应。

五、福音的宣讲

以上讨论的两种著作也许会给人以一种错误的印象，在耶稣会会士在华的头50年里，《圣经》很少得到使用。除了被收入像《天主教要》这类著作中的一些《圣经》章节（如天主经、登山宝训、十诫）以外，还有一些祈祷文和诸如《圣教日课》之类的祷告书（包括《玫瑰经》）[3]。《圣经》中诸如耶稣受难之类的章节，也

---

[1] 参看 Paul Saenger, “Prier de bouche et prier de coeur. Les livres d’heures du manscrit l’imprimé”，收入 Roger Chartier 编 *Les usages de l'imprimé* (XVe-VIVe siècles), Paris, 1986; 另见 Van Zoeren, *Poetry and Personality: Reading, Exegesis and Hermeneutics in Traditional China*, Stanford University Press, 1991, p.236。

[2] Victor H. Mair, “Language and Ideology in the Written Popularizations of the Sacred Edict”，收入 D. Johonson, A. J. Nathan, E. S. Rawski, *Popular Culture in Late Imperial China*, Berkeley: University of California Press, 1985, pp.326-327；耶稣会会士们在翻译四书时曾采用《四书集注直解》，参看 K. Lundbaek, “Chief Grand Secretary Chang Chü-cheng & the Early China Jesuits”，载 *China Mission Studies Bulletin* 3 (1981), pp.2-11。

[3] 关于一些基本的祈祷文的翻译历史，参看 P. Brunner, *L’Euchologe de la mission de Chine: Edtio princeps 1628 et développements jusqu’à nos jours*, Münster/Westfalen: Aschendorff, 1964，尤其是第 18 页之后。

曾出现在其他各类著作中[1]。然而，不论以书籍传教的方法有多么重要，口头宣讲也是传播福音的同样重要的手段。

关于在华耶稣会会士在17世纪初宣讲福音的情况，我们所知甚详。有一种独一无二的史料来源，这便是《口铎日钞》。该书收录了1630年至1640年间对福建的基督教社区——可以视之为接受福音的社区——的一个写照。实际上，有25人以上的皈依者为该书做出了贡献，他们记录了大量的传教士与皈依者之间的谈话。在与该社区的接触中，最重要的传教士是艾儒略和卢安德（Andrius Rudomina，1596—1631或1632）[2]。

该书为《圣经》在福音宣讲中的地位提供了很好的观念。福音宣讲似乎都是在弥撒之后举行的，而包括《圣经》诵读在内的弥撒仪式则一定是用拉丁语举行的，而且似乎从未被讲道打断过。该书有几处提到："某日，瞻礼甫毕，某先生诏于众曰：'今日万日略经云…'"然后，通常要接着宣讲一段《圣经》，并提供解释[3]。然而这里的《圣经》文本与《天主降生言行纪略》（至少被提到过两次[4]）和《圣经直解》两书中的译文均不相同，这似乎说明：《圣经》中的故事并未被诵读，而是被讲述，而且编辑《口铎日钞》的那些人并未参考现有的《圣经》译文。显而易见的是，基督教讲述故事的做法符合当地佛教讲述故事的传统。

这类宣讲中所用的经文至少可以见于以下章节。

《口铎日钞》卷1，第23a页：荡子的比喻（《路加福音》15：11—32）；崇祯四年四月二十日，即公元1631年3月22日，礼拜六（四旬斋的第二个主日之后的礼拜六）。

卷2，第3a页：圣若望论爱（《若望一书》4）；崇祯四年四月六日，即1631年5月6日（宗徒和福音作者若望）。

---

[1] 比如说，庞迪我（1571—1618）的《庞子遗诠》（卷2，第1a—8b页）就是一例，德礼贤（Pasquale M. D'Elia）翻译并研究过该书，参看"La passione di Gesù Cristo in un'opera cinese del 1608-1610"，载 *Archivum Historicum Societatis Iesu* 22 (1953), pp.276-307；这一文本也曾以"天主耶稣受难始末"的形式出现过（见Bernard，"Les adaptations chinoises..."，注110）并被收入祈祷书之中（见上引Brunner著作，第36—38页）。

[2] 关于对该书的描述，参看E. Zürcher, "Guilio Aleni et ses relations avec le milieu des lettrés chinois au XVIIe siècle"，收入L. Lanciotti编，*Venezia e l'Oriente*, Firenze, 1987, pp.107-135。

[3] 目前尚不清楚的是，在一些重要的宗教节日里，当时的讲道是否仍然在做弥撒时举行。在《口铎日钞》的"凡例"中，李九标说，他没有记录在大型节日期间在教堂里举行的宣讲活动，因为其意义深奥，难于记载。由于该书强调的是，在平常的弥撒仪式中，要召集众人，因此，福音宣讲似乎是在教堂外面举行的。

[4] 是以《天主降生言行纪略》的方式提到的：卷5，第14a页；卷8，第11a页；头一次提到的时间是崇祯七年五月二十二日，即1634年6月17日，礼拜六。

卷 4，第 25b 页：不可宽恕的仆人的比喻（《马太福音》15：21—35）；崇祯六年九月七日，即 1633 年 10 月 9 日，礼拜日（圣神降临节之后的第二十一个礼拜日）。

卷 4，第 28a 页：无花果树的比喻（《路加福音》13：6—9）；崇祯六年九月十四日，即 1633 年 10 月 16 日，礼拜日。

卷 5，第 14b 页：大筵席的比喻（《路加福音》14：15—24）；崇祯七年五月二十三日，即 1634 年 6 月 18 日，礼拜日。

卷 5，第 19a 页：厄里亚退往曷勒布山（《列王纪》19）；崇祯七年五月二十五日，即 1634 年 6 月 20 日，礼拜二。

卷 6，第 12b 页：耶稣喜爱火（可能参考了《路加福音》12：49）；崇祯八年十月二十六日，即 1635 年 12 月 5 日，礼拜三（或者是 1635 年 11 月 25 日，礼拜日；圣神降临节后的最后一个礼拜日的误写？）。

卷 7，第 5a 页：耶稣向玛丽亚玛达肋纳显现（《若望福音》20，1—18）（复活节弥撒）；崇祯十年三月十八日，即 1637 年 4 月 12 日，礼拜日（复活节礼拜日）。

卷 8，第 17a 页：不忠信的管家（《路加福音》16：1—13）；崇祯十二年七月九日，即 1639 年 8 月 7 日，礼拜日。

卷 8，第 30a 页：跟随耶稣者得到的比一百倍还多（玛尔谷 10：28—30）；崇祯十三年五月十一日，即 1640 年 6 月 29 日，礼拜五（圣伯多禄日）。

卷 8，第 31a 页：圣母往见表姐依撒伯尔（《路加福音》1：39—45）；崇祯十三年五月十四日，即 1640 年 7 月 2 日，礼拜一（圣母往见节）。

《口铎日钞》中还包含一些有关《圣经》之历史的资料。在回答有关《圣经》之翻译的问题时，艾儒略的回答讲述了七十贤士本的翻译故事。他说：七十人（不是艾儒略所说的七十二人）都译出同样的经文是不可能由人力完成的，而是神功默启所致。[1]

颇有意味的是，《口铎日钞》还包含了一些有关如何读书的信息。传教士们解释道：由于圣教之书的意义深奥，因此不能像对其他的书籍一样，以猎奇的态度阅读圣教之书。最好是选择一段话，甚至是一句话，然后反复沉思玩味，直到在心里弄懂、弄通。值得注意的是，这里选用的沉思一词可以归于玩味之列（熟玩而详味之）。这一描述又符合依纳爵在其《神操》（2）中所描述的那种教育方法：“因为博

[1] 见《口铎日钞》，卷 2，第 5a—b 页；第 5b—6a 页。

学周知，不能使人满意，唯有深切地玩味体验方能令人心足。”[1] 书籍便由此而成为灵性之粮或性命之神药[2]。

同样的方法也被用于《圣经》的阅读。例如，传教士解释说，诵经看书作为一种神操可以使人获得一些益处，但它并不提供最大的益处。更为重要的是“存想”，存想的方法被解释为三个步骤：1）记其事；2）绎其理；3）发其情。这位传教士把这种方法用于对圣母往见表姐依撒伯尔这段经文的阅读，他考问了七位皈依者，而他们都成功地提出了自己对经文的解释[3]。这里，我们都可以看到依纳爵的《神操》中描述的那种默思的方法在当时中国的影响。

传教士们对中国经典的态度往往模棱两可，而且一般来说，他们对那些继续为准备参加科举考试而学习的皈依者的态度是模棱两可的。《口铎日钞》可以让我们于此略见一斑。艾儒略曾与一位参加过乡试的皈依者交谈过，在他们两人的谈话中，我们看到下面这样一段话，艾儒略回答说：“场中之试，命题必以五经，然天主之要经亦有五，子知之乎？陈石丈请教。先生曰：天主要经者，信经，其一也；十诫，其二也；哀矜十四端，其三也；七克，其四也；然必终以撒格勒孟多之七，始备受主恩之五者；乃上主所定以试人者，人其可缺一哉。”[4]

这段话清楚地说明，传教士们力图以基督教的传统置换中国的经典传统，但是，由艾儒略提出的实现这种置换的具体方法却表明：这两种传统之间还存在着巨大的距离。

最后，我们还可以看到，《圣经》故事不只是由传教士们来宣讲，一些当地的基督徒也积极地进行宣讲。其中的一例是由也曾参加过《口铎日钞》的编辑工作的李九功所编辑的《励修一鉴》，该书收集了一些《圣经》故事和录自其他书籍的异闻奇事，堪与中国的善书相比拟。书中的故事是按照代表德行或宗教生活的不同方式、各种主题而安排的，目的是鼓励人们努力修身励己。书中至少收录了13个《圣经》故事，这些故事录自大量不同的中文版的圣教之书[5]。该书显示了地方性的基督教社

---

[1] 见《口铎日钞》，卷2，第5a—b页；第5b—6a页。

[2] 《口铎日钞》，卷4，第9a—b页；卷7，第28a页；卷8，第22b页；也可参看卷6，第12b页，这里说“斯（指耶稣的话）语可味也”；关于翻译和出版更多的圣教之书的请求，参看卷1，第10a页。

[3] 《口铎日钞》，卷8，第31a—34b页。

[4] 同上书，第27a—27b页。

[5] 除了《口铎日钞》以外，还有庞迪我的《七克》，高一志的《童幼教育》，罗雅各的《哀矜行诠》和《斋克》。

区是如何以典型的中国编纂体收集《圣经》故事，以规劝人们在生活中行善积德的。

小结：耶稣会会士们很好地适应了圣经的另一个功能：宣讲。在这一点上，他们也同样坚持了一种既存在于欧洲又适合于中国社会的传统。在另一方面，除了很流行的佛教的说法这一传统以外，还有儒家的说教形式，其中之一便是乡约。尽管我们对明末乡约实施的情况所知甚少，对清初乡约实施的情况却了解颇多，当时的乡约成了普及和灌输官方的儒家意识形态的重要手段[1]。乡约每月召集两次，由于乡约都是以祭祀社神和祖先为先导，因而具有一种宗教的维度。祭祀之后则是正式的训导，其方式多种多样，或按照一定的仪式乃至巫术的方式向公众宣读皇帝的政令，或只是讲讲故事，这种活动通常都辅之以敲钟、击板或敲打木铎，以帮助宣令者定调子[2]。

耶稣会会士们所使用的宣讲形式与中国当地的这种形式颇为相符。正如我们在《口铎日钞》中所看到的那样，圣礼之后的福音宣讲乃是推广基督宗教思想的重要手段。宣讲都是口头的，但布道者会提到他此前已经私下读到过的文献。但是，《圣经》本身并未在公共场合诵读过。《圣经》故事都是被口头翻译成当地语言的，然后以书面形式面世，《口铎日钞》就是其中的一例。

值得注意的最后一点是把经文用于沉思。耶稣会会士们早就形成了这么做的传统，他们还向中国的听众解释了这种训练的技巧。这是一种使文献牢记于心的重要方式，在中国也可以发现这种方法。例如，朱熹就曾提出过读书的三步法："少看熟读，反复玩味，不必想象计获。"[3] 其中头两句话中的词汇与我们在《口铎日钞》中所看到的依纳爵的描述是一致的。

结　论

本文探讨了为什么我们听到的关于17世纪和18世纪《圣经》翻译的消息如此

---

[1] Mair，第331、349、353—355页；Hsiao Kung-chuan, *Rural China: Imperial Control in the Nineteenth Century*, Seattle: University of Washington Press, 1960, pp.184-256（第六章，意识形态控制：乡约和其他建制）；Huang Liu-hung, Djang Chu（译）, *A Complete Book Concerning Happiness and Benevolence*, Tucson: University of Arizona Press, 1984, pp.532-535。

[2] Mair，第331、349、353—355页。

[3] Van Zoeren，第230页（《朱子语类》10—35）。

之少的一些原因。我们已经指出，在华的耶稣会传教士对《圣经》的一般态度是对那些在欧洲发生事件的密切的关注。17 世纪初的传教士们对当时欧洲有关《圣经》的出版物（诸如普兰丁多语种对照本《圣经》）非常了解，此外，他们也意识到《圣经》的翻译对于中国当地的神职人员的形成也是必要的。

令人惊异的是，耶稣会会士于 1615 年获得了翻译《圣经》的许可，但是，此后他们却未能抓住此良机。从传信部严苛的政策中，我们可以找到一些个人的《圣经》译本未能获准出版的原因；而耶稣会会士本身所确立的翻译先后顺序则导致了 17 世纪上半叶《圣经》译本的阙如。

确实，耶稣会会士们花了不少精力去翻译其他一些大型著作。关于《圣经》译本的阙如，还有一些其他的原因。天主教的传教士们看重理性化的神学，轻视叙述性的神学；看重通俗性的布道，轻视《圣经》的解释工作；看重自然科学，轻视圣经科学。这种政策也是其欧洲背景的反映。

然而，真正的《圣经》译本的阙如并不意味着根本就没有《圣经》的中译本。事实上，我们发现了各种各样的译本。几乎所有这类的著作都可以置于教牧实用的背景中：教义教学、祈祷、默思、布道和圣礼等。可以明确的一点是：翻译的形式通常都与使用经文的方法相适应。福音书一方面被译成基督的编年体和概要性的生平传记，另一方面又被译成主日读物，这便是最好的说明。在这样的背景中，仍然令人惊异的是，对中西两种经典传统的相遇有清醒意识的耶稣会会士们只是在有限的范围内进行经的传统这一层面上的对话。《圣经》的接受史表明：《圣经》主要是被用于布道。在这一点上，它与中国乡约的相似性是可以确定的。

这些比较揭示了儒家和基督教传统之间的相似性，此种相似性表现在耶稣会对 17 世纪的中国的适应中。然而，这些相似性不应消弭两者之间的差异：基督教是一种以神为本的传统，在这种传统中，《圣经》显然是“上帝对人说话的地方”。有一种经久不衰的倾向是非常强烈的，即认为应该把上帝的话视作一个不可分割的整体，一种独一无二的“书籍”。传教士们选用了“圣”这个汉字，把它加在另一个汉字“经”之前，因为他们相信他们的“经”具有神的启示。《圣经》翻译的所有问题都与这种神圣性有关。然而，通过采用“圣”这个汉字，他们也使其意义发生了变化。在汉语的语境里，“圣”字并不首先意指与神的关系，而毋宁是首先指向一种与历史上的圣人和帝王（或被相信为历史上实有其人的帝王）之间的关系。在像儒家这样的轻视神的传统中，人们很容易倾向于认为经典是圣人的教导的积累性记载，不论人们感受到这些教导的真理是如何不可分割的[1]，其神圣性与圣人的神圣性密切相关。即便是在今天，对“圣”与“经”的不同解释仍然是争论的焦点。

[杜鼎克博士（Dr.A.Dudink）对本文的初稿多所指正，笔者在此谨致谢忱。]

（尚扬　译）

钟鸣旦（Nicolas Standaert），1959年生，比利时鲁汶大学教授，主要从事欧洲汉学研究，著有《杨廷筠——明末天主教儒者》《文化相遇的方法论：以十七世纪中欧文化相遇为例》等。

[1] 引自 W. A. Graham, *Beyond the Written Word:Oral Aspects of Scripture in the History of Religion*, Cambridge: Cambridge University Press, 1987, p.68，转引自 John B. Henderson, *Scripture, Canon, and Commentary: A Comparison of Confucian and Western Exegesis*, Princeton: Princeton University Press, 1991, p.21, n.1。

明清时期西洋体育在澳门的传播

汤开建

从明嘉靖三十六年（1557）葡萄牙人正式定居澳门，到清宣统三年（1911）清王朝的灭亡，这350余年间，澳门一直充当着中国与西方文化交流的桥梁与孔道的作用。（虽然鸦片战争后，香港的崛起完全取代澳门早期之地位，但19世纪后半个世纪及20世纪初的头十年，澳门在中西文化交流中的作用仍不可忽视。）当时处于领先地位的西方哲学思想、科学技术及文学艺术等均通过澳门传入中国，并对这一时期的中国的思想、科学、文化等方面产生了重大的影响。关于这些问题，国内外的研究者均给予了极大的关注，也出现了不少研究成果。然而，关于明清时期西洋体育在澳门传播的情况却基本上无人关注，更没有出现什么较有分量的研究著作和论文。本文根据澳门早期体育活动在澳门所表现的历史阶段与特征，拟将这一时期在澳门的体育活动分为三大部分来谈。

一、葡萄牙人东来及骑士体育在澳门的传播

15世纪末，葡萄牙人的武装商业船队来到了亚洲，并在不长的时间内，即建立了印度洋—太平洋之间的海上霸权，控制了霍尔木兹、柯钦、马六甲及印度尼西亚群岛上的一些重要据点。1516年，葡萄牙使团首次入华，希望与中国建立贸易关系，但未获成功。经过近40年，葡人在中国东南沿海进行走私活动，亦与中国发生了无数次大大小小的冲突，在明朝政府对华贸易的经济需求及海上防卫倭寇海

盗的军事需求的双重利益的驱动下，1554 年（嘉靖三十三年）明政府对东来的欧洲葡萄牙人开放了广州一地的贸易，葡萄牙商人及东南亚商人也在此时借机进入澳门，并以澳门作为各国商人来华贸易的临时居留地。1557 年（嘉靖三十六年），由于葡萄牙人帮助了广东地方驱除澳门地区海盗，明朝政府正式承认了葡萄牙人“侨寓濠镜”[1]。也就在这一年，第一批葡萄牙人从浪白滘正式迁往澳门定居。从此，一个以葡萄牙人为中心的欧洲侨民城市在中国南海边诞生。

葡萄牙人定居澳门后，大兴土木，建造房舍，修盖教堂、堡垒，兴筑城垣。虽然其间不断遭到明朝政府的反对，但是，葡萄牙人仍是以各种理由和借口于 1632 年前后将澳门城墙建成[2]，城市的规模大约在澳门半岛中南部的两平方公里的范围内[3]。葡萄牙是一个人口小国，16 世纪中叶，葡萄牙人口总数在 140 万左右。16 世纪初，葡萄牙在亚洲的人口为 4000 人，到 16 世纪中叶，葡人在亚洲的人口总数上升到 6000 至 7000 人[4]。据有关资料分析，澳门开埠后，1562 年时具有葡国血统的人口是 800 人，1565 年则是 900 人[5]。到 17 世纪 40 年代澳门的总人口达到 4 万时，葡萄牙人和具有葡萄牙血统居民的人数已发展到 2 万[6]。这之后，澳门的人口呈逐年下降趋势，到 1830 年统计时，具有葡国血统的男女人口数仅为 3351 人。这一批欧洲移民或欧洲移民的混血后代就生活在上述两平方公里狭小的城区范围内，除了积极展开维系其生存的海外贸易外，他们就十分平静地在这一小城内生息繁衍。

作为欧洲民族中较小的葡萄牙民族是一个极富特色的民族。幽默、浪漫、灵活、冒险是葡萄牙人的民族性格。欧洲中世纪的骑士制度形成后，葡萄牙社会亦受到骑士制度的影响，人数最多的下层贵族成为了骑士，成为了葡萄牙社会的军事团体。骑士有着一套严格的培养制度，从 7 岁开始就要学习“七艺”，即骑马、游泳、

---

[1] （明）韩霖：《守圉全书》卷三之一《制器篇》之《委离多报效始末疏》，台湾“中央研究院”傅斯年图书馆藏明崇祯刊本，第 17 页。

[2] 参见汤开建：《明代澳门城市建置考》，《文史》第 44 辑，北京：中华书局，1999 年。

[3] 准确地说当为“长不过五里，阔仅里余”，参见《守圉全书》卷三之一《委离多报效始末疏》第 17 页；英国人斯当东（G. Staunton）的描述则称澳门城“最长不到三英里，其宽度还没有一英里”。〔英〕斯当东：《英使谒见乾隆纪实》第 18 章，叶笃义译，上海书店，1997 年，第 521 页。

[4] 〔印度〕桑贾伊·苏拉马尼亚姆（Sanjay Subrahmanyam）：《葡萄牙帝国在亚洲 1500—1700：政治和经济史》，何吉贤译，纪念葡萄牙发现事业中国澳门地区委员会，1993 年，第二章第 47 页及第三章第 83 页。

[5] 〔葡〕施白蒂（Beatriz Basto da Silva）：《澳门编年史》之《十六世纪编年史》，小雨译，澳门基金会，1995 年，第 16—17 页。

[6] 参见《葡萄牙帝国在亚洲》第七章，第 216 页。

射箭、投掷、狩猎、下棋和吟诗，到15岁时，就要开始佩带长剑，成为骑士随员，并进一步学习骑马、击剑，练习武装和轻装跑步、跨越壕沟、翻越障碍，以及徒手攀登城墙等。此外，他们还经常参加游泳、武装泅渡和打猎活动。为了全面提高身体素质，还开展了“热·德·波姆”（欧洲古代网球）、“苏里”球戏（欧洲古代足球）运动。被授予骑士称号后的骑士则要经常参加各种游戏和竞技比赛活动。这些活动既可以达到娱乐消遣的目的，也可以起到军事训练的效果。如前述的骑马、射箭、打猎、投掷、游泳，以及各种球戏，都是当时十分流行的项目，而最受重视的则是骑士比武。骑士比武有单人马上比武、攻垒战、隘口战及徒步决斗等多种形式。决斗比赛有时也被骑士用来解决个人争端[1]。13世纪时，骑士比武已风行全欧。到14世纪后，由于城市的发展，骑士制度开始衰落，但对于远征东方的葡萄牙下层贵族来说，这种“骑士精神”却一直在他们身上保留着[2]。

我们能从这些远征东方定居澳门的葡萄牙贵族身上找到不少澳门早期的体育活动的痕迹。最值得注意的是当时的文献中对葡萄牙人身上佩剑的描写。平托（F. M. Pinto）的《游记》记录了到日本丰后的葡萄牙人，称：

> 他们身着丝绸，胸佩长剑，不像以前那些做生意的人，而像那些珍惜荣誉、时刻准备用宝剑来争光的人。[3]

“时刻准备用宝剑来争光的人”正是东来的葡萄牙贵族的“骑士精神”的表现。澳门开埠不久，当时游澳门的叶权即有如下记载：

> （佛郎机人）随四五黑奴，持大剑棒长剑。剑之铁软而可屈，纵则复伸。[4]

---

[1] 颜绍泸、周西宽：《体育运动史》第五章《西方体育的衰落与复兴》，北京：人民体育出版社，1990年，第174—179页。

[2] 1319年，葡萄牙成立“基督骑士会”，该会是葡萄牙势力最大且长期影响葡萄牙民族的基督教军事团体。即使在骑士制度衰落后，那些来东方（包括澳门）的葡萄牙贵族很多还保留着“骑士”的身份，葡国王对建功立业的葡国人士或葡属殖民地人士常常授以“皇室贵族骑士”或“基督骑士”称号。“骑士”是古代葡萄牙民族引以为荣耀的称号。参见《葡萄牙帝国在亚洲》第二章第45页及《澳门编年史》16世纪至19世纪中大量关于带“骑士”身份的贵族和授予“骑士”称号人士的资料。

[3] 〔葡〕平托：《游记》第135章，金国平译，澳门基金会，1999年，第339页。

[4] （明）叶权：《贤博编·游岭南记》，北京：中华书局，1987年，第45页。

屈大均记载的葡萄牙人则是：

人以黑毡为帽……腰带长刀，刀尾拖地数寸，划石作声。[1]

龚翔麟的记录稍有不同，称葡萄牙人：

腰佩长刀，刀着地尺许。[2]

吴历所见葡人佩剑则是：

腰间横长短二剑。[3]

印光任、张汝霖的《澳门记略》亦称葡萄牙人：

人咸佩刀，刀尾曳地。[4]

清初张穆《番刀》诗更用专门诗篇来吟咏澳葡人之刀：

西洋多宝铁，玉室紫金镂。影动悬秋水，神寒哭髑髅。无情随马甲，高价重貂裘。可惜雄心日，相逢已白头。[5]

《皇清职贡图》中保留的葡萄牙人画像，其腰间也是斜挂一把长佩剑[6]。中国文献中如此之多关于葡人佩剑、长刀的记录，可以反映出当时的葡萄牙人已将他们

[1]（清）屈大均：《广东新语》上册卷二《地语·澳门》，北京：中华书局，1985年，第35页。

[2]（清）王士祯：《池北偶谈》下册卷二十二《谈异》二《香山澳》，北京：中华书局，1982年，第517页。

[3]（清）吴历：《墨井题跋》，小石山房丛书本。

[4]（清）印光任、张汝霖：《澳门记略》卷下《澳蕃篇》，澳门文化司署赵春晨校注本，1992年，第145页。

[5]（清）张穆：《铁桥集·番刀》，何氏至乐堂丛书本，第3页。

[6]（清）傅恒编：《皇清职贡图》卷一《大西洋夷人》，辽沈书社影印本，1991年，第78页。

的击剑术带进了澳门。庞尚鹏记录的澳门称“剑芒耀日”[1]，张穆《番刀》诗所称：“影动悬秋水，神寒哭髑髅”[2] 均应是葡萄牙人击剑活动的生动描写。击剑是骑士们最基本的军事训练项目，因此，来澳门的葡萄牙人“人咸佩刀”，可以反映出击剑应是当时来澳门的葡萄牙人的最常见的军事体育活动。还有一些资料使我们可以更清楚地看到澳门葡人击剑活动的原貌。清初梁佩兰诗记录澳门葡人时称：

脱帽以为礼，带剑不相授。[3]

道光时潘有度的《西洋杂咏》诗中有“一枪一剑渡重关，万里浮航久不还”之句，其自注称：“夷人出外，恒以一枪一剑自卫。”[4] 康熙十九年陆希言完成的《澳门记》更有细致的记录：

有武士焉，擐衣露肘，带刀佩剑，从炮台而上下，较勇力，比超距，思擒游龙而搏猛虎者。[5]

这里记录的不仅是澳门的击剑活动，“较勇力，比超距”则可以看出葡萄牙人已将欧洲的骑士竞技比武运动也带进了澳门。

打猎乃是欧洲骑士体育的重要内容。打猎既能完成骑士们军事训练的效果，又可达到娱乐消遣的目的。极具“骑士精神”的葡萄牙贵族来到东方后，打猎就成了他们户外活动的最常见的一项运动内容，平托《游记》记录了葡萄牙人在缅甸的安吉古马河一带打猎的情况：

我们九个葡萄牙人及其他随从无所事事……一些人整日打猎。当地猎物丰富，主要是鹿和野猪。另外一些人在山上猎取虎、犀牛、豺、斑马、狮子、水牛、野牛及许多从未见过、在欧洲根本叫不上名来的野兽。另外一些人在田野

---

[1] （明）庞尚鹏：《百可亭摘稿》卷一《抚处濠镜澳夷疏》，广东文献丛书本。

[2] 参见《铁桥集·番刀》。

[3] （清）梁佩兰：《六莹堂集》二集卷二《观海篇赠龚蘅圃榷使》，广州：中山大学出版社，1992 年，第 134 页。

[4] （清）潘义增、潘飞声：《番禺潘氏诗略》第 2 册《义松堂遗稿》，光绪二十年刻本。

[5] （清）陆希言：《澳门记》，康熙四十四年开天宝钥刊本。

中猎取野鸭，另外一些人用猎鹰捕飞禽。还有一些人在河中捕鳟鱼、棘耆鱼、博尔达洛鱼、鳛鱼、鲽鱼、鲻鱼及其他鱼。[1]

《游记》中还记录了葡萄牙人在马来西亚海岸的多美尔岛的打猎：

船长的一个儿子请一同去打鹿，我欣然接受，那岛上鹿儿成群结队。……在一空场上，我们发现一大群野猪正在小洼中乱拱。……我们一齐朝猪群射去三枪，顿时打倒两头。[2]

在日本种子岛的葡萄牙人则是：

我们三个葡萄牙人因无生意可做，每日只是以垂钓、打猎消磨时光。[3]

可以看出，打猎乃是东来的葡萄牙人户外活动的最主要方式。古代人的狩猎主要是刀矛弓箭，但火器发明后，火枪即成为了最主要的打猎工具，因此，打猎又是当时火枪射击术最普遍的表现形式。最早将欧洲的火枪传入东方的是葡萄牙人，他们不仅将欧洲的火器传入东南亚、日本、中国，同时也将火枪射击术传入这些地方。《游记》中记录了葡萄牙人将火器及射击术传入日本的详细经过：

我三人当中一个名叫迪奥哥·扎依莫托（Diogo Zaimot）的人随身有一支枪。在这无所事事中，有时他就放枪取乐。他是一名优秀的射手。一天，他到一个水禽繁多的水塘去打猎，用带去的弹药打到了二十六只野鸭。日本人见到这种从未见过的火器，立即禀报了领主。……迪奥哥·扎依莫托见到众人如此大惊小怪，领主如此兴奋，于是在他们面前放了三枪，共打下一只鹰，两只斑鸠。……然后就把枪送给了他（领主）。领主如获至宝……让人给了他一千两白银的赏钱，并请他教他如何制造火药。……从那以后，领主整天玩弄那枪……于是，下令照样仿造，并马上就造了出来。于是，这股玩枪势头愈来愈

[1] 参见《游记》下册，第159章，第478页。
[2] 同上书，第134章，第431页。
[3] 同上书，第396页。

高。五个半月后，已有六百多支枪了。……1556年，据说在日本王国的首都，府中城已有三千多支枪，整个日本岛有三十万支枪……全日本岛到处皆是火器，无论是村庄还是再小的地方，都有百支以上。在有名的城镇中，成千上万支。[1]

《游记》又载：

国王的二子名叫八里领主，年纪在十六、十七岁之间，最为国王宠爱，他数次要求我教他打枪。[2]

火枪及射击术传入日本后，即迅速在日本传播。大阪南蛮艺术博物馆保存有1595年出版的Inatomi射击学校的射击训练教材《三十二种瞄准姿势》，教材中有大量的插图，均是对射击运动的详细说明[3]。

同样，葡萄牙人来华时，火枪及射击术亦当进入中国。葡萄牙人在浙江的双屿港居住时，火枪及射击术即传入双屿。胡宗宪《筹海图编》载：

鸟枪之制，自西番（葡萄牙人）流入中国，其来远矣，然造者多未尽其妙。嘉靖二十七年，都御史朱纨遣都指挥镗破双屿，获番酋善枪者，命义士马宪制器、李槐制药，因得其传，而造作比西番尤为精绝云。[4]

谢杰《虔台倭纂》亦有类似记载：

鸟嘴铳亦传自西番。卢镗破双屿，获善镜者，授其旨，命马宪制器，李祝制药，始为精绝。[5]

---

[1] 参见《游记》下册，第159章，第396—397页。

[2] 同上书，第136章，第403页。

[3]〔英〕博克塞（C. R. Boxer）：《葡萄牙在日本的影响面面观：1542—1640》，范维信译，第62页。两幅插图及说明，载澳门《文化杂志》中文版第17期（1993）。

[4]（明）胡宗宪：《筹海图编》卷十三《兵器·佛郎机图说》，文渊阁四库全书本。

[5]（明）谢杰：《虔台倭纂》下卷《附图、鸟铳、鸟嘴铳》，明万历二十三年刻本。

可以反映出，当时的火枪已经传入浙江双屿港。《游记》还记录了葡萄牙人在双屿的渔猎：

在那里（双屿）逗留的五个月，安东尼奥·德·法里亚住得很舒服。常常出去渔猎，以消磨时间，每次却是满载而归。该岛上各种动物遍地皆是。[1]

澳门开埠后，一批葡萄牙贵族定居澳门，欧洲火器亦大批进入澳门。火枪成为这些澳门居民的最常用的自卫武器，博卡罗（Antonio Bocarro）1635 年的《要塞图册》称：

葡人和这些人（指中国基督徒——通事）都有很精良的武器，如火枪、矛和其他类似武器，没有六或十二条火枪及同样数量的矛和标枪的葡人很少。[2]

可见，不仅居住在澳门的葡人拥有火枪，而且当时在澳门充当翻译的“华人通事群体”也熟练地掌握了火枪。道光十四年（1834），两广总督卢坤的奏折中也记录了澳门葡人使用火枪进行射击训练：

（澳门）番哨分守炮台，或鸣鼓换班，或开放鸟枪，并非终年训练。[3]

但是，由于当时葡萄牙人租居的澳门半岛区域极为狭小，如从 1632 年建成的澳门城来看，葡人仅占据了澳门半岛南部不足两平方公里的土地。因此，在澳门城内，葡萄牙人没有多大的空间展开他们的射击运动（直到 1900 年，才在氹仔兴建正式的射击场所[4]）。故“打猎”成为了澳门葡人射击活动的重要部分。在澳城内的打猎找不到更多的资料，但光绪二十六年的《知新报》有一则报道：

---

[1] 参见《游记》上册，第 70 章，第 203 页。

[2] 〔葡〕博卡罗：《要塞图册》，范维信译，载《十六和十七世纪伊比利亚文学视野里的中国景观》，北京：大象出版社，2003 年，第 219 页。

[3] （清）卢坤：《广东海防汇览》卷三十二《方略》二十一《炮台》二引道光十四年总督卢坤、巡抚祁𡎴奏折，清道光刊本。

[4] 〔葡〕施白蒂：《澳门编年史：二十世纪（1900—1949）》，金国平译，澳门基金会，1998 年，第 4 页。

目前禁止猎人到澳门游猎一节，此例业已捐除，惟须领有牌照，方得携枪出猎。计牌费两元，以六阅日为期。每次出猎，必须向衙署领取执照，猎后即行缴消。[1]

可见，早期的中国澳门有不少人打猎，但为政府禁止。后来政府施行了领牌缴费出猎的办法，可以反映出澳门人对打猎活动的喜好。出城打雀，则是澳门葡人打猎的最主要方式。王文达《澳门掌故》载：

雀仔园坊，原乃往昔澳城边地。水坑尾门之行旅经其前，城墙护其傍，琴山枕其后，树林茂密，雀鸟飞鸣，自成一园囿然。昔夷人爱好打雀，暇辄猎于斯或罗雀于斯。每有所获，便以为雀之巢穴，故称是处“雀仔园”。[2]

葡人除在澳城近处的雀仔园打雀外，还经常出海至海上打雀消遣。乾隆五十二年（1787）澳门同知的一份文件记录：

访有各国夷人，雇请蛋民充当水手，驾坐大三板船，私出海面游荡，并有用鸟枪弹雀等事，逗留在外，数日不回。[3]

可知这种海上打雀活动，不仅有澳门葡人参加，还有住澳门的其他外国人。葡人出澳城打雀，在当时就为清王朝所禁止。乾隆十四年（1749）香山县令暴煜制定的《详筹善后事宜十四款》中即对澳门葡人有严格的规定：

禁夷人出澳。夷人向例不许出澳，奉行已久。今多有匪夷借打雀为名，或惊扰乡民，或调戏妇女，每滋事端，殊属违例。该夷目严行禁止，如敢抗违，许该保甲拿送，将本犯照违制律治罪，夷目分别失察，故纵定议。[4]

---

[1] 《知新报》第130册，光绪二十六年（1900）十月十五日《濠镜例言》，澳门基金会、上海社会科学院出版社影印本，1996年。

[2] 王文达：《澳门掌故》十《闾巷漫谈》八十六《雀仔园坊》，澳门教育出版社，1999年，第181页。

[3] 刘芳辑：葡萄牙东坡塔档案馆藏《清代澳门中文档案汇编》上册，830号档，乾隆五十二年《署澳门同知刘为严禁外国人私雇民人驾船出海事下理事官谕》，澳门基金会，1999年，第427页。

[4] （清）暴煜：《（乾隆）香山县志》卷八《濠镜澳》，清乾隆十五年刊本。

但这种禁令只是在短时间内发生了效果，实际上澳门葡人出澳打猎的活动始终没有禁绝。到鸦片战争以后，澳门出关闸打雀的记录更是经常出现。1893 年 12 月 27 日《镜海丛报》记录：

连日晴暖，又近西人元旦之期，澳中衙署多给假期，以故闲旷思猎，借舒气血。十九日一点钟，北山岭平田之内，丛山之下，聚有西人五六名，各持鸟枪，轰然齐震，盖打鸟也。前山所营卡，无过问者。[1]

1894 年 11 月 21 日《镜海丛报》记录：

21 日，宪报局主人飞佐治，约同各西人，乘坐小艇前往沙尾村口轰打水鸟。[2]

1909 年 12 月 1 日《申报》载：

请增订约束外人游猎章程：……惟所往前山、北山各处，目击葡人携枪结队深入各乡村任意游猎，礼拜日尤盛。……今葡人未受许可肆行游猎，不特有辱国体，实属有碍邦交，拟请诸公商订约束外人游猎章程。[3]

1911 年 1 月 11 日《香山旬报》则称：

澳门葡人自道咸以来，藐我政府，凌我国民，已成惯习。近……更常有三五成群越境，借打雀为名，闯进各乡恣意滋扰。[4]

这种违禁打雀的活动长期存在：一方面反映了葡人租居澳门时，常常有些不尊重中国政府对澳门主权的行为；另一方面也说明了澳门葡萄牙人尽管居住在澳门这

[1] 《镜海丛报》第 1 年第 24 号（1893 年 12 月 27 日）《西人打鸟》，澳门基金会、上海社会科学院影印澳门历史档案馆藏本，2000 年。

[2] 参见《镜海丛报》第 2 年第 18 号（1894 年 11 月 21 日）《宜相礼待》。

[3] 《申报》1909 年 12 月 1 日《请订约束外人游猎章程》，上海书店影印本，1986 年。

[4] 《香山旬报》第 83 期（1911 年 1 月 11 日）第 47 页《请止葡人越境滋扰》，转引黄鸿钊编《中葡澳门交涉史料》第 2 辑，澳门基金会，1998 年，第 190 页。

么一个小小的城市中，却始终保持着打猎这一练习射击的习惯。

决斗是骑士用来解决个人争端的手段，中文文献中亦有来华夷人“决斗”的文字记录。潘有度《西洋杂咏》载：

> 拌将性命赌输赢，两怒由来大祸成。对面一声枪并发，深仇消释大轻生。（自注云：“夷人仇深难解，约定日期，各邀亲故知见，各持鸟枪对面立定，候知见人喝声，一齐放枪，死者不用抵偿，如不死，冤仇立解，永不再斗，以示勇而不怯之意。”）[1]

这种决斗亦是骑士利用枪击进行比武的一种形式。

骑马亦是骑士体育的一项内容，葡萄牙人东来，虽然其主体活动是航海，但作为骑士精神的传承者，这些葡萄牙贵族绝不会放弃骑马这一运动。我们从日本人在16世纪至17世纪绘制的南蛮艺术屏风上看到在日本的葡萄牙贵族的身旁均有黑奴牵着一匹配有鞍辔的高头大马[2]。平托《游记》记载了葡萄牙人在双屿港时，有一种娱乐是“围栅的广场”，“场内有十头牛、五匹野马”[3]。这很可能是葡萄牙骑士的斗牛活动[4]和对野马的驯服，以借此表现骑士们的勇敢和精湛的骑术。葡人定居澳门后，马匹从欧洲运来无疑是件困难的事。对于酷爱骑马的葡萄牙骑士而言，马匹的来源是个大问题。万历初年霍与瑕的《处濠镜澳议》即提到了葡萄牙人“买马”之事：

> 以尔（葡人）土著于此，招集无赖，买马造铳，恐我中国嗜利之徒，煽诱不轨，将为地方患。[5]

---

[1] 参见《番禺潘氏诗略》第二册《义松堂遗稿》。

[2] 参见澳门《文化杂志》中文版第17期载博克塞文第52页插画《南蛮图》及《文化杂志》第31期第6页插画《南蛮艺术风格屏风画（16世纪末）》，1997年。

[3] 参见《游记》第70章，第203页。

[4] 葡萄牙的斗牛历史源远流长，唐·曼努埃尔（D.Manuel）国王统治时期的皇家牛场的斗牛表演曾是葡萄牙人最为轰动壮观的娱乐表演。来华葡人早期的斗牛活动文献甚少记录。1642年的一份葡文文献记录了澳门庆祝葡萄牙复国的盛况时称：“第二天是当月25日，礼拜三。本城政府的人从周围的一个村庄弄来了找得到的最好的牛。在议事亭附近的主街地段放牛奔跑。因为这是城内很宽、以用来举行庆祝活动的主要街道。行政官官署的人和总督出席观看。”观看奔跑的牛，应该指的就是斗牛活动。可见，斗牛活动在澳门早期史上应该是举行过的。以上参阅博克塞：《澳门议事局》，澳门市政厅，1997年，第171页。

[5]（明）霍与瑕：《勉斋集》卷十七《处濠镜澳议》，清光绪丙戌重刊本。

葡萄牙人购买马匹无疑是为了他们骑术训练的需要。1637 年到澳门的英国旅行家彼得·孟迪（Peter Mundy）记载：

> 他在澳门见到一种游戏，是主要流行在葡萄牙和西班牙民族中的一种运动，而他本人则未曾见过。在澳门板樟堂前地广场，有一个圆形跑道，有 15 或 16 个骑士骑马在跑道上跑，跑了 5 个圈。骑士分为两队，一队为"野蛮的摩尔人"，一队为基督徒。每人手持皮或纸质的盾牌，戴着大马士革钢做的面具，穿着皮制的盔甲，每个骑士表现都很勇敢。骑士拿着装有白灰和鲜花的泥球向对方投射，而每个骑士都有卡菲尔黑奴为自己传递泥球。马很小（广东马），但快速而勇敢，与英国马 Cornish Naggers 相似。[1]

可以看出，这应是流行于当时葡、西民族中的一种骑术表演和投球的游戏，葡人亦将这些游戏带到了澳门。这种游戏亦可反映出澳门葡萄牙人的骑马活动在澳门的开展。

葡萄牙人的骑马活动，由于受到空间的限制，不可能获得很大的发展，但葡萄牙人喜爱骑马却在有限的资料中依然获得了表现。道光年间，广州将军哈丰阿奏折载：

> 该夷人遇天气晴明，三五人驰马海旁，谓之运气纳凉。[2]

鸦片战争后出任澳门总督的海军上校亚马留（João Maria Ferreira do Amaral）就是一位十分优秀的骑手，他十分喜爱骑马，每天下午必在澳城至关闸新开辟的道路上"骑马游玩"[3]。澳门龙田村农民沈志亮等侦知亚马留这一习惯后，设伏道旁将亚马留刺杀。1849 年 11 月 10 日的《伦敦画报》刊登了一幅当时沈志亮等人刺杀

---

[1] Peter Mundy, *The Travels of Peter Mundy, in Europe and Asia, 1608-1667*. V.III. Part I. pp.264-268. Nendeln: Kraus Reprint Ltd., 1967.

[2] 中国第一历史档案馆、暨南大学古籍研究所编：《明清时期澳门问题档案文献汇编》第二册 658 号档《广州将军哈丰阿等奏报查明澳门炮台各情形》，北京：人民出版社，1999 年，第 264 页。

[3] 葡文杂志《大西洋国》第二卷第 361 页沈志亮供词，转引〔葡〕萨安东（António Vasconcelos de Saldanha）：《葡萄牙在华外交政策：1841—1854》第 14 章，金国平译，葡中关系研究中心、澳门基金会，1997 年，第 158 页注 689。

亚马留的铅笔画，画面上有四匹奔驰的马和三位骑马的外国人[1]。刺杀亚马留的事件发生后，“诸夷惴惴不敢出驰马”[2]。反映出澳门葡萄牙人在空间有限、马匹缺乏的条件下仍然保持了该民族十分喜爱的骑马活动。

游泳也是骑士制度中对骑士们培训的重要项目。澳门三面环海，周围多岛屿海滩，故极适宜游泳活动的开展。澳门葡人的黑人奴仆中有一些即极善于游泳。王临亨《粤剑篇》称：

> 番人有一种，名曰黑鬼……能经旬宿水中。[3]

蔡汝贤《东夷图说》则称：

> 黑鬼……入水可经一二日。[4]

能在水中待一两天，可见游泳技术很高。我们在澳门葡萄牙人的休闲生活中也能找到一些游泳的资料。吴历《澳中杂咏》第十二首称澳门青洲：

> 青洲多翠木，为纳凉休沐之所。[5]

这里的“休沐”即是休憩沐浴之意。明清时期的青洲为一小岛，岛边有浅海滩，可供人们游泳。龙思泰（A. Ljungstedt）则称青洲岛为澳门人“提供了进行体面娱乐活动的场所”[6]。很显然，到青洲海滩游泳是当时澳门人的一种时尚。美国人亨特（William C. Hunter）在记录19世纪初期澳门时称：

> 他在西望洋山上的明纳托水池有一座有游廊的平房……平房后边，山势急

---

[1] 《伦敦画报》（*The Illustrated London News*）1849年11月10日，《刺杀澳门总督》（Assassination of the Governor of Macao），第308页。

[2] （清）田明曜：《重修香山县志》卷十五《列传·沈志亮》，清光绪五年刊本。

[3] （明）王临亨：《粤剑篇》卷三《志外夷》，北京：中华书局，1987年，第369页。

[4] （明）蔡汝贤：《东夷图说》（不分卷）之《黑鬼》，四库存目丛书本。

[5] （清）吴历：《三巴集》第十二首，小石山房丛书本。

[6] 〔瑞典〕龙思泰：《早期澳门史》第三卷第一章《青洲》，吴义雄等译，北京：东方出版社，1997年，第163页。

陡，向教湾下降，那是一个良好的浴场。[1]

亨特所言的“浴场”应在澳门的西湾，今民国大马路过去是一片海滩。昔日缪君侣有《夏初早游西湾》诗：

流水随湾转，飞花着地残。服绵方觉热，衣葛又生寒。林鸟啼初日，潮儿戏浅滩。微风吹过处，犹足起波澜。[2]

“潮儿戏浅滩”，反映出当时的西湾亦是澳门人的游泳之处。

澳门葡人除了在澳门半岛有游泳活动外，现珠海市对面山的银坑也是当时葡人游泳之处。龙思泰称：

银坑仍然是一个最受喜爱的海滩，由于有从上面流过的清新溪流，有可供锻炼身体的山坡……葡萄牙人经常来到这里。五十年前，外国人就已到这里和拱北的其他地方进行娱乐活动，他们常常在这些地方度过一天，漫步，谈天，餐饮，并从事健康的娱乐。[3]

海滩上的“健康娱乐”当是指游泳。1845 年《中国丛报》载：

麦拉主教（Bishop of Myra）拉梅奥西（Alexis Sameaux）于 7 月 14 日，在靠近澳门的沙栏仔游泳时淹死。[4]

特别值得指出的是，当时的葡人妇女也参加了游泳活动。道光初方恒泰言：

先一三日，（澳门）夷妇相率浴于河，意在洁而事近亵，往来行路，俱以

[1]〔美〕亨特：《旧中国杂记》之《澳门的老侨民》，沈正邦译，广州：广东人民出版社，1992 年，第 180—181 页。

[2]（民国）缪君侣：《百尺楼诗稿·夏初早游西湾》，转引自《澳门掌故》十三《名胜古迹掇拾》四十六《西湾》，第 304 页。

[3] 参见《早期澳门史》第三卷第三章《其他游览地》，第 170 页。

[4]《中国丛报》（*Chinese Repository*）第 14 卷第 8 期（1845 年 8 月）《四川主教逝世》，第 170 页。

青帕一方覆身首。[1]

可以反映出，在19世纪前，游泳在澳门葡萄牙人中是一项经常性的体育锻炼活动。

散步与郊游也是澳门葡人的重要的户外活动与锻炼身体的方法。1637年孟迪的资料就有记录：

他们的聚会、节日和婚礼娱乐、基督教节日和假日，他们有时到附近岛屿的海湾或河湾去，在一些河流旁美丽的小山谷里与家人共度八或十天，住在自己带的帐篷里，这里有很多这样的山谷。这就是住在这里的葡萄牙人的娱乐。[2]

亨特《旧中国杂记》则称：

现在，澳门的葡萄牙人常常到三山去郊游。[3]

三山即上川岛。19世纪20年代至30年代在澳门居住的美国姑娘哈丽特·洛（Harriet Low）的日记称：澳门娱乐很多，（1829年11月14日）她首次参加了在青洲举行的泼水节，她又描写了1829年10月27日她的一群朋友组织的一次野游及1831年12月中的湾仔之游[4]。潘有度《西洋杂咏》则更有意思，有诗云：

红灯白烛漫珠江，万颗摩尼护海幢。日暮层楼走千步，呢喃私语影双双。（其自注云："夷人每日黄昏后，往来行动，以运血气，俗称行千步。"）[5]

可见，居澳葡人十分注意散步与远足这种锻炼身体的方式。

---

[1] （清）方恒泰：《橡坪诗话》卷四《杂记》，道光十三年刻本。

[2] 参见 *The Travels of Peter Mundy, in Europe and Asia*, 1608-1667. V.Ⅲ. Part I. pp.264-268.

[3] 参见《旧中国杂记》之《1825—1826年在新加坡与马六甲》，第269页。

[4] 〔葡〕普加（Rogerio Miguel Puga）：《从哈丽特·洛（希拉里）的日记看十九世纪澳门性别的社会生活》，载澳门《行政》第十五卷，2002年第2期（总56期），第458—461页。

[5] 参见《番禺潘氏诗略》第二册《义松堂遗稿》。

据葡萄牙学者阿马罗（Ana Maria Amaro）教授介绍，在这一时期，葡萄牙人还将古老的伊比利亚半岛上的三种纸牌游戏——马尼拉（Cartas Manila）、康京（Conquim）及梭罗（Solo）传进了澳门，且一直在澳门普遍流行，直到上一个世纪。[1]

二、欧洲东印度公司进入澳门及绅士体育的传播

1600年，英国东印度公司成立，英人东来，即企图以澳门为跳板，建立与中国的贸易关系，但未获成功。直到18世纪中期以后，由于中国与西方各国，特别是与英国的贸易发展迅速，英国人经过盘根错节的艰辛奋斗，才在澳门获以立足。据潘日明（Benjamin Videira Pires）神父记录："1764年第一位在澳门居住的客商是英国人罗伯特·杰克逊。"[2] 因为，在此之前，外国商人居留澳门一直遭到澳葡政府的反对[3]。澳葡总督于1765年允许法国东印度公司在澳门设立代理行。1772年英国东印度公司正式在南湾设立办事处[4]。紧接着，荷兰、普鲁士、瑞典、挪威、西班牙、丹麦及美国争相往澳门派遣领事代表和商业人员。澳门成了欧美商人云集的地方。英国、瑞典和丹麦的公司集中在南湾一带，美国和其他国家的商行则分散在今日的龙嵩正街、大堂斜巷和板樟堂街[5]。乾隆二十四年（1759）清政府颁布《防范外夷规条》，其中第一条即规定：

> 夷商在省住冬，应请永远禁止。[6]

---

[1] 〔葡〕阿马罗：《伊比利亚传统的澳门纸牌游戏》，吴新娟译，《文化杂志》1995年第23期，第39—48页。

[2] 〔葡〕潘日明：《殊途同归——澳门的文化交融》第十五章《十八和十九世纪澳门的外商》，苏勤译，澳门文化司署，1992年，第146页。

[3] 参见《澳门编年史》，第116页："（1731年1月23日）总督下令议事会把外国船只赶出澳门及其贸易市场。"第135页："（1746年3月9日）王室公文禁止外国商人在澳门停留。"第153页："（1757年1月15日）高定玉总督维持对外国人在澳门定居的王室禁令。"

[4] 参见《澳门编年史》，第160、167页。

[5] 参见《殊途同归——澳门的文化交融》第十四章《世界型的土地和海洋》，第138页。

[6] 中国第一历史档案馆、暨南大学古籍研究所编《明清时期澳门问题档案文献汇编》第一册，217号档乾隆二十四年《两广总督李侍尧奏陈粤东地方防范洋人条规折》，第337页。

并规定外国商人五、六月至九、十月间是在广州贸易的时间，而九、十月以后的冬季只能居住在澳门，不准在广州过冬，而且，在此之前还严格规定：

> 有夷船到澳，先令委员查明有无妇女在船，有则立将妇女先行就澳寓居，方准船只入口。[1]

也就是说外国妇女一律不许进入广州，只能“就澳寓居”。广州口岸对各国商人的开放导致葡萄牙人的贸易再次衰落，但不准外国商人在广州过冬及禁止外国妇女进入广州而只许他们居留澳门的限制政策，又着实使澳门繁盛起来。这些外国商人：

> 都很喜欢它（澳门）那宁静安谧的生活，它那华美的气氛，以及可爱的气候。即使他们不懂引用爱尔汗布拉宫的铭文说：“假如地上有一座乐园，它就在这里。”也该会说句大实话，这里真是舒服极了。[2]

生活在澳门的这一批欧洲人，他们十分满意在澳门的生活。英国史学家格林堡（Michael Greenberg）称：

> 越来越多的英国侨民从广州商馆的一个季度的圈禁生活中逃出来，在这讲究仪表和礼节的沉闷地方，沉迷于纯英国的“欢欣鼓舞的娱乐”——音乐会、化妆跳舞会、赛马、业务戏剧。[3]

就在这“欢欣鼓舞的娱乐”中，产生于17世纪中叶的英国绅士体育悄悄在澳门得以传播。

英国绅士体育产生于17世纪的资产阶级革命，所谓“绅士”就是指这一批新兴的资产阶级分子和已经资产阶级化了的新贵族。而绅士体育就是新兴资产阶级所

---

[1] 参见《广东海防汇览》卷三十七《方略》二十六《驭夷》二乾隆十六年闰五月条。

[2] 参见《旧中国杂记》之《澳门的老侨民》，第166—167页。

[3] 〔英〕格林堡著，康成译，《鸦片战争前中英通商史》第五章《鸦片》，北京：商务印书馆，1961年，第119—120页。

推行的绅士教育中的一部分。绅士体育为了培养处群能力、竞争精神、实战本领的需要，强调在绅士教育中开展骑马、击剑、游泳、划船、舞蹈等活动项目，却又特别偏重于赌博性的竞技运动，如赛马、拳击、击剑、板球等。绅士体育多以俱乐部的形式出现，不对下层群众开放。[1]

英国绅士体育随着英国商船上的大班们来到中国。他们在广州的商馆内都纷纷建起了运动场：

> 各商馆占的空地都有限，连花园和运动场在内，长约一千一百英尺，一般深度约七百英尺。……可供数目比较多的人运动的唯一场所，就是六家商馆前面居中的一片广场，面积约为五百英尺乘三百英尺。[2]

来自于当时被称为“运动王国”的英国人的确是酷爱体育运动，在广州极为有限的空间里，他们并没有放弃体育运动，而入冬返居澳门时，他们则更沉溺于嬉戏娱乐及体育运动之中。

最受英国绅士们欢迎的运动项目就是赛马，从18世纪至19世纪留下的资料看，当时英国的赛马场面之大，投注赌金数额之巨，均令人叹为观止[3]。英国人入住澳门后，也开展了一系列的赛马活动。一般的论著均认为中国澳门的赛马活动始于1842年香港的英国人借澳门马场举行的赛马[4]。这一观点是错误的。从现存的原始文献中，我们至少可以找到十分确凿的证据证明澳门赛马早于1842年。

一是龙思泰的《早期澳门史》，该书于1836年出版，其附录十有一幅1834年由英国海军绘制、布拉姆斯顿增改的《澳门市区及港口图》。该图在关闸稍南，靠近里沙湾之处标有“Racing Ground”（跑马场）字样[5]。在另一幅1840年的《澳门地图》上，在同样位置亦有“跑马场”的标识[6]。由此可证，1834年以前澳门即有

---

[1] 参见《体育运动史》第六章《十七世纪四十年代到十九世纪中期的欧洲体育》，第217—220页。

[2] 〔美〕马士（H. B. Morse）：《中华帝国对外关系史》第一卷《1834—1860年冲突时期》第四章《广州商馆和公行》，张汇文等译，上海：上海书店出版社，2000年重印版，第81页。

[3] 参见《体育运动史》第六章，第219页。

[4] 邓开颂：《澳门历史：1840—1949》第六章称：“在近代史上，澳门有过两段赛马历史的记录：第一次是1842—1846年，第二次是1924—1941年。”（澳门历史学会，1995年，第197页）

[5] 参见《早期澳门史》附录十《澳门市区及港口图》，其中说明称：“布拉姆斯顿1834年于中国澳门。”

[6] 鲁言：《香港掌故》第十一集“马民”《马圈地震与香港赛马史》所附1840年的《澳门地图》，香港广角镜出版社，1987年，第130页。

专门的赛马场地，并有赛马活动开展。

二是施白蒂《澳门编年史》中有关于澳门赛马的重要记载：

> 1828 年澳门最普及的一项娱乐运动是跑马，场内有为上流人物专设的特殊席位。亨瑞·劳（Harriet Low）在日记中对此项运动有详细描写。[1]
>
> （1829 年 4 月 28 日）香山县令下书给澳门检查官，命他立即禁止住在澳门的外国人跑马取乐的行为。称跑马对步行者构成威胁。是对大清法律的严重不敬。[2]

当时英国人为了开展跑马活动，还主动“修缮澳门外城到望厦村一带的道路”[3]。可见，1828 年前澳门的赛马活动已经比较普及了。

三是美国人哈丽特·洛曾于 19 世纪上半叶在澳门居住，并留下了七本日记，后来其女为她出版《母亲日记》，其中记述了 1829 年时的赛马场：

> 1829 年 11 月 5 日，我们受邀前往赛马场地……赛马场位于一个叫关闸的地方，那里是为了防止所有外国人越过的地方。马场大约有四分之三英里长的距离。这是一个很令人兴奋的地方，我很快就被奇妙的场面吸引住了。这里有一处用竹子搭建的临时棚子，专供女士观看。我敢保证当您看到下面这么混杂的一群人时您一定会觉得很有趣。大多数中国女子身上穿的是单裙……葡萄牙人、印度人以及中国人混杂一处，各种语言交织在一起。……当中有些马表现得十分出色，比赛很精彩，还有人下很大的注赌马。[4]

四是 1835 年 10 月的《中国丛报》记载 8 月 15 日星期六澳门的情况称：“骑马去关闸，马尼拉和爪哇小马；阿拉伯马；华人的马术。”[5] 这也应是反映当时关闸附近赛马场的活动，并说明当时英国人传入的赛马活动不仅在欧洲人中普及，而且华人也开始参与。

---

[1] 参见《澳门编年史：十九世纪》，澳门基金会，1998 年，第 44 页。

[2] 同上书，第 45 页。

[3] 同上书，第 41 页。

[4] Nan P. Hodges and Arthur W. Hummel, *Lights and Shadows of a Macao Life*, p.79.

[5] 参见《在广州的居民访问澳门》，《中国丛报》第 4 卷第 6 期（1835 年 10 月），第 292—293 页。

五是乾隆时叶廷勋与叶廷枢两兄弟的诗集中均有澳门赛马的记载：

关闸平明骏骑夸，诸夷逐队走平沙。肩舆尽属红毛派，倭帽斜簪四季花。[1]

关闸难关关路长，行人来往马蹄忙。回头左右天连水，孤鹜飞霞带夕阳。[2]

“红毛”即指英国人，这是中国诗人保留的对澳门赛马运动最为珍贵的描写，亦是当时澳门赛马真实的写照。值得注意的是叶廷勋的集中还有“己酉初夏重游澳门二首”诗[3]，己酉为乾隆五十四年（1789），而此处所录叶廷勋诗为第一次游澳门时所作，故知，此诗完成在1789年前。也就是说，澳门关闸赛马活动早在1789年之前即已开展。这条材料可将中国赛马史推前半个多世纪。上述多种中西文献，均可证明澳门的赛马并非始于1842年。

香港开埠后，英人一时尚未在香港建好跑马场。而英国人每年都要举行周年赛马大赛，所以香港早年的赛马周年大赛是在澳门黑沙湾赛马场举行的[4]。《香港建筑百年史》载：

香港有赛马的玩意儿，在记录上，始自1845年（按：英人到香港后，便有赛马举行，1842年至1843年那两届非正式的香港赛马，是借用澳门马场举行的）。最初周年大赛，要借用澳门黑沙湾马场举行，直到1848年，香港才自设马场。[5]

---

[1] （清）叶廷勋：《梅花书屋诗钞》卷四《于役澳门纪事十五首》，道光十一年刊本。

[2] （清）叶廷枢：《芙蓉书屋诗钞》卷四《澳门杂咏》，道光十一年刊本。

[3] 参见《梅花书屋诗钞》卷四“己酉初夏重游澳门二首”。

[4] 很多澳门史著作均将1842年香港英人借澳门马场赛马之事误记作在“塔石球场”举办。首误者为王文达先生《澳门掌故》，该书称，香港赛马会举办1842年初次大赛马是假澳门利宵（塔石）球场举行；而李鹏翥先生的《澳门掌故》（星光书店，1988年）第185页沿袭此误称：“远在1842年，这个运动场（塔石球场）曾被香港赛马会借来举办周年大赛。”而王、李二先生之误又源出汪兆镛《澳门杂诗》第二十一首《抛球场》的注文：“荷兰园下兵房有抛球场，亦时于此赛马。”汪氏误将黑沙湾之赛马事置于荷兰园之塔石球场，但未称香港英人1842年曾于抛球场赛马。王、李二先生从中演绎出1842年英人借塔石球场赛马，遂导致诸书皆误。黄启臣《澳门通史》（广东教育出版社，1999年）第16章第374页：“1842年，香港赛马会在澳门塔石球场举行一周年大赛马，参加者多为外国人。”又误衍出：“之后，连续五年每年举行一次，直到1846年停办。”香港赛马会总共在澳门仅开办1842—1843年两届周年赛马，到黄先生这里就变成了五届。其他著作之失误，此处暂略。

[5] 香港工商业汇报编印：《香港建造业百年史·马场今昔》，1941年，第84页。

故知澳门的黑沙湾马场的赛马活动在19世纪上半叶是十分频繁的。

但到香港的建设走上正轨，原住澳门的外国人离澳赴港后，澳门的赛马亦逐渐走向衰落，代之而起的就是香港与上海的赛马了。

划船亦是英国绅士体育的重要内容。乾隆三十六年（1757），清政府规定，外商来华贸易，仅开放广州一口，禁止其他任何口岸的一切对外贸易[1]。欧洲商人云集广州，商人们在广州除了从事商业活动外，其休闲生活是干什么呢？从当时的资料看，划船是一项重要内容。道光十五年（1835）两广总督卢坤奏折称：

> 夷人在内河驶用船只，应分别裁节，并禁止不时闲游也。[2]

可见，当时在广州的外国人经常在珠江划船“闲游”。故清政府在嘉庆二十一年（1816）时就曾下令禁止，并规定：

> 嘉庆二十一年，前督臣蒋攸铦任内酌定，每月初八、十八、二十八三日准其在附近游散一次。近年该夷人往往不遵旧章，必须重申禁令。[3]

由于划船活动在广州受到的限制较多，故这一项活动主要转移到澳门举行。

亨特《旧中国杂记》中详细记录了19世纪初外国人在广州及澳门的划船运动。兹录如下：

> 1837年，十三行商馆里的一些年轻成员组织了一个广州划船俱乐部。我们有几十艘供比赛用的单人划艇和轻便小艇。供帆船赛的有三艘约二十六英尺长的双桅纵帆船——斯特吉斯的“小鼠号”（Mouse）；英国领事馆秘书埃尔姆斯利（Eduard Elmslie）的“大鼠号”（Rat）和笔者的“白鼬号”（Ferret）。
>
> 所有这些船艇都是在河南澳门水道的尽头处，由一个完全秃头的老人建

---

[1] 参见《中华帝国对外关系史》第一卷第四章《广州商馆与公行》，第76页。

[2] （清）梁廷枏：《粤海关志》卷二十九《夷商》四《两广总督卢坤监督中详疏》，广州：广东人民出版社，2001年点校本。

[3] 同上书。

造的。……他的手艺一流，特别是为保罗·福布斯建造的快艇“亚特兰大号”，那是一艘五十吨的双桅纵帆船，按照遐迩闻名的“美利坚号”游艇式样建造的。它在澳门海面的一项比赛中获得优胜，超过了其余的六艘好船，其中包括约翰·颠地的三十四吨单桅快艇“吉卜赛号”（Gipsy），当时由我驾驶，获第二名。“亚特兰大号”的时速为九又四分之三海里；“吉卜赛号”为八又十分之一海里。比赛线路作三角形，有三十五海里，当时吹着强劲的北风。

我们在澳门海面举行的第二次比赛中发生了一件不幸事故。报名参赛的有十只艇，但实际出航的只有四只（海面风浪很大，不远的地方刮着飓风）。它们是“吉卜赛号”、查顿三十三吨的“蓟号”（Thistle）、坎贝尔（Campbell）三十一吨的“梦号”（Dream）和利文斯通三十吨的“龙号”（Dragon）。十八吨的独桅快艇“仙女号”（Fairy）曾出发，一起行驶了一会儿，便连整幅帆一起沉没了。它的主人“金星门号”的船长罗珀（Roper）紧抱桅杆不放，才得获救，但他的伙伴“格伦莱昂号”（Glenlyon）的船长哈多克（Haddock）和两名印度水手则被溺毙。我再次驾驶“吉卜赛号”，以领先九分十秒赢得优胜。它载着我们在四小时中驶过二十五又二分之一海里的三角形航线。……我们的裁判是碇泊黄埔的孟买船“查尔斯·福布斯爵士号”（Sir Charles Forbes）的船长斯科特（Scott）。……其实，中国船只对这次运动也表露出浓厚的兴趣，他们自己也在防止有船出来妨碍比赛。

我们的第一次帆船比赛是于同一年在澳门航道举行……“大鼠号”“小鼠号”和“白鼬号”参赛，“白鼬号”获胜。另外两次比赛在1837年和1838年举行，没有发生事故。1838年11月同样由前边提到的三艘双桅纵帆船进行比赛，天气寒冷阴沉，获胜者是罗伯特·福布斯（Robert B. Forbes）。[1]

这是一份极为珍贵的澳门划船运动史料，如此详细清晰地描述一项早期的体育运动，这在早期文献的记录中是十分罕见的。胡道静先生《历史的上海运动》一文称，上海西侨出现于1863年的划船比赛，是最早传入中国的体育项目[2]。而上述资料却清楚地告诉我们，在1816年时，广州外国人的划船活动已受到限制，在1837

[1] 参见《旧中国杂记·广州划船俱乐部》，第302—306页。
[2] 转引自刘善龄：《西洋风：西洋发明在中国》十二《延安窑洞玩“勒美”》，上海：上海古籍出版社，1999年，第244页。

年时，在广州的外国人即成立了“划船俱乐部”，并多次在澳门举办了十分精彩的帆船比赛。可以推知，划船运动在澳门的出现应大大地早于1816年。

1849年12月的《中国丛报》还记录了一份资料：

> 总督（亚马留）在答复他并将科帕尔引见给法官卡尔尼伊罗后不久，就登上美国船“朴利茅斯号”担任划船比赛的裁判。

可见，香港开埠后，广州商馆的外国人组成的“划船俱乐部”虽然迁去了香港，但在澳门举行的划船比赛却没有中止，而且还得到澳葡政府的高度重视，并由澳门总督亚马留担任划船比赛的裁判。可见，这一时期澳门的划船运动很发达。

板球、网球、桌球等运动也随着英国绅士们进入澳门。钟启韶于嘉庆二十一年（1816）游澳门期间留下《澳门杂事诗》十二首，其中一首有诗句云：

> 筑毬坡对座，走马路横窗。[1]

“走马”当指澳门夷人骑马驰过，“筑毬”何指？余疑指当时英人正盛行的板球运动。前引1834年的《澳门市区及港口图》在东望洋山之西、水坑尾之东有一“板球场”（Cricket Ground），[2] 而这一地图上的标识就是今天的塔石球场的位置，在荷兰园处。民国初年汪兆镛有《抛球场》诗一首，并称“荷兰园下兵房有抛球场”。中国人将早期传入中国的球类统称为“抛球”。汪诗云：

> 昔有戏马台，后世乃无闻。此地开广场，草色亦氤氲。蹴鞠亦古法，体育舒劳筋。[3]

可见这一球场不仅用来打球，还可以“戏马”。与钟启韶所记“筑毬”“走马”相合。这一中国最早的“板球场”在澳门出现，亦可推证1816年钟启韶所见之

---

[1] （清）钟启韶：《听钟楼诗钞》卷三《澳门杂事十二首并序》，光绪庚寅刻本。

[2] 参见《早期澳门史》附录十《澳门市区及港口图》。

[3] （民国）汪兆镛：《澳门杂诗》第二十一首《抛球场》，民国五年刊本。

“筑毬”当指板球。可以反映出至少在19世纪初，澳门就有了板球运动。

记载网球运动传入澳门的资料在时间上相对要晚一些，比利时卢德维奇·德·波瓦（Ludovic de Beauvoir）公爵1867年游澳门时曾提到澳门的“网球场”[1]。网球何时传入澳门，我们尚无资料证明，但1867年时澳门已有了网球场，这应是事实。《澳门编年史》又载：

（1892年11月5日）……该飞艇从草地网球场升空。[2]

又可说明到1892年时，澳门已有了“草地网球场”。同一本书又载：

（1898年2月26日）该日宪报刊载1890年6月20日批准澳门外国人草地网球俱乐部章程。[3]

借此又可证明：1890年时在澳门已经成立了正式的网球俱乐部。“外国人”，即是指非中国国籍之人士，反映出澳门最早的网球运动主要的活动者还是居住在澳门的欧美人。据潘日明公布的资料，1867年澳门还有17户英国人、24户西班牙人、3户意大利人、4户秘鲁人、3户美国人、1户荷兰人、3户普鲁士人和1户智利人，总共300人[4]。这个外国人草地网球俱乐部的成员应主要是居住在澳门的欧美人。葡萄牙学者引用1905年的资料称：“当岗顶伯多禄戏院不举办演唱会和音乐会的时候，葡萄牙人另觅乐趣。……澳门俱乐部暨军人娱乐宫（Gremio Militar）也竞赛举办晚会。此外还有各种网球赛，海滩野游。”[5]

桌球传入澳门当在19世纪上半叶。最早的资料是亨特《广州番鬼录》记载19世纪30年代广州外商的生活：

---

[1] 德尼·龙巴（Denys Lombard）：《德·波瓦公爵在澳门》，李长森译，《文化杂志》（中文版）第23期（1995），第11页。

[2] 参见《澳门编年史：十九世纪》，第270页。

[3] 同上书，第294页。

[4] 参见《殊途同归——澳门的文化交融》第十四章《世界型的土地和海洋》，第138页。

[5] 〔葡〕飞历奇（Henrique de Senna Fernandes）：《澳门电影历史：“默片时代”》，常征译，载《文化杂志》（中文版）第17期（1993），第135页。

商馆布置豪华……左边为图书室……右边是弹子房。[1]

弹子房即桌球室。这应该反映的是19世纪初期之事。据1843年7月15日《澳门曙光报》的一则广告，英国人彭丁（E. Bontein）是一家桌球馆的老板[2]。1858年岗顶剧院建成后，澳门新俱乐部（后来之澳门葡人俱乐部）亦随之建立。岗顶剧院不仅成为当时“上演话剧、音乐会、歌剧的首选场地”[3]，而且还是开办舞会、看书、打桌球的地方，院内设有桌球室。汪兆慵《澳门杂诗》记载：

龙嵩庙侧，地名岗顶，有大厦一区，宏敞环伟，葡人谓之“及笠”，即华人之公司，盖醵资建设办公共游息地。每会：士女昌丰，击球、跳舞、饮酒、唱歌，往往达旦。[4]

击球，就是打桌球。故岗顶戏院又有“岗顶波楼”[5]之称。20世纪初到澳门的英国人阿绮波德·立德（Archibald Little）曾去过华人领袖何穗田的家，她看到何家“装饰豪华，陈列许多艺术品，还有一张台球桌，据说他们会打台球”[6]。可见，20世纪初的澳门上层社会已接受了台球这一时髦的西洋体育。在家中置台球桌，可见台球在澳门上层社会的普及。

到20世纪初，自行车及滑旱冰运动均已传入澳门。梁乔汉完成于光绪三十二年（1906）的《港澳旅游草》有十首《夷俗杂咏》诗，其中一首称：

单车并不费人牵，独坐中衡自转旋。两脚踏将机起伏，轮行前后快如弦。[7]

可见，这时的澳门已传入自行车运动。到清王朝的最后一年，在澳门“域多

[1]〔美〕亨特：《广州番鬼录·东印度公司》，冯树铁译，广州：广东人民出版社，1993年，第23页。

[2] Jorge Forjaz, *Familias Macaenses*, Volume I. p.529. 葡文由李长森翻译，澳门基金会，1996年。

[3] 参见《澳门编年史：十九世纪》，第134页。

[4] 参见《澳门杂诗·竹枝词40首》。

[5] 梅士敏：《岗顶剧院120年》，载《文化杂志》（中文版）第4期（1998），第95页。

[6]〔英〕阿绮波德·立德：《穿蓝色长袍的国度》第20章《反对裹足之行》，王成东、刘皓译，北京：时事出版社，1998年，第324页。

[7]（清）梁乔汉：《港澳旅游草·夷俗杂咏》，光绪三十二年刊本。

利”影院的后面开办了“室内滑冰场，起名‘域多利沙龙’”[1]。而到这里滑旱冰的主要是商业学校的学生。

跳舞是英国绅士体育的重要内容，但在绅士体育传入澳门前，澳门即有多种跳舞活动的表现，康熙十九年（1680）进澳门的天主教徒、画家吴历在他的《澳中杂咏》中有如下记录：

> 黑人歌唱、舞足与琵琶相应，在耶稣圣诞前后。[2]

当时的黑人主要为卡菲尔（Kafir）人，为澳门葡人的奴仆，多已皈依天主教[3]。番禺人吴鏮乾隆中期的游澳诗称：

> 奏胡琴，击羯鼓，葡萄酒泛忭且舞。菩萨发垂连臂歌，醉来击碎珊瑚树。[4]

乾隆时姚元之的《竹叶亭杂记》亦有记录澳门番妇跳舞之事：

> 番妇见客，又有相抱之礼。……乃以两手搴其裙跳且舞，客亦跳舞，舞相近似接以吻，然后抱其腰。此为极亲近之礼也。[5]

这都是当时中国文献中澳门葡人及其仆役本民族跳舞活动的反映。绅士体育传入澳门后，澳门跳舞之风更盛。

跳舞是当时英国上流社会普遍参与的一种活动，既可以满足上流社会公共交际的需要，又可以锻炼身体。特别是那些对于生活在异国他乡的贵族、绅士们而言，跳舞更是他们单调、枯燥的业余生活中十分重要的一部分。故格林堡称来华的英国商人在澳门整天沉溺于“化装舞会”中[6]。1835年10月的《中国丛报》摘录的一份

---

[1] 参见《澳门电影历史："默片时代"》，第138页。

[2] 参见《三巴集》第二十七首。

[3] 参阅汤开建、彭蕙：《黑人：明清时期澳门社会一种异质文化景观》，载《世界民族》2004年第2期。

[4] （清）陈兰芝辑：《岭海名胜记·澳门记》卷七吴鏮《游澳门同邑人询土风长歌述之》，乾隆五十五年刊本。

[5] （清）姚元之：《竹叶亭杂记》卷三，北京：中华书局，1982年，第95页。

[6] 参见《鸦片战争前中英通商史》第五章，第119—120页。

外国人的私人日记中即记录了澳门的“化装舞会”[1]。施白蒂《澳门编年史》亦集中地记录了澳门的舞会：

（1836年10月31日）即日晚，英国东印度公司的英格利斯（R. Inglis）举行盛大晚宴和舞会。[2]

（1864年2月8日）在伯多禄五世大戏院大厅举行募捐面具舞会。[3]

（1865年2月4日）在澳门定居的英国人R.Carro Ⅱ在伯多禄五世剧院举办一场规模空前的盛大舞会，大约有五十名淑女，二百名骑士到场献舞。[4]

（1866年10月15日）澳门居民为亚马留（José Rodringues Coelho do Amaral）总督曾在伯多禄五世剧院举行专场舞会。香港总督麦当奴（Richard Graves MacDonnell）伉俪等来助兴，以示感谢亚马留总督给予香港的支持。[5]

潘日明书中则对19世纪70年代澳门上层社会的社交生活有较为细致的描绘：

十九世纪七十年代末，澳门看不到精彩的文艺演出，也没有有趣的公共娱乐活动。但是，家庭生活和社交活动却绚丽多彩，热闹非凡。……当时星期聚会颇为时髦，星期日在塞卡尔子爵官邸聚会；星期一市政厅秘书长恩里克·德·卡斯特罗官邸高朋满座；星期二暹罗领事纳迪诺·德·赛纳·费尔南多在官邸招待商人；而星期三和星期四分别在军人俱乐部和政府大厦相聚。星期五在移民事务员西班牙人坦科·亚尔梅家尽情欢乐。星期六改在阿尔皮诺·安东尼奥·巴合科律师私邸翩翩起舞。遇到生日、婚礼、洗礼庆典等活动，这些定期聚会或则二而一，或则被其替代。宾主开怀畅饮，载歌载舞直到深夜。……然而，最盛大的活动是总督查努阿利奥子爵本人在（1872）10月31日为庆祝路易斯一世国王（生日）举行的晚会。……新扩建的（政府）大厦灯火辉煌，七十对男女参加的四对舞会开始……身穿无可挑剔的燕尾服或华美军

[1] 参见《中国丛报》第4卷第6期（1835年10月），第293页。

[2] 参见《澳门编年史：十九世纪》，第64页。

[3] 同上书，第155页。

[4] 同上书，第158页。

[5] 同上书，第163页。

服的二百二十位男士和服装高雅、佩戴贵重珠宝饰物七十九位贵妇人为这场充满活力和雅趣的舞会增添了无与伦比的光彩。[1]

上述资料均可反映出，19 世纪时澳门的跳舞活动表现十分活跃。

三、西洋体育在澳门学校的早期传播

在欧洲的人文主义运动、宗教改革运动后，一批教育改革者提出了学校体育的问题，并对学校里设置体育课进行了尝试。而在反宗教改革运动中，天主教会也开始把注意力转向教育领域。罗马教廷不再坚持过去对体育所持的否定态度，而是提倡在信徒中大力开展体育活动，在学校中提倡学生加强运动，锻炼身体。其中，耶稣会表现尤为突出。

16 世纪中叶，随着澳门的开埠，一批耶稣会会士即在澳门开办了学校，先是圣保禄公学，后升格为大学，即著名的“圣保禄学院”，俗称“大三巴”。圣保禄学院不仅设立了正式的大学教育，而且也保留了小学教育，但不论是大学教育还是小学教育，耶稣会的教士们均给学生们安排了一定程度的体育教育。据彼得·孟迪 1637 年澳门游记的记载，他看到了圣保禄教堂里的演出：

> 有各种美妙的表演，孩子们穿着中式衣服跳中国舞，舞蹈表演葡人与荷兰的战争，荷兰人被打败。另一种叫大蟹舞，许多男孩巧妙地装扮成蟹的样子，并和着乐器伴奏唱歌表演。还有一更小的幼儿舞。[2]

将游戏、舞蹈引入教育正是一种自然教育的过程。孟迪还称颂耶稣会的这种教育方式：

> 就像耶稣会修士教导他们的那样，耶稣会修士不但以这种方式，还以其他

[1] 参见《殊途同归——澳门的文化交融》第十七章《十九世纪的澳督与澳门生活》，第 164—165 页。
[2] 参见 *The Travels of Peter Mundy in Europe and Asia, 1608-1667*, V.III, Part I, p.270。

教育方式充当导师，有责任教养本城的年轻人与幼童，特别是有身份、有地位人家的孩子。[1]

由于资料的缺乏，我们尚无法全面了解圣保禄学院体育教育的全部情况，但我们还是在圣保禄学院的年报中找到了一条十分宝贵的资料。据耶稣会巡视员骆入禄（Jerónimo Rodrigues）1620 年的一份报告，学院当时有十三条规定，其中第三条称：

> 由于学院没有专门地方供大家散步和锻炼身体，因此，学院规定，星期天及其他圣日为休整日，所有的人均应登山散心，呼吸新鲜空气。大家可携带水果和食物在外野餐。同时，神父每天清晨上山祈祷；教师们每天下午教完课后亦可登山活动。作出这样的具体规定是为了保证人人能够锻炼身体，有充沛的精力进行学习和工作。[2]

由于圣保禄学院所占的地域太狭，所以学院无法提供宽阔的运动场所供学生锻炼，故学校将“登山”作为圣保禄学院全体师生必须进行的体育锻炼。而当时澳城内的东、西望洋山均是澳门人进行登山活动的极佳场地。

圣保禄学院为了解决学生的休息、娱乐及运动之场地，从 17 世纪初即开始了对“青洲”的开发，在岛上建起了教堂和一些房子“为学院中的人和学生提供了进行体面娱乐活动的场所”[3]。所谓的“体面娱乐活动”，不外是海滩上的游泳、划船、垂钓、散步等。1828 年，圣若瑟修院接管青洲后，青洲又成了该院师生休闲娱乐的场所。16 世纪至 17 世纪澳门的学校体育就是通过舞蹈、戏剧、散步、游水、登山等这样的身体活动的方式来展开的，这与当时欧洲刚刚兴起的学校体育教育大致同步。

新教传入澳门后，即展开了他们的办学活动。马礼逊 1807 年来到澳门。1812 年赴马六甲，创办英华书院。英华书院虽然没有开设体育课，但据当时到该院学中

---

[1] 参见 *The Travels of Peter Mundy in Europe and Asia, 1608-1667*, V.III, Part I, p.271。

[2] 阿儒达王室图书馆藏圣保禄学院原始档案（Do último ministério deste Colégio que é a escola dos meninos：《本院最后一项工作——附属小学》），转引自李向玉《澳门圣保禄学院研究》第二章，澳门日报出版社，2001 年，第 106 页。

[3] 参见《早期澳门史》第三卷第一章《青洲》，第 163 页。

文的美国人亨特记载：

> 学院规定我们要每天锻炼，我们很高兴地接受这一规定。[1]

可知，刚刚来华的新教传教士开办的学校即很重视体育锻炼。1836 年 9 月，为了纪念马礼逊，一些欧美传教士在澳门成立马礼逊教育会，并开办马礼逊纪念学校，聘请美国耶鲁大学毕业生布朗（Samuel R. Brown）担任校长。据 1841 年 10 月的《中国丛报》记载：

> 在（1839）11 月 1 日，我们搬到了教育会的房子，并在同月四日开办了一所学校。它有六名学生，他们是去年夏天获许入学的。……每天分半天学习汉语，半天学习英语，学习时间从早晨六时至晚上九时。如此，有八个小时用于读书，三至四个小时用于室外进行锻炼和娱乐。我自己的书房也在学校内，因此，学生处于不断监视之下。在教室之外，他们不允许离开已有足够房间供他们运动的校舍。[2]

这一条资料清楚地告诉我们，马礼逊纪念学校每天的学习中有三至四小时是用于运动和娱乐，而且学校还安排了专门的校舍作为他们的运动场地。可以说，运动已经成为了该校学生一门常设的课程。而布朗又是耶鲁大学毕业生，美式教育势必影响布朗教育理念，在教育中注重运动和锻炼。在澳门早期创办的教会学校中还有 1845 年美国长老会哈巴安德（A. P. Happer）牧师开办的“一所有三十多名小学生的传教会学校”[3]。新教反对违反人类天性的苦修禁欲，认为自然给人的行动应包括体育运动和娱乐活动，故在宗教改革运动中，同时也进行了宗教教育改革，将部分体育内容设置于教育之中。我们目前虽然尚未找到哈巴安德创办的学校进行体育运动的资料，但美国长老会特别重视体育运动，如 1888 年美国长老会在广州开办的格致书院就以体育闻名。故可推知，哈巴安德 1845 年在澳门创办的学校应有体育

[1] 参见《旧中国杂记》之《1825—1826 年在新加坡与马六甲》，第 264 页。

[2] 参见《中国丛报》第 10 卷第 10 期（1841 年 10 月）《马礼逊教育会第三次年度报告》，第 564—587 页。

[3] 参见《中国丛报》第 14 卷第 4 期（1845 年 4 月）《基督教传教士》，第 200 页。

运动的安排。1900 年，由于义和团运动的影响，格致书院迁到澳门，租赁张家花园为校址，更名为岭南学堂，以美国长老会尹士嘉（O.F.Wiser）博士为监督。在澳门办学期间，岭南学堂的体育老师路易斯创办了陆军团演习兵操，并和当时的中、葡人士举行了足球联赛，其中哑铃体操的表演更获好评[1]。

不管是 16 世纪至 17 世纪澳门的天主教教育还是 19 世纪中叶澳门的基督教新教教育，虽然均无详细资料说明这些教会学校的体育教育，但这些学校已经将对少年儿童的身体教育，以及锻炼身体、开展运动和娱乐活动作为教育的一项内容，这是不争的事实。也可以说，在中国体育教育史上，澳门的教会学校开启了中国体育教育之先河。

澳门学校正式引进近代西方体育最早者应是 19 世纪创办的澳门官立学校。19 世纪后期澳门的官立学校有 1878 年创办的澳门商业学校[2]、1882 年设立的路环小学和氹仔小学[3]、1883 年创建的中心小学[4]、1893 年创办的利霄中学[5]。这些官立学校的学制是依照葡萄牙学制。19 世纪后期欧美各国均已将体育引进了学校教育的正式课程，当时的葡国学校已经设有体操课，故可推断，上述澳门官办学校的体育至少设有体操课[6]。据《澳门土生族群》一书的资料，1873 年出生的澳门土生葡人巴士度（Artur António da Silva Basto）于 19 世纪末 20 世纪初曾在澳门男子中心小学担任体育教师[7]。据《澳门宪报》载，利霄中学是当时体育运动开展得最好的学校，故澳门政府于 1911 年成立“澳门运动委员会”时，该委员会“成员包括利霄中学和其他主要学校的体育教师”[8]。可以反映出，在 1911 年以前利霄中学及澳门的其他官立学校都已有了专职的体育老师。

从近代体育发展史看，维新运动对促进西方体育的早期传播有着重要意义。维新派接受西方教育思想，提倡德、智、体三育同时发展，并主张“尚武强国”的思想。他们开办军事学校，编练军队，是直接从身体健康的角度来讨论、提倡和实施

---

[1] 钟荣光：《岭南大学收回之经过》，转引自刘羡冰《澳门教育史》第二章，北京：人民教育出版社，1999 年，第 50 页。

[2] 参见《澳门编年史：十九世纪》，第 213 页。

[3] 同上书，第 226—227 页。

[4] 同上书，第 228—229 页。

[5] 同上书，第 273 页。

[6] 参见《澳门现代学校体育发展历程研究》，第 11—12 页。

[7] 参见 *Franailias Macaenses*, Volume I, p.476。

[8] 澳门历史档案馆藏《澳门宪报》（*Boletim Oficial de Macao*）1911 年 1 月 7 日第 1 号第 15 号札谕《设立澳门运动会》。

体育的[1]。19 世纪后期，澳门已成为维新派人士大量聚集的地方，“百日维新”失败后，澳门更是成了维新保皇派人士最重要的基地。故此，维新派提倡体育的思想，在澳门开办的华人学校内得到完全的贯彻。

1898 年，澳门维新派领袖富商何廷光创办“澳门大同女学堂”，该学堂制定的《课学章程》第五条明确规定：

学童每日除各项功课外，兼习体操，以舒性灵而强筋骨。[2]

1904 年由澳门创办的启明学校，当时已设有算术、地理、体操、音乐等课程[3]。1905 年由镜湖医院值理张仲球创办的“镜湖义学”：

初择镜湖医院右侧之厅数座，合并之为课室，厅外空地辟作运动场。遂购置体育器械，并为学生购置操衣，德智体三育并重。[4]

1906 年由卢雨川创办的澳门大庙脚蒙学书塾：

延刘希明先生教授体操，吴节薇先生教授算学、英文。[5]

1910 年由澳门商人创办设立在澳门天神巷三十七号宋氏大屋原址的华商学堂：

屋傍辟一碧草广场，设置有秋千架、运动仪器等，以为学生体操运动及游戏之所。……各科如图画、唱歌、体操、游戏皆备……况其尤注重体操。故各学生每日返学，必须穿着操衣，作为学堂之制服。所谓操衣者，即军

---

[1] 何启君、胡晓风主编：《中国近代体育史》第一编第二章第三节“维新运动与西方体育思想的传播”，北京：北京体育学院出版社，1989 年版，第 56—62 页。

[2] 《博闻报》光绪二十四年（1898）正月《澳门大同女学堂章程》，香港大学孔安道图书馆缩微胶卷中心。

[3] 转引自《澳门现代学校体育发展历程研究》，第 13 页。

[4] 参见王文达：《澳门掌故》十四《澳门教育掌教》四《澳门第一所免费义学——镜湖义塾》，第 321 页。

[5] 《华字日报》1906 年 2 月 8 日《澳门蒙学书塾广告》，香港大学孔安道图书馆缩微胶卷中心藏原报缩微胶卷。

服、草帽、皮带、脚绷等装束是也，每次吹喇叭，敲铜鼓，练习木枪，仿如军训。[1]

1905 年《广东日报》记澳门追悼会称：

祭毕，各学堂学生会操，均甚整齐。[2]

可见，当时澳门的各学堂均有体操训练。

1906 年的《有所谓报》登载一则“愤澳门学界忽起绝大之恶潮”的消息：

（澳门）明新学校汉文教习林伯和、体操教习日人梅田菊夫、英文教习英人麦，因该校学生韦某等出街被葡人某笑辱打击，学生不忿，乃由其教习梅田菊夫，控之于官并即拿获葡人某，交捕房，讵捕房释之。又获交总差馆，又释之。日人不忿，乃上堂声言必执某葡人治罪。葡官乃先将学生入狱一夜，明日判两造无事。即由葡官传各学堂总理，到华民政务署，并要存写各堂教习名字。谓自后各堂学生，无论堂之内外，不准教兵式体操及各学生出入不准联队，云云。[3]

明新学校何时创办、由何人创办尚不清楚，但这一则消息至少可以告诉我们几点：

一、明新学校 1906 年前即开设有体操课；

二、明新学校由日本人担任体操教师；

三、当时的澳门学堂普遍设有“兵式体操课”。

从上述资料可以看出，在维新派教育改革思想的影响之下，西方的体育教育已经普遍进入了澳门人所办的教育事业之中，并为澳门近代体育运动的形成完成了数十年的人才准备。

如果说澳门是由于航海和海上贸易而兴起并得以发展起来的话，那么毫无疑问

[1] 参见王文达：《澳门掌故》十四《澳门教育掌故》三《澳门第一所学堂——华商学堂》，第 319 页。

[2] 《广东日报》乙巳年（1905）十月初五日，广州：广东中山图书馆藏原报。

[3] 《有所谓·庄部》丙午年（1906）2 月 19 日《访稿》，开智社印行，第 1 页。

她在中西文化交流史上起了桥头堡的作用。西洋体育在澳门的传播对研究澳门的体育史、文化史、中国体育的发展史都具有重要的作用，因为西方体育正是以澳门为重要的传播基地，由此逐渐向香港及内地传播开来的。我们通过以上的文献资料证实了，澳门长期以来一直作为西方联系内地的重要纽带，在西方文化的传入与传播的过程中留下了深刻的影响。

汤开建，1949 年生，澳门大学历史系教授。主要从事澳门史、中国基督教史、中西文化交流史、西夏史及中国边疆民族史研究。著有《宋金时期安多吐蕃部落史研究》《明清士大夫与澳门》等。

《中庸》的首个西方译本
——罗明坚的拉丁文译本

〔意〕麦克雷

罗明坚（Michele Ruggieri，1543—1607）作为首个在中国生活过一段时间的欧洲汉学家，从 1580 年到 1588 年一直居住在中国。他也是从个人长期在华的经历入手谈论中国方方面面的第一个欧洲人。[1] 然而，因为对当时的西班牙国王过于忠诚，罗明坚在中西方交流对话中做出的巨大贡献往往被人们忽视。这可能也是罗明坚的上级范礼安（Alessandro Valignano）将他遣返回欧洲，承担尝试游说罗马教廷派遣使节觐见中国皇帝的使命，而不再让他重返中国的原因。事实上，那不勒斯地区自 1502 年至 1647 年都处于西班牙的统治之下，罗明坚自出生、求学乃至死亡，都主要生活在这里。[2] 此外，他的耶稣会同伴利玛窦，由于更聪慧，更有组织能力，有更多的著作和更持久的影响力，很快被公认为欧洲第一个汉学家。[3]

在罗马的国家图书馆，有一份手稿（n.1185/3314），标题为“*A P. Michaele Rogerio collecta*”（意大利语：由罗明坚神父整理），也就是说，这些材料是由罗明坚神父整理汇编的。[4]

---

[1] As remarked by Nicholas Trigault in the preface to his Latin translation of Ricci's *Journal*. See: RICCI, Matteo, *China in the sixteenth century: The journal of Matthew Ricci: 1583-1610*, translated from the Latin by L. J. Gallagher sj, New York: Random House, 1953, p. 5.

[2] RICCI, Matteo, *China in the sixteenth century*, pp.193 fll. See also Lo Sardo, p.31. From 1502 to 1647 the Kingdom of Napoli, where Ruggieri studied and died, was part of the Spanish kingdom under a Spanish “viceroy”.

[3] MUNGELLO, D. E, *Curious land: Jesuit accommodation and the origins of sinology*, Honolulu: University of Hawaii Press, 1989, p. 44.

[4] Francesco D'Arelli, “Il codice Fondo Gesuitico (3314) 1185 della Biblioteca Nazionale V. Emanuele II di Roma e la critica storica”, in: *Studi in onore di Lionello Lanciotti*, vol. I, Napoli, 1996, pp. 477 s.

在这篇文章中，我整理出了罗明坚拉丁文译本译文，同时提供相应的英文译文和中文原文。希望各位学者能借此继续更加深入地开展对罗明坚的研究。

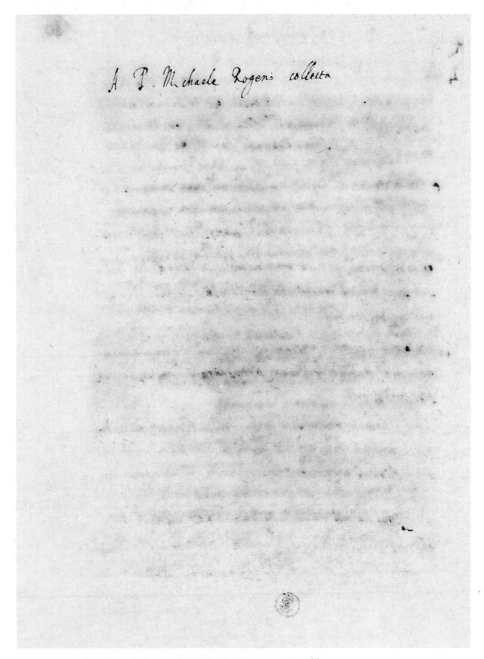

A P. Michaele Rogerio collecta[1]

[1] Material collected by Father Michele Ruggieri.

中 ciũ
庸 yum .i.

SECVNDVS LIBER

Semper in medio.

Est primū hominibus è cœlo data natura, siue ratio. deinde agere secūdū naturam, siue ex præscripto rōnis, et est quedā ueluti uia, et progressio ad virtutem. quod aūt utrūq perficit et rōnem, et viam agēdi, est doctrina, seu præcepta vitæ. —

Hæc aūt uia, et progressio, ne paruo quidem temporis momēto intermitti debet, si intermittitur, uia et progressio esse desinit; quam ne vir bonus intermittat, impedimēta illa sibi cauēda proponit, q̄ nōdum uidit, et illa reformidat q̄ nōdū audiuit;

Nihil re uera magis existit, q̄ quod clam agendo, uel cogitando cōmittitur, nihilque tam patens est, licet illud minimum sit; propterea vir bonus diligenter sibi cauet in iis quæ solus tum cogitat, tū agit.

Gaudium, ira, tristitia, lætitia, ac perturbationes reliquæ cū non adest obiectum, nec mouentur, dicuntur esse in medio positæ uero obiecto, si in rebus omnibus rationi obtemperant, tunc pacatæ esse dicuntur; prius illud hoc est in medio sitas habere animi perturbationes magna radix, et fundamentum magnū est humanæ vitæ; at qui pacatas habet perturbationes magnum a cœlo patentem habet campum ad virtutem, et est perfecta rationis, et legum obseruatio. Proinde qui eo peruenit, ut in medio sitas habeat perturbationes, et quæ pacatas illas prorsus habet cælum digito contingit; ac prope in cælum et terram obtinet imperium; ac propterea ita rebus omnibus uigorem præbet, ut hac concordia omnia crescant.

中 cium
庸 yum

SECUNDUS LIBER
SEMPER IN MEDIO

Est primum hominibus a caelo data natura, sive ratio, deinde agere secundum naturam, sive ex praescripto rationis, et est quaedam veluti via et progressio ad virtutem. Quod autem utrumque perficit et rationem et viam agendi est doctrina, seu praecepta vitae.[1]

Haec autem via et progressio, ne parvo quidem temporis momento intermitti debet; si intermittitur via et progressio esse desinit; quam ne vir bonus intermittat, impedimenta illa sibi cavenda proponit, quae non dum vidit , et illa reformidet quam non dum audivit.[2]

Nihil re vera magis existit quam quod clam agendo vel cogitando committitur, nihilque tum patens est licet illud minimum sit;propterea vir bonus diligenter sibi cavet in iis quae solus tum cogitat tum agit.[3]

Gaudium, ira, tristitia, laetitia ac perturbationes reliquae cum non adest obiectum nec moventur, dicuntur esse in medio. Praesente vero obiecto, si cum rebus omnibus rationi obtemperant, tunc pacata esse dicuntur; Prius illud hoc est in medio sitas habere animi perturbationes magna radix et fundamentum magnum est humanae vitae; at qui pacatas habet perturbationes magnum ac late patentem habet campum ad virtutem et est perfecta rationis and legum observantia.[4]

Provide qui eo fuerit ut in medio sito habeat perturbationes et pacatas illas prorsus habet caelum digito contingit; ac prope in caelum et viam obtinet imperium; ac propterea ita rebus omnibus vigorem praebet ut hac oncordia omnia crescant. [5]

---

[1] First of all Heaven gives to people a nature, or reason, then to act according to nature, that is according to the rule of reason. This is like a way and movement forward towards virtue. What brings about both reason and the way of acting is the doctrine, or instructions of life. [I, 1 天命之谓性，率性之谓道，修道之谓教。]

[2] This way and advancement must not be interrupted even for a brief moment; if it is interrupted it ceases to be the way and the advancement; so that the good man might not interrupt it, he proposes to avoid those things that might be an impediment, even if he has not yet seen them; and he dreads them even though he has not heard them. [I, 2 道也者，不可须臾离也，可离非道也。是故君子戒慎乎其所不睹，恐惧乎其所不闻。]

[3] Nothing indeed appears more than what has been done acting or thinking secretly; nothing stands more open than what is minute, therefore the wise man diligently is careful about himself in those things that he thinks or does when he is alone. [I, 3 莫见乎隐，莫显乎微，故君子慎其独也。]

[4] Joy, anger, sadness, happiness and other feelings when there is not an object and they do not move, they are said to be “in the right mean”. When the object is present, if they follow reason with all things, then they are said to be “harmonious”. The first thing is to have all the emotions of the soul in the right mean, this is the great root and foundation of human life. Who has his emotions in harmony has a wide open and large field for his virtue and this is the perfect obedience of reason and the laws. [I, 4 喜怒哀乐之未发，谓之中；发而皆中节，谓之和。中也者，天下之大本也；和也者，天下之达道也。]

[5] Make provisions so that it happens that the emotions are in the right mean and when they are in harmony he can touch the sky with his finger, as to say, and he gains power over heaven and earth; and because of this will give energy to all things so that all things might grow with this harmony. [I, 5 致中和，天地位焉，万物育焉。]

16 Semper in medio Item.

Hactenus Sincius. qui sequuntur decem ex Confutij monumentis excerpta a Sintio afferuntur ad suam hanc sententiam confirmandam.

Confusius

Vir bonus semper in medio consistit. contra. Vir malus semper extra medium est, quia malus vir nihil cavet, neque reformidat.

Idem

Semper in medio, hoc est ad summam perfectionem, Summus medij multis ab hinc annis hominum pauci pervenire potuere.

Cur virtutis iter non initur? Ego scio. quia qui caeteris ingenio praestant, et multum sapere sibi videntur, illud transiliunt, et nimium volunt, negligunt tanquam esse aliquod et tritum; Rudes vero, et hebetes illud consequi non possunt, neque ad illud pervenire. Cur virtutis iter non intelligitur? ego scio. Ingeniosi, et veneti illud transiliunt... doctrinis subtilioribus occupantur; Viles homines non possunt ad id pervenire; quia in rebus vilibus et malis versari volunt. Nemo est qui non comedat, et bibat; sed pauci verum saporem praesentiunt; hinc fit, ut virtutis iter non ineatur.

Magna fuit Sciunj Regis sapientia; laetabatur cum alios interrogabat. Laetabatur, cum etiam imperitiorum hominum mentem, et sensum perscrutabatur, si mala essent, et contra rationem rejiciebat, bona vero, et rationi consentanea collaudabat; per proximum quaque libere quaestione extrema duo illorum medium populo eligendum demonstrabat; quis unquam fuit vir Sciunus.

Idem ait

~~Quotusquisque est, qui ...~~

~~... medium ... illud retinet~~

Omnes homines

Hactenus Cincius, qui sequuntur decem
ex Confucii monumentis excerpti a Cincius
afferuntur ad suam hanc sententiam capiendam[1]
Confucius

Vir bonus semper in medio consistit; contra vir malus semper extra medium est; quia malus vir nihil cavet neque reformidat.[2]

Idem

Semper in medio; hoc est ad summam perfectionem, huius medii multis ab hinc annis hominum pauci pervenire potuerunt.[3]

Cur virtutis iter non initur? Ego scio. Quia qui caeteris ingenio praestant et multum sapere sibi videtur, illud transiliunt; invenire nolunt, negliguntque tamquam cavum aliquod et tritum; rudes vero et hebetes illud consequi num possunt, neque ad illud pervenire. Cur virtutis iter non intelligitur? ego scio. Ingeniosi et acuti illud transiliunt et doctioribus subtilioribus occupantur; viles homines non possunt ad id pervenire; quia in rebus vilibus et malis versari volunt. [4]

Nemo est qui non comedat et bibat; sed pauci verum saporem praesentiunt; [5]

Hinc fit ut virtutis iter non incoatur.[6]

Magna fuit Sciunii regis sapientia; letabatur cum alios interrogabat. Letabatur cum etiam imperitorum hominum mentem et sensum perscrutabatur. Si mala essent et contra rationem reticebat, bona vero et rationi adsentantia collaudabat; proponebat quibuslibet questionis extrema duo, illud medium populo eligendum demostrabat; quis unquam fuit ut Sciunus?[7]

Idem ait[8]

---

[1] As far as here Cincius (子思), what follow are ten extracts from the writings of Confucius that are reported by Cincius to grasp this teaching.
[I, 6 右第一章。子思述所传之意以立言(首明道之本原出于天而不可易，其实体备于己而不可离，次言存养省察之要，终言圣神功化之极。盖欲学者于此反求诸身而自得之，以去夫外诱之私，而充其本然之善，杨氏所谓一篇之体要是也。其下十章，盖子思引夫子之言，以终此章之义)。]

[2] Confucius says: the good man stands always in the middle; on the opposite the bad man is always outside the Mean, because the bad man does not beware of anything nor dread anything. [II, 2 “君子之中庸也，君子而时中；小人之中庸也，小人而无忌惮也。”]

[3] Always in the mean: this is for the highest perfection; for many years only few people could reach this mean. [III, 1 子曰：“中庸其至矣乎！民鲜能久矣！”]

[4] Why the path of the mean is not entered? I know why. Because those who surpass others with their talents and seem to know much go over it; do not want to find it, neglect it, as if it was something empty and common; the rough and the torpid people cannot achieve it nor get to it. Why the way of virtue is not understood? I know why. Because the clever and the sharp go over it, since they are busy with more cunning and subtle things; the cheap men cannot reach it, because they want to live among cheap and bad things. [IV, 1 子曰：“道之不行也，我知之矣，知者过之，愚者不及也；道之不明也，我知之矣，贤者过之，不肖者不及也。”]

[5] Everybody eats and drinks, but few can really feel the tastes. [IV, 2 人莫不饮食也，鲜能知味也。]

[6] Therefore it happens that the way of virtue is not entered. [V, 2 子曰：“道其不行矣夫！”]

[7] Great was the wisdom of the king Shun: he rejoiced when was questioning others. He rejoiced also when was studying the mind and feelings of ignorant people. If those were bad and against reason, he would keep silent; if they were good and in agreement with reason, he would praise; about any question he would put forward two extremes, then showed the people that the mean should be chosen. Who was ever like Shun? [VI, 1 子曰：“舜其大知也与！舜好问而好察迩言，隐恶而扬善，执其两端，用其中于民，其斯以为舜乎！”]

[8] The same says.

Item

Liber Secundus.

19, 17

Omnes homines dicunt, ego sapiens sum; cum progrediuntur, in
plagas incidunt, et sepe retibus involvuntur, quod cavere neque ostio obtendunt
necesse quo inde possit evadere. omnes homines dicunt ego sapiens
sum, et cum semel medium in quo semper virtus consistit arripuerunt,
in eo ne mensem quidem persistunt.

Idem

Queius Cintius is vir est, qui cum semel in re aliqua ad officium
pertinente medium arripuit, illud retinet, et in pectus abdit, nec
unquam à se dimittit.

Regnum, et domus potest in pace gubernari; honores, et census
possunt recusari; gladius acutus potest percalcari; at non potest
semper medium teneri.

Tilo roganti de fortitudine, respondit Confusius, est fortitudo au-
stralis, est fortitudo septentrionalis, est fortitudo vestra; Plana
natura, et prona ad aliorum eruditionem; facilitas ad concordiam,
et animus à rixa abhorrens, presertim cum levis iniuria non
querit vindictam, hec fortitudo australis est. nam hec regia ha-
bitatio boni viri est; Uti vero armis et offensivis, et defensivis
et mortem contemnere, hec septentrionalis fortitudo est, et in ea etiam
regione potest vir fortis commorari. at bonus vir cum semper in
medio est, nec labitur in malum; preclara fortitudo est. cum regno
pacato in magistratu est, et non mutatur, ita medio recedit. et
Idem institutum tenuit et antequam magistratum iniret, preclara for-
titudo est.

Omnes homines dicunt ego sapiens sum; cum progrediuntur, in plagas incidunt et sese reti involvuntur, quod cavernae ostio obtenditur nec est qui inde possit evadere. Omnes homines dicunt: ego sapiens sum, et cum semel medium in quo semper virtus constitit arripuerunt, in eo nec mensem quidem persistunt.[1]

Idem

Queius Cintius is vir est, qui cum semel in re aliqua ad officium pertinenti medium arripuit; illud retinet et in pectus abdit; nec unquam a se dimittit.[2]

Regnum et domus potest in pace gubernari; honores et census possunt recusari; gladius acutus potest percalcari; at non potest semper medium teneri.[3]

Tilo rogante de fortitudine, respondit Confucius, est fortitudo australis; est fortitudo septentrionalis; est fortitudo vestra;[4]

Plana natura, et prona ad aliorum eruditionem; facilitas ad concordiam et animus a rixa abhorrens; praesertim cum laesus iniuria non quaerit vindictam, haec fortitudo australis est. Nam heac regia habitatio boni viri est;[5]

uti vero armis et offensivis, et defensivis, et mortem contemnere; haec septentrionalis fortitudo est; et in ea etiam regionis potest vir fortis commorari;[6]

at bonus vir cum semper in medio est; nec labitur in malum; praeclara fortitudo est; cum regno pacato in magistratu est, et non mutatur et a medio recedit; et saltem institutum tenuit etiam antequam magistratum iniret, praeclara fortitudo est.[7]

---

[1] All people say: “I am wise”, but when they go forward, they fall into a trap and they themselves are wrapped in the net; and there is no one who can escape from what is hidden by the mouth of a cave. All people say: “I am wise”, but when even once they take hold of the Mean of which virtue consist, they cannot stay in it even one month. [VII, 1 子曰：“人皆曰予知，驱而纳诸罟擭陷阱之中，而莫之知辟也。人皆曰予知，择乎中庸而不能期月守也。”]

[2] Queius Cintius (Hui) was this kind of man: once in some affair related to his duty he took hold of the Mean, he holds fast to it and hides it in his breast and never gives it up. [VIII, 1 子曰：“回之为人也，择乎中庸，得一善，则拳拳服膺而弗失之矣。”]

[3] The kingdom and the house can be ruled in peace; honors and wealth can be refused; a sharp sword can be trampled under feet; but the Mean cannot be held for ever. [IX, 1 子曰：“天下国家可均也，爵禄可辞也，白刃可蹈也，中庸不可能也。”]

[4] Tilus (Tze-lu) asked about energy. Confucius answered: “there is an energy from the South, there is an energy from the North, there is your own energy.” [X, 1 子路问强。X, 2 子曰：“南方之强与？北方之强与？抑而强与？”]

[5] A gentle nature and prone to teaching others; a facility to agree and a spirit averse to brawl; especially when offended by a wrong does not look for vengeance, this is the energy from the South. This is the royal dwelling place of a good man. [X, 3 宽柔以教，不报无道，南方之强也，君子居之。]

[6] To use indeed arms both to attack and to defend and to scorn death; this is the energy from the North, and also in this place the strong man can dwell. [X, 4 衽金革，死而不厌，北方之强也，而强者居之。]

[7] But since the good man is always in the Mean he does not fall into evil; this is a splendid fortitude; when the kingdom is peaceful he is in office and he does not change and moves from the Mean; and in all events he keeps his duty, even before he enters into office; this is a splendid fortitude. [X, 5 “故君子和而不流，强哉矫！中立而不倚，强哉矫！国有道，不变塞焉，强哉矫！国无道，至死不变，强哉矫！”]

18

Semper in medio

Quaerere rerum abditarum scientiam, et admirabilem videri velle
ut a posteris laudem consequaris; id ego non faciam.
Cum vir bonus per virtutis iter incedit, et in medio itinere desinit,
hanc rationem ego nullo modo probo.
Cum vir bonus semper in medio versatur, sique omnem vitam a vulgo
se seiunxit; et ab hominum consuetudine recessit, si cum intelligit
se a nemine cognosci non tristatur, nec dolet; rem facit quam
solus vir sanctus et sapiens praestare potest.
Virtutis exercitatio est quidem in multis rebus, at ipsa eius
natura una est, enim uno consistit; multitudo imperita potest
aliquam partem intelligere; at illius summam perfectionem nemo,
licet vir sanctus et sapiens ita intellexit, quin multa esse videat
quae nesciat; imperita multitudo potest quidem ex parte vir-
tutem praestare, at illius summam perfectionem nemo licet vir sanctus
et sapiens ita est consequutus, quin multa esse videat quae sibi
desunt. rerum universitas permagna est; in ea tamen aliquid haber
homines quod repudiant; propterea vir bonus aiebat magnam
esse virtutem, quam hominum genus sustinere non potest, parvam esse
dicit, propterea quod ipsius natura individua est, nec potest
in partes dissecari; nec tamen quicquam ita minimum, in quo virtus
esse non possit.
Est in poematibus. Milvius volando in caelum se extollit, pisces
natando ad imum fundum se dimittunt; quae res aperte

Quaerere rerum abditarum scientiam et admirabilem videri velle ut a posteris laudem consequaris; id ego non faciam.[1]
Cum vir bonus per virtutis iter incedit et in medio itinere deficit, hanc rationem ego nullo modo probo.[2]
Cum vir bonus semper in medio versatur si omnem vitam a vulgo se seiunxit et ab hominum consuetudinis recessit, si cum intelligit se a memini cognosci non tristatur, nec dolet, rem facit quam solus vir sanctus et sapiens praestare potest.[3]
Virtutis exercitatio est quidem in multis rebus, at eius natura una est et in uno consistit.[4]
Multitudo imperita potest aliquam partem intelligere; at illius summam perfectionem nemo; licet vir sanctus et sapiens ita intellexit, quin multa esse universi quae nesciat, imperita multitude potest quidem ex parte virtutem praestare; at illius summa perfectionem nemo licet vir sanctus et sapiens ita est consequtus, quin multa esse videat quam sibi desunt. Rerum universitas permagna est; in ea tum aliquod habet homines quod repudiant; propterea vir bonus ait rem magnam esse virtutem quam hominum genus sustinet non posse, paucam esse dicit, propterea quod [ ] natura individua est, nec potest in partes dissecari, nec tum quicquam ita minimum in quo virtus esse non possit.[5]
Est in poematibus: miluius volando in caelis se extollit, pisces natando ad imum fundum se dimittunt; quae res aperte.[6]

[1] To look for knowledge hidden things and to want to be considered remarkable so to receive praise from the future generations, this I will not do. [XI, 1 子曰："素隐行怪，后世有述焉，吾弗为之矣。"]

[2] I absolutely do not approve of this: when the good man walks on the way of virtue but midway stops. [XI, 2 君子遵道而行，半涂而废，吾弗能已矣。]

[3] When a good man dwell always in the Mean, if for all life he is separated by the common people and yet withdraws from habitual dealings with people, if when he realizes that nobody knows him he is not sad or hurt, he is doing something that only a saint and wise man can achieve. [XI, 3 君子依乎中庸，遁世不见知而不悔，唯圣者能之。]

[4] The practice of virtue is indeed in many things, yet its nature is only one and consists in one thing only. [XII,1 君子之道费而隐。]

[5] The ignorant multitude can understand some part of it; but the highest perfection of it nobody can; even the holy and wise man understood only so much: that many things in the world he does not know; the ignorant multitude can achieve some portion of virtue; but the highest perfection of it nobody can; the holy and wise man reached only so far that he sees many things that he still lacks. The sum of all things is very great; in it there is still something that people do not like; for this reason the good man says that virtue is such a great thing that the human race cannot sustain it, and says that it is so small that for this reason it is an indivisible nature, that cannot be divided into parts; nor then is something so small that in it there can be no virtue. [XII, 2 夫妇之愚，可以与知焉，及其至也，虽圣人亦有所不知焉；夫妇之不肖，可以能行焉，及其至也，虽圣人亦有所不能焉。天地之大也，人犹有所憾。故君子语大，天下莫能载焉；语小，天下莫能破焉。]

[6] Is written in the Book of Poetry: the hawk flying in the sky goes up, the fish swimming go to the deepest bottom; this thing clearly (＋ next page) shows that the way is open to the upper and lower things and it is known [XII, 3 诗云："鸢飞戾天，鱼跃于渊。"言其上下察也。]

Liber secundus

20 19

indicat iter ad supera et infera patere, et notum esse sic vivens tam in humilibus hominibus quam ... et ima fundi significat ... in summis, et praestantibus viris ... caelum videt ... reperiri ...

Idem

Homines nunquam non sequi debent praescripti rationis, quae qui virtutem student acquirere, et alta tantum facere quaerunt, humilia et plana negligentes virtutem assequi non possunt, quo se a virtute ... disiungunt.

In ... est capit aliquis manubrium ... lignum ... faciat alterum manubrium; manubrii figura non abest a ligno; at contra obiicit ... qui manubrium capit, et lignum caedit ... faciat manubrium limis aspicit, ut prospiciat, an ad iustam manubrii figuram lignum ... ergo non est in ligno manubrii figura, nam deprehendit ... manubria inter se differre, constat tamen manubrii figuram esse in ligno, et e ligno educi posse, si recte caedatur. Sic homines dirigit ... est in homine ratio scilicet quae est in eo ipso qui dirigitur tanquam manubrii figura in ligno nondum polito, non autem dirigitur a ratione quae est in dirigente, nam si is ... sponte se corrigit dirigentis opera opus non est, ex quo intelligitur rationem ab homine non abesse, i. non fuisse extra hominem aliunde dirigeretur.

Qui ipse perfectus est, et cuius etiam in alios, is ad virtutem accedit, nec longe abest a ratione, quod tibi non vis fieri alteri ne feceris.

indicat iter ad supera et infera patere et notum esse.
Sic virtus tam in humilibus hominibus, quam terram et ima fundi significantur, quam in summis et praestantibus viris qui caelum videntur contingere reperiri potest.[1]
Homines nunquam non sequi debent prescriptum rationis; quare qui virtutem student acquirere et alta tantum facere querunt, humilia et plana negligentes virtutem assequi non possunt, quia se a virtutis usu disiungunt.[2]
In Poematibus est capit aliquis manubrium et caedit lignum ut faciat alterum manubrium; manubrii figura non abest a ligno at contra obiicit Confucius qui manubrium capit et lignum caedit ut faciat manubrium limis aspicit, ut prospiciat an ad iustam manubri figuram lignum redactum sit. Ergo non est in lignis manubri figura nam deprehendit duo illa manubria inter se differre; constat tam manubri figuram esse in ligno et e ligno educi posse si recte caedatur.
Sic hominem dirigit id quod est in homine ratio, scilicet quod est in eo ipso qui dirigitur tamquam manubri figura in ligno nondum polito, non autem dirigitur a ratione quod est in dirigente; nam si is sua sponte se corrigit dirigentis opera opus non est, ex quo intelligitur rationem ab hominibus non abesse, non fuisse extra hominem antequam dirigeretur.[3]
Qui ipse perfectus est et iustus etiam in alios, is ad virtutem accedit, nec longe abest a ratione, quod tibi non vis fieri alteri ne feceris.[4]

---

[1] So virtue can be found both among common people, represented by the earth and the lower places, both in high and excellent men who seem to touch heaven.［XII, 4 君子之道，造端乎夫妇；及其至也，察乎天地。］

[2] Men should always follow the rule of reason; so those who want to gain virtue but only try to do high things and neglect the humble and simple, cannot achieve virtue, because separate themselves from the proper use of virtue.［XIII,1 子曰："道不远人。人之为道而远人，不可以为道。"］

[3] In the Book of Poetry is written: someone takes a handle and hews wood to make another handle; the shape of the handle is not different from the wood, however Confucius objects that he who takes a handle and cuts wood to make another handle looks sidelong to see whether or not the wood is reduced to the right shape of a handle. Therefore the shape of the handle is not in the wood, for he discovers that those two handles are different; so it is clear that the shape of the handle is in the wood and from the wood can be brought out if it is cut properly. So the reason that is inside man directs man; I mean that it is in the man himself who is directed, like a shape of a handle in a wood not yet refined; what is directed by reason is not inside the reason giving direction but inside the man, for if he of his own will corrects himself, the work of the directing agent is no more necessary; from this it is clear that reason is not something distinct by man, is not something outside man before he is directed.［XIII, 2《诗》云："伐柯伐柯，其则不远。"执柯以伐柯，睨而视之，犹以为远。故君子以人治人，改而止。］

[4] Whoever is himself perfect and fair towards others, he comes near to virtue and is not far from reason. What you do not want to be done to you, do not do to others.［XIII, 3 忠恕违道不远，施诸己而不愿，亦勿施于人。］

20

Semper in medio

Tota viri boni probitas quatuor in rebus posita est. Chiens Con
fusius ait, ego ne unam quidem praestare possum. Ut requiro
ipse a meo filio, nõ ita patri obtemperare scio, ut requiro ab
eo qui sub meo imperio est non ita ipse obtemperare Regi scio.
Ut requiro ipse a meo fre minore non ita ipse obsequi maiori scio.
quod requiro ipse a meo amico, id prior ipse illi praestare ne scio.

Age semper ex praescripto virtutis, semper in verbis esto diligens
et cautus, quem vires deficiunt is vim sibi facere nõ audet. qui
nimium verbis abundat, linguam suã compescere nõ pot. proinde
nec facta verbis nec factis verba respondet, quo modo is et verax
et constans appellari possit? ergo vir bonus in iis nõ maximũ
studium diligentiãq̃ adhibeat.

Vir bonus semper praesenti rerũ statu contentus vivit; nec quicquã
extra eũ desiderat. in praesens est dives, et vir magnus, vivit
ut dives, et vir magnus; in praesens est pauper et humilis, vivit ut
pauper et humilis: in praesens est inter externos, et alienigenas
vivit ut externus, et alienigena; in praesens ẽ in maerore et
calamitate, maestus vivit, et ut calamitosus: ergo vir bonus
semper in suo statu cõsistit, et in illo quiescit, eoq̃ gaudet.

Qui est superiore loco nõ contemnat eos qui infra sunt, qui nõ
dum est munus aliqd, aut administrationẽ assecutus nõ illam
quaerat: q se ipsum corrigit, et in suipsius cura occupatur, nec
de aliis hominibus laborat aegritudine carebit. supra se nõ
irascetur contra caelũ; infra se nõ obloquetur de hominibus

Tota viri boni probitas quattuor in rebus posita est. Abiens Confucius ait: ego ne unam quidem praestare possum. Ut requiro ipse a meo filio, non ita patri obtemperari scio; ut requiro ab eo qui sub meo imperio est non ita ipse obtemperare regi scio. Ut requiro ipse a meo fratre minore non ita ipse obsequi maiori scio. Quod requiro ipse a meo amico, id prior ipse illi praestare nescio. Age semper ex praescripto virtutis, semper in verbis esto diligens et cautus, quem vires deficiunt is vim sibi facere non audet. Qui nimium verbis abundat, linguam suam compescere non potest; proinde nec facta verbis nec factis verba respondent; quo modo is et verax et constans appellari possit? Tum ergo vir bonus in iis omnibus maximum studium diligentiamque adhibeat.[1]

Vir bonus semper presenti rerum statu contentus vivit; nec quaequam extra eum desiderat.[2]

In presens est dives, et vir magnus, vivit ut dives et vir magnus; in presens est pauper et humilis; vivit ut pauper et humilis: in presens inter externos et alienigenas vivit ut externus et alienigena; in presens et in maerorem et calamitatem; mestus vivit et ut calamitosus; ergo vir bonus semper in suo statu consistit et in illo quiescit, eoque gaudet.[3]

Qui est superiore loco non contemnat eos qui infra sunt; qui nondum est munus aliquod, aut administrationem assecutus non illam quaerat: qui se ipsum corrigit et in suipsius cura occupatur, nec de aliis hominibus laborat aspritudine carebit. Supra se non irascetur contra caelum; infra se non obloquetur de hominibus.[4]

---

[1] The uprightness of the good man consists in four things. The dying Confucius says: I cannot fulfill not even one. I do not know how to obey my father as I myself require from my son; I do not know how to obey the king as I require those below me to obey me. I do not know how to respect my elder brother as I require my younger brother to do. I do not know how to give first to a friend what I require from him. Act always out from the prescription of virtue, be always careful and prudent in words, the qualities that he lacks, he does not dare to consider his qualities. He who speaks too much, cannot restrain his own tongue. Thus facts do not correspond to words and words do not correspond to facts: how can he be called truthful and consistent? Thus the good man in all those things employs zeal and care. [XIII, 4 君子之道四，丘未能一焉：所求乎子以事父，未能也；所求乎臣以事君，未能也；所求乎弟以事兄，未能也；所求乎朋友先施之，未能也。庸德之行，庸言之谨，有所不足，不敢不勉，有余不敢尽；言顾行，行顾言，君子胡不慥慥尔！]

[2] The good man lives always satisfied by the actual state of things; and does not desire anything beyond that. [XIV, 1 君子素其位而行，不愿乎其外。]

[3] When he is rich and a great man, he lives as a rich and great man; when he is poor and humble he lives as poor and humble; when he is among foreigners and barbarians he lives as a foreign and a barbarian; when he is in sorrow and trouble, he lives sad and miserable; thus the good man stands fast in his own situation and keeps calm in it and rejoices for it. [XIV, 2 素富贵，行乎富贵；素贫贱，行乎贫贱；素夷狄，行乎夷狄；素患难，行乎患难：君子无入而不自得焉。]

[4] Who is in higher position does not despise those who are below; who has not yet any office or has not yet achieved a role in the administration, does not look for it: he who corrects himself and is busy with his own things and is not troubled about other people will be free from bitterness. He will not be upset with Heaven above him; he will not complain about men below him. [XIV, 3 在上位不陵下，在下位不援上，正己而不求于人，则无怨。上不怨天，下不尤人。]

21

Liber secundus.

propterea vir bonus ipse futuri boni quiescit. contra, vir malus ambulat vias difficiles, ut ad non sibi debitos gradus ascendat.

Idem

Sagittarius similis est bono viro, qui cum aberrat à scopo in se conversus causam in se ipso requirit.

Bonus vir in paranda sibi virtute similis est hominis longe iter habentis; quia proximo loco incipiens progreditur, quemadmodum ij qui alta petunt ab imo initium faciunt.

In Poematibus est, mulier et filij qui concordia gaudent sunt tamquam sonus cordarum et lyrae; fratres maiores et minores cum sunt concordes, gaudium et concordia erit diuturna. decet totam domum letificari una cum uxore et filiis. Confusius ait. pater et mater sic tranquille gaudebunt. Post eos sequuntur partes tamquam remotiores et longinquores.

Huius loci sententia est. concordia in familia initium habet a damare inter se coniugum primum, deinde fratrum minorum et maiorum à quibus tamquam gradibus pervenit concordiae fructus et ad coniugum parentes, ad alios tamquam ad remotiores partes et longinquores, atque idem quod ait Confusius pater et mater coniux filij sic tranquille gaudebunt.

Idem

Bonorum et malorum spirituum opera mira ac magna sunt. hos aspiciens non vides, audiens non sentis, dant esse et principium et finem rebus omnibus et sine illis nihil perficitur; omnia quantumvis minima ipsi efficiunt nec unquam aberrant; faciunt ut homines qui sunt in terris intus se recte conforment, et extra munda et speciosa veste ad sacrificium utantur.

Propterea vir bonus spe futuri boni quiescit; contra, vir malus ambulat vias difficiles, ut ad non sibi debitos gradus ascendat.[1]

Idem

Sagittarius similis est bono viro, qui cum aberrat a scopo in se conversus causam in se ipso requirit.[2]

Bonus vir in paranda sibi virtute similis est homini longum iter habenti; quia proximo loco incipiens progreditur, quemadmodum ii qui alta petunt ab imo initium faciunt.[3]

In Poematibus est: mulier et filii qui concordia gaudent sunt tamquam sonus cordari et lignei; fratres maiores et minore cum sint concordes gaudium et concordia erit diuturna. Decet totam domum letificare una cum uxore et filiis.[4]

Confucius ait. Pater et mater sic tranquille gaudebunt; post hos sequuntur parentes tamquam remotiores et longinquores. Huius loci sententia est; concordia in familia initium habet, adamare inter se coniugium primum, deinde fratrum minorum et maiorum a quibus tamquam gradibus pervenit concordiae fructus etiam ad coniugium parentes, ad alios tamquam ad remotiores partes et longinquores; atque idem quod ait Confucius pater et mater coniuncti sic tranquille gaudebunt.[5]

Bonorum et malorum spiritum opera mira ac magna sunt.[6]

Hos aspicientes non vides, auditu non sentis, dant esse et principium et finem rebus omnibus et sine illis nihil fieri potest; omnia quantumvis, minima ipsi efficiunt nec unquam aberrant; [7] *faciunt ut homines qui sunt in terris intus se recte conforment et extra munda et speciosa veste ad sacrificium utantur.*[8]

---

[1] For this reason the good man keeps calm in the hope the future good, the bad man walks by difficult ways, in order to climb steps not appropriate to him. [XIV, 4 故君子居易以俟命，小人行险以侥幸。]

[2] The good man is like an archer, who when deviates from the target looks for the cause within himself. [XIV, 5 子曰："射有似乎君子；失诸正鹄，反求诸其身。"]

[3] A good man in getting his own virtue is like a man who has a long journey; because beginning from the nearest place he goes forth; in the same way those who aim at high things begin from the lowest place. [XV, 1 君子之道，辟如行远必自迩，辟如登高必自卑。]

[4] The Book of Poetry says: wife and children who rejoice in harmony are like the sound of lutes and harps instruments; when elder and younger brothers are harmonious, the joy and peace will be lasting. It is right to gladden your home with wife and children. [XV, 2《诗》曰："妻子好合，如鼓瑟琴；兄弟既翕，和乐且湛；宜尔室家；乐尔妻帑。"]

[5] Confucius says: father and mother will thus rejoice in peace; after these the relatives follow as distant and far away. [XV, 3 子曰："父母其顺矣乎！"] The meaning of this sentence is this: harmony begins in the family, first with the love of the spouses, then of the elder and younger brothers and then steps by steps the fruit of harmony arrives also to the relatives of the spouses, and to others relatives more far away; and this is what Confucius says that father and mother united will thus rejoice in peace.

[6] The works of good and bad spirits are strange and great [XVI, 1 子曰："鬼神之为德，其盛矣乎！"]

[7] They look but you do not see them, you do not hear them, they give the beginning and end to all things and without them nothing can be done; all things even the smaller ones they do themselves and never go wrong. [XVI, 2 视之而弗见，听之而弗闻，体物而不可遗。]

[8] They make all people on earth to shape themselves properly inside, and outside to use clean and beautiful dresses for the sacrifices. [XVI, 3 使天下之人齐明盛服，以承祭祀。]

122

Semper in medio

omnia implent; omnibus in locis suo numine et terrore esse
uidentur, non secus ac si supra te tibi imminerent; et undiq.
te circumsisterent.

In Poematibus conspicitur aduentum sentire nō possumus, quan-
tonē igitur decet nos, uel ad punctum temporis ab eorum ueneratiōe
desistere; eorum tam subtilis cognitio certiss.ª est, usq. eo ut
eam negare neue occultare possimus.

Xiunj magna fuit in parentis obseruatia. virtute uir sapiēs
et sanctus euasit, quod ad honores attinet, ascendit ad impe-
rium orbis terrā, quod ad diuitias possidet quod quatuor maria
continēt, habuit antecessores multos, itemq. successores qui
hęc conseruarūt; quare magna sua virtute consequutus est
regiā dignitatem, consequutus regios census, consequutus nōis
immortalitatē, consequutus deniq. longam vitam. hęc enim
illi dedit cœlum qui cuncta producens, pro cuiusq. rei natura
ac dispositione alias facit maiores, alias minores, alias me-
liores, alias deteriores; sicuti uidemus in herbis, et plantis
quibus cum vigent dat crescendi facultatem, cum languescunt
illas extinguit.

Est in Poematibus. Rex populo dilectus, et iucundus dignus est
cuius optima virtus nota omnibus ac manifesta sit, facit
n. erga populū quod decet, digne census ac vectigalia magna
percipit a cœlo, cœlū facit ipsum diuturnū, proindeq. suo

Omnia implent omnibus in locis suo numini et terrore esse videntur; non secus ac si supra te tibi imminerent; et undique te circumsisterent.[1]
In Poematibus est: spiritum adventum sentire non possumus, qua ratione igitur decet nos, vel ad puntum temporis ad eos veneratione desistere.[2]
Eorum tam subtilis cognitio certissima est usque eo ut eam negare neve occultare possimus.[3]
Sciuni magna fuit in parentes observantia. Virtute vir sapiens et sanctus erat, quod ad honores attinet, ascendit ad imperium orbis terrae; quod ad divitia possidet quiquid quattuor maria continent. Habuit antecessores multos itemque successores qui haec adservarunt.[4]
Quare magna sua virtute consecutus est regiam dignitatem, adsecutus regios census, consecutus nominis immortalitatem, consecutus denique longam vitam.[5]
Haec enim illi dedit caelum qui cuncta producens, pro cuiusque rei natura ac dispositione alias facit maiores, alias minores, alias meliores, alias deteriores, sicut videmus in herbis and plantis, quibus cum vigent dat crescendi facultatem, cum languescunt illlas exstinguit.[6]
Est in Poematibus: rex populo dilectus et iucundus dignus est cuius optima virtus nota omnibus ac manifesta sit, facit et erga populum quod decet, digne census ac vectigalia magna percipit a caelo, caelum facit ipsum diuturnum, proindeque sua.[7]

---

[1] They fill up all things; they seem to be everywhere, with their divine will and fear; not alongside but as if they were above you they threaten you and surround you everywhere. [XVI, 4 洋洋乎！如在其上，如在其左右。]

[2] The Book of poetry says: we cannot feel the coming of the spirits, for which reason or at which point of time therefore can we stop to venerate them? [XVI, 5《诗》曰："神之格思，不可度思！矧可射思！"]

[3] Their knowledge is so minute and so certain, that we cannot deny or hide it. [XVI, 6 夫微之显，诚之不可掩，如此夫。]

[4] The filial piety of Shun was great. He was a man wise and holy for his virtue; as far as honors are concerned, he ascended to the rule of the entire world; as far as riches are concerned he holds whatever the four seas contain; he had many predecessors and likewise many successors who kept these things. [XVII, 1 子曰："舜其大孝也与！德为圣人，尊为天子，富有四海之内。宗庙飨之，子孙保之。"]

[5] Therefore for his great virtue he achieved the royal dignity, he achieved royal wealth, he achieved the immortality of the name, he achieved finally a long life. [XVII, 2 故大德必得其位，必得其禄，必得其名，必得其寿。]

[6] Heaven gave to him these things, Heaven that produces all things and does greater or smaller things, better or worse things according to the nature and disposition of each, as we see in the herb and plants. To them, when they grow, [Heaven] gives the power of growing and when they become weak it destroys them. [XVII, 3 故天之生物，必因其材而笃焉。故栽者培之，倾者覆之。]

[7] The Book of Poetry says: the king is loved by the people and happy and worthy, whose best virtue is known and visible to all; he does to the people what is right, and worthily gains from Heaven riches and revenues; Heaven himself makes him lasting and then he acquires great virtue and power. [XVII, 4《诗》曰："嘉乐君子，宪宪令德！宜民宜人；受禄于天；保佑命之，自天申之！" XVII, 5 故大德者必受命。]

22 23

Liber secundus

magna virtute, ad imperio potitur.

Idem.

Caruit omni molestia Venguanus unus, qui patrem habuit Guaganum, et filium Vuganum, parentum facta filij sunt imitati. Vuguang conservavit et amplificavit Taiguanij, Guaganj et Venguanj opes, et dignitatem; et cum semel tantum arma cepisset orbis imperio potitus est. nullum unquam detrimentum passus est. in orbe suum nomen illustravit, quod ad dignitatem attinet, imperium ipse adeptus est. quod ad divitias quatuor maribus continentur est consequutus; antecessores habuit, et successores qui ea omnia conservarunt.

Vunganus iam senex Regnum accepit. Ceaumus eius successor factus Venguanj, et Vunguanj virtutem complevit. Taiguanum et Guaganum maiores suos vita functos consequenter regio nomine affecit, cum illi, dum vixerent non reges sed clari bello et rebus gestis fuerint, ita ut perinde ac Reges ab omnibus honorarentur. is primus sacrificavit ab avo Taiguano, et proavo Guagano regijs ceremonijs, neque regias solum ceremonias instituit, sed illas etiam quibus magni duces uterentur, gubernatores, eruditi viri, et privatus quisque aliqua virtute conspicuus. Ceremoniae autem hae sunt. Si pater vita functus magnum gessisset magistratum pastorem urbis alicuius, et eius filius esset literis graduatus statuit, ut patris funera fierent qualia pastori conveniunt, sacrificium vero fieret ritu graduati viri. Si contra pater vita functus

Magna virtute ac imperio potitur

Idem

Caruit omni molestia Venguanus rex ut, qui patrem habuit Huaganum et filium Vunganum, parentum facta filii sunt imitati.[1]

Vunganum conservavit et amplificavit Taiguiani, Huagani et Vunguani opes, et dignitatem; et cum semel tantum arma capisset orbis imperio potitus est. Nullum unquam detrimentum passus est in orbe suum nomen illustravit, quod ad dignitatem attinet, imperium ipse adeptus est, quod ad divitias quidquid quattuor maribus continentur est consequutus; antecessores habuit, et successores qui haec omnia adservarunt.[2]

Vunganus iam senex regnum accepit. Ciecunus eius successor factis Venguani et Vunguani virtutem complevit. Nam Taiguanus et Huanganus maiores suos vita functos consequentes regio nomine affecit cum illi, dum vincerent non reges sed clari bello et rebus gestis fuere; ita ut perinde ac reges ab omnibus honorarentur.

Is primus sacrificavit ab avo Taiguano, et pro avo Guanguano regiis ceremoniis neque regias solum ceremonias instituit; sed illas etiam quibus magni duces uterentur, gubernators, eruditi viri et privatus quisque aliqua virtuti cospicuus. Ceremoniae autem haec sunt. Si pro vita functus magnum gessisset magistratum preturam urbis alicuius et eius filius esset liceris graduatus statuit, ut prius funera fierent qualia praetori convenienta, sacrificium vero fieret ritu graduati viri.[3] *Si contra pater vita functus*[4]

---

[1] Venguanus (Wan) was free from all troubles, his father was Huaganus (Chi) and his son Vunganus (Wu) and the children imitated the deeds of the fathers. [XVIII,1 子曰："无忧者其惟文王乎！以王季为父，以武王为子，父作之，子述之。"]

[2] Vunganus (Wu) kept and enlarged the power and position of Taiguanus (Tai)、Huaganus (Chi) and Venguanus (Wan); and once he took the weapons and got possession of the entire empire and did not suffer any defeat; he gave glory to his name in the world; as far as honor is concerned he gained the supreme power; as far as riches are concerned he gained whatever is within the four seas; he had predecessors and successors who kept all these things. [XVIII, 2 武王缵大王、王季、文王之绪。壹戎衣而有天下，身不失天下之显名。尊为天子，富有四海之内。宗庙飨之，子孙保之。]

[3] Vunganus (Wu) received the throne when he was already old. His successor Ciecunus (Chao) completed with his deeds the virtue of Venguanus and Vanguanus. On the other hand since Taiguanus and Huaganus his ancestors had died, he provided the successors with the royal name, since before they ruled not as kings but only by being famous for battle and deeds. Now they were honored as kings. He was the first from the ancestor Taiguanus to sacrifice with royal ceremonies for the ancestor Guanganus, but he not only established royal ceremonies but also the cerimonies used by the higher nobility, officers, scholars and any common person illustrious for some virtue. These are the ceremonies: if in life he had managed the authority great officer of the city and his son was a scholar he decided that first the funerals to be done as proper to a officer, but the sacrifice to be done according to the rite of the scholar.

[XVIII, 3 武王末受命，周公成文武之德，追王大王、王季，上祀先公以天子之礼。斯礼也，达乎诸侯大夫，及士庶人。父为大夫，子为士：葬以大夫，祭以士。]

[4] If on the other hand the father.

24

Semper in ~~medio~~

tantum esset graduatus, filius vero praeturam gereret, statuit
ut patris funeralia fierent ritu graduati, sacrificium vero ritu
magni magistratus. Statuit praeterea, ut luctus annuus, qui
esse solet in morte fratrum maiorum, et similium pertineret usque ad
magnos magistratus, i. civitatis praetores, hoc est ut etiam
ipsi urbium praetores eadem lege luctus servandi tenerentur.
Luctus vero trium annorum eadem ratione ad regem quoque pertineret.
patris enim et matris luctus non differunt in magnis et tenuibus
hominibus, sed una et eadem omnium ratio.—

Idem.

Vunguam et Cieuum observantia in parentibus ad summam pietatem
pervenit; ita hac ratione parentum observantes gaudebunt sequi eorum
parentum voluntatem, et illorum votis satisfacere; gaudebunt
et parentum res gestas posterorum memoriae prodere. Vere
et Autumno maiorum suorum sacellum instruebant, vasa et res ceteras
ad sacrificia adolebant, eorum vestes parabant, epulas etiam
funebres statis temporibus offerebant. In regio templo sacri-
ficii tempore ita cultus et humanitatis ratio habebatur ut
quisque ordine sederet, alii ad orientem, alii ad occidentem, in
utroque templi latere, in sinistro latere maiores in dextro minores
sedebant; habebatur praeterea ratio honoris et dignitatis, ut
maiores magistratus distinguerentur a minoribus; habebatur
item ratio officii et muneris, quod unicuique mandatum erat ut

Tantum esset graduatus, filius vero praeturam gereret, statuit ut prius funeralia fierent ritu graduati, sacrificium vero ritu magni magistratus. Statuit preterea, ut luctus annus qui esse solet in morte fratrum maiorum et similiorum pertineret usque ad magnos magistratus et civitatis praetores. Hoc est ut etiam ipsi urbium praetoris eadem legem luctus servandi tenerentur. Luctus vero trium annorum eadem ratione ad regem quoque pertineret. Patris enim et matris luctus non differunt in magnis et tenuibus hominibus, sed una et eadem omnium ratio.[1]

Idem

Vanguani et Ciecuni observantia in parentes ad summam perfectionem pervenit;[2]

ita hac ratione parentum observantes gaudebunt se perficere parentum voluntatem, et illos votis satisfacere; gaudebunt et parentum res gestas posteros memoria prodere.[3]

Vere et autumno maiorum suorum sacellum instruebant, vasa et res ceteras ad sacrificia adolebant, eorum vestes parabant; epulas etiam funebres aestatis temporibus offerebant;[4]

in regio templo sacrificiorum tempore ita cultus et humanitatis ratio habebatur usque ordine sederet, alii ad orientem , alii ad occidentem, in utroque templi latere, in sinistro latere maiores in destro minores sedebant; habebatur preterea ratio honoris et dignitatis, ut maiores magistratus distinguerent a minoribus, habebatur item ratio officii et muneris, quod utique mandatum erat ut virtutibus et doctrina conspicui discernerentur a vulgo.[5]

---

[1] If on the other hand the father was a scholar but the son held the position of an officer, he decided that first the funerals be made according to the rite of the scholar, but the sacrifice according to the rite of the officer. He also decided that the year of mourning that used to concern only the death of the elder brothers or similar relatives would be extended also to great officers and civil authorities. In this way also they are bound to observe the same rule of mourning for the officer of the city. However the mourning of three years for the same reason extends also to the king. The mourning of father and mother is not different whether they are great people or common ones, but one and the same rule is for all. [XVIII, 4 父为士，子为大夫：葬以士，祭以大夫。期之丧达乎大夫。三年之丧达乎天子。父母之丧，无贵贱，一也。]

[2] The respect of Vanguanus (Wu) and Ciecunus (Chao) towards the parents achieved the highest perfection. [XIX, 1 子曰："武王、周公，其达孝矣乎！"]

[3] Thus for this reason those who respect parents will rejoice in doing the will of the parents and satisfy them with pledges; they will rejoice also in transmitting to posterity the deeds of the parents. [XIX, 2 夫孝者：善继人之志，善述人之事者也。]

[4] In Spring and Autumn they were building the shrines of their ancestors, they were setting forth the vessels and other things for the sacrifice and they were preparing their own robes, they also offered funeral banquets during the Summer. [XIX, 3 春秋修其祖庙，陈其宗器，设其裳衣，荐其时食。]

[5] In the royal temple during the time of sacrifices the rule of worship and courtesy was held in such a way that even the order of sitting (was arranged): some towards East some towards West in both sides of the temple, on the left sat the elders, on the right the younger; there was also the rule of honor and dignity, so that the higher magistrates were distinguished by the lower, there was also the rule of position and office, by which was ordered that the people illustrious for virtue and doctrine would be separated from the common people. [XIX, 4 宗庙之礼，所以序昭穆也；序爵，所以辨贵贱也；序事，所以辨贤也；]

Liber secundus.

virtutibus et doctrina conspicui discernerentur a vulgo. vulgi
quoque vero, et humilium hominum habebatur, ut cuique quantumvis humili
suus proprius honor haberetur. hac in Templo. tempore vero convi
vij ordine sedebant aetatis ea proximum cani[bus] [illegible] ij pre
clari in locis sedebant maiorum suorum, utebantur eorum caeremonijs, adhi
bebant eorum armoniam, honorem maioribus deferebant, propinquos
diligebant, mortuos venerabantur, vere erant esset humanis colendi
adhibebant, ut si recessisset domo, abirent, summa demum erat eorum
erga parentes observantia.

Ritus sacrificandi Regi caeli et terrae ad hoc suscipitur ut homines
supernum Regem venerentur et colant; Ritus Templi ma-
iorum, ut superioribus et antecessoribus sacrificetur. qui igitur
tenet ritum Regi caeli et terrae sacrificandi et ritus sacrificij agij,
quod in templo maiorum offertur, et quatuor temporum caeremonias
regni gubernationem tam facilem habet quam facile est suarum manuum
palmas aspicere.

Ngai comme roganti de optima administratione Confucius resp.
Venguam et Vunguam administrandi rationem in suis scriptis
reliquerunt. verum quamdiu illi vixere, recta administratio
viguit; illis autem vita functis una cum iis etiam recta administratio
extincta est.

Ex optimis viris facile optima administratio existit; quemadmo-
dum ex bono agro illico erumpit planta; nam haec recta administratio

Virtutibus et doctrina conspicui discernerentur a vulgo.

Vulgi quoque ratio et humilium hominum habebatur, ut cuique quamtummis humili suus proprius honor haberetur. Haec in templa tempore vero communi viri ordine sedebant aetatis ea potissimum canitia spectabatur.[1]

Ii praeclaris in locis sedebant maiorum suorum, utebantur eorum ceremonis; adhibebant eorum armoniam, honorem maioribus deferebant, propinquos diligebant, mortuos venerabant ut si vivi essent, humatis cultum adhibebant, ut si presentes domi asservarentur, summa demum erat eos erga parentes observantia.[2]

Ritus sacrificandi regi caeli et terrae ad hos suscipitur ut homines Supernum regem venerentur et colant; ritus templi maiorum ut superioribus et antecessoribus sacrificetur. Qui igitur tenent ritum regi caeli et terrae sacrificandi et ritum sacrifici regis, quod in templo maiorum offertur, et quattuor temporum ceremonia regni gubernationem tam facilem habet quam facile est suas manum palmas aspicere.[3]

Ngoicomo roganti de optima administratione Confucius respondit Venguani et Vunguani administrandi rationem in suis scriptis reliquerunt. Verum quam diu illi vixere, recta administratio vigevit, illis autem vita functis una cum iis etiam recta administratio extincta est.[4]

Ex optimis viris facile optima administratio existit; quemadmodum ex bono agro illico erumpunt plantae; nam haec recta administratio.[5]

---

[1] There was also a rule for the common people, so that to everyone, no matter how humble, there would be a proper honor. In these temples at the proper time the men sat in order of age and for this especially white hair were considered. [XIX, 5 旅酬下为上，所以逮贱也；燕毛，所以序齿也。]

[2] The illustrious ones used to sit in the places of their ancestors, and they were performing the same ceremonies; they used their music, and they gave honor to the most important people, they loved the relatives, they venerated the dead as if they were alive; they were giving cult to the buried people as they were observed if present at home; in a word the respect towards parents was highest. [XIX, 6 践其位，行其礼，奏其乐，敬其所尊，爱其所亲，事死如事生，事亡如事存，孝之至也。]

[3] The rite of sacrificing to the king of heaven and earth was undertaken for this reason, so that people would venerate and worship the heavenly king; the rite of the temple of the ancestors (was undertaken for this reason), so that sacrifices might be offered to superiors and ancestors.Those in fact who keep the rite of sacrificing to heaven and earth and the rite of the royal sacrifice, that is offered in the temple of the ancestors and the ceremonies of the four seasons, would find the government of the kingdom as easy as looking at his own palms. [XIX, 7 郊社之礼，所以事上帝也，宗庙之礼，所以祀乎其先也。明乎郊社之礼、禘尝之义，治国其如示诸掌乎。]

[4] Ngoicomus (Ai) was asking about government, Confucius answered: Venguanus (Wan) and Vunganus (Wu) left in their writings the doctrine of governing. Indeed as long as they were alive the right government flourished, when they died the good government also disappeared with them. [XX, 1 哀公问政。XX, 2 子曰："文武之政，布在方策。其人存，则其政举；其人亡，则其政息。"]

[5] From the best people the best government easily arises; in the same way as from a good farmer plants spring forth; so this good government. [XX，3 人道敏政，地道敏树。]

26

Semper in medio

est, ut Pu lu. herba quae facile nascitur. quamobrem administratio pendet ex hominum probitate. porro bonorum virorum ad administrationes et regimen electio pendet ex vita et moribus illius qui [illegible] praeest Regis. Regis autem [illegible] moribus instruitur, si per iter virtutis incedit, iter autem virtutis caritate maxime pietate absolvitur.

Caritas cum pietate coniuncta hominibus insita est a natura; ea praecipuum locum habet in parentum observantia; hanc sequitur gratitudo quae maxime in sapientium, et perfectorum virorum observantia consistit. Porro haec parentum observantia ordinem habet, procedit enim a parentibus ipsis ad propinquos usque pertinet. item gratitudo erga prudentes et sapientes viros habet ordinem, utriusque autem virtutis ordo a caelesti et superno lumine ortum habet.

Quare vir bonus esse nemo potest nisi sui ipsius confirmationem; qui [illegible] confirmare cogitat id facere non potest sine parentum observatione; qui cogitat parentes observare, facere id non potest sine sapientum et perfectorum virorum cognitione; qui cogitat sapientes cognoscere, gradum distantiam inter utrosque nosse, a [illegible] id non potest sine eo quod diximus caelesti et supremo lumine.

In orbe universo communes viae sunt quinque: ad eas incundas tria requiruntur, viae sunt. Rex et subditi. Pater et filii; Maritus et uxor; fratres maiores et minores, et coniunctio inter amicos. hae quinque sunt viae universae. ad has tria haec requiruntur

nam haec recta administratio est, ut pulu herbae quae facile nascuntur quam recta administratio pendet ex hominum probitate.[1]
porro bona virorum ad administrationem et regimen electio pendet ex vita et moribus illius qui sustinet personam regis. Regis numquam persona bonis moribus instruitur, si per iter virtutis incedit; iter autem virtutibus caritate maxime pietate absolvitur.[2]
Caritas cum pietate coniuncta homini insita est a natura; ea primum locum habet in parentibus observantia, hanc sequitur gratitudo quae maxime in sapientum et perfectorum virorum observantia consistit. Porro haec parentum observantia ordinem habet, profectum a parentibus ipsis ad propinquos usque pertinet.[3]
Item gratitudo erga prudentes et sapientes viros habet ordinem, utriusque nunc virtutis ordo a celeste et superno lumine ortum habet.[4]
Quare vir bonus esse nemo potest nisi sua ipsius conformationem, qua se ipsum conformare, cogitat; id facere non potest sine parentum observantia; qui cogitat parentes observare, facere id non potest sine sapientum et perfectorum virorum cognitione; qui cogitat sapientes cognosceren, graduum differentias inter eos quoque noscit; assequi id non potest sine eo quod diximus celeste et supremo lumine.[5]
In orbe universo comunes viae sunt quinque, ad eas ineundas tria requiruntur, hic sunt. Rex et subditi. Pater et filli. Maritus et uxor. Fratres maiores et minores; Et coniunctio inter amicos. Haec quinque sunt viae universae; ad has tria haec requiruntur.[6]

---

[1] so this good government; like pulu [a kind of grass] that springs out easily, so the good government depends of the righteousness of the people. [XX, 4 夫政也者，蒲卢也。]

[2] Furthermore, the good choice of people for government and leadership depends on the kind of life and the habits of the one who becomes king. The character of the king is built on good habits, that is whether or not he advances on the way of virtue; the way of virtue is related most of all to love and sense of duty. [XX, 5 故为政在人，取人以身，修身以道，修道以仁。]

[3] Love connected with sense of duty is inserted in man by nature; the first thing is in loving the parents, to this follows gratitude, which consists most of all in the respect of the wise and perfect men. Furthermore, this respect has its own order: beginning from the parents themselves reaches to the relatives. [XX, 6 仁者，人也，亲亲为大；义者，宜也，尊贤为大；亲亲之杀，尊贤之等，礼所生也。]

[4] In the same way gratitude towards wise and prudent men has an order, and the order of both these virtues has origin from the heavenly and celestial light.

[5] Therefore nobody can become a good man unless he desires the cultivation by which he wants to cultivate himself; this he cannot do without respect of the parents; he who desires to respect the parents cannot do it without getting to know wise and perfect men; who desires to know wise men knows also the differences in degrees among them; he cannot achieve without the heavenly and celestial light that we mentioned above. [XX, 7 故君子不可以不修身；思修身，不可以不事亲；思事亲，不可以不知人；思知人，不可以不知天。]

[6] In the world the ways of social life are five and to undertake them three things are required. Here they are. King and subjects. Father and sons. Husband and wife. Elder and younger brothers. Union of friends. These are the universal five ways; to get them three things are required. [XX, 8 天下之达道五，所以行之者三：曰君臣也，父子也，夫妇也，昆弟也，朋友之交也：五者天下之达道也。]

Sapientia; Pietas; et Fortitudo q̃ sunt in toto orbe communes virtutes tres; ad har virtutũ perfectionẽ res una requiritur n(em)pe veritas.

Sed quidã nascendo sciunt, quidã discendo sciũt; qdã laborãdo sciũt; qui cum peruenerint ad sciam, earũ omnium scientia una et eadem est. qui qdem suapte natura bona operãtur, qdam studiosé bona operãtur, quidã admitẽdo bona operãtur; cum ad id peruenerint, ut bona oẽs operentur; har virtus una et eadem est.

Qui laetatur se discere, nõ longe abest a sapia; qui vires in dies auget ad operãda bona non longe abest a pietate; q dedecus metuit non longe abest a fortitudine, qui his tribus virtutibus ornatus est facultatem habet ad se ipsum bene conformãdũ; q facultatẽ habet ad se ipsum bene cõformãdũ et habet facultatem ad alios recte cõformãdos; q facultatẽ habet ad alios recte cõformãdos, et facultatem habet ad regnũ componẽdũ. q facultatẽ habet ad regnũ componẽdũ, etiã facultatẽ habet ad orbẽ universũ cõponẽdũ.

Quicunq; Reges volunt bene gubernare, et in optimo statu collocare orbem universũ regnum, et domũ novẽm preceptis utantur. s(cilicet) 1.m circa ipsum quam optimã disciplinã suscipiat. bonos et doctos viros existimare, parentes observare, hęc ad quã optimã sui disciplinã pertinent, deinde maximos magistratus. i. Colaus honore habeat. omnes reliquos magistratus ut membra existimare, populũ et

Sapientia; pietas; et fortitudo quae sunt in toto orbi communes virtutes tres; ad harum virtutum perfectionem res una requiritur nempe veritas.[1]
Sed quidam nascendo sciunt, quidam discendo sciunt, quidam laborando sciunt; qui cum pervenerint ad scientiam, eorum omnium scientia una et eadem est. Qui quidem suapte natura bona operatur, quidam studiose bona operatur; quidam adnitendo bona operantur; cum ad id pervenerint, ut bona nunc operentur; haec virtus una et eadem est.[2]
Qui laetatur se discere, non longe abest a sapientia; qui vires in dies auget ad operanda bona non longe abest a pietate; qui dedecus metuit non longe abest a fortitudine.[3]
Qui his tribus virtutibus ornatus est facultatem habet ad se ipsum bene conformandum; qui facultatem habet ad se ipsum bene confirmandum et habet facultatem ad alios recte conformandos; qui facultatem habet ad alios recte conformandos et facultatem habet ad regnum conponedum; qui facultatem habet ad regnum conponendum; etiam facultatem habet ad orbem universalem componendum.[4]
Quicumque reges volunt bene gubernare, et in optimo statu collocare orbem universum regnum et domum, novem praeceptis utantur. Primum circa te ipsum quam optimam disciplinam suscipito. bonos et doctos viros existimato, parentes observato, haec ad quam optimam sui discipulinam pertinet; deinde maxime magistratus et Colau honores habeto, omnes relinquos magistratus ut membra existimato, populum et.[5]

---

[1] Wisdom, sense of duty, fortitude, that are three common virtues in all the world; to the perfection of these virtues one thing is required, that is truth. [XX, 9 知、仁、勇三者，天下之达德也，所以行之者一也。]

[2] But some people know it at birth, some know it by studying, some know it by hard work; yet whoever reaches this knowledge, it is the same knowledge for all of them. Some do good deeds by their own nature, some do good deeds with zeal; some do good deeds by working hard; yet when they had reached it, so that they do good deeds, this virtue is one and the same. [XX, 10 或生而知之，或学而知之，或困而知之，及其知之一也；或安而行之，或利而行之，或勉强而行之，及其成功，一也。]

[3] Who rejoices in learning, is not far from wisdom; who increases his powers to do good deeds is not far from the sense of duty; who is afraid of doing shameful things is not far from fortitude. [XX, 11（子曰：）"好学近乎知，力行近乎仁，知耻近乎勇。"]

[4] Who is provided with these three virtues has the power to cultivate himself; who has the power to cultivate himself also has the power to rightly cultivate others; who has the power to cultivate others has also the power to organize the kingdom; who has the power to organize the kingdom has also the power to organize the entire world. [XX, 12 "知斯三者，则知所以修身；知所以修身，则知所以治人；知所以治人，则知所以治天下国家矣。"]

[5] Any king who wants to rule well and arrange in the best way the world, the kingdom and the family, uses nine rules. First, undertake the best training yourself; value the good and learned men; respect the parents; these are things concerned with a personal education; then give much honors to magistrates and officers (Colau), esteem all the other officers as parts of a body, the people. [XX, 13 凡为天下国家有九经，曰：修身也，尊贤也，亲亲也，敬大臣也，体群臣也。]

plebem ut filios diligito, hæc ad regnum constituendum pertinent. 3° omne
genus mechanicarum artium adhibito; extraneos et aduenas tuetor;
[illegible], et principes externi qui legati aduenient tibi cordi sunto;
hæc ad orbem universum gubernandum pertinent.

Cum te ipsum optima disciplina constitueris, virtutem consequeris. si
bonos et doctos viros magni feceris nulla in re dubitabis;
si parentes observaveris propinquos, nemo fratrum te expellet,
si max[imos] magistratus honorem habueris, negotiorum multitudine non
obrueris. si reliquos magistratus tanquam membra existimaveris docti
viri tibi cumulate in omni genere humanitatis satisfacient. si populum
et plebem tanquam filios dilexeris, subditi te loco patris habebunt; si
omne genus mechanicarum artium adhibueris divitiæ tibi suppetent
in sumptum. si extraneos, et aduenas tueberis, quatuor partium
homines te sibi submittent: si reges et principes cum legatione
funguntur tibi cordi sunt, orbis universus te timebit.

Intus, sincera virtus, extra, ornatus et cultus in vestitu et actio-
nibus; nihil fieri sine ratione, tria hæc pertinent ad optimam vitam et
morum constitutionem; detractores expellere, obscænas res vitare, di-
uitias contemnere, viros virtute insignes æstimare, hæc doctis et
optimis viris animos addunt; parentes et propinquos promouere,
illorum census augere, quod illi amant, et oderunt, id amare et odisse,
alios ad parentum observantiam invitat; multos magistratus
inferiores constituere, ut superiores magistratus illorum opera
libere utantur id invitat superiores magistratus ad operam
suam Regi diligentissime præstandam.

Plebem ut filius diligito, haec ad regnum constituendum pertinent 3. Omnes genus mechanicorum artium adhibito; extraneos et advenas tuetor; quartas. et principes esterni qui legati adveniunt tibi corde sunto; haec ad orbem universum gubernandum pertinent.[1]

Cum te ipse optima disciplina constitueris, virtutem consequeris. Si bonos et doctos viros magni feceris nulla in re dubitabis; si pariter observaveris propinquos nemo fructum trepidabitur, si maxime magistratus honorem habueris, negotiorum multitudinem non obrueris, si relinquos magistratus tamquam membra existimaveris, docti viri cumulati in omni genere humanitatis satisfacent, si populum ex plebem tamquam filios dilexeris; subditi te loco patris habebunt; si omne genus mechanicorum artium adhibueris divitia tibi suppetent in sumptu, si extraneos et advenas tueberis, quattuor partium homines te sibi submittent; si duces et principes cum legatione funguntur tibi cordi erunt, orbis universus te timebit.[2]

Intus sincera virtus; extra ornatus et cultus in vestitu et actionibus; nihil fieri sine ratione, tria haec pertinent ad optimam vitam et morum constitutionem; detractores expellere, obscenas res vitare, divitias contemnare, viros virtute insignes aestimare, haec doctis et optimis viris animos addunt; parentes et propinquos promuovere, illos census auguere, quod illi amant et oderunt, id amare et odisse, alios ad parentum observantiam invitat, multos magistratus inferiores constituere, ut superiores magistratus illorum operas libere utantur id invitat superiores magistratus ad operam suam regi diligentissime prestandam.[3]

---

[1] Love the people and the lower class as children; these things are about establishing the kingdom. Third, employ all kinds of artisans; look after foreigners and visitors; fourth, love also the foreign princes who come as ambassadors; these things concern the rule of the entire world. [XX, 14 子庶民也，来百工也，柔远人也，怀诸侯也。]

[2] When you order yourself with good discipline, you will achieve virtue. If you consider good and learned men as great men you will have no doubts; if equally you will respect the neighbors, nobody will be afraid; if you honor the officers, you will not ruin your many activities; if you esteem the magistrates as members of a body, the learned men all together will satisfy you with all kinds of kindness; if you love the people and the lower class as children, the subjects will consider you as a father; if you employ all kinds of artisans, they will provide you with plenty of wealth; if you look after the foreigners and the visitors, people of the four corners of the earth will submit to you; if you love the leaders and princes when they come as delegates, the entire world will respect you. [XX, 15 修身则道立，尊贤则不惑，亲亲则诸父昆弟不怨，敬大臣则不眩，体群臣则士之报礼重，子庶民则百姓劝，来百工则财用足，柔远人则四方归之，怀诸侯则天下畏之。]

[3] Inside you must have a sincere virtue, outside you must be well provided and neat in your dress and actions; do nothing without a reason: these three things are about a good life and the ordering of good habits; to expel detractors, to avoid indecent things, to despise riches, to esteem people distinguished for virtue, these things encourage learned and good men; to promote parents and relatives, to increase their money, to love and dislike what they love and dislike, these move others to respect the parents; to appoint many lower officers so that the higher officer can freely take care of their own things, this moves the higher officers to diligently offer their work to the king. [XX, 16 齐明盛服，非礼不动，所以修身也；去谗远色，贱货而贵德，所以劝贤也；尊其位，重其禄，同其好恶，所以劝亲亲也；官盛任使，所以劝大臣也。]

Liber Secundus 29

Veritas in Rege et ministris, eorum amplificatio invitat minores ma-
gistratus ad operam expendendam, et subditos, et privatis commodis tempo-
ribus levia imponere tributa, id populi animum sublevat; Mechani-
cos quotidie invisere, singulis mensibus de unoquoque experimentum capere,
carnium, et epularum pro cuiusque meritis distributio, haec illis animos
reddunt, abeuntes prosequi, advenientibus occurrere, bonos laudare,
eorum qui nesciunt misereri, allicit et conciliat extraneos, et adve-
nas principibus, succurrere quod neque filios habent, neque nepotes
successores, credere, quod illis vita functis eorum adeant hereditatem.
item erigere eos quorum iurisdictio in antecessoribus dissidia orta
dirimere, miseros sublevare, proprio tempore uti, ubi legati veniunt
ad Regiam, et ceteri alii civitatis suos quoque legatos invitant;
abeuntes liberaliter donare, advenientes pauca accipere, haec
principes viros, et duces externos invitant ad amorem.
Quicumque vult bene gubernare, et in quam optimo statu collocare
orbem universum, Regna, et domum, his novem praeceptis utitur.
ad quod servanda est illud unum necessarium, fides seu veritas.
Hac veritate res omnes ante muniat, et eas hac ratione perficiat,
quod si non veritate munieris illis frustraberis, verbum item si hoc
veritatis sale condieris, negotia non epuidet, si hac ratione illas
constitues non peribunt; item quae agenda sunt si ante hac ratione
illa constitues non peribunt. item quae agenda sunt si ante hac ratione

Veritas in rege et promissorum censuum amplificatio invitat minores magistratus ad operam exigendam, a subditis et privatis commodis temporibus levia imponere tributa id populi animum sublevare. Mechanicos quotidie invisere; singulis mensibus de unoquoque experimentum capere carnia et epulare; pro cuiusque meritis distributio; haec illis animos addunt. Abeuntes prosequi advenientibus occurrere; bonos laudare, eorum qui nesciunt misereri; addat et conciliat extraneos et advenas; principibus seu ducibus qui neque filios habent neque nepotes successores concedere, qui illis vita functis eorum adeant hereditatem. Item erigere eos qui suam iurisditionem amiserunt, dissidia orta dirimere, miseros [ ] ut suo tempore legati veniunt ad regiam et ut aliae civitatis suos queque legatos visitant; abeuntis liberalissime donare, advenientibus pauca accipisse, principes viros et duces externos invitant ad amorem.[1] *Quicumque volunt bene gubernare et in quo optimo statu collocare orbem universum, regnum et domum, his novem preceptis utatur. Ad quae servanda est illud unum necessarium fides seu veritas.*[2] *Hac veritate res omnes ante munias, et eas hac ratione perficias; quodsi non veritate munieris illis frustraveris, verba item si hoc veritatis sale condieris, negocia non excident si hac ratione illas constitues non peribunt, item quae agenda sunt si ante hac ratione illa constitues non peribunt. Item quae agenda sunt se ante hac ratione constituantur*[3]

麦克雷（Michele Ferrero），意大利汉学家，现任北京外国语大学中国海外汉学研究中心客座教授、拉丁语言文化中心主任。

---

[1] The sincerity in the king and the increase of the promised salary moves the lower officers to finish their work; to impose light tributes from the subjects and the private citizens in suitable times, this encourages the people. To visit every day the artisans; each month take some meat and make a feast to celebrate somebody's experiment, [to make] distribution according to the merits of each one, these things encourage them. To escort those who are leaving, to go and meet those who come; to praise the good among them, to show compassion to those who do not know much, this might win over foreigners and visitors; to give to the princes and leaders who have no sons or descendants some successors, who, when they are dead, might take possession of the inheritance. Also to raise up those who lost their power, to solve quarrels, [ ] so that at the proper time they come to court, and as legates of other cities visit; to donate very generously to those who depart; when they come to accept only few things, these things move the foreign princes, heroes and leaders to love you. [XX, 17 忠信重禄，所以劝士也；时使薄敛，所以劝百姓也；日省月试，即禀称事，所以劝百工也；送往迎来，嘉善而矜不能，所以柔远人也；断绝世，举废国，治乱持危，朝聘以时，厚往而薄来，所以怀诸侯也。]

[2] Those who want to rule well and order the world, the kingdom and the family in this perfect state, use these nine rules. And to keep these things one thing is necessary, trust, or truth. [XX, 18 凡为天下国家有九经，所以行之者，一也。]

[3] By this truth you might strengthen all things in advance, and by this rule you might complete them; that if you are not fortified with the truth, you will be defeated by them; also the words, if you flavor them with the salt of truth, your businesses also will not fail, if you base them on this rule, they will not go waste; also the things that must be done if in advance you establish them according to this rule, they will not fail. Also the things that must be done if in advance they are established according to this rule. [XX, 19 凡事豫则立，不豫则废。言前定则不跲，事前定则不困，行前定则不疚，道前定则不穷。]

30 semper in medio

constituat[ur] remissionem nullam patientur, virtutis cursus ha[illegible] veritatis solidus nunquam finem faciet procedendi.

Cui gerit inferiorem magistratum, nisi animo adjunctus est, si non habeat animum superioris magistratus sibi conciliatum, populus recte gubernari non potest; animum conciliatum superioris magistratus ratione nititur, nempe fidem sociis [illegible], qui nisi sociis fidem servet [illegible] [illegible] [illegible] Regis. fides ergo [illegible] ratione [illegible] obsequeris, si [illegible] parentibus non obsequeris [illegible] sociis [illegible] obsequium nititur [illegible] si vero et non simulato obsequio [illegible] quod si non est vero obsequio coles non erit obediens. [illegible] nititur [illegible] nempe si malum a bono discernere [illegible] quod si nescias rectitudinem esse non potest.

Qui cum hac rectitudine nascitur, is cælestis [illegible] homines factus est; at qui non sic rectus nascitur, sed rectus faciendus est, hic ipsius opere faciendus est. Qui vero cum rectitudine natus est, nullo negotio scopum attingit, sine ratiocinatione assequitur, [illegible] ulla mentis agitatione rationem ducem sequitur, hic plane divinus est vir, atque rectus. humanis opera bonum eligit, ac fortiter tenet, is multum addiscat diligenter, percunctetur, attente consideret, accuratissime

最早的《孙子兵法》英译本及其与日本的关系

王　铭

《孙子兵法》是一部谈兵论战、论断精辟的兵书，有着极高的声誉，被称为“兵经”“武经”“兵学圣典”，在中国古代兵学体系中占有极其重要的地位。《孙子兵法》不仅是中国人津津乐道的兵家文献，也是备受西方重视的一部军事著作。《孙子兵法》在西方世界中流传广泛，尤其是在刚刚过去的20世纪，《孙子兵法》被广泛用于军事领域与国际竞争战略，第二次世界大战以后，又跨出战略竞争与军事领域，在经济商贸方面得到运用，至今影响巨大。

《孙子兵法》的英文翻译始于20世纪初，最早的英译本由英国炮兵上尉卡尔斯罗普（E. F. Calthrop）于1905年翻译出版，并于1908年出版了修订版译本。20世纪约有13种《孙子兵法》的英文译本[1]，其中比较权威的英译本主要包括1910年英国汉学家翟林奈（Lionel Giles）的英译本、1963年美国海军陆战队准将塞缪尔·B.格里菲思（Samuel B. Griffith）的英译本等。这些英译本各有千秋，对西方认识和理解《孙子兵法》都起了一定作用。卡尔斯罗普是英语世界翻译《孙子兵法》的第一人，他对《孙子兵法》的翻译和研究应该说是有一定功绩的。特别值得注意的一个有趣现象是，卡尔斯罗普翻译中国的兵学圣典《孙子兵法》，并非出于他对中国的注意，而是直接来源于他对中国的近邻日本的军事实践的强烈关注，因此他是以军事

[1] 高殿芳截至1995年的统计数据为10种（参见高殿芳：《〈孙子兵法〉在海外》，《21世纪》1995年第1期，第33页），但这一数字可能未把几种现在已很难找到的译本计算在内。1995—2000年没有新的英译本。这里的统计数字应当还不包括各种英译本后来再版的编辑本，如菲利普斯和克拉维尔先后出版的翟林奈英译本的编辑本。另外，卡尔斯罗普在1905年和1908年先后出版的两个英译版本只计一种。

为基本出发点来审视《孙子兵法》的。本文拟就卡尔斯罗普两次翻译《孙子兵法》的详细情况，结合当时卡尔斯罗普对日本军事实践的特殊关注来做一个梳理和解读。

一、卡尔斯罗普的第一个英译本及其修改版译本

英语世界最先翻译《孙子兵法》的是英国炮兵上尉卡尔斯罗普。他 1905 年在日本学习语言，曾经在英国皇家野战炮兵部队服役。卡尔斯罗普在 1905 年和 1908 年先后出版过两个版本的《孙子兵法》英译本。1905 年，卡尔斯罗普在日本东京出版了第一个英译本《孙子兵法》，这也是继法文、俄文译本之后第三种《孙子兵法》的西文译本。这个英译本《孙子兵法》是根据日文本"十三篇"转译的。1908 年他在英国伦敦又出版了《孙子兵法》英文修订译本，这个修订译本是根据中文翻译的。

1905 年，卡尔斯罗普在两名日本人的帮助下，把日文"十三篇"翻译为英文，书名为日文拼法的 *Sonshi*，书中连吴王阖闾和孙武都扮成了日本的帝王将相 [1]，可见其日本气息极其浓厚。卡尔斯罗普当时以日文"十三篇"为底本进行翻译，这个日文本可能是被修改过的 [2]，因而底本本身就有很大问题。他邀请了两名日本助手进行翻译，而他自己的中文水平并不好，他坦言如果没有两名日本友人的帮助，他的翻译根本不可能完成 [3]。这个译本不单是有严重错误的问题，因为谁都无法完全避免错误，问题是省略和脱漏比比皆是，难以理解的字句被任意曲解或一带而过 [4]。由于卡尔斯罗普对汉语缺乏足够的了解，无法深入到汉学经典的文本语境深处，而只能把理解的一部分建立在想象之上，另一部分则建立在可能是来自日本的二手翻译和研究材料上，于是"失之毫厘，谬以千里"。正是在看到卡尔斯罗普的这个"糟糕透

---

[1] Sonshi 即日文"孫子"（そんし）的罗马字母拼法。在卡尔斯罗普的第一个《孙子》英译本中，吴王阖庐（阖闾）被翻译为 Katsuryo，即日文"闔閭"的罗马字母转写形式（这里卡尔思罗普采用了这两个字的日语文言读法かつりょ的转写形式；而现代日语中一般读作こうりょ，对应罗马字母转写形式为 Kōryo）。"吴"和"越"被翻译为 Go 和 Etsu，即日文"吳"（ご）和"越"（えつ）罗马字母转写形式。这些名词显然都是根据日文本的"十三篇"翻译的，与原来的中文发音相去甚远。

[2] Samuel B. Griffith: *Sun Tzu: the Art of War*, Oxford: the Clarendon Press, 1963, p.182.

[3] Lionel Giles: *Sun Tzu on the Art of War: The Oldest Military Treatise in the World*, London: Luzac & Co., 1910, p.VIII.

[4] 于汝波主编：《孙子兵法研究史》，北京：军事科学出版社，2001 年，第 232 页。

顶”[1]的英译本之后，翟林奈才开始着手进行他的《孙子兵法》的翻译工作。

1908 年，卡尔斯罗普在伦敦出版了他的修订版英译本《兵书——远东兵学经典》(*The Book of War: the Military Classic of the Far East*)，约翰·默莱(John Murray)公司出版，爱丁堡出版社(Edinburgh Press)印刷。这个译本包括了《孙子兵法》(*The Articles of Suntzu*)和《吴子》(*The Sayings of Wutzu*)两部兵书。这个译本没有受到日文版本的影响，书的封面译者署名处注明了是“根据中文翻译”。该书包含“导论”(Introduction)三篇(内容分别为孙吴兵法的思想、孙吴兵法对日本的影响、孙子和吴子的事迹)、《孙子兵法》十三篇译文、《吴子》六篇译文和较详细的英文索引(Index)。其中对《孙子兵法》十三篇的翻译，仅翻译了《孙子兵法》原文。从全书看，译文比较完整，十三篇没有重大脱漏，也没有明显的受日本版本影响的痕迹[2]。间或对个别字句作页下注，共计 17 条，都是直接的解释，没有引用以往的注家的记录。译文中提到的“孙子”，翻译为“Sun the Master”，“吴”和“越”也分别译为“Wu”和“Yueh”，对有的名词如“阴阳”“距闉”“旅”“卒”“伍”等则采取了音译加注法翻译。可见修订本较第一个译本已有很大改观，另外，修订本在翻译兵学概念和军事用语方面颇多可取之处，如开篇的“兵者”译为“战争”(war)，兵学概念如“形名”“奇正”“虚实”等也都给出了较恰当的译文[3]。于汝波认为，卡尔斯罗普的修订版译本在作战方面有价值，不少有关作战方面的词句，如“小敌之坚，大敌之擒也”等，译文正确[4]。译者对《孙子兵法》中的要旨，特别是对攻守战取等战法有所研究。尽管这个译本有很多不完善之处和差错，但其译文的一些长处可供后来的英译者借鉴，比如有些篇名的译法。

不久后，汉学家翟林奈从译文文本角度对卡尔斯罗普提出了批评。由于卡尔斯罗普的英译本本身存在一些问题，并且紧接着 1910 年出版了翟林奈更为出色的英译本，所以前者的《孙子兵法》两个版本的英译本并未能在西方引起太大反响。尽管如此，卡尔斯罗普作为英语世界中第一个翻译《孙子兵法》的人，他的功绩仍然应当予以承认。他对《孙子兵法》的英文翻译和研究，为 1910 年翟林奈对《孙子

---

[1] Giles, p.VIII.

[2] 于汝波主编：《孙子兵法研究史》，第 233 页。

[3] 卡尔斯罗普把“形名”译为“drum, bell and flag”即“金鼓旌旗”；把“奇正”译为“normal and abnormal”；把“虚实”译为“strength and weakness”(Calthrop, 1908, p.31)。

[4] 于汝波主编：《孙子兵法研究史》，第 233 页。该句出自《孙子兵法·谋攻》，卡尔斯罗普的译文为：“A determined stand by inferior numbers does but lead to their capture.”(Calthrop, 1908, p.26)

兵法》的英文翻译提供了一定的基础。卡尔斯罗普同时也开辟了英语世界理解《孙子兵法》的一条重要道路，开启了西方人审视《孙子兵法》的一个新视角，即军事的视角，这一做法在半个世纪后得到了美国海军陆战队准将塞缪尔·B. 格里菲思的呼应，后者在出版了他的《孙子兵法》英译本之后，迅速使《孙子兵法》对英语世界乃至整个西方世界产生了巨大影响。

二、卡尔斯罗普所受日本近代军事实践的影响

卡尔斯罗普之所以翻译《孙子兵法》，其原因并非是他多么关注中国。可以说，卡尔斯罗普对《孙子兵法》的关注来源于他的军人身份以及他与日本的关系。在 1905 年东京出版第一个《孙子兵法》英译本时，他还是由英国军队派往日本学习语言的年轻军官，他是在两名日本人的直接帮助下才完成《孙子兵法》英译的。虽然 1908 年卡尔斯罗普的修订版英译本是根据中文版本翻译的，但卡尔斯罗普对日本的特殊关注仍投射其中。在翻译《孙子·军争篇》“其疾如风，其徐如林”的时候，卡尔斯罗普特别注释说：“这句话曾写在日本一个最出名的将军武田信玄（Takeda Shingen）的旗帜上。”[1] 在“导论”部分，他专列一篇阐述孙吴兵法对日本的影响。卡尔斯罗普提道：“《孙子》和《吴子》或许在日本受到了比在中国更高的崇敬。在中国，战争只是被认为是国家生活中一个令人厌恶的词汇，而战争胜利并不被视为一个国家的最高成就。在日本则完全不然。日本军事史上成功的一代代人都从《孙子》和《吴子》中得到了滋养。”[2] 卡尔斯罗普还说，解释《孙子》的“日本注家队伍”逐渐成长起来[3]。但是汉学家翟林奈却批评他“对中国的注家只字不提，尽管后者的数量可能多得多，而且是一支更为重要的‘队伍’”。[4]

为什么在 20 世纪初，作为英国军官的卡尔斯罗普如此重视日本，以至于他对中国的典籍《孙子兵法》的翻译直接或间接地受到了日本的启发呢？这跟日本研究

[1] Calthrop, 1908, p.42. 武田信玄（1521—1573）是日本战国时代的一位名将，他作战时的突击旗上绣有“疾如风，徐如林，侵掠如火，不动如山”14 个大字，这面突击旗的原旗现在还保存在日本盐山市云峰寺中。日本武士道中所归纳的“风林火山”四字箴言就出自于此。

[2] Calthrop, 1908, p.14.

[3] Ibid..

[4] Giles, p.IX.

《孙子兵法》的传统以及近代日本军事的崛起有很大关系。

日本是最早传播和翻译《孙子兵法》的国家，有千余年研究《孙子兵法》的传统。史料记载，日本学者吉备真备（693—775）在唐玄宗年间作为遣唐使在留学中国18年后将《孙子兵法》带回了日本。长期以来，《孙子兵法》在日本作为兵家的"秘籍"得以保存和传承。在日本战国时期（约15世纪末至16世纪末）和德川幕府时期（1603—1867），日本的军事学家和学者人才辈出，他们对《孙子兵法》不断地进行研究和运用，硕果累累。第一个日译本《孙子兵法》出版于德川幕府第四代将军德川家纲时期（1651—1680），进一步推动了《孙子兵法》在日本的普及与传播。19世纪后半叶的明治维新时期，日本军界强调学习与研究西方克劳塞维茨的《战争论》，同时并未中断对《孙子兵法》的研究，日本军界的兵学思想植根于"和、汉、洋"之中，即大和民族的传统与中国的兵法以及西洋战术技术相结合。《孙子兵法》对19世纪末到20世纪初日本的军事行动影响很大。例如，日本帝国大学主讲包括《孙子兵法》在内的中国经典著作的教授込山安介（Komiyama Yasusuki，1829—1896），对后来担任政府要职的学生有所影响，包括后来的陆军上将乃木希典和海军上将东乡平八郎[1]。

卡尔斯罗普在1908年的英译本中说："如今《孙子》和《吴子》已经让步于欧洲学者的科学著作，但他们的话已成了格言，他们的影响毫无疑问帮助了日本在最近的战争中取得胜利。"[2] 明治时期（1867—1912）日本发动的规模较大的战争有1894—1895年的中日甲午战争和1904—1905年的日俄战争。两次战争均以日本取胜告终，促使日本扩张野心膨胀，走上军事封建帝国主义道路。1908年出版这个译本的时候，卡尔斯罗普所说的"最近的战争"应该指的是1904—1905年的日俄战争[3]。日本研究《孙子兵法》的著名学者佐藤坚司认为："在日俄战争中日本在军事上所取得的胜利，要从《孙子》的'五事''七计'和'诡道'这几方面寻找其原因，并且还要考虑'作战'和'用间'这两篇。"[4] 日俄海战中，日本海军上将东乡平八郎率领

---

[1] Griffith, p.176.

[2] Calthrop, 1908, p.15.

[3] 于汝波认为是"1904—1905年的日俄海战"（参见于汝波主编：《孙子兵法研究史》，第233页）。事实上，这里"最近的战争"理解为1904—1905年的整个日俄战争更好些。日俄战争不仅包括发生在渤海、黄海与日本海海域的海战，还有在远东地区的陆地战场战役，在这些战场上，日本军队都有不错的战绩。

[4] 〔日〕佐藤坚司：《孙子研究在日本》，高殿芳等译，北京：军事科学出版社，1993年，第161页。

由 99 艘军舰组成的日本联合舰队，于 1905 年 5 月 27 日在对马海峡设伏，运用《孙子兵法》“以逸待劳，以饱待饥”的作战指导思想，发动突袭猛攻，一举歼灭了千里迢迢劳师远袭的由 38 艘舰艇组成的俄国波罗的海舰队，并俘虏了俄国舰队司令长官罗日杰斯特温斯基中将，取得日俄战争的重大胜利[1]。佐藤坚司还认为，日本的“政治和军事当局一致认为以日本海海战的胜利为契机进行绝对媾和，在美国的庇护下终于签订了《朴次茅斯条约》”，以此作为日俄战争的终结，说明“理应读过《孙子·始计篇》的当局，可能考虑了‘五事’‘七计’的大计和庙算的大事，并知道了战争绝对不能再继续下去，而一直进行着和平的工作”。他指出日俄的最后媾和，与明石元二郎上校花费 100 万美元收买俄国非帝政方面的人这件事密不可分，明石是出色地完成了《孙子·用间篇》所说的“明君贤将，能以上智为间者，必成大功”中的“上智之间”的任务[2]。

当时日本军界颇多通晓《孙子兵法》的人才，在历史舞台上叱咤风云的军事统帅，多数人兼修东西方两种军事理论。佐藤坚司称：“日俄战争中的骁将东乡平八郎和乃木希典爱读《孙子》，这是人所共知的。”[3] 东乡平八郎（Togo Heihachiro，1848—1934）被日本人视为“圣将”，深谙《孙子兵法》。据说他随身携带一册《孙子兵法》赴战，并在海战的布阵与实施中借鉴《孙子兵法》的作战原则。对马海战后，东乡平八郎在总结日本海军取胜原因时，不无得意地表示自己此次全歼俄国舰队主要是运用了《孙子·军争篇》中的“以逸待劳，以饱待饥”的作战指导思想[4]。在日俄战争陆地战场取胜的乃木希典（Nogi Maresuke，1849—1912）也认为他的胜利得益于《孙子兵法》的应用，他为纪念战争的胜利，于战后自费出版了《孙子谚义》一书，遍送友人[5]。甲午海战和对马海战后的日本海军逐渐确立了比较先进的海军战略和海战战术，佐藤铁太郎海军中将在这项活动中起了巨大作用，而他本人恰恰也是对《孙子兵法》研究具备深厚功底的军人。他不仅著有《意译孙子》，而且善于汲取中国古代兵法的营养为其创立海军战略乃至国家战略服务。他指出，《孙子兵法》“在古今中外的兵书中，是论述战略最宏伟而且容易深入研究的好著作”。佐藤还曾给日本天皇讲过《孙子兵法》，并为此专门撰写了《孙子御进讲录》

[1] 穆景元、毛敏修、白俊山：《日俄战争史》，沈阳：辽宁大学出版社，1993 年，第 323—377 页。
[2] 〔日〕佐藤坚司：《孙子研究在日本》，第 163 页。
[3] 同上书，第 161 页。
[4] 古棣主编：《孙子兵法大辞典》，上海：上海科学普及出版社，1994 年，第 634 页。
[5] 同上书。

作为教材[1]。同时代的秋山真之海军中将则主要致力于海军海战战役战术思想的建立，他曾作为联合舰队的作战参谋参加了日俄对马海战，该战的实践经验成为他完成现代海战理论最主要的依据。秋山真之对《孙子兵法》也有很深的研究[2]。日本学者宇佐见哲也在研究日本军队内外对孙子研究的发展状况时认为，在战争频繁的时代，人们往往带着实战的观点理解《孙子兵法》，目的是打赢战争、结束战争[3]。日本人对《孙子兵法》中的军事思想做了深入的研究，并运用于战争实践中，赢得了明治维新之后的飞速发展和军事上的胜利。

可见，卡尔斯罗普一直保持着对日本，尤其是对日本军事领域动态的密切关注，他说："对（孙子和吴子）这些古代哲人的长期研究，让人们相信知彼与知己、谋算与训练的重要性；对于日本人来说，这个问题生死攸关，他们正是靠其燃起斗志、渡过难关。"[4]

余　论

作为一名军官，卡尔斯罗普翻译《孙子兵法》有着强烈的军事指向和现实关怀，正是这种指向和关怀，使得他把眼光投向日本的军事实践和最直接的思想来源，而不是该军事思想的最初来源——中国，因为当时的中国遭受过19世纪末中日甲午战争的失败，而日本则作为中国的对手取得了胜利，并在20世纪初的日俄战争中再度取胜，在东亚范围内建立起它的势力圈。军事本身就是一门以实践利益为主导的学问，对于军事著作和军事思想的关注不免受到实践利益的极大影响。卡尔斯罗普开辟了英语世界翻译和理解《孙子兵法》的一条重要道路，即从军事角度解读《孙子兵法》这一中国的兵学圣典。20世纪在西方影响最大的《孙子兵法》英译本，即1963年美国海军陆战队准将塞缪尔·B. 格里菲思的英译本，就是从军事视角解读《孙子兵法》的成功代表。

同时在日本方面，明治维新以来日本政治革新与军事扩张，导致了19世纪末20

[1] 古棣主编：《孙子兵法大辞典》，第634页。
[2] 同上书。
[3] 转引自于汝波主编：《孙子学文献提要》，北京：军事科学出版社，1994年，第491页。
[4] Calthrop, 1908, p.15.

世纪初日本中国学的转变，那就是在政治现实性的要求下，对中国历史研究的主体性方向无疑要与日本国家利益的要求相一致。自19世纪80年代以来，日本的“国权扩张论”渐次发展。1890年，当时的陆军卿山县有朋发表了关于日本“国界线”和“利益线”的讲话，公然提出为确保日本的利益，满洲（中国东北地区）、中国台湾、朝鲜等都在所谓的日本利益线之内。进入90年代以后，日本开始积极准备并吞朝鲜，并寻找机会与中国决战，以实现日本在亚洲的“领导”地位。日本近代概念中的中国历史研究是归属于“东洋史学”的，这个以中国史为中心的“东洋史”，就是着眼于以中国为中心的整个亚洲（以东亚、东南亚为主）的利益心态在日本中国学领域中的表现[1]。可以想见，对作为中国学的一个重要内容的《孙子兵法》的研究，同样与近代日本中国学这个大的学术环境的变化紧密相关，而且由于《孙子兵法》本身的实践性和现实性特点，使得研究和运用《孙子兵法》的价值和作用被相当程度地凸显出来。从卡尔斯罗普英译《孙子兵法》过程中对日本的关注，以及近代日本的中国学的转变，我们看到了学术研究结合政治现实的一个有趣样本。

参考文献

1. E. F. Calthrop: *The Book of War: The Military Classic of the Far East*, London: John Murray, 1908.
2. Lionel Giles: *Sun Tzu on the Art of War: The Oldest Military Treatise in the World*, London: Luzac & Co., 1910.
3. Samuel B. Griffith: *Sun Tzu: the Art of War*, Oxford: the Clarendon Press, 1963.
4. 穆景元、毛敏修、白俊山：《日俄战争史》，沈阳：辽宁大学出版社，1993年版。
5.〔日〕佐藤坚司：《孙子研究在日本》，高殿芳等译，北京：军事科学出版社，1993年版。
6. 于汝波主编：《孙子学文献提要》，北京：军事科学出版社，1994年版。
7. 于汝波主编：《孙子兵法研究史》，北京：军事科学出版社，2001年版。
8. 褚良才：《孙子兵法研究与应用》，杭州：浙江大学出版社，2002年版。
9. 严绍璗：《近代日本中国学形成的历史考察》，《国际汉学》第二辑，郑州：大象出版社，1998年版。
10. 古棣主编：《孙子兵法大辞典》，上海：上海科学普及出版社，1994年版。

王铭，清华大学人文社会科学学院博士后。

---

[1] 严绍璗：《近代日本中国学形成的历史考察》，《国际汉学》第二辑，郑州：大象出版社，1998年，第121—123页。

庞德对中国文化吸收的思想意义

张西平

美国意象派诗人埃兹拉·庞德（Ezra Pound）是20世纪西方诗坛上影响巨大的诗人。珀金斯（D. Perkins）在他的《现代诗歌史》中评道："庞德是英国和美国影响最大，一定意义上也是最好的诗歌批评家。"凯曼（Martin A. Kayman）在其著作《庞德的现代主义：诗歌的科学》中评道："说庞德是英美现代派的奠基人和首要代表，这并不夸张。"[1] 庞德一生诗作、论文集、翻译文集70多部，成为英美现代诗歌的一座里程碑，而庞德取得这些成就的主要原因就是他几乎倾尽一生致力于对中国文化——特别是儒家文化——的学习、翻译、吸收与创造。中国文化成为他走向英美现代诗歌顶峰的重要原因。庞德是20世纪中国古代文化在西方影响的典型代表。

庞德对中国文化的吸收不是一时之兴趣，而是贯穿其一生；不是仅仅为了一种猎奇，而是其思想内在倾向与追求的自然体现。在意大利的囚笼中，唯一能支撑他精神的就是随身所带的儒家经典译本和他每日坚持不懈去做的对儒家思想的翻译。在西方20世纪文化史上，庞德对中国文化的态度无疑是个典型，值得从思想角度加以深入考察。

一、中国文化的丰富性成为西方思想的重要资源

1909年，庞德的母亲曾建议他写一部"西方史诗"，他在回信中问道："西方

[1] 转引自陶乃侃：《庞德与中国文化》，北京：首都师范大学出版社，2006年，第2页。

何德何能，值得为其修写史诗？”[1] 庞德毅然转向东方，在那里他发现了中国的文化。首先，在中国文化中，庞德看到了完全不同于西方文化的异域文化，一种多样性的文化，这与他主张的一种世界文学观念是相符的。作为一个诗人，作为一个意象派诗歌的领袖，他从中国诗歌中发现了与自己所追求的诗歌相近的诗歌表现形式，这自然让他兴奋。尽管庞德用英文努力创造的现代诗歌和中国古代诗歌完全不同，但中国古代诗歌重意象、重直觉，在这些方面他们却有着一定的相似性。可以说，庞德在中国诗歌中找到了自己的理想。

中国历史的悠久、博大和深远更使庞德感受到，这是东方之根、文明之源。正像他一直钟情于希腊文化一样，他开始将中国古代文化带入自己的创作之中。例如，他在《诗章》中对中国历史的记述——《诗章 53》写道：

> 黄帝发明如何制砖，
> 元妃是养蚕法的首创者，
> 这些都是黄帝时代的金钱。
> 黄帝于公元前 2611 年，
> 测定管箫的尺度，
> 削竹管吹奏乐曲，
> 黄帝一家有四位皇妃，二十五子。[2]

---

[1] 转引自孙宏：《论庞德的史诗与儒家经典》，《外国文学评论》1999 年第 2 期。

[2] Ezra Pound，*The Cantos of Ezra Pound,* New York: New Directions，1970 p. 262．庞德读到的这本书是来华耶稣会会士冯秉正编译的。冯氏编译的“《中国通史》（*Histoire Générale de la Chine*）共有十二卷，四开本，1777 年、1783 年巴黎刊行。后由 Frang. Rossi 译成意大利文，三十五卷，八开本，Sienne 刊行。再经奥斯定会会士 P. Jamin 神父压缩成简史两卷，四开本，至今仍是手稿（现存里昂）。这部法文本《中国通史》由 Grosier 司铎负责发行，由 Le Roux des Hautesrayes 主持，是以《通鉴纲目》为蓝本编译的。冯秉正神父的译著是选译本，并非全译本；但冯神父在译著内充实了《通鉴纲目》之外的很多其他内容，特别是明清两代的重要历史。这些增加的内容主要择自《资治通鉴纲目》的满文译本，即冯神父奉康熙之命而编译的译本，共九十七卷。冯神父锲而不舍地用了 6 年多的时间完成了他的不朽杰作，并把它赠予里昂图书馆，于 1737 年到达那里。著名学者 Freret 非常重视这部译著，自愿负责出版事宜，并由国库拨款印行。但因 Freret 因病逝世，事告中断。里昂地方政府把这部著作共十二卷转赠给 Grosier 司铎，后由他负责发行。”［H. Cordier, L'imprimerie (1901), VI; I Biblio-, p. 583 seq. Delandine, Catal, des MSS. de la Bib lioth. de Lyon, pp. 3&-39, Sommervogel, Bibi., V, 332-333.］《通鉴纲目》共分三部分，其中以宋朝司马光编写的部分为主，内容包括自公元前 425 年至公元 960 年的中国历史，于 1084 年完成。在公元前 425 年之前的历史，后由金履祥（13 世纪人）作前编，为早期史。第二部分为正编，即司马光编撰的主要部分。第三部分为续编（自 960 年至 1368 年），由陈仁锡编写。本书原称《通鉴》，后由朱熹作纲目，以纲为经，以目为传，便于读者一目了然。参见：〔法〕费赖之著，梅乘骐，梅乘骏译：《明清间在华耶稣会士列传》，上海光启社，1997 年，第 721—722 页。

《诗章 53》还描写了中国远古时代的帝王有巢氏、燧人氏以及伏羲氏如何治国：

有巢氏教人折枝造屋，
燧人氏搭台教人以物易物，
教人结绳记事，
伏羲氏教人种麦，
公元前 2837 年，
人们至今不知道他的陵墓在何处，
在高耸的柏树边，在坚硬的围墙中。[1]

《诗章 53》直接用汉字书写“尧”“舜”“禹”，以赞扬这些圣君治水、修桥、降低税收的治国之策，直接用汉字书写“皋陶”，颂扬其辅佐舜、禹的贤臣之美德。《中国诗章》中列举了许多中国古代政治家，从周文王、周武王、周公、秦始皇、刘邦、唐太宗、忽必烈、朱元璋一直写到康熙、雍正、乾隆。庞德认为他们都是尊崇孔子思想的圣贤君王，并因此使国家安康富足，社会和谐稳定，人民温饱有加。

从这里可以看出，中国文化的丰富、悠久是吸引庞德的重要原因。中国文化在世界文化史中的独特性在于，由于北临大漠、东面大海、西临高山，它的文化从未受到外来文化的大规模入侵而造成文化的中断。这样，中国文化就成为人类历史上至今唯一从古至今没有中断的文化。它历史悠久，曾使许多西方文人感叹与景仰。中国文化的另一独特之处在于，中国文化是在相对封闭的地理环境内通过各民族的融合形成发展的。黄河流域的农耕文明与草原民族的游牧文明经过了长时期的接触、冲突与融合，最终形成了中原文化与草原文化、西部文化、南方文化等多种文化的交融，从而呈现出色彩斑斓的文化色彩。如果讲中国文化与欧洲文化的关系，最突出的一点在于，两大文化都是独立形成的，在形成自己的文化内核前，双方基本上都没有交流。在这个意义上中国文化与欧洲文化的差异性十分明显。作为文化的他者，中国文化为其提供了完全不同的另一种文化符号。因此，中国文化从启蒙时代开始就一直受到西方文化的重视，无论是颂扬还是批评，中国文化都成为了西方文化反观自己的重要参考系。庞德是一个典型，从这里我们看到，中国文化的悠

[1] Ezra Pound, *The Cantos of Ezra Pound*, New York: New Directions, 1970, p.262.

久和丰富是它吸引西方学者关注的重要原因。

二、对西方现代社会的不满：中国思想成为思想创造的重要资源

资本主义文化有着内在的深刻矛盾，就如丹尼尔·贝尔（Daniel Bell, 1919—2011）所说："回顾历史，可以看到资产阶级社会有双重的根源和命运。一个源头是清教与辉格党资本主义，它不仅注重经济活动，而且强调品格（节制、诚实、以工作为天职）的塑造。另一个源头是世俗的霍布斯学说，它本身是一种激进的个人主义，认为人的欲壑难填。虽然这种个人欲望在政治领域受到了君主制的限制，可它在经济和文化领域却肆意蔓延。这两种冲动力长期难以和睦相处。但这种紧张关系逐渐消失了。如上所述，美国的清教思想已经沦落为乖戾的小城镇心理，它只讲究所谓的体面。世俗的霍布斯学说则养育了现代主义的主要动机——追求无限体验的贪欲。新官僚机构的出现侵蚀了社会自我管理的自由主义观点，在此影响下，把历史看作是开放而进步的辉格党世界观业已寸步难行，尽管它尚未完全垮台。以往支撑所有这些信念的基础都被彻底粉碎了。"[1] 这里他指出了资本主义，特别是美国的政治思想和内在矛盾，物欲成为其基础，真正的新教精神已经瓦解。

庞德对西方资本主义文化失去希望，他寄托于希腊文化，寄托于东方文化，他在儒家思想中发现了中国人的理想，而他的《诗章》就是这一理想的宣言书。他指出，西方"需要孔子"，因为"需要的含义在于缺乏，患病者需要求医，需要某种他不具备的东西。孔子是一剂良药。"[2] 庞德始终将儒学作为自己创作的重要源泉，1928 年和 1940 年他分别用英文和意大利文两度翻译《大学》，1938 年又根据冯秉正的《中国通史》写下了《诗章》（52—61），表达了他的政治理想；他还翻译了《诗经》，1947 年他的英译本《大学》《中庸》出版。我们从他《诗章》的写作过程可以看出庞德对儒家的学习和理解过程，从《诗章 13》到《中国诗章》（52—61），

---

[1] 〔美〕丹尼尔·贝尔著，赵一凡译：《资本主义文化矛盾》，北京：生活·读书·新知三联书店，1989 年，第 128—129 页。

[2] Ezra Pound, "*Immediate Need of Confucius*", *Impact: Essays on Ignorance and the Decline of American Civilization*, ed. Noal Stock, Chicago: Henry Rognery Co., 1960, p. 203.

最后到《比萨诗章》(74—84)，在这些著作中庞德日益加深了对儒家思想的理解，儒家思想成为他构架自己理想国的思想来源。仅在《比萨诗章》中，他就引用了《大学》2次，《中庸》4次，《论语》21次，《孟子》9次。

他认为“整个西方理想主义是一片丛林，基督教神学也是一片丛林”[1]。正如艾略特（Thomas Stearns Eliot，1888—1965）找到了印度教、叶芝找到了神秘教一样，庞德找到了中国和中华文明。在他看来，西方的文学艺术之所以问题丛生，其根本在于社会制度问题丛生，这样他就不仅仅是在文学艺术中寻找解决的办法，他也开始寻求自己的政治理想。因此，当庞德1920年离开伦敦时，他希望找到一种真正理想的社会制度。他从古希腊看到了理想，从意大利的文艺复兴的普罗旺斯看到了理想，但这些仍不足以支撑他的理想。他继续寻找，转向了东方，就如他在自己的诗句中所写的“杏花，从东方吹到西方，我一直努力不让花凋落”。艾略特在1928年曾问：“庞德先生信仰什么呢？”直到1930年庞德都未明说自己皈依什么或者信仰什么，但他回答说：“我多少年来回答此类问题时告诉提问人去读孔子和奥维德。”在1934年，庞德在《日界线》(Date Line)一文中公开答复：“我信仰《大学》。”四年后，他的《文化指南》(*Guide to Kulchur*)一书的首页印上了“一以贯之”四个汉字。庞德在这里说的是儒家的思想，但这四个字亦可解释为他要“以儒教信仰终其一生”。在1955年，他再次重复了自己的誓言：“我信仰《大学》。”[2]

庞德在儒家中看到了一种高尚的道德主义理想、对物欲的批评、对人精神世界的追求。庞德的第一篇尊孔文章《孔门晚辈弟子明毛之语》(The Words of Ming Mao ‘Least among the Disciples of Kung Fu-Tze)就是批评英国东方学家海尔(William Loftus Hare)的《中国人的利己主义》一文，他指出儒家思想高于杨朱思想之处就在于对人类精神生活的追求。他在文章中说：“杨朱说孔夫子‘生无一日之欢’，可是我们读到，夫子听到曼妙的音乐之后曾迷狂三日，或者用道家的话说，三日忘形。要说这么一个具有审美情趣的人‘无一日之乐’，岂不愚蠢！至于和杨朱及其与利己主义的联系相比，还是孔子的教诲来得真切。他教人要以内心的尊严为乐，而不要心为物役。这样，即便他只是一个渔夫，死的时候也会心安理得。至

[1] 转引自蒋洪新：《庞德的翻译理论研究》，《外国语》2001年第4期。
[2] 钱兆明、管南异：《逆向而行——庞德与宋发祥的邂逅和撞击》，《外国文学》2011年第6期。

于桀纣之流，他们的快乐来自生而为王的地位，奢侈的生活从天而降。他们只是因袭了王位，与生俱来拥有寻欢作乐的机会，他们凭什么当榜样，诱使命运寻常的人们空有恣情享乐的本事，空有施展这种本领的欲望，却要将他们所有的生命都耗费在追求虚饰的欲望上，追求数不清的锦绣佳人、亭台楼阁、宝马香车上。杨朱的劝告其实完全算不上自我主义，因为这些说法教人依赖世上的一切，却不教他自立。而这种自立才是儒家哲学的核心。"[1] 很显然，在这里他是从人文精神的角度来理解儒家思想的，也抓住了儒家思想的关键所在。

庞德对儒学的热情并非一时一事，他将儒学作为其精神和思想的重要支点。"在 1915 年 2 月发表的《文艺复兴》(The Renaissance）一文中，他重申：'本世纪人们将从中国看到又一个希腊。'（1968：215）同年，他撰文讽刺大英博物馆东方学家比宁（Laurence Binyon）'一味倾听 19 世纪欧洲的蠢话，一味想把中国与过去的西方硬扯在一起'（1991，3：99）。1918 年，他又在一篇书评中批评阿瑟·韦利'总是放不下对东方施恩的架子'。1937 年，在《孔子之迫切需要》(Immediate Need of Confucius）一文中，他进一步指出，'西方接触远东的时代，正是其堕落的时代'（1973：76）。"[2] 从 1914 年开始到晚年的《比萨诗章》，儒学一直是他的思想和灵感的来源。正如一位学者所说："在《比萨诗章》中，我们读到了自古至今的世界文明史，也聆听到了古代圣哲的教诲；诗中既表达了诗人对中国古代圣人和盛世的敬仰，也抒发了诗人树立理想，兴国安邦的豪情壮志，当然也写出了诗人自我深省时的忧叹和希望泯灭时的懊丧。《比萨诗章》是世界真实历史的写照，是中西方文化的大融汇；作为诗人表达思想感情的主要元素，儒家思想在诗里贯穿始终，诗人的思想中充满了儒家的道德精神。"[3]

庞德对儒家思想的这些认识至今仍有其意义，尽管他是从自己所生活的时代来理解儒家思想的，但他看到了儒家思想的本质特点之一——对道德生活的追求。面对资本主义制度所释放出的个人享乐主义，儒家思想无疑是一个解毒剂。禁欲主义是不对的，但纵欲享乐也同样是错误的，在现代思想的背景下，阐发儒家的当代意义是重要的。

[1] 转引自钱兆明、管南异：《逆向而行——庞德与宋发祥的邂逅和撞击》。

[2] 同上书。

[3] 王贵明：《〈比萨诗章〉中的儒家思想》，《国外文学》2001 年第 2 期。

三、从跨文化的视角来理解庞德

如何理解庞德对中国文化的解释？如何理解庞德的儒家情结？学术界的看法并不一致，有两种认识：一种是将庞德归为东方主义，而加以批评；另一种，则是认为庞德的儒学只是其个人乌托邦，与真实的儒学没有关系。从跨文化的角度来看，这两种看法都需要辨析。

我们先看第一种认识。一些研究者认为，“如果换一个角度审视庞德与中国文化的关系，就可以发现庞德对中国文化的肤浅理解。往深层挖掘，更可以看出庞德歪曲中国汉字、儒家思想的文学错误。作为英美现代派诗歌的开创者，庞德的诗才固然无可怀疑，但他对中国文化的许多肆意曲解之处，却是他文人生涯中的败笔。在本文看来，庞德实际上是一位浅薄的儒者，却是一位顽固的西方中心论者”[1]。有的学者则认为“中国研究庞德的学者对萨义德的东方主义的思想也有所回应，在对庞德的翻译与诗作提供了中西文化相遇的契机的一片赞扬声中，庞德也背负了一些骂名，有人指责庞德借用东方古代文化‘有其自身的标准和目的，他的标准是为意象派诗歌理论服务，他的目的是更好地充实帝国文化，带着殖民话语的倾向为帝国的政治和文化服务’”。[2]

庞德肯定不是一个中国式的儒家，他是一个美国现代派诗人，他是从自己的社会生活环境和历史传统来理解儒学的。从上面的介绍可以看出，他对儒家思想怀抱着人文主义的理想，并自认为坚信儒家思想。萨义德所说的“东方主义”是指西方的东方学在文化和学术上的帝国主义，将东方在学术上贬低，在文学上进行歪曲和丑化，这样整个西方的东方学就是帝国主义的，如他所说：“因此有理由认为，每一个欧洲人，不管他会对东方发表什么看法，最终都几乎是一个种族主义者，一个帝国主义者，一个彻头彻尾的民族中心主义者。如果我们偶尔能想起人类社会——至少是那些发展较高的文化——在处理‘异质’文化时除了帝国主义、种族主义和民族中心主义外几乎没有提供任何别的东西，这一说法所带给我们的痛苦也许会稍许减轻。因此，东方学助长了试图对欧洲和亚洲进行更严格区分的总体文化压力并被其助长。我的意思是，东方学归根到底是一种强加于东方之上的政治学说，因为

[1] 罗坚：《西方中心主义的变奏：重评庞德的中国文化态度》，《湖南师范大学社会科学学报》2009年第2期。

[2] 朱谷强：《庞德的一种东方主义》，《疯狂英语》（教师版）2009年第4期。

与西方相比东方总处在弱势，于是人们就用其弱代替其异。”[1]

相反，我们在庞德那里没有看到他对待儒家的居高临下，没有看到他对中国文化的歪曲与污蔑。“由此可以看出，庞德所表现的中国是一个理想化的中国，而不是一个妖魔化的中国。虽然庞德也将自己的某些价值观和‘他者’观念投射到他的‘中国’之中，但是他的‘东方主义’绝不是萨义德所说的‘东方主义’，而是正好相反。”[2]

的确，萨义德的《东方学》一书也提出了许多深刻的思想，但其理论上的不足也是很明显的。问题在于，中国学术界已经习惯了将西方的时髦理论套用到中国，不管哪种理论，都不加分析地加以套用，这是一种理论软骨的表现。显然，上面的那种观点就是对萨义德理论的套用，而不是对研究对象做深入的分析，再根据实际情况做出自己的判断。

在这个问题上，美国华裔学者钱兆明的《东方主义与现代主义：庞德与威廉斯诗的中国遗产》[3] 对从东方主义的角度批评庞德的观点进行了批驳。他认为，不能将庞德的《华夏集》看成是他自己的创作，而应首先看成是一种他对中国古代诗歌的翻译，是他对中国古代诗歌的解释，“这种解读把中国看成是积极地影响西方的力量而不仅仅是接受注视的被动对象”。《东方主义与现代主义》的一开始，钱兆明就指出了他所使用的东方主义与萨义德东方主义在概念上的区别，“萨义德的东方主要是指穆斯林的东方。我所说的东方指的是远东地区，特别是中国……对萨义德而言，东方主义是一种文化和政治事实……而对我而言，它是一个文学概念。”[4] 这就是说，庞德的诗歌创作首先是从翻译中国古代诗歌开始的，而不能仅仅看成是庞德的创作，如艾略特所说的“庞德为我们的时代发明了中国诗歌”，实际上庞德的成果在于他对中国古代诗歌的吸收和转化。这反映出东方是可以影响西方的，东方并不是一个单纯的被关注者，它同样是一个文化的输出者。我们要走出萨义德的理论，重新评价庞德。

如果以上的批评是将庞德归为东方主义者，从而在总体上否认了庞德的文化意义，那么对他以拆字的方法对待中国文化典籍的批评主要是从翻译的角度展开的。

---

[1] 萨义德：《东方学》，北京：生活·读书·新知三联书店，1999 年，第 260 页。

[2] 张剑：《翻译与表现：读钱兆明主编〈庞德与中国〉》，《国外文学》2007 年第 4 期。

[3] Qian Zhaoming, *Orientalism and Modernism: The Legacy of China in Pound and Williams* [M]. Duke University Press, 1995.

[4] 王勇智：《庞德译作〈华夏集〉研究中的“东方主义”视角述评》，《学术探索》2013 年第 3 期。

一些学者认为："庞德对中国汉字的理解是他与中国文化之关系的重要部分。他从美籍汉语研究者厄内斯特·费诺洛萨那里继承到的'会意图示法'是他解读汉字的基础。庞德将这建立在主观臆断基础上的'会意图示法'广泛应用于翻译儒家经典与诗歌创作，结果是以讹传讹，使得翻译出来的作品荒唐不堪，写出的诗作晦涩难懂。"[1]

庞德的确是使用拆字的方法来进行自己的诗歌创作，这点他受到了费诺洛萨的影响。在《比萨诗章》中，这种拆字式的诗歌创作达到了高潮。据赵毅衡统计，"检查整部《诗章》，我们可以看到庞德嵌入的无数汉字中，用了5次以上的汉字有14个：

正，14次，（包括"正名"5次）

人，8次

明，10次

仁，7次

本，10次（包括"本业"6次）

止，9次

新，8次（包括"日日新"7次）

灵，8次

旦，8次

端，7次

日，7次（即"日日新"）

中，7次

显，6次

周，5次。"[2]

庞德对汉字的理解并不全面，在中国文字的形成中，先人们不但用象形法，还用"指事""会意""形声"等方法造字。其中用形声法构造的字占绝大多数。这种由形旁、声旁、语素、字义综合构成的汉字在汉语史上最为通行。但庞德的"会意图示法"并不是一种语言学的工作，这样，在一些学者看来"在庞德所翻译的儒

[1] 罗坚：《西方中心主义的变奏：重评庞德的中国文化态度》。

[2] 赵毅衡：《诗神远游：中国如何改变了美国现代诗》，上海译文出版社，2003年，第311页。

家经典中，处处可以看见他对汉字进行的随意拆解。形象地说，一个个汉字都被他粗暴地拆成了碎片，然后被强行附加种种意义。例如，他把‘新’字解作‘一把举起的斧子正去砍一棵树’；把‘慎’字解释成‘在右边的眼睛直视心灵深处’；把‘學’字解释为‘在大脑的臼里研磨玉米’；把‘诚’字理解成‘太阳的长矛以语词的形式投射到精确的位置’；‘德’字被解释成‘直视心灵深处的结果’；‘志’字被解释成‘官员站立在心之上’（上‘士’下‘心’）；‘得’字被解释成‘在适当的时候成功，前缀行为在太阳转动之际产生效果’；‘道’字被解释成‘脚印与脚携头而行’”。[1]

如何看待庞德诗歌创作中的“会意图示法”呢？能否说庞德是在歪曲中国文化？能否说“庞德对中国文化的态度充分表现了他强烈主观性色彩及其隐藏在个体背后的西方中心主义意识……庞德是一位东方主义者”？这需要做跨文化的分析，而不能仅仅就这种方法本身来加以评价。[2]

他用“会意图示法”主要是创造一种美学和诗学，而不是语言学，他明确声称：“我们面前这本书不是讨论语言学的，而是一切美学基本原则的研究。”[3] 他要为美国的新诗运动找到一个诗学的基础，“庞德所需要的，实际上是为美国新诗运动中既成的事实找辩解理由，为结论找推理，而他的目的就是要建立一种诗学，这种诗学要求语言能直接表现物象以及物象本身包含的意蕴”[4]。正因如此，庞德自己特别看重这个创造，他说：“如果我对文学批评有任何贡献的话，那就是我介绍了表意文字体系。”[5]

如果从思想的角度考察，他实际上是想从汉字中获得一种思想的力量，希望借助汉字走出习惯已久的西方逻辑思维的模式。他用这种方法对《诗经》的翻译就表

---

[1] Ezra Pound. *Confucius* [M]. New York：New Directions Publishing Corporation，1983. 转引自罗坚：《西方中心主义的变奏：重评庞德的中国文化态度》；“对汉字进行”原作“对进行汉字”，据文意酌改。

[2] 钱锺书先生谈过庞德，他在谈德国汉学家翻译他的《围城》一书时说：“庞德对中国语文的一知半解、无知妄解、煞费苦心的误解增强了莫妮克博士探讨中国文化的兴趣和决心……庞德的汉语知识常被人当作笑话，而莫妮克博士能成为杰出的汉学家；我们饮水思源，也许还该把这件事最后归功于庞德。可惜她中文学得那么好，偏来翻译和研究我的作品；也许有人顺藤摸瓜，要把这件事最后归罪于庞德了。”钱锺书：《钱锺书集·写在人生边上的边上》，北京：生活·读书·新知三联书店，2001 年，第 171 页。

[3] 转引自赵毅衡：《诗神远游：中国如何改变了美国现代诗》，第 249 页。

[4] 同上书。

[5] 同上书，第 254 页。

现得十分明显。《邶风·柏舟》起首二行为："泛彼柏舟，亦泛其流。耿耿不寐，如有隐忧。"庞德从"耿"字拆出一个"耳"（ear），一个"火"（flame），于是有"耳内的火焰"（flame in the ear），原诗中的"耿耿不寐"经此一译，变得具体形象化了。

Pine boat a-shift
on drift of tide,
or flame in the ear,
sleep riven
（松柏之舟随波漂荡，耳内的火焰撕裂睡眠）

《诗经》中《大雅·崧高》篇："崧高维嶽，骏极于天。"庞德从"崧"字中读出了"盖满松树的山"；从"嶽"中找出了被围起来的"言"，即回声；从"极"字中找出了撑住天的木。

我们不能从汉字学的角度来评价庞德翻译中的拆字问题，而应从比较文学与跨文化的角度对他的创造加以理解。这样我们可以看到，"庞德的《诗经》翻译又是典型的'介入式翻译'，即不以'信'为目的，而作任性误译。他进行的是半翻译半创作，是寻找一种积极的写作或阅读方式。从总体上说，他的努力是成功的。虽然他译的《诗经》在美国诗坛造成的震动远不如当年的《神州集》，但也是美国当代诗不可不读的一部'作品'。就文笔之优雅洒脱而言，我个人认为其他英译的《诗经》几十种，无人能望其项背"。[1]

从思想深处来讲，庞德对欧洲文明充满了焦虑，他在中国文化中、在汉字中找到了自己的理想。因此，我们不能简单地将其作为"东方主义"而加以批判。

庞德是20世纪中国经典的重要人物，又是从自身文化解释和运用中国古代文化智慧解决西方文化问题的引渡者，他把中国古代文化的经典介绍到了西方文化之中。"庞德不仅崇尚儒学，奉孔子为最高神灵，而且还将古老中国的所有辉煌全部归功于孔子，归功于儒家思想。在他看来，中国历史上，只要尊孔弘儒，中国就会繁荣昌盛，反之就衰落分裂，他的目的是要用中国的历史做西方的镜鉴，让混乱的西方学习东方圣哲的政治智慧。正如杰福·特维切尔所说：'请记住，庞德对

[1] 赵毅衡：《诗神远游：中国如何改变了美国现代诗》，第288页。

孔子感兴趣，不是把他作为博物馆的宝物，而是把孔子的思想或者是把庞德对孔子思想的理解带给当代西方读者，这样就明显地凸现了这位圣人与当今时代的关联。'" [1] 对中国文化的吸收，使他在西方诗歌的创作中标新立异，成为影响一代人的重要诗人。[2]

张西平，1948 年生，现为北京外国语大学亚非学院院长、中国海外汉学研究中心主任，兼任世界汉语教育史国际研究会会长、中国中外关系史学会副会长等。主要从事明清中西文化交流史、中国基督教史、西方汉学史研究，著有《历史哲学的重建》《传教士汉学研究》等。

---

[1] 〔美〕伊兹拉·庞德著，黄运特译：《庞德诗选：比萨诗章》，桂林：漓江出版社，1998 年。

[2] 关于庞德的研究，近年来已经出版和发表了一系列的学术论文和著作。赵毅衡：《意象派与中国古典诗歌》，《外国文学研究》1979 年第 4 期；丰华瞻：《意象派与中国诗》，《社会科学战线》1983 年第 3 期；王军：《艾兹拉·庞德与中国诗》，《外语学刊》1988 年第 1 期；韩燕红：《庞德对汉字的接受与误读》，《邯郸师专学报》2001 年第 4 期；胡向华：《汉字与艾兹拉·庞德的立文之道——表意文字法》，《国外文学》2003 年第 1 期；蒋洪新：《庞德的七湖诗章与潇湘八景》，《外国文学评论》2006 年第 3 期；姜蕾：《意象派诗人埃兹拉·庞德的中国文化情结》，《辽宁大学学报》2007 年第 4 期；罗朗：《意象的中西合奏与变奏》，《解放军外国语学院学报》2004 年第 5 期；冒键：《踩高跷的"孔子"：庞德与中国古典文化》，《当代外国文学》2002 年第 2 期；李贻荫、毛红旗：《埃兹拉·庞德妙译〈诗经〉》，《中国翻译》1994 年第 3 期；李玉良：《庞德翻译〈诗经〉中译古喻今的"现实"原则与意象主义诗学》，《外语教学》2009 年第 3 期；刘象愚：《从两例译诗看庞德对中国诗的发明》，《中国比较文学》1998 年第 1 期；吴伏生：《汉诗英译研究：理雅各、翟理斯、韦利、庞德》，北京：学苑出版社，2012 年。

《易经》对默斯·堪宁汉舞蹈美学的影响

欧建平

一

1951 年，美国现代舞蹈家默斯·堪宁汉（1919—2009）开始研究《易经》，从此可以同恩师玛莎·格莱姆（1894—1991，与音乐界的斯特拉文斯基、美术界的毕加索并称为“20 世纪三大艺术巨匠”——作者注）的影响分道扬镳，并逐步形成了非他莫属、以“变”为本的美学体系，以及在此基础上形成的“机遇编舞法”（以下简称“机遇法”）和大名鼎鼎的“堪宁汉技术”体系。[1]

1968 年，堪宁汉发表了自己的第一部专著《易：编舞手记》，这是他第一次以专著的形式，就《易经》对他的影响做出确认与阐释。[2]

1970 年，美国舞蹈理论家斯坦利·罗斯纳和劳伦斯·E. 阿布特在其主编的《创造性的经验》一书中收录了对默斯·堪宁汉的长篇采访，而这位美国编导家则在其中又一次阐释了自己对中国《易经》的认识和运用。[3]

1975 年，美国摄影家詹姆斯·克劳斯蒂在其编辑、作序并配图的《默斯·堪宁汉》一书中更加详尽地写道：

---

[1] 欧建平：《世界艺术史·舞蹈卷》，北京：东方出版社，2003 年，第 343—344 页。

[2] Merce Cunningham, *Changes: Notes on Choreography*. New York: Something Else Press, 1968, pp. 1-164.

[3] Merce Cunningham, “Choreography and the Dance”, in Stanley Rosner and Lawrence E. Abt (eds.), *The Creative Experience*, New York: Grossman, 1970; reprinted in Cobbett Steinberg (ed.), *The Dance Anthology*, New York: New American Library, 1980, pp. 66-76.

堪宁汉有意识地通过“机遇法”，将舞台空间的中心分散，并将焦点变成了画面上的多点透视。在堪宁汉的舞台上，没有什么“最佳”点。在这些允许舞者们自选运动方向的舞蹈中，舞台的中心没有了拥挤成堆的身体。事实上，在堪宁汉的作品中，对舞台最具特色的使用表现在，无论舞台上的舞者数量是多么的少，空间看上去总是满满的。当他们处在两面、三面或四面的舞台上时，有些舞者们则会被指定在不同于他人的“舞台正面”上，而这些方向在整个晚上都在发生着变化。因此，舞台不仅成为多中心的，而且成了多磁性的。正北的方向同时也可以是北、东、南和西。[1]

克劳斯蒂进一步指出：

凯奇（1912—1992，著名美国先锋派音乐家和堪宁汉的终生合作者——引者注）和堪宁汉选择的这种创作方法在不同的程度上，均依赖于“机遇”的过程。他们使用“机遇法”的理由各不相同，就像他们的创作方法各不相同一样。对凯奇来说，“机遇法”是一种解除个人意志力量，并且淡化个人趣味的方法；而对堪宁汉来说，这种方法更多的不是一种哲学选择，而是一种实用的和有力的工具——他使用“机遇法”的方式很像运用一块磁铁，可将超出他个人把握范围的多种可能性都吸引到自己的面前来，然后还可以像对待铁屑那样，把自己的这些材料安排成那种本来看不到的关系之中。

克劳斯蒂还引用了堪宁汉本人的一段自述：

……身体在空间和时间中的作用表现在，当我通过投掷硬币（一种由《易经》中“摇签落地”的方式发展而来的创作方法——引者注），即“机遇法”，来编导一部作品时，我便在这种作用中找到了自己的资源，但这并不是我意志的产物，而是一种我也得服从的能量和规律。有些人认为，在创作舞蹈时，不去咬手指甲，或靠在墙上拍脑袋，或翻遍笔记本找点子，而采用投掷硬币的方法，似乎有些不近人情，甚至有些机械。但我在使用这种方法创作时的感觉

[1] James Klosty (ed.), *Merce Cunningham*, New York: Saturday Review Press, 1975, p.12.

是，我接触到了一种来自大自然的资源，而这种资源远比我自身的个人独创性伟大得多，远比我自身实践的具体习惯拥有更加普遍的人性，并且是从运动冲动这种人类共有的资源中有机地产生出来的。

1980年，堪宁汉以谈话的形式发表了自己的第二部专著《舞者与舞蹈》，并在其中多次谈到了他对《易经》以“变”为本的思想，以及对由此衍生出来的“机遇法”的具体运用，[1]让我们再次感叹这位美国现代舞蹈家跨越文化差异、把握共同规律的能力。

1985年，美国的舞蹈学刊《芭蕾评论》上刊登了一篇论文《一种美学的形成：默斯·堪宁汉与约翰·凯奇》，其中专门讨论了堪宁汉对《易经》的认识和创造性的运用。[2]

1988年，笔者首次赴美访学期间，曾于5月27日，在纽约的堪宁汉舞团排练场，如约拜会了这位靠对中国《易经》的灵活运用走出了一条成功之路，并极大地影响了欧美现代舞几代编导家的大人物。几句寒暄之后，我们自然谈到了他对《易经》的运用。他马上谦和地说：“我对中国和中国哲学知之不多。”但我对他说，他之所以获得了成功，恰恰是因为他的这种“知之不多”，反倒应验了我们中国俗语中的“旁观者清”，使他抓到了《易经》的本质，而我们中国人则被自己老祖宗留下的这浩如烟海的文化遗产湮没了。我拜读了他的两本著作《易：编舞手记》和《舞者与舞蹈》，并受到纽约舞评家们在观舞后习惯于讨论“开篇句”的启发，深感他是抓住了《易经》的本质的——“易者，变也，天地万物之情见”。而正因为他抓住了这个“变”字，并将它当作衡量前人舞蹈的标准，结果发现，欧洲的古典芭蕾和玛莎·格莱姆的古典现代舞这两大舞蹈体系的致命伤，恰恰就在于忽略甚至忘掉了这个以“变”为本的规律，于是，他便在两者的基础上大加“变化”，从而形成了独树一帜的编舞和训练体系。他对我这个简单而明确的看法欣然表示了同意。[3]

根据以上材料，我们有充分的理由证明，《易经》不仅在观念上宏观地照亮了

[1] Merce Cunningham, *The Dancer and the Dance: Conversation with Jacqueline Lesschaeve*, New York and London: Marion Boyars, 1985, pp.19-20.

[2] Earle Brown, Remy Charlip et al, “The Forming of an Aesthetic: Merce Cunningham and John Cage”, *Ballet Review* 13, No. 3 (Fall 1985): 23-40.

[3] 欧建平：《美国、西德现代舞的今天》，《舞蹈艺术》1989年第1期，第157—165页。

堪宁汉的创作道路，而且在方法上微观地指引了他的操作过程。

一位西方现代舞的实践家50余年如一日，潜心研究并成功地运用了《易经》这部中国古代哲学的经典，最终创立起了一种在欧美广为传播的“机遇编舞法”，这个事实无疑向中国舞蹈界提出了严峻的挑战。时至今日，从大陆到港澳台，我们尚无哪位舞蹈家能够认真地坐下来，对这部博大精深的《易经》进行长期而系统的研究，然后把它作为艺术观和方法论，长期地运用到自己的创作实践中来。

与此形成反差的是：我们内地的“《易经》热”发生在19世纪80年代末，而内地舞蹈界只有中国艺术研究院舞蹈研究所的周冰副研究员（1932—1999）在这股热潮中斗胆将农家收藏的八卦图手抄本破译成了舞谱，然后复排上演（详见欧建平为美国《舞蹈杂志》1988年7月刊撰写的英文文章）[1]，并于1990年在“香港国际舞蹈院校舞蹈节”宣读了论文（由欧建平做的同声传译）。可惜由于和者甚寡，她的这项研究未能持续下来，更未引起广泛注意。而堪宁汉开始研究和运用《易经》的时间恰逢1951年这个中美冷战的高峰期，但他却不仅将这种观念和方法持续运用了半个多世纪，而且将其影响推广到了全世界。

1985年，我为了给《中国大百科全书》第一版撰写“堪宁汉”条目[2]，曾认真阅读并编译过非常有限的英文资料，其中尽管均简要提及了他对《易经》的研究和使用，但均未在操作层面上提供任何细节。

直到1986年，我有幸在京协助两位堪宁汉弟子——艾伦·古德和帕特丽西娅·兰特于中国歌剧舞剧院教授两周“堪宁汉技术”。在此期间，我才有机会向他们请教堪宁汉根据《易经》创造的“机遇编舞法”的细节，并根据录音和他们送我的堪宁汉著作，发表了《默斯·堪宁汉的昨天、今天和明天——协助堪派弟子在京教学侧记》[3]和《西方需要东方，东方需要西方——默斯·堪宁汉舞蹈美学探微》[4]这两篇论文。让我备受鼓舞的是，老先生在同年7月20日给我的亲笔回信中

---

[1] Ou Jianping, “Dance Notation System is Discovered in Ancient Chinese Text”, *Dance Magazine*, No.7, 1988: 5.

[2] 欧建平：“默斯·堪宁汉”，《中国大百科全书·音乐舞蹈卷》，北京：中国大百科全书出版社，1989年，第335—336页。

[3] 欧建平：《默斯·堪宁汉的昨天、今天和明天——协助堪派弟子在京教学侧记》，《舞蹈》1986年第9期，第41—43页。

[4] 欧建平：《西方需要东方，东方需要西方——默斯·堪宁汉舞蹈美学探微》，《舞蹈艺术》1986年第4期，第184—198页。

欣然应允，他如能率团来华演出，将非常高兴地介绍自己是如何用《易经》来编舞的。可惜由于阴差阳错，他的舞团至今未能来华演出。

让我喜出望外的是，堪宁汉在 1988 年接受美国《舞蹈杂志》3 月刊的专访时，比较详尽地阐述了他多年来学习《易经》的认识和具体操作的方法：

> 人们对于“机遇法”并不十分清楚。其实很简单。我不是说使用机遇的方法必须很简单，而是说它的要点是简单的。……机遇是存在的。你能看到它存在于很多的作品之中，但它的存在方式明显是不复杂的、科学的和易懂的。任何地方都有机遇的因素。关于机遇的事情以及对它的运用，就像《易经》那样，你用掷骰子的方式给自己算命，并在同时、同地，接受自己的命运，但片刻之后又会发生变化。因此，我用自己的方法，在某个特定的时间、某个特定的地点，做某个特定的动作，仅此而已。然后，我再次掷骰子，以确定下一个动作和再下一个动作是什么。当然啦，最后就是将这些动作放到一起了。……我必须用这种方法决定这些问题：每个舞蹈使用哪种素材的问题，有关时间的问题，有关空间的问题，有关动作的时间长度、空间样式和位置等问题。……我用了多种不同的方法使用“机遇法”。它不是什么严格的方法。但在每个舞蹈中，都不同形式地存在着“机遇法”。[1]

1988 年，我曾在多家纽约大书店的哲学类书架上看到过多个《易经》的英文译本，其中公推 C. F. 贝恩斯 1950 年从德国新教传教士卫礼贤（Richard Wilhelm）1924 年的德译本转译、美国先贤祠书店出版的两卷本的英译本最具权威性，至今已出版到第四个版本，并已印刷了 14 次，因为这个译本被学术界誉为“《易经》翻译史上的里程碑”，而瑞士著名心理学家荣格则在为《易经》德、英两个译本所作的序言中称之为“无与伦比的版本”[2]。据美国 1997 年出版的大部头书籍《堪宁汉：独立生涯 50 年》[3] 说，堪宁汉当年使用的英译本就是这个最具

---

[1] Nancy Dalva, “The I Ching and Me: A Conversation with Merce Cunningham”, *Dance Magazine*, March 1988: 24-26.

[2] Richard Wilhelm, *The I Ching or Book of Changes*, trans. & annotated. Cary F. Baynes, New York: Pantheon Books, 1950.

[3] Melissa Harris (ed.), *Merce Cunningham: Fifty Years,* chronicle and commentary by David Vaughan, New York: Aperture, 1997.

权威性的版本。

我有幸拜读过这个由两卷译文、771 页构成的英译本，因而可以肯定，其中的大量注解曾为堪宁汉抓住《易经》的要义提供了方便，但同时也曾简单地认为，作为舞蹈家，特别是不停编舞和跳舞的西方舞蹈家，堪宁汉是不可能像易学家或哲学家那样去深入细致地解读《易经》的。但当我仔细拜读了他的许多著述和采访后却发现，他是抓住了易学中以“变”为本这个要领的。换言之，他不是易学家，也不需要去微观地解读什么、继承什么，更不需要去大胆地破译什么、发现什么，而是需要借助于这个以“变”为本的美学观念和由此衍生出来的“机遇编舞法”，去分析古典芭蕾和古典现代舞各自的长短，最后创作出不同于他人的舞蹈作品，并创造出为其作品服务的技术体系来。

这些事实足以证明，作为悟性颇高的现代舞蹈家，堪宁汉的确具有深入浅出、化繁为简、灵活变通、为我所用的能力。

二

那么，作为一位美国的现代舞蹈家，默斯·堪宁汉又是怎样开始研究《易经》的呢？我们需要从他的家庭背景和舞蹈经历这两个方面来进行考察。

毋庸置疑，美国人引以为自豪的多民族基因、父母亲的民主思想和多舞种的专业经历，为堪宁汉很快地接受并逐步地吸收《易经》以“变”为本的观念提供了重要的生理基础和心理前提。

1919 年 4 月 16 日，堪宁汉出生在位于美国西部华盛顿州的小镇塞塔利亚，祖母为爱尔兰人，曾祖父则是祖籍为捷克的斯拉夫人。

父亲出生于美国的堪萨斯，毕业于西雅图的法律学校，但毕业后却不愿留在大城市，而是选择了塞塔利亚这样一个小城镇，原因是，在大城市，他很可能只能在某个公司做个律师，而在小城市，他则能处理各种各样的案件。父亲的开朗性格、民主意识和幽默感给年幼的堪宁汉留下了深刻的印象。他在孩子们的择业上主张不分高低贵贱，只要你肯下苦功便可。因此，当堪宁汉五岁萌生了当舞蹈家的愿望，八岁提出要去学舞蹈时，他都没有横加干涉，而这在当时是难能可贵的，因为大多数的美国人对男孩子以跳舞为终身职业的举动都是嗤之以鼻的。美国舞蹈史上就曾有过“现代舞之父”泰德·肖恩首创了“男人舞蹈团”的佳话，而他的根本目的就是要与这种“嗤之以鼻”对着干，从而使男子跳舞成为人们心中一个光明正大的职业，而这已是晚至20世纪30年代之后的事情了。

母亲是位虔诚的天主教徒。她和其他许多美国移民一样，始终着迷于某种远离家乡、侨居异国的感觉。因此，她总是鼓励孩子们走出家门，到美国各地去开创自己的天下。而到了夏天，她总是催促孩子们到江河湖海里去游泳。她热爱大自然，喜欢带着孩子们去旅游，而驱车百里去郊外野餐则是她的最大嗜好。

父母的这些言谈举止对于堪宁汉日后独闯天下并独辟蹊径的影响无疑是巨大的，尽管这一切可能是潜移默化的。塞塔利亚的人口虽然只有8000人，但由于地处波特兰和西雅图这两个大城市之间，所以还不算闭塞。当地的舞蹈老师莫德·巴雷特女士是堪宁汉父母的朋友，并和他的母亲在同一座教堂做礼拜，因此，对少年时代的堪宁汉充满了挚爱之情。她除了教他学会了不少踢踏舞、民间舞和舞厅舞之外，还专门为他和自己的千金小女马乔里编排过一些双人舞。就这样，堪宁汉早在20世纪20年代这个美国剧场舞蹈的蛮荒期就有机会学习并掌握了大量的舞蹈素材，不仅初尝了登台为观众表演的冲动和快感，而且还曾跟随老师赴外地进行过近乎流浪式的巡演。这两种体验中，前者显然使他在成为职业舞者后一直重视与观众的交流，而后者则为他日后的独创天下奠定了必要的心理基础。

中学毕业后，他离开家乡，追随哥哥来到首都华盛顿特区，在乔治·华盛顿大学注册并上了学，但在读了一年的文学、戏剧史和演说术后却坚决地退了学，因为他终于清晰地意识到，做舞蹈家的童年梦想才是自己所要的人生。因此，他于1937年走进了位于西雅图的科妮什艺术学校。

在年满18岁的堪宁汉看来，内丽·科妮什简直是位了不起的女性。她曾教导堪宁汉说：“你应该学习所有的艺术。”就这样，他在这里遍学了欧洲的古典芭蕾、玛莎·格莱姆的美国现代舞（由曾与格莱姆合作的舞者邦尼·伯德教授，而非格莱姆本人）、瑞士音乐家达尔克罗兹的韵律舞蹈操，以及戏剧表演、戏剧史、作曲法和发声法等课程。科妮什还曾邀请印度现代舞蹈家乌黛·香卡在艺校做过表演，这也使堪宁汉激动非常，因为他曾参观过西雅图博物馆，那里大量精美的东方艺术珍品常使他流连忘返，而印度文化则是其中一个重要的组成部分。更加令他心驰神往的是——只有在那种特定的文化中，舞蹈家才被尊崇为神。“格莱姆技术”在当时已经成为除芭蕾之外特点最为鲜明、传播最为广泛、影响最为显赫的舞蹈技术，其特点是棱角分明，抑扬顿挫，非常接近美国人的气质；其美学追求则是要用动作去传达内心的感情和悲剧的冲突。

还是在这种开放的思想启蒙下，堪宁汉于 1939 年暑期来到了位于加州奥克兰的米尔斯学院，恰巧碰上了本宁顿舞蹈学校这个日后易名为“美国舞蹈节”的现代舞大本营正在那里开办分校，而玛莎·格莱姆、多丽斯·韩芙丽（1895—1958，美国现代舞大师，格莱姆的同窗）、查尔斯·韦德曼（1901—1975，美国现代舞大师，韩芙丽的学生和舞伴）、汉娅·霍尔姆（1893—1992，美籍德国现代舞大师，德国现代舞在美国的重要传播者）这四大美国现代舞的巨头都在那里教学。格莱姆则慧眼识真金，一眼相中了从小就受过多种舞蹈启蒙教育而又初步掌握了“格莱姆技术”的堪宁汉，并盛情邀请他去纽约加盟她的舞团。就这样，堪宁汉成了格莱姆舞团中第二位举足轻重的男演员，并在六年的时间里主演了四部格莱姆的早期代表作：《人人都是个马戏团》《苦行僧》《致世界的公开信》和《阿帕拉契亚的春天》。一开始，格莱姆在堪宁汉的眼中简直是美得惊人，而在舞台上，她则具有非凡的技术能力和戏剧表现力。[1]

20 世纪 40 年代之前的美国现代舞界尚处于一种比较封闭的状态中，但堪宁汉在格莱姆的建议下，还利用业余时间去美国芭蕾舞学校学习过一年左右的芭蕾，因为校长林肯·科斯坦（1907—1996，美国舞蹈作家和美国芭蕾创始人之一）是格莱姆的朋友，而格莱姆则认为，多学习一种运用身体的方式会对堪宁汉有些好处，而这恰好符合了堪宁汉舞蹈趣味广泛的需求。在此期间，他还尽量多看了一些芭蕾的演出，比如俄国芭蕾明星亚历山德拉·丹妮洛娃（1903—1997）的表演曾让他如痴如醉。为了扩大视野，他还研究过芭蕾的历史。这一切在当时的许多现代舞者们看来简直是荒唐之极。但正是通过与芭蕾界大量的直接接触，他找到了这个训练体系上的科学性和局限性，并经过较长时间的比较，达到了知己知彼的目的。

作为头脑清醒且习惯于批判性思维的现代舞蹈家，堪宁汉对法国芭蕾编导家罗兰·佩蒂（1924—2011）1959 年率团赴美演出的芭蕾舞剧却颇有微词：“可将佩蒂的巴黎芭蕾舞团的演出比作我们美国的音乐喜剧，但没有我们的巧妙；总体而言，我

---

[1] Merce Cunningham, *The Dancer and the Dance: Conversation with Jacqueline Lesschaeve*, New York and London: Marion Boyars, 1985.

们的舞者更好。他们的芭蕾舞剧比我们的音乐喜剧更加讨好观众，而且也不想故作严肃；但作为编导家，佩蒂远不如我们美国的艾格妮丝·德米尔和杰罗姆·罗宾斯（后两位均为以雅俗共赏著称的美国芭蕾舞剧和音乐喜剧的编导家——引者注）。”[1]

同样，作为头脑清醒且习惯于批判性思维的现代舞蹈家，堪宁汉备受格莱姆老师的青睐，在格莱姆的舞团工作的六年中，他主演了她的四部代表作，跳过了她此前的更多作品，并通过这位舞界女神的言传身教学到了格派艺术作为美国现代舞界主流的观念、意识、方法和技术，并且意识到这个流派日后势必更加强大的影响力。但作为一个日益成熟的舞蹈家、一个血气方刚的男子汉，堪宁汉越来越不愿像孩子那样依偎在老师的翅膀下贪图安逸，不愿在已知的和一成不变的东西里兜圈子，更不愿卷入那个来势凶猛的个人崇拜的大潮之中。

扪心自问，他发现自己在动作上不热衷于老师对地心引力的过分尊崇甚至偏爱，以及由此导致的大量的地面动作，尽管这种低空动作早已被人们确立为现代舞的标签式动作；他更喜欢的是表现人与地心引力抗争时那种竭力向上的古典芭蕾精神。

在训练上，他发现自己不满足于老师只注重自身流派对脊椎的充分运用，却忽视了古典芭蕾对腿脚的科学训练，而主张将现代舞强壮有力且富于表现力的脊背与古典芭蕾轻盈向上并充满灵性的腿脚融为一体。

在创作上，他发现自己不习惯于老师那种文学性的叙事模式、悲剧性的人物命运和岩浆般的心理冲突，而对舞蹈的独立性和“纯舞蹈”的合法性更感兴趣。

由此，堪宁汉自然而然地萌生出了自立门户的念头。从哲学的层面上来看，他的这种念头既应验了美国舞蹈美学家塞尔玛·珍妮·科恩（1920—2006）的至理名言：“现代舞是一种打倒偶像崇拜的艺术”[2]，也是对美国现代舞蹈界重蹈欧洲古典芭蕾阴盛阳衰旧辙的反抗。而他的这种反抗则得到了包括格莱姆丈夫埃里克·霍金斯（1909—1994，与格莱姆合作的第一位男演员）在内的几乎所有重要的男性传人或早或晚的呼应。

但堪宁汉生来就是位动作语言的专家，用语言学的概念来说，是一位“非文字

---

[1] Melissa Harris(ed.), *Merce Cunningham: Fifty Years*, chronicle and commentary by David Vaughan, New York: Aperture, 1997, pp. 50-51.

[2] Selma Jeanne Cohen (ed. & introd.), *The Modern Dance: Seven Statements of Belief*, Middletown, Connecticut: Wesleyan University Press, p. 14.

语言”的专家。他喜欢一个人静静地独自思考，默默地实验动作，而不喜欢发表什么气势恢宏的宣言。换言之，他敢于创新，却从不流于浮躁。

他总觉得“舞蹈就像流水一样，而滔滔不绝地谈论书籍或许比较容易，但谈论起流水般的舞蹈可就难了，所以，搞舞蹈最好还是身随心走，而不必劳驾嘴巴去大帮倒忙。”[1] 但格莱姆老师似乎用嘴说得太多了，这也使他感到不安和不快。

不过，他从不喜欢在背后嘀嘀咕咕。他有一句话说得非常简单，却很精彩，简明扼要地说出了他的为人、作舞之道：“如果你不喜欢别人的某个作品，那就去编一个你自己喜欢的好了。”于是乎，为了编一些自己喜欢的作品，他从 1942 年开始，便摸索起自己的创作路子来。

1944 年，他在约翰·凯奇的通力合作下，推出了第一台自编自演自行设计舞美的独舞晚会。与此同时，他还演出过两部戏，并曾试图进入音乐喜剧界。他还和凯奇一道，经常出入现代艺术家们在纽约举行的各种聚会，倾听他们的高谈阔论，从而拓展了自己的艺术想象天地。由于他早在科妮什艺校就读时就上过作曲课，后来又在格莱姆舞团向著名的音乐家路易·霍斯特（1884—1964）学习过古典音乐的基本理论与技术，所以，他深知自己对 19 世纪的变奏曲、奏鸣曲、夏空曲，以及 ABA 模式一点儿兴趣也没有。这种自我认识使他自然而然地成了凯奇终生的志同道合者，并在自己的创作生涯中深受他的影响。

至于说堪宁汉与现代派美术的接触，他还清楚地记得，自己的第一次个人作品发表会就吸引了不少寻求新灵感的画家们，而舞蹈家们则反应冷淡。这使他对新派的美术家们产生了一种自然的亲近感。因此，他常在美国芭蕾舞校下课后，去看各个流派的美术作品，其中的新造型主义者皮埃特·蒙德里安（1872—1944）、超现实主义者马克斯·恩斯特（1891—1976）和达达派代表人物马塞尔·杜桑（1887—1968）等人的作品，均以其各不相同的新思想、新方法和新材料带来的新突破给他留下了深刻的印象。而这一切新鲜事物在格莱姆的舞团里早已不复存在，那里一切的一切都是围绕着格莱姆这位女神旋转的。1945 年，堪宁汉终于下定了决心，与老师分道扬镳了。

然而，就像格莱姆当年告别了她的老师露丝·圣—丹妮丝（1879—1968）和泰

---

[1] Merce Cunningham, *The Dancer and the Dance: Conversation with Jacqueline Lesschaeve*, New York and London: Marion Boyars, 1985, p. 27.

德·肖恩（1891—1972，夫妇二人同为美国现代舞的鼻祖，以及韩芙丽和韦德曼的老师）之后的情形一样，堪宁汉在告别了格莱姆之后，一面坚强地应对着生活失去保障的威胁，一面充分地享受着自由呼吸和动作、独立思考和创造的幸福，一面饱尝了找不到非己莫属的美学道路之苦恼。就这样，他在这种美的困惑中苦苦探索了六年，尽管也搞出了 23 个各不相同的作品，却都未能在流派纷呈的西方哲学体系或艺术领域中找到某种哲学的顿悟、科学的观念和可行的方法，使自己在本质上与老师的创作和训练体系分道扬镳。

三

1951 年，应该是堪宁汉独立舞蹈生涯中第一个举足轻重的转折点。契机是作曲家克里斯琴·沃尔夫（1934—　）送给了正在尝试不同作曲方法的凯奇一本《易经》的英文译本，而出版社则是其父母所在的先贤祠书店。[1] 凯奇和堪宁汉如获至宝，顿时就在全书的开篇句中抓住了《易经》的根本要旨："易者，变也，天地万物之情见。"

有道是，心有灵犀一点通。两位对创新如饥似渴的艺术家在这种中国先贤的大睿大智面前茅塞顿开，并且心悦诚服地认识到，只有"变"（易），才是世界上万事万物永远不变的根本规律；而对这个规律的重新发现则恰恰击中了当时美国舞蹈界各家各派的致命弱点——大家都在玩命地竭力形成某种一成不变的所谓体系，而这种违背大自然的根本规律、游离于时代生活的封闭式心态和做法不仅给那些流派带来停滞不前和死气沉沉的恶果，而且成为堪宁汉的前车之鉴。

他清楚地意识到，只有"变"，与大自然同步，才能使舞蹈保持旺盛的生命力；只有"变"，与大自然同步，才能使舞者不断有所发现、有所发明、有所创造，才能使他的创造力不断得到补充和更新。

堪宁汉蓦地产生了这种顿悟，并从此进入了一个崭新的境界——一种在中国古代哲学思想的启迪下，以"变"为本的新型舞蹈美学从此诞生了，并很快地传播开

[1] Melissa Harris (ed.), *Merce Cunningham: Fifty Years*, chronicle and commentary by David Vaughan, New York: Aperture, 1997, p. 58.

来，整整影响了随后几代西方舞蹈家们的观念和方法。

“变”，对于勇于自我更新者是个动力，而对于懒惰和保守者则是个痛苦。以“变”为本的新型舞蹈美学在诞生之初不可避免地引起过许多人的反感和拒绝。不过，自信与大自然同步的堪宁汉是从不在乎别人的异议的，他深信自己的舞蹈思想早晚会得到世人的承认，但此刻更需要的则是耐心和实干。

要干，光有观念不够，还需要有一种切实可行的方法。

还是从《易经》里，他和凯奇找到了古老的“摇签落地”的方法，并根据当代美国人的生活方式，将其转换成了“投掷硬币”的“机遇法”。这种貌似神秘莫测、实则简单高明且相当朴素的辩证法从偶然中寻求必然，又寓必然于偶然，让两个人喜出望外。从此，他们携手并肩，开始了以《易经》的观念和方法为主导、充满了探索性的创作活动。[1]

就在这一年，凯奇用《易经》中以“变”为本的观念和方法创作出了《易乐》，而堪宁汉则用这种观念和方法编导出了整晚长度的《单人舞与三人舞十六段》，但他此刻对《易经》的运用还只是刚刚起步：除了倒数第二个舞段《恐惧》全部使用了“机遇法”编排之外，其他舞段则主要是用它安排的顺序。

作品展现的是印度古典戏剧中的九种表情，其中包括四种轻松的（幽默的、英雄的、惊奇的和性感的）和四种阴暗的（愤怒的、悲伤的、讨厌的和恐惧的）以及第九种：宁静的；这些感情虽然均表现为共性的而非个性的形象，但因为连接顺序都是通过投掷硬币来决定的，所以，没有什么观前知后的逻辑可循，演出中常常出现意料之外的效果。比如在《恐惧》之后，是一段动作语汇变幻莫测的四人舞，每个舞者的动作组合都因使用了“机遇法”而出现了无法预料的动作顺序、绝不均等的时间长度和突如其来的空间变化。同时，这段舞蹈的结构是时间性的，即用时间的长度来结构的，而音乐的创作则是以这种长度为基础来进行的，并且大多是在舞蹈创作出来之后才完成的。

1952年发生的两件事进一步推动了堪宁汉运用《易经》的主观能动性，并开始形成他在舞台时空构成上独一无二的美学观念和方法。

一件事是堪宁汉应邀为布兰狄斯大学举办的“创造性艺术节”编导了《单人交

---

[1] 欧建平：《西方需要东方，东方需要西方——默斯·堪宁汉舞蹈美学探微》，《舞蹈艺术》1986年第4期，第184—198页。

响曲》，作曲家是法国著名工程师和音乐家皮埃尔·舍费尔（1910—1995）和皮埃尔·亨利（1927— ），音乐的风格属于“具体音乐”。所谓“具体音乐”，指的是从磁带录音技术中应运而生的一种音乐，基本方法是作曲家将其需要和喜爱的各种声音均录制下来，然后根据自己的想象或爱好加以处理、合并或变形而成。这种音乐由舍费尔于1948年首次于巴黎广播电台公布于众，在当时曾给人以新鲜别致的感受。《单人交响曲》可谓“具体音乐”的最佳代表作，并为堪宁汉提供了一个自由驰骋的机会，使他能够一口气把所有的动作都用“机遇法”编出来，因为其中不再具有任何传统音乐的蛛丝马迹。

另一件事是去黑山学院教舞时，他参加了由凯奇推出的那个大名鼎鼎的革命性的剧场作品。这是第一部用“机遇法”创作、并让观众大吃一惊的综合性作品，其中既有堪宁汉编导并表演的舞蹈，又有诗人查尔斯·奥尔森（1910—1979）与玛丽·理查兹（1916—1999）朗诵的诗歌、钢琴家大卫·图德（1926—1996）演奏的钢琴、画家罗伯特·劳生柏（1925—2008）在天花板上创作的绘画、灯光设计家尼古拉斯·塞诺维奇（1928— ）拍摄的电影。这种大胆妄为的合作又是来自东方的启迪——凯奇对传入日本的中国禅宗佛教进行过多年的研究，并对其深信不疑：悟道者的一言一行都必定包含着某种“玄机”，因而能给他人某种启迪，但不必将其意图直截了当地表述出来；同理，悟道者对他人的一言一行也必然能够把握其精神要义。禅宗的这些观念既帮助这些年轻的美国艺术家能够在观念上区分体验与理解、非理性与逻辑性之间的关系，又使他们在创造中对直觉和顿悟的价值和意义笃信不移，由此极大地影响了堪宁汉的美学观念和方法。

听着凯奇等先锋派作曲家们的革新音乐，那任意的时间跨度和崭新的声音材料好不自由自在；看着劳生柏等表现派画家们的抽象画面，那肆意的空间占有和冒险的夸张变形好不优哉游哉；读着奥尔森等新诗人们的名篇佳作，那跳跃的思维、大胆的想象、突兀的幻觉、朦胧的意象……这一切的一切都给堪宁汉留下了值得回味的奇思妙想，许多心旷神怡的时空超越，许多大胆妄为的美学观念，许多切实可行的操作方法。

六年过去了，堪宁汉在灵活运用《易经》中以“变”为本的观念和“机遇法”中取得了长足的进步。他在《易：编舞手记》中，这样记录了运用“机遇法”编导《夏日空间》（1958）的具体过程和步骤：（1）方向，即从哪里到哪里，这个步骤给予动作以其基本的形式；（2）完成动作的速度是快速，还是中速，或者慢速；（3）动作是发生在空中，还是穿过表面，或在地面；（4）以秒为计算单位的时间长度，假定5秒为中速；（5）空间形态，即空间是用什么方式穿过的（直线、对角线、弧弦等）；（6）完成这些具体动作的舞者数量；（7）他们是一起，还是独自表演的这个动作；（8）他们是在舞台之上，还是在舞台之下结束的这个动作。[1]

又一个七年过去了，堪宁汉在新作《变奏第5号》中，更加灵活机动地运用了以“变”为本的美学观念和方法：在其音乐伙伴凯奇的精诚合作下，他开始尝试是否能够以某些方式让动作直接刺激出声音（广义的音乐）来，而不再按照传统的方式，将声音当作编导和舞者产生动作的刺激源，或让动作去追随或解释声音。他们找到了若干种方式，但其中只有两种具有可行性，其他几种则由于成本高昂，或要求使用不切实际的机械设备，或过于笨重等原因而未能变成现实。

第一种可行的方式是：将12根笔直的金属天线布满舞台，每根天线的高度为4—5英尺，半径为1/2英寸，由此形成一个声音辐射区。当一位舞者进入这个辐射区时就会发出特定的声音来。由于每根天线都能发出几种声音，因此，舞者们在以不同的时间、空间、力度值去运动时就都能产生出许多新鲜别致的音响效果来。

第二种可行的声源来自一组照相机使用的微型电池。他们将这些微型电池安装在天线的基座上，这样一来，当舞者们穿行于这些电池之间时，就刺激出其他的声音来。

人，特别是真正的艺术家，一旦找到了支撑自己的观念和方法，甚至把握了万事万物的基本规律，就会变得无拘无束、无所畏惧起来。或许，这就是自己解放自己的最好途径。堪宁汉便是如此，他为自己找到了这种自由——在《易经》中以“变”为本的规律指引下，他开始越来越灵活地运用“机遇法”，并在50多年的探索中，不仅创造出了一个非他莫属的舞蹈作品宝库，而且建立起了一个别具一格的舞蹈美学体系，而这两者恰恰衍生于古老中国的《易经》。换言之，《易经》的大睿大智恰恰就在于它所概括的范畴是整个人类和整个宇宙，因而，它所总结的规律也适用于整个人类和整个宇宙。可以毫不牵强地说，《易经》尽管产生于中国古代的先贤，却纵向地属

[1] Merce Cunningham, “Changes: Summerspace Story” , *Dance Magazine*, June 1966:52-54.

于整部历史，横向地属于整个人类，是每个具有地球球籍者的宝贵财富。

四

在堪宁汉以“变”为本的舞蹈美学体系中，我以为有三根支柱：一根是以“机遇”为美，这个特征完全来自《易经》的观念和方法；另一根是以“纯”为美，这个特征是在《易经》中“摇签落地”的方法启迪下逐渐形成和完善的；第三根则是以“新”为美，这是现代舞的总体特征。相比之下，以“机遇”为美应为堪宁汉舞蹈美学体系中最重要的支柱，因为它为“纯”与“新”的美学特征提供了科学的观念和可行的方法，而《易经》对堪宁汉的影响既是本文的主题，又具体地表现在“机遇”之中，为此，我需要重点阐释这一美学概念。

首先需要澄清的是，“机遇”（chance）和“即兴”（improvisation）本是两种本质上不同的观念和方法。尽管机遇性的东西并非一定都是美的，但美的东西却有不少是来自机遇的。当然，倘若需在哲学上追根寻源，我们不妨称之为偶然中存在着必然。此外，堪宁汉的“机遇”是一种编导方法，而“即兴”则是一种表演和积累动作的方法，两者之间大相径庭。堪宁汉认为，“即兴”跳舞常常带有极大的主观随意性，再跳也无法跳出自己熟悉的动作习惯或运动模式，而用“机遇法”编舞，则能不以你的意志为转移地冲破你在创作过程中的一切旧有的模式。这就需要花费大量的时间，按照“投掷硬币”得到的数字行事，需要做大量的书面记录，以便将你得到的各种意想不到的复杂变化保存下来，然后再教给舞者们。舞蹈作品一旦用这种方法确定下来，就基本上不会做大的变动了。但为了给作品增添一些鲜活感，堪宁汉有时也给演员们一些自由处理动作的权力。由此可见，堪宁汉是以追求客观规定性的“机遇”为美的，但与此同时，他又一向反对教条主义，主张只有当人们灵活运用了“机遇法”时，才能创造出既出人意料，又不过分荒诞的东西；而只有闪烁着人性智慧火花的东西，才有美可言。[1]

在这种既严格把握又灵活变通的指导思想之下，他摸索出了一整套运用“机遇法”的经验。概括地说，就是无论你在编舞过程中的哪个地方卡住了，比如遇

[1] 欧建平：《外国舞蹈史及作品鉴赏》，北京：高等教育出版社，2008 年，第 193—194 页。

到动作、构图想不出来，或难以判别哪个更好，舞段之间串不起来，演员人选、人数、上下场的方位定不下来，节奏类型灵活不起来等问题，都可以将这些大大小小的难题分解成若干种元素，然后统统编上号（有必要时，也可用“投掷硬币”的方法来做进一步的细分），最后“投掷硬币”，看若干硬币上的数字之和是几，就让几号元素动作；至于怎么动，动多少拍，每拍做几个动作，朝哪个方向动……则再通过“投掷硬币”来逐一寻找。在空间的运用上，他有时也将舞台的表演区定上常见的 8 个点，而为了使编舞的结果更加丰富多变，他还喜欢按照《易经》中的 64 卦来布局，即将表演区分成 8×8 = 64 个小方块，甚至细分成 4×64 个更小的方块。[1]

完全可以这么说，就像自然科学界每次引进的新方法都会给相关的领域带来新的突破一样，“机遇法”的运用突然间便使堪宁汉与自己的过去，也与他人的观念与方法区别开来，并能给自己，也能给观众，不断带来崭新的、意想不到的东西。

在半个多世纪以来的欧美舞蹈界，堪宁汉已成为运用以“变”为本的舞蹈美学和“机遇法”编导术的一代宗师，他的不少入室弟子和未曾入室的弟子们正拿着这个从万里之外的中国寻来的神器，去叩响一个个未知世界的大门，而这套“机遇法”的运用也使他们看到了堪宁汉崭新编舞原则的合理性和可行性：“在舞者的解剖结构里，任何动作均可相互连接；舞台上的每个点和每个舞者都可以拥有举足轻重的意义。”[2]

“机遇法”以其科学性和可行性，为欧美舞蹈界培养出了大批的有用之材。一览美国现代舞编导家们的家系谱，我们便不难发现，堪宁汉的门下成名传人的数量最多——凯洛琳·布朗（1927—　）、保罗·泰勒（1930—　）、丹·瓦格纳（1932—　）、伊冯娜·莱纳（1934—　）、史蒂夫·帕克斯顿（1939—　）、露辛达·蔡尔兹（1940—　）、德博拉·海（1941—　）、道格拉斯·邓恩（1942—　）、尤利西斯·多弗（1947—　）、卡洛尔·阿米塔奇（1954—　），等等，其中的泰勒成了与堪宁汉同辈的美国“古典现代舞”的巨擘，而更多人则成了美国“后

---

[1] 欧建平：《现代舞的理论与实践》，北京：光明日报出版社，1994 年版，第 139—168 页。

[2] Merce Cunningham, “Choreography and the Dance”, in Stanley Rosner and Lawrence E. Abt (eds.), *The Creative Experience*, New York: Grossman, 1970; reprinted in Cobbett Steinberg (ed.), *The Dance Anthology*, New York: New American Library, 1980, p. 66.

现代舞”时期的代表，尤其是帕克斯顿成了风靡世界的“接触即兴”编舞法的创始人。[1] 而在欧洲，近 40 年来叱咤风云的英国当代舞编导家理查德·奥尔斯顿（1948— ）、法国当代舞编导家让—克劳德·加洛塔（1950— ）、昂热兰·普雷热卡日（1957— ），更是因为曾去过纽约随堪宁汉深造了这套以“变”为美的创作观念和方法而独树一帜的。这些事实均可以证明《易经》的影响之大，当然，堪宁汉的灵活运用更是功不可没了。历史不会忘记这一切；历史已经记录了这一切。

让我们来听听堪宁汉本人对“机遇法”的看法吧！早在 1955 年，当他刚刚成功运用了这种编舞法时就曾说过：“我用各种各样的方式来运用‘机遇法’，目的并不是想把什么东西固定下来，然后死命地捍卫它，而是想用它把自己的想象从固有的模式和陈词滥调中解放出来。这种尝试的确是一种极好的冒险。”[2]

一种“尝试”，一种“冒险”，这种精神算得上是堪宁汉热衷于“机遇”之美的一个心理前提。但更重要的是，“机遇”为他在以“变”为本的前提下，探索以“纯”为美、以“新”为美的审美理想开辟了一条畅通无阻的途径。

准确地说，堪宁汉对以“变”为本这个万事万物基本规律的把握，不仅使他获得了一种宇宙观，而且还使他从“投掷硬币”这种貌似简单的行为中悟出一种科学的道理，看到了一种可行的方法，从而为他的“纯”舞蹈创作找到了数不胜数的连接方式，也拯救了无数渴望不断出新的编导家。因为，任何一位对情节舞蹈泛滥感到厌烦的编导家都在寻找着自己的出路，而在摆脱了根据情节编舞的方法之后，如果没有其他可行的方法作为工具，同样是无法编出新鲜别致的舞蹈的。

比较而言，在堪宁汉的若干审美趣味中，他首先是以“纯”舞蹈大师的美名而著称于天下的。但我们可以说，如若没有他从《易经》中衍生出来的、以“变”为美的观念和方法，他便不可能成为这个领域中的始祖。

堪宁汉认为，“舞蹈就是舞蹈本身；舞蹈之本就是动作，即人体在时空中的动作，包括在任何时刻从静止到最大限度运动的动作。舞蹈只受人体解剖结构和人类想象力的制约。舞蹈的内涵就是跳舞本身，我们不应使它超出这个范围。舞蹈就是用跳舞的形式来反映人类的行为；正因为如此，舞蹈绝不是什么抽象

[1] 欧建平：《现代舞》，上海：上海音乐出版社，1992 年，对开插页上的家系谱。
[2] Nancy Dalva, “The I Ching and Me: A Conversation with Merce Cunningham”, *Dance Magazine*, March 1988: 26.

的艺术。”[1]

我们不难从中推论，舞蹈之所以能够成为一门独立的艺术，绝不是因为它的综合性，即包容或吸收其他姊妹艺术的能力，而是因为它的本质属性——动作性。既然如此，舞蹈就当然可以创作“纯”动作的作品，并且无须依赖音乐、美术和文学而独立存在了；既然如此，也就可以让各门相对独立的艺术同时出现在一个舞台上，从而产生出一种崭新的效果。

由于他确信“舞蹈是一门完全能够自给自足的动作艺术，他的舞蹈构思既来自动作，又存在于动作之中。动作之外的东西与他的舞蹈毫不相干”[2]。换言之，他是用动作的语汇来思考、来编舞的，而不是从某个故事、某种情调或表情来创作的。他要求舞者在跳他的作品时，最重要的是要让人看清动作的本身。但在此前提下，他也不反对舞者们加上自己某时某刻的感情；正因为如此，舞者在跳他的作品时均感到更加自由。他认为，也只有这种“纯”形式，才能真正让观众获得做出任何反应的自由，并使其欣赏到的故事、感情或表情，真正成为他们各自经历和感情的产物。

在《易经》以“变”为本的美学观念和方法指导下，堪宁汉用自己的大量实践证明了，只要善于把握各种“时间、空间、力度”的对比和“变化”规律，去掉情节和音乐的舞蹈同样是可以令人神往的；同时，由于抛弃了情节和音乐这两块挡箭牌或两根拐棍，编导的能力则要受到更大的挑战。并且，每个舞者都会根据各不相同的身体比例和气质类型去做各不相同的运动，而仅是这种“异”而非“同”，就足以使他和观众们兴趣盎然。

形象地说，以“变”为本的美学观念和“机遇法”变成了堪宁汉在理论和实践上的高度自觉，使他能够以此去观察一切、衡量一切，并由此发现，古典芭蕾的技术和格莱姆的古典现代舞技术均有其不可替代的优势——前者在训练下肢的灵活性、控制力和爆发力上是无与伦比的，而后者则在强化躯干的运动能力和表现力、提高旋转的可塑性和多样性等方面具有极高的训练价值。但是，两者都存在着一个共同的弱点，就是都缺乏行之有效和丰富多彩的“变化”方法，因此，都显得单调了一些、生硬了一些、适应性差了一些、表现力弱了一些。于是乎，他在这两个强

[1] Melissa Harris (ed.), *Merce Cunningham: Fifty Years*, chronicle and commentary by David Vaughan, New York: Aperture, 1997, p. 44.

[2] Ibid..

青年时代的默斯·堪宁汉　中年时代的默斯·堪宁汉　暮年时代的默斯·堪宁汉

大的技术体系基础上，通过多样的“变”，创造出了自己的“堪宁汉技术”体系，即“（古典芭蕾的腿脚＋格莱姆技术的躯干）× 形式多样的变化＝堪宁汉技术”体系。而这个体系早已成为美国古典现代舞中的五大经典技术体系之一，并可与格莱姆体系、林蒙体系、泰勒体系和霍顿体系并驾齐驱。

以“变”为本的美学观念和“机遇法”也使堪宁汉看到了传统音乐带给舞蹈的种种局限。他一反传统音乐那种固定的“重—轻”（2/4 拍型）、“重—轻—轻”（3/4 拍型）和“重—轻—次重—轻”（4/4 拍型）等千古不变的重音变化规律，而去追求相反或起码是相异的效果，由此搞出了“轻—重—轻—重”“轻—重—轻—次重”或“轻—轻—重”“轻—重—重”等令观众甚至专业舞者耳不暇接、目不暇接的视听效果来。

五十多年弹指一挥间，堪宁汉在运用《易经》以“变”为本的美学观念和“机遇法”去冲破旧有舞蹈束缚和开拓崭新舞蹈领域的过程中，最终达到了得心应手的境界。难怪有些舞评家在面对他这种新型舞蹈手足无措时禁不住惊呼道：他把传统的美国舞蹈界搅了个稀里哗啦！而与此同时，这顶“机遇大师”的桂冠牢牢地戴在他的头上则是实至名归的。

我深信，每位血管里流淌着先贤智慧的中国人，在看到我们的国之瑰宝《易经》不仅深刻地影响了堪宁汉等大批的欧美舞蹈家，而且成为他们的创新手段时，心中一定会涌起无比的骄傲和自豪。同时，您是否还愿与我一道回答这样一个既简

默斯·堪宁汉1951年首次用《易经》方法编导的《单人舞与三人舞十六段》中，由他本人表演的第七段《讨厌的勇士》，其上衣的设计中带有八卦元素

单又复杂的问题：

“我们对老祖宗留下的传统究竟了解了多少，并且运用了多少？”

欧建平，1956年生，现任中国艺术研究院舞蹈研究所所长、研究员、博士生导师。屡受中国政府派遣和外国文化机构邀请，游学欧、美、亚、澳30国，学舞、观舞、说舞、写舞不辍，已用汉英双语在海内外发表舞评、论文、译文、词条千余篇/条，其中包括为牛津大学出版社出版的《国际舞蹈百科全书》撰写与中国舞蹈相关的条目，出版《东方美学》《印度美学理论》《舞蹈美学》《舞蹈概论》《西方舞蹈文化史》《世界艺术史·舞蹈卷》等著译30部。

中国书法对西方现代主义的影响

〔美〕杰克·斯佩克特

很久以来，中国书法一直就在西方艺术和文化中占据着一个重要的位置。本文将探讨它对一些现代诗人和画家的影响，还将描述形成这种影响的某些历史条件[1]。

19 世纪，西方绝大多数赞同对自然进行模仿的人都不喜欢中国艺术。英国大风景画家康斯泰伯尔 1836 年在亨普斯特德的最后一次讲演中说："观看自然的艺术是一种像阅读埃及象形文字那样需要学习的艺术。中国人的绘画历史已经有两千多年了，却从未发现有像明暗对比法那样的东西。"[2] 同样，著名的英国艺术批评家与历史学家约翰·罗斯金在 1843 年断言："中国人像孩子一样对待一切，他们将一幅在透视上是正确的素描看成是错误的，就像我们感到他们的平面构图是错的一样。或者说，他们对奇特的、最终汇聚到一点上的建构感到奇怪。"罗斯金也承认，这

[1] 本文是在提交给 2002 年 10 月在北京举行的《美学与文化：东方与西方》讨论会的讲演稿的基础上修改而成的。

[2] 见 C. R. 莱斯利《康斯泰伯尔的生活回忆》（伦敦，1951 年）第 327—328 页。这观点显示出他对书法对中国绘画的重要性的无知。高建平《中国艺术的表现性动作——从书法到绘画》（乌普萨拉，1996 年）一书的第 42 页这样写道："中国绘画与欧洲绘画有很大的区别。……在欧洲，书法与绘画没有什么关系，而在中国，书法在画家的即兴创作中起了重要的作用，并出现了许多这方面的论述。"值得注意的是，由欧洲的新帝国主义所产生的对中国的殖民主义偏见一直持续到 19 世纪。有关像 P. 洛蒂（Pierre Loti）和 V. 塞加朗（Victor Segalen）这样一些隐含着自尊自大的描写异域情调的作家，可参见克里斯·邦格（Chris Bongie）的《异域的记忆：文学、殖民主义与世纪末风气》（*Exotic Memories: Literature, Colonialism, and the Fin de Siècle*）（斯坦福，1991 年），特别是第 118—139 页。

些“孩子”能够很好地使色彩的配合变得和谐[1]。固然，早期对中国的兴趣集中在从丝绸之路时代到马可·波罗，从威尼斯商人到18世纪的奢侈品和珍奇的进口物品之上，这些丝绸、香料、瓷器和卷轴不被看成是高等艺术而主要被看成是工艺，被等同于为壁纸和纺织图案所做的装饰设计一类的东西。像布歇这样的一些18世纪洛可可艺术家将零散的细节运用于他们的华风式风景的装饰之中。出版了《中国建筑、家具、服装、机械和器皿的设计》一书的威廉·钱伯斯在1757年曾小心翼翼地解释到，尽管他认为中国人具有独创性，他们的作品充满着变化，但他还是发现，他们的趣味“远低于古代（希腊、罗马）人”，因此，尽管他称赞中国人在布置花园方面的技巧，却认为他们的绘画不仅“不完善”，而且单调。

19世纪，在一些欧洲国家，随着对透视式再现和对明暗法造型兴趣的减弱，对待中国的态度在一些圈子中开始发生变化。同样，特别是在法国的绘画产业中的一种“复兴”激发了多种多样的特别字体的发明，以及对不熟悉的风格的兴趣。对中国艺术重新估价的部分原因是受到举世瞩目的罗塞塔碑上的象形文字被识读的刺激，这带来了一种看待中国和日本的艺术中所具有的“象形文字”的新眼光[2]。

比利时理论家安贝尔·德·叙佩维埃尔在他发表于1827年的名著《艺术之中的绝对符号》（*Signes inconditionnels dans l'art*）中，既讨论了埃及的象形文字，也讨论了汉字。他将手写的中国字看成是表示通常微笑着的“中国面孔”的图像。在将面孔的类型与个性的特征联系起来，并将其投射到建筑之上时，安贝尔无疑采用了面相学家拉瓦特尔（Lavater）的一些观点，拉瓦特尔的这部有影响的名著被译成包括法语在内的许多语言[3]。

前面所述的书的书名表述了对普遍可理解的符号的追寻，安贝尔在这一过程中

---

[1] 《现代画家》第一卷第二部分。

[2] 在商博良之后，法国作家们将这个词的各种派生用法运用于一些谜团的解释之中；例如，在巴尔扎克于1929年所写的《婚姻生理学》中，提到了“人的象形文字（人之谜）”（L'homme hiéroglyphié）。埃德加·温德（Edgar Wind）在《文艺复兴的异教秘密》中注意到，“普罗提诺在他著名的《九章集》的第五章中有一段著名的话，提到埃及人密码式的符号比起字母式的书写来说是更适合的神圣的文字，因为它们以一个单一的形式将一个话语的多种部分表现成含蓄的，并因此而隐蔽的。……皮科说希伯来语没有元音也是出于同样的原因”（Edgar Wind, *Pagan Mysteries of the Renaissance*, London, 1968, p.207）。

[3] 参见拉瓦特尔：*Essai sur Physiognomonie, destiné à faire Connoître l'homme & à le faire aimer*, 4卷本（海牙，1781—1803）。而拉瓦特尔又从传统中吸收了许多的东西。这个传统一直通向亚里士多德，他将动物与人的面部特征做了类比。

实际上遵循了一个古老的传统：早在1667年，基歇尔就将埃及的象形文字与汉字做了比较[1]。在17世纪和18世纪，汉语在寻求一种“普遍的书写”与语言中起了重要的作用，这支持着一种思维过程，在内在的观念与外在的事物间形成一种配合的关系（参见莱布尼茨的论述）。一位著名的权威人士J. J. M. 阿米奥在1776年将汉字定义为“通过眼睛向心灵说话的图像与符号——图像表示可见的事物，符号表示精神的对象——它们不与声音联系，可以用各种语言来阅读”[2]。但是，画家们仍然对在他们的绘画中展示所书写的汉字的特征没有什么兴趣。

随着印象主义的兴起，世俗的西方艺术在向将书写有意识地包含进去迈出了一大步（在此以前很久，基督教的圣像制作已经将文本包括进去了）。当时，一些革新者最初是受到了日本木刻大胆的平面构图的影响。但后来，他们发现日本书法的特性，就大胆地与沙龙绘画被抹平的表面决裂，而将他们的笔触显示为合法的痕迹了。这来自于印象主义者们在室外作画（外光），并将日光下的平面的不完整表现为不连续的笔触。莫奈于1872年创作的著名作品《印象·日出》中大胆地将他的画笔所做出的痕迹凸显在观赏者的眼前：尽管不是实际的书写，但这些痕迹显示出不同于修拉和高更的艺术家的“手迹”。将这些痕迹解释为书写的做法无疑会对像安贝尔那样在19世纪早期对中国的文字书写所做的总括性解释起到推动作用。

安贝尔关于面相学表现及线性形式的对应性的观念[3]，通过一本查尔斯·布朗（Charles Blanc）所著的广为流传的书而被传达给现代艺术家，特别是修拉。在这

---

[1] 见基歇尔（Kircher）：*China monumentis qua sacris qua profanes...illustrata*（阿姆斯特丹，1667年）。天主教神父杜赫尔德（Jean-Baptiste Du Halde）在他于1730年前后所写的《中国史概况》中，简要地描述了17世纪中国的正规教育。这一文本的片段在保罗·哈沙尔的“东亚历史资料”网站上可以看到。

[2] 这预示了马其亚努教授在北京会议上所提出的一种“世界美学的世界语”。另外，宾格（Bing）在他为菲利普·比尔蒂（Philippe Burty）的收藏所作的目录中，描绘了一种“对象的魅惑”的力量（也许与移情相似），这在内部空间的“避难所”中，将一种“磁性的液体”投射进收藏者的心灵之中（见 *Collection Philippe Burty: Objets d'art japonais et chinois qui seront vendus à Paris dans les Galeries Durand-Ruel*, Paris, 1891, pp. vi-ix）。人们在这里可以想到弗洛伊德的“观念的模拟”的思想。他在对滑稽的研究（1905）中，将滑稽定义为一个以表现性运动来再现其题材，从而传达思想的过程；也就是说，大与小不仅可以在言语中而且可以在图像中得到再现。我在《弗洛伊德的美学》（1972）（中译名为《艺术与精神分析》，高建平译，北京：中国文联出版公司，1989年）中，对此做了进一步的论述。

[3] 这一思想有一些很重要的先驱者，包括亚里士多德、波尔塔（Giacomo della Porta）（见他的著作《论人的面相》，1586年）、17世纪的勒布朗（Le Brun）和18世纪的拉瓦特尔；此外，在中国，人们对这一思想也不陌生。

本书中，他写道："这所屋子捕捉到了中国建筑的基本特征。房屋、宝塔，一切都像是亭子被提升到了柱子之上。依照安贝尔所做出的奇特的观察，这一特性的根源在于中国人种的面部特征，他们的斜吊着的眼睛显示出了与他们建筑一样的微笑面相，甚至显示出了与他们的鞋子的形状的引人注目的类比。……这一奇特国家的建筑本身似乎就像该国居民的脸一样露着笑容。"[1] 布朗以一个飞檐的宝塔放在两个脑袋（一个是一个微笑着的中国人，在他的旁边是一个人头的草图）之上的素描，为这段话做了图解[2]。

安贝尔的思想启发了物理学家—美学家查尔斯·亨利（Charles Henry），他希望创造"一种真正科学的和谐体系"，而这对体现修拉作品的现代主义具有重要意义，修拉将亨利的思想运用于他的绘画《咖啡厅音乐会》（1887/1888）、《康加舞》（1889/1890）、《女人在脸上抹粉》（1889）和《马戏院》（1891）之中。像安贝尔一样，修拉相信，他可以通过独立于任何具体的面相术语境之外的"无条件的"符号来传达感受（一种抽象的移情？）。在一幅描画他的思想的草图中，修拉在一个水平线上所引出的三根半径线旁写道："欢乐情调是明亮占据主体而形成的……是由处于水平线之上的直线所形成的。"人们可以将此与另一幅布朗的画作，一个图式化的图表与冷静、欢乐与悲伤的表现做比较。

中国书写所产生的更为直接的相关性影响来自艺术家们对文字本身的研究，这无疑是由于日本式风格（Japonisme）的流行而受到的启示。东方艺术对西方现代主义的第一次主要影响出现在19世纪中期以后的巴黎，当时的现实主义者和印象主义者可以广泛而廉价地获得日本的版画。在走出印象主义之时，凡·高和其他的后印象主义画家们不仅赞赏日本画大胆的平色彩和其中的书法，而且对日本木刻进行了自由改造[3]。在他对一幅歌川广重的木刻《雨中的桥》所作的临摹（原作1857年，临摹1887年）中，凡·高用色彩画出边框，使之与边框中的景色相互和谐，还在画框上临摹了汉字书法。他将优美流畅的日本书法变成了西方人对文字的涩滞

---

[1] 见 Charles Blanc, *Grammaire des Arts du dessin,* Paris, 1986, p.108/109。

[2] 显然，弗格尔教授在这次会上关于宝塔在18世纪和19世纪欧洲人所作的改造过程中成为建筑上幸福的表现的思想与安贝尔的微笑的脸有着密切的关系。本尼莰教授所讨论的面部表情与虔诚间联系的重要性也与这个论题有关。据我看来，另一个笑的人物定型来自布袋和尚，即欢喜佛。这个中国唐以后五代时的和尚带着一个布袋，在街头给孩子们散发糖果，预示着圣诞老人的出现。

[3] 日本版画不仅可以以合理的价格在巴黎的宾格画廊中买到，而且奇怪的是，来到巴黎学习法国艺术的日本艺术家似乎更喜欢像热罗姆（Jean-Léon Gérome）这样的东方主义的学院派画家。参见 Georges Rivière, *Renoir et ses amis,* Paris, 1921, p.57/58。

的临摹[1]。在并不完全把握这一书法的美的情况下，他在 1888 年的一封信中将它看成是低于希腊的雕像，米勒的农民，或者库尔贝、德加的裸体。

另一个对中国书法的向心运动发生在 19 世纪末的先锋派艺术家之中，这些人在寻找陈腐的西方传统的替代物之时，发现东方艺术的表意性比它的色彩更为重要。表意文字在像马拉美这样的象征主义诗人和雷东这样的象征主义艺术家那里可以与空白纸上的题字联系在一起[2]，可与字谜的流行联系在一起，也可与阿拉伯式的、像空间的非物质化的图案，以及像土鲁斯—劳特累克那样运用于现代招贴画中的彩色平板中，像勃纳尔为雅里的《乌布王》作插图那样在书与戏剧中制图与图像的结合的新艺术的发展联系在一起。

书法特性使中国表意文字对那些想要创造书写与图像间综合的艺术家特别具有吸引力。西方的 26 个字母与阿拉伯数字一样，很少使印象派与后印象派的艺术家产生兴趣，而绝大多数非西方的书写似乎也没有这方面的吸引力：埃及的象形文字被指责为一种顽强地具有编码性的谜一样的意象（这对字谜的流行产生了影响）；还有从书法上讲是丰富的，并且相比之下，人们较为熟悉的希伯来语与阿拉伯文的书写与反对偶像崇拜结合在一起，不能为视觉图像提供什么潜力。但是，与西方传统不同，中国的表意文字以充满魅力的方式与艺术形成关联。

中国的表意文字被理解为一事物或行动的图像，而不仅仅是存在于字母式书写中的、本身无意义的符号，恰恰使一些像阿波利奈尔［他的《少年时代笔记》显示出，他在 18 岁时，就对“表意文字的书写”（éritures idéographiques），特别是汉字和楔形文字感兴趣］这样的诗人感兴趣。诗人庞德、电影人爱森斯坦、意象主义与具体主义诗人等，看到了现代诗的前景。庞德编辑了著名的英国东方学家恩斯特·芬诺洛萨的《作为诗歌媒介的中国文字》，这本书的手稿在芬诺洛萨 1908 年去世的时候还未能完成[3]。芬诺洛萨宣称，他的作品“第一次代表了一个日本研究中国文化的学派。直到现在为止，欧洲人都有点受当代中国学术的支配。几个世

[1] 在北京会议上，德国学者朴松山教授在看了我的幻灯片以后，说这些字并不是日文汉字。

[2] 朴松山教授用一个短句来概括他的讲演的意义：“形即空，空即形。”

[3] 庞德的版本出现于 1936 年，而芬诺洛萨的思想在他活着的时候就已经广为流传了。当然，尽管他对艺术和文学有着巨大影响，芬诺洛萨对汉语的解释并没有赢得与他同时代的学者的赞同。有关东方对美国现代主义诗歌影响的批评性与历史性阐释，可参见克恩《东方主义、现代主义与美国诗歌》（1996）。克恩将芬诺洛萨与庞德对中国书写的“发现”与美国人为诗歌寻找一种自然的语言联系起来，并给这种自然的语言赋予了一种神秘的观念，使之与文艺复兴时期关于亚当的语言的思想具有连续性。

纪以前，中国失去了许多他们创造性的自我，失去了对她自身活力的洞察力；但是，她的独创的精神仍然活着、生长着、被阐释着，以其所有原创的新鲜性被转移到日本。今天日本所代表的文化阶段大致相当于宋朝的中国。我曾有幸作为森槐南（Kainan Mori）教授的私人学生，在他的指导下学习过多年。他也许是至今还活着的最伟大的研究中国诗歌的权威。”[1] 实际上，他不仅分析了诗歌，而且还写了一些简单的诗句以显示这种语言的内在之美。同时，他还强调了汉语的隐喻的性质[2]。

正是由于庞德、芬诺洛萨的作品的推动作用，表意文字在西方，特别是在英国被确立为占主导地位的诗歌的隐喻，而且这对先锋派运动中的意象派和旋涡派产生了强烈的影响[3]。庞德还将他在芬诺洛萨的档案中所发现的汉字引入到《诗章》这部里程碑式的先锋派长诗中。这位诗人还通过举证（这其中也许有夸大的成分）他所熟悉的一位现代主义雕塑家的例子来肯定芬诺洛萨对中国表意文字的图像价值的评论：“戈狄尔—贝扎斯卡（Gaudier-Brzeska）能达到愉快地阅读中文单字与单字组合的水平。他习惯于根据平面和轮廓线来思考生命与自然。然而，他只在博物馆里花过两星期的时间来研究汉字。他对词典编纂者在学会辨认这些汉字时所显示出的愚笨感到惊讶，因为对他来说，这些图画的价值是显而易见的。”

为了描述对中国表意文字的了解可能会对某种先锋派的艺术家与作家的创造性所起的刺激作用，让我们看两个庞德所引述的芬诺洛萨的例子：中文对太阳和对运动的表述。

为了表现中国表意文字“甚至一个简单的句子”的优越性，芬诺洛萨在他著作的结论部分举了这个例子“日昇東”。这个句子在英语中是平淡无奇的，但在中文

---

[1] 几位重要的日本艺术史家，包括冈仓觉三（1863—1913），在芬诺洛萨门下学习。日本政府为了达到西方化的目的，在西洋画和日本画之间选择了前者。芬诺洛萨于 1878 年被请来在东京帝国大学讲授斯宾塞的社会进化理论以及黑格尔的理论。他对传统的日本艺术非常赞赏，对西方现代主义丧失了信心，认为后者大大低于前者。可能正是由于这个原因，他在 1879 年建立了一个被称为“龙池会”的组织。参见柄谷行人，《作为艺术博物馆的日本：冈仓天心（冈仓觉三的笔名）与芬诺洛萨》，引自 Michael F. Marra 编译《现代日本美学史》（檀香山：夏威夷大学，2001 年），第 43 页。竹内栖凤（Takeuchi Seiho）在芬诺洛萨讲演以后成为一位日本画大师。他去了巴黎，在热罗姆门下学习，逐渐强调速写是基础，目的是要捕捉现实主义的细节。他拒绝印象主义的影响，认为那将导致改变现实主义的细节。见河北伦明（Michiaki Kawakita），*Tankeuchi, Seiho*（东京，1994 年），第 99 页。又参见河北伦明的《日本艺术的现代潮流》（纽约，1974 年）；以及苏立文《东西方艺术的相遇》，（柏克利，1989 年）。

[2] 这一点支持了马其亚努教授在北京会议上的论点：她在演讲中回忆了一段与翁贝托·艾柯（Umberto Eco）的谈话。艾柯否认汉语使用隐喻。

[3] 芬诺洛萨还在 1890 年将“浓淡”的设计概念引入美国。

中则成了三个生动优美的汉字："一边是日，在照耀着；另一边是東，日在树（木）的枝条之中。在中间的昇字里，我们又看到了一个'日'的同源字，太阳在地平线上，但除了那条单一的竖线外，有一个树干状的图形。三个表示太阳的'同源字'随着我们的眼睛从左向右的移动，使我们看到这样一个历程：太阳在左边单独存在，在中间处于上升态势，在右边藏于树枝中。"

在三处重复"日"字表示了一个历程，就像在电影中的置换（或在系列漫画中形式从一格到下一格的变换）一样。作者在论述三个字"人""見""馬"时，也表达了完全相同的意思。正如他所观察到的："第一个字表示人以两条腿直立。第二个字，这个人的眼睛在空间中移动，这是一幅大胆的画，眼睛下面奔跑着两条腿，由一个奔跑着的腿的图画修改而成，却让你过目不忘。第三个字表示有着四条腿的马。思想—图画不仅被语词而且被符号所唤起，而且更加生动具体。在这三个字中都有腿，因此他们都是活的。这一组字具有某种连续的动画的性质。一幅画与一张照片的不真实性是由于它尽管具有具体性，却失去了自然的持续性。语词性的诗作为艺术的优越之处在于它回到了基本的时间真实性。中国的诗歌具有其独特的将两者的要素结合起来的优点。它同时具有画的鲜活与声音的灵动。"芬诺洛萨将中国诗与绘画结合起来的做法是与当代先锋派的追求相一致的，正如未来主义者将时间与空间"杂糅"，以及爆发为戏剧性表现，预示着达达主义的到来一样[1]。

芬诺洛萨宣称汉字具有隐喻与诗意的优点："在中文中，'是'这个词不仅含有主动'拥有'的意思，而且通过其引申的含义表示为某种更为具体的含义，即'用手从月亮上取某物'。在这里，最为平淡的分析符号魔术般地变成了一种具体诗的辉煌的闪烁。"这种方法完全适合于那种在其中太阳与月亮成为视觉场景的主角的情况，而这正是由像俄国构成主义者利西茨基（El Markovich Lissitzky）（《战胜太阳》，1923）、意大利未来主义者马里内蒂（Filippo Marinetti）（《杀死月光》）以及独立的超现实主义者巴塔耶（Georges Bataille）（《堕落的太阳》）之类的先锋派艺术家与诗人所创作的。崇拜中国表意文字的阿波利奈尔就曾用这样的话来为他的著名诗作《地带》做结语："太阳被砍去了脑袋。"这是一个关于太阳跃过地平线的隐

---

[1] 这种现代版本的"总体艺术品"（Gesamtkunstwerk）否定了部分植根于莱辛讨论希腊化时期的雕像拉奥孔的著名著作的形式主义批评所提出的严格的纯形式的标准。莱辛从根本上挑战著名的"诗画一律"的公式。时间与空间的相互作用似乎是一个非常适合进行跨文化与跨学科研究的题目。在参加这次会议的史作柽教授的讲话"美学与语言"中暗示了这一点。

喻[1]。庞德在好几处地方都用了“正名”二字。在《诗章》第130篇的最后一行中，庞德提到了“落日是伟大的制衣人”，表示落日的色彩给地平线“穿上了衣裳”。保罗·克利的画《中国书法》（1923）表明他深受中国书法的吸引。他还将我们前面引用过的“東”字用一个直线构成的网围绕着天空中的天体来表示，创作了《理性的限制》（1927）。

综上所述，我们完全有理由说，像前面所讨论的日从东方升起那样，一些中国的表意文字是理解许多处于视觉与语词之间的西方现代主义绘画的关键。显然，我们在讨论中，可以将立体主义、达达主义、未来主义和超现实主义包括在内。我愿用一句话来概括中国文字所具有的、可以激励一些西方艺术家的特征：它可以将具体转化为抽象，将抽象转化为具体。

（高建平　译）

杰克·斯佩克特（Jack Spector），美国罗格斯大学艺术史系教授。

[1] 另一方面，与对待表意文字不同，阿波利奈尔在欣赏中国绘画时，他不将之与现代艺术相比较，而是与乔托和波提切利之类的画家相比较，提到“中国的拉斐尔与中国的伦勃朗”。见他对1911年1月的“中国艺术”展的评论。

明清之际书籍环流与朝鲜女性诗文

张伯伟

引　言

本文是《明清时期女性诗文集在东亚的环流》[1] 的续篇，着重探讨明清时期有关女性创作在东亚书籍环流的背景下，中朝文坛，尤其是朝鲜文坛所受到的刺激、产生的反应和结果。

自 20 世纪 80 年代以来的欧美书籍史研究领域中，人们越来越普遍地认识到，“书籍史是一门重要的新学科，是一种用社会史和文化史的方法研究人类如何沟通和交流的学问”，了解到“人们的想法和观念是怎样通过印刷品得到传播的，阅读又是怎样反过来影响人们的思想和行为”[2]。而本文使用的研究方法，依然是从书籍环流的视角出发，将书籍史与文学史研究相结合 [3]。我们知道，明代的女性创作形成风气是在景泰年间（1450—1457）以降，到了万历年间（1573—1620）达到鼎盛，季娴《闺秀集·选例》中说：“自景（泰）、（正）德以后，风雅一道浸遍闺阁，至万历而盛矣。”又说：“宫闺名媛，选不一种，大约盈千累牍。”[4] 所以四库馆臣有

---

[1] 张伯伟：《明清时期女性诗文集在东亚的环流》，《复旦学报》2014 年第 3 期。

[2] 罗伯特·达恩顿（Robert Darnton）：《书籍史话》，收入萧知纬译：《拉莫莱特之吻：有关文化史的思考》，上海：华东师范大学出版社，2011 年，第 85 页。

[3] 此前我曾以这一方法撰写了《书籍环流与东亚诗学——以〈清脾录〉为例》（《中国社会科学》2014 年第 2 期）一文。

[4] 《四库全书存目丛书·集部》第 414 册，济南：齐鲁书社，1999 年，第 331 页。

这样的评论："闺秀著作，明人喜为编辑。"[1] 其中一部分著作在万历年间也传入了朝鲜，并且引起了人们的注意，还进一步改变了其观念。比如许筠（1569—1618）在《鹤山樵谈》中说：

> 东方妇人能诗者鲜，所谓惟酒食是议、不当外求词华者耶？然唐人诗以闺秀称者二十余家，文献足可征也。近来颇有之，景樊天仙之才，玉峰亦大家……文风之盛，不愧唐人，亦国家之一盛事也。[2]

这一观念较之从前有了很大的变化。具体说来有：

1．"东方妇人能诗者鲜"是一项既有的事实，但以往论者认为，这不仅是不需要改变的事实，而且这一事实本身也足以令人骄傲。这里列举一些相关的议论，以做比较。徐居正（1420—1488）《东人诗话》卷下云："吾东方绝无女子学问之事，虽有英资，止治纺绩而已，是以妇人之诗罕传……四方皆有性，千里不同风，吾东方女子不学之俗，安知反有益耶？"[3] 在徐居正看来，同样的事实是"益事"而非"愧事"。沈守庆（1518—1601）《遣闲杂录》云："妇人能文者……在中朝非奇异之事，而我国则罕见……议者或以为妇人当酒食是议，而休其蚕织，唯事吟哦，非美行也。"[4] 而在许筠看来，"东方妇人能诗"是"文风之盛"的一项重要标志，代表了国家盛事。尽管在许筠之后有关妇人不宜为文作诗的议论在朝鲜半岛依然不绝于耳，但除了个别人真心维护旧有观念之外，多数的议论不过是一些不能当真的"门面语"或"套话"。

2．这一观念转变的契机是中国女性诗人 20 余家的刺激，所谓"文献足可征也"。由此反观自身，发现许兰雪轩（1563—1589）、李玉峰（？—1592）一为"天仙之才"，一为"大家"，并列举士人郑文荣妻、生员申纯一妻、杨府使妾、某姓人妻、松江郑相公妾、权鹏女奴等女性的诗句，且夸张地说人数"不可搂指"，成就"不愧唐人"。

在许筠之前的朝鲜士大夫看来，朝鲜女性"能诗者鲜"是一项事实，即便有

---

[1] 纪昀等：《四库全书总目》卷一九三《名媛汇诗》提要，北京：中华书局，1965 年，第 1766 页。
[2] 《稗林》第 6 辑，汉城：探求堂：1991 年，第 304 页。
[3] 赵钟业编：《修正增补韩国诗话丛编》第 1 卷，汉城：太学社，1996 年，第 511—512 页。
[4] 《大东野乘》本，朝鲜古书刊行会明治四十三年（1910），第 327 页。

一二能诗者，写出的作品也不宜公之于众，更不能高调表彰。朝鲜文人对于女性创作从“私密”到“公众”的转变，其中的关键人物就是许筠。他不仅拥有了这样的观念，并反复陈说，而且将这一观念付诸行动。朝鲜女性创作在观念和实绩上的变化，许筠在其中是一个引导性的人物。其观念和行为的形成和强化，不仅是因为受到了明代闺秀诗文传播的刺激，而且其本人也参与到此类书籍“环流”的过程中。

一、从“私密”走向“公众”

朝鲜早期的闺秀诗人，以成书者而言，最早的为16世纪初的林碧堂金氏，但《林碧堂遗集》的编纂是由其七世孙俞世基完成，时间已在肃宗九年（1683）。与兰雪轩约略同时的李玉峰，其《玉峰集》附载于《嘉林世稿》，此书由赵正万（1656—1739）编于肃宗三十年（1704）。又有一抄本，抄写年代不详，但因卷首列有赵正万所撰《李玉峰行迹》，则抄写年代还在《嘉林世稿》之后。较兰雪轩稍后的光州金氏，其《逸稿》的编纂刊行在其六世孙李基洛时，即高宗三十二年（1895）。至于宋成仲（1521—1578）的诗文，尽管写作时代较早，但几乎都抄录在其丈夫柳希春（1513—1577）的日记中，本属“私密性”文件。《眉岩集》中抄录了其《日记》中有关政治和学问方面的记事，也载录了成仲与丈夫的一些唱和诗，但最早的刊本也在光海君四年（1612）前后[1]。总之，在朝鲜时代，编纂、刊行女性诗文集以许筠为最早，其观念不仅早于其他男性，也早于女性。他出版的《兰雪轩集》标志着朝鲜文学史上闺秀写作从“私密”走向“公众”[2]。

1589年，许兰雪轩去世，年仅27岁，正应了“古来才命两相妨”（借用李商隐《有感》句）。相传她8岁即作《广寒殿白玉楼上梁文》，骈四俪六，引人瞩目。其丈夫金诚立（1562—1592）虽出身名门望族，但颇为平庸，琴瑟不谐。又不得于

[1] 张伯伟主编的《朝鲜时代女性诗文集全编》（南京：凤凰出版社，2011年版）上册收入宋成仲《德峰集》，是编者自《眉岩日记附录》《眉岩日记草》和《眉岩集》中辑录而成。

[2] 在此之前流传于世的朝鲜女性创作，比较古老的有汉代霍里子高妻丽玉的《箜篌引》，新罗时代真德女王的《太平颂》等，仅偶有流传。李德懋《清脾录》卷三也指出：“高丽五百年，只传闺人诗一首。”只有妓女的作品相对较多。

其姑，婆媳不和。虽有男女，但两年中相继夭折，第三个孩子也未能长成。[1]心情抑郁，赍恨而殁。去世前曾要求家人将其著述烧毁，现在人们能够看到的兰雪轩的作品皆出于许筠的记忆。在万历三十六年（1608）孟夏初刊本的跋中，他做了如下说明：

> 夫人姓许氏，自号兰雪轩，于筠为第三姊。嫁著作郎金君诚立，早卒无嗣。平生著述甚富，遗命荼毗之。所传至鲜，俱出于筠臆记。恐其久而愈忘失，爰灾于木，以广其传云。[2]

在兰雪轩的观念中，其著述在身后应“荼毗之”。而在许筠的跋文中则表示应该通过刊刻“以广其传”。但这个观念的形成和落实并非许筠在编纂之初便有，从文集的编纂到出版，其间经过了18年的漫长岁月。正是在这18年中，明朝与朝鲜之间一系列的书籍环流引起了人们在知识、立场、观念等方面的变化，才最终导致朝鲜文学史上第一部女性诗文集的出版。

我们不妨做一个简单的编年：

> 1590年庚寅（万历十八年、宣祖二十三年），许筠编成《兰雪轩集》。
>
> 同年仲冬，柳成龙（西厓，1542—1607）应邀撰写《跋兰雪轩集》。
>
> 1591年辛卯（万历十九年、宣祖二十四年），柳成龙又写《兰雪轩集序》[3]。
>
> 1593年癸巳（万历二十一年、宣祖二十六年），许筠撰《鹤山樵谈》，其中高调表彰兰雪轩、李玉峰等女性创作。
>
> 1599年己亥（万历二十七年、宣祖三十二年）夏，吴明济在许氏兄弟和李德馨的协助下编成《朝鲜诗选》七卷。
>
> 1600年（万历二十八年、宣祖三十三年）季春，许筠撰写《朝鲜诗选后序》。

---

[1] 许兰雪轩《哭子》云：“去年丧爱女，今年丧爱子。”“纵有腹中孩，安可冀长成。”（《朝鲜时代女性诗文集全编》上册，第101页。）李睟光《金正字诚立内挽》云：“伤心人世事，身后更无儿。”（《芝峰集》卷三）。

[2]《朝鲜时代女性诗文集全编》上册，第158页。

[3] 据左江《许筠行实系年简编》的解释，柳成龙于万历庚寅仲冬所写《跋兰雪轩集》，许筠直到次年才收到，故云“辛卯岁”撰序，其实为同一篇文章。文载张伯伟编：《域外汉籍研究集刊》第6辑，北京：中华书局，2010年，第178页。

在此同时或稍后，汪世钟编成《朝鲜诗》四卷，贾维钥协助。

1604年甲辰（万历三十二年、宣祖三十七年）春，蓝芳威编成《朝鲜诗选全集》八卷。

同年八月，许筠致信柳成龙，希望他再为《兰雪轩集》作序，以便“登之于梓”。

1605年乙巳（万历三十三年、宣祖三十八年）仲夏，著名书法家韩濩（号石峰，1543—1605）应邀书写兰雪轩《广寒殿白玉楼上梁文》，似为绝笔。许筠为之刊刻印行。

1606年丙午（万历三十四年、宣祖三十九年）之前，沈无非刊行《景樊集》一卷，现存其《朝鲜许士女集小序》[1]。

同年孟夏，朱之蕃应邀撰写《兰雪斋诗集小引》。

同年腊月，梁有年为撰《兰雪轩集题词》。

1607年丁未（万历三十五年、宣祖四十年），许筠编成《国朝诗删》。

1608年戊申（万历三十六年、宣祖四十一年）春，潘之恒刊刻《朝鲜慧女许景樊诗集》，收入《亘史·外编》卷三《聚沙元倡》。

同年孟夏，许筠刊刻《兰雪轩集》。

不难看出，从《兰雪轩集》的编成到刊刻，共经过了18年的时间，我们可以这样推测，许筠在编集亡姐诗集之初，其动机基本有三：一是为了展示“许门多才”，二是出于对姊氏生平遭遇的同情，三是“文章华国”意识的推动。“许门多才”和“文章华国”都离不开女性创作，所以，这三者也是密切相关的。编讫该书，许筠请当时朝鲜政坛和文坛领袖柳成龙为之序跋（其序已佚），柳氏在跋文中先是感慨其亡友许篈（字美叔，1551—1588）“有旷世奇才，不幸早亡”，既而赞叹许兰雪轩之作云：“异哉！非妇人语！何许氏之门多奇才也！”可谓深得许筠之编纂用心。柳氏又嘱许筠将此书“收拾而宝藏之，备一家言，勿使无传焉”[2]，在其心目中，“勿使无传”的途径是“宝藏之”，而非刊刻行世。这与许筠当时的心理状态也应该

[1] 参见俞士玲《明末中国典籍误题兰雪轩诗及其原因考论》中的相关考证，文载张伯伟编：《风起云扬——首届南京大学域外汉籍研究国际学术研讨会论文集》，北京：中华书局，2009年，第304—305页。

[2]《跋兰雪轩集》，《西厓集·别集》卷四，韩国民族文化推进会编：《韩国文集丛刊》第52册，汉城：景仁文化社，1990年，第483页。

是相符的。

从以上列举的编年资料看，许筠明确有将《兰雪轩集》刊行的意愿是在宣祖三十七年八月，因为此前柳成龙为该集撰写的序文遗失了，许筠又收到一篇声称是柳氏所写的序文，他却“不能辨真赝”，故致函柳氏，请他“证其讹谬何如”，并表示“切欲首简登之于梓耳”[1]，表达了拟刊刻《兰雪轩集》并将柳氏序文冠于卷首的心愿。以许筠的记忆力，以他当时对柳氏序文的珍视，说自己无法辨别真假是令人怀疑的。他的真实意图是要借此请柳氏重作一序，以便同时刊刻。但刊刻女性诗文集在当时还是破天荒之事，柳氏未必认同这种流传方式，至少不愿提倡这种方式。所以，柳氏没有再写序文。至于他在第一次的序文中表达了什么意思我们虽然难以确考，但应该与其跋文的立意一致，即希望该集能够“宝藏”在家里。假如根据左江的意见，柳氏此前的序文与跋文实为同一篇，此文并未亡佚，至少柳成龙本人是有所保存的，他完全可以也完全可能将这篇跋文再度抄送给许筠。那接下来的问题是，为什么在许筠刊刻《兰雪轩集》的时候完全无视该跋的存在，以至于在后来的各种刊本、抄本，包括朝鲜本、中国本以及和刻本中，都不见这篇跋文[2]？我的回答只能是，柳氏跋文的立意与许筠刊刻该书的愿望互相冲突，他故意删除了这篇文章。

那么，许筠想要刊刻其姊氏诗文集的动机来自何方？他不屈不挠地坚持这样的主张，并且在两年后又请朱之蕃、梁有年为之撰序题词，在四年后终于付梓行世，支持其信念的恒久的力量又来自何方？我的回答也只能是：来自当时的书籍环流。

一部女性诗文集，尤其是第一部朝鲜闺秀诗文集的刊刻，要从“私密”走向“公众”，这会激起什么样的社会舆论？又会带来什么样的后果？许筠内心对此并无把握。但经过了一些事件后，他确信此举可以更好地宣传“许门多才”，并同时促成“文章华国”的效果。

自明正统十四年（1449）倪谦出使朝鲜，与诸文臣诗文酬唱，回国后将酬唱诗文编为《辽海编》，开启了两国间“皇华外交”的传统，并演变为东亚外交场合

[1] 《上西厓相》，《惺所覆瓿稿》卷二十，《韩国文集丛刊》第 74 册，第 302 页。
[2] 将这篇跋文从柳成龙《西厓集》中辑出，编入《兰雪轩集》的附录，是《朝鲜时代女性诗文集全编》所做的工作。

的惯例[1]。至天顺元年（1457）陈鉴、高闰使朝，朝鲜方面将彼此往还的诗文正式以《皇华集》之名刊行，直到崇祯年间，一共印制了25种。《皇华集》不仅流行在朝鲜，也传播到中国，至少在北京人们能够读到此书。对此类文献的阅读引起了人们对朝鲜诗文的兴趣。宣祖二十五年（1592）发生了日本侵略战争，史称“壬辰倭乱”，明朝出兵抗倭，为朝鲜收复了故土。援军中韩初命、吴明济、汪伯英、蓝芳威等人对朝鲜诗皆有兴趣，首先编纂成帙的就是吴明济的《朝鲜诗选》。吴编得到许篈尤其是许筠的极大帮助，不仅提供了“东诗数百篇”，还有“其妹氏诗二百篇”。他还收罗了不少诗文集，“自新罗及今朝鲜共百余家”。[2]吴明济在如此众多的作品中，最终选编成七卷，入选诗人112家，诗作340首。引人瞩目的是，兰雪轩一人就入选了58首，是书中唯一的明星，俨然如朝鲜诗坛之巨匠。其中固然有吴明济本人的眼光，但显然也兼顾到国人的接受和反响。他在朝鲜时曾中途回国，随身即携带了在朝鲜收集的各家诗作，“长安缙绅先生闻之，皆愿见东海诗人咏及许妹氏《游仙》诸篇，见者皆喜曰：‘善哉！吴伯子自东方还，橐中装与众异，乃累累琳琅乎！’”[3]既然兰雪轩诗已经得到“长安缙绅先生”的爱赏，则在编辑时多加选入，也在情理之中。这一结果必然令许筠有望外之喜，故其《后序》中对吴明济感激再三，情见乎辞。接着的两部朝鲜诗选，虽然许筠没有参与其事，却有相同的结果。蓝编八卷，收录诗作585首，兰雪轩一人独占两卷，入选130首。吴知过在《序》中还推崇她为“鬘之雄”“白眉”[4]，即最卓越的女性。汪编虽不传，但从旁证材料可知，也具有同样的特征。王同轨《耳谈类增》卷五十四云：“蓟州贾司马、新都汪伯英选梓其中诗成帙，独许妹氏最多而最工。”[5]洪万宗（1643—1725）《小华诗评》卷下云：“近世蓟门贾司马、新都汪伯英选东方诗，独兰雪轩诗最多。”[6]许筠有没有看到过蓝芳威的编本，没有什么信实的证据，但他看过吴编和汪编是可以确信的。吴编有他的《后序》，甚至全部诗稿都是许筠抄写[7]的。《国朝诗删》编成于宣祖四十年，但在即将编完之际，最后一卷《许门世稿》是许筠委托友

---

[1] 中村荣孝《朝鮮の日本通信使と大坂》指出：“在外交场合以汉诗唱酬笔谈，乃中国文化圈的同文诸国间习惯化的国际礼仪。”《日鮮関係史の研究》下，东京：吉川弘文馆，1969年，第344页。

[2] 祁庆福：《朝鲜诗选校注》，沈阳：辽宁民族出版社，1999年，第238—239页。

[3] 吴明济：《朝鲜诗选序》，《朝鲜诗选校注》，第239页。

[4] 蓝芳威编：《朝鲜诗选》卷首，美国加州伯克利分校图书馆藏本。

[5] 顾廷龙主编：《续修四库全书》第1268册，上海古籍出版社，2002年，第211页。

[6] 赵钟业编：《修正增补韩国诗话丛编》第3卷，汉城：太学社，1996年，第524页。

[7] 在《朝鲜诗选》终了的最后一行有“朝鲜状元许筠书”七字。

人权韠（1569—1612）代为选批的，兰雪轩《湘弦谣》下批曰："新都汪世钟云：此作非我明以后诸人所可及也，假使李、温操翰，亦未必遽过之。"[1] 显然是出于汪编《朝鲜诗》，既然权韠可以引用，那么许筠也曾经眼就不奇怪了。中国人对兰雪轩诗的强烈反响对许筠来说，无异于一服兴奋剂。这一反响不仅远远超过其他朝鲜诗人，也远远超过了许氏兄弟，如吴明济《朝鲜诗选》中，选许筠诗 15 首，但都是与编者吴明济的唱和之作，与其说是选诗，不如说以人取诗，而许篈的诗则全未入选。本来，在许筠眼中，"仲氏（篈）罗穿百代，力复古则。文若先秦、二京，诗若六朝、开天。姊氏又有天仙之才。二难竞爽，雄视千古"[2]。许篈的《荷谷先生诗钞》及《补遗》是在他逝世后，由许筠根据自己的记忆编辑成书的。而当他目睹兰雪轩诗所受到的欢迎程度远远超过他们弟兄的作品，那么，将兰雪轩的诗集付梓刊行就是一件最能光大许门之事了。这些事都发生在宣祖三十七年春之前，所以到了当年的夏天，许筠便致书柳成龙，希望他重写一序，以便刊行时置于篇首。但柳氏未予响应，或仅仅是将旧作重新抄录了一份，这显然无法满足许筠的愿望，他就在宣祖三十八年（1605）先刊行了许篈之作。

许筠兄弟姐妹四人中，除长兄许筬（1547—1612）外，篈、筠、兰雪轩三人均为一母所生，故而感情最为深厚。许篈诗集既已刊行，耿耿于怀的就是姊氏作品的早日公之于众。既然一时无法将全部作品付梓，趁著名书法家韩濩应邀来访之机，许筠不仅请韩氏书写了《摩诃般若波罗蜜多心经》《温李艳体》，还请他抄录了兰雪轩的单篇作品——《广寒殿白玉楼上梁文》[3]。写完该篇，韩濩告辞还家，不久便去世，这几乎可以称得上是其绝笔。既是为了纪念友人，也为推广姊氏作品，许筠便先将这一篇单行付梓。这一举动含有如下策略：如果有人对出版女性作品有异议，他可以说出版的是韩濩的书法作品。而以韩氏书法的崇高地位[4]，又能反过来扩大提升兰雪轩的影响。这样的双重意义既给许筠在朝鲜半岛首次刊刻闺秀作品披上一件冠冕堂皇的外衣，又能起到试探风向的作用。

---

[1] 《修正增补韩国诗话丛编》第四卷，第 728 页。

[2] 《水色集序》,《韩国文集丛刊》第 69 册，第 3 页。

[3] 该书法落款为"皇明万历纪元之三十三载乙巳夏仲望石峰书于辽山郡之冲天阁"。许筠《祭韩石峰文》云："一麾辽山，果践宿诺。邀公以馆，冲天之阁。"两者正可印证。

[4] 安鼎福编《星湖僿说类选·技艺门》"韩石峰"条载："壬辰天将李如松、麻贵、北海滕季达及琉球梁粲之徒，皆求书带去。王世贞云：'东国有石峰者，其书如怒猊决石。'朱之蕃亦云：'当与王右军、颜平原争其优劣。'"（东京：明文堂，1982 年，第 449 页。）

中国的朝鲜诗选中大量选入兰雪轩的作品，随着书籍的环流和人员的往来，就把相关的知识、观念、信仰传播开来。受到其刺激和影响的其实并不只有许筠。宣祖三十八年初，柳根（1549—1627）正编纂一部朝鲜诗选，许筠在3月致信给他说："闻方选东诗云，幸以亡兄之作多载之其中，敢以刻本一帙呈上。"《荷谷先生诗钞》应该是刚印行出来的，许筠立刻就呈上一部，其心情之急切可以想见。但到了9月，许筠了解到实际入选的篇目后，又再次致信柳根云："见南窗，言亡兄诗则入选甚少，而姊氏则稍多云……亡兄七言歌行最妙，而无一篇收入者，此尤不可晓也。幸唯更加衡尺，俾勿令沧海遗珠也。"[1] 许筠对姊氏作品入选稍多并无异议，他希望的是同时更多选入许篈之作。在一部当代诗选中选入女性作品这是朝鲜文学史上的创举。不仅如此，女性作品的数量还多于男性。我相信，这与中国人选朝鲜诗的启发和刺激是分不开的。虽然此书未能流传下来，我们无从细论，但从中透露出的信息已足以使我们了解到这一新动态。

万历三十四年，朱之蕃、梁有年作为明朝正、副使赴朝鲜颁诏，远接使柳根挑选许筠为从事官，一起接待明朝使臣。这一契机再次唤起了许筠出版姊氏诗文的愿望。朱之蕃来朝鲜之前，对兰雪轩诗已有所闻，故一见许筠便询问其作品，许筠就将编讫的诗集进呈，朱读后大为赞赏。许趁机求序，朱遂大笔一挥，撰《兰雪斋诗集小引》云：

> 闺房之秀，撷英吐华，亦天地山川之所钟灵，不容强，亦不容遏也。

朱氏表彰闺秀之才乃天地山川英灵所钟，无法勉强，也不可遏制，而女性在现实政治和历史书写上的成就，又往往有"丈夫所难能"者。朱之蕃先为此泛泛之笔，接下来着重评论兰雪轩作品：

> 今观于许氏《兰雪斋集》，又飘飘乎尘埃之外，秀而不靡，冲而有骨……断行残墨，皆成珠玉，落在人间，永充玄赏。又岂叔真、易安辈悲吟苦思，以写其不平之衷，而总为儿女子之嘻笑颦蹙者哉？许门多才，昆弟皆以文学重于

[1] 《上柳西埛》，见《惺所覆瓿稿》卷二十，《韩国文集丛刊》第74册，第304页。

东国，以手足之谊，辑其稿之仅存者以传……观斯集，当知予言之匪谬也。[1]

朱文先总评其作立意超迈，所谓“飘飘乎尘埃之外”；又评其风格秀美而不靡缛，空灵而有骨力。继而具体到篇目，举《游仙》和《玉楼》为例，再以“皆成珠玉”“永充玄赏”总括之。此外，朱之蕃还以中国女性文学的代表朱淑真、李清照与兰雪轩相映照，指出前者多为“儿女子之嘻笑颦蹙”，不足与兰雪轩相媲美。最后，他也不忘表彰“许门多才”和编辑过程中所蕴含的“手足之谊”，揭示了许筠编纂该集的用心。因此，尽管这篇序文只如短书小品，却倾注了朱之蕃的心力，绝非敷衍应酬之作。以他在朝鲜享有的当时中国文坛巨擘的名声[2]，以他在朝鲜天朝正使的身份，这篇序文就代表了文坛主流对朝鲜闺秀创作的肯定，使得《兰雪轩集》在朝鲜的出版获得了一个“合法”的地位。许筠再接再厉，又请副使梁有年撰《兰雪轩集题辞》，而梁文的内容则无非重弹朱序老调，就文章而言，殊乏新意，但就效果来说，也因此而加强、加深了人们的印象。

朱之蕃对兰雪轩的赞美是真诚而热烈的，他不仅在朝鲜为之撰序，又将《兰雪轩集》的抄本带回中国，并且在回到中国之后，不断揄扬。尽管在他之前已有吴明济、汪伯英、蓝芳威等人编纂了朝鲜诗选，并在其中突出了兰雪轩的地位，但他们毕竟多为武人，在文坛上缺乏地位和影响。所以中国的“兰雪风”，是由朱之蕃鼓吹起来的，我们只需要看钱谦益《列朝诗集·闰集》中的这几句概括就够了：“金陵朱状元奉使东国，得其集以归，遂盛传于中夏。”[3] 此后中国人到朝鲜，也因为朱之蕃的宣传，多向人索取《兰雪轩集》。以下几则资料的时间稍晚一二年，但类似的事件在早两年就很可能已经发生了。许筠《己酉西行记》载光海君元年（万历三十七年，1609）五月明朝使臣刘实等人索书事云：

徐明来言，在北京见陶庶子龄，言曾见朱宫谕之蕃，道东国有许某者，其姊氏诗冠绝天下，你之彼，须求其集以来。都监乃斯人也，有集在否？余即出橐中一部以给。

---

[1] 《朝鲜时代女性诗文集全编》上册，第 97 页。

[2] 《宣祖实录》三十九年正月壬辰记载朱之蕃到朝鲜之前，宣祖向众大臣了解其人，得到的回答是：“中原之人数学士文章，只称焦竑、黄辉、朱之蕃三人，盖有名之人也。”

[3] 《列朝诗集·闰集》卷六，北京：中华书局，2007 年，第 6856 页。

徐相公曰："《兰雪轩集》刘公亦欲得之，俺亦请一件也。"余只余一卷，出给之，令致于使。其一件该给徐者，约于京。田、杨亦请之，俱以京为期。[1]

既然有如此众多的需求量，那么此书的刊行一方面可以宣传"许门多才"，另一方面也能展现东国诗学的兴盛，无论在舆论上、社会心理上还是对女性创作的认可度上，在朝鲜都已臻水到渠成之境。所以在宣祖四十一年（1608），许筠将《兰雪轩集》"爰灾于木，以广其传"[2]。以雕版刻印，而不是活字印刷，他也看到了此书潜在的巨大需求量。朝鲜闺秀的第一部诗集就这样刊行了，距离许筠编成的时间，已过去整整 18 年。从此，朝鲜闺秀的创作进入一个新的时代。它不再仅仅是写在闺中自生自灭，而是从闺房、后花园、家族内部走向门外、走向市场、走向世界。当然不可否认，仍有部分闺秀还在坚持其"私密"写作，但她们代表的只是"过去"。

二、名声的"双刃剑"

由于朱之蕃的揄扬，在中国和朝鲜的文坛上刮起了强劲的"兰雪风"，使得兰雪轩的名声在明清之际达到了鼎盛。钱谦益云："金陵朱状元奉使东国，得其集以归，遂盛传于中夏。"[3]《名媛诗归》亦云："金陵朱太史兰嵎出使朝鲜，得其集，刻以行世。"[4] 此类情形也同样为朝鲜人所注意，李宜显（1669—1745）的《陶峡丛说》记载："明人绝喜我东之诗，尤奖许景樊诗，选诗者无不载景樊诗。"[5] 这便导致兰雪轩成为了人们注意的焦点，给她带来的就不仅有不虞之誉，也有求全之毁。名声犹如"双刃剑"，既可以激励女性的进取心，也容易引发包

---

[1] 《惺所覆瓿稿》卷十九，《韩国文集丛刊》第 74 册，第 296 页。

[2] 《兰雪轩集跋》，《朝鲜时代女性诗文集全编》上册，第 158 页。

[3] 《列朝诗集·闰集》卷六，第 6858 页。

[4] 《名媛诗归》卷二十九，《四库全书存目丛书·集部》第 339 册，第 329 页。案：《兰雪轩集》在当时引起的中国方面的反响，陈广宏教授曾揭示出数则值得注意的材料，如谢杰《朝鲜许状元妹次孙内翰诗殊佳丽因步其韵赏之》、郭子章录《朝鲜许兰雪曲》等，见陈广宏论文《许筠与朝、明文学交流之再检讨》相关论述，收入其《文学史的文化叙事——中国文学演变论集》，上海：复旦大学出版社，2012 年，第 281 页。

[5] 《陶谷集》卷二十八，《韩国文集丛刊》第 181 册，第 455 页。

括男女在内的虚荣心。

许兰雪轩去世时，李睟光（1563—1628）曾作挽诗悼念，但涉及其写作的仅有“千古《柏舟》诗”一句，无非援引《诗经·鄘风·柏舟》为比，表示女子能诗而已，与柳成龙跋文中“《柏舟》《东征》不得专美于前”[1] 的意思是一致的。虽为赞美之辞，实乃泛泛而谈。但在光海君六年（万历四十二年，1614）写成的《芝峰类说》中，其评价陡然变为“近代闺秀第一”，并且说“有诗集行于世”[2]，可知这一则写作乃在《兰雪轩集》出版之后。而在此后的评价中，更有离奇可笑处，如具树勋《二旬录》记载：

> 朱天使之蕃尝游汉川亭，许筠时为从事官。自汉以下有两水合襟，朱使以“二水分为坎”为句，使之联和。必得字对然后可以用之，而卦对为难，筠未能即对。宴罢归家，废食思索，终无好对，心里愁闷。兰雪问曰：“今日有何诗篇，而兄何故滞闷耶？”答以故。……（兰雪）即曰：“‘三山断作坤’如何？”筠惊叹不已，即以此酬之，华使大奇之。后知兰雪所赋，尤加称赏，以此《兰雪集》朱使序之。华文之弁卷于偏邦女人文集，罕有之事也。[3]

许筠作为从事官与朱之蕃相见的时间在万历三十四年，其时兰雪轩已辞世 17 年，绝无可能帮助许筠联句以应对朱之蕃，朱氏也绝非以此而为《兰雪轩集》作序。但中国正使，而且是很有文学地位的正使为“偏邦女人文集”作序，实为“罕有之事”，若非特殊眷顾，几无可能发生，所以就衍生出上述故事。在口耳和文字的流传中，兰雪轩就这样被“天仙化”了。

相对而言，兰雪轩的名声大噪在中国尤盛，所谓“选诗者无不载景樊诗”。现在看到的兰雪轩诗，都是许筠根据其记忆整理流传下来的，无论其有意无意，现存的诗文集中混杂了不少中国人的作品，是一个无可否认的事实。本来，古代诗歌中句子的雷同是一个普遍存在的现象，唐代皎然的《诗式》中，也专门列有“三偷”，“偷语”固然是“钝贼”，但“偷势”却被评为“诗人阃域之中偷狐白裘

---

[1] 《跋兰雪轩集》，《西厓集·别集》卷四，《韩国文集丛刊》第 52 册，第 483 页。案：所谓“东征”指的是曹大家（班昭）的《东征赋》，见萧统编《文选》卷九。

[2] 《芝峰类说》卷十四，南晚星译本附原文，汉城：乙酉文化社，1994 年，第 540 页。

[3] 《二旬录》卷上，《稗林》第 9 辑，第 440—441 页。

之手”[1]，宋人则多有“脱胎换骨”“点铁成金”之论，本无大做文章之必要。但在书籍的阅读过程中，中国人对待《兰雪轩集》中的此类问题非但不以为讳，反而加以赞赏，认为超过原作。尽管在文学史上不乏这样的例子，比如“落花人独立，微雨燕双飞”，原为五代时翁宏的句子，但并不见出色，经晏几道的借用或云“偷盗”，变成了《临江仙》中的名句。沈祖棻先生曾有一妙喻云：“就好像临邛的卓文君，只有再嫁司马相如，才能扬名于后世一样。”[2]兰雪轩诗文的情况虽完全不能与之比拟，却获得了异乎寻常的美誉。如王端淑《名媛诗纬》云：“此等声口，出自景纯、太白辈，嫌其有瓢笠气。出自女子口中，襟期便已浩渺。……《夏歌》直使义山、飞卿焚砚骚坛。”又引汤显祖的评论：“读之陆离射目，不虞异域姬乃有此淑质耶？”[3]《古今女史》引赵问奇语：“谱天府之奇，斗云霞之丽，低回笔墨间，不啻神游白玉楼矣。”又引朱言如云：“仙奇则太白退观，篇丽则江淹避席，文之出秦汉以上者。”《玉镜阳秋》的评论是：“兰雪《游仙》多有用古人句及与尧宾相出入者，然兰雪笔隽，实胜曹笨伯。”有因袭者，却要说兰雪诗有出蓝之胜，非曹唐（尧宾）可比。又云：“兰雪才情居陆、徐之上，非独海东奇女也。”[4]这又将兰雪轩与中国女性诗人相比，认为她胜过吴中二大家陆卿子、徐媛。至于潘之恒的评价更是推崇到无以复加的地步：

> 毋论朝鲜君臣，即域中都人士女，孰得与之抗衡哉？余故曰许景樊匪直慧女，抑天人也。曰慧女，盖征于诗文；曰天人，固不得以朝鲜蕞尔之国而限之矣。[5]

这样的评价，远远高于朝鲜人对兰雪轩诗的认识，也远远超出了兰雪轩的自我认知，虽然是由衷之言，却不得不说是阿其所好。而与不虞之誉相伴随的往往就是求全之毁。

柳如是、钱谦益编定的《列朝诗集·闰集》的“香奁”部分，曾参考过大量晚

[1] 张伯伟：《全唐五代诗格汇考》，南京：江苏古籍出版社，2002 年，第 238 页。
[2]《宋词赏析》，上海：上海古籍出版社，1980 年，第 56 页。
[3]《名媛诗纬》卷二十八，康熙三年（1664）刻本。
[4] 以上二书未见，转引自胡文楷《历代妇女著作考》，上海：上海古籍出版社，1985 年，第 166 页。
[5]《朝鲜慧女许景樊诗集序》，《亘史》外编卷三，《四库全书存目丛书·子部》第 194 册，第 23 页。

明的女性诗歌总集[1]，上述诸人的议论多能耳闻目睹。柳如是阅读了兰雪轩诗以及相关评论后，发出了以下的声音：

> 许妹氏诗，散华落藻，脍炙人口。吾观其《游仙曲》“不过邀取小茅君，便是人间一万年”，曹唐之词也；《杨柳枝词》“不解迎人解送人”，裴说之词也；《宫词》“地衣帘额一时新”，全用王建之句；“当时曾笑他人到，岂识今朝自入来”，直钞王涯之语；“绛罗袱里建溪茶，侍女封缄结采花。斜押紫泥书敕字，内官分赐五侯家”，则撮合王仲初“黄金盒里盛红雪”与王岐公“内库新函进御茶”两诗而错直出之；“间回翠首依帘立，闲对君王说陇西”，则又偷用仲初“数对君王忆陇山”之语也；《次孙内翰北里韵》“新妆满面频看镜，残梦关心懒上楼”，则元人张光弼《无题》警句也。……今所传者多沿袭唐人旧句，而本朝马浩澜《游仙词》见《西湖志余》者亦窜入其中。凡《塞上》《杨柳枝》《竹枝》等旧题皆然。岂中华篇什流传鸡林，彼中以为琅函秘册，非人世所经见，遂欲掩而有之耶？此邦文士，徒见出于外夷女子，惊喜赞叹，不复核其从来。[2]

以上连续使用“全用”“直钞”“撮合”“偷用”“沿袭”“掩而有之”等词语，无一好评，同时对赞美兰雪轩的“此邦文士”又揶揄嘲弄了一番。《列朝诗集》刻于顺治九年（1652），最晚在康熙二十一年（肃宗八年，1682）由朝鲜使臣购得，因此，这番议论随着书籍的环流也传入了朝鲜，并引起了朝鲜文坛的震动。

本来，《兰雪轩集》中有他人作品，朝鲜人也早有觉察，李睟光《芝峰类说》中就曾经指出其《金凤花染指歌》取明人句而改换为之；《游仙词》中有出于曹唐者；《送宫人入道》则为明人唐震诗，等等，但还能就事论事。待《列朝诗集》揭露后，言论就带有较为强烈的感情色彩了。如金万重（1637—1692）云：“独恨其弟筠，颇采元明人佳句丽什人所罕见者，添入于集中，以张声势。以此欺东人可矣，而乃复传入中国，……又不幸遇着钱牧斋只眼，如陶公之识武昌官柳者，发奸追赃，底蕴毕露，使人大惭。”[3]李德懋（1741—1793）亦云：“闺人志虑甚浅，闻

---

[1] 参见陈广宏：《〈列朝诗集〉闰集“香奁”撰集考》，收入其《文本、史案与实证：明代文学文献考证》，台北：学生书局，2013年，第63—101页。

[2] 《列朝诗集·闰集》卷六，第6856—6857页。

[3] 《西浦漫笔》卷下，汉城：通文馆，1971年，第628页。

见未广，故往往以古人诗集为枕宝帐秘，毕竟败露于慧眼。兰雪许氏为钱虞山、柳如是所摘发，真赃狼藉，几无余地，可谓剽窃者之炯戒。”[1] 所以，后来的申纬（1769—1845）在《东人论诗绝句》中专论此事：“闺媛亦忌盛名中，兰雪人间议异同。”[2] 它指出了“盛名”带来的正负两面性。

万历四十六年（1618）刊行的蘧觉生《女骚》九卷，赵时用序，言及选择范围时有“夷夏兼录”语，这实际上是17世纪以后中国女性诗选的通例之一。就其中所选的朝鲜女性诗人作品而言，本来也有不少他人之作混杂其间，只是因为这些女性的名声没有兰雪轩那么响亮，人们的关注度也就不够强，所以也就很少人议论。比如吴明济《朝鲜诗选》中选了十首李玉峰的诗，其真伪就很成问题。《古别离》“西邻儿女十五时”，实为郑誧（1309—1345）之《怨别离》；《归来亭》“解绂归来早”，实为李瑜（1469—1517）之《题归来亭》；《登楼》“小白梅逾耿”，实为林亿龄（1496—1568）《登官楼》之后四句；《自适》“虚檐残溜雨纤纤”，实为申光汉（1484—1555）同题之作；《七夕》“无穷会合岂愁思”，实为申光汉《七夕咏牛女》；《宝泉滩即事》“桃花高浪几尺许”，实为金宗直同题之作。在晚明众多女性诗文的选本中，往往以《朝鲜诗选》作为选择的祖本，因此，以讹传讹的情形非常普遍。究其实质，也是书籍环流带来的负面效应。

自从许筠勇敢地迈出了第一步，将《兰雪轩集》付梓，朝鲜女性诗文创作也就掀开了新的一页。女性创作不仅是正当的、合法的，而且也能为其本人、家族甚至整个国家带来荣誉。既然天生才华，无论男女，“不容强亦不容遏”，那么，闺秀显露才华，发为诗文，就不是一件需要隐蔽的事情。与男性一样，其作品可以甚至应该公之于世。这一观念在朝鲜首先是被男性获得并付诸实践的。他们为家族中的女性诗文做编辑、谋出版，并为之序跋、为之赞誉。而一旦公之于众，就会带来各种名声的回报。于是为了博取佳名，就往往会出现以赝充真的情况，这几乎就是与闺秀诗走向公众同步出现的。当许筠编选《国朝诗删》的时候，选入了金氏（俞汝舟妻）、曹氏、杨士奇妾、李氏（赵瑗妾李玉峰）、伽倻仙女等人的作品，并且在卷末的“许门世稿”中选入了兰雪轩的作品。兰雪轩的作品姑且不论，伽倻仙女属妓流，其余四家大体应归入闺秀之作。问题在于，此前的闺秀作品皆内而不出，许筠是从

---

[1] 《清脾录》卷二，《青庄馆全书》卷三十三，《韩国文集丛刊》第258册，第27页。
[2] 《警修堂全稿》卷十七，《韩国文集丛刊》第291册，第375页。

何处觅得这些作品的呢？朝鲜女性的诗作，在从“私密”向“公众”转换的过程中，有没有发生什么“意外”呢？《国朝诗删》所选的上述四家闺秀诗，以李氏（赵瑗妾李玉峰）的作品为多，共五首。许筠在宣祖二十六年（1593）撰写《鹤山樵谈》时就已将兰雪轩与李玉峰相提并论为“东方妇人能诗”的代表，一为“天仙之才”，一为“大家”。而当他向吴明济推荐介绍时也出现了不少张冠李戴的问题。上文举到其中所选的十首李玉峰之作就有六首为他人作品。如此频繁地出现恐非偶然失察所致，很可能是故意混淆，以张大声势。同样，《国朝诗删》所选的五首诗也并非全无问题，如七绝《楼上》的后二句：“明月不知沧海暮，九疑山下白云多。”据许氏早年所撰的《鹤山樵谈》，明确记录此二句为郑百炼之作。所以，女性创作在由“私密”走向“公众”的过程中出现了种种复杂的情形，其意义并非总是正面的。

以上例证属他人编纂，家族成员编纂的女性诗文也同样存在类似问题，不只是许筠编纂其姊氏作品而已。出于对名声的渴望，即便发现了作品的真伪存在疑问，甚至已经发现了问题所在，编者也同样不加删除，甚至还故意隐瞒。比如《林碧堂遗集》共七首，是俞汝舟（1501—？）妻金氏作品，由其七世孙俞世基编辑。编辑的动机是读到《列朝诗集》中选入的金氏的三篇作品（分别为《别赠》《贫女吟》《贾客词》），为俞家子弟闻所未闻者，故激动不已，合保存于家中的四首（其中两首见金氏自笔自绣的枕面，两首出于家人传抄），编成一集，并邀请当时的众多文坛名流为之序跋。在该诗集所收的七篇序跋中，南九万（1629—1711）的序显然不是为该集所写，只是为其枕角绣诗二首所写，见载于南氏《药泉集》中的《题林碧堂七首稿后》才是为该诗集而撰。照理来说，此文是应编者之请而撰，为何不见于该诗集的序跋，反而要以另外一篇本非为该集而作的文字替代？原因很简单，就是南九万在《题林碧堂七首稿后》中所指出的，出于《列朝诗集》的三篇署名金氏的作品实际上是他人之作。俞氏不愿正视事实，所以将南氏的跋弃而不用，实为掩耳盗铃、自欺欺人之举。原意是要张大声势，结果反而受到声名之累。

又如《玉峰集》，为赵氏后裔赵正万（1656—1739）编辑。首列十一篇，皆出于《列朝诗集》。编者按曰：“右十一篇见录于皇明《列朝诗集》。……而《宝泉滩》诗载于《占毕斋集》，《斑竹怨》《采莲曲》两诗载于李达诗集中，未详孰是，第录于此，以为传信传疑之地。”[1] 看起来貌似严谨，实际上徒乱人意。金宗直（1431—

[1] 《朝鲜时代女性诗文集全编》上册，第 70 页。

1492）为朝鲜初期人，其《占毕斋集》初刊于中宗十五年（正德十五年，1520）；李达（1539—1610）虽与李玉峰约略同时，但其《荪谷诗集》刊于光海君十年（万历四十六年，1618）。作品归属应无疑问，在无疑处“传信传疑”，实际上也是不愿正视真相。而如果继续考索，这十一篇作品中还有另外四首也同样出于他人[1]。

朝鲜诗传入明朝，再经明人编选，此类讹误尤为严重。以《名媛诗归》为例（凡与上揭问题重复者皆略去），如成氏名下有四题六首，其中四首为许兰雪轩作品；俞汝舟妻名下四题五首，四首为许氏作品；权贵妃《宫词》，实为朱权咏权妃之作[2]；德介氏《送行》，乃朝鲜初期李承召（1422—1484）《拟杜樊川赠别诗仍用其韵》之一，见《三滩集》卷四[3]。而当中国的这些选集传入朝鲜之后，又被作为文献来源再度进入了朝鲜文献，如韩致奫（1765—1814）《海东绎史·艺文志》、佚名编《李朝香奁诗》等。随着书籍的环流，这类以讹传讹的错误也就越传越广。

女性作品中的真伪问题，在中国也同样发生过。朱彝尊《静志居诗话》卷二十四指出：“明闺秀诗类多伪作，转相附会，久假不归。”并由此而联想到兰雪轩诗，认为“不能无赝鼎之疑”[4]。朝鲜末期的安往居（1858—1929）曾在《中外日报》连载其《洌上闺藻》，其序云：“自古东华（案：指朝鲜和中国）妇人诗类多赝作，在中华尤甚，以其诗界博而赝界亦博也。然而在朝鲜，亦不无赝弊。先破其赝，评乃归正。”[5] 好名之弊，以至于弄虚作假。尽管这一问题多出于编纂者（其中多数为男性，也有女性），但大量牵连“水做的”女性，不能不让人感叹名声之累人，可谓大矣！

但名声也有其积极的一面，它激发了朝鲜女性的文学自觉、性别意识和不朽观念。尤其是从18世纪中叶开始，女性意识有了进一步的提高。男女虽然有别，但从“人性”的角度而言，则并无区别，女性同样可以成贤成圣或立言不朽。允挚堂任氏（1721—1793）云：“我虽妇人，而所受之性，则初无男女之殊。纵不能学颜渊之所学，而其慕圣之志则切。”[6] 故在65岁时将自己的文稿编辑成册，自称“逮至暮年，

[1] 参见《玉峰集·解题》，《朝鲜时代女性诗文集全编》上册，第55—59页。

[2] 此诗实为朱权之作，说见朱彝尊《静志居诗话》卷二十四。将朱权之作移至权贵妃名下，始于方惟仪《古今宫闺诗史》，说见吴景旭《历代诗话》卷七十四“玉箫”条。

[3] 此书最早刊行于朝鲜中宗十年（1515）。

[4]《静志居诗话》下册，北京：人民文学出版社，1990年，第794页。案：明人编选的唐代女性诗选，其中伪作也很多，可见是同一风气下的产物。参见陈尚君：《唐女诗人甄辨》，北京：海豚出版社，2014年。

[5]《朝鲜时代女性诗文集全编》下册，第1919页。

[6]《克己复礼为仁说》，《朝鲜时代女性诗文集全编》上册，第556页。

死亡无几，恐一朝溘然，草木同腐，遂于家政之暇，随隙下笔，遽然成一大轴，总四十编”[1]。于是在生前编辑自己文集的风气，在朝鲜女性世界中勃然兴起，如芙蓉堂申氏（1732—1791）、三宜堂金氏（1769—1823）、静一堂姜氏（1772—1832），等等。女性积极主动地在生前编纂自己的文集，直接参与了书籍的编辑、出版、流通、阅读，并且在阅读之后发出了自己的声音。在20世纪以前，朝鲜刊印的女性诗文集有：

《兰雪轩集》，宣祖四十一年（1608）木版本；肃宗十八年（1692）东莱府重刊本；肃宗至英祖年间戊申字本。

《梅窗集》，显宗九年（1668）木版本。

《玉峰集》，肃宗三十年（1704）木版本。

《杏堂殇姊冤稿》，正祖九年（1785）木活字本。

《允摯堂遗稿》，正祖二十年（1796）木活字本。

《令寿阁稿》，纯祖二十四年（1824）全史字本。

《静一堂遗稿》，宪宗二年（1836）木活字本。

《竹西诗集》，哲宗二年（1851）木活字本。

《情静堂遗稿》，哲宗九年（1858）木活字本。

《只在堂稿》，高宗十四年（1877）木活字本。

《光州金氏逸稿》，高宗三十二年（1895）木活字本。

而《兰雪轩集》则不仅有朝鲜刊本，也有中国本和日本刊本。这些成果，不妨看作是在名声的积极作用下产生的。

结　语

本文结论如下：

1.《兰雪轩集》的编纂是许筠违背其姊氏意愿的行为，而在18年后最终出版，又是一系列事件发生和作用下的结果。

[1]《文草誊送溪上时短引》，《朝鲜时代女性诗文集全编》上册，第569页。

2. 这一系列事件总括起来，便是晚明与朝鲜之间的书籍环流。书籍是知识的载体，其中蕴含的观念、立场、信仰等，在环流之际不断发生影响，刺激并改变了人们的思想和行为。就女性创作而言，就是使得朝鲜士大夫阶层接受、认同了闺秀创作的“正当性”与“合法性”，促使许筠堂而皇之地印行了姊氏诗集。由此展现出来的历史画卷不是性别之间的“战争”，而是温柔的“合作”。

3.《兰雪轩集》在朝鲜的出版，标志着一个新时代的来临。女性创作从此冲出闺门，走向公众。几乎与走向公众的实践同步，女性创作也混杂了许多赝品。当对名望的渴求压倒了向世界的真诚诉说时，诗就一变而成为博取声名的手段。在编纂女性诗文集时，有人为了张大声势，甚至不愿正视真相，导致鱼目混珠，这是今天我们面对东亚女性创作文献时需要特别警惕的。

4. 从 18 世纪中叶开始，女性的文学自觉、性别意识和不朽观念也进一步提升，生前自编文集的行为就是这种观念的实践。于是女性也与男性一起直接参与到书籍的环流之中，将自己的观念和情感投入其中，用这样的方式与不同时空中的男性或女性对话、呼应、争辩，现存的 11 种女性诗文集刊本就是其标志性成果。

张伯伟，1959 年生，现为南京大学文学院教授、博士生导师。兼任韩国东方诗话学会理事、中国古代文学理论学会副会长等。主要从事中国古代文学、东方诗学研究，著有《钟嵘诗品研究》《中国古代文学批评方法研究》等，主编《中国诗学》《域外汉籍研究集刊》等。

跨文化交流中的理解障碍及其文化冲突[1]

贾磊磊

在多元化的文化语境中，不同文化之间的相互交流、相互合作，有赖于对各自文化价值观的正确判断，而对于文化价值观的正确判断又依赖于对语言意义的正确理解。所以，尽量避免在语言交流中产生理解误差，消除在文化传播过程中产生意义误读，是避免文化对抗与冲突的重要途径。固然，我们不能将所有的文化冲突的根源都归之于语言问题，但是，语言确实是我们在进行跨文化交流中必须跨越的第一道门槛。这就是说，如果我们在语言层面上不能够进行准确、通畅、有效的沟通，那么，我们所有建立在语言交流基础之上的文化诉求都将化为泡影。但是，实际上，在跨文化交流中并没有单纯的语言问题，所有的语言问题其实都是程度不同的文化、历史、社会、政治、经济问题的表征。所以，要想解决语言交流中的理解歧义，包括解决跨文化交流中的理解障碍，就必须将语言的问题引入到相关的文化、历史、社会、经济乃至政治领域中去认识，唯有如此，才能够最终解决跨文化交流的理解困境。

一、立场的差异决定理解的差异

目前，中国在对外文化交流中所遇到的诸多障碍中，语言的误读依然是极其突

[1] 此文由作者根据 2015 年 4 月 10 日在美国华盛顿第四届中美文化论坛上的发言修改而成。

出的问题。不要说我们与其他西方国家，就是与同根同祖的中国台湾，对相同事物的称谓，也存在着诸多的语言差异。我们称“地道”，他们称“道地”，我们称“地铁”，他们称“迅捷”，我们称“叫醒”，他们称“叫床”……这就是说，在我们的文化交流中遍布着许多的语言障碍。不论是在政治、经济领域，还是在思想、文化领域，我们都存在着许多意义上相互错位、理解上相互抵牾的区域。有些时候，理解的差异虽然不会像南辕北辙那么严重，可是，在频繁的跨文化交流中，这种理解的差异会时不时地浮现出来，干扰双方的有效沟通。如果这种语言的误读日积月累，并最终形成一种习惯性的阅读方式与理解模式的话，那么，很可能会使我们对某种文化形成一种总体的误判，进而损害双方在文化领域的正常关系。

客观地讲，任何国家都不愿意将对外关系——不论是友好的关系还是敌对的关系——建立在一种误判之上。这其中既包括了对国家战略意图的认识，对外交政策的把握，以及对经贸原则的理解，同时，还包括对一篇小说、一部戏剧、一部电影的阐释，都应当避免产生意义的误读与理解的偏差。所以，准确并正确地理解语言的意义，避免对话时产生理解的歧义，是跨文化交流要解决的首要问题。

我们看到，在跨文化交流中，对一种文化现象的判断，以及对一种文化文本的读解，有时并不是基于对一种语言的理解，而是出于某种想象与揣度的需要，显然，这种跨文化交流中的障碍并不能通过语言通道的疏通与语言意义的理解来解决。这是跨文化交流中更为复杂的阐释立场问题。2012年10月11日，中国作家莫言获得2012年度诺贝尔文学奖之后，美国《纽约时报》除了对莫言的文学创作进行了评价之外，还对“莫言”的笔名进行了一番阐释。言称，“莫言，这个名字的意思是‘不要说话’，这反映了他生活的那个时代。”（“Mo Yan，which means ‘don’t speak’，is actually a pen name that reflects the time in which he grew up。”）[1]言下之意是说，莫言生活在当代的中国，因为不能自由说话，没有言论自由，所以，取笔名叫“莫言”。莫言的名字从字面上讲确实有“不说话”的意思，但实际上，莫言的原名叫管谟业，谟业本身与莫言谐音（他的女儿随他原来的姓氏叫管笑笑）。莫言之所以取这个笔名，是将他原来的名字改作了他的全名。他意在强调，比起他的说话，他更看重的是他的写作，这才是取“莫言”为笔名的本义。当然，谟业本身也有“计谋”“策略”的意义，但是，这并不是说他在中国就没有说话

[1] 美国《纽约时报》2012年10月11日。

的权利，就不能说话。他以莫言为笔名取代了他的原名，从中国传统文化的角度上讲，我们的祖先历来崇尚的是“知者不言”，推崇的是“大音希声”，强调的是“至乐无乐”。这就是说，在中国的传统文化中，我们所敬仰的最高的智慧，我们所标举的最美的声音，我们所尊奉的最好的音乐，是那种不尚雕琢、不露痕迹的天籁之作。总之，中国人向往的是那种浑然天成的美学意境，鄙视的是那种炫耀、张狂，并带着斧凿之气的艺术形式——恰恰就像莫言在获得诺贝尔文学奖之后，他所表现出来的那种淡定与谦逊的气质，那样平和甚至悠然的神态。在诺贝尔文学奖这个巨大的光环之下，莫言体现出中国作家的一种特有的智慧和风范。可见，莫言的力量从来就不在于表面的肆意张狂，而在于他的作品具有一种撼动人心的内在力量。就像我们通常在讨论表演艺术时所说的“沉默是金”——沉默并不是不说话，沉默本身也是一种独特的言说方式，它有时比言说更有力量。可见，莫言笔名的意思并不是不能说话，而是不想把什么都说出来，最起码是不想将什么都说尽。进而言之，即便是言说，中国的艺术家崇尚的也是言外之意、象外之象、弦外之音。对于了解中国传统文化的人来说，莫言的笔名与中国诗学的评价标准有关，与中国传统的审美理想有关，而与中国某个时代的言论自由无关。可见，《纽约时报》对莫言笔名的阐释既不符合莫言个人的本意，也不符合中国文化的意义，更不符合中国社会的客观现实。

这种基于某种想象、揣度而强加于对方的所谓“文化误判”，尽管不是跨文化交流中的普遍现象，但是，它并不只是出现在东西方国家之间，即便都是亚洲国家，在跨文化交流的过程中也会出现类似的情形。《韩国日报》2013年1月21日曾经报道说，韩国高丽大学历史学教授韩俊三于1月20日在韩国首尔举办了一场名为“韩国国家名称历史演变”的学术研讨会。在会上多名历史学教授讨论了在中国热播的电视剧《楚汉传奇》，原因是在这部电视剧中多次出现了“韩国”的称谓。由于它与当代亚洲的“韩国”在发音上相同，韩国的学者便认为：这部电视剧里讲述的“建立韩国”“回到韩国”“重建韩国”的台词，很可能会让当代观众误解为当今的“大韩民国”是由中国人建立的，或者误以为今天的韩国在历史上是中国的一部分，为此，他们认为中国电视剧的以上表达严重伤害了韩国人民的感情。这样，在历史上两个原本风马牛不相及的国家就这样通过语言的误读而被认为是一个国家。其实，电视剧《楚汉传奇》里的“韩国”是战国时期从晋国分立出来的三个诸侯国之中的一个，在中国历史上是一个被秦国灭掉的国家（公元前403年—前230

年）。后来在楚汉争霸时韩国曾经一度复国，但是，最终还是被他国所灭。中国的电视剧中所讲述的就是那个距今有两千多年的历史故事。古代的韩国与当代的韩国虽然在汉语中的称谓（发音）一样，可是古代中国的韩国和当今世界的韩国完全是截然不同的两个国家。如果，按照韩国个别学者杜撰的逻辑，我们只有将中国历史上诸侯征战时的韩国删除殆尽才不会让人们误以为中国历史上的韩国是当代亚洲的韩国，那么整个中国古代的历史岂不是要推翻重写？

事实证明，在跨文化交流中并没有单纯的语言问题，所有的语言问题其实都是程度不同的文化、历史、社会、政治、经济问题的表征。所以，要想解决语言互译中的理解歧义，就必须将语言的问题引入到相关的文化、历史、社会领域乃至政治、经济领域才能够最终完成。如果将跨文化交流的问题缩小为单纯的语言阐释与理解的问题，并不能真正解决跨文化交流中出现的诸多问题。

二、文化交流没有议价与妥协的空间

目前，不论是建立一种相互理解的双边文化交流平台，还是建立一种相互认同的多边文化对话机制，都远比建立一个基于共同经济利益的国际贸易机制更为艰难。因为商业贸易谈判主要涉及的是双方的经济利益，争取的是各自的利润空间。从表面上看这类谈判往往因为双方不愿放弃各自的切身利益而显得困难重重，但实际上，这种谈判通常都留有“议价”与“妥协”的余地，所以，经济贸易的谈判往往可以你来我往，相互进退。在一般性的国际商务洽谈中，由于双方并不涉及文化价值观的讨论，也不涉及精神信仰的论争，因而不会牵涉国家认同与精神信仰这样易于引起争论的话题——我们买不买日本的汽车与接受不接受日本的武士道精神可以分开；我们要不要伊朗的石油与信不信仰伊斯兰教也可以互不牵涉。只有在特殊的历史时刻，商贸活动才会提出各种各样的附加条件，比如中国在鸦片战争后签订的一系列不平等条约。

然而，文化艺术的交流与对话，难免会涉及关于价值取向、精神信仰、思维方式、语言表达这类精神领域的问题，我们也不可能在文化的讨论中不涉及价值观念、不讨论精神信仰、不指涉思想意义。事实上，不同国家之间的文化冲突有时往往就是由于不同的精神信仰、不同的思维方式、不同的思想观念之间的差异与对立而产生的。由此可见，文化交流活动中的思想冲撞是很难从根本上消除的，有可能消除的只是各自的偏见。所以，不论文化冲突的对立因素是什么，归根结底，造成冲突的根本缘由都是基于文化立场与价值取向的不同：你认为什么是正确与他认为什么是正确，各自选择的判断标准不同；你认为什么有意义与他认为什么有意义，评判的依据不同；你认为什么是美与他认为什么是美，阐释的立场不同——这就是价值取向的差异所形成的不同判断。从表面上看在文化领域大家可以各抒己见、各美其美，但实际上文化领域并不存在着一个像经济领域那样可以议价、可以进退的弹性空间。人们在文化交流中，特别是在文化价值的阐释方面，没有任何可以“出让”的意义（利益），也没有任何可以“妥协”的思想（内容），这就是文化交流的实质所在。总之，在文化领域没有任何可以用来交换的砝码——精神的东西历来是无价的。进而言之，文化的价值之所以得到人们的敬重恰恰就在于它不是一种可以用物质利益来置换、用金钱来取代的精神实体。在跨文化交流中一个民族的文化传统可以放弃吗？一个国家的价值取向愿意割舍吗？显然不能。从这种意义上说，文化的交流与对话从表面上看风平浪静，实际上却暗流涌动。那么，在所有的文化信念都不可能放弃、所有的文化价值观更不可能交换的情况下，文化的交流如果只剩下自说自话，这种交流本身的意义又在哪里呢？所以，跨文化交流的困境并不仅仅在于语言阅读的障碍与阐释立场的分歧乃至社会语境的差异，更为尖锐而复杂的问题在于如何处理文化价值观的对立与文化立场的差异。正视跨文化交流中的这些问题，在相互尊重各自文化价值观的基础上，寻找不同文化体系中的最大公约数，扩大不同文化领域之间的相互理解与相互认同，无疑是跨文化交流中所要解决的重要问题。

其实，在保持不同国家、不同民族独特的文化价值的同时，实现相互之间的理解与认同，一直是人类社会的一个恒久的梦想。“在日益走向多样化的当今社会中，必须确保属于多元的、不同的和发展的文化特性的个人和群体的和睦关系与和平共处”——这是联合国教科文组织 2010 年提出的基于文化多样性时代的基本设想。正像单一的物种会导致自然界的退化一样，单一的文化生态也会造成人类社会的衰微。所以，提倡与保护文化的多样性，不仅是对民族文化生存权的尊重，也是对整个人类文化生态的维护。虽然，尊重与保护文化的多样性现在已经成为许多国家的普遍共识，然而，在联合国的《保护非物质文化遗产公约》和《保护和促进文化表现形式多样性公约》上依然有许多国家没有签字，特别是那些在经济上处于优势的发达国家，在这些国际性的公约上为什么见不到他们的身影呢？也许，他们未必赞同一种真正的多元文化价值观；也许，他们不愿意拉平与其他国家在文化生存方面的基准线。可见，尽管人们已经确认了“文化多样性是人类的共同遗产”，对文化遗产的保护也是我们义不容辞的责任，可是，对文化多样性的保护并不像要么吃西餐、要么吃中餐那么容易；文化的互信更不像要么信基督教、要么信伊斯兰教那么简单。随着国际交流日益频繁，国际合作不断深化，不同文化之间的对话与沟通实际上已经成为经济合作、商业贸易、政治往来的必要保障。有鉴于此，我们在保持各自文化取向乃至文化权利的同时，应当更加考虑到不同文化之间相互理解的时代要求，更加考虑到文化价值理念方面相互沟通与相互尊重的迫切现实，并且在实现文化融合的进程中避免由于文化的隔阂与误解所造成的对立与冲突。

三、单边主义的价值观是文化冲突的诱因

回望人类历史上的文化冲突，大都是由于国家的核心价值受到诋毁，民族的文化精神受到践踏，文化的历史传统遭到破坏，人们的宗教信仰受到嘲讽而酿成的。尽管我们不能够将文化的因素作为国家间对立与冲突的决定性因素，但是，可以肯定地说，文化曾经是诱发暴力冲突的重要因素之一。

在多元化的文化语境中，奉行自我中心主义的价值观往往是诱发文化冲突的导火索，尤其是在涉及其他文化的核心价值时，单边的价值取向有时会造成强烈的负面效应。有时一幅漫画、一本小说、一部电影就能够引起国家间的摩擦与对抗。2005 年 9 月，由于丹麦的一家报纸刊登了以穆罕默德为主角的卡通漫画。对伊斯兰教的先知进行了嘲讽，并且把其丑化为恐怖主义者，从而招致穆斯林团体的强烈抗议。2006 年 1 月 10 日，挪威的一本杂志刊登了跟进报道后，这场争议随之扩大为重大的外交僵局，并引发穆斯林世界的一连串谴责和贸易抵制行动。法国的《法兰西晚报》为了声援自己的欧洲伙伴于 2 月 1 日刊出了所有 12 幅漫画，从而使外交僵持立即演化成一场政治危机。巴勒斯坦组织阿克萨烈士旅和人民抵抗组织警告说，他们将展开以丹麦、挪威和法国公民为目标的袭击，并将破坏这些国家驻巴勒斯坦的办事机构——除非它们关闭。激进的穆斯林不仅要抵制丹麦的商品，还要抵制法国和挪威的商品。巴基斯坦的伊斯兰教徒们在一些主要城市举行了大规模的示

威活动，高呼“丹麦去死”的口号，焚烧了丹麦首相的肖像、丹麦的国旗和法国的国旗。这种冲突迅速升级为国家级的对抗行为。阿富汗总统卡尔扎伊谴责这些漫画是对全世界穆斯林的侮辱，并宣称要“严禁此类行为重演”。在埃及，一份国有报纸谴责这些漫画的出版是一场“阴谋”，并警告说“任何攻击我们先知的举动都将受到惩罚”。伊斯兰国家的政要也出来指责这种丑化宗教领袖的行为。约旦国王说，亵渎穆罕默德是“无可争辩的罪过”，不能以新闻自由为借口为其开脱。土耳其总理也批评了刊登嘲讽穆罕默德漫画的行为。联合国秘书长安南也对丹麦报纸刊登先知漫画所引发的争议表示关注，他说，新闻自由应当尊重宗教信仰，在行使新闻自由时应当充分尊重宗教信仰和一切宗教的教义。他还强调，通过和平对话与相互尊重来消除不同宗教信仰、不同文化传统的人民之间的误解与仇恨非常重要。[1]事实证明，在多元文化的历史语境中，尊崇、推行单边主义的价值观而忽略、漠视其他文化的存在价值，并嘲讽、诋毁其他文化的经典形象，是诱发危机乃至暴力冲突的直接因素。

无独有偶，比丹麦的漫画事件更严重的法国漫画事件在时隔 10 年之后爆发了。2015 年 1 月 7 日，法国巴黎的《查理周刊》杂志因刊登了讽刺伊斯兰宗教领袖的漫画而遭到手持冲锋枪和肩扛火箭筒的武装人员的袭击，导致包括周刊主编夏尔伯在内的至少 12 人死亡，多人受伤。这是法国本土近 40 年来遭遇的死亡人数最多的恐怖袭击。[2]1 月 8 日上午，被激怒的法国数千民众自发地聚集在《查理周刊》杂志社附近的共和国广场，他们挥舞着纸和笔，高喊“我是查理”的口号。几天之内，支持抗议《查理周刊》的游行活动在全法数十座城市连续举行，并蔓延至西班牙、英国、德国、瑞士、荷兰等多个国家，形成了国际性的抗议浪潮。1 月 11 日，40 余个国家和地区的政要在巴黎共同参加了声援抗议《查理周刊》、反对恐怖主义的集会，法国参加集会的人数高达数百万人。虽然，我们不能将这场暴力恐怖事件的起因归之于不同宗教信仰之间的价值冲突，因为其中包含着多重复杂的历史、政治乃至经济原因，但是，对于宗教领袖形象的讽刺与诋毁无疑是导致此次冲突的诱因。特别是“9·11”事件以来，伊斯兰世界与整个西方发达国家之间的尖锐冲突——这种僭越了国家边界的文化冲突已经孕育了潜在的暴力事件，如果在这种境

[1] 《漫画事件把欧洲卷入风暴之中》，《参考消息》2006 年 2 月 4 日第 2 版。

[2] 《法国杂志社遭遇恐怖袭击 多名顶级漫画家身亡》，2015-01-09 08:06:11，来源：新华网。

况下依然不能够对可能引起冲突的文化问题给予必要的管控，那么，诱发暴力冲突的可能性就会加剧增长。

我们应当看到，法国文化中确实“存在一种嘲讽权威的传统”，这种传统可以上溯到1789年的法国大革命时期的街头政治，甚至更早的17世纪莫里哀的戏剧舞台。有人认为批评和嘲讽权威的传统、天赋人权的观念构成了法国文化中最重要的内核。在当代传播媒介中，即使是最主流的法国报纸也会在头版刊登讽刺漫画，更不要说像沙博尼耶和沃伦斯基这样法国顶尖的漫画家，他们更会坚持他们一贯的创作态度。法国驻华使馆新闻参赞满碧滟对此声称：“（新闻）自由是法国的核心价值观。”对于法国这样一个同样是通过流血才换取自由的国家，他们的文化价值观（自由）同样也是不惜用生命去捍卫的。《查理周刊》杂志的主编夏尔伯此前在《查理周刊》遭到破坏后曾表示，如果一个杂志不能自由地表达他们自己的观点，毋宁去死。现在，事实不幸被他言中。在某种意义上，夏尔伯是为了践行他所信奉的价值观而活，也是为了他所信奉的价值观而死。谁说文化是一个没有纷争、没有冲突、没有流血的港湾？事实证明，文化同样是一种用生命去搏击、去争夺、去捍卫的疆场。在《查理周刊》事件爆发后，美国的《纽约时报》却刊登了一篇标题为“我不是查理”的署名文章，作者认为，《查理周刊》是“用幽默的方式刻意冒犯了他人”。可见，即便是在西方社会中，也并不是所有的人都赞成用恶意讽刺的方式去刻意地伤害别人，其实，包括法国人自己也是这样的。“《查理周刊》的前身就是一份名叫Hara-kiri的讽刺月刊，在1970年曾经因为将戴高乐将军之死与一场火灾联系起来而被法国内政部禁止销售。”[1] 如果，一份杂志不被允许对本国的领导人进行嘲讽，而为什么它却可以去揶揄其他国家的宗教领袖呢？如果，讽刺与嘲弄是一种传统，那么，这种传统是否也应该有它自身应当恪守的边界呢？显然，任何单边地强调某种价值观的做法都是难以在世界范围内被接受、更是难于被推广的。

四、避免文化冲突变为暴力冲突的温床

对文化问题的纷争在国际上历来是最难找到解决方案的，有时往往是以公说公

[1] 吴梦启：《我们究竟应不应该是“查理”？》，《南方周末》2015年1月15日第11版。

有理婆说婆有理的方式而告终。《查理周刊》血案发生后，伊斯兰世界和欧洲穆斯林领袖纷纷发表声明，一致强烈谴责袭击事件的制造者。遇害的《查理周刊》杂志主编夏尔伯生前曾说过一句话："漫画从来没有杀过一个人。"言下之意，即一种艺术形式即便就是表达了对某种文化的否定，也不会置人于死地。尽管，我们不能接受以一种暴力的、流血的方式去对待一种非暴力、非流血的文化表达，可是，我们还是应当看到，对人的尊重，对文化的尊重，首先就是对其精神信仰的尊重。如果，人的精神信仰不能够被尊重，甚至还会遭到诋毁和嘲讽，那么，发生过激行为的可能性就会成倍增加。况且，有的时候对人格尊严的伤害并不亚于对人的自然生命的伤害。特别是在已经存在纠纷与冲突的国家之间，如果在政治、经济领域的矛盾尚未得以缓和，那么在文化精神上的相互贬低无疑会诱发更为强烈的冲突。所以，在文化上的相互尊重、相互包容、相互理解就显得至关重要。中国儒家伦理的"己所不欲，勿施于人"在这种意义上无疑是一个可以提供给世人参照执行的文化准则。

在社会政治的国际舞台上，国家之间相互争夺的主要是国家的核心利益，是领土、领海、领空的主权归属，而不是价值观的归属。因为价值观的归属是由本国特定的文化传统和社会体制所决定的，通常意义上的价值观的冲突是内在于国家之间的政治往来、文化交流与商业贸易活动之中的，它不可能作为一项议事条款被拿出来讨价还价。在社会政治领域中，哪个价值观是你的、哪个价值观是我的其实并不是最重要的，最重要的是哪些利益是我的，哪些利益是你的，哪些利益是共同的。所以，在国与国的各种交往活动中价值观问题经常不是被推延、被后置，就是被遮蔽、被转移。

我们知道，两个国家的政治安全有赖于一个相互能够认可的国界。只有在双方都能够共守的边境上，两国之间才能够相安无事。反之，则意味着对峙与纷争，直至爆发武装冲突。世界上不同种族、国家之间的文化冲突之所以此起彼伏，其原因除了相互之间存在着不同的文化传统与价值取向之外，在许多情况下也是由于人们没有在不同的文化族群之间确定一个可以共同确认的价值地界，没有设定一个相互共守的文化区域。在文化领域我们是否也应当确立一种文化价值的共同性原则来规范大家的价值定位呢？这就是说，我们在坚持各自价值取向的基础上，应当划定一个价值的共享区域来避免那些不必要的文化冲突。鉴于不断发生的文化冲突事件，各国最起码在公共媒体上要对别国的文化传统与文化价值予以尊重。我们尽管不可能像签订国家间的军事边境线一样，签订一种文化交流的安全边界协议来维护不同国家之间的文化安全，但是，如果我们没有一种对不同文化价值观的有效保护，那么，文化的互信与尊重岂不就成了空中楼阁吗？

事实上，只要现有的文化矛盾不消除，爆发文化冲突的诱因就时刻存在。所以，要避免文化的冲突演变为暴力冲突，首先就应当在文化领域倡导相互尊重、相互理解的态度，而不要在跨文化的交流中奉行单边主义的价值取向。我们反复在强调，不同的文化之间只有通过交流才能够相互了解，通过相互的了解才能够实现相互的尊重，只有相互的尊重才能够进行相互的合作——如果没有交流和理解，就不可能有尊重与合作，不论是经济的、政治的乃至文化的、艺术的交流，都是相互尊重与合作的基础，进而也是消减双方对立与冲突的前提。萧伯纳曾经说过，如果一个苹果由两个人分享，那么，一个人只能够得到半个苹果；如果一个人的思想由两个人来分享，那么，每个人就能够拥有两种思想。固然，文化的交流并不只是一种思想获得多少的问题，最重要的是通过思想的交流，人们能够取得彼此的信任，获得相互的尊重，求得相互的发展。越是没有交流的国家，相互之间的对抗就有可能越尖锐、越严重。现在，我们在文化交流中是不是也应当设定一种安全机制，来疏导、缓解文化冲突所聚集的负能量，不让其蔓延成为不可阻止的流血冲突，特别是不要让文化矛盾成为诱发国家之间暴力冲突的温床？

贾磊磊，1955 年生，现为中国艺术研究院副院长、研究生院电影电视系主任。主要从事影视艺术、文化发展战略研究，著有《电影语言学导论》《中国武侠电影史》《影像的传播》等，主编《当代中国电影史（1949—2000）》等。

生命精神与死亡智慧的历史对话

刘士林

一

在中国文化地理学的历史时空中，大的西风作乱可以说共有两次，一次是古代印度佛教的东渐华土，一次则是以基督教为先锋的现代西方文明席卷东方。两次西风之所以能够成功登陆，都是顺应天时、地利与人和的结果。简而言之，第一次登陆在于中国的生命精神中缺失了宗教的一环，这是中国实用理性过早地进入成熟形态而产生的负面影响。而印度佛教的死亡智慧，无论就其智慧形态本身，还是就空间距离上，乃至它进入中国的时机（尤其是随着南北朝的政治军事动荡）而言，可以说都是最为适宜的。第二次登陆则在于中国文明缺少了进入现代世界必需的科学技术、物质基础与文化体制。与早期因为欲望太盛而需要宗教这把"切玉（欲）刀"不同，以基督教为先导的西方文明的介入，恰恰是因为佛教以无为本的智慧腐蚀了中国的生命精神而造成的。佛教不仅严重侵蚀了先秦儒学的刚健品格，同时也彻底虚化了先秦道家的自然精神，中国思想史上所谓的儒、道、释三教合流，其深层含义正在于此。

这两大西风的历史转换是十分必然的。如果说，第一次西风东渐是为了满足中华民族的精神利益的需要，是为了解决他们生存与在世的精神苦恼而登陆的，这其中蕴含的政治语义在于，它可以有效地麻痹中华民族当时极为健旺的生命活力，并通过这种内在欲望的调节，来减缓整个社会物质生产与分配系统所承担的沉重压力，从而达到服务于政治统治这个根本目的。也可以说，精神利益高于现实利益这个时代主题为印度佛教东渐华土扫平了中西交流的话语障碍。而第二次西风东渐则纯是一种为了物质利益而进行的精神奋斗，它要为已经虚脱的民族精神实施治疗和寻求新生之路。明清时期闻风落泪、见月伤心的才子佳人就是这种生命虚弱的象征，把他们与“天行健，君子以自强不息”的先秦君子，与秦汉年间以“高阳酒徒”自居的侠义之士，与魏晋时代王谢之家的风流与功业，与隋唐时代投笔从戎、“红旗半卷出辕门”的边塞诗人，甚至与两宋“壮志饥餐胡虏肉”“壮岁旌旗拥万夫”的士大夫相比，其寒碜与可悲亦自不待言。而造成这种生命严重虚脱的主要的精神原因当然就是“以空为本”的佛教死亡智慧。这种精神的孱弱一直影响着中国现代社会，同时它也是近代以来“新民”和“富强”这两个核心概念的心理发生机制。自明朝末叶以来中国社会的全面衰退与落后与其从佛教中借鉴的精神资源直接相关。而中国明代的第一批热心于基督教以及西方实用技术的士大夫，也恰是要从这一点上来“易佛补儒”的。

当今世界，全球化挑战风疾雨骤，在此时重新回顾中西文化之精神交流及其种种环节，意义自然是十分深远和面向未来的。佛教 / 基督教的东渐在逻辑上的必然性，可以引申为一系列的追问：佛教 / 基督教精神的核心是什么？中国文化的核心精神又是什么？它们分别是如何从远古洪荒中生成的？那种驱动它们发生“征服”或“被征服”的结构性原理是什么？另一方面，每一次西风的匆匆登陆都是在“救亡图存”的现实需要的驱动下发生的，好像若非如此便不能再生存下去一样。这正是我们在回顾中西文化交流时感到特别悲怆的地方。为什么在不同的时代中，中国的文化结构中总是缺少那种可以使自身获得解脱的“死生智慧”？又为什么中华民族最需要的东西总是西方文化的核心要素？为什么从西方吸收了精神的涅槃之术后很快又必须从西方吸取非精神性的技艺？一切问题的中心就集中在中国文化精神的结构性问题上。从学理上理清中国智慧内在结构的残缺性，这一点不仅超越了中西体用之争，对于重新认识当代中西文化冲突也有着十分深远的现实意义。

二

死生亦大矣，岂不痛哉！

这本来是一切民族在轴心时代精神发生的契机，但在中国先秦时代的精神觉醒中，由于以生命伦理学为中心的诗性文化的过度早熟，竟把个体的死生大事改写为一个可以置之度外、无足轻重的问题。这虽然使人类上古时代的诗性智慧得以完整保存，但对终有一死的芸芸众生，这种“乐感文化”就难免有“中国君子陋于知人心”之讥。而这一点文化结构上的严重残缺不仅为中国的理学家所洞悉，实际上也是佛教征服中国的逻辑起点。荷兰汉学家许理和也特别看重这个理学家的老生常谈，佛教本质上是一种个体的死生解脱方式：

> 佛教在中国并不是一种思想模式或哲学体系，而首先是一种生活方式，和一种高度纪律化的行为方式，它被认为能借此解脱生死轮回，适合于封闭而独立的宗教组织即僧伽的成员信受奉行。[1]

为什么一贯讲求“未知生，焉知死”的中华民族，会突然改变念头对死亡发生如此浓厚的兴趣？这一点必须从中印民族在轴心时代形成的不同的精神觉醒来讨论。

佛教东渐华土，在历史上、文化史上及思想史上都是一件大事，为了能够充分认识佛教在中土历史中具体展开的一切，我们有必要从中印文明不同的历史源流来了解一下这种“东渐”线路是如何出现的。由于古代文明的精神结构都发生于德国哲学家雅斯贝斯命名的轴心期（公元前 8 世纪—前 2 世纪），因而这也是我们了解中印文明的发生背景的历史源头。

根据我在《中国诗性文化》中的看法，人类在轴心时代产生的个体化的死亡意识，是所有民族精神发生的第一推动力。原始人没有死亡的观念，虽然在原始时代每天都不乏死亡现象，但由于他们还不能与之发生任何有意识的联系，所以很轻易就可以做到文明人必须借助高度的政治道德觉悟才能做到的“视死如归”。又由于个人心理与情感结构的不发达，他们就像植物人一样可以做到后代人凭借高度身心修炼才能企及的“不知悦生，不知恶死”的境界。这一“其生也天行，其死也物化”的人类自然史到了作为文明时代起点的轴心时代终于结束。在雅斯贝斯看来，正是在这一时期才产生了人的“反思”意识，而死亡体验则成了人对其自身存在的

[1] 许理和：《佛教征服中国》，南京：江苏人民出版社，1998 年，第 431 页。

第一种心理经验。"死亡意识"是轴心时代最刺激的精神新产物，曾一度惊呆、震慑了所有的原始民族，使这些见素抱朴、无知无忧、其生也天行、其死也物化的原始人群从生命的内部撞击出最初的精神火花。这些星星之火在一步步地照亮了个体生命的同时，也照亮了紧紧地包围着它、与此相对峙的自然与宇宙。于是那个天人合一、与物无对、与物浑然的原始混沌世界便随之解体了。

死亡意识既是对刚踏入文明门槛而本身又不知生死的原始居民最强烈的刺激物，也是他们产生思想、情感、痛苦与悲伤等生命意识的第一推动力。如何处理好个体生命欲望与死亡意识的现实关系，也就成为早期各民族的头等精神大事。正是在对"死神"挑战的回应中，原始民族分别产生了各不相同的精神方式与文化形态。以人类四个最古老的文明为例，古希腊可以说是正常的儿童。正如古希腊哲学家所讲的生命的任务在于思考死亡，古希腊的精神方式可以称为"死亡哲学"。在肯定个体存在的日神精神照耀下，古希腊人通过把理性的存在提升到人的本质高度，一方面成功地克服了死亡冲击波所带来的恐惧心，另一方面也使得个体的理性力量在生死的考验中获得了充分的发展，并最终成为了文明时代最骄傲的王子。古埃及则是一个被死亡意识吓破了胆的文明，他们在突如其来的死亡意识面前显得束手无策，由此产生了对这个民族影响深远的来世论。他们认为短暂、痛苦的现实世界是不真实的，而只有死后的永恒生活才是生命的真谛所在。因此，古埃及人才把全部财富和聪明才智都运用于金字塔和木乃伊上，我把它称为死亡伦理学。古印度文明在轴心期是那个心头最悲哀的孩子，他比古埃及人还要更上一层楼，连死后世界这个虚幻的安慰也矢口否认了。他不仅像古埃及人一样否定了生的意义，还坚决地否定了死后的真实与永恒。他说：这个宇宙就是一个"空"字，真正的智者只有否定了一切存在与不存在之后，才能领悟到那不生不灭的真谛。这种以悲观智慧为核心的佛教思想建筑在一种最坚固的宗教信仰上，所以我把它称为死亡宗教学。这三者对死亡的反应有一个共同特点，即不考虑"人心""情感"是否能承受得起。只有直承原始生命观而来的中国古代文明，才继承了诗性智慧的生命精神，在本质上表现为一种不死的智慧。与古希腊的哲学反思方式不同，它是以一种诗性智慧的直觉方式把死亡融为生命的一部分；与古印度采取非理性的宗教迷狂来超越感性之躯的畏死情结不同，它是以清醒的现实主义精神，以人伦义务为人生的最高意义来贬低个体生死的重要性；与古埃及的死亡伦理学截然相反，它以现世与族类的延续为第一义，把个人的生死消解在群体生生不息的历史绵延之中。一生，一死，两者在轴心时代的极端化发育，可以说已经为它们的历史性互补奠定了最深厚的基础。

面对相同的挑战对象，之所以发生了完全不同的精神反应并形成了中印民族差别极大的主体结构，根源于它们早期不同的自然环境及生产方式。从物质生产方式看，中印文明有很大的相似性，都以大河为中心，地广物博，气候温湿，两个民族也都很早就发展了农业文明。而在我看来，造成中印文明不同发展方向的主要原因，就是它们所处的不同气候带。黄河流域地处温带大陆内部，这与处于热带、亚热带半岛上的恒河、印度河流域相比，差别自是显而易见的。后者雨水充足，阳光灿烂，农业生产的自然条件更优越。而从史料上记载的商祷于桑林这一中国最早的求雨仪式来看，黄河流域的农业生产显然要更艰难一些。这很可能也是在大洪水时代来临之后，印度民族更容易对前途悲观绝望，并在轴心期产生以否定生命和世界为根本精神的印度佛教的根源，以其自然条件越好而生命本身就越孱弱之故也。物质生产方式的差异直接影响到人类自身的再生产，在解决了生存问题后，印度文明的性本能也得到了长足的发展。一个最明显的例子是，一般宗教都以压抑性冲动为前提，但在印度教典籍和佛教密宗仪式中，性快感的高潮体验同时也是宗教体验的高峰。中国文明则与此相反，由于自然环境相对而言比较贫瘠，温带农业的发展更多地依靠人力资源本身，所以食本能的满足一直是自青铜时代到轴心期的中国社会的核心问题。从备受赞扬的筚路蓝缕、胼手胝足的大禹创业精神，到墨家强调共同劳动、节俭消费的大同理想，乃至孔孟强调以养人之欲为核心的仁心与仁政，都是为了能够使食本能获得充分满足。性本能是一种个体化的死本能，并成为印度文明死亡智慧的最初胚胎；而食本能则是一种群体化的生本能，与前者相反，它构成了中国生命伦理学的原始萌芽。

在这个基础上，中印文化在轴心时代分别形成了根本对立的生命价值观，德国神学家施韦策把印度的世界观称为“世界与生命之否定”（world- and life-negation），而把中国的世界观称为“世界与生命之肯定”（world- and life-affirmation）。然而，死生亦大矣，岂不痛哉。随着青铜时代原始公有制彻底瓦解、轴心时代私有制分配体制走向成熟，原始人群的血缘纽带被必然地斩断了，个体的欲望和精神生命的独立与发展也就不可避免，这也就使得在诗性智慧中一直被遮蔽的、在中国诗性文化中始终未能处理好的“死生大事”以一种异常尖锐刺耳的声调被发射出来。个体的死生问题之所以被突出出来，主要是因为轴心时代带来的私有化压力，由于物质的生产与消费由原始时代的公共性活动变为文明时代的个体性活动，就必然使原始的群体因为新的利益之争而分裂成彼此对立、相互仇视的分子。个体的存在成为文明意识形态关注的中心，它在给人类社会带来巨大历史阵痛的同时，也刺激人类智慧的疯狂生长，古希腊哲学、印度佛教、古埃及智慧，都是为了迎接这种挑战而产生的。且不论它们是否科学，他们都成功地解决了死亡意识与个体存在的关系。但同样产生于此间的中国诸子哲学，却未能就这个问题给予正面的回应。简而言之，墨家对这个问题简直毫不注意，能吃饱饭把现世打发好就足够了。儒、道两家对之虽不像墨家那样麻木不仁，但对其在文明时代的重要性显然始料不及。前者的回应非常实际，死亡是命中注定的一部分，所以只要把生前之事做好，其他事情只能听天由命。后者把生和死在价值上等量齐观，但一个人只要还没有丧失动物贪生怕死的本能，就不可能把这种理论当作性命之学。后来王羲之说"固知一死生为虚诞，齐彭殇为妄作"讲的就是这个意思。没有正面回答就不可能使渴望了解生死秘密的个体得到真正的满足。这种思想史上的巨大"空子"很快便由汉代东渐华土的佛教所填充。佛教虽在介入中国死生大事的时间上晚于雅斯贝斯的轴心期，但就其所解答的问题而言，仍是对中国轴心时代这个重要遗留问题的直接回答。

从精神结构角度讲，佛教正是为中国文明的精神发端结构提供了一种死亡哲学，这种哲学意识在其他民族的轴心时代都可见到，唯独在以生命伦理学为核心的中国文化中残缺了。它是中国文明精神形态的结构性缺失，所以也是迟早要了结的旧账。傅伟勋曾认为，中国哲学的核心问题主要包括三个方面，即：1. 实存的自我醒悟（existential self-awakening）；2. 本体论的洞见慧识（ontological insight）；3. 解脱论的生死智慧（soteriological enlightenment）。[1] 而这第三方面，实在是由佛教智慧带进来的。从文化交流角度讲，与佛教精神最接近的中国原创性智慧是老庄哲学，但无论它讲了多少深微妙理，由于仍然不能脱离生命伦理学这个基本语境，所以它对这一问题的深度内涵揭示得远远不够。只是在它以自身的"虚无"理念为桥梁，把佛教之"本空"精神引渡进来之后，才最后把中国轴心期固有的这种结构性缺欠弥补掉。佛教在生死问题上直面现实，看得更透。多数中国士大夫也正是在这里，而不是在诗性智慧或诸子哲学中才获得了生命的大解脱与大自在。如身

[1] 傅伟勋：《从西方哲学到禅佛教》，北京：生活·读书·新知三联书店，1996 年，第 226 页。

为帝王的梁武帝：

晚年开释卷，犹月映众星。
苦集始觉知，因果方昭明。
示教唯平等，至理归无生。

（《会三教诗》）

又如白居易，这个曾一度号召“文章合为时而著”的现实主义大诗人：

闻君减寝食，日听神仙说。
暗待非常人，潜求长生诀。
言长本对短，未离生死辙。
假使得长生，才能胜夭折。
松树千年朽，槿花一日歇。
毕竟共虚空，何须夸岁月？
彭生徒自异，生死终无别。
不如学无生，无生即无灭。

（《赠王山人》）

三

如果说，佛教的死亡智慧是以避世的方式来救世，它通过削弱生命的欲望来使个体安心于人世间的寻常与平淡，中国佛教正是以这样一种虚化的方式消弭了印度佛教中固有的死生恐怖，把它转换为以平常心与在世间为基本特色的禅宗，那么，基督教则正相反，它是中国士大夫为了回应现实世界的文化风暴而假借来的一双有力的翅膀，这一批最优秀的士大夫从一开始欣赏的就是它那种走上十字架的受难精神。以基督教为前卫的西方科技文明的东渡正是因为它固有的入世精神与拯救主题唤起了中华民族的实践冲动。这是两种性质完全不同的西风，当然也给中国文明带来了极为不同的影响。

不少有识之士总喜欢把“佛教征服中国”与“基督教远征中国”联系起来，但由于所处的历史环境不同，尤其是由于中西文明的力量对比的消长程度不同，对它们的具体评价也就必然产生很大差异。梁启超曾注意到明末传教士输入中土的西学对中国学术方法产生的巨大影响，提出“清学以提倡一‘实’字而盛，以不能贯彻一‘实’字而衰”。[1] 但他只是笼统地把这一切变化按照佛教（欧洲进化论）语法归结为“生”（启蒙期），“住”（全盛期），“异”（蜕分期），“灭”（衰落期）相循环，并不足以说明基督教文明最终战胜印度佛教的原因。把两种西风替换的原因讲得真正深刻与到位的是率先接受了基督教洗礼的徐光启，他一反中古士大夫的那种认为佛教可以正人心、裨教化的传统观念，并沉痛地说：“佛教东来千八百年，世道人心未能改易，则其言似是而非也。……必欲使人心为善，则诸陪臣所传事天之学，真可以补益王化，左右儒术，救正佛法者也。”[2] 这正道出了大西洋之风会取代印度洋之风的根本原因。

佛教作为一种死亡宗教学，与根源于死亡哲学的基督教尽管有许多的不同，但本质上都是一种关于死亡的智慧。在与基督教接触时，尽管中国文明本身与当初佛教东渐时也发生了不小的变化，但作为其文化精神内核的生命伦理学仍一如既往。中西文明在历史的会面中不断升级的矛盾在最深层次上重复的仍是生命精神与死亡智慧的冲突主题。在这个意义上，从“佛教征服中国”到“基督教远征中国”，就可理解为两种死亡智慧在与中国文明对话中的相互替换。这两种死亡智慧当然有很大区别：佛教是以消解人的生命欲望来解决人生的死生大事，它的最高理念是“空”，它着重于从主体欲念上做“损之又损”的递减功夫，以便在泯灭主体欲望并由此否定客观存在的基础上，把个体因与世界相对而产生的死生恐怖与焦虑排遣掉。而基督教虽也有克制欲望的一面，但由于它的最高理念是“上帝”这种精神实体，所以采用了与前者完全不同的“益之又益”的方式，把在罪恶深渊中挣扎的个体提升到一种大写的完美高度。这一点与古希腊哲学中对于个体化的肯定是一脉相承的，它不是通过毁灭欲望来消灭个体，而是要借助理性工具来建筑人类中心论的生命丰碑。这对于已经度过其黄金时代，因而亟需补充其物质基础，相应地必须首先救治主体“内虚”的中国近古文明来说，自然更为重要。这就是佛教到了明朝末

[1] 梁启超：《清代学术概论》，上海：上海古籍出版社，1998 年，第 64 页。

[2] 徐光启：《辨学章疏》，《徐光启集》（下册），北京：中华书局，1963 年，第 432—433 页。

叶迅速被基督教所替换的深层原因。

与佛教讲的出尘“妙理”不同，基督教最受中国人赏识的是其“实理”。正是这种与物质生产直接相关的天文、历算、化学、机械技术等使当时一批最优秀、最有远见的中国士大夫为之深深倾倒。西方传教士曾深悉这一点：“传道必须先获华人之尊重，最善之法，莫若以学术收揽人心，人心既服，信仰必定随之。”[1] 尽管史书上总是把它叙述为传教士利用了中国士大夫追求新知的热情，但实际上这更是中国文化自我批判与寻求发展的历史需要。讲求经世致用的明清学者对空疏之极的宋明理学可以说已深恶痛绝，其最根本原因是后者深受佛学的影响而丧失了先秦儒家的刚健本质。黄宗羲在批判朱熹的空谈与邵雍的象数学时，开列的主要罪状就是它们是“纬书末流”与“……之理不可施之实用”[2]。徐光启则尖锐地指出：“名理之儒士苴天下之实事。”在这种“返虚入浑，积健为雄”的主流思想影响下，传教士带来的科技因子得到了极大的重视。《明史·天文志》对西方天文历算评价极高，说它“发微阐奥，运算制器，前此未尝有也”；黄宗羲为此曾写下这样一首《西风颂》：“西人汤若望，历算称开辟。为吾发其凡，由此识阡陌。”这里讲的“识阡陌”与士大夫佛教讲的“学无生”是针锋相对的。基督教这种超越于佛教之上的实践理性精神契合了明清以来的经世致用思潮，成为了中国文化精神一个新的生长点。就像当年士大夫佛教信徒相信控制欲望就可以解脱一切人生痛苦甚至实现“美政”一样，徐光启这一代士大夫则相信基督教可以做得更好：“若信奉天主，必使数年之间人尽为圣贤君子，视唐尧三代且远胜之；而国家更千万年久安无危，长治无乱。可以推理，可以一乡一邑试也。”[3]

一个必须加以讨论的问题是基督教与近代自然科学的内在联系。从意识形态角度作观，科学与宗教之间的关系往往被阐释为不可调和的矛盾关系。但实际情况远非如此，至少有明一代，人们并没有把基督教简单地视为精神鸦片。徐光启把基督教教义分为三个层面：一是作为一种“必可以补儒易佛”[4] 的教义；二是“其绪余更有一种格物穷理之学”，“凡世间世外，万世万物之理，叩之无不河悬响答，丝分

[1] 费赖之著，冯承钧译：《入华耶稣会士列传》，北京：商务印书馆，1938 年，第 45 页。

[2] 黄宗羲：《答万贞一问明史历志书》，沈善洪主编：《黄宗羲全集》第 10 册，杭州：浙江古籍出版社，1993 年，第 206 页。

[3] 徐光启：《答乡人书》，李杕原编、徐宗泽增订：《增订徐文定公集》（卷一），上海慈母堂排印，1933 年，第 13 页。

[4] 徐光启：《泰西水法序》，《徐光启集》（上册），第 66 页。

理解”[1]；三是“格物穷理之中，又复旁出一种象数之学。象数之学，大者为历法，为律吕；至于其他有形有质之物，有度有数之事，无不赖以为用，用之无不尽巧极妙者”[2]。这就是说，它除了是一种教义之外，同时还是一种哲学与自然科学。而西方近代以来的科学主义追求，实际上正是沿着“宗教”“哲学”向“自然科学”这一逻辑环节演进的。正是因此，以基督教为前卫，以科学技术为本体基础的西方近代文明才开始渗透进东方这片古老的黄土地上，而我们在今天所做的一切，不过都是它的延续与深化。

从“佛教征服中国”到“基督教远征中国”，还意味着中西文明的对话主题发生了很大的变化。佛教与儒教之间，主要是两种不同声音的“善”在冲突，也可以说是“世俗伦理”与“宗教伦理”在大声辩论。宋明理学“援佛入儒”的真实意图就是要弥补中国生命伦理学中固有的形而上的缺陷，希望通过酷烈的佛教智慧来增强个体“敌生死”的本体能力。但在基督教与儒教之间则是两种不同的文明精神结构要素即关注自然世界的“真”与关注主体世界的“善”发生了摩擦，在实践层面上则展开为物质文明与精神文明的激烈冲突。从明代士大夫垂青于传教士的天文学、算学、机械装置，到20世纪以来，中华民族对科学技术持续不断的热情追求，都是这个对话主题不断沉潜同时又不断浮现的结果。这还表明，无论佛教还是基督教，由于本质上都是一种死亡智慧，所以与中华民族生命精神的矛盾一直都十分尖锐。只是由于中国文明固有的结构性缺陷，并且当这种缺陷严重影响到这个民族的生存时，出于实践理性狂热而强烈的本能需要，中国文明才不得不打开它封闭的精神结构。

把中国精神结构两次门户大开做一简略比较是有趣的。佛教在东渐华土之后，一直与中国本土精神冲突不断，只是在它以逻辑学方式进入中国哲学之后真正找到了最佳的位置。但佛教毕竟是一种死亡智慧，一旦浸润了中国先秦君子的铁肩与肝胆，必然严重地削弱中华民族的生命精神，使注重现实的理性精神日渐为一种虚幻的宗教思辨所取代。这不仅是只能空谈性情的宋明理学的死穴，也是自古以来以儒排佛以及墨学思想一再复兴的根源。近古以来的积贫积弱中断了佛教与中华民族的灵魂对话，从明清经世之学对理学的清算到近代中国对佛学的严厉讨伐，都是因

[1] 徐光启：《泰西水法序》，《徐光启集》（上册），第66页。
[2] 同上书。

为这种死亡智慧严重削弱了中华民族的生命力。这种严重内虚的民族精神，梁启超在《中国积弱溯源论》中曾归结为："曰安静也，曰持重也，曰老成也，皆誉人之词也。曰喜事也，曰轻进也，曰纷更也，皆贬人之词也，有其举之莫敢废，有其废之莫敢举，一则曰依成法，再则曰查旧例，务使全国之人如木偶，如枯骨，入于颓然不动之域然后已。"这种自现代以来被普遍认可的民族劣根性，实际上正是佛教的死亡智慧在中国的文化肌体中扩散、癌变的恶果。一旦现实世界中真实的风雨到来，佛教艺术中的慈眉善目与秀骨清相就不足为论，以基督教为前卫的西方物质文明也就这样乘虚而入。这虽然也是一种死亡智慧，却不是那种息事宁人的"毕竟空"，而是一种刺激人、撩拨人，叫人无法安心于尘世与现状的"地狱"之旅。基督教正是这样一针强心剂，尤其是它的拯救观念与受难思想，不仅契合了中国易学中的乾刚精神，而且也成为物质基础越来越薄弱的中国文明的日夜渴望。如果说晚清之士依然保持有佛教"我不下地狱谁下地狱"的精神，那也是因为它与基督教的"背上你的十字架，跟我来"有着家族类似性；而与佛教——尤其是中国佛教——的平静与忍让有着本质的不同。

两种西风在中土的交锋与替换在逻辑上的必然性可以阐释为：在中华文明早期，由于其民族生命力过于强盛，就像秦汉之际那些到处惹是生非的侠客一样，所以它最需要的是"空理"，以便削弱个体的生命力来维护文明社会的安定团结。这也正是唐代基督教初传入时未能引发人们多大兴趣的原因。只是到了中华民族危机四伏的明晚期，由于这个古老帝国的外强中干，金玉其外、败絮其中，这时基督教的实学精神才重新勾起了它的强大与富强梦。在中国本土已颇有声势的经世致用思想，则为这种西风登陆打通了各种矛盾关节。此后，它虽然经历了与中国本土文化的多次碰撞与流血冲突，但以科学进步为思想核心，以不可抗拒的物质诱惑为现实外观，它还是必然地成为了中国现代文化的主流。令人感慨的是，中华民族本是以实用精神著称于世的，但物换星移，此时它最需要补的恰是这一门基础课。如果说，佛教东渐是为了补充中国伦理学中缺乏个体死生解脱智慧的弊端，因而它对拓展中国哲学以及个体的精神境界起到了决定性的作用，那么同样可以说，基督教远征（尤其是它所带来的科学技术与现代伦理观念）对中华民族发展生产力以及创造各种现代精神文明也无疑具有极为重要的启蒙性意义。由于中国文明在其现代化问题上的物质积累与精神积累两方面的严重落后，以至于它必须要使用古典文化中一切超越物质的自由精神来承担物质文明这个初级目的的基本工具，才能解决他们现实世界的生存问题。这正是自洋务运动以来中国近代史上不断上演一幕幕悲喜剧的原因。这当然也可以说是一种死生大事，不过与“援佛入儒”有根本的不同，它要表达的基本内容是：假如不能在物质上创造出一个现实基础，那么中华民族同样也面临着亡国灭种的灾难。而这一点直到今天也是中国文明不得不面临的痛苦处境。

四

“南朝四百八十寺，多少楼台烟雨中。”

中华民族早期的生命力过于强盛，而它在伦理学上的早熟又使得这份生命的热情无法容纳于儒家设计的过于狭隘的人事关系中。这种在文明进程中一直受到压抑与否定的生命冲动，必须借助佛教这把“切欲刀”才能把个体从尘世欲望中拯救出来。然而，这种借助外部力量的解脱本身就构成了另一种意义上的严重伤害，它在削弱个体生命热情与欲望的同时，也剥夺了中华民族在物质与精神两方面的创造力与想象力。时过境迁，一旦不再需要高谈阔论，而是直接面临着来自现实生存的挑战，这种极高明的精神境界也就必然崩溃得一塌糊涂。“高处不胜寒，起舞弄清影，何似在人间。”而如何摆脱这种崇高的精神境界、重新“寻求入世之路”，也就成为另一种意义上关于“生还是死”的追问。从明末开始觉醒的“向西方学习”意识，晚清洋务运动踏踏实实的救世实践，近代中国有志之士的实业救国，到当代中国所谓的科技是第一生产力，尤其是到了20世纪末，衡量一个社会理想程度的传统的道德尺度第一次彻底转换为它实际所达到的经济指标，这前后呼应、相互联系的一切，早就掩盖了南朝深山中缥缈的钟声，正是在第二种西风的呼啸中，中华民族经历了一场史无前例的还俗大迁徙。

如果说当年中华民族逃往深山是为了获得心灵的宁静与安慰，这种精神的需要是如此强烈以至于帝王舍身寺院，宰相居于山中，学者潜入佛经，才能解除这种发自生命深处的精神困境，那么也可以说，中华民族集体地还俗则是为了解决肉体的饥饿与焦虑，而中国近现代历史上不可胜数的屈辱与灾难更是疯狂地刺激了中华民族对西方物质文明的热情与信仰。它当然也一样性命攸关，因为如果不能重新唤起欲望与生命力，那么就同样不可能在现代世界中找到真实的存在。“觉悟”与“富强”必然会成为近代以来中国社会的两大基本主题。这里的“觉悟”不再是佛教语境中“色即是空”的看破红尘，这里的“富强”也不再是中国士大夫津津乐道的“神存富贵，始轻黄金”，相反，应该是对五光十色的现实世界及对个体生理性欲望的新觉醒。然而必须指出的是，这种新觉醒并不是中国智慧的复活，而是西方文明对印度智慧的取代，因此在当代精神史中唱主角的，仍是这两股西风之间的较量。一场大风过去，把拘束、严谨的汉代儒生变成形销骨立、不食人间烟火的世外高人，而另一场大风过来，则把中华民族变成彻底的唯物主义者。当它以横扫千军如卷席之势劫掠华土之后，从此既看不到儒家哺育的至刚至健的大丈夫，也看不到道家孵化出的超尘绝俗的自然之子，这片土地上只剩下沉重的实物与更加沉重的物欲，而唯独再也见不到自由的精神与无比美丽的人性。

“长亭更短亭，何处是归程？”现在的问题在于，中华民族能否就此真正地“充实”起来，走出他们身体、欲望、精神与生命力过于羸弱的困境。对这个问题当然不容乐观。如同佛教中的悲观智慧必然要被中国文化世俗化一样，中国文化叙事中也同样存在着一种可怕的理性消解机制。因此，正如佛教在华土最终成为“人间喜剧”，而精神孤苦的人们最终没有获得宗教解脱一样，根源于古希腊死亡哲学的西方理性精神，在东方这片过于贫瘠的黄土地上，在经历了数百年的艰苦实验后其实依然没能扎下它的根系。并不是因为中华民族的民族性有多么顽强，这是中国生命精神与西方死亡智慧最根本的矛盾所致。而缺乏死亡智慧的精神基因，本就是中华民族在轴心时代未完成的启蒙任务，虽然从那一刻起，中华民族一直努力探索如何弥补这种重要的结构性精神缺失。在这种探索过程中，尽管人们曾经借用佛教死亡宗教学的金针来启蒙“自性”，也曾采用了西方死亡哲学的理性方式来催生难产的炎黄个体生命，但是如同惨烈的佛教智慧可以迅速被改造为“绕指柔”的禅宗一样，西方的理性主义精神在20世纪的现代中国，同样也难以在历史的阵痛与悲剧中真正转换为中国文化的思想资源。

如同佛教被世俗化为中国禅学一样，西方的理性主义在20世纪末也迅速地沉沦于肉体狂欢中。这一点可以通过对中国启蒙运动的考察获得充分的说明。从西方文明史来看，启蒙运动作为一种人性的历史“进步”正是在巨大的社会矛盾与个人苦难中获取的。它使个体与群体在中世纪结成的全部“伪善”的血缘联系与自然纽带被撕破，并生成为一种具有悲剧性生命内涵的近代个体性。就其具体内容来看，启蒙本身主要有两层含义：其一是重建人的理性本体，以此来完成人自身的哥白尼式的革命，使个体挣脱种种心灵的枷锁，生成为具有高度理性能力的近代个体；其二为消解小农文化中固有的建立在血缘与自然基础上的道德/政治传统，为近代个体性的生长与发展提供必要的社会土壤。这两者又是相互制约的，如果不挣脱封建的血缘关系与伦理观念，那么个体就不可能拥有独立的人格与思想；反之，如果在消解了旧的伦理/政治规范后，却不能给被解放的奴隶提供一种更高级的理性生活方式，那么人就会回归到其动物性的层次中去，这也不可能全面完成启蒙的历史使命。这也正是近代西方社会在启蒙运动中所产生的两个标志性的成果，即法国大革命与德国古典哲学的象征意义。

以这种视角来反观中国现代启蒙运动，则会发现中西启蒙之间的区别并不像人们经常讲的那么大。按照通常的理解：人们都习惯上把“五四”新文化运动看作中国现代史上的启蒙号角，但是由于历史条件的不同，例如，由于“救亡图存”现实斗争的需要，终于使这场中华民族渴望已久的启蒙运动成为一种未竟之业；第二次启蒙运动则是20世纪80年代的思想解放运动，这个年代同样是一个激动人心的年代，在这个年代中所产生的主体性哲学就是它最辉煌的成果。从启蒙运动所必需的结构要素来看，前者类似于法国大革命；而后者不仅类似、甚至它的思想资源直接来自德国古典哲学。因此可以说西方有的我们也都有过，尤其是作为启蒙运动灵魂的理性哲学，它一方面肯定了人的感性生命本质，这正是一把砍掉封建禁欲主义头颅的大刀；另一方面它又高扬起人的理性大旗，宣称人生的最高追求是探索真理，从而以一种不同于中国传统伦理学的方式，把人从它与自然的混沌中区别出来，为人的历史生成提供了一种新的理论纲领。

但悲剧却在于，其来也迅猛，其去也迫切。转眼到了90年代，10年之间，其启蒙面目已不可复识矣。一场崇高的思想启蒙迅速蜕变为庸俗的市侩改良哲学，一种张扬人的理性的精神斗争也很快被以身体化为核心的大众文化运动所湮没。它在某种意义上虽也堪称是一种启蒙，却只是对道德异化与理性束缚的一种“去蔽”；与中华民族应当经受的真实启蒙相比，它只是一种片面的与可悲的现实闹剧。它虽然对破除封建性或半封建性的“禁欲”枷锁起到了一定的革命性作用，但由于它未能建立起一种更崇高的理性本体，即未能使个体由此走向理性的存在，这就使从压抑与束缚中解脱出来的个体不是沿着理性的光芒走向思想者，而是在解除封建伦理/政治压抑的同时，也放弃了其理性主体的崇高性，从而使它最终又复归于一种更为原始的肉身存在。所以与西方相比，我们只会有薄伽丘《十日谈》中的肉欲横流，却不会有莎士比亚《哈姆雷特》中的人文精神。

五

一个始终在困扰着20世纪中国思想史的问题是，为什么在中国启蒙主义的舞台上到场的，“不过老是演一出轮回的把戏”[1]。例如，“文革”之后许多情况与“五四”时期很像，其人道主义的呼唤、科学民主的要求，以及文化热，等等；又如90年代短暂的人文精神讨论，其实与“五四”时期对新生活的憧憬乃至80年代的理想主义追求，在精神气质上是一脉相承的。这是因为，不管是什么运动，打着什么旗号，由于从启蒙运动中未能再生产出具有时代意义的近代个体性生命，作为当代历史使命的承担主体，所以，一切人性的现代进步不是心造的幻影，就是有意的粉饰与浮夸。这是因为，关键是人，而不是其他。

与中国个体性相关的讨论，已经快有100年的历史了。其中最具代表性和影响力的，一是“五四新文化运动”，二是20世纪80年代的思想解放运动。前者引进了西方的科学与民主理念，后者则全方位地引进了西方的现代与后现代思潮。在观念意义上，可以说，在与现代社会及作为其更高发展阶段的后现代社会相适应的各种理论资源上，我们都已“万事俱备”，但实际上，我们没有培育出康德式的“大胆用智”的理性主体，更不用说超越了理性异化和束缚、在精神上更加自由和潇洒的积极的后现代主体。现实中的各种境况告诉我们，这个民族正越来越深地陷入欲望和物质的泥沼。这一切的根源都可以归结为理性启蒙的未完成。

理性启蒙的真实精神在于“怀疑”和“批判”，目标是建构一个不受欲望和偶然影响的理性个体。但对于以传统伦理生命为主体基础的中国人，由于伦理和知识、道德与科学固有的深层矛盾和缠绕，这个现代启蒙的任务又是过于艰难和沉重的。无论什么样的先进观念和理论，在经过伦理主体的深层过滤和翻云覆雨之后，其最基本的精华和营养都会不同程度地变质和变味。以“民主”与“科学”为例，尽管中国思想者也知道前者的主要含义是“反专制”，是“使人成为自由的人”，后者的主要含义在于“反蒙昧”，主旨在于“使人成为理性的人”，

[1] 鲁迅：《华盖集·忽然想到（四）》，《鲁迅全集》第3卷，北京：人民文学出版社，1973年，第13页。

但是一旦它按照中国的“口音”再现出来，前者就被简化为“反帝反封建”，而不是要同一切专制形式作斗争；后者则被片面解读为反对“宗教与宗法迷信”，而不是要把全部的人类精神枷锁一扫而光。对这个问题的深度追问，必然要涉及中西民族不同的“人自身生产方式”。如果说，是西方人那种理性化的精神生产方式，要求他们一定要把“人的启蒙”解读为“大胆使用理性”，那么与此相类似，中国思想者之所以把“人的哥白尼革命”阐释为“集体主义精神的觉醒”，也是由我们民族那种伦理化的人自身生产方式直接决定的。理性的主体基础在于完全独立的个体大脑，它的一切活动最终要返回到个体的“自我意识”中；而伦理的生命基础却在于有共通性的民族心理结构，因而它最终启蒙的也只能是一种怀疑和否定个体的“大写的我”。

“看！那个人！”这是尼采特别喜欢的一句古老格言；“千红一哭，万艳同悲”，则是曹雪芹对中华民族的沉痛总结。它们恰好把中西民族两种“人自身生产方式”的不同关系表达出来。西方人自身再生产的结果是一种“个体化”形式，它充分意识到自身存在的历史一次性原理，同时也像狼一样固守着这孤独的“小我”，以及像刺猬一样坚决地抵制一切外来的入侵者。而现代性个体那种“不自由，毋宁死”的生命意志就是这种“个体化”原理的一个成熟形态。中华民族对自身的最高理想可以表述为“不成个人之道”。他们虽然也曾十分尖锐地意识到个体是一种“走向死亡的存在”，却做出了与西方人完全不同的反应。他们认为与其“不服从命运而被命运拖着走”，还不如“服从命运跟着命运走”，因而他们的第一生存原则就是要意识到个人的微不足道，一个人只有把他有限的存在融入无限的生活海洋中，才能获得生命的真谛和走向永垂不朽。尽管孰是孰非不可一概而论，但具体到现代启蒙这个语境中，由于那种真正的感性情感，那种真正的理性思想，都是基于个人首先要意识到他自己的存在，自己的精神独立与自己的意志自由，因此也可以说，在那些个体性相对发达的民族中，不仅特别容易产生启蒙思想，而且也相当容易落实到每个人的实践中。但在那些个体的社会机能过于完善的“早熟民族”中，情况则正好相反，由于他们特别喜欢藏身于社会之中，所以对“人自身的哥白尼革命”这个启蒙主题很难报以会心。因此，现代中国启蒙的真正悲剧，与其说是“救亡压倒启蒙”，毋宁说是“族类湮灭了个体”的结果。

由此可知，无论是纯粹科学的思维方式，还是具有文明内涵的伦理道德，以及真正指向自由与精神解放的审美趣味，一切都取决于在伦理文化传统过于发达和成熟的中国，那种建立在“我思故我在”基础上的理性个体何以成为可能，这才是中华民族走出历史循环怪圈的一个可能正确的方向。

刘士林，1965 年生，现为上海交通大学城市科学研究院院长，国家“十三五”规划专家委员会委员。主要从事美学研究、文化研究、城市科学研究，著有《中国诗性文化》《先验批判》《苦难美学》等。

“中国梦”：过往的丰富遗产和今日的现实

〔塔〕塔尔巴克·纳扎罗夫

今天讨论会上讨论的问题极具现实意义。我对“中国梦和当代中国价值观念”这一问题的讨论有着特别的兴趣。这个题目因其多面性、历史性和现代性需要进行特别的思索和深入的理解。为了实现“中国梦”，中国人民在过去和现在为文明发展做出了巨大贡献。他们在过去多个世纪以来克服了巨大困难，到21世纪在经济、文化、教育、科学和其他许多方面达到了高水平。因此，可以确认，虽然“中国梦”的提出是个新事物，但是它深深植根于中国人民的古老历史之中。快速发展的现代化中国是自身古老文化、风格、传统、语言等的产物，目前仍严格遵循着历史传承的基本原则。

为了赢得未来，在中国谁也不打算在过去和现在之间挑起争端。在我看来，在中国，人们从联合和调动社会各种力量的立场去评价和研究历史，是为了解决当前的迫切问题、完成未来的任务。这种背景下，应当认为，中国已经找到了克服诸多经济、文化和科学等方面复杂问题的最佳道路。成功解决内部诸多社会经济问题，正帮助中国找回国际关系领域的政治平衡。

中国学会了从世界经济实践中最大限度地利用优势，为此对有益于中国的现代国际关系的发展趋势进行了认真研究，对其正反两方面都进行了分析。这种情况下，中国的经济发展体系不仅在现实研究方面目标合理，在寻求出路和行动上不疾不徐，不从一个极端跳向另一个极端，而且吸取和借鉴一切有益的世界经验，同时吸取和借鉴一切可以为中国所用的东西。这种做法使中国人民正在接近实现深藏于心中的、梦想中的美好未来，让整个社会各个阶层做出思考，联系国家社会经济改革提出的高要求来谋划自身发展。在这方面应当强调指出，如果说数十年前中国经济还相对落后的话，那么它现在已经是世界第二大经济体了[1]。经济和社会文化领域现代化高水平的发展的载体和动力，毫无疑问是中国人民及其聪明智慧、有关新技术新工艺的广博知识、庞大的劳动力、从自身和别人的错误中学习并在复杂情况下勇敢做出决定的耐心和能力。

由此可以大胆肯定，现代中国价值观念的重要组成部分之一便是其勤劳和智慧的人民。在全世界看来，他们在国家的经济、科学、文化改革等方面创造了奇迹。在2500多年前谈及人的因素时，伟大的管子说："一年之计，莫如树谷；十年之计，莫如树木；终身之计，莫如树人。"[2]今日的中国，不仅教育培养孩子，而且尽一切可能使成长中的一代健康、勤劳，使他们能够改变中国，实现"中国梦"，这一梦想是可以改变自身视角的活生生的实体。

通过经济高速发展并将其与社会文化领域的现代化密切关联来实现"中国梦"，社会文化领域的现代化有助于加快解决提高居民生活水平的任务。"中国梦"——这就是把伟大的孔子的另外一个目标变成现实："邦有道，贫且贱焉，耻也；邦无道，富且贵焉，耻也。"这正阐释了一个事实：现代中国毫不妥协地与不公正、贪污、贪得无厌的现象和其他的偏见作斗争。这些现象妨碍着对社会某些阶层、某些生活领域存在的扭曲行为进行纠正。

"中国梦"的崇高道德目标——首先是全民过上美好生活，促进其精神、政治和道德的发展，这自古以来就是中国式和谐的组成部分。"中国梦"的构想首先具有动员性质，其实质在于将中国变成一个强盛的社会，这个社会能够使居民生活达到高水准。我觉得，"中国梦"的计划有着深刻的历史根源，但同时又为中国历代领导人的实践经验和方法创意所丰富，现任领导人要考虑到现在的具体条件，使这一计划更切合实际。因此，我的意思是，"中国梦"的构想没有简单的实现之道，正相反，这个构想异常复杂，纵深层次很多，数十年方可实现。

毫无疑问，"中国梦"计划实现的途径之一是继续完善有中国特色的社会主义，深化经济、政治、文化、科学、教育和诸多方面的改革。为了达到既定目标，目前中国正在创造必需的前提条件，而且人民群众不断为之补充无穷的力量和热情。现

---

[1] 2014年10月国际货币基金组织称，中国已经超越美国成为世界第一大经济体。

[2] 此语出自《管子·权修》。——译者注

在，许多科学技术、文化人文和教育发展项目越来越多地起到先锋作用，这恐怕将成为丰富且具有多样性的现代中华文明的催化剂。

在“中国梦”计划的框架内，中国式和谐本身也将得到更新和改变，中国式和谐将如同古代一样，不仅仅在中国国内，即使是远在国外也开枝散叶。说到这一点，中国古代丝绸之路的复苏、新经济带的设立都娓娓动听地说明了这一点。中华人民共和国主席习近平提出了新丝绸之路的创意，不仅把注意力特别放在了丝绸之路经济带上，而且更是放在了更新的基础设施之上。基础设施能够缩短人民之间的距离，方便人们进行经济交流，为积极的文化人文协作提供了诸多保证。

我想说的是，习近平关于建立丝绸之路“经济带”的倡议系上海合作组织的延伸和补充。2001 年根据“上海五国”的倡议成立上合组织，其中，中国和俄罗斯发挥了领导作用。上合组织成立以来，其成员国彼此间的关系更加紧密，在包括安全领域在内的多边合作的诸多问题的相互协作中取得了很大成绩，现在这些成绩中又将增添与丝绸之路“经济带”的建立有关的新元素。与此同时，应当强调的是：中国领导人的倡议无论如何不应视为要建立一体化组织机构。它只不过是恢复古丝绸之路的传统，考虑到现实状况并期望对地区各国之间业已形成的关系进行补充和扩大。建立“丝绸之路”经济带计划的实施毫无疑问不仅符合中国的利益，而且符合邻国的利益。预计，随着丝绸之路基础设施的更新，中亚各国和中国之间的关系将呈上升发展趋势，不仅在经济领域如此，在文化和人文方面也是如此。

现在中方已经为我们各国之间的这种高水平关系创造了前提条件，一批大型项目已在设立和实施，其意义超越了中国自身的范围。比如说，中方希望在该倡议框架内新建一条从土库曼斯坦至中国的跨境天然气运输管道。该项目的部分线路（400 千米）将穿过塔吉克斯坦境内。在不太遥远的将来还将实施另外一个与丝绸之路经济带有关的国际项目——伊朗—阿富汗—塔吉克斯坦—吉尔吉斯斯坦—中国铁路建设。如果这些新的跨境项目能够按照既定计划实施的话，这将为中国与包括塔吉克斯坦在内的中亚国家之间进一步扩大和深化现有的经贸、文化人文合作，全面巩固睦邻友好关系发挥基础性作用。

我们塔吉克斯坦国内相信，实现“中国梦”并非遥不可及，这不是神话，而是现实，它必将按照既定路线实现。实现“中国梦”让我们高兴还因为我们和我们伟大邻国的经贸与文化人文联系从古代起就很紧密，多个世纪以来虽然不断变化，依然获得了崭新的、越来越丰富的内容。考古学家在塔吉克斯坦境内发掘到了一系列古代文物，这即是明证。比如说，20 世纪下半叶考古学家在塔吉克斯坦南部发掘出一尊巨大的陶制塑像。2014 年考古学家在塔吉克斯坦南部地区还发掘了一个墓葬，被埋葬者高达 2.5 米，随葬的有一个小佛像。据考古学家讲，这个墓葬约属于公元 1～2 世纪时期，而佛像很可能是中国商人运来的。这再一次证明，我们两国人民之间的经济和文化联系古已有之。当然了，没有认真严肃的调查很难断定上述古文物的归属。但是，无论如何，正像指出的那样，不能排除——正相反——可以假设：很早以前中国人可能已出现在现在的塔吉克斯坦土地上了。

现在，生活在 21 世纪，我们看到，随着我们两国间合作的扩大和深化，古代丝绸之路不仅在当代得以恢复，而且开辟了新的走廊，成为越来越多贸易、科学技术和文化密集交流的中心干线之一。

在这种背景下，现代的塔吉克斯坦将再次有机会通过新“丝绸之路走廊”为中国至中亚和其他南亚国家源源不断的商品打开大门。我们将此视为与经贸和文化关系相关的历史进程，它将成为连接过去、现在和未来的独特的当代桥梁。

在牢固保持历史传统的同时，中塔关系在近几十年间飞速发展。这种关系包罗万象，总体上涵盖了人民和社会生活的方方面面。发展中的经济合作使文化、科技、教育、医疗、体育和其他领域的相互合作逐步加深，并首先形成了塔吉克斯坦社会许多阶层——特别是年轻人——对了解中国过去遗产和当今现实情况的兴趣。我们的年轻人越来越想了解中国的古代文化、传统、语言，以及中国人民的风俗。正是因为这一点，2009 年 2 月塔吉克斯坦国立大学设立了孔子学院，许多大学生来此参观，以便更好地了解中国的方方面面——丰富的人民传统、精神道德和社会发展演变进程等。通过孔子学院，中国古代历史和当代生活的价值观念越来越普及，中国丰富的建筑艺术和文化越来越为人所知，越来越多的人开始学习中文。

年轻人对中国人民的历史和现今生活有了必不可少的认识，他们努力地直接通过国内的孔子学院来加深自己的认识。这就可以解释一个事实：希望去中国大学学习的年轻人的数量每年都在增加。目前，中国 112 所高校里有超过 2000 名塔吉克斯坦大学生在读。

在注意到我国青年对中国的过去遗产和现代价值观念的兴趣与日俱增这一现象后，习近平主席在 2014 年 9 月对塔吉克斯坦进行国事访问时签署了关于在塔吉克斯坦北部的矿业冶金大学再设立一所孔子学院的协议，这所学院将吸引大学生们更加深入地了解中国人民的生活、文化、语言等。应当强调，除了孔子学院外，在我国其他很多高校也开设了中文课程。

中塔关系确立战略地位后，为塔吉克斯坦的科学、文化、医学、国民经济和社会领域的各行专家进行合作提供了更多的机会，他们与中国同事进行专业讨论，召开会议，进行会晤，交流工作经验，解决进一步扩大和加深合作的问题。所有这一切毫无疑问是两国互信进一步加强的重要因素。

塔吉克斯坦不仅真切地关心与中国的经济关系和安全政策的发展，而且关心文化人文关系的全面扩展。正是出于这种关切，目前我们做了很多工作来巩固我国政策中的中国方向，我的意思是，把中国列入最重要的优先发展双边关系的国家。

2013 年 5 月，塔吉克斯坦和中国宣布在政治上建立战略合作关系。这一举措表明，中国和塔吉克斯坦相互关心的一系列广泛的规划开始实施，这些规划涵盖目前的政治、经济、文化教育和历史人文合作，且面向长远的未来。

综上所述，可以这样认为："中国梦"，正如前文所指出的，是一个多维度、多层次的过程，其实现需要中国全社会付出巨大的努力，系统地克服国内生活和国际关系这两方面依然存在的困难和障碍。中华人民共和国主席习近平注意到了"中国梦"实施道路上存在的这些困难，他强调指出："应当像人们说的那样，敢于啃硬骨头，敢于涉险滩，坚决破除一切妨碍科学发展的体制、机制弊端，激发全社会的创造活力，推动国家各项事业的发展。"[1]

（杨华　译）

塔尔巴克·纳扎罗夫（Talbak Nazarov），1938 年生，曾任塔吉克斯坦外交部部长，现为塔吉克斯坦科学院主席团成员、院士，塔吉克斯坦总统基金会主席。主要研究中国经济。

杨华，1973 年生，研究生毕业于解放军国际关系学院俄语语言文学专业。曾在北京军区某部担任专职翻译 18 年，参与上合组织"和平使命"军事演习等重大活动，多次获得各类技术成果奖，荣获联合国二级和平勋章，曾为哈萨克斯坦驻华使馆翻译哈 2007 版宪法以及哈总统国情咨文。

[1]《星球回声》第 81 号，莫斯科，2013 年，第 5 页。

中国文化、世界和平、人道主义精神与中国梦

〔法〕皮埃尔·毕卡尔

一、中国文化与世界和平

中国选择和平发展，正如西方人有时读到的那样，不会有什么狂妄自大，也不会存在“中国威胁”。中国不考虑那种因富有而产生霸权的历史局面。中国热爱和平，它的文化提倡和谐。自古以来，中国人就非常注重对外交流，从未结成过武装联盟。他们从未致力于侵略或扩张。作为爱国者，他们保卫自己的国家，却从不为了扩张边界而进行对外殖民。

在经历了种种历史兴衰变迁之后，中国站在一个新的出发点上。中国领导人邓小平宣告中国绝不谋求世界霸权。直至今日，中国的积极参与都是为了坚决维护世界和平。中国继续着一条和平发展之路，与此同时，它也呼吁其他国家同等地参与到这条道路上来。

中国越来越融入国际体系。它提倡努力构建一种建立在双赢协作基础上的新型国际关系，提倡尽力和平解决国家和地区之间的各种争端。在涉及中国与某些国家之间在陆海主权问题上的纠纷时，中国希望能够与这些国家通过协商来处理这些纠纷，并将目前无法解决的文件暂时搁置起来，留待日后处理。

中国致力于国际关系的民主化，致力于构建多极世界。它赞成加强各国在全球治理中的代理作用。它支持 G20、BRICS 以及其他旨在促进国际秩序顺利进展的机制所担负的角色。它提倡有必要推动国际货币金融体系改革，维护 OMC 的角色，为反对贸易保护主义而斗争，促进一种均衡的、利益共享的、双赢的全球化局面的形成。

中国是一个经济大国，很快也将成为世界第一大国。但它的领导人、它的知识精英、它的决策者以及它的人民都懂得，要想成为一个伟大而美好的国度，“商品经济”并非唯一标准。中国希望构建一种可持续的新型经济发展模式。实际上，它优先考虑的是环境标准和社会标准，以及与它的文化价值能够和谐并存的其他标准。

二、中国文化与人道主义精神

中国的价值观是其历史的产物，反映了人民及其领导人的想法——他们认真地分析了他们的历史以及人性的历史。对他们而言，关键在于改变过去的种种错误，促进一种幸福经济。这种建立一个更好世界的意愿既是文化上的，也是人道主义的。中国文化有着几千年的复杂根源，它的价值观有利于人道主义精神以及多元化的复兴。

事实上，尽管处于近年的全球化趋势里，中国古代的文化及它的 56 个民族在当下依然生机勃勃。早在春秋时期（公元前 770 —前 221 年）在地理版图上就已经存在有“楚”（今湖北省）文化、“齐鲁”（今山东省）文化、“燕赵”（今河北省）文化以及“吴越”（今江苏省和浙江省）文化。这些文化在我们今天这个时代依旧相当活跃，它们当中的每一种都独具特色。

中国有 56 个民族，每个民族都有其独特的面貌，拥有其与众不同的风俗习惯。中国已经登记列出 1200 多种非物质文化遗产。它那丰富的古代文化构成了它的非物质文化遗产。不过，在中国的现代化进程中，许多灿烂的文化已经遗失，不再有继承者：一方面，非物质文化让位于物质财富的文化，另一方面，古代文化的物质痕迹难觅影踪。

文化遗产是精神和传统的载体，保护文化遗产义不容辞。它构成了一个国家的精华，构成了这个国家的品德、习俗和追求。那是一个国家民族精神的柱石与基因。如果没有了“文化载体”，精神便不再有所寄托。举例来说，春节象征着祥和、富裕、团圆与欢乐，返乡团聚的心愿、家庭观念、血浓于水的亲近感、对静谧生活的渴望、共同理想以及旧有的表达方式，要让上述这些价值观世世代代传承下去，我们就要保护好我们的文化。

这些遗产与人道主义和孔子关系密切。在欧洲，人道主义是古希腊—拉丁遗产。对古罗马人而言，人道主义是古希腊的遗赠。因此，人道主义与宽容构成了我们的遗产的一部分。宽容所界定的是面对与一种特定规范相悖的元素时的接受程度，它所表示的是一个个体接受一个与自己不一致的事物的能力。引申而言，它是一个个体面对异于自身的价值观的态度。宽容这个概念被用于若干领域，比如社会、民事、宗教及科技领域。

人道主义提高了人的价值，把人放在了体制的核心位置。它认为人在智力上的潜在能力无可限量。于是，对知识的寻觅与对多门学科的掌握必将导致对种种才能的良好运用。这种人道主义是对古代哲学的反思和借鉴，它并不与对上帝的信仰相对立。它宣扬对一切知识的普及，甚至包括宗教知识。个体一旦得到正确的教益，就会在选择的信仰中保持自由并对自己的行为完全负责。他支配自由，并应该表现出独立、开明与好奇。

因此，现代人道主义的种种根源既来自古代欧洲世界，也来自古代中国世界。那么，作为中国最早的哲学家之一，孔子（公元前551—前479年）在研究社会和谐时则对鬼神敬而远之。随着时间的流逝，孔子的学说呈现出若干形式。在原初形态上，它与人道主义整体共振。它的目标是通过每个个体的修养来获得和谐，塑造“仁者”。通过培育、学习和修养，这种人应当担负起推动周围环境之和谐的任务。他应当依照中国古代社会中的礼法位置，遵守自己的各种义务和责任，将它们推广到整个社会，最终通向和谐。

在古时候，孔子被奉为“至圣先师”。在他的《论语》中，其学说和箴言遍及不同的时期和地区。尽管佛教和道教在中国也源远流长、根深叶茂，但唯有孔子一直到今天仍被奉为伟大的圣师，他渗透到了中国和西方的历史里。孔子注重礼法，倾向于服从合法的君主，对世界的魔力有所觉知，体会天意并拒绝超越，因此他的教诲是具体而又极端实用的。

由此我们发现，无论在西方还是在中国，从人们开始反思什么是人性的那一刻起，便必然存在着人道主义。人道主义并非只有“一个”。数种人道主义的形式并存着，它们分别关联不同的历史时期。有那么一种往往根深蒂固的倾向需要被抵制，它把中国思想加以本质化，将之变成一块僵化的顽石。在中国古代，只有三个占据优势的主要维度：其一是“天”，它表示万事万物的自然秩序（道路或“道”）。其二是人，它被融入那个比自己更大的宇宙秩序，但它也是该秩序的涉身者。其三是构成整个社会政治躯体的各种必然法则。

孔子是将人置于其教学的核心位置的第一人。他由此而强调崇祖、孝顺、文化，强调一切保障代际传承以及人类延续的东西。中国人道主义的主要文献能够提醒我们什么是一个人，而且一种人类关系则意味着要传承某些东西，意味着要对所领受的东西心怀感激。

在今天，尽管我们有着不同的文化，但我们应该重新发掘我们所共有的人道主义思想资源。

儒家道德观并不讲究巩固生而有之的种种特权，而是巩固教育和行为。儒学的目标是创造一种政治道德。儒学不是一种宗教。在欧洲，我们所拥有的各种宗教都具有一种超自然根源。儒学是一种旨在为所有人和国家谋福利的社会哲学，它带给人一种安全感，这与宗教类似，但这种安全感伴随着对国家的忠诚这一神圣责任。

当我们着手研究这个论题或中国传统文化的论题时，不会出现与西方的太多分歧。从 19 世纪开始，中国传统文化的不同领域都受到过西方的影响。然而，当我们谈论中国当代文化时，它对西方人而言却更为错综复杂。今天的中国文化包含着一种新型生活方式、一种新的存在方式，但它始终忠实于“中国精神”。

事实上，我们如果对中国精神一无所知，便无法谈论中国文化，而中国精神是从中国传统与人道主义里汲取它的源头活水的。在中国人民的生活、幽默与情感里有着某些不同的东西，而正是这些不同的东西使所有中国人区别于其他国的人，尤其区别于欧洲人和北美人。在今天的中国，“人道主义中国人”的古老类型消失了，让位于一种新的类型——“人道主义的、进步主义的、现代的中国人”。这种精神受益于各种中国哲学的非物质文化遗产，它们往往影响着中国人。

“人道主义中国人”结合了某些品质，即同情与智慧。人道主义中国人是拥有赤子之心的成年人，他的精神是永恒朝气与民族不朽的精神。中国人在日常起居中就拥有这种能力，原因在于他们几乎完全过着一种心灵的生活。情感的意义，或人道主义真挚感情的意义，正是来自他们的内心或他们的灵魂的最深处。

中国精神，那是灵魂与智力的统一，是人民与国家的统一。中国人的精神是一种精神状态、一种灵魂特征，这一切皆无法学而知之，无论中学还是大学都传授不了。静谧的氛围，它令我们得以观看“万物之生意”，那就是中国人民的精神。

三、“中国梦”并非一种乌托邦

一个新时代来临了，伴随着中国的崛起过程，习近平总书记及其领导班子提出了“中国梦”，这是实现中华民族伟大复兴之梦。从此以后，这个“中国梦”指引着13亿中国人迈向两个百年目标的实现，即：一、从现在到2020年，把中国建设成中等富裕水平的社会，二、到21世纪中叶，把中国建设成一个现代化的社会主义国家。“中国梦”是中国之梦，但它对于全世界来说将是一个不可或缺的补充、一个进步和一种全面的贡献。

中国梦与中国传统文化、与中国当代价值观都密不可分。中国梦是中国悠久而丰富的历史的延伸。中国梦不是一个口号，它是一种深刻的思想、一种有规划的中国发展所带来的结果。它不是凭空突现的，也并非偶然的产物。中国梦是世界和平。中国梦是务实、全面与进步。中国梦属于文化的一部分，也是中国人民精神的一部分。

中国梦是中国繁荣、人民幸福之梦，它紧密联系于全世界所有人民的梦想。作为联合国的成员国，中国的目标是奉行联合国宪章，致力于和平与人类发展的高贵事业。中国支持全世界人民维护世界和平、促进全球发展的心愿。

西方已经习惯了“美国梦”，现在又发现了“中国梦”。与个人主义的梦想不同，它是集体主义的。它包含了中国在经济、外交和政治领域，以及国家安全和军事方面的发展。当然，这个“中国梦”是集体性的，但它也放眼未来，支持中国人迈向家庭幸福、更加富裕以及个人梦想。中国已拥有了各方面的条件来成功实现这个描绘出理想之全体的中国梦。

（张颖 译）

皮埃尔·皮卡尔（Pierre Picquart），1951年生，现为法国国家安全高等研究院观察员和顾问、当代中国国际发展和研究中心创始人和主席。中国问题和华人世界问题专家，长于国际、地缘政治和社会政治问题研究，曾多次赴华研究当代中国的经济和社会问题。著有《20年后中国和世界》《中国：军事威胁？》等。

张颖，1979年生，现为中国艺术研究院文艺研究杂志社副编审。主要从事法国及西方20世纪哲学和美学研究。译有《思想的想象：图说世界哲学通史》等。

学习研究中国文化、语言、文学和历史的新模式

——从传统教学到多元形式教学

〔加〕张森权

一、介绍

中国戏曲成为一种表演艺术门类始于元代（1260—1368）。在蒙古统治者取消科举制度的80年间，戏曲成为中国文人对失去科举的一种反应和补偿方式。最初，将文学作品应用于戏剧更多地是以戏曲这一新的文化形式反抗取消科举制度，文学和戏曲二者的结合使这种新的艺术形式获得了发展[1]。作为一种主要依赖唱腔的艺术形式，中国传统戏曲从20世纪的各种困境和挫折中幸存下来，在当今社会已经成为西方学生学习中国语言和文化的重要材料。

中国戏曲在使用音乐和色彩来凸显人物快乐、悲伤、担心和幸福等感觉的同时，还用它们来彰显忠诚、邪恶、勇敢和正直等人物性格。戏曲表演所讲述的故事一般来源于民间传说或文学作品，它们是现实生活在舞台上的翻拍和重现。从风格上来看，中国戏曲通常以古代社会或当代环境为背景，通过它自身综合的艺术形式来反映社会生活或事件。

中国戏曲涵盖了家庭、文化、道德、社会、历史和法律等多方面的学科，它自身所具有的文化深度使其成为中国文化学习和研究的丰富资源。《包青天》的故事通过古代中国的司法体系框架反映了儒家强调家庭和谐的思想。在中国古代，一个人对家庭内部成员犯下罪行所受的处罚要远重于对家族之外的人犯下罪行所受的处

[1] Dreyer, J. T., *China's Political System: Modernization and Tradition*, New York: Pearson, 2012.

罚[1]。在这部戏里，法官包青天审理了一个由民事发展为刑事的案件，被告从不孝顺父母到谋划杀害妻子和孩子，并企图隐瞒自己的罪行。

通过观摩这部戏，学生不仅能够了解中西方的价值差异，还能够了解古代中国的法官包青天是如何遵循“法律面前人人平等”的法则来审理案件，而“不考虑财富、权力和社会地位”[2]。陈世美在读书方面十分杰出，一举成为状元。他的成就使人羡慕，受人尊敬。但他犯罪后，包青天并没有对他有丝毫的包庇。戏里的罪犯是状元陈世美，一个通过参加科举考试改变自己的社会地位、由偏远地区农民一跃成为皇帝女婿的人。由此，学生对中国古代科举考试的重大意义就有了清楚的认识。中国科举的相关概念对大多数加拿大学生来说还十分陌生，这部戏可以帮助学生进一步理解中国历史文化传统在多大程度上影响了当今教育，以及科举中获得提名与现代社会获得学位的对等性。

中国的许多戏曲故事都与科举考试有关，例如，《女驸马》和《抬花轿》等。科举考试主要是测试应试者的儒家伦理知识。中国儒家思想影响巨大，甚至远播朝鲜、日本等国，并成为这些地方社会和文化的根基。用科举考试来选拔官员的传统始于唐代（618—907），被选拔者必须成功通过不同层级的考试才有可能进入仕途。

作为渥太华大学亚洲研究部的主任，我设计了以鼓励学生主动、合作学习和培养学生的批判性思维为理念的课程和教学大纲，并安排了亚洲的文化活动、每周晚上的学习活动，以及每月一次的亚洲电影讨论。作为大学现代语言系的重要文化支柱，亚洲研究部丰富了加拿大首都大学多元文化的学习环境。我在教学中还增添了读写能力的训练。

这篇文章研究了中国戏曲的三个不同流派对包青天的展现：京剧——国剧；豫剧——来自这部戏曲发生的省份河南（简称“豫”）的剧种；陕西的秦腔——陕西在20世纪50年代成为著名豫剧艺术家常香玉的第二故乡。这个故事作为阅读材料，在西方大学的教学中使用，用于探讨和分析中国语言、传统文化、中国历史、中国政治和社会，并增加学生的学习兴趣，让学生了解中国如何从一个封建国家逐步转变为一个现代国家，以及现代中国的转型阶段。

汉语的有些表达方式十分优雅、简明，只用几个词汇便可涵盖十分丰富的含

---

[1] Dreyer, J. T., *China's Political System: Modernization and Tradition*, New York: Pearson, 2012.

[2] Elleman, B. A. & Paine, S.C.M., *Modern China: Continuity and Change, 1644 to the Present*, Englewood: Prentice Hall, 2010, p.68.

义。对加拿大的学者来说，如果想要看懂，他们必须对每一个词汇的含义都有全面的理解，并且对相关词汇的文化、历史和哲学含义都有深刻的认识，同时还要具有相应的背景知识。

在渥太华大学现代教育理念的混合式学习（blended learning）中，中文学习工具 KEY（www.cjkware.com）被作为语言学习者的补充阅读工具来提高学生的阅读理解能力。我通过混合式教学来促进他们学习的主动性，培养他们的批判性思考能力[1]，同时提供了简体中文版原文和英语的翻译版本来丰富学生的课程和阅读清单。

本文将重点讨论按照 Multiliteracies 的教学原则，在加拿大研究、教授中国的语言和文化，包括文学艺术——以民间故事作为“阅读材料”。在对中国戏曲的研究和学习中，让学生去发现和欣赏中国表演艺术中高雅、简练的表达语言和肢体语言，并通过领略其中所蕴含的韵味来理解中国的历史、哲学、语言和文化。

二、教学理论基础

（一）不限制教学方式

这篇教学文章的理论框架建立在教育素养学习理论和第二语言习得理论（SLA）的基础之上，并使用了自 20 世纪 90 年代以来一直在第二语言教学领域发挥较大影响的一个方法[2]，即教师并不认为有完美的教学方法存在，也没有义务去追随任何一种产生于 20 世纪 90 年代以前的教学方法。在教育理论发展的新时期，任何适合教学环境的方法都可以不受限制地获得认可和使用。在这种“多策略框架”之下[3]，对于教授语言课程的教师来说，教学也变得越来越复杂和具有挑战性。在提及教育教学和学习理论过程中，我们也探讨了中国文化。

不同研究领域的学生都能从戏曲或神话等“阅读材料”中获益，因为它们可以与其研究或学术、文化理解中的艺术元素相关联。我的一个主修天体物理学的学生就被牛郎织女和嫦娥奔月的故事深深吸引了。

---

[1] Berendt, E.(ed.), *Learning: East and West*, International Association for Intercultural Communication Studies, San Antonio: Trinity University, 1997.

[2] Liu, S. H., *Second Language Acquisition Theory*, Beijing: World Books Publications, 2010.

[3] Kumaravadivelu, B., *Beyond Methods: Macrostrategies for Language Teaching*, New Haven: Yale University Press, 2002.

在教学中，我们要避免使用牵强附会或毫不相关的语言阅读材料，而是要呈现一些中国传统文化特有的神话寓言和传说，并通过首先用英语讲述背景知识来缩小文化差异。为了让参与者对语言课程更感兴趣，我制作了适合参与者语言水平的简体中文版本来促进他们的词汇、拼字法、语法和句法的学习。

图 1　嫦娥奔月（《经济学家》，2013 年）

这种方法建立在“临近领域”的教育理念之上[1]，并同时施行了“i + 1”的步伐[2]。这就意味着我们在教学中并不向他们提供大量超出他们现有能力的知识，而是指导他们以一种合适的速度来进步，同时能够获得整体的提升和全面的背景知识，特别是在第二语言的学习中。

这种不受教学方式限制的教学方法需要有以下三方面的因素：第一，教师非常重视将其教学内容建立在学生兴趣基础之上；第二，要遵循由教师所建立的相关教学理论；第三，要尽可能将教学与学生的实际学习需求联系起来[3]。

学生对学习吴刚伐木这样的故事非常积极。这是关于一个樵夫砍伐月亮上的月桂树的传说，嫦娥和在捣药或者捣糯米糕（根据改编过的日本版本）的玉兔居住在月亮之上。左侧图片（图 1）背景中展示的月宫景象非常吸引学生，强化了他们的学习兴趣。

（二）结合不同教学模式

结合实证主义和建构主义的观点，以及自上而下和自下而上的教学模式，可以为学生奠定非常广泛的知识基础。

自上而下的教学模式要求教师直接为学生提供“阅读材料”，并尝试不去过多地关注语言细节。这是为了激发学生对背景知识的兴趣，允许他们自己去诠释材料的含义。但是陌生的词语和概念往往会使学生难以深入。

---

[1] Gee, J. P., "'Multiliteracies': New literacies, new learning", *Pedagogies*, 2009, 4(2): 196-204.

[2] Krashen, S., *Principles and Practice in Second Language Acquisition*, Oxford: Pergamon, 1982.

[3] Liu, S. H., *Second Language Acquisition Theory*, Beijing: World Books Publications, 2010.

自下而上的教学模式要求教师在引导学生进入“阅读材料”以前先对学生进行一定的语言理解和背景知识的辅导。语言学术语像“解码”一样在阅读材料中被破译，也就是首先去理解语言中的最小的构成要素。

任何一种教学方法都有其自身的局限性[1]。第二语言习得理论鼓励教师超越局限，而且教学方法以学生的学习需求为中心。教师根据每一个学生群体的特征来选择教学模式，而且不拘泥于某一种教学方法。不通过特定的方式限制教学。

（三）多元识读（multiliteracies）

一张简单的图片就能描述一个复杂的故事。通过语言来描述图片或形象往往会给读者带来不同的感觉。如果学生不能通过语言来理解一个主题，那么通过戏曲往往能够让他们切中要害。针对不同的学生要使用不同的方法，有些学生可能更愿意看图片，然后才对书面故事感兴趣。另一种模式下，可能通过中国戏曲作为学习材料来教授阅读更为有效：1. 戏曲中的手势表达有助于学习，正如演员在剧中的行为具有文化相关性一样；2. 戏曲中的空间展示能够表明故事的含义，舞台设计和风景背景对于书面语言也是一种补充，演员们的人际距离还可作为理解的更进一步的线索；3. 戏曲中的声音展现包括语言、对话和口头讲述故事情节，同样的故事，

图 2 《牛郎织女》：牛郎和孩子们在银河的一端，织女在另一端

[1] Liu, S. H., *Second Language Acquisition Theory*, Beijing: World Books Publications, 2010.

戏曲中音乐的声音和各种声响将会产生不同于小说的效果。

视觉再现：以不同的方式学习故事，学生们会产生不同的反应，仅阅读书面故事和学习有视觉元件辅助的故事会有很大不同。例如，中国古代的神话《牛郎织女》有很多不同的版本，但是故事内容都一样：他们在农历的七月七日相会，织女通过由喜鹊搭建的鹊桥穿越银河，去见她的丈夫和两个孩子。这个日期被称为“七夕”。流传于中国的民间故事认为这一天经常下雨，而这些雨水正是织女的眼泪，她因为要离开自己的丈夫和孩子回到天庭而十分悲伤。在这一天，人们也很少见到喜鹊，因为它们都去为织女搭建鹊桥了。源于这个令人感动的故事，人们把七月七日定为中国的情人节。

通过图片（图 2）来学习知识：

为了获得全面理解，学生们通常要求获得更多与细节相关的信息，而不是肤浅地回应。教学要注重学生自身研究领域的需求和兴趣，与他们的专业联系起来，如中国历史、哲学、社会学、语言和文化等。例如，从牛郎织女故事中，学生们试图诠释其中的文化含义并理解相关的文化实践。这个故事的启示和含义可以做出如下讨论题目：

> 没有获得父母或者家中长辈同意的婚姻产生的严重后果。
> 根据传统，婚姻并不仅仅是两个人的事，而是关乎两个家庭的事。
> 为了打破传统，来自不同阶层的两个人需要克服很大困难。
> 什么都无法阻止真爱。

多元识读提供了了解中国的双层路径：一个是对中国语言的学习，另一个是在以内容为主导的范畴内了解中国文化。有天文专业的学生在上汉语课时表示，对《牛郎织女》的故事非常感兴趣，特别想读中文故事。

三、中国文化衬托中西文化差异

在加拿大，小学生可以对老师直呼其名，也有的学生对父母直呼其名。学校则倾向以学生为中心，接受学生的多样的学习方法和习惯，而不强求一致。英文里的一些说法如果直接用中文说出来常常会引起误会。比如，我很累，就说：“我快累死了。”我很想老同学，就说：“我想死你们了。”可是如果孩子调皮捣蛋，大人就会用同一种模式说：“我打死你。”这都可能引起误会。在介绍中国传统戏剧之前，要让学生先了解一些与戏曲有关的基本的中国传统教育背景，以便学生能够理解和欣赏作品。

（一）母亲的形象

教师可以选择一些常见的中国故事和表达语词，作为更好地理解《包青天》故事的背景知识来介绍给学生。比如，与孟子相关的故事和成语：

> “孟母三迁”：这个故事反映了中国传统教育理念中的学习受环境影响的观点，强调家庭的影响以及父母关心和引导的重要性。
>
> “孟母断机”：孟子的母亲斩断了织布机上的布，为了向他的儿子强调不间断学习的重要性。

这个故事的课堂讨论可以延伸至：

> 中国对于再婚妇女的偏见，孟子的母亲是一位单身的寡妇。
>
> 中国教育中对父母和年长者的尊敬可以追溯到儒家伦理以及科举考试制度上。
>
> 孟母代表的传统中国妇女在教育孩子的问题上积极主动而且能够辩证地思考问题。
>
> 孟子尊敬他的母亲。当她剪断织布机上的布告诫自己的儿子并使他明白，如果他不坚持学习就没有未来时，孟子体会到了母亲告诫的苦心，决定努力学习，并最终成为一位哲学家。

再如，赞美母爱。《游子吟》就是一首歌颂母爱的脍炙人口的精湛诗歌，在中国和日本一直流传下来，作者是孟郊（751—814）。诗曰：

> 慈母手中线，游子身上衣。
> 临行密密缝，意恐迟迟归。
> 谁言寸草心，报得三春晖。

对于中国人来说，儿女在18岁后还是父母的孩子，父母还是要牵挂成年的子女，总是盼望儿女归来，而且并不认为他们像是飞出去的小鸟。

（二）学习的定义

1. 在中国和日本的教育文化中，学习需要刻苦用功。

直至明治维新以前，日本在各种观念上还一直依附于中国，受到了近千年儒家信仰的影响。在中国的教育传统中，学习的概念一直包含着充满艰苦的努力过程之意。学生被期望要努力学习，还要克服遇到的各种困难，这被称作是“苦学”。这种学习态度同样被日本的教育体制所提倡，他们称之为“kugaku”，是“苦学”的日语读音。

我们可以从一些古老的谚语中看到中国人努力学习的精神，如：

> “头悬梁锥刺股”：把自己的头发悬在房梁上并且用锥子扎自己。描述一个学生在夜里学习到很晚，他把头发系在房梁上防止自己打瞌睡，或者通过用锥子刺自己来保持清醒。
>
> “学如逆水行舟”：学习如同船在水中逆流而上。这句话的含义是只有努力坚持学习的人才能实现进步。这个观点同样为日本的教育理念所吸纳。“学习”一词在日语中写作“勉强”。在汉语中，“勉强”的意思是“非常辛苦地努力”，但并没有“学习”的含义。在这种情况下，日本人强调“学习”痛苦的一面甚至超过了中国人。

2. 学习就像一段旅途，要跟随老师的引领。

例如，homework在汉语中就是根据英语原义直译为“家庭作业”，但在日语中homework则写作“宿题”，意思是“旅行者”需要解决的“旅行、住宿等问题或主题”，这表明学习好像是在一条路上跟随自己的老师前行[1]。homework的日本汉字为“宿题”，我们可以理解为旅行者在夜间稍作停歇来解决学习方面的问题。

在古汉语的表达中，teacher应称为“先生”，意思是比学生出生早的人。直到

---

[1] Hiraga, M. K.,“Japanese Metaphors for Learning”, In *Learning: East and West*, International Association for Intercultural Communication Studies, San Antonio: Trinity University, 1997, p. 8.

现代汉语中，teacher 才被称作老师。我的日本学生仍然称我为“先生”（sensei），这在 1949 年以前也是中国人对老师的称呼。“先生”在现在的普通话中只表示英语 Mister/ Mr. 的意思。

3. 学习如同穿越一道智慧之门。

中国人认为进入学习领域需要穿越一道门。针对入门者的汉语课本经常被叫作“汉语入门”。“入门”的意思是：entry door or enter the door or gate。在汉语学习理论中，关于个人主动学习和分析性思维的常见理念是“举一隅而以三隅反”：如果老师指给学生看了房间里的一个墙角，那么学生就要能自己找到另外三个墙角。还有“师傅领进门，修行在个人”，意思是说，老师把学生领进学习的大门，能否通过努力取得成功则取决于学生。可见，中国教育文化也强调引导学生。

4. 环境是进行教育的因素之一。

在对教育强调入门的同时，中国人也十分强调环境的作用。俗语“门里出身，自会三分”将这一观念进行了充分表达，意思是说，一个人如果出生在传承了某项技术的家庭里，即使没有进行过专门教育，家庭的熏陶也能让他获得 30% 的技能。

在 1869 年明治维新以前，日本和中国有一个共同的教育传统，那就是不在解释和分析上花费太多言语 [1]。关于环境对教育的影响，日本人亦有类似的说法：“即使不教寺庙前的小男孩，他也会诵经。” [2]

5. 学习和练习同步进行。

汉语中 learn 和 study 称作“学习”，学的意思是模仿，习的意思是练习。儒家经典《论语》开始一句话将学习定义为模仿，而练习所学内容是充满快乐的：“学而时习之，不亦说乎？”

（三）汉语表达法和异国文化

中国父母很少对自己的孩子说“我爱你”，而是通过严格要求孩子来表达爱意，

---

[1] Berendt, E.(ed.), *Learning: East and West*, International Association for Intercultural Communication Studies, San Antonio: Trinity University, 1997.

[2] Ukida, S., “A Contrastive Study on the Proverns Related to Learning in Japanese and Modern Greek”, In *Learning: East and West*, p.114.

正如谚语所说："娇子如杀子。"西方人对中国父母的严厉通常都会误解，所以我们很有必要去提升学生们对这方面文化的理解。

课堂上可以讨论"天伦之乐"一词和"打是亲骂是爱"这句谚语。后者的意思是，打骂是父母表达爱意的方式，直接的翻译就是："打是对孩子的关心，而骂则是对孩子的爱。"中国人对这种说法不会有误解。再者，按照儒家的传统，孩子在受责备时会默不作声，且大多不会回击父母。

我的一个西方学生说，他在中国文化的课堂上学到了很多东西。他过去常常被父母打，而且他也会对父母还手。他说他现在意识到了这样做是错的。他真诚和幽默的评论逗笑了周围的同学，然而他依然保持着平静。学习其他文化通常意味着能在多文化的团体中保持对文化的敏感性，这并非是刻意模仿。他说在他学习了中国的孝道以及儒家的基本理念之后，他永远都不打算再向自己的父母还手。中国有句老话叫"打不还手，骂不还口"，明确表达了"当长辈打你或者更高社会地位的人责骂你时，不许还击"的原则。这在现代中国的电视剧《我家的春秋冬夏》中仍有生动展现（omni TV，2014）。

四、国外汉语和文化教学实践

（一）中西文化差异

在学习过程中，学生会遇到很多中国古代的谚语、箴言或者名词等，他们必须知道这些语句字面之下蕴含的意思才能获得对它们的充分理解。将这些传统语汇介绍给学生是十分必要的，因为英语里没有对应的语句：

> "东施效颦"：不要盲目地模仿别人。一个叫东施的人模仿中国古典美女西施皱眉头，结果东施看起来无比丑陋。
>
> "情人眼里出西施"：爱情是盲目的。
>
> "三个臭皮匠，赛过诸葛亮"：两个脑袋总比一个聪明。诸葛亮是古代非常有名的军事家。
>
> "猪八戒倒打一耙"：没有缘由地攻击、责怪受害者。猪八戒是小说《西游记》中手拿耙子的一个人物。

《梁山伯与祝英台》：在英语中可译为《蝴蝶恋人》，通过讲述一个爱情悲剧，反映了家庭包办婚姻的文化影响和强迫婚姻的后果，以及中国古代匹配婚姻的社会和教育意义。

以上例子均展现了如何通过新的词汇、短语和观念在范围上扩展教学及其效果。通过可获得的教育技术，在教与学当中的多元识读呈不断上升趋势。

（二）多元识读教学在汉语教学中的应用

1. 我通过介绍天坛、地坛以及奥运场馆鸟巢和水立方来使学生们掌握和记住“天圆地方”（天是圆的，地是方的）这个词。

2. 通过找出英语和汉语中的共同点来帮助学生。如：

通过解释汉语中与英语动词加 er 后缀相当的构词模式来阐释中文语法。如教师、画家和舞者等词相当于中文动词后加“的”，即教书的、画画的、跳舞的。

解释“了”表示过去时态的主要用法。在英语中：I went to Beijing in July.（过去时）在汉语中：我（I）七月（July）去了（went to）北京（Beijing）。“了”表明是过去时，相当于英文的过去时态。

3. 构建和推断。通过分解、扩展某些词汇、短语、知识和概念进行语言的动态教学，让学生自己去推断一些汉字的意思，从而激发学生对汉字的学习兴趣。例如，

日（sun）＋月（moon）= 明（bright）

日（sun）＋十（ten o'clock）= 早（morning）

4. 在学生水平能够接受的程度上，做一些数字练习，适当加上一些成语。例如，一石二鸟、三朋四友、五颜六色、七上八下、十有八九。

五、中国戏曲《包青天》作为多元识读材料（multiliteracies）

（一）这部经典戏曲中的人物有：

主角秦香莲：被她的丈夫所抛弃；

陈世美：秦香莲的丈夫；

他们的两个孩子：冬哥、春妹；

包青天；

王丞相。

（二）历史背景

《包青天》这部戏的时间背景是在中国的宋代（960—1179）。主要人物之一秦香莲是生活在湖广（今天湖北省和湖南省）的农村妇女。她拖儿带女徒步来到首都开封（河南）寻夫。开封是中国的古都之一。在这部戏中，剧作家对一个真实的地方使用了古老的名字："住均州远在湖广"。这个方法使得故事显得生动有趣，而且学生也可以尝试在地图上定位湖广的所在。让加拿大学生从地图上测量首都和秦香莲家乡之间的距离，以引起学生对故事的强烈好奇心和对女主人公的同情心。

秦香莲身上体现了很多中国妇女的传统美德：独立照顾家庭，孝顺公婆。所以，她不得不十分坚决地捍卫自己的家庭。

孝敬长辈是中国传统文化中十分重要的伦理观念，它同样被日本传统家庭文化所吸纳[1]。丈夫陈世美不在家的三年中，秦香莲独自照顾生病的公婆，直到他们去世。

秦香莲的丈夫去京城赶考，留下她照顾公婆和两个孩子。中国妇女在家庭中扮演奉献角色的传统深深植根于传统文化之中，一直延续到新中国成立。这甚至在中国现代社会中也可以感受得到。

---

[1] Imamura. A. E., "Family Culture", In *The Cambridge Companion to Modern Japanese Culture*, Edited by Yoshio Sugimoto, Cambridge: Cambridge University Press, 2009.
Zhang, S., *Understanding Modern China through its Language and Culture*, Gatineau: Asia Communications Québec Inc., 2006.
Zhang, S. *Understanding Modern China through its Language and Culture*, Second Edition, Asia Language Software Inc., 2011.

（三）儒家思想、家庭价值观和法制

这部戏通过以下规定反映了维持社会秩序的儒家理念和等级关系：

第一，统治者和被统治者：臣民都要服从皇帝意志；

第二，父子：孩子要服从父母的意志；

第三，夫妻：妻子要服从丈夫；

第四，兄弟：年轻的要尊敬兄长；

第五，朋友：彼此之间要以诚相待。

在这部戏中，陈世美违反了上述儒家理念的前三条。

第一条，陈世美向皇室隐瞒了他已婚并有两个孩子的事实。他向周围的人否认自己曾结过婚，还否认那个带着两个孩子的穷苦女人是自己的妻子。所以，他是带着这些秘密和皇帝的女儿结婚的。他的欺瞒行为对于皇帝及其身边的官员来说是无法容忍的（欺君罔上）。

第二条，在《包青天》当中突出体现了孝道，尤其是侍奉双亲。加拿大的学生说他们也爱自己的父母，但是由于经济和社会制度方面的因素，不能像中国人一样照顾上了年纪的父母。陈世美的罪行之一就是抛弃自己的父母（抛父弃母）。对于父母，他没有履行作为儿子的职责。

第三条，夫妻关系中对妻子的不公违反了中国传统。他还否认自己有两个孩子（杀妻灭子）。

下面这个句子详细说明了中国男人对朋友和妻子应有的忠诚："患难之交不可忘，糟糠之妻不下堂。"意思是说，当你飞黄腾达时，不要忘记和你共患难的朋友，不要抛弃和你共度贫困的妻子。在英语中最接近的说法应该是：在你需要时出现的朋友才是真的朋友；在你处于困境时不会抛弃你。英语的这些俗语涵盖的是普遍情况，并不专门针对夫妻间的忠诚而言，这与汉语的一些语句中反映出的家庭纽带关系的特定表达形成了鲜明对比。

在这部戏中，包青天对陈世美的违法犯罪行为的裁定是以非常精练的四字成语形式宣判的："欺君罔上，抛父弃母，杀妻灭子"。主要意思是："欺骗君主，抛弃父母，企图谋杀妻子和孩子"。

包青天下令对陈世美使用死刑当中最重的处罚。这部戏反映了非常典型的儒家观点，那就是家庭中几代人共同生活在一起代表着幸福。不管家庭成员身在何处，逢年过节他们都要返回自己的家乡与家人团聚。所有的家庭成员都要对家中的长者表示敬重并且祭祀祖先[1]。这种儒家的伦理规范通过《包青天》的故事得到了综合且多层面的展示，包含了教育、哲学、一般和特定社会含义等内容。

这部戏向观众介绍了中国的传统家庭价值观以及中国在宋代以后的新儒家社会里如何处理法律事务的相关文化知识。一般而言，中国人总是倾向于避免纷争，而且中国人的大部分纠纷的解决都不通过法庭[2]。陈世美的妻子深受中国家庭文化的影响，她坚持等待丈夫归来，正与中国传统中强调家庭价值观并把家庭作为人们生活中心的观点相一致。

整个故事都依照儒家关于家庭关系的一些基本理念进行讲述：陈世美对自己疏于照顾父母的懊悔、对自己抛弃孩子和发妻的愧疚、对向皇室隐瞒自己婚姻状况的恐惧。

戏中秦香莲曾多次被告知庭外和解可得到大量银两，但她丝毫不为钱财所动。她拒绝任何收买，只求陈世美承认自己是他的妻子。她希望自己的家庭能够复合，而不是得到金钱。陈世美提出给予她 10 到 100 两白银作为补偿的解决方案，被她果断拒绝。随后她又拒绝了法官提出的 300 两白银的庭外和解方案。她不愿接受任何与金钱有关的企图掩盖罪行的和解方案。正是由于这个原因，诉讼不得不持续下去。秦香莲成为了中国文学塑造的淳朴和耿直的贤妻良母型的中国妇女形象的典型代表。

王丞相曾劝说陈世美不经过法庭，直接认可自己的原配妻子和孩子。由于皇室介入，就连包青天也曾试图不通过法庭解决这个案子，从而为陈世美消除最严重的罪行。直到秦香莲责骂他不按法律行事，包青天才积极地推进这个案件并严惩陈世美。

皇室的倚势欺人令秦香莲备感伤心和绝望，她一度决定接受自己的悲惨命运，放弃诉讼，回到遥远且被灾害侵袭的家乡。但是故事到这里有一个巨大转折，那就是陈世美命令韩琪去杀害自己的妻子和孩子。韩琪不忍心杀害无辜，就在原本准备行凶的寺庙里自杀了。

---

[1] Dreyer, J. T., *China's Political System: Modernization and Tradition*, New York: Pearson, 2012.

[2] Ibid..

分析故事的发展经过可知，它一开始只是夫妻之间关乎道德和公平的家事纠纷，但后来合法妻子成为犯罪的牺牲品，当权者还企图通过诬告把陈世美的妻子变成罪犯，并指责她的控诉都是谎言。当故事发展到谋杀未遂，再加上韩琪之死给其妻带来巨大伤害，案件中的斗争就不再局限于夫妻之间，进而成为陈世美和包青天之间的较量。根据中国的法典，只有刑事案件才能向法庭提起诉讼[1]。这部戏充分反映了中国儒家传统家庭价值观念，比如妇女在家庭中的角色和责任，同时也展现了中国的教育传统和中国古代文明中高度发达的法律系统。

（四）科举考试和儒家等级制度

为了更好地理解在古代中国科举考试中获得功名的意义，我们简要介绍一下在1905年被废除以前，科举考试为通过考试者设置的不同等级的头衔。中国人非常崇尚读书求功名，而一定等级科举头衔的获得还有相应的年龄限制。现代学位和科举头衔以及平均获得年龄的对应情况大致如下：

> 生员相当于当今的学士，该称号授予那些在科举考试中通过了县级考试（即最初等级考试）的应试者，平均通过者的年龄为24岁。
>
> 举人相当于当今的硕士，或可以获得晋升的绅士，指在科举考试中通过了省级考试的生员，平均通过者的年龄为31岁。
>
> 进士或最高等级的学者，相当于当今的博士，指在科举考试中成功通过了殿试的人，平均通过者的年龄为35岁[2]。进士的第一名被授予状元称号。

这部戏也在间接地谴责中国古代的科举制度，它于1905年被废除。这时的中国才刚刚开始现代化进程，到1911年才推翻封建统治。这一考试制度在隋代（581—618）确立。汉朝以后，中国在公元200年前后分裂成多个小国，隋朝重新统一了中国，也为唐朝（618—907）成为中国最繁荣的朝代奠定了基础。在长达1000年的时间里，中国政府官员都是通过科举考试进行选拔，直到慈禧为了挽救清朝的统治并开展了一系列的现代化运动时才被废止。直至现代社会，考试的传

[1] Dreyer, J. T. , *China's Political System: Modernization and Tradition*, New York: Pearson, 2012.

[2] Atwill, D. G. & Atwill, Y. Y., *Sources in Chinese History. Diverse Perspectives from 1644 to the Present*, Englewood: Prentice Hall, 2009.

统依然在中国存在，每一年的大学入学考试都影响着所有高中毕业生及其所在的家庭。

一个人在中国古代社会等级中的地位取决于他在科举考试中取得的成绩。在中国传统社会，考取功名的读书人地位最高，接下来依次是农民、工匠和商人。一个人要想在封建制度下考取功名，必须经过多年的努力学习才能在面向所有人的科举考试竞争中通过选拔。穷人家的聪明孩子也有参与科举考试的机会，而且政府会根据他们的学术专长给予平等对待。戏中妻子的唱词中对此有相应的说明："你和我很年轻时就订了婚，我们家庭贫困，仅依靠着我纺织来支撑你的读书生活。"唱词原文是："我与你从小结发，咱家贫穷，是我织麻纺线，供你读书。"（唱词由北京青年研习社整理）

同时，这个故事揭露了封建考试制度中比较负面的一些因素，例如，内在的贪婪以及过度的野心。这部戏曲以科举考试为主题，当陈世美将要离家前往考试地点开封时，他向妻子承诺无论在考试中成功与否，他都会回来，然而他在成为状元之后，却失信了。

1. 从平民到状元

首先，我鼓励学生在中国地图上找到湖广的位置（今天的湖南、湖北一带），从而对秦香莲带着两个孩子赶到开封的遥远路程和途中的艰辛有一个直观认识。在古代，前往外地远比今日困难，也更加耗费时间。

秦香莲与丈夫和孩子生活在今天的华南一带（湖南和湖北地区）。她的丈夫要经过长途跋涉才能到达首都参加科举考试，目的是通过选拔并谋得官职。这个考试为社会各个阶层的人提供了获得地位和职位提升的阶梯。

与此同时，尽管妻子善待并尽心侍奉陈世美的父母（上奉公婆），且全力抚养两个年幼的孩子（下养子女），却仍被考中状元的丈夫欺骗、抛弃甚至企图谋杀。也就是说，尽管她"上奉公婆，下养子女"，丈夫还是说谎，并且不认她和孩子们。

中国文化的特性之一就是妇女成为封建制度下的牺牲品。如果她的丈夫没有中状元并被选为驸马，秦香莲可能还与丈夫和孩子过着正常的家庭生活。如果她的丈夫没有一定要在科举制度中胜出的野心，他可能还会和家人一直待在自己出生的村子，过着平淡而贫穷的日子。具有讽刺意味的是，他在科举考试中的成功却成为他的人生从平静生活走向毁灭的戏剧性的转折点。

陈世美去都城参加科举考试后，他的家庭在没有他任何消息的情况下，等待了数年。在他离家期间，他的家乡发生了严重的旱灾，他的双亲也因太过饥饿而双双离世。尽管十分贫困，他的妻子还是想办法埋葬了公婆。当她觉察自己的穷困已到了无法维系生活的地步时，她决定和孩子一起去都城寻找自己的丈夫和孩子的父亲，结果发现丈夫已成为驸马。尽管备受打击，她还是希望丈夫能够回心转意并与家人团聚。

当听说到访者是自己的妻子和孩子（冬哥和春妹）时，陈世美拒绝和他们会面。门卫帮助秦香莲进入了陈的官邸，但是陈世美早已下定决心不与妻儿相认，还呵斥说："何人如此胆大，敢私闯我家宅院？""何人"不是白话文，而是文言文中"你是谁"的表达方式。秦香莲回答道："含悲忍恨我把夫君认。"这句唱词可以理解为：心中充满了悲伤、忍耐着怨恨，我来寻找自己的丈夫。她把自己的丈夫称为"夫君"——绅士丈夫。陈却十分恼怒，朝她喊道："哪里来的野蛮女人！"

于是，她设法进入皇宫面见她的丈夫，并试图说服他，要他与自己和孩子相认，叫他："夫啊！"她想让丈夫放弃职位，继续和她像夫妻一样回家种田，而且她也不会抱怨自己多年来的艰辛：

劝夫君莫贪乌纱锦绣衣，
咱回到家乡种田地，
共甘苦才是好夫妻。
为妻我不怕苦来不怕累。

但是陈世美却以将妻子踢出门外作为回应，秦香莲倒在了地上。

2. 夫妻姓氏

剧本中写道："陈踢秦，秦倒地。"陈和秦是丈夫和妻子各自的姓，妻子用丈夫的姓不是中国的风俗。婚后的秦香莲，名字并不是陈香莲。这不同于西方风俗，在西方传统风俗中，妇女通常随夫姓。

这个句子使用了比较简单的主谓宾结构。

妻子的努力毫无效果：陈世美还是拒绝承认妻子和孩子，并且命令自己的卫士立刻赶走这个疯女人："快将这疯妇轰出去。"

"轰"是一个动词，意思是蛮横地驱赶某人。

3．唱词的文字和韵脚

陈世美参加科举考试是这个悲剧的起因。他的妻子试图解决与丈夫之间的问题。在剧中，唱词用非常精致的文言文书写，韵脚是“xin”，用词精当，十分简明、富有表现力并充满了诗意：

你离家三载无音信，
难道说父母妻子不挂心？

这句话体现了中国文化中的家庭观念。当儿子出门在外求学时，父母总是牵肠挂肚，而在中国诗文中自古以来就赞美永恒的母爱。如前面提到的孟郊的《游子吟》。

（五）包青天审理陈世美案

故事在秦香莲带着孩子返乡的路上发生了巨大的转折。陈世美秘密派韩琪去杀死妻子和孩子，以彻底毁灭与自己的过去有关的一切证人、证据，不留任何痕迹。韩琪按照陈世美的指令，一直追踪秦香莲和两个孩子，最后在他们打算过夜的寺庙里找到了他们，面对韩琪的刺杀，秦香莲哀求他不要杀死两个孩子，并告诉他自己的确是陈世美的原配妻子，而且孩子也是他亲生的。家将韩琪被陈世美妻子的悲惨命运所打动，决定不再按照命令杀死他们，但为了避免因违抗命令带来的惩罚，韩琪自杀了。

秦香莲对丈夫的谋杀计划感到十分震惊和失望，她觉得除了向包青天寻求公正之外再无别的选择。这个最初仅与欺骗有关的民事案件因韩琪之死变成了刑事案件。

皇室十分昏庸，皇太后居然要求饶恕陈世美，但遭到了包青天的拒绝。皇太后威胁要革除他的职务，包青天回答说在依法将此案审理后，他自己会辞职。当皇帝命令包青天饶恕陈世美时，包青天被迫有所退让，向秦香莲提出给予她三百两白银作为她回乡的补偿。秦香莲回答说自己早该预见到官场的腐败以及官员间的沆瀣一气、互相包庇：“官官相卫有牵连”。

她拒绝接受银两，打算不要任何补偿地离开，并且十分愤怒地答应包青天，在意识到这些贪污腐败之后，将不再向任何人抱怨自己的悲惨经历。秦香莲无助而又绝望的言辞让包青天深受触动，他为自己不能为受害者伸张正义感到十分羞愧。在表达自己不能公正审理这个案件的痛苦时，包青天使用了非常戏剧性的唱词，说自己对不起黄土和蓝天："对不起足下黄土，头上青天"。

包青天被秦香莲宁要尊严也不要三百两白银的决断所打动，决定不再被皇帝的指令干扰，按照法定的程序审理此案。他回绝了皇室提供的升职诱惑，并且质问皇室："怎么能用政府职位作为贿赂来包庇罪犯（怎拿官职送人情）？"

包青天拒绝升职贿赂的行为，体现了中国的儒家理念以及他做法律工作的英勇和清廉。整个故事是歌颂法官包青天的公正品格以及他在法律体系中倡导和践行反腐败的赞美诗。包青天被描绘成一位代表着正直的铁面和黑面法官。这个人物以其公正刚直的形象为中国和日本的观众所熟知，并且专门有一个很精练的四字成语——"铁面无私"（铁意味着黑色和坚固）——对其进行描述，意指那些不为私利而又秉持正义的人。这个故事深得中国一代又一代戏迷的喜爱。观众高涨的热情来自对秦香莲的同情和对公正无私的包青天的崇敬。

故事反映了在中国文化环境下的家庭价值观念。它描述了丈夫和妻子在婚姻中扮演的不同角色；进一步证实了男人强势而又脆弱的本质，以及女人看似柔弱但实际上灵活坚韧、能够忍耐生活的各种磨难的品质。

对于陈世美来说，娶了皇帝的女儿就像是踏入了一个陷阱，人生虽然暂时出现了巨大的平步青云的机会，但很快就处于一个尴尬的境地，并在一个恶性的循环里最终犯下了罪行。尽管他否认罪行，并受到了皇室的支持和认可，但公正的包青天仍然坚持了正义并判决了陈世美，对皇室的腐败和企图仅把陈世美定罪为杀人未遂的不合理要求给予了反击。

1. 颜色的意义

白色的衣服通常用于葬礼。

红色衣服通常用于婚礼。

黑色代表品格坦率、诚实和忠诚。中国画经常使用黑色，例如，墨竹（黑色墨汁画的竹子）。包青天在戏中衣着和脸谱都是黑色，说明这个人物以正直为特征。（黑色代表消极事物的解释是西方殖民者引入的偏见。）

戏曲中的白色脸谱代表卑鄙小人，白色的范围越大，表示这个人越卑鄙，反之亦然。

2. 中国传统的妇女角色

传统中国妇女的形象在这个故事里得到了展现。陈世美的妻子照顾家庭并支持丈夫获得更高的职位。戏里同样反映了中国妇女要遵循的道德标准之一——照顾公婆。在中国古代敬语的表达方式中，提到公公要说："老公爹名讳陈可让"。

"名讳"一词是提到地位较高的人时，表达尊敬的古典形式。陈世美的妻子并没有简单地说"我的公公是陈可让"。"年长"隐含"值得尊敬"的内涵，这是西方文化中并不常见的含义，这就给西方学生提供了了解这方面中国文化的情境。

3．有封建色彩的一些词语

想阅读和理解 1949 年中华人民共和国成立以前的电影的背景故事和文献资料，就必须知道早期的历史术语如何使用，它们与当今的用法有很大的不同。为大户人家工作的女仆在以前被称为"丫鬟"，在今天的中国，这个词被"保姆"所取代。

过去看门的人社会地位很低，被称为"老苍头"，是指代给有钱人看门的老人的贬义词，从字面意思看有"老的灰色头发"的意思。"老朽"是对自己的谦称，王丞相在戏中也这样称呼自己。虽然单个汉字并不难懂，但古老的复合词汇往往很难理解。戏曲中演员述说和演唱的形式兼具视觉和听觉的双重效果，可以提供便于学习的情境。

陈世美形容自己有病时说"有恙了"，在现代汉语的口语中一般都说"有病了"。

4．中国传统法律的表达方式：

回避肃静　光明正大

5．法庭论证用语：

一面之词　当堂审问　件件属实

6．与宗教思想有关的表达：

不看僧面看佛面　不看鱼情看水情

7．中国古代的司法规则，文字诉状的重要性中国人通常把有文化定义为有非常熟练的文字书写能力，而不是口头语言能力。重要的事情必须被总结并呈现为书面文字，这在这部历史剧所发生的1000年以前的北宋时期也是通行法则。这部戏强调了在诉讼案件中，书面记录是强制性的要求。当陈世美的妻子经过长途跋涉来到开封法庭并对丈夫突然成了皇帝女婿感到十分震惊时，她没有时间准备提起诉讼所必需的书面诉状，只能口头讲述案件始末。正是由于她没有按照要求呈递书面诉状，包青天才命令手下对她处以鞭打50下的鞭刑作为惩罚。

六、通过戏曲《包青天》了解中国文化和语言

阅读中国戏曲的故事和观看戏曲表演可以有效地激发西方学生学习东亚文化的热情。如果我们打下了良好的知识基础，学生将会更主动和深入地从事他们的主题研究。由于学生被中国戏曲故事打动并为之着迷，他们可以展开主动的自我学习并锻炼批判性思维技能。

学生可以通过欣赏戏剧唱段轻松地学习中文。唱段旋律优美以歌唱形式呈现，而且语速较慢。在享受旋律的同时，观众还有时间去理解歌词，并欣赏简洁经典、充满诗意风格的语言，它们包含更少的汉字，但又富含哲理。

通过欣赏戏曲，学生可以发现非常具有表现力的中国语言和文化传统以及儒家伦理思想，并领略到戏曲唱词富有诗意的美感。这样的理解可以帮助他们学习语言、文化、历史、政治和中国的社会发展。

对戏曲文学的学习有利于大学生在很多方面了解中国。我们可以通过介绍中国的文学作品来为中国和西方之间的文化交流架起一座桥梁，让学生广泛地理解现代中国以及它的传统文化。

接下来，我们将根据剧情摘录和具有分析性的翻译，来对全剧做一个整体了解：戏曲《包青天》围绕一个中国家庭展开，主要唱段在剧情的推进中扮演着重要角色。

以下是所选唱段的主要情节：

秦香莲手里拿着王丞相给的一杯茶，王丞相答应帮助她和她的丈夫在分离了三年后破镜重圆。

秦香莲所有的努力都无济于事，陈世美否认她是他原来的妻子。

王丞相对秦香莲的故事大为震惊，他很奇怪皇帝的女婿怎么会跟这个带着两个孩子的农村妇女有关系。由于心里一直放不下秦香莲的故事，所以王丞相决定亲自去验证它的真实性。在陈世美的生日宴会上，王丞相邀请秦香莲以演唱者的身份前往，由此引发了一场骚乱。在陈世美否认所有事情时，王丞相通过询问和让秦香莲以艺人的身份讲述身世证实了真相。

与阅读大量字词相比，戏曲以动态的方式展现中国文化，因而更能吸引学生的注意。在唱词中，陈世美的妻子介绍了她的出身、她的家庭、家乡的饥荒、公婆的离世、她剪断并卖掉自己头发才换来两张为公婆下葬的芦席。她仍然希望丈夫能珍惜与自己的原配夫妻关系并与她和孩子相认。但陈世美在王丞相面前仍以各种虚假和捏造的理由来否认这一切，并最终谋划杀害妻子和孩子（杀人灭口），想以此来消除潜在隐患，掩盖他的罪行。

时高时低的曲调、快慢相间的节奏、明朗快活的旋律，再加上伤感而富有表现力的演唱，时刻都在提醒观众倾听受害者的哭诉。拉长的声音很容易使学生学习拼音的元音。再配合显现的字幕，听众可以通过中文和英文的双语字幕知道下一个单词是什么。例如，这句唱词中的“ɑ”音：“接过这杯茶——”

“三条河水也无法洗净我受到的冤屈”这段唱词扣人心弦。下文将比较这段唱词在三个剧种中措辞的艺术处理。

剧情简介：

（秦香莲来自哪里）
秦香莲生活在均州，在遥远的湖广地区（今天的湖南和湖北一带）。
陈世美生活的村庄距离城市有十里远。

（公婆的名字）
公公的名字是陈可让。
婆婆家姓康。

（秦香莲和陈世美——现在皇帝女婿的关系）
我从小就和陈世美订下了婚约。

（她的婚姻状况）
我是他的合法妻子。

（他为参加科举考试离开了家乡）
我的丈夫离家参加科举考试时说，无论成功与否他都将返回家乡。

（家乡爆发了饥荒，而且他的双亲在他离家期间经常挨饿）
湖广地区爆发了意想不到的旱灾和饥荒，穷人家大都经历了非常严重的饥饿。
我的公婆都饿死了。

（公婆的简单葬礼）
我没有钱来支付二老的丧葬费用。
我剪掉了自己的头发，
换来了两张芦席。

（她决定去寻找自己的丈夫）
邻居们都在议论说，
我的丈夫中了状元。
我决定带着孩子去找他。

（沿途乞讨）
我们一路乞讨才来到首都汴梁（开封）。
我想尽办法才进了他家庭院。

（见到陈世美时受到的拒绝和羞辱）
他踢了我一脚让我倒在了官门旁的地上。
我觉得自己受到了如此多的不公，以至于我无法继续说下去了。
王丞相，你为我这个可怜的女人做主吧。

王丞相邀请她作为演唱者前来，想借此机会弄清楚她到底是不是驸马陈世美的法定原配妻子。陈世美假装不认识她而且否认这位远道而来的妇女是他的法定妻子。接下来我们先看看与这部戏主体和高潮有关的一些更详细的对话。

注意每一行末尾的元音a（其中只有两行末尾无a音），这样的唱段需要高超的韵律学技巧才能写成。

秦香莲（唱）：

接过来这杯茶，
我心中乱如麻。
夫君京都招驸马，
我流落在宫院抱琵琶。

（独白）：可恨他一朝成富贵。

忘恩负义他、他……他弃结发！
这杯茶我不用倾倒地下，
王相爷听民妇我表一表家，
我唱的是夫居高官妻弹唱。

王丞相让她继续讲述自己的真实故事，并把上面的内容称为开场白。

七、豫剧、秦腔和京剧措辞的比较

（一）豫剧版

在豫剧版的主体部分，注意每一行末尾的ang，这体现了高水平的韵律学技巧。

秦香莲（唱）：

三江水洗不尽我满腹冤枉，
秦香莲住均州远在湖广。

离城十里陈家庄。

老公爹名讳陈可让。

陈世美听到这儿想要以公事繁忙为由起身离开，王丞相劝他在这里欣赏演唱休闲一下，并告诉演唱者可以继续：

往下唱，往下唱。

秦香莲（唱）：

老婆母娘门本姓康。

听到自己母亲的名字，陈世美再一次想要离开，王丞相又试图挽留他接着听正在进行的演唱。

秦香莲（唱）：

自幼儿我配夫陈世美。

王丞相示意她停止演唱，因为她提到了当朝驸马的名字：

住戏，住戏，住戏。

王丞相就演唱者的冒犯向陈世美道歉，说自己并不知道所邀请的演唱者的家庭出身。陈世美否认了一切，说只是同名同姓。陈世美使王丞相相信刚才丝毫没有冒犯到他，只是另一个同名同姓的人而已。王丞相让演唱者继续表演，但要避免提到“陈世美”的名字：

再往后唱，把“陈世美”三个字免了！

演唱者回复说，她所有的悲苦都是由陈世美引起的，如果不允许提到他的名字，那她就连一个完整的句子都唱不出来了。这出戏里的女主人公自信又机智，是个通情达理、有口才的妇女。

秦香莲：

> 相爷，我千苦万苦，就苦在陈世美一人身上。
> 你不叫我唱“陈世美”三个字，我一句也唱不成了！

王丞相说，为了能继续听演唱，他允许她继续演唱时使用“陈世美”这个名字。王丞相还向陈世美确认了他并不介意。陈世美假装平静说他不介意。

陈世美：

> 哎！（驸马）不怪！不怪！不怪！

王延龄：

> 往下唱，往下唱。

秦香莲（唱）：

> 我是他的结发妻房。
> 曾记当年赴科场，
> 他言道中与不中还故乡。
> 不料荒旱在湖广，
> 贫穷人家饿断肠。
> 二公婆饿死在草堂上。

陈世美听到双亲在他赴京赶考期间双双饿死时，流下了眼泪。陈世美落泪，王丞相问他为什么眼里都是泪水：

驸马，你为何落起泪来了？

陈世美解释说自己流眼泪是由于被风吹到：

迎风落泪。

王丞相觉得很奇怪：

这就奇怪了。

王丞相记起之前有一次他们遇到了狂风暴雨，陈世美都没有流泪。今天在大堂之内，他怎么能把流眼泪的原因归结为有风呢？陈世美回应说，他眼睛的状况很不稳定，任何时候都可能犯病，这会儿是发病了。

陈世美：

我……我（乃是）病犯一时。

王丞相意识到事情可疑：恐怕你的眼睛问题还会复发。他让这位演唱者继续唱：

往下唱来！

秦香莲（唱）：

无银钱殡埋二爹娘。
头上青丝剪两绺，
大街换来席两张。
东邻西舍个个讲，
夫君得中状元郎。
我携儿扶女来探望，
沿门乞讨到汴梁。

沐池官院将门闯，
他一足踢我倒在宫门旁。
冤情满腹讲不尽，
王相爷你与民妇做主张……

王延龄：

你怎么不唱了？

秦香莲：

俺弦断曲尽了。

在陈世美的生日宴会上，秦香莲在其面前倾诉了被丈夫抛弃和隐名埋姓的故事。王丞相邀请她到宴会上演唱，并观察陈世美的反应，使他终于流露了真情。这是王丞相的计策。

学生讨论问题：

这次演唱是在什么场合下发生的？
这样安排的意图是什么？
在中国，纠纷通常是如何解决的？
在陈世美离家期间，他的家乡发生了什么？
为什么陈世美眼里充满了泪水？
他对自己流眼泪做何解释？

（二）秦腔版

秦香莲的唱词（注意每一行韵脚的an音，这体现了高水平的诗歌技巧）：

大比之年王开选，举家人送他求官。
天不幸本郡三年旱，饿死黎民有万千。

草堂上饿死他双父母，无有棺板好可怜。
无奈了我把青丝剪，拿在大街换铜钱。
买来芦席当棺板，才把二老送坟园。
乡党六亲把我劝，劝我上京找夫男。
跋山涉水苦受遍，沿门乞讨到此间。
我到宫院把他见，拳打足踢赶外边。
无处栖身古庙站，他又差韩琪杀家眷。
那韩琪不忍把我斩，又送银两做盘缠。
哄我母子出庙院，持刀自刎古庙前。
把钢刀银两交当面，包相爷与民伸屈冤。

在秦香莲的演唱中，陈世美被描述成一个孝顺的儿子。他对自己的父母十分心软。虽然陈世美为了自己的前途抛弃了妻子和孩子，但他毕竟是一个孝顺的儿子。当他的合法妻子试图说服他承认和接受她与孩子时，他拒绝了，说："你和孩子哭是没有用的，我给你一百两银子，你赶紧回家照料我的父母去吧。"他担心的是他的父母，而不是原配妻子的情感和愤怒以及孩子的哭泣。

秦腔陈世美原词：

你母子哭也无益，我与你们纹银百两，快快回家侍奉二老爹娘去吧！

妻子质问自己的丈夫说：

你还记得二老爹娘，你还记得二老爹娘吗？

她说出了令陈世美万分震惊的噩耗：他年迈的父母已经在饥荒中饿死了。这对陈世美真是当头一棒，他吃惊地看着自己的妻子，然后很懊悔地低下了头，自语：

可怜把二老活活地……饿死了！（陈惊愕看秦，懊悔低头）

妻子接着唱道，我剪了自己的头发去街上卖掉，才换来两张芦席把老人埋了：

我剪青丝大街走，换来芦席把尸收。

陈世美回应说：“听到父母都被饿死，我忍不住心生伤悲。我理应与帮我照顾父母的可怜妻子相认。”“秦香莲！”他突然转向妻子，想询问有关自己父母的事情……但他依然不承认那是他的法定原配妻子。

陈世美：

听说是二爹娘双双饿死，不由人低下头暗自伤悲。
糟糠妻孝双亲我心有愧。

他突然冲自己的原配妻子喊道：

秦香莲！（猛转头向秦）我（父母）……

给学生的任务：

查找这个版本和先前版本的相同之处。
两个文本不同的问题是什么？

（三）京剧版

秦香莲的唱词（注意末尾的ang，这体现了高超的韵律学技巧）：

夫在东来妻在西，
劳燕分飞两别离。
深闺只见新人笑，
因何不听旧人啼。
分别时一席话牢记在心上，
夫做高官绝不能抛弃糟糠。
遭不幸均州地，干旱三载草不长。
可怜家无半点粮，

叹公婆思儿把命丧。
我撮土为坟安葬了官人的爹和娘,
千里迢迢乞讨京都上,
一双儿女受尽了奔波与风霜,
打听得儿父中皇榜,
实指望夫妻骨肉同欢畅,
谁知他、他贪图富贵把前情忘,
狠心的夫哇,忍叫骨肉漂泊异乡!

在京剧版中,陈世美被描述成一位孝敬父母的儿子:他让原配妻子返回家乡照顾自己的父母;他听到双亲去世的消息时十分震惊。陈世美对双亲的爱也得到了充分展现:当秦香莲找到他时,他虽然拒绝承认秦香莲是自己的妻子,但是却问她:"你不在家中侍奉我年迈的父母,跑到驸马府来干什么?"

陈世美:

不在家中侍奉二老,到我这驸马府做什么来了?(原文)

秦香莲回答他说:"你难道没看见我穿的是孝服吗?你年迈的父母已经去世了啊!"

秦香莲:

难道你不曾见我身穿孝服么?二老公婆他、他他他、他下世去了!(原文)

两个孩子对他说:"爷爷奶奶去世时十分想念你!"

冬哥、春妹:

爷爷、奶奶想您想死了!(原文)

陈世美无法维持自己原来的姿势,叹息道:"我的爹娘啊!"

陈世美:

爹娘啊！

八、总结

在这篇文章中，我提供了戏曲《包青天》高潮唱段的三个不同版本。从不同版本中学习不同的表达方式，以体验中文在唱词中的巧妙、恰当和精密的使用，例如，

> 三年旱、干旱三载；
> 饿死他双父母、公婆思儿把命丧；
> 乡党、乡亲们、东邻西舍；
> 我把青丝剪、头上青丝剪两缕。

通过三个戏剧版本的比较，论述说明了这种充满着诗意、文学气息和韵律感的美丽的艺术形式。在豫剧版本中，每一句末尾押“ang”韵；在秦腔版本中，每一句押“an”韵；京剧版本的韵脚也是“ang”。唱段的构成像诗歌一样，简洁、深刻并有着优雅的旋律；它们绝对是中国语言和文化艺术的杰出作品，而且能够生动演绎它们的演员们也吸引了大批的戏迷。我的学生们在理解了这部戏曲之后，也成为新的戏迷。

通过使用多元形式的教学，感兴趣的学生人数显著增加，想要报名学习我所开课程的学生从几十个增加到一百多个。这种上升的趋势促使课堂水准不断提高，我的一些学生甚至在加拿大东部地区的国家水准的汉语演讲比赛中获得了前三名的名次，并获得了在2009年去中国参加和观摩世界汉语比赛的机会。

从文化阐释上看，这部十分流行的中国戏曲的文字解读有显著的教育意义。尽管陈世美对双亲的离世十分悲恸，但他既不是个好丈夫，也不是个对孩子负责的父亲。更重要的是，在陈世美的上级和同事看来，他不是一个值得信赖的人。以下的句子出自《论语》，是中国传统观念中关于父子关系的一些准则：

> 弟子入则孝、出则弟、谨而信；
> 泛爱众而亲仁，行有余力，则以学文；
> 父母在，不远游，游必有方。

在这个故事中，陈世美丝毫不在意原配妻子和孩子所经历的难以承受的困苦和贫穷，甚至密谋杀死他们，却对自己的父母十分心软。除了一对夫妇和自己的未婚子女组成的家庭以外，中国的大家庭还包含了男方的父母。陈世美只有口头上的孝心，他的行为并不符合儒家在《弟子规》中所倡导的孝道标准。《弟子规》中关于孝道的伦理标准是由中国古代教育家和思想家孔子的弟子所建立和完善的，它提供了如何做孝子和好学生，以及如何成长为一个受人尊敬的人的各种建议。《弟子规》教育人们要顺从自己的父母、尊敬兄长、关爱幼小；还教导人们在日常生活中该如何对待周围的人，以及该如何遵守诚信。从这些准则来看，陈世美不算是一个孝子，因为他的父母连他在哪里都不知道，更不要说他还抛弃了妻子。

随着近年来信息技术的革新，尽孝道甚至可以以这样一种方式来实现，那就是父母可以将不回复自己短信的青少年进行手机锁定，这是通过科技手段来强制尽孝道。然而如果能以教育手段使子女实践孝行可能更好，即以伦理准则的形式来使子女发自内心地愿与父母接触。

总之，作为一种文学类型，中国戏曲是综合性很强的一种艺术形式。戏曲以包括音乐、舞蹈和其他艺术元素在内的语言和文化相结合的方式反映和揭示了社会历史问题以及现实生活中的挣扎。因此，它是中国文化、文学和历史学科教学材料的有效来源。戏曲不仅对于教师、学者和历史学家来说是宝贵的资源，对于那些对中国文化有兴趣并试图去理解中国传统故事是如何对当今中国和亚洲其他区域的人们的伦理思考产生影响的人来说，同样是宝贵的财富。

（刘晓满　译）

张森权（Sheri Zhang），1958 年生，主要从事汉语教学与研究。现任加拿大渥太华大学教授和渥太华大学中日语言文化中心创始主任。著有 *Understanding Modern China through its Language and Culture*，*Chinese Language and Literacy for parliamentarians* 等。

刘晓满，1984 年生，现为首都师范大学历史学院教师，主要从事秦汉史、中国古代思想史研究，代表作有《秦汉行政中的效率规定与问责》《秦汉令史考》等。

高本汉的汉学研究

〔瑞典〕马悦然

1909 年秋，我的老师高本汉先生（1889—1978）在乌普萨拉大学获得了日耳曼语、斯拉夫语和希腊语的学士学位之后，到圣彼得堡大学学习了两个月的汉语，翌年 2 月他乘船前往上海。

途中，高本汉研读了狄考文（Calvin Mateer，1836—1908）的汉学名著《北平官话教程：以方言为基础》。他去中国的主要目的是对汉语方言进行田野考察。在到达中国后的两年里，他的足迹遍及整个华北地区，所调查的方言超过 33 种。在这段不长的时间里所收集的方言资料成为他重构古代汉语语音的资源之一。

1911 年 12 月，高本汉先生离开中国，他决定去巴黎，因为当时那里活跃着两位最伟大的汉学家：沙畹（1865—1918）及伯希和（1878—1945）。

20 世纪初的巴黎，在当时是欧洲汉学研究的中心。1912 年至 1914 年，高本汉在法兰西学院深造，在这里，沙畹主持汉语研究，伯希和则主持中亚语言和历史研究。那几年，沙畹主讲儒家经典《书经》《诗经》和《春秋》及它们作为历史研究资料的重要角色。沙畹在文本分析课程中，选择了刘向的《列女传》作为细读材料。

选修沙畹及伯希和课程的学生屈指可数，他们主讲的题目都与自己的最新研究相关。高本汉选修了沙畹的文本分析课程，这一分析方法深刻影响了高本汉和他的弟子们。我们可以看到，这种学术训练的背景和现在大相径庭：当代各国中文系的学生在进入更深层次的语言研究之前都会花上好几年时间接受强化的语言训练。

我很清楚地记得第一次上高本汉先生的文本分析课时的情形，那是在 1946 年的秋天。当时我对古代汉语的唯一了解就是，它是单音节语言，每个字都有特别的声调。选修这一课程的学生有五六个，讨论材料则选自公元前 400 年的编年史巨著《左传》。当高本汉高声朗读一段材料时，我心里计算着他所念的章节的数目，然后在材料相同数目的字符后做一个小标记。渐渐地，高本汉关于语音和语法结构的解说、图表分析及对历史文化背景的描述，对我们的影响超过了任何一本关于古代汉语的教科书。即使我们这些初学者也都意识到，我们实际上正处于这一研究的前沿。

当弟子们询问如何才能使研究更进一步时，高本汉先生给了我们最简洁的忠告："阅读！阅读！阅读！"我同样把这一忠告传递给我自己的学生。获得对文本的"感觉"的唯一途径就是甘坐冷板凳，反复阅读原文。开始阶段也许进展迟缓，你不得不在辞书里翻查大量的陌生字词，但是不久你就会获得对文本的结构、韵律和特质的感受。

1946—1948 年间，高本汉的几位弟子请求他开设一门汉学研究书目课程。他勉强答应了，不过仅仅给出了一些西方汉学研究者的名字，他把这些名字高声念给大家："沙畹！是的，沙畹是一个伟大的学者！读他！伯希和，仔细地读他，不要忽略他的脚注，它们常常比正文更加重要！你们在图书馆会找到他们的著作的！"于是我们就去图书馆找来这些学者的著作细加研读。

汉学研究的初期阶段与现在的不同，其实不仅仅表现在研究的主旨和方法的指导上。高本汉在 1913 年寄自巴黎的一封信中抱怨说，在巴黎找不到一本研究必需的文献资料。我知道，假如他找到了这本书，他还必须亲手抄写一份，因为当时没有复印工具。对我们这一代学者来说，很难想象，没有便利的馆际互借对于早期研究者们意味着多大的困难，更不用说缺乏公开出版的目录、索引、《大汉和辞典》一类的辞书、数据库、复印机、传真机、互联网和电子邮件。但是，尽管没有这些现代工具，沙畹、伯希和及他们许多天才的弟子也在各自广阔的学术领域（汉语方言学、汉语语音学和音韵学、汉语的分期、书面语和口语之间的关系等方面）取得了令人瞩目的成就。

（马悦然著文，翟逸之编译自 Goran David Malmqvist: Reflections of A Retired European Sinologist，42nd Annual Edward H. Hume Memorial Lecture，Yale University，11，Nov. 2001.）

马悦然（Goran Malmqvist），1924 年生，斯德哥尔摩大学东方语言学院中文系汉学教授，瑞典文学院院士、欧洲汉学协会会长，诺贝尔文学奖 18 位终身评委之一。毕生致力于汉学研究，向西方翻译介绍了《诗经》《论语》《史记》《西游记》等中国古典著作，著有《中国西部语音研究》等。

第五编

汉学人物志

伯希和西域探险与中国文物的外流

耿　昇

敦煌藏经洞开窟、敦煌文献被发现和敦煌学诞生已经有一百多年了。我国西域与敦煌历史文物和文献的外流，也有一百多年了。在西方和日本的科考、探险及考古学家们劫掠敦煌西域文物的狂潮中，法国探险家、语史学家、东方学家和汉学家伯希和的西域探险颇为引人注目。本文试图对伯希和西域探险团在我国新疆和甘肃各站尤其是敦煌从事考察和劫掠文物的史事略做钩沉。

一、西域探险团的缘起

自 19 世纪下半叶起，在对海外殖民地分割完毕之后，西方列强又掀起了一波中亚（西域）探险考古热潮。其实，俄、英、德、瑞典、美、芬兰等国进入西域并从事科考探险的时间要比法国早一些。如同在争夺海外殖民地和海外市场时那样，西方列强在西域探险的问题上始终都钩心斗角，互相倾轧。大英帝国借助在印度的有利地位和阿古柏在新疆叛乱的机会，首先妄图染指我国的新疆地区，于 1834 年派遣沃森（W. H. Wathen）赴于阗进行考察，派约翰逊（W. H. Johnson）于 1865—1866 年考察于阗，派沙敖（R. B. Shaw，邵乌）于 1870 年考察了叶尔羌与喀什，派弗赛斯（T. D. Forsyth）等人于 1872 年考察了喀什与塔里木盆地周边地区。英国探险家贾斯理（Carey）和达尔格莱斯（Dalgleish）稍后于 1886 年至 1887 年也前往同一地区，鲍尔（Bower）少校则利用一次追捕逃犯的机会于 1889 年到达了沙雅。但这些英国人直到此时仍未能考察清楚，到底应将塔里木文化归属于哪一种文明，直到斯坦因受英国政府派遣于 1900 年至 1901 年进行了第一次西域探险为止。

早就对中国新疆垂涎三尺的沙俄帝国更是不断地派遣文武官吏对塔里木盆地的南缘与喀什地区进行考察。如普热瓦尔斯基（N. M. Przevalskii）于 1870—1885 年共四次分别对罗布泊、且末和阿尔金山诸绿洲进行考察。1885 年，格伦伯切夫斯基（B. L. Grombcevskii）在塔里木盆地西缘从事考察发掘。1889 年至 1890 年间，佩夫乔夫（M. V. Pevcov）、罗博罗夫斯基（Roborovskii）和柯兹洛夫（P. K. Kozlov）分别对喀什、天山南麓、叶尔羌河上游地区做了考察。帝俄驻喀什领事馆的秘书雅·雅·鲁特斯（Ya. Ya. Lyuts）搜集到了一大批古文献，并入藏于艾尔米塔日博物馆。贝林格（Belinko）和帝俄驻喀什领事科洛科洛夫（G. Kolokolov）则将其搜集品入藏于帝俄科学院的人类学和民族学博物馆。帝俄皇家考古学会东方部根据 1891 年 11 月 28 日的会议决议，向帝俄驻喀什总领事彼得罗夫斯基（N. F. Petrovskii）发去了一份关于在喀什地区的考古发掘和科学考察的调查提纲。帝俄皇家科学院与考古学会于 1897 年派出了由克莱门茨（D. A. Klementz）率领的考察团，赴吐鲁番和塔里木盆地从事发掘工作。

瑞典人斯文赫定于 1890 年至 1902 年三次赴西域进行考察，由格伦维德尔（Grünwedel）、胡特（Huth）率领的德国考古探险团，于 1902 年至 1903 年开始了第四次西域探险之行。由渡边哲信和堀贤雄率领的日本大谷探险团也首次于同时到达了塔里木盆地。

这些考古探险团都大肆非法发掘、收购、盗窃了大量中国文物，以丰富他们各自的博物馆与图书馆的特藏。在西方和日本争相向中国西部派遣考古探险团的热潮中，老牌的殖民主义者、格外注重文化侵略的法国却姗姗来迟了。但在 19 世纪下半叶，也有几名法国旅行探险家进入过西域。如博南（C. E. Bonin）于 1899 年至 1900 年、吕推（Dutreuil de Rhins）和李默德（Grenard）于 1889 年至 1894 年、沙畹（E. Chavannes）于 1907 年、古伯察（E. R. Huc）和秦神父（Joseph Gabet）于 1843 年至 1845 年、多伦（Henri d'Ollone）于 1906 年至 1907 年、邦瓦洛（G. Bonvalot）和奥尔良（Henri d' Orléans）于 1895 年至 1896 年都曾赴西域不同地点旅行探险。虽然法国在对西域的考古探险中起步较晚，人数较少，但毕竟也劫掠了不少文物与文献。因为等到法国考古探险团远赴西域时，那里的几大重要考古发掘地点（喀什、库车、吐鲁番、敦煌、于阗）均由其他国家的同行们捷足先登了。

西方列强在西域科考与探险方面的竞争，主要是对文物古迹的竞争，并形成了严重对峙的局面。为了在西域从事更加系统而广泛的考察，分工对几大重点地区进行发掘，他们决定统一协调这方面的工作。1890年，在罗马召开的东方学家代表大会上，各国决定组建一个“西域和远东历史、考古、语言与民族国际考察委员会”。1902年在汉堡召开的新一届东方学家代表大会上，这个西域国际考察委员会最终组建起来了。其总部设在西方列强中离西域最近的国都——俄京圣彼得堡。在国际委员会之下，还设立了各个成员国的国家委员会。这是帝国主义和殖民主义国家惯用的划定势力范围的老伎俩。

西域国际考察委员会的法国委员会由法国著名东方学家埃米尔·塞纳尔（Emile Senart，1847—1928）任主席。塞纳尔出身于豪门富户，终生酷爱学术。他年轻时就深受印度佛教特别是“北宗佛教”的吸引，成为了一名成就卓著的印度学家。他曾出版过关于巴利文语法、印度文碑铭、印度种姓制度、《正法华经》和《大事》（*Mahavastu*）的研究论著。他1882年便当选为法国金石和美文学院院士，同时又受聘为意、比、荷、俄、德诸国科学院的院士。他担任法国亚洲委员会主席一职近30年，曾大力推动筹建法兰西远东学院，也曾参与并组织了法国赴伊朗和阿富汗的考古活动，当时正任法国地理学会主席。所以，正是他提议和推荐派遣法兰西远东学院的汉语教授伯希和率团赴西域考察。

法国的既定目标就是，在这场激烈的国际大竞争中，法国必须占有与其名望和地位相匹配的份额。伯希和的中选是由于他学识过人，富有在亚洲活动的经验，精通亚洲语言和拥有这方面的高水平文化知识。该团中的另外两名成员，一个是法国殖民地军队的军医、原交州（东京湾）人路易·瓦扬（Louis Vaillant）博士，负责地理测绘、天文观察和自然史方面的工作；另一个是专业摄影师夏尔·努埃特（Charles Nouette），负责照片、图片资料和档案工作。整个探险团所需大部分资金，均由法国金石和美文学院、法国科学院、公共教育部共同赞助。诸如法国商业地理学会、法国亚洲委员会和自然史博物馆那样一批学术团体，诸如波拿巴王子和塞纳尔先生本人那样的一些热衷于赞助文化教育事业的人，也都慷慨解囊。奥尔良基金会的一笔逾期未付款也被划归伯希和支配，从而使伯希和西域考古探险团被置于了一位大旅行家名誉的保护之下。其实，伯希和于1901年刚从越南西贡医院出院的那天，奥尔良王子正好于同一天逝世于同一家医院，真是一种巧合。

伯希和西域考古探险团就是在这样的国际国内背景下组建起来并出发赴西域

的，他们进行了近三年的艰苦探险。

二、伯希和探险团首战喀什地区与图木舒克

伯希和西域考古探险团一经组建，便立即开始了积极的筹备工作。他们在人员、资金和设备方面的准备工作持续了一年多。1906 年 6 月 15 日，伯希和一行风风光光地离开了法国巴黎，走上了近三年的漫漫西域考古探险之路。他们先乘火车，经过十天的旅行，途经莫斯科和奥伦堡，到达了当时俄属突厥斯坦的首府塔什干。他们在塔什干停留了一个多月，这是为了等待他们那些从圣彼得堡用船远来的大批行车设备。

伯希和也需要利用这段时间学习东突厥语。因为作为语言学家的伯希和过去只从书本上学习过这种语言，缺乏实际运用的机会。

伯希和一行随后乘火车前往安集延，他们一路上沿着富饶的费尔干纳河谷前进，那里盛产棉花，遍地是森林和宝藏。8 月 11 日，他们到达了距安集延只有十多公里的奥希（Och），最终下了火车，开始组建赴喀什的马队。沙俄地方当局为他们找到了可供雇佣的哥萨克护卫队。卫队长是芬兰裔男爵马达汉（Emil Mannerheim），此人于中途告别伯希和并独自考察去了。马氏于 1939 年成为芬兰陆军元帅并担任国防军总司令，于 1944 年出任芬兰共和国总统。他当时本来就是奉沙俄的命令，赴中国西部刺探军情和掠夺文物的。他们结队而行，一直到达喀什。马氏实际上是利用伯希和探险团为自己进入中国提供掩护。沙俄当局也正是以此为条件才为伯希和一行提供各种方便，并派两名哥萨克人做护卫。这两名哥萨克人一直陪同伯希和等人到达北京，其主要任务是，当伯希和一行因从事考察而远离营地时负责看管行李物品。

伯希和一行于 1906 年 8 月出发，考察队伍的马队由 74 匹马组成，其中仅供驮运行李的马匹就多达 24 匹。他们经过塔尔迪克达坂（Taldyq Dawan）山口，再沿柯尔克孜牧场前进，其间曾与阿尔泰山地区的柯尔克孜女王公之子阿萨姆（Assam）有过一次颇具学术味道的交谈。他们最终从伊尔凯什坦（lrkechtam）越过了俄中边界。又经过 20 天的旅行，他们最终于 1906 年 9 月 1 日到达了喀什。这是他们计划中的在中国进行考古发掘的第一站。

在喀什，俄国驻喀什领事科洛科洛夫将伯希和一行安排在俄国领事馆的一座建筑物中。英国驻喀什领事马继业（Macartney，乾隆时代英使马戛尔尼之孙）公爵也经常去拜访他们，并帮助他们组建驮队。瓦扬声称，伯希和在俄国人、英国人和中国人中都很有“面子”，这要归功于伯希和的渊博学问和丰富的语言学知识。

由于其他国家的考古探险团已先于伯希和一行在喀什发掘过，所以伯氏一行只在那里做了一次人类学调查。此外，他们还做了地理调查并对道路进行了测绘。

伯希和一行在喀什逗留了六个多星期，其最终目标是距喀什东北约一个月行程的库车绿洲。在他们到达喀什时才获悉，德国人刚在库车做过发掘，俄国人贝勒佐夫斯基（Berezovskii）也曾在那里考察过。但在一个多月的时间里，伯希和一行还是分别从地理学、考古学和语言学的角度对该地区做了考察。其考察工作主要集中在四个遗址。

有关喀什周围的前伊斯兰教遗址。距喀什北部15公里左右的三仙洞是丝路上的一处名胜。曾任清朝叶尔羌帮办大臣和喀什噶尔参赞大臣的和宁于嘉庆九年（1804）所撰的《回疆通志》卷七记载说：“回城北三十里上下……有清泉，甚甘冽，迤北陡壁之半崖，有石洞三，洞中置石仙像。”这就是著名的三仙洞。在伯希和之前，英国的斯坦因、日本的橘瑞超、德国的勒柯克都曾对这里做过考察。但不知为什么，伯希和始终称此地为“三山洞”，可能是由于误听方言造成的。于1906年10月10日从喀什发出的一封信中，伯希和介绍了他这次考察的结果。三仙洞位于从喀什到七河的大道上，也就是在喀什城北15公里左右的那林河（Naryn）流经的地面上，是于黄土高坡上开凿的三眼洞。其土著名称是Utchme-ravan或Outchmah-ravan。Utch意为“三”，Outchmah-ravan意为“正在坍塌的和难以进入的洞穴”。在伯氏之前，第一个也是唯一一个撰文记述过“三仙洞”的欧洲人是俄国探险家彼得罗夫斯基，其描述文章发表在帝俄考古学会东方部的《论丛》第七卷中，文章题目为“喀什附近的一处佛教古迹”。彼得罗夫斯基还为其文章配发了他从大路一侧拍摄的三仙洞照片以及他绘制的一幅平面图。德国格伦维德尔探险团于1905年考察该洞时，巴尔图斯（Bartus）曾从山崖上用绳索滑入洞内。斯坦因第二次西域探险时，只作壁上观而未进入洞中。更富有探险精神的伯希和却率瓦扬与努埃特，共同用滑车攀上了三仙洞。他们发现洞内的烧陶（灰墁）层是在原层被剥落之后重新贴上去的。这应该是1815年的重修层。洞内的装饰和绘画风格都是汉地式的。洞中原来收藏的箭矢和木简均被彼得罗夫斯基的卫队长带走了。洞中写满了游文题记，其中有汉文、蒙古文、满文和突厥文等。这大体上反映了当地民族的构成。赴三仙洞参观考察的所有人均具有各种不同的信仰。除了汉满两族的人员之外，其余的几乎全是兵勇。信佛者在这里有他们的“佛祖”，伊斯兰教徒则以摧毁佛教供像来完成自己的虔诚善业。木简证明了这些洞穴是于嘉庆二十一年九月（1816 年 10 月至 11 月）由清朝将军下令修葺的。最古老的游人题记是 1788 年的。所以，三仙洞的装饰大部分都是在乾隆皇帝于 18 世纪平定新疆之后完成的。因为涂层上面写有比绘画更古老的题记。

伯希和继瑞典传教士霍贝克（Hŏkberg）之后也介绍了三仙洞的开洞原因。当一位不信教国王统治疏勒时，众仙预言其公主将来会被毒蛇咬死。焦虑不安的国王令人在悬崖峭壁上开凿了三眼洞，打算将公主安置其中。他还采取了严密的防范措施。后来有人瞒着国王，给公主递上去一筐水果，毒蛇便藏匿于水果中，公主果然如诸仙预言的那样被蛇咬死了。其实，类似的故事在西域流传甚广，并非独指三仙洞。努埃特拍摄了现在很少见的几幅三仙洞的照片。瓦扬对洞穴做了全面调查，详细记录了洞口、中部、后部和左、右部各自的长度、高度和宽度。他还记录了洞内壁画的内容，并录下了壁画题识和游人题记。事实上，考察三仙洞是伯希和西域大探险的一次演习。

在三仙洞以东约两公里的地方，位于察克玛克河南岸，便是图古曼（Tegurman）遗址。伯希和将该遗址考证为“水磨房”。彼得罗夫斯基未曾提到过该地区。1905 年的德国探险团和 1906 年的斯坦因却都曾指出过它。斯坦因将该地名记作 Tigharman，后又改作 Khakan-ning-shahri，意为“可汗古城”，但他未能考证清楚这个“可汗古城”即水磨房。在伯希和探险中使用的地图上，该地却被记作 Khanlya，意为“汗城”。伯希和认为该遗址群系佛教时代（似乎是由窣堵坡和南墙保护的四边形建筑）和伊斯兰时代的建筑（西部的“炮台”以及介于炮台和四边形建筑之间那座尚未被考证清楚的建筑）。伯希和亲自率领十名民工，对水磨房进行了发掘，获得了一批陶片和一个铜铃。

在从穆斯林的喀什到英吉沙尔古汉城之间大道的左侧便是“旧城”，或称“古城”（Eski-chahr）遗址。彼得罗夫斯基从未讲到过此地，斯坦因对它也仅仅是一笔带过而已。伯希和认为应将它断代为穆斯林时代，但它却显得相当古老。伯希和未对它做详细描述，只是拍摄了一批照片，并绘制了平面测绘图。

对喀什东北的汗诺依（Khan-Oi，Khan-üi），也就是“汗宫”的著名遗址，伯希和做了重点发掘，特别是对其中的“鸽子窝”（Kaptar-Khana）、萨喀尔墙（Saqal Tam）和哈萨墙（Hasa Tam）、“九间房”（Toqqouz-Hodjrah）等重要的考古点，都做了发掘和考察，并且均有不同程度的收获。尤其是他还发现了一处尚未有人考证过的佛教遗址，并在其中发现了佛像残片及几枚钱币。

对于喀什绿洲的前伊斯兰文明古迹，伯希和主要是对其中的三个古遗址做了考察发掘。

第一个发掘点是“库尔干窣堵坡”（Kourgkan Tim），伯希和又称之为“库尔干墙”或“库尔干炮台”。斯坦因曾对该遗址做过考察并作了不太详细的记述。

第二个考古发掘点是红山（克孜勒—戴卜，Qyzy1-Debe），位于克孜勒苏河的故河道左岸，距克孜勒苏与土门河（Tümen）的交汇处只有3公里远。

第三个是“小山”（Kichik-Debe），位于红山以西。

对于喀什地区的佛教遗址，伯希和考察了炮台山（Mori Tim）、沙山（Topa Tim）、墩库勒（Tong Kül）和阿克噶什（Aqqach）等处。伯氏特别是于炮台山做了两天的发掘，在帕依纳普村发现了一个所谓的阿布达尔人（Abdal）的小聚落。

1906年9月26日，伯希和探险团离开了汗宫，取道东南方向，前往墩库勒。那里是距汗宫有6至7公里的一片小绿洲。9月27日，他们前往阿克噶什，在那里发掘了克孜尔炮台（Qyzrl-Tim）以及尕哈炮台（Qaqha-Tim，Tim指“墙”或“窣堵坡”）。

伯希和在喀什地区搜集到的某些佛教文物价值有限，虽然它们都是绝无仅有的。如在炮台山发掘到的一只巨耳造像。此外还有某些并非泥塑而是石膏烧陶物的残片。所有这些文物现在均收藏于吉美博物馆。

三、伯希和探险团在图木舒克的惊世大发现

经过在喀什地区一个多月的勘察之后，伯希和考古探险团于1906年10月26日离开了该绿洲西部的玉代克利克（Ordeklik，野鸭地），他们在那里搜集到了几种罕见的玉器残片之后，于该月28日到达了玛喇尔巴什（Maral-Bachi，今巴楚）。他们于29日到达图木舒克，在该地区一直停留到同年12月15日。伯氏在那里发现了库车绿洲西缘唯一的一处佛教大遗址群，因为在距图木舒克村子不远处，有

一片完全被湮没的遗址，斯文赫定曾认为它是伊斯兰时代的遗址。伯希和在该遗址中仔细地搜寻任何一种可以为古建筑断代的标识，当他用马鞭梢无意识地扒拉地面时，便发现了一个属于希腊—佛教风格的陶俑。这种半希腊半印度的佛教艺术主要诞生于印度河上游，它通过西域“胡人”的媒介作用，缓慢地从印度河、阿姆河与帕米尔而传入中国中原，乃至远东的日本。新疆是这种传播途中的一大站。图木舒克曾有一座早于公元1000年的佛教僧伽蓝遗址，这是在伯氏之前没有任何人发现和指出过的事实。该遗址事实上应被称为托古孜—萨莱或托乎孜—萨拉依（Toqqouz-Sarai，意为“九间房”或“九僧房”）。伯希和立即组织民工对该遗址进行了发掘。

这项发掘工程以每天用25—30名民工的速度展开，共持续了六个星期。他们对该遗址做了完整的平面测绘，出土了大批雕塑和木刻残片、几种奇形怪状的陶器。在发掘后期，他们还发现了一块类似浅浮雕陈列馆的地方，浅浮雕虽已变得坚硬易碎且残损严重，但仍不失其宏大气魄。它们揭示了在7—8世纪期间，把中国西域与由印度斯基泰国王统治下的犍陀罗艺术联系起来的纽带。伯希和发掘到的文物在运往法国后先是在卢浮宫展出，后又入藏吉美博物馆，曾在法国乃至整个西方轰动一时。

1906年9月至12月12日，伯希和留下了一部宝贵的喀什与图木舒克考古资料。

图木舒克（Toumchouq，tumsuq）在突厥语中的本意是“鸟喙”，后来多用于指崎岖不平的地势了，具有指“岬角”的意义。图木舒克村庄也确实是向南，于喀什河与叶尔羌河的沼泽山谷方向延伸的岬角。此地即唐拨换城或跋禄迦（Barukha）之故地。在18世纪时则是指从南部的麦盖提（Markat），到北部的启浪之间的整个巴楚（Bartchouq）地区。此地名相当古老，在穆斯林突厥人进入之前，它被用于指在玛喇尔巴什地区所操的两种近似于阗语的方言：一种为玛喇尔巴什方言，另一种为图木舒克方言。“图木舒克”这个地名既未曾出现在喀什噶里的突厥语大辞典中，甚至也未出现在米儿咱·海答儿的《拉失德史》（1541—1547）中。这是一个突厥文名称，但它似乎曾在敦煌藏文写本中出现过，做Thum-suk。德国考古学家勒柯克曾将该遗址断代为4世纪末或5世纪初。伯希和于1923年在《通报》中发表的书评指出：“我确实认为，图木舒克是中国新疆，至少是塔里木盆地北缘最古老的佛教遗址之一……但我觉得应将勒柯克教授提出的断代时间推迟一至二个世纪。”所以，伯氏认为应将其时代推迟到公元 8 世纪。

伯希和考古探险团在图木舒克发掘到的物品主要有雕塑、壁画、陶器和杂物、雕刻品或版画，特别是在托古孜—萨莱（九间房）发现的，包括仪轨供像和单独的雕像、浅浮雕和装饰建筑物的浮雕。其中的雕塑供像有佛陀、菩萨、天神、王公或下层世俗人、僧侣和修道山僧等。其主体应断代为 6 世纪至 7 世纪中叶。雕塑的主要材料是黏土和“柴泥”，其技术主要是模制。那里的壁画主要是用于装饰寺院的墙壁、天花板和地面的。其中的杂物可分为宗教法器、金箔、舍利盒、还愿物、世俗生活用品（珍珠、首饰、骨制品、青铜或其他金属品、箭头、玻璃片、布帛和绳索、扫帚等）。它们现在均被入藏吉美博物馆。

四、伯希和考古探险团在库车绿洲的重大发现

经过在图木舒克的发掘之后，伯希和考古探险团于 1906 年 12 月 15 日离开那里，经阿克苏和拜城，向他们的另一个重点目标库车绿洲前进，并于 1907 年 1 月 2 日到达了库车。他们一行在库车共勘察发掘了 8 个月，直到 1907 年 9 月 3 日才离开那里，向乌鲁木齐前进。早在该考古探险团离开法国之前，他们就听说了有关库车“明屋”（ming-ui，Ming-oig，千佛洞）的情况，洞中覆盖着 7 世纪至 10 世纪的壁画，而且德国人、日本人和俄国人均已先期光顾了。但由于先前几个外国探险团都过分地专注于“千佛洞”，而忽略了几座露天寺院，所以伯希和一行最终在那里发掘到了大量木雕、印鉴、钱币、涂漆与绘画的骨灰盒，还有大量写本，特别是在一座寺院的院子里发现了一大批用被称为“婆罗米”文的印度字母书写的写本。它们都被运往了巴黎。

在此期间，瓦扬博士测绘了库车绿洲的一幅平面图，努埃特拍摄了克孜尔千佛洞的一大批照片，伯希和本人又亲自去考察了库车以北，过去将裕勒都斯河（Youldouze）与帖克斯河（Tékès）联系起来的那条通道。

伯希和一行到达库车时，德国考古探险团已经离开。他们在那里遇到了俄国考古探险家贝勒佐夫斯基，并与之保持友好关系。一直到 1907 年 4 月间，伯希和一行都停留在库车周边地区。后来，伯希和制订了自己的考察纲领：踏勘和研究库木吐拉千佛洞，这批佛洞开凿于木札提河（渭干河）左岸雀离塔克山山口的崖壁上；

考察都勒都尔—阿乎尔（Duldour-Aqour），那里有在木札提河以西的平原中建造的寺庙遗址；然后再前往苏巴什（Soubachi），那里有数座寺庙和寺庙遗址，它们一直延伸到即将流出大山的库车河两岸。根据这项计划方案，伯希和一行于1907年3月16日至5月22日在库木吐拉停留；然后又交叉地发掘了都勒都尔—阿乎尔（4月17日至8月5日），绘制了一幅考古遗址平面图，并发掘出土了各种文字的写本，特别是早于9世纪的梵文和婆罗米文写本或木简。此外还有供像遗物和木雕像、各种钱币、各类装饰物。但伯希和在这里最满意的发现物还是获得了那些“死文字”的写本。他于6月4日的日记中写道：“我对此地感到非常满足，因为我获得了丰富的写本文献。”他们一行于6月10日至7月25日又对苏巴什做了发掘，也获得了彩绘木盒、雕塑像残片与壁画等。最后，伯希和一行又从库车以北翻越天山，到达了裕勒都斯并在那里的土尔扈特人部落中度过了几天。其间，瓦扬再次返回库车，以对该绿洲进行测绘并从事天文观察，努埃特则赴克孜尔拍摄石窟及其壁画去了。

伯希和一行在库车地区考古探险时，以唐代礼佛取经的高僧玄奘的《大唐西域记》为导游手册。玄奘630年经过屈支（库车）国，并对昭怙釐二伽蓝做了记述。伯希和因玄奘的生动记述，曾对该地区的考古发掘寄予很大希望。伯氏将都勒都尔—阿乎尔寺和苏巴什宗教双城，比定为阿奢理贰（屈支语，意为“奇特”。但伯希和不知为什么又读作“阿奢理腻”）大寺和昭怙釐二伽蓝。

伯希和特别注重绘制一幅有关库车绿洲以及从沙雅直到塔里木盆地的详细地图。他为此而让瓦扬以各种方法从事天文观察、测量路途距离、搜集动植物和矿物标本，并且还注意搜集民间传说。为了吸引民众，还从事人类学方面的研究。他们还开办了一间诊所，特别是从抽取腹水手术、戒毒、医治脊椎结核和髋关节结核、急性和慢性风湿病、肝胃肾脏疾病和眼疾等方面着手。

1907年5月26日，星期二，伯希和在都勒都尔—阿乎尔度过了其29岁的生日。这一天，他们基本上完成了对该遗址的发掘，清理了最后一个垃圾坑，获得了一大批文书残卷。

伯希和一行于6月10日到达苏巴什，一直逗留到7月24日。这个考古点位于库车以北15公里左右的地方，地处雀离塔克山山脚下和库车河出口处。各自占地近一公里的两个僧伽蓝便分别位于该河的两岸。

伯希和留下了分别写于1907年4月17日至6月4日、6月6日至18日的一部都勒都尔—阿乎尔和苏巴什的考古笔记，详细记载了他们每天的发掘工作和所获得的文物。他们在都勒都尔—阿乎尔每天雇用25名民工，在苏巴什最多时每天动用67名民工（6月12日星期三），对所有遗址都做了大规模的系统发掘。他们在都勒都尔—阿乎尔主要是对佛教精舍、寺院与山口、中央大院、阿兰若、僧伽蓝的跨院、中心窣堵坡、甬道等处进行发掘。伯希和根据文书和钱币而将都勒都尔—阿乎尔遗址断代为初建于公元4世纪，活跃于8世纪，停废于11世纪。在苏巴什的“壁画屋”内，伯希和对于壁画各部分的人物姿态、服饰、发型、首饰、头冠、飘带、乐器、金刚与钵、装饰图案、建筑等方面都进行了详细研究。

为了对库车地区的矿业资源进行考察，伯希和一行于7月24日至8月6日前往库车北部的铜、矾和煤矿区进行了考察。这些矿区均位于一个叫作札木什－塔格（Zamutch-tagh）的山区，意为“矾矿山”。只要沿库车河逆流而上，便可以到达那里。在库治－马哈拉希村周围，有一股山泉，泉水中有石油漂动，一个人用葫芦瓢每天可以打捞二至三公升的石油。再逆河而上便会到达拉什·凯奇克铜矿区。从耆者地区的各地开采出的铜矿石都要集中到那里冶炼。冶练使用的是风箱加热木炭的原始冶炼法。木炭出自附近的杉树林。伯希和认为这样的乱砍伐必然会导致灾难性的后果。在札木什－塔格山区也有煤矿，煤层为50厘米至1米厚。在山顶上有一个“呼呼洞”，从洞中喷出二氧化硫的气味，热浪逼人。在库车河谷以东的札木什－塔格山区，也有阿摩铵矿（矾矿）。人们可以在洞壁上搜集到矾和硇砂（氯化铵）。在克孜尔苏的黑英山一带也蕴藏着煤矿。此外，该地区还拥有铅矿和硫黄矿。伯氏一行对各矿点均做了仔细勘察。瓦扬采集了许多地质样品，他同样还采集到了许多动植物、昆虫或飞禽的标本。

在努埃特返回库车拍摄千佛洞的壁画，瓦扬整理动植物与矿物标本时，伯希和于7月26日出发，前往考察通过裕勒都斯蒙古人部落的道路，特别是从库车到达帖克斯河之间的道路。

伯希和从都勒都尔—阿乎尔和苏巴什劫往法国的物品现在均收藏于吉美博物馆。其中主要有都勒都尔—阿乎尔的壁画、黏土和陶土塑像残片、木制品、建筑用木材、活动木制装饰品、金属品、玻璃品、印鉴、陶器和杂物等。属于苏巴什的则有木制品、金属和各种原料制品、陶器和骨灰盒等。

五、伯希和一行赴乌鲁木齐考察并广交谪居那里的中国文化名流

在考察了天山的道路后，伯希和于8月24日返回库车。他们在库车的考古发掘已宣告结束。1907年9月3日，他们一行携带着自己发掘和搜集到的文物离开了库车，前往新疆的行政和文化中心乌鲁木齐。他们经过了轮台（Bourgour）和库尔勒（Kourla）绿洲，一直到达焉耆（Qarachar，喀喇沙尔）。他们三人从那里开始分道而行，努埃特率领着满载文物的车队直达乌鲁木齐。伯希和则再次返回库尔勒，沿着一条山间小道直至喀喇苏（Kara-sou，黑水，今阿拉沟），然后再沿河谷而上，一直到达了托克逊（Tuksoun）。他在河谷中考察了多处佛教遗址，特别是在和硕—布拉克，它们均由格伦维德尔探险团考察过。伯希和于10月间到达了乌鲁木齐。瓦扬则于9月14日至24日之间始终逗留在焉耆，于博湖附近搜集各种动植物的标本，如鹅、鸭、猛禽和游鱼，甚至还有野猪。他还完成了多次天文观察，特别是于一夜间对3次掩星之始的观察。瓦扬还根据伯希和的要求，也从焉耆前往托克逊和吐鲁番，以查看在德国人发掘过的遗址上是否还会有所收获。他于10月6日离开吐鲁番，于9日在俄国驻乌鲁木齐的领事馆中与其同伴们相会合了。

伯希和一行于1907年10月9日至12月24日逗留在乌鲁木齐。这本来是为了等待将他们的俄国钱币兑换成中国钱币。由于藩台的鼎力相助他们才万事如意，一帆风顺。瓦扬认为，这一切都要归功于伯希和在中国官府与上层社会中的“面子”。伯希和不仅与新疆的藩台、抚台与绥台保持着友好往来，而且还特别与当时新疆最著名的中国文人交往甚笃，这些文人大多都是遭清政府流放而谪居新疆的，其中的多数人的流放又与义和团有关。当义和团在北京围攻外国公使馆时，伯希和正在法国驻华使馆武官处，并且曾与义和团有过直接的正面冲突，甚至还抢夺了一面义和团团旗，伯氏终生以此为荣。此旗至今仍保存在法国巴黎的荣誉军人院或残老军人院（Invalides）中。

原来在乌鲁木齐市的中原人人数不多，只有数千名商人和衙门的差役，再加上一支驻军。后来，乾隆皇帝在北路、伊犁和焉耆设立兵屯，迁来了西宁、宁夏、兰州、西安的非穆斯林居民。

在居住于乌鲁木齐市的中原人中，被发配流放的谪居旧官吏等流民特别引人注目。除了那些因触犯普通法而被判刑的流犯外，清朝政府还向乌鲁木齐地区发配了

不少因犯过失罪而被判刑的达官显贵。这些具有很高文化修养的人非常关心该地区的发展，并且积极地向外介绍新疆。他们对开发新疆做出了贡献，就如同俄国的政治流放犯曾对开发西伯利亚做出过贡献一样。先后谪戍新疆的流人中有曾撰写《四库全书总目提要》并出任《四库全书》总纂官的纪昀，史学家、舆地学家和诗人洪亮吉，手捧罗盘和毛笔且游遍新疆并著有《西域水道记》等多部传世名著的徐松，鸦片战争中的钦差和在新疆大兴水利工程的林则徐，因戊戌变法而受牵连的户部侍郎张荫桓等。在乌鲁木齐市期间，伯希和曾研究过这些人的功过。

在伯希和一行于乌鲁木齐市逗留期间谪戍新疆的清朝官吏应首推辅国公载澜，伯希和称之为“澜国公”。他是嘉庆帝的曾孙，光绪帝的堂弟。载澜曾力主招抚义和团而抵御洋人，是支持义和团的端亲王载漪的兄弟。他被攻入北京的八国联军指责为“首祸诸臣”之一。丧权辱国的《辛丑各国和约》（1901 年 9 月 7 日签订于北京）第二款（一）明文规定：“端那郡王载漪、辅国公载澜，均定斩监候罪名，又约定如皇上以为应加恩贷其一死，即发往新疆，永久监禁，永不减免。”在遇到这名 55 岁的旧官吏时，伯希和发现他性格开朗，已经相当西化了。载澜经常于其府中招待伯氏一行。每当有盛大宴会时也将伯氏安排于其身旁。他狂热地醉心于摄影，以消磨无聊的时光。24/30 的相机已经不够他用了，他很需要一架扩印机。所以他与伯希和的摄影师努埃特交往甚笃，经常把努埃特召至其府上。

其次是苏元春，原任广西提督，驻防越南，曾多次抗击法军，也与法国多有外交交涉，被法国人称为“苏公保”。他于 1906 年遭弹劾，被革职逮问并被发配到新疆。他曾与法国驻越官吏的朋友拉纳桑（Lanessan）、卢梭（Rousseau）和杜梅（Doumer）交往。他在印度支那就曾与伯希和相识。他略带伤感地对伯希和说：“我认识你们所有的驻越总督和领事。此外，我还是法国三级荣誉勋章的获得者。”法国加列尼（Galliéni）元帅正是与他谈判签订中法双方通邮条约，从而一度平定了中国—东京湾的边境。1902 年，瓦扬曾在谅山流动医院为他的一名军官疗伤，该军官是在与海盗的作战中受伤的。他经常与伯希和一行在乌市由比利时人创建的圣母圣心会传教区内相聚。

宋伯鲁是光绪时的进士，入翰林，散官任御史。他由于与康梁等变法派人物交往甚密，曾代康有为呈递变法章奏，于百日维新期间全力支持新政府和变法。变法失败后，他遭革职通缉，并被流放到乌鲁木齐。宋伯鲁著有《新疆建署志》等书。他还是一名天才画家，酷爱舶来品。他与伯希和交往甚频且甚密，曾向伯氏赞扬

《茶花女》这部已被译成汉文的法国歌剧。

裴景福曾任南海（广州）的知县，因被两广总督岑春煊弹劾贪污，故逃往澳门，后又由葡萄牙政府同意给予引渡。中国当局对他的审判从容不迫地进行，他也在谪居地等待昭雪。他在乌鲁木齐市又成了巡抚言听计从的朋友。伯希和在新疆布政使举行的宴会上，遇到了裴景福，布政使把他作为当代中国最大的绘画收藏家而介绍给伯希和及其他人。伯希和从此与此人的交往甚为频繁。

当时的伊犁将军长庚正在乌鲁木齐市逗留，他试图在乌鲁木齐建立总督府，将巡抚派往阿克苏，但似乎未得到清朝政府的恩准。但他创办了武备学堂，练新军，并收回部分俄国“租借”的领土，颇有建树。伯希和与他也有不少交往。

当时在乌鲁木齐市的新疆布政使王树楠是一位名气很大的学者，他中西学兼通，曾著有《希腊哲学史》《欧洲族类源流略》《彼得兴俄记》等书。当时中国各省都拥有一部通志，唯新疆付之阙如。王树楠正在组织编修一部《新疆通志》。他国学功底深厚，是许多中国经典著作的疏注家。如他分别对于《尚书》《大戴礼记》《尔雅》《广雅》《离骚》《墨子》等书的笺注与疏证。为了编写《新疆通志》，王树楠特别注意向伯希和与瓦扬打听他们测量的海拔高度、天文观察的成果等。

伯希和与这些人广加交往。这其中，有人向他吹嘘自己熟悉法国歌剧《茶花女》，有人要伯希和只用几页文字来介绍欧洲近两个世纪以来的哲学发展史，有人还向他询问欧洲信贷的条件。

伯希和仍然念念不忘他的文化人类学研究。他对乌鲁木齐的学校教育做了一番深入调查。当时在乌鲁木齐有半数居民操突厥语的各种方言，另一半则讲汉语。在省学中还讲授俄语和英语。英语、俄语、突厥语和汉语又都是伯希和精通的语言，所以伯希和可以旁听授课并向学生们提问。在乌鲁木齐仅有一所“高等学堂”，计有六十多名学生。他们都学习由教学大纲规定的外语、舆地学、数学和语言学知识，此外还有体育课。由于缺乏课本和教员，教学质量不高且发展缓慢，但学生们都非常刻苦用功。另外还有一所“陆军学堂”。俄国领事馆也开设了讲授俄语的学校。载澜的岳父是玛纳斯的一名正直勇敢的中原人，他也希望在那里创建一所学堂，延请圣母圣心会的传教士们讲授西洋语言课。乌鲁木齐的巡抚希望新疆的所有知州和知县都能掌握突厥语。

伯希和对新疆的人口做了全面调查，并将其调查成果写成了一份《伯希和西域探险团有关新疆居民的调查报告》，发表于1909年河内出版的《商业地理学会印度支那分部年鉴》中，他对新疆地理的考察成果则由瓦扬发表于《伯希和西域探险团地理考察报告》中，后来载于1955年的《历史和科学工作委员会地理分部学报》中。

在乌鲁木齐停留期间，伯希和探险团还从事了一系列的天文观察以及气候、气象的考察，对新疆蕴藏的石油、煤炭、铅、银矿也做了勘探。对该地区的医疗、温泉及热水资源、商业、军事、货币、新疆官吏的人员组成、中俄关系等也做了详细的调查。

与这些谪居的文化名人的交往和调查更进一步丰富了伯希和的汉学知识，特别是西域学的文化知识，从而为确保他的这次西域考古探险之成功奠定了坚实可靠的基础。

当时，有关在敦煌千佛洞中发现中世纪写本和绘画的风言已经流传开了。有少量文物被道士王圆箓作为礼物而送给了当地官吏，从而流传到了社会上。特别是已有几个外国探险团先后光顾那里。伯希和探险团在离开巴黎时就已经通过普热瓦尔斯基、克雷特纳和博安的著作知道了在敦煌东南20公里处有一大片被称为“沙州千佛洞”的佛教石窟群，洞内的壁画尚未遭伊斯兰教徒的破坏，所以伯希和便下决心要研究它们。在乌鲁木齐时，伯希和又从那些谪戍的文化名人口中获知，1900年在敦煌千佛洞发现了大批中世纪的写本、绘画与文物。苏元春简单地向他做了介绍。载澜则送给他一卷出自敦煌千佛洞的《金刚经》写本，由于卷末写有“大唐贞元二年弟子法明沐浴焚香敬书”的题跋，所以伯希和一眼就看出它至少应被断代为公元8世纪。当时正在乌鲁木齐市的伊犁将军长庚也曾以敦煌卷子相赠伯希和。载澜实际上是作为对努埃特向他传授摄影知识的回报才以此相赠。伯希和还通过各种渠道获悉了这次大发现的过程。王道士在清理千佛洞中的一个大洞时偶然间打开了一个耳室，惊讶地发现其中堆满了写本、绘画和其他文物。虽然斯坦因已经抢劫走了一大批，但伯希和仍满怀希望地想在那里有重大发现。与其他外国西域探险家相比，伯希和的汉学水平较高，对情况也更为熟悉。在看到这些中世纪的文物和听到这些消息后，他再也坐不住了，他匆匆忙忙地奔赴敦煌。

六、伯希和西域考古探险团大海道踏古

伯希和与努埃特于1907年12月中旬从乌鲁木齐出发，经吐鲁番、哈密和大海

道奔赴敦煌。在此之前，瓦扬又对天山地区做了一次考察。

1907年12月12日，当伯希和与努埃特尚留在乌鲁木齐等待兑换钱币时，瓦扬已受伯希和的派遣前往考察当时已是冰天雪地的玛纳斯以北的考古遗址。瓦扬一方面考察了乌市以西130多公里处由1876年回乱造成的废墟，另一方面又考察了因缺水而于1885年放弃的马轿子遗址。瓦扬用1：20万的比例尺绘制了平面图，沿途遍是因回乱而造成的废墟。他详细地测量了昌吉、玛纳斯、呼图壁、芨芨梁子、五户地等地的距离与海拔高度。

12月24日，瓦扬返回乌市，此时伯希和一行已经离去。瓦扬并没有直接去吐鲁番，而是取道天山北麓的那些被大雪覆盖的山峰、牧场与松树林。他首先向北走了40多公里，经过博格达—乌拉山的最后余脉，直到济木萨尔。然后他又离开古城大道到达泉子街，之后再到大杨树，渡过白扬河，到达夏吐勒克。1908年1月5日，瓦扬在吐鲁番与伯希和、努埃特相会，他们一行于6日从吐鲁番出发，经辟展、七个井子、后窟煤矿区，于1月24日到达哈密。他们又考察了由“萨尔特”小王公统治的哈密地区。1月28日，他们一行离开哈密，一直到达南山脚下的沙漠地区。从此走上了所谓的“大海道”。

伯希和一行在从吐鲁番到哈密这400多公里的道路上共分12程走完。他们在辟展和啜库鲁泉建立了两个天文观察站，分别测量了胜金口、七克台、西盐池的海拔高度和距离。在伯孜克里克、木头沟、七克台进行了考古发掘并获得了某些写本卷子和陶片。经过萨里·库米什之后，一条路通瞭墩，另一条则通向哈密。从北部经巴里坤后也到达瞭墩。他们经过沙泉子、塔什开其克采石场，便到达煤矿区。他们从三道岭子折回，经三堡、五堡和四堡等佛教遗址后，再到达太仓、阿斯塔那、博斯坦和卡瓦特。

1908年2月30日，正值中国的新年之际，伯希和在自沙泉子写给巴黎地理学会的信（载于1908年6月15日于巴黎出版的《地理学报》第17卷）中，详细地介绍了大海道，特别是他对这条路上的汉文和维吾尔文地名做了比定。伯希和指出，从甘肃西部到哈密有四条路可走：1. 从安西到哈密；2. 从敦煌出发，经石板墩、马莲泉、柳树筐子、红柳井子到达苦水，再经哈剌泊而到达哈密；3. 从敦煌以北的伊尔呼本克井出发，经艾什莫克井、嘎顺、格子烟墩，然后也从哈剌泊到哈密；4. 从敦煌出发，经库鲁克塔格山和阿尔金山以北，经伯罗春子、嘎斯布拉克和脱利而到达哈密。

伯希和一行在新疆旅途的最后一站是星星峡，经历了他们旅途中的最低气温－36℃。他们在那里考察了穆斯林遗址以及一座佛塔之后，才到达马莲井子。途中，他们又分别在烟墩、沙泉子和红柳园子建立了三个天文观察站。出哈密后，他们经喀尔力克山遗址，到达库米什（骆驼草）沙漠，再到红柳岗，直达长流水，并在沿途进行测绘。他们还曾专门从烟墩到天生墩去参观小佛寺群，然后返回苦水。

伯希和一行在安西州南部的大山中转了一圈之后，于 2 月 24 日到达敦煌。他们自从 1 月 28 日离开哈密后，直到 2 月 12 日到达沙州绿洲才首次见到了耕田。沙州绿洲是从石槽子开始的。

七、伯希和千佛洞劫经及其对敦煌地区的考察

沙州绿洲的面积只有 25 平方公里，人口约 3 万（沙州城内 3000 至 4000 人），分散在 85 个村庄。伯希和等人首先对这片绿洲做了测绘。瓦扬于 1908 年 2 月 25 日至 3 月 20 日在千佛洞附近从事天文观察，然后又依次对嘎顺、石板㧟、青冬峡与南台进行了测绘。

伯希和一行于 1908 年 2 月 12 日到达沙州绿洲，于 2 月 14 日到达敦煌县城。努埃特利用这几天的时间，对千佛洞的 182 个石窟（有的带有几个耳室）做了编号，并克服重重困难拍摄了数百幅洞内壁画的照片，这就是后来于 1920—1926 年分六卷出版的《敦煌图录》。瓦扬则绘制了一幅石窟平面草图。2 月 24 日，伯希和首次考察了千佛洞，然后又返回敦煌县城，以借用那里收藏的雕版来印制两套 1831 年出版的《敦煌县志》，他首先从中寻找的是徐松于 1823 年在《西域水道记》中移录、沙畹又曾提及却未曾刊布过的一批碑文，伯希和终于找到了这些碑的录文。

伯希和在到达敦煌后，首先制定了其考察提纲。他要把洞壁上尚可辨认出来的题识和游人题记都抄录下来。当时莫高窟共有 500 多个洞子，其石窟外貌、洞内壁画、彩塑、画像和供养人的名字，仍保持着 6—10 世纪的原样。唯有一位汉学家才能利用洞中的题识和游人题记读懂，题记绝大部分都是汉文的，西夏文题识只有二十余方，而八思巴文的题识只有十方左右。此外还有藏文、回鹘文和婆罗米文的题识。伯希和便逐洞地记载了洞内壁画的内容、题识、壁画和建筑风格等。

但伯希和最念念不忘的还是他从乌鲁木齐市起就获知的藏经洞中收藏的卷子、

绘画和其他文物。伯希和并未费多大力气便在敦煌找到了道士王圆箓。王道士讲到，在藏经洞内工作过三天的斯坦因曾给过他“一笔相当可观的钱”。王道士返回敦煌取钥匙去了，伯希和又在千佛洞中等了几天。1908 年 3 月 3 日，正是天主教封斋前的星期一（狂欢节的最后一天），伯希和进入了他称之为“至圣所”的藏经洞。他于 1908 年 3 月 26 日写于敦煌千佛洞，一并于 4 月 27 日交给驿站寄给法国地理学会会长一封信，也就是致西域国际考察委员会法国委员会主席和派遣伯希和出使西域的塞纳尔的信，他于信中详细地介绍了这一过程。

伯希和写到，当王道士为他打开藏经洞时，“我简直被惊呆了。自从人们从该藏经洞中淘金的 8 年以来，我曾认为该洞中的藏经已大大减少。当我置身于一个在各个方向都只有约 2.5 米、三侧均堆满了一人多高、两层和有时是三层厚的卷子的龛中时，您可以想象我的惊讶。数量庞大的一批用绳子紧扎在两块小木板之间的藏文写经，堆积在一个角落里。在其他地方，汉文和藏文字也从扎捆的一端露了出来。我解开了几捆。写本大多是残卷，或首尾残缺，或中间腰断，有时仅剩下一个标题了，但我解读出的几个时间却都早于 11 世纪。从这种初步探测开始，我便遇到了一部婆罗米文的贝叶经装式经文，还有另一部回鹘文经文的几页文字。”

伯希和于是立即做了决定，将藏经洞中一万五千至两万卷写本全部浏览一遍。他将在摇曳的烛光下利用三个星期的时间来完成这项工作。前十天，他每天拆开一千捆卷子，即每小时一百捆。伯氏戏称这是“汽车的速度”。

伯希和在 1909 年 12 月 12 日在法国各界于巴黎大学阶梯教室欢迎他的大会上说：王道士“最终为我打开了那个小龛，整个龛不足 3 米见方，其中塞满了二三层文书。洞中有各种各样的写本，特别是卷子，但也有单叶；既有汉文的，也有藏文、回鹘文和梵文写本。你们会毫无困难地想象，我当时能感到有一种什么样的令人心醉的激动心情涌遍了全身啊！我面对的是远东历史上需要记录下来的中国最了不起的一次写本大发现。但看到这些写本，尚不是这一大发现的全部。我刻不容缓地就琢磨，自己是否仅满足于瞥一眼这些写本，然后就两手空空地扬长而去，将这些注定要逐渐受到损坏的宝藏仍遗留在那里。非常幸运，王道士是个没有文化修养的人，属于那种热衷于搞建筑的修道人类别。为了建塔，他迫切需要银两。但我很快便放弃了获得全部文献的想法，因为王道士害怕轰动整个地区。我于是便蹲在洞子中，兴奋不已，整整三个星期。对全部藏经都编了简目”。

“这样一来，在我经手的一万五千多个卷子中，我取走了所有那些因其时代和内容而提供了一种重要意义者，也就是近全部写本的三分之一。在这三分之一写本中，我取完了用婆罗米文或回鹘文写成的全部写本，许多藏文写本，但主要部分还是汉文写本。对于汉学研究来说，这都是一些无法估价的财宝。当然，其中的许多写本是佛经的，但也有历史、地理、哲学、经典、纯文学、各种契约、租约、逐日所作的札记之类。所有这些写本的时代都要早于11世纪。1035年，入侵者自东方而来，僧侣们都匆匆忙忙地把他们的书籍和绘画堆进一个密室中，然后便将洞口封闭起来，再于洞壁上抹上一层泥。那些僧众均遭到了入侵者的屠杀或驱散，对藏经洞的记忆也随着他们而同时消逝。1900年，出于一次偶然，这种记忆才又被重新恢复了。非常幸运的是，在此后的8年中，没有任何一个学者前往那里实地研究这些文献并确认其重要意义。先生们，在这种重要意义方面，我声称它们对于我们至关重要，并未有任何夸张。甚至在中国本地，古代汉文写本也很罕见，在欧洲尚且根本不存在任何这样的写本。此外，我们过去只能依靠书本工作，从未曾根据明显是为公之于众而写的文献工作。现在汉学家们首次可以采取欧洲史学家们的模式根据档案来工作了。最后，在该洞中，还有其他东西：绢画和麻布画，它们与写本是同时代的，应被列于卢浮宫收藏的至今仍寥寥无几的那一套之首；最后是某些刊本作品，即公元10世纪和甚至是8世纪的木刻刊本著作，它们早于古登堡五至七个世纪，应为现知的世界上最古老的写本。”

伯希和从藏经洞中到底劫走些什么文书呢？

对于非汉文文书，伯希和只能根据其外表来决定，因为他自称对这些文字“无知”。对于这些罕见文字的文书，伯氏自称：“为了不放过任何有价值的东西，我将它们全部拿到手了。”这其中包括梵文、于阗文、粟特文、突厥文、回鹘文、婆罗米文、吐火罗文卷子。当然，对于那里的近500公斤的藏文文书，他无法全部运走。但他却将11大本“夹版”（事实上是一部《甘珠尔》）都带走了。

对于汉文卷子，作为汉学家的伯希和，当然懂得其价值。那些凡是以“夹行注”形式写成的全部文献、那些带有武则天“新字”的文献，他全取走了。大藏经之外的佛经文献、罕见的礼佛进香人的游记（如慧超的《往五天竺国传》）、释老文献中的代表作、景教与摩尼教经文、罕见地志、散落文献、五台山文献、俗文学作品、教育用书与字书等，伯希和都掠其精华而去。

伯希和从他过手的全部一万五千至两万卷文书中，劫走近三分之一，即六千余种文书。此外还有二百多幅唐代绘画与幡幢、织物、木制品、木制活字印刷字模和其他法器。

伯希和认为，这些写本对西方，特别是对法国学术界，至少有两大新鲜内容：弥补了在法国图书馆中根本不存在中国古写本的空白；法国在汉学研究中首次可以利用档案文献工作了。

藏经洞封闭的时代与原因。伯希和提出了第一种解释，并且在学术界得到了很大程度的接受："第一个需要澄清的问题便是该密室的大致年代问题。在此问题上不可能有任何怀疑。其汉文文书中的最后年号是宋代的最初几个年号：太平兴国（976—983）和至道（995—997）年间。此外，在整批藏经中没有任何一个西夏字。因此，很明显，该龛是于11世纪上半叶封闭的，很可能是发生在1035年左右的西夏人征服时代。人们乱无秩序地将汉文与藏文文书、绢画、帷幔、小铜像和直至851年雕刻的大石碑都堆积在一起。人们可能会试图将成捆卷子散落开的混乱状态，也归咎于对这次即将来临的入侵之恐惧。"

从1908年3月27日起，伯希和结束了在藏经洞的工作，又开始了对敦煌石窟的考察。5月28日，他在敦煌城度过了其30岁生日。他有关敦煌石窟的六卷笔记由原法兰西学院中亚和高地亚洲研究中心于1981—1992年间出版。

八、伯希和从沙州到北京

伯希和探险团完成了在敦煌的考察，于1908年6月8日离开了沙州。他们于6月8日至30日，共分19程走完了从沙州到甘州的560公里的路程。

伯希和一行经安西州，过嘉峪关，越过万里长城，进入了中国的中原。他们分别于甜水井（6月10日）、玉门县（6月15日）和肃州（6月21日）三个地点从事了天文观察。

7月3日，伯希和与努埃特率领满载文物的车队沿官道前进。为了从事地理人文考察，瓦扬却绕道甘南与西宁府。他先后经过万关堆子、马蹄寺、洪化城、永固城，于7月5日到达了贾家庄和炒面庄。瓦扬先于7月14日到达西宁府，于7月14日至18日之间考察了塔尔寺；后于18日至23日，经临夏到达兰州。他沿途都做了考古调查、天文观察和地理测绘。他们三个人又在兰州相聚了。在此之前，伯希和在凉州会见了刚从蒙古而来并准备到北京的多伦考察团。他们一行于8月2日离开兰州，于同月 22 日到达了西安。伯希和本来准备赴山西云岗石窟和河南龙门石窟进行考察，但由于沙畹刚刚对这两个地方做了考察，故没有必要再去了。伯希和在西安用一个月的时间采购文物书籍。他采购到了一口公元前的大钟、一批铜镜、陶器、石佛像、大批书籍和拓片。这个考古探险团于 10 月 2 日到达了京汉路的中程站郑州火车站。这是自他们于两年前在安集延离开铁路线之后首次再见到火车。他们煞费苦心地搜集和发掘到的这批宝贵而又易碎的文物由中国的原始而又危险的运输工具——马车的承运过程也宣告结束了。他们乘火车出发并于两天后到达北京。

伯希和一行在北京稍作休整之后，瓦扬第一个携带着一大批自然史搜集品，乘船经广州返回了法国。努埃特则陪同伯希和先赴南京，以拍摄两江总督和闽浙总督端方的那套珍贵收藏品；然后又赴无锡拍摄裴景福搜集的那套古画。这两项工作完成之后，努埃特于 1908 年 12 月乘船护送 80 多箱雕刻品、绘画和写本返法。伯希和自己却前往印度支那，以重建已中断一段时间的联系。他曾在那里居住过很长时间，与社会各界都有着千丝万缕的关系，但已有数年时间未到该地区去了。继此之后，他又投身于最后一项工作。欧洲的所有图书馆都只有很贫乏的汉文典籍特藏。巴黎的图书馆自 18 世纪以来也再未得以充实。然而，如果缺乏刊印本书籍，而只研究这些写本又有什么用处呢？所以，在他于上海和北京居住的几个月里，共获得了近三万卷“刊本”汉文书，准备庋藏于巴黎国家图书馆。在此期间，有关他们在敦煌大发现的流言蜚语在中国的学者之间广泛流传。端方总督向他借去了其最珍贵的文书之一，如同任何国家的收藏家们一样，他对于放弃已经掌握到手中的东西也感到遗憾。伯希和必须用六个星期的时间让他退还给自己。北京的学者们也都接踵前往他的住处，以研究和拍摄其同伴尚未带走的那几卷文书。最后，中国学术界的学者们为伯希和举行了一次宴会，并且结成了一个社，让他们可以选择他那批文献中的最重要者，影印发表和刊印成一大套书。他们甚至要求伯希和做中间人，以便能方便他们在巴黎的工作。

我们可以对伯希和的西域考古探险团做一番总结了。努埃特先生带回了几千幅照片底版。瓦扬博士测绘了近 2000 千米的路程，共以 25 个左右的天文点相连接。他为这些点而做的计算的误差，在纬度方面是 10 公里左右，在经度方面是一公里左右，这是他根据自己已完成的计算结果而推论出来的。鉴于他们的工作条件，世人也不能苛求更大的准确性了。一批地质样品、包括 80 多种植物的一本植物标本集、两千多只飞鸟、哺乳动物、大批昆虫、头颅骨和人体测量数据，形成了一批自然史的特藏。至于他们获得的绘画、雕刻品、青铜器和陶瓷器，卢浮宫的保管员们都想以它们来布置一个完整的展厅。最后，他们还为法国的国家图书馆带回了一大批汉文刊本书籍，因为在欧洲尚不存在这种规模的藏书。他们还携归了一批汉文写本，甚至在中国本地也没有可与此相媲美者。

1909 年 12 月 10 日，在巴黎大学的阶梯教室，为了欢迎伯希和“凯旋”，法国亚洲委员会和地理学会举行了隆重的欢迎大会。应邀参加的有四千多名各界名流。大会由塞纳尔和波拿巴王子联袂主持。法国公共教育部、金石和美文学院、法国科学院的负责人、巴黎市政府的市长、法国殖民地事务部长、科学促进会主席、商业地理学会会长、里尔地理学会会长、国防部长等莅临大会。瓦扬和努埃特一同出席。塞纳尔致开幕词，各单位的代表轮番发言，给予了伯希和一行很高的评价。伯希和则利用这一机会做了《高地亚洲探险 3 年》的报告。

伯希和西域考古探险团的活动到此也算落下了大幕。

九、伯希和西域探险团劫掠的中国古文物和古文献

毋庸置疑，在 19 世纪末叶至 20 世纪上半叶赴西域的所有外国的考古探险家中，伯希和是最具权威的汉学家、西域学家和东方学家，而且是集历史学、考古学、语史小学、艺术史、文献学、汉学、突厥学、蒙古学、藏学、伊朗学、南海学、佛教、道教、伊斯兰教、基督教（包括其各个宗派）、西域夷教（景教、袄教、摩尼教）、萨满教、民间宗教等诸专业专家于一身的学界泰斗式人物，被誉为“超级东方学家”。尽管西方列强当时不惜血本、劳师动众地竞相向我国西域派遣了考古探险团，而且在掠夺文献与文物方面个个都所获甚丰，满载而归。但从文物文献的总体质量来看，尤其是在劫掠西域的罕见文字文献、带题记和纪年的文献方面，伯氏确实力拔头筹。因为伯希和这个汉学家比诸如斯坦因那样专捡破烂或盗挖宝物的考古学家、普热瓦尔斯基那样游山玩水的猎奇探险家、华尔纳那样专以破坏文物古迹为目的且只会蛮干的盗宝人相比，都要略胜一筹，甚至还可以说是要高明得多、专业得多和内行得多。他掠夺的文物和文献都具有较高的学术价值，大都属于“精品”之类。我们甚至可以说，伯希和劫掠的西域文物文献主宰了法国几代汉学

家们的研究方向与领域，造就了法国的几代汉学家，推出了一大批传世名著。

伯希和究竟从我国西域掠夺走了些什么东西呢？

在敦煌汉文写本方面，据法国现已出版和即将出版的《巴黎国家图书馆所藏伯希和敦煌汉文写本目录》共五卷六册的统计，共有 2001—6040 号。这就是第一卷（2001—2500 号，由谢和耐与吴其昱编写，1955 年）、第二卷（2501—3000 号，由隋丽玫和魏普贤等人先后编写，尚未出版）、第三卷（3001—3500 号，由苏远鸣主编，1983 年）、第四卷（3501—4000 号，由苏远鸣主编，1991 年）、第五卷（第 4001—6040 号，上下册，由苏远鸣主编，1995 年）。这样算来，伯希和敦煌汉文写本就共有 4040 个号。此外，一批零散碎片已由王杜丹编目出版。

伯希和敦煌藏文写本，已由拉露小姐（Marcelle Lalou，1890—1969）编写了三卷目录《巴黎国家图书馆所藏伯希和敦煌藏文写本目录》（第一卷，第 1—849 号，1939 年；第二卷，第 850—1282 号，1950 年；第三卷，第 1283—2216 号，1961 年）。这样算来，伯希和敦煌藏文写本就共有 2216 个号。这远远超过了伯希和当年将 1—2000 号留作编写藏文写本目录而使用的数目（故其汉文写本从 2001 号开始）。这其中尚不包括大量重复的《无量寿宗要经》和《十万颂般若经》的写本。拉露小姐因其重复的数量太大而未加编目。此外，在许多汉文或其他古文字的写本中，还夹杂着藏文文书，有的短至只有数行或几个字，故现在仍不断有新的藏文写本被“发现”，从而使其数目总量不断增大。

伯希和敦煌回鹘文写本共有 25 个编号，已由哈密屯（J. Hamilton，1921—2003）辑录、译注和刊行，于 1986 年出版了两卷本的《九至十世纪的敦煌回鹘文文献汇编》，共发表了 36 个卷子的编号，其中包括伯希和敦煌回鹘文写本 24 个编号，另外还包括伦敦斯坦因特藏中的 12 个号。其中有不少回鹘文写本因与汉文写本写在一起，故也被编入了汉文写本之中，形成了双重编号。在此之前，哈密屯还于 1971 年单独发表了 P.3509 号回鹘文写本《回鹘文本善恶两王子的佛教故事》的转写和译注本。此外，伯希和从敦煌千佛洞北区元代石窟中还获得过 360 多件元代畏兀儿文的写本。对于敦煌回鹘文写本，究竟应该是如同哈密屯认为的那样断代为 9 世纪至 10 世纪，还是如同某些德国学者们所认为的那样应该属于元蒙时代，国际学术界尚有争论。因为于斯坦因在千佛洞劫经之后，王道士可能将他陆续零散地从敦煌的其他地方搜集到的元代晚期的畏兀儿文卷子又都塞进藏经洞中滥竽充数了，故使伯希和也上当受骗了。直到目前为止，这场争论尚无最终定论。哈密屯因此受到过某些同行们的非难，但他始终顽强地捍卫自己的观点。此外，法国学者路易·菲诺（Louis Finot）、菲利奥札（Jean Filliozat）和为数不少的日本学者也都从事过对这批写本的研究。

伯希和敦煌粟特文写本共有30个编号，大都已由哈密屯与英国矮小而又精明的学者辛姆斯—威廉姆斯（Sims-Willims）合作辑录、译注和刊行，并于1990年出版了《敦煌突厥—粟特文文献汇编》。书中发表了伯希和敦煌粟特文写本五个号，斯坦因的三个号，其中一部分也有双重编号。被编成汉文写本第3517—3521号。伯氏曾与法国学者高狄奥（Robert Gauthiot）和邦维尼斯特（Emile Benveniste）、英国学者亨宁（W. E. Hennines）等人合作过，或各自单独从事过对这批写本的研究。

伯希和敦煌和西域梵文写本数量较大，出自西域者为多，属于敦煌者只有13个编号。它们基本均为佛教文献，其中不乏有些稀见佛典精品，大部分都被编入伯希和敦煌汉文写本的目录中了。它们早年曾由菲诺、菲利奥札和日本学者们从事过研究。在20世纪五六十年代，又由法国学者鲍利（B. Pauly）做了系统的整理：《伯希和西域探险团所获梵文文献残卷》（连载《亚细亚学报》，1957—1966年）。

在伯希和所获敦煌和西域的“东伊朗文”写本中，有些是所谓“吐火罗”文书，亦被他称为用“婆罗米字母”书写的文书。另外还有使用这种文字的某些木简文书和题记等。它们主要出自新疆的都勒都尔—阿乎尔和图木舒克。事实上，这其中主要是乙种吐火罗语或“龟兹语”（焉耆语为甲种吐火罗语），特别是P.3533号文书。法国早期学者烈维、菲利奥札以及德国学者西格都对它们做过研究。近年来，法国年青一代的优秀吐火罗语学者彼诺（Georges Pinault）系统地刊布和研究了这批写本。经他整理，伯希和龟兹文特藏共有2000件左右：旧编AS1-19，共141件文书126个编号；新编NSI-508和某些残卷，共527件文书。此外，还有些只有数平方厘米的极小残卷，即新编第509—1166号，共658件文书；粘贴在卡片上的小残卷393个编号。目前，彼诺正准备将它们汇编出版。

伯希和西域于阗文写本都被散编在汉文写本和藏文写本目录中了。据统计，共有近70个编号。它们已由法国学者哈密屯和格勒奈（P. Grenet）研究过了。英国的贝利（H. W. Beilly）和德国的恩默瑞克（E. E. Emmerik）等学者则更是这方面的研究专家。此外，还有被柯诺称为“于阗文变异体”的一卷东伊朗文写本，有人亦称之为“图木舒克文”。伯希和也从新疆发掘到了一批被称为变异体龟兹文的佉卢文文书。它连同吕推于1890年搜集的佉卢文《法句经》残卷共同收藏在国家图书馆。烈维、拉古佩里（F. De Lacouperie）和波兰裔法国学者普祖鲁斯基（Preyluskj）均为这一方面的研究专家。

伯希和甚至在敦煌还获得了一卷希伯来文写本，它是唐代的中国西域曾有犹太人活动的证据。

伯希和在敦煌藏经洞内并未获得任何西夏文写本，但是在北窟区获得了一大批。共装有三箱，计有二百余件，目前尚未刊布。

伯希和在敦煌所作的考察笔记、题识录文以及他对经变画的考证、艺术风格、断代、窟形的研究文已由尼古拉·旺迪埃和玛雅尔夫人（Monique Maillard）于1980—1992年分六册出版，名为《伯希和敦煌石窟笔记》。伯希和探险团的成员努埃特所拍摄的敦煌壁画照片则于1920—1926年分六大卷出版，名为《敦煌石窟图录》。

在伯希和敦煌写本中有许多素描插图画和纸本绘画。其中P.4525《降魔变相》中的绘画已由尼古拉·旺迪埃于1954年发表，载于《舍利佛与六师外道》中。其余大都由饶宗颐于1978年发表于《敦煌白画》一书中了。另外，戴仁（Jean-Pierre Dre’ge）于2000年又发表了这批画中的绝大部分。

伯希和探险团从敦煌劫回的幡画共有二百多幅，现藏吉美博物馆。它们已由玛雅尔和热拉—贝札尔（Jéra-Bézard）先生公布并做了研究，发表在1974年出版的两卷本《敦煌的幡画》一书中。书中共发表了220幅幡画的图录与解说文字，此后又发现的六幅三角形幡和三幅幡画不计在内。1994年，当时的吉美博物馆馆长贾立基（Jean-François Jarrige）与日本秋山光和联袂出版了日法两种文字版本的《西域美术，吉美博物馆伯希和特藏》第一卷，共发表99幅绘画。据报道，第二卷拟发表89件，笔者尚未见到。

伯希和从敦煌带回的织物残片大都是作为经卷的包袱皮而使用的。它们于其式样、装饰图案和纺织技术方面都颇有价值。这批织物后来分别入藏于吉美博物馆和巴黎国家图书馆。它们已由里布（Krishna Riboud）夫人和维雅尔（Gabrie Vial）做了深入研究，详见《吉美博物馆和国家图书馆所藏敦煌织物》，1970年巴黎版。书中集中研究了85个编号的织物（有些是同一片织物的不同段）。这批宋初或五代末之前的织物甚为宝贵。

伯希和探险团自敦煌携归的木制品已由弗朗索瓦兹·戴奈斯（Pransçoise Den’és）整理编目，共有一百多件，详见1976年出版的《吉美博物馆所藏伯希和敦煌木制品目录》。

伯希和自喀什和图木舒克携归的中国文物，基本上都在由韩百诗主编的《伯希和探险团考古档案》第二卷《图木舒克》(两卷本，文字与图版各一卷，1961—1964年)中发表。其中主要有壁画、写本卷子、宗教用品、杂物、雕塑、陶器和钱币等。该书中共发表和研究了雕塑248件、陶器5件、壁画15幅、杂物56个编号。

伯希和西域探险团于库车地区的都勒都尔—阿乎尔和苏巴什掠夺的中国文物由阿拉德等人公布，均载入1982年出版的《伯希和探险团考古档案》第四卷《都勒都尔—阿乎尔和苏巴什》一书中了。其中公布和研究的壁画有二十二个号、黏土—陶土—柴泥雕塑三十八个号、木雕品三十一个号、考古木料七个号、活动装饰木制品五十五个号、玻璃和钱币等杂物七个号、印鉴六个号、金属物等十五个号、陶器七个号、骨灰盒五个号。

伯希和西域探险团在库车周围诸遗址所掠夺的文物已由玛雅尔夫人和彼诺等人于1987年发表在《库车地区诸遗址，龟兹文题记》一书中了，它基本上是以克孜尔尕哈(Qyzyl-Qargha)为中心。书中公布并研究了壁画五个号、柴泥和石膏雕塑三个号、杂物二十个号、雕塑两个号、浮雕两个号、建筑类寺庙和千佛洞内物品十二个号、各小遗址中的物品六个号、金属品二十六个号、各种材料的物品九个号。

伯希和探险团从西域带回的每块雕塑碎片、每块石雕和木头、每叶文书都被妥善地保存在吉美博物馆和国家图书馆中。在吉美博物馆中还庄重地陈列着一个精致的小盒，其中装着黄沙。据说，这是伯氏自西域探险返法后从其靴子中抖出来的沙子。携归者可谓物尽其用，收藏者可算是忠于职守，都算是用心良苦了。

当然，伯希和西域探险团留下了可以说是不计其数的档案，绝大部分尚有待于整理刊布。伯希和的大弟子韩百诗(Louis Hambis，1906—1978)在世时，曾雄心勃勃地制订规划，预计共出版27卷伯希和西域探险团档案。但在实际运作中，这项浩大工程进展缓慢，近40年间才出版寥寥数卷。自韩百诗于1978年逝世，尼古拉·旺迪埃—尼古拉(Nicole Vandier-Nicolas，1908—1987)夫人于1987年逝世，热拉—贝札尔先生于1994年退休，法兰西学院中亚和高地亚洲研究中心于1994年同时被解散之后，这套档案的出版工作便前途渺茫、吉凶难卜，甚至中途夭折的可能性极大。在新的一个世纪里能否全部刊布尚需要我们拭目以待。按照韩百诗当时的规划，伯希和西域探险团的27卷档案目录如下：

1.《图木舒克》(图版卷)，1961 年。

2.《图木舒克》(文字卷)，1964 年。

3.《库车建筑寺，都勒都尔—阿乎尔和苏巴什》(图版卷)1967 年。

4.《库车建筑寺，都勒都尔—阿乎尔和苏巴什》(文字卷)1982 年。

5.《库车，石窟寺》(图版卷)，尚未出版。

6.《库车，石窟寺》(文字卷)，尚未出版。

7.《库车，素描画与速写画》，尚未出版。

8.《库车地区诸遗址，龟兹文题记》，1987 年。

9.《库车，壁画》，尚未出版。

10.《从库车到敦煌之间的诸小遗址》，尚未出版。

11.《伯希和敦煌石窟笔记》第 6 册，1980—1992 年。

12.《敦煌的幡画，风格与图像研究》，尚未出版。

13.《敦煌的织物》，1970 年。

14.《敦煌的幡画》(文字卷)，1974 年。

15.《敦煌的幡画》(图版卷)，1976 年。

16.《敦煌的幡画，题记研究》，尚未出版。

17.《敦煌的幡画，图像研究》，尚未出版。

18.《敦煌的幡画，风格研究》，尚未出版。

19.《敦煌的版画与白画》，尚未出版。

20.《敦煌的雕塑》，尚未出版。

21—23.《敦煌的壁画》(文字卷)，尚未出版。

24—26.《敦煌的壁画》(图版卷)，尚未出版。

27.《敦煌的织物》(图版卷)，尚未出版。

伯希和本人曾写过一批敦煌学论文。他一生中始终注重于其著作中征引敦煌文书，但他生前未出版过一部专著。自他于 1945 年逝世到 2000 年的五十多年间，其弟子和其他学者们共出版其遗作十卷，目次如下：

1.《蒙古秘史》，根据汉语对音本而复原的蒙文本，1949 年。

2.《圣武亲征录》译注本，与韩百诗联袂署名，这是对元代佚名著作《圣武亲征录》的法文译注本，第一卷，1951 年。

3.《真腊风土记》译注本，1951 年，这是对元人周达观《真腊风土记》的译注本。

4.《金帐汗国史札记》，这是对苏联的格列科夫和雅库鲍夫斯基出版的《金帐汗国史》一书所作的补充，纠误与评论，1953年。

5.《中国印刷术的起源》，1953年。

6.《卡尔梅克史评注》两卷本，1960年。

7.《马可·波罗游记注释》三卷本，分别于1959年、1963年和1973年出版。

8.《中亚和远东的基督教研究》两卷本，1973年和1986年。

9.《西安府景教碑》，1996年。

10.《唐代吐鲁番地区的道路》，2002年。

除了伯希和本人之外，法国学者无论是在敦煌学研究方面，还是在西域史研究领域，都有不同凡响的建树，在欧美国家中，始终居领先地位。

十、伯希和西域探险记的意义

正如笔者于上文曾多次指出的那样，伯希和在西方殖民列强于19世纪末叶至20世纪初叶派往中国西域考古探险的人员中是东方学水平和中国文化修养最高的人，因此他被许多人誉为“超级东方学家”。他以其高深的学问，从事的是所谓的“学术探险”。他与其他那些只热衷于游山玩水，最多也只是记载某些风俗人情，对其所掘宝藏也只是知其然而不知其所以然者，完全属于两种风格的人物。读者从伯希和西域探险记中便可以清楚地看到，它与其他探险书大相径庭。当然，每种体裁的探险记或游记都具有各自不同的学术价值，也会吸引不同的读者，不必要以同一种标准要求所有的人。大而言之，伯希和的西域探险记学术价值很高，可读性稍逊之。非专业性的读者大众很难完全理解其精髓；而对于学界大众或科研人员来说，他们迫切需要了解的恰恰正是这些内容。

近四五十年来，我国国内对英、俄、德、日、美和瑞典等国的西域探险记或游记译介得相当多。国内学术界能阅读英、俄、日语甚至是精通德语的学者也相对较多。但国内对法国人的西域探险记，尤其是对伯希和西域探险只能知道一个梗概。对这次探险的具体过程、所获文物的数量和价值、保存状态和研究成果，却不甚知之。这与我国学术界长期以来缺乏法语学者的传统有关。在国内，近期学者对伯希和西域探险的介绍和了解大都是根据英、日等其他文字的二手资料转引，人云亦云，道听途说，甚至是以讹传讹；散乱有余，系统不足；且准确性令人质疑，水分却较饱满。在20世纪50年代之前，冯承钧、向达、王重民、姜亮夫诸先生曾介绍过伯氏的一大批研究成果，可惜那已是明日黄花，今天难以争芳斗艳了。正是基于这种事实和出于这种考虑，笔者多年前就萌发了介绍有关伯希和西域探险的过程、我国西域文物的外流、法国对它们的保存与研究状况的愿望。此项计划可算得上填补空白的功德事业，但本人志大才疏，恐怕终难避免以败笔而告终的命运。

读者们可能会感到无法理解，西方有关斯坦因、橘瑞超、普热瓦尔斯基、斯文赫定、格伦维德尔和勒柯克等人的传记著作传世颇多。他们各自西域探险记的品种层出不穷，版次和译本也数目可观。为什么在他们同行中名声最大的伯希和的生平传记及其西域探险记的专著，却始终未见问世呢？而撰写名人传记本来也正是法兰西文化中的一大悠久传统。笔者也曾带着这种疑惑请教过多名当代法国汉学家，甚至包括伯希和的几位“徒孙”辈学者。他们几乎是众口一词地认为，伯希和生前“人缘欠佳”，西方汉学家们往往都对他敬而远之。伯氏一生酷爱写书评，他几乎对当时西方的所有重要的汉学著述都曾言辞刻薄地发表过评论。伯氏自认为自己学富五车，满腹经纶，从而目空一切，唯我独尊，对他人鼓励不足，鞭笞有余。他喜欢对别人指手画脚，以贬低别人而抬高自己。在世界学术史上这样的耆老恶少也并不罕见。当然，他这样做也算是有点资格或“本钱”。伯氏的书评很少有正面褒扬，反而是处心积虑地找毛病，甚至有些鸡蛋里挑骨头，过分苛求了。伯希和毕竟是一代汉学乃至整个东方学界的权威，遭到过他批评的人往往都有点名声扫地，抬不起头来，甚至还有人再也不敢搞研究与写作了。他们遭遇批评后，往往深受伯氏声望的负面影响。伯氏这样做的结果却是使欧美特别是法国汉学的有限圈子在一段时间内变得很小。事实上，在当时的具体背景下，欧美汉学家或东方学家们的著作尚不能在高度和力度上求全责难。故而在伯希和逝世后，在很长一段时间里，除了伯氏生前曾任会长的法国的亚细亚学会之外，法国几乎没有发表过多少纪念文章或举办过什么纪念活动。法国乃至整个欧美汉学界都没有人肯去为他“树碑立传”。这就造成了伯氏的名声虽远震遐迩，生平传记却一直不见踪影的局面。由于他终生都对别人尖酸刻薄、吹毛求疵，故而对自己的著作也格外谨慎，唯恐遭人以牙还牙。伯氏生前在50年的汉学生涯中未曾出版过一本堪称“论著”的西域探险或汉学专著。其大批文章都是篇幅长短不等的读书札记、文献考据、古籍译注、书评或补正之类，当然也有篇幅很长的专题考证性论文。这些文章的学术价值确实很高，充分地表现了其深厚的汉学功底。伯氏的一生都热衷于对中国典籍作笺注，他的许多重要藏书中都写满了密密麻麻的笺注。他去世后，其白俄血统的夫人不明事理而又酷爱金钱，拒绝像沙畹、马伯乐、葛兰言、戴密微那样将全部的藏书和文稿遗赠给亚细亚学会、汉学研究所、法兰西学院、法兰西远东学院、巴黎国家图书馆等东方学机构或其他大学，而是把它们待价而沽地“零售”了，即将它们零散地抛售给了欧美不同国家的科研机构、书商、学者或收藏家了。更为可惜的是，伯希和的夫人为了使伯氏藏书显得“干净”一点，从而卖个好价钱，又将伯氏生前用铅笔在中国古籍中所作的大量笺注，都用橡皮擦了个干干净净，只有某些几近成书的文稿和少量藏书因落到了诸如韩百诗那样的弟子手中才得以幸免。笔者曾在热拉—贝札尔先生的书架上，见到过一本侥幸保存下来的伯氏用铅笔写满了笺注的玄奘名著《大唐西域记》，这是当年韩百诗自伯希和处继承下来的。这件事成了西方汉学界的一大“奇闻”，也成了人们茶余饭后的笑料。尤其是它不应该发生在伯希和这样一个汉学泰斗人物的身上。

其次，伯希和西域探险劫掠回去一大批中国文化瑰宝，可谓价值连城，学术界也深谙这批文物文献的价值。但法国政界显要和大腕们或者是商界的大亨们却对这一大堆中世纪的“废纸”、“泥胎”、顽石、朽木、古画和“破铜烂铁”的价值根本就一窍不通。他们认为法国政府花费重金派遣伯希和探险团赴西域，却千里迢迢地运回了一大批故纸破烂，完全是得不偿失，故而对伯希和颇有微词，甚至还有人公开责难攻击他。伯希和有口难辩，甚至连整理和发表它们的经费也难以落实。再其次，作为一代文化“枭雄”，伯希和对世界和中国历史上发生过的“劫经”和“盗宝”这类丑事了如指掌。他清楚地知道，盗窃他国的文物是不道德的行为。在他尚健在时，世界各地具有正义感的学者特别是中国的爱国知识分子们已对他发起了猛烈的抨击，他唯恐身后会遭到千夫所指，难免留下千古骂名，至少是绝不会因这次探险而使他“名垂青史”。平心而论，在伯希和一生所写的汉学著作中很少有攻击中国及其文化的内容，其论述考证尚称得起公正客观。我们甚至完全可以说，他终生为博大精深的中国文化所倾倒，且高度敬仰，并为该学科奉献了自己毕生的精力。我们也清楚地知道，当时在法国从事汉学研究，绝不会是一项名利双收的专业。伯氏以其才能从事其他工作可能会获得更大的成功。他对自己的西域探险保持了某种“低姿态”，绝不像大英帝国的斯坦因那样大肆张扬。伯氏后来将其主要精力都投入到对西蒙古史和马可·波罗的研究上（详见上文其遗作目录），并未全神贯注地投入对敦煌西域文物文献的研究中。显然，他最有资格这样做，也肯定会做出巨大成绩。他对敦煌文书的运用主要表现在三个方面：1. 刊布他珍视的中国史籍、已佚或稀见的汉文文献；2. 研究印—欧语系、阿尔泰语系或藏缅语系中的某些古文字（回鹘文、突厥文、于阗文、粟特文、吐火罗文、梵文、藏文、西夏文等语言文字）的文书；3. 中国、印度—斯基泰、希腊—佛教艺术史研究。伯希和主要是将敦煌文书用于补史和证史了，几乎在其所有著作中，都有征引敦煌文书的地方（其实，这才是敦煌文书的真正价值之所在）。有的法国汉学家（如苏远鸣先生）甚至说，从 20 世纪 20 年代之后，伯希和似乎忘记了其西域探险，他已经完全潜心于对马可·波罗游记的注释了。聪明过人和学识超人的伯希和为什么会放弃原本会取得更多成果的文献而去另辟蹊径呢？这其中的奥妙只好留给后人去猜测了。

无论如何，我们对伯希和都必须采取一分为二的辩证态度。对他劫掠和盗窃我国文物文献的行为，我们永远都要严厉谴责；对他及其弟子和同事们的研究成果我们也应照样介绍和吸取。在经过了近一个世纪之后，正是他们的探险活动才在西方发展起了一门敦煌西域学，它于当代又成了沟通中外学术交流的一座桥梁。中国和外国的学者都为敦煌学的诞生和发展做出过贡献。正如我国敦煌学界德高望重的老前辈季羡林教授所倡导的那样：敦煌在中国，敦煌学在全世界。

耿昇，1944 年生，中国社会科学院历史研究所研究员，主要从事中外关系史、中亚史和中国史学翻译的工作。

利玛窦传统与辅仁学风

汪荣祖

引 言

辅仁大学是一座天主教大学，在史学家陈垣长期主持校政的情况下，建立起了中西兼备的学风。此一学风与16世纪耶稣会教士利玛窦提倡的中西调和传统颇有呼应之处。

利玛窦传统在16世纪受到了中国士大夫的欢迎，并有不少儒者入教，但因其未被罗马教廷认可而无法持续，然而历史向我们昭示了利玛窦的理念与传教方式所具有的特识与远见。

19世纪基督教随着西方势力而来，并于20世纪开始在华设立教会学校。一般教会学校比较洋化，偏重西方的新学科，而辅仁虽为教会大学，但在提倡西学之余仍特别重视中国国学。此一学风形成了辅仁的特色，在近现代西潮冲击下仍维护国学于不坠。今日视之，陈垣校长与利玛窦教士虽属异代但皆同具慧眼，均认识到中华文化不宜、亦不应被取代，并认识到了中西学术兼备的意义。

适逢辅仁大学80年校庆，承蒙邀请做主题演讲，甚感荣幸，谨以史学工作者的观点，从学风与传统此一主题着手，希望今后辅仁大学不仅能承续建校以来的优良学风与传统，而且能够将之发扬光大。

一、利玛窦（Matteo Ricci）传统

利玛窦于1552年出生于意大利教宗辖区，自小在耶稣会学校读书，19岁成为耶稣会见习修士，继续在罗马耶稣会学院学习。28岁在交趾晋升为神父，30岁那年他抵达天主教对华传教的基地澳门[1]，不久就定居广东肇庆。他的中文水平颇高，甚至有学者指出“利玛窦出神入化的中文水平和他对孔孟原典的精湛理解成为他攻无不克的一道利器”[2]。然而他到底是如何学习中文的，又是如何能够达到如此高的水准的，尚不得其详。他掌握中国语文后，42岁时“因地制宜”地改服儒装[3]，并自广东韶州前往南京。然止于南昌。两年后开始主持在华传教团的工作，至47岁才得以定居南京。

利玛窦于1598年曾入京师，但未获居留权，至1601年再次入京，才准居留，两年后出版《天主实义》，再四年出《几何原本》。1601年在京师逝世，享年58岁[4]。

利玛窦不仅是一位有学问的耶稣会传教士（Jesuit），也是一位货真价实的汉学家（Sinologist）。他到中国是为了传教，但为了达到传教的目的，亦以介绍西方文化为手段，得到了中国士大夫的欢迎。他同时认同中华风俗，愿意融入士人社会，毕生在中国奉献。

教皇授权的传教事业随着16世纪的地理大发现而展开，然而由葡萄牙人开始的传教模式本来就是要使亚洲、非洲、拉丁美洲等落后地区的人民成为“二等公民”以及“次等基督徒”，西班牙人在菲律宾亦复如此，故不必注意当地文化。然而成立于1540年的耶稣会则采用因地制宜、极其灵活的传教策略。耶稣会教士沙勿略（St. Francis Xavier）曾在日本传教，他感到要使日本皈依基督就必须先掌握影响日本的中国文化，因而到中国去传教是关键，但沙勿略未及进入中国大陆就于

---

[1] 有关澳门在明清之际对华传教史上的地位与作用，详阅汤开建：《明清之际澳门与中国内地天主教传播之关系》，《汉学研究》第20卷第2期（2002年12月），第29—56页。

[2] 刘晓艺：《利玛窦的中文水平》，《书屋》1998年2月，第46页。

[3] 关于改穿儒服问题，可参阅罗光：《利玛窦传》，台北：学生书局，1983年，第68—72页；计翔翔：《关于利玛窦衣儒服的研究》，《世界宗教研究》第3期（2001），第77页。

[4] 有关利玛窦的传记作品，可参阅林金水、邹萍：《泰西儒士利玛窦》，香港：国际文化出版社，2000年；罗光：《利玛窦传》；〔法〕裴化行：《利玛窦神父传》，管震湖译，北京：商务印书馆，1998年；Jonathan Spence, *The Memory Palace of Matteo Ricci*, New York: Viking Penguin, 1985。

1552 年过世[1]。

由于明廷久采海禁政策，中国门户难以打开，因而有些教士认为非用武力不足以进入中国，但当时的西方武力尚不足以撼动中华帝国，而耶稣会却深知直接传教之不易，因而需要从精通中国语言文字、洞悉中华风土人情入手。耶稣会最初要罗明坚神父（Michele Ruggieri）赴中国传教，然其学习中文进度缓慢，且只身又过于孤单，遂自印度卧亚修道院找来利玛窦相助。利玛窦到澳门时 28 岁，他埋头学习中文，开始毕生的在华传教事业。他坚持用文化作为沟通的入口，认为中西方拥有共通的人文价值，故而勤研中文与儒家经典，且与明季东林士子来往频繁[2]，卒于 1600 年，有著名儒者如徐光启等人入教。他并不是要在中国建立一个西方教会，而是要建立中国教会，进而建立“中华基督文明”（Sino-Christian civilization），并使之成为普世基督文明之一部分。他认为耶稣固然不是中国人，但也不是意大利人，足见他并不认为基督教仅仅属于西方文化。李约瑟（Joseph Needham）博士称之为“历史上最了不起的智者之一”（one of the most remarkable and brilliant men in history）[3]。

利玛窦的传教方式基本上就是耶稣会（The Society of Jesus）不拘一格的方式，他以西学特别是科技为手段来达到其传教的目的，因而使西方近代物质文明得以东传。他尊重中国文化，尽量在中国文化中求同存异。他不用中国文化来论证西方文化（包括宗教）的合理性，而是通过重新解释中国的儒教文化使之与西方文化趋同。他所著《天主实义》即用儒家经典与中华文化的语言来论证并阐述基督教教义。他对中国文化的看法可称之为中西调适论[4]。他对建构在儒家传统与西方宗教文化上的“中华基督文明”有所期待，在西方哲学思想与方法上树立了一种“调适”（syncretism）理论。当时的中国士大夫亦多认同利玛窦所谓的儒教可由基督教“净化”之说，从而展现了儒家文化可与西学、西教融会贯通的前景。利玛窦诚如方豪神父所说，“实为明季沟通中国文化之第一人”[5]。

---

[1] Donald W. Treadgold, *The West in Russia and China*, Cambridge: Cambridge University Press,1973, Vol.2, p.7.

[2] 参阅康志杰：《利玛窦论》，《湖北大学学报》（哲学社会科学版）1994 年第 2 期，第 61 页。

[3] Joseph Needham, *Science and Civilization in China*, Cambridge: Cambridge University Press, 1954, Vol.1, p.148.

[4] 参阅利玛窦：《天主实义》，《续修四库全书》子部宗教类，上海古籍出版社，2002 年：第 479—549 页。

[5] 方豪：《中西交通史》第 4 册，台北：“中央文物供应社”，1955 年，第 2 页。

利玛窦认可的中国文化传教方式“使天主教的天主通过印证于儒家典籍，而在晚明社会中获得了来自中国自身的权威性，而这种权威性足以为那些皈依天主教或者得胜天主教的人消除心理的与现实的障碍”[1]。这导致取得了令人印象深刻的业绩，特别令人振奋的是争取到徐光启（Paul Hsu）、李之藻（Leo Li）、杨廷筠（Michael Yang）三大学者入教，此三人即所谓的“开教三居士”[2]。当利玛窦在中国逝世时，已建有四所教堂，约有2500名教徒，他们大都来自士大夫阶层。明亡清兴之后，清朝皇帝康熙也认可并接受了利玛窦的传教方式，至1726年，仅北京一地就有教徒约7000人，几乎都是受过教育的人[3]。

但利玛窦的“调适论”却因遭遇到教内严厉的批判而受到了挫折，一方面有许多人并不认同自上而下的传教策略，另一方面他们也对东方有不信任感，将利玛窦的“调和”视为一种屈辱的“叩头”。1693年，利玛窦已经去世83年，当时中国教区的行政主管阎当（Charles Maigrot，一译严嘉乐——编者注）就严厉地谴责了“调和”论，并禁止儒家礼义，而且禁止用“天”或“上帝”来指“神”（God）。至1715年教皇克雷芒十一世（Clement XI）正式发布《自登基之日》（*Ex illa die*）通谕，重申阎当之立场，完全否定利玛窦的传教理念与方式[4]。罗马教廷内部的反对与不理解使得利玛窦建立的传统因无法继续而功败垂成。当包容天主教的康熙驾崩之后，继统的雍正皇帝便不再容忍，下谕旨禁教，利玛窦毕身之努力几近付之东流。

二、陈垣与辅仁学风

辅仁大学为近代中国的著名的教会学校，肇始于民国元年，该年9月著名学者天主教教徒英敛之、马相伯联名上书罗马教皇，请在华北设立公教大学。翌年，英敛之就在北京香山静宜园创办辅仁社，取《论语》“以文会友，以友辅仁”之意，

---

[1] 何俊：《跨文化传播中的思想对话：利玛窦的天主论证与中西哲学比较》，《哲学研究》1998年第2期，第51页。

[2] 此三名家之入教，影响不止于个人，三家成为天主教世家。徐光启孙女有“教会之母”之称，徐家十一世孙成为教士。杨廷筠的女儿也受洗入教。

[3] Treadgold, *The West in Russia and China*, Vol.2, pp.12, 25；参阅郭熹微：《试论利玛窦的传教方式》，《世界宗教研究》1995年第1期，第24页。

[4] 参阅 Treadgold, *The West in Russia and China*, Vol.2, pp. 23, 25。

与一般教会学校以地名或圣名命名有异，而且课程也以国学为主，历时五年后辅仁社才停办。至1921年年底，教宗终于敕令美国本笃会，下达了在中国办公教大学的决定，再两年后罗马教廷才正式发布敕令，确定公教大学为教廷大学，遂于1925年岁末在北京创校。创校之初，就在校内设立国学专修科，即公教大学附属之辅仁学社，英敛之任社长，聘请史学家陈垣、李泰棻，地理学家张慰西，以及前清进士郭家声，主讲中国文学、历史、哲学、英文、数学等课程。陈垣因研究中国基督教教史而为天主教教徒英敛之、马相伯赏识。翌年年初英敛之过世，遗命委托陈垣继续筹办大学[1]。辅仁大学正式成立后，由美国神父奥图尔（Rev. George Barry O'Toole）任校长，陈垣副之。1927年所定“私立北京辅仁大学组织大纲”明载：“本校以介绍世界最新科学，发展中国固有文化，养成硕学通才为宗旨。”[2]两年后，由于教育部有“必须以中国人充任校长”之规定，为了在中国立案，任命陈垣出任校长，奥图尔为校务长。斯为陈垣长期治校之始。

陈垣字援庵，清光绪六年（1880）生于广东新会，早年入私塾读书。民国六年（1917）之春已开始研究基督教教史，因收集材料结识了在香山主持辅仁社的天主教教徒英敛之。陈垣的第一篇学术作品《元也里可温教考》[3]即在英敛之支持下印行，英敛之还为之作跋，马相伯写序。他曾二度赴日本访求有关基督教史料。民国十三年（1924），陈垣又完成巨著《元西域人华化考》，八卷二十九章，详述蒙元时期西域各族各类人士向慕与传布中华文化之事迹，以及中外交通与民族融合的历史趋向，内容丰富，考证细微，分析缜密。他认为“儒学为中国特有产物，言华化者应首言儒学”，故所言之儒学亦包括基督教在内，肯定了宗教潜移默化的力量[4]。他所写的有关基督教教史之重要著作，尚有《基督教入中国考》《浙西李之藻传》《大西利先生行迹》《基督教人物四传》《从教外典籍见明末清初之天主教》等，但他的研究并不限于基督教，他也研究佛教、道教、伊斯兰教，并把重点放在外来宗教与本土政治形势的关系、本土社会制度对外来宗教所起的作用以及本土思想文化对外来宗教的影响上。但他并不认为中外文化交流是单轨的，而是一种互动关系，外来

---

[1] 参阅《北京辅仁大学校史》，北京：中国社会出版社，2005年，第3—6页。

[2] 转引自上书，第12页。

[3] 此为陈垣“古教四考”之一，其他三考为《火祆教入中国考》《摩尼教入中国考》《开封一赐乐业教考》，均收入《陈垣学术论文集》第一集。

[4] 《元西域人华化考》之章节曾先在《国学季刊》与《燕京学报》上发表，后收入《励耘丛刻》（1934），台北世界书局印有单行本，美国加州大学出版社出版了英文译本（1966）。

宗教对本土文化也留下了不可磨灭的印迹[1]。

陈垣专治史学，追慕乾嘉考据大师钱大昕，钱氏尝言："通儒之学，必自实事求是始。"[2] 而实事求是的不二法门就是考据功夫，陈垣追实事求是的通儒之学。他反对"五四"以来否定本土民族文化的虚无主义，但他绝非保守的国粹派，而是像利玛窦一样认可了中华民族文化的生命力。他任教会大学校长，曾入天主教，但同时"向天主教神父们大力宣传中华民族历史文化"，不能容忍"借宗教贬抑中华民族文化"[3]。他大力揄扬国学有造诣的神父学者，例如，对吴渔山在传统艺术与文化上的重大贡献，他就赞扬有加[4]。

在陈垣领导下，作为教会大学的辅仁大学于创校之初即重视中国学问，除奠定了坚实的史学研究与教学基础之外，还于1938年创办史学研究所，并于1941年成立辅仁大学史学会，更于创校之初即规定大一国文为各系所必修，讲究语文基础知识与写作能力。并由名家如沈兼士、余嘉锡等帮助在校同学筹组文字语言学会，学术活动频繁，陈垣本人亦积极参加。在抗日战争期间，由于教会中德籍人士的周旋，日伪未能直接进驻辅仁，使滞京的中国文史名家如沈兼士、余嘉锡、罗常培、唐兰、顾随、张星烺、赵万里、邓之诚等转入辅仁，形成了一个超强的文史阵容[5]。

为了推广国学研究成果，陈垣出版《辅仁学志》，强调中西文化之沟通和中国基督教之研究，并高度评价中国传统学问，以超赶西方汉学。他于1921年秋在北京龙树院聚会时宣称："现在中外学者谈汉学，不是说巴黎如何，就是说日本如何，没有提中国的，我们应当把汉学中心夺回中国，夺回北京。"[6]《辅仁学志》自1928年出版至1948年，20年间从未间断，影响深远。1935年又创刊英文版《华裔学志》（*Monumenta Serica*），由陈垣命名，以推广汉学研究，包括译介中国经典名著，沟通中外。此刊1935年创刊，至今仍在出版。（编者按：《华裔学志》早期用德、英、法等文字出版，近年以英文为主。）

陈垣与余嘉锡在辅仁大学教学与研究的杰出表现使他们于抗日战争后同时当选

---

[1] 参阅周少川：《论陈垣先生的民族文化史观》，《史学史研究》2002年第3期：第2—3页。

[2] 钱大昕：《卢氏群书拾遗序》，《潜研堂文集》第25卷，台北：商务印书馆，1968年。

[3] 牛润珍：《陈垣学术思想评传》，北京：北京图书馆出版社，1999年，第234页。

[4] 参阅《吴渔山晋铎二百五十年纪念》，《辅仁学志》第5卷第1、2期合刊（1936年12月）。

[5] 参阅《北京辅仁大学校史》，第257—368页。

[6] 转引自牛润珍：《陈垣学术思想评传》，第226页。

为第一届中央研究院院士，一校两院士，为他校所无，亦使辅仁以国学闻名于世。不过，1949 年后，教会已不再提供经费。后辅仁由中华人民共和国教育部接管，1952 年院系调整后，并入北京师范大学，仍由陈垣出任校长，并讲求一专多能的通才教育，虽脱胎而未尽换骨，但校名既改，规模扩大，辅仁的原有风貌终不免淡化。

辅仁在大陆消失后，于 1959 年在中国台湾地区复校，原拟择址于高雄大贝湖（后改称澄清湖）胜景，不幸功败垂成；最后选择了新庄，新庄校园里美轮美奂的各类西式建筑已不再有原辅仁古色古香的风貌。新辅仁仍以引进欧美先进科技与发扬中华固有文化为理想，并继承了“以文会友，以友辅仁”的校训。然而由于时空条件之巨变，欧美先进科技虽继续可求，中国固有文化反而难以发扬。值此天主教辅仁大学创校 80 周年校庆之际，我们不妨重新思考辅仁创校之初所强调的国学研究的特色与意义。黎建球校长在“学风与传统”北京论坛上提出“士林哲学伦理学的理论”，设想从融合中国道德思想的内容与西方哲学架构的角度来建立“辅仁学派”[1]，再度令人怀想起利玛窦想要建立的“中华基督文化”。

结　论

利玛窦的最主要目的固然是要传教，使中国皈依天主，但他也认识到要达到此目的文化交流之重要性。一方面他运用他以及其他耶稣会教士所熟悉的西洋科技赢得中国士人的青睐；另一方面他尊重中华文化，相信儒家思想具有普世价值，可与基督教有互通，故不排斥本土礼仪。利玛窦想要建立的是一种具有中国特色的基督教文明，但他的传教理念与方式却因不被教廷认可而失败。不过，利玛窦在中西文化交流史上仍占有不可动摇的地位。他留下的中西文化互通的传统亦经得起历史的考验。

辅仁以教会大学于讲求传教与西学之余，由于创办者以及陈垣之背景，特重视国学与中国文化，因而建立了与利玛窦寻求的中西调适传统异代同调的学风。国学或中国人文之学为中国文化的根本，然而国学在现代之式微似乎已成不可逆转的趋

[1] 黎建球：《辅仁学派之哲学架构》，《“学风与传统”北京论坛》，第 1—20 页。

势。辅仁当年的中文系与史学系在文字、训诂、声韵、考据、经典研读等方面的优势不再，而这些优势乃中国文史之学的根本。

西方科技与基督教必将在中国持续发展，但中国文史之学的前途犹难逆料，黎校长的辅仁学派需要重振中西兼备的学风，或可带动现有之“中西文化中心”，以及中文系的“汉学中心”，作为与西方各人文研究中心交流的一个重要据点。汉学或国学中心或可由文学院统筹，目前辅仁文学院包括许多社会科学系所，亦包括体育学系在内，而社会科学院则包括宗教学系，似乎有调整的空间。

辅仁 80 年校庆之际，势必回顾与展望建校的特色，也就是辅仁学风。重视中国文史之学的旧传统若能复兴，或不失为发展辅仁特色的一个方向。

（本文为 2005 年 12 月 7 日在台湾辅仁大学 80 周年校庆学术会议上的讲演。）

汪荣祖，1940 年生，台湾“中央大学”教授。主要从事清末民初知识分子、圆明园、早期台湾史等研究。著有《康章合论》《史家陈寅恪传》《从传统中求变：晚清思想史研究》等。

重新评价卫礼贤及其批评者[1]

〔德〕顾　彬

德语中有句俗语："Viel Feind，viel Ehr."（敌人越多，你获得的荣誉越多）。这句话意思是说，如果有不止一个人而且是有很多人批评你，那么必然是因为你很重要。卫礼贤（Richard Wilhelm，1873—1930）在中国学领域中受到学者攻击差不多已经有100年了。不过，他最终在汉学界受到的尊重和他长期以来在汉学界之外受到的批评一样多吗？很不幸，答案是：不是。卫礼贤很明显是最受到憎恨的中国学家，就因为他一直是最有影响的汉学家。正如下文我将简略涉及的，他对德国哲学、现代心理学的发展以及德国文学都有深远的影响。人文科学中众多重要的国际性潮流肇始于他生活的时代，如今仍在继续发展，如果没有他的贡献，则是不可思议之事。

为什么卫礼贤没有因为他翻译的众多中国典籍和他研究中国的专书而获得他应得的荣誉？这个现象的背后似乎有各种原因，但我们将集中讨论两种可能性。其一，汉学家很少视翻译为他们应该做的真正工作。如果他们这样做的话，那么他们并不是经过训练的翻译家，对翻译理论的实际意义并不了解，因为就目前而言，翻译理论在汉学之外的很多领域都是很高深的理论。这就是我为何经常说，与德国研究、法国研究、英国研究相比，就翻译的整体范围而言，中国研究至少落后时代50年。其二，从20世纪80年代以来，受到后殖民研究（postcolonial studies）的

[1] 本文之灵感得益于与法兰克福大学刚德珂（Wolfgang Gantke）教授讨论宗教、理解（understanding）与神圣（the Sacred）之话题时。本文写于2008年，是为了参与由香港浸会大学费乐仁（Lauren Pfister）教授主持的研究项目。故本文尚未补充其后有关的学术信息。

冲击，汉学家们——特别是美国和中国的汉学家——开始怀疑任何白种的、欧洲的或男性的研究中国的学者。因为我已经就这个话题写过很多文章了，这里不再赘述。[1] 不过，我至少还要提到柏林自由大学的罗梅君（Mechthild Leutner）教授 [2] 提出的一个新的视角，撇开任何殖民主义、帝国主义可能的介入，她从一个积极的角度看待汉学家，认为他们是文化交流的中介。在卫礼贤的个案中，她用了“互惠的中介”（reciprocal mediator）这个术语。卫氏是一个希望帮助德国与中国相互认识对方的学者。对罗梅君而言，如果有一个人可以代表互惠的中介的话，这个人就是卫礼贤。

一、从阐释学为卫礼贤辩护：一个初步的尝试

如果像罗梅君所说的，那么我不得不承认，我与卫礼贤在许多方面很相似，我也是少数为他巨大而卓越的学术成就辩护多年的学者之一。这种自白似乎与一篇研究性论文的旨趣相悖。然而，我的思考方式与卫礼贤对中国的态度是一致的，这在许多方面也与法国环球旅游家、作家谢阁兰（Victor Segalen，1878—1919）相似。在他去世后出版的《异域论集：多样性的美学》（*Essai sur l'Exoitisme: Une Esthétique du Divers*）一书中 [3]，谢阁兰提醒，所有与东方有关的人，在考量东方的意义时，一定要换位思考，因为这样可以避免单一片面的理解。譬如，不仅仅从西方的视角去解释孔子（公元前 551—前 479 年），而是从孔子自己的眼睛或中国人的视角来看这位“万世之师”。尽管卫礼贤翻译的中国典籍中确实有一点基督教的色彩，但另一个事实是，因为他的学术研究遵循的是他在青岛时精神上和现实中的中国老师的观点，所以他笔下的孔子、老子以及翻译的《易经》都是以非常中国化的方式呈现的。

---

[1] 参见拙文《误解的重要性：重审东西方间的遇合》（“The Importance of Misunderstanding: Reconsidering the Encounter Between East and West”），载《华裔学志》（*Monumenta Serica*）LIII（2005），第 249—260 页。关于最近对后殖民理论批评声音的概括，参见 Siegfried Kohlhammer: “‘Orientalismus’: Saids Scharlatanerie”, 载 *Merkur* 717 (2/2009), pp. 159-164。

[2] 参见罗梅君：“Sinologen als kulturelle Mittler: Versuch einer Typologie ‘gebrochener Identitäten’”, 载 *Berliner China-Hefte* 25 (2003), pp. 82-99。

[3] 见 Yaël Rachel Schlick 编译：《异域论集：多样性的美学》（*Essay on Exoticism: An Aesthetics of Diversity*），Durham: Duke University Press, 2002。

下面讨论这一点：正如卫礼贤在他的作品中经常认为中国伟大的学者都是他的“导师”并试图从内心接近他们那样，我也以相同的方法去研究卫礼贤，这位20世纪德国思想史上许多重要思潮的肇始者。那么我们有什么相同之处呢？我们俩都是致力于翻译的人，我们有几乎相同的神学背景，我们都相信有永恒的价值，我们都挚爱中国与中国文化，我们都探寻生命的意义，以及我们都对人类或者至少对社会有责任感。当然，这种执着部分来自古老的保守传统，当今的现代世界已经不太有人需要这种传统了，而这是拉丁文 sine ira et studio（无示好恶）所言的那种态度的学者所需要的，这也让我们想起了说这句话的古罗马历史学家塔西佗（Tacitus，约60—120）。上面那句著名的成语意思是说，在写作与思考之时，历史学家不应流露出喜、怒之情，可能连爱都不能表露出来。不过，人们可能想知道，如果卫礼贤早就知道他不得不面对严重的疾病以及早逝，那么他是否在着手他的工作时，就没有了他对中国的那份特殊的爱了？现在，在思考卫礼贤的生平时，我们的年纪一般都超过他活在世上的年头，而且身体要更健康。后一句言辞似乎缺乏学术上的精准。然而，问题在于任何一种与某种特定情境相关联的学术，并没有一般人想象的那么理想化。

人们可以援引博尔诺夫（Otto Friedrich Bollnow，1903—1991）的哲学，[1] 来为这种态度辩护。根据他的阐释哲学，从来就没有一种从超然立场出发的不偏不倚的理解。他认为，在我们所有人的思想中都有某种无法摆脱的历史，而且，这种他为之辩护的理解必然会改变我们的生活，这就是所谓的“同情之理解”（friendly understanding）。与之对立的理解只是要固定人们自己的观点甚至偏见，“同情之理解”是一种开放的理解，可以在任何给定的文本中发现新东西，甚至还可能要取消我们从前的意见。博尔诺夫称这种阐释学为“信心阐释学”（hermeneutics of confidence），即这种阐释学是根据自己的理解、信心十足地从某一文本中产生“意义”。一个很好的例子就是，一个读者在说“我很确信，我可以找到有关人生意义问题的答案”之时。就这一点而言，读者的信心阐释学（Vertrauenshermeneutik）变为了一种寻找深层人生意义的阐释学（Sinnhermeneutik）。当然，这当中还包括了宗教的以及宇宙观的问题。这就是卫礼贤为何能以一种可以克服个人危机的方法去阅读中国文献的原因所在。

---

[1] 刚德珂：*Otto Friedrich Bollnows Philosophie interkulturell gelesen,* Nordhausen: Traugott Bautz, 2005 (= Interkulturelle Bibliothek 23)。

现在有人可能会辩说，卫礼贤偶尔用基督教的观点去解释儒家和道家的经典，这可与博尔诺夫视“信心阐释学”为一种差异的阐释学（Differenzhermeneutik）的理念相冲突啊。我可不这么看。从“他者性”（otherness）来说，卫礼贤留给我们的翻译是很中国化的，而从某些方面来看，对中国文化之外的人来说又显得有异域风情。他翻译的《周易》就是非常好的例子。其德文译本根本与“基督教”无涉，尽管他在翻译某些儒道两家的术语时确实借用了欧洲及基督教的词汇，但他没有为了满足德国读者而妥协。他这样做仍然迥异于其他一些翻译家，他们在翻译时掺杂了自己的个人思想。这里要讨论以下三点。其一，对一些关键词的“基督教化”，他揭示了圣典中隐藏的迹象。在今天，我们很少从宗教的角度来解读中国的经典，多是从世俗的角度。不过，甚至《论语》里提到鬼神的地方都超过十数次，更不要说“天”这个意义非常丰富的概念了。其二，赋予中国的基本观念以基督教色彩应该从另一个角度加以审视。通过翻译、版面设计和字体，“欧洲和基督思想显示出与中国道家完全不同的视角”。[1] 卫礼贤翻译的《道德经》暗示了“登山宝训”（Sermon on the Mount，译者注：见《圣经·马太福音》），因此也使“登山宝训”具有了中国色彩，就像老子长了一张基督的“脸”。其三，卫礼贤是作为传教士到中国去的，当他回德国时，他首先成了一个儒家，然后是《易经》的信徒，最后他变成了熟悉道教秘法的道教徒。总之，他符合了博尔诺夫的要求，从哲学的角度对认知问题进行了反思：真正的学者可以通过与其他文化的交涉来充实丰富甚或改变他从前的世界观。

批评卫礼贤的人很少去思考的事实是，他们自己的学术成果在不久的将来也会受到学术批评的考验。实际上，他们真的应该问一下自己以下这个问题：将来谁会裁判我们已经做的和未做的事情？我的观点很简单：我的第一位中文老师是司徒汉（Hans Stumpfeldt，1941—2018），他现在是汉堡大学荣誉教授。我是1967年的冬天在明斯特大学认识他的。在课堂内外，他打趣所有的翻译家，包括德博（Günther Debon，1921—2005），德博可能是中国古诗最好的翻译者，还有卫礼贤。难道司徒汉曾经翻译过的作品都比德博或卫礼贤更好吗？不是，很遗憾不是。

我为什么要这么苛刻？这是因为，不管什么人，如果他[2]想批评他的前人，他

---

[1] Heinrich Detering: *Bertolt Brecht und Laotse*, Göttingen: Wallstein, 2008, p.27f.

[2] 从德国的观点来看，语法上没有必要将“他”变为“他 / 她”。有人可能会加上“它”（it），这是形容小孩的人称代词。但一个孩子，如童年时的莫扎特，也能产生文化。如果用“他 / 她 / 它”再跟着“他的 / 她的 / 它的”，这会使文章显得莫名其妙。

将来必须做得比他的前人还要出色。但这确实非常难做到，而且在多数情况下，这个批评家将以失败告终。为什么？因为批评家一般都缺少一些非常重要的东西。那就是对前人和后人的“宽容”（tolerance）或“爱”（love）。

这又让我回到了我原初的问题，这个问题听起来似乎不太学术。一位汉学家必定要爱中国吗？并不必要。但假如他认为他有真正的使命感，并想直达他的读者的内心，又该怎样做呢？有些学者也许会说，他应该离开这个行当，去做一个牧师。我自己就是经常被这样告知的。

下文我们会看到，卫礼贤的观点其实是非常理想化的，而且确实我和他在这一点上是非常接近的。[1] 当然，他的理想主义与我那种理想主义相比在某些方面落伍已久。这就是为什么，我突然感到我必须反思我的观点，这也是我第一次认真对待他的批评者，他们最终也将成为我的批评者。这些批评者能提供一些关于卫礼贤以及作为他的粉丝的我的一些新视角吗？

二、卫礼贤是时代之子吗？

卫礼贤不但是一位伟大的翻译家，而且是一位重要的学者，在许多方面还是一位杰出的作家。这里没有必要罗列他不胜枚举的翻译作品，甚至几十年过去了，很多他翻译过的典籍仍然没有英译本，或全新的、完整的德译本。但我们该如何评价他众多论文和著作，如关于孔子[2]、老子[3]、《易经》[4]的？这些论著现在几乎已被全部遗忘，在图书馆或旧书店里也几乎找不到了。[5] 可能这些书在今天仅具有历史价

---

[1] 令人吃惊的是，在我之前，费乐仁已经看到卫礼贤和我之间的很多相似之处，参见他的文章《精神兄弟》（“Brothers in the Spirit”），载 Marc Hermann, Christian Schwermann 编：*Zurück zur Freude: Studien zur chinesischen Literatur und Lebenswelt und ihrer Rezeption in Ost und West.* Festschrift für Wolfgang Kubin. St. Augustin: Monumenta Serica 2007 (= MSMS LVII), pp. 55-82。

[2] 卫礼贤：*Kung-Tse: Leben und Werk,* Stuttgart: Frommanns Verlag, 1925 (=Frommans Klasiker der Philosophie XXV)。

[3] 卫礼贤：*Lao-Tse: Leben und Werk,* Stuttgart: Frommans Verlag 1929 (= Frommans Klassiker der Philosophie)。

[4] 卫礼贤在他所有的著作中都讨论过《易经》，特别是在 *Chinesische Lebensweisheit*（Darmstadt: Otto Reichl, 1922, pp. 65-107）一书中。另外，他关于《易经》的洞见在德国至今尚未有人能超越。

[5] 现在只有一部《中国哲学》（*Chinesische Philosophie*，Stuttgart: Frommann，1925）的重印本还能得到，此书在 2007 年重印过一次（Marix: Wiesbaden）。尽管售价便宜，但印制精美。出版社称赞此书是最简明也最具有可读性的中国哲学史。

值了（在很多情况下，我对这一看法非常怀疑），但在评价卫礼贤时至少对这些书也要加以考量。这些著作仍然提供了很多研究其思维方式的线索，而他的翻译则受到了他的思维方式深刻的影响。那么又该如何评价作为作家的卫礼贤呢？至少，他在《中国之魂》[1]中有关中国的回忆录应该被视为真正的文学作品。这本书中的德文非常漂亮，受到了歌德（Johann Wolfgang von Goethe，1749—1832）的影响。我提到这一点，其实是有隐忧的，因为为数不少的从事中国研究的德国学者的德文很成问题。简言之，卫礼贤表现出了一种更接近于中国传统文人的学者类型，而不是一个典型的德国学究。不过，以德国学术界的观点来看，一个人可以成为学者或翻译家、作家，但一个人很难身兼三职。对一个人的职业来说，这同样可能也是对的：一般人只能从事一种职业，而不能做到像卫礼贤那样，他是在同时追求几种不同的事业。卫礼贤是一位官员、一个传教士、一位教师、一个翻译家，以及一位学者。今天从事中国学研究的学者，有谁敢说他也能这样做？

卫礼贤的批评者不仅是批评他这个人，同时他们也贬斥了一种特定的，甚至是典型的（德国）汉学，从这个意义上说，他们也驳斥了我。就这一点来说，他们的意见代表了某种现状，我们不应该意图除之而后快，而是要如我过去所做的那样，对其加以重视，因为他们可以促使我们反思翻译、理解及表现的问题。简言之，在传播有关中国知识的范围内，他们可以帮助我们凸显我们自身的专业性。然而，这可能还包括反思我们自身的地位和背景，以及生者很少去做的事情。批评者可能必须告诉读者他们接受的是哪一类教育，他们的宗教信仰是什么，他们信奉的政治信条是什么。基于很明显的原因，他们更倾向于避免掺杂个人的观点，好像他们没有受到任何时空限制而永恒正确的观点一直掌握在他们的手中。

卫礼贤通常被批评家称为时代之子，[2]但他们并没有从这个结论中得出全面的结论。卫礼贤确实是他那个时代的产物，就像他的批评者也是他们那个时代的产物一样，不过他们不愿意承认这一点！但如果我们视卫礼贤为他那个时代的产物的话，我们就必须将他纳入他成长的历史语境中。譬如，他作为神学院的学生，1891—1895年在著名的图宾根神学院受训。图宾根神学院成立于1536年，培养了很多伟大的德国哲学家，如黑格尔（Georg Wilhelm Friedrich Hegel，1770—

[1] 卫礼贤：*Die Seele Chinas*, Berlin: Hobbing, 1926。

[2] 如罗梅君、吴素乐（Ursula Ballin）。

1831）、费希特（Johann Gottlieb Fichte，1762—1814）、谢林（Wilhelm Friedrich Joseph Schelling，1775—1854）、荷尔德林（Friedrich Hölderlin，1770—1843）。与19—20世纪之交的很多德国知识分子一样，卫礼贤在这里也遭遇到了深重的个人危机。[1]再如，作为牧师，他在巴特博尔（Bad Boll，1897—1898）受到了精神上的启蒙，很多人来到这里寻求解决人生问题的方法，包括赫尔曼·黑塞（Hermann Hesse，1877—1962），卫礼贤与他相识，并互通过邮件。[2]我在本文中无法详述更多的细节，但我会在另一篇文章中讨论卫礼贤生活时代的德国哲学。一言以蔽之，在我们向卫礼贤致敬时，必须要了解第一次世界大战前后德国的哲学与文学。但这可能意味着，他的批评者不但要懂中国学，而且还要受过德国文学、哲学和神学的训练。但他们是这样的吗？许多中国学的学者的问题就在于他们不但缺乏多门语言的知识，而且对欧洲历史也缺少健全的了解。我与卫礼贤一样，是学习拉丁文、希腊文及希伯来文长大的。他和我的世界观很自然就和那些不懂这些语言的学者差异很大。这就是有时（北美）汉学家要依赖希腊文、拉丁文或德文的翻译文本来做研究，所以这些汉学往往纯粹是意识形态的东西，而不是基于根基坚实的历史。

三、卫礼贤因什么被批评？

那么，过去和现在的人一直在批评卫礼贤哪些方面呢？通常会提到至少以下五点：[3]

其一，卫礼贤被一些和他同时代的人指责不够德国化，即在deutschnational意义上，他不是一个民族主义者。确实，他既反对西方的帝国主义，也反对德国的民族主义。他还是中国1911年革命及其后续革命的支持者。当然，这一点也为他赢得了声望，所以今天我们不必再理会这方面批评者的冥顽不化。

---

[1] 参见Salome Wilhelm编：*Richard Wilhelm: Der geistige Mittler zwischen China und Europa*, Mit einer Einleitung von Walter F. Otto. Düsseldorf, Cologne: Diederichs, 1956, pp. 50-52。

[2] Albrecht Esche编：*Hermann Hesse und Bad Boll—Die Krise als Chance*, Bad Boll: Evangelische Akademie, 2001. 关于卫礼贤对黑塞的影响，特别参见第35—57页。

[3] 罗梅君也讨论过其中一些对卫礼贤的批评，参见“Kontroversen in der Sinologie: Richard Wilhelms kulturkritische und wissenschaftliche Positionen in der Weimarer Republik”，载*Berliner China-Hefte* 23 (2002), pp. 13-40。

然而，历来都有一种质疑的声音，似乎破坏了卫礼贤纯粹的形象。例如，托马斯·齐默尔（Thomas Zimmer）认为，因为卫礼贤与出版商伊根·迪德里希斯（Eugen Diederichs，1867—1930）[1] 熟识，所以他受到了“国家主义术语”（völkische Jargon）[2] 的影响。然而，我们必须牢记，今天听起来是国家主义的词汇并不来源于国家主义。一个例子就是 Führer（领袖）一词，通常用于国家社会主义。如果一个词用在它的历史语境之外，我们就不应过早地得出结论。“领袖”一词不但仍然是中国及古巴（maximo lider）革命中的头衔，而且对于那些通过典范的人格寻求精神甚或社会拯救的人来说，过去和现在都是一个普通的词。这有很多例证：诗人斯特凡·格奥尔格（Stefan George，1868—1933）[3]，比较文学家马克斯·科默雷尔（Max Kommerell，1902—1944）[4]，甚至今天柏林的一位传媒学教授波尔茨（Norbert Bolz）都用过这个词。[5] 从政治的角度来看，如吴素乐试图用别的词并在不同语境中显示的，卫礼贤并没有什么“分裂的人格”（broken personality）。[6] 不过，他确实有一种如罗梅君所言的“分裂的身份认同”（broken identity），以至于他在 1925 年返回德国之后一直摇摆于两种文化之间，而且不能同时平衡地表现中德两种文化。这就是他的朋友、伟大的心理学家荣格（Carl Gustav Jung，1875—1961）清楚看到的。[7] 然而，问题是：同时做一个中国人和德国人可能吗？迄今为止有人将

---

[1] 尽管他们有一些联系，例如，“deutsche Volkheit”，从后来的民族社会主义观点来看，伊根·迪德里希斯并不是一个“反犹主义”（anti-Semitic）者或国家主义者。关于他的世界观，参见 Justus H. Ulbricht, Meike G. Werner 编：*Romantik, Revolution & Reform: Der Eugen Diederichs Verlag im Epochenkontext 1900-1949,* Göttingen: Wallstein, 1999（见 Stefan Breuer 与 Florian Achthaler 的文章）; Irmgard Heidler: *Der Verleger Eugen Diederichs und seine Welt,* Wiesbaden: Harrassowitz, 1998 (= Mainzer Studien zur Buchwissenschaft 8), pp. 103-108。

[2] Thomas Zimmer: “Richard Wilhelm: 1920-1930”, 载 Hartmut Walravens: *Richard Wilhelm (1873-1930). Missionar in China und Vermittler chinesischen Geistesguts,* St. Augustin: Monumenta Serica 2008 (= Collectanea Serica), p. 53。

[3] 尽管他认为自己是一个诗歌领袖，而且为“第三帝国”（New Reich）辩护，但他完全没有与纳粹同流合污。参见 Thomas Karlauf: *Stefan George: Die Entdeckung des Charisma,* Munich: Blessing, 2007。

[4] 参见他的书《作为领袖的德国古典诗人》（*Der Dichter als Führer in der deutschen Klassik*），1928 年。

[5] 波尔茨：Der Prothesengott. Über die Legitimität der Innovation, in: *Merkur* 712/713 (2008), p. 761。他四次称负责任的企业家为“领袖”！

[6] 吴素乐：“Richard Wilhelm (1873-1930): Eine biographische Einführung”，载 Klaus Hirsch 编：*Richard Wilhelm: Botschafter zweier Welten,* Frankfurt a.M., London: IKO, 2003, pp. 5-24。尽管有一些新观点，但这是一篇有偏见的论文。

[7] 参见荣格对卫礼贤的回忆，Richard Wilhelm, C.G. Jung: *Geheimnis der goldenen Blüte: Das Buch von Bewusstsein und Leben,* Cologne: Diederichs, 1990, p. 181f。

两种不同的传统集于一身吗？换言之，一个人生活在两个世界中或生活在两个世界之间，除了产生“分裂的身份认同”外，还能产生什么？

其二，卫礼贤也被批评不是一个经过严格训练的中国学家。确实他只有一个神学学位，而不是汉学学位。但人们必须意识到，直到1909年第一个汉学讲座才建立（在洪堡），在他去青岛之前，唯一可以学到中文的地方是在柏林的“东方语言讨论会”（Seminar of Oriental Languages），而其成立于1887年。然而，尽管他在大学中没有修过中文方面的课程，但他确实受过中文方面的学术训练，这得益于他的中文老师，后者属于清代的中国知识精英。这种训练是私下传授的。不幸的是，做中国夫子的学生并与其他中国学者在一起学习，在当时完全是受到鄙视的。当时流行的观点是，真正的德国学者绝不应该通过中国人之眼来看中国。当然，今天我们也不能理解这种态度了，这听起来非常自我（pro domo），因为如果没有中国老师帮助的话，我们第三、第四代汉学家将无法工作，但我们仍然要考虑一下过去人的观点，对我们来说，可能有点哲学上的趣味。从中国的视角来看中国被认为是一种主观性的视角。只有外部（Aussenblick）的视角才能保证无偏见的立场。我不得不承认，很难反驳这种论调。过去在说到中欧之间的理解（误解）的重要性时，我经常强调从外部观照的必要性。不过，在我说中国作家与学者应该通过学习外语或外国文化来获得自我的新理解时，从前德国学者的观点与近年来我自己的看法之间还是有一些细小但重要的差异的。弗兰索瓦·于连（François Jullien，1951年生）从中国古代思想的角度观察希腊哲学时就是这样做的：他称之为迂回进入中国。[1]不过，卫礼贤关注的不是德国，而是中国。他想探索的是中国思想的精髓。从他的观点来看，这是唯一可能的内在视角，即从中国内部的视角来观照。为了这样做，他仍然利用了歌德的语言和康德（Immanuel Kant，1724—1804）的哲学。我们可能会问，尽管是从中国内部出发，但卫礼贤研究中国仍然是从外在的德国语言与德国思想出发的吗？无论如何，我们现在再次遭遇到“爱”的问题。从中国看中国，就没有必要持一种批评的立场，就像迷恋中国的中国人除了中国什么都看不到一样。不过，卫礼贤也将欧洲及其问题记在心中，我们还可以偶尔见到。因此，他的世界观很丰富，不仅仅只是中国的变形。

其三，受到后殖民研究的影响，卫礼贤被指责创造了一个永恒的中国。下面

[1] 关于于连著作的导言，参见 *Kontroverse über China: Sino-Philosophie*, Berlin: Merve, 2008。

我们还会从意识形态的角度讨论这个问题，但这里我想澄清两点：卫礼贤在中国生活了约25年。他通常也被卷到政治与实际的事务之中。只要想一下，1900年，中国人与德国士兵相互冲突之时，是他确保了山东高密的和平。或者想一下他比较激进的非常直接的传教新法：他并不想通过施洗将中国人归化为基督徒，相反，他想在他们面前展现一种模范的基督徒生活。除此之外，他还开办了一所学校，并编纂教科书。从这一点来说，卫礼贤是一个能够从事实务的人，而非一个仅懂纯理论的人。最好的证据就是他1914年的日记，其中记载了日本对青岛的占领。[1] 我们从中看到一个无私的人，他照顾战争中受伤的人，并帮助中国人离开租界。

另一点，他在中国遇到各种各样的中国人，包括盗贼、娼妓以及最保守的学者。他所持的永恒中国的观点并不是仅仅建立在书本上的。今天我们能想象19世纪与20世纪之交时的山东是什么样子的吗？1974年，我第一次到北京时，那时的北京差不多就像乡下。放学后，我一离开学校，就立即发现自己置身于农民之中了，他们过着与过去几百年无异的生活，好像什么也没有发生，什么也没有改变。当然，这些日子已经一去不复返了。

其四，卫礼贤被指责没能表现出符合他那个时代道德的标准。他被指责有婚外情，而且每当有不同意见时，他就会变得很刻薄。这里我能说的是，从道德的观点去判断一个人不是我们的工作，除非我们是上帝。没有任何瑕疵或不犯错误的人不是人，而是神。所以我们不应该像很多中国人那样把卫礼贤看成圣人，相反我们应该理解他是一个活生生的人。就这一点来说，他在他的时代很典型，甚至可能在今天看来也很正常。

其五，就像有人批评著名的中国小说翻译家弗朗茨·库恩（Franz Kuhn，1884—1961）那样，也有人说卫礼贤的翻译歪曲了中国古典。我们下文会再说到这个观点，我们现在要质疑的是，一般被称为“神圣原本”（the holy original）的理想形态，很多德国汉学家几十年来一直以此来衡量卫礼贤。甚至学者可能仍然会说或会认为，只有一个原初文本存在，但当然可能有许多不同的译本。隐藏在这种假想背后的意涵在于任何作者提供给读者的作品本身都是完美的，即它没有错误和矛盾，其自身是完满和清晰的。但任何从事翻译的人、编辑前人作品的人或受过语言哲学和翻译

[1] 卫礼贤：*Aus Tsingtaus schweren Tagen im Weltkrieg 1914,* Berlin: Hutten, 1915。

理论训练的人都知道根本没有一个“神圣原本”这样的东西。仅就中国而言，我们必须意识到，我们掌握的任何古典，诸如《论语》《庄子》《礼记》或《孟子》，从来就不是第一手的原初版本，而是后人的重编本。甚至到了20世纪，我们也必须承认，任何称为“全集”或“文集”的版本，从来就是不“全”的，也不是真正的“集”。不仅政治决定现代或当代作者如何裁剪，而且作者自己也在不停修改自己的作品。譬如，巴金（1904—2005）一生都在改写他的文集。他最著名的长篇小说《家》（1931）竟然有9种不同的版本！拜托，哪一个是原本？如果你答曰第一版必可视为原本，那如果作者基于政治、美学或其他原因，自己都不承认此版是原本，你会怎么说？如果孔子有机会穿越到现在，那么他会认同我们今天阅读的《论语》版本吗？

根据现代语言哲学的观点，不存在有歧义的词汇或句子。[1] 每个词都有漫长的历史，每个句子都包含一系列隐藏在表面意义之后的各种含义。这就是为什么所谓的“直译”是不可能的原因所在，而所有不从事翻译的人或对翻译理论缺乏深入理解的人都一再强调直译。不但译者经由翻译创造出了一个新文本，而且读者也创造了一个新文本，即读者通过他的理解创造出意义，而这种理解在每个时代之间、每个人之间甚至在某个人人生的不同阶段都可能甚至肯定是不同的。在经过人生的一个阶段之后，同一个人可能也会用不同的眼光去看同一个文本。这意味着任何读者或译者都只能根据他的理解和他的语言适时地在某一个时刻阅读或翻译任何作品。对从事写作的人来说，这也是正确的：所有他能做的就是用他那个时代的语言来阐释自己。譬如，歌德就不能用卡夫卡（Franz Kafka, 1883—1924）的语言来表达他自己。

我们从这一点能得出什么？作为“时代之子”，卫礼贤不可能创造出一种在任何地方、任何时间都正确的普适翻译，而且这种翻译的语言不但今日、而且永远让我们都能理解和接受。因此，我们可以从他的翻译中发现他的用心所在，然后我们才能决定我是否接受他追求的目标。我们自身的疑虑也会使我们更怀疑他的成就，因为批评他的人可能做得比他更好，有些东西不只是卫礼贤的批评者从来没有考虑过的！这可能就是何以到如今，我们还没有另一部或完整的《孟子》《礼记》或《易经》德译本、英译本或其他语言译本的深层原因。

我们也可以换种方式来表达。如果卫礼贤不是“时代之子”，他绝不会直到

---

[1] Josef Simon: *Philosophie des Zeichens*, Berlin, New York: Walter de Gruyter, 1989.

生命尽头还翻译和写作这么多东西。相反，可能就像我们对自己的那样，面对早逝，他可能会选择一种更轻松的离开方式。但纵然他知道他在世上来日无多，他依然会有一种使命感，这种使命感今天的学者和翻译家都望尘莫及。这就是中国研究何以变得乏味的原因之一：有时我们很难知道或猜到某人为何做这个或不做那个，其原因何在？但在卫礼贤的例子中，不管他翻译的、写的或评论的是什么东西，你总觉得他的东西不可靠。许多汉学家都不喜欢这种过分的投入，有些人甚至还很憎恶。这种轻蔑背后的原因很简单。就因为学者经常坚持学术应该或必须保持中立，从这一点出发，不应该选边站。就我来看，这种严苛的学术连大声发表意见都不敢，注定不会长久。马克斯·韦伯（Max Weber，1864—1920）曾经坚持，一个真正的学者必须理解和接受他的著作在30年后会过时。我们可以再增加一条：不管用心与否，著作都会过时。奇怪的是，在某一方面，韦伯是对的：在我们处理我们全身心投入的事业时，我们必须牺牲自我；另一方面，卫礼贤——甚至过了一百年——根本没有过时。事实上，正相反——除了中国研究之外，他还是众多学者竞相研究的对象。这意味着什么？为了考察这个现象，我必须转到两个批评者中的第一个——朗宓榭（Michael Lackner）那里，这两个人是我选的做进一步研究的最好个案。[1]

四、朗宓榭的批评

朗宓榭是德国埃尔朗根大学（Erlangen University）的汉学教授，他认为卫礼贤是一个“中国化”[Chinese turned，“汉化”（sinisized）]的德国翻译家。他并没有直接告诉读者他说这话的确切意思，但他认为卫礼贤作为翻译家太忠实于他翻译的中国文本了，我们可以从他的思考中得出这一点结论。尽管我想知道，是否可以将任何能把德语翻译为汉语的人都称为“德国化”的中国译者，但我还是尊重朗宓榭的观点，因为它似乎驳斥了后殖民的理论，这种理论对没有受教于中国老师的西

[1] 朗宓榭：《卫礼贤，一个“汉化”的德国翻译家》（“Richard Wilhelm, a ‘sinisized’ German translator”），载 Viviane Alleton & Michael Lackner 编：*De l’un au multiple: Traductions du chinois vers les langues européennes*, Paris: Maison des Sciences de L’Homme, 1999, pp. 85-97。

方汉学家大加谴责。[1] 尽管到今天仍很难满足两种不同的研究方法——一种是哲学上的，一种是意识形态上的期待，但似乎到最后，人们认为卫礼贤既没有达到学术的标准，也没有在他从事的工作上做得过头。这似乎意味着，他是一个语文学家，但还不够；他站在中国的立场，却嫌太多。我仍赞同朗宓榭指出的这一点：卫礼贤的翻译并不谦逊地试图丰富西方对中国的认知，它们意在解决这个世界（或更具体地说，是德国）的问题：它们在意识形态及哲学上有自身的逻辑。

我为何重视这种解释？就因为它提供了一个观照翻译作品效果的新视角。如果朗宓榭是对的，而且我相信他是对的，那么翻译的意义就不止于翻译理论告诉我们的：将一种语言转换为另一种语言，从源语言转换成目标语言。它意味着，通过翻译，我们可以对他人、对时代以及对国家和社会施加某种影响。从这一点来说，翻译变成了一种教化和改变世界的手段。[2] 我们可以从很多方面发现卫礼贤翻译的后续影响。只要举他翻译的《易经》为例就可以了，此书对许多人都产生了深刻的影响。我有一些朋友每天早晨都会用他翻译的《易经》占卜，以此来规划新的一天。尽管我很怀疑这种做法，不过卫礼贤也曾每天占卜。但顺便说一下，我仍不得不承认，对一些寻求存在之意义的人来说，《易经》可以作为一种心安的来源。我们也可以想到哲学家赫尔曼·格拉夫·凯塞林（Hermann Graf Keyserling，1880—1946），因在思想上受到了卫礼贤的影响，他于 1920 年在达姆施塔特（Darmstadt）创立了“智慧学派”（School of Wisdom），在德语系国家，他直到 20 世纪 60 年代还有影响力。[3] 当然，更重要及更深入的影响是上文提到的两位人物：作家赫尔曼·黑塞与心理学家荣格。[4] 因为他们都极其重要，所以我将在下文分别详论这两位人物。

有人可能会问，是什么让卫礼贤成为朗宓榭所称的（中国智慧的）“信仰者”（believer）的，他为何选择对“他翻译的对象产生宗教般的态度”，他为什么想将他

[1] 例如，Zhang Kuan《当代中国后殖民批评的困境》（“The Predicament of Postcolonial Criticism in Contemporary China”），载卜松山（Karl-Heinz Pohl）编《全球语境下的中国思想：中西哲学探索间的对话》（*Chinese Thought in a Global Context:A Dialogue Between China and Western Philosophical Approaches*，Leiden et. al: Brill, 1999，pp. 58-70）。

[2] 同样伟大的翻译家严复（1854—1921）也是这样的，参见 Zheng, Huizhong: *Yan Fu (1854-1921): Übersetzung und Moderne*, Phil. Diss.: Bonn University, 2009。

[3] Ute Gahlings: *Hermann Graf Keyserling: Ein Lebensbild*, Darmstadt: Justus von Liebig, 1996. 该书讨论到“智慧学派”的历史，见第 120—235 页。

[4] 他著名的关于原型的学说可以追溯他阅读的卫礼贤的翻译，参见 Gerhard Wehr: *C.G. Jung*, Rowohlt: Reinbek bei Hamburg 212006 (=rm 50152), pp. 49-59。

在中国古典中发现的“永恒的价值”（eternal values）传输给他同时代的人？为了回答这些困难的问题，我们就必须考虑上文提到的德国知识分子在1900年前后遭遇的精神危机。这场危机就像尼采（Nietzsche）的名言“上帝死了”所说的那样，欧洲也死了，[1] 而且自从古希腊以来就代表欧洲的思想已宣告死亡。这意味着学者、艺术家以及作家再也不能从他们幼时和青年时期视为真理的一切中得出有意义的东西了。

卫礼贤并不是唯一一个，也不是第一个通过与中国接触来拯救自我的人。另一个很好的例子是维也纳作家雨果·霍夫曼斯塔尔（Hugo von Hofmannsthal，1874—1929）。他年轻时一度想自杀，但当他读到印度和中国的古代经典后，他的心灵得到了拯救。[2] 今天，寻找或探寻生命之意义并最终成为一个“信仰者”，并不会得到汉学家们的同情。他们不会在公众中提出这些问题，而且如果有其他人这样做的话，他们也会感到尴尬。因此，从这一点来说，称卫礼贤这位质疑生命意义[3]的学者为“信仰者”也暗含着某种羞辱。

现代性的特征之一就是现实的碎片化。自法国大革命以来，人类渐渐地失去了曾经信仰的东西——世界整体的理念。[4] 德国的知识分子并没有接纳这种新的世界观，他们不认同宇宙与社会是完全独立的实体的这种观念。就像一座“无形的教堂”（invisible church）[5]，中国的智慧使得卫礼贤可以坚持传统的世界观，并开始了拯救欧洲的新使命，他曾将欧洲形容为“黑暗的湖泊”（murky pond）[6]。对欧洲有此形容的人，他在过去和现在都不是唯一的。越来越多的德国知识分子（也包括我自己）认为现代性过于强调个体，并且误入了人类发展的歧途。[7] 当然，他们的解决之道与卫礼贤的不同，因为他们缺乏卫礼贤的神学背景，但他们有一种洞见，即为了感到真正的快乐，人类必须承认，必有一种能超越他的东西存

---

[1] Martin Heidegger: *Holzwege*, Frankfurt a.M.: Klostermann 41963, pp. 193-247 (Nietzsches Wort “Gott ist tot”).

[2] 我曾讨论过这位作家对中国和欧洲的崭新且独辟蹊径的理解，参见拙文 “Schlanke Flamme oder schmale Leier”, in: Minima Sinica 2/2001, pp. 118-130。

[3] 最明显是在他的书 *Chinesische Lebensweisheit* 中，pp. 1-30 (“Der Sinn des Lebens”)。

[4] 因为我已经多次写过这方面的东西了，这里就不再赘述，但我想让读者注意 Robert Spaemann 的书：*Das unsterbliche Gerücht: Die Frage nach Gott und die Täuschung der Moderne*（Stuttgart: Klett-Cotta, 2007），他用了新方法来讨论这个问题。

[5] 关于 “unsichtbare Kirche”，参见 Salome Wilhelm: *Richard Wilhelm*, p. 215。

[6] 这是朗宓榭使用的引文，见第 92 页，但原文并非如此！不过，这种对欧洲的概括无疑是卫礼贤的。

[7] 参见 Romano Guardini: *Das Ende der Neuzeit/ Die Macht, Mainz* / Paderborn: Grünewald / Schöningh, 1995。

在，也有些东西要高于他自身。一言以蔽之，人类需要虔敬。从这一点来看，每一个有批判精神的德国知识分子都是“信仰者”，拥有温和的宗教态度，哪怕是世俗化的，并且认为价值是持久的（为了避免使用形容词“永恒的”）。从这一点来说，卫礼贤一点也不特别。然而，使他显得与众不同的，就在于他所选择的实现其使命的方法。

朗宓榭将卫礼贤的翻译方法概括为，通过去神秘化与去历史化，使中国的文本更加人性化，通过利用《圣经》以及歌德、康德的语言与思想，注入新的内容到翻译中，于是就创造出一种人类通用的哲学，在这种哲学中，东西方的精神以及“人类宇宙的柱石”都被整合为一体。在这个语境中，朗宓榭认为卫礼贤没有反思他的翻译作品。此言大抵不虚，但人们可能会问，他可能会这样做吗？翻译理论在各种学科门类中是发展最迟的，直到 20 世纪 60 年代，它才成形，80 年代之前，它还不是一门显学，至少在中国研究之内就不是热门学科。那时，卫礼贤已经过世许久，这时绝大多数从事汉语外译的人也很少注意他们所译作品的历史与理论语境了。

即使是这样，朗宓榭的批评也必须严肃对待。不过，这样做的时候，我们甚至会遭遇更大的问题。譬如，在一篇写于 1934 年的论文中，庞德（Ezra Pound，1885—1972）要求翻译家“让其（翻译中的文本）生新”。[1] 而且从阐释学的观点来看，过去时代的文本必须要与我们对话，如果它没有，那么它就是死文本。[2] 这就是为什么译者或读者必须要与文本对话，发掘出对其当下生活有意义的东西。在这个意义上，翻译或阅读一个文本经常意味着建构一个文本。根据阐释学理论，这被称为对文本意义的“挖掘”。但我们只能发掘与我们过去与现在的理解有关的东西，因为我们理解的范围是受限的。正如神学家所见的，无所不包的理解只有上帝才可能有，而我们并不是上帝。有鉴于此，我认为任何形式的翻译都不过是一种动议，我们可以接受或拒绝。卫礼贤的动议建立在“遗民联盟”（the alliance of losers）之上，朗宓榭用这个词组来概括聚集在青岛的辛亥革命以后的前清遗老，

[1] 参见 J. P. Sullivan: “Traduttore, Traditore?” 载 Eva Hesse 编：*Ezra Pound: 22 Versuche über einen Dichter*, Frankfurt a. M.: Athenäum, 1967, pp. 128-148。

[2] Hans Georg Gadamer: *Die Aktualität des Schönen: Kunst als Spiel, Symbol und Fest*, Stuttgart: Reclam, 1977, p. 44ff.

其中有劳乃宣（1843—1921）[1] 和辜鸿铭（1857—1928）[2]，他们都是中国永恒价值非常保守的代表。并且，卫礼贤的动议也建立在对新教教义的新理解以及卫礼贤岳父克里斯多夫·布鲁哈德（Christoph Blumhardt，1842—1919）传教著作基础之上。[3] 这方面的影响被总结为"无形教堂"的理念，我将另文讨论这个问题。

为了在某些方面对卫礼贤公平，我不得不回到朗宓榭讨论卫礼贤非历史的翻译方式时提出的观点。朗宓榭甚至走得更远，在他的评论中称卫礼贤为"索隐派"（figurist），[4] 他们将语汇中的神秘成分净化掉，然后将新的基督教或康德式的内容填充进去。例如，就卫礼贤的翻译而言，"命"这个字被译为"上帝愿望"（God's will），而非——如朗宓榭认为的——"命令"（decree）。丽迪雅·葛柏（Lydia Gerber）有同样的意见，甚至更严苛。[5] 她写道：

> 通过数量可观的脚注，作者给出了西方哲学和宗教中内容平行的章句。他的翻译与原文相当不同，而西方读者不太容易读懂或感受的章节都被弱化。这样，卫礼贤根据他的目的创作出了一个易懂的孔子，甚至连核心，如论及孝道的章句都因难以理解而必须被弱化。

因为甚至孔子都曾将有宗教意涵的概念世俗化，如"礼"（从"禁忌"变为"仪式"），或"修"（从"净化"变为"自我修养"），也就是说，根据他自己的教化目的，他可以改变这些概念的原始意义。我们可以得出结论，即任何类型的理解都是变化的过程。只有在此变化中，文化才成为可能。当然，这暗示了，瓦尔

[1] Joan Eleanor Molino:《晚清保守主义者研究：1843—1921》，印第安纳大学博士论文，1986 年；以及 Gundela Sielaff: *Das politische Wirken des Lao Nai-hsüan (1843-1921)*. Hamburg: Dr. Krämer, 1988 (= Hamburger Hefte für Sinologie)。

[2] 顾德琳（Gotelind Müller-Saini）："Gu Hongming (1857-1928) und Chinas Verteidigung gegen das Abendland"，载 *Orientierungen* 1/2006, pp. 1-23。

[3] 关于他的生平和思想，参见 Walter Nigg: *Rebellen eigener Art: Eine Blumhardt-Deutung*, Stuttgart: Ouell 1988。

[4] 关于"索隐派"的理论，参见 Claudia von Collani: *P. Joachim Bouvet S.J.: Sein Leben und Werk*, Nettetal/ St. Augustin, 1985（=Mon. Ser. Monograph Series XVII）。

[5] Lydia Gerber: *Von Voskamps "heidnischem Treiben" und Wilhelms "höherem China.": Die Berichterstattung deutscher protestantischer Missionare aus dem deutschen Pachtgebiet Kiautschou 1898-1914*, Hamburg: Hamburger Sinologische Gesellschaft, 2002 (= Hamburger sinologische Schriften 7), p. 476f.

特·本雅明（Walter Benjamin，1892—1940）在他一篇论翻译的论文[1]中非常令人信服地揭示了，译者的任务就是要将隐藏在文本背后的一些意义释放出来，其仍然需要变为白纸黑字。当然，这也允许译者用他自己的方法去解释任何文本。然而，这种声明并不意味着，译者想怎么译就怎么译。一个活着的译者会被要求说明，为何要这样译，而不是那样译。可惜的是，我们不可能问卫礼贤这样的问题。但我们至少可以尝试回答朗宓榭提出的所有问题，并试着从卫礼贤的角度加以回答。

在所有针对卫礼贤用基督教的方法翻译中国典籍的批评中，有一点被忽略了，那就是历史的维度。卫礼贤并不是第一个用基督教的观点来观照中国经典的人。相反，他是一长串神学家中的最末一位，他们没有多少中文的知识，却以犹太以及希腊（不仅仅是基督教）的知识背景来翻译《道德经》。这是1823年从雷慕沙（Jean-Pierre Abel-Rémusat，1788—1832）肇始的，他是法国第一位学院派汉学家（自1814年起担当汉学讲座），其他名人还包括赫尔曼·黑塞的父亲以及约翰内斯·黑塞（Johannes Hesse，1847—1916）。[2]虽然从今天的观点来看，人们可能会嘲笑他们试图将老子作为“中国通神论”的代表，但人们至少应该从这个历史的框架出发来批评卫礼贤，这段历史也见证了辜鸿铭用基督教思想去翻译《论语》。知道了这段历史后，人们可能会发现卫礼贤不得不这样做，他是为了满足某些潜在读者的期待，包括他的出版商，他们饱受经济萧条之苦，希望能找到新的宗教[3]，用来解决时代危机，而与他的前辈相比，卫礼贤仍然是一位谨慎的翻译家。

五、方维规的批评

朗宓榭并不是唯一一个批评卫礼贤创造了一个永恒中国形象的人。他的中国

[1] 本雅明：“Die Aufgabe des Übersetzers”，载 *Gesammelte Schriften* IV/1, ed. by Tilman Rexroth, Frankfurt a.M.: Suhrkamp, 1991 (=stw 934), pp. 9-21。

[2] Detering: *Bertolt Brecht und Laotse*, pp. 23-28.

[3] Heidler: *Der Verleger Eugen Diederichs und seine Welt*, pp. 33ff.（沮丧与危机是在传记部分用得最多的词汇）; 312ff. (World religions)。

弟子方维规，现在是北京师范大学比较文学教授，也这样批评卫礼贤。[1] 鲍吾刚（Wolfgang Bauer，1930—1997）在卫礼贤的回忆录《中国之魂》（1926）中发现现在时态的特别作用。[2] 卫礼贤抹去了所有的日期，同时，卫礼贤在叙述事件时，好像这些事情现在仍在发生一样，方维规接续鲍吾刚的研究，并从这些现象中得出结论。作为《中国之魂》的作者，卫礼贤不但想创造出一个永恒的，即永恒有效的中国，而且志在描绘一个国家的集体理念，中国的集体理念，通过这样做，他最终能够从自己的视角为广大的读者群写出中国人的性格。这里，我们又一次遭遇到将复杂的历史简约为单一呈现的研究方法。在我们问卫礼贤这样做是否与众不同之前，我们不得不顺着方维规的观点来看。他承认卫礼贤是"精神中国的信使"，卫氏以他对中国人的新观点激起了当时的人对中国的新着迷。在卫礼贤看来，中国人有一种精神，而这种精神是一种和谐、平和、宁静，等等。

可能卫礼贤是第一个承认中国人是有精神的，这是一种非常德国化的说法，从这个意义上说，却不是典型的中国说法。但这是不是又证明了中国现代史上没有人文精神的说法？我们想一下鲁迅（1881—1936），他在下葬时，被称为"中国魂"。在这个例子中，鲁迅甚至有助于我们深化讨论，因为他通过对阿 Q 性格的塑造（阿 Q 是一个中国普通人，同时也是鲁迅 1921 年同名小说的主人公），尝试描绘典型中国人的典型性格。如果我们将林语堂（1895—1976）也引入讨论，他也通过他的畅销书《吾国与吾民》（1936）塑造了他自己版本的中国人，那么我们也发现在卫礼贤的时代，他也并非唯一一个试图发掘中国文化精髓的人。卫礼贤可能并没有问中国人是谁这样的问题，但鲁迅、林语堂肯定问了。事实上，鲁迅对中国人的塑造非常糟糕，而林语堂并不是这样。其背后的原因很明显：据说鲁迅是讨厌当时的中国人的，而显然林语堂并不如此。林氏的《吾国与吾民》充满了幽默与温情。我不知道，他是否曾承认过他爱中国，但阅读他的文字，人们至少可以感到他是站在中国人民一边的。我的观点是什么？鲁迅的中国与林语堂的中国比卫礼贤刻画的中国还要永恒。那么他们都错了吗？这些人都是积极有为的作家，

---

[1] 方维规："Die Seele Chinas: Eine Mystifikation. Über Genese und Merkmale der kollektiven Vorstellungen vom anderen Land", 载 Helmut Martin, Christiane Hammer 编：*Chinawissenschaften-Deutschsprachige Entwicklungen: Geschichte, Personen, Perspektiven*, Hamburg: Institut für Asienkunde, 1999, pp. 98-114。

[2] 见于他为卫礼贤《中国之魂》重印本所写的序中：Die Seele Chinas, Mit einem Vorwort von Wolfgang Bauer, Frankfurt a. M.: Insel, 1980, pp.18-19。

鲁迅和林语堂为了更美好的中国奋斗了一生，卫礼贤同样为了更美好的德国和欧洲也奋斗了一生。他们三人都需要一个能够映照的主角：对鲁迅来说，军阀混战下的中国以及国民党治下的中国都是他的敌人；对林语堂而言，先是战乱中的中国，后是1949年建立的新中国；对卫礼贤来说，是第一次世界大战前后的物质化的德国和欧洲。

方维规所言甚是，他认为，热爱中国的文人作品中对其他国家或文化的任何正面形象的描绘在一定范围内都是一种建构，并作为其自身文化和国家的对照和对应。因此，卫礼贤在任何说到中国人的时候都认为他们是真正全人的（human），他也会谴责欧洲是纯粹专家的（specialist），这时他将中国文化理解为“存在的文明”（civilization of being，Seinskultur），而将欧洲文化视为“做事的文明”（civilization capable of doing something，Könnenskultur）。[1] 虽然如此，人们必须记住卫礼贤的中国并不是建立在故纸堆之上的，他与中国人的关系也不是建立在文本之上的。他几乎大半生都在中国并与中国人生活在一起。所以当他说“尊敬”（*Ehrfurcht*）[2] 是他对中国人民的基本态度时，他可能很少想到他在《礼记》中读到的东西，他想到更多的是他在中国亲身体验到的真实生活。我为什么要强调“尊敬”这一点，而不顾其他许多可能的优点呢？德国现代思想的评论者认为，现代人不得不面对的一个问题是：尊敬的缺乏。[3] 在所谓“上帝已死”之后，人类变为自身的主宰以及唯一的参照系。他现在唯一尊敬的只有他自己，而且不再承认自身的局限性。但正如德国哲学家与神学家瓜尔迪尼（Romano Guardini，1885—1968）已经指出的那样，人类是有其局限的（man is a man of bounds）。[4] 只有在他能够并愿意生活在他的局限之内时，他才能变得快乐。不管他是长者，还是天造神物，尊敬他人都能起到很重要的作用。卫礼贤将中国智慧视为拯救欧洲的良方，那么中国智慧真的该被贬低吗？批评中国传统文化者以及批评卫礼贤者正是这样做的。方维规更进一步指责卫礼贤创造出的中国形象纯

---

[1] 实际上，这些术语是由赫尔曼·凯塞林创造出来的，见其 *Schöpferische Erkenntnis*, Darmstadt: Otto Reichel 1922, p. 221, 但它们并不完全符合卫礼贤作品的精神。

[2] 参见卫礼贤：*Chinesische Lebensweisheit*, pp. 47-64。

[3] Otto Friedrich Bollnow: *Die Ehrfurcht: Wesen und Wandel der Tugenden*, Würzburg: Königshausen & Neumann, 2009 (= Schriften Band II). 这是1947年版、1958年版后的第三版。作者明白尊重(Ehrfurcht)是德国1945年之后获得再生的方式。

[4] Romano Guardini: *Vom Sinn der Schwermut*, Mainz: Matthias-Grünewald. 4th edition, 1991, pp. 54-58.

粹是意识形态的，因此提倡的是一种错误的意识（falsches bewusstsein），这是1968年之后德国新左派喜欢的表达方式。

造成卫礼贤经常被攻击的原因就在于他敢于评判的勇气。学者一般都被要求避免发表意见，但卫礼贤并没有这样做。原因很明显：作为学者与翻译家，他感到对德国和欧洲负有责任；他希望改变"他的国家和人民"并使之朝好的方向发展。我们不知道在这方面他有多成功，但我们绝对不能说，他的努力一点价值都没有。他当然代表了一个不同的（如果不是更好的）德国，正如我们见到的事实，1933年纳粹德国取缔了"智慧学派"，而卫礼贤在这个学派中扮演了非常重要的角色。[1]纳粹通过这个举措，中止了德国知识分子的计划，他们本想将东方的永恒价值输送到德国和欧洲。永恒性在这个事件中意味着完全不同于法西斯德国准备给民众的东西，也不同于现代性在过去和现在所代表的东西。它意味着东西方的平等，人优先于机器，以及不断分裂的世界的精神统一。

我在本文中提供的仅仅是一个简略的回顾。我真的无法深入卫礼贤给他的时代以及现今所造成影响的细节之中。我们讨论20世纪德国文学与哲学越多，就越发现卫礼贤的影响之巨大。例如，海德格尔在读罢卫礼贤翻译的《庄子》和《老子》之后，发展出他哲学中的重要部分。[2]同样，马丁·布伯（Martin Buber，1878—1965）的哲学也受益于道家思想良多，他在卫礼贤的影响下，很多年在思想上创造力十足。[3]不过，最惊人的影响还是在研究现代德国作家时发现的。如布莱希特（Bertolt Brecht）在1920年读到卫礼贤翻译的《道德经》，这一事件是他写作生涯的一个转捩点：终其一生，他的世界观和美学观中都伴随着《老子》的影响。卫礼贤的《列子》[4]译本于1912年出版之后，小说家德柏林（Alfred Döblin，1878—1957）就在其基础上创造了一种新的德国叙事风格。[5]我们再举一个我们名人榜上

---

[1] 关于纳粹取缔"智慧学派"的历史背景以及凯塞林对纳粹德国的抗争，参见 Gahlings: *Hermann Graf Keyserling*, pp. 236-271。

[2] Reinhard May: *Ex Oriente Lux: Heideggers Werk unter ostasiatischem Einfluss*, Stuttgart: Steiner 1989, esp. pp. 15ff, 46, 57f, 71ff. 还有一个英译本，Graham Parkes 翻译并有附录，见 Graham Parkes:《海德格尔思想的隐秘源》（*Heidegger's Hidden Sources*, Routledge: London and New York, 1996）。他作品中受到的东亚影响，见上书。

[3] Irene Eber:《马丁·布伯与中国思想》（"Martin Buber and Chinese Thought"），载 Dorothea Wippermann, Georg Ebersthäuser 编：*Wege und Kreuzungen der China-Kunde an der J.W. Goethe-Universität*, Frankfurt a. M., London, 2007, pp. 23-49。

[4] *Liä Dsi: Das wahre Buch vom quellenden Urgrund,* Jena: Diederichs, 1912.

[5] Detering: *Bertolt Brecht und Laotse*, esp. pp. 45-49.

的最后一位人物，诺贝尔文学奖获得者埃利亚斯·卡内蒂（Elias Canetti，1905—1994），卫礼贤翻译的《孟子》和《论语》可谓他终生的老师。[1]从这一点来说，卫礼贤可以说是许多德国知识分子的老师。甚至到今天，在中国研究的圈子之外，他的德语作品以及翻译作品都受到哲学家和文学批评家的赞赏。不过，最美的赞语来自赫尔曼·黑塞，他在1956年称卫礼贤为未来的欧洲人（Zukunftseuropäer），在这方面，他是一个模范，一个超越他的时代的人。[2]

（卞东波　译）

顾彬（Wolfgang Kubin），1945年生，现为德国波恩大学汉学系教授。主要从事中国古典文学、现当代文学和思想史研究。著有《中国诗歌史》《二十世纪中国文学史》等，译有《鲁迅选集》六卷本等。

卞东波，1978年生，现为南京大学副教授。主要从事中国古代文学、域外汉籍、国际汉学研究，著有《南宋诗选与宋代诗学考论》等，译有《中国美学问题》等。

[1] Wu, Ning: *Canetti und China: Quellen, Materialien, Darstellung und Interpretation,* Stuttgart: Akademischer Verlag, 2000, p.30.

[2] Volker Michels: *Hermann Hesse: Gesammelte Briefe,* Frankfurt: Suhrkamp, 1986, Vol. 4, p. 548.

安特生在华北的考古活动

张静河

毫无疑问，约翰·古纳·安特生（Johan Gunnar Andersson，1874—1960）可以被看成是20世纪世界上最杰出的地质学家和考古学家之一。从1914年到1925年在中国工作期间，他以其独到的努力，在地质勘探和考古学领域中做出了重大发现。他对仰韶文化的系统发掘和研究为奠定现代中国考古学的基础做出了重要的贡献。出自于建设本国民族文化的需要，他以合作发掘与廉价购买的方式为瑞典运回了数万件中国古代文物，尤其是新石器时期属于仰韶文化的大量彩陶，包括罕见的人首蛇身陶器壶盖，并以此为基础建立了瑞典远东文物博物馆。所以高本汉称他为"一位中国考古学的创世纪的拓荒者"[1]。

安特生于1874年生于瑞典中部的谢斯塔（Kinsta），他在家乡的小城里度过了自己的少年时代。1892年，安特生进入乌普萨拉大学，成为一名地质学专业的学生。1901年，他以优异的成绩完成了全部大学课程和研究生课程，并获得了博士学位。毕业以后，他被安排在这所瑞典最古老的学府里担任地质学助教。1898年，作为纳梭斯特（Nlthorst）教授的助手，安特生第一次带领学生去了北极圈、斯彼特山地（Spitsbergen）和查尔斯王岛（King Charles island）进行地质勘查。此后，他又组织学生去了界于斯彼特山与挪威北海岸之间的太平洋中的熊岛做地质勘查实习并采集矿物标本。这些活动培养了他独立工作的能力，对促使他迅速成为一个经验丰富的地质学家十分有益。到1901年奥托·诺登谢尔德（Otto Nordenskiold）博

[1] Bernhard Karlgren: "Johan Gunnar Andersson in Memoriam", *BMFEA*, No.33, 1961.

士发动去南极洲考察的活动时，安特生作为远征队的副领队参加了所有具体的组织考察工作。在这次相当成功的南极探险活动中，安特生杰出的组织才能和敏锐的科学判断能力得到了充分的显露，他成为人们公认的优秀的地质学家。

就在去南极探险的科学考察船启航之前，安特生有幸结识了瑞典王室的文物保管人阿克西尔·拉格内琉斯博士（Dr. Axel Lagrelius）。当时，一些曾经去过北极的资深探险家们批评远征队技术装备太差，权威们因为远征队里年轻人居多而拒绝了安特生申请赞助的要求，拉格内琉斯凭借个人声望说服了两个私人捐助者出资支持了远征队的活动。第二次的南极之行是在夏天，考察船不幸撞上了冰山。远征队被分成三部分，他们面临着被困在南极冰层上度过整个严冬的危险。拉格内琉斯博士闻讯立即组织力量及时抢救出了所有的人员和采集到的标本。从那时起，终其一生，安特生的所有学术活动都受到拉格内琉斯博士的全力支持。因此，安特生曾在《远东古物博物馆馆刊》创刊号的扉页上写下了对拉格内琉斯博士的最诚恳的谢词。

1906年，安特生被任命为瑞典地理测绘研究所主任，同时被指定为1910年在斯德哥尔摩市召开的国际地理学代表大会的秘书。安特生为这次大会的成功召开做了有效的准备工作。根据休伯（A. G. Hogbom）教授的建议，为了使即将召开的国际地理学代表大会具有更实际的意义，秘书处组织了国际性的铁矿资源调查活动。这个尝试得到了积极的反响，通知发出以后，各国专家纷纷介入这项工作，调查报告从各地寄来。当经费不足时，拉格内琉斯再次挺身而出，承担了印刷调查报告与地矿图的任务。安特生主编的《世界铁矿资源》两部分共四卷印了出来，非常精美，瑞典印刷局也因此而闻名世界。国际地理学代表大会于1913年又在多伦多出版了《世界煤矿资源》的调查报告集。第一次世界大战的爆发使大会停止活动了很长时间。直到1926年，国际地理学代表大会再次在中国东北举行，继续出版了两本很有价值的矿产资源调查报告。

1914年年初，安特生应中国政府的邀请来华，担任农商部矿政顾问，与地理测绘研究所的中国专家们一起工作。这个所是辛亥革命以后由章鸿剑筹建的，章鸿剑为第一任所长。安特生来华时，所长已由丁文江接任。最初一段时间，安特生把全部精力都用来调查中国北方的煤、铁矿储藏，其主要成就是对北京西郊60公里处斋堂煤矿产煤和储煤情况的全面调查。他在两位中国助手的协助下，测绘了比例为1：10000的斋堂煤区全景图，并且提交了《华北马兰台地》的调查报告，详细分析了斋堂地区的地质结构。报告主要包括三部分内容：斋堂山谷地形地貌的历史发展和演变过程的系统研究；斋堂地区土层结构特征和地层蚀化特点的勘探结果；斋堂地区地质构造特点与甘肃、西康等北方省份台地情形的对比分析。作者指出斋堂马兰台地的地层结构具有藏煤量丰富的全部特征，他还在文中分析了香港地区的地形特点，认为香港海滩下面可能蕴藏着史前文化[1]。这份报告成为了农商部综合开发斋堂地区煤矿的重要理论参考。后来，安特生又在一位丹麦煤矿工程师麦辛（F. C. Mthien）的帮助下，对华北一处铁矿储藏情况做了调查。农商部根据他的调查报告开发了这个地区。于是在 1918 年，就有 4 万多吨铁矿石从这儿运往汉阳兵工厂[2]。安特生还参加了由艾立克松（C. F. Erikson）和琉斯特娄姆组织的北京西部黄龙铁矿的调查工作，泰金格伦（Taikingren）博士所著的《中国的铁矿和铁矿工业》对这次调查工作有所介绍，安特生后来所写的专著《史前中国》也讲到当时的矿产调查工作的情形。

除了刊行煤、铁矿资源的调查以外，安特生还参与了培养中国地质勘探和地理学工作者的工作。由于章鸿剑的努力，农商部于 1913 年在北京建立了中国第一所地质测绘学校，学制三年，学生都是来自全国新式学堂的毕业生，教师则多是农商部职员和地理测绘研究所的学者。这所学校培养了中国第一代地理地质工作人员。安特生负责给学生以实习指导，他还组织了别开生面的毕业考试，将第一届 22 名毕业生带到开萍煤矿盆地，用了 10 天的时间让学生独立进行分区测量和勘察工作。20 年代以后，这批学生成为中国地质勘探和地理学研究领域的中坚力量。当时的总统袁世凯对安特生的工作十分感兴趣，认真看过他绘制的地形图和采集的标本，并与他商谈了关于如何开发自然资源的事。有一次，他们会谈了整整两个小时，安特生发现袁世凯具有敏锐的洞察力，讲话时给人以深刻的印象。但他感到奇怪的是，这位老是想当皇帝的总统却建立了那么多的科学研究所，非常重视科学与教育，可是在他死了以后，这些成果大多没有得到进一步的发展，很快就夭折了[3]。

像大部分地质学家一样，安特生在从事对煤、铁资源的调查工作的同时，其业余兴趣也是收集各种古代文物与化石标本。他喜欢收集古生物化石，尤其对史前鸟蛋化石充满兴趣，这导致了他后来工作性质的根本转变。转折点是 1916 年初夏，当时，安特生在山西寻找铜矿。6 月 16 日，他带着勘探成果返回北京，当他在黄

[1] J. G. Andersson: “Topographical and Archaco-logical Studies in the Far East”, *BMFEA*, No.11, 1939.
[2] J. G. Andersson: “The Child of Yellow Earth”, London, 1934.
[3] J. G. Andersson: “Origin and Aims of the Museum of Far Eastern Antiquities”, *BMFEA*, No.1, 1929.

河边等候船只时，突然发现在距离地面大约10米高的陡峭的河岸土层中有很多贝壳与泥炭石相杂混着的植被，他立即意识到这一带一定蕴藏着丰富的古新生代的生物化石。与此同时，袁世凯死后，政治派系之间的纠缠与军阀之间无休止的混战使科学研究和经济建设工作受到很大的干扰，研究经费越来越少，安特生感到探矿工作难以为继，便将精力转到收集古生物化石方面来。他向研究所主任丁文江博士提出一个大规模收集古生物化石的计划，说明可以由瑞典国内承担全部调查费用和对收集到的标本进行检测分析，并且资助中国地理测绘研究所的学者们出版“中国古生物学”系列研究成果，但所有收集到的标本必须由瑞、中两国均分，显然，农商部批准了这个计划[1]。于是，1917年年初，安特生便依靠拉格内琉斯博士初步提供的4.5万克朗，开始了收集古代化石标本的工作。当然，今天我们未能读到安特生与拉格内琉斯的通信，但是毫无疑问，在提出如此明确的宏伟计划以前，安特生一定经过与国内有关人士的充分商量，否则，没有阿道尔夫王子和拉格内琉斯博士那样的实权人物支持，这个计划是无法实施的。为了使安特生收集化石标本的计划得到长期稳固的支持，拉格内琉斯博士于1919年9月15日发起组织了瑞典中国研究会，安特生在中国活动期间，至少从该会获得了85万克朗的资助[2]。

开头两年，安特生主要从事于古生物标本的收集工作，他甚至得到了好几只罕见的鸟蛋化石。1918年春天，安特生与北京大学化学系的吉伯（J. Megregor Gibb）教授初访北京郊区琉璃河边的周口店，在洞穴中发现了一些有裂纹的填充物，包括鸟骨和小脊椎动物骨骼。发现物本身意义不大，但这是安特生在华北从事考古工作的出发点，它导致了后来一系列的重大发现。为了扩大这项工作的规模，安特生向在华的传教士发出一个文件，呼吁传教士们都来参加考古与化石标本的收集工作，并在文件中解释了所谓中国的龙骨、龙牙实际上是在中国内陆出土的第三纪动物化石。这个文件立即得到了回应，河南省传教士安特生（R. Andersson）和伦伯格（M. Ringberg）从渑池县送来具有特殊意义的报告，安特生因此于1918年深秋首次访问了河南省新安县的上郢村和渑池县的治口村（音译）。在皮特荪女士（Maria Pettersson）的陪同下，他在仰韶村附近发现了许多上新世的脊椎动物化石，以及北京中药铺里卖的“龙骨”——甲骨。同时安特生建议年轻的地理学家

[1] 笔者曾经多方面寻找有关这个协议的文件，但未能成功。显然，中国地理测绘研究所没有独立签署这个协议的权力，至少要有农商部的批准才能生效。

[2] J. G. Andersson: “Origin and Aims of the Museum of Far Eastern Antiquities”, *BMFEA*, No.1, 1929.

诺林（Eric Norin）在山西调查东亚植物化石，后来他也圆满地完成了任务。诺林于1927年出版了《山西中部上新世植物》一书，其中至少介绍了103种新发现的古代植物。安特生将自己所收集到的标本送回瑞典乌普萨拉大学威玛研究所加以检测。威玛（Wemma）教授帮助他顺利地找到了答案：这些标本中有不少是哺乳动物化石。威玛教授于1921年春天派自己的助手师丹斯基（Otto Zdansdy）博士到中国协助安特生工作。后来，他在寻找北京人的工作中起到了十分重要的作用。安特生还于1919年年初访问了内蒙古，调查上新世的动物群和植物化石，结果意想不到地发现了带有野兽风格的青铜器，它们被命名为绥远青铜器[1]。斯克娄司（Max Schelosser）教授于1924年出版的《蒙古第三纪脊椎动物》一书，介绍了这方面的成果。同时，安特生还不断前往周口店发掘古代生物化石，并且开始寻找远古人类的踪迹和史前文物，这在当时是一个全新的研究领域。

对河南省的访问以及丰富的史前生物标本的收获，激励安特生继续在这个地区内寻找新石器时代人类的痕迹。1920年12月他委托地理研究所的刘先生去河南上郢调查哺乳动物化石，结果刘先生非常顺利地获得几百件新石器时代的石器工具，有的非常漂亮，其中大部分来自河南省渑池县仰韶村附近。安特生确信那里一定有史前人类的生活遗迹。于是，在刘先生的陪同下，他于1921年5月访问了河南省的仰韶村。经过试探性的发掘，他得到了一些粗糙的彩陶与灰陶碎片，他发现那儿是一处不寻常的新石器文化遗址。安特生激动不已，立即丢开其他工作，全力以赴处理这件事。在得到河南省地方政府的批文以后，安特生于1921年10月27日至12月1日对这个文化遗址进行了系统的勘测和发掘。中国地理测绘研究所的袁博士负责对整个遗址做全面的测绘。步达生（Davidson Black）博士与师丹斯基（Zdansky）帮助安特生发掘遗址。经过系统发掘，重大的收获令人吃惊地呈现在考古学家的眼前：史前人类居住遗址南北长达900多米，东西宽300多米，总面积大约为243000平方米，几乎每一平方米的土层下面都埋藏着丰富的遗物。特别是南部地段下面，全部蕴藏着1—5米厚的文化层，仅仅在一处小洞穴中就发现了24个陶罐和1只青铜盘子。同时，考古学家们还发现了不少石器工具，以磨制石器为主，最多的是石刀、石斧、石锛、石凿等物，打制石器的数量也不少。另外还

[1] 后来，在1933年9月13日斯德哥尔摩市举行的第13届国际艺术史大会上，根据此类青铜器产生于罗马皇帝奥都斯执政的年代，它们被命名为鄂尔多斯青铜器。

有一些骨器，如骨针、骨槌等物，尺寸不大，磨制而成。陶器以彩陶为主，即细泥红陶和夹砂红褐色陶器为主，陶器上多绘有彩色的几何图形和动物形花纹。根据当时的考定，以及后来用 C^{14} 测定法验证，这些彩陶产生于公元前 5000 年至前 3000 年。这是第一次在中国，也是在亚洲发现的新石器时代的史前人类文化遗址，此后即被命名为新石器时代的仰韶文化或彩陶文化遗址。当时，除了发掘仰韶村遗址以外，安特生还调查和发掘了附近的不召寨遗址、新村遗址和杨河遗址等地方，后两处所发现的彩陶及石器均属于仰韶文化类型，仰韶村以西 10 公里处的不召寨遗址所得却尽是黑陶。安特生后来指出，这种黑陶属于龙山文化系统比仰韶文化要年轻一些。龙山文化最初被称为黑陶文化，于 1928 年首次在山东省章丘县龙山镇城子崖发现，生产工具以磨制石器为主，陶器已开始用轮制，以灰、黑陶为主。据 C^{14} 法测定，为公元前 2800—前 2300 年的父系社会文化遗物 [1]。

在调查北京周口店山顶洞人遗址以及发现北京猿人化石的工作上，安特生也是一个先驱者。北京猿人（Homo Erectus Pedinensis）也即考古学上所称的中国猿人，是目前所发现的人类的最早祖先。据古地磁法测定，北京猿人生活的绝对年代不少于 69 万年，地质年代属于更新世中期。北京猿人基本上已经具有现代人的形态，四肢发达，群居洞穴，狩猎为生，已经知道怎样用火，使用的工具为石器和骨器，但制造粗糙，用途多未分化，属旧石器时代初期的制作形式。北京猿人的发现为研究人类早期发展史提供了最重要的材料。最初，安特生追寻古代鸟类骨骼到了北京西郊周口店龙骨山山顶洞，发现那儿确实藏有丰富的古代文化遗物土层。1921 年，经过试探性的发掘，安特生发现洞穴内的石灰石中含有石英片的棱角，便敏锐地感到这个被灰土填满的巨大洞穴很可能有人类遗迹的存在。此后的两年里，他和师丹斯基多次前往周口店发掘，得到不少动物遗骸，其中包括比较完整的猪的骨架。这些发现物被送回乌普萨拉大学威玛实验室检测，并从中发现了两粒古代猿人牙齿化石。1926 年 10 月，瑞典王子古斯塔夫·阿道尔夫访华时，在北京宣布了这一考古学上的重大成果，立即引起了全世界的关注。此后，根据安特生的建议，成立了一个联合考察周口店山顶洞遗址的组织，由美国洛克菲勒基金会提供资金，中国地理测绘研究所负责发掘遗址，北京协和医学院的步达生教授等人进行骨骼检测与研究。从 1927 年到 1937 年联合考察组对遗址进行了常规性的发掘，用格拉内

---

[1] J.G.Andersson: “Researches into the Perhistory of the Chinese”, *BMFEA*, No.15, 1943.

杰（Grariger）博士推荐的美国考古博物馆专用的小铁铲和手镐，沿着洞穴顶端下挖了 50 米，挖出了 8000 多立方米的填充物，其中大部分是砂渣和石灰岩。1931 年，法国著名的旧石器文物专家步日耶（Abbe Breail）在参观周口店时指出，这种锐利的尖角砂质物体是古代居民使用的灰床的基本成分，这是初民曾在此洞穴中住过的鲜明标志之一。在这个洞穴的底层，数不清的动物化石出土了，其中包括剑齿虎、三门马、肿骨鹿、犀牛、水牛、土狼、熊、猪和其他哺乳类动物的骨骼，小动物和鸟类的骨骼更是数不胜数。在这个洞穴中，至少发现了 15 处四纪初期的动物和猿人的遗迹。1927 年，根据他对一颗猿人臼齿特征的分析，步达生博士确定了一个遗传学上的新名称：类人猿。不仅牙齿，下颌骨与头盖骨化石等丰富的材料都证明他的观点是有道理的。1929 年 12 月，参加联合考察的中国古生物学家裴文中发现一具保存完好的古猿人头盖骨，这是世界上发现的第一件最古老的人类头盖骨化石，联合考察活动获得了最大的成功。1934 年步达生博士去世，德国人类学家魏敦瑞（Franz Weidenreich）接替了他的工作。魏敦瑞支持步达生关于北京猿人不同于爪哇直立猿人的提法，虽然他们都生活在更新世中期，但从生理结构的进化程度来看，爪哇猿人的特征介于人与猿之间，而北京猿人的生理结构特征却说明他们已经是现代人类的祖先。他发现，北京猿人的脑容量为 850—1220 毫升，现代人大约为 1350 毫升。通过分析古代猿人的生理特征，他确认，这些猿人属于蒙古罗人，而绝大部分早期的美洲人均为蒙古罗人。最后，联合考察队的专家们在洞穴内找到了大约 40 片不同的猿人头盖骨和其他的骨骼化石。1934 年，中国地理测绘研究所的科学家们在龙骨山坡与山顶洞底层同一高度的地方又发掘了一处遗址。在其中发现了几十具动物骨骼与四具人体骨骼的化石，其中有三具的头部与脖子显然受到了粗暴的打击而死亡。但这些人体骨骼化石却不是蒙古罗人，显示出人类历史发展的复杂性。

安特生对仰韶文化的发现与发掘以及他对周口店遗址的初步调查令农商部与中国地质研究所的人们十分惊喜。因此，他们也对考古活动产生了强烈的兴趣，他们乐意为安特生进行新的大规模研究提供尽可能好的条件设备，而安特生作为一个先驱者对史前文化的考查所取得的独到成功也激励他在中国大西北地区举行一次雄心勃勃的系统勘探和发掘活动。在经过充分准备之后，安特生与他的同伴们于 1923 年春天去了大西北，目的是寻找脊椎动物化石和史前的彩陶。这次活动持续了 18 个月，一直到 1924 年 10 月才结束。勘探者的足迹遍布陕西、甘肃、内蒙古和西藏，他们的第一个目的没有达到，但第二个愿望却得到了极大的满足，远远超出他们预先的期望。他们发现并系统地发掘了大约 50 个文化遗址，大多是古代人居住的村落和墓群，得到了丰富的文物和资料。这些文件和资料分别代表了从公元前 5000 年到汉朝这一时期的六个不同阶段的文化。

在大西北的 50 个文化遗址所得到的收获，绝大部分是彩陶和青铜器，也有一些其他物品。例如，在兰州西部的罗汉塘（Luo Han Tang）遗址，安特生发掘出不少石器工具，主要有石斧、石刀、石铲，以及骨刀和一些彩陶，同样属于公元前 4000 年前的仰韶文化系统，这是首次在大西北发现的母系氏族社会的文化遗址。此后，在中国考古学家的协助下，安特生相继发现并发掘了黄河支流洮河流域的齐家坪、朱家寨、马家窑、辛店等几十处遗址，对每一处都做了精密的地理测绘和地质分析，然后分别做了系统的发掘，收获颇丰，得到了大量的陶器和石制工具。在朱家寨遗址，他发现一个有趣的现象，遗址面积很大，约 20 万平方米，居住区的西部有很大的墓地，掘开以后，墓葬很丰富，骨骼有规律地排列着，祭品、陶器也很整齐地放在骨骼旁边，此外还有大量石器工具与石器装饰品。但令人纳闷的是，这儿的遗骸大多没有头。安特生后来说，朱家寨遗址的发现成为了他生活的一个转折点，因为这个缘故他在甘肃待了一个夏天。这便是大西北一系列重大考古发现的开端。

1921 年以后，安特生完全放弃了地理研究和煤矿勘探工作，将其精力全部投入考古事业。当时，瑞典中国研究会所给的资助正好告罄，研究会要他回国述职，但朱家寨的收获使他确信，重要的史前文化财宝就在甘肃，等着人们去发掘。于是，他坚守在西北，并继续要求资助。大约是命运垂青，正当他于整个冬季困守兰州，以待来年春季再次远征之时，一个英国传教士帮助他获得了一大批特别精美的新石器时代的陶器，主要是硕大的骨灰甕，为公元前 4000 年前后的文物。安特生以相当便宜的价格购买了 150 只运到北京，然后出资 50 美元，让助手去寻找发现这种陶器的地方。半个月后安特生知道了重要的信息，发现地就在杨河流域的半山文化遗址。安特生随之发掘了这一处遗址，得到大量的石器和彩陶。陶器的显著特征是上边绘了较多的动物形象，有鱼、鹿和其他动物。安特生自称他最成功的考古发掘共有五处：河南仰韶村、奉天沙锅屯，以及甘肃的朱家寨、半山与镇番绿洲。其中半山遗址是大西北 50 个遗址中发现物品最丰富的地方。在沙锅屯发掘到的人体骨骼形状奇特，经检测，发现它们与一种食人的宗教风俗有联系。在镇番绿洲则发现了大量鄂尔多斯青铜器，时期为公元前700年到东汉初期，品种繁多，最为精美的是游牧部落使用的青铜器，上边的动物雕像充满了大草原上的生命的野性，日期最晚的是王莽的五铢钱[1]。所有这些重要遗址都由中国科学家袁博士测绘了详细的地形图，其中辛店地形图的比例为1：5000，半山遗址为1：25000，朱家寨为1：15000，齐家坪为1：8000，十里堡为1：6000，罗汉塘西为1：5000，辉锥为1：5000，沙井为1：25000，三角嶒为1：2000……袁博士和他的助手在甘肃共测绘了120多个墓区，所有的资料都在南京的中央研究院得到了系统的整理，并准备出版。但只有一篇关于珍珠崖遗址的发掘报告在1937年南京陷落前夕完整地发表出来，其他的报告在南京陷入日本人手中时全部遗失了。当然，也有一些资料被科学家们零星地保留在自己的专著当中[2]。

1925年7月，安特生与农商部所签的合同到期了。根据他与中国政府所定的协约，他将所有在中国考古发现的文物都带回国内，由瑞典方面组织力量对这批文物进行了全面而系统的检测研究，然后，将其中的一半返还中国，另一半则归瑞典所有。除了众多的史前文物标本如彩陶、黑陶以外，安特生还带回去一大批中国先秦时代的文物，如淮风格青铜器、鄂尔多斯青铜器和其他手工艺制品。瑞典政府当然知道这些文物的价值，并立即安排地方储藏这批珍宝。1926年，在古斯塔夫·阿道尔夫王子的努力下，国会通过了议案，由政府捐款，正式建造一所远东古物博物馆。第一阶段拨款1.8万克朗作为工作人员的工资，5.786万克朗作为储藏文物的费用，2万克朗用于购置各种参考图书资料。1929年，政府又拨款4.92万克朗作为这些文物的展览费用。安特生本人则被委任为博物馆的第一任馆长。同时，还给他安排了一名助手，协助安特生专门从事远东文物考古的研究工作。安特生同时还创办了英文版的《远东文物博物馆馆刊》，他在博物馆馆长与馆刊主编的位置上工作了10年，到1939年6月30日才退休。当时成立远东文物博物馆的目的，不仅是为了储藏和展览安特生在中国收集的文物，而且希望使博物馆成为欧洲研究中国史前文化的最重要的机构。因此，它的刊物也要发表最有学术价值的汉学研究专著。

安特生回国后，至少又短期访问过中国两次，目的是收集和考察古代文物，并

[1] J. G. Andersson: “Researches into the Perhistory of the Chinese”, *BMFEA*, No.15, 1943.

[2] Ibid..

与中国同行就这个领域的研究情况进行学术交流。1929年，他去天津访问了罗振玉，观看了这位中国同行新收集的古代青铜器。临行前，罗振玉赠送给他一件黄金镶嵌的古代青铜器做礼品[1]。另一次是在1936年，他曾经专程去南京访问了南京中央研究院历史语言研究所，与傅斯年讨论了有关新发现的龙山遗址父系氏族文化的种种问题。这趟旅行，对于他来说尤其有收获，使他对中国父系氏族社会文化的特征有了一个比较全面的了解[2]。

毫无疑问，作为欧洲最大的远东文物和考古博物馆的奠基人，安特生是相当称职的。他不仅多次访问别的国家，继续调查和收集各种中国的史前文物，以此丰富瑞典远东古物博物馆的收藏，而且花费了更多的时间从事中国古代文化与考古研究，在这个领域取得了独到的建树。博物馆初建时，国家提供的经费有限，甚至无法聘请足够的工作人员，安特生主要依靠个人的声誉来解决文物的收藏管理和研究考证等方面的问题。他以自己的学术热情感动了瑞典的上层社会，并获得他们的长期支持，他的成就同样吸引了公众的兴趣，使博物馆不断从社会上得到文物馈赠。在安特生的努力下，馆藏文物逐年增加，博物馆不仅藏有大量的史前陶器、殷周与秦汉时代的青铜器，还藏有丰富的唐、宋瓷器和其他物品。安特生以其独到的努力在北欧的土地上建立了一个真正具有代表性和综合性特征的中国古代工艺品的收藏体系。

安特生的学术风格细致而缜密，在他那本著名的专著《华北的马兰台地》中，为了清楚地解释斋塘地区的地质结构情形和成因，安特生不仅详细论述了该地区地形形成和变化的历史过程，而且还分析对比了在历史进化的背景下西康、甘肃、河南等省份的地层蚀化情形以及冰河时期对地质结构形成的影响，并从宏观的角度描述了整个华北大平原的地质地貌。他发现华北的地质结构特征显示出那儿在远古时代曾经是大片沼泽地，便在高本汉的帮助下求证于中国的古代史籍。周代的史书中就有很多关于沼泽的记载，如河南省的秀泽、禹泽、涓泽，河北省的鸡泽等（译名均为音译）。安特生综合分析了华北平原地质结构的历史变化后指出，华北地区的沼泽地在历史上并非固定不动，而是在不断变化的。各种迹象表明，海岸平原在久远的地质年代里是陆沉的。在史前时代，地球上的气候湿润而温暖，适宜植物生

[1] J. G. Andersson: "The Goldsmith in Ancient China", *BMFEA*, No.7, 1935.
[2] J. G. Andersson: "Researches into the Perhistory of the Chinese", *BMFEA*, No.15, 1943.

长，那些沼泽最初都是灌木丛生或者森林繁茂的地方，经过河水灌注，逐渐出现了一些沼泽。水流的长期冲刷冲断了平原并使之陆沉[1]。这个理论后来为一般地理学者引为经典论断，甚至被一些地理教科书所采用。

当然，安特生的主要研究成果是在考古领域而不是地质领域，他对古代中国青铜器的考证尤其有独到的见解。他曾经发表了一系列的文章，论述鄂尔多斯（Ordos）青铜艺术[2]。这些文章都是优秀的考古学文献，安特生在其中讨论了青铜器研究中的一个难题：欧亚边缘地带的塞西亚古国在青铜器晚期（大约公元前2世纪）留下的文明。由于缺乏文字记载的文献资料，人们无法知道确切的关于鄂尔多斯青铜器的生产和使用情形，因此学术界对这种风格独特的文物缺乏研究。安特生结合间接的史料实地考察了这种充满野性的艺术风格产生的背景环境：在欧亚边缘地带中蒙交界地区光秃秃的大平原上，南部一直延伸到北京、河北、甘肃、绥远和归化，北端则联系着黑海北岸，2000多年前，曾经有一些勇武好战的部落生活在这块土地上。他们的文化与辉煌的希腊文明、华夏文明都有过密切的但至今尚不很明了的联系。古希腊的历史学家西罗多德（Herodotas）曾经留下一些材料，说明他们的生活范围之广。这些部落大约就是在汉武帝时代被中国人击败的匈奴。匈奴败北后，一部分附汉，继续生活在漠北的大草原上，另一部分则向西移动，成为对欧洲的鞭笞。但他们到底是一个什么样的民族，他们早期的生活情形是什么样的，至今仍见不到详细的史料。然而，这个2000多年前的游牧民族却在北方大平原上留下了许多风格独特的青铜器，主要是各种的刀与水罐，上面雕刻着各种充满野性和生命力的动物形象。这种青铜器的发现引起了西方汉学家的广泛注意，最初的两个发现物都来自西伯利亚南部，第二次的发现物则来自阿那尼诺迦逢河（音译）流域的乌拉尔山区，如今它们被分别陈列在彼得堡和明尼苏达博物馆。20世纪20年代，第四批这种风格的青铜器，也是规模最大、数量最多的一批，出现在中蒙边界、内蒙古和华北诸省。这些青铜器质地精良，造型优美，明显地呈现出一种东西方混合的风格。1924年，安特生在甘肃省的镇番绿洲发掘到大量的这种风格的青铜器。此后，又在绥远、归化等地区收集到上百件此类风格的标本。他逐个地对比分析了这些作品，发现来自华北平原的标本与镇番绿洲的发掘物，以及明尼苏达的

---

[1] J.G.Andersson: "Researches into the Perhistory of the Chinese", *BMFEA*, No.15, 1943.

[2] J.G.Andersson: "Derweg Uber die Steppen", *BMFEA*, No.1, 1929. "Hunting Magic in the Animal Style", *BMFEA*, No.4, 1932. "Selected Ordos Bronzes", *BMFEA*, No.5, 1933.

陈列品属于同一类文物，都是秦汉时代草原上游牧部落的产品。后来，它们被命名为鄂尔多斯青铜器。

尽管安特生做出了如此重大的发现，但他并不急于得出结论，而是反复询问自己：考证鄂尔多斯青铜器的起源是一个相当困难的课题，即使能够证明它们确实来自中蒙交界的边缘地带和华北平原，但它们就一定是本地所产，本地游牧民族所制的吗？难道不可能来自遥远的黑海沿岸和西伯利亚吗？为了得到明确的答案，安特生查阅了一些有关本地区历史情况的史籍，遗憾的是，史书中所写的内容基本上都是战争和政治事件，涉及早期匈奴游牧部落的生活内容以及青铜器生产的记载非常少，但这些史籍为他的研究提供了一个历史背景。接着，他逐个分析了博物馆珍藏的全部 2103 件鄂尔多斯青铜标本，那些小型物件大多来自镇番绿洲与河西走廊的山村，大型标本则多购自北京的文物商店，一部分由劳孙（F. A. Larson）先生于 1927 年从归化买来。其中有 259 件各种形状的青铜刀与明尼苏达博物馆所藏的刀的形状、风格相似，刀身大而修长，刀柄厚实沉重，柄端都饰有雄鹰、野山羊、野鹿等动物雕像，刀身上有青铜碳化所形成的坚硬外壳。在那些铜罐上，不仅镂有各种栩栩如生的动物雕像，如羚羊站立在峭壁悬崖上和卧虎伏在壶的手柄上，而且雕有凝聚着那最紧张的一瞬的狩猎场面。安特生认为，这些动物形象不仅表明了游牧部落狩猎生活的巫术风格，而且还表明了制作和使用这些物品的部落的生活方式，他们已经完全适应了大漠的气候环境。这个部落的人们使用吊罐取水，借助篝火烧制食品，他们吃洋葱、谷物、青豆等食物。特别是那些富有特色的动物雕像，使他联想到在内蒙古大草原上所见到的真实场景：

> 1920 年夏的一天，当我骑马穿越内蒙古大草原时，前面的景象深深地吸引了我。那是个炎热的黄昏，草原上只有一丝儿微风，苍蝇鞭打着我的小马，我突然看见前面低矮的山脊上面有一群马，显然是当地蒙古人所放牧的。它们在山脊上排成一行，头靠着头，尾巴一致地甩动，驱赶蝇虫。由于它们头尾紧密相连，有规则地排列着，所有的动物或多或少地都受到保护。我产生了一种感觉，就在这儿，马与驯鹿群联成一条横带，成为一种活生生的参照物，就像那法国岩洞里发现的旧石器时代的人在石板与骨头上雕刻的动物群像，画面的畜群中只有第一只与末一只被全部刻出来，其余的仅仅刻出鹿角或马的头部以代表全身，就像我在内蒙古草原上看到的场景。由此可见，现实并非简单地被

复写，而是被旧石器时代的艺术家活生生地用艺术形式保留了下来。[1]

安特生发现，鄂尔多斯青铜器上雕镂的种种画面恰恰与内蒙古大草原上的景色一样给他以同样深刻的印象，动物的造型棱角分明却又极为自然，只有生活在草原上的人才可能创造出这样逼真的艺术。他特别分析了一些动物战斗的画面，如游牧部落用鹰猎狼、猎豹捕食驯鹿的场面，以此论证了鄂尔多斯艺术的独特风格及与其他文明的关系。艺术的分析使安特生确认，这些作品是青铜时代晚期大草原上的杰作，对研究中国西北部草原上的塞西亚古国人民的生活及其在古代欧亚文化交流中所起的作用具有独到的价值，可能有助于人们进一步解开古代华夏文明与希腊文明交流之谜。

关于古代青铜饰物方面的研究，安特生还写出一篇极有分量的论著《中国古代的金匠》[2]，这部论著对中国古代金银工艺提出一种新的评价。在安特生研究这个课题之前，人们通常都认为，中国工艺生产中金银镶嵌的技术最早可以溯源到汉代，而安特生敏锐的艺术目光却看见了一个重要的事实：中国的金银镶嵌技术在秦代以前就已产生，并且制作出许多精美的工艺品。他的研究广征博引，以确凿的事例证实了这个观点。1934 年，英国学者怀特（W. C. White）在河南省洛阳市东 10 英里的金屯（音译）遗址新近发掘出来的文物中发现，第 252 号标本具有金银镶嵌的痕迹，它是典型的淮风格的作品，最晚产生于秦末汉初。安特生发现，这个标本所显示的金银镶嵌技术已经非常娴熟。因此进一步向上回溯，希望找到一个与此有关的过渡时期的产品，以感谢高本汉对古代青铜器分期特征的概括，为他的研究提供了理论上的依据。

作这个课题研究需要向怀特先生负责的大英博物馆远东文物部借用一批标本，按规定这些文物不能外借，怀特先生便寄来一些照片，为安特生提供了参考材料。同时，牛津大学的赛利曼教授（C. G. Seligman）为他复制了两件古代青铜壶手柄，德国的奥迪先生（H. G. Oder）借给他两件重要的殷代青铜器标本作为参考。结合瑞典马尔莫博物馆所藏的其他标本，以及中国考古学家 1929 年在河南省辉县发掘的标本，他论证出中国金银镶嵌工艺的发端是在殷代。1935 年在上海展出的大英

[1] J. G. Andersson: "The Child of Yellow Earth", London, 1934, p.279.
[2] J. G. Andersson: "The Goldsmith in Ancient China", *BMFEA*, No.7, 1935.

博物馆馆藏中国青铜器中，属于夔组的第 34 号标本有一部分是用金银镶嵌物装饰的，这个标本是春秋时期的产品。奥迪先生提供的文物中有一只大铜斧，是河南安阳出土的标本，属于殷代风格，斧背上的三个浮雕都有镀金材料。另两位专家戈斯塔·蒙特尔（Gosta Montell）和艾穆奎斯（Elmqvuist）仔细鉴定后也都认为斧背上的镀金是真品，而且是火化镀金。安特生发现，在马尔莫博物馆所藏物品中也有这样的铜斧与镀金装饰。因此，他断定，金银装饰技术在殷代就已经产生了。怀特先生提供的第 252 号标本的金银装饰特征，以及卡尔贝克在安徽寿州和河南陈州收集的青铜器的装饰技术都表明，金银镶嵌技术在秦汉时代已经相当纯熟了。以河南辉县固围村（音译）的出土器物为例，安特生说明了鉴定青铜器的艺术质量有三个标准，即艺术风格、青铜材料和工艺技术，这三者是三足鼎立的。他分析了固围村出土文物的图案设计和金饰技术，认为古代匠人为了使金饰效果更好而发展了图案设计。陈州出土了一件青铜器，郭沫若根据其铭文内容考证为陈国王子英楚（音译，约公元前 680 年）时期的作品，王国维考证为公元前 575 年楚王子英楚率兵援陈时留下的作品，安特生根据器皿铭文内容与金饰技术，鉴定它是公元前 700—前 600 年的作品。后来中国考古学家在河南新城又发现了同类作品，为北京地理博物馆所藏，翁文灏博士送他的标本照片，证实了他的推断。1929 年罗振玉送他的嵌金青铜器，式样质量俱佳，是属于淮风格的作品。

安特生还写了很多关于中国史前文化的论著，其中最重要的一部是《中国史前文化研究》[1]。这是他退休以后用了三年的时间对自己在华北大规模勘察和发掘工作的总结，全文长 300 多页，文物照片 200 多幅，结合图片介绍了近 7000 件各类文物的性质、形状、作用及其来历。同时，详细介绍了中国主要的史前文化遗址，比较了各个文化群落的不同特征及其相互之间的联系，可以被看作是 20 世纪上半叶中国考古学史上的一部重要文献。在这部文献中，他还提出了一些有关史前文化的重要问题。例如，在他离开中国以前，代表父系氏族文化的山东龙山黑陶尚未被发现，安特生从仰韶村以西 6 千米的不召寨遗址中发现了 43 件类似黑陶的标本，他指出这些标本可能是不同于彩陶时期的文物。后来，他读了傅斯年、李季、董作宾、梁思永、吴金鼎（均为音译）等中国考古学家论述黑陶文化的著作，并在傅斯年指导下研究了黑陶文化标本。他把这两类文化加以比较，发现还有一种灰陶作为

[1] J. G. Andersson: “Researches into the Perhistory of the Chinese”, *BMFEA*, No.15, 1943.

二者之间过渡的作品存在于古代遗址中。他指出，在刘家上磨（音译）发掘到的彩陶器皿中发现了一件灰陶，在河北蠡县的史家垛（音译）的出土陶器中也有一片灰陶，在甘肃西部的西宁县（音译）和陕西中部的兴平县（音译）的出土物中都发现了少量巧克力色的灰陶，外边已带黑色。它们的年代显然晚于彩陶而早于黑陶，还带有明显的仰韶文化的彩陶风格，这是一种很值得研究的现象。

安特生指出，在新石器时代的文物中，具有代表性的彩陶器皿是与后来的三角鼎形状相似的尖底彩陶鬲，它们代表了当时的生产与工艺水平。这些形状的鬲大量出现在史前文物中并非偶然，它们不是初民对自然环境中生物形象的模仿，而是根据生活实际需要所创造的。三足鼎立，既美观简洁，又方便实用，可见初民的思维已经相当发达。安特生还对比分析了仰韶遗址与半山遗址所表现出来的不同的葬礼习惯，他认为在略晚于仰韶文化的半山文化中，墓葬的布置要显得神秘，甚至带有一些恐怖的色彩。

在此之前，安特生还于 1934 年出版了另一部著作《黄土地之子》[1]。这是一部纪实性的散文著作，以散文笔法记述了作者在中国从事考古活动的整个过程，并且借助于对各个史前文化遗址的描述再现了远古时代华夏文明朴拙而辉煌的图景。书的扉页上真诚地题着："此书献给我的性格内向的朋友步达生，作为北京协和医学院的教授，他全身心地投入了发现与检测北京猿人的工作，并成为证明这项重大发现的历史价值的功臣。他于 1934 年 3 月 15 日逝世于北平。"这本书对北京猿人的发现过程，特别是前半段的发掘工作做了详细的描述，如记述他与美国古脊椎生物学家格兰格（Watte Granger）博士等人去周口店进行试探性发掘的情形，非常生动。他们淋着大雨干了几个星期，一无所获，然而安特生却总有一种能够得到重大发现的预感。有一次，这种念头搅得他激动不已。他走进师丹斯基住的窑洞，指着已经获得的发掘物对自己的助手喊道："我有一种感觉，这儿一定躺着我们的祖先，现在唯一的问题是你必须发现他们。抓紧时间干吧，直到把洞穴中的储藏物全部检查完毕为止。"[2] 或许，正是这种工作热情鼓舞着他，使他取得了巨大的成功。

《黄土地之子》同样具有较高的学术价值，作者在书中并没有忽略讨论学术问题。如第十二章对古代石器工具特点与性能的分析就颇为中肯。他指出那些石斧、

[1] J. G. Andersson: "The Child of Yellow Earth", London, 1934.

[2] Ibid..

石刀、石锥、石锛当然不如现代人用的工具灵活方便，但古人却能够选择质地最佳石料，顺着石料的自然形态把它们加工成工具，并且非常适用于当时的生产方式，由此可见新石器时代的人头脑已经非常发达。在书的后四章里，安特生分别讨论了史前文化中生产与狩猎的仪式、狩猎巫术、死亡仪式和女性之爱的象征，对当时的风俗习惯与宗教崇拜提出独到见解。他还特别分析了罗汉塘遗址中发现的一组小臂状弯板的作用。这些弯板上边等距离地刻着奇怪的符号，按某种规则组合成几个小组，目的一定不是为了装饰作用，而是具有某种巫术的象征意义。在这组弯板附近还发现了一把骨刀，上面也有一些相似的刻痕。在同一处发掘出来的一块玉器上则刻着古代巫师的形象，这些物件都被摆在遗址的中间位置。由此可见，在新石器时代晚期，巫术已经开始对人类生活产生影响，巫师显然在氏族社会中已占有较高的地位。他还对史前文化的发展趋向做了探讨。他指出，半山遗址出土的文物在许多方面是独一无二的，不仅式样别致，花纹精美，成为新石器晚期彩陶文化的代表，而且显示了工艺上的进步。在几何图案中，直线形图案的比例已经多于曲线形图案，直角方块形的图形趋于主导地位，红黑相间的锯齿形图纹成为陶器的基本饰纹之一，显示出一些神秘与象征的意味，与仰韶初期几何图纹的简洁活泼、粗糙稚拙的风格形成鲜明的对比。安特生显然试图勾勒出中国史前文化形成与发展的基本过程，他认为这是历史悠久的华夏文明的辉煌开端。

20 世纪 20 年代前后，安特生在华北大平原上寻找早期人类与史前文化的踪迹，这在当时是一个完全不为人知的世界，但他凭借着渊博的地理学地质学知识，以及敏锐的学术眼光，把地形极为复杂的西北大地当作摊开的书本来阅读，一个又一个地辨认出在亚洲大陆上沉睡了千万年的史前文化遗址，在优秀的中国同行的配合下，他取得了划时代的成功，特别是对仰韶文化遗址的发掘和对北京猿人化石的搜寻，在一定程度上奠定了现代中国考古事业的基础。同时，也为使瑞典成为欧洲的中国古代文化收藏中心奠定了坚实的基础。

张静河，安徽教育出版社编审。

中国史大师费正清

〔美〕钱金保

大凡从事近现代中国史研究的中国人恐怕一般都不会不知道费正清（John King Fairbank，1907—1991）。由于政治原因，他的史学研究虽然在台湾地区早有介绍与批评，可大陆学者（除少数以外）对他的了解则主要还是最近几年的事。近年来他主编的“剑桥中国史”、“回忆录”和遗著“中国新史”等已陆续被译为中文，柯文（Paul Cohen）对费氏学派的评论和伊文思关于他的传记以及生前友人和弟子对他的回忆集也已有了中文版。哈佛大学历史系博士生徐国琦也曾在1994年的《美国研究》杂志上专论费正清的学术建树、教育成就和对中美关系的影响[1]。本文仅限于就他的师承关系、主要史学论著和评价问题谈一些看法。

一、师承关系

中国学者向来很看重学术门派和师承关系，西方史学界也是学派林立，师承关系亦极为重要。虽然学生一般不会机械地接受老师的观点，但老师的影响通常是不可忽视的。在这一点上，费正清也不例外。要理解他的史学生涯，我们就得首先弄清楚他的师承关系，看看他是如何被人引上中国史研究之路的。

费正清是受韦伯斯特（Charles Kingsley Webster，1886—1961）的启发和莫斯

[1] 徐国琦：《略论费正清》，《美国研究》1994年第2期，第73—95页。

（Hosea Ballou Morse，1855—1934）的指导而与中国史结缘的。他在 1927 年转入哈佛时从没想过要研究中国，那时的哈佛也并无正规的近代东亚方面的课程。他只是隐隐约约地觉得将来想搞国际法之类的事。次年他偶然结识了到哈佛做访问学者的著名国际关系史专家韦伯斯特爵士。韦氏在 20 年代到过中国并曾见过蒋介石和蒋廷黻。他虽然本人并不研究中国，却对新发现的清代官修档案汇编《筹办夷务始末》用于中外关系史研究的史料价值很乐观。当时这些中文官方档案仍然鲜为人知，而费正清对中国几无所知，韦氏建议并说服了费正清利用这些档案研究中国近代外交史。从此，韦氏就成了影响他学术生涯的两个关键人物之一。费正清后来拜莫斯为师也是因为韦氏建议的结果。韦氏还介绍他到蒋廷黻处学习阅读清代档案文件，帮助他联系查阅通商口岸海关的档案。后来韦氏家长式的指点随着费正清在中国史领域里的学术成长而逐步发展成为师生之间的浓厚情谊和互相敬重。这种关系一直持续到韦氏 60 年代初去世时为止。韦氏在研究上重视原始档案，强调高层官员之间的关系，主张历史研究应为当代的国家需要服务。这些也都成了后来费正清的重要研究特色之一[1]。为了表示感激和怀念之情，费正清特地把与人合著的一本关于他另一位导师莫斯的传记献给韦氏。该传记的献辞页里的文字是这样的：纪念查尔斯·金司利·韦伯斯特（1886—1961），哈佛大学客座讲师（1928—1932），伦敦大学国际史教授（1932—1953）[2]。

韦氏虽精通国际关系，但非中国通。若要把费正清送上中国外交史研究之路，则还得靠其他学者。可美国在 20 世纪 30 年代以前几乎就没有什么关于中国的学术著作和教学[3]。因此他建议费正清从莫斯的《中华帝国外交史》（*The International Relations of the Chinese Empire*）入手。费正清 1929 年从哈佛毕业后受罗兹奖学金的资助赴牛津大学留学。在乘船穿越大西洋的航程中，他的大半时间都是在阅读莫斯的这本书。他对中国史的最初了解就是中外关系。应韦氏的建议，他到英国后不

[1] John King Fairbank, *Chinabound: A Fifty-year Memoir*, New York: Harper & Row, 1982, pp.16-18, 20, 85, 114; J.K.Fairbank, “Acknowledgments”, in *Trade and Diplomacy on the China Coast: the Opening of the Treaty Ports, 1842-1854,* Cambridge: Harvard University Press, 1953; Paul Evans, Fairbank and the American Understanding of Modern China, New York: Basil Blackwell Inc., 1988, pp.14-17.

[2] J.K.Fairbank, Martha Henderson Coolidge, and Richard J.Smith, *H.B.Morse: Customs Commissioner and Historian of China*, Lexington: University Press of Kentucky, 1995, dedication page.

[3] Knight Biggerstaff’s reminiscence of John Fairbank, in Paul Cohen and Merle Goldman (comp.), *Fairbank Remembered*, Cambridge: John Fairbank Center for East Asian Research, Harvard University, 1992, p.9.

久便联系并拜访了莫斯[1]。莫斯就成了后来影响费正清的另一位导师。

莫斯19岁从哈佛毕业后曾到清朝海关机构服务了长达35年之久，1908年因病从海关退休后被清帝封给二品衔（红翎）。此后他定居英国，潜心研究中国近代史。到费正清赴英留学时，莫斯早已是西方世界著名的中国近代史学者了。他是西方近代中国外交史研究的创始人。费正清最感兴趣的就是20世纪初奠定莫斯史学地位的厚达1500页的三卷本《中华帝国外交史》。该书成为在成书时代西方关于中国近代史的最全面的著作，也是费正清的入门教材，对他后来的研究也影响巨大。在费正清最初拜访莫斯时，这位当时已75岁的老人对后辈想用《筹办夷务始末》来研究中国外交史的想法感到很高兴，并给他讲了很多关于通商口岸海关方面的事。通过这次拜访，费正清得出结论：研究中国海关应从1854年其在上海设立的税务司开始。他也成了莫斯的一位虔诚的学生。在他1932年到中国做博士论文研究以后，他们师生仍然保持着密切的联系。莫斯尤其还特别提醒他不要在传统的欧洲汉学上浪费太多时间，而应把精力真正用于对事件和趋势的历史研究。两年后莫斯去世时举世志哀，费正清也在Peiping Chronicle的社论页上发表了一篇很长的讣告。虽然他们之间的师生关系仅有四年，可莫斯却影响了费正清一生的中国史研究。费正清在漫长的学术生涯中一直把莫斯敬若祖父，并把他的遗像长年置于自己在哈佛的办公室里。他更把集自己20年心血才告成的《中国口岸贸易与外交：通商口岸的开设（1842—1854）》（*Trade and Dipomacy on the China Coast: the Opening of the Treaty Ports*（*1842-1854*））一书献给莫斯，以示感激和纪念。在莫斯过世后的近60年里，费正清一直想为他的这位导师写一本传记，可书未完稿他就谢世了。这也成了他生前未了的一桩心愿。费正清的这本未竟的莫斯传记后来由他的学生和学生的学生完成出版。莫斯传记的后记写道："费正清走上格外多产的学术生涯，可能除了哈佛的韦伯斯特以外，当初没有其他任何人比莫斯对他的影响更大了。"[2]

---

[1] Paul Evans, pp.18-21; John Fairbank, *Chinabound*, pp.20-21.

[2] Paul Cohen, *Discovering History in China: American Historical Writing on the Recent Chinese Past*, New York: Columbia University Press, p.120; John Fairbank, *Chinabound*, pp.20-22; Paul Evans, pp.18-19; John Fairbank, Martha Henderson Coolidge, and Richard J.Smith, *H.B.Morse: Customs Commissioner and Historican of China*, Lexington: University Press of Kentucky, 1995, ix-xii.pp.l-4, 212-243; John Fairbank, *Trade and Diplomacy on the China Coast: the Opening of the Treaty Ports, 1842-1854*, Cambridge: Harvard University Press,1953, dedication page.

明白了费正清当初的两位导师分别为国际关系史和中国近代外交史大师，我们就不难理解为何他研究中国史是从近代史开始而不是古代史，而且是从通商口岸海关入手而非别处。他后来与欧洲传统汉学分道扬镳，在选题方面偏重中外关系史和行政制度史，在史料运用方面则重视档案，这在很大程度上也都是由于这两位导师影响的结果。

二、中国史三大著作

在近60年的学术生涯里，费正清惜时如金，著述勤丰。在一次于他自己家里为学生和教授举行的晚会上，作为晚会主人的他居然把客人扔于一边而自己却一头钻进书房里做研究[1]。惜时勤奋如此，也难怪他特别多产。其作品之多，难于完全统计。不同研究者的统计结果多不一致。费正清传记的作者伊文思在费正清1991年去世时的讣告里说他著有约65本书和450篇历史方面的文章（含合著）[2]。这还不包括1995年才面世的莫斯传记。对于一位学术生涯漫长且又著作多如牛毛的大学者，其学术思想不仅内容丰富，涉及面广，而且前后也自然会有不少变化，任何对他的介绍性的文章均难尽其详。这里仅简单介绍他的三本历史名著。

费正清的成名之作是1948年出版的《美国与中国》(*The United States and China*)，但我们还是先从他的1953年版的《中国口岸贸易与外交》开始，因为后者不仅构思和起步在前，而且也是他的所有著作中费时最多、功力最厚、资料最为翔实的大作。也正是由于这一原因，该书成为他的著作中对西方的中国近代史研究影响最大的一本。

《中国口岸贸易与外交》一书是费正清从1930年起断断续续经过了20余年的通商口岸研究之后方才告成的。他以莫斯的著作为起点，以英国公共文件署所藏

[1] "Jonathan Spence's reminiscence of John Fairbank", in Paul Cohen and Merle Goldman, p.145.

[2] "Obituary of John Fairbank by Paul Evans", *Pacific Affairs*, 64:4(Winter 1991), p.462. 徐国琦在1994年的统计为："至少44本专著（部分与他人合作），主编或联合主编至少18本论著，发表了187篇论文，与他人合撰18篇，为别人专著撰写序言52篇，发表书评160篇。尚不包括大量的专访及声像材料。"他把费正清的书分为三类，即学术论著，大众读物与教材和学术工具书。见徐国琦《略论费正清》。关于费正清至1989年6月中旬以前的大部分著作的名录，见Paul Evans and George Stevens (comp.), *The Writings and Published Statements of John K. Fairbanks: A Chronological Bibliography, 1924-1989* (Publisher's information unknown), 1989。

有关中国通商口岸贸易方面的原始档案为基本史料，于1931年在牛津完成了题为“英国政策与中国海关的起源（1850—1854）”的学士论文。此后他在中国又进行了四年的通商口岸研究，并有幸拜蒋廷黻为师学习阅读总理衙门档案，于1936年完成了题为“中国海关的起源（1840—1858）”的博士论文，并通过了论文答辩，获得牛津大学博士学位。[1] 同年，开始了他漫长的哈佛生涯。后来他的研究助理邓嗣禹帮助他研究了清代上奏和诏令文书的处理过程和朝贡制度，并将一些中文档案文件翻译成英文。直到1953年他的这项20多年前由韦伯斯特启发、经莫斯指导的通商口岸研究才终于成书问世。该书分两册——上册为约500页的正文和索引，下册为正文的注释（多达1300余条）和附录说明。该书的出版使他成了美国在晚清外交和制度史方面杰出的历史学家。韦伯斯特在赞誉该书成就之际的唯一的遗憾就是莫斯没有活到该书出版之时[2]。

莫斯的《中华帝国外交史》，其史料基础几乎全是西方文献，而且又以英国文献为主，其内容虽然是百科全书式的，但偏重西方对近代中国的影响。而费正清所探索的则是结合新发现的清朝档案资料来研究清朝与西方国家的贸易关系和外交关系。全书分为五大部分。第一部分以中国传统社会的性质和对西方世界的不了解为出发点，分析了朝贡制度和广东公行贸易。他认为朝贡制度是外贸管理和外交关系的工具，也是儒家意识形态的反映，广东公行制度则妨碍了中西方贸易。以此分析为背景，他在余下的四大部分里详细地探讨了在鸦片战争后的12年里通商口岸条约制度的演变过程和相应而起的上海外国税务司制度的形成过程。虽然1842—1843年的南京条约及其续约改变了中国的传统外交关系，结束了中国过去在对外交往中的优越感和自主权，但中国并没有因此就进入现代外交时代。条约在实施过程中却由于解释各异，中西法律对商人权益的保护程度不同，导致在中西民间的摩擦和敌对也随之增多。再加之外国人的治外法权和清政府官员的腐败，致使清海关难以有效地在通商口岸运作，通商口岸制度濒临瓦解的边缘。直到清政府任用洋人及海关税务司这一制度的建立，实行中外共管中国关税，通商口岸制度才终于稳固下来。他认为清朝用通商口岸制度取代朝贡制度是为了把洋人也纳入儒家君主制下的世界体系之内。为此他创造了一个术语——“Synarchy”——“满—汉—洋共治”。

[1] John Fairbank, *Chinabound*, pp.27, 85-86, 138-139; Paul Evans and George Stevens, pp.2-3.

[2] Paul Evans, p.166.

这是该书的核心概念。他从制度史的角度反对将“满—汉—洋共治”这一现象简单理解为西方统治。他的这一观点也与当时学术界辩论帝国主义在华影响有关——他反对把帝国主义理论当作解释中国近代对外关系的唯一方法[1]。对于费正清来说，通商口岸研究是了解中国的一个窗口。

费正清的另一本名著则是1948年出版的《美国与中国》。太平洋战争期间他曾服务于美国政府部门并被派往重庆工作。在那儿他结识了周恩来、乔冠华等中共人士和一些左派知识分子，对蒋介石领导的国民政府的腐败有切身感受，因此他很同情中共领导的社会革命。第二次世界大战后，哈佛兴起了一个用社会科学方法培养中国问题研究生的名为“地区研究—中国”的硕士专业。在教学的同时，他也卷入了美国战后对华政策的大辩论。该书是以哈佛政治学、经济学、社会学等领域里的教授们就中国问题所做的讲座为基础，结合他自己的中国经历，综合了当时西方中国问题研究成果而写成的。它既是哈佛中国研究硕士专业早期发展过程中的一个产物，也是一部美国对华政策简史[2]。该书一经出版即获赞誉，荣膺美国政治科学学会1948年度最佳国际关系著作奖[3]，成了费正清的成名作。该书以后又多次修订并再版重印，以反映西方在中国研究方面的最新成就和适应变化中的美国对华关系。1948年初版时是384页，参考书目18页，到1993年第四版的扩大版时扩至632页，而参考书目则达100页之多（其中主要为他学术后代的著作）。据伊文思1988年的介绍，该书的销售总额那时已多达30余万册，是西方历史上关于中国问题最畅销的图书之一[4]。

费正清写《美国与中国》是为了从跨学科角度向美国大众通俗易懂地介绍数千年的中国史。虽版本有异，但全书框架基本保持为三个部分：第一部分讲19世纪中叶西方入侵以前中国传统社会和政治的主要特征，第二部分分析了西方入侵后的一个世纪里中国的社会革命，第三部分则为美国对华政策的历史演变与现状。该书在历次再版时均经修订扩充，观点在不同版本中也有微妙变化，不过，在初版时成形的基本思想在以后的版本中还是有连贯性的。鉴于其初版在学术界的巨大震动和影响，本文的介绍也以初版为基准。

---

[1] John Fairbank, *Trade*, pp.464-468.

[2] John Fairbank, *Chinabound*, pp.326-327.

[3] Paul Evans, p.107.

[4] Ibid..

费正清在《美国与中国》一书中力图描绘出古代中国的主要特征和西方入侵后中国的巨大变化，并探讨这种变化与国内外因素之间的关系。他认为中国社会的发展有其独特的传统和环境，中国革命和国共之争直接源于中国社会的传统结构。他立论的两大基本概念是“集权传统”和“社会革命”，其分析方法便是当时西方学术界的现代化理论。集权主义是中国传统社会的核心。儒家思想作为社会结构的反映和正统哲学妨碍了科学方法的发展，也导致了政治生活中的惰性。汉—异族共治则起了同化异族征服者的强化儒家传统的作用。集权主义渗透到政府、法律和宗教，甚至人道主义传统等许多方面。这种处于动态稳定中的传统秩序在西方的冲击下逐步解体，中国的朝代循环过程因此又注入了来自于西方的力量。通商口岸制度取代了朝贡制度。对费正清来说，中国近代史的起点是19世纪中期，传统与现代的分界就在于此。而中国近代史的过程就是一场在西方思想影响下的社会革命。他的社会革命的外延很广，包罗了太平天国等农民起义、洋务维新与戊戌变法、辛亥革命、新文化运动和国共两党的兴起与斗争等内容。他所理解的中国现代化并非等同于西方化，中国长期的集权传统根本就不会接受西方式的个人自由主义。他的结论就是：中国在40年代后期所面临的并非选择美国式的个人至上的资本主义生活方式或苏联式的共产主义生活方式，真正的选择是旧的国民党专政还是新的共产党专政，但国共之争应由中国人民自己去选择而不应该由美国来决定。

费正清的1948年版《美国与中国》和五年后的《中国口岸贸易与外交》牢牢地树立了他在美国的中国史领域的领导地位。他的成就使他在1958年被选为美国的亚洲学会主席，1968年更荣任美国历史学会主席。

《美国与中国》本来要出第五版[1]。可费正清在去世前完成的却是另一本著作，即《中国新史》(*China: A New History*)。哈佛出版社于1989年请他写这本书。在该书的写作后期他曾因心律不齐而一度住进校医院。1991年9月12日上午他将定稿交给出版社，数小时后即突发心脏病。两天后这位84岁的老人就永远地告别了西方中国史学界，留下了一部集西方中国史研究之大成的《中国新史》[2]。费正清在他的另一本遗著里曾将西方的中国近代史研究划分为三代。他的导师莫斯属于第一

[1] Paul Evans and George Stevens, p.59.

[2] John Fairbank, *China: A New History*, Cambridge: The Belknap Press of Harvard University Press, 1992, Publisher's note, pp. 491-492; “Paul Cohen's reminiscence of John Fairbank”, in Paul Cohen and Merle Goldman, pp.282-284.

代（20世纪初年成形），他本人属于20世纪40年代左右定型的第二代，而70年代前后成熟的新一代史学者已开始活跃于中国史领域[1]。《中国新史》实际上是他对第三代中国史学者的总结。书中对他所认为的最重要的西方中国史著作几乎都有所提及。他感觉到这本中国史概论或许将是他的最后一本书了，故此总怕会遗漏重要的作品。他希望自己的最后概括是终结性的。因此他甚至连一些当时虽已完稿但还未正式出版的书稿佳作也不放过。其总结之详细由此便可想而知了。由于该书偏重分析而非叙述，因此很系统地反映了他对中国史（尤其是中国近代史）的最后观点。

《中国新史》全书共519页，推荐书目50页（主要限于70年代以来的著作）。该书把中国史分为四大部分：帝国专制的兴衰、中华帝国晚期（1600—1911）、中华民国（1912—1949）、中华人民共和国（1949—1991）。鉴于不断的考古新发现、新档案的开放和社会科学家的地方研究，费正清在该书中摒弃了传统汉学把中国当作铁板一块的旧观念，在解释中国史的进程时他融进了地区差异、社会生态变化、乡村结构和多民族共存等因素，书中的社会文化内涵因此也较为丰富。书中的主线是政府与社会之间的关系和发展与传统之间的关系。文明、专制和现代化是该书最基本的概念。在方法上，他一方面把一代学者的案例研究当作理解中国的窗口，另一方面又把中国史置于世界史的范围内进行比较。对他来说，中国史不仅是一个理解的问题，而且也是一个解释的问题。他把中国的古代文明分为夏商周时期的自给独立的（Self-Contained）文明和秦汉至明清的自足自恒（Self-Sufficient and Self-Perpetuating）的文明。两宋时期，中国就已经领先于欧洲了，可以后的经济增长却没有导致工业化，西方先行工业化后，中国也没有能够迎头赶上。他在书中最为关心的核心问题就是为什么人类历史上唯一的没有解体的庞大帝国竟会在近代落在了西方和日本的后面，并遭到它们的蔑视与凌辱。他的答案部分在西方、部分在中国。西方的发展模式是工业—军事—企业式的，而中国的则是农业—游牧—官僚模式。中国的儒家思想、地理位置、君主专制和人口增长等因素都对社会发展起到了制约作用。中国对西方的迟缓反应带来了一个世纪的不平等条约。现代化的过程中专制统治有着强大的势力。追求统一强大的中央政权是改良者和革命者、国民党和共产党的共同目标。他认为中国的历史发展不会导致西方式的民主。强调历史发展

[1] John Fairbank, *Martha Henderson Coolidge, and Richard Smith*, p.226.

的连贯性是《中国新史》的一大特色。他不仅解释历史，而且还提出许多问题以期后人研究。

费正清的三大名著中，《中国口岸贸易与外交》是以原始档案为基础的纯学术研究；《美国与中国》是为了向一般读者介绍中国史，以使其理解中美文化与历史的差异，中美之间的问题是一个对中国缺少理解的问题；而《中国新史》是为了总结西方的中国史研究成果，因此偏重于解释，而不仅仅是理解。仔细研读这三本书，我们不仅可以看到他个人史学思想的演变，而且也可以反映出西方中国史领域的发展过程。

结论：档案发现和中国学者对费正清的影响

费正清在西方中国史领域是所谓“哈佛学派”的创始人，在美国公众的心目中他就是“中国学的院长”。他的史学观点曾被概括为“冲击—反应”模式和“传统—现代”模式而且在学术界一度受到批评。但对一位从事中国史研究长达60年之久且又特别多产的大学者来说，其一生的史学观点似乎不太可能用简单到一两个学术标签就能够概括的程度。研究史学观点不应该脱离当时的史学环境，就如同研究历史事件不能脱离当时的历史环境一样。除了受他两位导师的影响外，特定的史学环境对费正清的历史研究影响也很大。这主要表现在史料和史学交流两个方面。

第一，档案史料。在清末，西方关于中国的书的依据基本全是西方资料。无论是威廉（Samuel Well Williams）的名著《中国》（*The Middle Kingdom*）还是莫斯的《中华帝国外交史》均是如此。在20世纪20年代以前关于清史的中文资料不多，清政府的档案也不开放。而且即使有中文资料，西方学者也不愿意用。威廉在书中评价一份中文资料时这样写道：“这个提要是中国著者和史学家的一个不坏的例子，是道理与胡扯的结合物，一方面准备了合理论证的基础，可结论却是一个根本不合逻辑的推理[1]。”莫斯对中文档案的怀疑态度也差不多[2]。但到了费正清那一代学者，情形就不同了。20年代时清朝档案的发现是新中国成立前中国史学界

[1] Samuel Wells Williams,*The Middle Kingdom*, New York: Scribner, 1883(Revised edition), p.137.

[2] John Fairbank, *Martha Henderson Coolidge, and Richard Smith*, pp.221, 229.

的四大史料发现之一。费正清本人决定学习中国外交史就是韦伯斯特在中国发现了《筹办夷务始末》并建议他运用中文档案做研究的结果。其他学者也很快注意到了新发现的清朝档案的价值。就在费正清去中国从事通商口岸研究的同年（1932），《美国历史评论》杂志还专文介绍了这些档案对中国近代史研究的史料价值[1]。与费正清同一代的中国史大师韦慕廷（Martin Wilbur）还羡慕他当年有幸能在蒋廷黻指导下研究总理衙门档案[2]。费正清所使用的清朝档案在莫斯时代根本就看不到。莫斯的《中华帝国外交史》实际上更多地偏重于西方（尤其是英国）的对华政策方面，在对中国的外交决策分析方面就很薄弱。看了清朝档案后，费正清为了弥补这个缺陷，很自然就会更多地注意到中国在与以英国为领导的西方打交道的过程中的态度和反应。为了指导学生也使用中文档案来研究中国史，他还于1941年编写了清代档案研究班教学提纲草稿，并于1952年出版以供更多的人使用。他开设的清代档案研究课很有名。对清代档案的研究和教学经历也使他认识到要把中国史当作不同的文化来分析。50年代初他与人合作，将已开放的部分清代档案加上其他史料译成英文出版，取名为《中国对西方的反应：资料介绍》。这样，他就成了"冲击与反应"模式的发明人。其实，他只不过是特别重视利用中文档案文献而已，更何况他当初对所谓"冲击"和"反应"这两个概念的理解也很模糊[3]。

第二，中国学者的影响。费正清开始研究中国史时中外学术交流已与19世纪后期20世纪初期不一样了。前文提到的《中国》一书的著者威廉对中国学者的偏见从他对中文史料的态度就可以看出来。莫斯虽然也有一些中国朋友，可在他退休后的研究生涯中却几乎与中国学者没有什么交流[4]。到费正清那一代时，中外学术交流和西方对中国学者的看法发生了改变。近代大学在中国的兴起已培养了一代具有现代意识的中国史学家，他们的研究方法已与西方的类似。自"五四"运动以来，对传统文化的批判和民族主义的兴起对新一代学者影响很大，他们的反传统思想对费正清等西方学者也产生了不小的影响。费正清在从事通商口岸研究时曾得到过中国自己培养的新一代史学家的帮助，而中国人到美国来学习和研究中国史又使

---

[1] Syrus Peake, "Documents Available for Research on the Modern History of China", *American Historical Review*, Vol. 38(Oct.1932), pp.61-71.

[2] "Martin Wibur's reminiscence of John Fairbank", in Paul Cohen and Merle Goldman, p.14.

[3] Ssu-yu Teng and John Fairbank, *China's Response to the West: A Documentary Survey, 1839-1923*, Cambridge: Harvard University Press, 1979(2nd ed.), Preface.

[4] John Fairbank, *Martha Henderson Coolidge, and Richard Smith*, pp.223, 233.

西方的学者更容易得到中国学者的帮助与合作。费正清阅读清代档案就是蒋廷黻指点入门的。后来在研究中他对清代档案中的一些问题还是搞不懂，致使他将博士论文扩充成书的计划迟迟难以实现。后来邓嗣禹来哈佛求学，成了费氏的学生。正是他根据那时关于清代档案的一些中文论著，帮助费正清搞清楚了清代公文的处理过程。邓氏帮他扫除了在使用中文档案方面的障碍后，他的那本《中国口岸贸易与外交》才最终得以成书。他与邓嗣禹合编的《中国对西方的反应：资料介绍》实际上也主要是由邓氏将中文档案及其他文献译成英文，参与该书的还有任以都和房兆楹等很多中国人。在 1979 年第二版序言中回答批评时，费正清干脆说该书在很大程度上是中国学者对美国中国学研究的贡献[1]。可以毫不夸张地说，没有蒋廷黻和邓嗣禹等中国学者的帮助恐怕未必就会有费正清的成名。费氏一生中有许多杰出的中国学生，他也比较热衷于与从中国来美的学者合作。充分利用与中国学者的广泛交流与合作是费正清能够成功的一大重要因素。

总之，费正清的中国史研究先是由韦伯斯特和莫斯这两位分别从事国际关系和中国近代外交史研究的大师指点上路，后又得到蒋廷黻和邓嗣禹等多位中国学者的帮助与合作。在史料运用方面他极为重视和依赖中文档案资料。费正清所指的西方第三代学者除了受学术思潮影响外，中国海峡两岸分别从 60 年代和 80 年代起对档案的开放以及史学研究的新发展均对西方中国近现代史研究领域的发展起了巨大的影响。现在，西方的中国史研究早已发展到利用多国档案、多国语言、多国合作的阶段。我们今天回头看费正清的中国史研究时，如果把他放在特定的时代环境下，注意他的师承关系和对中国档案与学者的依赖，我们就不难对他做出客观的评价。

钱金保，1966 年生，江苏人，哈佛大学东方语言系博士研究生。

---

[1] Paul Evans, pp.53-57; Ssu-yu Teng and John Fairbank, “preface”; Fairbank, *Chinabound*, pp.328-329.

史华慈：最后发表的思想

刘梦溪

一、访谈补记

我很遗憾史华慈教授没有来得及看到我与他的访谈对话稿，他就离开了人世。都怪我不恰当地生病耽搁了及时整理访谈记录稿的时间。1999 年对我来说是不幸的一年，4 月从哈佛回来不久就病倒了。直至第二年春夏方日渐恢复。但更加不幸的是，我所见到的西方最单纯的思想家、最富学养的中国学学者史华慈教授已经永远不能再向人类发表他的睿智灼见了。我和他的访谈对话，第一次是在 1999 年 2 月 9 日下午的 2 点到 4 点，第二次是在 2 月 22 日上午 10 点至 12 点，地点是在哈佛费正清东亚研究中心他的办公室。他的办公桌对着门，大衣挂在门后的衣钩上。我和林同奇先生坐在他的对面，内子陈祖芬坐在左侧的书架前。因为有事先送给他的访谈提纲，所以整个谈话进行得非常顺利。他谈得愉快而兴奋，几次高举起双手，强调他的跨文化沟通的观点。在讲到美国文化的现状时，他略感悲观，他说自己也许是老了。这样说的时候，我注意到他眉宇间有一丝黯然。没法形容这次访谈使我个人所受的启悟以及给我带来的学术喜悦有多大。第二次谈话结束的时候，我写了一张纸条给他，上面写："启我十年悟，应结一世缘。"当时我们说好访谈稿整理成文之后会寄请他过目，没想到因病未克及时竣事。而当现在终于成文准备发表时，却欲送无人了。这成为了一个永远无法弥补的遗憾。好在此访谈稿先经林同奇先生根据录音整理并作汉译，然后由我参酌现场所作的笔记和内子的笔记，最后写定成文。其可靠性史华慈先生自必认可。如果我揣想不误的话，1999 年 2 月 9 日和22日我对他的这两次访谈应该是他生平最后的两次学术对话。因为林同奇先生告诉我，我回国后不久，史华慈先生就住进了医院。也许我纸条上的后一句不那样写就好了。林同奇教授为访谈所做的帮助、对访谈初稿的整理、汉译，我深表 感谢并心怀感激。

上面这段文字，是2001年1月24日我为整理好的《史华慈教授访谈录》写的补记，如今已经过去五年的时间，而距离我与史华慈先生那次访谈对话，至今已有七个春秋。我相信1999年2月9日和2月22日的两次访谈应该是史华慈先生一生之中最后发表的思想。

二、我提出的问题

为了准备与史华慈先生的访谈，我事先写好了访谈提纲，列出了八个方面的问题。

第一个问题，林毓生教授向我介绍，他说您的研究与一般的汉学家以及中国学的学者有很大不同。能否请您谈一谈您的研究的特点？是怎样的契机使您进入了中国研究的领域？《毛泽东和中国共产党的兴起》《严复研究》《中国古代的思想世界》这三本书是怎样写出来的？能反映出您中国研究的各个阶段吗？对于中国，您最关注的是什么？什么是您的中国研究的基本理念？您是否还有新的写作计划？

第二个问题，费正清教授已经作古，您能对他的贡献和历史地位有所评价吗？哈佛的中国研究有什么特点？您对当今美国的中国学有何批评？有何期望？有何建议？

第三个问题，请您扼要谈谈对中国的文化与传统的看法。您认为中国的文化传统里面有通向现代的可供借鉴的资源吗？您怎样评价李约瑟主持的《中国科学技术史》？中国人在思想领域对人类文明的宝库的贡献最主要的有哪些？对晚清以来引起中国文化与社会变迁的“挑战—响应”模式，学术界已有所质疑，您现在怎样看这个问题？

第四个问题，今年是“五四”运动80周年，请您谈谈“五四”好吗？我知道您是赞同把“五四”以来的思潮分解为激进主义、保守主义和自由主义三种思潮的，不知您现在是否仍然持此种看法。但这种区分本身已有所取舍，至少有区分者的畸轻畸重的态度。从学术史的角度看，这种区分是否代价太大？后期的严复、章太炎、王国维（包括梁启超）的思想，怎样评价才算比较公平？就一个学者的学术思想而言，保守主义这个概念怎样和他发生联系？

第五个问题，研究中国思想与文化的学者中，很多人都赞同“儒家中心说”。我对此深表质疑。我觉得“儒家中心说”不能正确解释中国的历史与传统。中国传统知识分子的思想往往不是很单一，儒家之外，佛、道思想也是重要的源泉，尤其是民间的或处于在野位置的知识分子，更是如此。不知您怎样看这个问题？

第六个问题，您怎样看中国人以及中国文化中的宗教与信仰问题？儒学和宗教的关系是近来中国学术界的热门话题。儒学是不是宗教，大家的看法很有分歧。您怎样看这个问题？

第七个问题，能否谈谈您对今天的中国的看法？今年是 20 世纪的最后一年，您对即将过去的一百年即 20 世纪的中国，和 21 世纪的中国，有何检讨和展望吗？您对中美关系有何预期？

第八个问题，您对亨廷顿教授的“文明冲突论”有何评论？

三、史华慈发表的思想

我需要说明，史华慈教授的谈话并不是对我所提问题的简单回答，而是参照我的问题，放开来阐述他的思想。我甚至觉得，这是他的一次借题发挥，他显然乐于并且需要发表他积蓄已久的思想。

他的这次最后的思想表达，内容极为丰富，涉及有关文化问题的诸多侧面。访谈全文以“现代性与跨文化沟通”为题，已经在我主编的《世界汉学》第 2 期刊载，此处只摘要其中一些最重要的思想，并略谈我对这些思想的看法，以就教于大家。

第一，史华慈认为，文化是一种未经决定的、不稳定的、相当松散的整体。他一再说，文化是个复杂的事物，是巨大而不稳定的范畴。他说历史是麻烦的事情，一大堆问题，纠缠不清。它和文化一样都是一种“问题性”或“问题结构”（problématiques）。由于涉及人类存在的经验，所以问题是普世的；但是由于出自于人，所以答案总是有分歧的。

所以，他并不把文化看作某种固定不变的结构模式，而是把文化比喻成一种化学上的复杂的化合物（a complex chemical compound）。有的研究者把文化比作生物学上的一元有机体（a biological organism），他说这是一种强势的文化整体观，容易低估历史变迁的意义。他赞成一种弱势的、比较谦虚的文化整体观，他心目中的文化是一种未经决定的、不稳定的、相当松散的整体。

如果我们说文化是一种结构，那么就必须马上强调这个结构内部的各种成分之间并没有达成稳定的谐和状态，而是充满种种深刻的历时性和共时性矛盾，而且正如一切化学化合物那样，其中各种成分都可以分离出来，可以从原有的结构中解脱出来并和其他结构组合。所以文化不可能形成一个静止的完全整合的封闭的系统。他以佛教传入中国作为例证，说东汉后佛教传入中国的历史，并由此说明中国人完全可以从印度文化中剥离出一部分，综合到自己的文化中。中国人并没有因为吸收了佛教从此就变成了印度人，他想也不会因为吸收一部分西方思想就变成西方人。

第二，他提出了“文化导向”（cultural orientations）的概念。文化人类学家往往会采取一种静态的观点，认为一旦一个文化有了某种导向，这些导向就会永远持续下去，不会发生任何变化。但史华慈强调的是文化和历史之间的连续性，并不赞成后现代主义者把文化等同于论说（discourse），再把论说等同于历史。他说，有些当代的文化民族主义者，容易把文化内部的各种价值规范之间的历时性和共时性张力减少到最低程度，并同时回避作为理想的规范和现实之间的差距。为了肯定某种“民族认同”，他们不惜把过去描绘成一片光明，从而牺牲了文化的丰富性和复杂性。不论是西方的胜利者或者是非西方的受害者，双方都有这种倾向。

第三，在谈到现代性问题时，史华慈提出，历史没有终结，现代性没有结束。他说，正像“文化”这个词一样，“现代性”这个词的内部一直有很多张力。

前几年，柏林墙垮后不久，有人比如福田，就说这是“历史的终结”（the end of history）。现在他也修订了自己的观点。现代性内部既然有种种张力，就一定会发展。因此，如果我们谈起“五四”运动，就得关联西方现代性的发展和变化来谈。我认为“五四”运动发生的时期，即1919年这一年是非常重要的。如果我们看一看西方现代性的发展，那么19世纪和20世纪很不一样。19世纪可以说是属于英美式的，可以说是科学和民主的某种结合，是自由主义的天下。但到了20世纪，出现了危机，集中表现就是第一次世界大战，并在战后产生了对自由主义的强烈反弹。“五四”运动发生的时机就恰恰遇上了西方历史和它的现代性在发展中的转折点。因此我们需要考虑和对付的不仅仅是西方文化和中国文化，而且还有历史已经走到的某一时刻。我们并不是仅仅面对两个相互对抗的抽象文化，还得面对具体的历史。

在讲到“五四”运动时，他使用了“历史时刻”这个概念。

第四，我向他请教现代性的核心指标是什么？研究现代性是否需要和各自的文化传统联系起来？就文化的历时性和共时性的关系而言，是不是可以有不同的现代性？他说这是大家一直争论不休的问题。

他说许多人认为，现代性是科学革命或者经济技术的合理化；有人强调社会伦理方面的变化，认为是个人从人类的或超自然的权威中解放出来；有的则认为现代性的核心是推进人类的平等，以及还有的认为是民族主义的兴起并占主导地位，等等。其实，即便在个人主义内部，答案也是五花八门，从康德的道德自决到19世纪的浪漫主义，再到古典经济学的经济个人主义，现代性中自由和平等的关系始终是没有解决的难题。至于经济、技术和社会伦理之间的关系应该如何，从卢梭和法国一些启蒙哲学家的讨论开始，直到现在还是争吵不休。韦伯把合理化作为现代性的中心，当然很有说服力。

不过，史华慈先生说，他想从哲学的视角来看韦伯的“合理化”所产生的种种结果，这样可以得出一个结论，就是现代性的核心是一种“浮士德冲力”（Faustian Spirit），一种不惜一切代价追求知识的无限欲望，它影响现代文化的每个方面。所以我们谈现代性文化和谈传统文化一样，文化内部的那些中心导向（不论它们是什么）所导致的、所产生的都是一个巨大的、远没有解决的问题性。

第五，关于传统的断裂问题。他说，凡强调和过去发生质的断裂的人，多半都认为基本的对立不在于西方文化和非西方文化之间，而在于传统社会和现代社会之间。他们喜欢使用的比喻是生物有机体，认为所有文化或文明都像一个正常的生物个体，必得经历某种单线型的发展。一般说来，许多认为西方的现代性具有普世性的非西方的知识分子往往会认为文化的历时性对立比共时性对立更为重要、更加本质。其实，古、今、中、西，所有这些对立都不是绝对的。例如，在西方前现代文化的“问题性”中既含有种种有利于发展现代性的倾向，也含有种种不利于现代性发展的倾向。16世纪和17世纪的科学革命固然得力于古希腊前苏格拉底的哲学思潮，但是，也正是主张这种看法的人认为，亚里士多德的理性主义对科学革命并非有利。从近十几二十年的情况看来，和儒家有关的许多社会文化习俗对东亚经济现代化的进展并非不利，但儒家思想中也有一些不利于现代化的因素。

第六，史华慈也谈到了另外一种断裂，就是“后现代”和笛卡尔式的“断裂”。他说西方出现的一件事在中国没有出现过，就是所谓笛卡尔式的断裂（The Cartesian breaks）。这并不是指笛卡尔个人，而是一种彻底的二元论。笛卡尔本人并没有完全这样做，因为他仍然相信上帝。根据这种二元论，一方面是整套的科学，对物质的机械论看法；另一方面就是物质的对立面，不是上帝而是人这个主体世界。主体和物质这两个世界被彻底分开了。这是非常激进的看法，在哲学史上属于激进的二元论，可是这种二元论却充满了活力。

怎样才能把这两方面联系起来一直到现在仍然是没有解决的问题。到了十八九世纪，西方许多人都对仅仅存在着个人的主体感到失望。到康德时，他谈的还是个人的主体。但许多人都认为人不只是一种个人的主体，还必须引进人的社会性。于是出现了休谟，他对主体采取怀疑的态度。后来更有人想从根本上取消主体这个观念，代之以社会或者语言等。20世纪就是以语言代替主体的。他们事实上都攻击笛卡尔的理论，不再论及主体，转而谈文化、社会、历史。黑格尔就把历史看成是自身独立发展的过程，前进的动力再也不是个人了，而是成为了社会的历史。

史华慈说，后现代主义也攻击主体，也攻击个人的主体。但他们所做的，马克思早已做过。马克思在《费尔巴哈论纲》中说过［从其现实性说］“人的本质不是孤立的个人，而是社会关系的总和”。不过这是把某种称之为“社会”的东西实体化了，社会变成了动力体系或系统的东西。笛卡尔式的断裂带有浓厚的非宗教、无宗教的含义（profoundly non-religious and irreligious）。即使你不说是个人的，而是社会的历史，你说的仍然限于人的领域。人的（human）世界和非人的（non-human）世界之间的断裂依然是彻底的。而那个非人的世界自然可以用科学来解释。

史华慈说，他不是非理性主义者，他相信科学，科学告诉了我们许多关于世界的实际情况，虽然科学不可能告诉我们一切。这就是为什么所谓的“后现代主义的革命”根本就不是一场革命。因为它依然卡在一个老问题上，即人的世界与非人的世界的对立，你可以说人已经不再是一个主体了，主体已经被消解了，但你仍然是和物质世界对立的人。

第七，关于宇宙的结构和“道”。史华慈说，在西方，我们一谈起宇宙，就喜欢谈“结构”，宇宙的结构、自然的结构，等等。但是中国人谈到宇宙或大自然，很少会用“结构”这个概念。中国人喜欢用“道”这个概念。道和结构很不一样，道似乎更加整体化、有机化，也比较动态灵活，而且“万物生于有，有生于无”。那个“无”孕育、包含了整个的“有”。而在古希腊，有一种思想，就是把宇宙中的一切，即中国所谓的“万物”都还原成某种元素，如水、火或空气等；或还原为原子，像德谟克利特的原子论。中国采取的是“五行”学说，“阴阳五行化生万物”，整个自然是丰满的，而且可以充满种种神灵。这不是化约主义（reductionist），不是把一个很复杂的现象化约成一些简单的东西。希腊人采用“结构”这个词，是因为他们认为，如果你把这些小元素取出来放在一起就产生了一个新结构。可是在中国，当一个新东西产生时，他们不谈结构，而采用“生”这个词：“道生一，一生二，二生三，三生万物。”

第八，当史华慈谈到中国人和西方人认识宇宙所使用的不同概念时，他是想回答我的一个问题，就是对中国古代科学以及对李约瑟博士的《中国科学技术史》有何看法？他说，西方17、18世纪的科学革命基本上就是回到希腊，如果你把数学逻辑和化约主义放在一起，把毕达哥拉斯的数学理论（他把数作为万物的原型）和德谟克利特的原子论结合在一起，你就可以得出某种现代科学的原型。文艺复兴的精神之一就是回到希腊，当然现代科学不是一下子就产生出来，还得经过一段时间。

他说李约瑟当然是个了不起的人，不过他们之间曾有过争论。李强调科学应该遵循有机论，将来的科学可能更像中国人的思想，更加有机化。将来是否如此我不敢说，但在过去——我知道我这样说难免有些简单化——西方却是用数学、逻辑加化约主义来搞科学的。我不是否认中国也有不少观察，包括对自然的经验性的观察，但是——这也是我个人的看法——中国人过去没有把数学、逻辑和原子放在一起，使它们变成一种结构。我认为，李约瑟所说的中国的有机观可能和中国对人文与社会的观察有相当密切的联系。例如，可能是出于对国家官僚体制的模拟而产生的一种构想，可是它和生物学有机体的联系反而较少。

史华慈说，他并不崇拜科学，他不认为把自然科学的模式应用于人文学科有正当性。他说中国诸子中，最接近西方现代科学的可能是后期的墨家。墨子一派就属于反抗主控导向的思想家。当然，在西方同样也有反主控导向的思潮。例如，你不能说因为西方主控导向是一神论，就没有某种与神合一的神秘主义潮流。大家知道在中世纪，这种潮流的代表人物如艾克哈特（Johannes Eckhart），他就曾给马丁·路德以很大启发。在这方面我不是专家，只是个人的一些意见。

第九，他主张跨文化沟通。首先他认为跨文化沟通是可能的。他不赞成后现代主义的说法，以为各有各的传述系统，大家无法进行跨文化沟通。他说，不同文化背景的人完全可以聚在一起讨论比较哲学、比较宗教。即使文化在某种意义上是个整体，我们仍然可以从中提取一些课题，大家都很关切的课题，彼此展开讨论。杜维明强调文明对话，大家都在讨论宗教中超越和内在的问题。有些人类经验的领域确实具有不可化约的独特性，特别是艺术领域。例如，中国的建筑、青铜器、绘画、菜饭、服装都很独特，但尽管独特，很难说就不可以沟通。例如，东汉以后中国不仅引进了佛教，也引进了印度的艺术，当然后来也中国化了。又如，山水画是东亚艺术的特色，但许多西方人也很爱看山水画，亦有不少人跑去看中国的艺术展览。你可能知道，在美国，有一些正统的犹太人也非常喜欢吃中国菜。有时这些最独特的东西反而能引起最热烈的沟通，这真是吊诡。当然，抽象的概念也一样可以交流，例如，孔子关于家庭及其功能的看法就是通过中国的文化导向折射出来，亚里士多德的有关看法是通过古希腊的文化导向折射出来。尽管会遇到翻译上的巨大困难，两者事实上是可以沟通的，因为他们讨论的是可以沟通的课题。这证明了文化的许多部分是可以到处旅行的，食物和艺术只是显例。

第十，他对偏颇的全球主义持保留态度。他说他对目前这种形式的全球化现象并不乐观，因为它太不平衡，太偏颇了（lopsided）。目前西方正在发生的一切并不妙。自从反自由主义垮台以来，令人失望的是，我们似乎又回到了 19 世纪前期，那时就是把自由主义（或民主）和资本主义的市场结合起来。现在我们仿佛又回到过去，那不是什么新东西。当然，我很喜欢民主政治的观念，但我不赞成回到 19 世纪。目前美国的潮流并不是什么后现代主义的兴起，后现代主义在美国实际上不太受欢迎。目前的一股潮流是回归 19 世纪。特别是体制内知识分子只想回到自由市场，这是一种经济主义，推广到全球就成了一种偏颇的全球主义。

他说他还是个青年时，在美国遇上了新政。那时有一股把资本主义当成上帝的思想，但他支持那种认为资本主义有许多缺陷的思想。他不否认自己是个新政主义者（New Dealer），现在也没有改变。发展经济毫无疑问要运用某些市场原则，但罗斯福却相信资本主义应该受到控制、调整、限制。可是现在又回头来认为一切问题都可以通过自由市场得到解决，他表示不能认同。

第十一，关于中国文化背景下的宗教与信仰问题。他说他知道有一种观点，认为亚洲的宗教是内在的，西方的一神教是超越的。其实超越与内在的关系很复杂。例如，犹太教或基督教都认为上帝是和现象世界分离开来的，但上帝也可以和你非常贴近。佛教和道教可能更强调内在。在犹太教（不是基督教，因为基督教更复杂些）看来，一个人永远不可能和神完全成为一体，也就是说，道心与人心是不能完全合一的。可是在犹太教内也有人说，人和神可以非常之贴近，像米开朗琪罗（Michiangelo）在西斯廷教堂（Sistine chapel）中的那张名画，上帝和亚当双方的手指就非常接近，但是其中就是有一点点距离。可是中国在谈到圣人时，道心可以和人心合一。

他说宗教是门高深的学问，大家可以友好地讨论这些深刻的问题。可是在现代世界中，宗教却和所谓群体仇恨（communal hatred）连在一起，宗教成了群体仇恨的工具。一旦宗教和政治搅在一起，和所谓"群体主义"（communalism）结合起来，很容易成为仇恨的工具。

这时我插话说，中国文化里面的宗教思想，包容性比较强，所以中国历史上很少有原教旨主义那样的教派，因而避免了教派之间的冲突。儒、释、道"三教合一"的现象是真实的存在。史华慈同意我的看法，说印度和中国"无"的概念都很强，允许在一定空间容纳多神的地位。佛教也给多神留下余地，不像犹太教、基督教的传统没有多神存在的余地。不过中国政府一向对民间宗教严加管理，由此我们又讨论了民间宗教问题，还谈到了"巫"，以及孔子、朱熹对天、对宗教、对鬼神的态度。

史华慈说，中国的"宗教"这个词是从日文译过来的。"宗"在日文里相当于"宗派"（sect），"教"在汉语中则带有现代"宗教"的一些含义，虽然它还有别的含义。在西方，宗教和非宗教、神圣和凡俗都分得很清楚，西方还有人把上帝描绘成一个有胡须的老头。可是朱熹就倾向于神是不能加以描绘的。中国人更多的时候是说"天"，但《诗经》中的天就有两种：人格化的和非人格化的。后来天逐渐向一种非人格的秩序发展。不过，这个问题在中国始终没有彻底定下来。在孔子那里，一方面他说："知我者其天乎！"这意味着人格化的天，可是另一方面他又说："天何言哉？四时行焉，百物生焉。"似乎又意味着一个非人格化的秩序的天。

他还说，中国人把"神"（divinity）变成了多数的神祇（deities），可以说是一种把人世间"非神（圣）化"（dedivinization）的倾向。希腊人也有过以某种方式削弱神的角色的企图，例如，前苏格拉底的一批哲学家对荷马的多神世界做出反弹。在这点上，希腊人有点像犹太人，只不过希腊哲学家是把多神世界抽象化，犹太人则从多神发展成一神，走向很不一样。这是个非常有趣但又非常复杂的问题。

第十二，史华慈对中国和中国文化的看法。他说他不是预言家，也不信预言。

不过他说，中国目前有一种提法，例如，我们到底是应该回归传统还是应该和传统决裂，这种提法本身就是不对的。事实上将来会有些中国人被美国文化的某些部分所吸引。他说他自己并不欣赏美国现在的文化，毋宁说还很反对美国现在的文化。中国人也是有人对中国文化的某些部分很喜欢，但不喜欢其他部分。文化本来就是一种很松散的东西，内部一直争吵不休。也许中国人更愿意把文化看成一个整体合一的东西，以为更具有吸引力。他说，也许你们知道，最近美国的一位人类学家 Golten Anches East 写了一本讲麦当劳（McDonald）快餐店在东亚的书，他应该算是属于相信文化整全观的学者，可是他发现当麦当劳快餐店进入中国后，有些地方就带上了中国的味道。他说在美国的麦当劳，店员对待顾客总是兴高采烈、笑脸相迎，但在中国，店员对顾客就比较冷漠。但在许多其他方面还保留着美国的一套，例如，厕所较好，青年人都喜欢在那里聚会。当然这个例子不一定典型。中国人好像倾向于把文化看成一个整体的东西。这种文化观和民族主义结合，就会有负面的影响。

第十三，对民族主义问题，他提出了崭新的观点。他说，民族主义和现代性同样复杂。他说他和有些西方学者不同，他认为现代性应该包括民族主义在内。但是和现代性一样，民族主义也和过去有密切联系。希伯来的《圣经》中有许多氏族，中国春秋战国时代的不少邦国也都有各自的文化、语言、地域。他们或多或少带有现代民族国家的某些特点，但它们都没有发展成像现代民族主义那样把民族国家（nation-state）看成一种“终极性群体”（terminal community），一种可以为广大群众提供的几乎是准宗教的（quasi-religious）意义中心。民族国家不仅是达成富强的手段，而且几乎变成一个从人类领域内涌现出来的“神”（deity），足以给有幸参与它的人带来生活的意义，带来光荣感和自豪感，带来某种和终极事物相联系的超越性的情感。

他提出，作为一种准宗教，民族主义并不必然需要有一个历史上长期存在的现成的民族作为前提。例如，由殖民列强任意划分的一些非洲的领土就可以用殖民当局遗留下来的国家机构为中心，建立一个民族主义的中心。过去的苏联虽然是一个多群族的帝国，但都可以俨然自称为一个民族，并产生相当可观的爱国主义情感。有人认为甚至在欧洲也是由国家（state）创造出民族，而不是由民族创造出国家。我们至少可以说当初世袭的领土式的国家对创造现代民族的形象起了明显的推动作用。目前世界上大片地区兴起一股民族主义思潮，它的前景如何，很难确定。有人曾预测经济、科技的全球化终会夷平民族主义的山头。但是我们知道，早在 19 世纪早期就有许多古典经济学家认为，民族主义是一种时代错置的现象，可是两百年过去了，民族主义至今未衰。

史华慈提出的，是由国家（state）创造出民族，而不是由民族创造出国家，这是一种很有现代意义的观点。如果这个观点成立，那么对民族主义应该有新的界说。就是说，美国也有自己的民族主义，也要提防民族主义的膨胀。我当时就向他提出了这个问题。

他说民族主义本来是一种对本民族的特殊的情感，似乎没有必要宣称自己的民族拥有某种普世性的真理或价值。但事实上，许多民族都宣称自己是这种真理或价值的载体，例如，“美国式的生活方式”“苏联式的社会主义”“法国文化的文明使命”等。处理这类思想相当麻烦，因为其中潜伏着强烈的民族主义。尽管我们谈了很多全球化现象，可是民族主义即便是在“工业化的民主国家”中也绝对没有死亡。美国一直就有所谓“美国主义”。

他说如果中国一切发展得很顺利，中国文化的许多方面会保留下来，但也会渗入许多新的因素，是一种混合物，这是好的结果。坏的结果就是民族主义者对中国文化的诠释占了上风，那就不好了。

当我问他对亨廷顿教授的“文明冲突论”有何看法时，他说他和亨廷顿教授很熟悉，他总是告诉他：“你太简单化了。”中国文化内容很多，内部有许多张力，而且随着时间推移会发生新变化，不是儒家一统的天下。不过亨廷顿的理论可以在中国很快传开，原因之一也许正是因为中国确有一批民族主义者，他们认为中国文化是一个单一的整体。

第十四，他提出，语言对思维所起的作用并不像人们想象的那样大。他说，20世纪有一种观念，认为语言决定一切文化事物，几乎把语言本身看成最终极的原因。他的看法不一样，他认为语言的差别固然很重要，但不认为因此就不能把一种语言翻译为另一种语言，或者说中国文化是被中国语言所决定的。他认为思想可以超越不同语言的界限。即使在西方有的说的是共同语言，仍然不能对有些词的意义取得一致意见。这是因为不管是西方文化还是中国文化，文化内总有许多派别。如果你读了中国历代对《论语》所作的注释（从汉代到清代），你会发现中国人自己对《论语》中一些词的含义的解释也不能取得一致。西方也一样，例如，对柏拉图文本的解释就有很多不同。他说，这种情况不仅仅是语言的问题，而且还是思想的问题。在西方，我们有 nature 这个词，译成中文是“自然”。但到底“自然”是

nature，还是 nature 是“自然”，甚至在追问 nature 在中国是什么意思之前，nature 在西方到底是什么意义，已经是一个争论不休的难题。

史华慈说，有的学者认为语言对思维有决定作用，例如，chad Hanson 认为汉语中没有冠词，不适合抽象思维。还有的学者认为语言不同，跨文化沟通极端困难。他说他不能同意 Hanson 的看法。他说，诚然在希腊语言中，抽象的事物与具体的事物分得很清楚，便于逻辑思考。但中国的《墨子》也在讨论逻辑，也谈必要条件和充分条件的区别，用的都是中国语言。语言中有没有冠词 a 和 the 的区别对讨论逻辑有些影响，但并不那么大。俄文里也没有冠词，只说“书在桌子上”，并不说“这本书在这个桌子上”。但在具体语境中意思总是清楚的。也可能有定冠词比没有定冠词谈起逻辑来要方便一些，但语言没有那么大的影响，他不是语言决定论者。

第十五，关于中国研究的文本与诠释问题。他说当他开始研究严复时，对清代历史发生了兴趣，比如考据学派就让他非常兴奋。他说他第一次发现在中国儒学内部有一个很长的历史演变过程，就像基督教也有一段很长的历史一样。于是渐渐地他发现，如果你想研究明朝的思想，那么你必须了解一些宋朝的思想。最后他发现，如果你想了解任何关于中国的思想，你都得去了解先秦的思想。中国从来就没有那种笛卡尔式的“断裂”。像所有以文本为中心的传统一样，中国的传统是一种诠释学的传统。

我问他中国的诠释学和西方的诠释学是不是有什么区别。他说，凡是文本的传统，都是诠释学的传统，《圣经》也是如此。传统不是某种静态的东西。风俗习惯，特别是没有反思的风俗习惯，是静态的。但是一旦有了一个文本，这个文本就可以得到众多的诠释，譬如汉代的儒学和唐代的儒学就不一样。西方对柏拉图、亚里士多德的诠释也都不一样。《墨子》和《老子》也是如此。所以文化内部有很多不同的传统。文本的传统是充满活力的，因为文本可以有多种解释。现在大家都对文本的命运产生了浓厚的兴趣。有人说现代世界是反传统的，不过你不妨看看美国的宪法。美国宪法不管是好是坏，一直被认为是一个神圣的档案。即使是围绕克林顿这件蠢事，大家还是得看看宪法是怎么说的。当然词语有时是很难诠释的。所以“问题性”这个概念非常有意义。

第十六，关于“保守主义”和“新传统主义”。我向他提出的问题里面其中有一个就是，把“五四”运动前后的思潮区分为保守主义、自由主义和激进主义，这种“三分法”是不是存在问题。我近年研究近现代学术思想史，对“保守主义”一词，深表质疑。他说他其实也不大用保守主义，特别是在谈到文化时，他倾向于使用新传统主义。因为保守主义和传统主义是不一样的，例如严复，他是保守主义者，可是有一段时间他的思想大部分却都是西方的思想。刘师培是一位无政府主义者，还有梁漱溟，称他们为新传统主义者似乎更准确。

我说“新传统主义”这个概念很好，非常适合晚清到“五四”运动前后中国文化界的一种思潮。保守主义的提法过分笼统：到底是政治划分，还是文化划分或者是学术与思想的划分？他说即使是在政治思想方面，也很难说谁是保守主义，例如，说蒋介石是保守主义，还是章太炎是保守主义。

我说中国思想界现在有一种看法，即认为晚清以来如果不是用激进的办法而是用渐进的办法来解决中国的问题，后来的局面可能会好一些。陈寅恪的这种思想很强烈，在他的许多诗文中都有表现。

史华慈说，其实一切都和当时的时机有关。现在，当然我们都看到东欧和苏联的共产主义世界垮台了。可是我们得把历史算在内。例如，中国那时是 1919 年，有许多人像陈独秀那样相信十月革命会很快传开来。一旦谈到两个相遇的文化的处境（content），两种文化其实都在不断变化着。谈到后现代主义，许多中国知识分子喜欢来自西方的一些新的理论。但后现代主义在美国现在有许多人都讨厌它，就是在大学里人们也认为它很糟糕，它的论敌现在也很活跃，并没有销声匿迹，实际上后现代主义目前已经处于守势了。

第十七，他对文化的全面商业化表示忧虑。我向他请教他对美国文化有什么看法，他说这是个大问题，自己难免对西方文化有个人的偏见。但他说，他确信西方文化的一个伟大贡献是宪政民主（constitutional democracy），这是个很好的理念，尽管克林顿丑闻说明这个理念还没有得到最佳表现。可是他说，宪政民主并不是必然要和放任的、不加调节的市场经济联结在一起。

他说他不同意许多美国人的看法，他们在某种意义上倒有点像马克思主义者，相信经济是基础的学说，认为一旦你拥有充分发展的经济，你就必然会得到民主。他说他当然并不反对市场经济，但市场也需要调节、控制。政府的各个阶层都不应凌驾于法律之上，最高层领导也不应例外。应该有一种法律可以管制政府的最高层。这不会给我们带来乌托邦，只是不可缺少的“游戏规则”。尽管中国正在执行资本主义的一些规则，但似乎仍然认为最高领导可以处于法律之上。特别重要的是，要有规定权力转移和继承的法律。他说他是个新政主义者，深信在经济领域政府需要扮演重要的角色，虽然政府行为必须在法律范围之内。

林同奇先生问史华慈："听说您对当前美国的情况相当悲观。"他说是的，使他感到悲观的原因是美国的商业化，一切都商业化了，全面搞金钱崇拜，这很糟糕。他说有一件事马克思说对了，就是由私人全面控制财富就必然会导致其对政府的控制。他说他已经是老年人了，说的可能是老人的话，但文化的全面商业化无论如何是件可怕的事情。

第十八，最后的禅语。我和史华慈教授的第二次对话，也就是1999年2月22日上午的对话，到12点的时候，我们就要结束了。他问我家乡何处，在研究什么课题。

然后他自言自语地说道："我读每天的报纸时就很悲观，可是一遇到像今天这类叙谈，我就变得乐观起来了。"还说："我是老了，可是我对美国今天的文化有很多怀疑，希望中国会保持自己的文化传统。"我说："中国的传统本来是没有断裂的，可是20世纪这一百年，特别是后半个世纪，试图割断传统的思潮很时髦。"他说："其他地方，像印度，都有很大的问题，还是所谓全球化现象的问题。我不是反对全球化，但现在是各种各样扭曲的全球化。真正的全球化，我们这一代解决不了这个问题。"

然后他说，世界上最神秘的事情之一就是人究竟是什么。

我说，也许未来的21世纪，人们的头脑会更聪明一些。第一流的头脑不必说太多的话，也可以感受到人类的那种最高的智慧。

他说：不过我们还得说话，即使说些蠢话，我们还得说，甚至老了也得开口说话。

我说是的，我们已经谈了两次，可还觉得有说不完的话。

（原文曾在2006年12月"史华慈与中国"国际学术研讨会发表）

刘梦溪，1941年生，现为中国艺术研究院终身研究员、中国文化研究所所长、《中国文化》杂志创办人兼主编，兼任中央文史研究馆馆员，北京大学、南京师范大学等校教授。长期从事文史研究和思想文化研究，著有《马一浮与国学》《陈寅恪的学说》《红楼梦与百年中国》《论国学》等，主编《中国现代学术经典》《中华文化通志·艺文典》《红学三十年论文选编》等。

李约瑟论中国传统思维整体观与科学发展

〔新加坡〕黄生财

一、什么是中国传统思维主体

李约瑟认为中国古代科学思想的主要特征是“有机唯物论”（Organic materialism）或“永恒哲学”（Philosophy eternity），并认为这种特征在“每个时代的哲学家与科学思想家所发表的言论中都可以找到证明。而机械式的宇宙观根本没有在中国人的思想中发展。中国的思想家普遍都相信一种有机的宇宙观，认为现象与现象之间有层次的关系。”[1] 有机唯物论也可称为整体（holistic）思维，或有机自然观。

由于整体思维的特点要通过多方面的考察才能有所了解，因此并不容易简单定义。以上先论述其主要特点。这已经说明了中国思维将事物的全局和局部看成是按一定秩序组织的全局与局部，互相紧密联系。每个局部又自成一个体系，这种观念也被称为整体观或总体观。

整体思维除了体现在科学技术思想之中，也影响了中国的哲学、文学、艺术、语言、伦理、医学、农学等。

举个有趣的例子，中国传统的水墨画很讲究“留白”（就是画纸上不着墨的空白处）。因为这空白处并不会被当作一个无用的空间，而是会被看成必须与其

[1] Joseph Needham, “Poverties and Triumphs of the Chinese Scientific Tradition” 21, *The Grand Titration: Science & Society in East and West*, London: George Allen & Unwin Ltd., 1963.

他着墨部分一起来体现画的主题。空白作为整体的一个部分，与其他着墨处相呼应。

有种想法，认为宇宙整体和各具体事物的整体具有统一的结构，蕴藏相同的道理，而且认为他们的发展规律也一样。

由于李约瑟熟悉西方科学方法中的机械观，他通过比较中国有机自然观与西方机械观的不同点，阐述了有机自然观的特点。

李约瑟认为用来描述"中国思想的关键词是'秩序'（order）、'模式'（pattern）以及'有机主义'（organism）"[1]。

全局和局部的关系，李约瑟是这样描述的："象征的相互联系或对应部组成了一个巨大模式的一部分。事物以特定的方式而运行，并不必然是由于其他事物的居先作用或者推动，而是因为它们在永恒运动着的循环的宇宙之中的地位使得它们被赋予了内在的本性，这就是使那种运行对于它们来说成为了不可避免的。"[2] 对于一般熟悉典型汉语语法的人来说，这样的行文有些不正规。然而，下面这段描述更能让我们感受到，在李约瑟自己的词语中，中国思维的内涵是什么。他是这样描述的："从早期起就有一种自然阶梯的观念。在这个阶梯中，人被看成是生命的最高形式，但从未给他们对其余的'创造物'为所欲为的任何特权。"[3] 在这里，我们看到中国思维没有造物之神的观点，但有一种自然阶梯观点。因此，我们可以将中国思维方式溯源到宗教层面。

李约瑟也这样描述道："因此，关键的概念始终是'和谐'。古代中国人在整个自然界中寻求秩序与和谐，并将此视为一切人类关系的理想。"[4]

李约瑟曾把在公元 240 年前后提出的对《易经》注释中解释第二十卦"观"卦（意思是观点或观看）的看法，看作"极端中国式的"思想。他这样叙述这个概念："普遍的和谐并不是来自某个万王之王在上天发布命令，而是来自宇宙万物遵循其自身本性的内在必然性而实现的自发协作。"[5] 这阐明了整体与局部之间的关系。局部之间有协作与协调，整体之和谐来自本身而不是外部。这是典型的

---

[1] 〔英〕李约瑟：《中国科学技术史》第二卷《科学思想史》，科学出版社、上海古籍出版社，1990 年，第 305 页。

[2] 同上书，第 546 页。

[3] 潘吉星主编：《李约瑟文集》，沈阳：辽宁科学技术出版社，1986 年，第 337—338 页。

[4] 同上书，第 338 页。

[5] 〔英〕李约瑟：《中国科学技术史》第二卷《科学思想史》，第 596 页。

整体观念。

李约瑟引用张载（1020—1077）《正蒙》中“一切转动的物体都有一种自发的力量，所以它们的运动并不是外界所强加给它们的”（原文：“凡回转之物，动必有机。既谓之机，则动非自外也”）这种观点，将事物看成有机的甚至可以说是有生命的个体，旨在强调其内在必然性，而否定了外在的力量。

李约瑟是生化学者，对有机主义必定特别敏感，因此他比较容易理解中国传统思维中这类特点。从这点看来，中国传统思维的有机特点与生物性、变化性（化学所涵盖）有相洽的关联。生物活动与环境因素（气候、阳光、雨水、土壤）的紧密相关的联系必然影响人们的思维方式。就中国而言，这主要是指植物环境。可以认为，李约瑟对中国思维方式的概括是从他作为生化学者的思维加以延伸而得到的。

二、整体观与机械观的比较

中国传统科学思维的主体是整体观思维方式或李约瑟所称的有机自然观。这里我们要稍微区分一下一般性的哲学考虑和科学思想的考虑。由于笔者选定的范围在科学史和科学思想，因此所有的讨论以此为中心。

汤恩比（Arnold Toynbee）有这样的看法：“不管能把我们西方的机械发展趋势朝我们西方的历史根源追溯到多久，无疑的是，对机械的爱好是西方文明的特色，就像希腊文明爱好美学或印度文明爱好宗教一样。”[1]

西方的思维中心固然是以机械观念为中心，但在文艺复兴以前的久远年代，也不可能有真正意义的机械思维。当然，古代原子观念也具有了某种简单意义上的机械观念。那么，西方机械观就可以上推到古希腊的留基伯（公元前500—前440年）和他的学生德谟克利特（公元前460—前370年）[2]。

西方机械观的主要内容[3]如下：

[1] 潘吉星主编：《李约瑟文集》，第264页。
[2] 林定夷：《近代科学中机械论自然观的兴衰》，广州：中山大学出版社，1995年，第1页。
[3] 林德宏、张相轮：《东方的智慧——东方自然观与科学的发展》，南京：江苏科学技术出版社，1993年。关于“整体思维”的要点，也参考了蒙培元主编《中国传统哲学思维方式》第四章（杭州：浙江人民出版社，1993年）。

（1）将世界看成一台大机器；（2）忽视与否认自然界的演化；（3）认为自然法则是外加的；（4）强调因果从属的思想，强调外部因素；（5）从培根开始，将科学观察者与自然界进行绝对的区分，主客体分明；（6）认为整体的复杂性应归结为部分简单属性的总和；（7）提倡非此即彼的观点，只接受黑或白，不接受灰色地带想法，在宗教思想上则体现为排他性；（8）流行一种“单一目光”或称“单向性思维”；（9）唯科学主义观，认为自然科学的经验压倒一切其他（历史、宗教、美学、哲学等）的经验；（10）对待自然界的态度不同于中国的有机自然观。机械观对自然有支配和征服的思想，人和自然的关系是紧张和对抗的。要加以说明的是，这些观点并不都是同时形成的，并且需要以历史的眼光看待这些内容。

以上列举的西方机械论的十个要点正好同下述中国整体论的要点相反；当然，要强调的是，这些对立与相异之处只应看成是主要的倾向与方面，而不是绝对相异与完全相反。对比古代西方思维，中国整体论思维有以下特点：

（1）不将世界看成一台大机器，而是将世界看成一个内部充满生机、相互联系的有机生命体；（2）认为自然界是在演化的；（3）不认为自然法则是外加的，认为万物都在遵循它本身的内在规律；（4）不强调因果从属关系，各事物之间有阶梯之分，又各自遵守特定的规则，相互保持和谐的秩序；（5）观察者是自然界的一个部分，主客体不明确分开；（6）认为整体的复杂性不是简单部分属性的总和，还应考虑属性之间的有机关系，甚至有的还认为部分属性之总和大于整体属性；（7）不提倡非此即彼的观点，处处体现出“阴中有阳，阳中有阴”的思想，在宗教思想上不体现排他性；（8）不以“单一目光”看待事物，而是以一种关联的角度考虑问题（“单一目光”指的是只倾向于看到事物的一个方面，并认为这一方面就是事物的唯一方面）；（9）不唯科学主义，中国传统价值的主体一直是以人文价值为中心，也不排斥其他重要经验：（10）对于自然的态度不是征服与控制，而是关怀与接受，因为整体观的基本出发点认为人是自然的一部分，人与自然的关系应是和谐的而不是对抗的。

我们清楚看到这种整体观和现代环保与绿色精神，有相洽之处，具有平和的气质。

以下引用李约瑟的一些原话来阐述他对中国传统思维整体观的解读。

1963 年，李约瑟在一篇文章中谈论到中国哲学与神学时说：“中国人的世界观基于一种截然不同的思想方法，认为万物的和谐协作，不是来自身外的至高无上的权威的指令，而是基于以下事实：他们都是构成宇宙有机体的统一体系的组成部分，他们所服从的正是其自然界的内在指令。我们的调查研究得到了这样的结论，由于若干不同的原因，中国关于法的观念并没有演变为自然法思想。”[1]

这段话主要阐述了在中国人的观点中没有“外加的自然法观念”，而是“将宇宙看成是由万物协作的一个大有机体”，由于有了“有机体”的观点，因此宇宙本身便具有了“自身演化”的特点。

这样的观点与现代宇宙论中所讨论的宇宙、银河系、恒星及行星的演化过程（产生、发展、衰老及终了）有某种相似的面貌。当然，不同的是，当代宇宙论已用上许多现代数学和物理的方法和概念，如牛顿力学、广义相对论、微积分数学、黎曼几何学及张量等。

有趣的是，古老的中国宇宙观和当代的宇宙学中的宇宙观都没有涉及创造神的观念。中国人从事物内部掌握规律，西方人则从外部掌握。

我们的课题虽然是限定在科学思想及科学哲学观这一领域。但是，由于我们讨论的是古代体系，由于古代体系的模糊性，这个课题实际上与广泛意义的古代哲学课题有许多交叉。将其分开的方法有利于将课题谈论的对象加以区别。如果谈论的是自然界的目标，便可认定这个课题属于科学思想和科学哲学的部分。

在讨论中国因果观的时候，李约瑟有这样的说法：“在这样的一个体系中，因果关系错综复杂，等级方面起伏不定，不是微粒状的、很容易就可以隔离。我这样说的意思是，在自然界中，中国特有的因果关系概念有些像比较病理学研究腔肠动物的神经网时必须形成的概念，或者像被称为哺乳动物的‘内分泌管弦乐队’一类的东西。在这些现象中，很不容易弄清楚何种因素在任一特定时间内占主导地位。”[2] 这说明了整体观与现代生物学和医学观念的相似特点。并且古代的思维在今天仍然可能具有启发作用。

简单地说，中国式的因果关系是复杂的，不确定的；西方式的因果关系则是简单的、单向的，但也是确定的。举个例子，牛顿第二定律是力和加速度的关系，若对某一固定物体而言（物体的质量不变），力可以看成是因，而加速度则是果。非

[1] 潘吉星主编:《李约瑟文集》，第 81 页。
[2] 同上书，第 169 页。

常简单，直截了当，而且，在这里，总可以分为内和外，作用力被称为“外力”，物体本身当然属于内，主客分明。中国传统整体观从来没有发展出类似的思维结构。运动学在中国古代从来就不是什么深入研究的课题，更无系统量化的研究，也没有形成许多概念，或说概念微分化进程没有建立起来，更没有形成一套范式和研究的共同体。

由于出自一种整体的信念，“中国古代的思想家更喜欢把宇宙看作是一个有机的整体，不愿意分析其组成部分的内部机制，并固执地拒绝在物质与精神之间划一道清晰的界线”[1]。这里很清楚地阐述了主客体没有清晰分离的状态，因此，在整体思维体系里观察者也参与了被观察的现象。这种情况，与现代量子力学里的测不准原理中所阐明的概念相似。测不准原理阐明，运动物体位移的测定精度与运动物体的动量（或速度）精度不能同时提高。

李约瑟在批评唯科学主义时这样写道：“我倾向于认为，反科学运动后面的真正意义在于坚信不应该把科学看成是人类经验唯一的有效形式。”[2] 唯科学主义的观点显然是随着科学的发展而兴盛与壮大的。因为在科学革命的年代，科学发展得太过迅速，而使其他的人类文明重要经验与价值受到了歪曲。李约瑟曾经猛烈地批评了西方文明的这种态度，他写道：“最初就是葡萄牙人在印度洋上对麦加朝拜船进行袭击，所有旅客不论男女老幼均罹难；后来又看到英国人为了保护鸦片贸易而炮轰吴淞炮台。不管他们的想法如何，总之，一句话，因为我们有马克沁机关枪，而他们没有。就这样，由于基督教国家偶然产生了现代科学技术而败坏了基督教的道德。文化上和宗教上的谦逊精神似乎已经消亡，至今仍长眠未醒。”[3]

李约瑟在宗教传道场合说出这样的观点显然需要有很大的道义上的力量。这里我并不打算批评殖民主义的种种恶劣行为，那不是本文的目的。本文感兴趣的是西方人由于科学的一时兴盛，使得西方人在很长的时间里都陷入了一种唯科学中心的思考方式。这种意识和价值的倾斜与不自觉，确实令人深思。它在其他相关方面的表现就是唯西方中心的一种文化心态。今天，科学发展所带来的种种负面影响已为

[1] 潘吉星主编：《李约瑟文集》，第 293 页。

[2] 同上书，第 318 页。

[3] 宋正海：《中国古代有机论自然观的现代科学价值的发现——从莱布尼茨、白晋到李约瑟》，《自然科学史研究》1987 年第 3 期，第 197 页。

人们所关注。唯科学中心的思考方式当然主要是建立在这些科学活动带来的物质文明的进步上。但从思维方式上看，一个缺乏整体意识、具有排他思维、只重局部价值的体系却过分地发展了，这显然是有所偏颇的。

三、整体观体现的某些方式与其现代意义

整体观的思维方式不是简单地可以用短短几段文字就能讲清楚的。作为中国传统思想的主体，整体观经过了数千年的流变。整体观通过以下几个具体的方面表现出来：太极、阴阳、五行,《易经》中的八卦体系、气与理等。可以说，在每一个方面的知识体都贯穿这个思维。此外，整体观也通过人们的生活态度体现出来。其中科学与非科学混杂着，人类将这两类概念分辨清楚还是最近几百年的事。

太极是中国古代关于自然界运动演化的模式论和形象图解。太者大也，极者端也。它代表了宇宙的起源。太极的含义结合了《周易》所说的“易有太极，是生两仪，两仪生四象，四象生八卦”。两仪即是阴阳。因此，太极、阴阳和八卦之间是以一个有机统一的关系显现于人们眼前的。本文所要指出的是，这一套论说是整体有机的思维方式。太极图就象征着和谐和变化。而《易经》的易字主要就是指变化，所以《易经》在一定意义上可解读为“讨论变化的学问”。如此看来，整体思维把相关的变化与和谐都包含在内了。《易经》对于中国文化的影响是巨大而深远的，这更是常识。

宋代的周敦颐对太极图做了一个设计，并写了《太极图说》，其中的主要内容有：“无极而太极”，即认为从无极而产生了太极。“太极动而生阳，动极而静；静而生阴，静极复动。一动一静，互为其根。分阴分阳，两仪生焉。”这里说明了从无极到太极，太极一分为二而生阴阳，阴阳具有相互依存的关系，至极端而向反面转化。“阴变阳合而生水火木金土，五气顺布，四时行焉。”[1]因此，我们看到了周敦颐是如何概括太极、阴阳、五行的演化观。要指出的是，这种演化观与整体观的相洽之处正是一种将自然界看成是自身演化的生命体的观点，没有任何外来的、外加的推动。

---

[1]〔英〕李约瑟：《中国科学技术史》第二卷《科学思想史》，第 155 页。

八卦体系基本上是由两仪构成的，属于一个二进位体系。有阳仪和阴仪。每组三个阴或阳的符号，共有八个组合而得八卦。八卦的中心思想是“万物负阴而抱阳，冲气以为和”。这里就含有了排斥“非此即彼”的观点，不是一种黑白分明的观点，而是允许有灰色的判断地带。

李约瑟认为这些产生于宋代的哲理：“那肯定是把整个宇宙当作单一的有机体这一概念。我们必须把‘极’认作是一种有机体的中心。”[1] 并且这“单一的有机体中的任何一个特定的部分都不能被认为是永远的‘居于控制地位’”[2]。这更进一步地阐明了在这种观念的宇宙图像中没有一个高高在上的造物者去创造这些万物。万物的存在与变化及其之间的相互关系都来自万物自身。

从以上的讨论看，整体观多属于概念哲理层面的内容。科学的中心活动是实验与观察之后再加以理论化（近代科学还经常是数学化模型理论）。因此整体观只在理念推演的层次与科学活动相关。

由于整体观并不是用具体的理论来解决具体微观的课题，因此对微观、分析层次的科学发展（或说近代科学的发生与发展）也就看不出什么贡献。整体观其实是提出了一种看待事物的一般态度，一种全面透视的思考方式，而人们在思考与探讨的任何课题都与这种思考方式和态度有关。从这个角度来说，整体观与近代科学活动仍有联系。

我们可以从对比西方的机械观如何与近代科学相互配合、促进的这个角度来分析整体观对科学发展所采取的态度。我们会发现，整体观基本上与近代科学的发展是相互抗拒的。笔者也注意到，有些学者认为文化对比与比较的“不可比性”，因为这常常涉及许多“为什么”这类的提问往往得不到一致的答案，甚至本来就不应该问。但是，或许是由于习惯性的原因，原来应该问“如何（How）？”的问题往往会被“为什么（Why）？”所取代，这可以说是逻辑推理上的一个失误。机械观与整体观之间当然也有不可比的部分。

有人这样描述机械观与近代科学发展的相互关系：“正如近代科学本身一样，近代科学中的机械自然观的孕育、形成与发展的背景是十分复杂的。总的来说，它是以中世纪晚期以来技术的积累与增长，资本主义经济关系的萌芽与发展为其总的

---

[1] 〔英〕李约瑟:《中国科学技术史》第二卷《科学思想史》，第 496 页。
[2] 同上书，第 497 页。

历史背景；与此相联系的则是从13世纪以后，历史上相互分离的学者传统与工匠传统发生了接近与结合的明显趋势，在这种趋势的影响下，科学中兴起了蓬勃的实验风气，而力学在注重实验研究的基础上获得了日益成熟的发展。加之文艺复兴以后，学者们对古希腊科学文化思想的发掘与继承已日益成为了欧洲新的科学思想的重要源泉。所有这些，均成了近代科学中机械自然观形成与发展的主要背景。”[1] 对近代科学形成的讨论是个大的课题，可从几个角度加以讨论。

这里讨论的是交错纵横的关系。由此我们看到了机械观仅是参与科学发展的互动因素之一。其他的参与因素还有：技术的发展与积累、学者传统与工匠传统的结合、实验方法的发展、资本主义的经济发展及来自文艺复兴的精神与内容。它们是一个相互促进的组合。因此，作为一个参与因素，机械观促进了近代科学在西方的发展。

由于源自于机械的发展（还要加上原子观点），机械观并不是和所有的近代科学门类都相洽。物理学中的声、光、热、电、磁与电磁就和机械观相去甚远，更不用说医学与生物学这些门类了。因此，我们可以说，机械观与近代科学的积极互动关系也是有局限性的。

我们虽然是在讨论中国古代传统思维方式，但它仍然富有现代意义。这种现代意义体现在以下几个方面。

（1）在传统医学（中医）体系中，整体观念是一个贯穿中医各个方面的体系。阴阳、五行及气仍然是中医体系所用的词汇，并且表达的概念内涵仍然是沿自古代。整体观的诊疗思想可以用下面的骨折治疗为例来说明。第一，局部与整体的统一，如骨折脱位的处理，中医只是将复位作为治疗的一个部分而不是全部，不是整体。中医重视动静结合在治疗过程中的重要性。第二，内部脏腑与外部肢节的统一性，内脏机能改变影响着骨折愈合过程。笔者儿子的骨疾在新加坡经西医诊断后得到的是动手术复位的处方，然而在北京经中医的治疗却取得较好的疗效，这给了笔者以深刻的体会。这些例子也论证了李约瑟对有机自然观的评价是正确的。

（2）在人文知识、艺术、管理、宗教与哲学思想、美学与历史观等方面，整体思维的方式仍然接续着古代的传统并一直充满着生机。由于这类经验体系与科学同

[1] 潘吉星：《李约瑟文集》，第24—25页。

等重要，我们相当肯定，在社会环节中，整体观思维必定含有巨大的生命力，并且也必然是多姿多彩的，当然这也容易引起异议。

（3）欧洲文明因为主要地促进了近代科学的发展而产生了长时间的“西方中心观念”和“唯科学主义观念”。整体观在此可以起着互补和借鉴的作用。由于深受中国整体思维的影响，李约瑟经常应用中国有机自然观的观点来看待科学发展的问题。日本科学史家中山茂因此称李约瑟为“有机论哲学家”[1]。李约瑟倾向于采用中国古代有机自然观这种科学的思想来分析现代科学的发展，科学与社会的互动等课题。另一方面，“有机论哲学的产生是由于机械哲学发生了危机和科学分析潮流以及单纯的还原论方法陷入了困境。”[2] 在20世纪的西方科学家中，贡献较大的两位有机论者，一位是李约瑟，另一位是怀特海（A. N. Whitehead，1861—1947）。他们都在近代科学发展到20世纪时对科学与社会关系中的不相洽的部分进行了反思，从而认识到了有机观念的正面意义。其他的西方学者中，接纳有机观点的还有莱布尼茨、波尔和普里高津等。这些人的学术活动足以说明中国古代有机自然观的现代意义。自古至今，认识自然都不是一件容易的事，人与自然的关系也是多方面的，人们在这方面的认识仍在迅速地发展。

（4）在自然科学领域，只有物理、化学及其相关学科与机械观比较相洽 。而生物科学、生化、医学等则与有机自然和整体观的观点较相洽。因此，现代的科学研究仍然应该重视整体观。

（5）虽然顿悟思维并不是自然科学常用的方法，但学过中学以上物理学的人都有过这样的感受：课本上的物理概念和自己的直觉反应不一致。这是物理教育学方面的一个热门课题，叫作“概念与替代概念”（conception and alternative conception）。这里，我们不应把学习物理的人的不同于标准概念而由自己的直觉反应所形成的概念叫作“错的概念”（misconception）。当然会有很多人认为，比较好的是将这些未与标准概念统一过的概念叫作“替代概念”。因为我们要接受一个这样的想法：每个人都在以他自己的方式、模式、概念去认识这个世界。本来每个学物理的人都可能会有机会创出他自己认定的物理学并且用自己的概念来表述。然而由于沟通的需要，以及前人研究的难以取代性，他就需要采用多人所定的概念。只

---

[1] 〔日〕中山茂：《李约瑟——有机论哲学家》，《科学史译丛》1982年第3期。

[2] 〔英〕李约瑟：《基督教和亚洲文化》，《四海之内》，北京：生活·读书·新知三联书店，1992年，第176页。原文是1961年在剑桥风维尔及凯斯学院教堂的布道词。

有经历了一个“科学革命”的过程，新的“范式”与新的一批概念才会有机会取代或修改原有的概念或范式。

每个学物理的人都放弃了自己的“替代概念”而接受牛顿和爱因斯坦的概念。从某个角度来说，这纯粹是为了一种方便，因为牛顿方式和爱因斯坦方式已为人们所接受。

当人们产生了自己的概念并且不同于牛顿或爱因斯坦的概念时，并不一定是坏事，这只能说明这个人的“顿悟思维”（或叫直觉）与牛顿或爱因斯坦有些不同。或许这些顿悟与直觉对于创造新的概念与“范式”有所裨益。如果人人都只是完全接受前人的概念与“范式”，那么新的东西将无从产生。当新的实验结果越来越难以用现有的概念与“范式”阐述，而且二者越来越难以相结合的时候，创造力（往往源于直观、顿悟与整体思维的透视力）将有机会突破旧的范式，发展出新的范式。这些思考与讨论在科研和教育上肯定是值得注意的。

顿悟思维并不受某种固定的逻辑规则约束，也不遵循严格的线性程序，其间亦看不到概念的连续推演，属于间断性思维。“庄子及其学派对直觉思维的非逻辑性的特点有比较充分的认识。”此外，“理学家则从哲学直觉思维的角度论述了直觉思维的显现形式问题。程朱都承认直觉思维是一种顿悟现象，即脑际出现突发性的‘闪念’”[1]。

顿悟与直觉应该和埋在人们深层潜意识的认识与记忆有关。由于我们还不能确知大脑是如何记忆、存放和取出所学知识的，因此很难知道其操作细节。然而，存放在潜意识层的认知在某种情况下释放出来并以顿悟和直觉的形式体现的思考和知识应是值得珍惜和重视的。因为那可能是对知识的另一层次的认识。

整体思维因为受严密逻辑推演的限制较小，因此产生顿悟与直觉性思考方式的可能比较大。这应看作是整体思维对人类和社会有正面贡献的一个方面。

四、思维方法的错位

作为中国古代重要的思想来源，道家的思维方式主要也是整体观式的而不是分

[1] 蒙培元：《中国传统哲学思维方式》，杭州：浙江人民出版社，1993 年，第 336 页。

析和机械式的。道家的思想内涵杂而博，其炼丹术既有许多哲理上和心理上的内容，也有医疗、化学、工艺操作上的内容，但它并没有发展出分析型的、严格量化和可证伪的理论体系。金丹炼不成长生不死的药，往往被归咎为炼丹者的修行不够，或时辰与方向的选择不当，而不是金丹本身的问题。这种认知上的反应确实是主客不分离的一种体现。这种把认识的自然规律与人的行为做如此的结合也是整体观、有机观的失败的例证。

在这里，整体观、有机观仍应作为主要趋势来看而不是作为一种绝对的、唯一的理解。由于道家比儒家对自然有更大的兴趣，从态度与精神气质讲，道家在这个意义上比儒家应更加有贡献。众所周知，这是李约瑟的观点。李约瑟认为，由于道家在实验的实践方面没有发展出较好的方法，而且实验又不能与量化理论结合，这些失误都是造成科学发展不利的因素。他批评这种错失说："道家除了施行炼丹术这种经验主义的实验之外，从来就没有能够提出任何探索自然的有效的方法。所以，到后来就产生了像《淮南子》那样的玩弄数学魔术的无聊书籍，把一切事物都排列为固定的数字组合，例如，四方、五谷、人体的六窍、九音等，像是用各种排列和组合的方式进行的奇幻的算术游戏。所以，再到后来，就出现了关于王阳明的那种嘲讽性的故事。王阳明说，他对着一根竹子沉思了好些天，始终没有能够进一步领悟植物内在的道理。"[1]

这样的批评是苛刻和深切的。用中国文字表述的综合总结总是好用简单的数字，这是追求一种方便的表述，方便理解与沟通。这"四方"的"四"当然不是说方向就只有四个，从传世方家所用的罗盘就能说明这点。"五谷"也不是说谷类只有五种。有一般中华文化常识的人都知道。李约瑟也应该知道。在这点上，李约瑟的评论可以说是属语气的选择，并且也因为语言的表述在不同的文化所体现的差异容易引起误解。我们也应该注意到，这是李约瑟在1942年发表的观点，在那个时候，李约瑟对中国道家在中国古代科学的贡献还抱有怀疑的态度。当时，李约瑟尚未对中国科技史做深入的研究，尚未对道家的科学贡献做出肯定。李约瑟对于道家在古代科技方面的贡献是50年代中期才确定的。

王阳明的失败在于，他不具备足够的条件，他没有好的实验方法。他若要以生

[1] 林德宏、张相轮：《东方的智慧——东方自然观与科学的发展》。关于"整体思维"的要点，也参考了蒙培元主编《中国传统哲学思维方式》第四章。

物的方法研究竹子，他需要长时间观察竹子，而不是几天。因为竹子在几天内是不会有多大变化的。这只是其中的一方面。他若要研究竹子的物理性质如弹性，那么他需要安排适当的实验，并且要测量，最起码也要用比较的方法。王阳明最大的失败就在于他只用上了“沉思”这一个办法。

我们先来看看王阳明的原话，再考虑他是在什么背景下表达出他的观点的，这或许更能说明问题。原话出自《王文成公全书》中的“传习录下”：“初年与钱友同论做圣贤要格天下之物，如今安得这等大的力量？因指亭前竹子令其格看。钱子昼夜去穷格竹子的道理，竭其心思至于三日，使致劳神成疾。当初说他是精力不足，某日自去穷格，昼夜不得其理，到七日亦以劳思致疾。及在夷中三年，颇见得此意思，乃知天下之物本无可格者，其格物之功，只在身心上做；决然以圣人为人人可到，便自有担当了。”引文虽然长了些，但有必要，必要在于这详尽说明了王阳明格竹不成始终是方法与目的不配搭的问题，还有途径的考虑。想成圣贤要格天下之物，应理解为要有广泛的学习兴趣，但是在培养广泛兴趣的时候也要讲求方法与目的。格竹子也要问些具体的问题，到底是将它作为一棵植物去理解，还是想通过它作为一种联想媒体以悟出一些哲理，这些都要先定好。在这里，我们确实不清楚王阳明是如何具体地期望从格竹子而达到圣人这一目标，这中间有许多未经交代的细则。庄子也通过很多寓言来抒发他的哲理，这要有深厚的悟力、深刻的人生经验与体会作为基础。猜想王阳明与他那钱姓朋友在格竹时还是年轻人，因为他用了“初年”二字，只有大志而缺乏人生经验与体会，自然悟不出什么哲理。王阳明也没将竹子当作植物来研究，必然也没什么所得。看来只是如此而已。李约瑟说“那种嘲讽性的故事”指的也只是这一点。看来王阳明想用的是直观整体透思，而不是采用什么实验观察途径。王阳明的问题是思维与方法的错位。

整体思维方式不是具体的学术研究方法和理论。对于科学的发展，整体思维能够起的作用是在方法上起着启示性的作用。科学的发展还有其他的因素参与。选择适当的方法很重要。比较直接的因素是实验方法，以及直接具体地与这些实验方法结合起来的理论模型（不论是量化还是非量化）。但是，思维方法本来应该对概念微分化、精密化的过程起些比较直接的作用。自然科学概念要求一种意义确切的规定，整体思维由于不严格区分主客体，因而无意或无能力将客体加以隔离。这样一来，在要求界定清楚这一方面，整体观是无能为力的。就这个意义来说，整体观对近代科学的发生与发展是不利的。至少在某个阶段可能是这样的。王阳明的问题在于选择了不适的研究方法与态度。或者说整体观对于中国科学从古代缓慢发展到剧速发展并没有起过积极促进的作用。如果用库恩的“科学革命”观点，“范式”的形成与功能及“科学共同体”等概念来参照，作为思维因素的一个中心特点，整体思维也只能是科学发展的诸多因素中的一个。当然，这个因素与其他的因素是相互联系的。在中国的情况，“科学共同体”是否曾经在农、医、天算等领域形成过，这倒是个有趣的课题，应作另文阐述。“范式”的形成要有一批共同界定的概念，整体思维倾向于模糊思索而不是确定的概念。这些思考都有当代的意义。其中一项是思维方法要与研究结合。

结　语

在批评逻辑几何的缺点时，为了支持自己的论点李约瑟引用了一段这样的谈话：“但我清楚地记得 1947 年波恩的保罗·罗兰珍（Paul Lorenzen）博士的一次谈话。他在这次谈话中表示了这样一种看法：欧洲有过多的欧氏几何并非一件好事。诚然，几何学是现代科学的必不可少的基础，但是它确实也有不好的影响，这就是诱使人们过分地去相信各种各样的不言而喻是想象出来的、抽象的、永恒的和公理化的命题，以及过分乐意地接受那些刻板的、逻辑的和理论的陈述。由于这些变成了天主教教士从罗马法学家那里继承下来的带有权威性的信念，所以当商人阶级的势力增强的时候，宗教改革运动就不可避免地爆发了。西方至今仍然蒙受着那个时代的口号的损害。然而，中国是代数的和‘巴比伦式’的，而不是几何的和‘古希腊式’的，因此相对倾向于实用和近似，而不是理论和绝对。于是，经验主义的、历史的和‘统计’的伦理观盛行了起来，几乎很少有思想方面的狂热，并且基本上不存在因为宗教信仰的缘故而遭到迫害的现象。”[1]

笔者认为，这段讨论阐明了他对中国式思维的认可，从这段话引申出来的内涵有：

（1）逻辑与几何带来的思维具有许多缺点；这在于它的深刻性与权威性（因为权威意味压制）。

（2）由于逻辑与几何在思维上的权威性是天主教教士从罗马法学家那里继承下

[1]　潘吉星：《李约瑟文集》，第 107 页。

来的，因此其与思想狂热、宗教信仰迫害有关。

（3）李约瑟认为中国式的思维正好避开了这些缺点。众所周知的，李约瑟经常提出这类中西互补的观点，认为西方文明有许多地方可以向中国方式学习。中西互补中的一项意义就是整体观与机械观的互补与并重。

在这里，中国思维的优越性正是因为它缺乏几何传统。整体观的和谐与宽容的精神由此体现了出来。我认为这样的人类经验具有更广泛的意义，它不只是在自然科学的探索历程中有意义，对其他的人类经验也具有启迪的作用。尤其是整体思维方式中所含有的和谐与协调的精神更容易引申到社会科学的领域。

有一种说法有助于理解科学技术与社会的相互关系，这种观点认为：一、政治不统一带来了竞争；二、竞争带来了思想的活跃。有关的观点是这样的："我的结论是中国的科学，即使是实用科学，其萌芽固然在任何时期都可以发生，但是最灿烂的时代是思想上不归于一、政治上不归于一的时代。这时最容易因竞争而开花结果。另一方面，工艺的发展则属另一模式。中国工艺的成就，总结地说，需有一个大有力的政府，掌握大量的资源，给予工匠几乎是无限的支援与长期的时间去发展。"[1]

薮内清也提到过中国的周边没有高度文化的强国不利于科学发展的观点。他的原话是"首先一条是，中国偏处远东，周围没有具有高度文化的强国"[2]。生物的进化来自环境的挑战与选择，人类文明若不能在挑战中调整，它就会面对来自另一文明的挫败。这富有现代意义。

至于统一的政治有助于工艺的发展，笔者认为这是有条件性的。应该说，某些工艺才需要这样的条件。有许多工艺，相对小的力量也足够了。举个例子：诺贝尔发明较好的火药是因他个人的努力而达到成功的，政府反而做不到。

文章结束之前，略谈一下整体观思维来源的一些讨论。中国传统的整体观念必受"天人合一"这类想法的主导。张岱年先生说这源于孟子，因为孟子提出"知性则知天"。他又认为人的性是无所赋予的，性出于天，所以天与性是相通的，并认为"性天相通观点的影响很大"。远古时代的原始人还没有把人与外在世界分开，原始人的意识较混乱与模糊，这看来似乎是主客不分的根源。但张岱年先生认为颛

[1] 许倬云：《历史分光镜》，上海文艺出版社，1998 年，第 284 页。

[2] ［日］薮内清：《中国·科学·文明》，梁策、赵炼宏译，北京：中国社会科学出版社，1988 年，第 141 页。

项以前将“民神杂糅”进至“绝地通天”，这中间就含有了区别人与自然的意义。而孟子所提的天人合一则是更高一级的思维方式，它是在区别了天与人的基础上建立[1]的。但这也未能完全排除整体观含有某种原始性的存在。

黄生财，出生于新加坡，中国科学技术大学科学史与科技考古博士。

[1] 张岱年：《中国哲学中关于“人”与“自然”的学说》，北京大学哲学系主编：《人与自然》，北京大学出版社，1989年。

威廉·冯·洪堡的语言思想与中文研究

班立华

在19世纪，随着知识规范化和学科化建设的进展，语言研究内部的专业划分也明确了起来，不同的领域有不同的研究对象、目的和方法。研究人类语言的本质和普遍规律的普通语言学在这一时期正式形成了，其奠基人一般被认为是威廉·冯·洪堡（Wilhelm von Humboldt，1761—1835）。

洪堡是一个具有多重身份的历史人物，在不同的领域都有所建树。他长年身居普鲁士政府的高官要职，是显赫的政治家和干练的外交家，其最为人称道的政绩是推行教育改革，创建新型的大学体系。在学术思想领域，洪堡涉猎广泛，尤以其语言理论研究最具影响力。作为普通语言学家，洪堡侧重以含有哲学眼光的语言学方法，提出和处理相关的问题，他的一系列论说因此别具深意。

因其特殊的天才和视角，洪堡的语言研究有些游离于主流之外。但是综合考察的话，我们可以发现，洪堡的身上恰恰集中了那个时代的精神特征，而且由于思想的深广和影响之巨大，特别有资格成为某种认知方式和思想传统的代表。

在其学术生涯中，洪堡不仅一直关注，而且还深入研究过中文。他的专题著作及各种相关的论述在中文研究史上都具有里程碑式的重要意义。值得注意的是，对中文的分析与论断在洪堡的整个语言思想构架中占据着关键性的位置。其间蕴含的理念程式亦关乎时代精神脉动的主旋律。因此我们需要联系当时德国知识思想的总体背景，同时考虑到西方观念史的结构性变迁，以探求洪堡语言思想的核心要旨，并由此辨析出洪堡中文研究的内在理路，明白其中丰富而深刻的含义。

一、表现主义语言观

19 世纪西方的语言学研究空前繁盛，以历史比较语言学为代表的新型学科不仅硕果累累，而且构建了一套严谨而系统的学术方法，语言学甚至由此可以成为一门“真正”的科学了。除了外部因素的影响，这一时期语言学的进步和脱胎换骨式的变化完全有赖于从指导原则到分析方法的全面更新，而语言学的范式转换又可溯源于当时人文知识领域的内部要素和组织原则的深刻转变。

这种转变首先是来自对人和语言的本质的新认识。恰如 17 世纪初期，新哲学家们猛烈地抨击文艺复兴时期的符号思想一样，18 世纪末，新一代的思想家们也把批判的矛头指向了前一时期的语言观念。

在 17、18 世纪，无论是唯理主义、经验主义，还是启蒙思想，都是从表象（representation）[1] 意识出发来理解语言的本质。语言符号的意义被确定为表示观念或指示事物。因此，语言属于表象的一种，其功能是表象他物。到了 18 世纪晚期，语言开始突破表象空间的束缚，被重新定位。1770 年赫尔德的论文《论语言的起源》标志着一种新型语言观的诞生：语言不只是能指和所指缀合而成的一组符号，其作用也不仅仅是指涉和推论，语言首先和本质上被视为人的内在精神的外在表现（expression）[2]。从这一定位出发，语言获得了全新的理解。其后，无论是浪漫派，还是洪堡、黑格尔这样的哲学家，都承袭和发展了赫尔德的表现主义语言观。这一理论作为 19 世纪德国思想的内在要素，随着这一时期德国哲学的英雄功业，随着浪漫主义艺术和新型语言学的蓬勃发展，进一步得到了丰富和深化。洪堡的语言思想正是其集大成者。

在洪堡等人的话语空间中，“语言”具有了和以前迥然不同的含义与价值。此前，语言符号的内涵完全在于它的所指，即表象的观念或指示的事物。现在，语言

---

[1] “表象”的概念和译法遵循了我国哲学研究和翻译的传统。representation 与 expression 都可以译为“表现”，但两者的含义有着本质的不同，其间的差异是区分 17、18 世纪与 19 世纪之语言思想的关键，下文略加论述，深入探究可参考 Michel Foucault, *The order of things*, New York: Vintage Books, 1973, 及其中译本《词与物》（莫伟民译，上海三联书店，2001 年）第三章、第四章、第七章。

[2] 参照以赛亚·伯林（Isaiah Berlin）的用法，他以“表现”的范畴来说明哈曼、赫尔德启动的德国反启蒙运动的思想方式；查尔斯·泰勒（Charles Taylor）进一步根据“表现主义”（expressionism），阐明 18 世纪末至 19 世纪前期德国思想的主要倾向，洪堡即是这种潮流的代表人物之一（查尔斯·泰勒：《黑格尔》，张国清、朱进东译，南京：译林出版社，2002 年，第 19 页）。

的含义大大丰富了，语言拥有了不可表象的因素，它来自人的主观精神，不可全部归结为概念性的意指。事实上，正是这些非概念、非表象的成分被洪堡等人强调为语言的价值和本质所在。它构成了语言的个性，反映着语言的创造者和使用者的精神特征，表明了言说者特有的意识方式。

语言的个性决定了语言的不同。此前，语言的差异仅仅被理解为用不同的语音或符号表示同样的观念与事物。从赫尔德开始，这种亚里士多德式的传统语言观被摒弃了[1]，每一种自然语言都被证明了是一种独一无二的精神存在方式。在洪堡那里，这一点得到了进一步的明确表述："语言的差异不是声音和符号的差异，而是世界观本身的差异。"[2]因此，语言的民族性获得了空前重要的意义，因为民族语言正是民族独特精神的表现，是其内在本质的实现。民族精神的概念进一步把某种语言和相应的文明联系了起来，因为语言所表现出的精神力量，决定了文明的萌生和发展，并激发了民族文化的全部生命活力。

语言价值的重心发生了偏移。语言的重要性不再是系于表象的能力，而是在于对精神力量的深刻表现。相应地，衡量语言的标准和模式也发生了变化。在表象的范畴下，语言作为观念的符号，应当遵循理性的秩序，以清晰明确的方式，在逻辑空间中依次排列。因此，17、18世纪的普遍语法和逻辑学共生并存，数学模式既是哲学效法的对象，又是理想语言的模型。从18世纪末开始，在"表现"的视域统摄下，语言成为了"人"的全部精神要素的有机表达，成为了一种"艺术"。一如艺术此时已不再被视为是对自然的模仿，而是人类的深刻情感的表现，是内在精神的流溢；语言亦是"精神不由自主的流射"[3]。因此，不难理解，语言在浪漫主义中具有何等重要的含义。相应地，评价语言的重心也从逻辑转移到了诗学。人们强调，语言在本原意义上和诗歌不可分。希腊语受推崇也不再是因为它的哲学价值，而是来自它的诗学特性[4]。语言的源泉在于情感和意志，它根植于活生生的生命，不能被僵硬的理性分析所扼杀。"分解就是谋杀"，这句浪漫主义的宣言也是影

---

[1] 系统论述参见K-O.阿佩尔（K-O. Apel）：《语言交往的先验概念与第一哲学的观念》，孙周兴译，收入《中国现象学与哲学评论》第三辑，上海：上海译文出版社，2001年，第234页。

[2] 威廉·冯·洪堡：《洪堡语言哲学文集》，姚小平译，长沙：湖南教育出版社，2001年，第29页。

[3] 威廉·冯·洪堡：《论人类语言结构的差异及其对人类精神发展的影响》，姚小平译，北京：商务印书馆，1997年，第20页。

[4] Martin Bernel, *Black Athena, vol. I: The Fabrication of Ancient Greece 1785-1985*, London: Free Association Books, 1987, p.226.

响19世纪的金科玉律[1]。因此，支配语言的原则不再是单纯的理性，感性和综合因素也备受推崇。

简单总结一下，在新的语言思想的观照下，语言具有了主体性、主观性、内在性和有机性的特点。

语言源于行动着、思考着和感受着的主体，语言深刻的表现力量正是来自这样一种主体的内在精神。这一主体可以是个人，也可以是民族。而主体也必须通过展示自身来确定自身，只有通过自我表现，主体才能澄清和了解自我的内涵，才能获得自我的意识。语言和人的自由因此紧密地联系在了一起，格里姆（J. Grimm）写道："语言是属于人的，它的起源和发展归因于我们全部的自由；它是我们的历史，我们的遗产。"[2]

语言包藏的与其说是事物的知识，不如说是人的主观因素，是特定的意识活动的沉积。这一时期，概念仍然被当作是语言中的客观因素，但它已不再至关重要了。因为语言不再是能指—所指的集合，而是一种不停息的精神活动，如洪堡所说，是一种能（energeia）。主观因素才是语言的本质和个性所在。语言因此不再指向外部世界，而是向内指示人的精神。这种主观内在的特性必然要通过语音来表现。因为只有语音才保持了精神活动的内在和无形，而且与之天然同一。洪堡指出："思想、发音器官、听觉同语言之间的不可分割的联系无疑出自无法详加解释的人类本性的原始安排。"[3]语音中心主义（phonocentrism）在此达到了极致。

作为艺术，语言遵循着有机原则。这种有机性正是新语言观最显著的特点，它被认为源于人的有机性。人的精神构成不再偏于理性，而是被强调为一个整体，理性与感性的有机统一。正是这种综合的力量，决定着语言的活动，也赋予了语言以宝贵的生命力。赫尔德明确地将其和理性区分开，称之为"悟性"（besonnenheit）[4]；在洪堡和席勒那里，它被确定为有协调统一功能的审美力[5]。语言的有机性体现在它传达的内容上。语言应当是对主观精神的全面表现，而非单纯地表述概念。在形态上，语言的有机性既表现为语音，也表现为语法形式，特别是屈折形式。有机性必然和生命相关。语言很自然地就被当作了有机体，既有组织构

---

[1] 以赛亚·伯林：《反潮流：观念史论文集》，冯克利译，南京：译林出版社，2002年，第10页。
[2] Michel Foucault, *The order of things*, p.291.
[3] 威廉·冯·洪堡：《洪堡语言哲学文集》，第269页。
[4] J. G. 赫尔德：《论语言的起源》，姚小平译，北京：商务印书馆，1999年，第23页。
[5] 姚小平：《洪堡——人文研究和语言研究》，北京：外语教学与研究出版社，1998年，第32页。

造，又有从生长到衰亡的历史。

新的语言观必然在这一时期的语言学研究中得到彰显。众所周知，历史比较语言学的兴起和浪漫主义、民族主义的密切关系，不难理解，新语言观构成了它们内在联系的思想基础。进一步考察可以发现，新语言观为新的语言学开拓了知识空间。语言不再仅仅作为观念的符号，它可以获得独立的存在，可以像对自然客体那样加以研究。作为语音整体，语言本身就蕴含了民族精神和历史因素，故不必围绕意义的内核即可获得价值。而且，语言被强调为一个统一的整体，通过语法形式将各个要素有机地联系起来，因此，语法形式成为了语言的内在结构和决定性要点。

新语言观的意义实际上远远超出了语言研究本身。作为一个思想史现象，表现主义语言观最值得注意的一点在于，它和当时风行的后启蒙思潮具有共生同一的关系。

二、后启蒙时期的思想倾向和“有机性”崇拜

在 18 世纪后期，一股哲学思潮悄然兴起，迅即席卷哲学、文学、语言学乃至整个人文思想领域。它以德国为中心，发轫于哈曼、赫尔德等人对启蒙运动的抵制，常被称为“反启蒙运动”[1]。但是，这场思想变革和启蒙运动的关系相当复杂，既批判又继承，既反对又发展，因此这里称之为“后启蒙思想”。表现主义语言观就内生于这一思潮，实际上，这种新型的语言观念正是促成从启蒙到后启蒙之思想转换的关键要素[2]。另一方面，随着后启蒙思想的演进，表现主义语言观也被赋予了多重寓意。

法国大革命造成的焦虑与压力构成了 19 世纪前期德国的哲学和人文研究的大背景。基于后启蒙时代的话语背景和问题框架，它们在不同的领域以一种继承加反动的姿态对大革命和启蒙运动做出了直接或间接的应答。

根据普遍的看法，法国大革命的灾难性局面被认为是导源于启蒙运动本身的根本缺陷，更进一步追溯，则可以归咎为 17、18 世纪形成的形而上学思维方式的不

[1] 以赛亚·伯林：《反启蒙运动》，《反潮流：观念史论文集》，第 1—29 页。
[2] 详见查尔斯·泰勒：《黑格尔》，尤其是第一章。

适当性。用黑格尔的术语表示，就是“知性”（17、18世纪的分析理性）的谬误应对此负主要责任。知性（verstand）被认为是一种低层次的理性，是抽象和形式主义的思维方式，只能在对立和分离的范畴下描述人和世界，因此无法真正实现思想和存在的同一，最终会走向唯物主义和怀疑论。更糟糕的是，这种认识论上的困境会导致思想的激进与褊狭，进一步侵袭了作为社会意识形态主要内容的道德与宗教，因而严重地威胁到了国家的统治和社会的稳定。启蒙运动让人们只依赖自身有限而狭隘的理性思考与判断，从而与各种外在的精神权威彻底地决裂、对立。每个人自行其是，国家丧失了权威性，要么无法维系，要么沦为单纯的暴力机器。

因此，如何解决启蒙的难题，如何纠正赤裸裸的理性之偏差，既是认识论方面的紧迫课题，又是资产阶级国家亟待完成的意识形态任务。于是，相对于此前的知性主义，德国的思想界走上了一条内在化、主观化、审美化的道路，以内在精神为基点，通过审美途径来消除一系列令人不安的二元分裂，达致主体与客体，内在与外部，个体与总体的同一。由此确立的主体中心、内在目的性和普遍自发的和谐统一，极好地迎合了社会政治的需要。可以说，这样的思想理论演进和意识形态建构已经成为了同一过程[1]。

19世纪的资产阶级急需建立新的统治方式，既不能是旧式的专制政权，也不能遵循启蒙的激进理性，因为按照其思想家的说法，这两种模式是“机械的”“无机的”，无法真正地维持统治秩序。理想的方式应当是一个有机社会，其中个体之间、个体与整个社会均内在统一，法律铭刻在内心，和社会风俗、天然情感、生活方式和各种感性生活融为一体。它会召唤一种相应的主体形式，由于其有机和谐的人性，可以既保持独特的个性，又与社会统一，从而构成完美的统治基础。德国人塑造出了神圣的古希腊，具体展现出了这一理想，并且通过语言、文化等方面的比附将之投射到民族的自我形象之上。

因此我们就可以理解为什么“有机”的概念作为关键词回响在各个知识的领域。德国的哲学、文学、古典语文学、历史比较语言学，以及洪堡开创的普通语言学，都把有机性作为衡量语言价值的标准，屈折形式发达的语言因此受到了推崇。有机的语言，有机的思想，有机的社会，有机的人，这些观念远非是以一种隐喻

---

[1] 参考特里·伊格尔顿：《美学意识形态》，王杰等译，桂林：广西师范大学出版社，1997年，第四章、第五章。

或象征的方式彼此相关，而是被认定有内在本质的关系。它们的中介就是“精神”（Geist）。各种社会历史现象最终都被归结为“人”的精神的外在表现。

后启蒙的反知性倾向特别地把矛头对准了前一时期的语言观念，不遗余力地批判各种分析性的表象符号，不仅因为它们扼杀生命，而且还因为知性的分解活动总会导致抽象、僵化，并最终陷入分裂和对立。从赫尔德到洪堡的表现主义语言思想，正是基于这种反知性主义，把语言的本质转换为主体的内在精神，无限地推崇“有机”的语言观念。

简言之，在洪堡的时代，德国的后启蒙思想与表现主义语言思潮，以及美学化的意识形态建设，实际上是一个有机的整体。有意思的是，洪堡本人的一项显赫业绩表明了这种内在的关联与统一。1809年，洪堡受命推进普鲁士的教育改革，在柏林创建新型大学。洪堡终于有机会将自己服膺的席勒式审美教育理想诉诸实践了。他有意识地拒斥法国式的“理工”（polytechniques）模式[1]，而是倾向于教授含义更广的“知识”（wissenschaft），强调人文学科的建设，倚重的核心是古典教育。洪堡从一开始就延请了古典语言学家沃尔夫（Friedrich A. Wolf）来柏林主持大计[2]。同时，洪堡建议创办的新式“文科中学”也将希腊语、拉丁语作为主课[3]。通过围绕有机的古典语言展开的教学研究活动，洪堡意在使古希腊式的有机精神深入人心，以达到“教化”（bildung）国民的目的。有学者指出，正是这种人文教育体系和古典教养方式构成了19世纪普鲁士社会秩序的重要支柱[4]。

三、洪堡的语言思想和语言研究

洪堡的语言研究可以看作是19世纪德国的后启蒙思想在语言问题上的集中表现，它直接承继了赫尔德以来的表现主义语言的哲学传统，同时回应了方兴未艾的新语言学的巨大成就。

洪堡身处历史比较语言学蓬勃兴起的时代，他对这方面的研究十分关注，并且

[1] 这一模式的代表是创立于大革命之中的巴黎综合工业大学，其成员亦自觉地继承了建校的传统，在19世纪的动荡中颇为活跃，有急先锋式的表现。

[2] Martin Bernel, *Black Athena, vol.I*, pp.284, 286.

[3] 姚小平：《洪堡——人文研究和语言研究》，第59页。

[4] Martin Bernel, *Black Athena, vol.I*, p.282.

注意从葆朴（Franz Bopp）等人那里吸取知识，但他的研究旨趣不同于那些比较语言学家。洪堡的兴趣在于对人类语言进行总体考察，从语言哲学、人类学的角度探讨语言的本质、类型、活动机制，特别是语言结构与人类精神发展的关系。如果说有谁最明确不过地体现着当时新型的语言观念，那么这个人非洪堡莫属。他的研究完全贯彻了从精神表现的角度思考语言的核心原则，语言的内在、主观、有机的特性被强调到无以复加的程度。也正是洪堡，明确地将对语言活动的本质的思考导向"人"的特定精神，从而使语言研究成为了"人"的研究。

洪堡思考的是语言的本质，尤其是语言与思想，语言与人类精神发展的关系。应当说，这个题目并不新鲜，从波尔·罗瓦雅尔（Port Royal）学派到孔狄亚克（Etienne B. de Condillac），都在表象符号和逻辑的范畴中谈论着类似的主题。但洪堡的研究建基于新的语言观，他指出："我们不必考虑语言作为事物的名称和理解的媒介所起的作用，相反，应该更细致地追溯语言与内在精神活动紧密相关的起源，以及语言与这一活动的相互影响。"[1]

"比较"是洪堡的研究方法。与此前的词源学式的语言比较不同，洪堡比较的对象是各种语言的语法形式，而非同一概念在不同语言中的表达方式。这和历史比较语言学的取向一致。因为洪堡认为，只有通过语法形式才能把握语言的有机体，才能了解词的真正构造[2]。但这种语法的比较绝不能仅仅基于逻辑—语法形式，因为语言不再只是针对事物和概念的表达手段。

人类语言的差异性历来是语言研究的重大主题，洪堡不仅要从语言的结构出发来描述这种差异的本质，解释差异的起源，而且还要以此考察精神的发展过程。或者说，洪堡是要通过共时的广泛比较来拟构人类精神和语言发展的历时模式。很自然，洪堡会把语言的差异归结为精神的差异："人类语言的结构之所以会有种种差异，是因为各个民族的精神本性本身有所不同。"洪堡把这个论点确立为讨论的基础，它属于"最高层次的、终极的解释原则"[3]。

洪堡的语言思想深刻贯彻了有机原则，这一点也直接决定了他对中文的看法。语言的有机性源于人的有机性，洪堡明确指出："语言是（人这一）有机生命在感性和精神活动中的直接表现，所以语言也就很自然地具有一切有机体的本性，即，

[1] 威廉·冯·洪堡：《论人类语言结构的差异及其对人类精神发展的影响》，第 53 页。
[2] 威廉·冯·洪堡：《洪堡语言哲学文集》，第 254 页。
[3] 威廉·冯·洪堡：《论人类语言结构的差异及其对人类精神发展的影响》，第 51 页。

它的每个成分都依赖于其他成分而存在，所有成分则都依赖于一种通贯整体的力量而存在。”[1]

语言的有机性在语法形态上特别地表现为屈折形式。一方面，屈折形式中的词缀和词融合使词本身成为了一个有机的统一体，而非孤立要素的机械接合；另一方面，屈折形式也表明了词与整个句子的内在关系[2]。洪堡认为，只有屈折形式才具备纯正的语言结构原则，因为它充分地表现了语言的、也是精神的有机本质。所以，他将屈折形式发达的语言或者说梵语型语言看作是“最为接近完善的语言形式，而且正是在梵语型语言的基础上人类文明得到了最成功、最持久的发展”，“因此，在比较所有其他语言的时候，可以把这一类语言看作是固定的标尺”[3]。

洪堡的研究需要说明，为什么屈折形式最有利于人类精神和人类文明的发展。从原则上讲，似乎很自然：有机语言和有机思想互相促进，从而使人性和谐统一，自由展开。不过，洪堡还需要通过广泛的比较研究具体地阐明这个问题。一方面，可以重复19世纪典型的德国式的陈词滥调，即以古希腊为光辉的榜样，从正面说明并且联系或影射德国语言文化的相应特征；另一方面，要考察那些不完善的语言，尤其是“偏离高度规律的形式的语言”，以它们为反例，指出其精神本质和重大缺陷，说明它们为什么不利于精神的发展。这正是洪堡研究中文时所要完成的任务。

四、洪堡论中文

洪堡本人做过大量具体的语言研究，但是他的比较语言学计划还必须依靠其他学者的研究成果才能进行。洪堡在学界接洽广泛，不仅与德国的历史比较语言学家们熟识，而且和巴黎的学术圈关系密切。当时的巴黎是非印欧语言学研究的中心，法国的汉学更是独步欧洲。洪堡利用了这一时期的汉学成果。具体来看，他主要依据法国汉学家雷慕沙（Abel Remusat）的《汉文启蒙》（Elemens de la gramnaire Chinoise，1822）及其译解详细的《中庸》（1818），同时参考了德国东方学家克拉

[1] 威廉·冯·洪堡：《洪堡语言哲学文集》，第13页。

[2] 威廉·冯·洪堡：《论人类语言结构的差异及其对人类精神发展的影响》，第138页。

[3] 同上书，293页。

勃罗德（Heinrich J. von Klaproth）的相关论述，以及当时在远东的英国新教传教士马礼逊（Robert Morrison）和马士曼（Joshua Marshman）的中文研究著作。洪堡还提到他读过“一本配有译文的中文小说”[1]。

1822年，洪堡在柏林科学院宣读了论文《论语法形式的产生及其对观念发展的影响》，其中特别谈到，汉语缺少语法形式，表达不清，很不完善。雷慕沙撰文提出了异议，认为汉语和其他语言一样，同样存在着“清楚、稳定而确实的规则”，“可以用跟希腊语一样清晰的方式表达柏拉图的学说和印度婆罗门玄学的精妙”[2]。雷慕沙认为洪堡有必要亲自研究一下中文，不要听信错误的传言。于是洪堡开始研读雷慕沙的语法书《汉文启蒙》和《中庸》译注本。此后的几年间，洪堡一直和巴黎的几位学者通信讨论汉语。作为研究成果，1826年3月，洪堡在柏林科学院宣读了《论汉语的语法结构》，并于同年8月号的《亚洲杂志》（*Journal asiatique*）上摘要刊发了致雷慕沙的信《论语法形式的通性以及汉语的特性》。次年，这封信的全文，连同雷慕沙的注释，以单行本的形式出版[3]。除了上述专门研究汉语的文章，在其他的一些普通语言学论著中，洪堡也多次谈及汉语和汉字，特别是他晚年的巨著《论人类语言结构的差异及其对人类精神发展的影响》，包含了大量关于中文的内容。

下面具体看一看洪堡有关中文的论述的要点。

（1）汉语语法的特点

洪堡的研究特点是对不同语言的语法形式加以比较。对于中文，他也是重点关注语法，用来比较的对象主要是古希腊语和梵语。

洪堡不满意当时的各种中文语法，因为它们只是为教学服务，在他看来，即使是雷慕沙的著作也“只是出于教授汉语的需要，把汉语跟读者的语法观念对应起来”[4]。洪堡认为：“我们应当把一种语言本身固有的语法与我们对之进行解释所得的语法仔细地区分开来。”[5]洪堡要探究真正意义上的汉语语法，所以必须从语法形式的基本性质出发，不能被描写汉语语法时获得的表象所迷惑。

一般而言，语法的基础在于词类范畴。洪堡认为，词的语法分类是语言的内在

[1] 威廉·冯·洪堡：《洪堡语言哲学文集》，第177页。
[2] 转引自徐志民：《欧美语言学简史》，上海：学林出版社，1990年，第66页。
[3] 同上书，第67页。
[4] 威廉·冯·洪堡：《洪堡语言哲学文集》，第145页。
[5] 同上书，第107页。

规律，潜藏于所有人的内心，但它能够在多大程度上表达出来取决于不同语言的语法特性。洪堡区分了词的概念成分和范畴成分，前者是客观的内容，后者决定了人们如何理解概念，它通过标志表示了出来，一个词由此被归入确定的词类。如果一种语言没有明确的标志，也就不存在真正意义上的词类了。汉语就是这类语言。洪堡明确地指出，汉语语法的最根本特性在于，“汉语不是根据语法范畴确定词与词的联系，其语法并非基于词的分类；在汉语中，思想的联系是以另一种方式来表达的”[1]。所谓语法范畴，指的是词的语法形式，可以根据标志和句子的结构辨识出来。但汉语完全没有使用语法范畴。洪堡通过考察三种语法手段说明了这一点。

首先，汉语的词没有形态标记，处于纯粹的状态，类似梵语的根词，每个词都可以不着痕迹地在句子中变换词类属性。其次，汉语的语法词，即“虚词”，虽然有类似格的标志，但认真考察（洪堡仔细分析了“之”的用法），不仅虚词本身保留着实词的词义，而且虚词多变的用法也使人无法判断与之相联系的实词的词类。第三是词序，由于没有其他语法手段的辅助，汉语的词序本身难以指明词类，并不能成为理解句子的依据。虽然汉语使用了语法词和词序，但洪堡认为它们都不是语法形式的标志，其功能只是指出概念之间的限定关系。

由于不涉及词类范畴，所以汉语的语法实际上只有句法部分，它由词序和词义两种因素构成。理解汉语必须从词义出发，只有基于概念本身和语境意义，才能搞清楚汉语的语法构造，这恰好和分析其他语言的程序相反。

洪堡区分了两种语法：明示的和隐含的。前者由标志表明，后者要靠领悟。汉语中隐含的语法占了很大比重，这就要求使用者进行大量的思想操作，以填补语法空缺。这种说法必然要求洪堡强调思想和语言的分离[2]。

（2）概念语言及其精神特质

汉语不存在语法形式，所有的词都是直接表达概念本身[3]，句子就是一个个概念的排列。于是汉语的句子就很像逻辑判断题，表示的是概念之间的一致或不一致的关系。洪堡甚至多次把汉语句子比作数学等式[4]。

---

[1] 威廉·冯·洪堡:《洪堡语言哲学文集》，第 105 页。

[2] 同上书，第 161 页。

[3] 同上书，第 132 页。

[4] 同上书，第 110、130、133 页。

洪堡和当时的历史比较语言学家们都强调，语言的有机性特别表现为语法形式。汉语背离了这一特性，句子的结构呈现为概念的机械聚合。汉语的词不包含范畴成分，因此反映的只是知性因素，无法全面地表现人的精神。这表明，“在操汉语者的精神中缺少了什么”[1]。洪堡认为缺少的是想象力。

根据洪堡的理论，激励语言创造：产生语法形式的精神力量是生动积极的想象力。他说，语法形式的区分“不大可能是一个民族在分析思想的过程中取得进步的结果”[2]，而是想象力的创造，特别是拟人化，也就是把词想象成一个主体，并赋予它特性。古典语言在这方面最发达，而汉语仅限于最低的程度[3]。

洪堡不把语法形式归结为对逻辑关系的考虑，而是张扬非知性的力量。这来自他的有机语言观。但也有另一层的考虑，一些语法现象，比如名词的“性”，从逻辑的角度分析，绝对不合理，只能诉诸想象[4]。因此，要维护屈折形式的优越性，必然不能遵从逻辑的合理性。

（3）汉语的优缺点

汉语以一种极端的方式对立于语言的有机性，反而获得了独特的优点。古典汉语有一种质朴的伟大[5]。汉语清晰明确地突出了概念本身，放弃了附加的表达成分，概念直接相连，促使精神努力地把握概念之间的纯粹关系，从而形成了一种纯智能的满足感。“汉语激发并维持着针对纯思维的精神活动，避开了一切仅仅属于表达和语言的东西。这是汉语的一个优点。”[6]

汉语这种知性语言，激发起来的精神活动也是知性活动。但是，这恰恰反映出了思想和语言的不平衡。因此，汉语的优点所在也是它的致命缺陷。汉语专注于概念，既不能全面地反映精神的有机构成，又不能清楚地表达影响思想的各种要素。因此，汉语不像语法形式丰富的语言，可以和思想相互促进，全面发展。

洪堡比较了各种语言，认为一些语言可以比另一些更成功、更有效地促进精神发展。虽然，像汉语这样的语言，有个别长处，使精神的个别方面优先发展，但“语言真正的优点毕竟要到它们全面地、协调一致地产生作用的力量之中去寻

[1] 威廉·冯·洪堡：《洪堡语言哲学文集》，第 119 页。
[2] 同上书，第 130 页。
[3] 同上书，第 108 页。
[4] 同上书。
[5] 威廉·冯·洪堡：《论人类语言结构的差异及其对人类精神发展的影响》，第 192 页。
[6] 威廉·冯·洪堡：《洪堡语言哲学文集》，第 120 页。

找……只有一种语言在所有的方面都促进和激励了精神活动，使精神活动的种种具体类型和谐一致地发展了起来，它才真正称得上是完美的语言。”只有梵语型，尤其是古典语言，才符合这种要求。相反，“汉语没有把精神活动确立为真正的中心，使得诗歌、哲学、科学研究和雄辩术以精神活动为出发点同样成功地繁荣起来”[1]。

（4）汉语的位置

和弗·施莱格尔（F. Schlegel）一样，洪堡也极其重视汉语的典型意义。他指出：“在普通语言学上，任何语言都不像梵语和汉语那样具有能够启迪整个语言领域的示范意义。”[2] 梵语是屈折形式最发达的语言，只有从它入手，“才能对那些不仅是最强盛和传播最广的，而且也是最崇高最完美的语言所具有的结构做出最终的解释”[3]。汉语和梵语的鲜明对比使它成为了另一种极端的代表。以这两种语言为端点，洪堡可以把各种语言排列成一个序列，借以说明人类语言和精神的进化过程。

洪堡把人类语言划分为三类：孤立型、黏着型和屈折型。此外，他还曾把印第安语言确定为复综型。但不管怎样，洪堡认为语言有两种极端的类型，即纯粹的孤立语——汉语，高度发达的屈折语——梵语，世界上其他的一切语言都可以根据它们倾向于孤立和屈折的不同程度依次排列在梵汉之间，形成一个连续的阶梯[4]。

洪堡的语言类型划分是共时的，同时也与语言发展史有关。在19世纪那个历史主义盛行的年代，文化在空间上的差异总会被转换成时间序列中位置的不同。洪堡认为，由孤立型，经黏着型，至屈折型，是一种逐步进化的顺序，反映出了人类精神向完美的语言理念发展进步的过程[5]。共时的不同类型体现了历时的发展阶段，但他又强调，描述的只是语言结构类型的发展阶梯，而非具体的语言历史，因此不能把现实的语言真的和历史一一对应，就此认为汉语是最古老的语言，梵语是最晚期的语言。洪堡是一个审慎的学者，此时尚有所顾忌，没有像后来的施莱歇尔（A. Schleicher）等人那样，根据生物进化的模式，直接将汉语回退到最原始的阶段。尽管如此，在洪堡的理论中，汉语还是不可避免地获得了原始落后的特征，成为进化的零余者。

---

[1] 威廉·冯·洪堡：《论人类语言结构的差异及其对人类精神发展的影响》，第296页。

[2] 威廉·冯·洪堡：《洪堡语言哲学文集》，第256页。

[3] 同上书。

[4] 徐志民：《欧美语言学简史》，第62页。

[5] 姚小平：《洪堡——人文研究和语言研究》，第92页。

（5）汉字

西方认识中文伊始就被汉字的魔力吸引住了，雷慕沙和洪堡都提到，有的人过分迷恋汉字，几乎忘了汉语终究是一种口头语言。洪堡自然会排斥这种兴趣，但他还是针对汉字谈了不少东西。

在《论拼音文字及其与语言结构的关系》（1824）中，洪堡扼要地说明拼音文字的优越性，同时也谈到了其他文字类型的缺陷。与多数人不同，洪堡的论证不是基于便利因素——洪堡的思想中极少见到实用主义的思考——而是从语言和文字的本性考虑问题。

从语言是精神的表现出发，洪堡认为语音与精神活动最适宜。因为语音符合精神活动的内在和主观的特性，而且只有语音能够全面统一地表现精神。这是洪堡一再强调的观点。因此文字的作用，应当仅仅限于再现作为语音存在的词。拼音文字完全服务于语音，遵从了语言本质的要求，而图像文字和表意文字恰恰违反了这个原则。图像文字用外在的形象干扰和分散了精神，使语言的主观性本质受损。汉字这样的表意文字（figurenschrift）[1]虽然和字母一样，是任意、人为规定的符号，但仍然保留着外在的感性现象，终究还是破坏了语言的内在化要求；同时，由于忽视了语音，也就牺牲了词的个性。表意文字也可被称作一种概念文字，因为它只是再现抽象的概念，丧失了很多内涵。此外，在洪堡的观念中，由于（口头）语言必然早于文字，文字天经地义地必然服务于（口头）语言，他于是确定，概念文字其实也是一种表音文字，只是这方面的功能太不完善了。

有缺陷的汉字正好配上不完善的汉语。洪堡认为，一种语言会根据自身的结构特征，采用相应的文字类型。文字的完善程度取决于语言的完善程度，最终取决于民族禀赋[2]。中国人没有拼音文字，是由于汉语的语言结构特点和相应的精神因素。在论述汉语语法的特性时，洪堡指出，汉字完全适合汉语语法系统，因为汉字也是孤立的符号，正适宜表示孤立的词和概念[3]。汉字反过来对中国人的精神和语言产生了巨大的影响。洪堡说："在中国，文字实际上是语言的一部分"，他猜想，中国人在说话和思维时，头脑中也会出现汉字[4]。汉字作为概念文字也可以促使精神专

---

[1] 依照姚小平先生的译法为"表意文字"（威廉·冯·洪堡：《洪堡语言哲学文集》，第83页），或可译为"符形文字"。

[2] 威廉·冯·洪堡：《洪堡语言哲学文集》，第79页。

[3] 同上书，第170页。

[4] 同上书，第171页。

注于概念，适应和强化了汉语作为概念语言的特征。

如同语言类型的进化一样，文字的历史也是一个从象形文字发展到字母文字的阶梯性进步的过程。汉字也像汉语一样滞留不前。洪堡认为，汉字的情况和汉语语法形式的问题一样，原因都在于汉语的语音结构特性[1]，而且最终取决于精神特性："汉民族和汉语的知性倾向超过了对语音交替的爱好。"[2]

（6）中文特性与民族精神

我们可以简单地总结一下。在洪堡的有机语言思想的观照下，中文呈现出了完全的无机性：词只表示概念；句子是概念的机械排列；汉字实际上也是概念文字。这种现象表明，一种单纯的知性力量在起着支配作用。按照洪堡的解释模式，最终是汉语民族的精神缺陷导致了语言的偏执。中国人在发展的过程中误入了歧途，偏于一端，精神中缺失的是想象力，以及与之伴随的精神和语言的全部生命活力。

中文的特性不可避免地被引申到了整个民族和文化。中文促进了中国人的纯智能倾向，却排斥了更丰富的色调、更迷人的风采，抽象的概念无法激励和感动心灵。洪堡谈到了中国人精神的枯燥和生硬[3]。

从纯知性倾向的负面性出发，看待中国文化的本质，这在当时的德国思想界并不是个别现象。在黑格尔那里就可以听到如出一辙的论调。黑格尔在《历史哲学》、《哲学史讲演录》和《哲学全书》中分析了中国的"象形文字"和他所了解的中国古代哲学，认为"中国停留在抽象里面"，并指出："在中国，我们遇见一种十分特别的完全散文性的知性（prosaic understanding）。"[4]

通过上面的总结，我们可以大体地了解洪堡的中文研究的要点。其中的谬误和偏差不言自明。究其原因，首先，他使用的材料极为有限，又缺乏对汉语的实际经验，在这种情况下大发议论必然导致不合理不切实的看法。再加上 19 世纪西方人根深蒂固的偏见，以及充满了时代感的价值判断，都扭曲了他的视角，彻底削弱了研究的科学性。

以语言研究的角度衡量，洪堡的语言比较方式有内在的缺陷，不仅在语言和"精神"之间纠缠不清，而且基于时代和民族的自我狂迷，设定了人类语言和思想

[1] 威廉·冯·洪堡：《洪堡语言哲学文集》，第 172 页。
[2] 威廉·冯·洪堡：《论人类语言结构的差异及其对人类精神发展的影响》，第 314 页。
[3] 威廉·冯·洪堡：《洪堡语言哲学文集》，第 174 页。
[4] 黑格尔：《哲学史讲演录》第一卷，贺麟、王太庆译，北京：商务印书馆，1981 年，第 132 页。

的标准模式，并以此厘定了各种语言的完善程度，设想和臧否不同的民族精神。这样的研究必然无法获得真正切实与科学的结果。可以说，洪堡的语言比较研究的意义更多的是体现在哲学方面。

上文已经详细解说了洪堡语言思想的渊源和脉络。从历史的角度看，洪堡的思维与言说方式，具有 19 世纪西方知识话语和德国唯心主义思想的鲜明特征。他的中文研究不仅反映出了这些观念性因素，而且无可避免地遵从着后启蒙时期德国思想潮流的内在要求。16 世纪以来，西方围绕中文产生的一系列思想观念，形成了一个有趣的历史现象，它们总会明确地标示出各个时代典型的精神特征。在这种意义上，洪堡的中文研究不仅在语言学史上具有重要的意义，而且应被视为西方思想史上的一个值得分析的症候。

班立华，福建师范大学社会历史学院讲师，主要研究方向为中西文化关系史，著有《明清传教士与欧洲汉学》等。

无论魏晋朝，只知有汉学
——东正教隐修士维诺格拉多夫汉学研究概述

阎国栋

在距俄罗斯科泽利斯克市2公里的地方矗立着一座古老的修道院——奥普塔修道院。该修道院始建于14世纪，是俄罗斯著名的东正教隐修圣地。历史上有许多俄罗斯文化名人曾来这里游览或小住，以期获得创作灵感和思想升华。托尔斯泰的《谢尔基神父》（Отец Сергий）以及陀思妥耶夫斯基的《卡拉玛佐夫兄弟》（Братьях Карамазовых）的创作都在某种程度上受到了这里浓厚而神秘的宗教氛围的感染。著名哲学家索洛维约夫（В.С.Соловьев）也曾在这里与修道院住持论经辩道。然而，鲜为人知的是，在19世纪末20世纪初，有一位汉学家在这里隐居了20余年。他远离尘世，寂守禅房，殚精竭虑，醉心于中国文化研究。他一部接一部地完成汉学著述，在1919年饿死于案头之前，竟然对“十月革命”后的改朝换代一无所知。其对科学的痴迷不仅不为周围的人所理解，著作亦无缘得见天日，而且还得了一个不无揶揄和嘲讽味道的绰号“北京”[1]。直到今天，这个人的名字在俄罗斯汉学界依然鲜被提及。他就是亚历山大·尼古拉耶维奇·维诺格拉多夫（Александр Николаевич Виноградов）。

维诺格拉多夫1847年出生于俄国特维尔省的一个神父家庭。1859—1867年在圣彼得堡宗教学校读书，毕业后任莫斯科宗教学校绘画教师，并开始致力于古代宗教文献的考证以及东正教木结构教堂文物的考古、搜集与保护工作。他在这里以一

[1] Чигринский М.Ф. К истории статьи Н.И.Конрада “Синолог из Оптиной пустыни”//Петербургское востоковедение: Альманах. Вып. 1. СПб., 1992.

篇《17世纪的维斯耶贡县抄本》（Весьегонская писцовая книга XVII века）的论文获得了学士学位。1876年维诺格拉多夫被选为俄国考古学会成员，次年被俄国地理学会接受为会员。他在特维尔省的考古过程中发现的蒙古人入侵时留下的中国钱币引起了他对中华文明的向往。从此，他对东方的兴趣越来越浓厚。1880年他出家为僧，加入了第十六届俄国东正教驻北京传教士使团，担任修士司祭，教名为阿列克些[1]（Алексий），于1881年到达北京。维诺格拉多夫用了大约三年的时间掌握了相当数量的汉字，并开始协助领班法剌韦昂（Флавиан Городецкий）大规模地翻译东正教经籍，同时广为积累有关中国基督教（包括中国犹太人）和俄国传教士使团的历史文献，搜集佛像、佛经等文物。1887年维诺格拉多夫因病返回俄罗斯，次年进入著名的基辅洞窟修道院。由于在基辅洞窟修道院难觅研究所需的文献，维诺格拉多夫便在次年跟随基辅都主教来到基辅洞窟修道院在圣彼得堡的会馆。1895年，为搜集研究资料，维诺格拉多夫再次来到了北京，1899年因病回国后被派遣至奥普塔修道院，一直到1919年去世。

维诺格拉多夫的学术兴趣非常广泛，来华之前主要致力于木建东正教堂的研究、保护以及古代宗教文献的搜集与考证，并发表了一些颇有影响的著作。到北京之后，他的学术兴趣很快便转移到汉学研究上来，尤其在欧洲与中国文化关系史研究领域着力甚多。维诺格拉多夫充分地利用了俄国驻北京传教士使团图书馆和圣彼得堡丰富的文献收藏，于1895年之前发表了一系列重要著作。

1.《西方在华基督教布道团著作》，载《东正教话友》，1886年，9、10月号。同年以《西方在华基督教布道团史略》为名在喀山出版单行本。[2]

2.《东方圣经史》卷一，圣彼得堡，1889—1895年。[3]

---

[1] 按照目前通行的译音规则应为“阿列克西”，此处依据俄罗斯伊尔库茨克国立大学科学图书馆所藏《主日八调赞词》光绪甲申年（1884）刻本署名。参见 Яхонтов К.С. Китайские маньчжурские книги в Иркутске. СПб.: 1994. С. 68。

[2] Алексий (Виноградов), иером. Труды западных христианских миссий в Китае // Православный собеседник, издаваемый при Казанской духовной академии. 1886. Сентябрь. С. 43-64. Октябрь. С. 189-206; Исторический очерк западных христианских миссий в Китае. Казань, 1886.

[3] Алексий (Виноградов), иером. История Библии на Востоке: с обзором метода и условий благоприятных и неблагоприятных ее переводам и распространению с христианскою церковью у разных народов. / Том первый: Китайское государство, Корея, Япония, Бурма, Аннам, Сиам и др. / Часть первая. Китайское государство: Предварительный обзор древних религий, еврейских, христианских и магометанских миссий, их св. книг и прочих памятников. СПб., 1889-1895.

3.《英美圣经史》三卷本，圣彼得堡，1889—1891 年。[1]

4.《俄国皇家驻北京宗教与外交使团汉文藏书及成员学术著作》，圣彼得堡，1889 年。[2]

5.《利玛窦〈天主实义〉及 16 世纪到 18 世纪中国罗马基督教文献概述》，圣彼得堡，1889 年。[3]

6.《亚述巴比伦、波斯、中国、犹太人及穆斯林的古代极权王朝》，圣彼得堡，1895 年。[4]

这些著作出版之后，维诺格拉多夫引起了圣彼得堡学术界的关注，经圣务院推荐受到了沙皇接见和奖励。然而，这些荣耀不过是昙花一现。在维诺格拉多夫第二次从中国回来进入奥普塔修道院隐修之后，他的名字很快便被世人所遗忘。维诺格拉多夫去世后，集汉学家和日本学家于一身的苏联科学院院士康拉德（Н.И.Конрад）偶然听说奥普塔修道院藏有大量的汉学文献，于 1922 年他亲自前往调查。在对他的遗物进行简单的翻检之后，康拉德院士为其数量庞大的汉学遗稿所震惊，撰写了《奥普塔修道院的汉学家》（Синолог из Оптиной пустыни）一文，对维诺格拉多夫的生平和汉学成就进行了初步介绍，并投稿至《新东方》杂志，被以不符合刊物宗旨为由退稿。在第二次世界大战期间，康拉德被疏散到乌兹别克加盟共和国首府塔什干，所携手稿几经辗转由日本学家彼得罗娃（О. П. Петрова）保存了下来。20 世纪 80 年代以来，齐格林斯基（М. Ф. Чигринский）开始以康拉德的文章为基础对维诺格拉多夫进行研究，先后发表了多篇相关论文，逐渐将这位隐修士的汉学成就呈现在了读者的面前[5]。

---

[1] Алексий (Виноградов), иером. История Английско-Американской Библии, ч.1-3, СПб., 1889-1891.

[2] Алексий (Виноградов), иером. Китайская библиотека и ученые труды членов Императорской Российской Духовной и Дипломатической миссии в г. Пекине или Бэй-Цзине (в Китае). СПб., 1889.

[3] Алексий (Виноградов), иером. Миссионерские диалоги М. Риччи с китайским ученым о христианстве и язычестве. Обзор китайско-церковной, римско-католической литературы с XVI по XVIII ст. СПб., 1889.

[4] Алексий (Виноградов), иером. Древне- патриархальные династии царей в Ассуро- Вавилонии и Персии, Китае, у Евреев и Магометан, или Патриархально- династическая хронология и теория, основанная на исторических памятниках по новейшим открытиям и выводам науки. СПБ., 1895.

[5] Чигринский М.Ф. О рукописном наследии А.Н.Виноградова из Оптиной пустыни// XVII научная конференция «Общество и государство в Китае». Ч. 3. М., 1986; Забытый энциклопедист // Наука и религия. 1991. № 8; К истории статьи Н.И.Конрада “Синолог из Оптиной пустыни” // Петербургское востоковедение: Альманах. Вып. 1. СПб., 1992; Иеромонах Алексий (Виноградов). Забвенные страницы биографии ученого-инока//Исторический вестник, 2000 г. №7.

维诺格拉多夫的汉学研究始于对中国基督教历史的研究，这与其来华前所从事的东正教历史研究以及他所在的第十六届传教士使团大规模地翻译和刊印东正教经书不无关系。1886 年他在《东正教话友》上发表了文章《西方在华基督教布道团著作》，旨在号召俄国东正教传教士努力学习汉、满、蒙、藏语言，借鉴天主教教士在中国积累的传教经验。1887 年回国以后，维诺格拉多夫酝酿出版一部系统展示基督教在华的历史和中国文化的巨著《东方圣经史》。这部巨著从 1889 年开始印刷，直到 1895 年才最终面世，其中既有出版经费方面的因素，也有技术方面的障碍。《东方圣经史》的主标题之后还有一个副标题，为《各民族〈圣经〉翻译与基督教流布方式及有利与不利条件概述》。这部书结构繁复，篇幅宏大，包括 36 页目录，1194 页正文。维诺格拉多夫原计划出版三卷，最终只出版了第一卷。如果单从书名上判断，《东方圣经史》无疑是一部宗教历史著作。然而，作者实际上并没有将重点置于《圣经》本身，而是对中国的历史、宗教、哲学、教育和文学等详加介绍。

维诺格拉多夫在《东方圣经史》的第一章中主要回顾了开封犹太人的历史和研究过程，选译了耶稣会会士骆保禄（J. P. Gozani）1704 年致苏霖（J. Suarez）、蒂希森（Olau Gerhard Tychsen）1799 年致慕尔（Murr）的信札以及耶稣会会士宋君荣（Antoine Gaubil）、孟正气（Jean Domenge）等人对开封经卷的考证与说明。第二章的叙述重点为叙利亚基督教的特点和意义，阿罗本（Alopen）从波斯来到长安传播基督教的历史，大秦景教流行中国碑的发现过程，以及鲁布鲁克（William of Rubruk）、柏朗嘉宾（Jean Plano de Carpini）、马可·波罗（Marco Polo）等人对叙利亚碑文的记载，总结了欧洲学术界的研究成果。内容多从法国思想家勒纳（Ernest Renan）、东方学家萨西（Silvestre de Sacy）、英国传教士艾约瑟（Joseph Edkins）等人的著述中摘编而来。附录有他本人根据法国鲍吉耶（M. G. Pauthier）的法文译本完成的《景教流行中国碑颂》译文、列昂季耶夫斯基（3. Ф. Леонтьевский）1834 年发表的景教碑译本以及雍正 1727 年关于犹太人的谕旨。第三章介绍了刘介廉的思想体系、伊斯兰教的教派和教义、布伦特（Blount）、斯托巴特（Stobart）等人的中国伊斯兰教研究著作，以及广州的清真寺，并摘编了多位学者驳斥伊斯兰教教义的论战文章。在第四章中，作者重点对西藏、蒙古、满洲和新疆地区的佛教流派进行了细致的描述，对基督教在中国北部边疆的少数民族地区的流传历史进行了探索，对《圣经》的蒙、藏、满文译本进行了考证。引述资料主要来自巴拉第（П.И.Кафаров）的佛教研究著述，另从卢公明（Justus Doolittle）的《英华萃林韵府》（*A vocabulary and hand-book of the Chinese language*）中编选了佛教专有名词并进行了俄译。第五章的内容包括道教的起源与教义、欧洲学者鲍吉耶、艾约瑟、巴尔福（Frederic Henry Balfour）、米勒（Max Müller）、施特劳斯（Victor von Strauss）、花之安（Ernst Faber）、薛力赫（Gustave Schlegel）、伟烈亚力（Alexander Wylie）、卡修斯（Dion Cassius）、明恩溥（A. H. Smith）、巴拉第、比丘林（Н. Я. Бичурин）、伊萨亚（Исайя Поликин）、格奥尔基耶夫斯基（С. М. Георгиевский）等人的相关论点。第六章重点论述了作为文化力量的中国对亚洲民族的影响、中国人的民族特性、私塾、公学及科举制度、儒家思想、典籍、儒生及注疏之学、中国帝王及臣民的宗教崇拜和道德政治特征、妇女的社会地位、家庭礼序等。维诺格拉多夫归纳和总结了众多的欧洲学者对相关问题的论述，如克拉普罗特（J.Klaproth）、比丘林、格奥尔基耶夫斯基、卫三畏（S.W.Williams）、艾约瑟、米怜（William Milne）、王西里（В.П.Васильев）、米勒、理雅各（James Legge）、鲍吉耶、莫纳斯特列夫（Н.И.Монастырев）、儒莲（Stanislas Julien）、丁韪良（W. A. Martin）、裨治文（Elijah Coleman Bridgman）、庄延龄（Edward Harper Paker）、雷慕沙（Abel Rémusat）、毕安（Charles Piton）、卢公明、师克勤（Fernand Scherzer）、穆麟德（Paul Georg Von Mollendorff）、梅因（Henry Maine）、毕欧（Edouard Biot）、柏百福（П.С.Попов）等。此外，维诺格拉多夫还根据翟理思（H.A.Giles）1884年于伦敦出版的《古文选珍》（*Gems of Chinese Literature*）按照朝代的划分对中国的文学史进行了系统的介绍。[1]

《东方圣经史》围绕着基督教在中国的传播历史全面地回顾了欧洲学术界几百年来的研究成就，系统地归纳了各国学者的思想和观点，是一部中西文化交流史的巨著。书中的内容大多为欧俄汉学家著述的编译或浓缩，只有少部分是维诺格拉多夫本人的翻译或撰写。作者很少或基本不直接利用中国文献，这在很人程度上与该著作的目的有关，即全面反映欧洲的中国文化研究历史。经由维诺格拉多夫这样一位学有专长的汉学家之手的精挑细选，几个世纪的欧洲汉学成就便被按照新的体系萃编于一本著作之中。这与杜赫德（Jean Baptiste du Halde）编辑出版《中华帝国

[1] Алексий (Виноградов), иером. История Библии на Востоке. СПб., 1889-1895. Оглавление и содержание. С. 1-36.

概述》(*Description de l'Empire de la Chine et de la Tartarie Chinoise*)的方式有些相似。同时,"与西方有关著作不同的是,在研究天主教流播中国史的同时,维诺格拉多夫对俄国东正教的在华历史及活动亦给予了特别的关照"[1]。比丘林、列昂季耶夫斯基、王西里、巴拉第、孟第(Д.А.Пещуров)、格奥尔基耶夫斯基等俄国汉学家对中国传统文化的认识在书中得到了很好的反映。在这个意义上而言,此作不失为俄国的第一部汉学史著述。维诺格拉多夫除了研究中国基督教历史之外,还将中国传统文化思想作为全书的重点加以尽可能系统而全面的介绍。作者显然将充分认识儒、释、道、回等教以及中国传统思想视为基督教在华传播取得成功的前提或保障了。

《东方圣经史》的第一卷出版之后,维诺格拉多夫感觉意犹未尽,在编撰第二卷、第三卷的同时又连续为第一卷出版了三种补编,有《俄国皇家驻北京宗教与外交使团汉文藏书及成员学术著作》、《利玛窦〈天主实义〉及16世纪到18世纪中国罗马基督教文献概述》和《亚述巴比伦、波斯、中国、犹太人及穆斯林的古代极权王朝》。从俄国汉学史研究的角度而言,《俄国皇家驻北京宗教与外交使团汉文藏书及成员学术著作》最值得关注。无论是对于中俄图书交流史,还是对于俄国汉学史研究,俄国东正教驻北京传教士使团图书馆都是不可忽略的重要环节。该图书馆于1795年由第八届俄国东正教驻北京传教士使团的领班索夫罗尼(Софронии Грибовский)所建,目的在于积聚中外书籍,为俄国学生和教士学习语言、研究汉学提供方便。俄国政府从19世纪初开始便连续不断地拨付专款用于购买图籍以扩充馆藏。经过近百年的建设,到19世纪末,该图书馆的藏书已达到了相当的规模,成为俄国最大的中国文献收藏中心。然而,在义和团运动中,该图书馆被愤怒的拳民焚毁了。除了在某些俄人[如波兹德涅耶夫(А. М. Позднеев)和季姆科夫斯基(Е. Ф. Тимковский)]的游记以及俄国档案馆中收藏的传教士使团的报告之外,学术界已经难觅有关1900年以前该图书馆的其他可资参阅的文献资料了。该图书馆虽然在20世纪初由第十八届俄国东正教驻北京传教士使团的领班英诺肯提乙(Иннокентий Фигуровский)重建,但无论是藏书数量还是藏书水平都与从前不可同日而语了。正是由于有了维诺格拉多夫的著作,我们才得窥这个俄国在华藏

[1] Чигринский М.Ф. Иеромонах Алексий (Виноградов). Забвенные страницы биографии ученого-инока// Исторический вестник, 2000 г. №7.

书基地的本来面貌。《俄国皇家驻北京宗教与外交使团汉文藏书及成员学术著作》由三编构成。第一编是对俄国东正教驻北京传教士使团图书馆的历史、藏书以及传教士使团成员的著作的介绍，第二编为传教士使团图书馆汉籍目录俄译，第三编为馆藏汉籍中文名称列表。

维诺格拉多夫介绍了清代皇家藏书的规模、图书分类方法和特点、传教士使团图书馆的创建过程、藏书量与构成，分析了该馆汉籍藏书的类别及特色。作者特别论述了天主教和新教传教士的著述对俄国东正教驻北京传教士使团的意义，认为他们的《圣经》译本对东正教传教士在华开展活动具有重要的价值。他建议应特别关注利玛窦（Matteo Ricci）、阳玛诺（Emmanuel Diaz Junior）、韦廉臣（Alexander Williamson）等人的著作。韦廉臣所著之《古教汇参》“杂陈东西古今之教”[1]，在中国基督教历史上具有重要的地位。俄国人对该著也很关注，于1887年在《东正教话友》上翻译并发表了其中有关基督教的部分。维诺格拉多夫对该部分详加介绍，称赞其为圣经知识百科全书。与此同时，他还专辟一章介绍德贞（John Hobson Dudgeon）1872年于北京出版的《中俄政教志略》（*Historical Sketch of the ecclesiastical, political, and commercial relations of Russia with China*）中有关俄国传教士使团图书馆的评价。

《俄国皇家驻北京宗教与外交使团汉文藏书及成员学术著作》没有将图书馆的所有藏书都纳入考察范围，而只是选取了他认为最具特色的传教士使团成员的著作和汉籍作为介绍的重点。维诺格拉多夫将传教士使团成员的著作分成了两个部分，一是东正教经书汉译本，二是中国历史文化研究著作。在清代的中俄文化交流史上，俄国人在翻译和介绍中国文化典籍方面做了很多工作，然而在引进西学方面所做的工作非常有限。如果说有的话，东正教经书正是其中最主要的内容。对这些译本加以研究对深刻地认识清代的中俄宗教关系具有重要的意义。维诺格拉多夫在书中对19世纪俄国传教士在北京翻译、刊印东正教经籍的历史和主要代表人物、作品都进行了非常详尽的介绍，填补了俄国早期汉学史研究领域的空白。维诺格拉多夫此书的另外一个贡献就是对俄国传教士使团图书馆所藏的部分汉籍进行了编目和俄译。自成立以来，该图书馆曾先后几次邀请中国人对汉籍进行编目，然而却始终没有进行俄译。维诺格拉多夫到达北京之后，在几位供职于俄罗斯图书馆

---

[1] 谭嗣同：《仁学》，《谭嗣同全集》下册，北京：中华书局，1998年，第309页。

并皈依东正教的中国人的协助下，参考以往所编的藏书卡片，重新进行了分类、编目。据维诺格拉多夫称，当时该馆藏书已达数千种，而他只来得及整理出 741 种。他没有采用中国传统的经、史、子、集四部分类法，而是按照近代西方图书的分类方法分成了十二大类：1. 目录、百科、文集（1—44 号）；2. 辞书、汉字研究著作（45—106 号）；3. 古代经典（107—217 号）；4. 诗词（218—244 号）；5. 仪礼（245—270 号）；6. 象数（271—323 号）；7. 舆地（324—366 号）；8. 朝代史（367—444 号）；9. 其他史书（445—540 号）；10. 律法（541—589 号）；11. 藩属（590—626 号）；12. 佛学（627—741 号）。作者将这 741 种汉籍书名翻译为俄文，以方便俄人使用。对比译文与汉语原文，笔者以为维诺格拉多夫的理解与表达比较准确，然而令人不解的是，在第三编的馆藏汉籍中文名称列表中却犯了很多错误，许多书名均被写错，如《东华录》——《东话录》、《皇明四夷考》——《皇明四约考》、《北征录》——《北张录》、《西招图略》——《写招图略》、《镇江志》——《浙江记》、《帝京岁时纪胜》——《地京岁时纪胜》、《云栈纪程》——《云帐纪程》、《帝范》——《地犯》、《八旗通志》——《八旗统记》、《古事苑》——《故事苑》、《元史类编》——《元事类本》等[1]。这里或许是因为汉文书名并不是抄录自北京，而是返俄后凭记忆补记的，当然也不排除其汉字理解能力有限的可能。与其他文献相比，历史类和佛学类的藏量最为丰富，也在一定程度上反映了俄国传教士使团的研究重点。作为俄国政府的非正式的驻华外交机构，中国历史始终是俄国传教士使团成员的研究重点。而以王西里和巴拉第为代表的俄国佛教研究者不仅使俄国的佛学研究于 19 世纪下半叶在欧洲享有盛誉，而且明显地影响到了传教士使团图书馆的藏书结构。

《利玛窦〈天主实义〉及 16 世纪到 18 世纪中国罗马基督教文献概述》是《东方圣经史》第一卷的第二个补编。维诺格拉多夫全文翻译了利玛窦的名著《天主实义》并进行了解读，指出此乃“利用儒家思想传播基督教的典范之作”，对作者的智慧和勇气表达了钦佩之情，赞赏天主教教士于译经过程中在词汇选用方面所表现出的谨慎与灵活，并建议俄罗斯传教士和神学院学生认真学习[2]。维诺格拉多夫在

[1] Алексий (Виноградов), иером. Китайская библиотека и ученые труды членов Императорской Российской Духовной и Дипломатической миссии в г. Пекине или Бэй-Цзине (в Китае). СПб., 1889. Отделение III, С.1-33.

[2] Чигринский М.Ф. Иеромонах Алексий (Виноградов). Забвенные страницы биографии ученого-инока//Исторический вестник, 2000 г. №7.

第三种补编《亚述巴比伦、波斯、中国、犹太人及穆斯林的古代极权王朝》中对中国人、巴比伦人、犹太人、罗马人的父权制度进行了比较分析，同时介绍了中国及中东地区民族的纪年方法。

维诺格拉多夫的著作主要出版于在圣彼得堡生活的期间，自他 1899 年进入偏远的奥普塔修道院之后，便开始了一种与世隔绝的隐修生活。他虽然将全部的时间和精力都用于研究汉学，但再也没有出版过著作。根据康拉德院士的调查，维诺格拉多夫身后留有大量的汉学手稿和藏书，一共装了 27 个大箱子，总重量达到 200 普特（相当于 3000 多公斤）。由于维诺格拉多夫精通多种欧洲语言，因此他收藏了大量的欧洲各国的汉学名著，如米勒的 50 卷本《东方圣书》（*The Sacred Books of the East*）、理雅各的《中国经典》（*The Chinese Classics*），以及威妥玛（TF. Wade）、晁德莅（Angelo Zottoli）、艾约瑟、嘎伯冷兹（Geog von Gabelents，）、戴遂良（Léon Wieger）、顾赛芬（F. Séraphin Couvreur）、薛力赫（Gustave Schlegel）的著作，同时还有相当数量的汉籍。康拉德将其汉学手稿分成了传教、教学、学术—教学、学术四大部分。“传教”部分数量不大，主要为维诺格拉多夫汉译的东正教经书。“教学”部分包括四类，一是各种表格，主要为根据加略利（Joseph Marie Callery）、顾赛芬、晁德莅、王西里、孟第等人的著作整理绘制的汉字音韵表。二是汉语语法，其中包括了一系列的欧洲汉学论著的译稿，如嘎伯冷兹的《中国文言语法》（*Anfangsgründe der chinesischen Grammatik mit Uebungsstücken*）、巴赞（Antoine Bazin）的《官话文法》、艾约瑟的《汉语官话口语语法》（*A Grammar of the Chinese Colloquial Language*）等。第三类为汉语语法研究的文章，第四类为汉语教科书。第三部分包括汉语词典数部，如根据《五方元音》《康熙字典》《佩文韵府》编写的《汉语字典韵编》、根据公神甫（J.A.Goncalves）的《洋汉合字汇》（*Dictionario Chino-Portuguese*）摘编的汉字部首词典等，所依据的材料除了上述作者的著述外还包括戴遂良、比丘林、孟第、顾赛芬、加略利、麦都思（Water H. Medhurst）、威妥玛、阿恩德（Karl Arendt）、马礼逊（Robert Morrison）、翟理思、鲍康宁（Federick William Baller）等人的作品。在学术著作手稿中，价值最大的当为《东方圣经史》第二卷、第三卷的手稿。在已经完成的第二卷手稿中维诺格拉多夫详细地分析了《圣经》语言和风格各异的汉语译本间的优劣得失，同时还考察了满语、蒙语、藏语、朝鲜语、日语译本的特点。按照维诺格拉多夫的设想，第三卷在内容上应为第二卷的继续，介绍《圣经》被翻译为波斯语、突厥语、阿拉伯语、亚美尼亚语、格鲁吉亚语、缅甸语、越南语等语言的情况。此外，他还根据同文馆教习帛黎（A. Theophile Piry）的法文译本转译了《圣谕广训》，并且从《圣谕像解》中摘编了注解，已誊清付梓。

由此可见，维诺格拉多夫在奥普塔修道院的20余年中对他所钟爱的汉学进行了孜孜不倦的探索。盈积案头的著作手稿使他萌生了脱去僧衣，前往圣彼得堡或莫斯科的大学任教的愿望。然而，所有的计划非但没有实现，反而被当作了精神癫狂的病人受到了监管。临终前，他甚至不知道两年前爆发的“十月革命”已经推翻了沙皇，仍热切地期望着得到帝俄科学院的认可[1]，其情其景颇有些“不知有汉，无论魏晋”的感觉。

现在看来，这位在北京被称为“阿神父”，回国后被谑称为“北京”的俄国东正教教士并没有发疯，而只是在汉学研究上进入了一种痴狂的状态。康拉德院士认为维诺格拉多夫是“一位彻头彻尾的汉学家”，然而，他的“这些著作在当时并没有给维诺格拉多夫带来汉学家的声誉，而他后来的学术活动也走上了一条与东方学界相差甚远的道路”。维诺格拉多夫不被学术界接纳和承认除了偏居一隅、僧衣束缚等原因外，在某种程度上也与其研究方法有关。从19世纪上半叶的比丘林时期开始，俄国汉学就以凸显民族特色，质疑西方汉学权威为主要特点。维诺格拉多夫的著作出版之时，正是将俄国汉学的这种传统发扬到巅峰的俄国汉学领袖王西里的影响最隆的时期。维诺格拉多夫尽管也懂得汉语，但所参考的文献却大部分为欧洲汉学家的著作，这对于一直以汉语原典为研究基础的俄国汉学界来说，其著作难以得到承认也是情理之中的事情。王西里的亲传弟子格奥尔基耶夫斯基亦背离了老师开创的汉学研究传统，大量引用了西方汉学家的著述，虽在当时因观点新颖而引起了一定的反响，但最终还是受到了后世汉学家的批评和质疑。近年来，维诺格拉多夫的学术遗产正在进入俄罗斯宗教史和中俄文化关系史研究者的视野。随着研究的进一步深入，维诺格拉多夫在俄国汉学史上的地位也将最终被确立。

阎国栋，1965年生，南开大学外国语学院教授，主要从事中俄文化交流与比较研究，著有《俄罗斯汉学三百年》《东正教在华两百年史》等。

---

[1] Жуков Дмитрий. Отец Алексий (Виноградов): Отшельник-китаевед из Оптиной пустыни// Философская Газета. Вып.23.\ http://www.phg.ru/issue23/fg-9.html.2. 2005-11-13.

论竹内好

——关于他的思想、方法、态度

〔日〕代田智明

一

竹内好（1910—1976）这个名字，在某种意义上可以说透着令人费解的色彩——因为这个名字被相互对立矛盾的因素所环绕着。有人说他肯定源自西方的近代性价值[1]，也有人说他是反近代主义者；他生前所得到的评价毁誉参半、褒贬不一。去世至今已有20年，对他的评价仍无法统一。在他的专业领域——中国学界，竹内模式因其主观性而被作为应加以克服的对象[2]；而在完全不同的领域，他又被作为批判东方主义的旗手开始得到重新评价[3]。

在此，我无法揭示竹内好的全貌，只是想通过分析他在战后日本的评论及著述活动来介绍他思想的一个侧面，从现在的立场出发探讨竹内好这个名字所涵盖的可能性。首先，我想为不太熟悉他的读者介绍他的主要业绩。

竹内好与他的同时代的日本知识分子一样，是一位活跃于多个领域的人物。他与大学时代的伙伴商谈，在1935年发起中国文学研究会，编辑并出版了杂志《中国文学研究》，从率先将现代中国文学作为正式的研究对象这一意义上说，在日本，它起到了先驱性的作用。与此同时，在日本侵华战争这一不幸的状况下，它也是为数不多的尝试以心灵去联结两国文化的有良心的团体之一。

[1] 伊藤虎丸：《鲁迅与终末论——近代现实主义的成立》，龙溪书舍，1975年。

[2] 沟口雄三：《观察"中国的近代"的视点》，《作为方法的中国》，东京大学出版会，1989年。

[3] 酒井直树：《近代的批判：中断了的尝试》，《生为死胎的日本语·日本人》，新曜社，1996年。

在当时日本的中国研究领域，存在着继承传统宋代儒学并对其进行祖述的学术（日本汉学）与继承清朝考证学方法以接近中国知识人的古典教养为目标的学术之间的对立。竹内好批判了这两派学术，认为它们均具有回避现实中国、保守而缺乏自立性的特质，从而以建立新的中国学为指归。

在这一点上，他最引人注目的业绩是鲁迅研究。它不仅在战后具有绝大的影响力，而且至今仍继续被研究者引为参照。而且不只是鲁迅研究，翻开日本有关中国现代作家研究的历史，在丁玲、茅盾、郁达夫、林语堂研究等方面，他的名字必定出现在开拓者的位置上。

当然，他的业绩并不限于文学研究。以鲁迅研究为基础，他介绍了孙文、蔡元培、毛泽东等人的思想和传记，以民族主义为中心，对新中国亦即中华人民共和国成立的历史性和思想性的意义加以了整体性的诠释。所谓竹内模式或者竹内范型就是在这里形成的。立志于中国研究的下一代人，把它作为理论框架加以继承，受到了极大的影响。

与此同时，在与鸦片战争以来直到新中国成立的历史过程的对比中，竹内好对明治维新以来直至战败的日本近代化和近代文化进行了激烈的批判。在另一方面，为了使日本文学真正近代化，他又提出了“国民文学”的目标。这一切对于在战败的打击下正在探索新的出路的日本文化界来说，无疑提供了一种可能性乃至热点。于是，竹内作为评论家也具有了独特的位置，拥有了一定的言论影响力。

在此基础上，他致力于在近代日本的其他传统中发掘契机，以瓦解近代日本应加批判的思考样式。这一努力在他的一系列有关所谓“亚洲主义”思想的著作中得以成形。

在上述业绩之外，竹内好还有一个不能为我们所遗忘的重要侧面，这就是，他是1960年反对《日美安全保障条约》运动的舆论指导者，并且是以民间人士的身份促进中日邦交正常化的启蒙性活动家。就前者而言，他辞去了东京都立大学教授的公职，投身于运动中，发表过相当激进的呼吁建立人民政府的言论；就后者而言，他以杂志《中国》为基地，连载了《为了了解中国》等启蒙文章，并致力于讲演和集会活动。他在战后一次也未造访过中国，但是这口喷涌出中日友好特殊水脉的“老井”却是值得两国的人们铭记的。

要言之，他并非象牙塔和书斋之人。用他的话说，文学也好，思想也好，其自身都必须包含着“行为”。在这一意义上竹内好是少数称得上“思想家”的日本知识分子中的一位。

就这样，作为中国文学家、中国学家、评论家、不排斥政治性实践的舆论界领袖，竹内好创造了多姿多彩的业绩。然而在这多彩的业绩背后，实际上却暗含着一个焦点，它通过若干特定的结构，向不同区域投射着光芒。在此，我想在探索这一焦点和它得以投射的结构的同时，尝试思考竹内思想在现代所具有的意味。

二

《何谓近代》（1948）是明晰地显示竹内好的近代欧洲观与关于亚洲近代化的认识的代表性论文[1]。在其中，描绘了从世界史角度所见的近代整体图。必须事先说明的一点是，对于竹内好来说，欧洲也好，亚洲（在文中他称之为“东洋”）也好，并非地域性的实在概念。对于当时的读者来说，这一点恐怕未加说明便被理解了，而今天重读该文，我们却必须注意到这是竹内好为结构他的理论框架而使用的假设性的和理念性的概念。而这两者虽是对立的，却又是互为媒介、相互关联的概念。首先，关于近代欧洲，竹内是这样表述的：

> “欧洲之为欧洲，它必须侵入东洋。”“只有在欧洲前进——东洋后退这样的前进当中，欧洲才是欧洲。”“不在东洋的抵抗之中，欧洲便不能实现自己。”[2]

资本的扩大、传教士的引导、冒险与开拓……竹内指出近代欧洲的“根本”在于向外的自我扩张运动。而且自我扩张必须带来与外界对手之间的紧张关系，只有在这样的紧张关系中，欧洲才能感觉到呼应而得以自我确认。一旦征服了对方（欧洲化＝近代化），便进一步向外无限扩张；若非如此，欧洲便无法自我确认。

竹内论述说，不仅是资本和物质，欧洲的精神也在运动。概念和语词的内容不断变化着、运动着。何止这些，支撑着概念和语词的体系和坐标轴本身也在运动

[1] 原题为《何谓近代：日本与中国的情况》，1948 年 11 月 15 日发表，收入《竹内好全集》第 4 卷；在本文中引用部分如无特别说明，均引自此文。

[2] 《竹内好全集》第 4 卷，第 131、136、143 页。

着。欧洲扩大了，便与异质的文化和精神相遇，它便把它们对象化，通过分析、吸收，并进行自我变革，从而使自己无限地接近普遍，接近真理。不，是依靠那种运动自身得以确认自己就是普遍性的。历史、进步等概念就是从这里产生的。认为沿着时间轴向前便可进步的进步史观便是以这不断的运动为支撑。

这种把握方法，或许会被认为过高地评价了欧洲及其文化。但是，能运用这种不固定而且是动态地把握欧洲文化的方法，作为处于亚洲边缘地区的人，不能不说是有相当深度的。在这一点上，他与大冢久雄、丸山真男等欧洲文化造诣很深的日本学者的理解颇为相近。

但竹内好在更深的层面上对那样的文化形态并不抱有崇拜之念，相反，却是具有恐惧的感情吧。他写道：对普遍性的确信，亦即可以从所有的存在中抽取出来的这种合理主义的信念，“在那合理主义的背后存在着某种非合理性的意志的压力是可怕的”[1]。竹内在其他评论当中几乎看上去全都是肯定欧洲近代各种价值的，因此可以说，他被误解为独特的近代主义者也不足为怪；然而关于支撑着近代性价值的道德信仰，他却直觉地显示了拒绝的姿态。我在下面也要提到，在此意义上，他并非站在超越的角度，而是从第三者的客观立场出发来观察欧洲的，并显然是从亚洲的立场上加以洞察的。而所谓的亚洲立场、概念，与欧洲同样，也并非是固定的实在之物。

在竹内模式里，尽管同样是互为媒介，但亚洲与欧洲并未被同等对待。如上所述，首先，欧洲是主动的，作为其扩张的对象，亚洲是被动的。这一点，回顾一下到 20 世纪上半叶为止的历史便可得知，作为当时的世界史图式，这并非鲜见之处。竹内好的独特之处就在于他显示了确信这一图式是可以变革的信念。

那么，如何才能变革呢？他提出了这样的定式：亚洲对欧洲的失败感的持续以及抵抗、“回心”这一要素的引进，都使得亚洲正在创造出迥异于欧洲的近代。对此，我们需要稍做说明。

如上所述，亚洲并非从一开始就是作为亚洲而存在的。它是随着欧洲的扩张才开始意识到了自己。“东洋变成一种可能性的根据，是在欧洲那里。”“在东洋，没有这样的（欧洲的）精神自我运动。即是说，没有精神本身。”[2]

---

[1] 《竹内好全集》第 4 卷，第 144 页。

[2] 同上书，第 137、140 页。

这一“东洋”可置换成中国、日本、印度，即是说可以置换成所有的非西方地域。它们各自的民族意识和近代意义上的精神作为对抗欧洲入侵的意识而产生，通过以抵抗为媒介的近代化过程把自己重新组织成为近代国家共同体。得以把所有的非欧洲地区作为“东洋”概括为一体的基点，也在于对抗欧洲入侵这一点。实际上，在此我们可以观察到竹内的近代国家概念的长处与短处的二重性，对此容当后述。在这里，我想首先确认一个事实：他并没有采取那种视个别的民族和文化为无前提的非历史性存在的思维方法。

亚洲进行了抵抗，但是并没有立刻就赢得近代化。竹内好把亚洲的近代化分为两种类型。一是日本的“转向”型，一是中国的“回心”型。

在日本没有自我保存的欲望，或者毋宁说自我本身就很贫乏，故而对欧洲的抵抗也微乎其微。竹内断言：“日本什么也不是。”[1]在这样的情况下，前进 = 后退的过程中所产生的前进这一概念发生了折射与渗透，于是产生了虚假的“前进”概念。当然，后退的意识也产生了，故而领先于亚洲他国的优越感与落后于欧洲的劣势感并行不悖。在日本近代史上，不拘一格地模仿欧洲、追赶欧洲的意识和行动贯穿始终。因此，人们认为新的常常是进步的，是接近真理的，如果它与时代不相协调，那就再寻找别的新东西。同时，由于新的事物总是来自外部，是被给予的，在这种观念之下，自旧事物中斗争而创造新事物的情况绝不会发生。这就像是一件件脱下旧衣换新装一样。因而，这种变化中缺乏主体性，竹内称这样的变化为“转向”。

在寻找新东西方面，日本的确是优等生。日本社会在整体上无论是体制的还是反体制的一面，确实都渗透了优等生指导的机制。在这种思维方式之下，并不存在真正的失败，因而也不存在因失败而变革自身的行动。一旦失败，便改变意识形态啦、社会制度啦，等等，不会永远失败。其结果就是，“在量的方面，日本的近代性要素也许会多些；在质的构造方面，中国是近代型的”[2]。

这样的日本近代化批判表面上似乎与世俗通行的日本文化论有些相似，特别是“日本什么都不是”的结论，显得有点过于极端，然而这其实是一种修辞手段，它表述的是没有道德和动态精神这一意义上的“什么都不是”，表明的是一种危机意

[1] 《竹内好全集》第 4 卷，第 145 页。

[2] 《中国文学的政治性》，1948 年 9 月，《竹内好全集》第 7 卷，第 9 页。

识。也就是说，如上面提到的那样，由于战败的冲击产生了对自己的文化从根本上重新认识的动机，它催生了这样的思想。在这一意义上，它的确是与像丸山真男（《日本的思想》）那样的思索相通的思想，它们共同构成了对日本近代化思想基础的“空间”的质疑，是一种对近代日本的解构尝试。

对于竹内好来说，亚洲，特别是中国的近代化亦即中国革命，使得对于近代日本进行批判成为可能。对于他来说，亚洲首先就是中国。

面对欧洲的入侵，中国的抵抗是强烈的。这是因为中国有着悠久的传统，有着自我保存的强烈愿望。“中体西用”的想法，康有为等人改革的失败，辛亥革命之后第二次、第三次革命的挫折……中国因抵抗而败北，但并未像日本那样因此而放弃自我走上欧化的道路。抵抗是持续的，败北感也是持续的。败北感的持续与抵抗在这里是互为表里的概念。败北感的持续，还有对败北的自觉，是以二重抵抗构成的。即是说，对败北的抵抗和对忘却败北这一事实的抵抗。日本或许有前者那种抵抗，但是没有后者那种抵抗。败北被忘却，对败北的自觉不曾产生。但是中国使败北感持续下来，以此固守自我，通过开辟无人走过的、属于自己的路并不断走下去，来变革自己。这是指从“五四新文化运动”到抗日战争再到新民主主义革命的整个过程。

“回心”本是佛教用语，基督教徒在“自觉”之时也常常使用这一用语。它是指通过不断保持自我而使自我变化的状态。一面是自我保持，一面又是自我变革，或毋宁说是强烈的自我否定。这与放弃自我以适应形势、总是不断自我肯定的“转向”型日本形成了对照。

竹内经常说中国通过彻底否定传统而再生于现代，他说的就是这个意思。中国开辟了史无前例的道路，在这一意义上，竹内好得出了中国走的是不同于欧洲的近代化之路的结论。这是因为，它是以对欧洲入侵（也包含日本的）的抵抗为媒介，通过“回心”而创造出新的自我。到这里，可以说竹内模式便完成了。

存在于这一模式内部的主题其实来自鲁迅与毛泽东。竹内这样说明具有关键语词功能的“抵抗”和“对败北的自觉”：“从鲁迅的抵抗，我获得了理解自己感觉（对西方合理主义背后存在的非合理主义的恐惧）的线索。”“如若被问及何谓抵抗，我只能回答说是鲁迅所拥有的那种东西。”

鲁迅是否对西方思想抱有恐惧感，这个问题似乎要费些思忖。不过至少鲁迅与众多的进步论者不同，他自觉到自己与那些掌握了西方的近代性价值的人（真的人）之间是有距离的，他屡屡说自己是“从旧营垒中来”。当然，鲁迅深刻地了解了欧洲近代价值的含义，因而才导致了自身内部的矛盾与分裂。尽管了解了解放的价值，却把自己视为在那价值之外的人，视为该被“真的人”所毁灭的过去的人；对自身的绝望使他把自己的使命限定在“肩住了黑暗的闸门”引导下一代走向解放的位置上。同时，他唯恐自己思想的黑暗部分会影响到下一代。竹内这样说：“他与恶相斗，便是与自己相斗。经由毁灭自己，他想要毁灭恶。这便是生之于鲁迅的意味。因而他唯一的希望便是下一代不要像自己一样。”[1] 在此意义上，“捐弃此身以承担（对西方文化的）恐惧”这一竹内好自身的表述或许与鲁迅的方式极为相似。

借竹内好的话来说，“他拒绝成为自己，同时也拒绝成为自己以外的存在物。这便是鲁迅所怀抱的，且是使鲁迅成为鲁迅的绝望的意味。绝望体现在走上无路之路的抵抗之中，抵抗作为绝望的行动化而显现。从状态上看，它是绝望，从运动上看，它是抵抗”[2]。成为自己，就是容忍自己的内部的前近代性成分，成为自己以外之物，就是放弃抱定前近代部分的自己，同时也放弃自觉到这一点的契机。对这一激烈的内部矛盾，竹内好用“挣扎”[3] 来表示，中国研究者则用“中间物意识”[4] 来概括。

关于鲁迅的“回心”，竹内好在他的《鲁迅》中仅使用暧昧的“文学的自觉”加以表达，在其他地方也未加以清楚的定义。如果我们稍显牵强地与具体现象结合起来说明的话，那么可以做如下解释吧：鲁迅以“革命文学论争”的方式与无产阶级文学的理论家一起展开了激烈的论争，其结果是产生了左翼作家联盟这一统一战线组织，鲁迅在强化了自身思想的同时也变得几近于马克思主义者。这可以说是中国文坛本身的“回心”，也是鲁迅的一种“回心”吧。

无论如何，鲁迅在自觉到自己内部存在着前近代部分的过程中，通过这种矛盾和抵抗，毋宁说使得自己处于把西方近代相对化的位置上。穿透这一矛盾纠葛，正可抵达超越近代的层面。在此无法详细论证这一问题，仅能介绍竹内好以直感所表达的这一认识。

---

[1] 《鲁迅》，1948 年 9 月，《竹内好全集》第 1 卷，第 9 页。

[2] 《竹内好全集》第 4 卷，第 156 页。

[3] 《鲁迅》，《竹内好全集》第 1 卷，第 72 页。

[4] 钱理群：《心灵的探寻》，上海：上海文艺出版社，1988 年。汪晖：《反抗绝望》，上海：上海人民出版社，1991 年。

我认为，竹内好“超越近代”的最根本之处体现在他下述说法之中：“否定伪文明的反文明运动产生了，当它从伪文明的内部再创出另一种文明之时它才能成为实在的独立运动。……通过对文明的否定而再建文明。这是亚洲的原理，把握着这一原理的是亚细亚。”所谓伪文明，是指明治以来日本的近代化；所谓被否定的“文明”，是指欧洲的近代；所谓再建的文明，是指由亚洲所创造的新的“近代”。他指出，为了这新的近代的产生，“文明的虚伪化”是否能够实行受到了考问[1]。这文明的虚伪化，如果换成当今的话语，恰恰是对西方中心主义的根本性批判。

进而，鲁迅所走过的道路作为一种定式也适用于毛泽东的革命战略，广而言之，亦适用于中国革命。落后的主体通过对落后的自觉，使败北感得以持续，从而依靠“回心”而再生。毛泽东在落后的农民那里发掘出了革命的动力，依靠它建立了革命根据地，并引导革命走向了成功。在抗日战争中，在解放战争中，虽然革命的敌人都具有强大的实力，然而实力可以削弱，亦可补充。处于劣势的一方可以依靠精神道德的力量战胜强大的对手，这种可能性便在“回心”中产生。

中国的情况也可用同样的逻辑解释。竹内好论述道：近代落后了的中国毋宁说通过对落后的自觉而将民族主义转化为道德感召力，从而带来了新中国的再生。可以说，这是将鲁迅模式扩展至毛泽东，进而依靠这两者来解释中国近代化亦即当时的新中国的成立过程。这是一个宏大的假说。

而且，由于它暗含着某种悖论，故而这一假说对竹内好的下一代人具有极大的影响力。有相当多的学者致力于将这一图式和框架固定化，然后把它应用于学术研究，特别是中国现代史和中国现代思想史领域。竹内好本人也不能说完全没有这种倾向，所以不能仅仅责备下一代人。总之，存在着把假说过于实体化和实在化的一面。[2]在否定了“文革”、面向市场开放的今日中国的视角上看，这一点是显而易见的。

但是，这一通过对落后的自觉而使现存力量的关系相对化的思想本身并未失掉它的意义。对竹内好来说，这是一个关键性的思想框架。例如，下述的引文就可以有助于对这一点的理解：

---

[1] 《日本与亚洲》，1962年5月27日，《竹内好全集》第8卷，第91—92页。

[2] 关于此点，可参照沟口雄三的《作为方法的中国》，其中有详细的论述。

资本主义发达程度的不完善，反倒能够保存使健全的个人主义道德生长的可能性。[1]

物质条件的贫乏，甚至具有帮助新的样式和体裁诞生的作用。[2]

中国的近代化在时间上落后了，但同时使其在质量上处于优势。[3]

鲁迅这样的人之所以得以产生，没有激烈的抵抗作为条件是无法想象的。如果不是如同欧洲的历史学家所说的亚洲的停滞、日本进步历史学家所说的亚洲的停滞（！）的那种落后的社会，不会出现这样的人物。[4]

他所强调的是，在落后的事物当中，蕴藏着产生优秀思想与道德的力量，其优秀性如果仅仅依靠经济和物质的力量关系是无法理解的。对于生活于现代的我们来说，这难道不是值得注意的思考方式吗?

三

如上所述，竹内好以中国的近代化为借鉴，从根本上批判了明治维新以来日本的近代化。那么，日本以战败这一打击性的历史事件为转折，使败北感持续以至“回心”产生，需要什么样的契机，对此，竹内好是如何考虑的呢？不言而喻，在竹内眼里，从外部谋求契机，把它作为被给予的东西对待的态度，是又一次堕落。在这一点上，他与在欧洲寻找理想的近代化典型的丸山真男是不一致的。

竹内在那些与仅仅面向欧洲以实现近代化的思想截然相反的思想中寻找日本改革的契机。这种思想就是所谓的“亚洲主义”。亚洲主义最初是为了对抗欧美帝国主义的威胁，在被侵略的危急关头所产生的亚洲诸地域之间的平等连带的主旨；而由于日本的侵略，平等连带的意义渐次淡薄，亚洲主义逐渐演变为以日本为盟主的亚洲一体化，从而产生了与欧美决一雌雄的一国中心的思想。这样它便堕落为日本帝国主义的补充形态。竹内好就是从这样的思想之中试图抽取改革的

[1] 《现代中国论·学生运动》，1951 年 2 月，《竹内好全集》第 4 卷，第 65 页。
[2] 《现代中国论·妇女运动》，1949 年 12 月，《竹内好全集》第 4 卷，第 89 页。
[3] 《日本人的中国观》，1949 年 9 月，《竹内好全集》第 4 卷，第 14 页。
[4] 《竹内好全集》第 4 卷，第 160 页。

可能性。把他视为民族主义者或反近代主义者的误解之所以会产生，就是因为这样的上下文。

从竹内好的思想结构出发加以考虑，则可以理解，他既非单纯的民族主义者（尽管在某种意义上他可以说是民族主义者），亦非反近代主义者。他不相信外在于自己文化的思想。他试图在日本文化内部的、传统的内涵中，不是原样照搬，而是抽取出作为改革要素的成为契机的东西。在这种情况下，他必然会谈论主体性和独立的问题。“为了除掉日本对中国人的轻蔑感，将日本文化从中国文化中独立出来是它的条件，而且这一条件是相关的。切断恶性循环的契机，必须从恶性循环自身的内部去发现。”[1]

改革的契机经常必须存在于“内部”，这是竹内好绝对性的思想架构。下面再引用一些颇具刺激性的例子。

“倘若不能避开陷入超级民族主义的危险而仅仅把握民族主义，那么，唯一的途径是反过来在超级民族主义之中抽取真实的民族主义。就是从反革命中抽取出革命来。”[2]“不止世界是恶的，必须消灭这恶的自己也是恶的。作为消灭恶的力量，自身就存在着恶。我们并没有存在于恶之外，眺望恶的善的立场，只有那种想要从恶中脱离出来而不得的恶的自己。”[3]在此作为方法论，我们立刻就会想到鲁迅，上文所引别的例子，也可窥见这一点。

只有在恶之中可以寻找到制服恶的契机，这一方法论的态度当今亦有充分的参照价值。例如，它是一种克服欧洲近代或者西方中心主义的尝试，而今天由后现代主义所提出的，不正是这样的主张吗？事实上，近代社会遇到的难题如过分强调个人主体性及其引起的异化现象，工业化社会造成的环境破坏和社会的颓废等已经积重难返。但解决它的契机说到底还是存在于它的内部。对前近代社会的怀念和指向古代的民族情结，在此不具有任何思想上的生产性。针对殖民主义态度的个人自由的主张等，都是近代内部所具有的重要改革契机。那么，对于竹内好来说最重要的契机——民族主义，应该如何认识呢？这不正是表现近代的最形象的语词吗？

的确，作为历史进程中的契机，民族主义具有其微妙的一面。竹内的时代是冷

[1]《日本人的中国观》，1949 年 9 月，《竹内好全集》第 4 卷，第 16 页。

[2]《民族主义与社会革命》，1951 年 7 月，《竹内好全集》第 7 卷，第 20 页。

[3]《文化移入的方法》，1948 年 6 月，《竹内好全集》第 4 卷，第 124 页。

战机制支配世界、反殖民主义尚具明确意义的时代。在这样的时代里，不去探寻毛泽东与林语堂的差别而是着眼于他们共通的民族主义部分，不能不说是竹内好的真知灼见。然而，正如有的学者指出的那样，后殖民主义的状况——反殖民主义斗争的结果带来了殖民地国家的独立，并造成其以近代性国家共同体为指归的现实——则使得民族主义成为只维护一国利益的一国中心主义，它表面上对抗着西方中心主义，实际上却与西方中心主义相辅相成[1]。如果对竹内模式加以重新建构，或许还需要将这样的事实理论化：以反殖民地斗争而得以“回心”的亚洲亦可能与日本同样因堕落而“转向”，转而趋向于扩张主义。

但是，我们不能忘记竹内的提示：民族是作为对抗入侵的力量而形成的。在后殖民的形势之下，仍然存在着霸权国的侵略行径，民族正是为了对其进行抵制而不断得到强化的。在这一意义上，民族主义从整体上来说成为变革世界的契机未尝不可。此外，在既成的国家共同体之内的民族主义中理应包含着反过来以自身的一国中心主义为耻的机能。来自有良知的“国民”的、对本国内部的人种、性别以及各种歧视的抵抗，正是一种以民族主义为基础的尝试变革的契机。这样一来，我们就不能不感觉到区分作为变革契机的思想内部结构的难度，因为它意味着极其困难的抽取变革要素的工作。

> 从思想中剥离意识形态或者从意识形态中抽取思想的工作是极其困难的，也许几乎是不可能的。但是，如果不确认思想层面相对于体制的独立性，并且克服困难分解作为事实的思想，那么，就不能够从被埋没的思想中提取能源。就是说，不能够开展传统。[2]

从这段话里，可以看出竹内好并非是传统否定论者。他只是否定旧有的传统并且试图建立新的传统而已。对此，竹内亦称之为“重写历史”[3]。传统如果维持原样，只会成为妨碍变革的要因，而通过某种决定性的事态（对个人来说的自觉，对民族来说的革命，广义上的“回心”），它却可能作为形成该事实的要因而再生。

---

[1] 关于这一点，酒井直树的《“回归西方”与人种主义》有详细论述。
[2]《近代的扬弃》(原文为“近代的超克”)，1959 年 11 月 20 日，《竹内好全集》第 8 卷，第 12 页。
[3]《竹内好全集》第 4 卷，第 163 页；第 8 卷，第 244 页。

“重写历史”是读解竹内好的关键语词。它意味着切断与过去的联系以催生新事物，同时也意味着旧事物的再生。它不意味着把过去理所当然地作为“过去”，而是意味着把未来的某种决定性的事态在过去中重新定位，通过这一事态的完成，来使过去作为形成重写历史的契机加以再认识。在谈到“亚洲主义”思想在分解上的困难时，他使用了类似的表现，并在最后这样说道：

> 以对（亚洲主义的）连带感和侵略性这种二分法的稳妥性进行质疑为出发点。……我的问题是，思考将连带感和侵略性相组合的诸种类型。在对类型的思考基础上做什么？……但是，我自认为这对将来具有极大的意义。[1]

在此，他把评价交给了未来。他想表述的是：何种类型将成为变革的契机，这一点如果不“重写历史”是无法决定的。只有“重写历史”是现在应尽力去做的事情。他并不承认为维持现状而发的言论是思想。“所谓思想，总是要对现实有所触动，总是那种变革现实（也包括精神）的东西吧。如果是这样，那么思想之为思想，从维持现状的立场上看，它总是危险的。”[2]

作为思想家，竹内好一生至少有三次尝试了“拼搏”[3]：一次是在《大东亚战争与吾等的决意》[4]中，他试图从全体动员的侵略战争中抓住亚洲解放战争的契机；一次是在《民主还是独裁》[5]中，他试图在反对《日美安全保障条约》的斗争中找到民族自立的革命性契机；最后一次，是他把中日邦交正常化的努力作为日本文化自行纠正战前过失的唯一的思想契机。这三次思想拼搏均以失败告终，其结果导致了他晚年的沉默，然而恰恰是这些失败证实了他的确是他所说的那种思想家。非思想家的人，因其不曾“拼搏”，经常甘于现状，故不是不断成功，便是积累以“客观”著称的缜密的学术研究，而竹内好却并非如此。

竹内思想的“焦点”，在于他作为思想家的态度。这是通过否定的过程而使被否定的对象获得新生的思想态度。从中，我们可以抽取出有关落后所暗含的道德优

[1] 《关于学者的责任》，1966 年 6 月，《竹内好全集》，第 8 卷，第 272 页。

[2] 《冈仓天心》，《竹内好全集》，第 8 卷，163 页。

[3] 在《竹内好全集》第 8 卷第 64 页里，竹内在相似意义上使用了这一语词。

[4] 该文作为中国文学研究会宣言发表于《中国文学》第 80 号卷首，1942 年 1 月，收入《竹内好全集》第 14 卷。

[5] 1960 年 6 月 4 日，收入《竹内好全集》第 9 卷。

势、为消灭恶而存在的恶这一内在批判的逻辑等悖论性的结构。在现在的时代思考竹内好的思想，不仅是他的非近代性的视点，而且他的态度与方法，不都给予了我们众多的启示吗?

代田智明，日本东京大学教养学部教授，主要从事中国学及鲁迅研究。

川合康三教授的中唐诗研究

蒋　寅

现任京都大学研究生院文学研究科教授的川合康三先生是当代日本中国学界受人瞩目的优秀学者。

从24岁发表第一篇论文《李贺及其诗》起，川合先生就与中唐诗结下了不解之缘，而且显露出不凡的见识。在这篇论文中，他注意到李贺所负担的家计的压力和对家庭的歉疚，从分析李贺的心态入手，指出《昌谷诗》“刺促成纪人，好学鸱夷子”两句所包含的现实生活内容。在感觉方式上，他指出李贺诗中突出的芳、香、馨的嗅觉和湿、冷、寒的触觉表现。嗅觉和触觉在日常生活中都是依存度低的最原始的感觉，因而也是最本源性的感觉，它们一旦被尖锐化，就超越了日常的感觉，从而产生了自由的感觉联想。他将李贺诗中的通感、代语与现代日本诗人对青年时期心理经验的自述相比较，对李贺的感受方式做出了独到的解释。这篇出自本科生之手的论文已显露出了后来成为作者文学批评特色的一些倾向，比如开拓新的研究视角，提出原创性的命题。他后来发表的《语词的过剩》《“戏”的文学》《韩愈探究文学样式的尝试》《中国的诗与文》等论文也是从独特的角度提出了发人深省的问题。

当然，对于文学研究来说，比提出问题更重要的是阐释和分析问题的深度。读川合先生的第二篇论文《李商隐的恋爱诗》，我们能感到作者看问题的敏锐和分析的深入。他先从艳诗的谱系着手，通过分析李商隐艺术表现的独创性，得出李商隐由六朝一般性抒情深入到个人化抒情的诗史意义；然后又从内容上，通过与南朝民歌到元稹艳诗的比较，并根据他诗中缺乏人称的特征，指出它们不是在明确的恋爱关系中对特定对象表达的恋情，而更像是表现恋爱本身的氛围、情绪。“相思”一词在他的笔下也没有特定的对象，往往是作为恋爱的一般概念来使用的。诗中也尽力排除了与现实生活相联系的具体描写，在另一种形态上体现了和李贺一样的拒绝日常性的意识。这显然是很给人启发的见解，而它不过是作者的硕士论文。后来他撰写的李贺研究论文讨论李贺的艺术表现和比喻技巧，同样显示出了独到的见解和出色的分析能力。张剑在《20世纪李贺研究述论》中特别肯定了川合先生对李贺诗歌艺术的分析，称其“《李贺及其诗》一文对李贺重视原始感觉而无视事物固有名称，大胆运用感觉性代词的诗风做了考察。《李贺的表现——以“代词”和形容词的用法为中心》《李贺和比喻》二文更是细腻地分析了李贺诗歌的修辞和用字特色，其剖析之深，语言之美，即使在国内同类论文中亦不多见”（《文学遗产》2002年第6期），我认为是说得很中肯的。

川合先生的诗歌批评非常注意范式的把握，比如关于李商隐恋爱诗的“爱的形态”，他有这样一个结论：李商隐的恋爱诗通常摒弃与日常生活相联系的事物，而总在非日常性的氛围中歌唱，这就使他落在一个介于现实与非现实之间的邈远空间里。与韩偓的艳诗相比，后者的诗具有一种以观照的态度眺望男女之事的模式化的审美意识，以至于诗中弥漫着慵倦而甜美的单调情绪，让人感到无聊。李商隐的“爱的形态”则不是被模式化的观念，其价值应该说是朦胧、模糊和不确定性。正因为如此，对被现实与非现实交错的混沌世界所迷惑的他来说，这才能成为题材。这种恋爱诗最终不足以成为恋爱的赞歌，反倒被痛苦、压抑的阴影所掩盖。再对比李白和李贺的游仙诗来看，后者完全脱离现实，具有从天界俯视现实的视点，而义山（李商隐，字义山）的幻想诗则相反，视点离不开现实。对他来说，爱的观念即使与现实相对立，可作为完全独立于现实的价值观念也还没有定型，因此更接近齐梁和李贺艳诗的特征。经过这一番分析和比较，李商隐恋爱诗的独特范式就凸显出来。他后来发表的《韩愈与白居易》《韩愈的复“古”志向》两文，也都体现了注重把握范式的特点。这使他的研究总是能够从对具体的作家、作品的分析走向对一个时代乃至整个中国文学史的宏观透视，并形成了自己独有的看问题的方式和眼光。

最初读到川合先生的论著时，我就对他从大处着眼、从小处着手的特点有了深刻的印象，这种特点使他在思考具体的问题时总带着宏观的背景，并能在具体的问题中发现带有根本意义的结论，而同时，具体的结论又不断累积、丰富着总体的见解，最终形成系统性的宏观论断。写作《李贺的比喻》时，他大概还没有形成对中唐文学精神的基本看法，但在个案研究中已逐渐勾勒出一些具体特征，他在文中提到的李贺对比喻中语言秩序的颠覆就是很有创见的结论。后来他又在研究韩愈的论文中提出游戏性的问题，在研究白居易的论文中提出语词过剩的问题，在研究中唐诗的论文中提出“奇”和夺造化之功的问题，尽管这些论点都有高屋建瓴的视野，但他所有的发现都是从细致的文本解读中产生的。他常常能从一篇作品、一个艺术表现中发掘出深刻的见解，《韩愈探究文学样式的尝试》就是一个典型的例子。《画记》向来都不是中国学者所重视的作品，但川合先生却以细致的解读发掘出了不寻常的内容，显出了他对文学理解的深度。《终南山的变容》一文中，通过分析唐诗描写终南山的视角和写法的变化，他揭示了中唐诗人把握自然对象的新变化。他研究韩愈的《南山》诗，比较其毫发无遗的描写手法与汉赋相似，并指出：“汉赋也是投入大量词汇来再现世界的，不过在汉赋中，被描绘出的世界和作为描绘对象的世界的无过与不足，恰好一致。或者说，与其说是表现眼前存在的世界，不如说是用语言传达出已被观念化了的世界才更确切些。是以在汉赋中，人的认知和世界实现了令人羡慕的一致。而韩愈的诗则是在洞见人之极限的前提下依然向世界这个整体挑战，因此通篇显出人和世界的紧张关系。”由此他更进一步断言：“以往共有的世界观到中唐的解体，同时也是诗歌摆脱因袭束缚的解放。文学立足的根基有了质的转变，中唐文人用个人的视角去认知世界，于是构建起了独特的文学。在由集团向个人转变的过程中，文学经历了许多关头，盛唐到中唐的变化也是文学向个体方向迈进的又一个转折点。”不难看出，川合先生在此指出了文学史上一个至今还未被人注意到的很重要的范式演变问题。

正是这些由个案研究获得的局部认识的积累逐渐形成了川合先生对唐代文学的总体看法。他曾在兴膳宏先生主编的《给学中国文学的人》中的“唐代文学”一章里表达了一个综合性的、抓住问题关键的认识：“诗歌摆脱类型化的抒情与趋于散文化的倾向，以及文章里古文和传奇的出现，文人的创作不偏于诗或文而推及广泛的领域，这些中唐的特征共同显示出，旧有的形式已不能适应人的精神领域的扩大。文学从典雅的定型的美走向了追求人的多样可能性，这种质的转变最终为宋代所继承，并获得更确定的表现。”如此富有深度的理解不仅贯穿于川合先生的文学批评中，也体现在他对中国文化、对中国古代文人生活的认识中，促使他从前所未有的高度来理解中国文人的自我认识方式，并看出了中唐时代的文学对上述认识方式的意义。前者体现在《中国的自传文学》那部篇幅不大却有多方面启示意义的专著中，后者则可以从《文学的变容》《中国的诗与文》二文中约略窥见。1999年，川合先生将历年所作中唐文学研究论文结集为《终南山的变容——中唐文学论集》一书，交研文社出版。这是他多年研究唐代文学的心血结晶，全部22篇论文的时间跨度近30年，撰著经过都写在后记中。这些论文不仅能从广阔的历史文化和文学史背景中把握具体问题，使具体问题的阐释达到不寻常的深度，而且更能抓住文学表现的核心，深入阐述作家作品的艺术心理和艺术特征。尤为可贵的是，作者将中国古代诗论家视中唐为古代诗史转折点的看法进一步推广到整个古代精神史和文学史，认为中唐在古代文人精神和自我意识方面的许多表现都有特别的意义，这在我看来是最值得听取的深刻见解，相信会给国内的古代文学和文化研究带来一定的启发。

著名中国学家福井文雅教授曾在《法国东方学的近况》一文中讲到，他留学法国时听法国年轻学者说："搜集资料、作索引之类的职员式的工作，由东方人去做吧，从中引出学问的体系才是我们的事。"又说："日本人为什么要把那些短短的、结论不知要说什么的小论文急急忙忙地抛出来呢？"（《东方宗教》第30号，1967年10月）回顾明治以来的日本汉学在文学研究方面似乎给人以重视文献考索而轻忽文学自身研究的印象，在提到日本的中国文学研究时，中国学者也常有长于沉潜考索而短于高明制断的结论。但这是由学科的发展水平决定的，文献研究原是文学批评的基础，事实上自20世纪70年代以后，情况已有了变化，日本新一代的中国文学研究者越来越关注中国古代文学研究中的文学性问题。原京都大学教授兴膳宏先生、已故早稻田大学教授松浦友久先生，他们的成果都可以说是有代表性的。在当今活跃于学界的学者中，川合康三教授则堪称是代表这种倾向的重要学者。他的论著总是立足于文学的立场，关注文学本身的艺术表现问题，由文学现象深入作家的内心世界，探索其艺术思维的特征，阐明其艺术创作的原理。像论李贺诗的代语问题，论韩愈文学的游戏色彩，论白居易诗的饶舌作风，悉能透过现象洞见更深一层的东西，给人以思考方式的启发。

据筑波大学的松本肇教授说，他初读川合先生的论文，就感受到一种独特的个性，一种坚定地将文学作品作为"文学"来把握的眼光，那是在迄今为止的日本中国文学研究中不曾看到的。这让他体会到一种论"文学"的快乐，并由此萌生与川合教授开展合作研究的想法。1990年他们共同发起成立"中唐文学研究会"，被学界目为“中国文学研究新的胎动”。这个学会的出现改变了日本学术界素来按师承关系纵向延伸的传统，将一种与信息社会的特征相契合的学术运作方式带入日本学术圈。现在该学会已成为新一代唐代文学研究者的核心团体。1994—1995年的两年间，松本肇教授主持的“中唐文学的综合研究”课题得到文部省资助，15位分别研究唐代文学、思想、历史的学者共同对中唐文学进行了综合性的考察，尝试从整体的视点阐明中唐文学的特质。他们的初步思考曾以“作为转折时期的中唐”为主题，以系列文章的形式发表于《创文》杂志第346—352期，最终的成果《中唐文学的视角》（松本肇、川合康三编）一书于1998年2月由创文社出版，给学界带来新的刺激。这部著作体现了日本新一代学者的学术品格，那就是多层次、多视角地审视文学现象，并加以综合研究，在此基础上形成了对文学史和文化史的全面认识。

我从20世纪90年代始与川合先生通信论学，1997年蒙他推荐，受聘为京都大学研究生院文学研究课客座教授，讲授中唐诗歌。在旅居京都的一年间，我参加了川合先生主持的“御览诗”读书会和“中国古代的文学史观”共同研究项目，对他的学术和人品有些粗浅的了解。像大多数日本学者一样，川合先生也不是个锋芒毕露的人，但他随时流露的机智和幽默感，即使是日常交谈，也能让人感觉到他良好的艺术感觉和敏锐的悟性。他对理论思考的重视以及对学术潮流的敏感在日本学者中是很少见的。他主持的“中国古代的文学史观”研究就是个前沿性的课题，与近年中国的“文学史学”遥相呼应。陈寅恪先生曾在《陈垣敦煌劫余录序》里说：“一时代之学术，必有其新材料与新问题。取用此材料，以研究问题，则为此时代学术之新潮流。治学之士，得预于此潮流者，谓之预流。其未得预者，谓之未入流。”川合先生正可以说是一位“预流”的学者，他对学术趋势的敏感使他的研究总是处于学术和学科的前沿。

川合先生的学问就像他的为人，洒脱而通达。他治学不像一般日本学者那样喜欢守着一个问题挖深井，他的知识面和兴趣都非常广泛，善于发现和思考问题，他的著述涉及面相当广，既有《隋书经籍志详考》（与兴膳宏先生合著）那种传统学术研究，也有《中国的自传文学》那样别开生面的探索。他丰富的文学史知识——西方的和东方的——使他能从一些细微的地方联想到许多相关的问题，并生发开来，使他能做出综合性的分析。《中国的自传文学》是最早从自传的角度探讨古代文人的自我意识问题的论著，书中所提出的结论引起了学界的重视，出版后在日本学术界广受好评。友人蔡毅先生的中译本1999年由中央编译出版社刊行，书中高瞻远瞩的视野和独到的文本解读同样受到了中国学界的称赞。2003年，川合先生将他有关中国古典诗歌的题材、典故及情感表现的六篇谱系学研究论文结集为《中国的Alba——谱系的诗学》，列入“汲古选书”出版。其中《中国的Alba——或论乐府〈乌夜啼〉》一文讨论了类似西洋骑士文学中Alba的一类诗歌。Alba源于古普罗旺斯语“黎明”一词，指骑士与情人相会，长夜将尽，不得不分别时所唱的别曲。川合先生由Arthur T. Hatto所编*Eos: An Enquiry into the Theme of Lovers' Meetings and Partings at Dawn in Poetry*一书所举的九首作品入手，又增加了汉乐府《有所思》、李商隐《无题》等，最后以《乌夜啼》为中心分析了这类作品的特点，并指出由于儒家正统观念的禁锢，这一谱系的作品没能形成一个正式的类型，也没有产生相当于Alba的概念。全书选取的角度十分新颖，作者特有的细读功夫和不凡见地随处可见，读来饶有兴味。的确，即便是比起当今许多中国学者的著作来，川合先生的论著也更像“文学”研究，更富于文学的趣味。

正因为如此，我每每阅读川合先生的论文，在佩服之余总不免些许怅然。自己研究清代诗学倏忽十年，虽阅读了大量的诗文集和诗文评，但关注的中心却是诗歌理论和批评，无形中离文学本身的趣味反似越来越远，对文学的感觉好像也越来越迟钝了。这不能不说是件很让人感伤的事。相信这不只是我一个人的感觉，大概当今研究文学的许多同道都感觉得到，虽然名为文学研究者，但我们离文学却无疑渐行渐远。难道我们真的已生活在文学消亡的时代了吗？

蒋寅，1959年生，现为中国社会科学院文学研究所古代文学研究室主任，兼任中国古代文学理论学会副会长、国际东方诗话学会副会长、《文学评论》副主编等。主要从事中国古典诗学、诗学史研究，著有《大历诗风》《王渔洋事迹征略》《清代诗学史》（第一卷）等著作，主编《中国古代文学通论》《中国诗学》（辑刊）等。

与明史结下不解之缘

——范德教授的汉学研究

万　明

范德（Edward L. Farmer），美国明尼苏达大学（University of Minnesota）历史系教授，美国著名的中国明史研究专家。他于1935年出生在美国加州波罗·阿尔图一个大学教授之家。在学术背景上，他在1957年获斯坦福大学历史哲学学士学位，1962年获哈佛大学东亚研究硕士学位，1968年获哈佛大学历史与远东语言博士学位。此后，他于1967—1968年在耶鲁大学历史系任教。自1968年起到明尼苏达大学历史系任教，从助教、副教授到教授，近40年来，他孜孜致力于中国史、特别是明史的教学和研究，学术成就斐然，他的成果主要是在明史研究方面。1975年，他创办了《明史研究》（*Ming Studies*）杂志，担任编辑达10年之久。1995年，在他的倡导下，美国明史学会（Society for Ming Studies）成立，他被推举为第一任会长，自此，他将《明史研究》改为学会会刊。迄今为止，这一刊物是美国史学界也是西方史学界唯一的明史研究专业刊物，对促进西方明史研究学术交流及其发展起了重要作用。此外，范德还主编有《明史研究丛书》，为西方学术界的明史研究发展做了大量开拓性工作。

一、关于明代两京的开拓性研究

1976年，《明初两京制度》（*Early Ming Government: The Evolution of Dual Capitals*, Cambridge, Mass.: Harvard East Asian Research Center）一书出版，此书是范德在他的哈

佛大学博士学位论文基础上修订而成。这部具有开拓意义的著作是他对明史研究的重要贡献。

对明代两京，此前鲜见研究，仅郑大挺先生有一篇短文《明初的两京》及华绘的《明代定都南北京的经过》一文发表在 1935 年《禹贡》上。范德从地缘政治学的角度出发，可以说是开启了明代两京制度研究的先河。他以独特的视角，对明代两京进行了别开生面的研究，全面剖析了明初的政治及其制度，令人耳目一新。

在这部书的自序中，范德满含感情地谈到了自己对中国史研究的兴趣，他说首先是得到了他的老师芮沃寿（Arthur F. Wright）的指导，又说自己是在史华慈（Benjamin Schwartz）、杨联陞的帮助下才确定以明史作为研究方向的，进而他还说感到非常幸运的是认识了费正清（John K. Fairbank），后者是他的老师、导师、朋友和学术楷模。由此，我们可以知道，正是在美国老一辈的著名汉学家的引导下，并得到了第一流的汉学研究的训练，范德才从此走上了研究明史的学术道路。

在哈佛大学期间，范德在自己的研究中选定了明代的两京制度作为研究的对象。他敏锐地认识到明代两京的结构触及了明代社会的建立和形成的许多重要方面，他以动态的眼光透视了明代两京建立对明代社会的作用。这一独到的研究取向使他真正地在对明初历史的研究上独树一帜。

美国中国学大师费正清曾对这部书做过评价，在书的《序言》中，他称此书是范德对中国史研究实践 20 年的产物，并称范德为“明史研究新前沿的带头人”。他指出，正是长期持续的汉语和中国史的学习与实践，使范德能够娴熟地运用中文文献资料，同时，更重要的是，这使他“能够把中国 15 世纪初的历史置于一个相当新的视野中”。这是对这部书的高度评价。

《明初两京制度》是在博士论文基础上完成的，全书共分七章，首章总括了明朝统治区域和首都的建立。以下依次展开论述开国皇帝朱元璋在南京建都，以及北部的被迫防御态势；建文朝制度的变化以及靖难之役；永乐即位后迁都北京；两京系统；迁都北京与控制全国资源的关系；作为权力中心的首都。开篇明义，范德首先指出首都是帝国的中心，它的位置对帝国的政治、经济和组织结构都有重大影响。接着，他提出了明初首都的特点：“首先建立在南京，随后迁移到北京，而南京则继续起着第二都城的作用，在过渡时期，两京在南北起到了相同的作用。”

以两京为观察点，范德论述了皇帝作为最高统治者的政治、军事、经济特征，也就是控制边疆、掌握最高军权、控制资源的三大职能。他认为永乐迁都本身就揭示了皇帝作为最高统治者的军事特征，迁都将控制边疆和军权独揽这两个职能结合起来，而由于首都北迁，迫切需要解决资源问题，重新开通大运河，直接联系生产地区和消费地区，把作为经济中心的南京和作为政治、军事中心的北京连接起来，这使得最高统治者的第三个职能也得到了解决。他强调明代两京颇具特色，它通过大运河连接了南部长江流域和北部长城一带，使全国都置于中央的直接控制之下。

从地缘政治学的角度出发，范德对明初建立和巩固时期历史的研究，揭示了明初两京制度在政治上巩固政权，军事上控制边疆，经济上控制全国资源，进而统治全国的重要作用。

此后，范德在这方面的研究进一步深入。1994 年他发表了《论明之移都北京》（中国明史学会编《明史研究》第四辑，黄山书社出版，姜永琳译）一文，从中国政治制度的长期发展趋势、对中国社会的影响，以及明、清两朝政体的不同特点这几个方面，论述了明代北京的规划问题。他指出：“北京于 13 世纪开始成为整个中华帝国的首都，它对南方物质上的依赖表明了中国政治体制于早期近代完成了其最终布局。”并且认为“元、明、清三朝相继以北京作为国都，这很容易使人过分强调其延续性，但三者国都功能的不同则表明了王朝在性质上的差异”。他进一步指出：“这些差异显示了今后比较研究的必要性”，从而提出了深化北京历史研究和将元、明、清三朝以北京作为首都进行比较研究的重要问题。

二、明初的立法和社会整合研究

我们将要谈到范德的第二个贡献。在上述的两京制度研究之后，范德把他的注意力转向了明初的立法和社会整合方面，这是范德学术生涯的合理进展。早在 1978 年 11 月，范德参加了美国俄亥俄州立大学举行的社会科学历史学会议，当时他对明初历史的认识就已有了新的发展。1980 年，他来华参加南开大学召开的“明清史国际学术讨论会”，在论文《明朝初期（1350—1425）的政体发展》（收入《明清史国际学术讨论会论文集》，天津人民出版社，1982 年，王占梅、蔡丽文译）中，范德开门见山地指出：“明国家约在公元 1350 年至 1425 年间形成。这一新的国家是如何创建的？共分几个发展阶段？在建立社会新秩序时产生了什么新问题？这就是我要在这里论述的三个主要问题。重点是阐述社会秩序的变化以及由此产生的各种森严的等级制度。”这篇论文反映出范德的学术研究在继续向前发展。在这篇论文的结束语中，范德提出：“可以认为，朝代并不是划分历史时期的令人满意的工具，朝代的名称及其年代仅仅反映了一个皇朝统治的延续，并不一定能够说明所处社会的根本变化。然而，历代王朝的创建往往确实与重大的社会变革相对应。”在这里，他充分说明了自己致力于明初历史研究的深意。

从20世纪70年代中期开始，范德从明代法律的原文入手，翻译和分析了朱元璋关于社会秩序的一系列诏令文告，撰写了一系列有关明初立法与社会的论文，逐步形成了他对明代历史研究的一套完整体系。

《规范的国家：明代早期的社会立法》（“The Prescriptive State: Social Legislation in the Early Ming Dynasty”）一文，是范德1988年提交给于台湾地区召开的“第二届国际汉学会议”的论文。文中的前两部分论述了明代的创建以及朱元璋的儒士顾问；第三部分述及明代法典：大明令和大明律；第四部分则分析了从明代法典中反映出来的社会蓝图；最后，他还谈到明代法典的实施。全文旨在阐明明代法典对中国社会产生的重要社会影响。

1990年他发表了《明代开国皇帝的社会整合——作为权威功能的正统观念》（原文载于〔美〕刘广京编《中华帝国晚期的正统观念》一书中，中译文见《明史研究》第五辑，万明译），这篇论文集中体现了范德对明初立法作用于整个社会的思想已经趋于完全成熟。在文中，范德再次指出了对明初历史进行研究的重要意义：明朝的建立标志着继蒙古统治之后汉民族统治的复兴；明王朝开国皇帝朱元璋具有极其强有力的个性，他所创建的国家典章制度富有其个人思想色彩；洪武时期是中国封建中央集权和皇权达到高度发展的时期，这一时期国家典章制度的影响极其深远，延伸至之后的5个世纪。由此，他认为：“我们可以毫不夸张地说，鸦片战争前的传统中国，在相当程度上正是产生自明初。因此，明王朝的建立留给中国的深刻印记是值得深入研究的。”他的论文首先探讨了朱元璋在明朝建立后于政治思想方面做出的抉择，即理学正统地位的确认。他指出明朝的缔造者运用文化的影响力创造了一个从属关系的体系。皇帝希望皇权超越于整个中国社会之上，因而从各方面反映出国家权力的多种特性。他从皇权影响国家的五个方面来考察，即社会、行政、家族、乡村、宗教五方面。他指出：一、在社会等级制度中，皇帝是由上天选就，居于所有臣民之上；二、在国家行政管理等级制度中，皇帝是国家官员之首，所有官员都必须服从于他；三、在家族宗法等级制度中，皇帝是最高的家长形象，是臣民之父母和家庭德行的典范；四、在乡村等级制度中，皇帝是立法者和裁决者，乡村基层行政必须寻求他的支持；五、在宗教等级制度中，他是最高祭司，不仅是敬天的代表，而且控制了各种宗教学说。最终，范德归结到一个重要的观点，即皇帝在各方面的权威全都清楚地载入了王朝创建者的诏令文告之中。

在《大明令：对明代早期社会立法的考察》（"The Great Ming Commandment: An Inquiry into Early-Ming Social Legislation", *Asia Major*, Princeton University, 1993）一文中，在以往对明初诏令文告研究的基础上，范德对大明令做了全面考察，从而具体而系统地论证了明初统治者对社会的立法和控制。他首先考察了大明令的产生及其背景，并对明代重要法典大明令和大明律加以比较；随后对大明令展开了全面分析，对条文中涉及的各类阶层人等进行了分类统计和说明，并将大明令规定的管理行为分为六类：审判和处罚、政策和管理、礼仪、资源和税收、家庭和婚姻、流动和安全，并进一步给予详细论述，揭示出大明令体现的社会立法及其历史意义。最后，他指出，大明令的颁布只是明朝开国皇帝朱元璋立法的开始，因此大明令为明朝后来制定的法律提供了一个衡量的基础。可以说这篇论文填补了对明初重要法典大明令的研究空白。

1993 年 8 月，范德到西安参加"第五届中国明史国际学术讨论会"，论文题目是《朱元璋与中国文化的复兴——明朝皇权专制的意识形态基础》。这篇论文更显示了他的研究的宽阔视野。在文中，他着重指出，在被蒙古人统治了近 100 年之后，朱元璋开始着手复兴中国的传统文化价值，明初的立法不仅强化与稳定了明朝的君主专制体制，而且给中国政治文化留下了深深的印痕。

在一系列论文的基础上，1995 年，范德出版了《朱元璋与明初立法：蒙古统治之后中国社会的整合》（*Zhu Yuanzhang and Early Ming Legislation: The Reordering of Chinese Society Following the Era of Mongol Rule*, E. J. Brill, Leiden, New York: Koln）一书。这是范德对明初的立法和社会关系方面研究的一个总结。在书的序言中，范德提到，如果说他研究明初的第一部书用了 10 年时间，那么，第二部书则用了相当于第一部书的两倍的时间，即 20 年。由此可见，这部书是范德多年来在明史领域进行学术研究的重要结晶。全书分为 7 章，分别论述了朱元璋建立新王朝，朱元璋的救世思想和学习统治经验，明王朝建立的新秩序，明初大诰的颁布以及王朝的危机，四部明代法典——大明令、皇明祖训、教民榜文和大明律，明代汉族统治的恢复，明代的专制统治。书后的附录中有范德英译的《皇明祖训》《大明令》和《教民榜文》全文，以及《大明律》全部目录。从中我们可以知道这位美国汉学家对明史史料掌握和运用的深厚功底。

通过多年的研究，范德以丰厚的学养和广阔的视野阐述了他对明代历史的整体看法，以及明朝的建立对中国社会和文化生活具有的极为深远的影响。在研究中他创见颇多，更往往在理论层次上给人以深刻的启迪。

三、汉学研究的全球视野

在深入钻研明史的过程中，范德还特别留意于人类文明史，这为他的中国史研究打开了一个全球视野。1977 年，范德与戈文·韩布雷（Gavin R. G. Hambly）、大卫·考珀夫（David Kopf）、白朗·马歇尔（Byron K. Marshall）、罗梅·泰勒（Romeyn Taylor）合著了《亚洲文明比较史》（*Comparative History of Civilizations in Asia*, Addison-Wesley Publishing Company，2 Vols.）一书，他们认为，有必要将中国与东亚的历史置于平行于其他亚洲区域史的背景之下，进行综合的比较研究。这部书是成功的，于 1986 年再版。

在《亚洲文明比较史》这部书中，范德是第一作者。他撰写了全书的导论、南亚的哈拉帕文明、雅利安文明、世界帝国建立过程导言、印度教、早期近代帝国进程、明朝和清朝、衰落的历程导言、清朝的衰落、西欧在东南亚的统治、古代中国的海上整合、古代中国的分裂、东南亚的民族主义、中国的民族主义、东南亚的变化、中国的变化等章节。由此可见，他的研究范围之广和视野之宽。深厚的学养和丰富的学识使他驾轻就熟地考察了以上一系列饶有趣味的专题。

在 20 世纪 80 年代，明尼苏达大学成立了早期近代研究中心，将一批对世界不同地区有研究专长的西方史学家聚集在一起，开展了早期近代世界范围内的历史比较和相互作用的历史研究，他们对欧洲中心论提出了挑战。范德立足于明史研究，从一个更加开阔的比较角度出发，从事他的学术研究。在多年为学生开设的世界史课程中，他运用自如地从亚洲乃至全球的比较角度来认识中国的历史，并在比较的大视野下形成了对明史的总体看法。范德一直认为："因为明朝是早期近代世界人口最稠密和最富庶的国家和社会，所以明史研究在让西方学者努力创造一个更平衡的历史观上起了重要作用。”

1997年，范德在“美国亚洲研究协会第四十九届会议”上做了题为“为什么作为一个朝代研究明代历史”的报告。他从年代学、空间和理论三个范畴论述了明代作为研究对象的价值，具体则通过四个方面加以阐述。他认为：一是在版图、制度和统治权力方面，与元代、清代相比，明代有着明显的不同，把三个朝代放在一起作为一个时期，或者用“中国历史”来说明那段历史，是模糊了“中国”和“中国的”的定义；二是明朝是由汉族统治者统治和控制的王朝，王朝建立者在中国的内陆曾力图推进汉文化本体；三是清朝时期，在满族征服者统治的帝国里，汉人在两个多世纪中是被压抑的，这一情况使对中国国家特性的研究极大地复杂化了；四是作为被满族征服前和被西方侵入前的一段时期，明代为我们提供了世界前近代史中一个相互比较和相互作用的典型的最佳研究领域。

众所周知，自20世纪70年代以来，美国的中国古代史研究学者摒弃了中国社会“停滞论”，并从“西方中心论”向“中国中心观”转变，他们的研究向中国的内部纵深发展。30年来，他们从中国的内部研究中国，使研究稳步地深入进行。此后，从“中国中心观”到更为客观的世界体系的全球视野，范德的学术历程正是这样一个写照。他将明史置于世界体系之中以确定它的地位、评价它的作用，并通过客观坚实的学术研究，为明代中国做出了历史定位。以详细具体的研究为基础，他提醒学术界，不应只注意对社会长期发展趋势的研究，而忽视了对历史阶段特殊性的研究。

从世界体系观出发，范德既注意采用比较方法，对历史进行宏观考察，同时，又强调对明朝历史进行具体深入的分析。就这样，范德的学术研究进入了佳境，这从两方面体现了出来：一是他对明史的研究推动了整体学术研究进展；二是整体学术研究的进展又深化了局部的明史研究。

大视野给他的明史研究带来了新的前景。我们可以看到，在《朱元璋与明初立法：蒙古统治之后的中国社会整合》一书中，随处可见上下纵横比较方法的运用，不仅有中外纵横的比较，而且有与前后王朝乃至现代的比较。能够如此游刃有余地运用比较方法，与范德宽阔的研究领域和广阔的研究视野有着密切的关系。而正是这一点奠定了范德作为史学大家的坚实基础，使范德在明史领域建立起了自己的一套完整的体系。

四、教学与研究的联结

（一）对美国明史教学及史料学领域的贡献

在范德长达40年的教学生涯中，他曾担任过明尼苏达大学历史系主任、东亚研究中心主任、早期近代史研究中心主任、国际关系研究所所长，并开设有亚洲史、世界史、中国现代史等方面的课程，但他的学术研究的重点却始终放在明史研究上。见过范德的中国学者都对他纯正熟练的汉语留下了深刻印象。40年的汉学教学和研究使他不仅学术成就斐然，而且在美国培养和造就了一批明史研究的学者。其中，有台湾政治大学历史系主任、教授张哲郎，美国《明史研究》编辑、北伊利诺伊大学的安尼塔·安德鲁（Anita M. Andrew）等。笔者在1997年访问明尼苏达大学时看到，在范德指导下的学生中，一些是美国人，而也有不少是中国人。除了创办和编辑美国《明史研究》刊物（下面还将专门提到）以外，范德还主持编辑了《明史研究丛书》（*Ming Studies Research Series*），其宗旨是编辑和出版明史的教学和科研的辅助工具书，以便促进美国明史的教学和研究的发展。

《明史研究丛书》已经出版了三部，包括凯丝·黑兹尔顿（Keith Hazelton）编《明代中西日历对照表1341—1661年》（*A Synchronic Chinese-Western Daily Calendar 1341-1661A. D*, 1984），王查理（Richard T. Wang）编《日本明史研究（1961—1981年）分类目录》（*Ming Studies in Japan 1961-1981: A Classified Bibliography*, 1985），最重要的一部是范德与罗梅·泰勒、安·沃特纳（Ann Waltner）合编的《明史研究指南》（*Ming History: An Introductory Guide to Research*, 1994），这是一部西方学习和研究明史的必备工具书。

《明史研究指南》一书，是为明尼苏达大学研究班课程编辑的，当这部书出版的时候，这一课程由范德和罗梅·泰勒在明尼苏达大学共同教授已经有20多年的历史，安·沃特纳在80年代末加入。多年的教学实践使这部书成为了引导海外学生学习和研究明史最有用的入门工具书。

这部书的一开始是导言，下面分为六个部分：第一部分是常规知识，包括罗马化拼音、人名、地名、日期转换、官员和官衔、著作和编辑；第二部分是传统资料，包括总论、明史、明实录、大明会典、明朝法典、地方志、丛书、文集和笔记、经世文编、百科全书类著作等；第三部分是当代学术，包括有关明史研究的杂志、西文文献、日文文献、中文文献、博士论文、图书馆和档案馆的文献资料；第四部分是文献词汇和注释，选取包括《明通鉴》《明会要》《明史》《明实录》《皇明泳化类编》《皇明制书》《皇明诏令》《震泽县志》等文献中的词汇，进行中译英，并加以注释；第五部分是文献实例分析，选取《明通鉴》《明会要》《明史》《明太祖实录》《皇明泳化类编》《皇明制书》《皇明诏令》《震泽县志》等文献，进行具有典型意义的实例分析；第六部分是明史研究的参考工具书，包括有手册、四角号码、英语拼音和汉语拼音转换表、明代度量衡表、明代统治年代表、明代地图等。从内容来看，这部书既对明史研究资料的搜集、鉴别和运用进行了系统而全面的介绍，又充分考虑到了西方人学习和研究明史的特殊需要。

正因为如此，虽然《明史研究指南》一书是明尼苏达大学开设研究生课程的教材和实践用书，但它既可以作为汉学的专业教材，又很适合西方的明史研究者放在案头提供查考之用。可以说此书充分体现出了范德等美国的中国学者在教学实践中贯彻学用结合的原则，为西方汉学教学所做出的可贵努力。

（二）对促进西方明史研究做出的贡献

1. 创办美国《明史研究》

1975年，范德在美国创办了《明史研究》杂志，担任编辑达10年之久，共编辑出版了20期杂志。这份刊物虽然篇幅不大，却是迄今为止美国乃至西方唯一的明史研究刊物。由范德主办的这份刊物内容包括关于明史研究的论文、书评，以及明史研究领域的学术信息，对西方学术界的明史研究起了重要的推动作用。在1995年他倡导并成立了美国明史学会后，将《明史研究》作为会刊恢复，现仍在继续出版。美国著名明史研究专家，如达迪斯（John W. Dardess）等，在他们的明史研究专著出版前的一些研究成果，都是在《明史研究》上首先发表的。

2. 成立美国明史学会

1995年，主要是在范德的倡议下，美国明史学会成立，范德被推举担任第一任会长。学会从属于美国研究亚洲、特别是中国问题的最重要的文化机构——美国亚洲研究协会（Association for Asian Studies），明史学会每年的年会与亚洲研究协会的年会同期举行。

美国明史学会是海外明史研究领域成立的第二个专业学会（另一个是日本明代史研究会），是西方明史研究学者的学术团体，学会的宗旨是促进美国的中国明史研究，支持有关明史研究的学术著作的出版和推进明史研究学者之间的学术交流。

应该说，通过学会联系西方的明史研究学者并积极开展学术交流，对美国乃至西方的明史研究是一个重要的促进。

40年来，范德教授孜孜致力于中国明史的教学和研究。1999年，他在中国社会科学院历史研究所做“近年英语世界明史研究新趋向”专题报告（发表在《中国史研究动态》2000年第1期，万明译）时，曾回顾了自己学习和从事中国明史研究的经历，并特别指出了美国学者与中国学者的不同之处：“中国学者是在自己的家中研究的，他们的研究工作是国家关注的中心，并且构成了任何一所大学历史系中的大多数，而且他们的研究成果在出版的书刊杂志中占有优势；可惜的是，在欧洲和美国学术界的中国史研究，虽然已不再被看成是‘奇异的’，但仍然是边缘，是拥有相对来说很少资料的小部分学者在关心着。明史研究学者分散在占有优势的欧洲史和美国史专家组成的院系里，美国明史学会的学者每年只召开一次会议，而且是在一年一度的亚洲研究协会的年会上聚会。为了保持专业，我们必须与不了解中国的同事联系和工作，而即便他们知道明代，也只是青花瓷等。当与同事或者研究生谈到中国史时，我们必须能够使我们谈的与他们了解和关心的联系起来，这就意味着我们谈中国史时所用的词语是外国的。”鉴于这种状况，他认为，解决的办法是在互相了解方面努力工作和交流信息。到目前为止，在美国，《明史研究》这一刊物起了重要的输送中国学术界信息的作用，他说在这方面他还将做大量的工作。

五、继续活跃在学术前沿上

范德曾说：“当我40多年前学习中国史时我就经常考虑，一名在太平洋彼岸另一种文化中的学者怎样能够对中国人感兴趣的学术研究做出贡献？我的回答始终是，一名外国学者研究中国史最大的贡献就是不同的视角。”正是出于这种想法，他对学术研究不断进取，保持着学术思想的常青，孜孜不倦地为明史研究做出了贡献。

早在30年前，费正清就曾称范德为“明史研究新前沿的带头人”，时至今日，以其深厚的功力和全新的视野，范德完全无愧于这一评价。

进入21世纪以后，范德的学术研究显示出了新的走向，他发表了《图绘明代中国：明代地方志插图研究》（“Picturing Ming China: A Study of Ming Dynasty

Gazetteer Illustrations”,《中国社会历史研究》第二卷，2000 年，吴莉苇译）一文，转向了明代方志插图的研究。而事实上，这项研究在 20 世纪末就已经开始了，这篇文章的部分内容已经包括在他更早时候撰写的《明代城墙等级》一文中。这既是范德以往研究工作的一个合情合理的延续，又是他的研究领域的一种新的开拓。

范德把方志作为明代社会的窗口来看待，从明代地方志插图，也就是他所说的“视觉证据”这一独特视角出发，解读明帝国的全面图像。同时，他还特别关注其中展现出的地方上的千差万别。他认为，明朝地方志中所命名的行政单元是以一种等级制度安排的，首都——南京和北京在最上层，然后自上而下依次是省、府、州、县。他从收集到的大量明代方志的疆域图中选择出了典型的实例，力图说明明朝秩序的缔造者向读者展示了一个有序的世界，这是一个由明确的行政单元等级制所统治的图景。更进一步，他阐明的是，方志插图显示出一种汉文化在明帝国整个中原地带具有高度一致的整齐划一的特征：一个尊重学问、恪守礼仪、支持正统宗教的世界；在汉文化统治的边缘地带，也就是北方、沿海和西南边界，则另具特色，更多的是考虑军事与安全。但他也举例说明，在边远地区的地图上标示的申明亭表明了明朝向当地居民灌输汉族的社会文化规范的努力。

2003 年夏，在新加坡召开的“第三届亚洲学人国际会议”上，范德提供的论文标题是“作为文本、绘画和地图的插图：关于明代地方志图像的思考”，他的方志插图研究业已成为他学术研究的一个长期规划，正在不断地推进之中。

结　语

为了纪念中国社会科学院历史所暨明史室成立 50 周年，范德特别撰写了《世界史中的明史研究》（收入中国社会科学院历史所明史研究室编《明史研究论丛》第六辑，黄山书社）一文。其中，范德着重思考了美国的明史研究在过去半个世纪中的发展历程。他认为，这个发展过程与美国人认识世界的方式以及他们对自己在世界中的位置的认识方式是大有关联的。他叙述在 20 世纪，美国人的认识经历了从强调西欧的重要性到强调全球联系的变化。他还特别指出：“世纪初，明史研究在学术界还未占有一席之地，而至世纪末，明史不仅成为了一个引人瞩目的学术领域，而且成为美国世界历史学科建设过程中的一项重要内容。”在范德的推动下，美国明史学界正在编辑全球明史研究者名录。平心而论，苍天不负有心人，明史研究在美国和西方的发展与范德的努力分不开，时至今日，他应该感到欣慰。

万明，1953 年生，中国社会科学院历史研究所研究员，主要研究方向为中外关系史和明史等，著有《中葡早期关系史》《明太祖本传》等。

马瑞志博士的汉学研究

范子烨

马瑞志博士，英文名 Richard B. Mather。1914 年生于我国河北保定，父母系清朝末年来华的传教士。他自幼擅长汉语，就学于北京附近的通县（今通州区），对中国古代的历史典籍嗜爱尤深。13 岁时返回美国。1935 年，在普林斯顿大学以优异的学习成绩获得艺术及考古学学士学位；1939 年，在普林斯顿神学院获得神学学士学位；1949 年，在加利福尼亚大学获得东方语言学专业博士学位，其博士论文之题目为“论《维摩经》的非二元性学说”（The Doctrine of Nonduality in the Vimalakirti-nirdesa Sutra）。在加州大学学习期间，马氏受业于著名白俄学者卜弼得（Peter Alexis Boodberg, 1903—1972）教授和我国原清华研究院四大导师之一的赵元任（1892—1982）教授。1953 年，在加州大学做博士后期间，他完成了对《晋书》卷一二二《吕光传》的英文译注。此书被收入卜弼得主编的《中国译丛》第七卷，于 1957 年由加州大学出版部出版。马瑞志博士历任《早期中国中世纪通讯信札》编委、美国大学教授联合会委员、中国中心中西部执行委员会委员、印第安纳大学顾问委员会委员、《中国文学》杂志顾问委员会委员、美国宗教学术委员会委员、中国文明研究委员会中国中世纪小组委员会主席、美国学术联合会基金委员会主席、美国国家人文科学资助委员会翻译项目与学术研究基金部中国方面顾问、汉语教师联合会执行委员、亚洲研究协会项目委员会委员和美国东方学会项目主席等，现为美国明尼苏达大学东亚系终身教授。他精通汉、英、法、日及梵文等多种语言文字，这为其汉学研究奠定了坚实的基础。

马瑞志博士在追溯自己研究汉学的缘起时说：“我对汉学研究兴趣的产生在很大程度上要归因于这样一个事实：我的父母是传教士，我在（河北）保定度过了我一生中的头 13 年。我对中国中古那一历史阶段有特别的兴趣，就更为偶然。20 世纪 30 年代，我作为一名艺术与考古专业的大学生就读于普林斯顿大学，那时我被唐代诗人和画家王维给迷住了，特别是他以'摩诘'为字这一事实，最终引导我在 1949 年在就读于位于伯克利的加州大学之时选择汉语译本《维摩经》作为博士论文的课题。其实，当佛教思想最初被中国文化吸收的时候，有很多东西值得研究。当时在伯克利有两位教授，他们对中国上古、中古的历史颇感兴趣。此外，在京都的两个度假年（1956—1957，1963—1964）里，我结识了日本京都大学人文科学研究所的一批学者，他们正聚在一起按部就班地搞日文译本的《世说新语》。他们也邀请了我参加他们的工作，希望搞一个英语译本的《世说新语》以与其日文译本相匹配。"[1] 因此，马氏研究汉学第一个着眼点便是我国中古时代的佛学。在这方面，他的代表作有《佛教与中国本土意识形态之冲突》《公元 5 世纪之诗人谢灵运的风景描写所浸透的佛理》《天台山的神秘攀缘：孙绰的〈天台山赋〉》《佛学散文之一例：王巾的〈头陀寺碑文〉》《佛的生活与佛教徒的生活：王融（486—493）之〈法乐辞〉》《〈头陀寺碑文〉和〈文选〉中的其他碑文》《中国中古时代的佛教与本土传统的相互作用》和《公元 1 世纪到 7 世纪中、印两国彼此间的认识过程》，等等。其次，正如马氏所言，在 20 世纪 50 年代末和 60 代初，他便开始研究《世说新语》了。在这方面，他发表的专题论文有《〈世说新语〉"清谈"之事例》《谈话的美妙艺术：〈世说新语·言语篇〉》《论〈世说新语〉及其在中国文学中的地位》《〈世说新语〉：历史向传奇的转化》《〈世说新语〉的人物塑造》《孝子贤孙和不肖子孙：〈世说新语〉的若干著名儿童》和《〈世说新语〉的世界》[2]，等等。而最能代表马氏的学术水准，并在国际汉学界产生广泛影响的还是他的英文译注本《世说新语》（*A New Account of Tales of the World*）。马氏从 1957 年开始便潜心撰写这部体大思精的学术著作，经过 20 年的刻苦磨砺，到 1976 年方最后完成，并由明尼苏达大学出版部出版面世。此书问世后，引起了国际汉学界的高度重视，各种中西文书刊纷纷发表评论，截至目前已有 14 家之多。此外，在其他各类文章中此书也经常被提及，

[1] 1996 年 7 月 11 日致笔者的信。所谓伯克利的两位教授，是指卜弼得教授和赵元任教授。卜弼得系"十月革命"期间逃亡到美国的俄罗斯贵族。在日本京都大学人文科学研究所工作期间，马瑞志博士所接触的汉学家主要有高桥清、吉川幸次郎、川胜义雄、宫崎市定、福永光司、冈田正之诚、大村梅雄、村上嘉实、吉川忠夫、古田敬一和森野繁夫等。

[2] 此文系马氏英文译注本《世说新语》的"导论"（Introduction）。笔者已经译为汉语，见《学术交流》1996 年第 1 期。

而且均给予很高的评价。如夏志清教授在《中国古典文学之命运》一文中指出："我早在《文学的传统》这本书中就提起过马瑞志教授精译详注的《世说新语》，此书实是一部空前的美国汉学巨著。任何人在研读《世说新语》时，随手参阅马氏译本，确实方便多了。"[1]实际上，这部杰作不仅有助于我们研究《世说新语》，更为我们研究整个中古文化提供了很大的方便。而在西方汉学发展史上，它无疑也是一座不朽的里程碑。美国华盛顿大学的康达维教授主译《昭明文选》亦明显地受到了它的影响。马瑞志博士研究汉学的另一个重要领域是中古时期的诗文。在这方面，他发表的学术论文主要有《沈约的隐逸诗：从绝对的栖遁到居于市郊》《论沈约的〈郊居赋〉》《沈约（441—513）诗歌的诗学技巧》《论诗人沈约的精神追求》《论沈约的〈八咏〉》《论诗人沈约之道德困境》《永明时期（483—493）的几位创新诗人》《论谢朓的〈奉和隋王殿下诗十六首〉的和谐性》《王融之〈游仙诗〉》《撰于公元458年的谢朓的〈酬德赋〉》等，而《诗人沈约：缄默的侯爵》（*The Poet Shen Yueh: The Reticent Marquis*）则是这方面的一部力作。据马氏1997年7月9日致笔者的信中所说，他的另一部巨著《永明时期三大诗人（沈约、谢朓、王融）研究》（*The Age of Brilliance: Three Poets of the Yung-ming Era: Shen Yueh, Hsieh Tiao, Wang Jung*）也已经完成。马瑞志博士的汉学研究还涉及了中古文化的许多其他层面，如《寇谦之和公元425—451年北魏宫廷之道教理论》就是一篇关于中古道教问题的专论，《六朝时期关于尊奉礼教和自然无为的论争》则讨论了中古思想史上的一个重大问题，《六朝在野人士的个性表达》阐释了六朝文人的个性风貌，《中国3、4世纪的文章与学术》论述了中古时代文学与学术的关系，而且皆有不同程度的创获。所有这些学术成果都反映了这位汉学巨子对华夏文化的深沉的热爱和渊渟岳峙般的精神世界。而其坦率、谦和的为人风范，严谨、认真的治学精神和雄浑、阔大的学术境界，以及绚烂之极却又复归于平淡的文章格调，更是值得我们称扬和学习。

范子烨，1964年生，中国社会科学院文学研究所研究员，主要研究领域为中国中古的文学与文化，著有《〈世说新语〉研究》《春蚕与止酒——互文性视域下的陶渊明诗》等。

[1] *The Chinese Intellectual*，1985年4月春季号，第28页。

《中国评论》时期的湛约翰及其中国文学翻译和研究

段怀清

一、湛约翰生平事迹考略

或许是因为人杰地灵、于斯为盛之缘故，湛约翰（John Chalmers，1825—1899）的传教经历及其汉学贡献似乎一直都被他的同乡、传教士—汉学家米怜（William Milne，1785—1822）和理雅各（James Legge，1815—1897）的光环所遮蔽。也有评论从苏格兰历史和地域文化角度来解读湛约翰的选择，认为他“具有他的民族所擅长的那些优点，体魄、精神和心灵的优良素质，而且适合于在国内或者国外工作”[1]。当然，上述观点能够成立的原因显然并不仅仅在于湛约翰与米怜、理雅各同出一县，更关键的是，他们所走的“道路”也几乎完全一致——他们都是伦敦传道会（London Missionary Society）的受聘差派到中国去传播基督福音的教牧人员，而且都与由马礼逊（Robert Morrison，1782—1834）、米怜所创办的英华书院有关：理雅各是继马礼逊、米怜之后的英华书院的第六任院长，也是该院从马六甲迁往香港的督办人；而湛约翰则是在理雅各返回英国之后的英华书院印刷所的实际负责人。尽管当时的英华书院已经解散[2]，但伦敦传道会在香港还有相关的站点机构，而湛约翰则是其香港、广州站点的负责人。

据考证，湛约翰在阿伯丁大学（Aberdeen University）就读期间，学业同样突

---

[1] *The China Review, or Notes and Queries on the Far East*, Vol.24, No.3, Dec. 1899, p. 115.

[2] 有关英华书院在香港的存在及其后续状况，可以参阅黄文江（Wong Man Kong）:《英华书院（1843—1873）与中西文化交流的历史意义》,《深泽秀男教授退官纪念论文集》，日本岩手大学历史研究室。

出，其中数学“尤为出色”[1]。1852 年 1 月 28 日，也就是在他 27 岁的时候，湛约翰被按立为牧师，同年 6 月，他受伦敦传道会差派，偕夫人抵达香港，协助理雅各管理并任教于英华书院。而有关湛约翰更早时期的个人信仰、精神生活的状况则鲜有资料。因为对湛约翰来香港和广州之前对中文乃至汉学的认知状况缺乏了解，所以当他坦率地承认并将自己在汉学研究方面的知识与学术功力归因于他在英华书院印刷所所负责的工作以及他与那些华人同事的接触时，或许并没有人会去坚决地否认。事实上，19 世纪前半期，不少来华传教士—汉学家都与印刷机构有过各种各样的联系，其中包括麦都思、理雅各、艾约瑟、伟烈亚力、卫三畏等人。原因很简单，传教士们所需要的宣扬福音的小册子及各种宣教资料都只能靠自己印刷，而他们有关中国典籍的翻译有不少也同样需要自己来排印出版（尽管不少汉学的翻译研究著作是在伦敦印刷出版的）。

1858 年，当理雅各离开当时的香港回国访问的时候，湛约翰替代了他负责中国香港传道站的所有工作。1859 年，理雅各返回香港，湛约翰离开了香港来到广州，预备第二次筹建新教传道会在广州城里的传道站，而此前传道站曾经由马礼逊筹建过，但因为中英之间的冲突，该站点实际上处于名存实亡之境况。湛约翰作为广州传道会的成员及相关负责人达 20 年之久。事实上，他此后并没有重回香港，直到 1879 年。在 1859—1879 年这 20 年中，湛约翰有 17 年半的时间是一直待在广州的，剩下的两年半时间，则是在英国度假以及耗费在漫长而且枯燥的旅途之中。“这些在广州的岁月，因为一些重要的文学活动而显得颇为重要”；“期间主要翻译介绍成果有：《哲学家老子》（翻译，1868 年）、《广州方言袖珍词典》（1872）、《简明康熙字典》（1877）、《汉字结构》（1882），还有一些关于中国文学、文化等方面的短论，以及宗教宣传小册子一类”[2]。当然，湛约翰在此间作为一个传教士的经历并非不值一提，其中尤其值得说明的是，他曾经协助理雅各应对并处理了广东博罗教案，与中国内地据说是第一个新教华人殉教者的车锦光关系密切[3]。而在此期间广州及其周边地区的教众及教会事业也有了一定的发展。

1873 年，理雅各离开香港返回了英国，并于 1876 年出任牛津大学的首任中文教授。而在 1879—1899 年这 20 年时间里，湛约翰接替理雅各，在中国香港做传

[1] *The China Review, or Notes and Queries on Far East*, Vol.24, No.3, Dec. 1899, p. 115.

[2] Ibid., p.116.

[3] 参阅 Helen Edith Legge, *James Legge: Missionary and Scholar.* London, The Religious Tract Society, 1905.

教士。期间曾于1881年、1893年回国探亲访问。而他最后一次回国是在1897年，也就是在这一年，湛约翰一生的朋友理雅各在牛津去世。也是在这一次的回国羁留期间，湛约翰的朋友们劝说他留在国内与亲戚和家人们生活在一起，但“考虑到他在中国的工作，而且要继续完成他在中国已经开始了的某些事业”，湛约翰最终决定绕道朝鲜前往中国，但途中因为支气管疾病和心脏病，他于1899年11月22日病逝于朝鲜的仁川[1]。

几乎与维多利亚时代的传教士—汉学家一样，湛约翰的汉学研究涉及语言、文学、历史、哲学、宗教、政治乃至风俗习惯等诸多领域，而且，其汉学贡献，也并不仅限于一般意义上的翻译介绍或者字典编纂。事实上，衡量湛约翰在中国工作期间为“基督教文明和启蒙中国”做贡献并不是一件容易的事情[2]。如果说理雅各的“中国经典”的事功缘起于他在抵达马六甲的英华书院之后、更确切地说是在书院迁至香港之后的话，那么湛约翰的“中国研究”，则似乎更早，几乎与他确立起前往东方的理想同步。“从他第一次踏上香港的那一刻起，他就以自己的激情、决心和成功，致力于对中国语言和文学的学习研究，直至其生命的最后一刻。”[3]有人甚至将湛约翰作为一个传教士的工作与文学关联起来。而在正式涉及湛约翰与中国文学之间的关系之前，我们不妨先就其引为自豪的有关汉语研究方面的成就做一节略介绍。

在汉英字典编纂方面，湛约翰最为引人注目的成就似乎应该是他的《简明康熙字典》。这被认为是一件“劳心费神”但也是“里程碑式的贡献”。而湛约翰最初产生编写这部著作的想法的原因，实际上就是希望借此使得自己以及其他学习中文的西洋人的汉字学习能够“更有吸引力”和“彻底”。事实上，这部著作也的确因此受到了不少好评。同为汉学家的Gablentz即认为湛约翰对这方面工作的贡献很大，“这部著作的完成，无异于久旱逢甘露”[4]。为此，他还曾经专门致信给理雅各，信中对《简明康熙字典》的贡献做了更具体的说明，“对于那些需要进一步提高自己的中文学习的学生们来说，这部字典无疑是极好的帮助。这部著作所解释的汉字数量多而且完整，所给的解释也是明智而且唾手可得的。在这里，汉字比在

[1] *The China Review, or Notes and Queries on Far East*, Vol.24, No.3, Dec. 1899, p. 116.
[2] Ibid.
[3] Ibid.
[4] Ibid., p. 117.

其他的地方更容易找寻得到。而且，对于那些在汉字学习过程中感觉到特别困难的学生来说，这部著作尤为有益。我不知道那些中国的文人们是如何评价这部著作的！如果康熙皇帝还健在的话，或许湛博士将有一次难得的站在北京的宫廷上的机会”[1]。

而在字典编纂方面，湛约翰还有一部广为人知的著作，那就是他的《广州方言袖珍词典》[2]。与那些热心于编纂闽方言词典、沪方言以及西南方言词典的传教士—汉学家一样，湛约翰也是一个在广州方言的汉英词典编纂方面用力颇专的汉学家，所以也有人认为，“对于那些学习广东方言的读者来说，湛是一个最为令人放心的导师”[3]。

湛约翰在汉字研究方面最为突出的成就就是他的《汉字结构》一书。这部著作写成并出版于他在英国度假期间（1882）。而且，在这部书的序言中，湛约翰不无自豪地告诉读者，这部著作中的所有汉字都是著作者自己亲手写下来的（由此可见著作者的耐心）。也有人认为，湛约翰在汉学方面最好的著作在于词源学，也就是他对《说文》的翻译和阐释[4]。

除了向英国及欧洲介绍中国经典，湛约翰在西学东传方面也有不应忽略的贡献，其中突出者，当为他参与的对“委办版”（Delegate's Version）《新约圣经》的修订。这也被认为是他在晚年倾注了大部分心血的写作工作。在1890年上海召开的传教士大会上，湛约翰和其他的一些传教士一道被委任来从事这项工作。而且也有不少人认为，这项工作是给作为传教士和汉学家的湛约翰所戴上的“一生最为灿烂的花冠”。据信湛约翰也把自己晚年的全部的热诚和精力投入到了这项工作当中。在同一个委员会中的另一个成员、广东巴色会（Basel Mission）的传教士韶泼（Martin Schaub）的协助之下，湛约翰于1897年出版了《新约圣经》修订版的暂订本。这个版本也被称为湛—韶版（The Chalmers-Schaub Version）。但因为发行量有限，所以并没有太多人见到过这个版本。

当然，作为一个具有强烈道德感的传教士，湛约翰对维多利亚时代的对华鸦片贸易的立场与态度同样值得一提。与同时代的不少传教士—汉学家一样，

[1] *The China Review, or Notes and Queries on Far East,* Vol.24, No.3, Dec. 1899, p. 117.

[2] 有关该字典更详细的评价，参阅 *The China Review, or Notes and Queries on Far East*, Vol.7, No.5, 1879, p. 197。

[3] *The China Review, or Notes and Queries on Far East*, Vol.24, No.3, Dec. 1899, p. 117.

[4] *The China Review, or Notes and Queries on Far East*, Vol.5, No.5, 1877, p. 117.

湛约翰同样认为鸦片贸易是罪恶的，因此，他也是一个反鸦片运动的坚定支持者。同时，他也是一个矢志不渝地致力于倡导认真学习中国语言和了解中国人民的传教士—汉学家。在湛约翰看来，上述选择是“一个传教士在中国的正确的态度”[1]。

二、湛约翰与中国文学的一般状况

《中国评论》时期[2]，即19世纪后30年，也是湛约翰的汉学研究成就颇为丰硕的时期。据统计，仅仅在1872—1888年的16年间，湛约翰就在《中国评论》上发表各种类型的文论31篇。具体情况如下：

1．Rhymes from the Chinese（Vol.1，No.1，Jul. 1872）；汉诗选译

2．The Song of the Cloud Table on Mount Hwa（Vol.1，No.3，Nov. 1872）；唐李白《西岳云台歌送丹丘子》

3．Tauism（Vol.1，No.4，Feb. 1873）；论道家

4．Han Wan-Kung（Vol.1，No.5，Apr. 1873）；韩文公

5．The Foo on Pheasant Shooting（Vol.1，No.5，Apr. 1873）；晋潘岳《射雉赋》

6．Han Wan-Kung（Vol.1，No.6，Jun. 1873）；韩文公

7．Chinese Songs from the Harp（Vol.2，No.1，Jul. 1873）；韩愈诗两首（《江汉一首答孟郊》《履霜操》）

8．Confucian Cosmogony（Vol.3，No.6，May 1875）；儒家的宇宙进化论

9．One Page from Choo Foo-Tsze（Vol.4，No.4，Feb. 1876）；朱夫子（朱熹）

[1] *The China Review, or Notes and Queries on Far East*, Vol.24, No.3, Dec. 1899, p. 117.

[2] 《中国评论》（*The China Review, or Notes and Queries on Far East*）1872年7月创刊，1901年6月停刊，共出版了25卷143期。这是一份创刊于香港、主要由英美来华传教士—汉学家为撰稿人和读者的英文汉学评论刊物。主要内容涉及中国古代和现代建筑；农业、工业和商业；考古学；艺术与科学；文献；传记；中亚民族人种、地理和历史；年代学；朝鲜历史、语言、文学和政治；工程；民族人种；动物志、植物花卉；地理、物理和政治；地质学；行会与贸易联合；普通历史与区域历史；碑铭；中国与其他国家之交往；中国对于日本文学、宗教、哲学和文明之影响；法学；古代与现代文学；生活方式与习惯，运动与休闲娱乐；神话；医药；冶金术和矿物学；钱币学；政治体制、机构与管理；宗教及其原则、习俗与礼仪；对与东方相关著作之评论；黑社会（秘密社团）；贸易线路；原著、小说、戏剧的翻译等方面。有关《中国评论》更详细的信息，可参阅拙著《〈中国评论〉与晚清中英文学交流》。

10. Chinese Spelling Tables (Vol.4, No.5, Apr. 1876); 汉语的拼写

11. Watching Spirits (Vol.5, No.4, 1877); 水鬼升城隍

12. Chinese Natural Theology (Vol.5, No.5, 1877); 中国的自然神学

13. Chinese Etymology, with a List of Primitives and Key to Shwoh-Wan (Vol.5, No.5, 1877); 汉语语源学（《说文》解读）

14. Review of a Chinese Manuscript New Testament (Vol.5, No.6, 1877); 中文版《新约》评论

15. The Rhymes of the Shi-King (Vol.6, No.2, 1877);《诗经》选译

16. The Rhymes of the Shi-King (Vol.6, No.3, 1877);《诗经》选译

17. Chinese Running Hand (Vol.7, No.5, 1879); 书家圣手

18. The Rhymes of the Shi-King (Vol.9, No.3, 1880);《诗经》选译

19. The Rhymes of the Shi-King (Vol.9, No.5, 1881);《诗经》选译

20. Chinese Mythology (Vol.14, No.1, Jul. 1885); 中国的神话学

21. The Theory and Practices of Tuning Pipes (Vol.14, No.1, Jul. 1885); 中国箫

22. Wind Instruments (Vol.13, No.6, 1885); 中国的管乐器

23. The Tau Teh King Remains (Vol.14, No.6, Jun. 1886); 湛约翰与艾约瑟和庄延龄三人的一个对话：主要是对翟理斯的《道德经》观点的回应

24. The History of Foreigners in China (Vol.14, No.4, 1886); 在华"夷人"简史

25. The Sacred Books of the East (Vol.15, No.1, 1886); "东方圣典丛书"简评

26. List of Characters used in Spelling in the Concise Dictionary of Dr. Chalmers with their Pronounciation in Pekingese and Cantonese (Vol.15, No.3, 1886); 湛约翰博士简明词典字母表（附北京话及广东话读音）

27. The Prayer of the Viceroy (Vol.15, No.3, 1886); 总督大人祷神祈雨文

28. The Six Modes of Development of the Chinese Written Language-六書 (Vol.16, No.1, Jul. 1887); 论汉字"六书"

29. On the Term 轉注 chuan chu as Applied to Chinese Characters (Vol.16, No.1, Jul. 1887); 论汉字"转注"

30. Dr. Edkins' Criticisms (Vol.16, No.2, Sep. 1887 这是他对同期艾约瑟的"Dr. Chalmers' View of the Early Shoo"一文的回复); 艾约瑟博士的批评

31. Report by Mr. F.S.A.Bourne of a Journey in South-Western China. Blue

Book-China（Vol.17，No.3，Nov. 1888）；介绍一部有关中国西南旅行记的报告

上述文论，就其内容和对象而言，主要涉及中国语言和文学两大部分。其中文学部分集中于诗歌和中国古代典籍（主要是《道德经》）的移译和诠释。而事实上，湛约翰也被认为是较早翻译和介绍道家经典的英国汉学家。而且，汉语中"道家"这一术语的英译 Daoism 就是在理雅各、艾约瑟和湛约翰的共同探讨中被确定下来的。

湛约翰的中国诗歌翻译是《中国评论》时期的湛约翰的汉学研究的一大特色。我们并没有足够的证据能说明湛约翰为自己拟订了一个持久而且宏大的中国诗歌翻译计划，就像理雅各的"中国经典"翻译计划那样。但是，即便如此，我们依然可以看出湛约翰在《诗经》的音韵研究和解读诠释方面之功力和用心。

粗略而言，《中国评论》上所发表的中国诗词翻译，选译的有：李白、杜甫的诗，潘岳的赋，韩愈的两首诗（《履霜操》[1] 和《江汉一首答孟郊》），另有一首是湛约翰和理雅各诸人同游肇庆时所见到的镌刻在一处亭碑上的题诗[2]。关于韩愈，湛约翰似乎情有独钟，不仅选译了他的两首诗，而且还撰写了一篇介绍韩愈的文章，分两期刊发于《中国评论》。这篇有关中国人物传记的文论，实际上是湛约翰 1872 年 11 月在广州的一次西人集会上所做的演讲。

这篇文献最突出的地方在于它所体现出来的维多利亚时代的英国汉学的某些特色，也显示出了湛约翰在对对象研究上所需要的原始文献的收集整理和解读，以及对韩愈这个中国文学史上的重要人物的总体把握上的深厚功力。在这篇文章的开头部分，湛约翰就提示读者在接触韩愈之前需要注意唐代在中国历史上的"特殊"地位——唐代正处于中国历史的中间位置，此前从圣人时代至唐代是 1000 年，而从唐代至 19 世纪末期又是 1000 年[3]。这种提醒的目的旨在说明，韩愈在中国的文学史和思想史上所可能担当的思想传承作用[4]。文章大量引用了韩愈

[1] 选自韩愈《琴操十首》。

[2] 这首诗及其英译不仅显示出湛约翰在中国处处留心、处处学问的求学态度，就其英文译本而言，同样显示出他在原文理解和鉴赏方面的不少独到之处。参阅段怀清《〈中国评论〉与晚清中英文学交流》一书。

[3] *The China Review, or Notes and Queries on Far East*, Vol.1, No.5, Apr. 1873, p. 275.

[4] 其实，他在提醒读者注意这一点的时候，也希望读者能注意到，湛约翰时代的中国比韩愈时代的唐代更为接近中国古代，参阅 *The China Review, or Notes and Queries on Far East*, Vol.1, No.5, Apr. 1873, p. 276。

的诗歌作品[1]，当然这些并非直接来自于湛约翰自己的选择，很多地方都参考了后来者所编撰的韩愈生平行状[2]。遗憾的是，跟《中国评论》上发表的不少文论一样，湛约翰文章中引用的文献资料并没有标明它们的原始出处。韩愈在《赴江陵途中寄赠王二十补阙李十一拾遗……员外翰林三学士》一诗中，对自己遭遇放逐及离京一路的所见所感多有涉及，湛约翰将这首长诗完整地翻译成了英文，不仅如此，就其中两处的英文译文，他还参考了理雅各的"中国经典"的第三卷和第四卷的译文[3]。

湛约翰这篇演讲中所引用和翻译的韩愈诗歌之多，几乎可以被视为韩愈诗歌作品的选译。不过，湛约翰显然并不是简单地去移译韩愈的诗，而且，也不是要去完整地描述韩愈的全部人生。他说，他的目的是揭示出作为一个诗人、一个儒者的韩愈，其生命中所显示出来的"性格中的人文化的倾向""内在的德性"以及在对待社会方面的"乐观习惯"[4]。为此，湛约翰特别介绍了元和十四年（819），唐宪宗迎佛骨入大内，韩愈上表力谏，为此被贬为潮州刺史的经历，并完整地翻译了韩愈的《谏迎佛骨表》一文[5]。或许感觉到上述诗文的叙述还不足以揭示这位"伟大的学者""真正的诗人""一个最有影响力和出色的作家"的精神境界和思想追求，湛约翰还引用了朱熹对韩愈的评价，并将其思想与英国人文大师约翰逊（Samuel Johnson）有关人性善、恶及无关紧要者三之思想进行了比对，对韩愈思想的世界意义给予了肯定。对韩愈作品的翻译和对其生平行状的描述以及思想评论成为湛约

[1] 有关韩愈的作品集，主要有韩愈弟子李汉所编文集，外集为宋人所辑。现存韩集古本，以南宋庆元年间魏怀忠所编刻的《五百家注音辨昌黎先生文集》《外集》为最善，它保存了不少原本已失传的宋人旧注，今有影印本。南宋末廖莹中世彩堂本《昌黎先生集》《外集》《遗文》，经明代徐氏东雅堂翻刻后，最为通行，系全录朱熹《考异》和节录五百家注而成。廖氏原刻今有影印本。诗集单行注本，清代有顾嗣立《昌黎先生诗集注》、方世举《韩昌黎诗集编年笺注》2 种。今人钱仲联《韩昌黎诗系年集释》是另行系年的集注本。为韩集作校勘或补注而不列正文的，宋代有方崧卿《韩集举正》、朱熹《韩文考异》，清代有陈景云《韩集点勘》、王元启《读韩记疑》、沈钦韩《韩集补注》、方成珪《韩集笺正》等。

[2] 有关韩愈生平行状考略，自唐以后，屡见不鲜。主要有皇甫湜《昌黎韩先生墓志铭》《韩文公神道碑》和李翱《韩公行状》，这是最原始的材料。新、旧《唐书》本传，朱熹并有《新唐书》本传的详注。编为年谱、年表的有好几种，以宋洪兴祖《韩子年谱》最为详备。方崧卿《年谱增考》即合刻在洪谱各条之后。研究著作，王鸣盛《蛾术编》、郑珍《巢经巢文集》、俞樾《俞楼杂纂》诸书有关条目或文章，具有学术价值。赵翼《瓯北诗话》、方东树《昭昧詹言》、林纾《韩柳文研究法》中有关部分，是评论诗文的代表著作。单篇论文，以近人陈寅恪《论韩愈》为最著名。

[3] 参阅 *The China Review, or Notes and Queries on Far East*, Vol.1, No.5, Apr. 1873, p. 283。

[4] 参阅 *The China Review, or Notes and Queries on Far East*, Vol.1, No.6, Jun. 1873, p. 340。

[5] 参阅 *The China Review, or Notes and Queries on Far East*, Vol.1, No.6, Jun. 1873, pp. 340-345。

翰在这一时期中国文学研究的一大内容。

三、《诗经》音韵研究与老子《道德经》

湛约翰在《中国评论》上发表的《诗经》音韵研究，已经显示出19世纪英国汉学在朝向专业化、科学化方向的努力。理雅各在1876年接受牛津大学聘任成为首任中文教授的典礼上，就英国大学中的中文教育的目的做出了这样的阐述：不仅在于宗教的、政治的和经济商业的目的，还在于对真理的追求和教育本身的职能[1]。而在《〈诗经〉音韵考》一文之开篇，湛约翰就对理雅各上述阐述给予了正面回应。在自问自答式的提示中，湛约翰就《诗经》音韵研究的目的和用途做了这样的说明：这对于比较语文学家来说是重要的，可以使得他们正确地追溯字词的古代发音，避免犯一些“愚蠢”的先入为主式的错误；另外这也有助于判断和确定中国经典的古老和经典的程度。为此，湛约翰特别举例说明：如果《易经》中的字词的音韵与《离骚》一致，就可以确定该《易经》文本基本为赝品；另外，如果《道德经》中的字词音韵与《诗经》一致，我们则可以判断并确定该文本是与《诗经》一样古老的[2]。这种音韵学、训诂学以及版本学方面的学问，当然不是19世纪英国汉学家们的发明，而是在中国传统学术中早已有之，但湛约翰上述阐述的意义在于，对于一个西方汉学家来说，他同样认识到了从字词音韵来考察文本真伪的有效性。当然，我们不能简单地认为湛约翰受到了中国学者们的启发[3]，实际上理雅各在大学时代的拉丁文、希腊文课堂上就专门接受过这种类似的解经学方面的训练。但是，湛约翰的《〈诗经〉音韵考》不仅在于显示出维多利亚时代后期的汉学家们已经注意到音韵研究，更重要的是，他们已经开始将这种研究与对中国古代经典文献文本的真伪辨析结合起来。在与翟理斯就老子《道德经》的真伪辩论中，湛约翰就

---

[1] Helen Edith Legge, *James Legge: Missionary and Scholar*, London: The Religious Tract Society, 1905, p. 123.

[2] *The China Review, or Notes and Queries on Far East*, Vol.6, No.2, 1877, p. 81.

[3] 并没有足够的证据显示湛约翰在他的《〈诗经〉音韵考》中借鉴了中国音韵学家、训诂学家们的方法。倒是他自己阐明说自己的研究“既不是依照某种理论，也不是试图建立起或者辩驳倒某种理论”。参阅 *The China Review, or Notes and Queries on Far East*, Vol.6, No.2, 1877, p. 81。

将音韵辨析作为他的主要方法之一[1]。

但是，在古音辨析方面，湛约翰一方面承认没有理论不行，但另一方面，他也注意到，有关音韵训诂方面的理论彼此之间也是相互冲突矛盾的。在《诗经》英译本上，他选择了自己也曾参入其中的理雅各的译本，另外，在有关汉语音韵的方面，他主要参考了段玉裁的《六书音韵表》中有关汉字拼写、发音、分类、构词法等方面的辨析，并将相关方法应用于《诗经》音韵考辨之上。而湛约翰的汉语文字音韵训诂方面的辨析，其突出贡献并不在其本身，而在于将其方法应用于《诗经》文本文字的考证辨析之上。譬如，他曾经将《诗经·关雎》的北京读音、广州读音和艾约瑟标注的"古音"放在一起进行比较[2]。而且在随后的文章中，湛约翰就《诗经》中文字的现代的音义以及古代的音义进行了比较，并且一一分列标明。这对西方读者从音义结合、古今结合的角度来读解《诗经》无疑是极有帮助的工作。

湛约翰被认为是英国汉学家中较早开始注意老子及其道家思想的学者。在其刊发于《中国评论》第一卷第四期的《道家》一文中，湛约翰即对中国古代思想传统中的儒、道、释并立的历史现实进行了介绍。不仅如此，在正式介绍老子及其思想之前，湛约翰还特别将孔子及其思想的主要内容和特色做了介绍，或者说有比较性地予以了说明。之后他就道家思想的主要观点、产生和发展的历史、主要代表人物等进行了简单说明。

湛约翰有关老子及道家思想研究最值得注意的地方就是他与艾约瑟、庄延龄、理雅各等人一起同翟理斯之间所展开的一场辩论。有关这场围绕着老子《道德经》的理解与英译而展开的争论，其文化和学术价值无疑是值得肯定的。这里仅简要介绍一下湛、艾、庄诸人针对翟理斯的批评所做回应的要点[3]：

1．针对翟理斯就现代版《道德经》中的汉字"并不能够全部在《说文》中找寻到，而《说文》又是在基督时代几乎包括了所有在使用的汉字的字典，遂以此来推论现代版的《道德经》系出伪作"的推论，湛约翰做了这样的解

[1] 参阅 *The China Review, or Notes and Queries on Far East*, Vol.14, No.6, Jun. 1886。

[2] *The China Review, or Notes and Queries on Far East*, Vol.6, No.3, 1877, p. 167.

[3] 参阅 *The China Review, or Notes and Queries on Far East*, Vol.14, No.6, Jun. 1886。或者拙著《〈中国评论〉与晚清中英文学交流》。

释，认为翟理斯“只是选择了他所喜欢的几个作者，包括韩非子（Han Fei Tsu）和淮南子（Hwai Nan Tsu）来作为依据”，而这两个作者又是“基督纪元前的作者”。这样的方法显然过于简单而且并不完整。不仅如此，湛还指出，如果照翟理斯这样将现代版经典与古代版经典文本进行比较，那么“中国所有经典几乎都靠不住”。

2．针对翟理斯认为韩非子和淮南子所引用的《道德经》在“内容的排列顺序上”与“现代版《道德经》”不一致，并由此断定现代版《道德经》为“伪作”，湛约翰讽刺道：“如果他想从《庄子》中编选出一部新的《论语》也并非不可，因为这里同样有足够的材料。”

3．关于为什么西汉时期的统治阶级特别崇尚黄老之术，湛、艾、庄三人则大量引用了司马迁《史记》中有关《道德经》的文献资料。

4、5．两点分别就司马迁、班固对老子和《道德经》的阐述进行了讨论。

6．对汉代以后《道德经》的若干版本的讨论，其中特别提到了王羲之书写的《道德经》及其他几个版本。

7．湛约翰特别引用了“理雅各教授对翟理斯先生的答复”。这篇答复节选自理雅各翻译的、收录于《东方圣典丛书》当中的《礼记》（*Li Ki*）序言。

8．就《道德经》中关键词的译名问题进行了讨论，特别就《道德经》中的“夷”“希”“微”三个字及“视之不见名曰夷”“听之不闻名曰希”“搏之不得名曰微”的英文翻译进行了辨析。

9．围绕着“道可道，非常道”的“道”的理解和翻译而展开。对这一条“无法行走其上的道路”，汉学家们各抒己见。讨论中首先就《道德经》的第一句“道可道，非常道”中三次出现的“道”的理解和翻译进行了辨析。对这个词的理解，湛约翰解释道，这个词的发音为“Tau（或者 Tao）”，原义为“道路”（way），但也有一些隐喻义，而且这些隐喻义还相当普遍，可以理解为“自然规律”（the course of nature）、“正确道理”（right reason）、“原理学说”（doctrine）或者类似的意思。这个词也可以用作动词，意思为“说”（to speak）。湛的辨析当中还引用了儒莲（Stanislas Julien）、Balfour 对这个词的译文。对这个句子的翻译，湛引用了理雅各的译文，即 The Course that can be trodden is not the enduring and unchanging Course。而翟理斯的译文为：The way which can be walked upon is not the eternal Way!

10．湛约翰还对嘉庆年间出版的《十子全书》中的《道德经》的版本问题做了最后的解释说明。

段怀清，1966 年生，复旦大学中文系教授，主要从事中国现当代文学、比较文学及国际汉学研究，著有《〈中国评论〉与晚清中英文学交流》《传教士与晚清口岸知识分子》等。

“难忘诗骚李杜魂”
——九十回眸

叶嘉莹

我今天听了诸位嘉宾的讲话，我觉得我现在要讲的太狭窄了、太渺小了，实在不值得在大家面前来讲述，因为我的题目非常个人化，是“九十回眸”。

我是1924年生人，现在是2014年，我是恰恰整整来到这个世界上九十年了。之前有南开的校友跟我说，当年他们1979年入学时，在南开听我讲课，至今还记得我穿什么衣服啊、梳什么头发呀。但你知道佛经上说过一句话，“若以色见我”，你如果只从外表来看我，“以音声求我”，只听我外表的讲话，是“人行邪道，不能见如来”（《金刚经》）。我当然不是如来，但是我要说，我之所以为我，而且我已经来到世界上有九十年之久了。就像我前些时候在南开大学“初识南开”的讲座上讲到的，你们今天看见站在讲台上苍然白发的叶嘉莹，这是现在的、眼前的、刹那之间的我。我站在这里，不只是我的形体、我的相貌——一个现在的、外表的一个叶嘉莹；我之所以成为现在的我，是因为我有九十年的人生的各种经历——我的思想，我的感情，我的一切。我为什么成了现在的这个样子，我是怎么样走过来的？这是我今天要讲的。所以我说“九十回眸”。

但是“九十回眸”是“事往便同春水逝”，往事如烟，你什么都看不见了。不过我这个人有一个习惯，我从小就学诗，就读诗，就吟唱，我随口就可以唱一些诗，所以我从很小，从十一二岁就开始作诗。而且我那个时候虽然也没有读过《易经》，也没有学过孔孟的大道理，我只是写我自己的所见所闻，写我内心之中当年幼稚的感受，但我以为这应该也符合我们古人所说的“修辞立其诚”。前几天我们班上还有同学说到我有一次给我自己的文章写序言，我说我平生并没有集中精力去写作诗词，也没有在我的创作上要跟人家争一字之胜、较量短长，我的诗词都是自己跑出来的，我也没有花费很大的精力说一定要在研究成果的论文上超过别人，我没有这样的心念。可我还是出版了很多书，那都是因为外在的因缘。比如说，四川大学的缪钺先生说要跟我合作写《灵谿词说》。比如说，辅仁大学的校友组织了一个讲座要我讲唐宋词。这些都不是我主动去追求的。我自己真的主动去追求的，而且投注了大半生，这不能说大半生，差不多是投注了我整个的生命在里边的，是教书、讲学。我的教学不但从地域上来说，包括了海内外的各地方，而且以听众的年龄来说，上至七八十岁的老先生，下至三四岁幼儿园中班连字都不会写的小朋友。我为什么如此热衷于讲学？我并不是说我就比别人讲得好，我只是觉得我们现在虽然常常说提倡中国传统文化，可传统文化不是一个教条，不是背几句名言佳句，我认为最能够代表我们中国文化的生命的就是我们的诗词的创作。我们的诗词有这么几千年悠久的历史，其中不好的作品在大浪淘沙之中早已被淘汰了，现在留下来的作品，真是我们文化中的精华。这些没被淘汰的、被存留下来的作品，为什么被存留下来了？还不只是说它的语言文字有什么特别的胜人之处，而且还是因为这些作者，他们是用他们的生命来写作他们的作品的，用他们的生活来实践他们的作品的。这是这些作品之所以打动我，也是我为什么愿意把这些作品里边他们的生命、他们的感情、他们的理想、他们的志意、他们的品格传给下一代的年轻人的原因。也是因为他们所传下来的，是透过诗词创作的有血有肉、有生命、有感情的作品，而不是教条，不是死板的道德的教条。那么我现在回顾我的一生，虽然我没有专心致力地去写作过诗歌，可是我们说过诗歌是“情动于中而形于言”，诗歌是我的生活、我的感情、我的内心活动跟我外表遭遇的最真诚的表达。所以虽然是“往事如烟不可寻”，但是我仍然有一些诗篇留下来了，我正好可以借着我的诗篇来回眸，以我个人一生的遭遇，跟大家做一次心灵上的接触，看一看我过去走过了什么样的历程。

我刚才说，我是1924年出生的。1924年是一个什么样的年代？正是中国北伐战争的年代，到处都是战争，到处都是军阀，直奉战争、直皖战争、各种的战争。我是在乱离之中出生的。那么另外我有一个回眸，觉得是一件非常可纪念的事情，就是我出生的月份是阴历的六月。我们中国古代有一个习惯，每个月份都给它搭配了一种花卉，比如说正月是梅花的月份。我是六月出生的，那是荷花的月份，因此我的父母就给我取了一个小名叫“小荷”。而我既然是叫作“小荷”，那么在我的内心之中就不由得对一切与荷花有关系的事物都有一种特别亲切的感情。现在我回想起来，我觉得这是佛法中所说的，万事各有因缘。你追寻不到今世的因缘，甚至于过去的一些因缘、种种的因缘。人，有的时候你出生了，你不知道你从哪里来，你不知道你到哪里去。可是像我活了九十年这样久，而且我又留下来一些诗歌的痕迹，我现在回头看我小时候写的诗，我就觉得很奇怪：我十几岁的小孩子，为什么说这样的话？为什么写这样的诗？而且我也不是一直写那样的话，一直写那样的诗，我中间经过了多少次的改变和转折，现在我也写了九十岁的一些诗词。我们今天就回眸，看一看我自己是怎么样成长的，我的心路历程是怎样的。

叶嘉莹为什么形成现在的叶嘉莹，凡事都有一个因缘。我出生在一个古老的家庭，昨天他们说我姓叶，不错，但叶不是我的本姓，我的本姓是叶赫纳兰。你们大概都知道在我们叶赫纳兰族中有两个名人，一个是男性，就是清代有名的《饮水词》的作者纳兰成德；一个是女性，就是慈禧太后，西太后的氏族，就是叶赫纳兰。这个叶赫纳兰的姓氏其实并不是我们原来的姓氏。我们这一族原来是蒙古的土默特族，后来迁到了女真的纳兰部所在之地，遂以纳兰为姓。在清朝初年，有四个叫作纳兰的部族，哈达纳兰、乌拉纳兰、辉发纳兰，以及我们叶赫纳兰，他们三个都是女真族的后裔，只有我们的叶赫纳兰，是蒙古族的土默特这一族的。为什么叫叶赫呢？因为我们这一族，曾经定居在一条水的旁边，这条水现在在吉林，就叫作叶赫河，把“纳兰”上面加上我们所定居的“叶赫”，所以就是“叶赫纳兰”。台湾有一个有名的散文家，也是诗人，席慕蓉女士，也是蒙古人。当她知道我是蒙古人以后非常高兴，她说我一定要带你去寻根。所以是席慕蓉打听到这个叶赫河在什么地方，也是她陪我到的叶赫。过几天南开大学将为我办九十岁的寿诞，他们有一些图片展，其中就有席慕蓉陪同我到叶赫河，到叶赫的古城——荒芜的荒丘上的照相。我现在为什么讲这个？这就是人的种种的因缘。因为我们是叶赫族，清朝的努尔哈赤的皇后就是我们叶赫纳兰的女子，后来努尔哈赤把叶赫纳兰的部落征服了，然后我们这个蒙古的族裔就合并到他们满族的族裔里去了。我的曾祖父在清代做过二品的官，我的祖父在光绪时代考中了进士，在工部做过官。后来到了民国时期，我们就放弃了满族的姓，取了第一个字为姓氏，就姓了叶。

我说这些事的缘故是想说人世的因缘。我生在一个这样古老的家庭，而你要知道我们这些蒙古族被满族给合并了，而入关后，我们又都受到了汉文化的熏陶和感染。你们只要看一看我们同族的前辈叶赫纳兰·成德，他不但写了《饮水词》，而且他还编了《通志堂经解》，这是一部阐释中国古代经书的典籍。所以我们汉族的文化，那真是几千年来灿烂辉煌，我越老越喜欢读这些古人的书籍，不管是经书还是哲学的书——老子、庄子、孔子、孟子，我就发现相比于别人的那种思想、那种哲理、那种对人生的体悟，我们汉族的文化真的是博大精深，我越老越觉得它了不起。所以我们虽然是蒙古裔的满族人，但是在我们家里，从我的曾祖父、我的祖父起就基本是以儒学传家的。所以我小的时候，家里边的长辈没有送我去学校，他们说，不要到小学去读那个“大狗叫，小狗跳”——像我的女儿在台湾上的小学，回来背书，背“来来来，来上学，去去去，去游戏，见了老师问声早，见了同学问声好”，她的脑子在记忆力最好的时候装下的这些东西有什么用处？我的启蒙则不同，我读的第一本书就是《论语》。我对《论语》的很多话就是背，那个时候也不大讲，就是让你背。所以直到现在，有什么难解决的问题，我常常忽然间就想起其中的一句话来。我前几天还跟我们家的保姆聊天。她说：“你整天待在八层的高楼上，也不出门，外边的世界你什么都不知道，你都已经落伍了，你跟不上这个时代了，你也不找人聊一聊天。”我说：“你跟人家聊天都聊什么呢？都是东家长西家短：这个人跟这家的老太太工作怎么样怎么样，那个人跟那家的老先生工作又怎么样怎么样，然后家里有什么家具。”她说：“你从北京出来，你家里没有一些古董吗？”我说：“真是非常遗憾，我一件古董也没有。”后来我说：“你觉得我每天就是在我的书桌前面看书写字没有意思，你觉得你们聊天很有意思，我想到孔子说过的一句话，他说‘群居终日，言不及义’。她说：“那是哪几个字啊？你给我写下来让我看一看。”我跟她讲话的时候常常一下子就想起来了孔子的话。我现在回想起来，我当年背《论语》的时候，虽然没有讲解，但是有一句话就忽然间给了我一种很强烈的震动，那就是“子曰：‘朝闻道，夕死可矣。’”是说你早上闻了道，晚上死了，你都没有白活这一场，你没有白白来到世界上一次，“朝闻道，夕死（都）可矣”。我那时候也没有敢问我的老师为什么，我就一直存了这个问题。所以，我的启蒙，是家里边教我读圣贤之书，我们开始背诵的就是圣贤的语言。

而且，当年我的同族同姓的纳兰成德，那么喜欢诗词，所以我家里边的人也都喜欢诗词，我的伯父、我的父亲、我的伯母、我的母亲，他们不但是喜欢，而且还吟诵。我常记得我父亲每当下雪时就吟一首“大雪满天地，胡为仗剑游”。所以我从小就听着诗歌的吟诵。我伯母跟我母亲，她们女子不像我伯父跟我父亲大声地在院子里吟诵，她们就在自己房子里面，拿一本诗“呢呢喃喃”地吟诵。所以我从小是在这样的环境之中长大的，我之所以成为今天的我，我现在是向大家坦白交代了。你想，我小的时候也没有什么记载，我也不写什么日记，只是因为我喜欢诗词，而且我刚才说过，我的诗词都是自己跑出来的。我不会找一个漂亮的题目，也不应合时局，庆贺这样的节日、那样的胜利，没有，我都是在写我内心真实的感受和感情。当然，幼稚的诗，有些个我也没有完全留下来，现在被收录在我的诗词稿里边的，你就可以看一看，这人是很奇妙的。我一直到现在九十岁了，所以九十岁的回眸，我现在再看我当年写的诗词，就觉得很奇怪，我那么小怎么会说这样的话呢?

我现在记载下来的最早的一首诗就是《秋蝶》，秋天的蝴蝶。写作的年代是1939年，我当时是15岁。当时我父亲在航空公司做事，在上海，我伯父在家里，说你背了这么多诗了，自己作一首吧。我就作了一首诗，当然作得非常幼稚。但是从此我就养成了作诗的习惯，我15岁写的《秋蝶》是这样说的：

几度惊飞欲起难，晚风翻怯舞衣单。三秋一觉庄生梦，满地新霜月乍寒。

之前一位南开校友说我们都记得你在南开大学念词，什么“小山重叠金明灭”，因为我念的声音很有特色，跟他们一般人念的声调不一样。我不是故意要造作地这样来念，而是因为诗词本身就是一种有韵律的美文，它的平仄、它的读音，是非常重要的，它的声情——声音与情意是结合在一起的，不把它声音的美读出来，你就丢掉了它一半的美感。这首诗第一句“几度惊飞欲起难”是记秋天的蝴蝶，它飞不起来了——我是在院子里长大的，我们院子里边有些个花树，蝴蝶很漂亮的彩色的翅膀好像歌舞的霓裳那么漂亮，可是现在天冷了，到了蝴蝶的生命的末日，所以它“几度惊飞欲起难，晚风翻怯舞衣单”。蝴蝶也有它的生命，蝴蝶的生命到了它临终的时候，它觉醒了吗?以前王国维写过一首《咏蚕》的诗，他说这些蚕活着的时候“蠕蠕食复息”，那个蚕软软地爬在那里拼命地吃，“蠢蠢眠又起”，它蒙昧无知，吃饱了就睡，睡醒了再吃，“三眠”以后就吐丝结茧，“春蚕到死丝方尽”了。它一生忙的是什么呢?生命——蝴蝶的生命、蚕的生命、人的生命——你忙了一世，结果又是什么呢?所以看到蝴蝶在秋天生命快要终了的时候，我说“几度惊飞欲起难，晚风翻怯舞衣单”。天气冷了，它的翅膀感到了寒冷。“三秋一觉庄生梦”，因为《庄子》上曾经说过，“庄周梦为蝴蝶，栩栩然蝴蝶也”，他做梦时那么生动活泼，就是蝴蝶，他醒来后呢，就是庄周，是庄周梦到了蝴蝶呢，还是蝴蝶在梦里边现在变成了庄周呢？那么现在，蝴蝶到了末日，如果是庄生的话，他的梦醒了，“三秋一觉庄生梦”，他留下的是什么？“满地新霜月乍寒”，天冷了，露结为霜，“满地新霜”，月亮，秋天的月亮，这是一轮凉月，那么高远，那么寒冷，就像李商隐说的“青女素娥俱耐冷，月中霜里斗婵娟”。满地的严霜，寒冷的月色，他剩下的是什么？其实当时我还很小，才十几岁，但是我就很奇怪，我很喜欢追问人生终极的问题。你忙碌了一生，有这么多欲望，有这么多追求，你的意义和价值究竟在什么地方？这是我留下来的很早的一首诗。

后面还有一首是《对窗前秋竹有感》：

记得年时花满庭，枝梢时见度流萤。而今花落萤飞尽，忍向西风独自青。

原来我家院子里，就在我的窗前，有一丛竹子。我当时的生活很贫乏，因为那个时候作为一个女孩子，家里面管得很严，你知道古代的闺房中的女子是“大门不出，二门不迈”的。我后来到美国去讲学碰到了一位在美国的学者。他说：“你是北京人？”我说我是北京人。他说：“你住哪里？”我说：“我住察院胡同。”他说：“我也住察院胡同，你住几号？”我说：“我住 13 号。”他说：“怪不得我常常听人说这 13 号有一位小姐从来没见过。”所以我是被关在院子里长大的，我后面的诗还是写院子里面的事物，我的诗没有什么波澜壮阔的那些世界大事，就是一个少女对院子里面的事物的真诚感受。我说“记得年时花满庭，枝梢时见度流萤”，我记得夏天的时候，我们院子里花坛上都是花，真是“花满庭”。这个竹子的竹梢上“时见度流萤”，夏季有很多萤火虫。“而今花落萤飞尽”，当年院子里都是花，萤火虫在花丛里面一闪一闪地飞，院子里有竹子，它在竹子里面一闪一闪地动。现在呢，“而今花落萤飞尽”，萤火虫不见了，花也凋零了，只有竹子是经霜而长青不老的，“忍向西风独自青”。你怎么忍心看到别的生命都凋零了，而你一个人还活在这里呢？所以我的老师也曾经说过，他说世界上有几种人：平常人呢，像“蠕蠕而动”的虫子，趴在地下爬来爬去的虫子，只知道追求口腹之欲，只知道追求传宗接代，是蠕蠕爬行的虫子；有一种人是比平常人高明的，他从这“蠕蠕而动”的动物中飞起来了，他不管你们在地下怎么样，反正我是飞起来了，这是一种人，你能飞起来，当然已经很了不起；但是更有一种人，他说我既然飞起来了，我要下去，我要教那些飞不起来的人，告诉他们怎么样可以飞起来，这是人生境界的不同。总而言之，我是说这个竹子，“记得年时花满庭，枝梢时见度流萤。”“而今花落萤飞尽”，你怎么忍心看见那些人过这种愚昧的、罪恶的、自私的、贪欲的生活呢？你为什么不能把他们叫醒呢？为什么不能用古典的诗词把他们叫醒呢？那时我还很小，总而言之，我有一种关怀是关怀到生物的、生命的。辛弃疾也写过一首词，他说“一松一竹真朋友”，我看每一棵松树，每一根竹子，都觉得是我的朋友，“竹”字我读“zhù”，因为那是入声字，要念成仄声才好听，“一松一竹真朋友，山鸟山花好弟兄。”所以中国古代有“民吾同胞，物吾与也”的说法，一个人应该有这种博大的、容纳的和关怀的心胸。如果一个人只是每天自私自利、斤斤计较，只顾一己的私人所得而不顾惜别人，还去伤害别人，用不法手段满足自己的私欲，那是何等的卑鄙，何等的狭窄！所以我们说诗人要像辛弃疾，是“一松一竹真朋友，山鸟山花好弟兄”，要像圣贤说的“民吾同胞，物吾与也”。小的时候，不过十几岁，我当然没有这种哲学的思想，而且关起大门我也出不去，但是很奇怪，当我看到萤火虫、看到竹子、看到蝴蝶，这是我本心的生命的一种共感，是我的一种本能。

我后来又读了李商隐的诗。李商隐有一首诗题目是《送臻师》，“臻师”是一个法师，所以其中用了佛家的典故，他说“苦海迷途去未因”，我们的人生在苦海之中，大家都迷了路，你不知道过去、未来的种种因缘。“东方过此几微尘”，佛法东来，经过了多少微尘的大千的世界。《大般涅槃经》上曾经记载了一个故事，说释迦说法的时候释迦佛身上的每一个毛孔都可以出现一朵莲花，每一朵莲花中间都有一尊佛像。这个《大般涅槃经》的前边曾经有一篇《序言》，这个《序言》曾经说过，“世尊大放光明，各有一佛，微妙端严，尔时所有众生多所利益”。每一个毛孔有一朵莲花，每一朵莲花有一尊佛像，可以“利益众生”，可以拯救众生。我都是偶然——所以我讲因缘——偶然读到李商隐的诗，偶然听到李商隐说“苦海迷途去未因，东方过此几微尘。何当百亿莲华上，一一莲华见佛身”。我就在想，我出生在荷花的月份，我的小名叫作“荷”，所以我就写了一首《咏荷》的小诗，我说：

植本出蓬瀛，淤泥不染清。如来原是幻，何以度苍生。

其实你看我写的时候，当时是1939年，我不过是15岁，我有什么能力可以说到“度苍生”。可是因为我所经过的那个时代实在是太痛苦了，我出生在北伐战乱的时代。我读初中二年级的时候发生了“七七事变”。

我父亲生在晚清光绪年间。晚清、民国初年那个时候我们中国的年轻人其实都有一种救国救民的理想，各尽所能。我们现在又到了甲午年了，120 年历史的沧桑——甲午战争的失败，我们的海军全军覆没，空军我们一无所有，所以我们就成为了任列强割取的俎上之肉。所以有理想的青年人，有的就真的投身革命了，有的是想要使我们国家怎么富强起来。所以我父亲进了北京大学的外文系，后来投身在晚清建立的第一个航空机构，叫作航空署。我们要建设空军，我们不能不借鉴西方。他一生所致力的就是翻译和介绍西方的航空事业，现在我还能在我们国家的这个几十年前的古旧杂志里边找到好几十篇我父亲翻译、介绍西方的航空事业的文章，如飞机上的翅膀有了冰时怎么办，无人驾驶的飞机应该怎样驾驶。我父亲这些翻译的文章到现在还留在名为《大成》的古旧杂志之中。所以我父亲最早投身的是航空署，中国最早的航空机关。后来我们成立了航空公司，我父亲就转到航空公司去工作了。当我们的国土一片一片地沦陷，飞虎将军陈纳德来援助中国的时候，他跟中国航空的队伍有密切的合作。我父亲从“七七事变”之后就随着政府辗转迁移，到了后方八年没有信息。

“七七事变”中第一个沦陷的当然是我们北京。我住在北京，我的老家在察院胡同，在西城。外边的卢沟桥发生战争以后，我们都清清楚楚地听到那炮火的声音，然后日本人进了北京城。我父亲当时在上海的航空公司，所以从此以后我们的音信就断绝了。我母亲带着我还有我的两个弟弟跟我伯父一家，留在北京的沦陷区。而中国抗战以后，北京陷落、天津陷落、上海陷落、南京陷落、武汉陷落、长沙陷落……我那时候念初中，每陷落一个城，因为已经是日本统治了，所以就叫我们中学生去参加“庆祝”，“庆祝”上海陷落，“庆祝”南京陷落。南京大屠杀的时候，我父亲在南京，上海的四航抗战的时候，我父亲在上海，这是我们当年所经历的历史的背景和生活。而我父亲跟我们就没有任何音信了，我母亲当然是很忧伤，还不只是因为分别，那时候真的是生死存亡莫卜。所以有一天我在南开大学讲到我 1974 年回国的时候的一首诗，我说当我在飞机上——那时候加拿大的飞机还不能直飞中国内地，我先要飞到香港，拿着台湾的护照。我等一下再讲，我是因为我父亲跟我的先生的工作调动，他们是在国民政府工作的嘛，所以我跟他们到了台湾。自从大陆解放以后，跟台湾 30 年不通音信。当美国和加拿大跟中国建交后，我才敢回来探亲——当我在飞机上远远地看到北京城的一片灯火，我想那是不是我当年的旧游之地的长安街？我就流下泪来了。我班上的现在的南开大学的学生说："老师你这种感情我们现在不能理解。"他们不能理解，他们没经过战乱流离，他们弄个电脑、弄个电视，四海之内就都可以通信。什么叫几十年的隔绝不通？所以他们就直接跟我说，老师你说的这种感情我们现在都不能理解。但是，这是我们当年实在的感情。就在这种隔绝之中，我母亲的忧伤——杜甫在天宝的乱离之后怀念他的妻子和家人，曾经写过一首题为《月夜》的诗，说"遥怜小儿女，未解忆长安"，杜甫是说他的儿女不解事，不能体会他妻子的怀念忧伤——我们小孩子也不能够体会我母亲的忧伤，真的不只是隔绝，而且是生死不知，所以我母亲在忧伤中就生病了。

在抗战的第四年，最艰苦的阶段，我母亲就去世了。我是家里最大的姐姐，我有两个弟弟，大弟小我两岁，小弟小我八岁。我就要做一个长姐，每天我的小弟一起来，我就要给他穿衣服，要送他上学校。古人常常说，没有父母就是"孤露"，意思是说你就是孤单的，你就暴露在人生之中，没有一个遮蔽了，没有一个荫庇了，我就经历了这样的生活。今天的时间也不多，我只能简单地再给大家读一首诗，来说明我经历的悲苦。我当时写了八首《哭母诗》，现在来不及读，我只读这一首：

瞻依犹是旧容颜，唤母千回总不还。凄绝临棺无一语，漫将修短破天悭。

为什么我母亲临死时一句话都没有留下来？因为我母亲当时是子宫里边生了瘤，在北京的很多中医那里看了很久都没有看好，当时就有人说这个病应该开刀，可是好像说北京找不到一个很好的开刀的医院，说天津有租界，租界里边有外国的医院，由外国的医生开刀的手术好，所以就由我的舅父陪着我母亲到天津的一个外国的医院去开刀。我当时高中三年级，正是考大学的时候，我母亲说，小孩子的功课、学业要紧，不要跟随我来，说过几天我开完刀就回来了。我母亲就去了，可是去了以后，据说——因为我那个时候真的什么事情都不懂，我母亲也没有叫我跟着她去，我就听我的舅父告诉我说——开刀以后伤口感染了，感染了没有办法，已经到了不治的地步了，可是我母亲说不愿意死在天津，说我们小孩子都在北京，她不放心，一定要回北京。那时候也没有火车的快车，我母亲是死在火车上的，所以没有一句话留下来，这是我所写的哭我母亲的诗。那么运回来以后当然要殡殓，都是我亲手给我母亲换的衣服。所以我说"凄绝临棺无一语"，我是"漫将修短破天悭"。人生最悲哀的是死生离别，这是就我的体会而言，就是我的母亲被棺殓的时候，钉子敲在棺材板上的声音，那真是代表了天人永隔。所以我不但小的时候对动物、植物有一种关怀，我那个时候真是认识到了生死的无常。这是我的经历。

我小时候是从《论语》《孟子》《大学》《中庸》的“四书”开蒙的，我们家里边说你只要相信孔子、读孔子的书就好了，我们家不接受任何的宗教，所以我从小就从来没有跟宗教接触过。我说因缘，这只是因为我出生在荷花的月份，我就总以为我与荷花、与莲花有一点因缘。我在大学读书的时候，我的老师顾羡季先生也喜欢谈禅，他偶然就会引一些佛经的话头。所以我看到报纸上有一个消息，说当时广济寺有一位高僧来讲《妙法莲华经》，我看到与莲花有关系，我就跑去广济寺听讲去了，这是我第一次接触与佛家有关的事物，那就是《妙法莲华经》。我当时对宗教、对佛经从来没有接触过，所以我听讲的结果只记住了两句话，就是“花开莲现，花落莲成”。是说人人的内心都有一粒成佛的种子，就看你有没有觉悟了。而你的这个种子，当你花开的时候，它原来就在你的心中，“花开莲现”；可是你有没有成佛，不是每个人都可以成佛的，是“花落”才“莲成”，等它所有的繁华、所有的花瓣都凋落尽了，那个时候它的莲子才算结成。我听了讲经，就只记得这么两句话。我回来就写了一首词，我说：

> 一瓣心香万卷经。茫茫尘梦几时醒。前因未了非求福，风絮飘残总化萍。
> 时序晚，露华凝。秋莲摇落果何成。人间是事堪惆怅，帘外风摇塔上铃。
>
> （《鹧鸪天·一九四三年秋，广济寺听法后作》）

我说我那时候在战乱之中，父亲到了后方，多年没有消息，母亲又去世了，我虽然是小名叫“荷”，与莲花有了因缘，人家说“花开莲现”，“花落”才“莲成”，“秋莲摇落”是“果何成”，我不知道我将来会落得一个什么样的下场，我的人生会走过什么样的道路，会有什么样的完成，这是我不知道的。这是我现在回顾我七八十年前的作品。总而言之，那个时候的我是有过这样的想法的。

小的时候我就写些个短小的绝句跟短小的令词，后来我读了辅仁大学的中文系。在大学里边，就慢慢跟老师学作诗，然后就越写越长，写了一些七言律诗。我在沦陷区写过一系列的七言律诗。我先写的是《晚秋杂诗》，写了五首，还写了一首《摇落》，都是七言律诗，一共六首七言律诗。我的老师读了我这六首七言律诗——本来我在大学交给了我老师我小时候的作品，就像刚才我所写的那些诗，他在诗的旁边都写些评语，那现在我交了六首七言律诗，他却不再写评语了——我的老师就“和”，这个“和”字要念“hè”，动词，“和”了我的六首诗。那是我在秋天写的六首诗，等我接到老师的和诗再和回去，已经是冬天了。现在我简单读其中的一首《羡季师和诗六章，用晚秋杂诗五首及摇落一首韵，辞意深美，自愧无能奉酬，无何，既入深冬，岁暮天寒，载途风雪，因再为长句六章，仍迭前韵》，年份是 1944 年。我们的胜利的来到，是 1945 年。我是说，当时是 1944 年的冬天，我 20 岁，正是大学毕业的那一年，那是抗战最艰苦的阶段，我们是 1945 年的夏天才迎来抗战的胜利的，1944 年的冬天是抗战的危急存亡之秋，真是国脉悬于一线，不知道会如何。当时日本人发动了侵略战争以后，胜利使他们疯狂，他们不但占领了中国大部分，东南亚都被他们占领了，而他们野心太大，居然发动了珍珠港的事变，惹翻了美国。美国在普通的战争上也没有战胜日本，在美国投下两颗原子弹后，我们才胜利。否则我们不知道，胜利在何日。现在我写的这六首诗，是 1944 年的冬天 11 月。日本发动珍珠港事变是在 12 月，11 月的时候还没有。当时无论是对日本来说，还是对我们抗战的后方来说，都是最艰苦的一个阶段。我们沦陷区的人已经沦陷了七年多快要八年了，我们吃的——现在他们说你是怎么样保养的，你小时候一定是环境好，你吃得太好了，他们不知道我吃的是什么——是老舍《四世同堂》所写的混合面，是齐老先生的曾孙女拒绝不肯吃这么难吃的东西而饿死的混合面。我们可以半年几个月看不到一点白米白面。什么叫混合面？他们以为那是玉米面、杂和面、小米面，也不错嘛。完全不是，你们想象不到的，不知道是什么又酸又臭的一些东西。你不用说包饺子擀皮不黏，烙饼也不黏，你就是做面条切一切都不成，一点黏性都没有。我们就和了以后，随便切它几刀，放在水里边断成一块一块的，又酸又臭，难以下咽，怎么办？炸一个最咸的炸酱，这是我们当年所吃的食物。在抗战最艰苦的阶段，1944 年的冬天，我在北京，你要知道，我们在北京，每到冬天，如果西北风吹起来，“呜——”带着那个哨子的声响，所以我就写了六首诗，现在来不及讲，我只讲其中第三首：

尽夜狂风撼大城，悲笳哀角不堪听。晴明半日寒仍劲，灯火深宵夜有情。
入世已拼愁似海，逃禅不借隐为名。伐茅盖顶他年事，生计如斯总未更。

你整夜听到"呜呜"带着哨子的北风，好像把这城都吹得摇动了，"尽夜狂风撼大城"；你所听到的声音——"悲笳哀角"，这当然是一种象征性的说法，不是真有人吹笳、真有人吹角。是什么呢？日本占领了北京，非常狂妄，开着战车带着队伍在大街上横行而过，唱什么？唱《支那之夜》，它占领了我们中国嘛。而当年的北大那边，是他们的宪兵司令部，关的都是抗日的志士，夜静更深，"狂风撼大城"，除了日本人狂妄的歌声，你还可以听到那北大红楼里被关起来的爱国志士在拷打之下的哀号。"晴明半日寒仍劲，灯火深宵夜有情"，偶然有半天的晴天，偶然也许有一些好的消息，说美国的陈纳德将军在昆明组织了"飞虎队"，加入我们，帮助我们来抗日，比如说有些这样的消息，"晴明半日寒仍劲"，但是冬天仍没有过去，胜利还没有到来。可是虽然是时局这样艰难，我说在我们北京的家里"灯火深宵夜有情"。寒冷的冬天，外边虽然是那么冷，但是屋子里面我们有一盏灯，你还不用说电灯，我们后来只能点煤油灯，如果遇到日本什么空袭、什么预防的演习，这都要遮起来的。但是毕竟在黑夜里面你有了一盏灯火，在寒冷的天气里边你前面有一炉的炉火呀。不管外边怎么寒冷，你有一点点的光明，你有一点点的温暖，你的心如果没有死，你的心里边就会有一点光明和温暖，所以"晴明半日寒仍劲，灯火深宵夜有情"。后面这两句我常常在想，我当时怎么就说出这样的话，"入世已拼愁似海，逃禅不借隐为名"？我那时还没有满 20 岁，所以我觉得很奇怪。"入世已拼愁似海"，我现在才真正体会到，就是你一个人——古人中有些自命清高的人，隐居在深山，独善其身的，他能够独善也未始不好。就像我之前所说的，有的人看到你们都是在地下爬行的虫子，谁管你，我飞起来就好了；可有的人不是啊，我不忍心看你们这样痛苦、愚昧，我要带你们飞起来嘛——你如果要入世，你如果真想要做一点事，你就要拼出去，你不做事就会没有埋怨，你做事就有埋怨；你不做事没有劳苦，你做事就要有劳苦。现在陪我来的张静老师知道，一直到我现在九十岁，我一般都是工作到晚上两点，她跟我在一起生活过。我可以说几十年来 12 点钟以前我就没有睡过觉，现在我还是这样工作的，不管是关于学生的工作，还是关于自己的工作，不管是关于你们的讲演或是开会，还是看学生的论文……所以没有办法，你除非什么都不干，你入世就"已拼愁似海"，你不但要劳苦，你如果只是关起门来还好，你如果要做一番事业，如果是有群众关系的事业，你就等着挨骂吧。所以你看现在的台湾，马英九以为他是很好的，清白，不粘锅，你看他挨的骂。"入世已拼愁似海，逃禅不借隐为名"，很多人都自命清高，说我可是清高的隐士，闭门在深山，独善其身。我说我可以做“入世”的事业，但我的心却不在世俗之中，我是“逃禅”，但是我不假借，不需要到深山里边去隐居，只要我内心不受沾染就是不受沾染，所以“入世已拼愁似海，逃禅（也）不借隐为名”。“伐茅盖顶他年事”，就是给自己盖个房子——“伐茅盖顶”，我从来没有为自己打算。现在有很多人关心我，所以我真是非常感谢，因为有海外的朋友，居然不但捐款在南开给我盖了研究所的大楼，而且现在还要给我盖一个学舍，世界上真是有热心的人，真是有爱好古典诗词的人。“伐茅盖顶他年事，生计如斯总未更”，我说我的生活的理想就是如此，我一直没有改变。这连我自己都很奇怪，我当年是那么年轻，其实连“入世”也没有，我还在大学读书，我怎么会写出这样的诗句来呢。

于是我就大学毕业了，1945 年，就是胜利的那一年，我大学毕业的。大学毕业后我就去教中学了，然后 8 月的暑假以后，我们就胜利了。胜利以后，我已经在中学教书了，大家就都去欢迎祖国的军队胜利归来。作为一个中学的老师，我带着我的学生站在马路上，欢迎我们胜利的国军回来。可是转眼之间，这些后方来的接收的人员就变成“劫收”了，做了很多真是违法违理的事情，把我们当年的一片热情完全都打击了，那时我还是在中学里边教书。所以我说我这个人生来就是教书的，我这个人自己也不追求什么，其实我本来在大学还一直是第一名，但我没有追求考研，我也没有追求留学，毕业分配工作时让我到中学去教书，我就老老实实到中学去教书。可能是我这个人天生就是教书的材料，我教了一个中学，大家都觉得教得好，就有第二个中学找我去兼课。第二个中学一接，第三个中学就来找我去兼课。昨天我们在车上还讲到，我本来在当时的志成中学的女中教高中国文，志成的中学的男中有一帮男生，非常调皮，赶走了两个男老师，结果没有人愿意教他们这个班，没有人敢接，而因为我在女生这班教得不错，所以学校就要求我说你去接这个班吧，我就去接了他们这个班。你们不能想象我教了多少班。到后来我跟学校提出来了，我说我没有时间改作文，他们说你只管教，我们找人改作文，所以就教了那么多学生。

然后男大当婚女大当嫁，在差不多接近结婚的年龄，因为我在学校读书读得不错，老师们都喜欢我，有一个中学的老师就很欣赏我，她有一个弟弟，抗战的时候在后方，现在从后方回来了，她就把他的弟弟介绍给我了。我也从来没有交过男朋友，糊里糊涂就交了男朋友。交了男朋友呢，他本来在秦皇岛工作，我在北京，他就总是跑回来，他也不敢说只是找我，他找了他的一个同学的弟弟来找我的弟弟，整天在我们家打乒乓球，后来忽然有一天，他说他失业了，他秦皇岛的工作丢掉了，就贫病交加，就在北京了。后来他有一个亲戚，给他在南京的海军找到了一个士兵学校的教官的工作，他就要让我跟他订婚，他说你不订婚我就不走。那我想，也许这都是我自己的想法，我想他可能因为总是跑到北京来，才把他秦皇岛的工作丢掉了，所以我以为他是因为我而失业的，我就答应了他。他因为要到南京的海军工作，我就跟随他到了南京。1948 年 3 月我到的南京，那个时候是国民党败退的前夕，他在海军做教官，我找了一个私立的中学教书。我们租了一间房子，其实里面空空荡荡的一无所有，只有一张床铺、一个桌子，每月你要跟房东说多少房租，不说是多少钱，说是几袋米或是几袋面。不是说你到时候真的把几袋米跟几袋面搬到他那儿去，不是，是折合市价，因为今天的一袋米是多少钱，一个月以后，绝对不是这个价钱了，甚至一天以后，都不是这个价钱了。那个时候，我刚刚结婚，要做家庭主妇，下课回来拿着个小油瓶，要到油店去打一瓶炒菜用的油回来。结果我排了很长很长的队，等到排到我，他说没有了。我要买一双鞋子，到那个白下路的太平商场，结果所有的百货公司的架子都是空的，这就是当年国民党从南京撤退的前夕。所以我结婚不到半年，他们海军就到了台湾，我就跟他到了台湾。

那后来，我这个人天生就是教书的，所以我很快就找到了一个教书的工作，是在彰化，而他的海军在左营，我就到彰化去教书。到了台湾第二年，暑假中我生了我的女儿，生下我的女儿后，我仍回彰化女中教书。不过过了只有半年的时候，我在彰化的女中教书，我先生趁着圣诞新年的假期从左营的海军到彰化来看我们，他是那个圣诞夜，Christmas Eve，24 日到的，25 日一大早，天还没有亮，就来了一群海军的官兵，把我先生带走了，说他有匪谍嫌疑。那我不放心，我就带着我四个月大的女儿——那会儿她没有吃奶粉，也没有钱买奶粉，她是吃我的奶的。他们也没有你们现在那种包装小孩子的那么漂亮的现成的尿布，我们都是用旧被单，是一张一张撕下来的，大便小便我亲手去刷洗的——我带着尿布，抱着我的女儿，跟他到了左营。那时候台湾的海军还没有专车，不是派一辆警车来的，就是坐火车，我就跟着上了火车。到了左营，他就被关起来了。等了几天，我想打听他的消息，他到底是什么罪名嘛，有什么罪状呢。没有消息，一点消息都没有。可是我也不能在那里干等。因为我们从大陆到台湾去的人，有工作你就有宿舍、有薪水，就可以生活。他已经被关了，什么都没有了，我还有一个女儿呢。所以我没有办法，我就又坐着火车回到彰化，那时候也没有出租车，我带着孩子，拿着她的尿片子，就直接从火车站走到彰化女中。我虽然心里边有这么多的悲哀和烦恼，但是见到彰化女中的同事时我不敢说，她们说：“你先生怎么样了？”我说：“没有什么问题，他留在那边，还在工作，我先带孩子回来了。”

可是我隐藏也隐藏不过，第二年的夏天六月，我的女儿还没有周岁，又来了一批人，把我住的宿舍给包围了，把我跟当时那个彰化女中的女校长还有另外一个女老师统统抓了起来，抓到警察局。我们一看，不只我们三个人，还有六个老师，都是我们彰化女中的，都被抓来了，说我们都有思想问题。我们就要坦白、要交代、要写自白书。现在电视上在演《原乡》，当时他就认为你们这些从大陆来的人，思想都有问题，我就带着我吃奶的女儿被关了起来，幸亏她是吃我自己的奶。然后他们要把我们送到台北的警备司令部，那就要长期地关起来了，我就抱着我吃奶的女儿去找了当时关我们的彰化警察局的局长。我说我先生已经关起来了，我从大陆到这边来，无亲无故，没有朋友，你把我跟我的女儿带到了台北，万一发生点什么事情，我连一个交托的人都没有。彰化这里，我至少还教了一年多的书，你就把我关在你的警察局里，反正我也跑不了。我这个人不懂政治，其实，我只有感情，不管爱国爱家，都只是感情，没有政治。而那个警察局长还不错，他把我放出来了。

虽然放出来了，但我是有匪谍嫌疑的人，就不可以再工作，我就无家可归了。欧阳修说过“无一瓦之覆、一垄之植以庇而为生”，我就是连一片瓦都没有，所以我没有办法，我就去投奔了我先生的一个亲戚。他的姐姐、姐夫在海军那边，当年他的工作就是他姐夫给他介绍的。他们家的住处也很小，你们看过电视《蜗居》，什么叫“蜗居”？他们那个时候的宿舍都是日本式的宿舍，六席的卧室两间，他姐姐跟他姐夫住一间，婆婆跟两个孙子、孙女住一间，我不用说没有房间，连床铺也没有，我就在他们的走廊上，等他们都睡下来，我带着我女儿打一个地铺。我是从这样的生活过来的，我曾经写了一首诗《转蓬》：

> 转蓬辞故土，离乱断乡根。已叹身无托，翻惊祸有门。
> 覆盆天莫问，落井世谁援。剩抚怀中女，深宵忍泪吞。

我的这首诗，你看一看，我的写作年代是20世纪50年代，那是一九四几年发生的这些事情。但是你知道，我在台湾写出来这首诗能够发表吗？不能，我不敢发表。一直到1979年我回到大陆以后——刚开始有南开的同学说，我回大陆是在

1979 年——一直到了 1997 年，河北教育出版社给我出版了一系列的作品，我才敢把我的这个作品收进来，这个作品在台湾是不能够发表的。这是我写的《转蓬》这首诗。我说“转蓬辞故土，离乱断乡根”，我就如同一棵随风飘转的蓬草，就离开了故乡，“转蓬辞故土”，在离乱之中——那个时候，你们看那个《原乡》，你说你现在到哪里去，什么手机、电脑，当面就都可以讲话了，当时哪里有？我们连写信都不敢——从此与故乡隔绝。我每次讲杜甫的《秋兴八首》都说到“每依北斗望京华”，我不知道哪一天才能够回到我的故乡，看到我的家人，所以我就写了《转蓬》。我是一棵随风飘转的蓬草，“转蓬辞故土，离乱断乡根”。“已叹身无托”，真是，我的先生也不在，我连个家都没有，没有工作，没有家庭，连个床铺都没有，“已叹身无托，翻惊祸有门。”“覆盆天莫问，落井世谁援”，当时谁都不敢沾惹你，凡是有匪谍嫌疑的人，没有人敢沾惹你的。你们看那个《原乡》就知道，你要是被连累上就不得了了，所以“已叹身无托，翻惊祸有门”。我就写了这样的诗，“覆盆天莫问，落井世谁援。剩抚怀中女，深宵忍泪吞”。

后来呢，我就留在了台湾。我的先生被关起来了，我就带着我的女儿找到一所私立的中学，去那里教书，因为公立的中学我不敢去，它有档案。而我的先生仍然一点消息都没有，我的老家——北京，我的家人，我的老师、朋友，一点消息都没有。所以当时我又写了一首《浣溪沙》(1951 年台南作):

一树猩红艳艳姿。凤凰花发最高枝。惊心节序逝如斯。
中岁心情忧患后，南台风物夏初时。昨宵明月动乡思。

这是我写的，凡是我写的诗，都是真实的感情，真实的景物。我说“一树猩红艳艳姿”，南台湾有一种树，叫凤凰木，是很高大的树，很茂密的对生的羽状的叶子，每当夏天六月的时候就会开出来火红的满树的红花，给人的印象非常深刻。因为我在北京没有看到过这种花，我在台湾经过了患难，看到了这个花开，每年的夏天开，就说“一树猩红艳艳姿”。每次花一开，就是又过了一年，所以说“惊心节序逝如斯”。你看到凤凰花开，你知道这一年又过去了，一年两年三年，我先生依然没有音信，不能回来。我带着我的女儿，在私立中学教书。同事、学生都问我：“怎么老看不见你先生？”我一个年轻的女子，带着个吃奶的孩子，是什么来历呢？我没有办法跟人家解说。我不能说我先生有思想问题被关了，这样的话，连私立中学都不叫我教书了，所以我就什么都不说。我只是看到每一年的凤凰花开，又一年过去了，“一树猩红艳艳姿”。“惊心节序逝如斯”，我的年华真是“惊心节序逝如斯”。“中岁心情忧患后”，我说“中岁心情”，那一年是哪一年？是 1951 年。我是 1924 年生人，当时我只不过是 27 岁啊．现在的年轻人，27 岁的还什么都不懂呢，不知天高地厚，为所欲为，只想要满足自己的情欲。那个时候，我说“中岁心情”，是因为我虽然现实的年龄只有 27 岁，但是我经过了离乱和忧患，我的心情是“中岁心情”。所以我说，“中岁心情忧患后，南台风物（是）夏初时。昨宵明月（是）动乡思。”看到天上的月亮，哪一天我才能够回到我的故乡？当时，我们都说它是北平。什么时候我的先生才会回来？我在乱离之中，我一个孤单的女子，带着一个女儿，身份不明，人家都带着疑问的眼光看我。这是我所过的生活。

后来，生活当然有了转折，因为我先生回来了。三年多以后，他回来了。他回来了就证明我们没有思想问题，我们不是匪谍，所以就有人请我去台北教书。原来彰化女中我的朋友的一个亲戚，跟我们一起被关起来过，她在彰化知道了我教书的情况，她后来离开了彰化到了台北，听说我先生放出来，就把我从台南约来到台北教书，因为他们那里有两班高中的国文找不到人教。我本来在南部的私立中学，我一到台北，我这人天生是教书的料，就有很多人找我去教书。当时就有台湾大学的两个老师，一个是戴君仁先生，一个是许世英先生。两位先生都是我在辅仁大学时的老师，我在大学读书读得不错，所以欣赏我的都是我的老师，把我先生介绍给我结婚的是我的老师，把我邀到台大教书的是我的老师，因为他们是亲眼看到过我读书的情况，所以我就教了台湾大学。然后我就去辞去二女中的职务，校长王亚权不放我走，说：“你要把这两班学生教到毕业考上大学，我们才放你走。”我说：“我不能在两个地方专任。”他说：“这件事情，你不要管，你只管教下去，怎么样安排，我来做。”所以我就教了台大的专任和二女中的专任，工作非常忙。在二女中我好不容易把这班学生送毕业了。好，台大的我的两个老师，许世英先生，在淡江大学的中文系做了系主任，戴君仁先生，在我们辅仁大学复校以后，也做了系主任。两个老师都请我去教书，所以我就变成了三个大学的专任。然后，台湾教育电台的大学国文的广播节目也把我找去教书。电视台刚刚成立，有古诗的教学节目，也把我叫去讲古诗。没有一个人想到我是教了多少书。说起来，我从 1945 年教到现在的 2014 年是 69 年。其实我教书，不是三个中学就是三个大学地教，所以不只是 70 年，一定有上百年了。所以，就教了那么多书。

教了那么多书，就有一个机会。你要知道我们大陆当年“竹幕深垂”，不跟资本主义来往，所以西方就有很多汉学家，有很多研究中国旧诗的学者，没有机会到大陆来研究，当然只有跑到台湾去研究了。到了台湾一看，台湾大学、淡江大学、辅仁大学、教育电台、教育电视台，都是你叶嘉莹在讲嘛，他们就跑来听我的课。然后有一年，我们台大的校长钱思亮就说：“密歇根大学跟我们建立了交换的关系，他们要邀你到那边去。你要到外国去教书，你要补习补习英文。”他就给我安排在美国在台湾的办事处的英文班去学英文，我一个礼拜整天地教书，星期六的上午我还要去补习英文。然后第二年，要出去了，美国派来一个人来 interview。当时来口试的是哈佛大学的一个教授，Professor Hightower 来面试，我只面试一次就通过了。这件事你们要看 Hightower 自己写的文章——刚才我在来的路上说，最近南开大学给我出了一本叫《中英参照迦陵诗词论稿》的书，是将我的中文论文翻译成了英文，所以是中英参照的中国古典诗歌的论文集，上册是去年就出版了，下册最近就要出版了。就是这位 Hightower 先生把我邀请到哈佛大学去工作的。这本书的前面有 Hightower 先生写的序——他说那次他的 interview 只录取了我一个人，而且录取以后他马上就邀请我到哈佛。我跟钱思亮校长说，密歇根的交换，请学校派另外一个人去交换——因为有很多人想要出去——我说因为哈佛要请我去。钱校长说：“不可以，我跟人签了约，说的是你，你不能不去。”所以我就必须去密歇根。但是哈佛大学的 Hightower 教授就很热心，他说密歇根大学九月才开学，你们台大六月放假，先到我们哈佛大学来。然后他说你一年之后不要延期——本来是两年的交换——你不要延期，你就直接回到哈佛大学。其实本来我不想出去。你想，拿英文教书，我怎么那么自不量力，我一个中文系毕业的学生。但是我先生一定要我出去，因为他被关了很久，他不喜欢台湾。所以他说你出去的时候就把两个女儿带出去，他说女儿没有成年，要跟着母亲出去，把女儿带出去。后来听说，一年之后交换的教授可以申请眷属，就把我先生接出去了。然后第二年哈佛大学就把我请到哈佛大学，做客座教授。

到了第二年暑假，两年的交换期满，我就要回台湾。哈佛大学的 Hightower 教授就留我，说你先生也在这里，两个女儿也在这里，而且台湾把你们关了那么久，为什么你要回去？但我坚持要回去。我说，第一我要守信用，我的交换是两年，而且台湾那三个大学请我去教书的人都是我的长辈、我的老师，他们都对我非常好，九月开学了，我把三个大学的这么多课一下子都撂下了，我说我对不起我的老师。

还有，我80岁的老父亲在台湾，我不能说把孩子跟先生都接出来，把我父亲一个人留在台湾。所以我坚持要回去。临走的时候，我写了《一九六八年秋留别哈佛三首》：

其一
又到人间落叶时，飘飘行色我何之。曰归妄自悲乡远，命驾真当泣路歧。
早是神州非故土，更留弱女向天涯。浮生可叹浮家客，却羡浮槎有定期。
其三
临分珍重主人心，酒美无多细细斟。案上好书能忘晷，窗前嘉树任移阴。
吝情忽共伤留去，论学曾同辩古今。试写长谣抒别意，云天东望海沉沉。

你们现在去哈佛大学可以看到，从学生活动中心到校园的本区，在中间有一大片草地，所有的车辆都是从底下通过的，很安静。可是我初到那里的时候，上边都是非常频繁的汽车往来。那个夏天刚刚把这个地下通道修成，刚刚把这一片草地铺上，我一个人走在草地上，就忽然间跑出来两句诗。我常常开玩笑，说我的诗不是作出来的，都是自己跑出来的。跑出来的两句诗就是“又到人间落叶时，飘飘行色我何之”。当时我正在跟哈佛大学的Hightower教授谈论着我要回台湾的事，我经过他们新修成的这一片草地，当时已是九月天气，“又到人间落叶时”，这个时节的盛衰令人感慨，而且我在哈佛的办公室的窗外有一大棵枫树，我每年看它长叶，看它在秋天变红，看它在冬天盖满了白雪，现在是第二年，“又到人间落叶时，飘飘行色我何之”，我到哪里去，我是想回大陆的，可是那是哪一年你知道，那是1968年，我们大陆正在进行着“文化大革命”，我不敢回去。台湾我当然是要回去，可是我先生和两个女儿不能跟我回去，而大陆我又不敢回去，所以我说“飘飘行色我何之”。“曰归枉自悲乡远”，《诗经》上说“曰归曰归”，“胡不归”，我倒想回到我的北京的老家，“曰归枉自悲乡远，命驾真当泣路歧”，我现在要走，我到哪里去？我是听他们的劝告就留在美国，还是我要回大陆，还是我要回台湾？“飘飘行色我何之”，我现在又要上路了，“命驾真当泣路歧”，我到哪里去？“早是神州非故土”，神州大陆是我的故乡，可是“文化大革命”让我回不去了。“更留弱女向天涯”，我的两个女儿还没有成年，我要把她们留在美国了。“浮生可叹浮家客，却羡浮槎有定期”，传说那个浮槎，每年还会回来，但是我不知道，我的未来究竟要归向哪里，所以我说“却羡浮槎有定期”。

第三首，“临分珍重主人心”，哈佛大学的Hightower教授非常诚恳地要把我留下来，所以是“临分珍重主人心”。“酒美无多细细斟”，他给我帮忙，当然是把我的论文都翻译成英文，同时，我也协助他研究陶渊明的饮酒诗，所以说“酒美无多细细斟”。“案上好书能忘晷”，哈佛大学的读书环境确实是好，那个东亚图书馆里图书丰富、阅读便利，我在哈佛大学的办公室的前面的那一棵大枫树，夏天的绿叶浓荫，秋天的枫叶火红，所以是“案上好书能忘晷，窗前嘉树任移阴”。“吝情忽共伤留去”，“吝情”用的是陶渊明的典故，陶渊明说一个人应该随遇而安，见面就见面，离别就离别，离别没有什么可惜的，所以“曾不吝情去留”，这是陶渊明的原文。“吝情”是说感情上舍不得，没有这种“吝情”。可是现在呢，我们是研究了陶渊明的饮酒诗，可是我要走，Hightower教授却一定不让我走，所以“吝情忽共伤留去，论学曾同辩古今”，我这个人是很诚实的人，Hightower教授也是很真诚的人，我有我的看法，他有他的看法，我们也可以争论，所以说“论学曾同辩古今”。“试写长谣抒别意，云天东望海沉沉。”所以，我就回了台湾。

我临走的时候，请Hightower先生给我先生介绍了一份工作，教汉语。我想他带着两个女儿在那里，我就回台湾，然后每年可以来往。可是结果没想到，我先生只教了一年就失业了，失业了就没有办法了。他跟两个女儿在北美，我一个人在台湾，三十多块钱台币换一块美金，我养活不起他们啊。恰好这样，所以Hightower教授又约我还回到美国去。我要回美国的时候，因为我要把我父亲也办出去才可以——我不能把我父亲一个人留在台湾，可是美国的办事处的人说，你把两个女儿带出去了，先生接出去了，你要接你父亲出去，那么你就是移民，移民你就不能用这个J-Visa出去，所以他盖了一个图章，就把那个cancel了，就把我原来的签证取消了。他说你去办移民吧，你不能用这个访问的身份出去了。可是办移民我不知道多久，你要知道我的两个女儿在美国上大学，要交学费的。Hightower就说你先到温哥华再过来，他用英文写的是Vancouver，这Vancouver是什么地方，我真是不知道，后来我就来到了Vancouver。我就去办理去美国的手续，我一定要拿着哈佛的聘书去办手续，不然的话你就是到了美国，人家也不许你工作的。所以我拿着哈佛的聘书，到温哥华的美国领事馆去办签证，他说你有哈佛的聘书，你为什么不在台湾办签证，你却跑到温哥华来办，我不能给你，所以我还是不能过去。那我先生跟女儿在那边，还是没有办法。幸亏哈佛大学的Hightower教授，他真是希望我跟他合作。他说，因为他是研究中国古典诗歌的，要想真正懂得中国的古典诗歌——他真是一个很好的教授，有理想的教授，他认为他们完全用西方人的思维来理解，他们理解得不透彻——他们要找一个真正对中国诗歌有了解的人来合作才可以。这是他的理念，所以他跟我一起合作，他研究陶渊明的诗，我研究唐宋诗词。这个时候，他就让我留在温哥华，他说你留在温哥华，每年暑假可以来合作，我就留下来了。所以就有这种种的机缘，我就留在了温哥华。

温哥华不是我的选择，是我要到美国去，没有去成功，就留在了温哥华。留在了温哥华以后，我就又写了一首诗，就是《异国》：

> 异国霜红又满枝，飘零今更甚年时。初心已负原难白，独木危倾强自支。
> 忍吏为家甘受辱，寄人非故剩堪悲。行前一卜言真验，留向天涯哭水湄。

这是 1969 年的秋天，“异国霜红又满枝”，我在台湾看不到经霜的红叶，因为台湾没有经霜的红叶，所以我在哈佛第一次看到红叶时我真是很激动。但是我在北京所看到过的香山的红叶已经几十年没有看到了，现在呢，我来到了加拿大，加拿大是枫叶的国家，所以“异国霜红又满枝，（我）飘零今更甚年时”。我在哈佛大学的时候，我如果教书教得不好，我可以回到台湾，台湾有我的宿舍，有我的父亲，有三个大学等着我去教书。我现在来到加拿大，我已经后无退路了，我回不去了。我回到台湾也不能养活我先生跟我的女儿，所以“异国霜红又满枝，飘零（是）今更甚年时”。“初心已负（是）原难白”，我的初心是我先生愿意出去把他跟我的两个女儿安排在那里，他找个工作维持，我还回到台湾，每年暑假来看他们岂不好？可是我做不到了，因为我的先生没有工作了，我要留下来了。所以，“初心已负原难白，独木危倾强自支”。我们家这么多人，有我 80 岁的老父亲，有我的先生，有我的两个上大学、上中学的女儿，只有我一个人在工作，“独木危倾强自支”。“忍吏为家甘受辱”，什么叫“忍吏为家甘受辱”？还不是说我在台湾办的这个签证办不出去？哈佛大学的 Hightower 教授介绍我到这个 UBC 大学去教书。我要把我先生跟我女儿接过来。我到加拿大的移民局，我说我要接眷属。他说他们都不是你的眷属。我说他们都不是我的眷属，那是谁的眷属？他说你们都是你先生的眷属。我说你说我先生是个男人，应该独立，不是我的眷属，难道我的女儿也不是我的眷属？他说不是，连你都是你先生的眷属。这你要知道，我是在 British Columbia，英属的哥伦比亚大学，英国就是如此。你没看香港出来的女人都是四个字的名字吗？黄陈什么的，李赵什么的。我是赵叶嘉莹，这个赵才是户长。所以我不能接他来。我不能接他来，我的大女儿很能干，她自己就从美国的学校转到了加拿大的大学。我的小女儿不是加拿大的公民，不能入加拿大的中学，我给她找个私立中学。我先生又不是我的眷属，又不是学生，他来不了啊。那最后我就找了我们加拿大的 UBC 大学的亚洲系的主任，我说我先生不能来，我就不能留下来。他很怕我走，因为他知道哈佛大学叫我去嘛。所以他就想办法，给我先生一个 research assistant（研究助手）的职位，就把他接来了。

把他接来后我就跟我先生说："加拿大的移民局真的是没有办法，我说我要以眷属的名义接你们来，他说你们都不是。"我先生说："当然了，你们都是我的眷属。"我话到嘴边了："都是你的眷属，你为什么不养家？"这话到嘴边我没有说。人，要留几分忠厚。凡是他最弱的那个点，我从来不碰它。我现在跑一个野马。就是在这种情形之下，一个人的诗，古人的诗，使我有了一种开拓、感动。王安石晚年写了很多首佛家的禅宗的哲理的绝句，叫偈语、佛偈。"风吹瓦堕屋"，大风把屋顶的一片瓦吹落了，这个瓦"正打破我头"，瓦把我的头打破了。那么，你就骂这个瓦吗？没有。他说"瓦亦自破碎，匪独我血流"。他说瓦也碎了，不光是它把我的头打破了。他说"众生造众业"，业就是我们的业力，你行善还是作恶，你的动念行事，你在宇宙之间产生了什么力量、业力啊。他说"众生造众业"，你今天说的话，你今天做的事，在宇宙之间产生了什么样的业力？他说"众生造众业，各有一机抽"。就是冥冥之中有一种因缘。瓦也不是愿意掉下来，所以是"瓦亦自破碎，匪独我血流"。就是我忽然间有一种体悟，人与人之间要谅解。我的先生，他在台湾被关了很久，他也满心的牢骚，他又找不到工作，所以不要刺激他，放他过去。所以我什么都不说，晚上他要发牢骚，我没有时间跟他争论。因为我要查生字。因为 UBC 当初说过，我们有两个美国的学生来念博士的，都是念唐诗的，我们正要找一个研究唐诗的教授来带领他们。可是你不能只教两个研究生，你要教大班的课程。研究生是学过中文的，我可以用中文跟他们讲课，可是你要带大班的学生，他们完全没有中文的背景，你要用英文讲课。我当时真是别无选择，我一辈子都是学中文的，教中文的，而现在我每天晚上都要查生字到两点。昨天还有朋友问我："你几点钟休息？"我可以说 12 点钟以前，我这么几十年，没有在 12 点钟以前睡过觉，最早都是两点，第二天我还是六点半钟起来的，我是当时养成的习惯。我每天查了生字到学校去，给那些不懂中文的外国学生讲课。有人就问我了，说你拿英文教书怎么样呢？困难虽然是困难，但是你每天哭哭啼啼的，怨天怨地的，没有用处啊。我要负担这个家，我只有硬着头皮，我每天查生字，我要用我很不完美的英文给人家讲课。可是你知道，天下的事情非常奇妙。因为那些学生也知道，他们跟我学的不是英文，他们跟我学的是中国的诗词啊。而且我还要说，我的普通话这么好，我没有在海外教过普通话，我教的都是诗词。我刚才说了，好的诗词之中，有哪些诗人、词人，他的生命、他的理想、他的情感、他的志意在里面。尽管我的发音不完全正确，尽管我的文法也不完全正确，可是我只要能够用我的简单的英文，传达出我真正的感受。我想这是人世的因缘，我天生就是一个喜欢教中国诗的人，不管对任何人，不管老少，不管国族，我都愿意把我所感受到的中国诗歌里边那真正感动人的力量传达出来。所以一个学期下来，本来是只有十几个人的选修课，第二年就有了几十个人。我的英文虽然不好，可是我的学生却非常喜欢听我的课。所以一个人要真诚，中国的《易经》上就说："修辞立其诚。"做人，做文章，都要以真诚对人，不要说些冠冕堂皇的、虚伪的那些假话。所以虽然我的英文是不好，但是我的学生从我的述说中感受到了我们中国诗词里边的生命和感情。于是我就在温哥华留了下来，而且在加拿大史无前例，我只教了半年，他们就给了我终身聘书。所以，我就留在了加拿大。

而且那个时候，到 1974 年，加拿大也跟中国建交了，我就回国探亲，并且写了一首长诗《祖国行》。我当时真是兴奋，可是在那个时候，我想我再也不能回国来教书了，那时候还是"批林批孔"的尾声，但是我能够回到自己的祖国了——你们现在可以看那个《原乡》，也许以电视剧来说，它不是很好看的电视剧，可是你们不知道，当时我们到台湾的大陆人，当我们回不到自己的老家时，那一份怀念——所以我说"每依北斗望京华"，我能够回来看到我的故乡，看到我的家人，看到我的同学、朋友的那一份兴奋。我坐飞机快到北京时，远远地看见一片灯火，所以我是"遥看灯火动乡情"。我说我"眼流涕泪心狂喜"。我这个人其实很坚强，为我个人，我从来很少流泪，除非我家人的死生离别，还有就是我离开故乡 30 年之久，远远地看到北京的灯火，我是流下泪来的。所以你们不了解我们这一代人当年的这一片对故乡的感情。我有一个女同学，也是辅仁大学中文系毕业的，比我晚一级。她不是坐飞机，她是坐火车，她说她从一上广州的火车就开始流泪，一直流到北京。现在的年轻人很少能体会到这样一份感情了。所以我就回到祖国了，但那时我想我只能够参观，不能够教书了。

可是“四人帮”被打倒以后，我就看到消息，说国家恢复了这个大学的考试，我马上就申请回国来教书，所以我回来的时候正是1979年。78级的学生刚刚考上来的时候，学生们满心欢喜，我也满心欢喜，所以我说：

春风往事忆南开，客子初从海上来。喜见劫余生意在，满园桃李正新栽。

在座的陈洪校长，当时他是研究生，他亲眼看到了我1979年回来时那个同学的热情和我的热情的景况。我还写了第二首诗：

依依难别夜沉沉，一课临岐感最深。卅载光阴弹指过，未应磨染是初心。

“依依难别夜沉沉，一课临岐感最深”，我本来就是在白天的下午教书，我当时偶然在课堂上引了几首词，他们就要求说老师您不要净给我们讲诗，我们希望您也给我们讲词，当时没有时间在白天排课，就排在晚上讲词，最后那一节课，一直到吹灯号响了我们才下课。“卅载光阴弹指过”，他们毕业30年了。我说“未应磨染是初心”，你们这些当年那样热情地求学的、有那么崇高的理想的考进了学校的人，毕业以后30年，你们进到社会之中，或者进到官场之中，你们这30年，有没有被社会、被官场所污染？你们还是当初那一片纯真的、求学的、充满了爱国的理想的心意吗？所以我说“未应磨染是初心”。

可是就在我觉得我现在也能够回国教书了、我的理想快要实现的时候，我还经历了一件悲惨的事情。就是在我千辛万苦地在北美、温哥华成立了家庭，我也得到了终身聘书以后，我的大女儿跟我的女婿出去旅游的时候，开车出了车祸，两个人同时去世了。我本来以为，我虽然是吃了很多苦，可毕竟我是安定下来了。过了几年，我大女儿大学毕业了结了婚。又过了几年，我小女儿也毕业了，结了婚。我还曾对大女儿说，你生了孩子我可以帮你照看。那时候，我真的是内心充满了安慰。我想我这一生，平生受尽了千辛万苦，现在毕竟安定了，我真是受了苦，“忍吏为家甘受辱”。我现在应该可以安定下来了。但谁知就在我有了这一念的时候，上天给了我惩罚。什么时候我动的这一念？那就是1976年的3月，1976年的3月。美国每年3月有个亚洲学的会议。我从温哥华到美国的东部去开会，先到我大女儿在多伦多的家，然后去开会。开完会，又到我小女儿在费城的家。我一路上都是很快乐的，我说我一世的辛勤劳苦，我现在毕竟是安定下来了，两个女儿都结了婚，我以后可以常常和她们来往，可以到我的两个女儿家往来探望。可是就在我到我小女儿家的当天晚上，一个电话来了，我的大女儿跟我大女婿出去旅游，开车出了车祸，两个人同时不在了。所以我就写了《哭女诗》十首。我是经过了这么多艰辛困苦的。

第一首：

> 噩耗惊心午夜闻，呼天肠断信难真。何期小别才三日，竟尔人天两地分。

第三首：

> 历劫还家泪满衣，春光依旧事全非。门前又见樱花发，可信吾儿竟不归。

“历劫还家泪满衣，春光依旧事全非”，我在费城听到了这个消息，到多伦多给我大女儿办了丧事。然后我再回到温哥华，那真是“春光依旧，（人）事全非”。我走的时候满心的欢喜，我一路上可以到我两个女儿家。我回来的时候什么都不是了，所以我是“历劫还家泪满衣，春光依旧（是）事全非”。“门前又见樱花发”，张静曾经看到过，我们家前门外面有两棵樱桃花的树。“可信吾儿竟不归”，可是我的大女儿永远不会从这个门里再回来了。我还有最后一首：

> 从来天壤有深悲，满腹酸辛说向谁。痛哭吾儿躬自悼，一生劳瘁竟何为。

“从来天壤有深悲，满腹酸辛说向谁”，我一肚子酸辛，不能说。我不能和我先生说，只要一说他就发脾气，他觉得你要是说你的辛苦就是在说他没有作为，所以我不能说。也不能跟别人说，他尤其忌讳你跟别人说。所以我说“从来天壤有深悲，满腹酸辛说向谁。痛哭吾儿躬自悼，一生劳瘁竟何为”。所以佛说因缘祸福。因缘祸福是你所不知道的，你所不能掌握的。我哭母亲，那是在抗战的时候，我父亲跟我到了北美，我父亲最终埋葬在了温哥华。我讲人生的因缘，我的心路历程。我想一个人是要经过很大的痛苦和打击之后，才能“一拳击碎虚空”。我一生几十年为我的家人辛劳，我想维持这个家。我刚结婚，刚生下小孩子，我先生被关了，我要尽我最大的力量把我的女儿抚养长大。到了北美，我先生没有工作，女儿们在读书，我尽我最大的力量查生字，我要把这个家维持下来。现在家维持下来了，工作也安定了，但是我的大女儿跟我的大女婿发生车祸不在了。

可是你要知道，人不经过绝大的痛苦就不会觉悟。我就是因为经过这么多患难和痛苦才把自己打破了。你不把自己打破，你永远不能够超脱。所以我就把自己打破了，不再被自己的家庭和子女所束缚了。我要把我投向古典的诗歌，我要为古典诗歌的传承献出我的余生。养家的事情我已经尽到了我的责任了，现在我的两个女儿都结了婚，我的大女儿不在了，我一世的辛勤，忍气吞声，养家的责任我已经尽到了。所以我说我一辈子没有做过我的选择，最后才是我的选择，我就选择回到祖国来教书了。而当我“一拳击碎虚空”时，我其实还写过一首小诗：

> 一竿击碎万琼瑶，色相何当似此消。便觉禅机来树底，任它拂面雪霜飘。

我在温哥华，有一次下大雪，我们院子里边有一棵树，名字叫烟树，都是横的枝丫，春天开很好看的花，但是当时雪压得很厚，它的很多树枝都被压断了。那我就把这棵树要挽救下来，我就拿着一个竹竿，要把树枝上的雪都敲掉。我说“一竿击碎万琼瑶”，那个大雪在树枝上也很美的，我“一竿”就把所有的雪都打落了，“一竿击碎万琼瑶，色相何当似此消”，人生的种种的色相，你对这个繁华世界、对这个感情世界的种种留恋，“一竿击碎”，我一个竹竿把所有的积雪，那么美丽的雪，像花一样的——“忽如一夜春风来，千树万树梨花开”，树上像开了很多的花——一竿都把它击碎下来了，“色相何当似此消。便觉禅机来树底，任它拂面雪霜飘”。再有风雪扑面地吹来，我就都不怕了，“任它拂面雪霜飘”。就是这个时候，我说我一生都不是我的选择，我结婚不完全是我的选择，我到台湾去也不是我的选择，我去美国也不是我的选择，留在温哥华也是偶然的机会，都不是我的选择。当我的一切都失去了时，我要做一个最后的我自己的选择，我就选择了回国来教书。

我是1978年提出来申请的，那个时候我也恰好赶到很好的时机。恰好“文革”过去了，要不然我有什么资格跑回来教书？一定早已经被批斗了嘛。恰好“文革”过去了，恰好大学考试恢复了，我就申请回国教书。那个时候我对国内的人一个也不认识，我就写了一封申请信，给那个时候我们的国家教委，通过外交部转交的，我跟他们说我是什么人，我在哪里工作，我现在多大年岁，我希望回国来教书。教育部第二年就批准了我的申请，我 1978 年递上去的申请，1979 年批准了，我就回来教书了。我的诗里面写到了这个经历，我写了《向晚二首》（1978 年春），“近日颇有归国之想，傍晚于林中散步成此二绝”：

向晚幽林独自寻，枝头落日隐余金。渐看飞鸟归巢尽，谁与安排去住心。

花飞早识春难驻，梦破从无迹可寻。漫向天涯悲老大，余生何地惜余阴。

在座的张静老师曾经到过我加拿大的家，她知道我的屋前是一大片树林。“向晚幽林独自寻”，已经落日黄昏了，我要投寄申请回国教书的信给中国政府，我穿过一片树林，树枝上有落日的余晖，金黄的落日的光照在树枝上，可是你要知道，黄昏的光色不久长啊，慢慢地、慢慢地，太阳就要落下去了，“枝头落日（是）隐余金”。“渐看飞鸟归巢尽”，傍晚树林里面的鸟都回来了。“谁与安排去住心”，我从 1948 年就离开了自己的家乡，现在都已经 1978 年了，所以我应该回来。我既然喜欢教书，那么就要回到自己的国家，用自己的语言教自己国家的年轻人。而且我还写了“花飞早识春难驻，梦破从无迹可寻”，大家都听说过温哥华的风景很美，尤其是春天，满街的花树。我出来寄信的时候，沿街的道路上是一地的樱花。“花飞早识春难驻”，我知道，春天是不会停下来的，春天转眼就消逝了，人的生命是短促的。“梦破从无迹可寻”，如果你想要回来教书只是一个梦，那只是一个空想，就什么都不会成功，所以我说“花飞早识春难驻，梦破从无迹可寻”。“漫向天涯悲老大”，我徒然地悲哀，当时我已经是五十多岁了，所以我说“余生何地惜余阴”，我剩下的生命不多了，我要把我余生的光阴用在哪里？外国当然也不错，你在一个大学教书，能够得到终身的教职，我的那些外国学生也都对我很好，可是没有办法，特别是诗词，那感情、那文化、那根，一定是在中国的。这是没有办法的一件事情。你跟他们讲，他们也会很用功，我有一个学生 Jerry Smith，我马上要过九十岁的生日，他也要来参加寿会，他是非常用功的一个学生。他跟我写的论文两篇，硕士论文写的是韩愈，博士论文写的是杨万里，研究了韩退之，研究了杨万里，后来他自己研究了黄遵宪，目前正在研究郑珍，成就很高。但是你说真正到了中国文化那精深微妙的地方，外国人就很难跟他们有共鸣的感受了，所以他一直拒绝，不肯教唐宋词。

我 1979 年回国教学，当时国家教委的安排，是让我去北京大学。我就住在那个友谊宾馆，当时教育部接我的一个人好像叫赵冀，北京大学接待我的是周培源校长。我可以清楚地感受到一种成见——当年，我一个在加拿大在西方教了几十年书的人，特别是我还是一个妇女。社会上对妇女其实有一种成见，女人有什么学问呢——所以我可以感觉到，只是国家的安排，因为我申请了，国家叫我回来教书，他们就接待我在北大教书了。那我怎么跑到南开了呢？因为南开大学有位李霁野先生——我跟李霁野先生的相识有一段因缘。我在辅仁大学中文系读书的时候，李霁野先生在辅仁大学的外文系教书。我的老师顾随先生虽然教我们中文系的唐宋诗，但是他是北大外文系毕业的，他跟李霁野先生是好朋友。李霁野先生是鲁迅的追随者，跟李霁野先生一起追随鲁迅的还有一位叫台静农的。台静农后来被邀去做了台大中文系的系主任，所以台静农就把李霁野先生也邀到台湾大学去教书了。我刚刚到台湾的时候在台北，因为我的老师是李霁野先生的好朋友，我的老师说你到台湾要替我问他好，去看望他。我就去见了李霁野先生。当时我先生在左营，我就到了左营，然后我就到了彰化女中教书。半年后，我先生被关了，又半年我就被关了，从此跟李先生音信断绝。在台湾你有了白色恐怖的嫌疑，不敢跟亲友通信。在台湾白色恐怖的时候，李先生回到大陆来了，他“文革”的时候也曾受了打击。等到我 1979 年回到祖国，我在报纸上看到李先生恢复工作的信息，说他在南开大学外文系做系主任。我马上给李先生写了一封信，我说我也回来教书了，现在在北大。李霁野先生很高兴，说你不要在北大教了，北大的名教授很多，我们南开在“文革”期间很多老教授不在了，所以你来南开教书吧。于是我就来到南开大学。这里还有一个故事，是与范曾先生有关的一段故事。陈洪先生在这里都可以作见证。南开大学中文系请他们的一位姓任的书记，还有另外一位外事方面的人，到北京去接我，接我的时候，任书记很热情，他说：“你这么多年才回来一次，你先不要忙着离开北京，我陪你到北京参观参观。参观哪里呢？”我说：“北京城附近，北大都带我参观了。”他说：“你去过八大处吗？”我说：“还没。”他说：“那就去吧。”我们就到了这个八大处，到了碧云寺。当时碧云寺的中山堂正在开画展，我一进这个展览馆的大门，右边的墙上第一张画，就是一幅站立的屈原像。因为我是学中文的，就对屈原的《离骚》背得很熟，我一看这个屈原，我说这张像画得好，把屈原画出来了。我正在看呢，那个展览馆的管理人员一个竿子一挑，把画拿下来了。我说你为什么拿下来了，他说你没有看见旁边有一个日本人，他把这个画买走了。我就跟那个任先生说，我说真是可惜，这张画这么好，我连照一张相的机会都没有了。任先生说没有关系，画这个画的人是我们南开大学的校友，以后一定有机会见到的。所以还有这么一段因缘。所以我就留在南开了。从南开的校长到中文系的诸位老师都极为热情。当时还是中文系研究生的陈洪先生，还曾亲自来帮我绑行李。所以南开真是非常热情，从此我就结缘在南开了。当时我还没有从加拿大退休，每年差不多只要温哥华一放假，三四月份，我就跑回到南开来了。所以当我在加拿大的温哥华的 UBC 一退休，我就回到了南开。每一年像天上的鸿雁一样，秋天的 9 月我就回来了，每年 3 月我就走了，如此 30 年之久。就是这样的经历。

那我现在的想法是什么？我现在不是在南开大学教书吗？南开大学给我很深的印象的就是马蹄湖的一池的荷花。我们这里有很多南开的校友，都知道马蹄湖的荷花。我当年住在专家楼，走出来不远就是这个马蹄湖。所以我在南开教书的时候写过几首关于马蹄湖的荷花的诗，从中可以看到我后来的心情。一个是《七绝一首》，我说“南开校园马蹄湖内遍植荷花，素所深爱，深秋摇落，偶经湖畔，口占一绝”：

萧瑟悲秋今古同，残荷零落向西风。遥天谁遣羲和驭，来送黄昏一抹红。

“萧瑟悲秋今古同”，“萧瑟悲秋”取自宋玉的《九辩》：“萧瑟兮草木摇落而变衰。”悲秋，是中国一个古老的传统，屈原说：“日月忽其不淹兮，春与秋其代序。”所以“萧瑟悲秋千古同，残荷零落向西风”，荷花已经残破了，对着秋天的西风。“遥天谁遣羲和驭，来送黄昏一抹红”，我那天散步的时候，荷花虽然是零落了，可是还有些残余的荷花摇曳在黄昏落日的余晖之中。天上是谁叫那个赶着太阳的羲和给快要零落的荷花在黄昏的时候抹上一抹斜阳的红色呢？我回到南开教书时已经是五十多岁了，现在三十多年过去了，我当时这首诗还是比较自我的、伤感的。

后来在我教书多年以后，老年的时候，我还写了几首诗，我们来不及仔细讲了，我们再看一首《鹧鸪天》（友人寄赠“老油灯”图影集一册，其中一盏与儿时旧家所点燃者极为相似，因忆昔年诵读李商隐《灯》诗，有“皎洁终无倦，煎熬亦自求”及“花时随酒远，雨后背窗休”之句，感赋此词）：

皎洁煎熬枉自痴。当年爱诵义山诗。酒边花外曾无分，雨冷窗寒有梦知。

人老去，愿都迟。蓦看图影起相思。心头一焰凭谁识，的历长明永夜时。

这首词写于2001年，说“友人寄赠‘老油灯’图影集一册”，我们国内出版的老照片有一本里面都是老油灯。我说我小的时候、抗战的时候，没有电灯，都点油灯，“其中一盏与儿时旧家所点燃者极为相似，因忆昔年诵读李商隐《灯》诗”。李商隐的一首诗就叫《灯》，前面有几句说：“皎洁终无倦，煎熬亦自求。”灯是永远照明的，永远不疲倦，它永远都愿意把光亮给人家，“皎洁终无倦”；可是它是燃烧自己才有的亮光，“煎熬亦自求”。“花时随酒远，雨后背窗休”，灯，有幸运的灯，也有不幸运的灯。幸运的灯被那些诗人文士拿着去看花饮酒，“花时随酒远”；可是不幸运的灯，则是“雨后背窗休”，在很寒冷的雨夜的窗下被人吹灭了，这是李商隐的诗句。我看到这个老油灯的图画，想到李商隐的诗句，就写了一首词。我说“皎洁煎熬枉自痴，（我）当年（也）爱诵义山诗”。“皎洁终无倦，煎熬亦自求”，你是自己在那里煎熬，发出亮光给人家，这是灯的本能，灯的作用、灯的意义就在于此，所以是“皎洁煎熬枉自痴，（我）当年（就）爱诵义山诗”，我喜欢这样的诗句，奉献我自己，不求任何报答的。但是这个灯是个不幸的灯，“酒边花外曾无分，雨冷窗寒有梦知”，我没有享受过欢愉快乐的生活，“酒边花外”这个灯无分，“雨冷窗寒”这种孤独、这种寂寞、这种痛苦“有梦知”。“人老去”，那个时候，已经是2001年，我已经将近80岁了；“愿都迟”，你说你还有什么理想、什么愿望，一个七八十岁的老人了，还谈什么理想和愿望？所以是“人老去”，一切的愿望都太晚了，“愿都迟”。但是我“蓦看图影起相思”，但是我看到这个老油灯的这个图画、这个影像，还是引起我内心的很多的感动。“心头一焰凭谁识”，我心里也有一盏灯，也有一个闪动的光焰，什么人看见了，凭谁能够看到？“的历长明永夜时”，你们虽然看不到，但是那个小小的光焰仍然是在黑暗之中闪动着的。

后面还有一首《浣溪沙》，也是“为南开马蹄湖荷花作”的：

又到长空过雁时，云天字字写相思。荷花凋尽我来迟。

莲实有心应不死，人生易老梦偏痴。千春犹待发华滋。

“又到长空过雁时”，我每年9月开学时回来，南开外事处的逄处长就提出要以我的名义办一个研究所，我原不敢应承，可逄处长用种种方法说服了我。可是就当此时逄处长卸任了，于是我在办所时就有了很多困难。非常感谢有这么多人爱好古典文学，他们听说我想成立古典文化研究所，有这么多、这么多的困难——我说过“入世已拼愁似海”嘛——海外就有朋友给我捐助了一座办公楼。现在很多文学院的人都在里面办公，那是加拿大的一个朋友蔡章阁先生给我捐资建筑的这个整个的一幢大楼。还有澳门的一位朋友沈秉和先生给我捐资购买了里面的一些设备和书籍。这些人真是爱古典文学的热心朋友，这个楼就建成了。我当时还住在南开大学的外国专家楼，我每天要到这个研究所去上班，我就要从东边走到西边去。有一天我在路上走的时候，忽然听到空中有雁叫声，是一队鸿雁飞过去了。于是我就有了几句词，“又到长空过雁时，云天字字（是）写相思”。我每年9月回来，都是这个大雁南飞的时候，“又到长空过雁时”；“云天”，在蓝天白云上写的一个“一”字或“人”字，而在中国古代“雁”字是代表相思的，李清照说的：“雁字回时，月满西楼”，代表你的怀人、你的相思、你的愿望。“又到长空过雁时”，那蓝天白云之上“字字写相思”。“荷花凋尽我来迟”，我9月回来，荷花都凋零了。我这里有两个意思，一个是说荷花真的凋零了，我回来得晚了；一个是我的小名叫“荷”，我虽然回来了，但我已经是这么老的人了，“荷花凋尽”，是我来得太晚了。可是我虽然是来得晚了，虽然是现实的荷花零落了，也许我这个小名叫“荷”的人也是零落了，可是“莲实有心应不死”，我不是说我听《妙法莲华经》里说“花开莲现，花落莲成”吗？所以莲花落了，但是里面有莲蓬，莲蓬里面有莲子，莲子里面它有一个莲心，只要有那个莲心，这个莲花就不死。因为我看到考古的刊物，说从一个汉墓中发掘出来一个两千年前的莲子，把它培育、栽植了，它居然还长叶开花了，所以“莲实有心应不死”。我当时回来的时候还没有这么老，现在真是，已经是九十岁了。我的意思是，我虽然是老了，但是有这么多年轻人，我也看到在你们这里就有这么多南开的校友，每个人都有他的成就，所以“莲实有心应不死，人生易老梦偏痴”。人生数十寒暑，你回首一看，数十年一瞬间，不管是悲欢离合，刹那之间都过去了。“千春犹待发华滋”，我的梦，我的痴梦是什么？我在等待，等待年轻人有没有一粒种子，因为我的讲解而留在你的心里。尽管是“千春”，多少年之后，我要等着，等着这一粒种子有一天会发芽，会长叶，会开花，会结果——“千春犹待发华滋”。

有一次有访问的人问，说叶先生，现在的很多人都不欣赏、不懂得古典诗词了，你想这个诗词将来还有什么兴盛的机会吗？我说只要人心不死，诗歌自己里面有生命的。所以杜甫说“摇落深知宋玉悲，风流儒雅亦吾师”，宋玉跟杜甫相隔了有多少年，而杜甫读了宋玉的作品受到感动。辛弃疾有一首词说“老来曾识渊明，梦中一见参差是”，我到年老了才懂得陶渊明诗的好处，我做梦就梦见了陶渊明，就跟我理想中的陶渊明一模一样，“梦中一见参差是”。所以不管相隔多少年，诗歌它自己本身有它的感动，有它的生命，只要有感情，只要稍微有一点古诗修养的人，就永远会受到它的感动。

我还有几首近作——我讲得很零乱，因为我这个九十年，你想，九十年有多少诗，有多少可以讲的，可是时间不够了——我现在就讲几首我昨天才写的诗，我在车上拿给陈先生看过了。因为恭王府每年春天要举行一个海棠的雅集，请我们要我们写海棠雅集的诗。而这个恭王府呢，与我有一段很密切的因缘。因为我是辅仁大学毕业的，辅仁大学我们女生的校址，就是恭王府，我就是在恭王府里边念的书。所以讲到恭王府的海棠，我很有感慨，我昨天就写了《二零一四年四月恭王府海棠雅集绝句四首》，第一首：

春风又到海棠时，西府名花别样姿。记得东坡诗句好，朱唇翠袖总相思。

九十岁，从 1924 年，现在已经到了 2014 年了。“春风又到海棠时，西府名花别样姿”，这恭王府的西府海棠是非常有名的。“记得东坡诗句好，朱唇翠袖总相思”，苏东坡写过定慧院的海棠，是“朱唇得酒晕生脸，翠袖卷纱红映肉”，那是苏东坡的诗句，这第一首是泛写海棠花的。

第二首：

青衿往事忆从前，黉舍曾夸府第连。当日花开战尘满，今来真喜太平年。

我说我读书的时候是八年抗战时期，从高中到大学，而 1941 年进大学到 1945 年毕业，正是抗战的那后四年。所以那个时候我们的老师写诗，也写海棠，那里面都充满了对战乱烟尘的悲慨，所以我说“青衿往事忆从前，黉舍曾夸府第连。当日花开战尘满，今来真喜太平年”。我常常跟年轻人说，你们要珍重，真是要爱惜，你们没有经过我当年经过的战乱流离，你们要知道，我们得到今天的太平的岁月，是非常不容易的一件事情。

第三首：

花前小立意如何，回首春风感慨多。师友已伤零落尽，我来今亦鬓全皤。

这是写实，我在我的班上是年龄最小的一个人，因为我刚才说了，因为我小时候不是从正规的小学、中学升上来的，我是同等学力升上来的，所以我是我们班上年岁最小的一个人。我现在说，真是有很多的悲慨，不用说我的老师不在了，我的同学也都不在了，所以我说“师友已伤零落尽，我来今亦鬓全皤”。

第四首：

一世飘零感不禁，重来花底自沉吟。纵教精力逐年减，未减归来老骥心。

现在只要有人叫我讲诗词，我都义不容辞地愿意尽我最大的力量去讲。这是因为我真的喜欢诗词，我愿意把我们的诗词传下去。

本来我今天来，在我没讲这个题目以前，我跟陈先生说过，我说这是个学术的会议，我想了两个有学术性的题目。一个是“从西方文论看中国词学”，因为我们中国的词学像王国维的“境界”说，这“境界”到底是什么？像这个张惠言说的这个有“幽约怨悱不能自言之情”，那说的是什么呢？我们都不能够真正掌握，所以我想从西方的文论来讲中国的词学，本来我有这么两个题目，这一点陈先生也可以做证明。还有一个题目，是在中国的小词里边有两首非常有名的词，数十年来没有人给它一个正解，我要讲一讲我对这两首小词的体会。可是最后怎么把那些有学术研究性质的讲题都放下来，而我居然讲了今天的我这个“九十回眸”呢？这里有一段因缘。那是因为前年，陈先生叫我到横山书院来做一次讲话，我当时真不知道讲什么是好，我想横山书院的湛如法师是个佛学的大家，我想跟他请教一些我个人的体会，所以我讲了“我与莲花及佛法的因缘”。一次讲话嘛，你想很短的，可是横山书院居然跟我联系，说要把它出书，你想，这一次讲话怎么能出书？他们说你再补充一些吧。那我现在忙得不得了，我又九十岁了，眼又花，耳又聋，那补起来也不是很容易，所以我就想了一个偷懒的办法，就是把我历次讲话中凡是与莲花、佛法有关的都编进来。还有一个，就是我今天要最后讲一次“九十回眸——《迦陵诗词稿》中的心路历程”。我讲这个心路历程，把我从出生——我的出生与荷花和荷月的因缘，到我现在——这个荷花，虽然是零落了，但是这个莲花，“莲实有心应不死，人生易老梦偏痴”，在此做一个平生的回顾。我希望这个莲花是“千春犹待发华滋”——我等待着年轻人开出美丽的花朵！

（刘靓　整理）

叶嘉莹，号迦陵，1924 年生于北京，南开大学中华古典文化研究所所长、博士生导师，中央文史研究馆馆员，加拿大皇家学会院士。曾任台湾大学教授，美国哈佛大学、密歇根大学及哥伦比亚大学客座教授，加拿大不列颠哥伦比亚大学终身教授，并受聘担任国内多所大学的客座教授及中国社会科学院文学所名誉研究员。著有《杜甫秋兴八首集说》《王国维及其文学批评》《迦陵论词丛稿》《迦陵论诗丛稿》等。